CB077997

Curso de DIREITO CIVIL Brasileiro

Sobre a autora

Detentora de inúmeros prêmios desde os tempos de seu bacharelado na PUCSP, Maria Helena Diniz tem brilhante carreira acadêmica, com cursos de especialização em Filosofia do Direito, Teoria Geral do Direito, Direito Administrativo, Tributário e Municipal.

Além de parecerista, é autora de mais de trinta títulos publicados pelo selo Saraiva Jur, tendo traduzido consagradas obras do direito italiano e escrito mais de 150 artigos em importantes revistas jurídicas nacionais e internacionais. Todas as suas obras têm alcançado excelente aceitação do grande público profissional e universitário, como a prestigiada coleção *Curso de direito civil brasileiro* (8 volumes), que é maciçamente adotada nas faculdades de Direito de todo o País. Igual caminho têm seguido seus outros títulos:

- *A ciência jurídica*
- *As lacunas no direito*
- *Atualidades jurídicas* (em coordenação — 7 volumes)
- *Código Civil anotado*
- *Código Civil comentado* (em coautoria)
- *Comentários ao Código Civil* v. 22
- *Compêndio de introdução à ciência do direito*
- *Conceito de norma jurídica como problema de essência*
- *Conflito de normas*
- *Dicionário jurídico* (4 volumes)
- *Dicionário jurídico universitário*
- *Direito à integridade físico-psíquica:* novos desafios — e-book
- *Direito fundacional*
- *Função social e solidária da posse* (em coautoria)
- *Lei de Introdução às Normas do Direito Brasileiro interpretada*
- *Lei de Locações de Imóveis Urbanos comentada*
- *Lições de direito empresarial*
- *Manual de direito civil*
- *Norma constitucional e seus efeitos*
- *O direito civil no século XXI* (em coordenação — esgotado)
- *O estado atual do biodireito*
- *Sistemas de registro de imóveis*
- *Sucessão do cônjuge, do companheiro e outras histórias* (em coordenação)
- *Tratado teórico e prático dos contratos* (5 volumes)

É incontestável a importância do trabalho desta autora, sem dúvida uma das maiores civilistas do nosso tempo.

A editora

Maria Helena Diniz

Mestre e Doutora em Teoria Geral do Direito e Filosofia do Direito pela PUCSP. Livre-docente e Titular de Direito Civil da PUCSP por concurso de títulos e provas. Professora de Direito Civil no curso de graduação da PUCSP. Professora de Filosofia do Direito, de Teoria Geral do Direito e de Direito Civil Comparado nos cursos de pós-graduação (mestrado e doutorado) em Direito da PUCSP. Coordenadora do Núcleo de Pesquisa em Direito Civil Comparado nos cursos de pós-graduação em Direito da PUCSP. Professora Emérita da Faculdade de Direito de Itu. Membro benemérito do Instituto Sílvio Meira. Sócia honorária do IBDFAM, Membro da Academia Paulista de Direito (cadeira 62 – patrono Oswaldo Aranha Bandeira de Mello), da Academia Notarial Brasileira (cadeira 16 – patrono Francisco Cavalcanti Pontes de Miranda), do Instituto dos Advogados de São Paulo e do Instituto de Direito Comparado Luso-Brasileiro, Membro honorário da Federação dos Advogados de Língua Portuguesa (FALP). Presidente do Instituto Internacional de Direito.

Curso de DIREITO CIVIL Brasileiro

Teoria Geral do Direito Civil

1

41ª edição

Revista e atualizada

2024

saraiva jur

Av. Paulista, 901, Edifício CYK, 4º andar
Bela Vista – São Paulo – SP – CEP 01310-100

SAC sac.sets@saraivaeducacao.com.br

Diretoria executiva	Flávia Alves Bravin
Diretoria editorial	Ana Paula Santos Matos
Gerência de produção e projetos	Fernando Penteado
Gerência de conteúdo e aquisições	Thais Cassoli Reato Cézar
Gerência editorial	Livia Céspedes
Novos projetos	Aline Darcy Flôr de Souza Dalila Costa de Oliveira
Edição	Deborah Caetano de Freitas Viadana
Design e produção	Jeferson Costa da Silva (coord.) Rosana Peroni Fazolari Guilherme Salvador Lais Soriano Tiago Dela Rosa Verônica Pivisan Reis
Planejamento e projetos	Cintia Aparecida dos Santos Daniela Maria Chaves Carvalho Emily Larissa Ferreira da Silva Kelli Priscila Pinto
Diagramação	Adriana Aguiar
Revisão	Cecília Devus
Capa	Lais Soriano
Produção gráfica	Marli Rampim Sergio Luiz Pereira Lopes
Impressão e acabamento	Ed. Loyola

ISBN 978-85-536-0769-3 obra completa
DADOS INTERNACIONAIS DE CATALOGAÇÃO NA PUBLICAÇÃO (C
VAGNER RODOLFO DA SILVA - CRB-8/9410

D585c Diniz, Maria Helena

Curso de Direito Civil Brasileiro: Teoria Geral d
Direito Civil – Volume 1 / Maria Helena Diniz. – 4
ed. – São Paulo: SaraivaJur, 2024.

648 p.

ISBN: 978-85-5362-142-2

1. Direito. 2. Direito Civil. I. Título.

2023-2641 CDD 3
CDU 3

Índices para catálogo sistemático:

1. Direito Civil 3
2. Direito Civil 3

Data de fechamento da edição: 27-10-2023

Dúvidas? Acesse www.saraivaeducacao.com.br

CÓD. OBRA 9067 CL 608709 CAE 8449

À doce e terna memória de meus avós paternos:
Elisabetta Radamanti de Oliveira Almeida Diniz e
João Baptista de Oliveira Almeida Diniz.

"Un juriste ne doit pas seulement être le technicien habile qui rédige ou explique avec toutes les ressources de l'esprit des textes de loi; il doit s'efforcer de faire passer dans le droit son idéal moral, et, parce qu'il a une parcelle de la puissance intellectuelle, il doit utiliser puissance en luttant pour ses croyances" (G. Ripert).

Índice

Capítulo III
Dos bens

Capítulo IV
Dos fatos jurídicos

Prefácio

Com o intuito de sermos úteis aos que se iniciam no estudo do direito civil, procuramos neste livro apresentar um panorama das doutrinas concernentes à Parte Geral do direito civil, dando uma noção genérica e esquemática do sistema jurídico civil.

Propusemo-nos a apresentar os conceitos estruturais, registrando os princípios básicos, para que os alunos pudessem ter uma ordem de conceitos de relativa riqueza explicativa, para adotarem uma atitude analítica e crítica ante as questões jurídicas.

Sob uma feição de clareza e síntese, apreciamos os problemas jurídicos, de conformidade com seus mais recentes desenvolvimentos, empreendendo estudos das orientações teóricas vigentes atinentes à Parte Geral do atual Código Civil, salientando a sua função na seara juscivilística e em outros âmbitos do direito.

Atendendo à ideia de que o que convém aos alunos são conceitos pormenorizados, objetivos e nítidos, bastando um golpe de vista para serem compreendidos, colocamos ao final de cada ponto um quadro sinótico para proporcionar uma visão geral da matéria ministrada.

Eis o porquê do título do nosso livro: *Teoria geral do direito civil*, uma vez que nele se contém a exposição de problemas fundamentais do direito civil. Trata-se de uma disciplina eminentemente formativa, destinada a criar nos estudiosos uma mentalidade jurídica, proporcionando-lhes uma bagagem cultural para a compreensão de conceitos juscivilísticos fundamentais.

Maria Helena Diniz

CAPÍTULO I

Objeto e Finalidade da Teoria Geral do Direito Civil

1. Direito positivo

A. Noção de direito

Todo conhecimento jurídico necessita do conceito de direito[1]. O conceito é um esquema prévio, um ponto de vista anterior, munido do qual o pensamento se dirige à realidade, desprezando seus vários setores e somente fixando aquele que corresponde às linhas ideais delineadas pelo conceito[2].

Sendo esse conceito um suposto da ciência do direito, ela jamais poderá determiná-lo. A definição essencial do direito é tarefa que ultrapassa a sua competência. Trata-se de problema supracientífico, ou melhor, jusfilosófico, já que a questão do "ser" do direito constitui campo próprio das indagações da ontologia jurídica[3].

Contudo a ontologia jurídica ao executar sua missão encontrará em seu caminho graves e intrincadas dificuldades que desafiam a argúcia dos

---

1. Ernest Beling, La science du droit, sa fonction et ses limites, in *Recueil d'études sur les sources du droit, en honneur de Geny,* t. 2, p. 150.
2. Lourival Vilanova, *Sobre o conceito do direito,* Recife, Imprensa Oficial, 1947, p. 28 e 29. Não se trata de formular uma definição nominal do direito, que consiste em dizer o que uma palavra significa. Não convém empregar uma definição real descritiva, que é utilizada, em regra, nas ciências naturais, pois é aquela que na falta de caracteres essenciais enumera os caracteres exteriores mais marcantes de uma coisa para permitir distingui-la de todas as outras, nem uma definição acidental que revela tão somente um elemento acidental, próprio do definido, mas contingente. A definição que se deve buscar é a *real essencial,* que consiste em dizer o que uma coisa é, desvendando as essências das próprias coisas que essa palavra designa. *Vide* Régis Jolivet, *Curso de filosofia,* 7. ed., Rio de Janeiro, Agir, 1965, p. 36.
3. Del Vecchio: "*La definizione del diritto in genere è una indagine che trascende la competenza de ogni singola scienza giuridica ed è invece il primo compito della Filosofia del Diritto*" (*Lezioni de filosofia del diritto,* 9. ed., Milano, Giuffrè, 1953, p. 2).

pensadores. O grande problema consiste em encontrar uma definição única, concisa e universal, que abranja as inúmeras manifestações em que se pode apresentar o direito e que o purifique de notas contingentes, que velam sua verdadeira natureza, assinalando as essências[4] que fazem dele uma realidade diversa das demais.

Como nos ensina com clarividência Lourival Vilanova[5], o conceito para ser universal há de abstrair de todo conteúdo, pois o único caminho possível será não reter, no esquema conceitual, o conteúdo que é variável, heterogêneo, acidental, determinado *hic et nunc*, mas sim as essências, que são permanentes e homogêneas. Ante a multiplicidade do dado, o conceito deve conter apenas a nota comum, a essência que se encontra em toda multiplicidade.

No entanto, não há entre os autores um certo consenso sobre o conceito do direito; impossível foi que se pusessem de acordo sobre uma fórmula única. Realmente, o direito tem escapado aos marcos de qualquer definição universal; dada a variedade de elementos e particularidades que apresenta, não é fácil discernir o mínimo necessário de notas sobre as quais se deve fundar seu conceito[6].

Isto é assim porque o termo "direito" não é unívoco, e nem tampouco equívoco[7], mas análogo, pois designa realidades conexas ou relacionadas

---

4. Definir essencialmente um objeto é explicitar as notas essenciais desse objeto de conhecimento; é determinar o que ele é (Fausto E. Vallado Berrõn, *Teoría general del derecho,* Univ. Nac. Autónoma de México, 1972, p. 7). A essência é a soma dos predicados que, por sua vez, dividem-se em dois grupos: predicados que convêm à substância, de tal sorte que se lhe faltasse um deles não seria o que é, e predicados que convêm à substância mas que ainda que algum deles faltasse, continuaria a ser a substância o que é. Aqueles primeiros são a essência propriamente dita, porque se algum deles faltar à substância, ela não seria aquilo que é; e os segundos são o acidente porque o fato de tê-los ou não não impede de modo algum que seja aquilo que é (Manuel Garcia Morente, *Fundamentos de filosofia,* 4. ed., São Paulo, Mestre Jou, 1970, p. 76 e 96).
5. L. Vilanova, op. cit., p. 64-7.
6. Assim, para o direito, há uma experiência histórica, antropológica, sociológica, psicológica e axiológica. Tais experiências, ainda que diferentes entre si, são complementares e deslocam-se num mesmo plano. Demais, todas têm em comum um ponto de partida: a experiência do direito positivo, o direito tal como se dá em sua integridade constitutiva. A incidência maior num ângulo desta ou daquela experiência leva a cortes meramente metodológicos, a objetos formais diferentes: ao direito como fato histórico, como fato sociológico etc. É o que nos ensina L. Vilanova (Lógica, ciência do direito e direito, in *Filosofia,* v. 2, p. 535, Anais do VIII Congresso Interamericano de Filosofia).
7. Termo unívoco é o que se aplica a uma só realidade e o equívoco o que designa duas ou mais realidades desconexas. *Vide* Goffredo Telles Jr., *Tratado da consequência,* p. 329-31.

entre si. Deveras, esse vocábulo ora se aplica à "norma", ora à "autorização ou permissão" dada pela norma de ter ou fazer o que ela não proíbe, ora à "qualidade do justo" etc., exigindo tantos conceitos quantas forem as realidades a que se refere. Em virtude disso impossível seria dar ao direito uma única definição. De maneira que a tarefa de definir, ontologicamente, o direito resulta sempre frustrada ante a complexidade do fenômeno jurídico[8], devido à impossibilidade de se conseguir um conceito universalmente aceito, que abranja de modo satisfatório toda a gama de elementos heterogêneos que compõem o direito.

Portanto, não é da alçada do direito civil elaborar o conceito geral ou essencial do direito[9].

Mas em razão do princípio metódico da divisão do trabalho, há necessidade de se decompor analiticamente o direito que é objeto de várias ciências: sociologia jurídica, história do direito etc., constituindo assim o aspecto em que será abordado[10].

A escolha da perspectiva em que se vai conhecer está condicionada pelo sistema de referência daquele que conhece o direito, pressupondo uma reflexão sobre as finalidades da ordem jurídica.

Ora, percebe-se que o direito só pode existir em função do homem.

O homem é um ser gregário por natureza, é um ser eminentemente social, não só pelo instinto sociável, mas também por força de sua inteligência que lhe demonstra que é melhor viver em sociedade para atingir seus objetivos. O homem é "essencialmente coexistência"[11], pois não existe apenas, mas coexiste, isto é, vive necessariamente em companhia de outros homens. Com isso, espontânea e até inconscientemente é levado a for-

---

8. Tércio Sampaio Ferraz Jr., *Direito, retórica e comunicação,* São Paulo, Saraiva, 1973, p. 62. Max Ernest Mayer (*Filosofia do direito,* p. 120) escreve: "ainda não tem havido um jurista ou jusfilósofo que tenha conseguido formular um conceito de direito, unanimemente aceito". Roberto Vernengo (*La interpretación literal de la ley y sus problemas,* Buenos Aires, 1971, p. 22 e s.) diz, com clareza, que a possibilidade de uma "mostração" de fenômenos que sejam casos de uma propriedade que se pretende investigar – o direito – (definição ostensiva do objeto) ou são impossíveis ou conduzem a resultados paradoxais. Cf. Maria Helena Diniz, *A ciência jurídica,* Resenha Universitária, 1978, p. 3-6.
9. Clóvis Beviláqua, *Teoria geral do direito civil,* 4. ed., 1972, p. 7.
10. L. Vilanova, *Sobre o conceito de direito,* cit., p. 40, 50 e 57.
11. Leonardo Van Acker, Sobre um ensaio de jusnaturalismo fenomenológico-existencial, *RBF, 20*(78):193.

mar grupos sociais: família, escola, associação esportiva, recreativa, cultural, religiosa, profissional, sociedade agrícola, mercantil, industrial, grêmio, partido político etc.

Em virtude disso estabelecem os indivíduos entre si "relações de coordenação, subordinação, integração e delimitação[12]; relações essas que não se dão sem o concomitante aparecimento de normas de organização de conduta social"[13].

O ser humano encontra-se em estado convivencial e pela própria convivência é levado a interagir; assim sendo, acha-se sob a influência de outros homens e está sempre influenciando outros. E como toda interação produz perturbação nos indivíduos em comunicação recíproca, que pode ser maior ou menor, para que a sociedade possa se conservar é mister delimitar a atividade das pessoas que a compõem mediante normas jurídicas.

"Se observarmos, atentamente, a sociedade, verificaremos que os grupos sociais são fontes inexauríveis de normas", por conseguinte, o Estado não é o criador único de normas jurídicas[14], porém é ele que condiciona a criação

---

12. Ensina-nos André Franco Montoro (*Introdução à ciência do direito,* v. 2, p. 363 e 364) que: "As relações sociais podem apresentar-se sob diferentes modalidades: 1ª) *relações de integração* ou sociabilidade por fusão parcial – nas quais podemos encontrar três graus ou tipos de relacionamento: a 'massa', que é a modalidade mais fraca de integração, em que se opera apenas uma fusão superficial das consciências individuais, como no caso da 'massa' dos consumidores, dos desempregados, dos pedestres, unidos apenas pela consciência de afinidade de sua situação; a 'comunidade', correspondente ao grau médio de integração ou fusão de consciência, é a forma mais equilibrada, difundida e estável da sociabilidade por integração, tal como ocorre nas organizações sindicais, associações, clubes, famílias, partidos etc.; a 'comunhão', que representa o grau mais intenso de integração das consciências individuais, em um 'nós' coletivo, é o tipo que se realiza em raros momentos de entusiasmo ou vibração coletivos, como nos períodos de crise o reivindicações mais sentidas de uma coletividade; 2ª) de *delimitação* ou sociabilidade por oposição parcial. As de integração caracterizam-se pelo aparecimento de um 'nós' enquanto que as de delimitação implicam a existência de um 'eu', 'tu', 'ele' etc. São sempre relações com outros – quer individuais, quer intergrupais – e apresentam-se sob três modalidades: de 'aproximação', como as decorrentes da amizade, da atração sexual, da curiosidade, das doações etc.; de 'separação', como as lutas de classes, os conflitos entre consumidores e produtores, entre nações e cidades; de 'estrutura mista', que envolvem elementos de aproximação e de separação, como as trocas, contratos etc.". Para Goffredo Telles Jr. (*Introdução à ciência do direito* (apostila), p. 237), "as de *coordenação* são as que existem entre partes que se tratam de igual para igual, ex.: compra e venda; e as de *subordinação* são as em que uma das partes é a sociedade política, exercendo sua função de mando. Ex.: convocação das eleições – a relação entre União, Estados e Municípios e contribuintes de imposto".
13. Miguel Reale, *Lições preliminares de direito,* Bushatsky, 1973, p. 41.
14. Goffredo Telles Jr., *Introdução,* cit. (apostila), fasc. 2, p. 112; *O povo e o poder*, São Paulo, Malheiros, 2003, p. 1-68; Gerhard Husserl, em seu trabalho *Validade e eficiência do direito* (1925), escreve: "Reduzir todas as fontes do direito ao Estado é um erro. Ne-

dessas normas, que não podem existir fora da sociedade política. Há um pluralismo de ordenações jurídicas; cada grupo social tem suas normas. Não é somente o Estado a fonte exclusiva de normas de direito, mas ele é uma organização territorial capaz de exercer o seu poder sobre as associações e pessoas, regulando-as, dando assim uma expressão integrada às atividades sociais. Donde se conclui que o Estado é uma instituição maior, que dispõe de amplos poderes e que dá efetividade à disciplina normativa das instituições menores. De modo que uma norma só será jurídica se estiver conforme a ordenação da sociedade política; logo, o Estado é o fator de unidade normativa da nação.

De um lado a realidade nos mostra um pluralismo de associações e de ordenações jurídicas, e de outro, a unidade da ordem normativa[15]. Logo, as normas fundam-se na natureza social humana e na necessidade de organização no seio da sociedade.

A norma jurídica pertence à vida social, pois tudo o que há na sociedade é suscetível de revestir a forma da normatividade jurídica.

Somente as normas de direito podem assegurar as condições de equilíbrio imanentes à própria coexistência dos seres humanos, possibilitando a todos e a cada um o pleno desenvolvimento das suas virtualidades e a consecução e gozo de suas necessidades sociais, ao regular a possibilidade objetiva das ações humanas.

Sem professarmos uma doutrina sociologista, afirmamos o caráter "social" da norma jurídica, no sentido de que uma sociedade não pode fundar-se senão em normas jurídicas, que regulamentam relações interindividuais.

Nítida é a relação entre norma e poder. O poder é elemento essencial no processo de criação da norma jurídica. Isto porque toda norma de direito envolve uma opção, uma decisão por um caminho dentre muitos caminhos possíveis. É evidente que a norma jurídica surge de um ato decisório do Poder (constituinte, legislativo, judiciário, executivo, comunitário ou coletivo, e individual) político.

Verifica-se que a norma jurídica, às vezes, está sujeita não à decisão arbitrária do Poder, mas à prudência objetiva exigida pelo conjunto das circunstâncias fático-axiológicas em que se acham situados os respectivos destinatários.

---

nhum Estado poderá jamais absorver todas as fontes do direito. Um monopólio do Estado para engendrar e constatar o direito numa comunidade jurídica é, absolutamente, irrealizável. A criação autônoma do direito se afirma sempre".

15. Maria Helena Diniz, *Conceito de norma jurídica como problema de essência*, Revista dos Tribunais, 1977, p. 18-25

Se assim não fosse a norma jurídica seria, na bela e exata expressão de Rudolf von Ihering, um "fantasma de direito", uma reunião de palavras vazias; sem conteúdo substancial esse "direito fantasma", como todas as assombrações, viveria uma vida de mentira, não se realizaria, e a norma jurídica foi feita para se realizar[16]. A norma não corresponderia a sua finalidade; seria, no seio da sociedade, elemento de desordem, anarquia, instrumento de arbítrio e de opressão. A norma jurídica[17] viveria numa "torre de marfim, isolada, à margem das realidades, autossuficiente, procurando em si mesma o seu próprio princípio e o seu próprio fim". Abstraindo-se do homem e da sociedade, alhear-se-ia de sua própria finalidade e de suas funções, passaria a ser uma pura ideia, criação cerebrina e arbitrária[18].

À vista do exposto poder-se-á dizer que o direito positivo é o conjunto de normas, estabelecidas pelo poder político, que se impõem e regulam a vida social de um dado povo em determinada época[19].

Portanto, é mediante normas que o direito pretende obter o equilíbrio social, impedindo a desordem e os delitos, procurando proteger a saúde e a moral pública, resguardando os direitos e a liberdade das pessoas[20].

Com isso não estamos afirmando que o direito seja só norma[21]; apenas por uma questão de método é que assim o consideramos, uma vez que a

---

16. R. von Ihering, *L'esprit du droit romain,* t. 3, § 43, p. 16.
17. Bigne de Villeneuve, *La crise du "sens comun" dans les sciences sociales,* p. 96.
18. Maria Helena Diniz, *Conceito de norma jurídica,* cit., p. 28-35.
19. Capitant, *Introduction à l'étude du droit civil,* p. 8; Caio Mário da Silva Pereira, *Instituições de direito civil,* Forense, 1976, v. 1, p. 18 e 19; Ruggiero e Maroi, *Istituzioni di diritto privato,* Milano, 1955, v. 1, § 2º.
20. Nelson Godoy Bassil Dower, *Curso moderno de direito civil,* Ed. Nelpa, 1976, v. 1, p. 6.
21. Santi Romano (*L'ordinamento giuridico,* Firenze, 1951, p. 25) escreve que: "*Derecho no es solo la norma dada, sino también la entidad de la cual ha emanado la norma. El proceso de objetivación, que da lugar al fenómeno jurídico, no se inicía en la emanación de una regla, sino en un momento anterior: las normas no son sino una manifestación, una de las distintas manifestaciones; un medio por medio del cual se hace valer el poder del 'yo' social*". Raul Ahumada transcreve esse trecho in Sobre el concepto del derecho, *RBF,* (55):361. Giorgio Campanini (*Ragione e volontà nella legge,* Milano, Giuffrè, p. 3) entende também que o conceito de direito não pode identificar-se com o de norma ao dizer: "*Indubbiamente il concetto di legge è parte integrante del più generale concetto di Diritto, ma non si risolve in esso, perchè Diritto non è soltanto la legge, nè con essa è stato storicamente identificato: accanto alla legge positiva sono sempre state poste, anche nel momento normativo del diritto, legge naturale consuetudine, talchè ridurre la storia del concetto di Diritto alla storia del concetto di legge sarebbe un'arbitraria e ingiustificata trasposizione sul piano storico di attuali posizioni teoretiche non sufficientemente e criticamente fondate*".

tarefa do civilista é interpretar as normas de direito civil, embora deva estudá-las em atenção à realidade social subjacente (fato econômico, geográfico, demográfico, técnico etc.) e ao valor, que confere sentido a esse fato, regulando a ação humana para a consecução de uma finalidade[22].

Realmente, parece útil lembrar, como o faz Van Acker, que uma vez gerada, não fica a norma estagnada, mas continua a sua vida própria, tendendo à autoconservação pela integração obrigatória que mantém os fatos da sua alçada e os valores com que os pretende reger[23].

Logo, os elementos do direito — fato, valor e norma — coexistem numa unidade concreta.

Para melhor elucidar tal questão, passamos a transcrever o seguinte exemplo de Miguel Reale[24]: ao se interpretar a norma que prevê o pagamento de letra de câmbio na data de seu vencimento, sob pena do protesto do título e de sua cobrança, goza o credor, desde logo, do privilégio de promover a execução do crédito. De modo que, se há um débito cambiário, deve ser pago, e, se não for quitada a dívida, deverá haver uma sanção. Como se vê, a norma de direito cambial representa uma disposição legal que se baseia num fato de ordem econômica (o fato de, na época moderna, as necessidades do comércio terem exigido formas adequadas de relação) e que visa a assegurar um valor, o valor do crédito, a vantagem de um pronto pagamento com base no que é formalmente declarado na letra de câmbio.

Tem-se um *fato* econômico que se liga a um *valor* de garantia para se expressar por meio de uma *norma* legal que atende às relações que devem existir entre aqueles dois elementos.

Portanto o jurista deve ter uma atitude intencionalmente compreensiva e teorética, ao estudar as normas postas pelo poder político, cujo valor deve procurar captar, e atualizar, em razão do fato que lhe é subjacente[25].

Com isso poder-se-á definir o direito como uma ordenação heterônoma das relações sociais, baseada numa integração normativa de fatos e valores[26].

---

22. Orlando Gomes, *Introdução ao direito civil*, Rio de Janeiro, Forense, 1971, p. 16; Miguel Reale, *Lições preliminares de direito*, São Paulo, Saraiva, 1976, p. 65.
23. Van Acker, op. cit., p. 170.
24. M. Reale, *Lições preliminares*, cit., p. 66.
25. M. Reale, *O direito como experiência*, São Paulo, Saraiva, p. 163 e s.
26. Adaptação do conceito dado por M. Reale, *Lições preliminares*, cit., p. 67.

B. Direito objetivo e direito subjetivo

Costuma-se distinguir o direito objetivo do subjetivo.

O direito objetivo é o complexo de normas jurídicas que regem o comportamento humano, de modo obrigatório, prescrevendo uma sanção no caso de sua violação (*jus est norma agendi*).

O direito subjetivo, para Goffredo Telles Jr., é a permissão dada por meio de norma jurídica, para fazer ou não fazer alguma coisa, para ter ou não ter algo, ou, ainda, a autorização para exigir, por meio dos órgãos competentes do poder público ou por meio de processos legais, em caso de prejuízo causado por violação de norma, o cumprimento da norma infringida ou a reparação do mal sofrido. P. ex.: são direitos subjetivos as permissões de casar e constituir família; de adotar pessoa como filho; de ter domicílio inviolável; de vender os seus pertences; de usar, gozar e dispor da propriedade; de alugar uma casa sua; de exigir pagamento do que é devido[27]; de mover ação para reparar as consequências de ato considerado ilícito.

Infere-se, daí, que duas são as espécies de direito subjetivo: a) *o comum da existência*, que é a permissão de fazer ou não fazer, de ter ou não ter alguma coisa, sem violação de preceito normativo, e b) *o de defender direitos*, que é a autorização de assegurar o uso do direito subjetivo, de modo que o lesado pela violação da norma está autorizado por ela a resistir contra a ilegalidade, a fazer cessar o ato ilícito, a reclamar reparação pelo dano e a processar criminosos, impondo-lhes pena. Essas autorizações são permissões concedidas pela coletividade, por meio de normas de garantia, que são as normas jurídicas[28].

---

27. Esta é a definição de G. Telles Jr. (*O direito quântico*, 5. ed., São Paulo, Max Limonad, 1981, cap. VIII; e Direito subjetivo – I, in *Enciclopédia Saraiva do Direito*, v. 28, p. 298) por nós adotada. Autores há, como Kelsen, que procuram demonstrar que o direito subjetivo não existe como algo independente. O mestre de Viena, ao estabelecer que o direito deve ser visto como um sistema de normas, afirma que o direito subjetivo nada mais é do que o reflexo de um dever jurídico, que existe por parte dos outros em relação ao indivíduo de que se diz ter um direito subjetivo. Como o dever jurídico é a própria norma, o direito subjetivo é o fenômeno normativo colocado à disposição do sujeito (Kelsen, *Teoria pura do direito*, 2. ed., 1962, v. 1, n. 29; Tércio Sampaio Ferraz Jr., Direito subjetivo – II, in *Enciclopédia Saraiva do Direito*, v. 28, p. 331).

28. G. Telles Jr., Direito subjetivo, cit., v. 28, p. 313 e 314; *O direito quântico*, cit., p. 407-9; *Iniciação na ciência do direito*, São Paulo, Saraiva, 2001, p. 255-96; *Palavras do amigo aos estudantes de direito*, São Paulo, Juarez de Oliveira, 2003, p. 1-40.

O direito subjetivo é subjetivo porque as permissões, com base na norma jurídica e em face dos demais membros da sociedade, são próprias das pessoas que as possuem, podendo ser ou não usadas por elas[29].

É comum dizer-se que o direito subjetivo é *facultas agendi*. Porém as faculdades humanas não são direitos, são qualidades próprias do ser humano, que independem de norma jurídica para sua existência. A filosofia clássica já ensinava que faculdade são potências ativas ou qualidades, que dispõem, imediatamente, um ser a agir.

Compete à norma jurídica ordenar tais faculdades humanas; logo, o uso dessas faculdades é lícito ou ilícito, conforme for permitido ou proibido. Portanto o direito subjetivo é a permissão para o uso das faculdades humanas. P. ex.: todos temos faculdade de ser proprietário, porém essa faculdade não é o direito de propriedade, porque o direito de propriedade não é mera faculdade de ser proprietário, mas a permissão, dada a quem é proprietário, de usar, gozar e dispor de seus bens (CC, art. 1.228, *caput*). Qualquer dos cônjuges, segundo o art. 1.647, I, do Código Civil, não pode, sem consentimento do outro, salvo no regime de separação absoluta de bens, alienar ou gravar de ônus real os bens imóveis (CPC, arts. 73 e 74, parágrafo único). Pode fazê-lo, mas não tem direito de alienar sem outorga uxória ou marital. A falta desse consentimento, se não for suprida judicialmente, invalida o negócio. Como se vê, a chamada *facultas agendi* é anterior ao direito subjetivo. Primeiro, a faculdade de agir, e, depois, a permissão de usar essa aptidão[30].

---

29. Bassil Dower, op. cit., p. 7; Goffredo Telles Jr., Direito subjetivo, cit., v. 28, p. 299; e *O direito quântico,* cit., p. 391, e Tércio Sampaio Ferraz Jr. (Direito subjetivo, cit., v. 28, p. 331 e 332), que escreve: "Karl Olivecrona, p. ex., diz que quando usamos esta expressão, fazemo-lo como se ela denotasse uma posição real de uma pessoa com respeito a uma coisa. Mas definir esta posição real é impossível, pois o direito de alguém à propriedade de um terreno não é idêntico à sua posse real e nem à garantia do Estado a uma posse tranquila ou aos preceitos dirigidos a todos, proibindo sua interferência naquela posse, nem à possibilidade de iniciar uma ação contra os que violam a posse. O direito subjetivo à propriedade, como expressão, não tem um referencial real. Trata-se de uma expressão ou 'palavra oca' que tem apenas a função de influir na conduta, na medida em que serve de nexo para um conjunto de regras, as regras de aquisição de propriedade, de indenização de danos etc., e que se referem à situação em que uma pessoa é proprietária de um objeto e outra pessoa faz algo em relação a este objeto. Trata-se de uma função facilitadora das relações jurídicas, pois se suprimíssemos a expressão as relações continuariam a existir, ainda que fosse mais difícil manejá-las de modo unitário".

30. G. Telles Jr., Direito subjetivo, cit., v. 28, p. 300-3; e *O direito quântico,* cit., p. 391-8. As permissões dadas por meio de norma podem ser explícitas, quando mencionadas

Ante esta concepção, não podem ser aceitas as três teorias sobre a natureza do direito subjetivo, consagradas pela doutrina tradicional, que são:

1) A da *vontade,* de Savigny e Windscheid[31], que entende que o direito subjetivo é o poder da vontade reconhecido pela ordem jurídica.

A esta teoria surgiram as seguintes objeções: *a*) Sua definição é menos extensa que o definido, pois há direitos em que não existe uma vontade real do seu titular. P. ex.: os incapazes têm direito subjetivo, podem ser proprietários, herdar etc., mas não possuem vontade em sentido jurídico e próprio; o nascituro tem direito à vida, ao nome, à sucessão, embora não possua vontade própria; as pessoas jurídicas têm direitos, mas não se pode falar, com propriedade, na "vontade" desses entes; o empregado tem direito às férias anuais remuneradas; mesmo que queira renunciar a ele, sua renúncia não terá efeito jurídico. *b*) Casos existem em que há uma vontade real, porém o ordenamento jurídico não protege, propriamente, a "vontade" do titular, mas, sim, o seu direito[32]. *c*) O direito subjetivo não depende da vontade do titular. Pode existir sem fundamento nessa vontade. Deveras, os direitos de alienar, comprar, emprestar podem existir sem que haja nenhuma vontade de alienar, comprar, emprestar. O direito de cobrar um débito pode ser desprezado pelo credor; o direito de propriedade pode surgir sem que o proprietário o deseje.

2) A do *interesse,* de Ihering, para a qual o direito subjetivo é o interesse juridicamente protegido por meio de uma ação judicial[33]. Não se diga, também, que o direito subjetivo é interesse juridicamente protegido porque: *a*) Há interesses, protegidos pela lei, que não constituem direitos subjetivos. P. ex.: no caso das leis de proteção aduaneira à indústria nacional, as empresas têm interesse na cobrança de altos tributos pela importação dos produtos estrangeiros, mas não têm nenhum direito subjetivo a tais tributos. *b*) Há hipóteses de direitos subjetivos em que não existe interesse da parte do titular. P. ex.: os direitos do tutor ou do pai em relação aos filhos são instituídos em benefício dos menores e não do titular. *c*) Na verdade, quando se diz que direito subjetivo é um "interesse", o que se está dizendo é que o direito subjetivo é um bem material ou imaterial que interessa. P. ex.: direito

expressamente (CC, arts. 5º, 1.639 e 2.013), ou implícitas, quando não forem, embora seu uso seja regulado pelas normas, ou assegurado por elas, pela proibição do que impede esse uso ou, simplesmente, quando não for proibido por elas (CC, arts. 70 a 78; 1.525 a 1.564).

31. Windscheid, *Pandectas,* v. 1, § 37, p. 80 e s.; Savigny, *Tratado de direito romano,* § 14.
32. Essas críticas foram feitas por Ihering. *Vide* Franco Montoro, op. cit., v. 2, p. 222-7.
33. Von Ihering, *L'esprit du droit romain,* v. 4, § 70 e s.

à vida, à liberdade, ao nome, à honra etc. Ora, interesse é utilidade, vantagem ou proveito assegurado pelo direito; logo, não tem sentido dizer que direito subjetivo é objeto que interessa. Os interesses ou bens não constituem direito subjetivo, são objetos em razão dos quais o direito subjetivo existe. Quando algo interessa a uma pessoa, ela procura consegui-lo. A pessoa age, buscando o bem que lhe interessa. Se ela age é porque tem essa faculdade. A permissão para empregá-la é que é direito subjetivo. O direito objetivo permite que a pessoa faça ou tenha o que lhe interessa ou não. Essa permissão é que é juridicamente protegida porque foi dada pelo direito objetivo e porque seu emprego é assegurado pelos remédios de direito[34].

3) A *mista,* de Jellinek, Saleilles e Michoud[35], que define o direito subjetivo como o poder da vontade reconhecido e protegido pela ordem jurídica, tendo por objeto um bem ou interesse; não pode ser aceita, por nós, pelas mesmas razões das anteriores.

Nítida é a correlação existente entre o direito objetivo e o subjetivo. Apesar de intimamente ligados, são inconfundíveis.

O direito objetivo é sempre um conjunto de normas impostas ao comportamento humano, autorizando-o a fazer ou a não fazer algo. Estando, portanto, fora do homem, indica-lhe o caminho a seguir, prescrevendo sanção em caso de violação.

O direito subjetivo é sempre permissão que tem o ser humano de agir conforme o direito objetivo.

Um não pode existir sem o outro. O direito objetivo existe em razão do subjetivo, para revelar a permissão de praticar atos. O direito subjetivo, por sua vez, constitui-se de permissões e autorizações dadas por meio do direito objetivo[36].

C. Direito público e direito privado

A clássica divisão do direito em público e privado é oriunda do direito romano, como se vê na seguinte sentença de Ulpiano: "*Hujus studii duae*

---

34. *Vide* Dabin, *Le droit subjectif,* Paris, Dalloz, 1952, p. 72 e s.; Franco Montoro, op. cit.; Anotações de aula do Prof. Dr. Goffredo Telles Jr., ministrada no Curso de Mestrado da USP em 1971, *O direito quântico,* cit., p. 398-400; *Iniciação,* cit., p. 105-16.

35. Saleilles, *De la personnalité juridique,* Paris, 1922, p. 547-8; Michoud, *La théorie de la personnalité morale,* Paris, 1932, v. 1, p. 107 e s.

36. G. Telles Jr., *Direito subjetivo,* cit., v. 28, p. 312 e 313.

sunt positiones, publicum et privatum. Publicum jus est quod ad statum rei Romanae spectat, privatum quod ad singulorum utilitatem: sunt enim quaedam publice utilia, quaedam privatum"[37]. O direito público era aquele concernente ao estado dos negócios romanos; o direito privado era o que disciplinava os interesses particulares. Esse critério da utilidade ou interesse visado pela norma é falho, porque não se pode afirmar, com segurança, se o interesse protegido é do Estado ou dos indivíduos, porque nenhuma norma atinge apenas o interesse do Estado ou do particular. Tais interesses são correlatos, de modo que a norma jurídica que tiver por finalidade a utilidade do indivíduo visa também a do Estado e vice-versa. Deveras, casos há em que é nítida a interpenetração existente entre o interesse individual e o social, como, p. ex., o direito de família, pois não há tema de índole mais individual do que o casamento, entretanto, não há, também, tema de maior relevância para a sociedade do que a estabilidade familiar. Nas hipóteses da proibição de construção em desacordo com posturas municipais, da interdição da queima de matas ou da obrigatoriedade de se inutilizarem plantações atingidas por pragas, a interpenetração dos interesses públicos e particulares é tão grande que parece haver o sacrifício do individual ao social, porém, na prática, ocorre, de modo indireto, vantagem para o cidadão. Delineia-se uma zona de interferência recíproca, o que dificulta a exata caracterização da natureza pública ou privada dessas normas[38].

Em razão disso houve autores que concluíram que o fundamento dessa divisão encontrava-se no "interesse preponderante ou dominante". Assim as

---

37. Digesto, I, 1, 1, 2.

38. Anacleto de Oliveira Faria, Direito público e privado, in *Enciclopédia Saraiva do Direito,* v. 28, p. 40. Nas p. 41 e 42, faz esse autor uma observação de ordem histórica: no momento em que o poder público sofreu alterações profundas, ao fim da Antiguidade e no início da Idade Média, quando o Estado sofreu grave colapso, em decorrência da invasão dos bárbaros e com o estabelecimento do feudalismo, o direito público entrou em crise, tornando-se inexistente. Depois da queda do Império Romano, os textos sobre a administração imperial tornaram-se destituídos de qualquer valor ou utilidade. Os jurisconsultos passaram a recorrer às fontes do direito romano, compiladas por Justiniano, apenas para procurar as normas de direito privado. O feudalismo confundiu soberania e propriedade, atribuindo ao titular do domínio poderes típicos do Estado, quais sejam os de distribuir a justiça, manter exércitos ou cunhar moedas. Disto resultava a possibilidade de serem as funções públicas reguladas com base em normas de âmbito privado. Desse modo desapareceu, durante a Era Medieval, a clássica distinção entre direito público e direito privado. Somente após a Revolução Francesa, com a fixação do novo conceito de soberania, é que retorna a divisão entre direito público e privado. *Vide* Caio Mário da Silva Pereira, *Instituições de direito civil*, Forense, 1976, v. 1, p. 26.

normas de direito público seriam as que assegurariam diretamente o interesse da sociedade e indiretamente o do particular; e as de direito privado visariam atender imediatamente o interesse dos indivíduos e mediatamente o do poder público. Entretanto, esse critério é insatisfatório; tão interligados estão que é impossível verificar, com exatidão, qual o interesse que prepondera[39].

É, portanto, inidôneo separar o interesse público do privado e admitir que a utilidade dos cidadãos seja antagônica à utilidade pública. Modernamente, recusa-se a utilidade ou interesse como fator exclusivo da diferenciação em tela[40].

Já para Savigny essa tradicional divisão baseia-se no fim do direito. É o que se infere deste seu texto: "Enquanto no direito público o todo se apresenta como fim e o indivíduo permanece em segundo plano, no direito privado cada indivíduo, considerado em si, constitui o fim deste ramo do direito e a relação jurídica apenas serve como meio para a sua existência e para as suas condições particulares"[41]. Esta concepção não teve grande aceitação, pois o Estado também pode ser fim de relação jurídica regulada pelo direito privado, como no caso em que for parte num contrato de compra e venda[42].

Ihering propôs, para demonstrar a existência da dicotomia, três espécies de propriedade: a individual, cujo "sujeito-fim" é o indivíduo; a do Estado, em que o "sujeito-fim" é o Estado, e a coletiva, na qual o "sujeito-fim" é a sociedade propriamente dita. A propriedade estatal tem por titular o governo da nação (p. ex.: o automóvel do Governador), e a coletiva, o povo (exemplificativamente, uma praça pública). Insustentável é essa tese porque o direito não se reduz ao direito de propriedade[43].

Kahn apresenta-nos como critério para efetivar tal distinção o da "patrimonialidade", segundo o qual o direito privado teria conteúdo patrimonial enquanto o direito público não conteria questões dessa ordem. Entretanto, há partes do direito privado que não têm natureza patrimonial, como o direito de família, e normas de direito público com caráter patrimonial, como as concernentes às desapropriações, orçamentos etc.[44].

---

39. Anacleto de Oliveira Faria, op. cit., p. 45.
40. Caio M. S. Pereira, op. cit., p. 26.
41. Savigny, *Sistema de direito romano*, v. 1, § 9º.
42. G. Telles Jr., *Introdução*, cit., fasc. 4, 1972, p. 231; *Iniciação*, cit., p. 225-54.
43. G. Telles Jr., *Introdução*, cit., p. 232.
44. Anacleto de Oliveira Faria, op. cit., p. 45; A. Franco Montoro, *Introdução à ciência do direito*, Ed. Martins, 1971, v. 2, p. 168 e 169.

Outro critério foi proposto por Jellinek ao sustentar que o cerne da questão está em que o direito privado regulamenta relações dos indivíduos considerados como tais, e o direito público, a organização, relações e funções daqueles que têm poder de império, ou seja, relações entre sujeitos dotados de *imperium,* relações entre esses sujeitos e os que se submetem ao seu *imperium*. Para ele só têm poder de império o Estado e entes similares. Imperfeita é esta tese, porque mesmo os sujeitos dotados de *imperium* podem ser sujeitos de direito privado, como na hipótese em que o Estado é parte num contrato de compra e venda[45].

Goffredo Telles Jr.[46] apresenta-nos um critério misto, pelo qual distingue-se o direito público do direito privado com base em dois elementos: o interesse preponderante protegido pela norma e a forma da relação jurídica regulada por prescrição normativa. Isto é assim porque se o direito é autorizante, é sempre um vínculo entre pessoas e este vínculo pode ser de coordenação ou de subordinação. A relação jurídica de coordenação é a que existe entre partes que se tratam de igual para igual. Um particular, ou mesmo o governo, quando compra um objeto, paga um determinado preço e recebe o bem comprado. Há um laço entre o estabelecimento comercial e o comprador, que sempre terá tratamento igual, seja indivíduo ou governo. Se o governo quiser pagar preço menor do que o estipulado, o comerciante não vende sua mercadoria. A relação jurídica de subordinação é aquela em que uma das partes é o governo da sociedade política, que exerce sua função de mando, como, p. ex., a existente entre o Estado e os cidadãos por ocasião da convocação das eleições ou entre o Estado e os contribuintes de imposto, de modo que se o indivíduo não atender aos reclamos estatais deverá ser punido, conforme a norma jurídica. É, pois, uma relação entre partes que se tratam de superior para inferior. Assim, o direito público seria o que protege interesses preponderantemente públicos, regulando relações jurídicas de subordinação, e o direito privado, o que concerne a interesses preponderantemente particulares e que regula relações jurídicas de coordenação.

Gurvitch e Radbruch[47] também entendem que o direito público seria um direito de subordinação, havendo desigualdade nas relações jurídicas,

---

45. G. Telles Jr., *Introdução,* cit., p. 233.
46. G. Telles Jr., *Introdução,* cit., p. 236-8.
47. Radbruch, *Introduzione alla scienza del diritto,* Torino, Giappichelli, 1958.

com o primado da justiça distributiva, e o direito privado seria um direito de coordenação, em que as partes encontrar-se-iam em absoluta igualdade, subordinadas à justiça comutativa. Anacleto de Oliveira Faria observa que a "subordinação" implicaria as disposições de ordem pública, absolutamente compulsórias: a coordenação, as normas de caráter supletivo. Não resiste, pois, esse critério, às críticas, pois o direito internacional público ficaria à margem da distinção, já que em seu âmbito predomina a mera coordenação, sendo muito tênues as normas imperativas da organização mundial de nações[48].

Eis a razão pela qual, hodiernamente, se tem buscado o elemento diferenciador no sujeito ou titular da relação jurídica, associando-se o fator objetivo ao subjetivo. O direito público seria aquele que regula as relações em que o Estado[49] é parte, ou seja, rege a organização e atividade do Estado considerado em si mesmo (direito constitucional), em relação com outro Estado (direito internacional), e em suas relações com os particulares, quando procede em razão de seu poder soberano e atua na tutela do bem coletivo (direitos administrativo e tributário). O direito privado é o que disciplina as relações entre particulares[50], nas quais predomina, de modo imediato, o interesse de ordem privada, como, p. ex., a compra e venda, a doação, o usufruto, o casamento, o testamento, o empréstimo etc.[51].

Pertencem ao *direito público interno*: o *direito constitucional,* que visa regulamentar a estrutura básica do Estado, disciplinando a sua organização

48. Anacleto de Oliveira Faria, op. cit., p. 46.
49. Por Estado, em sua acepção mais ampla, entende-se o poder público (União, Estados, Municípios, Ministérios, Secretarias, Departamentos); as autarquias (órgãos que têm personalidade jurídica distinta da do Estado, mas que a ele se ligam, por serem criados por lei e exercerem função pública – INSS, OAB); as organizações internacionais (como a ONU, FAO, UNESCO, que são órgãos supranacionais, reconhecidos pelo Estado e que mantêm com eles relações jurídicas normais). É o que nos ensina A. Franco Montoro (op. cit., v. 1, cap. IV).
50. Por particulares devemos entender as pessoas físicas ou naturais; as instituições particulares (associações, fundações, sociedades simples ou empresárias), enfim as pessoas jurídicas de direito privado e o próprio Estado, quando participa, numa transação jurídica, não na qualidade de poder público, mas na de simples particular. P. ex., como locatário de um prédio, o Estado figura na condição de inquilino, sujeito à Lei do Inquilinato (A. Franco Montoro, op. cit., v. 1, cap. IV).
51. Enneccerus, *Tratado de derecho civil,* v. 1, § 31, p. 132; Ruggiero, *Instituições de direito civil,* v. 1, § 8º, p. 59; Caio M. S. Pereira, op. cit., p. 27-9.

ao tratar da divisão dos poderes, das funções e limites de seus órgãos e das relações entre governantes e governados; o *direito administrativo,* que é o conjunto de normas que regem a atividade estatal, exceto no que se refere aos atos jurisdicionais e legislativos, visando à consecução de fins sociais e políticos ao regulamentar a atuação governamental, a administração dos bens públicos etc.; o *direito tributário,* disciplinando impostos, taxas e contribuições; o *direito financeiro,* que tem por escopo regular a despesa e a receita do Estado; o *direito processual,* que disciplina a atividade do Poder Judiciário e dos que a ele requerem ou perante ele litigam, correspondendo, portanto, à função estatal de distribuir a justiça; o *direito penal,* que é o complexo de normas que definem crimes e estabelecem penas, com as quais o Estado mantém a integridade da ordem jurídica, mediante sua função preventiva e repressiva; o *direito previdenciário,* que diz respeito à contribuição para o seguro social e aos benefícios dele oriundos (pensão, auxílios, aposentadoria etc.).

No *direito público externo,* temos o *direito internacional,* que pode ser *público,* se se constitui de normas disciplinadoras das relações entre Estados, ou *privado,* se rege as relações do Estado com cidadãos pertencentes a Estados diversos[52]. Em que pese tal opinião entendemos que o direito internacional privado é ramo do direito público interno por conter normas internas de cada país, que autorizam o juiz nacional a aplicar ao fato interjurisdicional a norma a ele adequada.

O *direito privado* abrange o *direito civil,* que regulamenta os direitos e deveres de todas as pessoas, enquanto tais, contendo normas sobre o estado, capacidade e as relações atinentes à família, às coisas, às obrigações e sucessões; o *direito comercial,* ou melhor, empresarial, que disciplina a atividade econômica de produção e circulação de bens e serviços do empresário e da sociedade empresária; o *direito do trabalho,* que rege as relações entre empregador e empregado, compreendendo normas sobre a organização do trabalho e da produção, e o *direito do consumidor,* conjunto de normas que regem as relações de consumo existentes entre consumidor e

52. Washington de Barros Monteiro, *Curso de direito civil,* São Paulo, Saraiva, v. 1, p. 9-10; A. Franco Montoro, op. cit., v. 1, cap. IV; v. 2, p. 170 e s.; M. H. Diniz, *Lei de Introdução ao Código Civil brasileiro interpretada,* São Paulo, Saraiva, 1994.

fornecedor[53]. Entretanto, há, nos dias atuais, uma tendência à publicização do direito privado, em virtude da interferência do direito público nas relações jurídicas privadas, como ocorre com a Lei do Inquilinato e com as normas de direito de família[54]. Existe, ainda, a questão da unificação do direito privado, que até hoje é controvertida. Há os que defendem a unificação total, preconizando a eliminação do direito comercial, e os que pretendem a unificação parcial no que concerne ao direito obrigacional. Apesar desse movimento para unificar o direito privado, parece-nos que a tese da dualidade prevalecerá, pelo menos no que diz respeito ao campo da circulação da riqueza[55].

A maioria dos juristas[56] entende ser impossível uma solução absoluta ou perfeita do problema da distinção entre direito público e privado. Embora o direito objetivo constitua uma unidade, sua divisão em público e privado é aceita por ser útil e necessária, não só sob o prisma da ciência do direito, mas também sob o ponto de vista didático[57]. Todavia, não se deve pensar que sejam dois compartimentos estanques, estabelecendo uma absoluta separação entre as normas de direito público e as de direito privado, pois intercomunicam-se com certa frequência[58].

---

53. A. Franco Montoro, op. cit., v. 1, cap. IV, e v. 2, p. 191-202; W. Barros Monteiro, op. cit., p. 10; Fábio Ulhoa Coelho, *Curso de direito civil*, São Paulo, Saraiva, 2003, v. 1, p. 11-2.
54. W. Barros Monteiro, op. cit., p. 11; Caio M. S. Pereira, op. cit., p. 30.
55. Orlando Gomes, *Introdução ao direito civil*, Rio de Janeiro, Forense, 1971, p. 26-8.
56. Com exceção de: *a*) Duguit, que julga tal distinção ultrapassada e sem rigor lógico, pois entre os dois direitos há o mesmo espírito de justiça, sem diversidade de natureza. Mas, ao mesmo tempo, defende a subsistência da tradicional linha de separação, buscando o critério diferencial no tipo de sanção de um e outro direito; e *b*) Kelsen, que nega a diferença fundamental entre direito público e privado, pois com a "pureza metódica" surgiu o postulado de unidade do conhecimento jurídico-científico, desaparecendo o dualismo Direito e Estado (se este último, segundo o kelsenismo, tem alguma relação com o direito, sendo, portanto, objeto da jurisprudência, não pode ser mais do que uma ordem jurídica); eliminou-se o dualismo direito estatal e internacional. A esse respeito, *vide* Serpa Lopes, *Curso de direito civil*, Freitas Bastos, 1962, v. 1, p. 26; Kelsen, *Teoria pura do direito*, 2. ed., 1962, v. 2, p. 165-72; Legaz y Lacambra, *Filosofía del derecho*, p. 122-3; Maria Helena Diniz, *A ciência jurídica*, cit., p. 26-7.
57. Anacleto de Oliveira Faria, op. cit., p. 47. Convém lembrar aqui que alguns autores têm alertado para uma tendência, cada vez maior, de atenuação da clássica distinção entre direito público e direito privado, principalmente no que atina à atuação de entidades do terceiro setor, que não são pessoas jurídicas de direito público, mas atuam, exclusivamente, na defesa de interesses públicos.
58. Caio M. S. Pereira, op. cit., p. 26.

D. Fontes jurídicas

O termo "fonte do direito" é empregado metaforicamente, pois em sentido próprio – fonte – é a nascente de onde brota uma corrente de água[59]. Justamente por ser uma expressão figurativa tem mais de um sentido.

Nesta acepção, "fonte jurídica" seria a origem primária do direito, havendo confusão com o problema da gênese do direito. Trata-se da fonte real ou material do direito, ou seja, dos fatores reais que condicionaram o aparecimento de norma jurídica[60]. Kelsen admite esse sentido do vocábulo "fonte do direito", apesar de não o considerar como científico-jurídico, quando com esse termo se designam todas as representações que, de fato, influenciam a função criadora e aplicadora do direito, como: os princípios morais e políticos, as teorias jurídicas, pareceres de especialistas. Fontes essas que, no seu entender, se distinguem das fontes do direito positivo, porque estas são juridicamente vinculantes e aquelas não o serão enquanto uma norma jurídica positiva não as tornar vinculantes, caso em que elas assumem o caráter de uma norma jurídica superior que determina a produção de uma norma jurídica inferior[61].

Emprega-se também a expressão "fonte do direito" como equivalente ao fundamento de validade da ordem jurídica. A teoria kelseniana, por postular a pureza metódica da ciência jurídica, procura afastá-la de quaisquer influências sociológicas, ideológicas ou valorativas, liberando-a da análise de aspectos fáticos, teleológicos, morais ou políticos que, porventura, estejam ligados ao direito, remetendo o estudo desses elementos à sociologia, à política e à filosofia da justiça. Portanto, só as normas são suscetíveis, segundo Kelsen, de indagação teórico-científica. Com isso, a problemática das fontes jurídicas confunde-se com a validade das normas de direito. Essa doutrina designa como "fonte" o fundamento de validade jurídico-positiva da norma jurídica.

---

59. Ensina-nos Nelson Saldanha (Fontes do direito – I, in *Enciclopédia Saraiva do Direito*, v. 38, p. 47) que: "A sugestiva expressão latina *fons et origo* aponta para a origem de algo: origem no sentido concreto de causação e ponto de partida. *Fonte*, na linguagem corrente, pode aludir a um local ou a um fator, ou à relação entre um fenômeno e outro, do qual o primeiro serve de causa". Sobre *fontes jurídicas, vide* Maria Helena Diniz, *Compêndio de introdução à ciência jurídica*, São Paulo, Saraiva, 1989, p. 255-98; Pablo S. Gagliano e Rodolfo Pamplona Fº, *Novo curso de direito civil*, São Paulo, Saraiva, 2002, v. 1, p. 9-29.

60. Nelson de Souza Sampaio, Fontes do direito – II, in *Enciclopédia Saraiva do Direito*, v. 38, p. 51 e 53.

61. Kelsen, *Teoria pura do direito*, 2. ed., 1962, v. 2, p. 85.

O fundamento de validade de uma norma, como assevera Kelsen, apenas pode ser a validade de uma outra, figurativamente denominada norma superior, por confronto com uma norma que é, em relação a ela, a norma inferior. De maneira que o direito deve ser considerado como um sistema escalonado e gradativo de normas jurídicas suprainfraordenadas umas às outras, ou melhor, em que cada qual retirará sua validade da camada que lhe for imediatamente superior e assim sucessivamente até atingir a norma hipotética fundamental. Logo, é fonte jurídica a norma superior que regula a produção da norma inferior. Assim, a Constituição é a fonte das normas gerais, elaboradas pelo Poder Legislativo, Executivo e por via consuetudinária, e uma norma geral é fonte, p. ex., da sentença judicial que a aplica e que é representada por uma norma individual. Num sentido jurídico-positivo, fonte jurídica só pode ser o direito, pelo fato de que ele regula a sua própria criação, uma vez que a norma inferior só será válida quando for criada por órgão competente e segundo certo procedimento ou processo previsto em norma superior. A aplicação do direito é, concomitantemente, sua criação. Para essa concepção, entende-se também por fonte jurídica a norma hipotética fundamental, que confere o fundamento último de validade da ordem jurídica. Tal ocorre porque é impossível encontrar na ordenação jurídica o fundamento positivo para a Constituição. Verifica-se que, na teoria pura do direito, a ciência jurídica, ao contemplar o direito como um sistema normativo, está obrigada a pressupor uma norma hipotética fundamental que garanta a possibilidade de conhecer o direito, pois é ela o princípio ideal que reduz as normas jurídicas a uma unidade absoluta, conferindo-lhes validade. Essa norma básica foi, por Kelsen, designada como constituição no sentido lógico-jurídico, diferenciando-a assim da Constituição em sentido lógico-positivo. Essa norma fundamental diz apenas que se deve obedecer ao poder que estabelece a ordem jurídica, mantendo a ideia de que uma norma somente pode originar-se de outra, da qual retira sua validez[62]. Nesta acepção enquadra-se, em certa medida, a fonte formal

---

62. Kelsen, op. cit., p. 84; Nelson de Souza Sampaio, op. cit., p. 52 e 53; Maria Helena Diniz (*A ciência jurídica,* cit., p. 18 e s., 145 e s. e 155 e 156) esclarece que "a norma fundamental é *metajurídica* no sentido de não ser uma norma positiva, criada por um ato real volitivo de um órgão jurídico e sim uma norma pressuposta no pensamento jurídico. Por não ser positiva, é óbvio que ela não pertence ao sistema, sendo até mesmo anterior a ele, que dela depende. Fora do sistema tem a norma básica uma função postulatória, ou seja, consiste no ponto de partida necessário à investigação jurídico-científica. Todavia é jurídica no sentido de ter funções jurídicas relevantes como a de fundamentar a validade objetiva do significado subjetivo dos atos de vontade criadores da norma e a de fundamentar a unidade de uma pluralidade de normas. Dentro

da teoria tradicional, que é a idônea para produzir norma jurídica, ou seja, a que é constituída pelos elementos que, na ordenação jurídica, servem de fundamento para dizer qual é o direito vigente[63].

Estamos com a teoria egológica de Carlos Cossio, que demonstrou que o jurista deve ater-se tanto às fontes materiais como às formais, preconizando a supressão da distinção, preferindo falar em *fonte formal-material,* já que toda fonte formal contém, de modo implícito, uma valoração, que só pode ser compreendida como fonte do direito no sentido de fonte material. Além disso, a fonte material aponta a origem do direito, configurando a sua gênese, daí ser fonte de produção, aludindo a fatores éticos, sociológicos, históricos, políticos etc.; que produzem o direito e condicionam seu desenvolvimento. A fonte formal lhe dá forma, demonstrando quais os meios empregados pelo jurista para conhecer o direito, ao indicar os documentos que revelam o direito vigente, possibilitando sua aplicação a casos concretos, apresentando-se, portanto, como fonte de cognição[64].

As *fontes formais* podem ser estatais e não estatais.

As *estatais* subdividem-se em legislativas (leis, decretos, regulamentos etc.), jurisprudenciais (sentenças, precedentes judiciais, súmulas etc.)[65] e

---

do sistema tem ela uma dupla função constitutiva: a de dar unidade e a de dar validade a um sistema de normas".

63. Luiz Fernando Coelho, Fonte formal, in *Enciclopédia Saraiva do Direito,* v. 38, p. 40.

64. Luiz Fernando Coelho, Fonte de produção e Fonte de cognição, in *Enciclopédia Saraiva do Direito,* v. 38, p. 39-40. Alf Ross (*Diritto e giustizia,* 3. ed., Torino, 1965, p. 74) reúne os dois tipos de fontes na seguinte definição: "Por *fontes do direito* entende-se o conjunto dos fatores que influem sobre a formulação da norma que serve de fundamento à decisão do juiz, com o acréscimo de que essa influência pode variar desde aquelas fontes que fornecem ao juiz uma norma já elaborada e que ele simplesmente tem que aceitar até aquelas fontes que só lhe oferecem ideias e inspiração, das quais ele formulará a norma que necessita".

65. O termo *jurisprudência* está sendo empregado como o conjunto de decisões uniformes dos tribunais. É, como prefere Miguel Reale (*Lições preliminares de direito,* p. 167 e 175), a forma de revelação do direito que se processa através do exercício da jurisdição, em virtude de uma sucessão harmônica de decisões dos tribunais. Os recursos ordinários e extraordinários do Supremo Tribunal Federal vão estabelecendo a possível uniformização das decisões judiciais. O Supremo Tribunal coordena e sistematiza sua jurisprudência mediante enunciados normativos que resumem as teses consagradas em reiteradas decisões. São as *Súmulas* do STF, que periodicamente vêm sendo atualizadas, constituindo não um simples repertório de ementas de acórdãos, mas um sistema de normas jurisprudenciais a que a Corte subordina os seus arestos. W. Barros Monteiro (op. cit., p. 23) apresentou vários casos concretos que realçam a importância da jurisprudência na formação do direito; dentre eles, podemos transcrever o seguinte: "Para o casal italiano, vindo pobre para o Brasil, o regime matrimonial era o da com-

convencionais (tratados e convenções internacionais). As *não estatais*, por sua vez, abrangem o direito consuetudinário (costume jurídico), o direito científico (a doutrina)[66] e as convenções em geral ou negócios jurídicos[67].

---

pleta separação, por força de seu estatuto pessoal. Nessas condições, bens adquiridos em nome do marido só a ele pertenciam. Muitas situações iníquas surgiram em detrimento da mulher, com a aplicação do art. 14 da velha Lei de Introdução ao Código Civil. Passou, então, a jurisprudência a admitir, em casos semelhantes, a comunhão dos bens adquiridos na constância do matrimônio, porque a presunção era a de que a esposa havia contribuído com seu esforço, trabalho e economia para a aquisição. Tal entendimento tornou-se normal, sendo certo que à brasileira, casada com estrangeiro, sob regime que exclua a comunhão universal, socorre a mesma disposição específica (Dec.-lei n. 3.200/41, art. 17)". Impossível esquecer o papel que está reservado à jurisprudência na criação do direito.

66. Na lição de Fábio Ulhoa Coelho (*Curso de direito civil*, cit., v. 1, p. 65-6), as normas jurídicas externas podem ser: a) *internacionais*, se advindas de acordo entre Estados soberanos (convenções ou tratados); b) *supranacionais*, se editadas por organismos internacionais (ONU; OMC – Organização Mundial do Comércio; União Europeia etc.). Se forem internalizadas, passam tais normas a ter a mesma hierarquia das leis. A doutrina é formada pela atividade dos juristas, ou seja, pelos ensinamentos dos professores, pelos pareceres dos jurisconsultos, pelas opiniões dos tratadistas. É a doutrina que constrói as noções gerais, os conceitos, as classificações, as teorias, os sistemas. Com isto exerce função relevante na elaboração, reforma e aplicação do direito, devido à sua grande influência na legislação e na jurisprudência. Sobre o assunto, *vide* Orlando Gomes, *Introdução ao direito civil,* cit., p. 54; Nelson Godoy Bassil Dower, *Curso moderno de direito civil,* v. 1, p. 29; W. Barros Monteiro, op. cit., p. 21-2. Miguel Reale, por sua vez, nega à doutrina a qualidade de fonte do direito, ao escrever nas *Lições preliminares de direito* (p. 176): "As fontes de direito produzem modelos jurídicos, isto é, estruturas normativas que, com caráter obrigatório, disciplinam as distintas modalidades de relações sociais. Como pensamos ter demonstrado em nosso livro *O direito como experiência,* enquanto as fontes revelam modelos jurídicos que vinculam os comportamentos, a doutrina produz modelos dogmáticos, isto é, esquemas teóricos, cuja finalidade é determinar: *a*) como as fontes podem produzir modelos jurídicos válidos; *b*) que é que estes modelos significam e *c*) como eles se correlacionam entre si para compor figuras, institutos e sistemas, ou seja, modelos de mais amplo repertório". Para nós, a doutrina é, como afirmamos mais adiante, fonte de direito por ser norma consuetudinária.

67. Luiz Fernando Coelho, op. cit., p. 41. Chironi e Abello (*Trattato di diritto civile,* v. 1, nota 1, p. 23) discutem sobre se o contrato deva ser incluído como uma das fontes do direito, advertindo que uma das consequências da confusão entre fontes do direito objetivo e fontes do direito subjetivo é colocar-se o contrato como uma das fontes do direito. Dizem eles, o contrato pode ser fonte do direito objetivo, mas é ilógico elevá-lo ao mesmo plano da lei e dar-lhe a mesma força e significação jurídica, dada a diversidade de sua posição jurídica, restrita a um dado caso concreto, enquanto as relações jurídicas atuam sempre *in abstracto.* Eis por que a teoria clássica exclui os negócios jurídicos da categoria de fontes do direito. Observam Laborde-Lacoste (*Intr. générale à l'étude du droit,* Paris, n. 206, p. 171-2) que, no fim do século XIX, os autores juspublicistas, como Duguit, Bonnard, Jèze, criticaram essa concepção clássica, partindo da ideia de que o contrato, sendo uma manifestação de vontade, exteriorizada com o fim de produzir efeito jurídico, constitui fonte de direito. Miguel Reale

E. Norma jurídica

e.1. Conceito

Tem razão Alexandre Caballero[68] ao afirmar que "é um fenômeno normal o da evolução dos conceitos, mesmo dos mais elementares e fundamentais. Quanto mais manuseada uma ideia, mais ela fica revestida de minuciosos acréscimos, sempre procurando os pensadores maior penetração, maior exatidão, maior clareza. A interferência das mais diversas teorias sobre um conceito em lugar de esclarecer complica, frequentemente, as ideias. E, o que era antes um conceito unívoco, converte-se em análogo e até em equívoco. Tal a variedade e disparidade de significação que lhe acabam sendo atribuídas".

De modo que quem quiser orientar-se acerca do problema do conceito da norma jurídica encontrar-se-á, portanto, diante de uma imensidão caótica de orientações e pontos de vista diferentes que lhe não será fácil dominar.

Isto nos leva a pensar na necessidade de buscar, com absoluta objetividade, o conceito de norma jurídica, pois não existe entre os juristas um certo consenso na definição da norma jurídica, que é uma das partes integrantes do direito.

Para tanto, dever-se-á ter presente que "um dos caminhos para a descoberta das essências das coisas é o que leva à intimidade das palavras que as simbolizam", revelando sua íntima estrutura, desvendando os elementos de que se compõem, enumerando seus aspectos inteligíveis ou notas, pois é óbvio que o conjunto desses aspectos constitui o perfeito conhecimento intelectual dos objetos[69].

Os conceitos refletem, no nosso entender, a essência da coisa, e as palavras são veículos dos conceitos. Isto supõe a relação entre significados das expressões linguísticas e a realidade.

A operação de se revelar o que um objeto é, por meio da enunciação de seus aspectos inteligíveis, chama-se operação de definir; seu produto é a definição.

(*Lições preliminares*, cit., p. 178-81) salienta a importância do poder negocial como força geradora de normas jurídicas.

68. A. Caballero, O ser em si e o ser para si, *RBF*, *48*(71):277, 1968.

69. G. Telles Jr., *Introdução*, cit., fasc. 4, 1972, p. 219 (apostila).

A lógica tradicional que procede de Aristóteles ensina que se determina a essência das coisas por meio de uma definição, ou seja, por indicação do gênero próximo e da diferença específica[70].

É preciso definir exatamente a norma jurídica, purificando-a de seus elementos contingentes, que encobrem sua verdadeira natureza, assinalando as essências que fazem dela uma realidade diferente de todas as realidades sociais. Logo, só a definição real essencial revela a essência da norma jurídica pelo gênero próximo, que é a ideia imediatamente superior, quanto à extensão, à ideia de norma, e pela diferença específica, ou seja, a qualidade que, acrescentada a um gênero, constitui uma espécie, distinta como tal de todas as espécies do mesmo gênero[71].

Ante a multiplicidade de normas, o pensamento deverá munir-se de um critério seletor que consiga enquadrar os caracteres essenciais das normas investigadas.

Como o "ser" jurídico da norma não está na coisa material, sendo uma significação ideal que mantém com o objeto real uma relação peculiar, só a intuição racional poderá apreendê-lo, atingindo o conceito da norma jurídica, sem recorrer a nenhuma disposição normativa, sem fazer confrontos entre duas ou mais normas, devido a uma visão intelectual. A intuição racional consiste em olhar para uma norma qualquer, prescindindo de suas particularidades, de seu conteúdo ou caráter psicológico, sociológico etc., não considerando sua existência singular, para atingir aquilo que tem de geral, ou seja, ir isolando do objeto tudo o que for acidental até atingir a ideia[72].

Colocado ante uma norma, o sujeito cognoscente vai depurando-a, objetivamente, através de fases sucessivas de eliminação, até captá-la em toda sua pureza. Isto é assim porque a norma de direito encontra-se no mundo dos objetos reais, sendo valiosa positiva ou negativamente.

As normas jurídicas têm um conteúdo que varia de acordo com as épocas, lugares, políticas dominantes etc. O conteúdo varia mas não a norma ju-

---

70. Fritz Schreier, *Conceptos y formas fundamentales del derecho,* Buenos Aires, Losada, 1942, p. 26; G. Telles Jr., *Tratado da consequência,* 2. ed., Bushatsky, 1962, p. 324-6; Jacques Maritain, *Éléments de philosophie*; petite logique, 2. ed., n. 29, p. 95; Edmund Husserl, *Idées directrices pour une phénoménologie,* 4. ed., Ed. Gallimard, 1950, p. 46.

71. Régis Jolivet, *Curso de filosofia,* 7. ed., Rio de Janeiro, Agir, 1965, p. 36.

72. L. Vilanova, *Sobre o conceito do direito,* Imprensa Oficial, Recife, 1947, p. 107-15, 123; Aloys Müller, *Introducción a la filosofía,* Buenos Aires, 1937, p. 104; Recaséns Siches, *Tratado general de filosofía del derecho,* 3. ed., México, Porrúa, 1965, p. 458 e 459; Max Planck, *Aonde vai a ciência?*

rídica; esta é como que um invólucro capaz de reter dentro de si os mais variados conteúdos. Por este motivo podemos falar que é jurídica a norma jurídica argentina, a americana, a russa, a brasileira etc. O que demonstra que, além dos fatores particulares e imediatos que determinam as normas singulares, existem outros gerais e comuns. Todas elas têm em comum alguma coisa, que faz delas normas jurídicas; trata-se de sua essência. A essência não se confunde com a norma jurídica. A norma é algo real, porém sua essência é ideal[73], pois é atemporal, não está no espaço, é *a priori*, porque não depende desta ou daquela experiência; a ela não chegamos através dos sentidos, mas da intuição intelectual, e é neutra ao valor.

É o conceito que fixa a essência, a dimensão ideal da norma, o seu elemento imutável e necessário[74]. Logo, o conceito não reproduz a norma, uma vez que funciona como um princípio de simplificação, tendo uma função seletiva[75]. Este conceito deve dar-nos a essência do jurídico, deixando de lado todos os qualificativos específicos e individuais, abrangendo todas as normas jurídicas que existiram, existem e hão de existir, servindo para a norma civil, penal, administrativa, tributária, processual etc. Sendo aplicável ao ordenamento de um povo primitivo ou de um Estado civilizado, compreende, igualmente, as normas justas como as injustas, pois o sentido da norma jurídica deve ser apenas a intenção de realizar a justiça e não seu logrado cumprimento[76].

Urge, portanto, que se faça uma análise racional sobre a natureza da norma jurídica, eliminando tudo o que resulte ao espírito como sendo acessório, numa seleção gradual que tenha em vista, tão somente, destacar as notas essenciais da norma jurídica[77].

---

73. L. Vilanova, op. cit., p. 58; Celso Antônio Bandeira de Mello, *Metodologia do direito administrativo*, aula proferida no Curso de Especialização em Direito Administrativo da PUCSP, 1972, p. 17; Del Vecchio, *Lições de filosofia do direito*, 2. ed., Coimbra, Ed. A. Amado, 1951, p. 16 e 17; Juan Llambias de Azevedo, *Eidética y aporética del derecho*, Buenos Aires, Espasa-Calpe, 1940, p. 18; Legaz y Lacambra, *Filosofía del derecho*, 3. ed., Barcelona, Bosch, 1972, p. 166; Goldschmidt, *Filosofía, historia y derecho*, Buenos Aires, Livr. Jurídica, 1953, p. 102.
74. Cathrein, *La filosofía del derecho*; el derecho natural y el positivo, 3. ed., Madrid, Ed. Reus, 1940, p. 17.
75. L. Vilanova, op. cit., p. 15 e 16.
76. Por mais desagradável que isto resulte não há por que duvidar de que houve, há e sempre haverá normas injustas: a que instituiu a escravidão, as inúmeras leis fascistas, nazistas e soviéticas (conglomerado das mais anti-humanas e nefandas normas), que contudo não deixam de ser jurídicas, ainda que abomináveis, aviltantes e repugnantes aos nossos sentimentos.
77. Jacy de Souza Mendonça, Problemática filosófico-jurídica atual, *RBF, 81*:52, 1971.

A norma jurídica é, sem dúvida, uma norma de conduta, no sentido de que seu escopo direto ou indireto é dirigir o comportamento dos indivíduos particulares, das comunidades, dos governantes e funcionários no seio do Estado e do mesmo Estado na ordem internacional.

Ela *prescreve* como se deve orientar a conduta de cada um, sendo, portanto, *prescritiva* ou *diretiva*.

É manifestação de um ato de vontade do poder, por meio do qual uma conduta humana é obrigatória, permitida ou proibida. É *imperativa* como toda norma de comportamento humano destinada a regular o agir do homem e a orientá-lo para suas finalidades. Por conseguinte, é imperativa, porque "imperar" é impor um dever, o qual é da essência do preceito[78].

Nota-se que a norma jurídica situa-se no âmbito da normatividade ética, pois tem por objetivo regular a conduta humana tendente à consecução de seus fins próprios, no seio de uma sociedade. Apresenta-se, portanto, na vida social como uma ordem de conduta, ou de "dever ser", que indica que os comportamentos devem ser assim, de uma determinada maneira; logo pertence à ordem ética, que tem por objeto as ações humanas.

A norma moral e a jurídica têm em comum a base ética; ambas são normas de comportamento. Assim sendo, a norma jurídica possui uma essência ética, uma vez que indica como deve ser a conduta dos simples indivíduos, autoridades e instituições na vida social[79].

E é justamente isso que a distingue da lei físico-natural, cuja finalidade é a explicação de relações constantes entre fenômenos, sendo constatativa de uma certa ordem que se verifica em qualquer setor da natureza. A norma ética, como, p. ex., a jurídica, tem por fim provocar um comportamento. Postula uma conduta que, por alguma razão, se estima valiosa, ainda que de fato possa produzir-se um comportamento contrário. Exprime o que deve ser, manda que se faça algo, e talvez não seja cumprida, isto porque o suposto filosófico de toda norma é a liberdade dos sujeitos a que obriga, situando-se no campo da atividade humana representada pela consciência e liberdade.

78. Kelsen, *Teoria pura do direito,* 2. ed., Coimbra, Ed. A. Amado, 1962, v. 1, n. 4-"b", p. 7, e 4-"c", p. 22; Juan Manuel Teran, *Filosofía del derecho,* 5. ed., Porrúa, 1971; Del Vecchio, *Filosofía del derecho,* p. 339.

79. Leonardo Van Acker, Sobre um ensaio de jusnaturalismo fenomenológico-existencial, *RBF, 20*(78):186, 1970; Paul Amselek, *Méthode phénoménologique et théorie du droit,* Libr. Générale de Droit et de Jurisprudence, 1964, p. 71.

Impõe dever, sendo, portanto, imperativa e não constatativa como a lei da natureza, que nada impõe à natureza.

Todas as normas, sejam elas morais, religiosas, educativas ou jurídicas, são normas éticas, ou seja, mandamentos imperativos. O traço distintivo entre a norma ética e a lei física é a imperatividade, pois diferencia as normas de comportamento humano das leis que regem outros seres.

Por conseguinte, é a nota de *imperatividade* que revela o *gênero próximo* da norma jurídica[80], incluindo-a no grupo das normas que regulam o comportamento humano.

A *imperatividade é característica essencial genérica* e importantíssima da norma jurídica. Não se pode conceber uma norma que não tenha caráter imperativo, elemento iniludível da norma de direito.

Entretanto, uma norma que desse lugar tão somente a um mero dever não seria uma norma jurídica.

A caracterização da norma de direito como imperativo é insuficiente, porque não permite diferenciá-la do heterogêneo conjunto de normas que a vida em sociedade nos oferece.

A problemática da distinção entre norma moral e jurídica é uma velha questão doutrinária.

Quando se examinam as ideias dos juristas a esse respeito, percebe-se um sem-número de pontos de vista.

Há quem julgue que a *sanção* é a sua nota específica. Contudo, consideramos estreita a concepção da norma jurídica caracterizada pela sanção. Isto porque não é a sanção que distingue a norma jurídica da norma moral e dos convencionalismos sociais. Tanto estas como as jurídicas são sancionadoras, pois a infração de seus preceitos acarreta consequências. Já as leis físicas não o são, porque as consequências por elas previstas resultam, necessariamente, do fato em seus nexos causais.

O desrespeito a uma norma moral pode causar: 1) sanção individual e interna, ou seja, da consciência, que nada mais é senão a insatisfação ou o desgosto (arrependimento, vergonha, remorso); 2) sanção externa, como a opinião pública que estima as pessoas honestas e lança ao desprezo os iníquos (desconsideração social)[81].

---

80. G. Telles Jr., *O direito quântico*, p. 262 e 172; Paul Amselek, La phénoménologie et le droit, in *Archives de Philosophie du Droit et Sociologie Juridique*, 1972, p. 229 e 234.

81. R. Jolivet, op. cit., p. 382; Vicente Ráo, *O direito e a vida dos direitos*, Max Limonad, 1952, v. 1, p. 37.

Pensamos que a sanção da norma moral e a dos usos sociais pode estar contida implicitamente e predeterminada na norma; mas consiste numa condenação, numa censura ao infrator pronunciada pelo círculo social a que pertence ou numa reprovação que poderá chegar até à eliminação do violador da norma do referido círculo.

Como a transgressão de normas morais ou sociais desencadeia uma sanção de reprovação ou de exclusão de um determinado círculo coletivo – sanção esta que pode resultar gravíssima para o sujeito e cujo temor costuma exercer uma vigorosa influência —, a sanção não pode ser a característica específica da norma jurídica[82]. Logo, não é a sanção a nota distintiva da norma jurídica, porque a norma moral também contém sanções[83].

Além do mais, a "sanção é uma medida legal que poderá vir a ser imposta por quem foi lesado pela violação da norma jurídica a fim de fazer cumprir a norma violada, de fazer reparar o dano causado ou de infundir respeito à ordem jurídica"[84].

A norma de direito, ao mesmo tempo que estabelece a ordem desejada, sanciona a transgressão a esta ordem, a fim de que essa infração não se produza. É, portanto, medida legal que a norma jurídica estabelece antes de ser

82. Recaséns Siches, *Panorama del pensamiento jurídico en el siglo XX*, t. 1, p. 501. Virally afirma: "*La violation des règles morales peut entrainer des réactions sociales qui dépassent la simple désaprobation, et qui, pour être spontanées, peuvent être violents et automatiques: mise au ban, quarantaine, expulsion, sans parler d'autres humiliations*" (*La pensée juridique*, Paris, LGDJ, 1960, p. 77).

83. Contudo alguns autores a consideram como elemento específico da norma jurídica; dentre eles podemos citar Durkheim, que afirma que o que diferencia a norma moral da jurídica é a forma da sanção. A norma moral está acompanhada de uma sanção difusa, isto é, não organizada, ao passo que a norma jurídica contém sanção organizada, uma vez que um órgão competente a exerce e executa. São da mesma opinião Radcliffe-Brown, que ponderam que só há normas jurídicas apenas quando as sanções forem aplicadas por autoridade constituída, política, religiosa ou econômica, e se as sanções não emanarem da referida autoridade, mas derivarem da sociedade difusamente, então, não há normas jurídicas, mas tão somente costumes; e Thurnwald, que diz que o fenômeno de uma sanção organizada distingue a ordem jurídica dos costumes e usos sociais. *Vide* Durkheim, *Division, Introduction,* p. 25-37; Radcliffe-Brown, Law primitive e Sanction social, in *Encyclopaedia of the social sciences*; Thurnwald, Origem, formação e transformação do direito, *Sociologia,* v. 3, n. 3/1941; Stodieck, Problemas da filosofia do direito, *RF, 118*(542), 1948; Malinowski (*Crime and custom in savage society*) pesquisou o direito dos habitantes das Ilhas Trobriand, na Melanésia, sustentando que é possível divisar a existência da norma jurídica mesmo sem a presença de uma sanção organizada que a torne obrigatória. Põe em dúvida, portanto, que a sanção organizada seja caráter específico da norma de direito.

84. G. Telles Jr., Anotações de aula proferida no curso de Pós-Graduação em Direito da USP, 1971.

violada. É um remédio colocado à disposição do lesado para eventual uso; logo esse remédio *não é empregado necessariamente,* o lesado o emprega quando quiser. É sempre medida ligada à violação possível da norma e não à norma jurídica. Está prescrita em norma de direito antes que haja violação. Não há sanção legítima sem norma jurídica que a institua e regulamente. Se é a norma que a estatui não pode ser de sua essência.

"A sanção é a *consequência jurídica* que o não cumprimento de um dever produz em relação ao obrigado"[85]. O essencial na norma jurídica não pode ser a consequência jurídica (a sanção), precisamente porque é consequência. Como toda consequência, a sanção encontra-se condicionada pela realização de um suposto, ou seja, da violação da norma[86]. Se a obrigação for cumprida, a sanção não pode impor-se.

A sanção é, portanto, indiferente, estranha à essência específica da norma de direito.

Outros colocam a *coação* como elemento essencial da norma jurídica.

A coação é a aplicação ou realização efetiva da sanção[87]. Quando a sanção for imposta ao violador da norma jurídica é que se dá a coação. Os adeptos da teoria do coativismo sustentam que a nota especificadora da norma jurídica reside no uso da força[88]; com isso a norma jurídica converter-se-ia num fenômeno físico, ter-se-ia, então, justamente, o contrário do que as análises anteriores nos demonstraram, apareceria como a causa de um efeito.

A ideia de força das normas de direito está em contradição manifesta com a realidade. Elas não exercem nenhuma pressão sobre o indivíduo, ape-

---

85. García Máynez, *Introducción al estudio del derecho,* n. 154, p. 97; Du Pasquier, *Introduction à la théorie générale et à la philosophie du droit,* n. 135, p. 112.

86. Llambias de Azevedo, *Eidética y aporética,* cit., p. 86; Benvenuti, Sul concetto di sanzione, *Jus,* 1955, p. 223 e s.; Mandrioli, Appunti sulla sanzione, *Jus,* 1956, p. 86 e s.

87. Sforza, Norma e sanzione, *RIFD, 1*:6, 1921; Pekelis, *Il diritto come volontà constante,* Padova, 1930, p. 109 e s.; Allara, *Le nozioni fondamentali del diritto privato,* Torino, 1939, v. 1, p. 6; Goffredo Telles Jr., Anotações de aula proferida no Curso de Pós-Graduação em Direito da USP, em 1971; Carnelutti, Il valore della sanzione nel diritto, *Rivista di Diritto Processuale, 1*:237 e s., 1955; García Máynez, *Introducción al estudio del derecho,* México, Porrúa, 1972, p. 298 e s.

88. Hermes Lima, *Introdução à ciência do direito,* Ed. Nacional de Direito, 4. ed., p. 98 e 99, 1944; 6. ed., p. 19 e 22, 1952; Suárez, *Tratado de las leyes y de Dios legislador,* Madrid, Reus, 1921, Livro III, 2, 11, 12; Ihering, *El fin en el derecho,* v. 1, p. 320; Olivecrona, *Law as fact,* London, Oxford University Press, 1959, p. 134; Alf Ross, *On law and justice,* London, Ed. Stevens, 1958, p. 34, 52 e 53.

nas lhe indicam o caminho que deve seguir. Realmente, como poderia a norma coagir? Como poderia tomar um indivíduo pelo braço e forçá-lo a fazer ou a não fazer algo? A norma não age, logo não coage[89], apenas prescreve a conduta daquele que pode exercer coação. A coação não é exercida pela norma jurídica, mas por quem é lesado pela sua violação[90].

Se a norma jurídica fosse coativa, a coação seguiria, necessariamente, a sua violação. Nem sempre isso ocorre; pode suceder que a norma seja violada sem que haja alguma coação contra o seu infrator. Inúmeros são os casos em que os lesados abrem mão da coação[91].

A violação da norma jurídica pressupõe, necessariamente, a existência dessa norma, isto porque o que não existe não pode ser violado, de maneira que a norma é anterior à coação. Logo, não é a norma que depende da coação, mas é a coação que depende da norma. A norma jurídica vigora sem coação, pois com sua promulgação já é uma norma completa, com plena vigência, ao passo que a coação depende da preexistência da norma de direito, porque decorre da sua violação. Se a coação supõe a existência da norma jurídica, jamais poderia ser um elemento essencial desta.

Note-se, ainda, que a coação pode nunca aparecer, bastando que a norma não seja violada, posto que é perfeitamente possível que ninguém infrinja a norma jurídica. Além disso, a regulamentação da coação é feita pela norma jurídica, para que não se converta numa brutal arbitrariedade e em violência. São as normas que disciplinam as condições e procedimento em que a coação pode ou deve ser exercida, as pessoas que podem e devem exercê-la etc.[92].

Para que haja coação é preciso que o violador da norma seja encontrado e identificado. Muitos são os infratores que burlam a ação da polícia: poderão não ser capturados, identificados, ou mesmo, se encontrados, poderão conseguir que um hábil advogado demonstre a sua inocência.

---

89. G. Telles Jr., *O direito quântico,* cit., p. 264 e 265; Carbonnier, *Droit civil,* 1957, v. 1, p. 5; Lucien Aulagnon, Aperçu sur la force dans la règle de droit, in *Mélanges Roubier,* Dalloz, 1961, v. 1, p. 29.

90. G. Telles Jr., *O direito quântico,* cit., p. 265.

91. Schreier, *Conceptos y formas fundamentales del derecho,* Buenos Aires, Losada, 1942, p. 111 e 117; Rosmini, *Filosofia del diritto,* 2. ed., 1865, v. 1, p. 126; G. Telles Jr., *Filosofia do direito,* 2. ed., p. 279; M. Reale, *Filosofia do direito,* v. 1, p. 234.

92. G. Telles Jr., *O direito quântico,* cit., p. 265; Bobbio, *Studi per una teoria generale del diritto,* Torino, Giappichelli, 1970, p. 128.

A coação não é, pois, elemento constitutivo da norma jurídica. Se o fosse, nos casos em que se torna impossível a coação, desapareceria a norma jurídica.

Existem autores que julgam que a norma jurídica exerce contínua coação sobre todos pelo medo que inspiram as consequências decorrentes de sua violação. Trata-se da coação psíquica ou *coerção*.

Ora, o medo de violar a norma só pode nascer se existir uma norma a violar. Deveras, que medo pode haver das consequências da violação de uma norma de direito se essa norma não existe? Além disso, a norma jurídica não é a causa do medo. O medo não é da norma, mas das consequências que advêm de sua transgressão. A coerção não é privativa das normas de direito, pois o cumprimento de normas morais pode ser também motivado pelo medo das consequências que decorrem de sua violação.

É importante esclarecer que o medo de violar a norma jurídica só existe em quem deseja violá-la. O normal é a eficácia pacífica da norma, sem necessidade do recurso à intimidação para obrigar os indivíduos a se sujeitarem a ela[93]. A norma jurídica será acatada pela maioria dos membros da comunidade porque serve aos seus interesses, merecendo o seu respeito.

Não há dúvida de que a coerção possui uma eficácia preventiva. Todavia, se uma grande parte dos cidadãos resolver ser violenta, aplicando atos de sabotagem e resistência às normas jurídicas, a coerção será inútil para levá-los a cumprir as normas jurídicas.

A coação física ou psíquica não entra na constituição da norma jurídica, embora seja um elemento importantíssimo na vida do direito, como um remédio que socorre a norma jurídica quando ela for violada. É a força a serviço da norma de direito; é um elemento externo que surge para revigorar a norma violada.

Pelo exposto percebe-se que a coação não soluciona o problema do caráter jurídico da norma de direito.

Alguns autores sustentam, então, que a *coatividade* é parte dela necessariamente por ser a possibilidade de exercer a coação[94].

---

93. G. Telles Jr., *O direito quântico*, cit., p. 266.

94. Tomásio, *Fundamenta iuris naturae et gentium*, 1705; Cammerata, *Sulla coattività delle norme giuridiche*, Milano, 1932; Alessandro Levi, *Teoria generale del diritto*, Padova, 1950, p. 146-8.

A norma jurídica para esses juristas é sempre um imperativo acompanhado da possibilidade do emprego da coação. A coação só intervém no caso de transgressão da norma e a possibilidade de coagir permanece latente, mesmo se a norma é respeitada.

Engenhosa é esta argumentação, mas não convincente, como facilmente se demonstrará.

A coatividade é contingente, pois só pode fundar-se em norma jurídica já existente, supondo a norma, uma vez que existe para sua defesa; logo, não pode ser de sua essência.

Além disso, essa possibilidade de coagir o violador da norma jurídica há de pertencer a alguma entidade. Não será, obviamente, a própria norma de direito, que não contém, em si mesma, nenhuma possibilidade de coagir[95]. A coação é um ato consciente, logo, só seres conscientes têm a possibilidade de exercê-la. A coatividade não pode pertencer à norma, mas ao lesado. Impossível definir a norma jurídica pela coatividade, que é elemento que não lhe pertence.

Petrazycki deu um passo à frente ao dizer que as normas jurídicas são atributivas, pois antes de sua obra os autores apenas diziam que eram coativas, superando, assim, os imperfeitos critérios de coação e de coatividade como elementos específicos das normas de direito[96].

A sua ideia tornou-se tradicional. O elemento essencial específico da norma jurídica passou a ser a *atributividade,* que é a qualidade inerente à norma jurídica de atribuir a quem seria lesado por sua eventual violação a faculdade de exigir do violador, por meio do poder competente, o cumprimento dela ou a reparação do mal sofrido.

Essa concepção, contudo, deu ensejo a uma série de pesquisas e análises, a uma longa meditação, que precisavam ser feitas e que efetivamente foram feitas, magistralmente, por Goffredo Telles Jr.

A norma jurídica, diz ele[97], não é uma atribuição de faculdade especial, a quem tenha sido lesado pela violação, de reagir contra quem o lesou. Não tem a norma jurídica nenhuma possibilidade de fazer essa atribuição, isto porque ela não possui nenhuma faculdade de reagir contra quem quer que seja.

95. G. Telles Jr., *O direito quântico,* cit., p. 270.
96. Petrazycki, *Theory of law,* 1913.
97. G. Telles Jr., *O direito quântico,* cit., p. 236

Com efeito, a etimologia indica, claramente, que a "faculdade" é princípio de ação, pois este termo deriva do latim *facultas,* cuja raiz é *facere* (fazer, agir). Em vista disso, devemos confessar que o alcance jurídico outorgado a este vocábulo não está de acordo com sua significação etimológica.

A faculdade é uma qualidade inerente ao homem. A filosofia clássica já ensinava que as faculdades são "potências ativas ou qualidades que dispõem imediatamente um ser a agir". As faculdades humanas são qualidades do homem que independem de normas jurídicas; elas existem com ou sem normas de direito[98].

Não se diga, pois, que a norma jurídica é atributiva.

Para Goffredo Telles Jr., a essência específica da norma de direito é o *autorizamento,* porque o que compete à norma é autorizar ou não o uso dessa faculdade de reação do lesado. A norma jurídica autoriza que o lesado pela violação exija o cumprimento dela ou a reparação pelo mal causado.

Em rigor deveríamos dizer que tal autorizamento é da sociedade e não da norma, mas como é a norma jurídica que prescreve as ações exigidas e proibidas pela sociedade nada desaconselha dizer que o autorizamento pertence à norma que exprime em palavras o autorizamento inerente à sociedade[99].

Com efeito, o elaborador da norma intervém apenas para legitimar as faculdades humanas e não para interditá-las. Nas normas jurídicas há assim um contínuo de licitudes e um descontínuo de ilicitudes. A norma jurídica traça, objetivamente, as fronteiras entre o lícito e o ilícito jurídico.

É, portanto, a norma jurídica que autoriza o uso da faculdade de coagir, legitimando-a. A coatividade é do lesado, mas o autorizamento para o seu uso é da norma jurídica. Logo, o autorizamento é condição para o uso lícito da coatividade, sendo o elemento necessário e específico da norma jurídica, distinguindo-a das demais normas.

Através dessa análise em progressão, em que selecionamos tudo o que há de essencial na norma jurídica, deixando de lado os elementos acidentais, atingimos as suas notas essenciais: a imperatividade e o autorizamento.

Tais são os motivos pelos quais definimos a norma jurídica: *imperativo autorizante,* que é o conceito dado por Goffredo Telles Jr.

---

98. G. Telles Jr., *O direito quântico,* cit., p. 270.
99. G. Telles Jr., *O direito quântico,* cit., p. 264.

O elemento "imperativo" revela seu gênero próximo, incluindo-a no grupo das normas éticas que regem a conduta humana, diferenciando-a das leis físico-naturais. E o "autorizante" indica sua diferença específica, distinguindo-a das demais normas, pois só a jurídica é autorizante[100].

e.2. Classificação

Quanto à *imperatividade,* as normas jurídicas podem ser:

1) De *imperatividade absoluta* ou impositivas, também chamadas absolutamente cogentes ou de ordem pública. São as que ordenam ou proíbem alguma coisa (obrigação de fazer ou de não fazer) de modo absoluto. São as que determinam, em certas circunstâncias, a ação, a abstenção ou o estado das pessoas, sem admitir qualquer alternativa, vinculando o destinatário a um único esquema de conduta. Exemplificativamente: o Código Civil, no art. 1.526, diz: "A habilitação (para o casamento) será feita pessoalmente perante o oficial do Registro Civil, com a audiência do Ministério Público"; no art. 3º estabelece: "São absolutamente incapazes de exercer pessoalmente os atos da vida civil os menores de 16 anos".

Essas normas, por sua vez, subdividem-se em afirmativas e negativas. P. ex.: o art. 1.245, *caput,* do Código Civil, que estatui o seguinte: "Transfere-se entre vivos a propriedade mediante o registro do título translativo no Registro de Imóveis"; o art. 426 do Código Civil, que dispõe: "Não pode ser objeto de contrato a herança de pessoa viva".

A imperatividade absoluta de certas normas é motivada pela convicção de que determinadas relações ou estados da vida social não podem ser deixados ao arbítrio individual, o que acarretaria graves prejuízos para a sociedade. Existem relações humanas que pela sua grande importância são reguladas, taxativamente, em normas jurídicas, a fim de evitar que a vontade dos particulares perturbe a vida social. As normas impositivas tutelam interesses fundamentais, diretamente ligados ao bem comum, por isso é que são também chamadas de "ordem pública"[101].

2) De *imperatividade relativa* ou dispositivas, que não ordenam, nem proíbem de modo absoluto; permitem ação ou abstenção ou suprem a declaração de vontade não existente.

---

100. Sobre esse assunto *vide* Goffredo Telles Jr., *Iniciação,* cit., p. 43-104; Maria Helena Diniz, *Conceito de norma jurídica como problema de essência,* São Paulo, Saraiva, 1999.

101. G. Telles Jr., *Introdução à ciência do direito,* 1972, fasc. 5, p. 347 e 348 (apostila).

Podem ser, portanto, permissivas, quando permitem uma ação ou abstenção. P. ex.: Código Civil, art. 1.639, *caput*: "É lícito aos nubentes, antes de celebrado o casamento, estipular, quanto aos seus bens, o que lhes aprouver"; Código Civil, art. 628, que estabelece que "o contrato de depósito é gratuito, exceto se houver convenção em contrário, se resultante de atividade negocial ou se o depositário o praticar por profissão".

As normas dispositivas podem ser *supletivas* quando suprem a falta de manifestação de vontade das partes. Estas normas só se aplicam na ausência da declaração de vontade dos interessados. Se as partes interessadas nada estipularem, em determinadas circunstâncias, a norma estipula em lugar delas. Como exemplos, podem-se enumerar dentre outros: "Efetuar-se-á o pagamento no domicílio do devedor, salvo se as partes convencionarem diversamente" (CC, art. 327, 1ª parte). "Não havendo convenção, ou sendo ela nula ou ineficaz, vigorará, quanto aos bens entre os cônjuges, o regime da comunhão parcial" (CC, art. 1.640, *caput*)[102].

Uma norma dispositiva pode tornar-se *impositiva,* em virtude da doutrina e da jurisprudência, como verifica Goffredo Telles Jr. P. ex.: o Código Civil de 1916 – ora revogado –, art. 924, que estatuía o seguinte: "Quando se cumprir em parte a obrigação, poderá o juiz reduzir proporcionalmente a pena estipulada para o caso da mora ou inadimplemento", salientando que, ao tempo da promulgação do Código Civil, este dispositivo só vigorava quando não havia, no contrato, a declaração de que a multa era sempre devida, integralmente, no caso de mora ou inadimplemento. Por influência dos civilistas e dos tribunais, posteriormente, entendeu-se que ainda que houvesse tal cláusula estabelecendo que a multa era sempre devida integralmente, o juiz podia reduzir a pena, proporcionalmente à parte devida da obrigação, porque o citado artigo, que era dispositivo, passou a ser considerado norma impositiva[103]. Hoje, pelo art. 413 do Código Civil vigente, "a penalidade deve ser reduzida equitativamente pelo juiz se a obrigação principal tiver sido cumprida em parte, ou se o montante da penalidade

---

102. G. Telles Jr., *Introdução,* cit., p. 349; A. Franco Montoro, *Introdução à ciência do direito,* v. 2, p. 76 e 77. Têm imperatividade relativa: arts. 233, 287, 296, 327, 354, 450, 485, 490, 502, 533, I, 551, 552, 566, I, 578, 619, 631, 698, 704, 711, 713, 714, 728, 770, 812, 917, 989, 1.331, § 5º, 1.334, § 2º, 1.348, § 2º, 1.352, parágrafo único, 1.392, 1.411, 1.421, 1.427, 1.488, § 2º, e 1.507, § 2º, do CC.

103. G. Telles Jr., *Introdução,* cit., p. 350; *Iniciação,* cit., p. 155-7.

for manifestamente excessivo, tendo-se em vista a natureza e a finalidade do negócio".

Quanto ao *autorizamento* as normas jurídicas podem classificar-se em:

1) *Mais que perfeitas*: são as que por sua violação autorizam a aplicação de duas sanções: a nulidade do ato praticado ou o restabelecimento da situação anterior e ainda a aplicação de uma pena ao violador. Como exemplo desta norma, podemos citar o Código Civil, art. 1.521, VI, que estatui: "Não podem casar as pessoas casadas"; com a violação dessa disposição legal, autoriza a norma que se decrete a nulidade do casamento; realmente, estabelece o Código Civil, no art. 1.548, II, que: "É nulo o casamento contraído por infringência de impedimento", e que se aplique uma pena ao transgressor, como dispõe o Código Penal no seu art. 235: "Contrair alguém, sendo casado, novo casamento. Pena: reclusão de 2 a 6 anos".

2) *Perfeitas*: são aquelas cuja violação as leva a autorizar a declaração da nulidade do ato ou a possibilidade de anulação do ato praticado contra sua disposição e não a aplicação de pena ao violador. São exemplos dessas normas: Código Civil, art. 1.647, I: "Ressalvado o disposto no art. 1.648, nenhum dos cônjuges pode, sem autorização do outro, exceto no regime de separação absoluta, alienar ou gravar de ônus real os bens imóveis", sob pena de nulidade relativa, não havendo suprimento judicial (CC, art. 1.649); Código Civil, art. 1.730: "É nula a nomeação de tutor pelo pai ou pela mãe que, ao tempo de sua morte, não tinha o poder familiar".

3) *Menos que perfeitas*: são as que autorizam, no caso de serem violadas, a aplicação de pena ao violador, mas não a nulidade ou anulação do ato que as violou. Como exemplos temos o Código Civil, art. 1.523, I: "Não devem casar o viúvo ou a viúva que tiver filho do cônjuge falecido, enquanto não fizer inventário dos bens do casal e der partilha aos herdeiros". Violada esta norma, não está nulo o novo matrimônio, porque a norma não autoriza que se declare a nulidade desse ato; com efeito, o art. 1.641, I, do Código Civil diz: "É obrigatório o regime da separação de bens no casamento, das pessoas que o contraírem com inobservância das causas suspensivas da celebração do casamento" e o art. 1.489, II, do mesmo diploma legal, confere hipoteca legal aos filhos sobre imóveis do pai ou da mãe que passar a outras núpcias antes de fazer o inventário do casal anterior.

4) *Imperfeitas*: são aquelas cuja violação não acarreta qualquer consequência jurídica. São normas *sui generis,* não são propriamente normas jurídicas, pois estas são autorizantes. Casos típicos são as obrigações decorrentes de dívidas de jogo, dívidas prescritas e juros não convencionados.

"A dívida de jogo deve ser paga"; essa norma não é, contudo, positiva, não a encontramos no Código Civil brasileiro, não está prescrita em norma jurídica; assim sendo, o lesado pela sua violação não poderá, certamente, exigir o seu cumprimento, de modo que ninguém pode ser obrigado a pagar tal débito, já que a referida norma não é autorizante.

O Código Civil chega até a dispor expressamente, no art. 814, que: "As dívidas de jogo ou de aposta não obrigam a pagamento...". Logo, se violado esse preceito, a referida norma não autoriza o credor a exigir o seu adimplemento.

Entretanto, se essa norma for cumprida, se o devedor pagar sua dívida, ele não poderá exigir a devolução do que, voluntariamente, pagou, porque a norma jurídica não o autoriza a isso. Com efeito, reza o art. 814 do Código Civil: "As dívidas de jogo ou de aposta não obrigam a pagamento, mas não se pode recobrar a quantia, que voluntariamente se pagou...". Além disso, estatui o Código Civil no seu art. 876: "Todo aquele que recebeu o que não lhe era devido fica obrigado a restituir...". Ora, o credor recebeu a importância que lhe era devida em virtude de jogo, logo, não é obrigado a restituir (Súmulas 71 e 546 do STF).

A norma que manda pagar a dívida de jogo, embora não tenha a natureza de norma jurídica, adquire eficácia jurídica quando cumprida. Quem a viola não pode ser obrigado a cumpri-la, uma vez que a norma não autoriza o lesado pela violação a exigir seu adimplemento; mas quem a cumpre não pode arrepender-se, pois a norma não o autoriza a exigir a restituição da importância com que a pagou.

Da mesma natureza, como observa Goffredo Telles Jr., é a norma que manda pagar dívida prescrita, ou seja, da que, por força do tempo decorrido após seu vencimento, sem reclamação do credor, não pode mais ser cobrada judicialmente. O pagamento dessa dívida é inexigível, mas quem a pagar voluntariamente não poderá requerer a restituição da quantia com que a solveu, é o que prescreve o Código Civil, art. 882.

Essas obrigações, cujo cumprimento é inexigível, são as chamadas obrigações naturais, que são obrigações civis cuja evolução ainda não se completou por não ter chegado a adquirir a indispensável tutela jurídica; realmente, como vimos, o credor não pode ingressar em juízo a fim de reclamar o pagamento; ele não tem ação, não está autorizado a isso, porque as obrigações naturais são desprovidas de exigibilidade. Trata-se de instituto impreciso, de natureza incerta.

Não são obrigações jurídicas porque ninguém tem o dever de solvê-las e de exigi-las. Mas não deixam, como assevera Goffredo Telles Jr., de ser obrigações verdadeiras, pois acarretam dois efeitos: quando cumprida, sua repetição é inexigível, e, quando não cumprida, acarreta o descrédito social do inadimplente[104].

Quanto à sua *hierarquia*[105] as normas classificam-se em:

1 – *Normas constitucionais*: são as relativas aos textos da Constituição Federal, de modo que as demais normas da ordenação jurídica deverão ser conformes a elas.

2 – *Leis complementares*: ficam entre a norma constitucional e a lei ordinária. São inferiores à Constituição Federal, que lhes confere essa qualidade, não podendo, portanto, apresentar contradições com os textos constitucionais, sob pena de serem declaradas inconstitucionais, e superiores às leis ordinárias, que por sua vez não as podem contrariar, sob pena de invalidade (CF, arts. 59, parágrafo único, 61 e 69).

3 – *Leis ordinárias*: são as elaboradas pelo Poder Legislativo.

Leis delegadas: têm a mesma posição hierárquica das ordinárias, só que são elaboradas pelo Presidente da República, que deverá solicitar a delegação ao Congresso Nacional (CF, art. 68, §§ 1º a 3º).

Medidas provisórias: estão no mesmo plano das ordinárias e das delegadas, embora não sejam leis, sendo editadas pelo Poder Executivo (CF, art. 84, XXVI) que exerce função normativa, nos casos previstos na Constituição

---

104. Para Kelsen, trata-se de norma jurídica não autônoma que não estatui sanções, mas que só vale quando se liga a uma norma sancionadora. *Vide* o que dizemos a respeito no v. 2 do *Curso de direito civil brasileiro*, cap. III, item A, a.4. Sobre esta classificação *vide* G. Telles Jr., *Introdução*, cit., fasc. 5, p. 352 (apostila); *Iniciação*, cit., p. 158; A. Franco Montoro, op. cit., v. 2, p. 77 e 78; Cendrier, *L'obligation naturel*, p. 12; Dabin, *Teoría general del derecho*, Madrid, 1955, p. 52; Senn, *Leges perfectae, imperfectae, minus quam perfectae*, Paris, 1902; W. Barros Monteiro, *Curso de direito civil*, São Paulo, Saraiva, v. 4, p. 237-42; Marcelo Figueiredo, *A medida provisória na Constituição*, São Paulo, Atlas, 1991.

105. A. Franco Montoro, op. cit., p. 65 e s.; Roberto Caldas, Limitações das medidas provisórias, *Folha de S. Paulo*, 19 jan. 1994; Celso Ribeiro Bastos, *Lei complementar – teoria e comentários*, São Paulo, Celso Bastos ed., 1999; CF, art. 59, I a VII. *Vide*: Resolução n. 1/2002 do Congresso Nacional sobre apreciação do CN das Medidas Provisórias e o Decreto n. 4.176/2002 que estabelece normas para elaboração, redação, alteração, consolidação e encaminhamento ao Presidente da República de projetos de atos normativos da competência dos órgãos do Poder Executivo; Resolução do Senado Federal n. 23/2007, que altera o Regimento Interno do Senado Federal, para dispor sobre o processo de apresentação, tramitação e de aprovação dos projetos de lei de consolidação.

Federal. Substituíram, com a promulgação da Nova Carta, os antigos decretos-leis (art. 25, I, II, §§ 1º e 2º, do ADCT). Pelo art. 62, §§ 1º a 12, da Constituição de 1988 (com a redação da EC n. 32/2001), o Presidente da República poderá adotar tais medidas, com força de lei, em caso de relevância e urgência, devendo submetê-las de imediato ao Congresso Nacional. Tais medidas provisórias perderão eficácia, desde a edição, se não forem convertidas em lei dentro de 60 dias, prorrogável por uma única vez por igual prazo, contado a partir de sua publicação, suspendendo-se durante os períodos de recesso parlamentar, devendo o Congresso Nacional disciplinar, por decreto legislativo, as relações jurídicas delas decorrentes. Se tal decreto legislativo não for editado até 60 dias após a rejeição ou perda de eficácia da medida provisória, as relações jurídicas constituídas e decorrentes de atos praticados durante sua vigência conservar-se-ão por ela regidas. Vedada está a edição de medidas provisórias sobre: *a*) questões relativas a nacionalidade, cidadania, direitos políticos, partidos políticos e direito eleitoral; direito penal, processual penal e processual civil; organização do Poder Judiciário e de Ministério Público, a carreira e garantia de seus membros; planos plurianuais, diretrizes orçamentárias, orçamento e créditos adicionais e suplementares; *b*) detenção ou sequestro de bens, de poupança popular ou qualquer outro ativo financeiro; *c*) matéria reservada à lei complementar; e *d*) assunto já disciplinado em projeto de lei aprovado pelo Congresso Nacional e pendente de sanção ou veto do Presidente da República. Com isso freia-se o poder normativo do Presidente da República, tornando-se o Congresso Nacional corresponsável pela decisão do Executivo.

Decretos legislativos: são normas, aprovadas pelo Congresso, sobre matéria de sua exclusiva competência, como ratificação de tratados internacionais, julgamentos das contas do Presidente da República. Portanto, tais atos não são remetidos ao Presidente da República para serem sancionados.

Resoluções: são decisões do Poder Legislativo sobre assuntos do seu peculiar interesse, como questões concernentes à licença ou perda de cargo por deputado ou senador ou à fixação de subsídios.

4 – *Decretos regulamentares*: são normas jurídicas gerais, abstratas e impessoais, estabelecidas pelo Poder Executivo, para desenvolver uma lei, facilitando sua execução.

5 – *Normas internas*: são os despachos, estatutos, regimentos etc.

6 – *Normas individuais*: são os contratos, sentenças judiciais, testamentos etc.

Quadro Sinótico

DIREITO POSITIVO

1. NOÇÃO DE DIREITO POSITIVO	• Segundo Miguel Reale, é a ordenação heterônoma das relações sociais, baseada numa integração normativa de fatos e valores.		
2. DIREITO OBJETIVO	• É o complexo de normas jurídicas que regem o comportamento humano de modo obrigatório, prescrevendo uma sanção no caso de sua violação.		
3. DIREITO SUBJETIVO	• *a*) Conceito	• Para Goffredo Telles Jr., é a permissão, dada por meio de norma jurídica, para fazer ou não fazer alguma coisa, para ter ou não ter algo, ou, ainda, a autorização para exigir, por meio dos órgãos competentes do direito público ou por meio de processos legais, em caso de prejuízo causado por violação de norma, o cumprimento de norma infringida ou a reparação do mal sofrido.	
	• *b*) Espécies	• 1. *Direito subjetivo comum da existência,* que é a permissão de fazer ou não fazer, de ter ou não ter algo, sem violação de preceito normativo. • 2. *Direito subjetivo de defender direito,* que é a autorização de assegurar o uso do direito subjetivo, de modo que o lesado pela violação da norma está autorizado por ela a resistir contra a ilegalidade, a fazer cessar o ato ilícito, a reclamar reparação pelo dano e a processar criminosos, impondo-lhes pena.	
4. DIREITO PÚBLICO E DIREITO PRIVADO	• *a*) Fundamentos da divisão	• 1. Direito romano	• *Direito público* era aquele concernente ao estado dos negócios romanos, e o *privado*, o que disciplinava interesses particulares. Contudo, esse critério da utilidade ou interesse visado pela norma é falho, porque não se pode afirmar, com segurança, se o interesse protegido é do Estado ou dos indivíduos. Em razão disso houve autores que concluíram que o fundamento da divisão encontrava-se no "interesse dominante", ideia insatisfatória, pois tão interligados estão que é impossível verificar qual o interesse dominante.

4. **DIREITO PÚBLICO E DIREITO PRIVADO**	• *a*) Fundamentos da divisão	• 2. Savigny	• No *direito público* o todo se apresenta como fim, e o indivíduo permanece em segundo plano; no *privado*, cada indivíduo, considerado em si, constitui o fim deste ramo do direito, e a relação jurídica apenas serve como meio para sua existência e para as suas condições particulares. Percebe-se, todavia, que o Estado também pode ser fim da relação jurídica regulada pelo direito privado, como no caso em que for parte numa compra e venda.
		• 3. Ihering	• Reduz o direito ao direito de propriedade, ao dizer que a propriedade estatal tem por titular o governo da nação e a coletiva, o povo.
		• 4. Kahn	• O *direito privado* teria conteúdo patrimonial e o *público*, não. Não se pode aceitar essa teoria porque há partes do direito privado que não têm natureza patrimonial e normas de direito público com caráter patrimonial.
		• 5. Jellinek	• O *direito privado* regula relações individuais e o *público*, as relações entre sujeitos dotados de *imperium*. Observa-se, entretanto, que mesmo os sujeitos que têm império podem ser sujeitos de direito privado, como na hipótese em que o Estado é parte numa compra e venda.
		• 6. Goffredo Telles Jr.	• Este jurista distingue o direito público do privado com base em dois elementos: o interesse preponderante protegido pela norma e a forma de relação jurídica regulada por prescrição normativa. A relação jurídica de coordenação (*direito privado*) é a que existe entre partes que se tratam de igual para igual. E a de subordinação, de *direito público*, é a em que uma das partes é o governo, que exerce poder de mando. Gurvitch e Radbruch também aceitam que o direito público seria um direito de subordinação, com primado da justiça distributiva, e o privado, um direito de coordenação, subordinado à justiça comutativa. Nessas concepções o direito internacional público ficaria à margem da distinção.
		• 7. Doutrina dominante	• O *direito público* é aquele que regula relações em que o Estado é parte, regendo a organização a atividade do Estado, considerado em si mesmo, em relação com outro Estado e em suas relações com particulares, quando procede em razão de seu poder soberano e atua na tutela do bem coletivo. O *direito privado* é o que disciplina relações entre particulares, nas quais predomina, de modo imediato, o interesse de ordem privada.

4. DIREITO PÚBLICO E DIREITO PRIVADO	• *b*) Ramos do direito público e privado	• 1. Direito público	• Interno	• Direito constitucional. • Direito administrativo. • Direito tributário e financeiro. • Direito processual. • Direito penal. • Direito previdenciário.
			• Externo	• Direito internacional público e privado. Este último é, na verdade, ramo do direito público interno.
		• 2. Direito privado	• Direito civil. • Direito comercial. • Direito do trabalho. • Direito do consumidor.	
5. FONTES JURÍDICAS	• *a*) Fonte material ou real, ou seja, os fatores que condicionam a gênese da norma jurídica. • *b*) Fonte formal como fundamento da validade da ordem jurídica.			
	• *c*) Fonte formal-material	• Toda fonte formal contém implicitamente a material (fonte de produção), dando-lhe a forma, demonstrando quais são os meios empregados para conhecer o direito; daí ser fonte de cognição, abrangendo fontes estatais (legislativas, jurisprudenciais e convencionais) e não estatais (direito consuetudinário, científico e convencional).		
6. NORMA JURÍDICA	• *a*) Conceito	• Segundo Goffredo Telles Jr., é um *imperativo-autorizante*. A imperatividade revela seu gênero próximo, incluindo-a no grupo das normas éticas, que regem a conduta humana, diferenciando-a das leis físico-naturais, e o autorizamento indica sua diferença, distinguindo-a das demais normas.		
	• *b*) Classificação	• 1. Quanto à imperatividade	• Normas de imperatividade absoluta ou impositivas. • Normas de imperatividade relativa ou dispositivas, que podem ser permissivas e supletivas.	
		• 2. Quanto ao autorizamento	• Mais que perfeitas. • Perfeitas. • Menos que perfeitas. • Imperfeitas.	

6. NORMA JURÍDICA	• *b*) Classificação	• 3. Quanto à hierarquia	• *a*) Normas constitucionais. • *b*) Leis complementares. • *c*) Leis ordinárias. – Leis delegadas. – Medidas provisórias. – Decretos legislativos. – Resoluções. • *d*) Decretos regulamentares. • *e*) Normas internas. • *f*) Normas individuais.

2. Direito civil

A. Princípios e conteúdo do direito civil

O conceito do direito civil passou por uma evolução histórica[106]. No direito romano era o direito da cidade que regia a vida dos cidadãos independentes[107], abrangendo todo o direito vigente, contendo normas de direito penal, administrativo, processual etc.

Na era medieval, o direito civil identificou-se com o direito romano, contido no *Corpus Juris Civilis,* sofrendo concorrência do direito canônico, devido à autoridade legislativa da Igreja, que, por sua vez, constantemente, invocava os princípios gerais do direito romano. Na Idade Moderna, no direito anglo-americano, a expressão *civil law* correspondia ao direito moderno, e as matérias relativas ao nosso direito civil eram designadas como *private law*[108].

Passou a ser um dos ramos do direito privado, o mais importante por ter sido a primeira regulamentação das relações entre particulares. A partir do século XIX toma um sentido mais estrito para designar as instituições disciplinadas no Código Civil[109].

Contém o Código Civil duas partes: a *geral,* que, com base nos elementos do direito subjetivo, apresenta normas concernentes às pessoas, aos bens, aos fatos jurídicos, atos e negócios jurídicos, desenvolvendo a teoria das nulidades e princípios reguladores da prescrição e decadência[110], e a *especial,*

106. Hernández Gil, *El concepto del derecho civil,* Madrid, RDP.

107. Gaius, *Instituciones,* Commentarius primus, 1.

108. Caio M. S. Pereira, *Instituições,* cit., v. 1, p. 31.

109. Caio M. S. Pereira, *Instituições,* cit., v. 1, p. 31; Orlando Gomes, *Introdução ao direito civil,* p. 37.

110. Caio M. S. Pereira, op. cit., v. 1, p. 88; Paulo Nader, *Curso de direito civil – parte geral,* Rio de Janeiro, Forense, 2002; Arnaldo Rizzardo, *Parte Geral do Código Civil,* Rio de Janeiro, Forense, 2003.

com normas atinentes: *a*) ao "direito das obrigações", tendo como fulcro o poder de constituir relações obrigacionais para a consecução de fins econômicos ou civis, disciplinando os contratos e as obrigações oriundas de declaração unilateral de vontade e de atos ilícitos; *b*) ao "direito de empresa", regendo o empresário, a sociedade, o estabelecimento e os institutos complementares; *c*) ao "direito das coisas", referente à posse, à propriedade, aos direitos reais sobre coisas alheias, de gozo, de garantia e de aquisição; *d*) ao "direito de família", normas relativas ao casamento, à união estável, às relações entre os cônjuges e conviventes, às de parentesco e à proteção de menores e incapazes; e *e*) ao "direito das sucessões", formulando normas sobre a transferência de bens por força de herança e sobre o inventário e partilha[111]. Apresenta, ainda, um livro complementar que encerra as disposições finais e transitórias (arts. 2.028 a 2.046).

O direito civil é, pois, o ramo do direito privado destinado a reger relações familiares, patrimoniais e obrigacionais que se formam entre indivíduos encarados como tais, ou seja, enquanto membros da sociedade[112].

É o direito comum a todas as pessoas, por disciplinar o seu modo de ser e de agir, sem quaisquer referências às condições sociais ou culturais. Rege as relações mais simples da vida cotidiana, atendo-se às pessoas garantidamente situadas, com direitos e deveres, na sua qualidade de marido e mulher, pai ou filho, credor ou devedor, alienante ou adquirente, proprietário ou possuidor, condômino ou vizinho, testador ou herdeiro[113]. Como se vê, toda a vida social está impregnada do direito civil, que regula as ocorrências do dia a dia, pois, como exemplifica Ferrara, a simples aquisição de uma carteira de notas é *contrato de compra e venda*; a esmola que se dá a um pedinte é *doação*; o uso de um ônibus é *contrato de transporte*; o valer-se de restaurante automático no qual se introduz uma moeda para obter alimento é *aceitação de oferta ao público*[114].

Os princípios basilares que norteiam todo conteúdo do direito civil são: o da *personalidade,* ao aceitar a ideia de que todo ser humano é sujeito de direitos e obrigações, pelo simples fato de ser homem; o da *autonomia da vontade,* pelo reconhecimento de que a capacidade jurídica da pessoa humana lhe confere o poder de praticar ou abster-se de certos atos, conforme

111. M. Reale, *Lições preliminares de direito,* p. 356; Caio M. S. Pereira, op. cit., p. 88 e 89.

112. Serpa Lopes, *Curso de direito civil,* cit., v. 1, p. 32.

113. M. Reale, *Lições,* cit., p. 353 e 354.

114. Orlando Gomes, op. cit., p. 40.

sua vontade; o da *liberdade de estipulação negocial,* devido à permissão de outorgar direitos e de aceitar deveres, nos limites legais, dando origem a negócios jurídicos; o da *propriedade individual,* pela ideia assente de que o homem pelo seu trabalho ou pelas formas admitidas em lei pode exteriorizar a sua personalidade em bens móveis ou imóveis que passam a constituir o seu patrimônio; o da *intangibilidade familiar,* ao reconhecer a família como uma expressão imediata de seu ser pessoal; o da *legitimidade da herança* e do *direito de testar,* pela aceitação de que, entre os poderes que as pessoas têm sobre seus bens, se inclui o de poder transmiti-los, total ou parcialmente, a seus herdeiros; o da *solidariedade social,* ante a função social da propriedade e dos negócios jurídicos, a fim de conciliar as exigências da coletividade com os interesses particulares[115].

Os demais ramos do direito privado destacaram-se do direito civil por força da especialização de interesses, sujeitando-se à regulamentação de atividades decorrentes do exercício de profissões[116], pois o direito civil, propriamente dito, disciplina direitos e deveres de todas as pessoas enquanto tais e não na condição especial de empresário ou empregado, que se regem pelo direito comercial, apesar de algumas de suas normas estarem inseridas no Código Civil, que absorveu o direito da empresa, e pelo direito do trabalho.

Quadro Sinótico

CONTEÚDO E PRINCÍPIOS DO DIREITO CIVIL

1. CONTEÚDO DO DIREITO CIVIL	• Parte Geral	• Apresenta normas sobre pessoas, bens e fatos jurídicos em sentido amplo (arts. 1º a 232 – sendo que os arts. 227, *caput,* 229 e 230 foram revogados pelo CPC/2015).
	• Parte Especial	• Regula o direito das obrigações (arts. 233 a 965 – o art. 456 foi revogado pelo CPC/2015); o direito de empresa (arts. 966 a 1.195); o direito das coisas (arts. 1.196 a 1.510 – os arts. 1.482 e

115. M. Reale, *Lições,* cit., p. 355 e 356; Paulo Luiz Netto Lôbo, Constitucionalização do direito civil, *Revista de Informação Legislativa,* n. 141, jan./mar. 1999, p. 99-109; R. Limongi França, O direito civil como direito constitucional, *RDC, 54*:167; Francisco dos Santos Amaral Neto, A evolução do direito civil brasileiro, *RDC, 24*:74; Roberto Rosa, Constituição e direito civil, *RT, 761*:64; Rosa Maria Andrade Nery, *Noções preliminares de direito civil,* São Paulo, Revista dos Tribunais, 2002.

116. Orlando Gomes, op. cit., p. 37.

		1.483 foram revogados pelo CPC/2015); o direito de família (arts. 1.511 a 1.783 – os arts. 1.768 a 1.773 foram revogados pelo CPC/2015) e o direito das sucessões (arts. 1.784 a 2.027).
	• Livro Complementar	• Disposições finais e transitórias (arts. 2.028 a 2.046).
2. PRINCÍPIOS DO DIREITO CIVIL	• Da personalidade. • Da autonomia da vontade. • Da liberdade de estipulação negocial. • Da propriedade individual. • Da intangibilidade familiar. • Da legitimidade da herança e do direito de testar. • Da solidariedade social.	

B. ETIOLOGIA HISTÓRICA DO CÓDIGO CIVIL BRASILEIRO

Difícil é a tarefa de codificar o direito, pois não é uma simples reunião de preceitos normativos relativos a certo tema. É preciso coordenar e classificar metodicamente as normas concernentes às relações jurídicas de uma só natureza, criando princípios harmônicos, dotados de uma unidade sistemática[117]; para tanto, deve-se eleger um critério objetivo, lógico e racional.

A ideia de codificar o direito surgiu entre nós com a proclamação da independência política em 1822. Ante o fato de não haver leis próprias, a Assembleia Constituinte baixou a Lei de 20 de outubro de 1823, determinando que continuassem a vigorar, em nosso território, as Ordenações Filipinas, de Portugal, embora alteradas por leis e decretos extravagantes, principalmente na seara cível, até que se elaborasse o nosso Código.

A Constituição Imperial de 1824 determinou a organização do Código Civil e Criminal, que viria consolidar a unidade política do país e das províncias.

Carvalho Moreira, em 1845, foi quem primeiro se preocupou com a matéria ao apresentar um estudo sobre a revisão e codificação das leis civis.

Em 15 de fevereiro de 1855, o governo imperial entendeu que antes da codificação seria preciso tentar uma consolidação das leis civis, que se encon-

117. Caio M. S. Pereira, op. cit., p. 82; Sebastião José Roque, *Teoria geral do direito civil*, São Paulo, Ícone, 1994, p. 13-24.

travam esparsas, e para tanto encarregou Teixeira de Freitas, que, em 1858, obteve a aprovação de sua Consolidação das Leis Civis, com 1.333 artigos.

Contratou-se, então, Teixeira de Freitas para elaborar o projeto de Código Civil, que não foi aceito por ter unificado o direito civil com o direito comercial. Entretanto, o *Esboço* de Teixeira de Freitas exerceu grande influência na feitura do Código Civil argentino.

Após rescindir o contrato com Teixeira de Freitas, o ministro da Justiça, Nabuco de Araújo, incumbiu-se de elaborar um novo projeto, porém devido a sua morte não pôde levar até o fim sua missão.

Em 1881, Felício dos Santos apresentou um projeto denominado *Apontamentos*, com 2.602 artigos, que recebeu parecer contrário da comissão nomeada para examiná-lo. Essa mesma comissão, composta de juristas renomados como Lafayette Rodrigues Pereira, Ribas, Justiniano de Andrade, Coelho Rodrigues, Ferreira Viana e Felício dos Santos, fez uma tentativa de codificação, mas a comissão, com a perda de Justiniano e Ribas e com o afastamento de Lafayette, logo se dissolveu em 1886.

Em 1889, pouco antes da proclamação da República, o ministro da Justiça, Cândido de Oliveira, nomeou uma comissão, que, com o advento da República, não chegou a apresentar nenhum projeto de codificação.

Ante as tentativas infrutíferas das comissões, o ministro da Justiça, Campos Sales, incumbiu em 12 de julho de 1890 Coelho Rodrigues da feitura de projeto, que, concluído em 23 de fevereiro de 1893, também não conseguiu ser transformado em lei.

Contudo, ao ocupar a Presidência da República, Campos Salles, por indicação de seu ministro Epitácio Pessoa, nomeou, em 1899, Clóvis Beviláqua para esta árdua tarefa. No final desse ano apresentou ele um projeto, que após dezesseis anos de debates transformou-se no Código Civil, promulgado em 1º de janeiro de 1916, e vigente a partir de 1º de janeiro de 1917, com novas alterações introduzidas pela Lei n. 3.725/19[118].

Como observa R. Limongi França[119], o Código Civil apresentou-se como um diploma de seu tempo, atualizado para a época, porém o *seu tempo* foi o da transição do direito individualista para o social. Com isso, precisou ser revisto e atualizado.

---

118. Caio M. S. Pereira, op. cit., p. 84-8; W. Barros Monteiro, op. cit., p. 48-53. O Código Civil de 1916, por seguir o espírito de sua época, era individualista e patriarcalista e caracterizava-se pelo voluntarismo baseado na autonomia da vontade.

119. R. Limongi França, Código Civil (Histórico), in *Enciclopédia Saraiva do Direito*, v. 15, p. 393; Francisco Amaral, Código Civil e interpretação jurídica, *Revista Brasileira de Direito Comparado, 44* e *45*:147 a 168.

O Código Civil de 1916 era obra monumental; alterar seu texto seria a destruição de um patrimônio cultural, mas a realidade social se impôs, de modo imperioso, pois os fatos não podiam ficar adstritos a esquemas legais que, a eles, não correspondiam.

Em verdade, depois de 1916 os acontecimentos alteraram, profundamente, os fatos sociais, requerendo maior ingerência do juiz nos negócios jurídicos, derrogando o princípio *pacta sunt servanda*. A locação de serviço deu ensejo ao aparecimento dos contratos de trabalho; a propriedade, que no Código Civil apresentava-se com um cunho individualista, passa a ter uma função social efetiva; o direito de família sofreu influência da publicização dos conceitos, reclamando a alteração das condições da mulher casada, em razão de sua promoção política e profissional, a inclusão dos preceitos concernentes à separação judicial e divórcio, a modificação dos princípios relativos ao menor sob pátrio poder e tutela, maior atenção à questão do menor abandonado e à dos efeitos da união estável, a revisão do regime de bens, pois a minúcia com que cuidava do regime dotal poderia levar o observador a pensar que ele era extremamente usado entre nós, quando, na verdade, ninguém a ele recorria; o condomínio em edifícios de apartamentos e o pacto de reserva de domínio em contratos de compra e venda requeriam uma secção no Código Civil; o pacto de melhor comprador, a enfiteuse e a hipoteca judicial estavam em franca decadência, sendo de bom alvitre que se suprimissem tais institutos do Código e se incluísse a superfície; o direito obrigacional exigia que se alargasse a noção de responsabilidade civil, que se consignassem normas sobre a teoria da imprevisão, que se disciplinasse o instituto da lesão e o do estado de perigo, que se fixasse a questão do abuso de direito, que se cogitasse da reserva mental, que se tratasse da cessão de débito paralela à do crédito; o direito da personalidade requeria uma construção dogmática; o direito das sucessões sofreu pressão do direito previdenciário que acolheu a herança do companheiro, sendo necessário, ainda, que se adaptassem as normas de sucessão legítima e legitimária consequentes às modificações do direito de família, e simplificasse a elaboração do testamento, principalmente nas formas em que participe o oficial público[120].

Com o escopo de atualizar o Código Civil de 1916, atendendo aos reclamos sociais, várias leis, que importaram em derrogação do diploma de 1916,

---

120. R. Limongi França, Código, cit., v. 15, p. 393 e 394; Caio M. S. Pereira, op. cit., p. 90 e 91; Silvio Rodrigues, *Direito civil,* Max Limonad, 1962, v. 1, p. 35; W. Barros Monteiro, op. cit., p. 53; Maria Helena Diniz, Código Civil de 1916, in *História do direito brasileiro*, Eduardo C. B. Bittar (org.), São Paulo, Atlas, 2003, p. 209-220.

foram publicadas, dentre elas: a do estatuto da mulher casada, a do divórcio, as da união estável, a dos direitos autorais, a dos registros públicos, a do compromisso de compra e venda, a do inquilinato, a do reconhecimento de filhos, a do condomínio edilício, a do parcelamento do solo, a do estatuto da criança e do adolescente etc.[121]. O direito civil, então, inclinou-se às contingências sociais criadas por leis especiais, acolhendo as transformações ocorridas, aluvionalmente, para atender às aspirações da era atual.

O Governo brasileiro, reconhecendo a necessidade da revisão do Código Civil, em virtude das grandes transformações sociais e econômicas, resolveu pôr em execução o plano de reforma, encarregando Orozimbo Nonato, Filadelfo Azevedo e Hahnemann Guimarães de redigir um Anteprojeto de Código das Obrigações separado do Código Civil, seguindo o exemplo suíço, que, vindo a lume em 1941, sofreu, contudo, severas críticas de juristas, por atentar contra o critério orgânico do nosso direito codificado, que se romperia com a aprovação isolada do Código Obrigacional[122]. Em 1961, com o objetivo de elaborar um Anteprojeto do Código Civil, o Governo nomeia para tanto Orlando Gomes, Caio Mário da Silva Pereira e Sílvio Marcondes. Entretanto, esse projeto, ao ser enviado ao Congresso Nacional, em 1965, foi retirado pelo Governo em decorrência de fortes reações.

O ministro da Justiça Luiz Antônio da Gama e Silva, em 1967, nomeia nova comissão para rever o Código Civil, convidando para integrarem-na: Miguel Reale, José Carlos Moreira Alves, Agostinho Alvim, Sílvio Marcondes, Ebert V. Chamoun, Clóvis do Couto e Silva e Torquato Castro. Em 1972, essa comissão apresenta um Anteprojeto que procurou manter a estrutura básica do Código Civil, reformulando os modelos normativos à luz dos valores éticos e sociais da experiência legislativa e jurisprudencial, substituindo na Parte Geral a disciplina dos atos jurídicos pela dos negócios jurídicos e alterando a Parte Especial em sua ordem, a saber: obrigações, direito empresarial, coisas, família e sucessões. Recebeu críticas desfavoráveis por unificar as obrigações civis e mercantis. Em 1984 foi publicada no *Diário do Congresso Nacional* a redação final do Projeto de Lei n. 634-B/75 que, constituindo o PLC n. 118/84, recebeu inúmeras emendas em razão da promulgação da nova Carta Magna, introduzindo muitas novidades, oriundas da evolução social,

121. R. Limongi França, *Código*, cit., v. 15, p. 394.
122. Caio M. S. Pereira, *Instituições*, cit., v. 1, p. 89 e 90.

chegando após 26 anos de tramitação no Senado e na Câmara dos Deputados à sua redação definitiva, contando com subsídios de entidades jurídicas e de juristas e dando maior ênfase ao social. Aprovado por ela e pelo Senado em 2001, e publicado em 2002, revogou o Código Civil de 1916, a primeira parte do Código Comercial de 1850, bem como toda a legislação civil e comercial que lhe for incompatível (CC, art. 2.045).

O novel Código passa a ter um aspecto mais paritário e um sentido social, atendendo aos reclamos da nova realidade, abolindo instituições moldadas em matrizes obsoletas, albergando institutos dotados de certa estabilidade, apresentando desapego a formas jurídicas superadas, tendo um sentido operacional à luz do *princípio da realizabilidade*, traçando, tão somente, normas gerais definidoras de instituições e de suas finalidades, com o escopo de garantir sua eficácia, reservando os pormenores às leis especiais, mais expostas às variações dos fatos da existência cotidiana e das exigências sociocontemporâneas, e eliminando, ainda, normas processuais ao admitir apenas as intimamente ligadas ao direito material. Procura exprimir, genericamente, os impulsos vitais, formados na era contemporânea, tendo por parâmetro a justiça social e o respeito da dignidade da pessoa humana (CF, art. 1º, III). Tem por diretriz o *princípio da socialidade*, refletindo a prevalência do interesse coletivo sobre o individual, dando ênfase à função social da propriedade e do contrato e à posse-trabalho, e, ao mesmo tempo, contém, em seu bojo, não só o *princípio da eticidade*, fundado no respeito à dignidade humana, dando prioridade à boa-fé subjetiva e objetiva, à probidade e à equidade, como também o *princípio da operabilidade*, conferindo ao órgão aplicador maior elastério, para que, em busca de solução mais justa (LINDB, art. 5º), a norma possa, na análise de caso por caso, ser efetivamente aplicada. Como diz Engisch, "normatividade carece de preenchimento valorativo", as cláusulas gerais e os conceitos indeterminados contidos nos preceitos do novo diploma legal requerem uma valoração objetiva do julgador, tendo por base os valores vigentes na sociedade atual. Todos os princípios norteadores do Código Civil de 2002, ora vigente, giram em torno da cidadania, da dignidade humana, dos valores sociais do trabalho e da livre iniciativa.

Deixa, o Código vigente, acertadamente, para a legislação especial a disciplina de questões polêmicas ou dependentes de pronunciamentos jurisprudenciais e doutrinários. Por isso, nada dispõe sobre contratos eletrônicos, direitos difusos, relações de consumo, parceria entre homossexuais, preservação do meio ambiente sadio e ecologicamente equilibrado, experiência científica em seres humanos, pesquisa com genoma humano, clonagem humana, efeitos jurídicos decorrentes das novas técnicas de reprodução humana assistida, medidas socioeducativas aplicadas à criança e ao adolescente etc. Tais matérias não se encontram, no nosso entendimento, nos marcos do direito civil, por serem objeto de outros ramos jurídicos, em razão de suas peculiaridades, devendo ser regidas por normas especiais. Por exemplo, diante da necessidade de uma adaptação do direito do estado atual das situações inusitadas engendradas pelo progresso biotecnológico, o grande desafio do século XXI será desenvolver um biodireito, que corrija os exageros provocados pelas pesquisas científicas, pela biotecnologia e pelo desequilíbrio do meio ambiente e promover a elaboração de um Código Nacional de Bioética, que sirva de diretriz na solução de questões polêmicas advindas de práticas biotecnocientíficas.

Em vigor continuam, portanto, no que não conflitarem com o Código Civil atual, a Lei do Divórcio, o Estatuto da Criança e do Adolescente, o Código de Defesa do Consumidor, a Lei de Locação Predial Urbana etc. (CC, arts. 2.033, 2.036, 2.043).

Oxalá o Código Civil de 2002 logre êxito, sem embargo da ocorrência de fatos supervenientes, por representar um esforço para atualizar o direito civil, que se encontrava preso a normas contrárias ao espírito da época, visto que, como já dizia Rui Barbosa, "o tempo só respeita as obras de que foi colaborador"[123].

---

123. Nelson Godoy Bassil Dower, *Curso moderno de direito civil*, Ed. Nelpa, 1976, v. 1, p. 46 e 47; Caio M. S. Pereira, *Instituições*, cit., v. 1, p. 91 e 92; Fábio V. Figueiredo e Brunno P. Giancoli, *Direito civil*, São Paulo, Saraiva, 2009, p. 7-56 (Coleção OAB Nacional, v. 1); Christiano Cassetari, A função social da obrigação: uma aproximação na perspectiva civil constitucional, in *Direito civil – direito patrimonial* e *direito existencial* – estudos em homenagem a Giselda Hironaka (coord. Tartuce e Castilho), São Paulo, Método, 2006, p. 177 a 190; Francisco Amaral, Interpretação jurídica segundo o Código Civil, *Revista Brasileira de Direito Comparado, 29*:19-42. Observa Reis (A elaboração do BGB: homenagem ao centenário do Código Civil Alemão, *Revista de Direito Civil*, n. 76, p. 30-43) que o BGB surgiu depois de 22 anos de discussão. Na Alemanha, após as dificuldades encontradas, desde o início do século XIX até pouco depois de sua metade, para a unificação do direito civil, o Conselho Federal (*Bundesrat*), cumprindo uma lei de 1873, veio a nomear, em 28-2-1874, uma Comissão Preparatória (*Vorkommission*), composta de cinco juristas, para elaborar o Projeto de Código Civil. Em julho de 1896, o Conselho Federal aprovou o Projeto, votado pelo *Reichstag*, e em 18 de agosto do mesmo ano, aniversário da batalha de Gravelotte, o *Kaiser* promulgou o *Bürgerliches Gesetzbuch* (Código Civil, conhecido abreviadamente como BGB), com 2.385 parágrafos alterados em 2002. Consulte: Josaphat Marintre, Código e Leis especiais, *Consulex*, n. 13, p. 15 e 16; Glauber M. Talavera, O Projeto do novo Código Civil brasileiro, *Tribuna do Direito*, abril de 2000, p. 32; Miguel Reale, Visão Geral do Projeto de Código Civil, *RT, 752*:22; Osvaldo H. Tavares, Aspectos fundamentais do Projeto de Código Civil, *RDC, 59*:60; Roberto Senise Lisboa, Novo Código Civil e suas perspectivas perante a constitucionalização dos direitos, *História*, cit., p. 431-53; Jamil

Quadro Sinótico

ORIGEM DO CÓDIGO CIVIL

ORIGEM DO CÓDIGO CIVIL	• Após árduas e infrutíferas tentativas de codificação, Campos Salles, ao ocupar a Presidência da República, por indicação de Epitácio Pessoa, nomeia, em 1899, Clóvis Beviláqua para essa tarefa; este, no final desse mesmo ano, apresentou um projeto que, após 16 anos de debates, transformou-se no Código Civil, promulgado em 1º-1-1916, entrando em vigor em 1º-1-1917, ora revogado pelo atual Código, que após 26 anos de tramitação foi aprovado.

C. Objeto e função da Parte Geral

O sistema germânico ou método científico-racional – preconizado por Savigny[124] para atender ao requisito de que para uma boa codificação é mister que haja ordem metódica na classificação das matérias[125] – divide o direito civil em uma Parte Geral e uma Parte Especial.

Na *Parte Geral* contemplam-se os sujeitos de direito (pessoas), o objeto do direito (bens jurídicos) e os fatos jurídicos. Regulamenta-se tanto a pessoa natural como a jurídica (arts. 1º a 69), com a correlata questão do domicílio (arts. 70 a 78). Refere-se às diferentes categorias de bens: imóveis (arts. 79 a 81) e móveis (arts. 82 a 84); fungíveis e consumíveis (arts. 85 e 86); divisíveis e indivisíveis (arts. 87 e 88); singulares e coletivos (arts. 89 a 91); bens reciprocamente considerados (arts. 92 a 97); públicos e particulares (arts. 98 a 103). No que concerne aos fatos jurídicos, após mencionar as disposições preliminares

---

Miguel, Anotações à Parte Geral do Código Civil, in *Contribuições ao estudo do novo direito civil*, Campinas, Millennium, 2004, p. 3 a 9; George de C. Morais e Karina N. de Oliveira, A sistemática das cláusulas gerais no novo Código Civil, *Direito e liberdade*, ESMARN, *5*:455-70 (2007); Francisco Amaral, O Código Civil brasileiro e o problema metodológico de sua realização. Do paradigma da aplicação ao paradigma judicativo-decisório, *STVDIA IVRIDICA*, *90*:33-55. Imprimiu-se, no atual Código, estilo que, como admitia Pe. Antônio Vieira (*Sermão da Sexagésima*, I, p. 18), pode ser muito claro e muito alto. Claro para que o entendam os que nada sabem e alto para que nele tenham muito que entender os que sabem.

Em 2020 a Assembleia Popular da China aprovou o primeiro Código Civil, com 1.260 artigos.

124. Savigny, *Sistema do direito romano*.

125. W. Barros Monteiro, op. cit., p. 53. Em sua estrutura adotou o método do BGB (*Bürgerliches Gesetzbuch*), de grande perfeição técnica.

(arts. 104 a 114), apresenta cinco títulos: o do negócio jurídico (arts. 104 a 184); o dos atos jurídicos lícitos (art. 185); o dos atos ilícitos (arts. 186 a 188); o da prescrição e decadência (arts. 189 a 211); o da prova (art. 212 a 232)[126].

Na *Parte Especial* cuida-se do direito das obrigações (arts. 233 a 965[127]); do direito de empresa (arts. 966 a 1.195); do direito das coisas (arts. 1.196 a 1.510[128]); do direito de família (arts. 1.511 a 1.783[129]) e do direito das sucessões (arts. 1.784 a 2.027), não mais invertendo como o fez o de 1916 a ordem do Código Civil alemão que lhe serviu de modelo, que inclui em primeiro lugar o direito das obrigações, ao qual se seguem o direito das coisas, o direito de família e o das sucessões. Apresenta, ainda, um Livro Complementar, contendo disposições transitórias (arts. 2.028 a 2.046).

Não é necessário apresentar aqui as discussões sobre a utilidade ou conveniência da existência de uma parte geral no Código, pois, se o legislador lançou mão de um critério que a exige, não se pode pretender suprimi-la.

Apesar de haver objeções[130] à sua inclusão no Código Civil, grande é sua utilidade por conter normas aplicáveis a qualquer relação jurídica. De-

---

126. W. Barros Monteiro, op. cit., p. 56; José Carlos Moreira Alves, *A Parte Geral do Projeto do Código Civil brasileiro*, São Paulo, Saraiva, 1986; Ehrenzweig, *System des österreichischen allgemeinen Privatrechts*, Wien, 1927, § 7, p. 36; Heck, Der allgemeine Teil des Privatrechts Einwort der Verteidigung, *Archiv für die civilistische Praxis*, *146*:1 e s.; Georg Arnold Heise, *Grundiss eines Systems des gemeinem Zivilrechts*, 1807; Alzira Pereira da Silva, A função da Parte Geral no Sistema do Código Civil, *RDC*, *16*:53; Vilian Bollmann, As inovações jurídicas na Parte Geral do Novo Código Civil, *RT*, *793*:42; Mário A. Konrad e Sandra L. N. Konrad, *Direito civil 1*, Coleção Roteiros Jurídicos, São Paulo, Saraiva, 2008, p. 3 a 92; Luís Paulo Cotrim Guimarães, *Direito civil*, Rio de Janeiro, Elsevier, 2007, p. 17 a 116; Silvio Luís Ferreira da Rocha, *Direito civil 1*, Parte Geral, São Paulo, Malheiros, 2010; Lucas A. Barroso, O novo Código Civil brasileiro no momento histórico de sua publicação, *Revista Brasileira de Direito Comparado*, n. *38*, p. 135-48; Rosa Maria de A. Nery e Nelson Nery Jr., *Instituições de direito civil*, São Paulo, Revista dos Tribunais, 2015, v. 1, t. II, p. 89. Os arts. 227, *caput*, 229 e 230 foram revogados pelo CPC/2015.
127. Art. 456 revogado pelo CPC/2015.
128. Arts. 1.482 e 1.483 deixaram de vigorar por força do CPC/2015.
129. O CPC/2015 revogou os arts. 1.768 a 1.773. A Lei n. 13.146/2015 revogou os arts. 1.767, II e IV, 1.548, I, 1.557, IV, 1.780 e 1.776.
130. W. Barros Monteiro (op. cit., p. 55) apresenta algumas críticas à compreensão de uma Parte Geral e de uma Parte Especial. "Diz-se, p. ex., que a existência de ambas constitui excesso de técnica... Afirma-se ainda que o capítulo concernente aos fatos jurídicos interessa mais ao direito das obrigações, sendo raros seus reflexos nos demais ramos do direito civil. Não se justificaria assim sua permanência na Parte Geral. Assevera-se, por fim, que esta encerra princípios meramente acadêmicos, elementos heterogêneos ou abstrações inúteis, que poderiam ser perfeitamente dispensados, sem nenhum prejuízo para o Código. Tem-se por isso sustentado que as futuras codificações do direito privado não mais precisarão de Parte Geral." Entre nós, Hahnemann Guimarães e Orlando Gomes são adeptos da corrente que pretende suprimi-la.

veras, o direito civil é bem mais do que um dos ramos do direito privado; estabelece os parâmetros de todo ordenamento jurídico e engloba princípios ético-jurídicos de aplicação generalizada e não restritiva às questões cíveis. É consultando o direito civil que o jurista alienígena percebe qual a estrutura fundamental do ordenamento jurídico de um dado país e que o jurista nacional encontra as normas que têm repercussão em outros âmbitos do direito. É na Parte Geral que estão contidos os preceitos normativos relativos à prova dos negócios jurídicos, à noção dos defeitos dos atos jurídicos, à prescrição e à decadência, institutos comuns a todos os ramos do direito. Eis por que Planiol, Ripert e Boulanger sustentam que o direito civil continua sendo o direito comum, compreendendo normas atinentes às relações de ordem privada, generalizando conceitos fundamentais utilizados, frequentemente, por juspublicistas[131].

Além do mais a Parte Geral fixa, para serem aplicados, conceitos, categorias e princípios, que produzem reflexos em todo o ordenamento jurídico e cuja fixação é condição de aplicação da Parte Especial e da ordem jurídica; isto é assim porque toda relação jurídica pressupõe sujeito, objeto e fato propulsor que a constitui, modifica ou extingue. Como veremos, logo mais adiante, a relação jurídica pode ser focalizada sob três prismas: sujeito, objeto e relação de interesse sobre o objeto, que é o nexo de ligação entre eles. A Parte Especial contém normas relativas ao vínculo entre o sujeito e o objeto, e a Parte Geral, as normas pertinentes ao sujeito, ao objeto e à forma de criar, modificar e extinguir direitos, tornando possível a aplicação da Parte Especial. Logo, a Parte Geral do Código Civil tem as funções de dar certeza e estabilidade aos seus preceitos, por regular, de modo cogente, não só os elementos da relação jurídica, mas também os pressupostos de sua validade, existência, modificação e extinção e possibilitar a aplicação da Parte Especial, já que é seu pressuposto lógico. Clara é sua função operacional no sentido de que fornece à ordem jurídica conceitos necessários à sua aplicabilidade[132].

Ater-nos-emos neste Livro ao exame da Parte Geral, daí o seu título: *Teoria Geral do Direito Civil*.

---

131. Planiol, Ripert e Boulanger, *Traité élémentaire du droit civil,* v. 1, n. 32, p. 13; Caio M. S. Pereira, op. cit., p. 32 e 33. Constitui a *Parte Geral* o alicerce para a operacionalidade jurídica, por estabelecer as linhas basilares para adequar a norma aos fatos sociais *in fieri* e aos valores vigentes na sociedade atual.

132. A esse respeito *vide* Ephraim de Campos Jr., *A função desempenhada pela Parte Geral no direito civil e fora do direito civil* – análise da Lei de Introdução ao Código Civil e sua função no ordenamento jurídico. Trabalho apresentado em 1980 no Curso de Pós-Graduação em Direito da PUCSP, p. 1-9.

Quadro Sinótico

PARTE GERAL: OBJETO E FUNÇÕES

PARTE GERAL	• Objeto	• Pessoas	• Pessoa natural — arts. 1º a 39. • Pessoa jurídica — arts. 40 a 69. • Domicílio — arts. 70 a 78.	
		• Bens jurídicos	• Bens considerados em si mesmos	• Imóveis — arts. 79 a 81. • Móveis — arts. 82 a 84. • Fungíveis e consumíveis — arts. 85 e 86. • Divisíveis e indivisíveis — arts. 87 e 88. • Singulares e coletivos — arts. 89 a 91.
			• Bens reciprocamente considerados	• Principais e acessórios — arts. 92 a 97.
			• Bens públicos e particulares — arts. 98 a 103.	
		• Fatos jurídicos em sentido amplo	• Negócio jurídico — arts. 104 a 184; sua prova — arts. 212 a 232. • Atos jurídicos lícitos — art. 185. • Atos ilícitos — arts. 186 a 188. • Prescrição e decadência — arts. 189 a 211.	
	• Funções	• Fixar, para serem aplicados, conceitos, categorias e princípios que produzem reflexos em todo o ordenamento jurídico. • Conter normas relativas ao sujeito, ao objeto e à forma de criar, modificar e extinguir direitos, tornando possível a aplicação da Parte Especial do Código Civil. • Dar certeza e estabilidade aos seus preceitos, por regular, de modo cogente, não só os elementos da relação jurídica, mas também os pressupostos de sua validade, existência, modificação e extinção.		

D. A Lei de Introdução às Normas do Direito Brasileiro

d.1. O conteúdo e a função da Lei de Introdução às Normas do Direito Brasileiro

O Decreto-lei n. 4.657/42, que revogou a antiga Lei de Introdução ao Código Civil n. 3.071/16, modificando vários princípios que haviam inspirado o legislador de 1916[133], continua vigente, mas, pela Lei n. 12.376/2010, recebeu nova nomenclatura, passando a ser *Lei de Introdução às Normas do Direito Brasileiro*.

Para Wilson de Campos Batalha, a Lei de Introdução é um conjunto de normas sobre normas[134], isto porque disciplina as próprias normas jurídicas, assinalando-lhes a maneira de aplicação e entendimento, predeterminando as fontes de direito positivo, indicando-lhes as dimensões espácio-temporais. Isso significa que essa lei ultrapassa o âmbito do direito civil, vinculando o direito privado como um todo e alcançando o direito público, atingindo apenas indiretamente as relações jurídicas. A Lei de Introdução contém, portanto, normas de sobredireito ou de apoio que disciplinam a atuação da ordem jurídica.

Não está incluída no Código Civil, cuja matéria se circunscreve às relações de ordem privada, por tal razão, em boa hora veio a lume a Lei n. 12.376/2010. Além disso, a fixação de normas desse teor, em uma lei especial, tem a vantagem de permitir ulteriores modificações, independentemente das transformações que se operarem nos institutos civis.

Acertada é sua nova denominação, visto que se estende muito além do Código Civil por abranger princípios determinativos da aplicabilidade, no tempo e no espaço, das normas de direito privado ou de direito público (arts. 1º a 6º) e por conter normas de direito internacional privado (arts. 7º a 19). Não é uma lei introdutória ao Código Civil. Se o fosse, conteria apenas normas de direito privado comum e, além disso, qualquer alteração do Código Civil refletiria diretamente sobre ela. Na verdade, é uma *lei de introdução às leis*, por conter princípios gerais sobre as normas sem qualquer discriminação. Trata-

---

133. Silvio Rodrigues, *Direito civil*, cit., v. 1, p. 37.

134. W. Campos Batalha, *Lei de Introdução ao Código Civil*, São Paulo, Max Limonad, 1959, v. 1, p. 5 e 6; Maria Helena Diniz, *Lei de Introdução ao Código Civil brasileiro interpretada*, São Paulo, Saraiva, 2001; Espínola e Espínola Filho, *A Lei de Introdução ao Código Civil brasileiro comentada*, Rio de Janeiro, 1943, v. 1, p. 10; Oscar Tenório, *Lei de Introdução ao Código Civil brasileiro*, Borsoi, 1955; Lair da Silva Loureiro Filho, *Lei de Introdução ao Código Civil interpretada*, São Paulo, Juarez de Oliveira, 2000; Pablo Stolze Gagliano e Rodolfo Pamplona Fº, *Novo curso*, cit., v. 1, p. 59-81; Zeno Veloso, *Comentários à Lei de Introdução ao Código Civil* – arts. 1º a 6º, Belém, Unama, 2005.

-se de uma norma preliminar à totalidade do ordenamento jurídico. É uma *lex legum*, ou seja, um conjunto de normas sobre normas, constituindo um direito sobre direito (*ein Recht der Rechtsordnung, Recht üeber Recht, surdroit, jus supra jura*), um superdireito, ou melhor, um direito coordenador de direito. Não rege, portanto, as relações da vida, mas sim as normas, indicando como aplicá-las, determinando-lhes a vigência e eficácia, suas dimensões espaciotemporais, assinalando suas projeções nas situações conflitivas de ordenamentos jurídicos nacionais e alienígenas, evidenciando os respectivos elementos de conexão determinantes das normas substantivas, deste ou daquele outro ordenamento jurídico, aplicáveis no caso de haver conflito de leis no espaço. Descreve, tão somente, as linhas básicas da ordem jurídica, exercendo a função de *lei geral*, por orientar a obrigatoriedade, a vigência espaciotemporal, a interpretação e a integração da lei e por traçar as diretrizes das relações de direito internacional privado por ela tidas como adequadas por estarem conformes com as convenções e com os tratados a que aderiu o Brasil.

É um código de normas. José Manoel de Arruda Alvim Neto chega até a compará-la a um verdadeiro "Código Civil" em miniatura, por conter normas que apontam os elementos de conexão pertinentes à pessoa e à família (arts. 7º e 11), aos bens (art. 8º), às obrigações (art. 9º) e à sucessão (art. 10), na hipótese de existir um fato interjurisdicional.

A Lei de Introdução é aplicável a toda ordenação jurídica, já que tem as funções de: regular a vigência e a eficácia das normas jurídicas (arts. 1º e 2º), apresentando soluções ao conflito de normas no tempo (art. 6º) e no espaço (arts. 7º a 19); fornecer critérios de hermenêutica (art. 5º); estabelecer mecanismos de integração de normas, quando houver lacunas (art. 4º); garantir não só a eficácia global da ordem jurídica, não admitindo o erro de direito (art. 3º) que a comprometeria, mas também a certeza, segurança e estabilidade do ordenamento, preservando as situações consolidadas em que o interesse individual prevalece (art. 6º)[135]; pretender garantir a segurança e a eficiência na criação e na aplicação do direito público (arts. 20 a 30, acrescentados pela Lei n. 13.655/2018 e regulamentados pelo Decreto n. 9.830/2019).

---

135. Ephraim de Campos Jr., op. cit., p. 10 e 11. *Vide* J. M. Arruda Alvim Neto, *Direito processual civil*, São Paulo, Revista dos Tribunais, 1972, v. 1; Enneccerus, Kipp e Wolff, *Tratado de derecho civil*, Barcelona, Bosch, 1934, v. 1; Espínola, *A Lei de Introdução ao Código Civil brasileiro comentada*, v. 1 (arts. 1º a 7º); v. 2 (arts. 8º e 9º); v. 3 (arts. 10 a 18), São Paulo, Freitas Bastos, 1943 e 1944; Oscar Tenório, *Lei de Introdução ao Código Civil brasileiro*, 2. ed., Rio de Janeiro, Borsoi, 1955; Maria Helena Diniz, *Lei de Introdução*, cit., p. 3-6; Fiore e outros, Delle disposizioni generali sulla pubblicazione, applicazione ed interpretazione delle leggi, in *Il diritto civile italiano secondo la dottrina e la giurisprudenza*, 1915, Parte 1, v. 1, p. 108 e 109.

Apresentaremos apenas alguns dos principais problemas regulados pela Lei de Introdução às Normas do Direito Brasileiro, indispensáveis para a compreensão das matérias concernentes ao direito civil.

d.2. A aplicação das normas jurídicas

O momento da aplicação da norma é característico do direito positivo. Isto porque as normas positivas existem, fundamentalmente, para serem aplicadas[136].

A norma contém, em si, uma generalidade, procede por abstração, fixando tipos, referindo-se a uma série de casos indefinidos e não a pessoas determinadas ou relações individualmente consideradas, ou seja, a casos concretos[137]. De modo que essa abstração de normas, em virtude de seu processo generalizante, implica seu afastamento da realidade, surgindo uma oposição entre normas jurídicas e fatos. Contudo, essa oposição não é um hiato insanável, porque os fatos individuais apresentam o geral determinado no conceito abstrato, ou seja, uma "nota de tipicidade", que permite que sejam enquadrados nos conceitos normativos[138]. Deveras a norma jurídica só se movimenta ante um fato concreto, pela ação do magistrado, que é o intermediário entre a norma e a vida ou o instrumento pelo qual a norma abstrata se transforma numa disposição concreta, regendo uma determinada situação individual. Assim, o dispositivo do Código Civil que estabelece a proteção possessória, garantindo o possuidor, permanece como norma abstrata, até o momento em que este, alegando uma turbação da posse, pede ao órgão judicante a aplicação da norma protetora[139]. A aplicação do direito, dessa forma concebida, denomina-se *subsunção*[140].

---

136. Betti, *Interpretazione della legge e degli atti giuridici*, Milano, Giuffrè, 1949; Henry W. Johnstone Jr., Argumentation and inconsistency, in *Logique et analyse*, 1961, p. 353; Roscoe Pound, The theory of judicial decisions, in *Lectures on legal topics*, p. 145; Orozimbo Nonato, Aspectos do modernismo jurídico, in *Pandectas brasileiras*, v. 8, 1ª parte, p. 176; Edgar Carlos de Amorim, *O juiz e a aplicação das leis*, Rio de Janeiro, Forense, 1992; Hamilton Elliot Akel, *O poder judicial e a criação da norma jurídica individual*, São Paulo, Saraiva, 1995; Celso Ribeiro Bastos, *Hermenêutica e interpretação judicial*, São Paulo, Celso Bastos ed., 2002.

137. Alípio Silveira, *Hermenêutica no direito brasileiro*, 1968, v. 1, p. 242.

138. Tércio S. Ferraz Jr., *A noção de norma jurídica na obra de Miguel Reale*. Separata da *Revista Ciência e Cultura*, v. 26, p. 1011 e 1112.

139. Serpa Lopes, op. cit., v. 1, p. 123.

140. Luiz Díez-Picazo, *Experiencias jurídicas y teoría del derecho*, Barcelona, Ariel, 1973, p. 208 e s.; Enneccerus, Kipp e Wolff, op. cit., v. 1, p. 196 e 197.

Convém esclarecer que quando um fato individual é subsumido em um conceito abstrato normativo ele não é apreendido em sua totalidade, pois esse fato é, tão somente, um geral determinado coincidente com o equivalente que está previsto no conceito; os demais caracteres desse fato não abrangidos pelo conceito são tidos como indiferentes para a subsunção. O conceito normativo contém uma potencialidade, que possibilita a subsunção dos objetos individuais por ele abarcados, excluindo os que não são por ele alcançados. A subsunção revela a perseverança do juiz em se aproximar mais da realidade fática, completando o pensamento abstrativo contido na norma[141].

A norma de direito é um modelo funcional, que contém, em si, o fato, pois, sendo um tipo geral oposto à individualidade concreta, pode ser adaptada a esta última[142]. Logo, o tipo contido no preceito normativo tem dupla função: é meio de designação dos elementos da hipótese de fato e forma de apreensão e exposição de relações jurídicas.

Na determinação do direito que deve prevalecer no caso concreto, o juiz deve verificar se o direito existe, qual o sentido exato da norma aplicável e se esta norma aplica-se ao fato *sub judice*[143]. Portanto, para a subsunção é necessária uma correta *interpretação* para determinar a qualificação jurídica da matéria fática sobre a qual deve incidir uma norma geral[144].

Quando, ao aplicar a norma ao caso, o juiz não encontra norma que a este seja aplicável, não podendo subsumir o fato a nenhuma norma, porque há falta de conhecimento sobre um *status* jurídico de um certo comportamento, devido a um defeito da ordem normativa que pode consistir na ausência de uma solução, estamos diante do problema da lacuna. Como o elaborador de normas jurídicas pretende construir preceitos para o futuro, que não é previsível, dada a infinita complexidade da vida moderna, submetida a mutações constantes, e não consegue abarcar em suas fórmulas

141. Yonne D. Oliveira, *A tipicidade no direito tributário brasileiro,* cit., p. 3, 16 e 17; Engisch, *La idea de concreción en el derecho y la ciencia jurídica actuales,* Pamplona, Ed. Universidad de Navarra, 1968, p. 415 e 417.

142. M. Reale, *O direito como experiência,* São Paulo, 1968, p. 191, 192 e 201.

143. Serpa Lopes, op. cit., v. 1, p. 125; Ferrara, *Trattato di diritto civile,* v. 1, p. 195 e s.

144. Palasi, *La interpretación y los apotegmas jurídico-lógicos,* Madrid, Technos, 1975, p. 36; Oswaldo Aranha Bandeira de Mello, *Princípios gerais de direito administrativo,* Rio de Janeiro, Forense, 1969, p. 342; R. Limongi França, *Da jurisprudência como direito positivo.* Separata da *Revista da Faculdade de Direito da USP*, 1971, n. 66, p. 218.

todas as hipóteses possíveis de comportamento, o juiz encontra-se, algumas vezes, de fato, ante a questão problemática de decidir casos não previstos em normas jurídicas.

Daí a importante missão do art. 4º da Lei de Introdução às Normas do Direito Brasileiro, que dá ao magistrado, impedido de furtar-se a uma decisão, a possibilidade de integrar a lacuna, de forma que possa chegar a uma solução adequada. Trata-se do fenômeno da *integração* normativa. É um desenvolvimento aberto do direito, dirigido metodicamente, em que o aplicador adquire consciência da modificação que as normas experimentam, continuamente, ao serem aplicadas às mais diversas relações da vida, chegando a se apresentarem, na ordem normativa, omissões concernentes a uma nova exigência da vida. O juiz tem permissão para desenvolver o direito sempre que se apresentar uma lacuna.

Ao lado do princípio da plenitude do ordenamento jurídico situam-se o da unidade da ordem jurídica e o da coerência lógica do sistema, que podem levar-nos à questão da *correção* do direito incorreto, em razão da existência de uma antinomia real, que precisará ser solucionada, pois o postulado desses princípios é o da resolução das contradições, pois, se for aparente, será resolvida pelos critérios normativos: hierárquico, cronológico e da especialidade. O sistema jurídico deverá, teoricamente, formar um todo coerente, devendo, por isso, excluir qualquer contradição, assegurando sua homogeneidade e garantindo a segurança na aplicação do direito. Para tanto, o jurista lançará mão de uma interpretação corretiva, guiado pela interpretação sistemática (LINDB, arts. 4º e 5º), que o auxiliará na pesquisa dos critérios a serem utilizados pelo aplicador do direito para solucionar a antinomia.

Havendo lacuna, ou antinomia, o jurista deve, ao sistematizar o direito, apontar o critério solucionador. O processo de sistematização jurídica compreende várias operações que tendem não só a exibir as propriedades normativas, fáticas e axiológicas do sistema e seus defeitos formais (lacunas e antinomias), mas também a reformulá-lo para alcançar um sistema harmônico, atendendo aos postulados de capacidade total de explicação, ausência de contradições e aplicabilidade fecunda do direito a casos concretos. Logo, havendo lacuna ou antinomia, a sua solução é encontrada no sistema jurídico elaborado pelo jurista.

O magistrado tem, ao aplicar o direito, criando uma norma individual, autorização de interpretar, integrar e corrigir as normas, devendo, para tanto, manter-se dentro dos limites assinalados pelo direito, de maneira que o desenvolvimento do direito só poderá dar-se dentro dos marcos jurídicos.

As decisões do juiz devem estar em consonância com o espírito do ordenamento jurídico, que é mais rico de conteúdo do que a disposição normativa, pois contém ideias jurídicas, critérios jurídicos e éticos, ideias jurídicas fáticas que não encontram expressão na norma de direito. Assim sendo, em caso de lacuna, por exemplo, a norma individual completante do sistema não é elaborada fora do sistema jurídico, pois o órgão judicante terá, ao emiti-la, que se ater aos fatos, valores e normas que o integram.

A aplicação do direito encerra as seguintes operações técnicas: construção de conceitos jurídicos, definindo tecnicamente os vocábulos contidos na lei, e ordenação sistemática do direito pelo jurista; determinação da existência espácio-temporal da norma pelo órgão aplicador; interpretação da norma pelo jurista e pelo órgão, ao subsumir; integração do direito pelo órgão, ao preencher lacunas; investigação corretiva do direito pelo jurista e pelo órgão, ao solucionar antinomia real; determinação, pelo órgão, da norma aplicável, por servir de fundamento de validade à norma individual (sentença ou acórdão) e estabelecimento de uma relação entre a norma individual, criada pelo órgão para o caso *sub judice*, e outras do ordenamento, que se sabe válidas[145].

d.3. A interpretação das normas

A parêmia latina *in claris cessat interpretatio* não tem qualquer aplicabilidade, pois tanto as leis claras como as ambíguas comportam interpretação. Nesse sentido bastante convincentes são as palavras de Degni de que "a clareza de um texto legal é coisa relativa. Uma mesma disposição pode ser clara em sua aplicação aos casos mais imediatos e pode ser duvidosa quando se aplica a outras relações, que nela se possam enquadrar e às quais não se refere diretamente, e a outras questões que, na prática, em sua atuação, podem sempre surgir. Uma disposição poderá parecer clara a quem

145. Larenz, *Metodología de la ciencia del derecho,* Barcelona, Ariel, 1968, p. 201; Karl Engisch, *Introdução ao pensamento jurídico*, Lisboa, 1962, p. 253; Gavazzi, *Delle antinomie*, Torino, Giappichelli, 1959, p. 166-8; M. Helena Diniz, *Conflito de normas*, São Paulo, Saraiva, 1987; *Lei de Introdução*, cit., p. 11-13; Leo Gabriel, *Integrale logik*, 1965, p. 273; José Castán Tobeñas, *Teoría de la aplicación e investigación del derecho. Metodología y técnica operatoria en derecho privado positivo*, Madrid, 1947, p. 205, nota 161; José M. Oviedo, *Formación y aplicación del derecho*, Madrid, 1972, p. 100, 147 e 150; Walter Campaz, *Direito, interpretação, aplicação e integração*, São Paulo, Juarez de Oliveira, 2001.

a examinar superficialmente, ao passo que se revelará tal como é a quem a considerar nos seus fins, nos seus precedentes históricos e nas suas conexões com todos os elementos sociais, que agem sobre a vida do direito na sua aplicação a relações, que, como produto de novas exigências e condições, não poderiam ser consideradas, ao tempo da formação da lei, na sua conexão com o sistema geral do direito positivo vigente".

As funções da interpretação são: *a*) conferir a aplicabilidade da norma jurídica às relações sociais que lhe deram origem; *b*) estender o sentido da norma a relações novas, inéditas ao tempo de sua criação; e *c*) temperar o alcance do preceito normativo, para fazê-lo corresponder às necessidades reais e atuais de caráter social, ou seja, aos seus fins sociais e aos valores que pretende garantir.

Interpretar é descobrir o sentido e o alcance da norma jurídica. Devido à ambiguidade do texto, imperfeição e falta de terminologia técnica, má redação, o aplicador do direito, a todo instante, está interpretando a norma, pesquisando seu verdadeiro significado. Interpretar é, portanto, explicar, esclarecer; dar o sentido do vocábulo, atitude ou comportamento; reproduzir, por outras palavras, um pensamento exteriorizado; mostrar o verdadeiro significado de uma expressão, assinalando, como o disse Enneccerus, o que é decisivo para a vida jurídica; extrair da norma tudo o que nela se contém[146], revelando seu sentido apropriado para a realidade e conducente a uma solução justa, sem conflitar com o direito positivo e com o meio social.

A interpretação, acrescenta Miguel Reale[147], é um momento de intersubjetividade: o ato interpretativo do aplicador, procurando captar o ato de outrem, no sentido de se apoderar de um significado objetivamente verdadeiro. O ato interpretativo implicaria uma duplicidade, onde sujeito e objeto estão colocados frente a frente[148]. Para o intérprete, aquilo que se interpreta

---

146. Degni, *L'interpretazione della legge*, Napoli, 1909; Manoel A. Domingues de Andrade, *Ensaio sobre teoria da interpretação das leis*, Coimbra, 1987; Gaston May, *Introduction à la science du droit*, Paris, 1932, p. 75-6; Machado Neto, *Compêndio de introdução à ciência do direito*, São Paulo, Saraiva, 1984, p. 216-7; Kalinowsky, Philosophie et logique de l'interpretation en droit, *Archives de Philosophie du Droit*, Paris, n. 17, p. 48; Carlos Maximiliano, *Hermenêutica e aplicação do direito*, 8. ed., Rio de Janeiro, Freitas Bastos, 1965, p. 13, 14, 22 e 24 a 26.

147. M. Reale, *O direito*, cit., São Paulo, Saraiva, 1968, p. 240.

148. Ferraz Jr., *A noção de norma jurídica*, cit., p. 1013. Poder-se-á dizer até que esse conhecimento interpretativo se apresenta como uma transferência das propriedades do objeto para o sujeito cognoscente. Aquilo que o "eu" é, quando se torna sujeito pensante, o é em relação ao objeto que pretende conhecer. A função do sujeito consiste

consiste em algo objetivo, porém o aplicador da norma não a reproduz, mas contribui, de um certo modo, para constituí-la em seus valores expressivos[149]. Num momento posterior, a duplicidade inicial – sujeito e objeto – passa a ser uma "intersubjetividade", na medida em que o ato interpretativo deixa de ser uma coisa, passando a ser um outro ato: as "intencionalidades objetivadas", que constituem o domínio próprio da interpretação[150].

É a hermenêutica que contém regras bem ordenadas que fixam os critérios e princípios que deverão nortear a interpretação. A hermenêutica é a teoria científica da arte de interpretar[151].

Para orientar a tarefa interpretativa do aplicador várias técnicas existem: a gramatical, a lógica, a sistemática, a histórica e a sociológica ou teleológica. Pela *gramatical*, que se funda em regras da linguística, examina o aplicador cada termo do texto normativo, isolada ou sintaticamente, atendendo à pontuação, colocação dos vocábulos, origem etimológica etc. Tem sempre em vista as seguintes regras: 1) as palavras podem ter uma significação comum e uma técnica, caso em que se deve dar preferência ao significado técnico; 2) deve-se considerar a colocação da norma, como, p. ex., uma disposição incluída no capítulo sobre curatela está indicando que se destina a regular essa forma de incapacidade; 3) havendo antinomia entre o sentido gramatical e o lógico, este deve prevalecer; 4) o sentido da palavra deve ser tomado em conexão com o da lei; 5) o termo deve ser interpretado em conexão com os demais; e 6) havendo palavras com sentido diverso, cumpre ao intérprete fixar-lhes o verdadeiro[152]. Na *lógica* o que se pretende é desvendar o sentido e o alcance da norma, mediante seu estudo, por meio de raciocínios lógicos, analisando os períodos da lei e combinando-os entre si, com o escopo de atingir perfeita compatibilidade[153]. A *sistemática* é a que considera o sistema em que se insere a norma, relacionando-a com

---

em apreender o objeto, e essa apreensão apresenta-se como uma saída do sujeito para fora de sua esfera, como uma invasão da esfera do objeto e como uma captação das propriedades deste. É o que ensinam Manuel Garcia Morente (*Fundamento de filosofia*; lições preliminares, 4. ed., São Paulo, Mestre Jou, 1970, p. 147, 217, 243, 244, 262 e 263) e Maria Helena Diniz, *A ciência jurídica,* cit., p. 170 e 171.

149. M. Reale, *O direito,* cit., p. 241; Ferraz Jr., *A norma jurídica,* cit., p. 1013.

150. M. Reale, op. cit., p. 242 e 247. Ferraz Jr. (*A noção de norma jurídica,* cit., p. 1013) esclarece: "intersubjetividade" significa vinculação entre dois elementos que se põem distintamente, mas ao mesmo tempo se interpenetram e se limitam.

151. Carlos Maximiliano, op. cit., p. 14 e 15, e Serpa Lopes, op. cit., p. 129.

152. Degni, *L'interpretazione della legge,* Nápoles, 1909, p. 236 e s.; Ferrara, *Trattato di diritto civile,* p. 206 e s.

153. *Vide* as lições de Vander Eycken, *L'interprétation juridique,* Bruxelas, 1907, p. 34 e s.

outras concernentes ao mesmo objeto, pois por uma norma pode-se desvendar o sentido de outra. Isto é assim porque o sistema jurídico não se compõe de um só sistema de normas, mas de vários, que constituem um conjunto harmônico e interdependente, embora cada qual esteja fixado em seu lugar próprio. A *histórica*, oriunda de obras de Savigny e Puchta, cujas ideias foram compartilhadas por Espínola, Gabba, Holder, Biermann, Cimbali, Wach, Alípio Silveira, Degni, Saleilles, Bekker, dentre outros[154], baseia-se na averiguação dos antecedentes da norma. Refere-se ao histórico do processo legislativo, desde o projeto de lei, sua justificativa ou exposição de motivos, emendas, aprovação e promulgação, ou às circunstâncias fáticas que a precederam e que lhe deram origem, às causas ou necessidades que induziram o órgão a elaborá-la, ou seja, às condições culturais ou psicológicas sob as quais o preceito normativo surgiu (*occasio legis*). Como a maior parte das normas constitui a continuidade ou modificação das disposições precedentes, é bastante útil que o aplicador investigue o desenvolvimento histórico das instituições jurídicas, a fim de captar o exato significado das normas, tendo sempre em vista a razão delas (*ratio legis*), ou seja, os resultados que visam atingir. E a *sociológica* ou *teleológica* objetiva, como quer Ihering, adaptar o sentido ou finalidade da norma às novas exigências sociais, adaptação esta prevista pelo art. 5º da Lei de Introdução, que assim reza: "Na aplicação da lei, o juiz atenderá aos fins sociais a que ela se dirige e às exigências do bem comum". Os fins sociais e o bem comum são, portanto, sínteses éticas da vida em comunidade, por pressuporem uma unidade de objetivos do comportamento humano social. Os fins sociais são do direito; logo, é preciso encontrar no preceito normativo o seu *telos* (fim). O bem comum postula uma exigência, que se faz à própria sociabilidade; portanto, não é um fim do direito, mas da vida social. O sentido normativo requer a captação dos fins para os quais se elaborou a norma[155]. E dever-se-á, ainda, na interpretação, resguardar e promover a dignidade da pessoa humana, observando a proporcionalidade, a razoabilidade, a legalidade, a publicidade e a eficiência (CPC, art. 8º, segunda parte). A interpretação, como nos diz Ferrara, não é pura arte dialética, não se desenvolve como método geométrico num círculo de abstrações, mas perscruta as necessidades práticas

---

154. Degni, op. cit.; Savigny, *Sistema del diritto romano attuale,* v. 1, p. 216, § 50; Espínola, *Tratado de direito civil brasileiro,* v. 3 e 4; Alípio Silveira, *Da interpretação das leis em face dos vários regimes políticos,* 1941.

155. *Vide* o que ensinam W. C. Batalha, op. cit., p. 543 e 551; Jean Defroidmont, *La science du droit positif,* p. 216 e 217; Tércio Sampaio Ferraz Jr., *Introdução ao estudo do direito,* São Paulo, Atlas, 1988, p. 260-6.

da vida e a realidade social. O aplicador, nas palavras de Henri de Page, não deverá quedar-se surdo às exigências da vida, porque o fim da norma não deve ser a imobilização ou a cristalização da vida, e sim manter contato íntimo com ela, segui-la em sua evolução e adaptar-se a ela. Daí resulta, continua ele, que a norma se destina a um fim social, de que o juiz deve participar ao interpretar o preceito normativo.

Convém lembrar, ainda, que as diversas técnicas interpretativas não operam isoladamente, não se excluem reciprocamente, mas se completam. Na realidade, não são cinco espécies de interpretação, mas operações distintas que devem sempre atuar conjuntamente, pois todas trazem sua contribuição para a descoberta do sentido e alcance da norma de direito. Aos fatores verbais aliam-se os lógicos e com os dois colaboram, pelo objetivo comum, o sistemático, o histórico e o sociológico ou teleológico. Eis a razão pela qual se diz que o ato interpretativo é complexo: há um sincretismo de processos interpretativos conducente à determinação do alcance e sentido normativo. Todas as técnicas interpretativas coordenam-se em função da teleologia que controla o ordenamento jurídico, visto sistematicamente, pois a percepção dos fins exige não o estudo de cada norma isoladamente, mas sua análise no ordenamento jurídico como um todo. Todavia, com isso não se quer dizer que todos devam ser empregados simultaneamente, pois um pode dar mais resultado do que o outro em dado caso, condenando-se, isto sim, a supremacia de um processo sobre o outro. Todos os exageros são condenáveis, não se justificando qualquer exclusivismo. A interpretação é una, não se fraciona; é, tão somente, exercida por vários processos que conduzem a um resultado final: a descoberta do alcance e sentido da disposição normativa. Há hipóteses em que o jurista ou o juiz devem lançar mão da *interpretação extensiva* para complementar uma norma, ao admitir que ela abrange certos fatos-tipos implicitamente. Essa interpretação ultrapassa o núcleo do sentido da norma, avançando até o sentido literal possível desta, concluindo que o alcance da lei é mais amplo do que indicam seus termos. A norma constante na Lei do Inquilinato, de que "o proprietário tem direito de pedir o prédio para seu uso", inclui o usufrutuário, porque o fim da lei é alcançar os que têm sobre o prédio um direito real. Outras vezes o aplicador da norma deve reconduzi-la ao campo de aplicação que corresponde ao fim que pretende obter (LINDB, art. 5º), porque foi formulada de modo amplo, para tanto valendo-se da *interpretação restritiva*[156], que restringe

156. Sobre os tipos de interpretação, *vide* Serpa Lopes, op. cit., v. 1, p. 128-67; Carlos Maximiliano, op. cit., p. 120 e 240; W. Barros Monteiro, op. cit., v. 1, p. 35; Vicente Ráo,

o sentido normativo, com o escopo de dar àquela norma aplicação razoável e justa. Ter-se-á interpretação *declarativa*, ou especificadora, apenas quando houver correspondência entre a expressão linguístico-legal e a *voluntas legis*, sem que haja necessidade de dar ao comando normativo um alcance ou sentido mais amplo ou mais restrito. Tal ocorre porque o sentido da norma condiz com a sua letra, de modo que o intérprete e o aplicador tão somente declaram que o enunciado normativo contém apenas aqueles parâmetros que se depreendem de sua letra.

Dessa forma, o intérprete, ao compreender a norma jurídica, descobrindo seu alcance e significado, refaz o caminho da "fórmula normativa" ao "ato normativo"; tendo presentes os fatos e valores dos quais a norma advém, bem como os fatos e valores supervenientes, ele a compreende, a fim de aplicar em toda sua plenitude o "significado nela objetivado"[157].

d.4. A integração das normas jurídicas e a questão da correção da antinomia jurídica

O direito é uma realidade dinâmica, que está em perpétuo movimento, acompanhando as relações humanas, modificando-as, adaptando-as às novas exigências e necessidades da vida[158], inserindo-se na história, brotando do contexto cultural[159]. A evolução da vida social traz em si novos fatos e conflitos, de modo que os legisladores, diariamente, passam a elaborar novas leis; juízes e tribunais de forma constante estabelecem novos precedentes e os próprios valores sofrem mutações, devido ao grande e peculiar dinamismo da vida.

O direito é um dado que abrange experiências históricas, sociológicas, axiológicas, que se complementam. Logo, as normas, por mais completas

---

O direito e a vida do direito, v. 1, t. 2, p. 575 e s.; R. Limongi França, *Das formas e aplicação do direito positivo,* Revista dos Tribunais, 1969, p. 46 e s.; A. Franco Montoro, *Introdução à ciência do direito,* v. 2, p. 124 e s.; Cunha Barreto, Interpretação das leis, *RF, 117*(539):40-4, 1948; Ferrara, *Interpretação e aplicação das leis,* p. 37; De Page, *Traité élémentaire de droit civil belge,* t. 1, cap. III, p. 196 e s.; Maria Helena Diniz, *Compêndio,* cit., p. 392; Larenz, *Metodología de la ciencia del derecho,* Barcelona, Ed. Ariel, 1966, p. 270-2, 308 e 309.

157. M. Reale, *O direito como experiência,* cit., p. 247; Ferraz Jr., *A norma jurídica,* cit., p. 1014.

158. Edmond Picard, *O direito puro,* Lisboa, Ibero-Americana, 1942, p. 87 e 30.

159. Francesco Calasso, *Storicità del diritto,* Milano, 1966, p. 198; Miguel Reale Jr., *Antijuridicidade concreta,* Bushatsky, 1974, p. 1; Ferraz Jr., *Conceito de sistema no direito,* São Paulo, Revista dos Tribunais, 1976, p. 171.

que sejam, são apenas uma parte do direito[160], não podendo identificar-se com ele.

Isto nos leva a crer que o sistema jurídico é composto de vários subsistemas. Na Tridimensionalidade Jurídica de Miguel Reale encontramos a noção de que tal sistema se compõe de três subsistemas isomórficos: o de normas, o de fatos e o de valores. Logo, os elementos do sistema estão vinculados entre si por uma relação, sendo interdependentes. De forma que quando houver uma incongruência ou alteração entre eles temos a lacuna e a quebra da isomorfia. Havendo, portanto, inadequação entre os subsistemas em razão da sua própria evolução interna, pode ocorrer uma situação indesejável em que a norma e o fato que lhe corresponde entrem em conflito com o valor que os informa, ou que o fato, devido a uma modificação social, não mais atenda aos ditames axiológicos, contradizendo-se assim com a norma. O direito é lacunoso, sob o prisma dinâmico, já que se encontra em constante mutação, pois vive com a sociedade, sofre com ela, recebendo a cada momento o influxo de novos fatos; não há possibilidade lógica de conter, em si, prescrições normativas para todos os casos. As normas são sempre insuficientes para solucionar os infinitos problemas da vida. O legislador, por mais hábil que seja, não consegue reduzir os comandos normativos às necessidades do momento, abrangendo todos os casos emergentes da constante elaboração da vida social que vêm pedir garantia ao direito, por mais que este dilate o seu alcance e significado. As lacunas jurídicas podem ser colmatadas, passando-se de um subsistema a outro[161]. De modo que elas são sempre provisórias.

---

160. L. Vilanova, *Lógica, ciência do direito e direito,* cit., p. 535; Santi Romano, *El ordenamiento jurídico,* Ed. Instituto de Estudios Políticos, Madrid, 1963; Maria Helena Diniz, *A ciência jurídica,* cit., p. 60 e 61; Campanini, *Ragione e volontà nella legge,* Milano, Giuffrè, p. 3.

161. Tércio Sampaio Ferraz Jr., *Teoria da norma jurídica,* Rio de Janeiro, Forense, 1978, p. 141, e *Conceito de sistema no direito,* cit., p. 156, 157, 162 e 171. Não aceitamos as correntes doutrinárias que entendem que o sistema jurídico é fechado, porque todo comportamento está, deonticamente, nele determinado, sustentando, assim, o dogma da plenitude hermética do ordenamento jurídico, baseado no princípio de que "tudo que não está proibido está permitido". Isto porque, no nosso entender, esse princípio não constitui uma norma jurídica positiva; não confere, portanto, direitos e obrigações a ninguém, sendo assim um mero enunciado lógico, inferido da análise do sistema normativo. Considerado sob o prisma da linguagem, seria uma metalinguagem. Com isso essas teorias fracassam no empenho de sustentar que todo sistema jurídico é uno, completo, independente e sem lacunas, pois concebem o direito sob uma perspectiva estática. Há, ainda, quem considere as lacunas como uma questão processual, que só aparece por ocasião da aplicação do sistema num determinado caso concreto não previsto legalmente, fazendo com que o problema tome

Se não se admitisse o caráter lacunoso do direito, sob o prisma dinâmico, o Poder Legislativo, num dado momento, não mais teria qualquer função, pois todas as condutas já estariam prescritas, em virtude do princípio "tudo o que não está proibido está permitido". E, além disso, afirmar que não há lacunas porque há juízes que, com base no art. 4º da Lei de Introdução às Normas do Direito Brasileiro, vão eliminando as lacunas, conduziria a uma falsa realidade, pois os magistrados apenas as colmatam. O juiz cria norma jurídica individual que só vale para cada caso concreto, pondo fim ao conflito, sem dissolver a lacuna, pois o caso *sub judice* por ele resolvido não pode generalizar a solução para outros casos, mesmo que sejam idênticos. A norma individual só poderá ascender a norma jurídica geral após um posterior processo de recepção por uma lei. A instauração de um modelo jurídico geral cabe ao Poder Legislativo, bem como as modificações e correções da norma, procurando novas formas que atendam e satisfaçam as necessidades sociais.

Logo, a teoria das lacunas tem dois objetivos: fixar os limites para as decisões do órgão judicante e justificar a função do Poder Legislativo[162]. Entretanto, reconhecemos a possibilidade de existir no ordenamento jurídico princípios e normas latentes, capazes de solucionar situações não previstas, expressamente, pelo legislador.

Com isso queremos dizer que o direito apresenta lacunas, porém é, concomitantemente, sem lacunas, o que poderia parecer paradoxal se se captasse o direito estaticamente. Ele é lacunoso porque a vida social apresenta nuanças infinitas nas condutas humanas, problemas surgem, mudam-se as necessidades com o progresso, o que torna impossível a regulamentação de todo comportamento por normas jurídicas. Mas é sem lacunas, porque o seu próprio dinamismo apresenta solução para qualquer caso *sub judice,* dada pelo Poder Judiciário ou Legislativo. O próprio direito supre seus espaços

uma feição pragmática, chegando a afirmar que não há lacunas porque há juízes. Discordamos dessa opinião, pois a decisão judicial integra, porém não elimina, a lacuna, não podendo, portanto, instaurar a completude no sentido de garantir que toda ação possível tenha um *status* deôntico. Além disso, a tarefa integradora do magistrado não é autônoma, nem mesmo arbitrária; deve ater-se sempre às pautas autorizadas pela ordem jurídica. Sobre isso *vide* nossa tese de livre-docência *As lacunas no direito,* Revista dos Tribunais, 1980 (2. ed., Saraiva, 1989).

162. Huberlant, Les mécanismes institués pour combler les lacunes de la loi, in *Le problème des lacunes en droit,* Bruxelles, Perelman, 1968, p. 539; Picard, op. cit., p. 31, 87 e 88.

vazios, mediante a aplicação e criação de normas. De forma que o sistema jurídico não é completo, mas completável[163].

Admitida a existência de lacuna jurídica, surge o problema de sua constatação e preenchimento, que só pode ser resolvido com o emprego dos meios indicados no art. 4º da Lei de Introdução[164], ou seja, analogia, costume e princípios gerais de direito.

Para integrar a lacuna o juiz recorre, preliminarmente, à *analogia,* que consiste em aplicar a um caso não previsto de modo direto ou específico por uma norma jurídica uma norma prevista para uma hipótese distinta, mas semelhante ao caso não contemplado[165].

É a analogia um procedimento quase lógico, que envolve dois procedimentos: a constatação (empírica), por comparação, de que há uma seme-

---

163. Este pensamento é de Tércio Sampaio Ferraz Jr., *Conceito de sistema,* cit., p. 137; no mesmo sentido, De Castro, *Derecho civil de España,* p. 532 e 533. Em que pese a este nosso entendimento, não o consideramos como um pronunciamento final sobre o tema, pois não se encontra uma doutrina que ofereça as coordenadas básicas que levem a uma opinião unânime do que seja a lacuna. Por isso, julgamos que a lacuna é uma aporia, uma questão aberta, uma vez que recebe várias respostas, conforme as premissas que se adotem ou posição ideológica que se tenha.

164. O art. 4º da Lei de Introdução preceitua três instrumentos para suprir lacunas: analogia, costume e princípios gerais de direito, pois, pelo art. 140 do CPC/2015, "o juiz não se exime de decidir sob a alegação de lacuna ou obscuridade do ordenamento jurídico". E pelo art. 375 do mesmo Código, "o juiz aplicará as regras da experiência comuns, subministradas pela observação do que ordinariamente acontece e, ainda, as regras da experiência técnica, ressalvado, quanto a estas, o exame pericial", cogitando obviamente da hipótese da inexistência de disposição jurídica específica acerca do meio de prova a ser utilizado para a elucidação de determinado fato, facultando ao juiz a atualização de sua experiência, tendo em vista a observação cotidiana do que acontece. Não se confundem com o costume, que versa sobre matéria de direito. As *máximas de experiência* versam sobre matéria de fato (prova), pois consistem em juízos empíricos da vida, do comércio, da indústria, da arte, que são utilizados na apreciação dos fatos, para comprová-los ou caracterizar sua submissão à norma jurídica. É o que nos ensina Moacyr Amaral Santos, *Comentários ao Código de Processo Civil,* p. 18-46.

165. W. Barros Monteiro, op. cit., v. 1, p. 41; Dorolle, *Le raisonnement par analogie,* Paris, 1949; Von Tuhr, *Derecho civil,* Buenos Aires, Depalma, 1946, v. 1, t. 1, p. 57; Larenz, *Metodología de la ciencia del derecho,* Barcelona, Ariel, 1966, p. 300; A. Franco Montoro, op. cit., v. 2, p. 135; Sternberg, *Introducción a la ciencia del derecho,* p. 139; Scuto, *Istituzioni di diritto privato*; parte generale, p. 126; Sílvio de Salvo Venosa, *Direito civil,* São Paulo, Atlas, 1984, v. 1, p. 37. Cláudia R. de O. M. S. Loureiro, Lacunas no direito e a ADPF n. 54, in *Aualidades Jurídicas,* v. 6, p. 45-58. Exemplificativamente: não havendo norma referente a uma questão de *leasing,* ou arrendamento mercantil, que é uma locação com opção de compra do bem locado, o aplicador poderá, para solucionar o problema, fazer uso da norma alusiva à compra e venda ou à locação.

lhança entre fatos-tipos diferentes, e um juízo de valor que mostra a relevância das semelhanças sobre as diferenças, tendo em vista a decisão jurídica procurada. Encontra-se, portanto, modernamente, na analogia uma averiguação valorativa, já que ela tem por escopo ampliar, com base na semelhança, a estrutura de uma situação, incorporando-lhe uma situação nova[166]. Com efeito, reza o art. 5º da Lei de Introdução às Normas do Direito Brasileiro que, "na aplicação da lei, o juiz atenderá aos fins sociais a que ela se dirige e às exigências do bem comum"; com isso não se pode deixar de estender este dispositivo ao uso da analogia, pois o magistrado, ao buscar solucionar uma hipótese não prevista, deve valorar não só o texto legal de que se utilizará para preencher a lacuna, como também a solução por ele obtida, mediante analogia, em função das circunstâncias do caso *sub judice*[167].

Percebe-se que o problema da aplicação analógica não está na averiguação das notas comuns entre o fato-tipo e o não previsto, mas sim em verificar se, valorativamente, essa coincidência justifica um tratamento jurídico idêntico para fatos examinados.

Na seara do direito civil larga é a aplicação da analogia, como se poderá ver nos seguintes exemplos:

1) (*AJ*, *30*:156) – Não se cogitando em texto expresso do Código Civil sobre o modo de proceder em relação aos bens de menores, sob o pátrio poder (hoje poder familiar), quando o pai é privado do usufruto inerente ao exercício do pátrio poder (hoje poder familiar), resolve-se a dificuldade recorrendo-se aos princípios que constituem a integração por analogia, lançando-se mão do disposto no art. 411, parágrafo único, do Código Civil de 1916: "Aos irmãos órfãos dar-se-á um só tutor. No caso de ser nomeado mais de um tutor por disposição testamentária sem indicação de precedência, entende-se que a tutela foi cometida ao primeiro, e que os outros lhe sucederão pela ordem de nomeação, se ocorrer morte, incapacidade, escusa ou qualquer outro impedimento. Quem institui um menor herdeiro ou legatário seu, poderá nomear-lhe curador especial para os bens deixados, ainda que o beneficiário se encontre sob o pátrio poder (hoje poder familiar), ou tutela" (correspondente ao art. 1.733, §§ 1º e 2º, do atual Código Civil).

---

166. Ferraz Jr., Analogia (Aspecto lógico-jurídico: analogia como argumento ou procedimento lógico), in *Enciclopédia Saraiva do Direito*, v. 6, p. 363 e 364; Klug, *Lógica jurídica*, trad. García Bacca, Caracas, 1961, p. 97 e s.; Palasi, op. cit., p. 184.

167. Alípio Silveira, *Hermenêutica no direito brasileiro*, Revista dos Tribunais, 1968, v. 1, p. 296.

2) O art. 1.666 do Código Civil de 1916, que prescrevia: "Quando a cláusula testamentária for suscetível de interpretações diferentes, prevalecerá a que melhor assegure a observância da vontade do testador", foi aplicado, por analogia, aos casos de doações que são liberalidades (*RF, 128*:498) – hoje a matéria rege-se pelo art. 1.899 do Código Civil/2002.

3) O art. 640 do Código Civil de 1916, que dizia: "O condômino que administrar sem oposição dos outros presume-se representante comum", foi estendido por aplicação analógica aos casos de usufruto de que são titulares cônjuges separados judicialmente; o que administrar, sem oposição do outro, presumir-se-á mandatário comum (*RT, 209*:262) – correspondente ao art. 1.324 do Código Civil vigente.

4) "O art. 413, II, do Código Civil de 1916 (correspondente ao art. 1.735, II, do Código Civil/2002) estabelece que não podem ser tutores os que, no momento de lhes ser deferida a tutela, se encontrarem constituídos em obrigação para com o menor sob sua guarda, ou tiverem que fazer valer direitos contra ele, assim como aqueles cujos pais, filhos ou cônjuges tiverem demanda com o menor. Pois bem, decisões há no sentido de que o devedor do testador é, por analogia com o disposto nesse artigo, inapto para exercer a testamentaria" (*AJ, 53*:156; *RT, 131*:569).

A analogia é, portanto, um método quase-lógico que descobre a norma implícita existente na ordem jurídica. É tão somente um processo revelador de normas implícitas[168].

---

168. Os acórdãos acima citados, como vimos, aplicaram os arts. 411, parágrafo único, 1.666, 640 e 413, II, do Código Civil de 1916. A doutrina que funda a analogia na *igualdade jurídica* é a mais satisfatória, já que o processo analógico é um raciocínio baseado na similitude de fatos, fundando-se na identidade de razão, que é o elemento justificador da aplicabilidade da norma a casos não previstos, mas, substancialmente semelhantes, sem contudo ter por objetivo perscrutar o exato significado da norma, partindo tão somente do pressuposto de que a questão *sub judice,* apesar de não se enquadrar no dispositivo legal, deve cair sob sua égide por semelhança de razão. É o raciocínio fundado na identidade de razão suficiente, que, segundo Bobbio, é a *ratio juris* da lei, que significa relação de fundamento. Por isso, toda vez que em direito se emprega a analogia, assim se faz ou para demonstrar que duas situações apresentam um motivo idêntico, ou que possuem o mesmo fundamento. Ao se empregar a analogia, não se procura a exatidão formal dos termos que se relacionam, mas a probabilidade de semelhança material dos próprios termos e do efeito que esta semelhança poderá causar no espírito de quem julga ou daquele a quem ela se dirige. Para tanto a analogia requer uma referência às finalidades às quais ela se orienta, sendo, portanto, imprescindível um juízo de valor dos objetivos e dos motivos. Trata-se do argumento *"a simili ad simile"* ou *"a pari"*, pois a identidade de razão é a base da analogia. Nesse argumento não se conclui sobre a identidade dos fatos, nem sobre a identidade do fato com a lei, mas sim sobre a igualdade jurídica, ou seja, da

Requer a aplicação analógica que:

1) o caso *sub judice* não esteja previsto em norma jurídica;

2) o caso não contemplado tenha com o previsto, pelo menos, uma relação de semelhança;

3) o elemento de identidade entre eles não seja qualquer um, mas sim essencial, ou seja, deve haver verdadeira semelhança e a mesma razão entre ambos[169].

Os autores costumam distinguir a *analogia legis* da *analogia juris*. A *analogia legis* consiste na aplicação de uma norma existente, destinada a reger caso semelhante ao previsto. E a *juris* estriba-se num conjunto de normas, para extrair elementos que possibilitem sua aplicabilidade ao caso concreto não previsto, mas similar[170].

Machado Neto vê nessa distinção entre *analogia legis* e *juris* uma diferenciação acidental, porque, manifesta ou não, toda analogia é *juris,* pois tal como toda aplicação o é, não de uma norma, mas do ordenamento jurídico inteiro, por mais aparentemente que se detenha na apuração da analogia das disposições normativas ou de fatos, jamais se poderá prescindir do conjunto da sistemática jurídica que tudo envolve[171]. No que concordamos

---

ratio juris. Os argumentos *a fortiori* (*a maiori ad minus* e *a minori ad maius*) não são analógicos, mas constituem um modo de interpretação. E, por sua vez, o argumento *a contrario* também não o é, por fundar-se na diferença e não na semelhança. *Vide* Klug, op. cit., p. 104; Limongi França, Aplicação do direito positivo, in *Enciclopédia Saraiva do Direito,* v. 7, p. 200; Miguel Reale, *Lições preliminares de direito,* São Paulo, Saraiva, p. 85 e 292-3; Maria Helena Diniz, *As lacunas no direito,* São Paulo, Saraiva, 1989, p. 141-82; Du Pasquier, *Introduction à la théorie générale et à la philosophie du droit,* Neuchâtel, 1948; Ferraz Jr., op. cit., p. 365; Alípio Silveira, Analogia, costumes e princípios gerais de direito na integração das lacunas da lei, *RF, 521*:21, 1946; João Arruda, Direito civil, *RT, 23*:237-8, 1917; Bobbio, *L'analogia nella logica del diritto,* Torino, 1938, p. 104; Maurizio Marchetti, *Analogia e criação judicial*, São Paulo, Juarez de Oliveira, 2002.

169. Sobre esses pressupostos da analogia ver: R. Limongi França, Aplicação do direito positivo, in *Enciclopédia Saraiva do Direito,* v. 7, p. 201; Serpa Lopes, op. cit., v. 1, p. 178 e 179; W. Barros Monteiro, op. cit., v. 1, p. 41; Ruggiero, *Instituições de direito civil,* v. 1, p. 151.

170. W. Barros Monteiro, op. cit., v. 1, p. 42; Serpa Lopes, op. cit., v. 1, p. 178; Nowacki, *Analogia legis,* Varsóvia, 1966; Clóvis Beviláqua, *Teoria geral do direito civil,* cit., p. 37; Ziembinsky, Analogia legis et interprétation extensive, in *La logique juridique*. Travaux du II Colloque de Philos du Droit Comparé, Paris, Pedone, 1967, p. 247; Larenz, *Metodologia,* cit., p. 304 e 305.

171. A. L. Machado Neto, *Compêndio de introdução à ciência do direito,* São Paulo, Saraiva, 1973, p. 225 e 226. No mesmo sentido: Copi, *Introducción a la lógica,* Buenos Aires,

plenamente, embora não haja motivos para desprezar essa distinção sob o prisma didático. Porém, na prática, a autêntica analogia é a *juris*.

O *costume* é outra fonte supletiva. No nosso sistema de direito civil foi o costume relegado a plano inferior; a antiga Lei de Introdução a ele não fazia referência e o nosso Código Civil de 1916, no art. 1.807, dispunha: "Ficam revogadas as Ordenações, Alvarás, Leis, Decretos, Resoluções, Usos e Costumes concernentes às matérias de Direito Civil reguladas neste Código". Porém, com o art. 4º da atual Lei de Introdução, situa-se o costume imediatamente abaixo da lei, pois o magistrado só poderá recorrer a ele quando se esgotarem todas as potencialidades legais para preencher a lacuna. O costume é uma fonte jurídica, porém em plano secundário[172].

A grande maioria dos juristas, entre os quais citamos Storn, Windscheid, Gierke, Clóvis Beviláqua, Vicente Ráo, Washington de Barros Monteiro, sustenta que o costume jurídico é formado por dois elementos necessários: o uso e a convicção jurídica, sendo portanto a norma jurídica que deriva da longa prática uniforme, constante, pública e geral de determinado ato com a convicção de sua necessidade jurídica. Esse costume se forma pela prática dos interessados, pela prática judiciária e pela doutrina. P. ex., decorre da prática do interessado o costume sobre águas, na Chapada do Araripe, no Ceará, pelo qual a cada lote de terra cabe, no mês, determinado número de dias, dois ou três para o uso de água, sendo que as terras se transmitem com esse direito. O costume pode derivar da prática judiciária, pois a atividade jurisprudencial, com decisões uniformes de um ou vários tribunais sobre a mesma matéria, modifica incessantemente as normas. A doutrina, decorrente de obra de juristas, por sua vez, também gera costume, já que, p. ex., os civilistas exerceram influência sobre o Legislativo e o Judiciário, ao traçarem novos rumos na responsabilidade civil, no tratamento dos conviventes, na revisão dos contratos por onerosidade excessiva. Deveras, é nos tratados que os juristas apresentam sua interpretação das normas e soluções prováveis para casos não contemplados por lei, logo, se suas ideias forem aceitas pelos seus contemporâneos, fixam-se em doutrina, que irá inspirar juízes e tribunais[173].

Eudeba, 1962, p. 308 e 313; Alípio Silveira, op. cit., p. 259; Oviedo, *Formación y aplicación del derecho*, Madrid, Ed. Inst. de Estudios Políticos, 1972.

172. Ferreira Coelho, *Código Civil comparado, comentado e analisado*, 1920, v. 2, p. 104, n. 845.

173. Clóvis Beviláqua, *Teoria*, cit., p. 26 e s.; Sternberg, *Introducción a la ciencia del derecho*, cit., p. 25; Cogliolo, *Filosofia do direito privado*, 1915; Rui Barbosa, *Plataforma*, p. 22,

São condições para a vigência do costume: sua continuidade, sua uniformidade, sua diuturnidade, sua moralidade e sua obrigatoriedade[174]. De modo que o magistrado, de ofício, pode aplicá-lo se for notório ou de seu conhecimento, invocando-o, quando admitido, como qualquer norma jurídica, mas, se o desconhece, lícito lhe é exigir, de quem o alega, que o prove e de qualquer modo; à parte interessada é permitido, sem aguardar a exigência do juiz ou a contestação do adversário, produzir essa prova, por todos os meios permitidos em direito[175].

O juiz ao aplicar o costume terá que levar em conta os fins sociais deste e as exigências do bem comum (LINDB, art. 5º), ou seja, os ideais de justiça e de utilidade comum, considerando-o sempre na unidade de seus dois elementos essenciais[176].

Em relação à lei, três são as espécies de costume:

1) O *secundum legem,* previsto na lei, que reconhece sua eficácia obrigatória, p. ex., Código Civil, arts. 1.297, § 1º, 569, II, 596, 597, 615, 965, I[177].

2) O *praeter legem,* quando se reveste de caráter supletivo, suprindo a lei nos casos omissos. É o que está contido no art. 4º da Lei de Introdução às Normas do Direito Brasileiro. Esse costume é invocado, quando malsucedida a argumentação analógica, nas hipóteses de lacuna. P. ex.: a função natural do cheque é ser um meio de pagamento à vista. Se emitido sem fundos em poder do Banco sacado, ficará o que o emitiu sujeito à sanção penal. Entretanto, muitas pessoas vêm, reiterada e ininterruptamente, emitindo-o não como uma mera ordem de pagamento, mas como garantia de dívida, para desconto futuro, na convicção de que esse procedimento não constitui crime. Tal costume de emitir cheque pós-data, baseado em hábito da época, realizado constante e uniformemente e na convicção de que se trata de uma norma de direito civil, como se se tratasse de um sucedâneo

---

citado por Alípio Silveira, *Hermenêutica,* cit., v. 2, p. 50-5, e v. 1, p. 354; Maria Helena Diniz, *As lacunas,* cit., p. 185-211; Sálvio de Figueiredo Teixeira, A jurisprudência como fonte de direito, *Revista do Curso de Direito da Universidade Federal de Uberlândia, 11*:123 e s., 1982; Wanderley José Federighi, *Jurisprudência e direito,* São Paulo, Juarez de Oliveira, 1999.

174. W. Barros Monteiro, op. cit., v. 1, p. 20.

175. Vicente Ráo, *O Direito,* cit., p. 297 e 298.

176. Ferrini, Consuetudine, in *Enciclopedia giuridica italiana,* v. 3, parte 3ª, n. 9 e 10; Alípio Silveira, *Hermenêutica,* cit., v. 1, p. 343.

177. Carlos Maximiliano, op. cit., p. 203; W. Barros Monteiro, op. cit., v. 1, p. 20 e 21; A. Franco Montoro, op. cit., v. 2, p. 87 e 88; Rafael Altamira, La costumbre en el derecho español, in *Rev. de la Escuela Nacional de Jurisprudencia,* México, 1952, p. 294.

de uma letra de câmbio ou de uma promessa de pagamento, faz com que o magistrado se utilize dessa norma consuetudinária como fonte supletiva da lei, declarando a inexistência do crime[178].

3) O *contra legem,* que se forma em sentido contrário ao da lei. Seria o caso da *consuetudo abrogatoria,* implicitamente revogatória das disposições legais, ou da *desuetudo,* que produz a não aplicação da lei, em virtude de desuso, uma vez que a norma legal passa a ser letra morta. Daí as certeiras e sábias palavras de Clóvis Beviláqua de que "se o legislador for imprevidente em desenvolver a legislação nacional de harmonia com as transformações econômicas, intelectuais e morais, operadas no País, casos excepcionais haverá em que, apesar da declaração peremptória da ineficácia ab-rogatória do costume, este prevalecerá *contra legem,* porque a desídia ou a incapacidade do poder legislativo determinou um regresso parcial da sociedade da época, em que o costume exercia, em sua plenitude, a função de revelar o direito e porque as forças vivas da nação se divorciaram, nesse caso, das normas estabelecidas na lei"[179]. Em princípio, o costume não pode contrariar a lei, pois

---

178. Carlos Maximiliano, op. cit., p. 204; Vicente Ráo, op. cit., p. 292; Luiz Antonio Rizzato Nunes, Da legalidade do cheque pré-datado, *Tribuna do Direito,* n. 41, p. 10; Caio M. S. Pereira, op. cit., v. 1, p. 75; N. G. Bassil Dower, op. cit., v. 1, p. 23. "O cheque é ordem de pagamento à vista e seu uso como documento de dívida não descaracteriza sua natural executoriedade se esta redunda em descumprimento de obrigação assumida por quem participou da irregularidade, deixando de honrar o título com o pagamento integral do mesmo" (*RT, 588*:210). São exemplos de costume *praeter legem*: a praxe notarial de colocar a impressão digital do analfabeto na margem dos livros de procuração e escrituras; as cláusulas CIF (*cost, insurance and freight*), FOB (*free on board*), FAS (*free alongside*) advêm de difundida prática comercial. *Vide* Marta Vinagre, Costume: forma de expressão do direito positivo, *Revista de Informação Legislativa, 99*:120-6, 1988; Rizzatto Nunes, O cheque pré-datado e o direito do consumidor, *Revista da Academia Paulista de Magistrados, 2*:71-3. *Vide* Súmula 370 do STJ.

No julgamento do REsp 884.346, publ. no *DJe*, 4-11-2011,o colegiado do STJ determinou que o terceiro de boa-fé que receber e apresentar antes da data combinada cheque pós-datado – conhecido popularmente como pré-datado – não terá a obrigação de indenizar o emitente por danos morais caso este sofra algum prejuízo. O STJ se posicionou nesse sentido, pois entende que a pactuação extracartular da pós-datação tem validade apenas entre as partes da relação jurídica original, não vinculando terceiros estranhos ao pacto.

179. Carlos Maximiliano, op. cit., p. 203 e 204; A. Franco Montoro, op. cit., v. 2, p. 88; Beudant, *Cours de droit civil français,* t. I, p. 110 e s.; Morin, La décadence de l'autorité de la loi, *Revue de Métaphysique et de Morale,* 1925, p. 259 e s.; Bonnecase, *Introduction à l'étude du droit,* p. 69 e s.; Rénard, *Le droit, l'ordre et la raison,* 1927, p. 11, nota 1; Clóvis, op. cit., p. 33, 34 e 39; Serpa Lopes, *Comentários à Lei de Introdução ao Código Civil,* v. 1, p. 80. O Código Comercial, no art. 686, n. 2, já vedava o seguro de

esta só se modifica ou se revoga por outra da mesma hierarquia ou de hierarquia superior (LINDB, art. 2º). Todavia, no direito brasileiro houve casos em que os juízes aplicaram o costume *contra legem*. P. ex., o Tribunal de São Paulo, ao verificar a existência de um costume local contrário à lei escrita, passou a admiti-lo: "Segundo os usos e costumes dominantes no mercado de Barretos, os negócios de gado, por mais avultados que sejam, celebram-se dentro da maior confiança, verbalmente, sem que entre os contratantes haja troca de qualquer documento. Exigi-lo agora seria, além de introduzir nos meios pecuaristas locais um fator de dissociação, condenar de antemão, ao malogro, todos os processos judiciais que acaso se viessem a intentar e relativos à compra e venda de gado". Esta decisão desprezou o art. 141 do Código Civil de 1916, que devia ser entendido, conforme o Código Civil em vigor (art. 227 – cujo *caput* encontra-se revogado) e o revogado Código de Processo Civil de 1973 (art. 401), que prescreviam que só se admitia prova exclusivamente testemunhal, nos contratos cujo valor não excedesse o décuplo do maior salário mínimo vigente no país, ao tempo em que foram celebrados[180]. Pelo Código de Processo Civil de 2015, art. 406, nenhuma outra prova será admitida, por mais especial que seja, se a lei exigir instrumento público como da substância do ato, pouco importando o valor contratual.

A grande maioria dos autores rejeita o costume *contra legem* por entendê-lo incompatível com a tarefa do Estado e com o princípio de que as leis só se revogam por outras. Realmente, poder-se-á afirmar que a problemática do costume *contra legem* é de natureza política e não jurídica, pois se trata de uma questão de colisão de poderes[181].

Mas o que, às vezes, se verifica por toda parte, mormente no Brasil, é um desajustamento entre a realidade material dos fatos e a realidade formal das normas. A realidade define a situação de um certo modo, e as normas legais de outro[182], o que leva o magistrado a concluir, ante o disposto

---

vida e apesar disso o cidadão brasileiro muito o utilizava, mesmo antes de lei especial e o Código Civil o prescreverem e regulamentarem.

180. *RT, 132*:660 e 662; *RTJ, 54*:63.

181. Vicente Ráo, op. cit., p. 294; Alípio Silveira, O costume jurídico no direito brasileiro, *RF, 163*(631):86, 1956. Marta Vinagre (op. cit., p. 125) apresenta vários exemplos de costume *contra legem*, dentre eles: o laudêmio que, na prática, era pago pelo adquirente do imóvel e não pelo alienante como a lei exigia; o não uso de cinto de segurança ao dirigir veículos apesar da exigência regulamentar; a outorga de mandato feita por menor de 18 anos, p. ex., sem estar assistido pelo seu representante legal, para que o procurador promova sua matrícula em cursos.

182. Maria Helena Diniz, *Conceito de norma*, p. 30.

no art. 5º da LINDB, pela inaplicabilidade dessas normas, que estão em desuso, aplicando um costume. Neste caso temos uma lacuna ontológica que aparece devido a uma mutação social qualquer no subsistema fático que informa a norma, havendo uma incongruência que rompe a isomorfia entre os subsistemas, que é suprida pelo subsistema normativo consuetudinário. Entretanto, é perigoso generalizar essa conclusão, ante a dificuldade de se saber qual é o costume vivido pelos membros da comunidade, e qual a lei que não mais é seguida e que, por isso, não mais deve ser aplicada pelos tribunais. De modo que o bom órgão judicante, como nos ensina Machado Neto, deverá sempre, ao aplicar quaisquer das espécies de direito consuetudinário, estar armado de um certo grau de sensibilidade e faro sociológico para descobrir o ponto de saturação em que um uso pode ser invocado como costume jurídico[183].

Quando a analogia e o costume falham no preenchimento da lacuna, o magistrado supre a deficiência da ordem jurídica, adotando *princípios gerais de direito,* que são cânones que não foram ditados, explicitamente, pelo elaborador da norma, mas que estão contidos de forma imanente no ordenamento jurídico[184].

Os princípios gerais de direito, no nosso entender, contêm natureza múltipla:

1) São decorrentes dos subsistemas normativos. Princípios e normas não funcionam separadamente, ambos têm caráter prescritivo. Atuam os princípios gerais do direito em frente à norma: como fundamento de integração ou como limite da atividade jurisdicional ou da arbitrariedade[185].

---

183. A. L. Machado Neto, *Curso de introdução à ciência do direito,* p. 208 e 293.

184. Caio M. S. Pereira, op. cit., v. 1, p. 78; R. Limongi França, *Princípios gerais de direito,* 2. ed., São Paulo, Revista dos Tribunais, 1971, p. 146; João Luiz Alves, *Código Civil anotado,* 1917, p. 5; Miguel Romero, Los principios generales del derecho y la doctrina legal como fuentes judiciales en España, *Revista General de Legislación y Jurisprudencia,* Madrid, 1941, n. 170; Aubry e Rau, *Cours de droit civil français,* 6. ed., 1936, t. 1, p. 245; Baudry-Lacantinerie, *Précis de droit civil,* 9. ed., Paris, 1905, t. 1, p. 53; Del Vecchio, *Los principios generales del derecho,* Barcelona, 1933; García Valdecasas, La naturaleza de los principios generales del derecho, in *Ponencias españolas,* VI Congreso Internacional de Derecho Comparado, Barcelona, 1962, p. 43; Miceli, I principi generali del diritto, *Rivista di Diritto Civile, 15*:23, 1923; Enneccerus, *Derecho civil*; parte general, v. 1, p. 214; Puig Peña, Los principios generales del derecho como fuente normativa de la decisión judicial, *Revista de Derecho Privado,* Madrid, nov. 1956.

185. Palasi, op. cit., p. 138; Raz, Legal principles and the limits of law, *Yale Law Journal,* v. 81, p. 823, 1972.

2) São derivados das ideias políticas, sociais e jurídicas vigentes, ou seja, devem corresponder ao subconjunto valorativo e fático, que norteia o sistema jurídico, sendo, assim, um ponto de união entre consenso social, valores predominantes e aspirações de uma sociedade como sistema de direito. Daí serem princípios informadores, de forma que a supracitada relação entre norma-princípio é lógico-valorativa, apoiando-se estas valorações em critérios de valor "objetivo"[186].

3) São reconhecidos pelas nações civilizadas os que tiverem *substractum* comum a todos os povos ou a alguns deles em dadas épocas históricas[187].

Abrangem, desse modo, investigações sobre o sistema jurídico, recaindo sobre os subsistemas normativos, fáticos e valorativos concernentes à questão omissa que se deve solucionar, preenchendo as lacunas, podendo até penetrar, para tanto, no campo da Ciência do Direito, bem como no da Filosofia Jurídica[188].

Muitos desses princípios estão contidos, expressamente, em normas, p. ex., o art. 3º da Lei de Introdução às Normas do Direito Brasileiro: "Ninguém se escusa de cumprir a lei, alegando que não a conhece"; o art. 112 do Código Civil: "Nas declarações de vontade se atenderá mais à intenção nelas consubstanciada do que ao sentido literal da linguagem". Porém, em sua maioria, estão implícitos no sistema jurídico civil. Exemplificativamente, dentre os princípios gerais de direito temos: 1) o da moralidade, que impõe deveres positivos na obrigação de agir e negativos na abstenção de certos atos contrários aos sentimentos coletivos; sendo que o da moralidade administrativa está previsto na CF/88, arts. 5º, LXXIII; 37, *caput* e § 4º; 85, V; 2) o da igualdade de direitos e deveres em face da ordem jurídica; 3) o da proibição do locupletamento ilícito (CC, arts. 876 e 884); 4) o da função social da propriedade (CF/88, arts. 5º, XXIII, 182 e § 2º, 184, 185, parágrafo único, e 186) e o do contrato (CC, art. 421); 5) o de que ninguém pode transferir mais direitos do que tem; 6) o de que a boa-fé se presume e a má-fé deve ser provada; 7) o de que ninguém pode invocar a própria malícia; 8) o da preservação da autonomia da instituição familiar; 9) o da exigência da justa causa nos negócios jurídicos; 10) o de que o dano causado por dolo ou culpa deve ser reparado; 11) o de que as obrigações contraídas devem ser cumpridas; 12) o de que quem exercita o próprio direito não prejudica

---

186. W. C. Batalha, op. cit., p. 261; Arévalo; La doctrina de los principios generales del derecho y las lagunas del ordenamiento administrativo, *RAP, 40*:189, 1963.

187. W. C. Batalha, op. cit., v. 1, p. 261.

188. Ráo, op. cit., p. 606; M. Reale, *Lições preliminares,* cit., p. 312.

ninguém; 13) o do equilíbrio dos contratos que condena todas as formas de onerosidade excessiva para um dos contratantes; 14) o da autonomia da vontade e da liberdade de contratar; 15) o da intangibilidade dos valores da pessoa humana; 16) o de que a interpretação a ser seguida é a que se revelar menos onerosa para o devedor; 17) o de que se responde pelos próprios atos e não pelos dos outros; 18) o de que se deve favorecer mais aquele que procura evitar um dano do que aquele que busca realizar um ganho; 19) o de que nas relações sociais e contratuais se tutela a boa-fé objetiva (CC, art. 422) e se reprime a má-fé; 20) o de que não se pode responsabilizar alguém mais de uma vez pelo mesmo fato; 21) o de que, quando for duvidosa a cláusula contratual, deve-se conduzir a interpretação visando aquele que se obriga[189].

Os princípios gerais de direito, entendemos, não são preceitos de ordem ética, política, sociológica ou técnica, mas elementos componentes do direito. São normas de valor genérico que orientam a compreensão do sistema jurídico, em sua aplicação e integração[190], estejam ou não positivadas.

O órgão judicante, empregando deduções, induções, e, ainda, juízos valorativos, deverá seguir este roteiro:

1) Buscar os princípios norteadores da estrutura positiva da instituição a que se refere o caso *sub judice*.

2) Sendo inócua a primeira medida, deverá atingir os princípios que informam o livro ou parte do diploma onde se insere a instituição, depois os do diploma onde se encontra o livro, a seguir os da disciplina a que corresponde o diploma e assim por diante até chegar aos princípios gerais de todo o direito escrito, de todo o regime jurídico-político e da própria sociedade das nações, embora estes últimos só digam respeito às questões de direito internacional público.

3) Procurar os princípios de direito consuetudinário, que não se confundem com as normas costumeiras, mas que são o ponto de partida de onde aquelas normas advêm.

4) Recorrer ao direito das gentes, especialmente ao direito comparado, onde se descobre quais são os princípios que regem o sistema jurídico das

---

189. M. Reale, *Lições preliminares*, cit., p. 301; W. Barros Monteiro, op. cit., v. 1, p. 44; Messineo, *Manuale*, 8. ed., Milano, 1950, v. 1, p. 110. *Vide* Súmula 454 do STF.

190. M. Reale, *Lições preliminares*, p. 300-2; Barassi, *Istituzioni di diritto civile*, Milano, 1914, p. 40; Ráo, op. cit., v. 1, p. 307-14; Caio M. S. Pereira, op. cit., v. 1, p. 66; Legaz e Lacambra, *Filosofía del derecho*, p. 571.

nações civilizadas, desde que estes não contradigam os princípios do sistema jurídico interno.

5) Invocar os elementos de justiça, isto é, os princípios essenciais, podendo para tanto penetrar no campo da jusfilosofia[191].

Pode, ainda, o magistrado, ante casos omissos, socorrer-se da equidade. Alípio Silveira entende que a *equidade* liga-se a três acepções, intimamente unidas:

1) Na *latíssima,* ela seria o princípio universal da ordem normativa, a razão prática extensível a toda conduta humana – religiosa, moral, social, jurídica –, configurando-a como uma suprema regra de justiça a que os homens devem obedecer.

2) Na *lata,* a equidade confundir-se-ia com a ideia de justiça absoluta ou ideal, com os princípios gerais de direito, com a ideia do direito, com o direito natural em todas as suas significações.

3) Na *estrita,* seria ela esse mesmo ideal de justiça enquanto aplicado, ou seja, na interpretação, integração, individualização judiciária etc., sendo, nessa acepção, a justiça no caso concreto[192].

Agostinho Alvim dividiu-a em "legal" e "judicial". A equidade "legal" seria a contida no texto da norma, que prevê várias possibilidades de soluções[193]. P. ex.: o art. 1.583, § 2º, do Código Civil reza: "Na guarda compartilhada, o tempo de convívio com os filhos deve ser dividido de forma equilibrada com a mãe e com o pai, sempre tendo em vista as condições fáticas e os interesses dos filhos". E o § 3º dispõe: "Na guarda compartilhada, a cidade considerada base de moradia será aquela que melhor atender aos interesses dos filhos". E o art. 1.584, II, desse diploma legal prescreve: "A guarda, unilateral ou compartilhada, poderá ser decretada pelo juiz, em atenção a necessidades específicas do filho, ou em razão da distribuição de tempo

---

191. R. Limongi França, Aplicação dos princípios gerais de direito, in *Enciclopédia Saraiva do Direito,* v. 7, p. 213.

192. Alípio Silveira, A decisão por equidade no Código de Processo, in *Direito, doutrina, legislação e jurisprudência,* Rio de Janeiro, Freitas Bastos, v. 22, p. 60-2. Sobre equidade, ver o que dizem Newman, *Equity in the world's legal systems*; a comparative study, Bruxelas, 1973; De Page, *Traité élémentaire de droit civil,* t. 1, 1963, n. 214; Arturo Alessandri e Manuel Somarriva, *Curso de derecho civil,* 3. ed., Santiago, 1961, v. 1, t. 1, p. 137; Edson Prata, Equidade, *RBDP, 51*:35. *Vide*: CLT, art. 8º; CTN, art. 108, IV; CPC, art. 723 e parágrafo único; CDC, art. 7º; Lei n. 9.099/95, arts. 6º e 25; Lei n. 9.307/96, art. 2º.

193. Agostinho Alvim, Da equidade, *RT, 132*(494):3 e 4, ano 30.

necessário ao convívio deste com o pai e com a mãe". Óbvio está que o juiz, havendo dissolução do casamento, ao aplicar tais preceitos, deverá averiguar certas circunstâncias, como idade dos filhos, conduta dos pais, relação de afinidade psicológica, integridade física e mental, padrão de vida, convivência familiar e com o grupo de amizade, atendimento médico e hospitalar, formação educacional, segurança, nível escolar, melhores condições morais, econômicas e até mesmo de disponibilidade de tempo para o seu exercício, afetividade etc.[194].

A equidade está ínsita nos arts. 4º e 5º da Lei de Introdução às Normas do Direito Brasileiro, que estabelecem a obrigatoriedade de julgar, por parte do juiz, em caso de omissão ou defeito legal, dentro de certos limites, e a permissão de adequar a lei às novas exigências, oriundas das mutações sociais das instituições.

A equidade "judicial" é aquela em que o legislador, explícita ou implicitamente, incumbe ao magistrado a decisão por equidade do caso concreto. Como exemplos de casos expressos, temos: o art. 11, II, da Lei n. 9.307/96 (CC, art. 853), que afirma que o compromisso arbitral poderá também conter a autorização para que o árbitro ou árbitros julguem por equidade se assim for convencionado pelas partes; o art. 140, parágrafo único, do Código de Processo Civil de 2015, que estabelece: "O juiz só decidirá por equidade nos casos previstos em lei". Caso implícito seria, p. ex., o art. 1.740, II, do Código Civil, que determina que cabe ao tutor, quanto à pessoa do menor, "reclamar do juiz que providencie, como houver por bem, quando o menor haja mister correção"[195].

Dessa classificação, R. Limongi França[196] infere os seguintes requisitos:

1) A despeito da existência de casos de autorização expressa em lei, concernente ao uso da equidade, essa autorização não é indispensável, uma vez que não apenas pode ser implícita, como ainda o recurso a ela decorre do sistema e do direito natural.

2) A equidade supõe a inexistência, sobre a matéria, de texto claro e inflexível.

---

194. O mesmo se diga dos seguintes artigos do Código Civil: 1.638, I; 395, parágrafo único; 402; 166, II; 1.557, I; 306; 400; 883; 363; 403; 557, III; 667.

195. Agostinho Alvim, Da equidade, cit., p. 3 e 4. Há um apelo à equidade por parte do órgão judicante nos arts. 928 e 944 do CC.

196. R. Limongi França, Aplicação, cit., in *Enciclopédia Saraiva do Direito*, v. 7, p. 205; Formas, cit., p. 78 e 79.

3) Ainda que, a respeito do objeto, haja determinação legal expressa, a equidade tem lugar, se este for defeituoso ou obscuro, ou, simplesmente, demasiado geral para abarcar o caso concreto.

4) Averiguada a omissão, defeito, ou acentuada generalidade da lei, cumpre, antes da livre criação da norma equitativa, apelar para as formas complementares de expressão do direito.

5) A construção da norma de equidade não deve ser sentimental ou arbitrária, mas fruto de uma elaboração científica, em harmonia com o espírito que rege o sistema e, especialmente, com os princípios que informam o instituto objeto da decisão.

É inegável que uma das funções da equidade é suplementar a lei ante as possíveis lacunas ontológicas ou axiológicas, pois é um poder conferido ao magistrado para revelar o direito latente[197], com base nos subsistemas normativos, valorativos e fáticos que compõem o sistema jurídico.

Como se vê, no preenchimento de lacunas jurídicas, deve ser respeitada a ordem de preferência, indicada no art. 4º da Lei de Introdução. De sorte que o magistrado em caso de lacuna deverá, em primeiro lugar, constatar, na própria legislação, se há uma semelhança entre fatos diferentes, fazendo o juízo de valor de que esta semelhança se sobrepõe às diferenças. Somente se não encontra tais casos análogos é que deverá recorrer às normas consuetudinárias; inexistindo estas, lançará mão dos princípios gerais de direito, e, se porventura estes últimos inexistirem ou se se apresentarem controversos, recorrerá à equidade, sempre considerando as pautas axiológicas contidas no sistema jurídico. A equidade exerce função integrativa, uma vez esgotados os mecanismos do art. 4º da Lei de Introdução, na decisão (a) dos casos especiais, que o próprio legislador deixa, propositadamente, omissos, isto é, no preenchimento das lacunas voluntárias, ou seja, daqueles casos em que a própria norma remete ao magistrado a utilização da equidade, e (b) dos casos que, de modo involuntário, escapam à previsão do elaborador da norma; por mais que este queira abranger os casos, ficam sempre omissas certas circunstâncias, surgindo, então, lacunas involuntárias, que devem ser preenchidas

---

197. R. Limongi França, Aplicação, cit., in *Enciclopédia Saraiva do Direito*, p. 200; M. Reale, *Lições preliminares*, cit., p. 294; Mouskeli, L'équité en droit international moderne, *Révue Générale de Droit International, 15*(7):347 e 374. Já Henri de Page recusa-se a enquadrar a equidade na categoria de fonte supletiva do direito. Alípio Silveira, *Conceito e funções da equidade em face do direito positivo*, p. 118 e s.; Maria Helena Diniz, *As lacunas*, cit., p. 243-67.

pela analogia, pelo costume e pelos princípios gerais de direito, sendo que na insuficiência desses instrumentos se deverá recorrer à equidade.

A equidade dá ao juiz poder discricionário, mas não arbitrariedade. É uma autorização de apreciar, equitativamente, segundo a lógica do razoável, interesses e fatos não determinados *a priori* pelo legislador, estabelecendo uma norma individual para o caso concreto ou singular. A equidade não é uma licença para o arbítrio puro, mas uma atividade condicionada às valorações positivas do ordenamento jurídico, ou melhor, relacionada aos subsistemas normativos, fáticos ou valorativos, que compõem o sistema jurídico.

Portanto, ao preencher as lacunas, o órgão judicante não cria direito novo; nada mais faz senão desvendar normas que, implicitamente, estão no sistema. Deve manter-se dentro dos limites autorizados pelo sistema jurídico. Sua solução ao caso concreto não poderá ser conflitante com o espírito desse sistema. De modo que a norma individual completante do sistema não é nem pode ser elaborada fora dos marcos jurídicos.

Apresentando-se uma antinomia jurídica real, esta requererá, como vimos, a correção do direito, pois sua solução é indispensável para que se mantenha a coerência do sistema jurídico.

Antinomia é o conflito entre duas normas, dois princípios, ou de uma norma e um princípio geral de direito em sua aplicação prática a um caso particular[198]. É a presença de duas normas conflitantes, sem que se possa saber qual delas deverá ser aplicada ao caso singular. A antinomia pode dar origem, no entender de Ulrich Klug, à *lacuna de conflito* ou de colisão, porque, em sendo conflitantes, as normas se excluem reciprocamente, por ser impossível deslocar uma como a mais forte ou decisiva, por não haver uma

---

198. *Vide* a respeito: Malgaud, Les antinomies en droit a propos de l'étude de G. Gavazzi, in *Les antinomies en droit*, Bruxelles, Perelman (publ.), Émile Bruylant, 1965, p. 7 e 8; Foriers, Les antinomies en droit, in *Les antinomies en droit*, Bruxelles, Perelman (publ.), Émile Bruylant, 1965, p. 20 e 21; Morgenthal, Les antinomies en droit social, in *Les antinomies en droit*, Bruxelles, Perelman (publ.), Émile Bruylant, 1965, p. 39; Silance, Quelques exemples d'antinomies et essai de classement, in *Les antinomies en droit*, Bruxelles, Perelman (publ.), Émile Bruylant, 1965, p. 63; Salmon, Les antinomies en droit international public, in *Les antinomies en droit*, Bruxelles, Perelman (publ.), Émile Bruylant, 1965, p. 285; Szabó, Des contradictions et le droit des différents systèmes sociaux, in *Les antinomies en droit*, Bruxelles, Perelman (publ.), Émile Bruylant, 1965, p. 354; Paul Robert, *Dictionnaire de l'Academie Française*, 1932; Ranzoli, *Dizionario di scienze filosofiche*, v. 5; Baldwin, *Dictionary of philosophy and psychology*, v. 5; Maria Helena Diniz, *Compêndio de introdução à ciência do direito*, São Paulo, Saraiva, 2001, p. 469-78.

regra que permita decidir entre elas, obrigando o magistrado a solucionar o caso *sub judice*, segundo os critérios de preenchimento de lacunas. Assim, para que se tenha presente uma real antinomia, são imprescindíveis três elementos: incompatibilidade, indecidibilidade e necessidade de decisão. Só haverá antinomia real se, após a interpretação adequada das duas normas, a incompatibilidade entre elas perdurar. Para que haja antinomia será mister a existência de duas ou mais normas relativas ao mesmo caso, imputando-lhe soluções logicamente incompatíveis[199].

Eis por que a *antinomia real*, segundo Tércio Sampaio Ferraz Jr.[200], é "a oposição que ocorre entre duas normas contraditórias (total ou parcialmente), emanadas de autoridades competentes num mesmo âmbito normativo, que colocam o sujeito numa posição insustentável pela ausência ou inconsistência de critérios aptos a permitir-lhe uma saída nos quadros de um ordenamento dado".

Urge esclarecer que se podem classificar as antinomias quanto[201]:

1) *Ao critério de solução*. Hipótese em que se terá: A) *Antinomia aparente*, se os critérios para a sua solução forem normas integrantes do ordenamento jurídico. B) *Antinomia real*, quando não houver na ordem jurídica qualquer critério normativo para solucioná-la, sendo, então, imprescindível à sua eliminação a edição de uma nova norma. Na opinião de Tércio Sampaio Ferraz Jr. e de Alf Ross, seria de bom alvitre substituir tal distinção, baseada na existência ou não de critérios normativos para sua solução, por outra, em que *antinomia real* seria aquela em que a posição do sujeito é insustentável porque há (a) lacuna de regras de solução, ou seja, ausência de critérios para solucioná-la, ou (b) antinomia de segundo grau, ou melhor, conflito entre os critérios existentes; e *an-*

---

199. Ulrich Klug, Observations sur le problème des lacunes en droit, in *Le problème des lacunes en droit*, Bruxelles, Perelman (publ.), Émile Bruylant, 1968, p. 86-9; Tércio Sampaio Ferraz Jr., *Direito, retórica e comunicação*, São Paulo, Saraiva, 1978, p. 141, nota 136.

200. Antinomia, in *Enciclopédia Saraiva do Direito*, v. 7, p. 14.

201. Tércio Sampaio Ferraz Jr., Antinomia, in *Enciclopédia Saraiva do Direito*, cit., p. 14-8: Silance, Quelques exemples, in *Les antinomies en droit*, cit., p. 64 e s.; Salmon, Les antinomies, in *Les antinomies en droit*, cit., p. 285 e s.; Elst Vander, Antinomies en droit international privé, in *Les antinomies en droit*, Bruxelles, Perelman (publ.), Émile Bruylant, 1965, p. 138 e s.; Karl Engisch, *Introdução ao pensamento jurídico*, cit., p. 253-67; Alf Ross, *Sobre el derecho y la justicia*, cit.; Juan-Ramon Capella, *El derecho como lenguaje*, cit., p. 279-88, 59 e 60; Bobbio, *Teoria dell'ordinamento giuridico*, cit., p. 92-5; Kelsen, *Teoria pura do direito*, 1962, v. 2, p. 28; Gavazzi, *Delle antinomie*, cit., p. 66-73.

tinomia aparente, o caso contrário. O reconhecimento de antinomia real, neste sentido, não exclui a possibilidade de uma solução efetiva, pela edição de nova norma, que escolha uma das normas conflitantes, ou pelo emprego da interpretação equitativa, recurso ao costume, aos princípios gerais de direito, à doutrina etc. Embora a antinomia real seja solúvel, não deixa, por isso, de ser uma antinomia, porque a solução dada pelo órgão judicante a resolve tão somente no caso concreto, não suprimindo sua possibilidade no todo do ordenamento jurídico, e mesmo na hipótese de edição de nova norma, que pode eliminar a antinomia, mas gerar outras concomitantemente.

2) Ao *conteúdo*. Ter-se-á: A) *Antinomia própria,* que ocorre quando uma conduta aparece ao mesmo tempo prescrita e não prescrita, proibida e não proibida, prescrita e proibida. P. ex.: se norma do Código Militar prescreve a obediência incondicionada às ordens de um superior e disposição do Código Penal proíbe a prática de certos atos (matar, privar alguém de liberdade), quando um capitão ordena o fuzilamento de um prisioneiro de guerra, o soldado vê-se às voltas com duas normas conflitantes – a que o obriga a cumprir ordens do seu superior e a que o proíbe de matar um ser humano. Somente uma delas pode ser tida como aplicável, e essa será determinada por critérios normativos. B) *Antinomia imprópria,* a que ocorrer em virtude do conteúdo material das normas, podendo apresentar-se como: *a*) *antinomia de princípios,* se houver desarmonia numa ordem jurídica pelo fato de dela fazerem parte diferentes ideias fundamentais, entre as quais se pode estabelecer um conflito. P. ex.: quando as normas de um ordenamento protegem valores opostos, como liberdade e segurança; *b*) *antinomia valorativa,* no caso de o legislador não ser fiel a uma valoração por ele próprio realizada, como, p. ex., quando prescreve pena mais leve para delito mais grave; se uma norma do Código Penal punir menos severamente o infanticídio (morte voluntária da criança pela mãe no momento do parto, ou logo após o nascimento) do que a exposição de criança a perigo de vida pelo enjeitamento, surge esse tipo de antinomia, que deve ser, em geral, aceita pelo aplicador; *c*) *antinomia teleológica,* se se apresentar incompatibilidade entre os fins propostos por certa norma e os meios previstos por outra para a consecução daqueles fins. Essa antinomia pode, em certos casos, converter-se em normativa, devendo como tal ser tratada; em outros, terá de ser suportada, como a antinomia valorativa. A esses tipos de antinomia imprópria há quem acrescente a *antinomia técnica,* atinente à falta de uniformidade da terminologia legal. P. ex., o conceito de *posse* em direito civil é diverso daquele que lhe é dado em direito administrativo. Essas antinomias são im-

próprias porque não impedem que o sujeito aja conforme as normas, mesmo que com elas não concorde. As antinomias próprias caracterizam-se pelo fato de o sujeito não poder atuar segundo uma norma sem violar a outra, devendo optar, e esta sua opção implica a desobediência a uma das normas em conflito, levando-o a recorrer a critérios para sair dessa situação.

3) Ao *âmbito*. Poder-se-á ter: A) *Antinomia de direito interno,* que ocorre entre normas de um mesmo ramo do direito ou entre aquelas de diferentes ramos jurídicos. B) *Antinomia de direito internacional,* a que aparece entre convenções internacionais, costumes internacionais, princípios gerais de direito reconhecidos pelas nações civilizadas, decisões judiciárias, opiniões dos publicistas mais qualificados como meio auxiliar de determinação de normas de direito (Estatuto da Corte Internacional de Justiça, art. 38), normas criadas pelas organizações internacionais e atos jurídicos unilaterais. Nessas normas existem apenas hierarquias de fato; quanto ao caráter subordinante, são elas mais normas de coordenação do que de subordinação, e, quanto à sua autoridade, mais do que sua fonte importa o valor que elas encarnam. C) *Antinomia de direito interno-internacional,* que surge entre norma de direito interno e norma de direito internacional, e resume-se no problema das relações entre dois ordenamentos, na prevalência de um sobre o outro na sua coordenação.

4) *À extensão da contradição.* Segundo Alf Ross, ter-se-á: A) *Antinomia total-total,* se uma das normas não puder ser aplicada em nenhuma circunstância sem conflitar com a outra. B) *Antinomia total-parcial,* se uma das normas não puder ser aplicada, em nenhuma hipótese, sem entrar em conflito com a outra, que tem um campo de aplicação conflitante com a anterior apenas em parte. C) *Antinomia parcial-parcial,* quando as duas normas tiverem um campo de aplicação que, em parte, entra em conflito com o da outra e em parte não. A esse respeito bem semelhante é a posição de Hans Kelsen[202].

Como nos ensina Hans Kelsen[203], para haver conflito normativo, as duas normas devem ser válidas, pois se uma delas não o for, não haverá

---

202. *Teoria generale delle norme,* p. 193-5.

203. *Teoria generale delle norme,* cit., p. 195, 353, 197, 307, 308, 310 e 350-4; Hans Kelsen e Ulrich Klug, *Rechtsnormen und logische Analyse. Ein Briefwechsel 1959 bis 1965,* Wien, 1981. No mesmo teor de ideias, Adolf Merkl, *Allgemeines Verwaltungsrecht,* 1927, p. 211. Sobre a positividade desses critérios, *vide* García Máynez, *Introducción,* cit., p. 47; Bobbio, Des critères pour résoudre les antinomies, in *Les antinomies en droit,* Bruxelles, Perelman (publ.), Émile Bruylant, 1965, p. 244 e 250.

qualquer antinomia. Por isso, ante a antinomia jurídica real o aplicador do direito ficará num dilema, já que terá de escolher, e sua opção por uma das normas conflitantes implicaria a violação da outra.

A ciência jurídica, ante o postulado da coerência do sistema, aponta critérios a que o aplicador deverá recorrer para sair da situação anormal. Tais critérios não são princípios lógicos, mas jurídico-positivos, pressupostos implicitamente pelo legislador, apesar de se aproximarem muito das presunções. A ordem jurídica prevê uma série de *critérios* para a solução de *antinomias aparentes no direito interno*, que são[204]:

1) O *hierárquico* (*lex superior derogat legi inferiori*), baseado na superioridade de uma fonte de produção jurídica sobre a outra; a ordem hierárquica entre as fontes servirá para solucionar conflitos de normas em diferentes níveis, embora, às vezes, possa haver incerteza para decidir qual das duas normas antinômicas é a superior.

2) O *cronológico* (*lex posterior derogat legi priori*), que remonta ao tempo em que as normas começaram a ter vigência, restringindo-se somente ao conflito de normas pertencentes ao mesmo escalão.

3) O de *especialidade* (*lex specialis derogat legi generali*), que visa a consideração da matéria normada, com o recurso aos meios interpretativos. Para Bobbio, a superioridade da norma especial sobre a geral constitui expressão da exigência de um caminho da justiça, da legalidade à igualdade, por refletir, de modo claro, a regra da justiça *suum cuique tribuere*. Ter-se-á, então, de considerar a passagem da lei geral à especial, isto porque as pessoas pertencentes à mesma categoria deverão ser tratadas de igual forma, e as de outra, de modo diverso. Há, portanto, uma diversificação do desigual. Esse critério serviria, numa certa medida, para solucionar antinomia, tratando desigualmente o que é desigual, fazendo as diferenciações exigidas fática e axiologicamente, apelando para isso à *ratio legis*. Realmente, se, em certas circunstâncias, uma norma ordena ou permite determinado comportamento somente a algumas pessoas, as demais, em idênticas situações, não

---

204. Bobbio, Des critères, in *Les antinomies en droit*, cit., p. 237-58, e *Teoria dell'ordinamento giuridico*, cit., p. 103 e 104; Tércio Sampaio Ferraz Jr., Antinomia, in *Enciclopédia Saraiva do Direito*, cit., p. 14; Foriers, Les antinomies, in *Les antinomies en droit*, cit., p. 37; Capella, *El derecho como lenguaje*, cit., p. 284; Kelsen, *Teoria pura do direito*, cit., v. 2, p. 30 e 31; Engisch, *Introdução ao pensamento jurídico*, cit., p. 256 e 257; García Máynez, Some considerations on the problem of antinomies in the law, *Archiv für Rechts und Sozialphilosophie*, v. 49, p. 1 e s., 1963.

são alcançadas por ela, por se tratar de disposição excepcional, que só vale para as situações normadas.

Desses critérios, o mais sólido é o hierárquico, mas nem sempre por ser o mais potente; é o mais justo.

Se esses critérios forem aplicáveis, a posição do sujeito não seria insustentável, porque teria uma saída; logo, a antinomia por um deles solucionada será aparente.

Caso não seja possível a remoção do conflito normativo, ante a impossibilidade de se verificar qual é a norma mais forte, surgirá a *antinomia real* ou lacuna de colisão, que será solucionada por meio dos princípios gerais do preenchimento de lacunas (LINDB, arts. 4º e 5º; CPC, art. 8º).

É preciso não olvidar que havendo antinomia real ou lacuna de conflito, em casos excepcionais o valor *justum* deverá lograr entre duas normas incompatíveis, devendo-se seguir a mais justa ou a mais favorável, procurando salvaguardar a ordem pública ou social[205].

Nos casos de *conflito entre normas de direito internacional*[206], principalmente no que se refere aos tratados, os critérios para solucioná-los, como nos aponta Salmon, são:

1) *Prior in tempore potior in jus*, que dá, havendo conflito entre dois tratados, preferência ao primeiro sobre o segundo, desde que não tenham sido elaborados pelas mesmas partes. Trata-se do princípio da primazia da obrigação anteriormente assumida.

2) *Lex posterior derogat priori*, que se aplica sempre que o segundo tratado dita a lei dos Estados signatários do primeiro. Como o segundo tratado não é *res inter alios acta*, haverá derrogação expressa ou tácita do primeiro.

3) *Lex specialis derogat generali*, aplicável apenas nos casos de tratados sucessivos entre os mesmos signatários.

---

205. Bobbio, Des critères, in *Les antinomies en droit*, cit., p. 237 e 245; Perelman, *De la justice*, Bruxelles, Émile Bruylant, 1945, p. 72.

206. Salmon, Les antinomies, in *Les antinomies en droit*, cit., p. 285-314; Tércio Sampaio Ferraz Jr., Antinomia, in *Enciclopédia Saraiva do Direito*, cit., p. 16 e 17; Michael Akehurst, *A modern introduction*, cit.; Kelsen, Théorie du droit international public, in *Recueil des Cours*, 1953, v. 3, t. 84; Serge Sur, *L'interprétation en droit international public*, Paris, LGDJ, 1974; Fred Castberg, La méthodologie du droit international public, in *Recueil des Cours*, 1933, v. 1, t. 43, p. 373 e s.; Jenks, The conflict of law – making treaties, in *British Yearbook of International Law*, v. 30, p. 444 e 445, 1953.

4) *Lex superior derogat inferiori*, pelo qual a norma superior liga-se não à natureza da fonte, mas ao valor por ela colimado. P. ex.: uma norma que concretize o valor ordem pública internacional deverá prevalecer contra a que visa a mera segurança de um dos contratantes; a Carta das Nações Unidas deverá ter preferência ante um tratado em que dois Estados cuidam de assuntos que só a eles interessam.

Nas hipóteses de tratados coletivos ou multilaterais antinômicos poderão surgir dificuldades na aplicação da regra: *lex priori*, quando os tratados advierem de convenções que nasceram quase que paralelamente, não estando, portanto, muito distanciadas no tempo; *lex posterior*, por ser, geralmente, difícil que as partes, no correr do tempo, permaneçam as mesmas; deveras, os signatários da primeira convenção poderão não ser os mesmos da segunda, daí a variabilidade de sua aplicação apenas em casos muito especiais; *lex specialis* e *lex superior*, que, apesar de suscetíveis de serem aplicadas a esses tratados, poderão não o ser pelas mesmas razões acima apontadas, principalmente nas relativas à *lex posterior*.

Nos *conflitos entre normas de direito interno-internacional*[207], que ocorrem quando uma lei interna contraria um tratado internacional, a jurisprudência consagrará a superioridade da norma internacional sobre a interna, se esses conflitos forem submetidos a um juízo internacional; mas se forem levados à apreciação do juízo interno, este poderá reconhecer: *a*) a autoridade relativa do tratado e de outras fontes jurídicas na ordem interna, entendendo-se que o legislador interno não pretendeu violar o tratado, exceto nos casos em que o fizer claramente, hipótese em que a lei interna prevalecerá; *b*) a superioridade do tratado sobre a lei mais recente em data; e *c*) a superioridade do tratado sobre a lei, ligando-a, porém, a um controle jurisdicional da constitucionalidade da lei.

Embora os critérios anteriormente analisados possam solucionar os problemas de antinomias normativas, não se deverão olvidar situações em que surgem antinomias entre os próprios critérios, quando a um conflito de normas seriam aplicáveis dois critérios, que, contudo, não poderiam ser ao mesmo tempo utilizados na solução da antinomia, pois a aplicação de um levaria

---

207. Salmon, Les antinomies, in *Les antinomies en droit*, cit., p. 315-9: Tércio Sampaio Ferraz Jr., Antinomia, in *Enciclopédia Saraiva do Direito*, cit., p. 17; Marek, Les rapports entre le droit international et le droit interne à la lumière de la jurisprudence de la CPJI, *Revue Générale de Droit International Public*, n. 2, p. 260-98, p. 1962.

à preferência de uma das normas, e a de outro resultaria na escolha da outra norma. P. ex., num conflito entre uma norma constitucional anterior e uma norma ordinária posterior, pelo critério hierárquico haverá preferência pela primeira e pelo cronológico, pela segunda.

Ter-se-á *antinomia de segundo grau*, quando houver conflito entre os critérios:

1) *hierárquico* e *cronológico*, hipótese em que sendo uma norma anterior superior antinômica a uma posterior-inferior, pelo critério hierárquico deve-se optar pela primeira e pelo cronológico, pela segunda;

2) de *especialidade* e *cronológico*, se houver uma norma anterior-especial conflitante a uma posterior-geral, seria a primeira preferida pelo critério de especialidade e a segunda, pelo critério cronológico;

3) *hierárquico* e de *especialidade*, no caso de uma norma superior-geral ser antinômica a uma inferior-especial, em que prevalece a primeira aplicando-se o critério hierárquico e a segunda, utilizando-se o da especialidade.

Realmente, os critérios de solução de conflitos não são consistentes, daí a necessidade de a doutrina apresentar *metacritérios* para resolver antinomias de segundo grau que, apesar de terem aplicação restrita à experiência concreta e serem de difícil generalização, são de grande utilidade.

Na hipótese de haver conflito entre o critério *hierárquico* e o *cronológico*, a metarregra *lex posterior inferiori non derogat priori superiori*, resolveria o problema, isto é, o critério cronológico não seria aplicável quando a lei nova for inferior à que lhe veio antes. Prevalecerá, portanto, o critério hierárquico, por ser mais forte que o cronológico, visto que a competência se apresenta mais sólida do que a sucessão no tempo.

Em caso de antinomia entre o critério de *especialidade* e o *cronológico*, valeria o metacritério *lex posterior generalis non derogat priori speciali*, segundo o qual a regra de especialidade prevaleceria sobre a cronológica. A metarregra *lex posterior generalis non derogat priori speciali* não tem valor absoluto, tendo em vista certas circunstâncias presentes. Não há regra definida, pois, conforme o caso, haverá supremacia ora de um, ora de outro critério.

No conflito entre o critério *hierárquico* e o de *especialidade*, havendo uma norma superior-geral e outra inferior-especial, não será possível estabelecer uma metarregra geral dando prevalência ao critério hierárquico, ou vice-versa, sem contrariar a adaptabilidade do direito. Poder-se-á, então, preferir qualquer um dos critérios, não existindo, portanto, qualquer predominância de um sobre o outro. Todavia, segundo Bobbio, dever-se-á optar, teoricamente, pelo hierárquico, uma lei constitucional geral deverá prevalecer sobre uma lei ordinária especial, pois, se se admitisse o princípio de que uma lei ordinária especial pudesse derrogar normas constitucionais, os princípios fundamentais do ordenamento jurídico estariam destinados a esvaziar-se, rapidamente, de seu conteúdo. Mas, na prática, a exigência de se aplicarem as normas gerais de uma Constituição a situações novas levaria, às vezes, à aplicação de uma lei especial, ainda que ordinária, sobre a Constituição. A supremacia do critério de especialidade só se justificaria, nessa hipótese, a partir do mais alto princípio da justiça: *suum cuique tribuere*, baseado na interpretação de que "o que é igual deve ser tratado como igual e o que é diferente, de maneira diferente".

Em caso extremo de falta de um critério que possa resolver a antinomia de segundo grau, o *critério dos critérios* para solucionar o conflito normativo seria o do *princípio supremo da justiça*: entre duas normas incompatíveis dever-se-á escolher a mais justa[208].

Em que pese a existência de critérios para a solução dos conflitos normativos e das antinomias de segundo grau, há casos em que tem *lacuna das regras de resolução* desses conflitos, ante o fato daqueles critérios não poderem ser aplicados, instaurando uma incompletude dos meios de solução e uma antinomia real, que poderá ser suprimida pela edição de norma derrogatória[209], que opte por uma das normas antinômicas, ou resolvida por meio de correção ou de uma interpretação equitativa.

Assim, se houver conflito entre duas normas, por uma delas estatuir como devido algo inconciliável com o que a outra prescreve como devido, ante a inaplicabilidade de um daqueles critérios, essa antinomia se resolve anulando ou limitando a validade de uma das normas antagônicas com uma norma derrogatória, que estabelece, segundo Kelsen, o não-mais-dever-ser (*Nichtsollen*) de um certo comportamento, isto é, afirma que não é mais devida uma conduta estatuída como tal em outra norma. Tal função não é, portanto, de uma das normas em conflito, mas de uma terceira norma,

---

208. Bobbio, Des critères, in *Les antinomies en droit*, cit., p. 253-8, e *Teoria dell'ordinamento giuridico*, cit., p. 115-9; Capella, *El derecho como lenguaje*, cit., p. 285; Tércio Sampaio Ferraz Jr., Antinomia, in *Enciclopédia Saraiva do Direito*, cit., p. 14; Alf Ross, *Sobre el derecho y la justicia*, cit., p. 129 e 130; Gavazzi, *Delle antinomie*, cit., p. 80, 83 e 87; Silance, Quelques exemples, in *Les antinomies en droit*, cit., p. 69 e 70; Du Pasquier, *Introduction*, cit., n. 147 e 148.

209. Estamos usando o termo *derrogação* em sentido amplo, abrangendo tanto a ab-rogação (supressão total da norma) como a derrogação, em acepção restrita (supressão parcial da norma).

que estabelece que, em caso de antinomia, uma das duas, ou ambas as normas perdem a validade[210].

Nenhuma antinomia jurídica poderá ser definitivamente resolvida pela interpretação científica ou pela decisão judicial, o que a solucionaria apenas naquele caso *sub judice*, persistindo então o conflito normativo no âmbito das normas gerais. O juiz resolve não o conflito entre as normas, mas o caso concreto submetido à sua apreciação, mediante um ato de vontade que o faz optar pela aplicação de uma das disposições normativas[211]. Só o legislador é que poderia eliminá-lo.

Nota-se, ainda, que mesmo a derrogação, consistente na edição de nova norma ab-rogando pelo menos uma das normas antagônicas, não está isenta do *periculum antinomiae*, visto que o conflito poderá reaparecer a qualquer tempo, pois a norma que suprime a antinomia poderá, por sua vez, dar origem a um novo conflito[212].

O reconhecimento da lacuna dos critérios de resolução da antinomia real não exclui, como já dissemos, a possibilidade de solução efetiva por meio da interpretação equitativa[213].

Como em caso de lacuna de conflito, de antinomia de segundo grau, existem várias soluções incompatíveis, não havendo univocidade, ocorre a discricionariedade do órgão aplicador, que hoje pode aplicar uma delas, amanhã outra. Assim, o magistrado, ao compreender as normas antinômicas, deverá ter presentes fatos e valores, para optar pela que for mais favorável[214], baseado na experiência ideológica do momento atual[215].

A ideologia é que permitirá solucionar a antinomia jurídica, ponderando, diretamente, certos valores, ligando-os à consciência jurídica popular, determinando as finalidades do ordenamento jurídico e possibilitando o controle da *mens legis*[216].

---

210. Kelsen (*Teoria generale delle norme*, cit.) procura examinar a natureza e a função da norma derrogatória nas p. 5, 171, 173, 177-80, 195, 196, 270, 353, 356, 366 e 367; desenvolve esse estudo na obra Derogation, in *Essays in jurisprudence in honor of Roscoe Pound* (aos cuidados de Ralph A. Newman), New York, 1962, p. 339-55.

211. Tércio Sampaio Ferraz Jr., *Direito, retórica e comunicação*, cit., p. 70, 81, 83 e 177, e *Teoria da norma jurídica*, cit., p. 28, 29 e 65; Gavazzi, *Delle antinomie*, cit., p. 109; Kelsen (*Teoria generale delle norme*, cit., p. 354-67) salienta a tarefa do juiz e afirma que a interpretação científica não pode resolver a questão do conflito de normas.

212. Capella, *El derecho como lenguaje*, cit., p. 287 e 288.

213. Tércio Sampaio Ferraz Jr., Antinomia, in *Enciclopédia Saraiva do Direito*, cit., p. 15.

214. Miguel Reale, *O direito como experiência*, cit., p. 247.

215. Tércio Sampaio Ferraz Jr., *Direito, retórica e comunicação*, cit., p. 152 e 153.

216. Tércio Sampaio Ferraz Jr., *Teoria da norma jurídica*, cit., p. 157 e 158.

Interpretação e aplicação da norma não constituem uma atividade passiva, mas sim ativa, pois devem ser estudados e aplicados os textos normativos em atenção à realidade social subjacente e ao valor que confere sentido a esse fato. O aplicador deve basear-se nas pautas estimativas informadoras da ordem jurídico-positiva[217], preferindo a decisão razoável, ao declarar certa norma inaplicável ao caso[218].

Entre duas normas plenamente justificáveis, deve-se opinar pela que permitir a aplicação do direito com sabedoria, justiça, prudência, eficiência e coerência com seus princípios. Na aplicação do direito deve haver flexibilidade do entendimento razoável do preceito[219] permitida pelo art. 5º da Lei de Introdução às Normas do Direito Brasileiro, corrigindo-se o conflito normativo, adaptando a norma que for mais razoável à solução do caso concreto, aliviando a antinomia[220].

A antinomia jurídica real é situação problemática, que impõe a determinação da estrutura da incompatibilidade das normas e uma tomada de posição que convenha à solução do conflito[221]. Para tanto, o aplicador do direito está autorizado a recorrer aos princípios gerais de direito[222], aos valores predominantes na sociedade, positivados, implícita ou explicitamente, pela ordem jurídica, para proporcionar a garantia necessária à segurança da comunidade. O juiz deverá, portanto, optar pela norma mais justa ao solucionar os conflitos normativos, servindo-se de critério metanormativo, superior à norma, mas contido no ordenamento jurídico, afastando a aplicação de uma das normas em benefício do fim social e do bem comum[223] (LINDB, art. 5º).

---

217. Miguel Reale, *Lições preliminares*, cit., p. 65 e 298; Limongi França, Da jurisprudência, separata da *Revista da Faculdade de Direito da USP*, 1971, ano 66, p. 221.

218. Recaséns Siches, *La nueva filosofía*, cit.

219. Maria Helena Diniz, *As lacunas*, cit., p. 222 e 223; Recaséns Siches, *La nueva filosofía*, cit., p. 128 e 255-8; Miguel Reale, *Filosofia do direito*, cit., v. 2, p. 32 e 33; Alípio Silveira, *Hermenêutica*, cit., v. 1, p. 343.

220. Maria Helena Diniz, *As lacunas*, cit., p. 225; Wilson de Souza Campos Batalha, *Lei de Introdução ao Código Civil*, cit., v. 1, p. 5 e 6.

221. Gavazzi, *Delle antinomie*, cit., p. 5 e s.

222. Huberlant, Antinomies et recours aux principes généraux, in *Les antinomies en droit*, Bruxelles, Perelman (publ.), Émile Bruylant, 1965, p. 204-36; Limongi França, *Princípios gerais de direito*, cit., p. 117; Legaz y Lacambra, *Filosofía del derecho*, cit., p. 571; Josef Esser, *Princípio*, cit., 1961.

223. Foriers, La distinction du fait e du droit devant la Cour de Cassation de Belgique, in *Dialectica*, v. 16, p. 395; Silance, Quelques exemples, in *Les antinomies en droit*, cit., p. 120. Sobre antinomias, consulte Maria Helena Diniz, *Conflito de normas*, cit.

d.5. A polêmica do diálogo das fontes

A prudência objetiva requer bom senso do aplicador, que deve ficar adstrito às balizas jurídicas. Consequentemente a teoria do diálogo das fontes de Erik Jayme não poderia superar os critérios normativos: cronológico (LINDB, art. 2º, § 1º), hierárquico (CF, art. 59), especialidade (CF, art. 5º), para resolver antinomias aparentes, pois se esses critérios estão previstos em lei, uma teoria hermenêutica não teria força para tanto, poderia auxiliar na: *a*) interpretação corretiva de antinomia real e na integração de lacunas ao se aplicar os arts. 4º e 5º da LINDB e; *b*) subsunção por meio de interpretação sistemática em que se relaciona uma norma com outra sobre o mesmo objeto. Tal diálogo conduz à constitucionalização de todos os ramos do direito.

O grande desafio é aplicar as fontes em diálogo de forma justa e coerente com a CF, seja: *a*) no diálogo sistemático da coerência em que uma norma serve de base conceitual para outra tendo por suporte o fundamento teleológico das normas. P. ex., contrato de transporte pode encontrar subsídios no Código Civil, no Código de Defesa do Consumidor e nos tratados internacionais; *b*) no diálogo de complementariedade, uma norma poderá incidir na aplicação de outra de forma direta (CC, art. 424 e CDC, art. 51); *c*) no diálogo de subsidiariedade em que uma norma incide de forma indireta na aplicação de outra (CC, art. 429 e CDC, arts. 30 e 35); *d*) no diálogo de coordenação e adaptação sistemática, onde pode ocorrer influência de norma especial sobre a geral (p. ex., princípio da boa-fé objetiva (CC) pode ser influenciado pelo CDC)[224].

d.6. A vigência da norma de direito no tempo e no espaço

As normas jurídicas têm vida própria, pois nascem, existem e morrem. Esses momentos dizem respeito à determinação do início de sua vigência, à continuidade de sua vigência e à cessação da sua vigência[225].

As normas nascem com a promulgação, mas só começam a vigorar com sua publicação no Diário Oficial. De forma que a promulgação atesta a sua

---

224. Cláudia L. Marques, Superação das antinomias pelo diálogo das fontes: o modelo brasileiro de coexistência entre o Código de Defesa do Consumidor e o Código Civil de 2002, *Revista da Escola Superior da Magistratura de Sergipe*, n. 7, p. 15-54, 2004; Maria Helena Diniz, A antinomia real e a polêmica do diálogo das fontes, *Revista Jurídica Unicuritiba*, v. 3, n. 56, p. 228-247, 2019.

225. Caio M. S. Pereira, op. cit., v. 1, p. 110; Maria Helena Diniz, *Conflito de normas*, São Paulo, Saraiva, 1987.

existência, e a publicação, sua obrigatoriedade, visto que ninguém pode furtar-se a sua observância, alegando que não a conhece (LINDB, art. 3º). É obrigatória para todos, mesmo para os que a ignoram, porque assim o exige o interesse público.

A obrigatoriedade da norma de direito não se inicia no dia da publicação, salvo se ela assim o determinar (Dec. n. 4.176/2002, art. 19, § 1º). A escolha de uma ou de outra determinação é arbitrária, pois o órgão elaborador pode fazer com que a data da publicação e a entrada em vigor coincidam, se julgar inconveniente ao interesse público a existência de um tempo de espera; pode, ainda, estipular data precisa e mais remota quando verificar que há necessidade de maior estudo e divulgação devido à importância da norma (Dec. n. 4.176/2002, art. 19, § 2º, I e II), como ocorreu com o antigo Código Civil, promulgado a 1º de janeiro de 1916 e com início de vigência estabelecido para 1º de janeiro de 1917 (CC de 1916, art. 1.806)[226], e com o atual Código Civil (art. 2.044).

Faltando disposição especial sobre o assunto, vigora o princípio que reconhece a necessidade de decurso de um lapso de tempo entre a data da publicação e o termo inicial da obrigatoriedade. O intervalo entre a data da sua publicação e sua entrada em vigor chama-se *vacatio legis*[227].

A duração da *vacatio legis* sujeita-se a dois critérios de prazos: o progressivo e o único.

Pelo *progressivo* a lei entra em vigor em diferentes lapsos de tempo, nos vários Estados do país (p. ex., a antiga Lei da Introdução, no seu art. 2º, prescrevia que uma lei, na falta de disposição especial fixadora de outro prazo, entrava em vigor, no Distrito Federal, 3 dias depois de oficialmente publicada, 15 dias no Estado do Rio de Janeiro, 30 dias nos Estados Marítimos e no de Minas Gerais, 100 dias nos outros Estados e nas circunscrições não constituídas em Estados)[228].

Pelo prazo *único* a sua obrigatoriedade é simultânea, porque a norma entra em vigor, não havendo estipulação de prazo, a um só tempo em todo o

---

226. Caio M. S. Pereira, op. cit., v. 1, p. 110 e 111.

227. Espínola, *Lei de Introdução ao Código Civil*, v. 1, n. 19, p. 49; Vicente Ráo, *O direito e a vida dos direitos*, v. 1, n. 240 e 242; Caio M. S. Pereira, op. cit., v. 1, p. 111. A *vacatio legis* é comum em lei de grande repercussão, por ser conveniente e oportuno que haja um prazo razoável para que seus destinatários possam conhecê-la e compreender seu sentido e alcance (LC n. 95/98, art. 8º).

228. W. Barros Monteiro, op. cit., v. 1, p. 25. Sobre o conceito de *vigência*, *vide* Maria Helena Diniz, *Norma constitucional e seus efeitos*, São Paulo, Saraiva, 1989, p. 22-6.

País, 45 dias após sua publicação, conforme dispõe supletivamente a atual Lei de Introdução às Normas do Direito Brasileiro em seu art. 1º.

No que concerne à obrigatoriedade da norma brasileira no exterior, faltando estipulação legal do prazo de entrada em vigor, tal prazo é de 3 meses depois de oficialmente publicada (LINDB, art. 1º, § 1º), pois há hipóteses em que ela obriga em países estrangeiros no que diz respeito às atribuições dos ministros, embaixadores, cônsules e demais funcionários de nossas representações diplomáticas e aos princípios e convenções de direito internacional e aos interesses de brasileiros, no que se refere ao seu estatuto pessoal e aos atos regidos pela norma brasileira, e de estrangeiros em relação a atos destinados a produzir efeitos no Brasil[229].

"A contagem do prazo para entrada em vigor das leis que estabeleçam período de vacância far-se-á com a inclusão da data da publicação e do último dia do prazo, entrando em vigor no dia subsequente à sua consumação integral" (art. 8º, § 1º, da Lei Complementar n. 95/98, com redação da Lei Complementar n. 107/2001 e Decreto n. 4.176/2002, art. 20). Se a lei for publicada no dia 2 de janeiro, o primeiro dia do prazo será 2 de janeiro e o último, sendo o prazo de 15 dias, 16 de janeiro, e a norma entrará em vigor no dia 17 de janeiro.

Se, durante a *vacatio legis,* vier a norma a ser corrigida em seu texto, que contém erros materiais ou falhas de ortografia, ensejando nova publicação, os prazos mencionados de 45 dias e 3 meses começam a correr da nova publicação (LINDB, art. 1º, § 3º)[230]. As emendas ou correções a lei que já tenha entrado em vigor são consideradas lei nova (LINDB, art. 1º, § 4º), a cujo começo de obrigatoriedade se aplica a regra geral da *vacatio legis*[231].

Qual a data da sua cessação?

Duas são as hipóteses:

1) A norma jurídica pode ter *vigência temporária,* pelo simples fato de que o seu elaborador já fixou o tempo de sua duração, p. ex., as leis orça-

---

229. Caio M. S. Pereira, op. cit., p. 112. Há quem entenda que esse parágrafo foi revogado para efeito de aplicação da Lei n. 2.145/53, que criou a Carteira do Comércio Exterior e dispôs sobre o intercâmbio comercial com o exterior.

230. *Vide* Planiol, Ripert e Boulanger, *Traité élémentaire de droit civil,* v. 1, n. 207.

231. Oscar Tenório, *Lei de Introdução ao Código Civil brasileiro,* comentário ao art. 1º, § 4º; Caio M. S. Pereira, op. cit., p. 113; Maria Helena Diniz, *Lei de Introdução ao Código Civil brasileiro interpretada,* cit., p. 42-62.

mentárias, que fixam a despesa e a receita nacional pelo período de um ano; a lei que concede favores fiscais durante 10 anos às indústrias que se estabelecerem em determinadas regiões ou que subordina sua duração a um fato: guerra, calamidade pública etc. Tais normas desaparecem do cenário jurídico com o decurso do prazo preestabelecido[232].

2) A norma de direito pode ter vigência para o futuro sem prazo determinado, durando até que seja modificada ou revogada por outra. Trata-se do *princípio de continuidade*, que assim se enuncia: não se destinando a vigência temporária, a norma estará em vigor enquanto não surgir outra que a altere ou revogue (LINDB, art. 2º). Contudo, as normas só podem ser revogadas por outras da mesma hierarquia ou de hierarquia superior.

Revogar é tornar sem efeito uma norma, retirando sua obrigatoriedade.

A *revogação* é o gênero, que contém duas espécies: a ab-rogação e a derrogação. A *ab-rogação* é a supressão total da norma anterior, e a *derrogação* torna sem efeito uma parte da norma. Logo, se derrogada, a norma não sai de circulação jurídica, pois somente os dispositivos atingidos é que perdem a obrigatoriedade[233].

A revogação pode ser, ainda, expressa ou tácita. Será *expressa* quando o elaborador da norma declarar a lei velha extinta em todos os seus dispositivos ou apontar os artigos que pretende retirar. Bastante louvável é a revogação expressa, pois a esse respeito, com muita propriedade, pondera Saredo que "é evidente que na formação das leis deveria haver cuidado em indicar nitidamente, ao menos tanto quanto possível, quais as leis que se ab-rogam. Seria o melhor meio de evitar antinomias e obscuridades". Será *tácita* quando houver incompatibilidade entre a lei nova e a antiga, pelo fato de que a nova passa a regular inteiramente a matéria tratada pela anterior. Se a lei nova apenas estabelecer disposições gerais ou especiais, sem conflitar com a antiga, não a revogará (LINDB, art. 2º, § 2º)[234].

---

232. A. Franco Montoro, op. cit., v. 2, p. 148; Caio M. S. Pereira, op. cit., p. 120.

233. W. C. Batalha, op. cit., p. 81 e 82; A. Franco Montoro, op. cit., v. 2, p. 149; Caio M. S. Pereira, op. cit., p. 119.

234. A. Franco Montoro, op. cit., v. 2, p. 148 e 149; Caio M. S. Pereira, op. cit., p. 122 e 123; Ruggiero e Maroi, *Istituzioni*, v. 1, § 19. O Código Civil da Venezuela, de 1982, reza no art. 7º que "*las leyes no pueden derogarse sino por otras leyes; y no vale alegar contra su observancia el desuso, ni la costumbre o práctica en contrario, por antíguos y universales que sean*".
Lei Complementar n. 95, de 26-2-1998, *DOU*, 27 fev. 1998, art. 9º: "Quando necessária a cláusula de revogação, esta deverá indicar expressamente as leis ou disposições legais revogadas".

Pelo art. 9º da Lei Complementar n. 95/98, com a redação da Lei Complementar n. 107/2001, "a cláusula de revogação deverá enumerar, expressamente, as leis ou disposições legais revogadas". E o art. 21 do Decreto n. 4.176/2002, por sua vez, também requer que a cláusula de revogação arrole todas as disposições que serão revogadas com a entrada em vigor da nova lei. Com isso, inconveniente será a revogação tácita. O art. 2.045 do atual Código Civil contrariou esse comando legal, ao dispor: "Revogam-se a Lei n. 3.071, de 1º de janeiro de 1916 – Código Civil e a Parte Primeira do Código Comercial, Lei n. 556, de 25 de junho de 1850". Tal art. 2.045 tornou-se, em parte, inócuo, uma vez que bastante louvável seria que tivesse tido o cuidado de indicar quais as leis, civis ou mercantis, extravagantes, que foram ab-rogadas ou derrogadas, arrolando-as. Deveria ter ressaltado quais as leis gerais e especiais que o Código Civil/2002 revogou, pois muitas foram nele incorporadas e outras nem mesmo nele se situaram. Incompleta está sua revogação expressa, o que poderá provocar dúvidas interpretativas. Por essa razão, o Projeto de Lei n. 699/2011 propõe a seguinte redação para o art. 2.045: "Revogam-se a Lei n. 3.071, de 1º de janeiro de 1916 – Código Civil, a Parte Primeira do Código Comercial, Lei n. 556, de 25 de junho de 1850, as Leis n. 4.121, de 27 de agosto de 1962, 8.560, de 29 de dezembro de 1992, 8.971, de 29 de dezembro de 1994, e 9.278, de 10 de maio de 1996; o Decreto n. 3.708, de 10 de janeiro de 1919, e, ainda, os arts. 1º a 27 da Lei n. 4.591, de 16 de dezembro de 1964, os arts. 71 a 75 da Lei n. 6.015, de 31 de dezembro de 1973, os arts. 1º a 33, art. 43, art. 44 e art. 46, da Lei n. 6.515, de 26 de dezembro de 1977, os arts. 39 a 52, da Lei n. 8.069, de 13 de julho de 1990".

Quando o legislador derroga ou ab-roga lei que revogou a anterior, surge a questão de saber se a lei que fora revogada fica restabelecida, recuperando sua vigência, independentemente de declaração expressa.

Pelo art. 2º, § 3º, da Lei de Introdução às Normas do Direito Brasileiro, a lei revogadora de outra lei revogadora não tem efeito repristinatório sobre a velha lei abolida, senão quando houver pronunciamento expresso do legislador a esse respeito[235].

Quando a lei nova vem modificar ou regular, de forma diferente, a matéria versada pela norma anterior, podem surgir conflitos entre as novas disposições e as relações jurídicas já definidas sob a vigência da velha norma.

---

235. Ráo, *O direito e a vida dos direitos,* v. 1, n. 263; Caio M. S. Pereira, op. cit., v. 1, p. 126 e 127; Gianturco, *Sistema del diritto civile italiano,* v. 1, p. 126; Gabba, *Teoria della retroattività delle leggi,* v. 1, p. 33.

A nova norma só tem vigor para o futuro ou regula situações anteriormente constituídas?

Para solucionar tal questão dois são os critérios utilizados:

1) O das *disposições transitórias,* chamadas direito intertemporal, que são elaboradas pelo legislador, no próprio texto normativo, para conciliar a nova norma com as relações já definidas pela anterior. São disposições que têm vigência temporária, com o objetivo de resolver e evitar os conflitos ou lesões que emergem da nova lei em confronto com a antiga.

2) O dos *princípios da retroatividade e da irretroatividade* das normas, construções doutrinárias para solucionar conflitos na ausência de normação transitória. É *retroativa* a norma que atinge os efeitos de atos jurídicos praticados sob o império da norma revogada. E *irretroativa* a que não se aplica a qualquer situação jurídica constituída anteriormente. Não se pode aceitar a retroatividade e a irretroatividade como princípios absolutos. O ideal seria que a lei nova retroagisse em alguns casos e em outros não. Foi o que fez o direito pátrio no art. 5º, XXXVI, da Constituição Federal, e no art. 6º, §§ 1º, 2º e 3º, da Lei de Introdução às Normas do Direito Brasileiro, com a redação da Lei n. 3.238/57, ao prescrever que a nova norma em vigor tem efeito imediato e geral, respeitando sempre o ato jurídico perfeito, o direito adquirido e a coisa julgada. O *ato jurídico perfeito* é o que já se consumou segundo a norma vigente ao tempo em que se efetuou; o *direito adquirido* é o que já se incorporou definitivamente ao patrimônio e à personalidade de seu titular; e a *coisa julgada* é a decisão judiciária de que já não caiba mais recurso. É a decisão definitiva do Poder Judiciário, trazendo a presunção absoluta de que o direito foi aplicado corretamente ao caso *sub judice*[236].

Assim, o efeito imediato das normas sobre a capacidade das pessoas atinge todos os que ela abranger. A alteração da maioridade para 18 anos alcançará os que já tiverem completado essa idade, se se a aumentar para 25 anos, respeitará a maioridade dos que já haviam completado 18 anos. A norma que instaurou o divórcio admite como dissolúveis todos os casamentos celebrados antes dela. A lei que permite o reconhecimento dos filhos alcança os que nasceram ao tempo da norma anterior que impossibilitava isso. Mas se

---

236. W. Barros Monteiro, op. cit., v. 1, p. 31-5; A. Franco Montoro, op. cit., v. 2, p. 153 e 154; Maria Helena Diniz, *Norma constitucional,* cit., p. 47-56; *Lei de Introdução,* cit., p. 176-201; Belizário Antônio de Lacerda, *Direito adquirido,* Belo Horizonte, Del Rey, 2000. Consulte: *RT, 706*:82, *701*:58, *700*:146, *680*:149; *RTJ, 143*:24, 724 e 815; *RJ, 163*:93. *Vide* CPC, art. 14.

se proibir tal reconhecimento, essa proibição não atingirá os que o obtiveram. Os direitos dos herdeiros são regulados pela norma que vigora ao tempo da abertura da sucessão. Se se alterar a ordem de vocação hereditária, isto será aplicado a todas as sucessões que se abrirem após sua vigência, porém as já abertas escapam de seu comando[237]. A norma que criar ou extinguir uma instituição, como a que aboliu a escravidão, tem aplicação imediata, bem como as leis favoráveis, como o caso da norma penal mais branda (CF, art. 5º, XL) e da fiscal menos onerosa, e as sobre jurisdição e competência.

Sabemos que, em razão da soberania estatal, a norma aplica-se no espaço delimitado pelas fronteiras do Estado[238]. Todavia esse *princípio da territorialidade* não pode ser aplicado de modo absoluto, ante o fato de a comunidade humana alargar-se no espaço, relacionando-se com pessoas de outros Estados, como seria o caso do brasileiro que herda de um parente bens situados na Itália; do brasileiro que casa com francesa, na Inglaterra; do norte-americano divorciado que pretende convolar núpcias com brasileira no Brasil; da sociedade empresária brasileira que contrata com a sociedade empresária alemã etc.[239].

Sem comprometer a soberania nacional e a ordem internacional, os Estados modernos têm permitido que, em seu território, se apliquem, em determinadas hipóteses, normas estrangeiras, admitindo assim o sistema da extraterritorialidade, para tornar mais fáceis as relações internacionais, possibilitando conciliar duas ou mais ordens jurídicas pela adoção de uma norma que dê solução mais justa[240].

O Brasil adotou a *doutrina da territorialidade moderada.*

Pela *territorialidade,* a norma aplica-se no território do Estado, inclusive ficto, como embaixadas, consulados e navios de guerra onde quer que se encontrem, navios mercantes em águas territoriais ou em alto-mar, navios estrangeiros, menos os de guerra, em águas territoriais, as aeronaves no espaço aéreo do Estado, assemelhando-se a posição das aeronaves de guerra à dos barcos de guerra. Regula, o princípio da territorialidade, o regime de bens e obrigações (LINDB, arts. 8º e 9º). Já que se aplica a *lex rei sitae* para qualificar bens e reger as relações a eles concernentes – embora a

---

237. Caio M. S. Pereira, op. cit., v. 1, p. 152-4. *Vide* CC, art. 2.042.
238. A. Franco Montoro, op. cit., v. 2, p. 156.
239. Caio M. S. Pereira, op. cit., v. 1, p. 158 e 159.
240. A. Franco Montoro, op. cit., v. 2, p. 156; Caio M. S. Pereira, op. cit., v. 1, p. 160.

Lei de Introdução ordene a aplicação da lei do domicílio do proprietário, quanto aos bens móveis que ele trouxe, ou se se destinarem a transporte para outros lugares –, a norma *locus regit actum* regula as obrigações que se sujeitam às normas do país em que se constituírem, bem como a prova de fatos ocorridos em país estrangeiro (LINDB, art. 13).

Pela *extraterritorialidade*, aplica-se em território de outro Estado, segundo os princípios e convenções internacionais. Classicamente denomina-se "estatuto pessoal" a situação jurídica que rege o estrangeiro pela lei de seu país de origem. Trata-se da hipótese em que a norma de um Estado acompanha o cidadão no estrangeiro para regular seus direitos em outro país. Esse estatuto pessoal baseia-se na lei da nacionalidade ou na lei do domicílio. No Brasil, em virtude do disposto no art. 7º da Lei de Introdução às Normas do Direito Brasileiro, funda-se na lei do domicílio (STF, Súmula 381). Regem-se por esse princípio as questões relativas ao começo e fim da personalidade, ao nome, à capacidade das pessoas, ao direito de família e sucessões (LINDB, arts. 7º e 10) e à competência da autoridade judiciária (LINDB, art. 12). Há, apesar disso, um limite à extraterritorialidade da lei, pois atos, sentenças e leis de países alienígenas não serão aceitos no Brasil quando ofenderem a soberania nacional, a ordem pública e os bons costumes (LINDB, art. 17)[241].

---

241. Caio M. S. Pereira, op. cit., v. 1, p. 170-2; A. Franco Montoro, op. cit., v. 2, p. 157-9; Silvio Rodrigues, op. cit., v. 1, p. 53-5; Maria Helena Diniz, *Lei de Introdução*, cit., p. 15-8. Sobre o nome do estrangeiro, *vide* arts. 31, 42 e s. da Lei n. 6.815/80.

QUADRO SINÓTICO

LEI DE INTRODUÇÃO ÀS NORMAS DO DIREITO BRASILEIRO

<table>
<tr><td>1. CONTEÚDO DA LINDB</td><td colspan="2">• Contém normas sobre normas, assinalando-lhes a maneira de aplicação e entendimento, predeterminando as fontes de direito positivo, indicando-lhes as dimensões espaciotemporais.</td></tr>
<tr><td>2. FUNÇÕES DA LINDB</td><td colspan="2">• Regular a vigência e eficácia da norma jurídica, apresentando soluções ao conflito de normas no tempo e no espaço.
• Fornecer critérios de hermenêutica.
• Estabelecer mecanismo de integração de normas.
• Garantir a eficácia global, a certeza, segurança e estabilidade da ordem jurídica.</td></tr>
<tr><td>3. APLICAÇÃO DE NORMAS</td><td colspan="2">• Há subsunção quando o fato individual se enquadra no conceito abstrato contido na norma; para tanto, é necessária a correta interpretação.
• Há integração normativa quando, ao aplicar a norma ao caso, o juiz não encontra norma que lhe seja aplicável.
• Há correção se se apresentar antinomia real.</td></tr>
<tr><td rowspan="2">4. INTERPRETAÇÃO</td><td>• Conceito</td><td>• É o meio de desvendar o sentido e o alcance da norma jurídica.</td></tr>
<tr><td>• Técnicas de interpretação</td><td>• A gramatical, em que o intérprete examina cada termo do texto normativo, atendendo a pontuação, colocação de vocábulos, origem etimológica etc.
• A lógica, que estuda as normas por meio de raciocínios lógicos.
• A sistemática, que considera o sistema em que se insere a norma, relacionando-a com outras relativas ao mesmo objeto.
• A histórica, que procura averiguar os antecedentes da norma.
• A sociológica ou teleológica, que objetiva adaptar o sentido ou finalidade da norma às novas exigências sociais (LINDB, art. 5º).</td></tr>
</table>

5. INTEGRAÇÃO	• Conceito	• É o preenchimento de lacunas, mediante aplicação e criação de normas individuais, atendendo ao espírito do sistema jurídico.		
	• Meios de integração	• Analogia	• Conceito	• Consiste em aplicar a um caso não previsto diretamente por norma jurídica uma norma prevista para hipótese distinta, mas semelhante ao caso não contemplado.
			• Espécies	• *Legis*, que consiste na aplicação de norma existente destinada a reger caso semelhante ao previsto. • *Juris*, que se estriba num conjunto de normas para extrair elementos que possibilitem sua aplicação ao caso concreto não previsto mas similar.
		• Costume	• Conceito	• É a prática uniforme, constante, pública e geral de determinado ato com a convicção de sua necessidade jurídica.
			• Condições	• Continuidade, uniformidade, diuturnidade, moralidade e obrigatoriedade.
			• Espécies	• *Secundum legem* é o que está previsto em lei, p. ex.: CC, arts. 1.297, § 1º, 569, II, 596, 597, 615 e 965, I. • *Praeter legem* é o que tem caráter supletivo, suprindo a lei nos casos omissos (LINDB, art. 4º; CPC, art. 140). • *Contra legem* é o que se forma em sentido contrário à lei, p. ex., *consuetudo abrogatoria* ou desuso.

5. INTEGRAÇÃO	• Meios de integração	• Princípios gerais de direito	• Conceito	• São normas de valor genérico que orientam a compreensão do sistema jurídico em sua aplicação e integração. P. ex.: LINDB, arts. 3º e 4º; CC, art. 112; proibição do locupletamento ilícito; ninguém pode transferir mais direitos do que tem etc.
			• Natureza múltipla	• Decorrem dos subsistemas normativos. • Originam-se de ideias políticas, sociais e jurídicas vigentes. • São reconhecidos pelas nações civilizadas os que tiverem *substractum* comum a todos os povos ou a algum deles em dada época histórica.
			• Roteiro de sua aplicação pelo juiz	• O juiz, empregando dedução, indução e juízos valorativos, deve: – Buscar os princípios da instituição a que se refere o caso. – Sendo isto inócuo, os que informam o livro ou parte do diploma onde se insere a instituição, depois o do diploma onde se encontra o livro, em seguida o da disciplina a que corresponde o diploma, até chegar aos princípios gerais de todo direito escrito, de todo regime jurídico-político e da sociedade das nações. – Procurar princípios de direito costumeiro. – Recorrer ao direito comparado. – Invocar elementos de justiça, entrando na seara da filosofia do direito.
			• Acepções	• *Latíssima*: seria a suprema regra da justiça a que os homens devem obedecer. • *Lata*: confunde-se com os princípios gerais de direito e com o direito natural. • *Restrita*: seria o ideal de justiça aplicado na interpretação, integração, individualização judiciária.

5. INTEGRAÇÃO	• Meios de integração	• Equidade	• Espécies	• *Legal*, quando está contida no texto normativo. P. ex., CC, art. 1.583, § 2º; LINDB, arts. 4º e 5º. • *Judicial*, quando o legislador implícita ou explicitamente incumbe ao juiz a decisão, por equidade, do caso concreto. P. ex.: Lei n. 9.307/96, art. 11, II; CPC, art. 140, parágrafo único; CC, art. 1.740, II.
			• Requisitos	• Autorização legal expressa ou não, o seu emprego decorre do sistema e do direito natural. • Inexistência de texto claro e inflexível sobre a matéria. • O objeto, embora determinado legalmente, deve ser defeituoso ou obscuro. • Só se aplica em caso de lacuna depois de esgotados os recursos integrativos do art. 4º da LINDB. • Deve estar em harmonia com o espírito que rege o sistema e com os princípios que informam o instituto, objeto da decisão.
6. CORREÇÃO DE ANTINOMIA JURÍDICA	• Antinomia aparente (critérios: hierárquico, cronológico e da especialidade – mera subsunção). • Antinomia real (LINDB, arts. 4º e 5º – interpretação corretiva).			
7. VIGÊNCIA DA LEI NO TEMPO	• Início de sua vigência	• Obrigatoriedade só surge com a publicação no Diário Oficial, mas sua vigência não se inicia no dia da publicação, salvo se ela assim o determinar. O intervalo entre a data de sua publicação e sua entrada em vigor chama-se *vacatio legis*.		
	• Duração da *vacatio legis*	• *Prazo progressivo*, pelo qual a lei entra em vigor em diferentes lapsos de tempo nos vários Estados do país. P. ex.: antiga LICC, art. 2º. • *Prazo único*, pelo qual a norma entra em vigor a um só tempo em todo o país, ou seja, 45 dias após sua publicação; tendo aplicação no exterior 3 meses depois de sua publicação (LINDB, art. 1º, § 1º).		

<table>
<tr><td rowspan="5">7. VIGÊNCIA DA LEI NO TEMPO</td><td rowspan="4">• Cessação da vigência</td><td>• Hipóteses</td><td colspan="2">• A norma pode ter vigência temporária, porque o elaborador fixou o tempo de sua duração.
• A norma pode ter vigência para o futuro sem prazo determinado, durando até que seja modificada ou revogada por outra (LINDB, art. 2º).</td></tr>
<tr><td rowspan="2">• Revogação</td><td>• Conceito</td><td>• É tornar sem efeito uma norma.</td></tr>
<tr><td>• Espécies</td><td>• Ab-rogação, supressão total da norma anterior.
• Derrogação, torna sem efeito uma parte da lei.
• Expressa, quando o legislador declara extinta a lei velha.
• Tácita, quando houver incompatibilidade entre a lei velha e a nova (LINDB, art. 2º, § 2º).</td></tr>
<tr></tr>
<tr><td>• Critérios para solucionar o conflito de leis no tempo</td><td colspan="3">• O das disposições transitórias elaboradas pelo próprio legislador com o objetivo de resolver e evitar os conflitos emergentes da nova lei em confronto com a antiga.
• O dos princípios da retroatividade e irretroatividade da norma. É retroativa a norma que atinge efeitos de atos jurídicos praticados sob a égide da norma revogada. É irretroativa a que não se aplica a qualquer situação jurídica constituída anteriormente. Não se podem aceitar esses princípios como absolutos. O ideal seria que a nova lei retroagisse em alguns casos e em outros não, respeitando o ato jurídico perfeito, o direito adquirido e a coisa julgada (CF, art. 5º, XXXVI; LINDB, art. 6º, §§ 1º e 2º).</td></tr>
<tr><td rowspan="3">8. VIGÊNCIA DA LEI NO ESPAÇO</td><td colspan="4">• Princípio da territorialidade, em que a norma se aplica apenas no território do Estado que a promulgou.</td></tr>
<tr><td colspan="4">• Princípio da extraterritorialidade, pelo qual os Estados permitem que em seu território se apliquem, em certas hipóteses, normas estrangeiras.</td></tr>
<tr><td>• Princípio da territorialidade moderada</td><td colspan="3">• Territorialidade (LINDB, arts. 8º e 9º).
• Extraterritorialidade (LINDB, arts. 7º, 10, 12, 17).</td></tr>
</table>

E. A relação jurídica

As normas de direito regulam comportamentos humanos dentro da sociedade. Isto é assim porque o homem, em vida social, está sempre em interação, influenciando a conduta de outrem, o que dá origem a relações sociais que, disciplinadas por normas jurídicas, transformam-se em relações de direito[242].

Segundo Del Vecchio[243], a relação jurídica consiste num vínculo entre pessoas, em razão do qual uma pode pretender um bem a que outra é obrigada.

A transformação do vínculo de fato em jurídico acarreta os seguintes efeitos:

1) Tem-se uma relação entre sujeitos jurídicos, ou melhor, entre o sujeito ativo, que é o titular do direito subjetivo de ter ou de fazer o que a norma jurídica não proíbe, e o sujeito passivo, que é o sujeito de um dever jurídico, é o que deve respeitar o direito do ativo[244]. Esse vínculo será de sujeição relativa ou específica se o sujeito passivo tiver a obrigação de satisfazer determinado interesse do titular do direito. É o que se dá com o direito de crédito: o devedor deverá pagar sua dívida a certo credor. A sujeição poderá ser absoluta ou genérica quando consiste apenas no dever de respeitar a posição jurídica do titular, como sucede nos direitos personalíssimos e nos direitos reais[245].

Além do mais quanto ao conteúdo a relação jurídica poderá ser: *simples,* quando se constitui de um só direito subjetivo. Cada sujeito ocupa

---

242. Serpa Lopes, *Comentários,* cit., v. 1, p. 227 e 228; Pugliatti, *Introducción al estudio del derecho civil,* p. 192; Von Tuhr, *Teoría general del derecho civil alemán,* v. 1, p. 155.

243. Del Vecchio, *Lezione de filosofia del diritto,* p. 263. Sobre o conceito de relação jurídica, *vide* Vicente Ráo, op. cit., v. 3, p. 296; Trabucchi, *Istituzioni di diritto civile,* cap. III; Enneccerus, *Tratado de derecho civil,* v. 1, t. 1. Santoro-Passarelli ensina-nos que a relação jurídica indica a respectiva posição de poder de uma pessoa e de dever da outra, ou seja, poder e dever estabelecidos pelo ordenamento jurídico para a tutela de um interesse (*Dottrine generali del diritto civile,* p. 69). Para Hans Kelsen (*Teoria pura do direito,* 2. ed., 1962, v. 1, p. 311 e s.), a relação jurídica não é uma relação entre indivíduos, mas entre normas, ou seja, entre o dever jurídico e o direito reflexo que lhe corresponde; sendo este último o dever jurídico, isto é, a própria norma jurídica, não há, na realidade, nenhuma relação entre o dever jurídico e o direito reflexo.

244. Windscheid, *Pandette,* v. 1, § 37-a; Von Tuhr (op. cit., v. 1, p. 156) por sua vez admite a existência de relações jurídicas entre uma pessoa e uma coisa (propriedade); entre duas pessoas; entre uma pessoa e determinado lugar (domicílio).

245. Orlando Gomes, *Introdução ao direito civil,* p. 98.

uma posição: um, a ativa, e outro, a passiva; e *complexa,* quando contiver vários direitos subjetivos, caso em que as pessoas ocupam, simultaneamente, as duas posições, figurando, ao mesmo tempo, como sujeito ativo e passivo, p. ex.: numa compra e venda, o comprador tem direito a entrega do objeto comprado (sujeito ativo) e o dever de pagar o preço (sujeito passivo), e o vendedor tem o direito de receber o pagamento do preço (sujeito ativo) e o dever de entregar a coisa vendida (sujeito passivo)[246].

O sujeito ativo tem, ainda, a proteção jurídica, ou seja, a autorização normativa para ingressar em juízo para reaver o seu direito, para reparar o mal sofrido em caso do sujeito passivo não ter cumprido suas obrigações.

2) O poder do sujeito passa a incidir sobre um objeto imediato, que é a prestação devida pelo sujeito passivo, por ter a permissão jurídica de exigir uma obrigação de dar, fazer ou não fazer, e sobre um objeto mediato, que é o bem móvel, imóvel ou semovente, sobre o qual recai o direito, devido à permissão que lhe é dada por norma de direito de ter alguma coisa como sua, abrangendo, ainda, os seus modos de ser (sua vida, seu nome, sua liberdade, sua honra etc.). Orlando Gomes[247] afirma que para ser objeto de direito a coisa precisa apresentar os requisitos da economicidade, permutabilidade e limitabilidade, ou seja, ser suscetível de avaliação pecuniária, podendo submeter-se ao domínio da pessoa e sendo o seu uso e quantidade limitados.

3) Há necessidade de um fato propulsor, idôneo à produção de consequências jurídicas. Pode ser um acontecimento, dependente ou não da vontade humana, a que a norma jurídica dá a função de criar, modificar ou extinguir direitos. É ele que tem o condão de vincular os sujeitos e de submeter o objeto ao poder da pessoa, concretizando a relação. Reveste a forma de fato jurídico *stricto sensu,* quando o acontecimento for independente da ação humana; de ato jurídico, se consistir num ato voluntário, sendo irrelevante a intenção do resultado; e de negócio jurídico, se provier de ação humana que visa a produzir os efeitos que o agente pretende[248].

De modo que se pode dizer, exemplificativamente, que o direito de propriedade é um vínculo entre o proprietário (sujeito ativo), que tem domínio sobre a coisa (objeto mediato), em razão de permissão legal, e demais

---

246. Orlando Gomes, op. cit., p. 104.
247. Orlando Gomes, op. cit., p. 103.
248. Orlando Gomes, op. cit., p. 104.

pessoas (sujeito passivo) que são obrigadas a respeitar tal domínio (objeto imediato)[249].

A Parte Geral do Código Civil objetiva regulamentar esses elementos da relação jurídica, ou seja, as pessoas, os bens e os fatos jurídicos em sentido lato. Eis por que serão objeto de nossa investigação nos próximos capítulos.

Quadro Sinótico

RELAÇÃO JURÍDICA	• Conceito	• Segundo Del Vecchio, consiste num vínculo entre pessoas, em razão do qual uma pode pretender um bem a que outra é obrigada.
	• Elementos	• Sujeito ativo e passivo. • Objeto imediato e mediato. • Fato propulsor. • Proteção jurídica.

249. A. Franco Montoro, op. cit., v. 2, p. 256.

CAPÍTULO II
Das Pessoas

1. Personalidade

A. Conceito de pessoa

Primeiro, imprescindível se torna verificar qual é a acepção jurídica do termo "pessoa"[1].

Para a doutrina tradicional "pessoa" é o ente físico ou coletivo suscetível de direitos e obrigações, sendo sinônimo de sujeito de direito. *Sujeito de direito* é aquele que é sujeito de um dever jurídico, de uma pretensão ou titularidade jurídica, que é o poder de fazer valer, através de uma ação, o não cumprimento do dever jurídico, ou melhor, o poder de intervir na produção da decisão judicial[2].

---

1. Segundo W. Barros Monteiro (*Curso de direito civil,* São Paulo, Saraiva, 1968, v. 1, p. 58 e 59), o vocábulo "pessoa" é oriundo do latim *persona,* que, adaptado à linguagem teatral, designava máscara. Isto é assim porque *persona* advinha do verbo *personare,* que significava ecoar, fazer ressoar, de forma que a máscara era uma *persona* que fazia ressoar, mais intensamente, a voz da pessoa por ela ocultada. Mais tarde *persona* passou a exprimir a própria atuação do papel representado pelo ator e, por fim, completando esse ciclo evolutivo, a palavra passou a indicar o próprio homem que representava o papel. Passa, então, a ter três acepções: *a*) a *vulgar,* em que pessoa seria sinônimo de ser humano, porém não se pode tomar com precisão tal assertiva, ante a existência de instituições que têm direitos e deveres, sendo, por isso, consideradas como pessoas e devido ao fato de que já existiram seres humanos que não eram considerados pessoas, como os escravos; *b*) a *filosófica,* segundo a qual a pessoa é o ente, dotado de razão, que realiza um fim moral e exerce seus atos de modo consciente; *c*) a *jurídica,* que considera como pessoa todo ente físico ou moral, suscetível de direitos e obrigações. É nesse sentido que pessoa é sinônimo de sujeito de direito ou sujeito da relação jurídica. Rosa Nery (*Pessoa natural: sujeito de direito,* tese de doutorado apresentada na PUCSP em 1998, p. 64 e s.) esclarece que a pessoa deve, para individuar-se como sujeito de direito, apresentar: capacidade, *status,* fama, nome e domicílio.
2. Diego Espín Cánovas, *Manual de derecho civil español,* v. 1, p. 100; W. Barros Monteiro, op. cit., v. 1, p. 59; Clóvis Beviláqua, *Teoria geral do direito civil,* 4. ed., p. 69. *Vide* o art.

Para Kelsen, o conceito de sujeito de direito não é necessário para a descrição do direito, é um conceito auxiliar que facilita a exposição do direito. De forma que a pessoa natural, ou jurídica, que tem direitos e deveres, é um complexo destes direitos e deveres, cuja unidade é, figurativamente, expressa no conceito de pessoa. A pessoa é tão somente a personificação dessa unidade. Assim sendo, para esse autor a "pessoa" não é, portanto, um indivíduo ou uma comunidade de pessoas, mas a unidade personificada das normas jurídicas que lhe impõem deveres e lhe conferem direitos. Logo, sob o prisma kelseniano é a "pessoa" uma construção da ciência do direito, que com esse entendimento afasta o dualismo: direito objetivo e direito subjetivo[3].

Entre essas duas concepções ficamos com a primeira, que passamos a analisar.

B. Personalidade jurídica

Liga-se à pessoa a ideia de personalidade, que exprime a aptidão genérica para adquirir direitos e contrair obrigações[4]. Deveras, sendo a pessoa natural (ser humano) ou jurídica (agrupamentos humanos) sujeito das relações jurídicas e a personalidade a possibilidade de ser sujeito, ou seja, uma aptidão a ele reconhecida, toda pessoa é dotada de personalidade.

A personalidade é o conceito básico da ordem jurídica, que a estende a todos os homens, consagrando-a na legislação civil e nos direitos constitucionais de vida, liberdade e igualdade[5].

1º do Código Civil, que assim dispõe: "Toda pessoa é capaz de direitos e deveres na ordem civil".

3. Kelsen, *Teoria pura do direito,* 2. ed., 1962, v. 1, p. 320 e s.
4. Caio M. S. Pereira, *Instituições de direito civil,* 5. ed., Rio de Janeiro, Forense, 1977, v. 1, p. 198; Clóvis Beviláqua, op. cit., § 3º, p. 67; D'Aguano, *La genese e l'evoluzione del diritto civile,* p. 141 e s.; Enneccerus a define como a qualidade jurídica que constitui a condição prévia de todos os direitos e deveres (*Derecho civil*; parte general, p. 318); Larenz a considera como a faculdade de uma pessoa de poder ser titular de direitos e deveres (*Derecho civil*; parte general, p. 104). A pessoa é sempre sujeito de direito e obrigações e os direitos da personalidade são seus componentes.
5. Haroldo Valladão, Capacidade de direito, in *Enciclopédia Saraiva do Direito,* v. 13, p. 34; Giselle C. Groeninga, Os direitos da personalidade e o direito de ter uma personalidade, *Aspectos psicológicos na prática jurídica*, Campinas, Millennium, 2018, cap. 5, p. 59 a 76. A consideração da pessoa natural como *ser humano* coaduna-se com o art. 4º do Cap. II da Convenção Americana de Direitos Humanos de 1969 (Pacto de San José da Costa Rica), ratificada pelo Brasil em 25-9-1992 e promulgada pelo Decreto n. 678/92.

Capacidade, por sua vez, é "a medida jurídica da personalidade"[6], ou, como prefere Teixeira de Freitas, a "manifestação do poder de ação implícito no conceito de personalidade"[7]. Antônio Chaves, a esse respeito, afirma que para realçar a importância desse conceito na ciência jurídica e, especialmente, no direito privado, basta lembrar que não há nessa especialidade instituto jurídico que não lhe peça passagem. Só mediante representação e assistência poderá realizar-se um ato de interesse de um incapaz e, ainda assim, sob observância de rigorosas formalidades legais[8]. Isto é assim porque a capacidade jurídica é a condição ou pressuposto de todos os direitos.

Assim, para ser "pessoa" basta que o homem exista, e, para ser "capaz", o ser humano precisa preencher os requisitos necessários para agir por si, como sujeito ativo ou passivo de uma relação jurídica. Eis por que os autores distinguem entre capacidade de direito ou de gozo e capacidade de exercício ou de fato[9], como veremos logo mais.

C. Direitos da personalidade

A fim de satisfazer suas necessidades nas relações sociais, o homem adquire direitos e assume obrigações, sendo, portanto, sujeito ativo e passivo de relações jurídico-econômicas. O conjunto dessas situações jurídicas individuais, suscetíveis de apreciação econômica, designa-se *patrimônio*, que é, sem dúvida, a projeção econômica da personalidade; ao lado dos direitos reais temos os pessoais, como, p. ex., as relações entre credor e devedor. Porém, a par dos direitos patrimoniais e dos direitos pessoais a pessoa natural tem direitos da personalidade[10], o mesmo se diga da pessoa jurídica (CC, art.

Com isso evita-se conotação machista que não corresponderia com a paridade constitucional de direitos e deveres entre homens e mulheres como sujeitos de direitos.

6. Virgílio de Sá Pereira, *Direito de família*, 2. ed., Rio de Janeiro, Freitas Bastos, 1959; Orlando Gomes, *Introdução ao direito civil*, 3. ed., 1971, p. 149.
7. Antônio Chaves, Capacidade civil, in *Enciclopédia Saraiva do Direito*, v. 13, p. 2.
8. Antônio Chaves, Capacidade civil, cit., p. 2.
9. Antônio Chaves, Capacidade civil, cit., p. 3.
10. Caio M. S. Pereira, *Instituições*, cit., v. 1, p. 202 e 203; Diogo Leite de Campos, *Lições de direito da personalidade*, 1995; Capelo de Sousa, *O direito geral da personalidade*, 1995; Wanderley J. Federighi, Notas sobre o dever geral de conduta no tema dos direitos da personalidade: o respeito à alteridade. *Revista da Academia Paulista de Direito*, *6*:267-96. Elimar Szaniawski, *Direitos da personalidade e sua tutela*, 1993; Antonio Cezar Lima da Fonseca, Anotações aos direitos da personalidade, *RT*, *715*:36; Carlos Alberto Bittar Filho, Os direitos da personalidade na Constituição de 1988, *RT*, *733*:83; Carlos Alberto Bittar e Carlos Alberto Bittar Filho, *Direito civil constitucional*, São Paulo, Revista dos Tribunais, 2003, p. 45-58; Eduardo C. B. Bittar, Os direitos da personalidade no novo Código Civil, *Atualidades Jurídicas*, *5*:63-70; Fábio Maria de Mattia, Direitos da personalidade: aspectos gerais, *RDC*,

52), pois se houver violação à sua imagem, à sua honra objetiva etc., fará jus à reparação por dano moral (*RT*, *776*:195, *734*:507, *733*:297 e 589, *727*:123, *725*:336; *716*:2703; *680*:85, *627*:28; Súmula 227 do STF).

O reconhecimento dos direitos da personalidade como categoria de direito subjetivo é relativamente recente, porém sua tutela jurídica já existia na Antiguidade, punindo ofensas físicas e morais à pessoa, através da *actio injuriarum*, em Roma, ou da *dike kakegorias*, na Grécia. Com o advento do Cristianismo houve um despertar para o reconhecimento daqueles direi-

---

3:35; José Lamartine Corrêa de Oliveira e Francisco José Ferreira Muniz, O Estado de direito e os direitos da personalidade, *RT*, *532*:11; André Decocq, *Essai d'une théorie générale des droits sur la personne*, 1960; H. Hubman, *Das Persönlichkeitsrecht*, 1967; José Serpa de Santa Maria, *Direitos da personalidade e a sistemática civil geral*, 1987; Julius Binder, *Das Problem der juristischen Persönlichkeit*, 1967; Ives Gandra da S. Martins, Os direitos da personalidade, *O novo Código Civil – estudos em homenagem a Miguel Reale*, São Paulo, LTr, 2003, p. 54-69; Alexandre Assumpção Alves, *A pessoa jurídica e os direitos da personalidade*, Rio de Janeiro, Renovar, 1998; Alex Sandro Ribeiro, *Ofensa à honra da pessoa jurídica*, São Paulo, LEUD, 2004; Pablo S. Gagliano e R. Pamplona Fº, *Novo curso*, cit., v. 1, p. 145-88; Luiz Edson Fachin, Direitos da personalidade no Código Civil brasileiro: elementos para uma análise de índole constitucional da transmissibilidade, *Direito civil – direito patrimonial* e *direito existencial* (coord. Tartuce e Castilho), São Paulo, Método, 2006, p. 625-44; Giselle C. Groeninga, Os direitos da personalidade e o direito de ter uma personalidade, *Direito civil – direito patrimonial* e *direito existencial*, cit., p. 645-64; Tatiana A. V. Rodrigues, Os direitos da personalidade na concepção civil – constitucional, *Direito civil – direito patrimonial* e *direito existencial*, cit., p. 665-78; Mário Luiz Delgado, Direitos da personalidade nas relações de família, in *Família e dignidade humana*, Anais do V Congresso Brasileiro de Direito de Família (coord. R. Cunha Pereira), São Paulo, IOB Thomsom, 2006, p. 679; Anderson Schreiber, *Direitos da personalidade*, São Paulo, Atlas, 2011; Semy Glanz, Novos direitos da personalidade, *Revista Brasileira de Direito Comparado*, *43*:165 a 176; Gerson L. C. Branco, Autodeterminação e limitação negocial dos direitos da personalidade, *Revista Brasileira de Direito Comparado*, *44*:239-61; Roxana C. B. Borges, Interpretação dos contratos sobre direitos da personalidade, *Revista de direito civil contemporâneo*, n. 4, v. 11, 2017, p. 55 a 79. Anderson Schreiber, Tutela e limites aos direitos da personalidade: ontem, hoje e amanhã, *Direito civil – Diálogos entre a doutrina e a jurisprudência* (coord. Salomão e Tartuce), v. 2, São Paulo, Atlas, 2021, p. 77 a 106; Teixeira e Lopes, O *periculum in mora* reverso como garantia dos direitos da personalidade, *Revista Direitos Sociais e Políticas Públicas* (Unifafibe), v. 9, n. 1, 2021, p. 611-646. *Vide* Lei n. 4.319/64, que criou o Conselho de Defesa dos Direitos da Pessoa Humana. Mesmo a pessoa jurídica (CC, art. 52) tem direitos da personalidade, como o direito ao nome, à marca, à honra objetiva etc. Observa Michael R. Will (*Warentext und Werbung*, p. 67 e s.) que testes neutros de mercadoria podem ferir direitos da personalidade, como o nome da empresa, o *good will* (capacidade do estabelecimento de produzir lucros; qualidade do fundo de comércio, oriunda de condições objetivas, como local ou instalação, e subjetivas, como qualidade do titular e do pessoal) e a verba trabalhista referente à participação nos resultados obtidos pelo estabelecimento empresarial. Para acarretar responsabilidade civil por dano moral à pessoa jurídica, o fato lesivo e o dano eventual deverão ser comprovados (Enunciado n. 189 do Conselho da Justiça Federal, aprovado na III Jornada de Direito Civil). Mas neste item concentrar-nos-emos na questão dos direitos da personalidade da pessoa natural considerada em si mesma e em sua projeção social. *Vide* Decreto Legislativo italiano n. 196/2003.

Vide Lei n. 13.146/2015 (arts. 8º a 33, 63 a 73) sobre direitos da personalidade da pessoa portadora de deficiência.

tos, tendo por parâmetro a ideia de fraternidade universal. Na era medieval entendeu-se, embora implicitamente, que o homem constituía o fim do direito, pois a Carta Magna (séc. XIII), na Inglaterra, passou a admitir direitos próprios do ser humano. Mas foi a Declaração dos Direitos de 1789 que impulsionou a defesa dos direitos individuais e a valorização da pessoa humana e da liberdade do cidadão. Após a Segunda Guerra Mundial, diante das agressões causadas pelos governos totalitários à dignidade humana, tomou-se consciência da importância dos direitos da personalidade para o mundo jurídico, resguardando-os na Assembleia Geral da ONU de 1948, na Convenção Europeia de 1950 e no Pacto Internacional das Nações Unidas. Apesar disso, no âmbito do direito privado seu avanço tem sido muito lento, embora contemplados constitucionalmente. O Código Civil francês de 1804 os tutelou em rápidas pinceladas, sem defini-los. Não os contemplaram o Código Civil português de 1866 e o italiano de 1865. O Código Civil italiano de 1942 os prevê nos arts. 5º a 10; o atual Código Civil português, nos arts. 70 a 81, e o Código Civil brasileiro, nos arts. 11 a 21. Sua disciplina, no Brasil, tem sido dada por leis extravagantes e pela Constituição Federal de 1988, que com maior amplitude deles se ocupou, no art. 5º em vários incisos e ao dar-lhes, no inc. XLI, uma tutela genérica ao prescrever que a lei punirá qualquer discriminação atentatória dos direitos e liberdades fundamentais.

Somente em fins do século XX se pôde construir a dogmática dos direitos da personalidade, ante o redimensionamento da noção de respeito à dignidade da pessoa humana, consagrada no art. 1º, III, da CF/88. A importância desses direitos e a posição privilegiada que vem ocupando na Lei Maior são tão grandes que sua ofensa constitui elemento caracterizador de dano moral e patrimonial indenizável, provocando uma revolução na proteção jurídica pelo desenvolvimento de ações de responsabilidade civil e criminal; do mandado de segurança; do mandado de injunção; do *habeas corpus*; do *habeas data* etc. Com isso reconhece-se nos direitos da personalidade uma dupla dimensão: a axiológica, pela qual se materializam os valores fundamentais da pessoa, individual ou socialmente considerada, e a objetiva, pela qual consistem em direitos assegurados legal e constitucionalmente, vindo a restringir a atividade dos três poderes, que deverão protegê-los contra quaisquer abusos, solucionando problemas graves que possam advir com o progresso tecnológico, p. ex., conciliando a liberdade individual com a social.

Convém dizer algumas palavras sobre os direitos da personalidade.

Como pontifica Goffredo Telles Jr., a personalidade consiste no conjunto de caracteres próprios da pessoa[11]. A personalidade não é um direito,

---

11. G. Telles Jr., Direito subjetivo – I, in *Enciclopédia Saraiva do Direito*, v. 28, p. 315.

de modo que seria errôneo afirmar que o ser humano tem direito à personalidade. A personalidade é que apoia os direitos e deveres que dela irradiam[12], é objeto de direito, é o primeiro bem da pessoa, que lhe pertence como primeira utilidade, para que ela possa ser o que é, para sobreviver e se adaptar às condições do ambiente em que se encontra, servindo-lhe de critério para aferir, adquirir e ordenar outros bens[13].

O direito objetivo autoriza a pessoa a defender sua personalidade, de forma que, para Goffredo Telles Jr., os direitos da personalidade são os direitos subjetivos da pessoa de defender o que lhe é próprio, ou seja, a identidade, a liberdade, a sociabilidade, a reputação, a honra, a autoria etc. Por outras palavras, os direitos da personalidade são direitos comuns da existência, porque são simples permissões dadas pela norma jurídica, a cada pessoa, de defender um bem que a natureza lhe deu, de maneira primordial e direta[14]. A vida humana, p. ex., é um bem anterior ao direito, que a ordem jurídica deve respeitar. A vida não é uma concessão jurídico-estatal, nem tampouco um direito a uma pessoa sobre si mesma. Na verdade, o direito à vida é o *direito ao respeito à vida* do próprio titular e de todos. Logo, os direitos da personalidade são *direitos subjetivos "excludendi alios"*, ou seja,

---

12. Ruggiero e Maroi, *Istituzioni di diritto privato,* Milano, 1955, v. 1, § 35.

13. G. Telles Jr., Direito subjetivo, cit., p. 315; *Iniciação*, cit., p. 297-304.

14. G. Telles Jr., Direito subjetivo, in *Enciclopédia Saraiva do Direito,* v. 28, p. 315 e 316. R. Limongi França define os direitos da personalidade como "faculdades jurídicas cujo objeto são os diversos aspectos da própria pessoa do sujeito, bem assim as suas emanações e prolongamentos" (*Manual de direito civil,* 3. ed., Revista dos Tribunais, 1975, p. 403). Simón Carrejo (*Derecho civil*, Bogotá, Themis, 1972, t. 1, p. 299 e 1300) assevera: *"en el lenguaje jurídico actual la expresión 'derechos de la personalidad' tiene significado particular, referido a algunos derechos cuya función se relaciona de modo más directo con la persona humana, pues se dirigen a la preservación de sus más íntimos e imprescindibles intereses. En efecto, esos derechos constituyen un mínimo para asegurar los valores fundamentales del sujeto de derecho; sin ellos, la personalidad quedaría incompleta e imperfecta, y el individuo, sometido a la incertidumbre en cuanto a sus bienes jurídicos fundamentales... Puede decirse que los derechos de la personalidad son los derechos subjetivos de caráter privado y no patrimonial, primordiales y absolutos, a través de los cuales el ordenamiento reconoce y tutela los intereses básicos e inherentes a la persona en si misma considerada". Vide* Lei n. 8.069/90, que dispõe sobre a proteção integral à criança e ao adolescente, referindo-se aos seus direitos da personalidade nos arts. 1º a 18, 53 a 69; à prevenção da ocorrência de sua violação, nos arts. 70 a 97, e às medidas de sua proteção, nos arts. 98 e seguintes; Lei n. 9.610/98, sobre tutela aos direitos autorais; Lei n. 8.078/90, sobre a proteção aos direitos do consumidor (à vida, à integridade física etc.); CPP, art. 201, § 6º, com redação da Lei n. 11.690/2008, sobre a preservação da intimidade, vida privada, honra e imagem do ofendido, podendo, inclusive, determinar o segredo de justiça em relação aos dados, depoimentos e outras informações constantes dos autos a seu respeito para evitar sua exposição aos meios de comunicação.

direitos de exigir um comportamento negativo dos outros, protegendo um bem inato, valendo-se de ação judicial.

Os direitos da personalidade são absolutos, intransmissíveis, indisponíveis, irrenunciáveis, ilimitados, imprescritíveis, impenhoráveis e inexpropriáveis. São *absolutos,* ou de exclusão, por serem oponíveis *erga omnes,* por conterem, em si, um dever geral de abstenção. São *extrapatrimoniais* por serem insuscetíveis de aferição econômica, tanto que, se impossível for a reparação *in natura* ou a reposição do *statu quo ante,* a indenização pela sua lesão será pelo equivalente. São *intransmissíveis,* visto não poderem ser transferidos à esfera jurídica de outrem. Nascem e se extinguem *ope legis* com o seu titular, por serem dele inseparáveis. Deveras ninguém pode usufruir em nome de outra pessoa bens como a vida, a liberdade, a honra etc. São, em regra, *indisponíveis,* insuscetíveis de disposição, mas há temperamentos quanto a isso. Poder-se-á, p. ex., admitir sua disponibilidade em prol do interesse social; em relação ao direito da imagem, ninguém poderá recusar que sua foto fique estampada em documento de identidade. Pessoa famosa poderá explorar sua imagem na promoção de venda de produtos, mediante pagamento de uma remuneração convencionada. Nada obsta a que, em relação ao corpo, alguém, para atender a uma situação altruística e terapêutica, venha a ceder, gratuitamente, órgão ou tecido. Logo, os direitos da personalidade poderão ser objeto de contrato como, por exemplo, o de concessão ou licença para uso de imagem ou de marca (se pessoa jurídica); o de edição para divulgar uma obra ao público; o de *merchandising* para inserir em produtos uma criação intelectual, com o escopo de comercializá-la, colocando, p. ex., desenhos de Disney em alimentos infantis para despertar o desejo das crianças de adquiri-los, expandindo, assim, a publicidade do produto. Como se vê, a disponibilidade dos direitos da personalidade é relativa. São *irrenunciáveis* já que não poderão ultrapassar a esfera de seu titular. São *impenhoráveis* e *imprescritíveis,* não se extinguindo nem pelo uso, nem pela inércia na pretensão de defendê-los, e são insuscetíveis de penhora. Há quem ache que, diante da omissão legal, os direitos da personalidade são prescritíveis. Pondera Fábio Ulhoa Coelho que, "se o ofendido não promove a responsabilidade do ofensor dentro do prazo geral de prescrição, ele perde a oportunidade para defender seu direito da personalidade, do mesmo modo que perderia o de defender qualquer outro direito prescritível. Pretendendo sanar tal lacuna, o Projeto de Lei n. 699/2011 incluirá, como logo mais veremos, no rol dos caracteres dos direitos da personalidade, alterando a redação do art. 11, a imprescritibilidade.

O direito da personalidade é o direito da pessoa de defender o que lhe é próprio, como a vida, a identidade, a liberdade, a imagem, a privacidade, a honra etc. Pelo Enunciado 531 do CJF (aprovado na VI Jornada de Direito Civil), "a tutela da dignidade da pessoa humana na sociedade da informação inclui o direito ao esquecimento", permitindo, p. ex. ao ex-detento o direito de ressociabilização e reescrever sua história. É o direito subjetivo, convém repetir, de exigir um comportamento negativo de todos, protegendo um bem próprio, valendo-se de ação judicial. Como todos os direitos da personalidade são tutelados em cláusula pétrea constitucional, não se extinguem pelo seu não uso, nem seria possível impor prazos para sua aquisição ou defesa. Logo, se a pretensão for indenização civil por dano moral direto em razão de lesão a direito da personalidade (p. ex., integridade física ou psíquica, vida, imagem, liberdade de pensamento etc.), ter-se-á, na nossa opinião, a imprescritibilidade. Mas se a pretensão for a obtenção de uma reparação civil por dano patrimonial ou dano moral indireto, o prazo prescricional será de três anos (CC, art. 206, § 3º, V). Isto porque a prescrição alcança os *efeitos patrimoniais* de ações imprescritíveis, como as alusivas às pretensões oriundas de direito da personalidade.

Os direitos da personalidade são *necessários* e *inexpropriáveis,* pois, por serem inatos, adquiridos no instante da concepção, não podem ser retirados da pessoa enquanto ela viver por dizerem respeito à qualidade humana. Daí serem *vitalícios;* terminam, em regra, com o óbito do seu titular por serem indispensáveis enquanto viver, mas tal aniquilamento não é completo, uma vez que certos direitos sobrevivem. Deveras ao morto é devido respeito; sua imagem, sua honra e seu direito moral de autor são resguardados. São *ilimitados,* ante a impossibilidade de se imaginar um número fechado de direitos da personalidade. Não se resumem eles ao que foi arrolado normativamente, nem mesmo se poderá prever, no porvir, quais direitos da personalidade serão, diante das conquistas biotecnológicas e do progresso econômico-social, tipificados em norma. Apesar de apresentar todos esses caracteres, o art. 11 do Código Civil apenas reconhece expressamente dois deles, ao prescrever: "Com exceção dos casos previstos em lei, os direitos da personalidade são intransmissíveis e irrenunciáveis, não podendo o seu exercício sofrer limitação voluntária". Mas, pelo Enunciado n. 4, aprovado na Jornada de Direito Civil, promovida pelo Centro de Estudos Judiciários do Conselho da Justiça Federal, tal limitação seria possível desde que não seja permanente, nem geral. E, implicitamente, admite sua relativa disponibilidade, no art. 13, ao admitir doação de órgãos ou tecidos para fins terapêuticos e de transplante desde que não venha a lesar permanentemente a integridade física do doador, e sua vitaliciedade, ao prever, no art. 12, a possibilidade de reclamar perdas e danos por lesão a direito de personalidade do morto pelo seu cônjuge sobrevivente e parentes[15]; "os direitos da personalidade podem sofrer limitações, ainda que não especificamente previstas em lei, não podendo ser exercidos com abuso de direito de seu titular, contrariamente à boa-fé objetiva e aos bons costumes" (Enunciado n. 139 do Conselho de Justiça Federal, aprovado na III Jornada de Direito Civil de 2004).

Mais abrangente será a redação proposta pelo Projeto de Lei n. 699/2011 ao art. 11, com acréscimo de um parágrafo único:

"O direito à vida, à integridade físico-psíquica, à identidade, à honra, à imagem, à liberdade, à privacidade, à opção sexual e outros reconhecidos à pessoa são natos, absolutos, intransmissíveis, indisponíveis, irrenunciáveis, ilimitados, imprescritíveis, impenhoráveis e inexpropriáveis.

Parágrafo único. Com exceção dos casos previstos em lei, não pode o exercício dos direitos da personalidade sofrer limitação voluntária".

Sem embargo disso, o Parecer Vicente Arruda não acatou essa proposta ao comentar o Projeto de Lei n. 6.960/2002 (hoje substituído pelo PL n. 699/2011), argumentando: "A existência de um capítulo expresso relativo

---

15. Pelo Enunciado 532 do CJF (aprovado na VI Jornada de Direito Civil), "é permitida a disposição gratuita do próprio corpo com objetivos exclusivamente científicos, nos termos dos arts. 11 e 13 do Código Civil". Orlando Gomes, Os direitos da personalidade – coordenadas fundamentais, *Revista do Advogado*, São Paulo, Bol. AASP, n. 38, 1992, p. 5-13; *Introdução ao direito civil*, 3. ed., Rio de Janeiro, Forense, 1971, p. 143; Adriano de Cupis, *Os direitos da personalidade*, Lisboa, Livr. Morais, 1961, p. 44 e s.; Arturo de Valencia Zea, *Derecho civil*; parte general, 6. ed., Bogotá, Themis, t. 1, p. 459 e 460; Carbonnier, *Droit civil*, Paris, PUF, 1969, v. 1, p. 247; Antônio Chaves, *Lições de direito civil*; parte geral, São Paulo, Bushatsky, 1972, v. 3, p. 168; Fábio Maria de Mattia, Direitos de personalidade – II, in *Enciclopédia Saraiva do Direito*, v. 28, p. 155-8, e Direitos da personalidade: aspectos gerais, *Revista de Direito Civil Imobiliário, Agrário e Empresarial*, 1978, n. 3, p. 40 e 41; Marcelo de Carvalho Bottallo, Os direitos da personalidade e a Constituição de 1988, *Revista do Advogado, 38*:45; Edson Ferreira da Silva, Direitos da personalidade – os direitos da personalidade são inatos?, *RT, 694*:21; Carlos Alberto Bittar, *Os direitos da personalidade*, Rio de Janeiro, Forense, 1995; Gilberto Haddad Jabur, *Liberdade de pensamento e direito à vida privada*, São Paulo, Revista dos Tribunais, 2000, p. 27-128; Capelo de Sousa, *O direito geral da personalidade*, Coimbra, 1995; Tobeñas, *Los derechos de la personalidad*, Madrid, 1952; Lindon, *Les droits de la personalité*, Paris, Dalloz, 1983; Beignier, *Le droit de la personalité*, Paris, PUF, 1992; Perlingieri, *La personalità umana nell'ordinamento giuridico*, 1972; Danilo Doneda, Os direitos da personalidade no novo Código Civil, *A parte geral no novo Código Civil* (coord. Tepedino), Rio de Janeiro, Renovar, 2002, p. 35-58; Fábio Ulhoa Coelho, *Curso*, cit., v. 1, p. 182; Fernando Dias Menezes de Almeida, *Liberdade de reunião*, São Paulo, Max Limonad, 2002; Francisco Amaral, *Direito civil – introdução*, Rio de Janeiro, Renovar, 2000, p. 248; Adriana C. do R. Freitas Dabus Maluf, Direito da personalidade no novo Código Civil e os elementos genéticos para a identidade da pessoa humana, *Novo Código Civil – questões controvertidas* (coord. Mário Luiz Delgado e Jones Figueirêdo Alves), São Paulo, Método, 2003, p. 45-90; Semy Glanz, Novos direitos da personalidade, *Revista Brasileira de Direito Comparado*, n. 38, p. 79 a 88. Sobre uso de cadáver não reclamado para fins de estudo e pesquisa científica: Lei n. 8.501/92.

aos direitos da personalidade constitui uma inovação do novo diploma civil, na esteira das previsões constitucionais sobre a matéria, mormente as contidas no art. 5º da Carta Política. A proposta do alargamento redacional desse dispositivo parece demasiada, mesmo porque a lei não deve conter palavras inúteis ou ser supérflua a ponto de tornar-se doutrinária. O alargamento, mesmo se fosse aceito, deveria ser exemplificativo para não fechar o rol dos direitos da personalidade, que são todos aqueles inerentes à pessoa. Além disso, a ressalva dos casos previstos em lei refere-se às qualidades dos direitos da personalidade, propriamente ditos, e não à limitação voluntária do seu exercício".

R. Limongi França apresentou, cientificamente, a estrutura da especificação e classificação dos direitos da personalidade[16], assim formulada: os direitos da personalidade são direitos de defender: 1) a *integridade física*: a vida, os alimentos, o próprio corpo vivo ou morto, o corpo alheio vivo ou morto, as partes separadas do corpo vivo ou morto (CF, art. 199, § 4º; Lei n. 9.434/97 e Dec. n. 9.175/2017, que a regulamenta; CC, arts. 13, 14 e 15; Lei n. 8.069/90, art. 33, § 4º, acrescentado pela Lei n. 12.010/2009; Portaria n. 1.376/93 do Ministério da Saúde); 2) a *integridade intelectual*: a liberdade de pensamento (*RT, 210*:411, *401*:409), a autoria científica, artística, literária; 3) a *integridade moral*: a liberdade civil, política e religiosa, a honra (*RF, 63*:174, *67*:217, *85*:483), a honorificência, o recato, o segredo pessoal, doméstico e profissional (*RT, 330*:809, *339*:518, *521*:513, *523*:438, *567*:305; CC, art. 21), a imagem (*RT, 570*:177, *576*:249, *600*:69, *623*:61; CC, art. 20) e a identidade pessoal (CC, arts. 16, 17, 18 e 19), familiar e social.

Quanto ao critério dos *aspectos fundamentais da personalidade*, apresenta-os Limongi França de acordo com a seguinte divisão: 1) *direito à integridade física*: 1.1) *Direito à vida*: *a*) à concepção e à descendência (gene artificial, insemi-

---

16. R. Limongi França, *Manual*, cit., p. 411; Coordenadas fundamentais dos direitos da personalidade, *RT, 567*:9; João Gualberto de Oliveira, *O transplante dos órgãos humanos à luz do direito*, São Paulo, 1970; Maria Helena Diniz, *O estado atual do biodireito*, São Paulo, Saraiva, 2003, p. 249-316; Javier Lozano y Romen, *Autonomía del transplante humano*, México, 1969; Jones F. Alves e Mário Luiz Delgado, *Código Civil anotado*, São Paulo, Método, 2004, p. 27.

Sobre o direito à vida: Maria Helena Diniz, *Curso*, cit., v. 7, p. 135 e s.; *O estado atual do biodireito*, São Paulo, Saraiva, 2003, p. 21-112.

Para Raphael de Barros Monteiro Filho e Ronaldo de Barros Monteiro (*Comentários ao novo Código Civil*, coord. Sálvio de Figueiredo Teixeira, Forense, v. 1, 2010, art. 13), a circuncisão e a perfuração de orelhas para uso de brincos constituem atos não atentatórios à integridade física. As tatuagens e *piercings*, por serem modismos e afetarem a expressão corporal da pessoa, não deveriam ser praticados por serem uma agressão à pele, que é o órgão de defesa do organismo humano. As tatuagens e as perfurações de pele para colocação de ornamentos pela Lei estadual paulista n. 9.828/97, art. 1º, estão proibidas se realizadas em menores.

nação artificial, inseminação de proveta etc.); *b*) ao nascimento (aborto); *c*) ao leite materno; *d*) ao planejamento familiar (limitação de filhos, esterilização masculina e feminina, pílulas e suas consequências); *e*) à proteção do menor (pela família e sociedade); *f*) à alimentação; *g*) à habitação; *h*) à educação; *i*) ao trabalho; *j*) ao transporte adequado; *k*) à segurança física; *l*) ao aspecto físico da estética humana; *m*) à proteção médica e hospitalar; *n*) ao meio ambiente ecológico; *o*) ao sossego; *p*) ao lazer; *q*) ao desenvolvimento vocacional profissional; *r*) ao desenvolvimento vocacional artístico; *s*) à liberdade; *t*) ao prolongamento artificial da vida; *u*) à reanimação; *v*) à velhice digna; *w*) relativos ao problema da eutanásia. 1.2) *Direito ao corpo vivo*: *a*) ao espermatozoide e ao óvulo; *b*) ao uso do útero para procriação alheia; *c*) ao exame médico; *d*) à transfusão de sangue; *e*) à alienação de sangue; *f*) ao transplante; *g*) relativos a experiência científica; *h*) ao transexualismo; *i*) relativos à mudança artificial do sexo; *j*) ao débito conjugal; *k*) à liberdade física; *l*) ao "passe" esportivo. 1.3) *Direito ao corpo morto*: *a*) ao sepulcro; *b*) à cremação; *c*) à utilização científica; *d*) relativos ao transplante; *e*) ao culto religioso. 2) *Direito à integridade intelectual*: *a*) à liberdade de pensamento; *b*) de autor; *c*) de inventor; *d*) de esportista; *e*) de esportista participante de espetáculo público. 3) *Direito à integridade moral*: *a*) à liberdade civil, política e religiosa; *b*) à segurança moral; *c*) à honra; *d*) à honorificência; *e*) ao recato; *f*) à intimidade; *g*) à imagem; *h*) ao aspecto moral da estética humana; *i*) ao segredo pessoal, doméstico, profissional, político e religioso; *j*) à identidade pessoal, familiar e social (profissional, política e religiosa); *k*) à identidade sexual; *l*) ao nome; *m*) ao título; *n*) ao pseudônimo.

Apesar da grande importância dos direitos da personalidade, o Código Civil, mesmo tendo dedicado a eles um capítulo, pouco desenvolveu sobre tão relevante temática, embora, com o objetivo primordial de preservar o respeito à pessoa e aos direitos protegidos constitucionalmente, não tenha assumido o risco de uma enumeração taxativa prevendo em poucas normas a proteção de certos direitos inerentes ao ser humano, talvez para que haja, posteriormente, desenvolvimento jurisprudencial e doutrinário e regulamentação por normas especiais.

Assim no art. 13 e parágrafo único previu o direito de disposição de partes, separadas do próprio corpo em vida para fins de transplante, ao prescrever que, "salvo por exigência médica, é defeso o ato de disposição do próprio corpo, quando importar diminuição permanente da integridade física, ou contrariar os bons costumes. O ato previsto neste artigo será admitido para fins de transplante, na forma estabelecida em lei especial".

O direito ao próprio corpo é indisponível se conducente à diminuição permanente da integridade física, a não ser que a extração de órgãos, tecidos ou membros seja necessária, por exigência médica, para resguardar a vida ou a saúde, p. ex. amputação de perna gangrenada.

Estando em consonância com a Lei n. 9.434/97 (art. 9º, §§ 3º a 8º), regulamentada pelo Decreto n. 9.175/2017 (arts. 27 a 31), prevê a doação voluntária (CF, art. 199, § 4º), feita por escrito e na presença de testemunhas, por pessoa juridicamente capaz, de tecidos, órgão e parte do próprio corpo vivo para efetivação em vida do doador de transplante ou tratamento, comprovada a necessidade terapêutica do receptor consorte, parente consanguíneo até o 4º grau ou qualquer pessoa inscrita na lista única de espera, mediante autorização judicial, salvo o caso de medula óssea. Essa doação apenas é permitida em caso de órgãos duplos (rins), partes recuperáveis e regeneráveis de órgão (fígado) ou tecido (pele, medula óssea), cuja remoção não traga risco para a integridade física do doador, nem comprometa suas aptidões vitais e saúde mental, nem lhe provoque deformação ou mutilação (Lei n. 9.434/97, art. 9º, §§ 3º e 4º). As operações de mudança de sexo em transexual, em princípio, eram proibidas por acarretarem mutilação, esterilidade, perda de função sexual orgânica. Mas lícitas são as intervenções cirúrgicas para corrigir anomalias nas genitálias de intersexuais, bem como a retirada de órgãos e amputação de membros para salvar a vida do próprio paciente. Só por exigência médica será possível a supressão de partes do corpo humano para preservação da vida ou da saúde sexual do paciente. Reforça tal ideia o Enunciado n. 6, aprovado na Jornada de Direito Civil, promovida pelo Centro de Estudos Judiciários do Conselho da Justiça Federal (CJF), que assim dispõe: "A expressão exigência médica, contida no art. 13, refere-se tanto ao bem-estar físico quanto ao bem-estar psíquico do disponente". E o Conselho da Justiça Federal no Enunciado n. 276 (aprovado na IV Jornada de Direito Civil) esclarece: "O art. 13 do Código Civil, ao permitir a disposição do próprio corpo por exigência médica, autoriza as cirurgias de transgenitalização, em conformidade com os procedimentos estabelecidos pelo Conselho Federal de Medicina, e a consequente alteração do prenome e do sexo no Registro Civil". E pelo Enunciado n. 401 do CJF, aprovado na V Jornada de Direito Civil: "Não contraria os bons costumes a cessão gratuita de direitos de uso de material biológico para fins de pesquisa científica, desde que a manifestação da vontade tenha sido livre e esclarecida e puder ser revogada a qualquer tempo conforme as normas éticas que regem a pesquisa científica e o respeito aos direitos fundamentais". Pela Lei n. 13.146/2015: "Art. 12. O consentimento prévio, livre e esclarecido da pessoa com deficiência é indispensável para a realização de tratamento, procedimento, hospitalização e pesquisa científica. § 1º Em caso de pessoa com deficiência em situação de curatela, deve ser assegurada sua participação, no maior grau possível, para a obtenção de consentimento. § 2º A pesquisa científica envolvendo pessoa com deficiência em situação de tutela ou de curatela deve ser realizada, em caráter excepcional, apenas quando houver indícios de benefício direto para sua saúde ou para a saúde de outras pessoas com deficiência e desde que não haja outra opção de pesquisa de eficácia comparável com participantes não tutelados ou curatelados".

Razoável é tal disposição legal, pois não se pode exigir que alguém se sacrifique em benefício de terceiro. P. ex., ninguém pode admitir a retirada de córnea de pessoa viva para fins de transplante, por causar grave mutilação. Além disso, pela lei, a gestante somente poderá dispor de tecido para ser usado em transplante de medula óssea, desde que tal ato não afete sua saúde e a do feto (art. 9º, § 7º). Aquele que for *incapaz*, com compatibilidade imunológica comprovada, pode doar, havendo consenso de seus pais ou do representante legal, dispensando-se hoje autorização judicial, em caso de transplante de medula óssea, que não venha a lesar sua saúde (Lei n. 9.434/97, art. 9º, § 6º). O ato de disposição de órgão e tecido em vida do doador é revogável por ele ou pelo seu responsável legal, a qualquer tempo, antes de sua concretização (Lei n. 9.434/97, art. 9º, § 5º), ou seja, antes da intervenção cirúrgica. Isto é assim porque não se pode admitir execução coativa, uma vez que é inadmissível, juridicamente, impor a alguém a obrigação de dispor de sua integridade física.

O autotransplante pode dar-se com a anuência da própria pessoa, ou, se ela for incapaz, de seus pais ou responsável legal (Lei n. 9.434/97, art. 9º, § 8º).

É preciso, ainda, que, antes do transplante ou enxerto, haja expresso consentimento do receptor, ou de seu representante legal, se incapaz, devidamente instruído, em termos compreensíveis, da excepcionalidade da medida e dos riscos que podem advir (Lei n. 9.434/97, art. 10 e parágrafos; Dec. n. 9.175/2017, art. 32, §§ 1º a 3º). Tal se dá porque ninguém pode ser constrangido a submeter-se a um tratamento médico ou intervenção cirúrgica com risco de vida (CC, art. 15). E o CJF, no Enunciado 533 (aprovado na VI Jornada de Direito Civil), entendeu que "o paciente plenamente capaz poderá deliberar sobre todos os aspectos concernentes a tratamento médico que possa lhe causar risco de vida, seja imediato ou mediato, salvo as situações de emergência ou no curso de procedimentos médicos cirúrgicos que não possam ser interrompidos".

Pela Lei n. 13.146/2015: "Art. 11. A pessoa com deficiência não poderá ser obrigada a se submeter a intervenção clínica ou cirúrgica, a tratamento ou a institucionalização forçada. Parágrafo único. O consentimento da pessoa com deficiência em situação de curatela poderá ser suprido, na forma da lei. (...) Art. 13. A pessoa com deficiência somente será atendida sem seu consentimento prévio, livre e esclarecido em casos de risco de morte e de emergência em saúde, resguardado seu superior interesse e adotadas as salvaguardas legais cabíveis".

O profissional da saúde deve, ante o princípio da autonomia, respeitar a vontade do paciente, ou de seu representante, se incapaz. Daí a exigência do consentimento livre e informado. Imprescindível será a informação detalhada sobre seu estado de saúde e o tratamento a ser seguido, para que tome decisão sobre a terapia a ser empregada. A prática médica, em razão do princípio da beneficência, deve buscar o bem-estar do paciente, evitando, na medida do possível, quaisquer danos e risco de vida. Só se pode usar tratamento ou cirurgia para o bem do enfermo. Há, ainda, em virtude do princípio da não maleficência, obrigação de não acarretar dano ao paciente, e, havendo recusa, p. ex., em razão de religião à transfusão de sangue, o médico deve tentar tratamento alternativo. Se entre os direitos à vida e à liberdade de religião apresentar-se uma situação que venha a colocá-los em xeque, de tal sorte que apenas um deles possa ser atendido, ter-se-á a incidência absoluta do princípio do primado do direito mais relevante, que é, indubitavelmente, o à vida. Já pelo Enunciado n. 274 do Conselho da Justiça Federal (aprovado na IV Jornada de Direito Civil): "Os direitos da personalidade, regulados de maneira não exaustiva pelo Código Civil, são expressões da cláusula geral de tutela da pessoa humana, contida no art. 1º, III, da Constituição (princípio da dignidade da pessoa humana). Em caso de colisão entre eles, como nenhum pode sobrelevar os demais, deve-se aplicar a técnica da ponderação". Por essa razão qualquer ofensa ao direito constitucional da liberdade religiosa, ainda que sem o consenso do paciente ou de seus familiares, não entra na categoria dos atos ilícitos. A extração de sangue feita sem a anuência da pessoa é tida como lesão, e a própria transfusão de sangue só é permitida com o consenso do paciente, desde que não haja perigo de vida. Deveras, como a vida é o bem mais precioso, que se sobrepõe a todos, entre ela e a liberdade religiosa do paciente, deverá ser a escolhida, por ser anterior a qualquer consentimento do doente ou de seus familiares. O sacrifício de consciência é um bem menor do que o sacrifício eventual de uma vida. Os valores considerados socialmente importantes e os essenciais à comunidade nacional e internacional são diretrizes ou limites à manifestação da objeção de consciência. Ilegítima é a objeção de consciência sempre que estiver em jogo a vida de uma pessoa e a saúde pública. É direito básico do paciente não ser constrangido a submeter-se, com risco de vida, a terapia ou cirurgia e, ainda, não aceitar a continuidade terapêutica. Logo, não se poderá impor ao segurado a realização de uma cirurgia de risco, buscando sua cura, para livrar a seguradora do pagamento da indenização devida, por ter assumido o risco da ocorrência da sua morte. A lei, portanto, privilegia o direito à vida, que deve nortear a ação do profissional da saúde.

As cirurgias plásticas, corretiva ou estética, são permitidas legalmente, gerando, a primeira, responsabilidade civil subjetiva do médico, por haver obrigação de meio, e a segunda, responsabilidade objetiva, visto que assume obrigação de resultado.

Está legalmente proibida a mercantilização do corpo humano que provoque diminuição permanente da integridade física ou que contrarie os bons costumes (p. ex., disposição onerosa de órgãos e tecidos humanos, prostituição, magia negra, prática sadomasoquista etc.).

Segundo o Enunciado 646 da IX Jornada de Direito Civil: "a exigência de autorização de cônjuges ou companheiros, para utilização de métodos contraceptivos invasivos, viola o direito à disposição do próprio corpo".

No art. 14 e parágrafo único o Código Civil dispõe: "É válida, com objetivo científico, ou altruístico, a disposição gratuita do próprio corpo, no todo ou em parte, para depois da morte. O ato de disposição pode ser livremente revogado a qualquer tempo". Rege a disposição gratuita e a remoção de órgãos, tecidos e partes do corpo humano *post mortem* para fins de transplante em paciente com doença progressiva ou incapacitante irreversível por outras técnicas terapêuticas (Lei n. 9.434/97, art. 1º; Dec. n. 9.175/2017, arts. 17 a 19). Essa técnica terapêutica só pode ser levada a efeito por estabelecimento de saúde, público ou privado, e por equipes médico-cirúrgicas de remoção e transplante previamente autorizadas pelo órgão de gestão nacional do Sistema Único de Saúde, depois da realização, no doador, de todos os testes de triagem para diagnóstico de infecção e infestação exigidos por normas regulamentares expedidas pelo Ministério da Saúde (Lei n. 9.434, art. 2º e parágrafo único; Dec. n. 9.175/2017, arts. 11 a 14). A retirada *post mortem* de seus órgãos, tecidos ou partes de seu corpo para fins terapêuticos ou de transplante deverá ser precedida de diagnóstico de morte encefálica, baseado em critérios clínicos definidos por resolução do Conselho Federal de Medicina (Lei n. 9.434/97, art. 3º). Tal morte deverá ser constatada, com prudência e segurança, por dois médicos não participantes das equipes de remoção e transplante, admitindo-se, para tanto, a presença de médico de confiança da família do falecido (Lei n. 9.434/97, art. 3º, § 3º). Exige-se, portanto, a prova incontestável da morte, mediante declaração médica da cessação da atividade encefálica, embora a pulmonar e a cardiovascular se mantenham por processos artificiais. A retirada de tecidos, órgãos e partes do corpo do falecido, que nada dispôs sobre isso, dependerá da autorização de qualquer parente maior, da linha reta ou colateral até o 2º grau, ou do cônjuge sobrevivente, firmada em documento subscrito por duas testemunhas presentes à verificação da morte (Lei n. 9.434/97, art. 4º, com alterações da Lei n. 10.211/2001). Em se tratando de pessoa falecida juridicamente incapaz, a remoção de seus órgãos e tecidos apenas poderá ser levada a efeito se houver anuência expressa de ambos os pais ou por seu representante legal (Lei n. 9.434/97, art. 5º). E se o corpo for de pessoa não identificada, proibida está a remoção *post mortem* de seus órgãos e tecidos (Lei n. 9.434/97, art. 6º). Se houver morte sem assistência médica ou resultante de causa mal definida ou de situação que requeira verificação da causa médica da morte, a retirada de órgão ou tecido do cadáver para fins de transplante ou tratamento deverá ser precedida de autorização do patologista do serviço de verificação de óbito responsável pela investigação e citada em relatório de necropsia (parágrafo único do art. 7º da Lei n. 9.434/97). É preciso, ainda, que após a remoção de partes do corpo, o cadáver seja condignamente recomposto e entregue a seus familiares ou responsáveis legais para sepultamento (Lei n. 9.434/97, art. 8º, e Dec. n. 9.175/2017, art. 26).

Pelo art. 14 e parágrafo único do Código Civil, nítida é a consagração do *princípio do consenso afirmativo*, pelo qual cada um deve manifestar, em escritura pública ou em testamento, sua vontade de doar seus órgãos e tecidos para depois de sua morte, com objetivo científico (p. ex., estudo da anatomia humana em universidades) ou terapêuticos (transplante de órgãos e tecidos), tendo o direito de, a qualquer tempo, revogar livremente essa doação *post mortem*.

Se, porventura, os parentes do doador falecido vierem a se opor à retirada de órgãos e tecidos, o beneficiado poderá fazer uso das tutelas judiciais de urgência.

"O art. 14 do Código Civil, ao afirmar a validade da disposição gratuita do próprio corpo, com objetivo científico ou altruístico, para depois da morte, determinou que a manifestação expressa do doador de órgãos em vida prevalece sobre a vontade dos familiares, portanto, a aplicação do art. 4º da Lei n. 9.434/97 ficou restrita à hipótese de silêncio do potencial doador" (Enunciado n. 277 do CJF, aprovado na IV Jornada de Direito Civil).

Fácil é perceber que se protege não só a integridade física, ou melhor, os direitos sobre o próprio corpo vivo ou morto, defendendo-o contra o poder de sua disposição, salvo se feita gratuitamente para fins científicos ou terapêuticos e desde que não lese, se levada a efeito, a vida do doador e não ofenda os bons costumes, mas também a inviolabilidade do corpo humano, pois ninguém pode ser constrangido a submeter-se, com risco de vida, a tratamento médico ou intervenção cirúrgica (CC, art. 15). Daí a importância da informação detalhada sobre seu estado de saúde e o tratamento a ser seguido, para que possa dar, ou não, o seu consentimento livre e esclarecido. Se não puder dar seu consenso, tal informação deverá ser dada a seu representante legal ou a algum de seus familiares, para que tome decisão sobre a terapia a ser empregada.

"O art. 14, parágrafo único, do Código Civil, fundado no consentimento informado, não dispensa o consentimento dos adolescentes para a doação de medula óssea prevista no art. 9º, § 6º, da Lei n. 9.434/97 por aplicação analógica dos arts. 28, § 2º (alterado pela Lei n. 12.010/2009), e 45, § 2º, do ECA" (Enunciado n. 402 do CJF, aprovado na V Jornada de Direito Civil).

Pelo Enunciado n. 403 do CJF, aprovado na V Jornada de Direito Civil, "o direito à inviolabilidade de consciência e de crença, previsto no art. 5º, VI, da Constituição Federal, aplica-se também à pessoa que se nega a tratamento médico, inclusive transfusão de sangue, com ou sem risco de morte, em razão do tratamento ou da falta dele, desde que observados os seguintes critérios: *a*) capacidade civil plena, excluído o suprimento pelo representante ou assistente; *b*) manifestação de vontade livre, consciente e informada; e *c*) oposição que diga respeito exclusivamente à própia pessoa do declarante".

"É válida a declaração de vontade expressa em documento autêntico, também chamado 'testamento vital', em que a pessoa estabelece disposições sobre o tipo de tratamento de saúde, ou não tratamento, que deseja no caso de se encontrar sem condições de manifestar a sua vontade" (Enunciado n. 528 do CJF, aprovado na V Jornada de Direito Civil – *vide* Portaria CFM n. 1995/2012).

É direito do paciente a recusa de algum tratamento ou não aceitação de continuidade terapêutica nos casos incuráveis ou de sofrimento atroz ou, ainda, que possa trazer risco de vida.

Nos arts. 16 a 19 tutela o Código Civil o direito ao nome contra atentados de terceiros, tendo-se em vista que ele integra a personalidade, por ser o sinal exterior pelo qual se individualiza a pessoa, identificando-a na família e na sociedade. Reprime-se abuso cometido por alguém que o exponha inclusive em publicações ou representações (*RT*, *778*:225, *779*:249; Súmula STJ n. 221) ao desprezo público ou ao ridículo, violando a respeitabilidade de seu titular, mesmo que não haja intenção de difamar, por atingir sua boa reputação, moral e profissional, no seio da coletividade (honra objetiva), acarretando dano moral ou patrimonial, suscetível de reparação, mediante supressão de uso impróprio ou indevido do nome ou indenização pecuniária. Pelo art. 18 vedada está a utilização de nome alheio, sem a devida autorização, em propaganda comercial. "A publicidade que venha a divulgar, sem autorização, qualidades inerentes a determinada pessoa, ainda que sem mencionar seu nome, mas sendo capaz de identificá-la, constitui violação a direito da personalidade" (Enunciado n. 278 do CJF, aprovado na IV Jornada de Direito Civil). Configurado está o dano moral se se usar nome de pessoa aprovada em 1º lugar em vestibular como se fosse aluna de estabelecimento de ensino para fins de propaganda, com o escopo de captar novos alunos (TJRJ, Ap. 2006.001.00538, rel Des. Simone Gastesi Chevrand, j. 7-3-2006). Protege-se também o pseudônimo que é adotado por escritores (George Sand), pintores (Di Cavalcanti), artistas (Sílvio Santos) e não pode ser usado sem autorização de seu titular, sob pena de perdas e danos (CC, art. 19; *RJTJSP, 232*:234; *RT, 823*:190). O art. 19 também alcança a heteronimia, na lição de Gustavo Tepedino, Heloísa Helena Barboza e Maria Celina Bodin de Moraes, quando se usam, para fins lícitos, alternadamente, nome e pseudônimo, como fazia Fernando Pessoa, que assinava seus poemas não só em seu nome mas também por meio de heterônimos, como Álvaro de Campos, Alberto Caeiro, Ricardo Reis etc.

O art. 20 e parágrafo único do Código Civil tutela o *direito à imagem* e os direitos a ele conexos, ao prescrever que: "salvo se autorizadas, ou se necessárias à administração da justiça ou à manutenção da ordem pública, a divulgação de escritos, a transmissão da palavra, ou a publicação, a exposição ou a utilização da imagem de uma pessoa poderão ser proibidas, a seu requerimento e sem prejuízo da indenização que couber, se lhe atingirem a honra, a boa fama ou a respeitabilidade, ou se se destinarem a fins comerciais. Em se tratando de morto ou de ausente, são partes legítimas para requerer essa proteção o cônjuge, os ascendentes ou os descendentes". Há proteção à imagem e à honra em vida ou *post mortem*, seja ela atingida por qualquer meio de comunicação. A esse respeito, na Jornada de Direito Civil, promovida pelo Centro de Estudos Judiciários do Conselho da Justiça Federal, aprovou-se o Enunciado n. 5, que assim reza: "As disposições do art. 12 têm caráter geral e aplicam-se inclusive às situações previstas no art. 20, excepcionados os casos expressos de legitimidade para requerer as medidas nele estabelecidas; as disposições do art. 20 do novo Código Civil têm a finalidade específica de regrar a projeção dos bens personalíssimos nas situações nele enumeradas. Com exceção dos casos expressos de legitimação que se conformem com a tipificação preconizada nessa norma, a ela podem ser aplicadas subsidiariamente as regras instituídas no art. 12". E, na IV Jornada de Direito Civil, ficou, pelo Enunciado n. 279 do CJF, deliberado que "a proteção à imagem deve ser ponderada com outros interesses constitucionalmente tutelados, especialmente em face do direito de amplo acesso à informação e da liberdade de imprensa. Em caso de colisão, levar-se-á em conta a notoriedade do retratado e dos fatos abordados bem como a veracidade destes e, ainda, as características de sua utilização (comercial, informativa, biográfica), privilegiando-se medidas que não restrinjam a divulgação de informações".

A esse respeito, já se decidiu que: "1. A responsabilidade civil decorrente de abusos perpetrados por meio da imprensa abrange a colisão de dois direitos fundamentais: a liberdade de informação e a tutela dos direitos da personalidade (honra, imagem e vida privada). A atividade jornalística deve ser livre para informar a sociedade acerca de fatos cotidianos de interesse público, em observância ao princípio constitucional do Estado Democrático de Direito; contudo, o direito de informação não é absoluto, vedando-se a divulgação de notícias falaciosas, que exponham indevidamente a intimidade ou acarretem danos à honra e à imagem dos indivíduos, em ofensa ao fundamento constitucional da dignidade da pessoa humana. 2. No que pertine à responsabilidade pelo dano cometido através da imprensa, o Tribunal *a quo*, ao apreciar as circunstâncias fático-probatórias, entendeu pela caracterização do dano moral, assentando que o recorrente abusou do direito de transmitir informações através da imprensa. Maiores digressões sobre o tema implicariam o reexame da matéria probatória, medida absolutamente vedada na via estreita do recurso especial, a teor da Súmula 07 desta Corte. Precedentes. 3. No que se refere à reparação por danos morais, tem-se que o valor arbitrado judicialmente não escapa ao controle do STJ, conforme remansosa jurisprudência desta Corte. Precedentes. 4. A lesão a direitos de natureza moral merece ser rechaçada mediante a fixação de indenização que repare efetivamente o dano sofrido, notadamente quando se trate de autoridade pública ocupante de cargo relevante na estrutura do Poder Judiciário Estadual, de modo que o patamar mantido pelo Tribunal *a quo* merece ser prestigiado. Precedentes" (STJ, REsp 818.764/ES, rel. Min. Jorge Scartezzini, Quarta Turma, j. 15-2-2007, *DJ*, 12-3-2007, p. 250).

A imagem-retrato é a representação física da pessoa, como um todo ou em partes separadas do corpo (nariz, olhos, sorriso etc.) desde que identificáveis, implicando o reconhecimento de seu titular, por meio de fotografia, escultura, desenho, pintura, interpretação dramática, cinematografia, televisão, *sites* etc., que requer autorização do retratado (CF, art. 5º, X). A imagem-atributo é o conjunto de caracteres ou qualidades cultivados pela pessoa, reconhecidos socialmente (CF, art. 5º, V), como habilidade, competência, lealdade, pontualidade etc. A imagem abrange também a reprodução, romanceada em livro, filme, ou novela, da vida de pessoa de notoriedade.

O direito à imagem é o de ninguém ver sua efígie exposta em público ou mercantilizada sem seu consenso e o de não ter sua personalidade alterada material ou intelectualmente, causando dano à sua reputação. Abrange o direito: à própria imagem; ao uso ou à difusão da imagem; à imagem das coisas próprias e à imagem em coisas ou em publicações; de obter imagem ou de consentir em sua captação por qualquer meio tecnológico (*RT*, *464*:226, *497*:88, *512*:262, *518*:210, *519*:83, *521*:112, *536*:98, *576*:249, *600*:69 e *623*:61; Súmula do STF, n. 403).

O direito à imagem é autônomo, não precisando estar em conjunto com a intimidade, a identidade, a honra etc., embora possam estar, em certos casos, tais bens a ele conexos, mas isso não faz com que sejam partes integrantes um do outro. Deveras, pode-se ofender a imagem sem atingir a intimidade ou a honra. A imagem é a individualização figurativa da pessoa, autorizando qualquer oposição contra adulteração da identidade pessoal, divulgação indevida e vulgar indiscrição, gerando o dever de reparar dano moral e patrimonial que advier desse ato. Não se pode negar que o direito à privacidade ou à intimidade é um dos fundamentos basilares do direito à imagem, visto que seu titular pode escolher como, onde e quando pretende que sua representação externa (imagem-retrato) ou sua imagem-atributo seja difundida. Essa é a razão pela qual o art. 20 do Código Civil requer *autorização* não só para divulgar escrito ou transmitir opinião alheia, pois tais atos poderão atingir a imagem-atributo, a privacidade pode vir à tona e gerar sentimento de antipatia, influindo na consideração social da pessoa, causando gravame à sua reputação, bem como para expor ou utilizar a imagem de alguém para fins comerciais, visto que pode a adaptação da sua imagem ao serviço de especulação comercial ou de propaganda direta ou indireta gerar redução da estima ou do prestígio. P. ex., na França, o presidente Pompidou acionou o semanário *L'Express* por ter divulgado uma foto sua a bordo de um barco, equipado com motor de marca Mercury, com a seguinte legenda: "Se durante 10 anos nos esforçamos em ganhar todas as competições, o fazemos por sua segurança, Sr. Presidente". Como não houve anuência, acarretando exploração econômica a outrem, tutelado está o direito à imagem e autorizado está o seu titular a pleitear uma indenização. Súmula do STJ n. 403 entende que independe de prova de prejuízo a indenização pela publicação não autorizada de imagem de pessoa com fins econômicos ou comerciais.

O art. 20 protege a transmissão da palavra e a divulgação de escritos e fatos, ante a liberdade de informação (*RT*, *783*:421), sendo que pela VIII Jornada de Direito Civil, Enunciado n. 613 "a liberdade de expressão não goza de posição preferencial em relação aos direitos da personalidade no ordenamento jurídico brasileiro", e também tutela a voz humana. A voz, modo de comunicação verbal e sonora, constitui expressão de emoções e de pensamentos no relacionamento humano, que identifica a pessoa no meio social e é protegida constitucionalmente (CF, art. 5º, XXVIII, *a*, 2ª parte), sendo, portanto, um dos direitos da personalidade. Muitos usam da voz, profissionalmente, como locutores, atores, cantores, professores etc., daí não ser permitido que terceiros façam utilização indevida da voz de outrem, atingindo-lhe direitos conexos como a honra, a imagem, a intimidade etc. A voz somente poderá, para servir como prova lícita, ser captada mediante autorização judicial (CF, art. 5º, LVI, e Lei n. 9.296/96, art. 10). O direito de interpretação, ou seja, o do ator numa representação de certo personagem, pode estar conexo ao direito à imagem, à voz (Leis n. 9.610/98, arts. 89 e s. e 115, e 6.615/78) e ao direito autoral. O autor de obra intelectual pode divulgá-la por apresentação pública, quando a obra é representada dramaticamente, executada, exibida, projetada em fita cinematográfica, transmitida por radiodifusão etc., e é neste terreno que se situa o contrato de representação e execução, de conteúdo complexo por se referir não só ao desempenho pessoal, mas também à atuação por meios mecânicos e eletrônicos dos diferentes gêneros de produção intelectual, suscetíveis de comunicação audiovisual e regulados pelos arts. 29, VIII, *a* e *b*, 46, VI, 68 a 76 da Lei n. 9.610/98. Na representação pública há imagens transmitidas para difundir obra literária, musical ou artística, que deverão ser tuteladas juridicamente juntamente com os direitos do autor (*RT*, *550*:190, *596*:260). Os direitos dos artistas, intérpretes e executantes são conexos aos dos escritores, pintores, compositores, escultores etc. (Lei n. 9.610/98, art. 89); logo, podem impedir a utilização indevida de suas interpretações, bem como de suas imagens.

A imagem é protegida pelo art. 5º, XXVIII, *a*, da CF, como direito autoral desde que ligada à criação intelectual de obra fotográfica, cinematográfica, publicitária etc. Fotógrafo tem resguardado seu direito autoral sobre obra que reproduz uma imagem, representando pessoa ou registrando tragédias, fatos históricos, sociais ou políticos. O fotorrepórter é porta-estandarte da notícia visual, acompanhada ou não, de palavras, podendo, portanto, usar da imagem como meio de expressão de suas aspirações artísticas ou pessoais ou como instrumento político, suscetível até mesmo para distorcer fatos por meio da imprensa. Se nas obras de criação intelectual houver intenção de se colocar pessoa em situação ridícula ou constrangedora, ou de se adaptar imagem ao serviço de especulação comercial ou de propaganda; alteração ou usurpação de fisionomia ou sendo sua divulgação indevida, ter-se-á lesão ao direito à imagem, por atingir a imagem-atributo, além da imagem-retrato, porque pode transmitir mensagem que provoca associação psíquica em quem a receber.

Não se pode apresentar texto não declarado pela pessoa ou divulgar escritos ou declarações verbais sem autorização de seu autor.

Todavia há certas limitações do direito à imagem, com dispensa da anuência para sua divulgação quando: *a*) se tratar de pessoa notória, mas isso não constitui uma permissão para devassar sua privacidade, pois sua vida íntima deve ser preservada. A pessoa que se torna de interesse público pela fama ou significação intelectual, moral, artística ou política não poderá alegar ofensa ao seu direito à imagem se sua divulgação estiver ligada à ciência, às letras, à moral, à arte e à política. Isto é assim porque a difusão de sua imagem sem seu consenso deve estar relacionada com sua atividade ou com o direito à informação; *b*) se referir a exercício de cargo público, pois quem tiver função pública de destaque não pode impedir, que, no exercício de sua atividade, seja filmada ou fotografada, salvo na intimidade; *c*) se procura atender à administração ou serviço da justiça ou de polícia, desde que a pessoa não sofra dano à sua privacidade; *d*) tiver de garantir a segurança pública, em que prevalece o interesse social sobre o particular, requerendo a divulgação da imagem, por exemplo, de um procurado pela polícia ou a manipulação de arquivos fotográficos de departamentos policiais para identificação de delinquente. Urge não olvidar que o civilmente identificado não pode ser submetido à identificação criminal, salvo nos casos autorizados legalmente (CF, art. 5º, LVIII); *e*) se busca atender ao interesse público, aos fins culturais, científicos e didáticos. Quem foi atingido por uma doença rara não pode impedir, para esclarecimento de cientistas, a divulgação de sua imagem em cirurgia, desde que preserve seu anonimato, evitando focalizar sua fisionomia; *f*) houver necessidade de resguardar a saúde pública. Assim, portador de moléstia grave e contagiosa não pode evitar que se noticie o fato; *g*) se obter imagem, em que a figura é tão somente parte do cenário (congresso, exposição de obras de arte, enchente, praia, tumulto, *show*, desfile, festa carnavalesca (*RT*, *556*:178, *292*:257 – em contrário: *RJ*, *10*:89), restaurante etc.), sem que se a destaque, pois se pretende divulgar o acontecimento e não a pessoa que integra a cena; *h*) se tratar de identificação compulsória ou imprescindível a algum ato de direito público ou privado, deveras ninguém pode se opor a que se coloque sua fotografia em carteira de identidade ou em outro documento de identificação, nem que a polícia tire sua foto para serviço de identificação.

Esses limites, delineados pelo art. 20, *caput*, do Código Civil, são impostos pelo direito à liberdade de informação, traduzido na forma peculiar da liberdade de pensamento e de expressão, contida no art. 19 da Declaração Universal dos Direitos do Homem e no art. 10 da Convenção Europeia e adotada por quase todas as Constituições do mundo, desde que se atenda ao interesse público da busca da verdade para a formação da opinião pública, sem contudo ferir a vida privada do retratado, que deve ser preservada.

A proteção constitucional aos direitos da personalidade, ante o art. 1º, III, da Constituição Federal, sobrepõe-se ao direito de imprensa, ao de informar, ao direito à informação ou ao de ser informado e ao da liberdade de expressão.

O lesado pode pleitear a reparação pelo dano moral e patrimonial (Súmula 37 do STJ; *RT*, *531*:230, *624*:64) provocado por violação à sua imagem-retrato ou imagem-atributo e pela divulgação não autorizada de escritos ou de declarações feitas. Se a vítima vier a falecer ou for declarada ausente, são partes legítimas para requerer a tutela ao direito à imagem, na qualidade de *lesados indiretos*, seu cônjuge, ascendentes ou descendentes (CC, art. 20, parágrafo único), e, também, em nosso entender, companheiro (Enunciado n. 275 do Conselho da Justiça Federal aprovado na IV Jornada de Direito Civil) e o parente colateral, visto terem interesse próprio, vinculado a dano patrimonial ou moral causado a bem jurídico alheio.

O Código Civil tutela, também, o direito à privacidade no art. 21, que reza: "A vida privada da pessoa natural é inviolável, e o juiz, a requerimento do interessado, adotará as providências necessárias para impedir ou fazer cessar ato contrário a esta norma". O direito à privacidade da pessoa (CF, art. 5º, X) contém interesses jurídicos, por isso seu titular pode impedir invasão em sua esfera íntima (CF, art. 5º, XI).

Pelo CJF, nos Enunciados aprovados na V Jornada de Direito Civil: *a*) n. 404: "A tutela da privacidade da pessoa humana compreende os controles espacial, contextual e temporal dos próprios dados, sendo necessário seu expresso consentimento para tratamento de informações que versem especialmente o estado de saúde, a condição sexual, a origem racial ou étnica, as convicções religiosas, filosóficas e políticas"; e *b*) n. 405: "As informações genéticas são parte da vida privada e não podem ser utilizadas para fins diversos daqueles que motivaram seu armazenamento, registro ou uso, salvo com autorização do titular".

A privacidade não se confunde com a intimidade, mas esta pode incluir-se naquela. Por isso a tratamos de modo diverso, apesar de a *privacidade* voltar-se a aspectos externos da existência humana – como recolhimento na própria residência sem ser molestado, escolha do modo de viver, hábitos, comunicação via epistolar ou telefônica etc. – e a *intimidade* dizer respeito a aspectos internos do viver da pessoa, como segredo pessoal, relacionamento amoroso, situação de pudor etc.

Há certos aspectos da vida da pessoa que precisam ser preservados de intromissões indevidas, mesmo que se trate de pessoa notória no que atina à vida familiar, à correspondência epistolar, ao sigilo bancário, ao valor do salário e do patrimônio, ao laudo médico, às faturas de cartão de crédito, aos hábitos de consumo etc. Mas, por outro lado, há algumas limitações a esse direito, impostas: *a*) pelo princípio da diferença, que considera as pessoas envolvidas e a natureza de uma situação peculiar. Deveras não se pode privar pessoa notória, ou pública, de sua intimidade revelando fato reservado ao redigir sua biografia nem desconhecer o fascínio que ela exerce, nem ignorar exigências históricas culturais, científicas, artísticas, judiciais, policiais, tributárias e de saúde pública que requerem invasão à privacidade alheia. P. ex., uma ordem judicial pode levar alguém a sofrer constrangimento em seu domicílio; divulgação de fato de interesse científico (descoberta de um remédio) não pode ser impedida; revista pessoal em aeroporto ou em banco, ou por meio de aparelho de detectação de metais, para defesa de fronteira, para combate a assalto, contrabando, tráfico de drogas e sequestro etc.; *b*) pelo princípio da exclusividade das opções pessoais, no âmbito da convivência social, das relações de amizade, de vínculo empregatício, de efetivação de negócios, de relacionamentos comerciais etc. A vida privada envolve forma exclusiva de convivência. E o direito a ela tem como conteúdo estrutural a permissão de resistir à devassa, gerando uma conduta negativa de todos, ou seja, o respeito à privacidade alheia.

Constituem ofensas à privacidade e à intimidade: violação de domicílio alheio (*RT, 152*:63, *176*:117, *188*:575, *201*:93, *208*:398, *209*:319; *RF, 138*:576) ou de correspondência e *e-mails* (CF, arts. 5º, XII, 1ª alínea; 136, § 1º, I; 139, III, 1ª alínea; *RT, 172*:82, *201*:566); uso de drogas ou de meios eletrônicos para obrigar alguém a revelar fatos de sua vida particular ou segredo profissional; emprego de binóculos para espiar o que ocorre no interior de uma casa; instalação de aparelhos (microfones, gravadores, fotocopiadores, filmadoras) para captar sub-repticiamente conversas ou imagens ou para copiar documentos, dentro de uma residência ou repartição; intrusão injustificada no retraimento ou isolamento de uma pessoa, observando-a, seguindo-a, chamando-a continuamente pelo telefone, escrevendo-lhe (Lei n. 14.132/2021, que acrescenta o art. 147-A, §§ 1º a 3º, no Código Penal) etc.; interceptação de conversas telefônicas (CF, arts. 5º, XII, 2ª alínea, 136, § 1º, I, *c*; Lei n. 9.296/96); violação a diário íntimo; desrespeito à dor pela perda de entes queridos, ao luto, e à situação indevassável de pudor; divulgação de enfermidades, de segredo profissional, da vida amorosa e dados pessoais (Lei n. 13.709/2018, com alteração da Lei n. 13.853/2019) etc. Em todos esses casos haverá dano, cujo ressarcimento não poderá ser colocado em dúvida.

A proteção da vida privada manifesta-se no art. 5º da Lei Maior como: liberdade de expressão, inviolabilidade de domicílio, de correspondência e comunicação telefônica; liberdade de locomoção e associação e de exercício do trabalho; limitação do comportamento apenas imposta legalmente; relativa proibição da publicidade dos atos processuais; direito ao acesso do banco de dados etc. E pode-se usar para sua defesa: mandado de injunção, *habeas data, habeas corpus*, mandado de segurança, cautelares inominadas e ação popular, apenas por via reflexa e ação de responsabilidade civil por dano moral e patrimonial. Observa Newton De Lucca que é urgente uma Emenda Constitucional que a proteja se atacada por jornalistas, instituindo o *habeas midia* no Brasil. Repercute também no crime, visto que se pune: a inviolabilidade de domicílio e correspondência (CP, arts. 150, 151 e 152); a divulgação de segredo (CP, arts. 153 e 154); o atentado à liberdade de trabalho (CP, art. 198) e à liberdade de associação (CP, art. 199).

A intimidade é a zona espiritual íntima e reservada de uma pessoa, constituindo um direito da personalidade, logo o autor da intrusão arbitrária à intimidade alheia deverá pagar uma indenização pecuniária, fixada pelo órgão judicante de acordo com as circunstâncias, para reparar dano moral ou patrimonial que causou. Além disso, deverá o magistrado, a requerimento do interessado, ordenar medidas que impeçam ou obriguem o ofensor a cessar suas ingerências na intimidade alheia; se estas ainda continuarem, e, se possível, deverá exigir o restabelecimento da situação anterior à violação, a expensas do lesante, como, por exemplo, a destruição da coisa produzida pelo atentado à intimidade.

Como se vê, destinam-se os direitos da personalidade a resguardar a dignidade humana, mediante sanções, que devem ser suscitadas pelo ofendido[17] ou pelo lesado indireto (art. 12 e parágrafo único do CC). Essas sanções

---

17. Orlando Gomes, op. cit., v. 1, p. 139 e 148. Sobre o assunto, interessante é o trabalho de: Roxana C. B. Borges, Proibição de disposição e de limitação voluntária dos direitos de personalidade no Código Civil de 2002: crítica, in *Introdução crítica ao Código Civil* (org. Lucas Abreu Barroso), Rio de Janeiro, Forense, 2006, p. 15 a 30. Diante da tutela dos direitos da personalidade, como se poderia, p. ex., analisar o contrato entre a emissora de TV e os participantes do *Big Brother* ou da *Casa dos Artistas*, pessoas comuns, ou não, que, visando prestação pecuniária e fama, acabam expondo-se

devem ser obtidas por meio de pedido de tutela antecipada fundamentada em urgência (CPC, arts. 294, parágrafo único, 300, 303 e 304) ou de tutelas de urgência cautelares antecedentes (CPC, arts. 305 a 310) que suspendam os atos que ameaçam ou desrespeitam a integridade física, intelectual e moral, movendo-se, em seguida, uma ação que irá declarar ou negar a existência de lesão, que poderá ser cumulada com ação de perdas e danos a fim de ressarcir danos morais e patrimoniais.

A esse respeito dispõe o art. 12 e parágrafo único do Código Civil: "Pode-se exigir que cesse a ameaça, ou a lesão, a direito da personalidade, e reclamar perdas e danos, sem prejuízo de outras sanções previstas em lei. Em se

---

publicamente? Se o art. 11 do Código Civil veda renúncia aos direitos da personalidade, poderia haver fruição econômica do direito à privacidade e intimidade e a divulgação consentida (CC, art. 20) da imagem para fins comerciais em exibição televisiva da reserva pessoal, permitindo, diante do direito à liberdade, acesso temporário às informações sobre hábitos pessoais mais íntimos? Seria uma questão de disponibilidade relativa ou de renunciabilidade parcial? Haveria uma renúncia negocial àqueles direitos da personalidade, que, pelo art. 11 do Código Civil, seriam irrenunciáveis? Ter-se-ia validade daquele contrato ante os arts. 166, II, do Código Civil e 221, IV, e 220, § 3º, I e II, da Constituição Federal? O exercício dos direitos da personalidade pode ser relativamente disponível, desde que o seu titular anua livremente, na exposição temporária – mediante a percepção de uma remuneração (CF, art. 5º, X) – de sua imagem, voz, privacidade, intimidade etc., por serem importantes no exercício de suas atividades profissionais, de entretenimento, como a de representação, execução musical, dramatização, coreografias etc. (atores, cantores, músicos e bailarinos), de divulgação, de pensamento político (candidatos a cargos públicos), de produtos e serviços (modelos) para fins propagandísticos ou publicitários.

Nesses casos, o titular poderá dispor temporária e relativamente daqueles direitos da personalidade, pois pode prever os seus efeitos jurídicos, recebendo remuneração para tanto e até indenização por dano moral e/ou patrimonial que vier a sofrer na divulgação, mesmo consentida, dos referidos direitos.

Se assim é, como poderá ter licitude o contrato de *reality shows* se seu objeto é impossível juridicamente: renúncia a direito da personalidade (CC, arts. 11 e 166, II) e se os partícipes nem mesmo poderão saber a extensão das consequências, oriundas daquele ato renunciativo? Como salvaguardar a família de programas como estes, atentatórios aos bons costumes, sem horário fixo (CF, art. 221, IV; CC, art. 13, *in fine*, por analogia) para sua divulgação, afrontando o art. 1º, III, da Constituição Federal, por haver desrespeito à dignidade da pessoa humana? Por isso, pela Medida Provisória n. 195/2004 (ora rejeitada pelo Ato Declaratório do STF, de 10-11-2004), haveria obrigatoriedade de os novos aparelhos de TV conterem dispositivo para bloqueio temporário de recepção de programação inadequada, divulgada previamente com restrição etária. *Vide* Mário Luiz Delgado, *Big Brother* Brasil, *reality show* e direitos da personalidade, *Consulex, 169*:25-6; Jones Figueirêdo Alves, Limitação voluntária do exercício de direito da personalidade e o caso *Big Brother*, *Consulex*, *169*:27; Gilberto H. Jabur, Consentimento para devassa da privacidade nos *reality shows*, *Consulex*, *169*:28-29; Cláudia Rodrigues, A renúncia negocial dos direitos da personalidade e suas consequências e o caso *Big Brother*, *Consulex*, *169*:30-1.

tratando de morto, terá legitimação para requerer a medida prevista neste artigo o cônjuge sobrevivente, ou qualquer parente em linha reta, ou colateral até o quarto grau". Melhorando a redação e visando acrescentar o companheiro na qualidade de lesado indireto, propõe o Projeto de Lei n. 699/2011 a seguinte alteração ao art. 12 e parágrafo único: "O ofendido pode exigir que cesse a ameaça, ou a lesão, a direito da personalidade, e reclamar indenização, em ressarcimento de dano patrimonial e moral, sem prejuízo de outras sanções previstas em lei. Em se tratando de morto ou ausente, terá legitimação para requerer as medidas previstas neste artigo o cônjuge ou companheiro, ou, ainda, qualquer parente em linha reta, ou colateral até o quarto grau".

O Parecer Vicente Arruda aprovou essa proposta contida no Projeto de Lei n. 6.960/2002 (substituído, hoje, pelo PL n. 699/2011), assim dispondo: "Art. 12. O ofendido pode exigir que cesse a ameaça ou a lesão a direito da personalidade, e reclamar indenização, sem prejuízo de outras sanções previstas em lei. Parágrafo único. Em se tratando de morto ou ausente, terá legitimação para requerer as medidas previstas neste artigo o cônjuge ou companheiro sobrevivente, ou qualquer parente em linha reta, ou colateral até o quarto grau". Entretanto, entendeu que a "menção expressa ao dano moral é desnecessária, já que sua reparação é, hoje, tema pacífico na doutrina e na jurisprudência, à luz de previsão constitucional expressa (art. 5º, inciso V)".

Havendo ameaça ou lesão a direito da personalidade, o *lesado direto* (vítima), que sofreu gravame em sua pessoa, poderá pleitear judicialmente, mediante tutela provisória de urgência de natureza cautelar, a cessação da ameaça ou da lesão, e reclamar a indenização por perdas e danos, desde que comprove o liame de causalidade, o prejuízo, a culpabilidade do lesante, se, obviamente, não se tratar de culpa presumida ou de responsabilidade objetiva. Poderão apresentar-se, por meio de seu representante legal, na qualidade de lesado direto do dano moral ou patrimonial ao seu direito da personalidade, p. ex., os menores, ou os portadores de arteriosclerose, porque, apesar de carecerem de discernimento, o ressarcimento do prejuízo não é considerado como a reparação do sentimento, mas como uma indenização objetiva de um bem jurídico violado. Em regra, as pessoas jurídicas não teriam direito à reparação do dano moral subjetivo, que fere interesses espirituais, por não possuírem capacidade afetiva ou receptividade sensorial. Mas as pessoas jurídicas, públicas ou privadas, poderão sofrer dano moral objetivo, por terem atributos da personalidade reconhecidos jurídica e publicamente como um modo de ser, sujeito à valoração extrapatrimonial da comunidade em que atuam, p. ex., o prestígio, o bom nome, a confiança do público, a probidade comercial, a proteção ao segredo industrial e ao nome comercial etc. Esta sua boa reputação é uma manifestação particular da honra e transcende as considerações de índole patrimonial. Deveras, o agravo à honra objetiva pode ocorrer sem qualquer consideração a um dano patrimonial, daí o seu direito à reparação desse prejuízo. Assim sendo, a pessoa jurídica poderá propor ação de responsabilidade civil fundada em dano material e moral, advindo de lesão de direito da personalidade.

Quanto aos *lesados indiretos*, é preciso verificar se houve dano patrimonial ou moral. Se se tratar de lesão a interesses econômicos, o lesado indireto será aquele que sofre um prejuízo em interesse patrimonial próprio, resultante de dano causado a um bem jurídico alheio. A indenização por morte de outrem é reclamada *jure proprio*, pois ainda que o dano, que recai sobre a mulher e os filhos menores do finado, seja resultante de homicídio ou acidente, quando eles agem contra o responsável, procedem em nome próprio, reclamando contra prejuízo que sofreram e não contra o que foi irrogado ao marido e pai. P. ex.: a viúva e os filhos menores da pessoa assassinada são lesados indiretos, pois obtinham da vítima do homicídio o necessário para sua subsistência. A privação de alimentos é uma consequência do dano. O homicídio afeta-os indiretamente, observa Zannoni, uma vez que o dano sofrido está relacionado com uma situação jurídica objetiva (o fato de essas pessoas serem alimentandos e o morto alimentante) que liga o evento danoso ao prejuízo (perda do necessário para a subsistência). A Quarta Turma do Superior Tribunal de Justiça concedeu ao sucessor de Lampião e Maria Bonita uma indenização pelo uso indevido da imagem do casal em propaganda comercial. Apesar da fama quase lendária de Lampião e sua mulher, não foi suficientemente demonstrado que a imagem de ambos tenha caído no domínio público, razão pela qual sua utilização sem o consentimento do sucessor foi considerada locupletamento indevido (Recurso Especial n. 86.109-SP, julgado em 28/06/2001, sendo Relator o Ministro Barros Monteiro).

Como a ação ressarcitória do dano moral funda-se na lesão a bens jurídicos pessoais do lesado, portanto inerentes à sua personalidade, em regra, só deveria ser intentada pela própria vítima, impossibilitando a transmissibilidade sucessória e o exercício dessa ação por via sub-rogatória. Todavia, diante de forte tendência doutrinária e jurisprudencial no sentido de admitir que pessoas indiretamente atingidas pelo dano possam reclamar a sua reparação, o art. 12, parágrafo único, do Código Civil veio acatar que, estando morta a vítima, terá legitimação ativa para reclamar perdas e danos por lesão a direito da personalidade, consorte sobrevivente ou companheiro (Enunciado n. 275 do CJF, aprovado na IV Jornada de Direito Civil), parente em linha reta e colateral até o 4º grau (irmão, tio, sobrinho e primo). O Projeto de Lei n. 699/2011 acrescentará a esse rol o companheiro.

No caso do dano moral, pontifica Zannoni, os lesados indiretos seriam aquelas pessoas que poderiam alegar um interesse vinculado a bens jurídicos extrapatrimoniais próprios, que se satisfaziam mediante a incolumidade do bem jurídico moral da vítima direta do fato lesivo. Ensina-nos De Cupis que os lesados indiretos são aqueles que têm um interesse moral relacionado com um valor de afeição que lhes representa o bem jurídico da vítima do evento danoso. P. ex.: o marido ou os pais poderiam pleitear indenização por injúrias feitas à mulher ou aos filhos, visto que estas afetariam também pessoalmente o esposo ou os pais, em razão da posição que eles ocupam dentro da unidade familiar. Haveria um dano próprio pela violação da honra da esposa ou dos filhos. Ter-se-á sempre uma presunção *juris tantum* de dano moral, em favor dos ascendentes, descendentes, cônjuges, irmãos, tios, sobrinhos e primos, em caso de ofensa a pessoas da família. Essas pessoas não precisariam provar o dano extrapatrimonial, ressalvando-se a terceiros o direito de elidirem aquela presunção. O convivente, ou concubino, noivo e amigos poderiam pleitear indenização por dano moral, mas terão maior ônus de prova, uma vez que deverão provar, convincentemente, o prejuízo e demonstrar que se ligavam à vítima por vínculos estreitos de amizade ou de insuspeita afeição.

Nesse sentido já se tem decidido que: "Os direitos da personalidade, de que o direito à imagem é um deles, guardam como principal característica a sua intransmissibilidade. Nem por isso, contudo, deixa de merecer proteção a imagem e a honra de quem falece, como se fossem coisas de ninguém, porque elas permanecem perenemente lembradas nas memórias, como bens imortais que se prolongam para muito além da vida, estando até acima desta, como sentenciou Ariosto. Daí por que não se pode subtrair dos filhos o direito de defender a imagem e a honra de seu falecido pai, pois eles, em linha de normalidade, são os que mais se desvanecem com a exaltação feita à sua memória, como são os que mais se abatem e se deprimem por qualquer agressão que lhe possa trazer mácula. Ademais, a imagem de pessoa famosa projeta efeitos econômicos para além de sua morte, pelo que os seus sucessores passam a ter, por direito próprio, legitimidade para postularem indenização em juízo, seja por dano moral, seja por dano material" (STJ, REsp 521.697/RJ, rel. Min. César Asfor Rocha, Quarta Turma, j. 16-2-2006, *DJ*, 20-3-2006, p. 276).

Como se vê, além do próprio ofendido, poderão reclamar a reparação do dano patrimonial ou moral seus herdeiros (CC, art. 943), seu cônjuge, os membros de sua família (*RT*, *515*:69), seus dependentes econômicos e, em certas hipóteses, seu convivente, desde que a vítima não seja casada e as suas relações não sejam incestuosas. Todas essas pessoas têm direito de propor ação de indenização, ingressando em juízo *jure proprio*. Tal ação só poderá ser exercida pelo lesado direto ou indireto ou por seu representante, se absoluta ou relativamente incapaz, não podendo ser efetivada a sua revelia, e por intervenção espontânea do Ministério Público ou pelo juiz de ofício, pois só o prejudicado terá o direito de agir e apenas em seu proveito poderá ser decretado o ressarcimento do dano. Se houver dano que atinja várias pessoas, cada uma terá direito de exigir a reparação. Concede-se, ainda, ação de reparação ao empregador, vítima de prejuízo oriundo de dano a seu empregado, ao sócio atingido pela lesão causada ao outro e ao credor pelo prejuízo que sofre com o dano material acarretado ao devedor, mas não poderá pleitear ressarcimento de dano moral.

Ensina-nos José de Aguiar Dias que o falido terá ação de indenização relativamente aos prejuízos que o atingem em caráter pessoal, ou seja, os danos patrimoniais e morais experimentados pelo indivíduo como tal, porém à massa competirão as ações que têm por escopo obter reparação dos prejuízos causados aos bens que constituem a garantia dos credores.

É preciso não olvidar que a ação de reparação comporta transmissibilidade aos sucessores do ofendido, desde que o prejuízo tenha sido causado em vida da vítima. Realmente, pelo Código Civil, art. 943, o direito de exigir a reparação transmite-se com a herança. Se houver ultraje à memória de um morto, os herdeiros poderão alegar e provar o prejuízo próprio, decorrente da difamação ou injúria ao membro da família desaparecido. Sofrem dano pessoal, daí a razão por não se lhes negar tal ação de indenização. O credor da indenização, mesmo na hipótese de culpa presumida, deverá, ao propor a ação, comprovar o dano sofrido, caracterizar o fato lesivo contra ele cometido e a ausência de qualquer causa excludente da responsabilidade[18].

---

18. Fábio Maria de Mattia, Direitos da personalidade, cit., p. 163 e 164; Ney R. Lima Ribeiro, Direito à proteção de pessoas falecidas. Enfoque luso-brasileiro, *Direitos da personalidade* (org. Jorge Miranda, Otavio L. Rodrigues Jr., Gustavo B. Fruet), São Paulo, Atlas, 2012, p. 424 a 458; Orlando Gomes, op. cit., v. 1, p. 168; Kayser, Les droits de la personnalité; aspectes théoriques et pratiques, *Revue Trimestrielle de Droit Civil,* 1971, p. 486; C. A. Bittar, *Os direitos da personalidade,* Forense Universitária, 1989; Carlos Alberto Bittar e Carlos Alberto Bittar Fº, *Tutela dos direitos da personalidade e dos direitos autorais nas atividades empresariais,* São Paulo, Revista dos Tribunais, 2002; Caio M. S. Pereira, Direitos da personalidade, *Livro de Estudos Jurídicos, 9*:55-75; Maria Helena Diniz, *Curso,* cit., v. 7, p. 141-215; Antonio C. Morato, Quadro geral dos direitos da personalidade, *RIASP, 31*:49-98; Sérgio I. Nunes de Souza. A legalidade da informação e os efeitos da Lei n. 9.296/96: a solução pela técnica da ponderação de interesses dos direitos da personalidade na Constituição da República Federativa do Brasil de 1988. *Atualidades Jurídicas, 7*: 227-46. Pelo Enunciado n. 140 do Conselho de Justiça Federal, aprovado na III Jornada de Direito Civil, em 2004: "A primeira parte do art. 12 do Código Civil refere-se às técnicas de tutela específica, aplicáveis de ofício, enunciadas no art. 461 do Código de Processo Civil (hoje art. 497 do CPC/2015), devendo ser interpretada com resultado extensivo". Pelos Enunciados do CJF, aprovados na V Jornada de Direito Civil: *a*) n. 398: "As medidas previstas no art. 12, parágrafo único, do Código Civil podem ser invocadas por

qualquer uma das pessoas ali mencionadas de forma concorrente e autonôma"; *b*) n. 399: "Os poderes conferidos aos legitimados para a tutela *post mortem* dos direitos de personalidade, nos termos dos arts. 12, parágrafo único, e 20, parágrafo único, do CC, não compreendem a faculdade de limitação voluntária"; e *c*) n. 400: "Os parágrafos únicos dos arts. 12 e 20 asseguram legitimidade, por direito próprio, aos parentes, cônjuges ou companheiros para a tutela contra a lesão perpetrada *post mortem*".

Vide Lei n. 11.111/2005, art. 7º e parágrafo único, ora revogada pela Lei n. 12.527/2011.

Consultar sobre o sujeito ativo da ação de reparação do dano: Zannoni, *El daño en la responsabilidad civil*, Buenos Aires, Astrea, 1982, p. 360-73; Wilson Melo da Silva, *O dano moral e sua reparação*, Rio de Janeiro, Forense, 1966, p. 501-9, 520-7; Aguiar Dias, *Da responsabilidade civil*, Rio de Janeiro, Forense, 1979, v. 2, p. 399-507; Orgaz, *El daño*, cit., p. 81, 241 e s.; Fuzier-Herman, *Code Civil annoté*, Paris, v. 4, n. 473; De Cupis, *El daño*, cit., p. 656; Risarcibilità del danno morale, *Rivista Critica di Infortunistica*, Milano, 1933; Maria Helena Diniz, *Curso de direito civil brasileiro*, São Paulo, Saraiva, 2001, p. 142-44; Gardenat e Salmon-Ricci, *De la responsabilité civile*, 1927, p. 34, n. 119; Josserand, *Les transports*, Paris, 1910, p. 849; e Savatier (*Le droit, l'amour et la liberté*, Paris, 1937, p. 114), que escreve: "*Par le seul fait qu'elle vit en concubinage, une femme acquiert, aux yeux de certains magistrats – non de tous, hâtons-nous de le dire – un droit à se voir dédommagée du don qu'elle a fait d'elle même. Ainsi prévaut dans leur jugement l'idée de réparation, singulièrement fertile, puisque, non seulement elle prive irrémédiablement l'homme de ce dont il s'est déjà dépouille, mais qu'elle le condamne encore à fournir ce qu'il a paru s'engager, même, vaguement, à donner*". E acrescenta: "*... c'est déjà une solution tendencieuse. Mais elle devient indéfendable quand le concubinage se double d'adultère*"; Adrien Peytel, *L'union libre devant la loi*, Paris, 1905, p. 6 e 193; Mário Moacyr Porto, *Ação de responsabilidade civil e outros estudos*, São Paulo, 1966, p. 11; Parmentier, *Droits de la famille sur l'indemnité en cas d'accident*, 1904, p. 67.

Sobre direito à imagem: Carlos Alberto Bittar, *Os direitos da personalidade*, São Paulo, Forense Universitária, 1989, p. 87 e s.; Luiz Alberto David Araújo, *A proteção constitucional da própria imagem*, Belo Horizonte, Del Rey, 1996; Hermano Duval, *Direito à imagem*, São Paulo, Saraiva, 1988; José L. C. Rodriguez, *Honor, intimidad e imagen*, Barcelona, 1993; Kohler, Zur konstruktion des Urhberrecht, *Archiv für Bürgerliches Rechts*, n. 10, p. 274; Maria Helena Diniz, *Tratado teórico e prático dos contratos*, São Paulo, Saraiva, 1996, v. 3, p. 497 a 502; Direito à imagem e sua tutela, *Estudos de direito de autor, direito da personalidade, direito do consumidor e danos morais* (Eduardo C. B. Bittar e Silmara J. Chinelato – coord.), Rio de Janeiro, Forense Universitária, 2002, p. 79 a 106; Regina Sahm, *Direito à imagem no direito civil contemporâneo*, São Paulo, Atlas, 2002; Oduvaldo Donnini e Rogério F. Donnini, *Imprensa livre, dano moral, dano à imagem e sua quantificação à luz do novo Código Civil*, São Paulo, Método, 2002; Alcides Leopoldo e Silva Jr., *A pessoa pública e o seu direito à imagem*, São Paulo, Juarez de Oliveira, 2002; Ravanas, *La protection des personnes contre la réalisation et la publication de leur image*, Paris, LGDJ, 1978; Milton Fernandes, *Pressupostos do direito autoral de execução pública*, Belo Horizonte, 1967, p. 56; Álvaro A. do C. N. Barbosa, *Direito à própria imagem – aspectos fundamentais*, São Paulo, Saraiva, 1989, p. 90 e 91; René Ariel Dotti, *Proteção da vida privada e liberdade de informação*, São Paulo, Revista dos Tribunais, 1980; Janice Helena Ferrari, Direito à própria imagem, *Cadernos de direito constitucional e ciência política*, n. 4, p. 139; Maria Lígia C. M. Archanjo, *Direito à própria imagem*, dissertação de mestrado apresentada na PUCSP; Paolo Vercellone, *Il diritto a sul proprio retratto*, Torino, 1959; Sílvia Mendes Berti, *Direito à própria imagem*, Belo Horizonte, Del Rey, 1993; Gilberto Haddad Jabur, Limitações ao direito à própria imagem no novo Código Civil, *Novo Código Civil – questões controvertidas* (coord. Mário Luiz Delgado e Jones Figueirêdo Alves), São Paulo, Método, 2003, p. 11-44; Sidney C. S. Guerra, *A liberdade de imprensa e o direito à imagem*, Rio de Janeiro, Renovar, 2004; Alcides Leopoldo e Silva Jr., *A pessoa pública e o seu direito de imagem*, São Paulo, Juarez de Oliveira, 2002. *Vide*: *RT, 180*:600, *629*:106, *497*:87, *505*:230, *519*:83, *534*:92, *558*:230, *578*:215, *634*:221; *RSTJ, 104*:326; Lex, *107*:112; TJSP, Ap. Cível 463.999-5/3 – Santos, 1ª Câm. de Dir. Público, rel. Renato Nalini, j. 29-8-2006; TJSP, Ap. Cív. 187.574-4/9-00, São Paulo, 4ª Câm. "A" de D.

Priv., rel. Luís Scarabelli, j. 30-9-2005; TJSP, Ap. Cív. 262.643-4/0-00, Matão, 4ª Câm. "A de D. Priv., rel. Luís Scarabelli, j. 30-9-2005; TJRJ, Ap. 2007.001.47462, rel. Des. Cristina Tereza Gaulia, j. 19-9-2007. *Direito de imagem indígena* constitui direitos morais e patrimoniais do indivíduo ou da coletividade retratados em fotos, filmes, estampas, pinturas, desenhos, esculturas e outras formas de reprodução de imagens que retratam aspectos e peculiaridades culturais indígenas. O direito sobre as imagens baseadas em manifestações culturais e sociais coletivas dos índios brasileiros pertence à coletividade, grupo ou etnia indígena representada. Quando o uso da imagem de pessoas afetar a moral, os costumes, a ordem social ou a ordem econômica da coletividade, extrapolando a esfera individual, tratar-se-á de direito de imagem coletivo. A captação, uso e reprodução de imagens indígenas dependem de autorização expressa dos titulares do direito de imagem indígena. As imagens indígenas poderão ser utilizadas para difusão cultural; nas atividades com fins comerciais; para informação pública; e em pesquisa. Qualquer contrato que regule a relação entre indígenas titulares do direito de imagem e demais interessados deve conter: a) expressa anuência dos titulares individuais e coletivos do direito sobre a imagem retratada; b) vontade dos titulares do direito quanto aos limites e às condições de autorização ou cessão do direito à imagem; c) garantia do princípio da repartição justa e equitativa dos benefícios econômicos advindos da exploração da imagem. Atividades de difusão cultural são as que visam a circulação e divulgação da cultura associada à imagem indígena, podendo ter finalidade comercial. Atividades com fins comerciais são as que utilizam a imagem indígena, individual ou coletiva, para agregar valor a um determinado produto, serviço, marca ou pessoa jurídica. A Fundação Nacional do Índio – FUNAI participará das negociações de contratos e autorizações de captação, uso e reprodução de imagens indígenas, no âmbito de sua competência e atendendo aos interesses indígenas (Portaria FUNAI n. 177/2006, arts. 5º a 9º).

Proteção ao direito da personalidade: BGB § 823, I; Lei relativa ao direito de autor em obras de artes plásticas e de fotografia de 1907 (§§ 22, 23 e 24 – direito à imagem).

Código Civil chinês de 2020 respeita a vida, a saúde, a honra, a privacidade, a informação pessoal.

Sobre o direito à privacidade: Miguel Urabayen, *Vida privada e información: un conflicto permanente*, Pamplona, 1977, p. 77, 246 e 247; Eduardo Novoa Monreal, La vida privada como bien jurídicamente protegido, Nuevo pensamiento penal, *Revista de Derecho y Ciencias Penales*, p. 176; Pierre Kayser, *La protection de la vie privée*, Paris, Dalloz, 1974, t. 1; Eduardo F. Mendilaharzu, La imagen de las personas y el derecho de privacidad, *La Ley, 76*:794; Maria Helena Diniz, *Curso de direito civil brasileiro*, São Paulo, Saraiva, 2001, v. 7, p. 125; Gilberto Haddad Jabur, *Liberdade de pensamento e direito à vida privada*, São Paulo, Revista dos Tribunais, 2000, p. 253-326; Direito à privacidade, *RIASP 31*: 301-34. Sílvio H. V. Barbosa, Informação × privacidade – o dano moral resultante do abuso da liberdade de imprensa, *RDC, 73*:70; Jayme Weingartner Neto, *Honra, privacidade e liberdade de imprensa*, Porto Alegre, Ed. Livraria dos Advogados, 2002; José de Oliveira Ascensão, A reserva da intimidade da vida privada e família, *O direito civil no século XXI* (coord. M. H. Diniz e Roberto S. Lisboa), São Paulo, Saraiva, 2003, p. 317-330; Carla Bianca Bittar, A honra e a intimidade em face dos direitos da personalidade, *Estudos de direito do autor*, cit., p. 121-134; Cláudio L. Bueno de Godoy, *Liberdade de imprensa e os direitos da personalidade*, São Paulo, Atlas, 2001; Vera M. O. Nusdeo Lopes, *Direito à informação e as concessões de rádio e televisão*, São Paulo, Revista dos Tribunais, 1997; Edilson Farias, *Liberdade de expressão e comunicação*, São Paulo, Revista dos Tribunais, 2004; Iván Díaz Molina, El derecho a la vida privada (una urgente necesidad moderna), *La Ley, 126*:981; Milton Fernandes, *Proteção civil à intimidade*, São Paulo, Saraiva, 1977; Julio C. Rivera, Derecho a la intimidad, *La Ley*, 1980, p. 931 e 932; Elimar Szaniawski, Considerações sobre o direito à intimidade das pessoas jurídicas, *RT, 657*:25-31; Ives Gandra da Silva Martins e Antonio Jorge Pereira Jr. (coords.), *Direito à privacidade*, Aparecida (São Paulo), Ideias & Letras – Centro de Extensão Universitária, 2005; Sonia Aguiar do Amaral Vieira, *Inviolabilidade da vida privada e da intimidade pelos meios eletrônicos*, São Paulo, Ed. Juarez de Oliveira, 2002; Mario G. Losano, Dos direitos e dos deveres: também no direito à privacidade, *Verba Juris, Rev. da Universi-*

dade Federal da Paraíba, 2:8 a 28; Silmara J. de A. Chinellato, Direitos da personalidade: o art. 20 do Código Civil e a biografia de pessoas notórias. *10 anos de vigência do Código Civil brasileiro de 2002* (coord. Christiano Cassettari), São Paulo, Saraiva, 2013; Liberdade de expressão: direitos da personalidade e as biografias não autorizadas, *Revista Brasileira de Direito Comparado 44*:201-38; Roberto B. Dias da Silva e Gilberto H. Jabur. A publicação de biografias depende de prévia autorização do biografado? *Forum Jurídico*. Julho de 2014. É louvável biografia com finalidade política, histórica e cultural, mas com anuência dos herdeiros, sem que se atinja a intimidade, a privacidade, a imagem-atributo e a honra do biografado. No dia 10-6-2015 o STF julgou inconstitucional impedir publicação de biografia que não tenha sido previamente autorizada pelo biografado ou seus familiares (ADIn n. 4.815), desde que não fira a privacidade do biografado. Diante do antagonismo entre o direito à liberdade de expressão e o direito à privacidade, o último prevalece. A Lei n. 11.767, de 7 de agosto de 2008, altera o art. 7º da Lei n. 8.906/94 para dispor sobre o direito à inviolabilidade do local e instrumentos de trabalho do advogado. PL n. 393/2011 e ADIn n. 4.815 visam inserir parágrafo ao art. 20 para dispensar consenso de pessoas notórias, quanto a direitos da personalidade, relativamente às suas biografias, derrubando censura a obras sobre pessoas públicas que poderiam ser publicadas sem autorização prévia. *Consulte*: Lei n. 8.069/90, art. 100, parágrafo único, V, acrescido pela Lei n. 12.010/2009.

Proteção à privacidade na internet – Lei n. 12.965/2014, arts. 3º, II, 7º e 8º. Irma Pereira Maceira, *A proteção do direito à privacidade familiar na internet*, Rio de Janeiro, Lumen Juris, 2015.

Relativamente ao dano ao nome da pessoa: R. Limongi França, Ação de responsabilidade fundada na ofensa ao nome civil, in *Enciclopédia Saraiva do Direito*, v. 3, p. 91-7; Perveau, *Le droit au nom en matière civile*, Paris, 1910; Rivera, *El nombre en los derechos civil y comercial*, Buenos Aires, 1977; Adriana C. de R. Freitas Dabus Maluf, Direito da personalidade, cit., p. 50-74; Adolfo Pliner, *El nombre de las personas*, Buenos Aires, 1966; Maria Helena Diniz, *Curso*, cit., v. 7, p. 126 e 127 e v. 1, p. 124 e s.; Zannoni, op. cit., p. 317-30. Sobre os demais direitos da personalidade não arrolados no Código Civil consulte: CC, arts. 944-54; Maria Helena Diniz, *Curso*, cit., v. 7, p. 116-40; *O estado atual do biodireito*, São Paulo, Saraiva, 2001, p. 21-188, 200-41, 298-417, 452-500, 563-718; *Direito à integridade físico-psíquica* – novos desafios, e-book, São Paulo, Saraiva, 2023; Pontes de Miranda, *Tratado*, cit., t. 7, p. 23 e 25; Antonio Damasceno de Souza, *O direito à objeção de consciência*, cit., p. 22; Newton De Lucca, *Habeas midia*, *Atualidades Jurídicas*, *6*:179-86. M. H. Diniz, *Norma constitucional e seus efeitos*, São Paulo, Saraiva, 2001, p. 109 e s., e *Conflito de normas*, São Paulo, Saraiva, 2001, p. 53 e s.; Vitorino Angelo Filipin, Transfusão de sangue não consentida, *Atualidades Jurídicas*, *2*:491-6; Frederico A. d'Ávila Riani, O direito à vida e a negativa de transfusão de sangue baseada na liberdade de crença, *Revista Imes*, *1*:8-14.

Sobre o direito à voz: Antonio Carlos Morato, Direito à voz: reflexões sobre sua proteção no âmbito da sociedade da informação, in *O direito na sociedade de informação* (coord. Liliana M. Paesani), São Paulo, Atlas, 2007, p. 159-75.

Sobre direito à liberdade: Yara D. Brasil Chaves, Direito à liberdade civil, *Atualidades Jurídicas, 6*:245-254.

Sobre direito a ser esquecido: Bruno C. R. de Paiva, O direito ao esquecimento em face da liberdade de expressão e de informação, *Revista Jurídica – De Jure*, *22*:273-86; Maria Helena Diniz, Efetividade do direito a ser esquecido. *Revista Argumentum*, v. 18, n. 1 (2017), p. 17 a 41; Uma visão constitucional e civil do novo paradigma da privacidade: o direito a ser esquecido. *Revista Brasileira de Direito*, v. 13, 2017, p. 7 a 26; Tutela jurídica do direito ao esquecimento. *Cinco anos do CPC:* questões polêmicas (org. Munhoz), Barueri, Manole, 2021, p. 284 a 296. Interessante é a obra de Anna Luiza F. Vitule, Direito às memórias de infância, *Revista Síntese – Direito de Família*, *86*:141-4. O direito a ser esquecido é o direito ao respeito à memória privada do próprio titular, ante o fato de o direito da personalidade ser um direito subjetivo *excludendi alios*, ou seja, o de exigir um comportamento negativo dos outros, protegendo um bem inato, valendo--se de ação judicial, não para impor um dever de esquecer uma informação, mas para impedir que se a recorde, injustificadamente, mediante nova divulgação, que pode causar dano a um projeto de vida da pessoa e ao livre desenvolvimento de sua personalidade. O direito a ser esquecido, tido como um direito da personalidade, por estar ínsito no art. 21 do Código Civil, é o de não ser lembrado por fatos vexatórios, depreciativos ou constrangedores ocorridos no passado ante a falta de utilidade social da informação e a ausência de atualidade do fato ou de interesse público. Urge lembrar que o respeito à dignidade humana constitui o "farol" que indicará aos meios de comunicação o caminho que devem percorrer para preservar a privacidade das pessoas que pretendem fazer valer seu direito a serem esquecidas, refazendo, retamente, suas vidas para atingirem seu direito à felicidade.

Na VII Jornada de Direito Civil ficou aprovado no Enunciado n. 576, que o "direito ao esquecimento pode ser assegurado por tutela judicial inibitória".

O STF (Res. 672/2020) decidiu: "É incompatível com a CF a ideia de um direito ao esquecimento, assim entendido como o poder de obstar, em razão da passagem do tempo, a divulgação de fotos ou dados verídicos e licitamente obtidos e publicados em meios de comunicação social analógicos ou digitais. Eventuais excessos ou abusos no exercício da liberdade de expressão e de informação devem ser analisados caso a caso, a partir dos parâmetros constitucionais – especialmente os relativos à proteção da honra, da imagem, da privacidade e da personalidade em geral – e as expressas e específicas previsões legais nos âmbitos penal e cível".

Sobre a defesa dos direitos da personalidade: Código Civil, art. 12; Constituição Federal, art. 5º, LXVIII, LXIX, LXX, LXXI, LXXII, LXXIII. Sílvio Romero Beltrão, Tutela jurídica dos direitos da personalidade, in Delgado e Alves (org.), *Novo Código Civil – questões controvertidas*, São Paulo, Método, 2004, v. 2, p. 449 e s.

Urge lembrar que, pelo art. 7º da Lei n. 11.111/2005, ora revogada pela Lei n. 12.527/2011, "os documentos públicos que contenham informações relacionadas à intimidade, vida privada, honra e imagem de pessoas, e que sejam ou venham a ser de livre acesso, poderão ser franqueados por meio de certidão ou cópia do documento, que expurgue ou oculte a parte sobre a qual recai o disposto no inciso X do *caput* do art. 5º da Constituição Federal". Sendo que, pelo seu parágrafo único, "as informações sobre as quais recai o disposto no inciso X do *caput* do art. 5º da Constituição Federal terão o seu acesso restrito à pessoa diretamente interessada ou, em se tratando de morto ou ausente, ao seu cônjuge, ascendentes ou descendentes, no prazo de que trata o § 3º do art. 23 da Lei n. 8.159, de 8 de janeiro de 1991".

Sobre direitos da personalidade da mulher: Lei n. 11.340/2006, arts. 2º e 3º, e Projeto de Lei n. 3.343/2008 (ora apensado ao PL n. 4.247/2008), arts. 484 a 489.

Sobre *bullying*: Maria Helena Diniz, "Bullying" e suas consequências jurídicas, *Revista Jurídica Luso-Brasileira*, ano 3 (2017), n. 2, p. 625 a 662; "bullying": responsabilidade civil por dano moral, *Revista Argumentum*, *17*:17-43 (2016); Lei n. 13.185/2015, que institui o Programa de Combate à Intimidação Sistemática. Administradora de grupo de WhatsApp é condenada pelo TJSP por não coibir "bullying" (34ª Câmara). <https://www.jota.info/justica/whatsapp.administradora-grupo-22062018>.

Sobre *stalking*: CP, art.147-A, §§ 1º a 3º, acrescentado pela Lei n. 14.132/2021.

Sobre danos aos direitos da personalidade nas relações do trabalho: CLT, arts. 223-A, 223-B, 223-C, 223-D, 223-E, 223-F, 223-G, 394-A, com a redação da Lei n. 13.467/2017.

Sobre transplante de órgãos, tecidos e partes do corpo humano: Projeto de Lei n. 3.343/2008, arts. 625 a 634. A Portaria n. 201/2012 do Ministério da Saúde dispõe sobre remoção de órgãos, tecidos e partes do corpo humano vivo para fins de transplantes no território nacional, envolvendo estrangeiros não residentes no país.

Sobre direitos fundamentais da pessoa com deficiência: Lei n. 13.146/2015, arts. 10 a 76.

Sobre proteção aos direitos da criança e do adolescente: Lei n. 8.069/90, com as alterações da Lei n. 13.257/2016.

Sobre proteção de dados pessoais: Lei n. 13.709/2018 com alteração da Lei n. 13.853/2019

Sobre direito ao uso de redes sociais: MP n. 1.068/2021 (ora rejeitada, conforme Ato Declaratório do Presidente da Mesa do Congresso Nacional n. 58/2021).

Quadro Sinótico

PERSONALIDADE

1. CONCEITO DE PESSOA	• Teoria tradicional	• Pessoa é o ente físico ou coletivo suscetível de direitos e obrigações.
	• Teoria kelseniana	• Pessoa natural ou jurídica é a personificação de um complexo de normas.
2. PERSONALIDADE JURÍDICA	• Aptidão genérica para adquirir direitos e contrair obrigações.	
3. CAPACIDADE	• É a medida jurídica da personalidade.	
4. DIREITOS DA PERSONALIDADE	• São direitos subjetivos da pessoa de defender o que lhe é próprio, ou seja, a sua integridade física (vida, alimentos, próprio corpo vivo ou morto, corpo alheio vivo ou morto, partes separadas do corpo vivo ou morto); a sua integridade intelectual (liberdade de pensamento, autoria científica, artística e literária) e sua integridade moral (honra; recato; segredo pessoal, profissional e doméstico; imagem; identidade pessoal, familiar e social).	
5. DIREITO AO CORPO VIVO OU MORTO	• CC, arts. 13 a 15.	
6. DIREITO AO NOME	• CC, arts. 16 a 19.	
7. DIREITO À IMAGEM	• CC, art. 20.	
8. DIREITO À PRIVACIDADE	• CC, art. 21.	

2. Pessoa natural

A. Conceito da pessoa natural

Ao estudarmos a relação jurídica, vimos que ela contém duplicidade de sujeito: o ativo e o passivo. Qualquer dessas duas figuras denomina-se "pessoa"[19]. De modo que a "pessoa natural" é o ser humano considerado como sujeito de direitos e obrigações.

Contudo, civilistas e legislações não chegam a um acordo para a denominação da pessoa humana como ente jurídico. O nosso Código Civil de 1916 e o atual adotaram a expressão "pessoa natural". Contra ela insurgiu-se Teixeira de Freitas porque tal denominação dá a entender que existem "pessoas não naturais", o que não corresponde à realidade, pois os entes criados pelo espírito humano também são naturais, por serem ideias personificadas; são, portanto, tão naturais quanto o espírito que os gerou. Propôs, então, que se usasse a expressão "ser de existência visível", para designar o homem, em contraposição aos entes coletivos, que denominou "seres de existência ideal", nomenclatura adotada pelo Código Civil argentino (arts. 31 e 32), que aceitou essa inovação. Entretanto, essa expressão não satisfaz, pois apenas atende à corporalidade do ser humano. "Pessoa física" é a designação na França e na Itália e usada na legislação brasileira para regulamentar imposto sobre a renda. Clara é a imprecisão dessa terminologia, porque desnatura o homem, ao realçar o seu aspecto material, sem considerar suas qualidades morais e espi-

19. Serpa Lopes, *Curso de direito civil*, 2. ed., Freitas Bastos, 1962, p. 253; Roberto Senise Lisboa, *Manual elementar de direito civil*, São Paulo, Ed. Juarez de Oliveira, 1999, v. 1, p. 92-105; Sebastião José Roque, *Teoria geral do direito civil*, cit., p. 25-42; P. Stolze Gagliano e R. Pamplona Fº, *Novo curso*, cit., p. 87-142; Renan Lotufo, *Código Civil comentado*, São Paulo, Saraiva, v. 1, 2003, p. 6-196; Rafael G. Rodrigues, A pessoa e o ser humano no novo Código Civil, *A parte geral do novo Código Civil* (coord. G. Tepedino), Rio de Janeiro, Renovar, 2002, p. 1-34.

rituais, que são elementos integrantes de sua personalidade. O termo "pessoa individual", por sua vez, é bastante impróprio, ante a existência de pessoas de existência ideal, que não são coletivas[20].

Seguindo a orientação de nossa legislação civil e dos civilistas nacionais, aderimos à denominação "pessoa natural", que designa o ser humano tal como ele é.

B. Capacidade jurídica

Como pudemos apontar alhures, a personalidade tem sua medida na *capacidade,* que é reconhecida, num sentido de universalidade, no art. 1º do Código Civil, que, ao prescrever "toda pessoa é capaz de direitos e deveres", emprega o termo "pessoa" na acepção de todo ser humano, sem qualquer distinção de sexo (Lei n. 9.029/95; CP, art. 121, § 2º-A, II, com redação da Lei n. 13.104/2015; Lei n. 10.446/2002, art. 1º, VII, acrescido pela Lei n. 13.642/2018), idade (Leis n. 8.069/90, 10.741/2003, art. 96, Lei n. 12.033/2009, art. 1º, e Lei n. 12.213/2010, com alteração do art. 1º pela Resolução n. 27/2010), credo (Lei n. 12.033/2009, art.1º), raça[21] (Leis n. 7.347/85, com alteração da Lei n.

---

20. Teixeira de Freitas, *Esboço*, observações ao art. 17; Caio M. S. Pereira, op. cit., v. 1, p. 199 e 200; Clóvis Beviláqua, op. cit., p. 70; Marco Aurélio S. Viana, *Da pessoa natural*, São Paulo, 1988. Sobre CPF: IN n. 1.548/2015.

21. Caio M. S. Pereira, *Instituições*, cit., v. 1, p. 201 e 202; Hédio Silva Jr., *Antirracismo*, São Paulo, Juarez de Oliveira, 1998; *Direito de igualdade racial*, São Paulo, Juarez de Oliveira, 2002; Maria da Penha S. Lopes Guimarães, Racismo, questão mundial, *Jornal do Advogado* – OAB-SP, agosto de 2001, p. 34; Adelino Brandão, *Direito racial brasileiro*, São Paulo, Juarez de Oliveira, 2002; Carlos Ayres Britto, O regime constitucional do racismo, *Estudos de direito público em homenagem a Celso Antônio Bandeira de Mello*, coord. Marcelo Figueiredo e Valmir Pontes Filho, São Paulo, Malheiros, 2006, p. 145-63; Cristiano Alves, A *representatividade negra na política brasileira*, São Paulo, SRS, 2008; Calil Simão Neto, Direito à educação e afro-brasileiros: o estudo da história geral da África e da história da população negra no Brasil, *Revista de Direito Educacional*, *4*:111-128; Raphael de B. Petersen, A questão quilombola: fatores de incompreensão entre juristas e antropólogos, *Revista da Escola da Magistratura do TRF - 4ª Região*, n. 10, p. 273 a 289, 2018. *Vide* Decreto legislativo n. 104/64, que ratifica a Convenção n. 111, da OIT, sobre a Discriminação Racial em Emprego e Profissão, sendo que tal Convenção foi promulgada pelo Decreto n. 62.150/68; Decreto legislativo n. 23/67, que ratifica a Convenção Internacional sobre Eliminação de Todas as Formas de Discriminação Racial; Decreto de 10-3-2003, que institui Grupo de Trabalho Interministerial para elaborar proposta para criação da Secretaria Especial de Promoção da Igualdade Racial; Portaria n. 18/2002 do Conselho Federal de Psicologia, que estabelece normas de atuação para psicólogos em relação a preconceitos e discriminação racial; Lei n. 10.678/2003, que cria a Secretaria Especial de Políticas de Promoção da Igualdade Racial; Portaria n. 31 da Secretaria de Políticas de Promoção da Igualdade Racial, de 17 de março de 2011, que institui a Comissão de Validação da primeira edição do projeto Selo "Educação para Igualdade Racial"; Código Penal, art. 140, § 3º; Portaria n. 1.942/2003 do MEC, que institui Comissão Assessora de Diversidade para assuntos relacionados a afrodescendentes; Portaria n.

2.632, de 15-12-2004, do Ministério da Saúde, que aprova o Regimento Interno do Comitê Técnico de Saúde da População Negra; Leis n. 10.558/2002 (regulamentada pelos Decs. n. 4.876/2003 e 5.193/2004), que cria o Programa de Diversidade na Universidade, e 10.639/2003, que inclui a obrigatoriedade da temática "História e Cultura Afro-brasileira" no currículo oficial da Rede de Ensino; Portaria Normativa do MEC n. 21/2013 sobre inclusão da educação para as relações étnico-raciais, do ensino de História e Cultura Afro-brasileira e Africana, promoção da igualdade racial e enfrentamento ao racismo nos programas e ações do MEC; Lei n. 12.061/2009, que altera o inciso II do art. 4º e o inciso VI do art. 10 da Lei n. 9.394/96 para assegurar o acesso de todos os interessados ao ensino médio público; Lei n. 12.289/2010, que cria a Universidade de Integração Internacional da Lusofonia Afro-brasileira – UNILAB; Lei n. 11.645, de 10 de março de 2008, que altera a Lei n. 9.394, de 20 de dezembro de 1996, modificada pela Lei n. 10.639, de 9 de janeiro de 2003, que estabelece as diretrizes e bases da educação nacional, para incluir no currículo oficial da rede de ensino a obrigatoriedade da temática "História e Cultura Afro-brasileira e Indígena"; Decreto n. 4.886/2003, que institui a Política Nacional de Promoção da Igualdade Racial (PNPIR); Portaria n. 4.542/2005 do Ministério da Educação, que institui Comissão Técnica Nacional de Diversidade para Assuntos Relacionados à Educação dos Afro-brasileiros (CADARA); Decretos n. 4.885/2003, que dispõe sobre a composição, estruturação, competências e funcionamento do Conselho Nacional de Promoção da Igualdade Racial (CNPIR); e 4.919/2003 (ora revogado pelo Decreto n. 6.509/2008), que acresce e altera dispositivo do Decreto n. 4.885/2003, que dispõe sobre a composição, estruturação, competências e funcionamento do Conselho Nacional de Promoção da Igualdade Racial (CNPIR); a Portaria n. 74/2005 da Secretaria Especial de Políticas de Promoção de Igualdade Racial cria seu comitê de Coordenação de Programas; a Resolução do Conselho Nacional de Promoção da Igualdade Racial n. 1/2005 aprova o Regimento interno do CNPIR; a Portaria n. 4.542, de 28 de dezembro de 2005, do Ministério da Educação, institui a Comissão Técnica Nacional de Diversidade para Assuntos Relacionados à Educação dos Afro-brasileiros – CADARA, com o objetivo de elaborar, acompanhar, analisar e avaliar políticas públicas educacionais, voltadas para o fiel cumprimento do disposto na Lei n. 10.639/2003, visando a valorização e o respeito à diversidade étnico-racial, bem como a promoção de igualdade étnico-racial no âmbito do Ministério da Educação – MEC; Resolução n. 14, de 28 de abril de 2008, do FNDE, que estabelece critérios para a assistência financeira com o objetivo de fomentar ações voltadas à formação inicial e continuada de professores de educação básica e a elaboração de material didático específico no âmbito do Programa de Ações Afirmativas para a População Negra nas Instituições Federais e Estaduais de Educação Superior (UNIAFRO); Decreto n. 9.247/2018 reserva aos negros 30% das vagas oferecidas nas seleçãoes para estágio no âmbito da administração pública federal, direta, autárquica e fundacional; Portaria Normativa n. 38/GM-MD, de 25 de junho de 2018, do Ministério da Defesa, que regulamenta o procedimento de heteroidentificação complementar à autodeclaração dos candidatos negros nos processos seletivos públicos para ingresso nas escolas de formação de militares de carreira das Forças Armadas, para fins de preenchimento das vagas reservadas nos termos da Lei n. 12.990, de 9 de junho de 2014; Portaria n. 992, de 13 de maio de 2009, do Ministério da Saúde, que institui a Política Nacional de Saúde Integral da População Negra; Portaria n. 3.300, de 27 de outubro de 2010, do Ministério da Saúde, altera e acresce dispositivos ao Anexo à Portaria n. 2.632/GM/MS, de 15 de dezembro de 2004, que aprovou o Regimento Interno do Comitê Técnico de Saúde da População Negra; Decreto n. 6.872/2009, que aprovou o Plano Nacional de Promoção da Igualdade Racial (PLANAPIR); Lei n. 8.069/90, art. 28, § 6º, I, II e III (acrescentado pela Lei n. 12.010/2009), que trata da colocação de criança ou adolescente, proveniente de comunidade remanescente de quilombo, em família substituta; Portaria SEPPIR/PR n. 8/2014, com a alteração da Portaria n. 123/2017 do Ministério da Saúde, dispõe sobre adesão ao Sistema Nacional de Promoção da Igualdade Racial.

Pelo Decreto n. 4.883/2003: "Art. 1º Fica transferida do Ministério da Cultura para o Ministério do Desenvolvimento Agrário a competência relativa a delimitação das terras dos remanescentes das comunidades dos quilombos, bem como a determinação de suas demarcações, estabelecida no inciso VI, alínea *c*, do art. 27 da Lei n. 10.683, de 28 de maio de 2003. Parágrafo único. Compete ao Ministério do Desenvolvimento Agrário a expedição dos títulos das terras a que se refere o *caput* deste artigo. Art. 2º Compete ao Ministério da Cultura assistir e acompanhar o Ministério do Desenvolvimento Agrário e o Instituto Nacional de Colonização e Reforma Agrária – INCRA nas ações de regularização fundiária para garantir a preservação da identidade cultural dos remanescentes das comunidades dos quilombos". *Vide* Decreto n. 4.887/2003, que regulamenta o procedimento para identificação, reconhecimento, delimitação, demarcação e titulação das terras ocupadas por remanescentes das comunidades dos quilombos de que trata o art. 68 do Ato das Disposições Constitucionais Transitórias. Instrução Normativa n. 49, de 29-9-2008, do INCRA, que regulamenta o procedimento para identificação, reconhecimento, delimitação, demarcação, desintrusão, titulação e registro das terras ocupadas por remanescentes das comunidades dos quilombos de que tratam o art. 68 do Ato das Disposições Constitucionais Transitórias da Constituição Federal de 1988, e o Decreto n. 4.887, de 20-11-2003. Instruções Normativas n. 49/2008 e n. 56, de 7 de outubro de 2009, do INCRA, que regulamenta o procedimento para identificação, reconhecimento, delimitação, demarcação, desintrusão, titulação e registro das terras ocupadas por remanescentes das comunidades dos quilombos de que tratam o art. 68 do Ato das Disposições Constitucionais Transitórias da Constituição Federal de 1988 e o Decreto n. 4.887, de 20 de novembro de 2003. Educação escolar quilombola: Resolução n. 4/2010 do Conselho Nacional de Educação, art. 41. A Portaria n. 57/2008 da Secretaria Especial de Políticas de Promoção da Igualdade Racial estatui Comitê de Gestão da Agenda Quilombola, instituído no âmbito do Programa Brasil Quilombola, que deverá elaborar relatório periódico das atividades desenvolvidas, a ser apresentado aos titulares dos órgãos representados, bem como disponibilizar balanços das atividades da Agenda Social Quilombola no sítio da Internet da Secretaria Especial de Políticas de Promoção da Igualdade Racial. Caberá ao Comitê de Gestão propor e articular ações intersetoriais para o desenvolvimento das ações que constituem a Agenda Social Quilombola. O Comitê de Gestão se reunirá periodicamente para discussão sobre a formulação, implementação, monitoramento e avaliação das políticas públicas implementadas nas comunidades da Agenda Social Quilombola. A Resolução n. 8, de 26 de março de 2009, do Conselho Deliberativo do Fundo Nacional de Desenvolvimento da Educação, estabelece orientações e diretrizes para a execução de projetos educacionais de formação continuada de professores e elaboração de material didático específico para alunos e professores da educação básica nas áreas de remanescentes de quilombos. Pela Lei n. 12.188/2010, art. 5º, I, os remanescentes de quilombos são beneficiários da Política Nacional de Assistência Técnica e Extensão Rural para a Agricultura Familiar e Reforma Agrária (PNATER). Instrução Normativa n. 72, de 17 de maio de 2012, do INCRA, estabelece critérios e procedimentos para a realização de acordo administrativo para obtenção de imóveis rurais inseridos em territórios quilombolas; Instrução Normativa n. 73, de 17 de maio de 2012, do INCRA, estabelece critérios e procedimentos para a indenização de benfeitorias de boa-fé erigidas em terra pública visando a desintrusão em território quilombola; Resolução do Conselho Nacional de Educação n. 8/2012 sobre diretrizes curriculares nacionais para a Educação Escolar Quilombola na educação básica. A Portaria n. 98, de 3 de abril de 2013 do Ministério do Meio Ambiente, institui o Grupo de Trabalho Interministerial – GTI com a finalidade de elaborar proposta para a regularização ambiental em territórios quilombolas estabelecida na Lei n. 12.651, de 25 de maio de 2012, no que concerne ao Cadastro Ambiental Rural – CAR, e para a instituição do Plano Nacional de Gestão Territorial e Ambiental para esses territórios.

Sobre homossexualidade: Lei estadual paulista n. 10.948/2001; Lei estadual mineira n. 14.170/2002; Lei municipal de Belo Horizonte n. 8.176/2001. Há Projeto de Lei Complementar n. 122/2006 que determina sanções às práticas discriminatórias em razão da orientação sexual das pessoas, punindo como criminoso quem vier a criticar o homossexualismo, criando a figura penal da homofobia. A proposta pretende punir com 2 a 5 anos de reclusão aquele que ousar proibir ou impedir a prática pública de um ato obsceno ("manifestação de afetividade") por homossexuais (art. 7º). Na mesma pena incorrerá a dona de casa que dispensar a babá que cuida de suas crianças após descobrir que ela é lésbica (art. 4º). A conduta de um sacerdote que, em uma homilia, condenar o homossexualismo poderá ser enquadrada no art. 8º ("ação [...] constrangedora [...] de ordem moral, ética, filosófica ou psicológica"). A punição para o reitor de um seminário que não admitir o ingresso de um aluno homossexual está prevista para 3 a 5 anos de reclusão (art. 5º); Portaria n. 544/2011, da Secretaria de Direitos Humanos, estabeleceu Regimento Interno Provisório do Conselho Nacional de Combate à Discriminação e

Promoção dos Direitos de Lésbicas, *Gays*, Bissexuais, Travestis e Transexuais. Resolução n. 13, de 6 de março de 2015, do CNCD/LGBT, aprova o Regimento Interno do Conselho Nacional de Combate à Discriminação e Promoção dos Direitos de Lésbicas, *Gays*, Bissexuais, Travestis, Transexuais. A Resolução n. 12/2015, do Conselho Nacional de Combate à Discriminação e Promoção dos Direitos de Lésbicas, *Gays*, Bissexuais, Travestis e Transexuais, da Secretaria de Direitos Humanos, garante o uso de banheiros, vestiários e demais espaços segregados por gênero, nas instituições de ensino, de acordo com a identidade de gênero de cada um. Caso haja distinções quanto ao uso de uniformes, deve haver a possibilidade do uso conforme a identidade de gênero. As escolas também deverão reconhecer o nome social do aluno no tratamento oral, sendo o nome civil usado na emissão de documentos oficiais. A Resolução n. 11/2015, do mesmo Conselho, estabelece os parâmetros para a inclusão dos itens "orientação sexual", "identidade de gênero" e "nome social" nos boletins de ocorrência emitidos pelas autoridades policiais. Ao incluir esses itens, a Resolução leva em consideração, entre outros, o art. 5º da Constituição Federal, que diz que todos são iguais perante a lei, sem distinção de qualquer natureza, garantindo-se aos brasileiros e aos estrangeiros residentes no país a inviolabilidade do direito à vida, à liberdade, à igualdade, à segurança e à propriedade. Portaria n. 2.836, de 1º de dezembro de 2011, do Ministério da Saúde, institui a Política Nacional de Saúde Integral de Lésbicas, *Gays*, Bissexuais, Travestis e Transexuais (Política Nacional de Saúde Integral LGBT), consulte sobre issso a Resolução da CIT n. 26/2017; Portaria n. 766/2013, da Secretaria de Direitos Humanos, sobre o Sistema Nacional de Promoção de Direitos e Enfrentamento à Violência contra LGBT; Portaria Interministerial n. 1, de 6 de fevereiro de 2015, institui a Comissão Interministerial de Enfrentamento à Violência contra Lésbicas, *Gays*, Bissexuais, Travestis e Transexuais (CIEV-LGBT); Portaria n. 598, de 21 de maio de 2015, do Ministério da Saúde, aprova o Regimento Interno do Comitê Técnico de Saúde Integral de Lésbicas, *Gays*, Bissexuais, Travestis e Transexuais e a Portaria n. 94/2015 (com alteração da Portaria n. 54/2017) do Ministério da Cultura cria o Comitê Técnico de Cultura de Lésbicas, Gays, Bissexuais, Travestis e Transexuais (LGBT). Portaria n. 11, de 26 de fevereiro de 2016, da Secretaria da Cidadania e da Diversidade Cultural, dispõe sobre a divulgação da fase de habilitação do Edital de Divulgação n.11, de 4 de dezembro de 2015 – Chamada Pública para Participação no Comitê Técnico de Cultura para Lésbicas, *Gays*, Bissexuais, Travestis e Transexuais (LGBT). *Vide*: STF, ADI n. 4.277 e ADPF n. 132 – decisão com efeito vinculante admitindo união homoafetiva como entidade familiar.

Consulte: LGBTI, diversidade, respeito, afeto, *Rev. IBDFAM*, n. 43, 2019.

Resolução n. 8, de 20 de setembro de 2018, dispõe sobre o uso do nome social e o reconhecimento da identidade de gênero de pessoas travestis e transexuais no âmbito do sistema CONTER/CRTRS.

A Resolução n. 4/2012, do Conselho Nacional de Combate à Discriminação e Promoção dos Direitos de Lésbicas, *Gays*, Bissexuais, Travestis e Transexuais, estabelece condições gerais para a organização e o funcionamento da Câmara Técnica de Legislação e Normas do Conselho Nacional de Combate à Discriminação e Promoção dos Direitos de LGBT.

A Portaria n. 2.803/GM/MS de 2013, com a alteração da Portaria n. 807/2017 do Ministério da Saúde, redefine e amplia o Processo Transexualizador do SUS.

Interessante é a obra de Leandro R. Cunha, *Identidade e redesignação de gênero*, Rio de Janeiro, Lumen Juris, 2015.

A Portaria n. 4/2006, da Secretaria Especial de Políticas para as Mulheres, da Presidência da República (art. 1º), resolve: "alterar os incisos do art. 1º da Portaria n. 54, de 5 de novembro de 2004, referentes aos objetivos setoriais, que passam a vigorar com a seguinte redação: I – combater todos os tipos de violência e de discriminação contra a mulher; II – sensibilizar a sociedade brasileira sobre os problemas enfrentados pelas mulheres, desconstruir os mitos e conceitos discriminatórios, e promover a difusão de novos valores relativos à igualdade de gênero; III – desenvolver ações visando aumentar o poder das mulheres em situação de vulnerabilidade; IV – combater a exploração e a violência sexual contra meninas, adolescentes e jovens; V – realizar ações de geração de emprego e renda garantindo o corte de gênero em programas de emprego e trabalho; VI – sensibilizar a so-

12.966/2014; n. 7.716/89, com alteração da Lei n. 9.459/97 (que revogou a Lei n. 8.882/94) e n. 12.288/2010; Dec. de 8-9-2000; Lei n. 12.033/2009, art. 1º; CP, art. 145, parágrafo único; Lei n. 10.778/2003, com alteração da Lei n. 12.288/2010, art. 1º, § 1º; Decreto n. 7.261/2010) etc. Igualmente, a Constituição Federal (arts. 1º, III; 3º, IV; 5º, I, VI, XLI; 19, I) desconhece a discriminação racial (art. 5º, XLII), que é punida como crime, ou nacional no Brasil. O STF ao julgar a ação declaratória de constitucionalidade n. 41/2018 entendeu que é constitucional a Lei n. 12.990/2014, que reserva a pessoas negras 20% das vagas oferecidas nos concursos públicos para provimento de cargos efetivos e empregos públicos no âmbito da administração pública federal direta e indireta. E proclamando o princípio da igualdade civil, por razões de ordem pública e de interesse nacional, sem criar distinções entre brasileiros e estrangeiros, admite restrições e condições (Dec. n. 2.771/98, alterado pelo Dec. n. 4.400/2002) ao exercício por estes de certos direitos, vedando-lhes a exploração de minas e quedas-d'água (art. 176, § 1º, da CF/88, com alteração da EC n. 6/95), a função de corretor da Bolsa e leiloeiro público (CPC, art. 883), a propriedade de empresas jornalísticas e de radiodifusão sonora e de sons e imagens (art. 222, §§ 1º a 5º, da CF/88, com redação da EC n. 36/2002; Lei n. 10.610/2002) e de embarcações (art. 178 e parágrafo único da CF/88, com alteração da EC n. 7/95) etc., e, no campo político, reservando o direito de voto aos brasileiros natos ou naturalizados (CF, art. 14, §§ 2º e 3º, I), e para adquirirem os estrangeiros propriedade rural podem depender de certas limitações legais (Lei n. 5.709/71; Decreto n. 74.965/74 e Decreto n. 5.978/2006, art. 15, II, *in fine*; Provimento CG n. 5/2012, que altera o item 42.3 da Seção V do Cap. XIV das Normas de Serviço da Corregedoria-Geral da Justiça; IN do INCRA n. 76/2013) ou de autorização do Congresso Nacional (CF, art. 190). Contudo, tais restrições não implicam desigualdade jurídica entre nacional e estrangeiro[22].

---

ciedade para os novos valores sobre os direitos reprodutivos e sexuais das mulheres e promoção da paternidade responsável; VII – estimular o desenvolvimento sustentável, com base no corte de gênero e no conceito de justiça ambiental; VIII – combater a discriminação contra as mulheres negras e indígenas; IX – combater os obstáculos sociais e econômicos ao desenvolvimento das trabalhadoras rurais; X – combater as discriminações no mundo do trabalho; XI – promover e apoiar o desenvolvimento de programas de educação e erradicação do analfabetismo; XII – apoiar ações que tratem da titulação da mulher chefe de família na aquisição da habitação; e XIII – promover e apoiar as ações que tratem sobre ciência, tecnologia e relações de gênero". A Lei n. 11.340, de 7 de agosto de 2006, cria mecanismos para coibir a violência doméstica e familiar contra a mulher.

A Lei n. 13.642/2018 altera o art. 1º da Lei n. 10.446/2002, acrescentando o inciso VII para atribuir à Polícia Federal a investigação de crime praticado por meio de rede mundial de computadores que difunda conteúdo misógino, definido como aquele que propaga ódio ou aversão às mulheres.

A Lei n. 12.605/2012 determina o emprego obrigatório da flexão do gênero correspondente ao sexo para nomear profissão ou grau em diplomas.

22. O termo "capacidade" advém do latim *capere*, isto é, agarrar, prender, tomar nas mãos, apoderar-se, apreender, adquirir, apanhar. *Capax* é aquele que tem essa aptidão, *ca-*

Da análise do art. 1º do Código Civil surge a noção de capacidade, que é a maior ou menor extensão dos direitos e dos deveres de uma pessoa.

De modo que a esta aptidão, oriunda da personalidade, para adquirir direitos e contrair deveres na vida civil, dá-se o nome de *capacidade de gozo* ou *de direito*. A capacidade de direito não pode ser recusada ao indivíduo, sob pena de se negar sua qualidade de pessoa, despindo-o dos atributos da personalidade[23].

Entretanto, tal capacidade pode sofrer restrições legais quanto ao seu exercício pela intercorrência de um fator genérico como tempo (maioridade ou menoridade), de uma insuficiência somática que retire o poder de manifestação da vontade (p. ex., perda de memória, paralisia mental), de uso de entor-

---

pacitas (Antônio Chaves, op. cit., p. 2). *Vide* Lei n. 10.835/2004, que instituiu renda básica de cidadania a todos os brasileiros residentes no País e estrangeiros residentes há pelo menos 5 anos no Brasil, não importando sua condição socioeconômica, priorizando-se as camadas mais necessitadas da população. O pagamento do benefício deverá ser de igual valor para todos, e suficiente para atender às despesas mínimas de cada pessoa com alimentação, educação e saúde, considerando para isso o grau de desenvolvimento do País e as possibilidades orçamentárias. Esse pagamento poderá ser feito em parcelas iguais e mensais. O benefício monetário será considerado como renda não tributável para fins de incidência do Imposto sobre a Renda de Pessoas Físicas. Caberá ao Poder Executivo definir o valor do benefício. *Vide*, também, Decreto n. 74.965/74, que regulamenta a Lei n. 5.709/71, que trata da aquisição de imóvel rural por estrangeiro residente no país, e o Decreto n. 98.961/90, que dispõe sobre expulsão de estrangeiro condenado por tráfico de entorpecentes e drogas afins.

Vide Lei n. 13.445/2017 (Lei da Migração); Decreto n. 740/93, que revoga dispositivos do Decreto n. 86.715/81, que regulamenta a Lei n. 6.815/80 (ora revogada); Lei n. 9.029/95, que proíbe a exigência de atestados de gravidez e esterilização, e de outras práticas discriminatórias, para efeitos admissionais ou de permanência da relação jurídica de trabalho; Lei n. 10.610/2002, sobre participação de capital estrangeiro nas empresas jornalísticas e de radiodifusão sonora e de sons e imagens; Decreto n. 4.400/2002 sobre registro provisório para estrangeiro em situação irregular no Brasil; Resolução administrativa do Conselho Nacional de Imigração n. 6/2004, que disciplina procedimentos para autorização de trabalho a estrangeiro; Decreto n. 5.311, de 15-12-2004 (ora revogado pelo Decreto n. 5.978/2006), alterou os arts. 96 e 97 do Decreto n. 86.715, de 10-12-1981, e o artigo 30 do Decreto n. 1.983, de 14-8-1996, para estabelecer o prazo de validade do passaporte para estrangeiros e do *laissez-passer*, conceder validade para múltiplas viagens ao *laissez-passer* e dispor sobre o recolhimento desses documentos.

Sobre discriminação e violação dos direitos de deficientes: Lei n. 13.146/2015, arts. 7º e parágrafo único, e 88 a 91.

23. Orgaz, *Personas individuales*, Buenos Aires, 1961; Roger Raupp Rios, *O princípio da igualdade e a discriminação por orientação sexual*, São Paulo, Revista dos Tribunais, 2003. O atual Código Civil preferiu empregar o termo *deveres*, alerta Fiuza, no relatório geral, por existirem deveres jurídicos diferentes da obrigação, como a sujeição, nos direitos de vizinhança, o dever genérico de abstenção, os poderes-deveres e os deveres do direito de família. A esse respeito: Jones Figueirêdo Alves e Mário Luiz Delgado, *Código Civil anotado*, São Paulo, Método, 2005, p. 1-2. A Lei n. 10.048/2000, art. 1º (com a redação da Lei n. 13.146/2015), reza que pessoa portadora de deficiência, idoso com idade igual ou superior a 60 anos, gestante, lactante e pessoa com criança de colo terão atendimento prioritário. Lei n. 13.146/2015, art. 9º, sobre atendimento prioritário a deficiente. Lei Municipal de São Paulo n. 11.248/92, sobre atendimento preferencial de gestantes, mães com crianças de colo, idosos e deficientes em estabelecimento comercial, de serviço e similares.

pecente etc.[24]. Aos que assim são tratados por lei, o direito denomina "incapazes". Logo, a *capacidade de fato* ou *de exercício* é a aptidão de exercer por si os atos da vida civil dependendo, portanto, do discernimento que é critério, prudência, juízo, tino, inteligência, e, sob o prisma jurídico, a aptidão que tem a pessoa de distinguir o lícito do ilícito, o conveniente do prejudicial[25].

Assim, temos, graficamente:

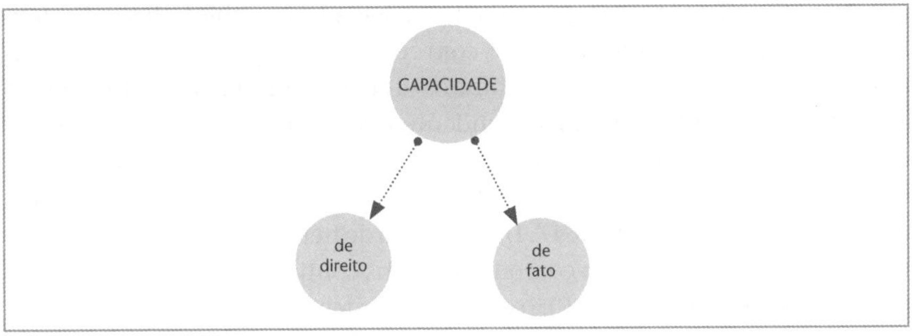

A capacidade jurídica da pessoa natural é limitada, pois uma pessoa pode ter o gozo de um direito, sem ter o seu exercício por ser incapaz, logo, seu representante legal é que o exerce em seu nome[26]. A capacidade de exercício pressupõe a de gozo, mas esta pode subsistir sem a de fato ou de exercício[27].

C. Incapacidade

c.1. Noção

A incapacidade é a restrição legal ao exercício dos atos da vida civil, devendo ser sempre encarada estritamente, considerando-se o princípio de que "a capacidade é a regra e a incapacidade a exceção".

---

24. Caio M. S. Pereira, *Instituições*, cit., v. 1, p. 224.
25. Antônio Chaves, *Capacidade civil*, cit., p. 2.
26. Antônio Chaves, *Capacidade civil*, cit., p. 7; Luciano Campos de Albuquerque, A capacidade da pessoa física no direito civil, *Revista de Direito Privado*, *18*:84-103.
27. W. Barros Monteiro, op. cit., v. 1, p. 63; Marcos Bernardes de Mello, Achegas para uma teoria das capacidades em direito, *Revista de Direito Privado*, n. 3, p. 9-34; Guilherme C. Nogueira da Gama e Bruno Paiva Bartholo, Personalidade e capacidade jurídicas no Código Civil de 2002, *Revista Brasileira de Direito de Família*, *37*:27-41; Ana Clara S. Lopes da Silva, A influência das obras de Teixeira de Freitas para a Teoria das Capacidades, in *A relevância do jurista baiano Teixeira de Freitas para o direito e a sociedade*, Salvador, Paginae, p. 327-344, 2018, v. 1.

Como toda incapacidade advém de lei, consequentemente não constituem incapacidade quaisquer limitações ao exercício dos direitos provenientes de ato jurídico *inter vivos* ou *causa mortis*. Exemplificativamente: se o doador grava o bem doado de inalienabilidade, o donatário não poderá dele dispor; se o testador institui uma substituição fideicomissária, o fiduciário não terá a disponibilidade da coisa recebida[28].

Não se confunde também com a incapacidade a proibição legal de efetivar determinados negócios jurídicos com certas pessoas ou em atenção a bens a elas pertencentes, p. ex., a que proíbe o tutor de adquirir bens do tutelado; o ascendente de vender bens ao descendente sem o consentimento dos demais descendentes e do seu cônjuge (CC, art. 496; STF, Súmula 494); o casado, exceto no regime de separação absoluta de bens, de alienar imóveis sem a outorga do outro cônjuge (CC, art. 1.647, I); o indigno de herdar (CC, art. 1.814); os tutores ou curadores de dar em comodato os bens confiados a sua guarda sem autorização especial (CC, art. 580); o credor do herdeiro de aceitar, por este, quando renunciante, a herança com autorização judicial (CC, art. 1.813). Trata-se de impedimentos para a prática de certos atos jurídicos, não traduzindo incapacidade do tutor, do curador, do ascendente, da pessoa casada, do indigno e do credor do herdeiro, que conservam o pleno exercício de seus direitos civis[29]. Referem-se à legitimação que é "a posição das partes, num ato jurídico, negocial ou não, concreto e determinado, em virtude da qual elas têm competência para praticá-lo"[30].

Eis por que, modernamente, se distingue a capacidade de gozo da legitimação. Mesmo que o indivíduo tenha capacidade de gozo, pode estar impedido de praticar certo ato jurídico, em razão de sua posição especial em relação a certos bens, pessoas e interesses. Logo, a legitimação consiste em saber se uma pessoa tem ou não competência para estabelecer determinada relação jurídica, sendo, portanto, um pressuposto subjetivo-objetivo, enquanto a capacidade de gozo é pressuposto subjetivo do negócio jurídico.

---

28. Caio M. S. Pereira, *Instituições*, cit., v. 1, p. 229; Planiol, Ripert e Boulanger, *Traité élémentaire de droit civil*, v. 1, n. 2.156; Colin e Capitant, *Cours élémentaire de droit civil*, v. 1, n. 71.
29. Caio M. S. Pereira, *Instituições*, cit., v. 1, p. 229 e 230; Antônio Chaves, *Capacidade civil*, cit., p. 7 e 8.
30. Mário Salles Penteado, A legitimação dos atos jurídicos, *RT*, *454*:28, 1973. Legitimação é uma forma especial de capacidade exigida a quem se encontrar em determinada situação, para certos atos da vida civil, p. ex., o art. 496 do Código Civil exige que ascendente só venda a descendente com anuência dos demais descendentes e com a do seu cônjuge.

Deveras, como nos ensina Carnelutti, a capacidade de gozo é relativa ao modo de ser da pessoa, e a legitimação, à sua posição em relação às outras[31].

O instituto da incapacidade visa proteger os que são portadores de uma deficiência jurídica apreciável, graduando a forma de proteção que para os absolutamente incapazes (CC, art. 3º) assume a feição de representação, uma vez que estão completamente privados de agir juridicamente, e para os relativamente incapazes (CC, art. 4º) o aspecto de assistência, já que têm o poder de atuar na vida civil, desde que autorizados[32]. Por meio da representação e da assistência, supre-se a incapacidade, e os negócios jurídicos realizam-se regularmente.

Graficamente temos:

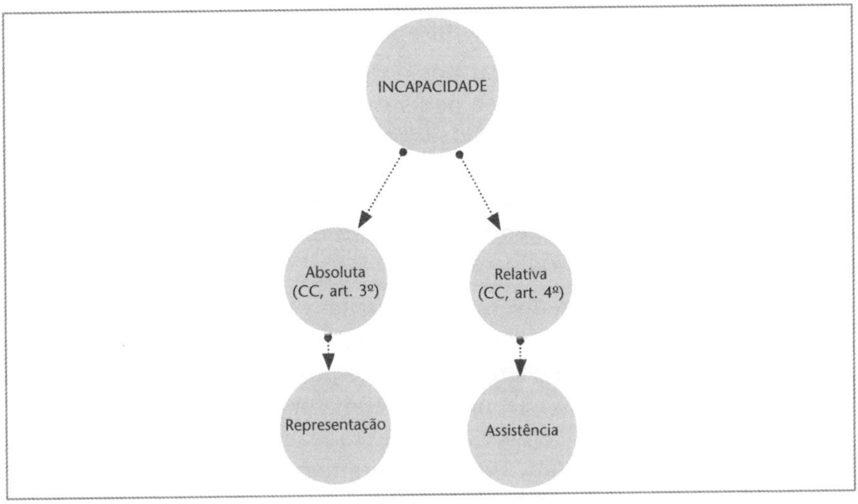

Os arts. 3º e 4º do Código Civil são de imperatividade absoluta ou impositiva, pois determinam o estado das pessoas com a convicção de que certas relações e determinados estados da vida social não podem ser deixados ao arbítrio individual, o que acarretaria graves prejuízos para a ordem social. Daí serem essas disposições normativas de ordem pública.

---

31. Antônio Chaves (Capacidade civil, cit., p. 8 e 9) expõe a doutrina de Carnelutti. A propósito *vide* Emilio Betti, *Teoría general del negocio jurídico,* Madrid, p. 177; Cariota Ferrara, *Negozio giuridico,* n. 432, p. 592.

32. Caio M. S. Pereira, *Instituições,* cit., v. 1, p. 230 e 231; Planiol, Ripert e Boulanger, op. cit., v. 1, n. 2.175; Mª Helena Diniz, A nova teoria das incapacidades, *Revista Thesis Juris,* n. 5, p. 263-288.

c.2. Incapacidade absoluta

A incapacidade será absoluta quando houver proibição total do exercício do direito pelo incapaz, acarretando, em caso de violação do preceito, a nulidade do ato (CC, art. 166, I). Logo, os absolutamente incapazes têm direitos, porém não poderão exercê-los direta ou pessoalmente, devendo ser representados[33].

São *absolutamente incapazes* (CC, art. 3º) somente os *menores de 16 anos,* porque devido à idade não atingiram o discernimento para distinguir o que podem ou não fazer, o que lhes é conveniente ou prejudicial. Dado seu desenvolvimento mental incompleto, carecem de auto-orientação, sendo facilmente influenciáveis por outrem[34].

As Ordenações do Reino, tendo em vista a aptidão para procriar, estabeleciam que o varão de menos de 14 anos e a mulher de menos de 12 deveriam ser representados por seus tutores[35].

Clóvis Beviláqua, ao elaborar nosso Código Civil de 1916, considerou o desenvolvimento intelectual e o poder de adaptação às condições da vida em sociedade[36], fixando a incapacidade absoluta até que se atinjam 16 anos de idade. O atual Código Civil, no art. 3º, manteve o mesmo limite de idade; todavia, tal limite deveria ser repensado, ante a mentalidade dos jovens aos 14 anos, que, hodiernamente, é bem mais desenvolvida do que na ocasião da promulgação do Código de 1916.

No direito comparado diversa é a maneira com que é tratada a incapacidade decorrente de idade. Alguns Códigos, como o argentino (art. 127), distinguem os menores impúberes dos púberes, com total abstenção dos atos da vida civil até 14 anos. O alemão (art. 104) considera absolutamente incapaz o que não atingiu 7 anos e acima dessa idade confere-lhe o exercício do direito com limitações (art. 106), necessitando do consentimento de seus representantes até atingir 18 anos (lei alemã de reforma da maioridade, de

---

33. Antônio Chaves, *Capacidade civil*, cit., p. 9. Pelo Enunciado da VIII Jornada de Direito Civil n. 636: "O impedimento para o exercício da tutela do inciso IV, do art. 1.735 do Código Civil pode ser mitigado para atender ao princípio do melhor interesse da criança".

34. Silvio Rodrigues, *Direito civil,* 3. ed., Max Limonad, 1967, p. 72; Caio M. S. Pereira, op. cit., v. 1, p. 232. Mas aos maiores de 14 anos é assegurado o direito trabalhista, sendo proibido qualquer trabalho a menor de 14 anos, salvo na condição de aprendiz (Lei n. 8.069/90, art. 60; Decreto n. 5.598/2005; Instrução Normativa n. 97/2012, da Secretaria de Inspeção do Trabalho; CLT, art. 428; CF, art. 7º, XXXIII).

35. Ordenações, L. 3, tít. 41, § 8º; L. 3, tít. 63, § 5º; L. 4, tít. 81, princ.

36. Clóvis Beviláqua, op. cit., p. 80; Silvio Rodrigues, op. cit., p. 72; Paulo de Lacerda, *Manual de Código Civil Brasileiro,* Rio de Janeiro, 1925, v. 6, p. 507-12. *Vide*: Lei n. 8.069/90, arts. 36 e 37, com a alteração da Lei n. 12.010/2009; CC, art. 1.734, com a redação da Lei n. 12.010/2009.

31-7-1974) para praticar atos na vida civil. O Código francês não faz qualquer distinção entre capacidade absoluta e relativa dos menores, deixando que o juiz verifique se já chegaram ou não à idade do discernimento. O italiano de 1865 seguia a esteira do francês, mas o atual (de 1942) faz cessar a incapacidade absoluta aos 18 anos, salvo em casos especiais de leis que estabelecem uma idade superior, ou seja, a de 21 anos (arts. 2º e 3º)[37].

Os que, por enfermidade ou deficiência mental, não tinham o necessário discernimento para a prática dos atos da vida civil (CC, art. 3º, inciso II, ora revogado pela Lei n. 13.146/2015; *RJTJSP, 82*:51, *25*:78; *JSTJ, 75*:185; *RT, 625*:166 e *468*:112) inseriam-se no rol dos absolutamente incapazes, por motivo de ordem patológica ou acidental, congênita (p. ex., síndrome de Down) ou adquirida, que lhes retirava as condições de reger sua pessoa ou administrar seus bens. Hoje entendemos, em que pesem as opiniões em contrário, que, pela lógica do razoável (Recaséns Siches), ante o disposto no Código Civil, art. 4º, III, poderão estar, por serem considerados *relativamente incapazes*, sob curatela se, por causa transitória ou permanente, não puderem exprimir sua vontade, por não terem a livre disposição de volição para cuidar dos próprios interesses, devendo ser assistidos por um curador (CC, art. 1.767, I, com a redação da Lei n. 13.146/2015), tais como: a) portadores de enfermidades físico-psíquicas que impedem o discernimento, como: demência ou fraqueza mental senil (*RJ, 190*:98); demência afásica; degeneração; psicastenia; psicose tóxica; psicose autotóxica (depressão, uremia etc.); psicose infectuosa (delírio pós-infeccioso etc.); paranoia; demência arteriosclerótica; demência sifilítica; mal de Parkinson senil, apresentando tremores, sensíveis sinais de depressão evolutiva, rigidez muscular, instabilidade emocional e demência progressiva; doença neurológica degenerativa progressiva etc.; b) deficiência mental ou anomalia psíquica, incluindo alienados mentais, psicopatas, mentecaptos, maníacos, imbecis, dementes e loucos, furiosos ou não. O termo *loucos* abrange toda espécie de desequilíbrio mental, ainda que seja interrompido por intervalos de lucidez[38] e desde que

---

37. Caio M. S. Pereira, *Instituições*, cit., v. 1, p. 234 e 235; Sílvio Venosa, op. cit., p. 127; Pasquale Stanzione, Personalità, capacità e situazione giuridiche del menore, *RTDCiv.*, *1*:113; *RT, 503*:90.

Mas, pelo Enunciado n. 138 do Conselho de Justiça Federal, aprovado na III Jornada de Direito Civil: "A vontade dos absolutamente incapazes, na hipótese do inciso I do art. 3º, é juridicamente relevante na concretização de situações existenciais a eles concernentes, desde que demonstrem discernimento bastante para tanto".

38. Fez bem nosso atual Código Civil, antes da alteração do Estatuto do Deficiente, em abandonar a expressão *loucos de todo o gênero*, por ser anacrônica e por pecar pela falta de técnica, dando ensejo a confusões, pelo seu conteúdo amplíssimo, alcançando toda e qualquer pessoa com distúrbio mental ou portadora de alguma anomalia

haja um processo de interdição (CPC, arts. 747 a 758; *RT*, *447*:63, *485*:70, *503*:93, *506*:75) comprovando que não têm qualquer equilíbrio mental para efetivar atos ou negócios jurídicos; só podem, se interditados, atuar juridicamente quando assistidos pelo curador e terão prioridade de tramitação nos procedimentos judiciais. O art. 1.767, I, do Código Civil, com a redação da Lei n. 13.146/2015, os incluem como passíveis de interdição para fins de curatela, para que seus direitos de natureza patrimonial ou negocial fiquem sob a regência de um curador (Lei n. 13.146/2015, art. 85, § 1º).

Urge lembrar que, outrora, com o Decreto n. 24.559/34, revogado pelo Decreto n. 99.678/90 (também ora revogado), passou-se a distinguir o psicopata em absoluta e relativamente incapaz, permitindo-se, assim, que o juiz fixasse na sentença, tendo em vista a gravidade da moléstia, se sua incapacidade era absoluta ou relativa; conforme o caso, deveria ser representado ou assistido pelo curador. Diante da ocorrência desse fato, o Código Civil vigente, no art. 3º, II (ora revogado), utilizava expressão mais abrangente ao mencionar a falta de necessário discernimento para a prática de atos

---

psíquica. Clóvis Beviláqua (op. cit., p. 82) acrescenta que alienados ou loucos são aqueles que, por organização cerebral incompleta, por moléstia localizada no encéfalo, lesão somática ou vício de organização, não gozam de equilíbrio mental e clareza de razão suficientes para se conduzirem socialmente nas várias relações da vida. *Vide*, ainda, Sá Freire, *Manual do Código Civil brasileiro*, v. 12, p. 49; Guido Arturo Palomba, Os Códigos Civil e Penal e os estados intermediários de loucura, *Tribuna do Direito*, n. 39, p. 14. Urge lembrar que a Lei n. 10.741/2003, Estatuto do Idoso, modifica dispositivos (art. 18, III) da Lei de Tóxicos (Lei n. 6.368/76, ora revogada pela Lei n. 11.343/2006).

Vide CF, art. 227, § 1º, II, com a redação da EC n. 65/2010; Lei n. 10.216/2001 (Lei Antimanicomial). Segundo a concepção raciovitalista do direito de Recaséns Siches, o jurista deve estudar a norma em sua historicidade, como um momento da vida coletiva, ligado às circunstâncias e dentro da perspectiva por elas formada. A circunstância de cada um é o mundo de cada um, compreendendo o próprio corpo de cada ser humano, a natureza física, psíquica e biológica circundante e a realidade social concreta em que cada um se encontra, e se compondo de fatores econômicos, éticos, políticos. A circunstância é variável por sua natureza. A lógica do razoável ou da razão vital ou histórica destina-se a compreender, buscando o sentido dos fatos ou objetos humanos, mediante operações estimativas. A norma jurídica não pode ser julgada em si mesma como um fim, mas como um meio para a consecução dos valores concretos como justiça, bem-estar social, dignidade da pessoa humana, liberdade, igualdade perante o direito, oportunidades iguais. A lógica do razoável é um instrumento para que o intérprete aplicador do direito, com bom senso e prudência, atinja a solução mais justa, influenciado pela realidade do meio concreto para adequar as soluções aos casos reais (Recaséns Siches, *La nueva filosofía de la interpretación del derecho*, México, 1950, p. 128-178, 256-269).

da vida civil, mas, hoje, gradua a debilidade mental no art. 4º, II e III (com a redação da Lei n. 13.146/2015), enquadrando no rol dos relativamente incapazes os ébrios habituais, os toxicômanos e os que por causa transitória ou permanente não puderem exprimir sua vontade, o que, sem dúvida, revela prudência legislativa, pois há hipóteses de deficiência mental que acarretam apenas uma capacidade limitada, daí falar-se em limites da curatela.

Baseados em posição fundada em subsídios mais recentes da ciência médico-psiquiátrica, entendemos que o art. 4º, III, por conter expressão abrangente, alarga os casos de incapacidade relativa decorrente de causa permanente ou transitória que impossibilite a manifestação da vontade.

Há diversas variantes de manifestações psicopáticas, ante o polimorfismo da insanidade. Por isso, entendemos, andou bem a legislação civil em não enumerar as formas de alienação mental, pois obrigaria o intérprete e o aplicador a exigir da perícia a dificílima diagnose de cada caso. Ora, o direito deve contentar-se com um critério prático: a simples afirmação de um estado de enfermidade ou deficiência mental, que reclame intervenção protetora, visto que a pessoa tornou-se, ante a impossibilidade de manifestar sua vontade, relativamente incapaz de prover aos próprios interesses, de dirigir sua vida negocial, de exercer seus direitos patrimoniais com discernimento, por ser, por causa transitória ou permanente, doente ou por sofrer qualquer perturbação das faculdades mentais.

A *anomalia psíquica* é, portanto, qualquer doença que compreende não só o estado fronteiriço entre a sanidade e a insanidade mental como também a loucura.

Intervalos de lucidez, interrupções regulares, ou não, do estado de perturbação mental não obstam a interdição, como já dissemos. Todavia, é preciso esclarecer que imprescindível será que se tenha um estado transitório ou permanente que justifique a interdição, não podendo ser um estado fugaz de falta de percepção. A alteração das faculdades mentais determinantes da interdição não consiste em manifestações meramente passageiras; deve ser permanente, podendo não ser contínua, pois pode ser transitória. Nem há que se perquirir se há ou não validade jurídica de ato praticado em intervalo lúcido.

Além disso, é preciso esclarecer, ainda, que, em direito, não se cogita em saber se a enfermidade mental parcial exerce influência sobre todos os atos do paciente, e sim, se anomalia psíquica apurada, embora parcial, torna a pessoa incapaz para administrar seus bens ante p. ex., a impossibilidade de manifestar sua vontade

Será necessário processo de interdição ou bastaria um processo visando a nomeação de curador? Essa dúvida decorre do fato de o art. 1.768 do CC ter sido alterado pela Lei n. 13.146/2015, não mais mencionando que: "A interdição deve ser promovida", mas prescrevendo que: "O processo que define os termos da curatela deve ser promovido". Ora, o art. 1.768 foi revogado pelo CPC (norma posterior), logo persiste a interdição que está por ele disciplinada (arts. 747 a 760).

Segundo Pedro Nunes (*Dicionário de tecnologia jurídica*), a *interdição* "é o ato judicial que declara a incapacidade real e efetiva de determinada pessoa maior, para a prática de certos atos da vida civil, na regência de si mesma e de seus bens, privada de discernimento".

O processo de interdição inicia-se com um requerimento dirigido ao magistrado, feito pelo cônjuge (independentemente do regime matrimonial de bens) ou companheiro, pelos parentes, pelo tutor, pelo representante da entidade em que se encontra abrigado o interditando ou, ainda, subsidiariamente, pelo Ministério Público (CPC, arts. 747 e 748, I a III), p. ex., em caso de doença mental grave, havendo inércia ou inexistência das pessoas acima arroladas. O relativamente incapaz não pode pedir sua própria interdição (CPC, art. 747, que revogou o CC, art. 1.768, IV, na redação dada pela Lei n. 13.146/2015), e ao juiz é vedado iniciar de ofício o processo de interdição. O juiz manda citar o interditando, a fim de que ele tenha conhecimento do pedido e para convocá-lo a uma inspeção pessoal. A audiência efetiva-se em segredo de justiça, sendo que o juiz, assistido por especialistas (CPC, art. 751, § 2º) ou por equipe multidisciplinar (CPC, art. 753, § 1º), o entrevistará pessoalmente, interrogando-o minuciosamente acerca de sua vida, negócios, bens, vontades, preferências, laços familiares e afetivos e sobre o que lhe parecer necessário para seu convencimento quanto à sua capacidade de praticar atos da vida civil e deverão ser reduzidas a termo as perguntas e respostas (CPC, art. 751). Depois, começa a correr prazo de 15 dias para o interditando impugnar o pedido (CPC, art. 752). Passado tal lapso de tempo, o órgão judicante determina a produção de prova pericial para proceder à avaliação da capacidade do interditando para praticar atos da vida civil (CPC, art. 753). Com a apresentação do laudo pericial, havendo prova oral a ser produzida, o magistrado designará audiência, após o que pronunciará a sentença judicial de interdição, que deverá ser assentada (Lei n. 6.015/73, art. 92; CC, art. 9º, III) no Registro das Pessoas Naturais e publicada na rede mundial de computadores, no sítio do tribunal a que estiver vinculado o juízo e na plataforma de editais do Conselho Nacional de Justiça, onde permanecerá por 6 meses, na imprensa local uma vez e no órgão oficial por três vezes, com intervalo de 10 dias, constando do edital os nomes do interdito e do curador que o assistirá nos atos da vida civil, a causa da interdição e os limites da curatela; não sendo total a interdição, também os atos que o interdito poderá praticar autonomamente (CPC, art. 755, § 3º).

O assento da sentença no registro de pessoas naturais e a publicação editalícia, ensina-nos Pontes de Miranda, são indispensáveis para lhe assegurar eficácia *erga omnes*[39] (CC, art. 9º, III).

Em regra, só depois de decretada a interdição é que se recusa a capacidade de exercício, sendo anulável qualquer ato praticado (*RT, 468*:112, *652*:166; *RJTJSP, 82*:51, *25*:78) pelo incapaz, embora seja possível invalidar a venda de imóvel realizada por ele, mesmo antes da decretação judicial de sua interdição, desde que se prove sua insanidade (*RT, 224*:137, *352*:352; *JSTF, 75*:185)[40]. Daí a afirmação de Lafayette de que a sentença de interdição é meramente declaratória e não constitutiva, uma vez que não cria a incapacidade, pois esta advém da alienação mental[41]. Os processualistas entendem que, quanto ao momento da eficácia da sentença, ela é constitutiva porque seus efeitos são *ex nunc*, começando a atuar a partir de sua prolação, mesmo antes do trânsito em julgado. Eis por que para alguns autores é declaratória no sentido de reconhecer a moléstia mental como *causa* da interdição, e constitutiva em seus *efeitos*. Os primeiros atêm-se ao reconhecimento de uma situação fática, enquanto os segundos, aos efeitos da sentença. No Código de Processo Civil de 2015 não há menção expressa ao fato de a

---

39. Nada obsta que em ação que não a de interdição se alegue, comprovadamente, que a pessoa é portadora de anomalia psíquica. Pontes de Miranda, *Comentários ao Código de Processo Civil*, v. 16, p. 391-3, *Tratato de direito privado*, v. 9, p. 347; Carvalho Santos, *Código Civil brasileiro*, v. 1, p. 263; Chemeaux e Bonnecarrière apud Baudry-Lacantinerie, *Traité de droit civil*, personnes, v. IV, n. 777; Sílvio de S. Venosa, *Curso de direito civil*, v. 1, p. 350; Débora Gozzo, O procedimento de interdição, *Coleção Saraiva de Prática de Direito*, São Paulo, Saraiva, 1986, n. 19, p. 26-8 e 70; Caio M. S. Pereira, *Instituições*, cit., v. 1, p. 236, v. 5, p. 266; Nelson G. B. Dower, *Curso moderno de direito civil*, Ed. Nelpa, v. 1, 1976, p. 57-9; Luiz Gonzaga de Carvalho, *Dos insanos mentais*, São Paulo, Ed. Juarez de Oliveira, 2005; *RT, 467*:163, *447*:63, *455*:68, *465*:100; *RTJ, 102*:359, *119*:204; *RSTJ, 97*:246. Sobre processo de interdição: CPC, arts. 747 a 757.

40. O Código Civil francês contém artigo expresso a esse respeito: "Os atos anteriores à interdição poderão ser anulados, se a causa da interdição existia notoriamente à época em que tais fatos foram praticados" (art. 503) (*RT, 436*:74, *415*:358). Os negócios jurídicos praticados pelos interditados são nulos, se posteriores à interdição; se forem anteriores a ela, serão anuláveis e só poderão ser invalidados se comprovada a insanidade no momento de celebrados (STJ, 4ª T., REsp 9.077, rel. Min. Sálvio de Figueiredo Teixeira, j. 25-2-1992).

41. Lafayette Rodrigues Pereira, *Direito de família*, §§ 165 e 169; Caio M. S. Pereira, *Instituições*, cit., v. 1, p. 236; Bassil Dower, op. cit., p. 59; Maria Helena Diniz, *Curso de direito civil brasileiro*, v. 5, p. 312 e 313; *RT, 539*:149 e 182, *537*:74.

sentença produzir, ou não, efeito desde logo, evitando controvérsia, mas, como se sujeita ao recurso de apelação, que tem efeito apenas devolutivo (CPC, arts. 755, § 3º, e 1.009, 1.012, § 1º, VI), terá efeito imediato.

Há, ainda, possibilidade de *tomada de decisão apoiada* (modelo alternativo de curatela), prevista nos arts. 115 e 116 da Lei n. 13.146/2015 e no CC, art. 1.783-A), pela qual o portador de deficiência (apoiado) nomeia pelo menos duas pessoas idôneas de sua confiança (apoiadores) para apoiá-lo nos atos da vida civil, prestando informações para que possa exercer sua capacidade. Logo, não haverá perda da capacidade do requerente, mas um reforço à validade do negócio que pretende efetivar. O órgão judicante, antes de prolatar a decisão, ouvirá o requerente, os apoiadores, o Ministério Público e equipe multidisciplinar. Constituída a tomada de decisão apoiada e efetivado o ato negocial, o outro contratante poderá pedir que os apoiadores contra-assinem o contrato, especificando sua função relativamente ao apoiado, garantindo assim a negociação feita.

A senilidade, por si só, não é causa de restrição da capacidade de fato (*RT, 714*:120, *427*:92, *275*:391, *305*:265, *441*:105; *RF, 214*:155; *BAASP, 2710*: 1935-15), porque não pode ser considerada equivalente a um estado psicopático. Poderá haver interdição se a senectude originar um estado patológico, como a arteriosclerose, que afete a faculdade mental, retirando do idoso o necessário discernimento e a possibilidade de manifestar sua vontade ou a clareza de razão para praticar atos negociais, hipótese em que a incapacidade relativa resulta do estado psíquico e não da velhice[42] (*RJ, 190*:98; *RT, 714*:120).

---

42. Caio M. S. Pereira, *Instituições*, cit., v. 1, p. 238; Clóvis Beviláqua, op. cit., p. 95 e 96; Marcus Vinicius de V. Dias, Lei n. 10.741/03 (com as alterações da Lei n. 13.466/2017 e da Lei n. 14.423/2022) – Estatuto do Idoso – aspectos penais precípuos, *Síntese, 80*:3; Alexandre de Moraes, Cidadania das pessoas idosas e o novo estatuto, in *Questões de direito civil e o novo Código*, Ministério Público de São Paulo, 2004, p. 76-95; Ribeiro e Azambuja, As especialidades do instituto da curatela voltada ao idoso, *Revista Síntese – Direito de Família 23*:79 a 92, 2021; Oswaldo Peregrina Rodrigues, Estatuto do Idoso: aspectos teóricos, práticos e polêmicos e o direito de família, in *Família e dignidade humana*, Anais do V Congresso Brasileiro de Direito de Família (coord. R. Cunha Pereira), São Paulo, IOB Thomson, 2006, p. 771-93. Interessantes são os artigos de Leonardo de Faria Beraldo, Apontamentos gerais sobre o Estatuto do Idoso, *Síntese*, Porto Alegre, *81*:3-4; Alexandre de Moraes, Cidadania das pessoas idosas e o novo estatuto, in *Questões de direito civil e o novo Código* (coord. Selma N. P. Reis), São Paulo, Imprensa Oficial, Ministério Público, 2004, p. 76-95, e de Eneida G. de M. Haddad, Direitos humanos: dignidade na velhice, *Revista da Faculdade de Direito da FAAP*, v. 1, p. 101-8; Xisto T. de Medeiros Neto, A proteção jurídica ao trabalho do idoso, *Revista do Tribunal Regional do Trabalho da 8ª Região*, v. 41, n. 81, p. 207-232; Mara Lúcia S. Dourado, O idoso e o direito à convivência familiar, *MPMG Jurídico – Direito de Família*, 2016, p. 49 a 54. A vigente Constituição Federal, art. 230, §§ 1º e 2º, protege os idosos. A Lei n. 8.842/94 cria o Conselho Nacional do Idoso e o Decreto n. 1.948/96 dispõe sobre a política nacional do idoso. A Lei n. 9.250/95, com a redação da Lei n. 13.498/2017, dá prioridade a professores, após os idosos, para receberem restituição de imposto sobre a renda. O Ato n. 125/97 da PGJ disciplina a atuação do Ministério Público do Estado de São Paulo em de-

fesa da pessoa idosa. A lei estadual paulista de n. 9.802/97 dispõe sobre o Conselho Estadual do Idoso (ora revogada pela Lei n. 12.548/2007). Há normas que protegem o idoso, como: Lei n. 12.008/2009, que alterava o art. 1.211-A do CPC/73 (atual art. 1.048 do CPC/2015), o Código de Processo Civil (art. 1.048, I), para dar prioridade de tramitação em todas as instâncias aos procedimentos judiciais em que pessoa com idade igual ou superior a 60 anos figure como parte, como também o atual art. 1.048, § 1º, do CPC/2015, obrigando o interessado na obtenção do benefício, juntando prova de sua condição, a requerê-lo à autoridade judiciária competente para decidir o feito, que determinará ao cartório do juízo as providências a serem cumpridas. Com o deferimento da prioridade, os autos receberão identificação própria que evidencie o regime de tramitação prioritária. O Código de Processo Civil estabelece, ainda, no art. 1.048, § 3º, que tal prioridade não cessará com a morte do beneficiado, estendendo-se em favor do cônjuge sobrevivente ou companheiro. A Lei n. 9.784/99 passa, por força da Lei n. 12.008/2009, a ser acrescida do art. 69-A, I, que dá ao idoso prioridade em procedimento administrativo em que figure como parte ou interessado. O STJ (REsp 1052244) reconheceu direito à prioridade do idoso na tramitação de ação na qual pleiteia indenização por defeito de fabricação do automóvel (Corsa Wind) que provocou morte de seu filho. Consulte: Decreto n. 4.227/2002 (alterado pelo Dec. n. 4.287/2002 e revogado pelo Decreto n. 5.109/2004), que criou o Conselho Nacional dos Direitos do Idoso (CNDI); Resolução do CNDI n. 15/2008, que aprovou o Regimento Interno do Conselho Nacional dos Direitos do Idoso; Decreto n. 4.360/2002 (ora revogado pelo Decreto n. 4.712/2003, que perdeu vigência com o Decreto n. 6.214/2007), que alterou o art. 36 do Decreto n. 1.744/95, sobre benefício de prestação continuada devido a idoso, que é intransferível, não gerando direito à pensão. O valor não recebido em vida pelo beneficiário será pago aos seus herdeiros, diretamente, pelo INSS. *Vide* Lei n. 10.471/2003 (Estatuto do Idoso), com as alterações das Leis n. 11.765/2008, 11.737/2008, 12.419/2011, 12.418/2011, 12.461/2011, 12.896/2013 e 12.899/2013; Decreto n. 5.109/2004, que dispõe sobre a composição, estruturação, competências e funcionamento do Conselho Nacional dos Direitos do Idoso – CNDI; Lei n. 11.551/2007, que institui o Programa Disque Idoso; Resolução – RDC da ANVISA n. 283/2005, que aprovou Regulamento Técnico para o funcionamento das instituições de longa permanência para idosos, e Resolução n. 4, de 18 de abril de 2007, do Fundo Nacional de Assistência Social, que pactua os procedimentos a serem adotados para a emissão da Carteira do Idoso. A Lei n. 11.765, de 5 de agosto de 2008, acrescenta inciso IX ao parágrafo único do art. 3º da Lei n. 10.741/2003 (Estatuto do Idoso) para dar prioridade ao idoso no recebimento do Imposto de Renda; a Lei n. 11.737/2008 alterou o art. 13 da Lei n. 10.741/2003 para atribuir aos Defensores Públicos o poder de referendar transações relativas a alimentos; a Lei n. 12.419/2011 alterou o art. 38 da Lei n. 10.741/2003 para garantir prioridade dos idosos na aquisição de unidades residenciais térreas nos programas nele mencionados; a Lei n. 12.461/2011 modificou o art. 19 da Lei n. 10.741/2003 para estabelecer notificação compulsória dos atos de violência praticados contra idoso atendido em serviço de saúde; a Resolução n. 33/2017, do Conselho Nacional dos Direitos do Idoso, estabelece parâmetros e diretrizes para a regulamentação do art. 35 da Lei n. 10.741/2003, que dispõe sobre o contrato de prestação de serviços das entidades com a pessoa idosa abrigada. A Lei n. 12.213/2010 (com a alteração da Lei n. 13.797/2019) institui o Fundo Nacional do Idoso e autoriza deduzir do imposto de renda devido por pessoa física ou jurídica as doações efetuadas aos Fundos Municipais, Estaduais e Nacional do Idoso. A Resolução n. 14, de 24 de agosto de 2011, do CNDI, dispõe sobre a criação de um grupo de trabalho para elaboração de critérios para utilização do Fundo Nacional do Idoso, e a Resolução n. 19/2012, do CNDI, estabeleceu tais critérios. Pela Lei n. 13.796/2019, art. 4º-A: "As disposições dos arts. 260-C a 260-L do ECA aplicam-se aos Conselhos Municipais, Estaduais e Nacional do Idoso, no que couber. A Portaria n. 288, de 2 de setembro de 2009, do Ministério do Desenvolvimento Social e Combate à Fome, dispõe sobre a oferta de serviços de proteção social básica do Sistema Único de Assistência Social com os recursos originários do Piso Básico de Transição – PBT e estabelece o cofinanciamento dos serviços de proteção básica para idosos e/ou crianças de até seis anos e suas famílias por meio do Piso Básico Variável – PBV. A Resolução n. 303, de 18 de dezembro de 2008, do CONTRAN, dispõe sobre as vagas de estacionamento de veículos destinadas exclusivamente às pessoas idosas. Sobre direito de idosos ao cartão de estacionamento: Decreto paulistano n. 55.127/2014, que regulamenta a Lei n. 15.974/2014. Idosos, na cidade de São Paulo, prestam orientação, durante 4 horas diárias, a usuários do metrô, relativamente ao uso correto de elevadores e escadas e à sugestão de itinerários (*Destak*, 4-11-2008, p. 2). A Resolução n. 6, de 1º de outubro de 2010, do CNDI, dispõe sobre reserva de 3% das unidades residenciais em programas habitacionais públicos para atendimento aos idosos. A Resolução n. 8, de 1º de outubro de 2010, do CNDI, dispõe sobre ações básicas e elaboração de diretrizes para aprimorar o processo de comunicação social do Conselho Nacional dos Direitos do Idoso – CNDI. A Resolução n. 18/2012, do CNDI, dispõe sobre aprovação do Regimento Interno do Conselho Nacional dos Direitos do Idoso – CNDI. A Portaria Interministerial n. 2/2012 institui Protocolo Nacional Conjunto para Proteção Integral a Crianças e Adolescentes, Pessoas Idosas e Pessoas com Deficiência em Situação de Riscos e Desastres. A prioridade e a segurança dos idosos são asseguradas nos procedimentos de embarque e desembarque nos veículos do sistema de transporte coletivo. Esse é o conteúdo do novo texto do art. 42 da Lei n. 10.741, de 1º de outubro de 2003, que altera o Estatuto do Idoso para garantir que os cidadãos da terceira idade tenham o direito de descer do ônibus fora do ponto. O novo texto consta na Lei n. 12.899, de 18 de dezembro de 2013.

A ANTT divulgou nova redação da Res. n. 1.692/2006, dada pela Res. n. 4.833/2015, contra negativa de concessão de passagem rodoviária interestadual gratuita para idosos com mais de 60 anos e que recebam valor igual ou inferior a dois salários mínimos.

Outro direito, publicado recentemente, é o fim da exigência de comparecimento do idoso enfermo aos órgãos públicos, assegurando-lhe o atendimento domiciliar para obtenção de laudo de saúde. A partir da Lei n. 12.896/2013, o art. 15 do Estatuto do Idoso passa a vigorar com os §§ 5º e 6º.

O *caput* do art. 15 diz que é assegurada a atenção integral à saúde do idoso, por intermédio do Sistema Único de Saúde (SUS), garantindo-lhe o acesso universal e igualitário, em conjunto articulado e contínuo das ações e serviços, para a prevenção, promoção, proteção e recuperação da saúde, incluindo a atenção especial às doenças que afetam preferencialmente os idosos.

Com a inclusão do § 5º, o texto passa a estabelecer a proibição da exigência referente ao comparecimento do idoso enfermo perante os órgãos públicos. Quando for exigida a presença do idoso, dois procedimentos devem se seguidos. Se o interesse for do Poder Público, o agente deverá promover o contato necessário com o idoso em sua residência. Já no caso de interesse do próprio idoso, este poderá se fazer representar por procurador legalmente constituído.

Outra mudança no art. 15 do Estatuto do Idoso foi a inclusão do § 6º, que assegura ao idoso enfermo o atendimento domiciliar pela perícia médica do Instituto Nacional do Seguro Social (INSS), pelo serviço público de saúde ou pelo serviço privado de saúde, contratado ou conveniado, que integre o SUS, para expedição do laudo de saúde necessário ao exercício de seus direitos sociais e de isenção tributária.

A Lei n. 12.033/2009 torna pública e condicionada a ação penal em razão de injúria consistente na utilização de elementos alusivos à condição de pessoa idosa.

Portaria n. 290, de 13 de setembro de 2017, do Ministério dos Direitos Humanos, dispõe sobre o cadastramento de Fundos Estaduais, Municipais e do Distrito Federal do Idoso.

O Decreto n. 9.328/2018 institui a Estratégia Brasil Amigo da Pessoa Idosa para incentivar as comunidades a promoverem ações voltadas ao envelhecimento ativo e saudável.

A Lei n. 13.535/2017 altera o art. 25 do Estatuto do Idoso para garantir aos idosos a oferta de cursos e programas de extensão pelas instituições de educação superior.

A Lei n. 13.466/2017 altera a Lei 10.741/2003, e dá prioridade a atendimento a octogenários em setores alusivos à saúde, à justiça, às filas de bancos e supermercados.

A Lei paulistana n. 16.517/2016 e o Decreto paulistano n. 57.366/2016 dispõem sobre reserva de assentos privativos para idosos em terminais de ônibus integrantes do Sistema de Transporte Coletivo Urbano de Passageiros.

Provimento da OAB n. 181, de 4 de setembro de 2018, cria o Plano Nacional de Valorização da Advocacia Idosa, acrescentando o inciso XXI ao art. 1º do Provimento n. 115/2017, que "define as Comissões permanentes do Conselho Federal da Ordem dos Advogados do Brasil".

O Decreto n. 9.921/2019 consolida atos normativos editados pelo Poder Executivo Federal que dispõem sobre temática da pessoa idosa.

Vide Lei n. 8.742/93, com a alteração da Lei n. 14.176/2021 sobre benefício de prestação continuada pago ao idoso.

A Lei n. 14.181/2021 altera o art. 96 da Lei n. 10.741/2003 ao acrescentar o § 3º prescrevendo que não constitui crime a negativa de crédito motivada por superendividamento de idoso.

A Lei n. 14.423/2023 e o Dec. 7.298/2023 alteraram a Lei n. 10.741/2003 (Estatuto da pessoa idosa), trazendo muitos benefícios.

Vide: CPC, art. 53, III, *e*.

Há aumento de 1/3 da pena do crime de feminicídio se praticado contra a maior de 60 anos (CP, art. 121, § 7º, II, com a redação da Lei n. 13.104/2015).

"Todo paulistano com idade igual ou superior a 60 anos já pode obter o chamado 'cartão de estacionamento'. O direito está posto no Decreto n. 55.127, de 19 de maio de 2015, que regulamenta a Lei n. 15.974/2014 e determina a utilização das vagas especiais de estacionamento nas vias e logradouros públicos destinadas a veículos que transportem idosos, seja como condutores ou como passageiros. De acordo com a regulamentação, as vagas especiais devem ser identificadas com o sinal 'R-6b – Estacionamento regulamentado', com informação complementar e a legenda 'Idoso'. As vagas especiais serão utilizadas mediante porte do Cartão de Estacionamento para Idoso, emitido pelo Departamento de Operação do Sistema Viário (DSV), da Secretaria Municipal de Transporte (SMT), ou da credencial instituída pela Resolução n. 303 do Contran, expedida por outros municípios. Conforme o art. 4º, os interessados na obtenção do cartão poderão realizar o cadastramento pela internet ou diretamente na sede do DSV, que poderá implantar postos avançados de atendimento presencial nas subprefeituras. O cartão de estacionamento para idoso terá validade de até cinco anos, podendo ser renovado. Quanto aos veículos, quando estacionados em vagas especiais, deverão exibir o cartão sobre o painel do veículo, no formato original, com a face frontal voltada para cima. Agentes de fiscalização poderão, a qualquer tempo, solicitar aos ocupantes das vagas especiais a apresentação do cartão e do documento de identidade. Se o idoso emprestar o cartão a terceiros, providenciar uma cópia, portar o documento com rasuras ou falsificá-lo, o documento poderá ser cassado, como prevê o art. 9º, que também não tolera o uso do cartão em desacordo com as disposições nele contidas ou com a legislação pertinente, especialmente se verificado, pelo agente de fiscalização, que o veículo não tenha servido para o transporte do titular quando da utilização da vaga especial" (*BAASP, 2.894*:7).

Já se decidiu que: "1. A concessão do amparo assistencial é devida ao idoso com 65 anos ou mais que não exerça atividade remunerada e ao portador de deficiência incapacitado para a vida independente e para o trabalho, desde que a renda mensal familiar *per capita* seja inferior a 1/4 do salário mínimo, não podendo ser acumulada com qualquer outro benefício da Seguridade Social ou outro regime. 2. Para fins de cálculo da renda familiar *per capita*, objetivando a concessão de benefício da Lei n. 8.742/1993, conforme indica a previsão do art. 34, parágrafo único, da Lei n. 10.741/2003, não deverá ser computado o benefício de aposentadoria percebido pelo cônjuge da impetrante, pois idoso. No caso, o que pretendeu o legislador foi direcionar que o idoso, pelas próprias peculiaridades inerentes à idade, faz por necessitar maiores recursos. 3. Não há de falar em perigo de irreversibilidade do provimento antecipado, tendo em vista a natureza social e protetiva do direito que se quer garantir, além do caráter provisório da medida, que poderá ser revogada ou modificada a qualquer tempo no curso do processo, a teor do disposto no art. 273, § 4º – hoje art. 296 –, do CPC" (*BAASP, 2.617*:1647-10; TRF, 4ª Região, 5ª T., AI 2008.04.00.024394-1-SC, rel. Juiz Federal Alcides Vettorazzi, j. 7-10-2008, v.u.).

Não é raro o pedido de interdição de pessoa idosa. Visto que a velhice acarreta diversos males, mas só quando assume caráter psicopático, com estado de involução senil em desenvolvimento e tendência a se agravar, pode sujeitar a pessoa à curatela. Assim, apesar de a idade avançada e o estado de decadência orgânica não serem motivos legais para a interdição, esta não poderá deixar de ser decretada quando a pessoa não conseguir, pela palavra escrita ou falada, manifestar seu pensamento, cuidar de seus negócios e administrar seus haveres (*RT*, *224*:189, *325*:165; CC, art. 4º).

c.3. Incapacidade relativa

A incapacidade relativa diz respeito àqueles que podem praticar por si os atos da vida civil desde que assistidos por quem o direito positivo encarrega deste ofício, em razão de parentesco, de relação de ordem civil ou de designação judicial. O efeito da violação desta norma é gerar a anulabilidade do ato jurídico (CC, art. 171, I), dependendo de iniciativa do lesado, havendo até hipóteses em que poderá ser confirmado ou ratificado tal ato praticado por relativamente incapaz sem a assistência de seu representante[43].

Por outro lado, há atos que podem praticar, livremente, sem autorização. Eis por que se diz que os relativamente incapazes ocupam uma zona intermediária entre a capacidade plena e a incapacidade total, uma vez que podem participar da vida jurídica[44].

Dentre os que se enquadram nessa categoria (CC, art. 4º) temos:

1) *Os maiores de 16 e menores de 18 anos* (CC, art. 4º, I), pois a sua pouca experiência e insuficiente desenvolvimento intelectual não possibilitam sua plena participação na vida civil, de modo que os atos jurídicos que pra-

---

Interessantes são os seguintes Projetos de Lei no âmbito do Estado de São Paulo voltados à terceira idade: n. 92/2016 (direito de acesso a plano de saúde); n. 157/2016 (monitoramento interno em instituições de Longa Permanência para Idosos, para coibir furtos, roubos, vandalismo ou atos de violência que ponham em risco a segurança de funcionários e idosos residentes; n. 199/2016 (obrigatoriedade para empresas com mais de 50 funcionários de preencher 2% de seus cargos com mão de obra do idoso, sob pena de multa); n. 536/2016 (sobre estabelecimento de percentual mínimo (2%) de trabalhadores idosos nos quadros funcionais de empresas privadas).

43. Antônio Chaves, *Capacidade civil*, cit., p. 9; Caio M. S. Pereira, *Instituições*, cit., v. 1, p. 240 e 241.

44. Caio M. S. Pereira, *Instituições*, cit., v. 1, p. 240; Mazeaud e Mazeaud, *Traité*, cit., p. 36; Lei n. 11.343/2006, que institui o Sistema Nacional de Políticas Públicas sobre Drogas (Sisnad); prescreve medidas para prevenção do uso indevido, atenção e reinserção social de usuários e dependentes de drogas; estabelece normas para repressão à produção não autorizada e ao tráfico ilícito de drogas e define crimes.

ticarem só serão reputados válidos se assistidos pelo seu representante. Caso contrário serão anuláveis.

Entretanto, o menor, entre 16 e 18 anos, não poderá, para eximir-se de uma obrigação, invocar a sua idade se dolosamente a ocultou quando inquirido pela outra parte ou se, no ato de obrigar-se, espontaneamente se declarou maior (CC, art. 180)[45]. "A incapacidade relativa de uma das partes não pode ser invocada pela outra em benefício próprio, nem aproveita aos cointeressados capazes, salvo se, neste caso, for indivisível o objeto do direito ou da obrigação comum" (CC, art. 105). Se não houve malícia por parte do menor, tem-se a anulação de seu ato, porém, pelo art. 181 do Código Civil, "ninguém poderá reclamar o que, por uma obrigação anulada, pagou a um incapaz, se não provar que reverteu em proveito dele a importância paga".

Pelo art. 116 do Estatuto da Criança e do Adolescente, havendo ato infracional, com reflexos patrimoniais, a autoridade poderá determinar, se for o caso, que o adolescente restitua a coisa, promova o ressarcimento do dano, ou, por outra forma compense o prejuízo da vítima. E acrescenta, ainda, no parágrafo único que "havendo manifesta impossibilidade, a medida poderá ser substituída por outra adequada". "O incapaz responde pelos prejuízos que causar de maneira subsidiária ou excepcionalmente, como devedor principal, na hipótese do ressarcimento devido pelos adolescentes que praticarem atos infracionais, nos termos do art. 116 do Estatuto da Criança e do Adolescente, no âmbito das medidas socioeducativas ali previstas" (Enunciado n. 40 do Centro de Estudos Judiciários do Conselho da Justiça Federal).

Em alguns casos, o menor relativamente incapaz procede independentemente da presença de um assistente. P. ex.: aceitar mandato (CC, art. 666); fazer testamento (CC, art. 1.860, parágrafo único); ser testemunha em atos jurídicos (CC, art. 228, I); exercer empregos públicos para os quais não for exigida a maioridade. Precedendo autorização pode ser empresário (CC, art. 5º, parágrafo único, V; Lei de Falências, art. 1º); casar-se o homem e a mulher de 16 anos (CC, art. 1.517). Em regra, poderá: celebrar contrato de trabalho (CLT, art. 446 (ora revogado pela Lei n. 7.855/89); CF, arts. 7º, XXXIII, e 227, § 3º, III, com a redação da EC n. 65/2010; Dec. n. 95.730/88, ora revogado pelo Dec. de 10-5-1991; Lei n. 8.069/90, arts. 60 a 69, 54, VI, 208, VIII; Lei n. 10.097/2000 (com a redação do Dec. n. 11.479/2023), que altera os arts. 402 e 403 da CLT; Decreto n. 4.134/2002 e Instrução Normativa n. 102, de 28 de março de 2013, da Secretaria de Inspeção do Trabalho, sobre a fiscalização do trabalho infantil e proteção ao adolescente trabalhador) se tiver mais de 16 anos, salvo na con-

---

45 Silvio Rodrigues, *Dos defeitos dos atos jurídicos*, São Paulo, 1959, n. 100 e s. e n. 131; *RT*, *465*:86, *518*:96.

dição de aprendiz a partir dos 14 anos para adquirir novos conhecimentos e obter experiência no mercado de trabalho, sem prejuízo da vida escolar (Dec. n. 5.598/2005, art. 2º; CLT, art. 428, §§ 1º a 8º; Dec. n. 4.134/2002; Dec. n. 6.481/2008, art. 3º; Instrução Normativa n. 75/2009 da Secretaria de Inspeção do Trabalho, ora revogada pela Instrução Normativa n. 97/2012; Súmula 24 da Advocacia-Geral da União); ser eleitor (Código Eleitoral, art. 4º; CF, art. 14, § 1º, I, mas acrescenta o II, *c*, que será esse direito facultativo para os maiores de 16 e menores de 18 anos). Se tiver 18 anos, por ser maior, poderá: requerer registro de seu nascimento (Lei n. 6.015/73, art. 50, § 3º, com alteração da Lei n. 9.053/95); pleitear perante a justiça trabalhista (CLT, art. 792); participar de cooperativas de trabalho, consumo ou crédito (Dec. n. 22.239/32 e Dec.-Lei n. 581/38, revogados pelo Dec.-Lei n. 59/66, que, por sua vez, perdeu vigência por força da Lei n. 5.764/71); exercer na justiça criminal o direito de queixa, renúncia e perdão (CPP, arts. 34, 50, parágrafo único, e 52); firmar recibos relativos a salários e férias se for trabalhador rural (como dispunha a Lei n. 4.214/63, art. 58, ora revogada pelo art. 21 da Lei n. 5.889/73, que nada prevê a respeito; CLT, art. 439); firmar recibo de pagamento de INSS (Dec. n. 77.077/76, revogado pelo Dec. n. 89.312/84, hoje prejudicado pelos arts. 111 da Lei n. 8.213/91 e 163 do Decreto n. 3.048/99, que dispõem sobre o assunto) e previdenciários (Dec. n. 35.448/54, ora revogado pelo Decreto n. 36.132/54) etc.[46].

---

46. W. Barros Monteiro, op. cit., v. 1, p. 66 e 67; Clóvis Beviláqua, op. cit., p. 88 e 89; Caio M. S. Pereira, *Instituições*, cit., v. 1, p. 242; Jones F. Alves e Mário Luiz Delgado, *Código*, cit., p. 9. Portaria n. 6/2001 da Secretaria de Inspeção do Trabalho proíbe trabalho de menor de 18 anos em local perigoso e insalubre. Decreto n. 4.134/2002 promulga a Convenção n. 138. Recomendação n. 146 da OIT sobre idade mínima de admissão em emprego. Pelo Decreto n. 5.598/2005, aprendiz é o maior de 14 anos e menor de 24, mas essa idade máxima não se aplica a aprendizes portadores de deficiência (art. 2º, parágrafo único). A Resolução n. 69/2011, do Conselho Nacional do Ministério Público, "dispõe sobre a atuação dos membros do Ministério Público como órgão interveniente nos processos judiciais em que se requer autorização para trabalho de crianças e adolescentes menores de 16 anos" e a IN da Secretaria de Inspeção do Trabalho n. 118/2015 trata da fiscalização da aprendizagem nas microempresas e empresas de pequeno porte. Portaria n. 1.288, de 1º de outubro de 2015, ora revogada pela Portaria n. 21/2015, do Ministério do Trabalho e Emprego, dispõe sobre a contratação de aprendizes no âmbito das empresas cujas atividades demandem mão de obra com habilitação técnica específica que impossibilita a Aprendizagem e/ou as que exerçam atividades insalubres e perigosas. Súmula n. 24, de 9 de junho de 2008, da Advocacia Geral da União: "É permitida a contagem, como tempo de contruibuição, do tempo exercido na condição de aluno-aprendiz referente ao período de aprendizado profissional realizado em escolas técnicas, desde que comprovada a remuneração, mesmo que indireta, à conta do orçamento público e o vínculo empregatício". *Vide* TST – Cartilha sobre trabalho infantil. Provimento GP/CR da CR do TRT – 2ª, n. 7/2014, institui parâmetros para instruir o processo judicial para a concessão de autorização do trabalho infantil no âmbito do TRT da 2ª Região.

2) *Os ébrios habituais ou os viciados em tóxicos* (CC, arts. 4º, II; 1.767, III; CF, art. 227, § 3º, VII, com a redação da EC n. 65/2010). Assim sendo, alcoólatras ou dipsômanos (os que têm impulsão irresistível para beber ou os dependentes do álcool), toxicômanos, ou melhor, toxicodependentes (opiômanos, usuários de psicotrópicos, *crack* – Decreto n. 7.179/2010, com a alteração do Decreto n. 7.637/2011 –, heroína e maconha, cocainômanos, morfinômanos) são tidos como relativamente incapazes.

São, portanto, considerados, também, relativamente incapazes os toxicômanos, após processo de interdição (CPC, arts. 747 a 758), pois os entorpecentes, tóxicos, substâncias naturais ou sintéticas, como morfina, cocaína, heroína, *crack*, maconha etc., introduzidos no organismo, podem levar os viciados à ruína econômica pela alteração de sua saúde mental. Os toxicômanos, pela Lei n. 4.294/21, foram equiparados aos psicopatas, criando o Decreto-lei n. 891/38, no art. 30, § 5º, duas espécies de interdição, conforme o grau de intoxicação: a *limitada,* que é similar à interdição dos relativamente incapazes, e a *plena,* semelhante à dos absolutamente incapazes. Caracterizando-se incapacidade de maior ou menor extensão, dá-se ao toxicômano curador com poderes mais ou menos extensos (*v.* Leis n. 6.368/76 e 10.409/2002, ora revogadas pela Lei n. 11.343/2006). Será que pelo Estatuto do Deficiente se poderia admitir isso? Quais seriam as funções do curador, representá-los ou assisti-los?

Se se averiguar, no processo de interdição, que o toxicômano encontra-se em situação tal que o impede de exprimir sua vontade, enquadrar-se-á no art. 4º, III, do Código Civil[47].

---

47. A Portaria n. 3.088, de 23 de dezembro de 2011, do Ministério da Saúde, institui a Rede de Atenção Psicossocial para pessoas com sofrimento ou transtorno mental, incluindo aquelas com necessidades decorrentes do uso do *crack*, álcool e outras drogas, no âmbito do Sistema Único de Saúde (SUS). A Portaria n. 121, de 25 de janeiro de 2012, do Ministério da Saúde, institui a Unidade de Acolhimento para pessoas com necessidades decorrentes do uso de *Crack*, Álcool e Outras Drogas (Unidade de Acolhimento), no componente de atenção residencial de caráter transitório da Rede de Atenção Psicossocial. A Portaria n. 130, de 26 de janeiro de 2012, do Ministério da Saúde, redefine o Centro de Atenção Psicossocial, Álcool e outras Drogas 24 horas (CAPS AD III) e os respectivos incentivos financeiros. A Portaria n. 131, de 26 de janeiro de 2012, do Ministério da Saúde, institui incentivo financeiro de custeio destinado aos Estados, Municípios e ao Distrito Federal para apoio ao custeio de Serviços de Atenção em Regime Residencial, incluídas as Comunidades Terapêuticas, voltados para pessoas com necessidades decorrentes do uso de álcool, *crack* e outras drogas, no âmbito da Rede de Atenção Psicossocial. Portaria n. 148, de 31 de janeiro de 2012, do Ministério da Saúde, define as normas de funcionamento e habilitação do Serviço Hospitalar de Referência para atenção a pessoas com sofrimento ou transtorno mental e com necessidades de saúde decorrentes do

3) *Os que, mesmo por causa transitória ou permanente, não puderem exprimir sua vontade* (art. 4º, III, com redação da Lei n. 13.146/2015). Expressão abrangente, que alarga a incapacidade, pois, como se vê, o Código Civil não alude, expressamente, à deficiência mental ou à surdo-mudez como causa de incapacidade, mas elas poderão, conforme o caso, enquadrar-se no art. 4º, III, que considera relativamente incapaz o que não puder exprimir sua vontade. Nada obsta a que se inclua, entendemos, o portador de deficiência no rol dos relativamente incapazes, porque isso não afetaria em nada sua dignidade como ser humano. *Dignidade não é sinônimo de capacidade*. O seu *status personae* e o seu viver com dignidade no seio da comunidade familiar ou social não se relacionam com sua capacidade mental ou intelectual para exercer direitos, nem com o apoio que vier a receber de apoiadores ou com a transferência de suas decisões, havendo interdição, para um curador, que o assistiria nos atos negociais da vida civil, regendo seu patrimônio, se não puder, por causa transitória ou permanente, manifestar sua vontade. Além disso, o art. 84, §§ 1º a 3º, do EPD prescreve que, quando necessário, a pessoa com deficiência deverá ser submetida à curatela, atendendo-se às necessidades e circunstâncias de cada caso, durando o menor tempo possível, e o Ministério Público tem legitimidade ativa para promover interdição nos casos de doença mental grave (CPC, art. 748). Tal interpretação sistemática justificaria aquela inclusão. Em respeito à sua *dignidade humana*, dever-se-á, isto sim: facilitar sua cidadania e inclusão social e tratamento terapêutico; aprimorar sua educação; preservar suas faculdades residuais; acatar suas preferências, escolhas, afetividade e crenças; eliminar barreiras e preconceitos; possibilitar sua realização pessoal e vocacional etc. Essa solução já poderia ser obtida pela interpretação decorrente do art. 755, I, do

---

uso de álcool, *crack* e outras drogas, do Componente Hospitalar da Rede de Atenção Psicossocial, e institui incentivos financeiros de investimento e de custeio.

O PL 7.663/2010 sobre drogas visa a oferta de melhor estrutura de atendimento a dependentes de drogas e suas famílias. As principais mudanças propostas são o aumento em até 2/3 nas penas para traficantes de drogas, o fomento ao incentivo federal, estadual e municipal às comunidades terapêuticas, a classificação das drogas de acordo com a sua capacidade de criar dependência no usuário e defesa da internação involuntária como única medida passível de ser aplicada aos dependentes químicos.

Convém lembrar, ainda, que segundo a Súmula da Câmara Especial do Tribunal de Justiça do Estado de São Paulo n. 118: "As ações que visam à internação de dependentes químicos em clínicas especializadas demandam prova pericial complexa, não sendo possível a tramitação no Juizado Especial".

Vide Lei n. 13.840/2019 sobre Sistema Nacional de Políticas Públicas sobre drogas e as condições de atenção aos usuários ou dependentes de drogas.

CPC, pelo qual: "na sentença que decretar a interdição, o juiz nomeará curador, que poderá ser o requerente da interdição, e *fixará os limites da curatela*, segundo o estado e o desenvolvimento mental do interdito". Seria mesmo viável inserir os deficientes mentais que, por causa transitória ou permanente, não puderem manifestar sua vontade na categoria dos relativamente incapazes? Se estiverem impossibilitados de exprimir qualquer ato volitivo, será que sua incapacidade poderia ser relativa? Se, na interdição, ao se definir os limites da curatela, ficar estabelecido que deverão ser representados, como ficaria sua situação? O curador os representaria em todos os atos da vida civil? Ele os representaria em alguns atos e os assistiria em outros? Ou seria sempre um mero assistente na regência de seu patrimônio? Ficam no ar estas questões, que requerem ponderação maior ou até mesmo reforma legislativa. Os *surdos-mudos* que não possam manifestar sua vontade, por não terem recebido educação adequada ou por sofrerem de lesão no sistema nervoso central, que lhes retira o discernimento, são relativamente incapazes. Se puderem exprimir sua vontade, ante o avanço das ciências médica e eletrônica e a educação apropriada recebida, passam a ser capazes, não podendo mais ser impedidos de praticar atos que dependam da audição. Podem ser testemunhas em atos negociais, mesmo quando o conhecimento do fato que se pretende provar depender do sentido que lhes falta e, principalmente, ser testemunhas em testamento[48], sendo-lhes assegurados recursos de tecnologia assistiva (CC, art. 228, §§ 1º e 2º).

Os portadores de deficiência mental adquirida, em razão, p. ex., de moléstia superveniente (p. ex., psicose, mal de Alzheimer), que sofram uma redução na sua capacidade de entendimento, apesar de retirados do rol dos relativamente incapazes, embora possam ser enquadrados no art. 4º, III, não poderão praticar atos na vida civil sem assistência de curador, cujos pode-

---

48. Caio M. S. Pereira, *Instituições*, cit., v. 1, p. 239. *Vide* Sílvio Venosa, op. cit., p. 130; consulte, sobre a Lei n. 13.146/2015: Cláudia M. de A. R. Viegas, As alterações da teoria das incapacidades à luz do Estatuto da Pessoa com Deficiência, *Revista Síntese – Direito Civil e Processual Civil, 99:* 9-16; Nelson Rosenvald. Em 11 perguntas e respostas: tudo que você precisa para conhecer o estatuto da pessoa com deficiência. Disponível em: http://genjuridico.com.br/2015/10/05/em-11-perguntas-e-respostas-tudo-que-voce-precisa-para-conhecer-o-estatuto-da-pessoa-com-deficiencia/; *RJTJSP, 146*:121. *Vide* Lei n. 12.319/2010, que regulamenta a profissão de tradutor e intérprete da Língua Brasileira de Sinais (LIBRAS). Pelo CPC, art. 447, os incapazes não poderão testemunhar em atos processuais.

O PL n. 757/2015 dispõe sobre limites da curatela.

Pelo art. 8º da Lei n. 9.099/95, o incapaz não poderia propor demandas no Juizado Especial, mas, com o advento da Lei n. 13.146/2015, portador de deficiência que não se enquadre no art. 4º poderá nele demandar.

Vide Lei n. 14.191/2021, que altera a Lei n. 9.394/96 para dispor sobre modalidade de educação bilíngue de surdo.

res serão maiores ou menores conforme a capacidade apurada no processo de interdição. Todas as pessoas que, por doença que acarrete deficiência física, estado de coma, perda de memória (fraqueza mental), paralisia mental ou surdo-mudez, por hipnose, por contusão cerebral, por falta de controle emocional em razão de trauma provocado, p. ex., por acidente; por uso de entorpecente ou de drogas alucinógenas etc., não puderem, por razão permanente ou transitória, exprimir sua vontade para a prática dos atos da vida civil, deverão estar assistidas por um curador ou, se preferirem, apoiadas por dois apoiadores, desde que possam, embora precariamente, fazer com que se compreenda sua vontade.

Percebe-se que pelo Código vigente não se pode estender a incapacidade: a) ao deficiente físico, ao surdo-mudo ou ao cego, que, apesar da falta da locomoção, da audição ou da visão que lhe dificulta o contato perfeito com o ambiente em que vive, se adapta à sociedade com grande facilidade, devido a uma compensação fisiológica, que lhe desenvolve outros sentidos, possibilitando trabalho e vida social. Entretanto, a norma jurídica, ante, p. ex., a ausência de visão, não permite sua intervenção em atos que dependam desse sentido, de forma que não poderá fazer testamento por outra forma que não seja a pública (CC, art. 1.872), e o surdo-mudo só poderá, por sua vez, fazer o cerrado (CC, art. 1.873), mas poderá, como o cego, ser testemunha em testamentos (CC, art. 228, com a redação da Lei n. 13.146/2015)[49]. Mas o deficiente físico ou sensorial, se quiser, poderá requerer apoiadores para gerir seus bens e negócios (CC, art. 1.783-A); ou b) aos *ausentes* declarados como tais por sentença. Pode pedir a declaração de ausência qualquer interessado (parentes sucessíveis, cônjuge, credores, os que tiverem ações para propor contra o ausente). O registro da sentença declaratória de ausência que nomear curador deverá ser feito no cartório do domicílio anterior do ausente (Lei n. 6.015/73, art. 94; CC, art. 9º, IV).

A *ausência* é o instrumento jurídico pelo qual se protegem os interesses daquele que se afastou de seu domicílio, sem deixar procurador ou representante e do qual não há notícias (CPC, arts. 744 e 745, §§ 1º a 4º, e CC, art. 22), instituindo-se uma curatela (CC, arts. 23 a 25). A fim de evitar o perecimento do seu patrimônio, procura-se transmiti-lo aos herdeiros, promovendo sua utilidade

---

49. É o que escreve Caio M. S. Pereira (*Instituições,* cit., v. 1, p. 248); Clóvis Beviláqua, op. cit., p. 95. Há quem ache, acertadamente, não se tratar de ausência o desaparecimento de alguém num acidente aéreo, rodoviário, ferroviário etc. em que, pelos indícios, a sua morte parece óbvia, apesar de não ter sido encontrado seu cadáver, já que não há incerteza de seu paradeiro. Por isso o Código Civil, no art. 7º, tratou da morte presumida sem decretação de ausência, como mais adiante veremos.

coletiva. A curadoria é dos bens do ausente (CPC, art. 744, *in fine*) e não da pessoa do ausente. Isso é assim porque tem-se considerado como um erro técnico a inserção do ausente na categoria dos absolutamente incapazes, pois logo que aparecer poderá exercer todos os atos da vida civil, assumindo a direção de seus negócios e readquirindo a administração de seu patrimônio na forma prevista em lei. Não há, portanto, incapacidade por ausência, mas tão somente uma necessidade de proteger os interesses do desaparecido, devido a sua impossibilidade material de cuidar de seus bens e interesses e a impraticabilidade jurídica de se conciliar o abandono domiciliar com a conservação dos direitos. Por esta razão o atual Código Civil retirou a ausência do rol das incapacidades, tratando desse instituto, autonomamente, na Parte Geral, arts. 22 a 39.

Tem-se a ausência quando alguém desaparece de seu domicílio, sem dar notícias de seu paradeiro e sem deixar representante ou procurador (CC, art. 22). Sendo declarado como ausente pelo magistrado, institui-se sua curatela.

A nomeação do curador dar-se-á, assevera Caio M. S. Pereira, mesmo que ele tenha deixado procurador (CC, arts. 115, 2ª parte, e 653) que se recuse a administrar seu patrimônio (CC, art. 682, I) ou que não queira continuar o mandato (CC, art. 682, II e III), seja por ter ocorrido o término da representação a termo (CC, art. 682, IV), seja por renúncia do mandatário, seja por sua morte ou incapacidade, seja por insuficiência de poderes (CC, art. 23). O mesmo se diga se os poderes outorgados ao procurador forem insuficientes para a gestão dos bens do ausente. Com isso, o ausente ficará sem representante que venha a gerir seu patrimônio, urgindo, pois, que se nomeie curador.

Apresentam-se na ausência três fases bem distintas, que são:

a) A *curatela do ausente,* em que se dá a caracterização da ausência por sentença declaratória, que deverá ser registrada no cartório do domicílio anterior do ausente (Lei n. 6.015/73, art. 94). Verificado o desaparecimento de uma pessoa do seu domicílio, sem dar qualquer notícia e sem deixar procurador para administrar seus bens ou que tenha deixado mandatário que não quer ou não pode exercer o mandato, ou se seus poderes forem insuficientes para gerir os bens móveis ou imóveis do ausente (CC, arts. 22, 23, 115, 2ª parte, 653, 682, I a IV), o juiz, a requerimento de qualquer interessado ou do Ministério Público, certificando-se da veracidade do fato, arrecadará os bens do ausente (CPC, art. 744), especificando-os minuciosamente e entregando-os a um curador que nomeará (CC, art. 22). O cônjuge do ausente, desde que não esteja separado judicialmente ou de fato por mais de 2 anos antes da declaração da ausência, será seu legítimo curador (CC, art. 25); tal direito estender-se-á ao companheiro (CC, art. 1.775; Enunciado n. 97 do

CJF, aprovado na I Jornada de Direito Civil de 2002), desde que com ele esteja convivendo, em razão de sua condição de herdeiro (CC, art. 1.790); na falta de cônjuge ou companheiro, nomear-se-ão os pais do desaparecido e, na ausência destes, os descendentes, desde que idôneos a exercer o cargo (CC, art. 25, § 1º), preferindo-se os mais próximos aos mais remotos; na falta dessas pessoas, competirá ao juiz a escolha do curador (CC, art. 25, §§ 2º e 3º), procurando averiguar quem, pela melhor idoneidade, atenderia aos interesses da pessoa desaparecida. Na falta de cônjuge, ascendente ou descendente (curadores legítimos) do ausente, competirá ao juiz a escolha do curador dativo, desde que idôneo a exercer o cargo.

Esse curador nomeado terá seus poderes e deveres fixados pelo órgão judicante, de acordo com as circunstâncias do caso, observando-se, no que for aplicável, o disposto a respeito dos tutores e curadores (CC, arts. 24, 1.728 e 1.767 a 1.774). É, portanto, o órgão judicante que, baseado nos fatos, ditará as normas segundo as quais o curador, por ele nomeado, deverá exercer suas funções administrativas relativamente aos bens do ausente. Consequentemente, na averiguação da legitimidade dos atos praticados pelo curador, dever-se-á buscar fundamento no ato judicial de sua nomeação e de estipulação de seus poderes e deveres. O curador, sob compromisso, inventariará os bens do desaparecido e administrá-los-á, percebendo todos os rendimentos que porventura produzirem para entregá-los ao ausente quando voltar, ou aos seus herdeiros, se não retornar. O intuito da lei foi preservar os bens do ausente, impedindo seu perecimento.

A curatela dos bens do ausente perdura, em regra, por um ano, durante o qual o magistrado ordenará a publicação de editais na rede mundial de computadores, no sítio do tribunal a que estiver vinculado e na plataforma de editais do Conselho Nacional de Justiça, ou, não havendo sítio, no órgão oficial e na imprensa da comarca, reproduzida de 2 em 2 meses, anunciando a arrecadação e convocando o ausente a reaparecer para retomar a posse de seus haveres (CPC, art. 745). Com sua volta, opera-se a cessação da curatela, o mesmo ocorrendo se houver notícia de seu óbito, averbando-se o fato no livro das ausências (Lei n. 6.015/73, art. 104).

Pelo art. 26 do Código Civil, findo o prazo previsto no edital, passado um ano da arrecadação dos bens do ausente ou, se deixou algum representante ou procurador, em se passando 3 anos, poderão os interessados requerer que se abra, provisoriamente, a sucessão, cessando a curatela (CPC, art. 745, § 1º). Ter-se-á, primeiramente, uma sucessão provisória, ante a possibilidade de: a) não ter havido morte do desaparecido, pois poderá ele retornar ou ocorrer a descoberta de que se encontra vivo em algum lugar (CC, art. 36), alterando a situação dos sucessores, que, então, não terão direitos absolutos sobre os bens recebidos; b) delimitação do exato momento da morte da pessoa desaparecida, desfazendo-se os direitos daqueles sucessores, se, na data da abertura da sucessão, outros forem os herdeiros. P. ex., se uma pessoa, no instante de seu desaparecimento, deixou marido e filhos, que, por isso, foram declarados sucessores provisórios, e ficar constatado que faleceu dois anos depois, restando-lhe apenas os filhos, que serão seus únicos herdeiros, pois o óbito de seu cônjuge ocorreu antes do seu, logo ele nada poderá herdar.

b) A *sucessão provisória* apoia-se nos arts. 26 a 36 do Código Civil e 745, §§ 1º a 3º, do Código de Processo Civil. Pode ser requerida por qualquer interessado (CC, art. 27, I a IV): cônjuge não separado judicial ou extrajudicialmente; herdeiros presumidos, legítimos ou testamentários (CC, arts. 1.829 e 1.799); pessoas que tiverem sobre os bens do ausente direito dependente de sua morte, p. ex.: usufruto vitalício condicionado à morte do usufrutuário (ausente) para que o nu-proprietário livre o bem onerado do ônus real; cláusula que preveja repasse de quotas do falecido aos sobreviventes, fideicomisso (CC, art. 1.951), legado (CC, art. 1.923), apólice de seguro de vida e doação com cláusula de reversão (CC, art. 547); credores de obrigações vencidas e não pagas (CC, art. 27). E, se não houver interessados na sucessão provisória, findo o prazo legal, compete ao Ministério Público requerê-la ao juízo competente (CC, art. 28, § 1º); logo, sua legitimidade é subsidiária.

Aquele interessado que promover a abertura da sucessão provisória pedirá a citação pessoal dos herdeiros presentes e do curador e, por edital, a dos ausentes para requererem a habilitação na forma dos arts. 689 a 692 do CPC (CPC/2015, art. 745, § 2º).

A sentença que determinar a abertura da sucessão provisória produzirá efeitos somente 180 dias depois de sua publicação pela imprensa. A sentença de abertura da sucessão provisória será averbada, no assento de ausência, após o trânsito em julgado (Lei n. 6.015/73, art. 104, parágrafo único). Assim que transitar em julgado, ter-se-á a abertura do testamento, se houver, e proceder-se-á ao inventário e partilha dos bens como se fosse o ausente falecido (CC, art. 28, *caput*).

A herança do ausente passa a seus herdeiros, que são sucessores provisórios e condicionais, devendo guardar os bens, para serem devolvidos quando reclamados pelo desaparecido, por ocasião de sua volta. Logo, tem o efeito de imissão de posse, pois não há transferência da propriedade dos bens do desaparecido aos seus herdeiros provisórios. Para assegurar ao ausente a devolução dos seus bens, *a)* o juiz determina, se julgar conveniente, valendo-se se for preciso de laudo pericial, a conversão, por meio de hasta pública, dos bens móveis, sujeitos a deterioração ou a extravio, em imóveis ou em títulos (públicos ou privados) garantidos pela União (CC, art. 29). A conversão dos bens suscetíveis de deterioração não mais será obrigatória, sendo mera permissão ao órgão judicante; *b*) os herdeiros imitidos na posse desses bens darão, ante a precariedade de seu direito, garantias de sua restituição mediante penhores, hipotecas, equivalentes aos quinhões respectivos (CC, art. 30). Se não puderem dar tais garantias, não entrarão na posse dos bens, que ficarão sob a administração de um curador, ou de outro herdeiro designado pelo juiz, que preste as mencionadas garantias (CC, art. 30, § 1º). Mas os ascendentes, os descendentes e o cônjuge, se for provada sua qualidade de herdeiros necessários, poderão, independentemente de garantia, entrar na posse dos bens do ausente (CC, art. 30, § 2º), pois há presunção legal de que zelarão pelos quinhões recebidos a título provisório; *c*) os imóveis do ausente, não só os arrecadados, mas também os convertidos por venda dos móveis (CC, art. 29), não poderão ser alienados, exceto em caso de desapropriação, ou hipotecados, salvo por ordem judicial, para lhes evitar a ruína ou por ser mais conveniente convertê-los em títulos garantidos pela União (CC, arts. 31 e 29), ante a necessidade de preservar o patrimônio do ausente, já que há possibilidade de seu retorno; *d*) os sucessores provisórios, empossados nos bens, ficarão representando ativa e passivamente o ausente, de modo que contra eles correrão as ações pendentes e as que de futuro àquele forem movidas (CC, art. 32), aplicando-se-lhes a norma do art. 1.792 do Código Civil, portanto não terão responsabilidade por encargos superiores às forças da herança recebida provisoriamente; *e*) o descendente, ascendente ou cônjuge, que for sucessor provisório do ausente, fará seus todos os frutos e rendimentos dos bens que a este couberem por serem herdeiros necessários (CC, arts. 1.829, I, II e III, e 1.845). Os outros sucessores (parentes colaterais), porém, deverão capitalizar metade desses frutos e rendimentos, conforme o art. 29 do Código Civil, de acordo com o representante do Ministério Público, e prestar anualmente contas ao juiz competente (CC, art. 33); *f*) o excluído da posse provisória (CC, art. 30, § 1º), por não ter oferecido a garantia real, poderá, se justificar falta de meios, requerer lhe seja entregue metade dos rendimentos do quinhão que lhe tocaria (CC, art. 34) para poder fazer frente a sua subsistência. O sucessor provisório que não pôde entrar na posse de seu quinhão, por não ter oferecido a garantia legal, poderá justificar-se provando a falta de recursos, requerendo, judicialmente, que lhe seja entregue metade dos frutos e rendimentos produzidos pela parte que lhe caberia, e que foi retida, para poder fazer frente à sua subsistência. Interessante é a seguinte observação de Gustavo Tepedino, Heloísa Helena Barboza e Maria Celina Bodin de Moraes: "Se o herdeiro excluído da posse recebe metade dos rendimentos do quinhão que lhe tocaria, resta a indagação sobre o destino da outra metade. Será ela capitalizada para o ausente ou será atribuída ao herdeiro que ficou imitido na posse de tais bens? Não parece razoável que ao herdeiro excluído sejam atribuídos rendimentos, enquanto aquele que o substituiu na gestão dos bens nada recebe. Parece mais coerente sustentar que é o ausente quem deixa de receber rendimentos por aquele quinhão, uma vez que, fosse um curador gerindo os bens, seria ele a arcar com a remuneração".

Se se provar, cabalmente, durante a sucessão provisória a data certa da morte do ausente, considerar-se-á, nessa data, aberta a sucessão em prol dos herdeiros que, legal e comprovadamente, o eram àquele tempo (CC, arts. 35 e 1.784); converte-se, então, a sucessão provisória em definitiva (CPC, art. 745, § 3º).

Retornando o ausente ou enviando notícias suas ou, ainda, comprovando-se judicialmente sua existência por estar vivo, cessarão para os sucessores provisórios todas as vantagens, ficando obrigados a tomar medidas assecuratórias ou conservatórias até a devolução dos bens a seu dono (CC, art. 36). Daí serem os sucessores provisórios herdeiros presuntivos, uma vez que gerem patrimônio supostamente seu; o verdadeiro proprietário é o ausente, cabendo-lhe, também, a posse dos bens, assim como os seus frutos e rendimentos, se o sucessor provisório não for o cônjuge, descendente ou ascendente. Logo, o sucessor provisório, com o retorno do ausente, deverá dar conta dos bens e de seus acrescidos. Mas se o ausente aparecer, e ficar provado que sua ausência foi voluntária e injustificada (p. ex., inexistência de perigo de vida ou de qualquer motivo plausível), perderá ele, em favor dos sucessores provisórios, sua parte nos frutos e rendimentos, compensando-os pela administração feita (CC, art. 33, parágrafo único), recebendo, como sanção, apenas de volta o patrimônio original. Portanto, o ausente, com seu regresso, deverá demonstrar que sua ausência se deu involuntária e justificadamente, sob pena de perder para os sucessores provisórios os frutos e rendas produzidos pelos seus bens móveis ou imóveis.

Se, dentro de 30 dias do trânsito em julgado da sentença que manda abrir a sucessão provisória não aparecer nenhum interessado, ou herdeiro, que requeira o inventário, o Ministério Público provocará o juiz a ordenar a arrecadação dos bens e a herança será, então, considerada jacente (CC, arts. 28, § 2º, e 1.819 a 1.823).

c) A *sucessão definitiva* e o levantamento das cauções prestadas poderão ser requeridos pelos interessados (CC, art. 27) 10 anos depois de passada em julgado a sentença que concedeu abertura de sucessão provisória (CC, art. 37) ou se se provar que o ausente conta 80 anos de idade e que de 5 anos datam as últimas notícias suas (CC, art. 38; *RT, 572*:98).

Os sucessores deixarão de ser provisórios, adquirindo, então, o domínio e a disposição dos bens recebidos, porém sua propriedade será resolúvel se o ausente regressar nos 10 anos seguintes à abertura da sucessão definitiva, caso em que só poderá requerer ao juiz a entrega dos bens existentes no estado em que se encontrarem, os sub-rogados em seu lugar ou o preço que os herdeiros houverem recebido pelos alienados depois daquele tempo (CC, art. 39), respeitando-se, assim, direitos de terceiros, uma vez que não se desfazem aquisições por eles realizadas. Daí afirmar-se que tal sucessão é quase definitiva. Poderão perceber os frutos e rendimentos dos bens herdados, podendo utilizá-los como quiserem, e aliená-los, onerosa ou gratuitamente, e, ainda, requerer o levantamento das cauções (garantias hipotecárias ou pignoratícias) prestadas.

Pelo Código de Processo Civil, art. 745, § 4º, "regressando o ausente ou algum de seus descendentes ou ascendentes para requerer ao juiz a entrega de bens, serão citados para contestar o pedido os sucessores provisórios ou definitivos, o Ministério Público e o representante da Fazenda Pública, seguindo-se o procedimento comum".

Se, entretanto, o ausente regressar depois de passados os 10 anos de abertura da sucessão definitiva, não terá direito a nada, não mais podendo recuperar seus bens.

Se, nos 10 anos a que se refere o art. 39 do Código Civil, o ausente não retornar, e nenhum interessado promover a sucessão definitiva, os bens serão arrecadados como vagos, passando à propriedade do município ou do Distrito Federal, se localizados nas respectivas circunscrições, incorporando-se ao domínio da União, quando situados em território federal (CC, art. 39, parágrafo único), que deverão utilizá-los no que entenderem mais pertinente ao interesse público.

A presunção de morte por ausência tem o poder de pôr fim ao vínculo conjugal, por mais prolongada que seja. Há no direito brasileiro ação direta para a declaração de dissolução do vínculo matrimonial por ausência do cônjuge, que declarada judicialmente, tem o condão de produzir *ipso iure* a dissolução do casamento (CC, art. 1.571, § 1º). No regime anterior, a ausência não terminava com o casamento, mas o desaparecimento do cônjuge sem deixar notícia podia ser causa de separação judicial, por importar em conduta desonrosa ou grave violação dos deveres do casamento, tornando impossível a vida em comum; ou em ruptura da vida em comum por mais de 5 anos consecutivos, impossibilitando a sua reconstituição (Lei n. 6.515/77, art. 5º, § 1º).

Silvio Rodrigues, a esse respeito, distinguia duas situações, ante a Lei do Divórcio, conforme o ausente tivesse desaparecido antes ou depois de 28 de junho de 1977, escrevendo que, se o desaparecimento ocorreu antes de 28-6-1977 e já perdurava por mais de 5 anos, poderia o cônjuge do desaparecido, independentemente de sentença declaratória de ausência, promover ação de divórcio contra o seu consorte, com base no art. 40 da Lei n. 6.515/77; provada a separação de fato por mais de 5 anos, podia obter sentença favorável, que ensejava seu novo matrimônio. Era óbvio que a hipótese era transitória, porque na longa duração não haveria pessoas desaparecidas anteriormente a 28 de junho de 1977. Se o desaparecimento ocorresse após esta data, dever-se-ia propor a ação de separação, com base no art. 5º, § 1º, da mesma Lei do Divórcio, que seria alcançável se provado que a separação, derivada de ausência, tinha durado pelo menos 5 anos. Após a obtenção da separação judicial, o cônjuge do ausente aguardaria 3 anos e então obtinha a conversão de sua separação judicial em divórcio. Nesse momento poderia contrair novo matrimônio. Todavia, como já dissemos alhures, houve julgados que entendiam que havia uma permanente possibilidade jurídica de divórcio direto aos separados de fato havia mais de 5 anos (*Adcoas*, 1979, n. 73.143, TJRJ). Pelo art. 226, § 6º, da Constituição Federal de 1988, bastaria para o divórcio direto consensual a comprovada separação de fato por mais de 2 anos, mas na hipótese de ausência, antes do advento do atual Código Civil, ter-se-ia, ante a impossibilidade de acordo para solucionar eventuais pendências, primeiro que obter a separação judicial litigiosa, convertendo-a depois de um ano em divórcio. Com o advento da EC n. 66/2010, que deu nova redação ao art. 226, § 6º, da CF, não há mais, hoje, necessidade de pleitear separação judicial e de prazos de carência de um ano daquela separação ou de dois da separação de fato para requerer o divórcio. Com o disposto no § 1º do art. 1.571, a morte presumida extingue a sociedade e o vínculo conjugal, liberando o ex-cônjuge para convolar novas núpcias sem precisar requerer antes o divórcio. Se, realizado o novo casamento, o morto presumido vier a reaparecer, o segundo matrimônio nulo será, mas produzirá, por analogia (LINDB, art. 4º), os efeitos do casamento putativo. Mas há quem ache que, ante a constituição da nova família, o segundo casamento prevalecerá, exceto se os novos esposos, juntos ou separadamente, deliberarem anulá-lo.

Se o ausente tiver deixado filhos menores e o outro consorte já for falecido ou incapaz para exercer o poder familiar, nomear-se-á tutor a essas crianças (CC, art. 1.728, I e II)[50].

Não há outras pessoas sujeitas à curatela, por serem consideradas relativamente incapazes, além das arroladas pelo art. 4º do Código Civil. Logo, deficiência física, cegueira, analfabetismo, idade provecta (Lei n. 10.741/2003, com alteração da Lei n. 12.461/2011), por si sós, não constituem motivo bastante para a interdição, se a pessoa tiver condições psíquicas normais.

d) Os pródigos (CC, art. 4º, IV; *JTJ, 200*:110), pois até nosso direito anterior já restringia a capacidade daquele que, desordenadamente, dilapidava os seus bens ou patrimônio, fazendo gastos excessivos e anormais[51], mandando que fosse apregoado o seu estado, para que ninguém fizesse qualquer negócio com ele, qualificando a prodigalidade como uma espécie de alienação mental[52] em razão de manifestação de ação perdulária. Observa Roberto Senise Lisboa que a prodigalidade pode dar-se por: *a*) *oniomania*, perturbação mental

---

50. Caio M. S. Pereira, *Instituições*, cit., v. 1, p. 239, 240 e 314; Bassil Dower, op. cit., v. 1, p. 59 e 60. *Vide* Súmula 331 do STF. Sobre os efeitos no direito de família: M. H. Diniz, *Curso*, cit., v. 5, n. 7, item B do cap. II. *Vide*: STJ, REsp 249.823 (200000201766) PR-3ª T., rel. Min. Eduardo Ribeiro, *DJU*, 26-6-2000; W. Barros Monteiro, op. cit., p. 334-7; Silvio Rodrigues, op. cit., p. 417; Sebastião José Roque, *Direito de família*, cit., p. 207-14; José Antonio de Paula Santos Neto, *Da ausência*, São Paulo, Juarez de Oliveira, 2001; sobre curadoria do ausente: Silvio Rodrigues, op. cit., p. 419 e 422; Hugo Nigro Mazzilli, *Curadoria de ausentes e incapazes*, São Paulo, 1988; Jones F. Alves e Mário L. Delgado, *Código*, cit., p. 38; Barbara A. de Araújo, A ausência: análise do instituto sob a perspectiva civil e constitucional, *A parte geral*, cit., p. 59-82; Lei n. 6.015/73, art. 29, VI; Caio M. S. Pereira, *Instituições*, v. 5, cit., p. 315 e 317; Gustavo Tepedino e outros, *Código*, cit., v. 1, p. 93; Moacir Adiers, A ausência da pessoa natural no novo Código Civil, *Revista do Direito Privado, 18*:189 a 217; Tarcisa A. Marques Porto, *A ausência no novo Código Civil*, São Paulo, SRS, 2008. Sobre morte presumida de tripulantes de navios e aeronaves (Dec.-lei n. 3.577/41, arts. 1º, § 1º, 3º e 12), de militares, servidores públicos e militares de aeronáutica (Decs.-leis n. 4.819/42, 5.782/43 e 6.239/44, respectivamente). *Vide* Lei n. 9.140, de 4-12-1995, com alteração da Lei n. 10.536/2002, que reconhece como mortos os desaparecidos em razão de participação em atividades políticas no período de 2-9-1971 a 5-10-1988 – Decreto de 16-12-2004 (*DOU* de 17-12-2004 e republicado no *DOU* de 20-12-2004), concede indenização a famílias de pessoas desaparecidas ou mortas em razão de participação ou acusação de participação em atividades políticas, no período de 2-9-1961 a 5-10-1988; STF, Súmulas 331 e 445; Pontes de Miranda, *Tratado de direito privado*, § 220; Decreto n. 3.048/99; *RJTJSP, 360*:363, *221*:181, *136*:297, *116*:49, *90*:350, *35*:63; *RT, 794*:382, *535*:241.
51. Aubry e Rau (*Cours de droit civil*, v. 1, § 138) assim definem o pródigo: "*celui qui, par dérèglement d'esprit ou des moeurs, dissipe sa fortune en excessives et folles dépenses*"; Clóvis, op. cit., p. 111; Clóvis F. C. Becalho e Osmar B. Corrêa Lima, Loucura e prodigalidade à luz do direito e da psicanálise, *RIL, 118*:363.
52. Ordenações, L. 4, tít. 103, § 6º; *RT, 477*:149.

que provoca o portador a adquirir descontroladamente tudo o que tiver vontade; *b*) *cibomania*, psicose conducente à dilapidação patrimonial em jogos de azar; *c*) *imoralidade*, que leva a gasto excessivo para satisfação de impulsos sexuais. E esclarece, ainda, que "não se constitui prodigalidade o eventual gasto excessivo, na expectativa de obtenção futura de lucro ou da consolidação de um patrimônio que mantenha a qualidade de vida do indivíduo como aceitável, dentro dos parâmetros da razoabilidade". Pelo Código de Processo Civil, art. 747, o pródigo só incorrerá em interdição havendo cônjuge ou companheiro, parentes, tutor, representante da entidade em que se encontra abrigado o interditando ou pelo Ministério Público. "Quando o curador for o cônjuge e o regime de bens do casamento for de comunhão universal, não será obrigado à prestação de contas, salvo determinação judicial" (CC, art. 1.783).

O nosso Código Civil mantém linha intermediária, enquadrando o pródigo entre os relativamente incapazes, privando-o, exclusivamente, dos atos que possam comprometer seu patrimônio, não podendo, sem a assistência de seu curador (CC, art. 1.767, V), alienar, emprestar, dar quitação, transigir, hipotecar, agir em juízo e praticar, em geral, atos que não sejam de mera administração (CC, art. 1.782). Todos os demais atos da vida civil poderão ser, por ele, validamente praticados, como: o casamento, a fixação do domicílio do casal, a autorização para que seus filhos menores contraiam matrimônio etc.[53].

O pródigo, enquanto não declarado tal, é capaz para todos os atos, pois só com sua interdição passa a ser relativamente incapaz.

Portanto, quanto ao pródigo, a lei não lhe impõe a abstenção total dos atos jurídicos nem lhe confere a liberdade de ação que lhe possibilite a perdulariedade. Entretanto, até mesmo a prodigalidade poderia, outrora, estar incluída no termo *enfermidade mental* do art. 3º, II (ora revogado), do Código Civil, porque quem tem juízo não dissipa bens, com o intuito de proteger o seu portador de vir a abster-se totalmente dos bens imprescindíveis para a sua sobrevivência. Deveras, se a prodigalidade resultasse de desordem das faculdades mentais, que lhe retirasse o necessário discernimento para a prática dos atos da vida civil, sua interdição deveria ser requerida com fulcro no art. 3º, II (ora revogado), do Código Civil, para declará-lo absolutamente incapaz[54]. Ante a revogação do inciso II do art. 3º, não há mais que se cogitar de tal hipótese.

---

53. Silvio Rodrigues, *Direito civil*, cit., v. 1, p. 82; Roberto Senise Lisboa, *Manual elementar de direito civil*, São Paulo, Revista dos Tribunais, 2002, v. 1, p. 219.

54. W. de Barros Monteiro, *Curso*, cit., v. 2., p. 325; José Olympio Castro Filho, *Comentários ao Código de Processo Civil*, Rio de Janeiro, Forense, 1983, v. 10, p. 207; Caio M. S.

A mulher casada, por ocasião da promulgação do Código Civil de 1916, em razão do matrimônio e não do sexo, devido à necessidade de ter a sociedade conjugal uma chefia, e como esta competia ao marido, passou a ser tida como incapaz, incapacidade esta que se cobria pela autorização e não pela assistência[55]. Na verdade, tratava-se de falta de legitimação e não de incapacidade, pois as restrições que lhe eram feitas eram as mesmas que pesavam sobre o marido, que não podia praticar atos sem sua anuência, tais como: alienar e gravar de ônus reais os bens imóveis (CC de 1916, art. 235); pleitear esses bens como autor ou réu; fazer doações, não sendo estas remuneratórias ou módicas; prestar fiança. Por outro lado, a mulher casada, como dirigente do lar, supunha-se autorizada a praticar os atos necessários ao exercício de suas funções domésticas (CC de 1916, art. 247), e, para a segurança dos direitos, que a norma, especialmente, lhe conferia, dispensava a autorização marital (CC de 1916, art. 248)[56].

Pereira, *Instituições,* cit., v. 1, p. 247. "O juiz não está adstrito ao laudo pericial, podendo formar a sua convicção com outros elementos ou fatos provados nos autos (artigo 438 – hoje 480, § 1º – CPC). Assim é que, indicados os motivos que formaram o convencimento a respeito da prodigalidade determinante da interdição, não há cogitar de negativa de vigência ao artigo 131 (atual CPC, art. 371) do Código de Processo Civil. Perfeitamente dispensável, no caso, referir a anomalia psíquica, mostrando-se suficiente a indicação dos fatos que revelam o comprometimento da capacidade de administrar o patrimônio. A prodigalidade é uma situação que tem mais a ver com a objetividade de um comportamento na administração do patrimônio do que com o subjetivismo da insanidade mental invalidante da capacidade para os atos da vida civil. Negativa de vigência ao artigo 1.180 (hoje art. 749) do CPC não configurada. Recurso Especial não conhecido (STJ)" (*Bol. AASP, 1.882*:8). *Vide*: Decreto n. 4.262, de 10 de junho de 2002, que regulamenta a Lei n. 10.357, de 27 de dezembro de 2001, que estabelece normas de controle e fiscalização sobre produtos químicos que direta ou indiretamente possam ser destinados à elaboração ilícita de substâncias entorpecentes, psicotrópicas ou que determinem dependência física ou psíquica; Lei n. 11.343/2006, que institui o Sistema Nacional de Políticas Públicas sobre Drogas (Sisnad); prescreve medidas para prevenção do uso indevido, atenção e reinserção social de usuários e dependentes de drogas; estabelece normas para repressão à produção não autorizada e ao tráfico ilícito de drogas e define crimes.

55. Caio M. S. Pereira, *Instituições,* cit., v. 1, p. 244; De Page, *Traité élémentaire de droit civil,* v. 1, n. 78, p. 85; Clóvis Beviláqua, op. cit., p. 89.

56. Serpa Lopes, *Curso de direito civil,* Freitas Bastos, 1962, v. 1, p. 288; Clóvis Beviláqua, op. cit., v. 1, p. 89 e 90. *Vide* Lei n. 9.799/99, que insere na CLT normas sobre acesso da mulher ao mercado de trabalho (arts. 373-A, I a VI, parágrafo único, 390-B, 390-C, 390-E e 392, § 4º, I e II); Lei n. 10.244/2001, que revoga o art. 376 da CLT para permitir realização de horas extras por mulheres; e Decreto n. 4.377, de 13 de setembro de 2002, que promulga a Convenção sobre a Eliminação de Todas as Formas de Discriminação contra a Mulher, de 1979, e revoga o Decreto n. 89.460, de 20 de março de 1984. Decreto n. 5.446, de 20-5-2005, acrescenta inciso ao art. 4º do Decreto n. 5.390, de 8-3-2005, que aprova o Plano Nacional de Políticas para as Mulheres (PNPM) e institui o Comitê de Articulação e Monitoramento. O Decreto n. 6.269, de 22 de novembro de 2007, altera e acresce dispositivos ao mencionado Decreto n. 5.390/2005. A Lei n. 11.340/2006 cria mecanismos para coibir violência doméstica e familiar contra a mulher.

Logo, a mulher casada não devia ter sido incluída entre os incapazes; faltava-lhe, na época, apenas legitimação para realizar certos negócios jurídicos, sem a anuência marital, de maneira que, com o consentimento de seu marido, ela adquiria essa legitimação e estava apta a praticar tais atos.

A Lei n. 4.121, de 27 de agosto de 1962, aboliu a incapacidade relativa da mulher casada, instituindo a igualdade jurídica dos cônjuges[57]; o mesmo se diga da Constituição Federal, art. 226, § 5º, e do Código Civil vigente, art. 1.567, pelo qual a esposa tem poder decisório, p. ex., no que se refere ao domicílio que deve ser fixado pelo casal e não mais unilateralmente pelo marido. Tem, ainda, direito de ausentar-se, livremente, do lar para o trabalho ou para fins culturais, cabendo-lhe a exclusiva administração dos bens que lhe são próprios. Nos casos excepcionais de caber a decisão a ambos os cônjuges, tem sempre a esposa o direito de recorrer ao juiz para fazer prevalecer a sua vontade, em caso de divergência, desde que as questões sejam essenciais e não se tratando de matéria personalíssima. Dá-se, assim, à esposa um "poder de decisão" e não simples "função de colaboradora do marido" (arts. 1.567 e parágrafo único, 1.642, II, e 1.569). Assim, com a queda da ideologia patriarcal, a legislação retira a mulher casada da sujeição marital.

Quanto aos índios, *silvícolas* ou indígenas, pela sua gradativa assimilação à civilização, a questão de sua capacidade deverá ser regida por leis especiais (CC, art. 4º, parágrafo único; CF, arts. 210, § 2º, 215, § 1º, e 231; Lei n. 6.001/73, art. 1º, parágrafo único). Nossos índios sofreram um processo de dizimação, principalmente no período colonial, sendo que os que ainda restam, nos dias atuais, nos Estados centrais e nas regiões que aos poucos sofrem o impacto da civilização, podem ser equiparados a crianças. Devido a sua educação ser lenta e difícil, o legislador criou um sistema de proteção que os defende de pessoas sem escrúpulos[58]. O Código Civil de 1916 (art. 6º, parágrafo único) considerou-os relativamente incapazes, sujeitando-os ao regime tutelar, estabelecido em leis e regulamentos especiais, o qual ces-

57. Caio M. S. Pereira, *Instituições,* cit., v. 1, p. 245; Maria Helena Diniz, *Curso de direito civil brasileiro,* v. 5.

58. Caio M. S. Pereira, *Instituições,* cit., v. 1, p. 247; Hugo N. Mazzilli, *Regime jurídico do Ministério Público,* Saraiva, 1995, p. 226; Antonio Chaves, A condição jurídica do índio, *RDC, 9*:27; Ismael Marinho Falcão, Regime tutelar indígena, *RDC, 33*:58; Carla G. A. Barbosa, João M. A. Barbosa e Marco Antonio Barbosa, Direito a diferença na sociedade de informação: os direitos indígenas na Constituição brasileira, *Revista do IASP, 20*:43-65; Cruz e outros, Justiça restaurativa: diálogo e aproximação com povos indígenas, *Revista da Escola da Magistratura do TRF - 4ª Região,* n. 10, p. 189 a 206, 2018; Marcos A. Borges, A incompetência da Fundação Nacional do Índio para demarcar as reservas ditas indígenas, *Revista Brasileira de Direito Comparado, 44*: 169-79.

sará à medida que se forem adaptando à civilização do país. Assim sendo, a determinação de sua incapacidade por legislação especial é uma proteção e não uma restrição. Os índios têm direito à posse de suas terras, reconhecido pela Constituição Federal, art. 231, direito de ir para onde quiserem, direito de reunião, direito de se defenderem, constituindo advogado, pois têm responsabilidade penal. O Serviço de Proteção aos Índios, que instituiu normas regulamentares com o escopo de tutelar seus interesses, foi extinto em 1967; criou-se, então, a Fundação Nacional do Índio, que seguiu a mesma linha[59] (Lei n. 5.371/67; Decreto n. 9.010/2017 (Estatuto da FUNAI); Portaria n. 666/2017 do Ministério da Justiça – aprova o Regimento Interno da FUNAI), atuando na defesa dos direitos e interesses indígenas, atendendo às suas atribuições legais (Portaria n. 177/2006 da FUNAI, art. 1º, § 2º). Pode até haver registro facultativo do índio em livro da FUNAI, que é o órgão federal que deve assisti-lo. Isto é assim porque a Lei n. 6.015/73, art. 50, § 2º, prescreve que "os índios, enquanto não integrados, não estão obrigados a inscrição do nascimento. Este poderá ser feito em livro próprio do órgão federal de assistência aos índios". Pela Constituição Federal de 1988, competirá à União legislar sobre índios (art. 22, XIV); ao Congresso Nacional autorizar, em terras indígenas, a alienação ou concessão de terras públicas com área superior a 2.500 hectares (art. 49, XVI); ao Ministério Público, defender judicialmente os direitos e interesses dos índios (art. 129, V), pois, pelo art. 232 da Constituição Federal, os indígenas, suas comunidades e organizações são partes legítimas para ingressar em juízo, em defesa de seus direitos e interesses, intervindo o Ministério Público em todos os atos processuais, julgados pelos juízes federais (art. 109, XI). A nova Carta (art. 231, §§ 1º a 7º) reconhece aos índios sua organização social, costumes, língua, crença, tradições, direito originário sobre as terras ocupadas por eles, que sobre elas terão posse permanente e usufruto exclusivo das riquezas do solo, dos rios e dos lagos nelas existentes, competindo, todavia, à União sua demarcação, dentro de 5 anos da promulgação da Carta de 1988 (art. 67 das Disposições Transitórias), e sua proteção. O processo da demarcação de terras indígenas está previsto no Decreto n. 1.775/96.

---

59. Sobre os índios, consulte-se a título de remissão histórica: Decreto n. 5.484/28; Decreto n. 10.652/42 (ora revogado pelo Decreto n. 11, de 1991); Lei n. 5.371/67; Lei n. 6.001/73 (Estatuto do Índio); Decreto n. 88.118/83 (ora revogado pelo Decreto n. 94.945/87); Constituição do Estado de São Paulo, 1989, arts. 282, §§ 1º a 3º, e 283; Portaria n. 1.733/2012, aprova o Regimento Interno da FUNAI. Pelo art. 50, § 2º, da Lei n. 6.015/77, enquanto não integrados os índios não estão obrigados à inscrição do nascimento. Este poderá ser feito em livro próprio do órgão federal de assistência ao índio. *Vide* art. 246 da Lei n. 6.015/77, com a redação da Lei n. 10.267, de 28-8-2001, alusivo ao registro de terras indígenas. Os Decretos de 21-5-1992 e 25-5-1992

e o Decreto n. 608/92 (ora revogado pelo Decreto n. 1.775/96) tratam da homologação e processo da demarcação da área indígena. Portaria n. 116, de 14 de fevereiro de 2012, da FUNAI, estabelece diretrizes e critérios a serem observados na concepção e execução das ações de demarcação de terras indígenas. Portaria n. 303, de 16 de julho de 2012, da Advocacia-Geral da União, dispõe sobre as salvaguardas institucionais às terras indígenas conforme entendimento fixado pelo Supremo Tribunal Federal na Petição 3.388 RR. Os Decretos n. 22 (ora revogado pelo Decreto n. 1.775/96), 23, 24, 25, 26, 27/91, 1.141/94 (que no art. 23 revogou os Decs. n. 23, 24 e 25/91) e a Instrução Normativa n. 2/94 referem-se à preservação da cultura indígena. A Resolução n. 45, de 29 de agosto de 2011, do Conselho Deliberativo do Fundo Nacional de Desenvolvimento da Educação (FNDE), estabelece diretrizes para a educação escolar indígena. A Lei n. 11.645, de 10 de março de 2008, altera a Lei n. 9.394, de 20 de dezembro de 1996, modificada pela Lei n. 10.639, de 9 de janeiro de 2003, que estabelece as diretrizes e bases da educação nacional, para incluir no currículo oficial da rede de ensino a obrigatoriedade da temática "História e Cultura Afro-Brasileira e Indígena". A Instrução Normativa n. 1/94 é relativa ao ingresso na área indígena. Pelo Decreto n. 1.141/94, com a alteração do Decreto n. 1.479/95 (ora revogado pelo Decreto n. 3.156/99), as ações de proteção ambiental, saúde e apoio às atividades produtivas voltadas às comunidades indígenas constituiam encargos da União. *Vide*: Portaria n. 928/95 da FUNAI, sobre projeto integrado de proteção às terras e populações indígenas da Amazônia Legal; Decreto n. 1.775, de 8 de janeiro de 1996; Decreto de 15 de fevereiro de 1996; Despachos n. 39/96, 40/96 e 41/96 da FUNAI, sobre identificação e delimitação de terras indígenas; Portaria n. 14/96 do Ministério daJustiça; Decreto n. 1.775/96, sobre procedimento administrativo de demarcação de terra indígena; Decreto s/n., de 17 de setembro de 2004, que cria Grupo Operacional para coibir exploração mineral em terras indígenas; Resolução n. 3/99 do Conselho Nacional de Educação, que fixa diretrizes para o funcionamento de escolas indígenas; Resolução n. 5, de 22 de junho de 2012, da Câmara de Educação Básica, define Diretrizes Curriculares Nacionais para a Educação Escolar Indígena na Educação Básica; Resolução n. 4/2010 do Conselho Nacional de Educação, art. 37, sobre educação escolar indígena; Resolução n. 1, de 6 de janeiro de 2015, do Conselho Nacional de Educação, institui Diretrizes Curriculares Nacionais para a Formação de Professores Indígenas em cursos de Educação Superior e de Ensino Médio; Portaria n. 479/2001, da Fundação Nacional de Saúde, que estabelece as diretrizes para elaboração de projetos de estabelecimentos de saúde, de abastecimento de água, melhorias sanitárias e esgotamento sanitário, em áreas indígenas; Portaria n. 543/2001, do Ministério da Saúde, ora revogada pela Resolução n. 185/2001, sobre normas e procedimentos operacionais para concessão e aplicação de suprimento de fundos especial, para atender às especificidades decorrentes da assistência à saúde indígena; Portaria n. 15, de 21 de maio de 2014, da Secretaria Especial de Saúde Indígena, que regulamenta os procedimentos de acompanhamento e monitoramento da execução de ações complementares na atenção à saúde dos povos indígenas por meio de convênios no âmbito da Secretaria Especial de Saúde Indígena do Ministério da Saúde (SESAI/MS); Portaria n. 1.098/2002, do Ministério da Justiça, que aprova o Regimento Interno do Conselho Indigenista da FUNAI; Decreto n. 5.051/2004, que promulga a Convenção n. 169 da OIT sobre povos indígenas e tribais; Decreto n. 4.906/2003, que dispõe sobre o remanejamento de funções comissionadas técnicas – FCT para a Fundação Nacional do Índio – FUNAI; Lei n. 11.907/2009, arts. 109 a 116, sobre quadro de pessoal da FUNAI; Portaria n. 69/2004, do Ministério da Saúde, que dispõe sobre a criação do Comitê Consultivo da Política de Atenção à Saúde dos Povos Indígenas, vinculado à Funasa; Portaria n. 70/2004, do Ministério da Saúde, que aprova as diretrizes da gestão da política nacional de atenção à saúde indígena; Portaria Conjunta n. 1/2004, da Secretaria de Ciência, Tecnologia e Insumos Estratégicos e da Funasa, que cria grupo de trabalho para formulação de uma política de assistência farmacêutica para os povos indígenas; Portaria n. 747/2004, do Ministério da Saúde, que estabelece normas e procedimentos para concessão e aplicação de suprimento de fundos especial, para atender às especificidades decorrentes da assistência à saúde indígena; Decreto de 5 de junho de 2012, que institui o Comitê de Gestão Integrada das Ações de Atenção à Saúde e de Segurança Alimentar para a População Indígena; Portaria n. 1.062/2005, do Ministério da Saúde, que institui a Criação do Selo Hospital Amigo do

Índio e do Comitê de Certificação e Avaliação do Selo Hospital Amigo do Índio; Portaria n. 1.059/2015, do Ministério da Saúde, aprova o Elenco Nacional de Medicamentos da Saúde Indígena; Portaria n. 1.800/2015, do Ministério da Saúde, trata das Diretrizes de Assistência Farmacêutica no Subsistema da Atenção à Saúde Indígena (SASISUS); Portaria n. 52/2004, da Secretaria de Educação Superior, que institui Comissão Especial, no âmbito da Secretaria de Educação Superior – SESu, para elaborar políticas de educação superior indígena; Lei n. 11.102/2005, que autoriza a Caixa Econômica Federal, em caráter excepcional e por tempo determinado, a arrecadar e alienar os diamantes brutos em poder dos indígenas Cintas-Largas habitantes das Terras Indígenas Roosevelt, Parque Indígena Aripuanã, Serra Morena e Aripuanã; Resolução n. 12/2005, do Conselho Deliberativo do Fundo Nacional de Desenvolvimento da Educação, que estabelece as orientações e diretrizes para assistência financeira suplementar aos projetos educacionais, no âmbito da educação escolar indígena; Portaria n. 90/2009, da CAPES, que dispõe sobre o Observatório da Educação Escolar Indígena; Portaria n. 13/2005, da Secretaria de Educação Continuada, Alfabetização e Diversidade, que institui a Comissão Nacional de Apoio à Produção do Material Didático Indígena; Portaria n. 177/2006, da FUNAI, sobre proteção do patrimônio material e imaterial relacionado à imagem, criação artística e cultural do povo indígena, e regulamenta o procedimento administrativo de autorização pela FUNAI de entrada de pessoas em terras indígenas interessadas no uso, aquisição ou cessão de direitos autorais e de direitos de imagem indígena e orienta procedimentos afins, com o propósito de respeitar os valores, criações artísticas e outros meios de expressão cultural indígena, bem como proteger sua organização social, costumes, línguas, crenças e tradições; Portaria Normativa n. 21, de 28 de agosto de 2013, do Ministério da Educação, que dispõe sobre a inclusão da educação para as relações étnico-raciais, do ensino de História e Cultura Afro-Brasileira e Africana, promoção da igualdade racial e enfrentamento ao racismo nos programas e ações do Ministério da Educação; Portaria n. 1.061, de 30 de outubro de 2013, do Ministério da Educação, que institui a Ação Saberes Indígenas na Escola; Portaria n. 98, de 6 de dezembro de 2013, da Secretaria de Educação Continuada, Alfabetização, Diversidade e Inclusão, que regulamenta a Ação Saberes Indígenas na Escola e define suas diretrizes complementares; Portaria n. 12, de 3 de fevereiro de 2016, do Ministério da Cultura, institui Grupo de Trabalho de Políticas Culturais Índigenas; Portaria MEC n. 66/2016 (com redação da Portaria MEC n. 392/2016), sobre designação de membros para a Comissão Nacional de Educação Escolar Indígena; Portaria MEC n. 391/2016, sobre diretrizes aos órgãos normativos dos sistemas de ensino para processo de fechamento de escolas indígenas; Portaria n. 984, de 6 de julho de 2006, da Fundação Nacional de Saúde, que institui o Sistema de Vigilância Alimentar e Nutricional para os Distritos Sanitários Especiais Indígenas (SISVAN-Indígena); Portaria n. 135, de 28-2-2007, da FUNAI, que estabelece diretrizes e critérios técnicos para a definição de priorização das obras de saneamento em áreas indígenas que deverão ser considerados no planejamento das Coordenações Regionais e dos Distritos Sanitários Especiais Indígenas; Portaria n. 52, de 8 de outubro de 2007, do Ministro da Cultura, que dispõe sobre a criação do Programa de Fomento e Valorização das Expressões Culturais e de Identidade dos Povos Indígenas; Portaria n. 2.656, de 17 de outubro de 2007, do Ministro da Saúde, que dispõe sobre as responsabilidades na prestação da atenção à saúde dos povos indígenas, no Ministério da Saúde, e regulamentação dos Incentivos de Atenção Básica e Especializada aos Povos Indígenas; Portaria n. 2.759, de 25 de outubro de 2007, do Ministro da Saúde, que estabelece diretrizes gerais para a Política de Atenção Integral à Saúde Mental das Populações Indígenas e cria o Comitê Gestor; Lei n. 11.696, de 12 de junho de 2008, que institui o Dia Nacional de Luta dos Povos Indígenas, celebrado no dia 7 de fevereiro; Portaria n. 126, de 14 de fevereiro de 2008, da FUNASA, que regulamenta o acompanhamento da execução física e financeira pela Coordenação Regional e Distrito Sanitário Especial Indígena, com a participação do Controle Social Indígena, na Celebração e Execução dos Convênios de Saúde Indígena; Portaria n. 293, de 7 de abril de 2008, da Fundação Nacional de Saúde, que estabelece critérios para celebração de convênios com entidades governamentais e não governamentais para a execução das ações de atenção à saúde dos povos indígenas; Portaria n. 1.235, de 19 de junho de 2008, do Ministério da Saúde, que cria a Comissão de Estudo para elaboração de uma Política de Recursos Humanos para o Subsistema de Saúde Indígena; Decreto n. 6.513/2008, que altera o Decreto n. 4.412/2002, sobre atuação das Forças Armadas e da Polícia Federal nas Terras Indígenas; Portaria n. 3.034/2008, do Ministério da Saúde, que cria Grupo de Trabalho com o objetivo de discutir e apresentar propostas de ações e medidas a serem implantadas no âmbito do Ministério da Saúde, no que se refere à gestão de serviços de saúde oferecidos a povos indígenas; Portaria n. 3.841, de 7 de dezembro de 2010, do Ministério da Saúde, que autoriza os Superintendentes Estaduais da Fundação Nacional de Saúde e os Chefes dos Distritos Especiais de Saúde Indígena, perante as Superintendências Estaduais da Fundação Nacional de Saúde, a praticar atos referentes à saúde indígena; Portaria n. 883, de 8 de agosto de 2008, da Fundação Nacional da Saúde, que institui as Comissões Nacional e Distrital de Investigação e Prevenção do Óbito Infantil e Fetal Indígena; Portaria n. 2.012, de 14 de setembro de 2012, do Ministério de Saúde, extingue o Incentivo de Atenção Básica aos Povos Indígenas (IAB-PI) e dispõe sobre a utilização dos recursos financeiros remanescentes; Portaria n. 808, de 21 de março de 2017, do Ministério da Saúde, institui o Grupo de Trabalho SVS/SESAI com a finalidade de fortalecer as ações de vigilância em saúde em área indígena a fim de diminuir o número de casos e risco de adoecimento destas populações. Resolução n. 649, de 28 de setembro de 2017, do Conselho Federal de Farmácia, dispõe sobre as atribuições do farmacêutico no subsistema de atenção à saúde indígena. Sobre colocação de criança e adolescente indígena em família substituta: Lei n. 8.069/90, art. 28, § 6º, I, II e III, acrescido pela Lei n. 12.010/2009. Sobre perda e suspensão do poder familiar de pais oriundos de comunidades indígenas: Lei n. 8.069/90, art. 161, § 2º (acrescentado pela Lei n. 12.010/2009). Pela Lei n. 12.188/2010, art. 5º, I, os povos indígenas são beneficiários da Política Nacional de Assistência Técnica e Extensão Rural para a Agricultura Familiar e Reforma Agrária (PRONATER). A Portaria n. 159, de 11 de março de 2010, da Subprocuradoria Geral Federal, atribui à Procuradoria Federal no Estado do Amazonas a representação judicial e as atividades de consultoria e assessoramento jurídicos da Fundação Nacional do Índio – FUNAI, bem como a defesa judicial e extrajudicial dos direitos individuais e coletivos dos indígenas e de suas comunidades no Estado do Amazonas. A Portaria n. 203, de 23 de março de 2010, da Subprocuradoria Geral Federal, atribui à Procuradoria Federal no Estado do Maranhão a representação extrajudicial e as atividades de consultoria e assessoramento jurídicos da Fundação Nacional do Índio – FUNAI, bem como a defesa judicial e extrajudicial dos direitos individuais e coletivos dos indígenas e de suas comunidades. A Portaria n. 215, de 9 de fevereiro de 2011, do Ministério da Saúde, institui o Grupo de Trabalho com o objetivo de coordenar as ações relativas à transferência dos bens permanentes ativos da Fundação Nacional de Saúde – FUNASA para o Ministério da Saúde, compreendendo os bens móveis, imóveis, intangíveis e semoventes, acervo documental e equipamentos destinados à promoção, proteção e recuperação da saúde dos povos indígenas, incluindo os relacionados às ações de saneamento ambiental em terras indígenas. Portaria n. 1.682, de 8 de dezembro de 2011, da FUNAI, estabelece diretrizes e critérios a serem observados na concepção e execução das ações de proteção territorial e etnoambiental em terras indígenas; Decreto n. 7.747/2012 institui a Política Nacional de Gestão Territorial e Ambiental de Terras Indígenas (PNGATI). A Portaria Interministerial n. 2, de 3 de dezembro de 2014 (Ministérios do Desenvolvimento Agrário e da Justiça), instituiu o Selo Indígenas do Brasil, para identificação de origem étnica e territorial de produtos produzidos por pessoas físicas ou jurídicas integrantes de comunidades indígenas, denominado Selo Indígenas do Brasil; Decreto n. 8.593, de 17 de dezembro de 2015, e Portaria do Ministério da Justiça n. 549/2016, sobre a criação do Conselho Nacional de Política Indigenista – CNPI; Instrução Normativa da FUNAI n. 1/2016, traça normas para a promoção e proteção dos direitos das crianças e jovens indígenas e a efetivação do direito à convivência familiar e comunitária. Já se decidiu que: "Ação direta de inconstitucionalidade. Inciso X do art. 7º da Constituição do Estado do Rio Grande do Sul. Bens do Estado. Terras dos extintos aldeamentos indígenas. Violação dos arts. 20, I e XI, 22, *caput* e inciso I, e 231 da Constituição Federal. Interpretação conforme. Extinção ocorrida antes do advento da Constituição de 1891. ADI julgada parcialmente procedente. I – A jurisprudência do Supremo Tribunal Federal, por diversas vezes, reconheceu que as terras dos aldeamentos indígenas que se extinguiram antes da Constituição de 1891, por haverem perdido o caráter de bens destinados a uso especial, passaram à categoria de terras devolutas. II – Uma vez reconhecidos como terras devolutas, por força do artigo 64 da Constituição de 1891, os aldeamentos extintos transferiram-se ao domínio dos Estados. III –

Além disso, só será permitida a exploração e pesquisa de riquezas minerais contidas nessas terras com autorização do Congresso Nacional, ressalvando-se aos índios o direito de participarem, na forma legal, dos resultados da lavra.

ADI julgada procedente em parte, para conferir interpretação conforme à Constituição ao dispositivo impugnado, a fim de que a sua aplicação fique adstrita aos aldeamentos indígenas extintos antes da edição da primeira Constituição Republicana" (ADI 255, STF, rel. Min. Ilmar Galvão). Sobre silvícola: *RT, 600*:392. Sobre área indígena: *RSTJ, 46*:81. *Vide*: Marcelo Dolzany da Costa, Anotações sobre direitos indígenas, in *I Encontro de Juízes Federais da Região Amazônica*, 1995, p. 133 e s.; A. Gursen de Miranda, *O direito e o índio*, Belém, Cejup, 1994; Juliana Santilli, *Os direitos indígenas e a Constituição*, Porto Alegre, Sérgio A. Fabris, 2002; Orlando Villas Bôas Filho, Os direitos indígenas no Brasil contemporâneo, in *História do direito brasileiro*, Eduardo C. B. Bittar (org.), São Paulo, Atlas, 2003, p. 279-90; Ilmar Galvão, Terras indígenas, *Doutrina – STJ – edição comemorativa – 15 anos*, Brasília, STJ, 2005, p. 473-92; José Fábio R. Maciel, Direito indígena – um direito ou uma concessão do direito estatal?, *Carta Forense*, março, 2007, p. 50; Roberto Lemos dos Santos Filho, Responsabilidade civil da União por dano ambiental em terra indígena, *Revista do TRF - 3ª Região, 83*:143-63; Ana Maria Viola de Sousa e Carlos Marquette de Sousa, Tutela jurídica dos povos indígenas e a preservação do meio ambiente, *Direito & Paz, 15*:47-76 (UNISAL); Hilário Rosa e Tales Castelo Branco, Direito dos índios à terra no passado e na atualidade brasileira, *Revista do IASP, 21*:170-85; Walter C. Rothenburg, Índios e seus direitos constitucionais na democracia brasileira, *Revista de Direito Constitucional e Internacional, 60*:281-97; Luiz de Lima Stefanni, *Código indígena no direito brasileiro*, separata da *Revista do TRF - 3ª Região*, n. 105, 2011; Rafael Ruiz, A legislação sobre o trabalho indígena no Brasil durante a União Ibérica, *Revista de Direito Privado, 2*:17-29. Súmula n. 4, de 5 de abril de 2000, da Advocacia Geral da União: "Salvo para defender o seu domínio sobre imóveis que estejam afetados ao uso público federal, a União não reivindicará o domínio de terras situadas dentro dos perímetros dos antigos aldeamentos indígenas de São Miguel e de Guarulhos, localizados no Estado de São Paulo, e desistirá de reivindicações que tenham como objetivo referido domínio". Resolução Conjunta n. 3/2012, do CNJ e do Conselho Nacional do MP, dispõe sobre registro de nascimento de indígenas. O art. 1º estabelece que o assento de nascimento de indígena não integrado no Registro Civil das Pessoas Naturais é facultativo. A pedido do apresentante, no assento de nascimento do indígena, integrado ou não, deve ser lançado o nome indígena do registrando, de sua livre escolha, não sendo caso de aplicação do art. 55, parágrafo único, da Lei n. 6.015/73, cujo texto diz que "quando o declarante não indicar o nome completo, o oficial lançará adiante do prenome escolhido o nome do pai e, na falta, o da mãe, se forem conhecidos e não o impedir a condição de ilegitimidade, salvo reconhecimento no ato". No caso de registro de indígena, a etnia do registrando pode ser lançada como sobrenome. A pedido do interessado, a aldeia de origem do indígena e a de seus pais poderão constar como informação a respeito das respectivas naturalidades, juntamente com o município de nascimento. Em caso de dúvida fundada acerca do pedido de registro, o registrador poderá exigir o Registro Administrativo de Nascimento do Indígena (Rani), ou a presença de representante da Fundação Nacional do Índio (Funai). Se o oficial suspeitar de fraude ou falsidade, submeterá o caso ao juízo competente para fiscalização dos atos notariais e registrais, assim definido na órbita estadual e do Distrito Federal, comunicando-lhe os motivos da suspeita. Nos procedimentos judiciais de retificação ou alteração de nome, deve ser observado o benefício previsto na Lei n. 1.060/50, levando-se em conta a situação sociocultural do indígena interessado. O documento considera a necessidade de se regulamentar em âmbito nacional o registro de nascimento de indígenas (*BAASP, 2818*:8).

Proíbe também a remoção dos indígenas dessas terras, salvo autorização do Congresso Nacional em caso de interesse de Soberania Nacional, de catástrofe ou epidemia que os ponha em risco, sendo-lhes garantido o direito de retorno, em qualquer hipótese, assim que a circunstância excepcional cessar. Os atos que objetivarem a ocupação dessas terras ou a exploração de suas riquezas são nulos. Tal nulidade não acarretará direito de pleitear indenização contra a União, salvo na forma da lei, quanto às benfeitorias oriundas de ocupação de boa-fé.

A Lei n. 6.001/73 (Estatuto do Índio) coloca o silvícola, habitante da floresta, e sua comunidade, enquanto não integrados à comunhão nacional, sob regime tutelar.

Pelo elenco das pessoas incapazes percebe-se que nossa legislação não incluiu os *falidos*, porque a abertura da falência só se restringe aos direitos e obrigações da massa falida, impondo aos falidos limitações à atividade mercantil, ou seja, não poderão votar nem ser votados nas eleições das juntas comerciais, exercer funções de corretor, leiloeiro, avaliador, perito ou arbitrador em questões comerciais. Garantida está sua capacidade civil em relação a todos os atos que não forem atinentes à massa falida[60].

Da mesma forma a *condenação criminal* não acarreta incapacidade civil. Como pena restritiva de direito poderá sofrer a perda da função pública ou do direito à investidura em função pública, do poder familiar, da tutela, da curatela, da autoridade na sociedade conjugal, dos direitos políticos (CP, arts. 43 a 48)[61].

c.4. Proteção aos incapazes

A proteção jurídica dos incapazes realiza-se por meio da representação (CC, art. 3º) ou assistência (CC, art. 4º), o que lhes dá segurança, quer em relação a sua pessoa, quer em relação ao seu patrimônio, possibilitando o exercício de seus direitos (CC, arts. 115 a 120, 1.634, V, 1.690, 1.734, com a redação da Lei n. 12.010/2009, 1.747, I, 1.767, e Lei n. 13.146/2015, alterada pela Lei n. 14.009, de 3 de junho de 2020)[62].

---

60. Clóvis Beviláqua, op. cit., p. 97; Carvalho de Mendonça, *Tratado de direito comercial*, v. 7, n. 429 a 435.
61. Caio M. S. Pereira, *Instituições*, cit., v. 1, p. 248.
62. Serpa Lopes, op. cit., v. 1, p. 290; Clóvis, op. cit., p. 98; Silvio Rodrigues, *Direito civil*, cit., v. 1, p. 82; Luiz Alberto David Araújo, *A proteção constitucional das pessoas portadoras de deficiência*, 1994; Mairan G. Maria Jr., *A representação no negócio jurídico*, São Paulo, Revista dos Tribunais, 2001; Hugo N. Mazzilli, *A defesa dos interesses difusos em juízo*, Saraiva, 1995, p. 517-23; *Curadoria de ausentes e incapazes*, 1988, e O deficiente e o Ministério Público, *RT*, *629*:64; Cunha e Scott Jr., Direito social à educação: percepção de estudantes com deficiência e discussão sobre aspectos legais, *Revista Direitos Sociais e Políticas Públicas*

(Unifafibe), v. 9, n. 1, 2021, p. 479-514; Antonio Rulli Neto, *Direitos do portador de necessidades especiais*, São Paulo, Fiuza, 2002; Reparação do dano moral sofrido pelo incapaz, *Estudos em homenagem ao Acadêmico Min. Sidney Sanches*, São Paulo, Fiuza, APM, 2003, p. 85-94; Selma Negrão P. dos Reis, Saúde Mental e atuação do Ministério Público – notas sobre a inclusão das pessoas portadoras de transtorno mental e a defesa de seus direitos, in *Questões de direito civil e o novo Código Civil*, Ministério Público de São Paulo, 2004, p. 438-77; Roberto Bolonhini Júnior, Portadores de necessidades especiais, São Paulo, Arx, 2004; Anderson Schreiber, A representação no novo Código Civil, *A parte geral*, cit., p. 225 e s.; Cavalcante e Jorge Neto, O conteúdo jurídico da proteção ao portador de deficiência física prevista no art. 93 da Lei n. 8.213/91, *Synthesis* – direito do trabalho material e processual do TRT da 2ª Região, *41*:11-4; Mallet, Princípio Constitucional da igualdade e cotas para trabalhadores deficientes, *Synthesis*, cit., *41*:15-17; Targa e Avelino, Políticas públicas afirmativas, sistema de cotas e garantia de emprego para o portador de necessidades especiais, *Synthesis*, cit., *41*:18 a 22; Flávia Piva Almeida Leite, *O município acessível à pessoa portadora de deficiência*, São Paulo, RCS, 2007, Lydia N. B. Telles Nunes, Incapacidade: uma questão de proteção à pessoa humana, *Revista IASP*, n. 18, p. 170-86; Luciana T. T. Niess e Pedro H. T. Niess, *Pessoas portadoras de deficiências no direito brasileiro*, São Paulo, Ed. Juarez de Oliveira, 2003; Antonio B. Gonçalves, A defesa da preferência às pessoas com transtorno do espectro de autismo ante a falta de procedimento, *Revista Síntese – Direito de Família*, v. *88*:67-82; Maria Helena Diniz, A nova teoria das incapacidades, *Revista Thesis Juris* v. 5, n. 2, 2016, p. 263-288; Influência de Lei n. 13.146/2015 na teoria das incapacidades do direito civil brasileiro. *Revista Jurídica Luso-Brasileira*, n. 5, 2016, p. 981-1014; Silvia P. R. Martins, O Estatuto da pessoa com deficiência e as alterações jurídicas relevantes no âmbito da capacidade civil, *RT*, *974*:225-246; Adolfo M. Nishiyama e Roberta C. P. Toledo, O Estatuto da pessoa com deficiência: reflexões sobre a capacidade civil, *RT*, *974*: 35-62; Adilene G. Quaresma e Débora Alves Elias, O desafio da formação e inclusão no mercado de trabalho de pessoas com deficiência intelectual leve, *De Jure – Revista jurídica MPMG*, n. 28, p. 25-29. Interessantes são: *Revista do MPD – Dialógico*, n. 11, por tratar da *Inclusão das pessoas com deficiência* e a Convenção Interamericana para eliminação de todas as formas de discriminação contra pessoas portadoras de deficiência, realizada em 1999 na Guatemala, sendo o Brasil um dos seus signatários. A Lei n. 7.853/89, alterada pela Lei n. 8.028/90 e regulamentada pelo Decreto n. 3.298/99, e o Decreto n. 914/93, ora revogado pelo Decreto n. 3.298/99, referem-se à integração social de pessoas portadoras de deficiência, e o mesmo se diga da Lei n. 8.069/90, arts. 11, § 1º, 66, 112, § 3º, e 208, II. "Menor com 16 anos de idade e perfeita capacidade mental pode ser objeto de tutela, porque precisaria ser apenas assistido nos atos da vida civil. Todavia, tendo a capacidade mental obliterada e sendo, ainda, surdo-mudo, precisa ser curatelado por inteiro para que possa ter seus bens dirigidos e administrados por outrem e, assim, sobreviver" (*RT, 613*:95). A Lei n. 8.686/93 dispõe sobre o reajustamento da pensão especial aos deficientes físicos portadores da síndrome de Talidomida, instituída pela Lei n. 7.070/82. A Lei n. 7.070/82, por sua vez, sofreu alteração pela Lei n. 10.877/2004, dispondo que deficiente físico beneficiário de pensão especial fará jus a mais um adicional de 35% sobre o valor do benefício, desde que comprove pelo menos vinte e cinco anos, se homem, e vinte anos, se mulher, de contribuição para a Previdência Social; ou cinquenta e cinco anos de idade, se homem, ou cinquenta anos de idade, se mulher, e contar pelo menos quinze anos de contribuição para a Previdência Social. *Vide* Leis n. 8.242/91 e 8.899/94, sobre passe livre a deficientes no sistema de transporte coletivo interestadual. As Leis n. 8.989/95 (com alterações do art. 29 da Lei n. 9.317/96 e das Leis n. 10.182/2001, 10.754/2003 e 12.113/2009), 9.144/95 e a Instrução Normativa da Secretaria da Receita Federal n. 988/2009, alterada pela Instrução Normativa RFB n. 1.369/2013 (modificada pela Instrução Normativa RFB n. 1.376/2013), 1.528/2014 e 1.561/2015 dispõem sobre isenção de imposto sobre produtos industrializados na aquisição de automóveis por pessoas portadoras de deficiência física, visual, mental severa ou profunda, ou autistas; o Convênio ICMS n. 3/2007, ora revogado pelo Convênio ICMS n. 38/2012 do CONFAZ, isenta do ICMS as saídas de veículos destinados a deficientes físicos; a Instrução Normativa da Secretaria da Fazenda Nacional n. 988/2009, disciplina a aquisição de automóveis com isenção de Imposto sobre Produtos Industrializados (IPI) por pessoas portadoras de deficiência física, visual, mental severa ou profunda, ou autistas. *Vide* Instruções Normativas da Secretaria da Receita Federal n. 367/2003 e 375/2003, ora revogadas; Decreto n. 3.298/99, sobre competência, composição e funcionamento do Conselho Consultivo da Coordenadoria Nacional para Integração da Pessoa Portadora de Deficiência (Corde); Decreto n. 1.744/95 (ora revogado pelo Decreto n. 6.214/2007), que regulamentava o benefício da prestação continuada devido ao deficiente e ao idoso, de que trata a Lei n. 8.742/93 – tal benefício, pelo art. 36, parágrafo único, daquele decreto, é intransferível, não gerando direito à pensão, e o valor do resíduo não recebido em vida pelo beneficiário será pago aos herdeiros ou sucessores, na forma da lei civil; e Ordem de Serviço n. 577/97 da Diretoria do Seguro Social do INSS, ora revogada, que aprova o Manual de Procedimentos para Operacionalização do Benefício Assistencial a Idosos e Deficientes. *Vide*, ainda, Decretos municipais paulistas n. 36.999/97, sobre cardápios em braile, 37.030/97, que regulamenta a Lei n. 12.365/97, sobre atendimento preferencial a deficientes, idosos e gestantes em estabelecimentos de saúde municipais, e 37.031/97, que regulamenta a Lei n. 12.117/96, sobre rebaixamento de guias e sarjetas para possibilitar a travessia de pedestres portadores de deficiência; Lei n. 9.867/99, que dispõe sobre criação e funcionamento de Cooperativa Social (art. 3º, I e II), visando a integração social de portadores de deficiências físicas, psíquicas e sensoriais; Portarias n. 1.679/99 do Ministério da Educação sobre requisitos de acessibilidade de pessoas portadoras de deficiências, para instruir os processos de autorização e de reconhecimento de cursos e de credenciamento de instituições, e 772/99 do Ministério do Trabalho e Emprego, que dispõe sobre reabilitação e emprego de deficientes; Lei n. 10.050/2000, que acresceu o § 3º ao art. 1.611 do CC de 1916; Lei n. 10.048/2000 e Lei n. 9.029/95, arts. 1º e 3º, com a redação da Lei n. 13.146/2015, que lhes dá prioridade de atendimento; Lei n. 10.098/2000, que estabelece normas gerais e critérios básicos para a promoção da acessibilidade das pessoas portadoras de deficiência, sendo que a Lei n. 11.982/2009 acrescentou-lhe parágrafo único ao art. 4º para determinar a adaptação de parte dos brinquedos e equipamentos dos parques de diversões às necessidades das pessoas com deficiência ou com mobilidade reduzida; Decreto n. 5.296/2004 (alterado pelo Decreto n. 10.014/2019), que regulamenta as Leis n. 10.048/2000 e 10.098/2000; Decreto n. 5.645/2005, que dá nova redação ao art. 53 do Decreto n. 5.296/2004; Lei n. 10.216/2001, que dispõe sobre proteção e direitos das pessoas portadoras de transtornos mentais e redireciona o modelo assistencial em saúde mental; Decreto n. 3.956/2001, que promulga a Convenção Interamericana para eliminação de todas as formas de Discriminação contra Pessoas Portadoras de Deficiência; Resolução n. 35/2005, que aprova o Regimento Interno do Conselho Nacional dos Direitos da Pessoa Portadora de Deficiência (CONADE); Portaria n. 154/2002 (revogada pela Portaria n. 36/2004, da Secretaria Especial de Direitos Humanos, sobre composição e funcionamento do CONADE); Portaria n. 100/2005, que altera a redação dos arts. 14 e 16 da Portaria n. 36/2004, sobre o CONADE; Resolução n. 45/2006 sobre composição das Comissões Permanentes do CONADE; Portaria n. 119/2005, da Secretaria Especial dos Direitos Humanos da Presidência da República, que aprova Regimento Interno da I Conferência Nacional dos Direitos da Pessoa com Deficiência; Resolução n. 4/2000, que normatiza a inclusão do portador de deficiência no mercado de trabalho; Resolução n. 8/2000, sobre medidas para incluir deficiente no sistema regular de ensino; Resolução n. 9/2000, que institui critérios para implantação de Conselhos Estaduais ou Municipais de Direitos da Pessoa Portadora de Deficiência; Resolução n. 32/2005, do CONADE, sobre solicitação ao Ministério da Saúde de estudo para revisão, adequação de procedimentos de reabilitação da pessoa portadora de deficiência; Resolução n. 28, de 14 de julho de 2006, do FNDE, que dispõe sobre os processos de adesão e habilitação e as formas de execução e prestação de contas, referentes ao Programa de Complementação ao Atendimento Educacional Especializado às Pessoas Portadoras de Deficiência (PAED); Decreto n. 4.360/2002 (ora revogado pelo Decreto n. 4.712/2003), que alterou o art. 36 do Decreto n. 1.744/95, sobre benefício de prestação continuada devido a pessoa portadora de deficiência, que é intransferível, não gerando direito à pensão. O valor não recebido em vida pelo beneficiário deverá ser pago aos seus herdeiros diretamente pelo INSS; Portaria n. 146/2003, da Procuradoria Geral Federal, sobre lotação de portador de deficiência no seu âmbito; Lei n. 10.845/2004, que institui o Programa de Complementação ao Atendimento Educacional Especializado às Pessoas Portadoras de Deficiência; Resolução n. 11/2004, do FND, que dispõe sobre os critérios e as formas de transferência e de prestação de contas dos recursos destinados à execução do Programa de Complementação ao Atendimento Educacional Especializado às Pessoas Portadoras de Deficiência (PAED); Lei n. 10.877/2004, que altera a Lei n. 7.070, de 20 de dezembro de 1982, que dispõe sobre pensão especial para os deficientes físicos; Lei n. 11.126/2005 (regulamentada pelo Decreto n. 5.904, de 21-9-2006) sobre direito do portador de deficiência visual de ingressar e permanecer em ambiente de uso coletivo acompanhado de cão guia; Lei n. 11.129/2005, art. 2º, § 2º, revogado pela Lei n. 11.692/2008, assegurava ao jovem portador de deficiência a participação no Programa Nacional de Inclusão de Jovens (Projovem) e o atendimento de sua necessidade especial. Decreto n. 5.626/2005, que regulamenta a Lei n. 10.436/2002, que dispõe sobre a Língua Brasileira de Sinais (Libras) usada por surdos e o art. 18 da Lei n. 10.098/2000; Decreto n. 5.645/2005, que dá a seguinte redação ao art. 53 do Decreto n. 5.296/2004: "Art. 53. Os procedimentos a serem observados para implementação do plano de medidas técnicas previstos no art. 19 da Lei n. 10.098, de 2000, serão regulamentados, em norma complementar, pelo Ministério das Comunicações. (...) § 3º A Coordenadoria Nacional para Integração da Pessoa Portadora de Deficiência – CORDE da Secretaria Especial dos Direitos Humanos da Presidência da República assistirá o Ministério das Comunicações no procedimento de que trata o § 1º"; Decreto n. 6.039/2007 aprova o plano de metas para a Universalização do Serviço Telefônico Fixo comutado em instituições de assistência às pessoas com deficiência auditiva. A Portaria n. 2.776/2014, do Ministério da Saúde, aprova diretrizes gerais, amplia e incorpora procedimentos para atenção especializada às pessoas com deficiência auditiva no SUS; Consulta Pública n. 846, de 28 de novembro de 2007, da ANATEL, sobre proposta de Regulamento da Central de Intermediação de Comunicação telefônica a ser utilizada por pessoas portadoras de deficiência auditiva ou da fala. A Resolução n. 11/2007, do FNDE, dispõe sobre processos de adesão e habilitação e as formas de execução e prestação de contas, referentes ao Programa de Complementação ao Atendimento Educacional Especializado às Pessoas Portadoras de Deficiência (PAED). O Decreto Legislativo n. 186/2008 aprova texto da Convenção sobre os Direitos das Pessoas com Deficiência, aprovada em Nova Iorque, em 30 de março de 2007. A Portaria n. 3.128, de 24 de dezembro de 2008, do Ministério da Saúde, define que as Redes Estaduais de Atenção à Pessoa com Deficiência Visual sejam compostas por ações na atenção básica e Serviços de Reabilitação Visual. A Resolução n. 304/2008, do Conselho Nacional de Trânsito, dispõe sobre vagas de estacionamento de veículos que transportem pessoas portadoras de deficiência, com dificuldade de locomoção. A Resolução BACEN n. 4.050/2012, com a alteração da Resolução BACEN n. 4.326/2014, dispõe sobre cumprimento do direcionamento de depósitos à vista captados pelas instituições financeiras de que trata a Resolução n. 4.000/2011 com operações de crédito para aquisição de bens e serviços de tecnologia assistiva destinados a pessoas com deficiência. A Portaria n. 139/2012, do Ministério do Estado da Ciência, Tecnologia e Inovação, institui o Centro Nacional de Referência em Tecnologia Assistiva (CNRTA) na forma de uma rede cooperativa de pesquisa, desenvolvimento e inovação como mecanismo de implementação do "Plano Nacional dos Direitos da Pessoa com Deficiência – Plano Viver Sem Limite". A Portaria n. 835/2012, do Ministério da Saúde, institui incentivos financeiros de investimento e de custeio para o Componente Atenção Especializada da Rede de Cuidados à Pessoa com Deficiência no âmbito do SUS. A Lei n. 12.715/2012 criou o Programa Nacional de Apoio à Atenção da Saúde da Pessoa com Deficiência. A Portaria n. 616/2012, da Secretaria de Direitos Humanos, institui grupo de trabalho para análise de Projetos de Lei que tratam da criação do Estatuto das Pessoas com Deficiência. A Lei n. 12.613/2012 altera a Lei n. 10.735/2003 sobre direcionamento de depósito à vista captado pelas instituições financeiras para operações de crédito destinadas à população de baixa renda, desde que direcionadas a adquirir bens e serviços de tecnologia assistiva destinadas a pessoas com deficiência. A Resolução da Comissão Intergestores Tripartite (CIT) dispõe sobre o cofinanciamento federal para apoio a oferta dos serviços de Proteção Especial para pessoas com deficiência, em situação de dependência, e suas Famílias em Centros-Dia de Referência e em Residências Inclusivas. A Portaria n. 139/2012, do Ministério do Desenvolvimento Social e Combate à Fome, dispõe sobre o Serviço de Proteção Social Especial para Pessoas com Deficiência, em situação de dependência e suas Famílias, ofertado nos Centros-Dia de Referência para Pessoas com Deficiência. A Portaria n. 140/2012, do Ministério do Desenvolvimento Social e Combate à Fome, dispõe sobre o cofinanciamento federal por meio do Piso de Alta Complexidade II – PACII, dos Serviços de Acolhimento Institucional e de Acolhimento em República para adultos e famílias em situação de rua e Serviço de Acolhimento em Residência Inclusiva para jovens e adultos com deficiência, em situação de dependência. A Resolução n. 3.871/2012, da ANTT, estabeleceu procedimentos a empresas transportadoras para assegurar condições de acessibilidade às pessoas com deficiência ou mobilidade reduzida. A Lei n. 12.715/2012 institui o Programa Nacional de Apoio à Atenção da Saúde da Pessoa com Deficiência. Sobre prioridade de tramitação em todas as instâncias nos procedimentos judiciais em que portador de doença grave é parte: CPC/2015, art. 1.048, I, §§ 1º a 3º. A Portaria Interministerial n. 2/2012 institui o Protocolo Nacional Conjunto para Proteção Integral a Pessoas com Deficiência em Situação de Riscos e Desastres. Portaria n. 429/2014, do Ministério dos Transportes, acrescenta parágrafo único ao art. 10 da Portaria n. 261/2012 sobre concessão e administração de passe livre a pessoa com deficiência, comprovadamente carente, no sistema de transporte coletivo interestadual de passageiros, pelo qual somente após a apresentação completa dos documentos necessários ao cadastramento do Programa Passe Livre o prazo legal passará a ser computado e a Portaria n. 320/2015 do Ministério de Transportes acrescenta dispositivo ao art. 27 da Portaria n. 261/2012. Sobre prioridade na tramitação, em qualquer órgão ou instância, em procedimentos administrativos em que pessoa portadora de deficiência física ou mental figure como parte ou interessada: art. 69-A, II, IV, e §§ 1º e 2º, da Lei n. 9.784/99, acrescido pela Lei n. 12.008/2009.

A Lei n. 12.033/2009 torna pública e condicionada a ação penal em razão de injúria consistente no uso de elementos referentes à condição de pessoa portadora de deficiência. A Lei n. 12.190/2010 concede indenização por dano moral às pessoas com deficiência física decorrente do uso da talidomida. O Decreto n. 7.612/2011 institui o Plano Nacional dos Direitos da Pessoa com Deficiência – Plano Viver Sem Limite.

A LC n. 142/2013 concede aposentadoria especial para pessoas com deficiência e o Decreto n. 8.145/2013 dispõe sobre aposentadoria por tempo de contribuição e por idade de pessoa com deficiência.

A Lei n. 13.146/2015 institui a Lei Brasileira de Inclusão da Pessoa com Deficiência (Estatuto da Pessoa com Deficiência) sofreu regulamentação em seu art. 45 pelo Decreto n. 9.296/2018 no que atina a implementação de projetos arquitetônicos de hotéis, pousadas conforme normas técnicas de acessibilidade a portadores de deficiência física, sensorial, mental garantindo a eles a possibilidade de desfrutar de todas as comodidades oferecidas.

Aprendiz é o maior de quatorze anos e menor de vinte e quatro anos, mas esta idade máxima não se aplica a aprendiz portador de deficiência (Decreto n. 5.598/2005, art. 2º, parágrafo único). *Vide*: CLT, arts. 428, §§ 6º e 8º, e 433, I, com a redação da Lei n. 13.146/2015. A Súmula n. 45/2009 da Advocacia Geral da União dispõe: "Os benefícios inerentes à Política Nacional para Integração da Pessoa Portadora de Deficiência devem ser estendidos ao portador de visão monocular, que possui direito de concorrer, em concurso público, à vaga reservada aos deficientes".

Pela Súmula n. 95 do TRT da 15ª Região "a dispensa de empregado com deficiência condiciona-se à contratação de trabalhador em situação semelhante, exceto quando exista na empresa quantitativo de empregados em percentual superior ao mínimo legal".

Deverão assistir ou representar os incapazes os pais (Lei n. 8.069/90, arts. 19 a 24, 155 a 163 e 169), os tutores (Lei n. 8.069/90, arts. 36 a 38, 24, 164 a 166, 169, 170 e 238) e os curadores (CC, art. 1.767). *Vide* v. 5 do nosso *Curso*, capítulo V.

A Lei n. 12.955/2014 acrescenta § 9º ao art. 47 da Lei n. 8.069/90 para estabelecer prioridade de tramitação aos processos de adoção em que o adotando for criança ou adolescente com deficiência ou doença crônica.

Competirá ao Ministério Público promover, de ofício ou por solicitação dos interessados, a especialização e inscrição de hipoteca legal e a prestação de contas dos tutores, curadores e administradores de bens de menor nas hipóteses do art. 98 (Lei n. 8.069/90, art. 201, IV). *Vide* ainda Lei n. 10.708, de 31 de julho de 2003, que instituiu o auxílio-reabilitação psicossocial para pacientes acometidos de transtornos mentais egressos de internações. Incapacidade não é o mesmo que vulnerabilidade, apesar de ambas indicarem posição desvantajosa em razão da falta de algum atributo. P. ex., o consumidor (pessoa capaz ou incapaz) é vulnerável perante o fornecedor, por não dispor dos mesmos recursos ou informações para contratar em pé de igualdade, daí a lei lhe fornecer alguns direitos, como, p. ex., o da inversão do ônus da prova (CDC, art. 6º, VIII) para neutralizar sua vulnerabilidade. Sobre o assunto: Fábio Ulhoa Coelho, *Curso*, cit., v. 1, p. 162.

A Portaria Interministerial n. 2, de 5 de setembro de 2013, estabelece minuta de termo de adesão por meio do qual os Estados, Distrito Federal e Municípios poderão participar do Protocolo Nacional Conjunto para Proteção Integral a Crianças e Adolescentes, Pessoas Idosas e Pessoas com Deficiência em Situação de Riscos e Desastres.

A Lei n. 13.370/2016 altera o § 3º do art. 98 da Lei n. 8.112/90 para estender o direito a horário especial ao servidor público federal que tenha cônjuge, filho ou dependente com deficiência de qualquer natureza.

O Decreto n. 8.954/2017 instituiu o Comitê do Cadastro Nacional de Inclusão da Pessoa com Deficiência e da Avaliação Unificada da Deficiência.

A Resolução do CONTRAN n. 704/2018 estabelece padrões e critérios para sinalização-semafórica com sinal sonoro para travessia de pedestres com deficiência visual.

Súmula 48 do STJ: "Para fins de concessão do benefício assistencial de prestação continuada, o conceito de pessoa com deficiência, que não se confunde necessariamente com situação de incapacidade laborativa, exige a configuração de impedimento de longo prazo com duração mínima de 2 (dois) anos, a ser aferido no caso concreto, desde o início do impedimento até a data prevista para a sua cessação".

O Decreto n. 9.762, de 11 de abril de 2019, regulamenta os art. 51 e art. 52 da Lei n. 13.146, de 6 de julho de 2015, para dispor sobre as diretrizes para a transformação e a modificação de veículos automotores a fim de comporem frotas de táxi e de locadoras de veículos acessíveis a pessoas com deficiência.

Resolução n. 662, de 25 de outubro de 2018 do CFF, estabelece as diretrizes para a atuação do farmacêutico no atendimento à pessoa com deficiência.

O art. 58 da Lei n. 13.146/2015 foi regulamentado pelo Decreto n. 9.451/2018 para converter unidade autônoma adaptável em unidade internamente acessível quando solicitado por adquirente portador de mobilidade reduzida.

Os pais, detentores de poder familiar, irão representar os filhos menores de 16 anos, ou assisti-los se maiores de 16 e menores de 18 anos (CC, arts. 1.634, V, e 1.690). Se se tratar de menor que não esteja sob o poder familiar, competirá ao tutor representá-lo até os 16 anos, nos atos da vida civil, e assisti-lo após essa idade, até que atinja a maioridade ou seja emancipado, nos atos em que for parte (CC, art. 1.747, I).

E, em se tratando de maior declarado interdito por incapacidade de exprimir sua vontade, por alcoolismo, por toxicomania ou por prodigalidade, o seu curador, se for declarado relativamente incapaz, irá, nos atos da vida civil, assisti-lo.

Fácil é perceber que a curatela é um instituto de interesse público, ou melhor, é um *munus* público, cometido por lei a alguém para proteger direitos patrimoniais e negociais (Lei n. 13.146/2015, art. 85, § 1º) e administrar bens de maior que, por si só, não está em condições de fazê-lo, em razão de toxicomania, alcoolismo, enfermidade provocada por causa transitória ou permanente que impossibilite a manifestação da vontade mental ou prodigalidade[63].

A Lei n. 13.146/2015, art. 85, § 1º, prescreve que a *curatela* afetará tão somente os atos relacionados aos *direitos de natureza patrimonial e negocial*, não alcançando o direito ao próprio corpo, à sexualidade, ao matrimônio, à privacidade, à educação, à saúde, ao trabalho e ao voto, estando, assim, conforme ao disposto no seu art. 6º, I a VI, segundo o qual a deficiência não afeta a plena capacidade civil da pessoa para: casar-se e constituir união estável; não só exercer direitos sexuais e reprodutivos como também decidir sobre o número de filhos e ter acesso a informações adequadas sobre reprodução e planejamento familiar; conservar sua fertilidade, sendo vedada a esterilização compulsória; exercer o direito à família, à convivência familiar e comunitária,

---

Lei n. 13.836/2019 acrescenta dispositivo ao art. 12 da Lei n. 11.340/2006 para tornar obrigatória a informação sobre a condição de pessoa com deficiência da mulher vítima de agressão doméstica ou familiar.

Lei n. 13.769/2018 acresce ao CPP os arts. 318-A e 318-B para estabelecer a substituição da prisão preventiva por prisão domiciliar da mulher que for mãe ou responsável por crianças ou pessoas com deficiência.

Lei n. 14.009/2020 altera o art. 125 da Lei n. 13.146/2015 para dispor sobre acessibilidade para pessoas com deficiência nas salas de cinema

A pena do crime de feminicídio é aumentada de 1/3 se praticado contra deficiente (CP, art. 121, § 7º, II, com a redação da Lei n. 13.104/2015).

Crimes contra deficiente: Lei n. 13.146/2015, arts. 88 a 91.

63. Washington de Barros Monteiro, *Curso de direito civil*, São Paulo, Saraiva, v. 2, p. 321; Cahali, Curatela, in *Enciclopédia Saraiva do Direito*, v. 22, p. 143; Maria Helena Diniz, *Curso*, cit., v. 5, p. 449.

à guarda, à tutela, à curatela, como adotante ou adotando, em igualdade de oportunidades com as demais pessoas. O CC, art. 1.778, por sua vez, prescreve que a autoridade do curador estende-se *à pessoa e aos bens* dos *filhos menores* do curatelado. E o CPC, art. 757, reza que a autoridade do curador estende-se à *pessoa e aos bens* do *incapaz* que se encontrar sob a guarda e a responsabilidade do curatelado ao tempo da interdição, salvo se o juiz considerar outra solução mais conveniente aos interesses do incapaz. Estes últimos artigos referem-se à *curatela prorrogada*, que na verdade se trata, em relação aos filhos menores do curatelado, de uma simples tutela. Só será curatela prorrogada se houver algum *incapaz* interdito sob a responsabilidade do curatelado ao tempo da interdição. Qual seria, então, a função do curador? Reger pessoas e bens? Ou, tão somente, administrar o patrimônio do curatelado?

Surge aqui uma questão. Ter-se-ia: *a)* uma *revogação tácita* do *art. 85* do Estatuto do Deficiente, ante o disposto no art. 757 do CPC?, *b)* uma *antinomia real*, que requer para sua solução a edição de uma terceira norma que opte por uma delas ou a aplicação no caso *sub judice* dos arts. 4º e 5º da LINDB, em busca do critério do *justum*? ou *c)* uma *antinomia aparente* (parcial-parcial, quanto à extensão da contradição), pois as duas normas só em parte conflitam uma com a outra, o que se resolveria interpretando-se, conjugadamente, o art. 757 do CPC, segunda parte, que dá discricionariedade ao juiz para *considerar outra solução mais conveniente aos interesses do incapaz*, com o art. 755, I, do CPC, que permite a ele, na sentença da interdição, *fixar os limites da curatela*, segundo o desenvolvimento mental do interdito. Assim, ficaria cada caso concreto sob a apreciação do magistrado, que, com prudência objetiva, atendendo aos reclamos da justiça (LINDB, art. 5º), verificará se deve aplicar o CPC, art. 757 (1ª parte), ou o art. 85 da Lei n. 13.146/2015? Poderia determinar até mesmo que o incapaz fique sob a curatela de uma pessoa, diversa, e seu responsável que foi interditado sob a de outra, averiguando se o curador regerá a pessoa e os bens ou somente os bens? Parece-nos que esta última seria a solução mais razoável e consentânea com a realidade, se bem que o art. 85, ante o disposto no art. 6º, da Lei n. 13.146/2015, deveria ter preferência.

O *pressuposto fático* da curatela é a incapacidade relativa, de modo que estão sujeitos a ela os adultos que, por causas patológicas, congênitas ou adquiridas, são incapazes para administrar seu patrimônio (EPD, art. 85, § 1º)[64].

---

64. Consulte: Caio Mário da Silva Pereira, *Instituições de direito civil*, Rio de Janeiro, Forense, v. 5, p. 309, e Cahali, Curatela, in *Enciclopédia*, cit., p. 144-5.

O fulcro desse instituto é um só: a proteção da pessoa incapaz e de seu patrimônio de eventuais prejuízos. Isto é assim porque o doente, cedo ou tarde, poderá causar a si mesmo algum mal irreparável (*RT*, *160*:187). A curatela visa constituir um poder assistencial ao incapaz maior, completando ou substituindo a sua vontade, protegendo essencialmente seus bens, auxiliando em sua manutenção e impedindo sua dissipação.

Nesse sentido fica realçado o interesse público não só em não permitir que o incapaz seja levado à miséria, tornando-se um ônus para seus parentes, que, então, terão o dever de prestar-lhe alimentos (CC, arts. 1.694 e 1.697; *RT*, *546*:103, *537*:105 e *665*:74 e *RJTJSP*, *62*:34), provendo suas necessidades, visto que não teria meios de adquirir recursos materiais que lhe possibilitem prover sua mantença, como também em resguardar direitos eventuais de seus herdeiros[65].

O *pressuposto jurídico* da curatela é uma decisão judicial, uma vez que gera uma *capitis deminutio*, pois o capaz passa a ser incapaz.

A curatela é sempre deferida pelo juiz em processo de interdição, que visa apurar os fatos que justificam a nomeação de curador, averiguando não só se é necessária a interdição e se ela aproveitaria ao arguido da incapacidade, mas também a razão legal da curatela, ou seja, se o indivíduo é, ou não, incapaz de reger seu patrimônio[66].

A interdição (*Entmuendigung*) atinge os que, em consequência de uma doença do espírito (*Geisteskrankheit*), não estão em condições de gerir seus negócios[67].

O interdito perde o seu direito de própria atuação na vida jurídica, visto que a interdição é a desconstituição, total ou parcial, da capacidade negocial em virtude de sentença judicial, prolatada por constatar insanidade mental.

A interdição visa a curatela, que é imprescindível para a proteção e amparo do interditando (suposto incapaz no procedimento de apuração de sua incapacidade), resguardando a segurança social ameaçada ou perturbada pelos seus atos. Trata-se de intervenção que atende aos imperativos de ordem social. Daí a rele-

---

65. *Vide* Sílvio de Salvo Venosa, *Direito civil*, São Paulo, Atlas, 2000, v. 5, p. 346-8.
Todavia pelo Enunciado n. 637 da VIII Jornada de Direito Civil: "admite-se a possibilidade de outorga ao curador de poderes de representação para alguns atos da vida civil, inclusive de natureza existencial e serão especificados na sentença, desde que comprovadamente necessários para proteção do curatelado em sua dignidade".
66. *Vide* Maria Helena Diniz, *Curso*, cit., v. 5, p. 405; *Código Civil anotado*, São Paulo, Saraiva, 2000, p. 392.
67. Palandt, *Bürgerliches Gesetzbuch*, München, 1971, p. 12.

vância ético-jurídica da interdição, protetora dos bens da pessoa maior considerada incapaz[68].

A interdição é uma medida excepcional de proteção consistente em declarar, o Poder Judiciário, que em determinada pessoa não se verifica o pressuposto da plena capacidade para prover seus próprios negócios, falha que a inibe da prática de atos da vida civil[69].

Interdição é, portanto, o procedimento especial de jurisdição voluntária mediante o qual se apura a capacidade ou incapacidade de pessoa maior de 18 anos. Constatada a incapacidade, decretar-se-á a proibição de que o interditado pratique, por si, ato jurídico, bem como ser-lhe-á nomeado curador, que deverá assisti-lo[70] conforme os limites da curatela.

Ter-se-á uma tutela administrativa de interesses privados realizada pelo órgão jurisdicional, visto não ter por pressuposto uma situação contenciosa. Deveras, não havendo lide, não há partes, mas interessados que buscam o resguardo do patrimônio de quem se pede que seja decretada a interdição. Tanto isso é verdade que o estado curatelar pode ser permanente ou temporário, pois, cessada a incapacidade, levanta-se a interdição e o curatelado readquire a sua plena capacidade[71].

É preciso ressaltar que a existência de relatório médico não suprirá a necessidade de realizar prova pericial (*RT, 675*:176), pois, quando o requerimento da interdição tiver como fundamento a alienação mental do interditando, sempre haverá obrigatoriedade de exame pericial médico-psiquiátrico ou de aferição por equipe multidisciplinar (arts. 751 e 753 do CPC; *RT, 715*:133, *718*:212; *RJTJSP, 126*:165), que avalie seu estado mental, apresentando laudo completo e circunstanciado da situação físico-psíquica do interditando, concluindo, ou não, pela existência de sua real incapacidade, sob pena de anulação do processo[72].

É preciso a realização desse exame pericial (CPC, arts. 751 e 753), que pode ser feito por equipe multidisciplinar, visto que o juiz não é um *expert*, apesar de a entrevista pessoal muito auxiliar na formação de seu convencimento ao indagar pessoalmente, acompanhado ou não de especialista, o in-

---

68. Carvalho Santos, *Código Civil comentado*, 6. ed., v. VI, p. 363 e 389.

69. *Vide* Paulo de Lacerda, *Manual de direito civil*, coment. ao art. 447, II, p. 513.

70. Consulte: Débora Gozzo, *O procedimento de interdição*, São Paulo, Saraiva, 1986, p. 3 (Coleção Saraiva de Prática do Direito, n. 19); *RT, 418*:120, *507*:72; *RJTJSP, 14*:320.

71. Consulte: Débora Gozzo, *O procedimento*, cit., p. 13.

72. Nelson Nery Jr. e Rosa Maria A. Nery, *Código de Processo Civil comentado*, São Paulo, Revista dos Tribunais, 2000, p. 1422.

terditando sobre fatos triviais de sua vida, como negócios, bens, vontades, valor de dinheiro, preferências, laços de afetividade, ou sobre o que lhe parecer necessário para o convencimento quanto à sua capacidade para praticar atos da vida civil, como: conhecimento de fatos atuais, nomes de pessoas da família, dados sobre depósitos bancários, aquisição e venda de bens, situação de suas propriedades etc. O laudo pericial e o interrogatório judicial nada mais farão do que confirmar aquele relatório do médico neurologista[73].

O diagnóstico importa ao médico e ao juiz, pois o que lhes interessa é a preservação da vida social, que pode ser perturbada pela ação de alienados[74].

Embora, no âmbito do processo de interdição, por ser de jurisdição voluntária, não se possa falar em ação, nem em partes, aquelas noções deverão ser aplicadas supletivamente. Assim sendo, o titular do interesse é o legitimado ativamente para requerer a interdição (CPC, art. 747, I a IV), e o interditando (CC, art. 1.767) é o sujeito passivo desse pedido (CPC, arts. 747 e 748).

São legitimados ativos para propor procedimento de interdição o cônjuge ou companheiro, parentes ou tutores, representante da entidade em que se encontra abrigado o interditando e o Ministério Público (CPC, art. 747, I a IV). Essa enumeração é taxativa, mas não há obrigatoriedade de seguir a ordem estabelecida legalmente.

A grande dificuldade hermenêutica é delinear conceitualmente, quando se tratar da questão da legitimidade ativa na interdição, a locução "pelos parentes" (CPC, art. 747, II), visto que, pela sua falta de técnica, levanta dúvidas[75].

Quais seriam os *parentes* que poderiam incluir-se nesta categoria?

Pontes de Miranda[76] censurava a locução *parente próximo* do CPC/1973 – ora revogado –, art. 1.177, II, e o mesmo se diga de *"qualquer parente"* do CC, art. 1.768, II, ora revogado, por impossibilitarem que se percebesse, legalmente, o seu significado e alcance. Houve quem nelas incluísse colaterais e afins sem qualquer restrição[77]; outros limitavam sua abrangência, entendendo que a legitimidade para agir se estenderia apenas aos ascendentes, des-

---

73. Consulte: Débora Gozzo, *O procedimento*, cit., p. 43; Sílvio de Salvo Venosa, *Curso*, cit., p. 356.
74. Clóvis Beviláqua, *Código Civil comentado*, v. 1, p. 148.
75. Pontes de Miranda, *Direito de família*, Rio de Janeiro, 1917, p. 434, nota 37.
76. *Tratado*, cit, v. IX, p. 339.
77. P. ex., Espínola Filho, *Repertório enciclopédico do direito brasileiro*, v. 14, p. 136.

cendentes e irmãos. Por *parente próximo* ou por *qualquer parente*, na falta de critério seguro, não se devia entender que todos os parentes pudessem promover a interdição; a proximidade deverá ser compreendida restritivamente. Por essa razão, a posição intermediária, mais aceitável, foi a de que nela se incluíssem os parentes sucessíveis, abrangendo até o limite da ordem de vocação hereditária, ou seja, os colaterais até o 4º grau (CC, arts. 1.591, 1.592, 1.829, IV, e 1.839; CPC, art. 752, § 3º), sendo que os mais próximos excluem os mais remotos (CC, art. 1.840, 1ª parte). Assim se deve entender o termo *parentes* do CPC/2015, art. 747, II. Excluídos estão, portanto, os afins (*RT, 169*:797; *RF, 114*:165). Deveras, em relação aos parentes afins, pondera Clóvis Beviláqua[78] que "não há relação alguma de ordem jurídica, ainda que, na sociedade, haja aproximação entre as famílias, e, na linguagem comum, se encontrem expressões traduzindo este fato". Mas há quem ache que, quando houver justificativa plausível, o genro poderia promover a interdição de sogro e o cunhado a de cunhado[79].

Parece-nos que a lei (CPC, art. 747, II) exige que, além de ser parente, este tenha para com o interditando laços de afetividade e proximidade que o tornem capaz de saber dos motivos justificadores da medida pleiteada e de compreender sua conveniência[80].

Se assim é, apenas os que podem concorrer à sucessão do interditando teriam legitimidade ativa para promover sua interdição (*RT, 539*:149), visto que têm um vínculo de parentesco estreito e interesse moral, econômico e afetivo para requerer tal medida[81].

O termo *parentes* equivaleria a parente sucessível (*EJTJRJ*, *7*:66), que seria o que por morte do interditando teria direito, parcial ou total, à sua herança, logo descendente, ascendente, em qualquer grau, e colaterais até o 4º grau poderão requerer a interdição. O termo *parentes* retira a possibilidade de estender o parentesco além dos limites estatuídos para a sucessão por força do disposto no Código Civil, arts. 1.829, IV, e 1.839, e no Código de Processo Civil, arts. 747, II, e 752, § 3º.

---

78. Clóvis Beviláqua, *Código Civil comentado*, 1951, v. 2, p. 297.
79. Sílvio de Salvo Venosa, *Curso*, cit., p. 354. O PL n. 760/2015 visa limitar a autorização para promoção da interdição até parentes consanguíneos de 3º grau.
80. Nelson Nery e Rosa Maria A. Nery, *Código de Processo Civil comentado*, cit., p. 1418.
81. *RJTJSP*, *56*:226, *50*:119. Consulte, ainda: José Olympio de Castro Filho, *Comentários*, cit., v. 10, p. 208; Elio Fazzalari, *La giurisdizione volontaria*, Padova, CEDAM, 1953, p. 192; Washington de Barros Monteiro, *Curso*, cit., v. 2, p. 325; Carvalho Santos, *Repertório enciclopédico do direito brasileiro*, v. 27, p. 342.

O art. 752, § 3º, do Código de Processo Civil fala em *parente sucessível* e o art. 747, II, desse mesmo diploma legal, em *parentes*, mas, na verdade, trata-se, tão somente, de uma mudança de nomenclatura, pois aquelas pessoas são as mesmas, ou seja, as incluídas nos arts. 1.829, IV, e 1.839 do Código Civil[82]. Logo, a interdição pode ser promovida pelo pai, mãe, tutor, cônjuge, desde que não esteja separado judicial ou extrajudicialmente, ou, ainda, de fato há mais de dois anos, salvo prova de que essa convivência se tornara impossível sem culpa sua (CC, art. 1.830; *RT, 176:743*), não mais faltando legitimação ao companheiro (*RT, 494*:187; em contrário: TJSP, Ac. 168.326-1, j. 11-8-1992), por parente próximo sucessível, ou seja, *colateral até o* 4º grau, excluídos os afins (*RT, 489*:317, *524*:98), por tutor, por representante de entidade em que se encontra abrigado o interditando, e, ainda, subsidiariamente pelo Ministério Público. Isto é assim porque tais pessoas têm interesse na interdição para a defesa do patrimônio do interditando, com o escopo de evitar sua dilapidação[83].

Qualquer parente próximo sucessível (descendente, ascendente ou colateral até o 4º grau) está legitimado a agir. No pleito requerido por um, poderá o outro intervir. Não há hierarquia, pois, se a lei tivesse tal *intentio*, não teria sido preciso estabelecer que o Ministério Público só promoverá a interdição, em caso de doença mental grave, se não existir, não puder por incapacidade ou não promovê-la nenhuma das pessoas designadas nos incisos I, II e III do art. 748 do Código de Processo Civil.

Estabelecidas essas premissas fundamentais, inafastável é a conclusão de que, por exemplo, irmão, com plena capacidade civil (CPC, arts. 747, II, e 752, § 3º), por ser parente próximo sucessível (colateral de 2º grau), pode, em busca da verdade real, postular a interdição de sua irmã, com progressivos distúrbios mentais, para que possa cuidar de seus bens (CPC, art. 757), poupando-lhe a desgraça de se ver, um dia, sem meios para a sua sobrevivência, provocada por sua atitude irresponsável, em razão de perturbação mental e da manipulação de certas pessoas, que abusam de sua confiança. Um irmão saberia, pelos laços afetivos e de estreito parentesco, mais do que ninguém, da necessidade ou conveniência da interdição, e como parente próximo sucessível está legitimado a promovê-la, e assim procederá por altruísmo, buscando amparar sua irmã solitária, em poder de empregados, doente física e psiquicamente e sem capacidade de raciocinar, querer e manifestar ideias.

---

82. *Vide* Débora Gozzo, *O procedimento*, cit., p. 40.

83. *Vide* Débora Gozzo, *O procedimento*, cit., p. 40 e s.; Caio Mário da Silva Pereira, *Instituições*, cit., v. 5, p. 309-11; Orlando Gomes, *Direito de família*, p. 449-50; Lacerda de Almeida, *Direito de família*, cit., p. 516; Eduardo S. C. Sarmento, *A interdição no direito brasileiro*, Rio de Janeiro, Forense, 1981.

Exclui-se, portanto, o parente mais remoto, isto é, o que tem à frente um parente mais próximo da interditanda, em virtude do grau de parentesco, no caso seu irmão (colateral de 2º grau). É a lição de José Olympio de Castro Filho[84]. Mas, entendemos que até mesmo o sobrinho (colateral de 3º grau), se quisesse, poderia movê-la, pois, como ensina Alcides de Mendonça Lima[85], "não nos parece haver inconveniente que, em face da inércia do parente sucessível mais próximo, outro, mesmo inferior, possa promover a interdição, em benefício do próprio interditando".

A iniciativa da interdição é, para os parentes próximos sucessíveis, um direito fundado no interesse pessoal; é, principalmente, um dever moral de afeição e solidariedade familiar. Dever esse que, muitas vezes, se pode tornar sancionado, interpretando-se a abstenção como um ato de ingratidão, caracterizado pela falta de cuidados[86]. Para postular interdição de parente, basta comprovar pela certidão do termo de nascimento o grau de parentesco com o interditando. Como se vê, a interdição não é um ato contra o interditando, mas em seu próprio benefício, visto que, se decretada, os bens do curatelado apenas poderão ser alienados em hasta pública, desde que haja vantagem na venda ou arrendamento e sempre mediante autorização judicial (CC, arts. 1.750 e 1.774; *RF, 240*:200; *RJTJSP, 11*:117 e *80*:36; *RT, 550*:155).

O pronunciamento judicial na jurisdição voluntária não tem o caráter de sentença, embora o *usus fori* e a lei assim a denominem. Na verdade seria uma decisão administrativa, pois a sentença é ato jurisdicional, pressupondo, por isso, uma situação litigiosa a ser resolvida, mediante julgamento da pretensão deduzida com a ação proposta[87].

Já Edson Prata[88] entende que no procedimento de interdição há sentença como no de jurisdição contenciosa, uma vez que a lei (CPC, art. 755) utiliza o termo *sentença* para exprimir a decisão final tanto em jurisdição contenciosa como em voluntária.

---

84. José Olympio de Castro Filho, *Comentários*, cit., v. X, p. 208.

85. Mendonça Lima, *Comentários ao Código de Processo Civil*, São Paulo, Revista dos Tribunais, v. XII, p. 435.

86. *Pandettes belges*, v. 54, p. 164, apud Paulo de Lacerda, *Manual*, cit., p. 514.

87. É o que nos ensina José Frederico Marques, *Ensaio sobre jurisdição voluntária*, São Paulo, Saraiva, 1959, p. 305. No mesmo teor de ideias: Alfredo de Araújo Lopes da Costa, *A administração pública e a ordem jurídica privada*, Belo Horizonte, Ed. B. Álvares, 1961, p. 120, e Débora Gozzo, *O procedimento*, cit., p. 52.

88. Edson Prata, *Jurisdição voluntária*, São Paulo, Leud, 1979, p. 310 e 311.

Empregamos, aqui, o vocábulo *sentença* para decisão que decretar a interdição.

A *sentença declaratória* é a que declara a existência ou a inexistência de uma relação jurídica, produzindo efeito *ex tunc,* isto é, retroage à época em que se formou aquela relação[89]. A *sentença constitutiva* é a que declara a existência de uma relação ou situação jurídica preexistente, criando, modificando ou extinguindo-a, tendo efeito *ex nunc* (*RT, 163*:656; *RF, 112*:458), e, excepcionalmente, pode produzir efeito *ex tunc* nos casos previstos em lei. A *sentença condenatória* declara um direito e comina uma sanção[90].

Qual seria a natureza jurídica da sentença em processo de interdição? E quais seriam seus efeitos?

Essa sentença, sob o ângulo do direito substantivo, é *declaratória,* uma vez que não faz mais do que confirmar a suposição de incapacidade, contendo o reconhecimento judicial de uma situação fática, que dá causa à anomalia psíquica, sem aqui mencionar a questão processual alusiva ao momento da eficácia da sentença de interdição, pois assim que prolatada será "inscrita no registro de pessoas naturais e imediatamente publicada na rede mundial de computadores, no sítio do tribunal a que estiver vinculado o juízo e na plataforma de editais do Conselho Nacional de Justiça, onde permanecerá por 6 meses na imprensa local, uma vez, e no órgão oficial, por três vezes, com intervalo de 10 dias, constando do edital os nomes do interdito e do curador, a causa da interdição, os limites da curatela e, não sendo total a interdição, os atos que o interdito poderá praticar autonomamente". Apesar disso, está sujeita a recurso (CPC, art. 755; *RT, 310*:748; *RF, 149*:313). Os efeitos da sentença não se suspendem com a interposição, dentro de 15 dias da sua publicação, de recurso de apelação (CPC, art. 755 c/c os arts. 1.009 e 1.003, § 5º), pois o interesse público e privado que tutela não poderiam ser resguardados, se houvesse suspensão de seus efeitos até nova decisão. A sentença de interdição tem execução provisória e, se for reformada em instância superior, os atos praticados entre curador e terceiro, durante a pendência do recurso interposto, são válidos, pois se deram na vigência da interdição[91].

---

89. Moacyr Amaral Santos, *Primeiras linhas,* cit., v. 3, p. 30 e 31.
90. Moacyr Amaral Santos, *Primeiras linhas,* cit., v. 3, p. 32.
91. Consulte: Débora Gozzo, *O procedimento,* cit., p. 60; Vicente Greco Filho, *Direito processual civil brasileiro,* São Paulo, Saraiva, 1985, v. 2, p. 273.

Deveras, sob o prisma processual, o efeito da sentença de interdição é, em regra, *ex nunc*, por inserir-se na categoria das sentenças constitutivas (Lei n. 6.015/73, arts. 104 e s.), por submeter o insano ao regime curatelar, modificando sua esfera jurídica, pois, a partir dela, ficará impossibilitado de administrar seus bens[92].

Mas, apesar disso, pode-se também afirmar que sua natureza é declaratória, porque não cria, convém repetir, a incapacidade, decorrente de fato apurado no processo[93].

Por isso, a sentença de interdição tem natureza mista, sendo, concomitantemente, *constitutiva e declaratória*. Temos constitutividade do regime curatelar e declaratividade da existência do pressuposto que o justifica. Realmente, não cria ela a incapacidade do insano, esta nasce da demência (*quaestio facti*), confirma tão somente a suposição de quem a promoveu, acautelando interesses de terceiros, interditando o incapaz e providenciando sobre sua pessoa e bens. Logo, é *constitutiva com eficácia declaratória*, produzindo efeito *ex tunc*. Não deixa de ser declaratória não no sentido de que todas as sentenças o são, mas no de declarar a incapacidade de que o interditando é portador. Mas é, ao mesmo tempo, constitutiva de uma nova situação jurídica quanto à capacidade da pessoa que, então, será considerada legalmente interditada[94].

A sentença que decretar a interdição colocará, conforme os limites da curatela, os bens do interditando, por não ter condições de administrar seu patrimônio (*RT*, *529*:80), sob a direção de um curador (pessoa que melhor atender aos interesses do curatelado – CPC, art. 755, § 1º), que velará por ele, exercendo seu *munus* público pessoalmente (*AJ*, *101*:91), conforme seja a curatela plena ou limitada (*RT*, *488*:72). Levanta-se aqui uma questão que requer reflexão: se aquele que não puder manifestar sua vontade por causa transitória

---

92. Produz efeitos após a prolação e inscrição no Registro de Pessoas Naturais (Lei n. 6.015/73, arts. 104 e s.). Tais medidas servem para que tenha eficácia *erga omnes*. Consulte: Pontes de Miranda, *Comentários ao Código de Processo Civil*, Rio de Janeiro, Forense, 1979, t. 16, p. 393; Konrad Hellwig, *Lehrbuch des deutschen Zivilprozessrecht*, Leipzig, 1903, v. 1, p. 52, §§ 9 e 8, "b"; Goldschmidt, *Zivilprozessrecht*, Berlin, 1932, p. 262, § 75; Moacyr Amaral Santos, *Primeiras linhas*, cit., v. 3, p. 34; Edson Prata, *Jurisdição voluntária*, cit., p. 317; Lopes da Costa, *A administração*, cit., p. 121; Giuseppe Chiovenda, *Principii di diritto processuale civile*, Napoli, Jovene, 1965, p. 186 e 1262; e Débora Gozzo, *O procedimento*, cit., p. 55.

93. *Vide* a lição de Eduardo S. Sarmento, *A interdição no direito brasileiro*, Rio de Janeiro, Forense, 1981, p. 83.

94. *Vide* Pontes de Miranda, *Tratado de direito privado*, cit., t. IX, p. 346, e Gildo dos Santos, Interdição, in *Enciclopédia Saraiva do Direito*, v. 45, p. 259-61.

ou permanente (p. ex., por deficiência mental), o ébrio, ou toxicômano, vier a praticar um ato sem intervenção do curador, que, por decisão judicial, conforme os limites da curatela, deveria representá-lo ou assisti-lo, tal negócio só por ele assinado teria, ou não, validade? Tais pessoas são relativamente incapazes, salvo o deficiente mental, que, antes da interdição, seria plenamente capaz, mas a curatela, advinda da sentença, não lhes assegura a tutela jurídica. Assim por exemplo, se um portador de deficiência sob curatela, por não poder exprimir sua vontade, vier a efetuar sozinho um contrato, o operador do direito deverá, ante essa situação inusitada, aplicar por *analogia* os arts. 166, I, e 171 do CC, logo aquele negócio seria nulo, se, na sentença, ao delinear os limites da curatela, estiver estipulado que o curador deveria representá-lo (CC, art. 166, I, por analogia), ou anulável, se deveria assisti-lo (CC, art. 171, por analogia)? Ter-se-ia, estão, uma invalidade jurídica *sui generis* ante o fato de haver *capazes sob curatela*? Ou se deveria evitar o emprego da analogia, utilizando-se da *interpretação restritiva*, hipótese em que tais atos seriam anuláveis? Na nossa opinião, esta última seria a solução mais consentânea com o art. 171, I, do CC, pois as pessoas sob curatela são relativamente incapazes.

Se se admitir a possibilidade do uso da analogia, *após sua prolação*, por confirmar a suposição de incapacidade, nulos ou anuláveis serão os atos praticados pelo interdito, sem a representação ou assistência do seu curador (*RT, 468*:112), conforme a gradação de sua interdição. Nesse caso a sentença produz efeito *ex nunc*. Os atos praticados *depois da sentença* serão nulos ou anuláveis de *pleno iure* (*RT, 468*:112), conforme seja o interdito considerado incapaz, sem qualquer dependência de provas de efetiva insanidade, cuja pressuposição é consequência daquela decisão, diante da presunção *juris et de jure* (*EJTJRJ, 7*:166), visto que o fim principal da interdição declarada foi, exatamente, constituir essa prova *erga omnes*.

Todavia, é possível invalidar ato negocial praticado, por *alienado* mental, *antes da sua interdição*, desde que no processo de jurisdição voluntária, a que se submeteu, se comprove a existência de sua *insanidade* (p. ex., toxicomania, embriaguez habitual etc.), por ocasião da efetivação daquele ato. Nessa hipótese, a sentença de interdição produzirá efeito *ex tunc*[95].

Assim, se se usar da analogia, ante a natureza constitutivo-declaratória da sentença, se ficar provada, no processo de interdição, a existência da in-

95. A título ilustrativo consulte: *RF*, *81*:213, *152*:176; *RTJ*, *102*:359; *RT*, *224*:137, *280*:252, *115*:358, *483*:71, *489*:75, *505*:82, *503*:93, *506*:75, *539*:149 e 182.

capacidade ao tempo da efetivação de certos negócios, ela retroagirá *ex tunc*, podendo tornar nulos ou anuláveis aqueles atos, anteriores a ela, praticados pelo interditado, conforme for o seu grau de incapacidade e os limites da curatela estabelecidos na sentença.

Para os que consideram apenas a natureza constitutiva da sentença de interdição, esta, por não produzir efeito *ex tunc*, não alcançará, *ipso iure*, os atos praticados antes dela pelo incapaz, por depender de ação de anulação desses negócios.

Para esses autores, a sentença de interdição é oponível contra todos para o futuro, não podendo atingir os que, anteriormente, contrataram com o incapaz, mas os atos levados a efeito pelo interdito, antes dela, somente poderão ser declarados *anuláveis*, mediante prova de que se efetuaram numa fase em que já se delineava a insanidade mental, apesar de não declarada judicialmente[96].

Já José Carlos Barbosa Moreira[97] afirmava, quando vigente o art. 3º, II, do CC, a *nulidade*, não a mera anulabilidade, dos atos praticados anteriormente à sentença, desde que comprovada a preexistente incapacidade natural. Ponderava ele: "é decerto a condição jurídica desses atos, praticados antes da interdição, que impressiona muitos espíritos e os leva a inferências precipitadas. Se já existia a alienação mental, os atos devem reputar-se nulos, como atos de incapaz que são; não apenas anuláveis, conforme aqui e ali se tem dito. A diferença entre esses e os praticados, por si mesmo, pelo interdito, não está nem na condição jurídica, que é igual (nulidade), nem no respectivo fundamento, que é sempre o mesmo (incapacidade), mas exclusivamente na circunstância de que, quanto aos atos anteriores, e só quanto a eles, se faz necessária a prova de que já existia a anomalia psíquica – causa da incapacidade – no momento em que se praticaram"[98].

---

96. *Vide* AgI 40.517-SP, 1ª T., STF, rel. Min. Djaci Falcão, j. 5.6.67; RE 76.354-SP, STF; Paulo de Lacerda, *Manual*, cit., p. 523 a 526: Silvio Rodrigues, *Direito civil*, São Paulo, Saraiva, 1985, v. 6, p. 418; Débora Gozzo, *O procedimento*, cit., p. 69; Clóvis Beviláqua, *Código Civil comentado*, 11. ed., v. 2, p. 352; Carvalho Santos, *Código Civil brasileiro interpretado*, 1934, v. 6, p. 402; Caio Mário da Silva Pereira, *Instituições de direito civil*, Rio de Janeiro, Forense, 1979, v. V, p. 310; Mendonça Lima, *Comentários ao Código de Processo Civil*, cit., v. XII, p. 470.

97. Barbosa Moreira, Eficácia da sentença de interdição por alienação mental, *Ajuris*, *37*:238.

98. No mesmo teor de ideias: Eduardo S. Castanheira Sarmento, *A interdição no direito*, cit., p. 90.

Esse era também o pensamento de Pontes de Miranda[99], que assim escreveu: "A sentença de interdição, se bem que constitutiva, não cria a incapacidade, que começa do motivo legal que a promoveu – a alienação mental. A capacidade natural de raciocinar, de querer e de manifestar normalmente as ideias e as volições constitui a base da capacidade legal: desde que aquela falta, esta não poderá existir... A única diferença entre a época anterior e a atual da interdição ocorre apenas quanto à prova da nulidade do ato praticado. Para os atos anteriores, é necessário provar que então já subsistia a causa da incapacidade. Os atos posteriores, praticados na constância da interdição, levam consigo, sem necessidade de prova, a eiva da nulidade".

É preciso não olvidar que nada obsta a que, em ação que não a de interdição, se alegue, comprovadamente, que a pessoa era *portadora de anomalia* psíquica, para invalidar ato negocial por ela praticado[100].

A esse respeito já se decidiu que: "1. Incapacidade. Anulabilidade de escritura de transmissão de direitos sobre imóvel, por motivo de incapacidade da transmitente, não depende de prévia interdição, se a incapacidade, além de notória, era conhecida do outro contraente. 2. Prova de pagamento; documentos que se combinam, inclusive declaração em escritura, comprovam o pagamento. 3. Para simples reexame de provas não cabe recurso extraordinário" (RE 88.916, j. 14-8-1979, *RTJ*, *91*:275).

Na doutrina e na jurisprudência havia, ainda, tese que assim podia ser resumida:

"Sendo a alienação um fato, são anuláveis os atos praticados pelo demente, esteja ou não declarada juridicamente a interdição"[101].

"Após a interdição, os atos praticados pelo interdito são nulos. Também não têm valor todos aqueles atos que, posto realizados antes da decisão judicial, foram executados quando o agente já era incapaz, ainda que não declarado como tal pelo Poder Judiciário" (Ap. s/Rev. 284.050, 7ª Câm. do 2º TACSP, rel. Juiz Gildo dos Santos, j. 6-2-1991).

Tanto no direito nacional como no alienígena (CC francês, art. 503; Lei Francesa de 13-1-1968 e CC italiano, art. 428), quem invocar doença

99. Pontes de Miranda, *Direito de família*, São Paulo, Max Limonad, v. III, § 295; *Tratado de direito privado*, t. IX, p. 347, e *Comentários ao Código de Processo Civil*, t. XVI, p. 393.

100. Pontes de Miranda, *Comentários ao Código de Processo Civil* de 1939, v. 3, p. 393 e 394; *Tratado de direito privado*, cit., v. IX, p. 347; Carvalho Santos, *Código Civil*, v. 1, p. 263.

101. Clóvis Beviláqua, *Direito de família*, cit., § 89, nota 2. No mesmo sentido: *RTJ*, *82*:213.

mental para invalidar ato jurídico tem o ônus de provar não só a incapacidade no momento da realização do ato, deduzindo fatos idôneos para que se possa tirar uma ilação precisa sobre o estado mental no momento da formação do negócio[102], mas também do proveito tirado indevidamente pela parte contrária (*RF, 81*:396).

Tal solução não se situa apenas na seara do direito positivo, mas encontra eco na opinião dos mais ilustres juristas.

Já houve julgados, na vigência do ora revogado art. 3º, II, do CC, no sentido de que:

"São nulos os atos praticados pelo alienado anteriormente a interdição, desde que demonstrada a contemporaneidade do ato com a doença mental geradora da incapacidade" (RE 82.311, j. 1º-4-1977, *RTJ, 82*:213).

"Incapacidade natural da pessoa. Provada a incapacidade natural da pessoa, no momento em que prestou o consentimento, nula é a declaração de vontade e, consequentemente, o ato jurídico realizado, mesmo que tenha sido anteriormente à sentença de interdição" (*JTARS, 34*:310).

"São nulos os atos praticados pelo alienado anteriormente à interdição, desde que demonstrada a contemporaneidade do ato com a doença mental geradora da incapacidade. Demência senil comprovada pela própria natureza dos atos praticados e as circunstâncias do processo" (RE 95.366, j. 13-4-1982, *RTJ, 102*:359. No mesmo sentido: *RTJ, 83*:425, *82*:231 e *91*:275).

Entendemos que, por não admitirmos o emprego da argumentação analógica, quem invocar doença mental para invalidar ato negocial de interdito deve provar a sua incapacidade de entender e querer no momento da realização daquele ato. A causa da incapacidade é a anomalia psíquica (art. 4º do CC) e não a sentença de interdição; esta tão somente declara um fato preexistente, que lhe dá causa. Os atos anteriores a ela serão, por mera interpretação, anuláveis, se se provar, no processo de interdição ou em outra ação, que ao tempo em que foram efetivados já subsistia a causa da incapacidade relativa.

O regime jurídico da incapacidade relativa conduz à *anulabilidade de atos* levados a efeito sem assistência do representante legal.

Assente o vício da nulidade relativa dos atos praticados antes da sentença por agente comprovadamente incapaz, indaga-se: A declaração de invali-

---

102. Emilio Betti, *Teoria geral do direito*, 1969, v. 2, p. 28.

dade exigiria também a má-fé do outro contratante? Deveria ele, ou não, ter ciência da incapacidade do agente? A boa-fé ou má-fé do outro contratante seria, ou não, irrelevante no plano da validade daqueles atos?

Já se decidiu que "para resguardo da boa-fé de terceiros e segurança do comércio jurídico, o reconhecimento de nulidade dos atos praticados anteriormente à sentença de interdição reclama prova inequívoca robusta e convincente da incapacidade do contratante" (STJ, 4ª T., RE 9.077-RS-rel. Min. Sálvio de Figueiredo). Mas, se a alienação mental era notória, se o contratante podia, com diligência ordinária, apurar a deficiência da outra parte, o negócio é suscetível de invalidação, pois a ideia de proteção à boa-fé de terceiro não mais se manifesta[103].

O que realmente importa, no nosso entender, é a inteligência, a possibilidade de manifestar a volição e a compreensão, que fundamentarão a declaração de vontade livre e espontânea, não sendo tão relevante a questão da boa-fé ou da má-fé do contratante. Se a pessoa, com quem se contrata, não tem pleno entendimento do ato, ou se seu consentimento foi viciado, em nada interfere, pelo menos quanto à validade do ato, o fato de o outro contratante estar de boa-fé (*RJTJRS, 79*:186).

"Decretada a interdição, é indiscutível que a partir desse pronunciamento, surge a suspeita de que a doença mental existia anteriormente, e este pormenor pode ser provado por qualquer meio, inclusive pela perícia feita no processo de interdição. O laudo, em que se fundar a sentença de interdição, pode esclarecer o ponto, isto é, afirmar que a incapacidade mental do interdito já existia em período anterior" (1ª T. do STF, j. 30-8-1977, *RTJ, 83*:425), para fins de invalidação de atos anteriores à interdição.

Logo, os atos praticados pelo interditando, anteriormente ao processo de interdição, poderão ser invalidados se ficar comprovada, nesse procedimento ou em outra ação, p. ex., a existência de sua demência senil ou mental, que o impossibilite de manifestar sua vontade, no momento em que os efetivou.

Dúvida não há de que o interditando prejudicado deveria ter, em ação judicial, garantido não só o seu direito de invalidar as alienações fei-

103. Elício de Cresci Sobrinho, Interdição de direito, in *Enciclopédia Saraiva do Direito*, v. 45, p. 268-71; Moacyr P. de A. Ribeiro, Estatuto da Pessoa com Deficiência: a reversão da Teoria das Incapacidades e os reflexos jurídicos na ótica do notário e do registrador, *Revista Síntese – Direito Civil e Processual Civil*, 99:44 e 45.

tas, mas também a indenização pelos prejuízos que teve, em cumulação de pedidos. A sentença lançará, então, os atos negociais do interditando no mundo do não ser, porque, além de ser incapaz, sofreu dolo, lesão e foi vítima de atos sem direito. A eficácia dos atos anulados será *ex nunc*, mas a da sentença anulatória é *ex tunc*[104].

Se a justiça, o bom-senso e o direito militam em favor da pretensão de se anular os atos praticados pelo interditando, esta deverá ser acolhida pelo Judiciário, diante dos fatos que os cercaram. Neste *nobile officium* não poderá o aplicador vincular-se, estritamente, ao teor linguístico dos documentos assinados pelo interditando, mas investigar os fatos contemporâneos e os supervenientes aos atos negociais[105].

Um impasse se levanta, porque é princípio fundamental de direito que as leis sejam aplicáveis a fatos anteriores à sua promulgação, desde que não tenham sido objeto de demandas, que não estejam sob o domínio da coisa julgada (*RF*, *6*:129), nem configurem ato jurídico perfeito ou direito adquirido (*AJ*, *116*:289; *112*:124 e *103*:143); além disso, há um critério norteador da questão da aplicabilidade dos princípios da retroatividade e da irretroatividade, desde que *não haja* norma de *direito intertemporal, em sentido contrário*, que poderá ser aplicado em conflito de leis no tempo: *as normas sobre estado e capacidade das pessoas aplicam-se aos que estiverem nas condições a que se referem*. Assim, a lei nova concernente ao estado e *capacidade* da pessoa não poderá atuar sobre casos julgados já existentes. Será que a retirada do deficiente mental do rol dos absolutamente incapazes, declarado como tal em sentença de interdição, antes do advento da Lei n. 13.146/2015, o atingiria, ou não? Será que essa novel norma retroagiria, automaticamente, nessa hipótese? Poder-se-ia falar em relativização da coisa julgada, para que a nova lei abarque os deficientes mentais, considerados por sentença, prolatada antes de sua vigência, como absolutamente incapazes, tornando-os plenamente capazes? Será que as pessoas que hoje se encontram sob interdição por incapacidade absoluta, automaticamente, com a entrada em vigor da Lei n. 13.146/2015, passarão a ser tidas como capazes, ante a eficácia imediata dessa lei, por não se justificar a sua permanência num regime jurídico restritivo, que não mais existe no ordenamento jurídico? Enfim, será que o Estatuto do Deficiente teria, por si só, força para

---

104. Consulte: Pontes de Miranda, *Tratado*, cit., v. IV, p. 34-41; Christians, *Über die sogen relative Nichtigkeit der Rechtsgeschäftes*, p. 20.
105. Consulte: Betti, *Interpretazione della legge e degli atti giuridici*, Milano, 1949, §§ 69 e s.

desconstituir, automaticamente, uma situação estabelecida em sentença transitada em julgado? Parece-nos que não, diante da circunstância de a sentença de interdição ser *constitutiva com eficácia declaratória*, que produz efeito *ex tunc*. Assim, mais viável seria que o interessado ou o Ministério Público promovesse, *em juízo*, uma *revisão* da situação do interditado para passá-lo para a categoria dos relativamente incapazes, continuando sob curatela, ou, se o "incapaz" quiser, sob o regime de tomada de decisão apoiada, ou, ainda, para considerá-lo plenamente capaz (CPC, art. 505, I).

Será preciso proteger o portador de moléstia físico-psíquica, tutelando seus direitos e interesses legítimos, ressarcindo-o de todos os prejuízos sofridos.

Outro não poderia ser o nosso entendimento, pois, em que pesem as opiniões contrárias à nossa, parece-nos que o conhecimento científico-jurídico deve apreender lógica e coerentemente os dados normativos, fáticos e valorativos, para garantir a segurança e a aplicabilidade do direito.

Não se poderia olvidar que, para uma correta interpretação, dever-se-ia preferir aquela que, por seu melhor resultado, correspondesse às circunstâncias (LINDB, art. 5º, e CPC, art. 8º)[106].

Além disso, há várias medidas tutelares, determinadas por norma, para defender os interesses dos incapazes. Dentre elas: 1) não corre a prescrição contra os absolutamente incapazes (CC, arts. 3º e 198, I); 2) o mútuo feito a menor não pode ser reavido (CC, art. 588), salvo nos casos do art. 589; 3) pode o menor ou o interdito recobrar dívida de jogo, que voluntariamente pagou (CC, art. 814, *in fine*); 4) ninguém pode reclamar o que, por uma obrigação anulada, pagou a um incapaz, se não provar que reverteu em proveito dele a importância paga (CC, art. 181); 5) partilha em que há incapazes não pode ser convencionada amigavelmente (CC, art. 2.015); 6) constitui circunstância agravante ter sido o crime cometido contra criança, maior de 60 anos (Lei n. 10.741/2003), enfermo (CP, art. 61, II, *h*) ou mulher grávida; 7) configura delito de abuso de incapazes valer-se, em proveito próprio ou alheio, de necessidade, paixão ou inexperiência de menor, ou de alienação ou debilidade mental de outrem, induzindo qualquer deles à prá-

---

106. É o ensinamento de: Dernburg, *Das Bürgerliche Recht*, I, § 150; II; Von Tuhr, *Der Allgemeine Teil*, III, p. 274; Paul Roubier, *Des conflits des lois*, v. 1, p. 49-55; Gabba, *Teoria della retroattività, delle leggi*, v. 1, p. 228; Maria Helena Diniz, *Comentários ao Código Civil*, São Paulo, Saraiva, v. 22, 2005, p. 24 e s.; Atalá Correia, Estatuto da Pessoa com Deficiência traz inovações e dúvidas, *Revista Síntese – Direito Civil e Processo Civil, 99*:25 e 26.

tica de ato suscetível de produzir efeito jurídico, em prejuízo próprio ou de terceiro (CP, art. 173); 8) os menores de 18 e maiores de 16 anos poderão, pessoalmente, isentos de multa, requerer o registro de seu nascimento (Lei n. 6.015/73, art. 50, § 3º); 9) a perda ou suspensão do poder familiar, e consequente colocação do menor em família substituta ou tutela, comprovada uma das causas previstas nos arts. 1.637 e 1.638 do Código Civil e no art. 24 da Lei n. 8.069/90 (Lei n. 8.069/90, arts. 161, § 1º, 166, §§ 1º a 7º, e CC, art. 1.734), decretada por sentença, que deverá ser averbada à margem do registro de nascimento da criança e do adolescente (Lei n. 8.069/90, art. 163 e parágrafo único, acrescentado pela Lei n. 12.010/2009); 10) a possibilidade de ser colocado, sendo criança e adolescente, em caso de não poder permanecer na família natural, sob adoção, tutela ou guarda (Lei n. 12.010/2009, art. 2º) etc.[107].

Nosso Código Civil de 1916, no seu art. 8º, extinguiu o instituto da restituição *in integrum,* que era um remédio judiciário de caráter extraordinário, pelo qual o menor, lesado em seus direitos, pleiteava a devolução do que pagou, quando o ato lesivo era válido, por ter sido praticado de acordo com as formalidades legais. Isto era assim porque, se o ato apresentasse vício, o remédio ordinário era a ação de nulidade, que o desfazia, retirando-o do cenário jurídico[108]. Realmente, dispunha que: "na proteção que o Código Civil confere aos incapazes não se compreende o benefício da restituição" (CC de 1916, art. 8º); com isso o aboliu, tentando não só proteger a segurança dinâmica do negócio ou ato jurídico, evitando que ele pudesse ser desfeito, apesar de válido[109], mas também respeitar os direitos adquiridos, para favorecer, de certa forma, a circulação dos bens e o organismo econômico da sociedade[110].

Se houver um conflito de interesses (p. ex., alienação de bens, questão financeira etc.) entre o absolutamente incapaz e seu representante, ou en-

---

107. A Lei n. 8.069/90 (com as alterações da Lei n. 12.010/2009) contém uma série de medidas especiais de proteção à criança e ao adolescente, que examinamos no nosso *Curso de direito civil brasileiro,* nos v. 5 e 7, inclusive quando for vítima de violência ou abuso sexual (art. 101, § 2º, acrescentado pela Lei n. 12.010/2009). W. Barros Monteiro, op. cit., v. 1, p. 68; Silvio Rodrigues, op. cit., v. 1, p. 83.

108. Silvio Rodrigues, *Direito civil,* cit., v. 1, p. 83; Ferreira Coelho, *Código Civil dos Estados Unidos do Brasil,* Rio de Janeiro, 1922, v. 4; Teixeira de Freitas, *Consolidação das Leis Civis,* arts. 12, 13 e 14; Carlos Carvalho, *Nova Consolidação das Leis Civis,* arts. 113 e s.; Clóvis, op. cit., § 12, p. 99 e s.

109. Serpa Lopes, op. cit., v. 1, p. 291.

110. Clóvis Beviláqua, *Comentários ao Código Civil,* v. 1, p. 191; Sílvio de S. Venosa, op. cit., p. 134.

tre o relativamente incapaz e seu assistente, será imprescindível que o juiz nomeie um *curador especial*, em seu favor, para protegê-lo (Lei n. 8.069/90, art. 148, VII, parágrafo único, *f*; CC, art. 1.692).

Pela Lei n. 13.146/2015, há, como já dissemos alhures, possibilidade, para a proteção do portador de deficiência, de usar a *tomada de decisão apoiada* (CC, art. 1.783-A), que é um novo regime alternativo à curatela, pelo qual, por iniciativa da pessoa com deficiência, nomeiam-se pelo menos duas pessoas idôneas de sua confiança para prestar-lhe apoio na tomada de decisão sobre atos da vida civil, fornecendo-lhe elementos e informações necessários para que possa exercer sua capacidade em condição de igualdade com as demais pessoas. Assim, o apoiado não será interditado, nem tido como relativamente incapaz, conservando sua capacidade de fato.

c.5. Cessação da incapacidade

A incapacidade termina, em regra, ao desaparecerem as causas que a determinaram. Assim, p. ex., no caso da toxicomania, da surdo-mudez, da prodigalidade, cessando a enfermidade físico-psíquica que as determinou[111].

Convém lembrar que, pela Lei n. 6.015/73, art. 104, deverá ser feita a averbação: das sentenças que puserem termo à interdição, da cessação ou mudança de internações e da cessação de ausência pelo aparecimento do ausente.

Em relação à menoridade, a incapacidade cessa quando: 1) o menor completar *18 anos*, segundo nossa legislação civil (CC, art. 5º, *caput*), pois o dado jurídico de que aos 18 anos se adquire a maioridade ou aptidão para exercer os atos da vida civil encerra um conteúdo contingente; não se infere, realmente, nenhuma necessidade nesse conteúdo, e a lei poderia ter estabelecido que para tanto bastava que o indivíduo completasse 20, 21 (como estabelecia o CC brasileiro de 1916) ou 25 anos. Esse limite é uma simples manifestação da vontade legislativa. P. ex.: o CC argentino (art. 126) e o português prescrevem 18 anos; o suíço (art. 14) estabelece o limite de 20 anos; o espanhol, 23 anos (art. 320); o chileno, 25 anos (art. 266). O italiano (art. 2º) estatui a idade de 21 anos para que o indivíduo seja plenamente capaz. O Código Civil antecipa a maioridade para 18 anos, com isso os jovens passarão a ter responsabilidades perante terceiros pelos danos que lhes causa-

111. Serpa Lopes, op. cit., v. 1, p. 291.

rem, além de poderem, por si sós, praticar validamente atos da vida civil, sem qualquer assistência do representante legal. Tal se deu diante da presunção de que, pelas condições do mundo moderno e pelos avanços tecnológicos dos meios de comunicação e da informática, a pessoa já tem, ao completar aquela idade, experiência de vida, em razão da aquisição de uma maior formação cultural, responsável pela celeridade, pela precocidade do seu desenvolvimento físico-mental, trazendo, com isso, o discernimento necessário para a efetivação de atos negociais, podendo até mesmo casar, independentemente de autorização do representante legal. Além disso fazia-se necessária uma uniformização, visto que se com 18 anos se tem maioridade criminal, trabalhista e eleitoral, por que não adquirir a civil? Essa alteração normativa relativa à maioridade veio a atingir outros institutos como, por exemplo, o da adoção, fazendo com que a idade permitida para adotar criança caia para 18 anos, apesar de que o adotante deva ser 16 anos mais velho que o adotado. Sem embargo das vantagens advindas do rebaixamento da maioridade civil de 21 para 18 anos, algumas desvantagens poderão ser apontadas, como: não intervenção do Ministério Público nas ações que envolverem pessoas com 18 anos, na qualidade de curador de incapaz; cessação do direito de continuar percebendo pensão alimentícia, salvo se dela precisar (CC, art. 1.696); assunção de responsabilidades como o dever de autossustento, de pagamento dos débitos por ele assumidos e de reparar os danos causados a terceiros, sejam eles morais ou patrimoniais, visto que seus pais não mais terão qualquer responsabilidade subsidiária, ou mesmo solidária, com isso as vítimas de seus atos poderão ficar sem indenização por falta de recursos, pois dificilmente terá bens para responder pelos prejuízos acarretados; gerenciamento de negócios; administração de seu patrimônio etc. Será que o jovem de 18 anos teria mesmo, apesar de bem informado, condições objetivas para arcar sozinho com tantas obrigações e responsabilidades[112]?

---

112. Lafayette (*Direito de família*, § 119) ensinava-nos que a plenitude da capacidade civil advinda da cessação da menoridade não vigorava em nosso direito pré-codificado, pois sob a influência do direito romano mantinha-se o indivíduo sob a tutela perpétua e assistência paterna; considerava-se que a maioridade, por si só, não era hábil a atribuir a plenitude do exercício dos direitos; o indivíduo, mesmo maior, continuava sob o pátrio poder, que vinha a cessar com o casamento, o estabelecimento comercial com economia própria, o recebimento de ordens sacras, a colação de grau acadêmico, e ainda por sentença judicial. *Vide* Carlos Roberto Gonçalves, Inovações do Projeto do Código Civil, *Rev. da Escola Paulista de Magistratura*, n. 4, 1998, p. 44-6. Pelo Enunciado n. 3 do Centro de Estudos Judiciários do Conselho da Justiça Federal, aprovado na Jornada de Direito Civil, em 2002: "A redução do limite etário para definição da capacidade civil aos 18 anos não altera o disposto no art. 16, inc. I da Lei n. 8.213/91, que regula espe-

2) Houver *emancipação* pelas formas previstas no art. 5º, parágrafo único[113]: *a*) concessão dos pais (CC, art. 1.631 e parágrafo único) em ato conjunto, ou de um deles na falta do outro (óbito, suspensão ou destituição do poder familiar), mediante instrumento público inscrito no Registro Civil competente (Lei n. 6.015/73, arts. 29, IV, 89 e 90; CC, arts. 9º, II, 166, IV), independentemente de homologação judicial (*emancipação voluntária*), ou por sentença do juiz, ouvido o tutor (*emancipação judicial*; CPC, arts. 719 a 725, I; CC, art. 1.763, I; Lei n. 8.069/90, art. 148, VII, parágrafo único, *e*; *RF, 197*:247); em ambas as hipóteses o menor terá de ter 16 anos completos. Também nesse caso, pela Lei n. 6.015/73, art. 91 e parágrafo único, o juiz ao conceder emancipação deverá comunicá-la, de ofício, ao oficial do registro, se não constar dos autos haver sido efetuado este dentro de 8 dias, pois cabe ao interessado promover tal registro, já que antes dele a emancipação não produzirá efeito (CC, art. 9º, II)[114]. Pelo Enunciado n. 397 do CJF, aprovado na V Jornada de Direito Civil: "A emancipação por concessão dos pais ou por sentença do juiz está sujeita a desconstituição por vício de vontade"; *b*) casamento, pois não é plausível que fique sob a autoridade de ou-

---

cífica situação de dependência econômica para fins previdenciários e outras situações similares de proteção, previstas em legislação especial". Os alimentos (CC, art. 1.696) serão devidos entre parentes, comprovada a necessidade do alimentando, sem qualquer limite de idade, ante os princípios da dignidade da pessoa humana e da solidariedade familiar (*RJTJSP, 21*:198). Até os 21 anos os filhos podem ser considerados, para fins tributários, dependentes de seus genitores (Instrução Normativa SRF n. 15, de 6-2-2001, art. 38, I, III, IV e V), ora revogada pela Instrução Normativa n. 1.500/2014).

113. No direito anterior só poderia a emancipação ser proclamada por sentença judicial (Caio M. S. Pereira, *Instituições*, cit., v. 1, p. 250). Clóvis (op. cit., p. 161) define a emancipação como a aquisição da capacidade civil antes da idade legal. *ADCOAS*, n. 89908, 1983; *RT, 451*:71; *RJ, 137*:64.

114. W. Barros Monteiro (op. cit., v. 1, p. 71) esclarece que se pode denegar a emancipação: *a*) se através dela se colima outro fim que não seja o interesse do emancipado (*RT, 197*:247); *b*) se este não possui o necessário discernimento para reger sua pessoa e administrar seus bens (*RT, 134*:138; *RF, 195*:243); *c*) se o emancipado não fundamenta o pedido e ignora fatos essenciais sobre seus haveres, como a qualidade e quantidade (*RT, 287*:289, *298*:171); *d*) se a emancipação é requerida com a exclusiva finalidade de liberar bens clausulados até a maioridade (*RT, 179*:791). As emancipações voluntária e judicial deverão ser registradas em livro próprio do 1º Ofício do Registro Civil da Comarca do domicílio do menor (CC, art. 9º, II; LRP, arts. 91, parágrafo único, e 107, § 1º). Se a concessão paterno-maternal se impossibilitar por falta de acordo dos genitores, a emancipação poderá dar-se com o suprimento judicial (CC, arts. 1.631, parágrafo único, 1.634, 1.517 e 1.519). Consulte: João Teodoro da Silva, Poder familiar: emancipação de menor pelos pais e art. 1.631 do Código Civil, *Revista Brasileira de Direito de Família, 26*:144; Vinicius Spaggiari Silva, Acomodação sistêmica da emancipação voluntária, *RIASP, 33*:97-142.

trem quem tem condições de casar e constituir família[115]; assim, mesmo que haja anulação do matrimônio, viuvez, separação ou divórcio, o emancipado por esta forma não retorna à incapacidade; *c*) exercício de emprego público, por funcionários nomeados em caráter efetivo (não abrangendo diaristas e contratados), com exceção de funcionários de autarquia ou entidade paraestatal, que não são alcançados pela emancipação[116]. Mas há quem ache que servidor de autarquia, fundação pública e paraestatal tem cessada a incapacidade. Quem exercer função pública em cargo de confiança, em comissão, ou interinamente, ou, ainda, em razão de contrato temporário (CF, art. 37, IX; Lei n. 8.112/90, arts. 3º e 9º), não adquirirá capacidade. Diarista e contratado não serão emancipados por força de lei (*RF, 161*:713; *RT, 98*:523; Súmula 14 do STF e Lei n. 1.711/52, art. 22, II; Lei n. 8.112/90, art. 5º, V). O exercício de emprego público efetivo gera presunção de um grau de amadurecimento incompatível com a manutenção da incapacidade; *d*) colação de grau em curso de ensino superior, embora, nos dias atuais, dificilmente alguém se emancipará por essa forma, dada a extensão do ensino médio e superior (*RF, 161*:713); *e*) estabelecimento civil (p. ex., exposição de obra de arte numa galeria, por artista plástico menor, que, por isso, recebe remuneração) ou empresarial (p. ex., compra de produto feita por menor para revenda, obtendo lucro) ou pela existência de relação de emprego (p. ex., prática de desporto profissional ou atuação como artista em emissora de televisão ou rádio), desde que, em função deles, o menor com 16 anos completos tenha economia própria, conseguindo manter-se com os rendimentos auferidos, sendo, portanto, injustificável a manutenção de sua incapacidade e de um poder familiar, porque é sinal de que a pessoa tem amadurecimento e experiência, podendo reger sua própria pessoa e patrimônio, sendo ilógico que para cada ato seu houvesse uma autorização paterna ou materna[117]. A *emancipação legal* funda-se nos casos arrolados nos incisos II a V, do parágrafo único do art. 5º.

---

115. W. Barros Monteiro, op. cit., v. 1, p. 71; *RT, 182*:743.

116. W. Barros Monteiro, op. cit., v. 1, p. 72; *RT, 98*:523; *RF, 161*:713; Súmula 14 do STF; Lei n. 8.112/90, arts. 3º, 5º, V, e 9º. Efetividade não é estabilidade, pois esta só se adquire depois da efetividade.

117. *RT, 117*:565; Silvio Rodrigues, op. cit., v. 1, p. 89; W. Barros Monteiro, op. cit., v. 1, p. 72; Fábio Ulhoa Coelho, *Curso*, cit., v. 1, p. 168; Rubens Requião, *Curso de direito comercial*, São Paulo, Saraiva, 1998, v. 1, p. 85-6; Fabricio Matiello, *Código Civil comentado*, São Paulo, LTr, 2003, p. 26. *Vide* CLT, arts. 439, 440, 428, 58-A; CC, art. 198, I; Lei de Falências, art. 75 a 160; Decreto n. 6.939/2009 (que altera os arts. 17, III, e 108 do Decreto n. 3.048/91). Sobre serviço militar: Lei n. 8.239/91; Portaria n. 3.656/94 do COSEMI, que altera o Regulamento do Serviço Alternativo ao Serviço Militar Obrigatório; Decretos n. 1.294/94 e 1.295/94; Decreto n. 2.057/96, que alterou o art. 27,

Convém lembrar que, pelo Enunciado do CJF n. 530 (aprovado na VI Jornada de Direito Civil), "a emancipação, por si só, não elide a incidência do Estatuto da Criança e do Adolescente", por ser norma especial de caráter protetivo. Logo, a aquisição antecipada da capacidade de fato pelo adolescente não significa que ele tenha alcançado, necessariamente, o desenvolvimento para afastar as normas especiais.

Pelo art. 73 da Lei n. 4.375/64, reproduzido pelo Decreto n. 57.654/66, art. 239: "Para efeito de serviço militar cessará a incapacidade civil do menor na data em que completar 17 anos".

D. Começo da personalidade natural

Imprescindível se torna traçar algumas linhas sobre o início da personalidade natural.

No direito civil francês e holandês (art. 3º) não basta o nascimento com vida; é necessário que o recém-nascido seja viável, isto é, apto para a vida[118]. Se nascer com vida sua capacidade remontará à concepção.

O direito civil espanhol (art. 30) exige que o recém-nascido tenha forma humana e que tenha vivido 24 horas, para que possa adquirir personalidade. O direito português também condicionava à vida a figura humana (art. 6º). Para o argentino (art. 7º) e o húngaro (seção 9) a concepção já dá origem à personalidade.

O nosso Código Civil afastou todas essas hipóteses, que originavam incertezas, dúvidas, pois, no seu art. 2º, não contemplou os requisitos da viabilidade e forma humana, afirmando que a personalidade jurídica inicia-se com

---

§ 3º, do Decreto n. 63.704/68, e Lei n. 12.336/2010, que modificou as Leis n. 4.375/64 e 5.292/67, que versa sobre prestação do serviço militar por estudantes de Medicina, Farmácia, Odontologia e Veterinária e pelos médicos, farmacêuticos, dentistas e veterinários e Resolução n. 4/2004 da Comissão Nacional de Residência Médica sobre a reserva de vaga para médico-residente que preste serviço militar. A emancipação legal, advinda de casamento, emprego público, colação de grau e estabelecimento civil ou comercial, independe de registro para a produção de efeitos jurídicos.

Decreto n. 9.455, de 1º de agosto de 2018, regulamenta, para o Exército, o disposto nos § 1º e § 2º do art. 10 da Lei n. 6.880, de 9 de dezembro de 1980, para dispor sobre a convocação e a incorporação de brasileiros com reconhecida competência técnico-profissional ou com notória cultura científica no serviço ativo do Exército, em caráter voluntário e temporário.

118. De Page, *Traité élémentaire*, v. 1, n. 236.

o nascimento com vida, ainda que o recém-nascido venha a falecer instantes depois. Nessa mesma linha estão o Código Civil suíço (art. 31); o português de 1966 (art. 66, I); o alemão (art. 1º) e o italiano (art. 1º).

Pela Resolução n. 1/88 do Conselho Nacional de Saúde, o nascimento com vida é a "expulsão ou extração completa do produto da concepção quando, após a separação, respire e tenha batimentos cardíacos, tendo sido ou não cortado o cordão, esteja ou não desprendida a placenta".

Conquanto comece do nascimento com vida (*RJ, 172*:99) a personalidade civil da pessoa, a lei põe a salvo, desde a concepção, os direitos do nascituro (CC, arts. 2º, 1.609, parágrafo único, 1.779 e parágrafo único, e 1.798; Lei n. 11.105/2005, arts. 6º, III, e 25), como o direito à vida (CF, art. 5º), à filiação (CC, arts. 1.596 e 1.597), à integridade física, à honra e à imagem (TJSP, Ap. Cível n. 406.855.4/6-00 – rel. Des. Benedito Silvério); a alimentos (Lei n. 11.804/2008; *RT, 650*:220; *RJTJSP, 150*:90-6), a uma adequada assistência pré-natal (ECA, art. 8º), à representação (CC, arts. 542, 1.630, 1.633, 1.779, parágrafo único), a um curador que o represente e zele pelos seus interesses (CC, arts. 542, 1.779 e parágrafo único; CPC, art. 297) em caso de incapacidade ou impossibilidade de seus genitores, de receber herança (CC, arts. 1.784, 1.798, 1.799, I, e 1.800, § 3º), a ser contemplado por doação (CC, art. 542), a ser adotado (ECA, arts. 2º, 28, 45, §§ 1º e 2º, e 166), a ser reconhecido como filho (CC, art. 1.609, parágrafo único; ECA, art. 26), a ter legitimidade ativa na investigação de paternidade (*Lex, 150*:90; *RT, 625*:172-8) etc. Poder-se-ia até mesmo afirmar que na vida intrauterina tem o nascituro e na vida extrauterina tem o embrião, concebido *in vitro, personalidade jurídica formal,* no que atina aos direitos da personalidade, visto ter carga genética diferenciada desde a concepção, seja ela *in vivo* ou *in vitro* (PL n. 699/2011, art. 2º; Recomendação n. 1.046/89, n. 7, do Conselho da Europa; Pacto de São José da Costa Rica, art. 4º, I; Resolução do CFM n. 2.320/2022, Seções I, n. 1 a 7, V n. 2 e 3), passando a ter *personalidade jurídica material,* alcançando os direitos patrimoniais (*RT, 593*:258) e obrigacionais, que se encontravam em estado potencial, somente com o nascimento com vida (CC, art. 1.800, § 3º). Se nascer com vida adquire personalidade jurídica material, mas se tal não ocorrer nenhum direito patrimonial terá[119]. P. ex.: suponhamos o caso de um homem que, recentemente casado

119. Torrente, *Manuale di diritto privato,* p. 51, nota 2; Planiol, *Traité élémentaire de droit civil,* v. 1, p. 150; *RT, 182*:438; Samantha K. C. Dufner, *Direito de herança do embrião,* Porto Alegre, 2015. Ante as novas técnicas de fertilização *in vitro* e do congelamento de embriões humanos (usual na Austrália), houve quem levantasse o problema relativo ao momento em que se deve considerar juridicamente o *nascituro,* entendendo-se que a vida tem início, naturalmente, com a concepção *no ventre materno.* Assim sendo, na

fecundação na proveta, embora seja a fecundação do óvulo, pelo espermatozoide, que inicia a vida, é a *nidação* do zigoto ou ovo que a garantirá; logo, o nascituro só será, para alguns juristas, "pessoa" quando o ovo fecundado for implantado no útero materno, sob a condição do nascimento com vida. O embrião humano congelado não pode ser tido como nascituro e deve ter proteção jurídica como pessoa virtual, com uma carga genética própria. Embora a vida se inicie com a fecundação, e a vida viável, com a gravidez, que se dá com a nidação, entendemos que o início legal da personalidade jurídica é o momento da penetração do espermatozoide no óvulo, mesmo fora do corpo da mulher, pois os direitos da personalidade, como o direito à vida, à integridade física e à saúde, independem do nascimento com vida. Por isso, a Lei n. 8.974/95, ora revogada, nos arts. 8º, II, III e IV, e 13, veio a reforçar, em boa hora, essa ideia não só ao vedar: *a*) manipulação genética de células germinais humanas; *b*) intervenção em material genético humano *in vivo*, salvo para o tratamento de defeitos genéticos; *c*) *produção, armazenamento* ou *manipulação* de *embriões humanos* destinados a servir como material biológico disponível, como também ao considerar tais atos como crimes, punindo-os severamente. Com sua revogação pela Lei n. 11.105/2005, passou a ser permitida, para fins de pesquisa e terapia, a utilização de células-tronco embrionárias obtidas de embriões humanos produzidos por fertilização *in vitro*, desde que sejam inviáveis ou estejam congelados há três anos ou mais, havendo consentimento dos seus genitores (art. 5º, I, II, e § 1º) e aprovação do projeto, para tal fim, pelo Comitê de ética em pesquisa (art. 5º, § 2º), sob pena de detenção de um a três anos e multa (art. 24). Tal permissão, no nosso entender, sem embargo da decisão do STF, em sentido contrário, viola o direito à vida, o direito à imagem científica (DNA) e o princípio do respeito à dignidade da pessoa humana, consagrados constitucionalmente. Pela novel Lei de Biossegurança, proibida está a engenharia genética em embrião humano (art. 6º, III, *in fine*), sob pena de reclusão de um a quatro anos e multa (art. 25). Com isso, parece-nos que a razão está com a *teoria concepcionista*, uma vez que o Código Civil resguarda desde a *concepção* os direitos do nascituro, e, além disso, no art. 1.597, IV, presume concebido na constância do casamento o filho havido, a qualquer tempo, quando se tratar de embrião excedente, decorrente de concepção artificial heteróloga. Protegidos estão os direitos da personalidade do embrião, fertilizado *in vitro*, e do nascituro. O embrião goza do benefício da presunção de filiação (CC, art. 1.597, IV). E, além disso, com a fusão dos gametos (masculino e feminino), determinam-se os caracteres do novo ser humano, surgindo, então, a pessoa, enquanto sujeito de direito. Não distinguimos o concebido *in vivo* do obtido *in vitro*. Apenas os efeitos de direitos patrimoniais, como o de receber doação ou herança, dependem do nascimento com vida. Em boa hora veio a seguinte proposta do Projeto de Lei n. 6.960/2002 (hoje PL n. 699/2011), alterando o art. 2º do Código Civil, considerando o embrião como sujeito de direito: "A personalidade civil da pessoa começa do nascimento com vida; mas a lei põe a salvo, desde a concepção, os direitos do embrião e os do nascituro". O Parecer Vicente Arruda rejeitou tal proposta alegando: "A introdução do termo *embrião*, que certamente está contido no conceito de nascituro, só pode pretender assegurar o direito ao embrião concebido fora do útero materno. Parece-nos, a bem da prudência, que a matéria deva ser tratada em legislação especial, a ser elaborada com todo o critério, porquanto a matéria envolve inúmeros aspectos técnicos e éticos que refogem ao direito. Colocá-la, desde já, no Código, seria temerário, haja vista as consequências jurídicas que daí adviriam, como, por exemplo, as atinentes ao direito sucessório". A Resolução n. 2.320/2022, do CFM, apresenta normas éticas para a utilização de técnicas de reprodução assistida. Sobre o assunto: Silmara J. A. Chinelato e Almeida, Direitos de personalidade do nascituro, *Revista do Advogado, 38*:21-30; O nascituro no Código Civil e no nosso direito constituendo, in *O direito de família e a Constituição Federal de 1988*, coord. Bittar, São Paulo, Saraiva, 1989, p. 39-52; Início da personalidade da pessoa napelo regime de separação de bens, faleça num desastre, deixando pais vivos e viúva grávida. O quinhão do nascituro ficará reservado em poder do inventariante até seu nascimento (CPC, art. 650). Se nascer morto, o bebê não adquire personalidade jurídica material e, portanto, não recebe nem transmite a herança de seu pai, que ficará com os avós paternos, pois em nosso direito a ordem da vocação hereditária é: descendentes em concorrência com cônjuge sobrevivente, ascendentes em concorrência com consorte, côn-

---

tural no projeto do Código Civil brasileiro, *Rev. do Instituto dos Advogados de São Paulo*, 1997, número especial de lançamento, p. 78-91; Pessoa natural e novas tecnologias, *RIASP*, n. *27*:45 a 56; Chinelatto, Tutela civil do nascituro. O Dano pré-natal, *Da estrutura à função da responsabilidade civil* (org. Guerra, Morato, Martins e Rosenvald), Indaiatuba, Foco, 2021, p. 27 a 40; Samantha K. C. Dufner, *Direito de herança do embrião.* Porto Alegre, Nuria Fabris, 2015; Francisco Amaral, O nascituro no direito civil brasileiro, contribuição do direito português, *Revista Brasileira de Direito Comparado, 8*:75-89; Thereza Baptista de Mattos, A proteção do nascituro, *Revista de Direito Civil, 52*:30-7; M. H. Diniz, Reflexões sobre a problemática das novas técnicas científicas de reprodução humana assistida e a questão da responsabilidade civil por dano moral ao embrião e ao nascituro, *Livro de Estudos Jurídicos, 8*:207-31, 1994; A ectogênese e seus problemas jurídicos, *Direito, 1*:89-100, *O estado atual do biodireito*, São Paulo, Saraiva, 2000, p. 21-127, 405-16, 452-500; Diniz e Daneluzzi, Nascituro: sua proteção jurídica, *Direito civil – Diálogos entre a doutrina e a jurisprudência* (coord. Salomão e Tartuce), v. 2, São Paulo, Atlas, 2021, p. 31 a 54); P. Stolze Gagliano e R. Pamplona Fº, *Novo curso*, cit., v. 1, p. 93; Euclides Benedito de Oliveira, Indenização por danos morais ao nascituro, *O direito civil no século XXI*, p. 145 a 167; William A. Pussi, *Personalidade jurídica do nascituro*, Curitiba, Juruá, 2006. Sobre adoção de nascituro: Fernando Hinestrosa, La adopción en Colombia: el sistema del Código y las reformas más recientes, *Studi Sassaresi*, série 3, 7 (1979-1980), p. 436. A Lei n. 8.069/90 também traça normas (arts. 7º a 10; 208, VI; 228 e parágrafo único; e 229 e parágrafos) de proteção ao nascituro, assegurando certos direitos à gestante. O Código Penal, por sua vez, veda o aborto nos arts. 124 a 127, permitindo-o, no art. 128, I e II, apenas se não houver outro meio de salvar a vida da gestante ou se a gravidez resultou de estupro, desde que haja anuência da gestante ou, se incapaz, de seu representante legal. Atualmente há projeto de lei liberando aborto terapêutico em mulheres grávidas portadoras de Aids, desnecessário, no nosso entender, por já estar, insitamente, incluído no art. 128 do Código Penal. *Vide* ainda: *RT, 625*:172; *RJTJRS, 104*:418; *RJTJSP, 217*:214. Nascituro pode ser sujeito passivo do imposto de transmissão *inter vivos* (doação) e *causa mortis* (STF, Súmulas 112, 113, 114, 115 e 331; CTN, arts. 35, parágrafo único; 121, I [contribuinte é o nascituro], e 134, I e II [responsáveis são os pais ou curador]). Pelo CDC (arts. 2º, 17, 29, 6º, I e VI) pode haver responsabilidade civil por danos causados por acidente de consumo ou na prática da medicina fetal. Nada impede que o nascituro seja beneficiário de seguro de vida ou de estipulação em favor de terceiro. É preciso lembrar que desde Justiniano há uma certa consideração ao nascituro, como se pode ver no brocardo: "*infans conceptus pro jam nato habetur quoties de ejus commodis agitur*".

A Áustria é o primeiro país europeu que reconhece a vida do nascituro falecido com peso inferior a 500 grs, em registro civil, dando-lhe um nome (https://www.actuall.com/vida/austria-primer-pais-europeo-en-reconocer-la-vida-del-no-nacido-en-el-registro-civil/).

O PL n. 10.774/2018 estabelece que a personalidade civil começa na concepção embrionária e equipara embrião vivo desde a fecundação do óvulo a ser humano já nascido.

juge sobrevivente, colaterais até o 4º grau (CC, art. 1.829, I a IV) e o Município, Distrito Federal ou União havendo declaração de vacância da herança (CC, art. 1.822). Se nascer vivo, receberá a herança e, se por acaso vier a falecer logo em seguida, a herança passará a sua mãe, provando-se o seu nascimento com vida pela demonstração de presença de ar nos pulmões[120].

É necessário dizer, ainda, que todo nascimento deve ser registrado (Lei n. 6.015/73, arts. 29, I (regulamentado pelo Decreto n. 7.231/2010), 19, § 4º, com a redação da Lei n. 13.484/2017, 50 e 53; Lei n. 9.053/95; CC, art. 9º, I; CF, art. 5º, LXXVI, *a*; *RT*, *750*:362, *835*:206), mesmo que a criança tenha nascido morta ou morrido durante o parto (LRP, art. 53 e § 2º). Se for natimorta o assento será feito no livro "C Auxiliar" (Lei n. 6.015/73, art. 33, V), contendo os elementos arrolados no art. 54 da referida lei, com alteração dos itens 9º e 11, § 4º feita pela Lei n. 13.484/2017, que exige indicação de nomes e prenomes, da profissão e da residência das duas testemunhas do assento, quando se tratar de parto ocorrido sem assistência médica em residência ou fora de unidade hospitalar ou casa de saúde e, ainda, da naturalidade do registrando. Se morreu por ocasião do parto, tendo respirado, serão feitos dois registros: o de nascimento e o de óbito (Lei n. 6.015/73, art. 53, §§ 1º e 2º).

O registro de nascimento é uma instituição pública destinada a identificar os cidadãos, garantindo o exercício de seus direitos. Todo nascimento que ocorre no território nacional deve ser dado a registro, no local onde se deu o parto ou no da residência dos pais, observando-se os §§ 1º a 6º do art. 46 da Lei n. 6.015/73, com alteração da Lei n. 14.382/2022. O art. 52, itens 1º e 2º, da Lei n. 6.015/73, com a redação da Lei n. 13.112, de 30 de março de 2015, apresenta uma ordem sucessiva dos que têm a obrigação de fazer a declaração de nas-

---

120. Bassil Dower, op. cit., v. 1, p. 53-4; Antônio Chaves, *Tratado de direito civil*, São Paulo, Revista dos Tribunais, 1982, v. 1, t. 1, p. 316. Pelo Enunciado n. 1 do Centro de Estudos Judiciários do Conselho da Justiça Federal: "A proteção que o Código defere ao nascituro alcança o natimorto no que concerne aos direitos da personalidade, tais como nome, imagem e sepultura". E acrescenta o referido Centro, no Enunciado n. 2, que: "Sem prejuízo dos direitos da personalidade, nele assegurados, o art. 2º do Código Civil não é sede adequada para questões emergentes da reprogenética humana, que deve ser objeto de um estatuto próprio". Como *sujeito de direito*, para alguns doutrinadores, é gênero e *pessoa* é espécie, nem todo sujeito de direito é pessoa, embora toda pessoa seja sujeito de direito. Sujeito de direito é o titular dos interesses em sua forma jurídica e pode ser personificado ou despersonificado. O sujeito de direito despersonificado, apesar de não ser pessoa, é titular de direitos e deveres, como o nascituro. O embrião *in vitro* e não implantado *in utero* é sujeito ou objeto de direito? Seria "coisa" de propriedade comum do casal encomendante? Só com a implantação no útero seria sujeito de direito despersonificado? Sobre isso consulte: Fábio Ulhoa Coelho, *Curso*, cit., v. 1, p. 137-54. Para nós, repetimos, nascituro e embrião *in vitro* ou *in utero* são pessoas.

Para Diogo Leite de Campos (*Capacidade sucessória do nascituro, pessoa humana e direito* (coord. Diogo Leite de Campos e Silmara J. de Abreu, Coimbra, Almedina, 2009) o nascituro tem capacidade sucessória desde a concepção por ter personalidade civil plena.

cimento. Em regra, é o pai ou a mãe, isoladamente ou em conjunto, observado o disposto no § 2º do art. 54, pelo qual o nome do pai constante da Declaração de Nascido Vivo não constitui prova ou presunção de paternidade, somente podendo ser lançado no registro de nascimento quando verificado nos termos da legislação civil vigente. A partir de agora o pai ou a mãe, isoladamente ou em conjunto, devem proceder o registro nos primeiros 15 dias de vida. Se um dos dois não cumprir a exigência dentro do período, o outro terá um mês e meio para realizar a declaração. No caso de falta ou de impedimento de um deles, dentro do prazo de 45 dias outro indicado deverá fazê-lo. Se houver distância maior de 30 km do cartório, tal prazo será ampliado em até 3 meses (Lei n. 9.053/95, que altera o art. 50 da Lei n. 6.015/73). No impedimento de ambos, cabe ao parente mais próximo, desde que maior; na falta deste, aos administradores de hospitais, médicos, parteiras, que tiverem assistido o parto ou pessoa idônea da casa em que ocorrer, sendo fora da residência da mãe; finalmente, as pessoas encarregadas da guarda do menor. Essas pessoas terão o prazo de declaração prorrogado por 45 dias a contar do momento em que souberam do impedimento. Até que seja lavrado o assento do registro de nascimento, deverá ser emitida a *Declaração de Nascido Vivo* (DNV), que será válida exclusivamente para fins de elaboração de políticas públicas e lavratura do registro de nascimento. Tal DNV deverá ser emitida por profissional de saúde responsável pelo acompanhamento da gestação do parto ou do recém-nascido, inscrito no Cadastro Nacional de Estabelecimento de Saúde (CNES) ou no respectivo Conselho Profissional. Se o parto se deu sem assistência de profissional da saúde ou de parteira, a DNV será emitida pelo Oficial de Registro Civil que lavrar o assento de nascimento, sempre que haja demanda das Secretarias Estaduais ou Municipais de Saúde para que realizem tais emissões (Lei n. 12.662/2012 e Lei n. 6.015/73, art. 54, § 3º, com a redação da Lei n. 12.662/2012). O art. 54, item 10, da Lei n. 6.015/2017, requer que se coloque o número de identificação da Declaração de Nascido Vivo, com controle do dígito verificador. A *Declaração de Nascido Vivo* não substitui ou dispensa o registro civil de nascimento, que é obrigatório e gratuito (Lei n. 12.662/2012, art. 3º, § 2º, e art. 4º, § 4º)[121].

121. Walter Ceneviva, *A Lei dos Registros Públicos,* São Paulo, Saraiva, 1979, p. 108 e s. Regnoberto M. de Melo Jr., *Lei de registros públicos*, Rio de Janeiro, Freitas Bastos, 2003; Daniel B. L. F. Corrêa de Souza, Importância dos princípios no assento registrário de nascimentos e óbitos, *Revista Síntese – Direito de Família, 73*:34-7. "Anulação de registro de nascimento. Procedência. Paternidade excluída por perícia.Cumulação admitida da ação com outra de anulação de casamento. Art. 292 (hoje art. 327) do Código de Processo Civil. Sentença transitada em julgado. Decisão relativa ao assento não sujeita ao duplo grau de jurisdição. Recurso de ofício não conhecido. Procedência. Admissibilidade. Casamento assumido dada a imputação de paternidade que, após, firmada ser de outrem. Dubiedade de postura que configura erro essencial sobre a pessoa do outro cônjuge. Recurso não provido" (AC 73.743-4/4, TJSP, rel. Des. Fonseca Tavares, j. 11-3-1999, *DJ* SP 1 12-5-1999). A Lei n. 9.465/97 dispõe sobre o fornecimento gratuito de registro extemporâneo de nascimento, se destinado à obtenção de Carteira de Trabalho e Previdência Social. *Vide* Lei n. 6.015/73, arts. 52, § 1º, e 46; Lei n. 7.844/89, que disciplinou o art. 5º, LXXVI, da Constituição Federal

de 1988 e alterou o art. 30 da Lei n. 6.015/73, que, ante a Lei n. 9.534/97, passou a vigorar com a seguinte redação:

"Art. 30. Não serão cobrados emolumentos pelo registro civil de nascimento e pelo assento de óbitos, bem como pela primeira certidão respectiva.

§ 1º Os reconhecidamente pobres estão isentos de pagamento de emolumentos pelas demais certidões extraídas pelo cartório de registro civil.

§ 2º O estado de pobreza será comprovado por declaração do próprio interessado ou a rogo, tratando-se de analfabeto, neste caso acompanhada da assinatura de duas testemunhas.

§ 3º A falsidade da declaração ensejará a responsabilidade civil e criminal do interessado.

§ 3º-A Comprovado o descumprimento, pelos oficiais de Cartórios de Registro Civil, do disposto no *caput* deste artigo, aplicar-se-ão as penalidades previstas nos arts. 32 e 33 da Lei n. 8.935, de 18 de novembro de 1994.

§ 3º-B Esgotadas as penalidades a que se refere o parágrafo anterior e verificando-se novo descumprimento, aplicar-se-á o disposto no art. 39 da Lei n. 8.935, de 18 de novembro de 1994.

§ 3º-C. Os cartórios de registros públicos deverão afixar, em local de grande visibilidade, que permita fácil leitura e acesso ao público, quadros contendo tabelas atualizadas das custas e emolumentos, além de informações claras sobre a gratuidade prevista no *caput* deste artigo.

§ 4º É proibida a inserção nas certidões de que trata o § 1º deste artigo de expressões que indiquem condição de pobreza ou semelhantes.

§ 5º (*Vetado.*)

§ 6º (*Vetado.*)

§ 7º (*Vetado.*)

§ 8º (*Vetado.*)

§ 9º (*Vetado.*)".

A Lei n. 13.112/2015 amplia os direitos da mãe no que se refere ao registro de nascimento do filho ao estabelecer que o registro poderá ser feito pelo pai ou pela mãe, isoladamente ou em conjunto, no prazo de 15 dias. No caso de falta ou impedimento de um dos dois, o outro terá prazo prorrogado por 45 dias para fazer o registro. O texto alterou a atual Lei de Registros Públicos (6.015/73). De acordo com essa lei, o pai devia registrar o filho no prazo de 15 dias. Em caso de falta ou impedimento do pai, a mãe teria o prazo de 45 dias para fazê-lo. A vice-presidente do Colégio Registral de Minas Gerais, Márcia Fidelis, membro do Instituto Brasileiro de Direito de Família (IBDFAM), afirmou que essa diferença não feria o princípio da igualdade dos sexos porque conferia à mulher um prazo em função das dificuldades físicas a que está sujeita em função do período puerperal. Para ela, o registro de nascimento é um direito da criança e um dever social que tem que ser garantido, e adiá-lo pode não ser a melhor medida.

A Lei n. 11.789, de 2 de outubro de 2008, proíbe a inserção nas certidões de nascimento e de óbito de expressões indicativas de condição de pobreza ou semelhantes, acrescentando § 4º ao art. 30 da Lei n. 6.015/73.

Vide Provimento n. 494/93, arts. 8º a 12, e Provimento CGJ n. 7/96. As Leis n. 9.534/97 e 11.789/2008 alteraram também o art. 45 da Lei n. 8.935/94, que passa a ter a seguinte redação:

"Art. 45. São gratuitos os assentos do registro civil de nascimento e o de óbito bem como a primeira certidão respectiva.

§ 1º Para os reconhecidamente pobres não serão cobrados emolumentos pelas certidões a que se refere este artigo.

§ 2º É proibida a inserção nas certidões de que trata o § 1º deste artigo de expressões que indiquem condição de pobreza ou semelhantes".

E as Leis n. 10.215/2001, 11.790/2008 e 14.382/2022 deram nova redação ao art. 46 da Lei n. 6.015/73. E pelo Enunciado 693 da IX Jornada de Direito Civil: "A proteção conferida pela LGPD não se estende às pessoas jurídicas, tendo em vista sua finalidade de proteger a pessoa natural", visto que: "A não aplicação da LGPD aos dados e informações de pessoas jurídicas pode ser depreendida dos fundamentos e objetivos enunciados na própria legislação. Em seu art. 1º, observa-se como objetivo da norma o "de proteger os direitos fundamentais de liberdade e de privacidade e o livre desenvolvimento da personalidade da pessoa natural". Da mesma forma, verifica-se que dado pessoal é considerado como todo e qualquer dado que possa ser associado a uma pessoa humana, identificada ou identificável. A referência expressa à pessoa natural mostra-se também presente nas definições de "dados sensíveis" e "titular". Verifica-se que o intérprete deve se atentar para os limites traçados expressamente no próprio texto, de forma que a referência à "pessoa natural" tem como consequência a impossibilidade de extensão do regime protetivo dos dados pessoais para pessoas jurídicas. No debate sobre os direitos da personalidade da pessoa jurídica, nota-se uma aproximação, por vezes problemática, entre pessoa natural e pessoa jurídica. Para evitar qualquer dúvida nesse sentido, a LGDP, ao contrário do Código Civil em seu art. 52, restringiu expressamente o seu âmbito de incidência à tutela dos dados pessoais da pessoa humana. A delimitação de incidência da LGPD não afasta, contudo, a tutela do fluxo informacional referente à pessoa jurídica, o qual deverá ser feito, em regime diferenciado, nas situações admitidas no próprio ordenamento jurídico, como se nota nos casos de segredo de empresa e da proteção da propriedade intelectual."A MP n. 776/2017 altera os arts. 19, § 4º, 54, n. 9, 10, 11, §§ 4º e 5º e 70, 1º, da Lei n. 6.015/73.
A Lei n. 12.662/2012, relativa à *Declaração de Nascido Vivo*, alterou os arts. 49 e 54, item 10, §§ 1º a 3º, da Lei n. 6.015/73. A *Declaração de Nascido Vivo* deverá conter número de identificação nacionalmente unificado e os seguintes dados: nome e prenome da criança, que não pode expô-la ao ridículo; dia, mês, ano, hora e Município do nascimento; sexo; informação sobre gestação múltipla, quando for o caso; nome e prenome, naturalidade, profissão, endereço de residência da mãe e sua idade na ocasião do parto; nome e prenome do pai, que é facultativo. Tais dados serão consolidados em sistema de informação do Ministério da Saúde (Lei n. 12.662/2012, art. 4º e §§ 1º a 4º).

Pelo Decreto n. 6.828/2009, ora revogado pelo Decreto n. 7.231/2010, que regulamentou o art. 29 da Lei n. 6.015/73, a certidão de nascimento deverá estar em papel com detalhes nas cores azul, verde e amarela. O número da *Declaração de Nascido Vivo* (DNV), quando houver, poderá ser lançado em campo próprio da certidão de nascimento.

Um sistema optativo e informatizado, emitido gratuitamente, *on-line* deverá ser implantado nas maternidades para emissão de certidão de nascimento assim que houver alta do hospital para as mães, com o escopo de erradicar o sub-registro.

A Portaria Interministerial n. 3/2010 (da Secretaria de Direitos Humanos e do Ministério da Justiça) estabelece o modelo da certidão de nascimento, inclusive se emitida por meio de sistema informatizado de registro eletrônico.

A partir de 18-12-2013, os cartórios de registro civil de São Paulo passarão a emitir certidão de nascimento *on-line*, sendo que o prazo e o custo do procedimento são os mesmos do meio comum.

Pelo Provimento CG n. 16/2011, o item 32.2 da Seção III do Capítulo XVII das Normas de Serviço da Corregedoria-Geral da Justiça passa a ter a seguinte redação: "A emissão de certidão de nascimento nos estabelecimentos de saúde que realizam partos deve obedecer ao disposto no Provimento n. 13 do Conselho Nacional de Justiça". Em 26 de junho de 2014, o Decreto 8.270 cria o Sistema Nacional de Informações de Registro Civil (SIRC), banco de dados que irá captar, processar, arquivar e disponibilizar informações sobre registros de nascimentos, casamentos e óbitos. O sistema terá base de dados própria e facilitará a troca de informações entre os cartórios de registro civil do país, ainda possibilitando o envio de informações a outros órgãos públicos. Os titulares dos cartórios de registro civil terão de atualizar os dados de nascimento, casamento, óbito e natimorto, no máximo, até o dia 10 do mês seguinte aos registros, e terão a obrigação de comunicar ao SIRC, até mesmo se não ocorrerem registros civis. Segundo o Conselho Nacional de Justiça (CNJ), o sistema ajudará a prevenir subnotificações e fraudes com o uso de documentos falsos e aperfeiçoar a rotina das serventias extrajudiciais.

A Resolução n. 1/2015, do Comitê Gestor do Sistema Nacional de Informações de Registro Civil, dispõe sobre a padronização dos procedimentos para envio de dados pelas serventias de registro civil de pessoas naturais ao Sistema Nacional de Informações de Registro Civil.

CNJ, Provimento n. 52/2016, contém normas para registro de nascimento e emissão de certidão para bebês gerados por reprodução assistida, por qualquer cartório civil, sem prévia autorização judicial.

Pelo Enunciado n. 40 da I Jornada de Direito Saúde do CNJ 2014: "É admissível, no registro de nascimento de indivíduo gerado por reprodução assistida, a inclusão do nome de duas pessoas do mesmo sexo, como pais".

Pelo Enunciado n. 608: "É possível o registro de nascimento dos filhos de pessoas do mesmo sexo originários de reprodução assistida, diretamente no Cartório do Registro Civil, sendo dispensável a propositura de ação judicial, nos termos da regulamentação da Corregedoria local" (aprovado na VII Jornada de Direito Civil).

Registro digital de bebê (*Blockchain*) com uso de tecnologia da plataforma IBM, em parceria com a Casa de Saúde de São José, 5º Registro Civil de Pessoa Natural do Rio com base na Declaração de Nascido Vivo. Quem for registrar a criança cria sua identidade digital, validando dados pessoais, pois informações passam na plataforma do cartório e órgãos oficiais.

Enunciado 677 da IX Jornada de Direito Civil: "A identidade pessoal também encontra proteção no ambiente digital".

A Áustria, em 2020, permitiu aos pais inscreverem, no Registro Civil, filhos falecidos antes do nascimento com peso inferior a 500 gramas, contendo o nome do bebê.

Um Ato Normativo do CNJ pretende que no assento de nascimento, na Declaração de Nascido Vivo, o campo sexo seja preenchido como "ignorado". Seria apenas em caso de hermafroditismo? Ou se deveria deixar em aberto para que a pessoa possa, em ocasião ulterior, escolher a sexualidade, como pleiteia a LGBTQ? Qual seria, então, o nome dessas pessoas? Ariel, Jacy, Sasha, Francis, Nadir? Não seria isso uma afronta à dignidade humana?

O provimento n. 122, de 13 de Agosto de 2021, da Corregedoria Nacional de Justiça, assim dispõe:

"Art. 1º Este Provimento dispõe sobre o assento de nascimento no Registro Civil das Pessoas Naturais nos casos em que o campo sexo da Declaração de Nascido Vivo (DNV), ou da Declaração de Óbito (DO) fetal, tenha sido preenchido "ignorado".

Art. 2º Verificado que, na Declaração de Nascido Vivo (DNV), o campo sexo foi preenchido "ignorado", o assento de nascimento será lavrado registrando o sexo "ignorado".

§ 1º O oficial recomendará ao declarante a escolha de prenome comum aos dois sexos.

§ 2º Recusada a sugestão, o registro deve ser feito com o prenome indicado pelo declarante.

§ 3º Verificado que, na Declaração de Óbito (DO) fetal, o campo sexo foi preenchido "ignorado", o assento de óbito será lavrado registrando o sexo "ignorado".

Art. 3º No caso do *caput* do art. anterior, a designação de sexo será feita por opção, a ser realizada a qualquer tempo e averbada no registro civil de pessoas naturais, independentemente de autorização judicial ou de comprovação de realização de cirurgia de designação sexual ou de tratamento hormonal, ou de apresentação de laudo médico ou psicológico.

§ 1º É facultada a mudança do prenome juntamente com a opção pela designação de sexo.

§ 2º A pessoa optante sob poder familiar poderá ser representada ou assistida apenas pela mãe ou pelo pai.

§ 3º Tratando-se de maior de 12 (doze) anos de idade, será necessário o consentimento da pessoa optante.

§ 4º A opção realizada após a morte da pessoa será feita pela mãe ou pelo pai.

Art. 4º A opção será documentada por termo, conforme modelo constante do Anexo deste Provimento, lavrado em qualquer ofício do registro civil de pessoas naturais.

Parágrafo único. O oficial ou preposto identificará os presentes, na forma da lei, e colherá as assinaturas em sua presença.

Art. 5º O ofício do registro civil de pessoas naturais do registro do nascimento averbará a opção.

Parágrafo Único. Caso a opção tenha sido realizada em ofício do registro civil de pessoas naturais diverso, será encaminhada, às expensas da pessoa requerente, para averbação, via Central de Informações do Registro Civil (CRC).

Pelo art. 54, § 5º, da Lei n. 6.015/73 com a redação Lei n. 14.382/2022: "O oficial de registro civil de pessoas naturais do Município poderá, mediante convênio desde que não prejudique o regular funcionamento da serventia, instalar unidade interligada em estabelecimento público ou privado de saúde para recepção e remessa de dados, lavratura do registro de nascimento e emissão da respectiva certidão".

Segundo o art. 19 §§ 1º e 2º da Lei n. 6.015/73, com a alteração da Lei n. 14.382/2022, "a certidão de inteiro teor será extraída por meio reprográfico ou eletrônico. As certidões do registro civil das pessoas naturais mencionarão a data em que foi lavrado o assento".

E. Individualização da pessoa natural

A identificação da pessoa se dá pelo *nome,* que a individualiza; pelo *estado,* que define a sua posição na sociedade política e na família, como indivíduo; e pelo *domicílio,* que é o lugar de sua atividade social[122].

Art. 6º Averbada a opção, nenhuma observação sobre sexo ou nome constantes inicialmente do assento, sobre a opção ou sobre sua averbação constarão nas certidões do registro.

§ 1º Por solicitação da pessoa registrada ou por determinação judicial poderá ser expedida certidão sobre inteiro teor do conteúdo registral.

§ 2º O ofício do registro civil de pessoas naturais deverá manter índice em papel e/ou eletrônico de forma que permita a localização do registro tanto pelo nome original quanto pelo nome alterado.

Art. 7º A designação do sexo é parte do assento de nascimento e a lavratura do termo de opção, sua averbação e a expedição da primeira certidão subsequente são gratuitas, na forma do art. 30 da Lei n. 6.015, de 31 de dezembro de 1973".

A partir de julho de 2021 bebês nascidos em Wisconsin poderão ser registrados com a opção de gênero neutro, e além dos campos *pai* e *mãe*, existirão as possibilidades *parent – parent* (progenitor – progenitor), sem distinção entre masculino e feminino, e *parent giving birth* para pais e mães solteiros. Disponível em: <https://revistaoeste.com/mundo/bebes-poderao-ser-registrados-com-genero-neutro-em-estado-dos-usa>. Acesso em: 29 jun. 2021.

122. Orlando Gomes, *Introdução ao direito civil,* 3. ed., Rio de Janeiro, Forense, 1971, p. 139; Figini, Leitão e Silva, Jobim, Silveira Costa e M. da Silva, *Identificação humana,* Campinas, Millennium, 2008; v. 1 e 2. *Vide* Lei n. 9.049/95, que faculta o registro, nos documentos pessoais de identificação, das informações que especifica, tais como número e data de validade daqueles documentos, tipo sanguíneo, disposição de doação de órgãos em caso de morte etc.

Resolução n. 84, de 17 de novembro de 2010, que aprova a versão 3.2 do DOC-ICP-04 e a versão 3.5 do DOC-ICP-05, cujas alterações se referem aos procedimentos para a emissão de certificados digitais que integram o Documento de Registro de Identidade Civil-RIC. A *fama* é um atributo pessoal consistente no renome e no conceito que tem no meio social, em razão de sua conduta pessoal e profissional, sendo, por isso, *um critério de identificação da pessoa*. É a lição de Rosa Maria de A. Nery e Nelson Nery Jr., *Instituições de direito civil*, São Paulo, Revista dos Tribunais, 2015, p. 22-3.

A Lei n. 13.444/2017 dispõe sobre Identificação Civil Nacional (ICN), com o escopo de identificar brasileiro em suas relações com a sociedade e com os órgãos e entidades governamentais e privados.

Decreto estadual do RS n. 9.376/2018 altera o Decreto n. 9.278, de 5 de fevereiro de 2018, que regulamenta a Lei n. 7.116, de 29 de agosto de 1983, que assegura validade nacional às carteiras de identidade e regula sua expedição.

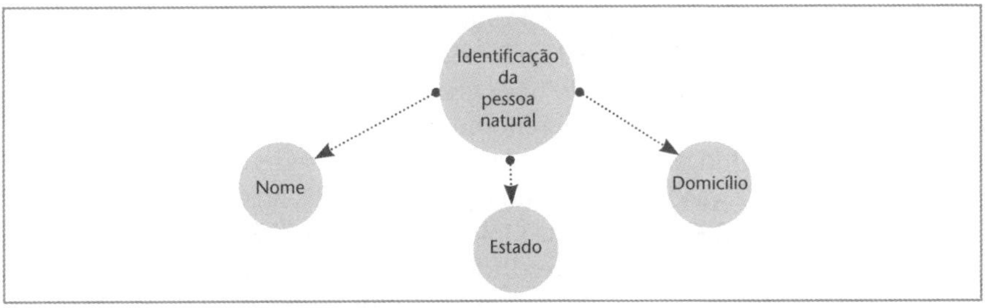

e.1. Nome

O nome integra a personalidade por ser o sinal exterior pelo qual se designa, se individualiza e se reconhece a pessoa no seio da família e da sociedade; daí ser inalienável, imprescritível e protegido juridicamente (CC, arts. 16, 17, 18 e 19)[123].

Vide: Leis n. 12.764/2012 e n. 9.265/96 alteradas pela Lei n. 13.977/2020 para instituir a Carteira de Identificação da Pessoa com Transtorno do Espectro Autista (Ciptea).

Pela Lei n. 14.534/2023 o CPF será o único documento de identificação pessoal dos cidadãos brasileiros. A carteira de identidade nacional (CIN) terá como único registro os 11 dígitos do CPF, excluindo a necessidade do número do RG.

123. W. Barros Monteiro, op. cit., v. 1, p. 92; Caio M. S. Pereira, *Instituições*, cit., v. 1, p. 215; Orlando Gomes, op. cit., p. 159; R. Limongi França, *Do nome civil das pessoas naturais*, São Paulo, Revista dos Tribunais, 1975; José Roberto Neves Amorim, *Direito ao nome da pessoa física*, São Paulo, Saraiva, 2003; Euclides de Oliveira, Direito ao nome, in *Novo Código Civil – questões controvertidas*, Mário Luiz Delgado e Jones Figueirêdo Alves (orgs.), São Paulo, Método, 2004, v. 2, p. 67-88; Rodrigo S. Neves, O nome civil das pessoas naturais *Revista Síntese – Direito de Família, 75*:117-36. O nome é o único direito de personalidade reconhecido pelo Código alemão (art. 12) (Oertmann, *Introducción al derecho civil*, p. 73). W. Barros Monteiro (op. cit., v. 1, p. 93 e 94) apresenta-nos a história do nome, que assim resumimos: entre os gregos era único e individual (Sócrates, Platão). Os hebreus individualizavam o indivíduo ligando ao seu nome o do genitor (Bartolomeu, filho de Tolomeu); o mesmo ocorre entre os árabes (Ali Ben Mustafá, Ali, filho de Mustafá) e russos (Alexandre Markovicz, Alexandre, filho de Marcos; Nádia Petrovna, Nádia, filha de Pedro), romenos (Popesco, filho de Pope) e ingleses (Stevenson, filho de Steve). Os romanos acrescentavam ao nome o gentilício, usado pelos membros da mesma *gens*, o prenome, próprio de cada pessoa, e o cognome, que apontava sua família: Marco Túlio Cícero: Marco (prenome), Túlio (gentilício) e Cícero (cognome), sendo o cognome só usado pelos homens. Nomes com três elementos eram peculiares ao patriciado; com dois ou um, como Espártaco, indicava a plebe. Com as conquistas romanas, adotou-se o seu sistema, mas, com a invasão dos bárbaros, retornou-se ao nome único. Ante a grande população, para evitar confusão entre as pessoas, recorreu-se ao emprego de um sobrenome tirado de qualidade ou sinal pessoal (Bravo, Leal), da profissão (Monteiro), do lugar de nascimento (França), de algum animal, planta ou objeto (Coelho, Lobo, Oliveira, Carvalho, Leite), do nome paterno, em genitivo (Lourenço Marques, Lourenço, filho de Marco).

Sobre acesso a bases de dados de identificação: Lei n. 14.382/2022, art. 9º.

Sobre proteção à identidade de denunciante de ilícito: Decreto n. 10.153/2019.

O aspecto público do direito ao nome decorre do fato de estar ligado ao registro da pessoa natural (Lei n. 6.015/73, arts. 54, n. 4, e 55, com a redação da Lei n. 14.382/2022), pelo qual o Estado traça princípios disciplinares do seu exercício, determinando a imutabilidade do prenome (Lei n. 6.015, art. 58), salvo exceções expressamente admitidas, e desde que as suas modificações sejam precedidas de justificação e autorização de juiz togado (Lei n. 6.015/73, arts. 56, 57 (com alteração da Lei n. 12.100/2009 e da Lei n. 13.382/2022) e 58)[124]. E o aspecto individual manifesta-se na autorização que tem o indivíduo de usá-lo, fazendo-se chamar por ele, e de defendê-lo de quem o usurpar, reprimindo abusos cometidos por terceiros, que, em publicação ou representação, o exponham ao desprezo público ou ao ridículo mesmo que não tenham intenção difamatória (CC, art. 17). Assim, p. ex., se alguém usar nome alheio em rádio, internet, livro, TV etc., ridicularizando-o, o lesado poderá pleitear indenização, mesmo que não tenha havido intuito difamatório por parte do lesante. Com isso tutela-se também a honra objetiva. É vedada a utilização sem autorização, de nome alheio em propaganda comercial, promovendo venda de bens ou serviços (art. 18 do CC), por gerar enriquecimento indevido, ou então, com o intuito de obter proveito político, artístico, eleitoral, ou até mesmo religioso[125].

Essa proteção jurídica cabe também ao *pseudônimo* (nome fictício – *RT, 823*:190) ou codinome (CC, art. 19) adotado, para atividades lícitas, por literatos e artistas, dada a importância de que goza, por identificá-los no mundo das letras e das artes[126], mesmo que não tenham alcançado a notoriedade (*RJTJSP, 232*:234).

---

124. É o que ensina Caio M. S. Pereira (*Instituições,* cit., v. 1, p. 217).

125. Orlando Gomes, op. cit., p. 164; Caio M. S. Pereira, op. cit., v. 1, p. 217.

126. Oertmann, op. cit., p. 76; Caio M. S. Pereira, *Instituições,* cit., v. 1, p. 218; Orlando Gomes, op. cit., p. 165. *Vide* Lei n. 4.944/66. *Vide* Juan M. Semon, *El derecho al seudónimo,* p. 87; Tereza Rodrigues Vieira, *Da mudança do nome,* dissertação de mestrado apresentada na PUCSP, 1989; Direito à adequação de sexo de transexual, *Repertório IOB de Jurisprudência,* n. 3/96, p. 51 e s.; Marcelo Guimarães Rodrigues, Do nome civil, *RT, 765*:756; Artur M. Monteiro, Direito ao nome da pessoa natural no ordenamento jurídico brasileiro, *Direito da personalidade* (org. Jorge Miranda, Otavio L. Rodrigues Jr. e Gustavo Bonato Fruet), São Paulo, Atlas, 2012, p. 397 a 423. Similar ao pseudônimo é o *nome religioso* (Pio XII para Eugênio Pacelli) e o *nome de guerra,* usado por agentes da militância bélica (p. ex., Mata Hari). Podem-se usar siglas do nome para reconhecimento de certas pessoas (p. ex., PC para Paulo César Farias). É a lição de Euclides de Oliveira, Direito ao nome, *Revista IASP, 11*:199. Já se decidiu que: "Direito civil – Uso de pseudônimo – 'Tiririca' – Exclusividade – Inadmissibilidade.

I – O pseudônimo goza da proteção dispensada ao nome, mas, por não estar configurado como obra, inexistem direitos materiais e morais sobre ele.

II – O uso contínuo de um nome não dá ao portador o direito ao seu uso exclusivo. Incabível a pretensão do autor de impedir que o réu use o pseudônimo 'Tiririca', até porque já registrado, em seu nome, no INPI.

IV – Recurso especial não conhecido" (STJ, 3ª T., REsp 555.483/SP, rel. Min. Antônio de Pádua Ribeiro, j. 14-10-2003, *DJ*, 10-11-2003).

Pseudônimo é portanto comum nos meios literários e artísticos. P. ex.: *Tristão de Ataíde* (Alceu Amoroso Lima); *Gabriela Mistral* (Lucila Godoy Alacayaga); *Di Cavalcanti* (Emiliano de Albuquerque Melo); *José Sarney* (José Ribamar Ferreira de Araújo); *Xuxa* (Maria das Graças Meneghel); *Sílvio Santos* (Senor Abravanel); *Cora Coralina* (Ana Lins dos Guimarães Peixoto Bretas); *Zeca Pagodinho* (Jessé Gomes da Silva Filho); *Lima Duarte* (Ariclenes Martins); *Molière* (Jean-Baptiste Poquelin); *Stendhal* (Henry-Marie Beyle); *Anatole France* (Jacques Anatole François Thibault); *Malba Tahan* (Júlio César de Melo e Souza); *Fernanda Montenegro* (Arlette Pinheiros Esteves da Silva) etc.

Já o *heterônimo* consiste em nomes diferentes usados pela mesma pessoa; p. ex., Fernando Pessoa apresentava-se como Ricardo Reis, Álvaro de Campos e Alberto Carneiro.

Pelo *caput*, do art. 55 da Lei n. 6.015/73, com a redação da Lei n. 14.382/2022: "Toda pessoa tem direito ao nome, nele compreendidos o prenome e o sobrenome, observado que ao prenome serão acrescidos os sobrenomes dos genitores ou de seus ascendentes, em qualquer ordem e, na hipótese de acréscimo de sobrenome de ascendente que não conste das certidões apresentadas, deverão ser apresentadas as certidões necessárias para comprovar a linha ascendente".

"Quando o declarante não indicar o nome completo, o oficial de registro lançará adiante do prenome escolhido ao menos um sobrenome de cada um dos genitores, na ordem que julgar mais conveniente para evitar homonímias. O oficial de registro orientará os pais acerca da conveniência de acrescer sobrenomes, a fim de se evitar prejuízos à pessoa em razão da homonímia. Em até 15 (quinze) dias após o registro, qualquer dos genitores poderá apresentar, perante o registro civil onde foi lavrado o assento de nascimento, oposição fundamentada ao prenome e sobrenomes indicados pelo declarante, observado que, se houver manifestação consensual dos genitores será realizado o procedimento de retificação administrativa do registro, mas, se não houver consenso, a oposição será encaminhada ao juiz competente para decisão." (Lei n. 6.015/73, art. 55, §§ 2º a 4º, acrescentados pela Lei n. 14.382/2022).

Em regra, dois são os elementos constitutivos do nome: o *prenome*, próprio da pessoa, e o *patronímico, nome de família* ou sobrenome, comum a todos os que pertencem a uma certa família (CC, art. 16) e, às vezes, tem-se o *agnome*, sinal distintivo que se acrescenta ao nome completo (filho, júnior, neto, sobrinho) para diferenciar parentes que tenham o mesmo nome, não sendo usual, no Brasil, a utilização de ordinais para distinguir membros da mesma família, p. ex.: Marcos Ribeiro Segundo, embora haja alguns exemplos desse uso entre nós.

Temos, ainda, o *agnome epitético* acrescentado ao nome por terceiro para indicar alguma qualidade do seu portador, que não tem qualquer valia jurídica, p. ex., Paulo José Santiago, o velho; Paulo José Santiago, o moço; João Silvério, o calvo, mas, às vezes, pode gerar responsabilidade civil e penal por ofensa à honra ou por injúria, se a pessoa à qual se impôs tal agnome sentir-se lesada.

Lembra Sílvio de Salvo Venosa que ao lado desses elementos essenciais há os secundários como: *a*) títulos nobiliárquicos ou honoríficos, p. ex.: *conde, duque, comendador,* apostos antes do prenome, denominados *axiônios*; *b*) títulos eclesiásticos, como *cardeal, monsenhor, padre*; *c*) qualificativos de dignidade ou identidade oficial como *senador, juiz, prefeito* etc.; *d*) títulos acadêmicos e científicos, como *mestre* e *doutor*; e *e*) formas de tratamento de cortesia ou de reverência como Vossa Santidade, Vossa Senhoria, Vossa Excelência, Meritíssimo etc., chamadas *axiônimos*.

Alcunha ou epíteto é a designação dada a alguém devido a uma particularidade sua (trabalho exercido, característica da personalidade, defeito físico ou mental, aparência física, local de nascimento etc.). P. ex.: *Tiradentes, Fujão, Aleijadinho, Pelé,* podendo agregar-se de tal sorte à personalidade da pessoa que, se não for jocoso, pode ser acrescentado, sob certas condições, ao nome da pessoa, como fez o *Lula*[127]. *Hipocorístico* é o nome que se dá a uma pessoa para exprimir carinho: *Mila* (Emília); *Nando* (Fernando); *Betinho* (Roberto); *Bel* (Isabel); *Quinzinho* (Joaquim); *Tião* (Sebastião); *Tonico* (Antônio), *Filó* (Filomena); *Zé* (José) etc. *Nome vocatório* é aquele pelo qual a pessoa é conhecida, abreviando-se seu nome completo (p. ex., Olavo Braz Martins dos Guimarães Bilac era e é conhecido como *Olavo Bilac*), ou, até mesmo, fazendo uso de siglas como PC para Paulo César Farias.

O *prenome* pode ser *simples* (João, Carlos, Maria) ou *duplo* (José Antônio, Maria Amélia) ou ainda triplo ou quádruplo, como se dá em famílias reais (Caroline Louise Marguerite, princesa de Mônaco; Pedro de Alcântara João Carlos Leopoldo Salvador Bibiano Francisco Xavier de Paula Leocádio Miguel Gabriel Rafael Gonzaga (D. Pedro II, imperador do Brasil).

O *prenome* pode ser livremente escolhido, desde que não exponha o portador ao ridículo, caso em que os oficiais do Registro Público poderão recusar-se a registrá-lo. Se os pais não se conformarem com a recusa do oficial, este submeterá por escrito o caso, independente da cobrança de quaisquer emolumentos, à decisão do juiz competente (Lei n. 6.015/73, art. 55, parágrafo único).

Ao prenome de certas pessoas, em países aristocráticos, ligam-se títulos de nobreza, para designar os membros das famílias nobres.

---

127. W. Barros Monteiro, op. cit., p. 95; Orlando Gomes, op. cit., p. 159 e 161; Venosa, op. cit., p. 156 e 157; *JB, 130*:138 e 151. Consulte: Lei n. 14.382/2022 sobre Sistema Eletrônico de Registros Públicos.

Casos há, como vimos, que se acrescentam ao prenome títulos acadêmicos ou qualificações de dignidade oficial, como professor, doutor, desembargador etc.[128].

O *sobrenome* é o sinal que identifica a procedência da pessoa, indicando sua filiação ou estirpe, sendo, por isso, imutável, podendo advir do apelido de família paterno, materno ou de ambos. Pode ser *simples* (Silva, Ribeiro) ou *composto* (Araújo Mendes, Alcântara Machado, Souza Mello), podendo ser acompanhado das partículas *de, do, da, dos* e *das,* que dele fazem parte, indicando, às vezes, procedência nobre[129].

---

128. Orlando Gomes, op. cit., p. 160 e 161.

129. W. Barros Monteiro, op. cit., v. 1, p. 95 e 96. Lei n. 8.069/90, art. 102, §§ 5º e 6º, acrescentados pela Lei n. 13.257/2016, sobre inclusão do nome do pai, a qualquer tempo, no assento de nascimento, com isenção de multa, custas e emolumentos. TJSC, AC 2008.035688-4, da Capital/Distrital do Norte da Ilha, rel. Des. Subst. Joel Dias Figueira Júnior, j. 29-7-2008: "Apelação cível. Pedido de autorização de registro civil de recém-nascido. Inclusão de apenas um dos patronímicos do genitor. Possibilidade. Ascendência familiar preservada. Exegese dos arts. 54 e 55 da Lei de Registros Públicos e art. 16 do Código Civil. Recurso conhecido e provido. I – A autonomia da vontade é, universalmente, um dos princípios basilares do direito civil de origem romano-canônica (*civil law*), desde que sintonizado com a norma de regência e não viole a ordem pública e os bons costumes. Em outros termos, verifica-se a permissão em todos os sistemas nomoempíricos prescritivos à prática de atos ou omissões que não sejam proibidos por lei ou não afrontem a ordem pública e os bons costumes. Por outro lado, é regra comezinha de hermenêutica jurídica a não distinção ou restrição pelo intérprete onde a lei não distingue ou restringe. Nessa toada, deve o aplicador da norma interpretá-la de maneira harmoniosa com os seus fins sociais e as exigências do bem comum, tendo-se como certo que, há muito, o julgador deixou de ser apenas a 'boca da lei', um simples operador de mera subsunção, passando a atuar no processo como agente político-jurídico de pacificação social, em busca incessante da composição das lides através da prestação de justa tutela jurisdicional. II – Denota-se da legislação pátria específica que a criança ao nascer haverá de ser registrada com o nome e prenome que lhe forem postos (LRP, art. 54, 4º). Considera-se como *nome completo* o *prenome* (simples ou composto), sempre acrescido ao *sobrenome* (ou *nome* propriamente dito, simples ou composto) paterno, e, na falta deste, o da mãe, se forem conhecidos e não existir impedimento de ilegitimidade, salvo reconhecimento no ato (LRP, art. 55). Acerca da inclusão do sobrenome paterno, quando este se apresenta de maneira composta, o dispositivo legal em exame não exige que o infante seja registrado com dois ou mais patronímicos, ou, em caso de escolha de um deles, que o declarante indique, necessariamente, o último da ordem. III – Em outros termos, as vontades da lei e do legislador afiguram-se demasiadamente claras, na exata medida em que deixam transparecer que a regra a ser observada, neste particular, para o assento de nascimento, é no sentido de que ele deverá conter, entre outros elementos, o nome e o prenome, que forem postos à criança, de maneira a identificá-la com os seus ascendentes diretos. Destarte, não importa se o declarante acresce ao prenome do infante o sobrenome da mãe, ou, ainda, se faz uso de um ou diversos patronímicos do genitor. Da mesma forma, não diz a Lei qual o patronímico haverá de ser assentado no registro da criança, quando o pai possuir sobrenome composto. IV – Por estes motivos, o recurso merece ser conhecido e provido a fim de acolher-se a pretensão do genitor no sentido de facultar-lhe a opção por um de seus patronímicos para o assento de nascimento de sua filha, antecedido pelo

Os apelidos de família são adquiridos *ipso iure,* com o simples fato do nascimento, pois a sua inscrição no Registro competente tem caráter puramente declaratório. O filho (Lei n. 6.015/73, arts. 59 e 60) reconhecido receberá os apelidos do que o reconhecer, prevalecendo o sobrenome paterno se reconhecido tanto pelo pai como pela mãe. Em relação ao filho não reconhecido, prevalece o patronímico materno[130]. Convém ressaltar que há viabilidade de o

---

sobrenome da mãe e o prenome escolhido". Ação Negatória de Paternidade – Provas – Exame de DNA – Paternidade socioafetiva – Sobrenome – Retirada. 1. O exame de DNA, dada a precisão de seu resultado, é prova que, confirmando ou não a paternidade, não pode ser desconsiderada, mesmo que o suposto pai, por erro, tenha registrado a criança como filha. 2. Não há paternidade socioafetiva se o suposto pai, iludido pela mãe, fez o registro de nascimento da criança acreditando que essa era sua filha, máxime e se inexistiu convivência por tempo suficiente para que haja afeto entre o pai e a criança, de forma que a filha, tratada como tal, seja criada e educada pelo pai. 3. Ainda que seja julgada procedente a Ação Negatória de Paternidade, deve manter-se o sobrenome da filha, que, com 25 anos de idade, criou identidade social e profissional com o patronímico do pai. 4. Apelação provida em parte (TJDFT, 6ª T. Cív., AC 2007.01.5.010145-8, rel. Des. Jair Soares, j. 11-6-2008, v.u.).

O TJSP (3ª Câmara de Direito Privado) autorizou inclusão de sobrenome de mãe biológica e de madrasta em certidão de nascimento, reconhecendo multiparentalidade e filiação socioafetiva (Proc. 1006090-70.2019.8.26.0477).

Civil – Direito de Família – Alteração do registro de nascimento para nele fazer constar o nome de solteira da genitora, adotado após o divórcio – Possibilidade. 1. A dificuldade de identificação em virtude de a genitora haver optado pelo nome de solteira após a separação judicial enseja a concessão de Tutela Judicial a fim de que o novo patronímico materno seja averbado no assento de nascimento, quando existente justo motivo e ausentes prejuízos a terceiros, ofensa à ordem pública e aos bons costumes. 2. É inerente à dignidade da pessoa humana a necessidade de que os documentos oficiais de identificação reflitam a veracidade dos fatos da vida, de modo que, havendo lei que autorize a averbação no assento de nascimento do filho do novo patronímico materno em virtude de casamento, não é razoável admitir-se óbice, consubstanciado na falta de autorização legal para viabilizar providência idêntica, mas em situação oposta e correlata (separação e divórcio). Recurso Especial a que se nega provimento (STJ, 3ª T., REsp 1.041.751-DF, rel. Min. Sidnei Beneti, j. 20-8-2009; *BAASP, 2680*:5591).

130. Serpa Lopes, op. cit., v. 1, p. 301 e 302; Belmiro P. Welter, Os nomes do ser humano: uma formação contínua da vida, *Revista Brasileira de Direito de Família, 41*:5 a 14. *BAASP*: *2950*:12: Recurso especial – Investigação de paternidade – Acréscimo do patronímico paterno ao nome do autor – Direito do menor – Reconhecimento de paternidade – Homologação de acordo – Agnome – Bisneto – Substituição pelo patronímico do genitor – Possibilidade – Acréscimo após a maioridade. 1 – É direito subjetivo do menor acrescer ao seu nome no registro de nascimento o patronímico do genitor em decorrência de declaração posterior de paternidade. 2 – A identificação da origem familiar, por meio do patronímico, visa proteger os vínculos de parentesco e de ancestralidade. 3 – É imprescindível a caracterização de justo motivo para exclusão do sobrenome do genitor do nome registral da criança meramente para manter o agnome "Bisneto", a fim de prestar homenagem à linha materna, no caso, o bisavô do menor. 4 – A alteração das regras previstas na Lei de Registros Públicos somente é admitida em caráter excepcional e em decorrência de fundamentação adequada, ausente no caso concreto. 5 – Recurso não provido. "Diz o art. 56 da Lei de Registros Públicos, 6.015/73, que o interessado, no primeiro ano após ter atingido a maio-

Oficial de Registro orientar, quando da lavratura dos assentos de nascimento, os pais ou requerentes do registro quanto à possibilidade de ser colocado, além do apelido de família paterno, o materno, sem interferência na liberdade e no direito de escolha do prenome, visando evitar a homonímia de nomes comuns (CGJSP, Proc. n. 1.635/2000). Qualquer dos cônjuges poderá, ainda na vigência do casamento, reconhecer filho (CF/88, art. 227, § 6º; Lei n. 7.841/89, art. 1º; Lei n. 8.069/90, arts. 26 e 27; Lei n. 8.560/92; Provimento do CSM n. 494/93; Provimento da CGJ n. 10/93; CC, arts. 1.607 a 1.617).

Mas a aquisição do sobrenome pode decorrer também de ato jurídico, como adoção, casamento, união estável (Lei n. 6.015/73, art. 57, § 2º, acrescentado pela Lei n. 14.382/2022), por parentesco de afinidade em linha reta ou por ato de interessado, mediante requerimento ao magistrado.

Realmente, na adoção o filho adotivo não pode conservar o sobrenome de seus pais de sangue; deverá acrescentar o do adotante (CC, art. 1.626, ora revogado pela Lei n. 12.010/2009). A decisão conferirá ao menor o sobrenome do adotante, podendo determinar a modificação do prenome, a pedido do adotante ou do adotado (CC, art. 1.627, ora revogado pela Lei n. 12.010/2009; Lei n. 8.069/90, art. 47, §§ 3º a 5º, acrescentado pela Lei n. 12.010/2009). Se a modificação de prenome for requerida pelo adotante será obrigatória a oitiva do adotando (art. 47, § 6º, da Lei n. 8.069/90, acrescido pela Lei n. 12.010/2009). A respeito, o Tribunal de Justiça de São Paulo (*RT*,

---

ridade civil, poderá, pessoalmente ou por procurador bastante, alterar o nome, desde que não prejudique os apelidos de família, averbando-se a alteração que será publicada pela imprensa. Isso não significa, porém, que só depois da maioridade tal requerimento possa ser feito. Pode ocorrer justo motivo para uma retificação de nome e, apesar disso, ocorrer desinteresse ou mesmo recusa do representante legal do menor em efetivá-la. Por isso e só por isso a lei quer permitir que, uma vez atingida a maioridade, o requerimento seja feito pelo próprio interessado, desde que no prazo de um ano. Assim, enquanto impúbere o menor, o pai formula, em seu nome, o pedido de retificação. Depois de púbere, o pai o assiste no requerimento. E, uma vez adquirida a maioridade, ainda tem o interessado o prazo de um ano para formular o requerimento. Diz o art. 55 da Lei supracitada: 'Quando o declarante não indicar o nome completo, o oficial lançará adiante do prenome escolhido o nome do pai, e, na falta, o da mãe...'. Aí apenas se diz que uma vez escolhido, pelo pai, o prenome do registrando, o oficial lhe acrescentará o nome daquele. E, não sendo feito o registro por este, o nome acrescível será o da mãe. Mas isso não significa que uma vez feita a composição do nome do registrando com o prenome escolhido pelo pai, seguido do nome deste, não se possa depois incluir também na composição o patronímico materno" (TJSP, *ADCOAS*, n. 86385, 1982). *RT*, *864*:333. "Reconhecido o estado de filha da recorrente, tem ela o direito ao sobrenome das famílias materna e paterna e à forma comumente utilizada, qual seja, em primeiro, o sobrenome da mãe; em segundo, o do pai. A adição de mais um nome, da tradição familiar, ao nome civil, é perfeitamente possível, inserido que se encontra a hipótese no termo reforma do assento, referido no art. 113 da Lei n. 6.015/73".

Sobre alteração de sobrenome dos pais no registro civil de nascimento: PL n. 7.752/2010.

Já há decisão reconhecendo a multiparentalidade ao permitir que alguém tenha o direito de ter sobrenome de pai e padrasto na certidão de nascimento (https://www.conjur.com.br/2023 fev 11/menina-pai-padrasto-certidão-nascimento).

433:76) decidiu, ao tempo da vigência da Lei n. 3.133/57, que não havia nenhuma proibição em que, nas certidões de filhos adotivos, figurassem como avós os pais dos adotantes[131]. Na adoção regida pelo Código Civil, arts. 1.618 a 1.629, o mesmo ocorre, pois o adotado desliga-se de qualquer vínculo com os pais de sangue e parentes, exceto quanto aos impedimentos matrimoniais (CC, art. 1.626).

Com a celebração do casamento surge para qualquer dos nubentes o direito de acrescer, se quiser, ao seu o sobrenome do outro (CC, art. 1.565, § 1º), perdendo esse direito com a anulação do matrimônio, ou por deliberação em sentença de separação judicial (CC, art. 1.571, § 2º; Lei n. 8.408/92 e Lei n. 6.515/77, arts. 17, 18, 25, parágrafo único, e 50; *RT, 185*:521, *301*:475, *547*:64, *593*:122; *AJ, 79*:90) se declarado culpado, voltando a usar o sobrenome de solteiro, desde que isso seja requerido pelo vencedor e não se configurem os casos do art. 1.578, I a III, do Código Civil. Se inocente na ação poderá renunciar, a qualquer momento, o direito de usar o sobrenome do seu ex-consorte (CC, art. 1.578, § 1º). Na separação judicial consensual tem opção para usar, ou não, o nome de casado (CC, art. 1.578, § 2º). Pelo § 2º do art. 1.571 do Código Civil: "Dissolvido o casamento pelo divórcio direto ou por conversão, o cônjuge poderá manter o nome de casado; salvo, no segundo caso, dispondo em contrário a sentença de separação judicial". E na separação extrajudicial consensual e no divórcio extrajudicial consensual (CPC, art. 733) o ex-cônjuge perderá, havendo acordo, o nome adotado nas núpcias, retomando o seu nome de solteiro[132].

Pela Lei n. 6.015/73 (art. 57, §§ 2º, com a redação da Lei n. 14.382/2022, c/c CF, art. 226, § 6º, com a redação da EC n. 66/2010) a mulher solteira, desquitada (separada ou divorciada) ou viúva, que viva com homem solteiro, desquitado (separado ou divorciado) ou viúvo e vice-versa, poderá usar a qualquer tempo o apelido de família do companheiro, desde que ele concorde com isso e a união estável esteja registrada no registro civil de pessoas naturais. Todavia, já se entendeu que duas pessoas solteiras, que vivam em união estável, não poderão alterar seus nomes, porque a adoção do nome requer impedimento legal ao casamento. Essa averbação do sobrenome do companheiro deve ser feita por acréscimo, pois a Lei n. 6.515, que implantou o divórcio entre nós, não permite a substituição do patronímico da mulher pelo do homem, mas aditamento deste àquele[133]. Para tanto, se o companheiro for

---

131. Bassil Dower, op. cit., v. 1, p. 74; *RT, 328*:187.

132. Os arts. 1.571, § 2º, 1.578, §§ 1º e 2º, do CC poderão perder eficácia social, ante a EC n. 66/2010, que altera o § 6º do art. 226 da CF.

133. Walter Ceneviva, op. cit., p. 135; Andrea Santos Gigliotti, A escritura pública e o acréscimo de sobrenome pelos companheiros, *Revista de Direito Notarial*, São Paulo, Quartier Latin, 2015, n. 6, p. 111 a 118. *Vide RT, 426*:240, que tratou desse caso an-

separado judicialmente ou extrajudicialmente, sua ex-esposa não pode estar usando seu sobrenome e, se a convivente separada extrajudicial ou judicialmente estiver usando os apelidos do ex-marido ou do ex-convivente, deverá renunciá-los por termo e averbar essa renúncia no Registro Civil.

Embora o princípio da inalterabilidade do nome seja de ordem pública, sofre exceções quando:

1) Expuser o seu portador ao ridículo (Lei n. 12.662/2012, art. 4º, § 1º; Lei n. 6.015/73, art. 55, § 1º; *Ciência Jurídica, 32*:108; *JB, 130*:93; *ADCOAS*, n. 90049, 1983; *RT, 623:* 40, *791:* 218, *543*:192, *455*:77, *424*:78, *443*:146, *416*:140, *152*:723, *169*:662) e a situações vexatórias, desde que se prove o escárnio a que é exposto. P. ex.: Antonio Manso Pacífico de Oliveira Sossegado, Oceano Atlântico Linhares, Aricleia Café Chá, Céu Azul do Sol Poente, Leão Rolando Pedreira, Pedrinha Bonitinha Silva, Último Vaqueiro, Neide Navinda Navolta Pereira, Joaquim Pinto Molhadinho, Antônio Noites e Dias, Sebastião Salgado Doce, Amin Amou Amado, Dezêncio Feverêncio de Oitenta e Cinco, Casou de Calças Curtas, Odete Destemida Correta, Antônio Dodói, Inocência Coitadinho, Antônio Treze de Julho de Mil Novecentos e Dezessete; João da Mesma Data; Lança Perfume Rodometálico da Silva; Remédio Amargo; Restos Mortais de Catarina, Um Dois Três de Oliveira Quatro; Sossegado de Oliveira, Janeiro Fevereiro de Oliveira Março, Sum Tim An, Graciosa Rodela d'Alho, Antonio Carnaval Quaresma, Luciferino Barrabás, Maria Passa Cantando, Vitória Carne e Osso, Manuelina Terebentina Capitulina de Jesus do Amor Divino, Rolando pela Escada Abaixo, João Cara de José, Himeneu Casamentício das Dores Conjugais, Esputanarquia Oliveira Martins, Estroécio Empessoa de Oliveira, Kumio Tanaka (*RT, 443*:146); nomes divulgados pela imprensa, constantes dos arquivos do INSS, que autorizam sua mudança pela via judicial. Nem mesmo se deve admitir registro de nomes de personalidades célebres pela sua crueldade ou imoralidade, como, p. ex., Hitler, Osama bin Laden, por estigmatizarem a pessoa. É preciso lembrar que há casos em que certos prenomes conduzem seu portador a situação vexatória por suscitarem dúvidas quanto ao sexo a que pertencem, p. ex., Jacy, Juraci, Valdeci, Aimar, Francis, Andrea, Leslie etc., permitindo sua alteração. Já se decidiu (*RJ, 258*:105) pela mudança do nome *"Santa"* para quem professa religião evangélica, ante o vexame presumível em seu círculo social. Houve caso de óbice levantado por registrador, baseado no art. 55, parágrafo único (hoje § 1º), da Lei n. 6.015/73, para impedir o registro de nome civil de recém-nascida *"Titílolá"*, mas sua objeção foi afastada, pois os pais têm o direito de escolher o prenome do filho, e além disso não se caracteriza a exposição ao ridículo de sua portadora, apesar de incomum,

---

tes da nova Lei dos Registros Públicos. *Vide*: Yussef S. Cahali, Adoção do nome de família da mulher pelo marido, *Livro de Estudos Jurídicos, 8*:416-21, 1994; Silmara J. Chinelatto e Almeida, *O nome da mulher casada*, 2001. A esse respeito, interessante é: *Bol. AASP, 1.839*:90 e s., 1994.

pois advém da língua iorubá, idioma falado por povos africanos oriundos do Senegal, Costa do Marfim, Ghana, Togo, Benim, Nigéria e Zaire, significando *Tití*, continuamente, e *Lolá*, honorável. O nome da criança tem a ligação com a tradição de seus genitores e se no futuro sentir-se ridicularizada, nada impede que postule sua modificação (CGJ, Proc. n. 3.089/2000). Noticiou o *Press Trust of India* que, em Raipur, um casal de gêmeos nascidos em meio à pandemia do coronavírus, 27-3-2020, foi batizado de Corona (a menina) e Covid (o menino).

O oficial de registro civil não registrará prenomes suscetíveis de expor ao ridículo os seus portadores, observado que, quando os genitores não se conformarem com a recusa do oficial, este submeterá por escrito o caso à decisão do juiz competente independentemente da cobrança de quaisquer emolumentos (art. 55, § 1º, da Lei n. 6.015/73 acrescentado pela Lei n. 14.382/2022).

2) Houver erro gráfico evidente (Lei de Registros Públicos, arts. 50 e 110; *RT, 478*:97, *433*:75, *581*:190, *609*:67; *781*:341; *RF, 99*:462; *JB, 130*:110; *RJ, 324*:146). P. ex., "Osvardo", quando o certo é Osvaldo, "Ulice", quando, na verdade, é Ulisses, por ter seu portador provado que em sua família os nomes eram tirados da mitologia grega, tendo um irmão chamado Homero (*RT, 432*:75); Durce, sendo o correto Dulce; Crovis, quando o correto é Clóvis. Trata-se de caso de retificação de prenome, e não de alteração.

3) Causar embaraços no setor eleitoral (*RJTJSP, 134*:206) e no comercial (*RT, 133*:659, *143*:718, *145*:170) ou em atividade profissional, evitando, p. ex., homonímia (*RT, 383*:186, *531*:234), incluindo-se, p. ex., para solucionar o problema, o nome de família materno (CGJ, Proc. n. 1.635/2000).

4) Houver mudança de sexo (*RT, 884*:249 e 283, *828*:333, *790*:155; *825*:373, *801*:195, *712*:235, *662*:149; *JTJ, Lex, 212*:163-168; TJRJ, Ap. 2007.001.24198, rel. Des. Mônica C. Di Piero, j. 7-8-2007; TJRS, AC 70021120522 – 8ª C. Cív., rel. Rui Portanova, j. 11-10-2007; *BAASP, 2649*:1746-04). Essa retificação de registro de nome só tem sido, em regra, admitida em caso de intersexual (*RT, 672*:108). Não havia lei que acatasse a questão da adequação do prenome de transexual no registro civil. Em 1992, por decisão da 7ª Vara de Família e Sucessões de São Paulo, pela primeira vez o Cartório de Registro Civil averbou retificação do nome João para Joana, consignando no campo destinado ao sexo "transexual", não admitindo o registro como mulher, apesar de ter sido feita uma cirurgia plástica, com extração do órgão sexual masculino e inserção de vagina, na Suíça. Não permitindo o registro no sexo feminino, exigiu-se que na carteira de identidade aparecesse o termo "transexual" como sendo o sexo de sua portadora. O Poder Judiciário assim decidiu porque, do contrário, o transexual se habilitaria para o casamento, induzindo terceiro em erro, pois em seu organismo não estão presentes todos os caracteres do sexo feminino (Processo n. 621/89, 7ª Vara da Família e Sucessões). Rosa Maria Nery, na ocasião, apesar de ser contrária à mudança de sexo, entendeu que, se esta foi constatada, o registro deveria fazer a acomodação. Os documentos têm

de ser fiéis aos fatos da vida, logo, fazer a ressalva é uma ofensa à dignidade humana. Realmente, diante do direito à identidade sexual, como ficaria a pessoa se se colocasse no lugar de sexo "transexual"? Sugeriu a autora que se fizesse, então, uma averbação sigilosa no registro de nascimento, assim, o interessado, no momento do casamento, poderia pedir, na justiça, uma certidão "de inteiro teor", onde consta o sigilo. Seria satisfatório que se fizesse tal averbação sigilosa junto ao Cartório de Registros Públicos, constando o sexo biológico do que sofreu a operação de conversão de sexo, com o intuito de impedir que se enganem terceiros. Antônio Chaves, por sua vez, acha que não se deve fazer qualquer menção nos documentos, ainda que sigilosa, mesmo porque a legislação só admite a existência de dois sexos: o feminino e o masculino e, além disso, veda qualquer discriminação. O STJ foi marco inicial de novos parâmetros sobre alteração no registro civil de transgênero: a) no REsp 1.008.398 – 3ª T. – 2009, a rel. Andrighi admitiu que, após a cirurgia de transgenitalização, se reconhecesse a nova identidade sexual; b) em 2017, a 4ª Turma entendeu que independentemente da realização de cirurgia de adequação sexual é possível alterar nome e sexo constantes no registro civil de transexual desde que comprovada judicialmente essa condição. Em 2018, o STF (RExtraordinário 670.422-ADI 4275) passou a admitir que tal mudança poderia ser requisitada pelo interessado no próprio cartório, sem processo judicial. O CNJ publicou, então, Provimento n. 73/2018 para orientar procedimento de alteração do nome e do sexo de pessoas trans, diretamente no cartório, com mais de 18 anos mesmo que não tenha passado pela cirurgia de redesignação sexual. Em 2022, a Lei n. 14.382 modifica o art. 56 da Lei de Registro Público para permitir que qualquer pessoa maior de idade (inclusive transgênero), a qualquer tempo, requeira mudança de prenome, independentemente de justificativa e de autorização judicial ou de parecer do Ministério Público. Com a entrada em vigor da Lei n. 9.708/98, alterando o art. 58 da Lei n. 6.015/73, o transexual operado teria base legal para alterar o seu prenome, substituindo-o pelo apelido público notório, com que é conhecido no meio em que vive (TJRS, AC 70000585836, j. 31-5-2000, rel. Des. Sérgio F. Vasconcellos Chaves; *RT, 801*:195), acatando-se o princípio do respeito à dignidade da pessoa humana.

5) Houver apelido público notório, que pode substituir o prenome do interessado, se isso lhe for conveniente e desde que não seja proibido em lei (art. 58 e parágrafo único da Lei n. 6.015/73, com redação da Lei n. 9.708/98; *RT, 767*:311).

6) For necessária a alteração de nome completo para proteção de vítimas e testemunhas de crimes, bem como de seu cônjuge, convivente, ascendentes, descendentes, inclusive filhos menores, e dependentes, mediante requerimento ao juiz competente para registros públicos, ouvido o Ministério Público. O procedimento terá rito sumaríssimo e correrá em segredo de justiça. Concedida a alteração, esta deverá ser averbada no registro original de nascimento, e os órgãos competentes fornecerão os documentos decorrentes da alteração.

Cessada a coação ou ameaça a que deu causa à mudança de nome, o protegido poderá solicitar judicialmente o retorno à situação anterior, com a alteração para o nome original, em petição que será encaminhada pelo Conselho deliberativo e terá manifestação prévia do Ministério Público. Assim, por razão de fundada coação ou ameaça decorrente da colaboração com a apuração de crime, será admitida a substituição do prenome, por determinação em sentença de juiz competente, ouvido o Ministério Público (Lei n. 9.807/99, arts. 9º, §§ 1º a 5º, 16 e 17; Lei n. 6.015/73, arts. 57, § 7º, e 58, parágrafo único).

7) Houver parentesco de afinidade em linha reta, pois, pelo art. 57, § 8º, da Lei n. 6.015/73 (acrescentado pela Lei n. 11.924/2009 e alterado pela Lei n. 14.382/2022): "O enteado ou a enteada, se houver motivo justificável, poderá requerer ao oficial do registro civil que, no registro de nascimento ou de casamento, seja averbado o nome de família de seu padrasto ou de sua madrasta, desde que haja expressa concordância destes, sem prejuízo de seus sobrenomes de família". Euclides de Oliveira traça alguns parâmetros para tanto: *a*) pedido feito por enteado, com anuência do padrasto ou madrasta e com representação processual por advogado; *b*) justificação do pedido, demonstrando-se afetividade, vínculo de afinidade e boa convivência familiar; *c*) competência é da vara de registro público; *d*) intervenção do Ministério Público, como fiscal da lei; *e*) representação do enteado menor pelos pais registrários, que deverão anuir no acréscimo de apelido de família. E, havendo recusa de um deles, ter-se-á suprimento judicial do consentimento, exceto se comprovada a justa causa para aquela recusa; *f*) inclusão do patronímico do padrasto ou madrasta ao do enteado. O apelido de família do padrasto ou madrasta poderá ser anteposto ou posto em sequência ao de origem; *g*) inalterabilidade dos patronímicos dos avós do requerente; *h*) possibilidade de alteração judicial do patronímico, havendo outro vínculo de afinidade, com novo padrasto, para obter novo acréscimo de patronímico. Portanto, é possível acrescer ao sobrenome, o da madrasta ou padrasto, havendo socioafetividade, ante a existência de família recomposta, marcada pela afeição, convivência cotidiana e pelo vínculo de afinidade.

8) Ocorrer abandono afetivo e material, pois o TJSP (3ª Câmara de Direito Público – Processo 1003518-65.2019.8. 26.0664 – rel. Des. Morandini) veio a permitir, nesse caso, a retirada do sobrenome paterno, por haver desconforto por parte da vítima.

Segundo os §§ 1º a 4º do Art. 56 da Lei n. 6.015/73, com alteração da Lei n. 14.382/2022: "A pessoa registrada poderá, após ter atingido a maioridade civil, requerer pessoalmente e imotivadamente a alteração de seu prenome, independentemente de decisão judicial, e a alteração será averbada e publicada em meio eletrônico. A alteração imotivada de prenome poderá ser feita na via extrajudicial apenas 1 (uma) vez, e sua desconstituição dependerá de sentença judicial. A averbação de alteração de prenome conterá, obrigatoriamente, o prenome anterior, os números de documento de identidade, de inscrição no Cadastro de Pessoas Físicas (CPF) da Secretaria Especial da Receita Federal do Brasil, de passaporte e de título de eleitor do registrado, dados esses que deverão constar expressamente de todas as certidões solicitadas. Finalizado o procedimento de alteração no assento, o ofício de registro civil de pessoas naturais no qual se processou a alteração, a expensas do requerente, comunicará o ato oficialmente aos órgãos expedidores do documento de identidade, do CPF e do passaporte, bem como ao Tribunal Superior Eleitoral, preferencialmente por meio eletrônico. Se suspeitar de fraude, falsidade, má-fé, vício de vontade ou simulação quanto à real intenção da pessoa requerente, o oficial de registro civil fundamentadamente recusará a retificação".

E, ainda, prescrevem os incisos I a IV do art. 57 da Lei n. 6.015/73, alterado pela Lei n. 14.382/2022: "A alteração posterior de sobrenomes poderá ser requerida pessoalmente perante o oficial de registro civil, com a apresentação de certidões e de documentos necessários, e será averbada nos assentos de nascimento e casamento, independentemente de autorização judicial, a fim de: inclusão de sobrenomes familiares; inclusão ou exclusão de sobrenome do cônjuge, na constância do casamento; exclusão de sobrenome do ex-cônjuge, após a dissolução da sociedade conjugal, por qualquer de suas causas; inclusão e exclusão de sobrenomes em razão de alteração das relações de filiação, inclusive para os descendentes, cônjuge ou companheiro da pessoa que teve seu estado alterado".

Pelo art. 57, § 3º-A, da Lei n. 6.015/73, acrescentado pela Lei n. 14.382/2022: "O retorno ao nome de solteiro ou de solteira do companheiro ou da companheira será realizado por meio da averbação da extinção de união estável em seu registro".

Como se vê, possível é alteração de nome, com a observância do disposto no art. 57 desse mesmo diploma legal e desde que haja motivo justo (*RT, 429*:123, *433*:232; STJ, REsp 538.187/RJ, rel. Min. Nancy Andrighi, j. 21-2-2005). Para tanto poderá encaixar, no próprio nome, por ex. o sobrenome materno (*JB, 130*:130), o avoengo ou o do padrasto (STJ, Revista *Consultor Jurídico*, 28-11-2000) por abandono do pai genético; efetuar traduções (*RT, 144*:758, *147*:96, *215*:186, *492*:86; *JB, 130*:150 e 157; em contrário, *RT, 142*:648); transformar prenome simples em composto (*RT, 777*:377), ou duplo em simples, salvo se se tratar de nome célebre, como Marco Aurélio, João Batista[134], desde

---

134. Mário Guimarães, *Estudos de direito civil*, p. 19; Karina Sasso, Sobrenome avoengo, *Revista Síntese – Direito de Família, 126*:115 a 118; Ney Moura Teles, *Direito eleitoral*, São Paulo, Atlas, 1998, p. 80 e 81; W. Barros Monteiro, op. cit., v. 1, p. 97; R. Limongi França, O problema jurídico da homonímia, *RT, 287*:52; Retificação de nome civil, *RT, 457*:49; Possibilidade de entremear a alcunha ou o cognome, mantendo-se prenome e apelido de família: *Ciência Jurídica, 68*:132; Tania da S. Pereira e Antonio C. M. Coltro, A socioafetividade e o cuidado: o direito de acrescer o sobrenome do padrasto. *Direito das famílias* – em homenagem a Rodrigo da C. Pereira (org. Mª Berenice Dias), São Paulo, Revista dos Tribunais, 2009, p. 343 a 358; Euclides de Oliveira, Com afim e com afeto, fiz meu nome predileto – parentesco por afinidade gera afeto e direito ao nome do padrasto ou da madrasta. *Direito das fa-*

mílias – em homenagem a Rodrigo da C. Pereira (org. Mª Berenice Dias), São Paulo, Revista dos Tribunais, 2009, p. 375 e 376; Ferreira e Galindo, Do sobrenome do padrasto e da madrasta – considerações a respeito da Lei n. 11.924/2009. *Revista IOB de Direito de Família, 56*:80 a 87; Itamar Espíndola, *Escolha bem o nome de seu filho*, Ceará: ed. Fortaleza, 1974; Clito Fornaciari Júnior, Da alteração do nome, *Revista do Advogado, 145*:63-68; Zeno Veloso, Alteração do nome civil da pessoa natural à luz do Superior Tribunal de Justiça, *Direito Civil – Diálogos entre a doutrina e a jurisprudência* (coord. Salomão e Tartuce), v. 2, São Paulo, Atlas, 2021, p. 165 a 200; Thiago P. Pagliuca dos Santos. O princípio da imutabilidade do nome ainda existe: https://www.migalhas.com.br/depeso/389370/0-principio-da-imutabilidade-do-nome-ainda-existe. Consulte sobre alteração de prenome composto: *RT, 596*:44, *148*:673, *506*:85, *612*:87, *659*:154; *JB, 130*:126 e 159. "Substituição de prenome. Possibilidade prevista no artigo 58, da Lei n. 6.015/73, com a redação dada pela Lei n. 9.708/98, desde que demonstrada a publicidade e notoriedade do apelido. Julgamento antecipado da lide. Cerceamento probatório. Nulidade da sentença. Recurso provido em parte. I. O artigo 58 da Lei de Registros Públicos confere ao interessado a substituição do prenome por apelidos, desde que demonstrada a notoriedade e publicidade destes, em lugar daquele, o que se demonstra através de regular instrução. II. Se a parte interessada arrola testemunhas e protesta pela sua inquirição, não há como deixar de colher-se a prova e considerar não legitimado o pedido, diante da nova redação do referido artigo, modificado pela Lei n. 9.708/98" (TJPR, AC 00885152, 2ª Câm. Cív., rel. Des. Conv. Munir Karam, *DJE-PR*, de 19 mar. 2001). Já se decidiu que desavença entre pais não justifica a retirada do sobrenome paterno do nome do filho para incluir o apelido de família materno (STJ, 4ª T., rel. Cesar Asfor Rocha, j. 8-6-2000). Viúva pode excluir nome de falecido marido: *RT, 802*: 361.

Competirá ao menor quando atingir a maioridade civil requerer, se quiser, a alteração do apelido de família.

Portaria n. 128/2014 da Secretaria Nacional de Justiça subdelega competência ao Departamento de Estrangeiros para autorizar, em casos excepcionais e devidamente motivados, a mudança de nome ou de prenome, posteriormente à naturalização.

Sobre *retificação de nome*, *vide* arts. 40 e 110 da Lei n. 6.015/73, com a redação da Lei n. 12.100/2009:

"Art. 40. Fora da retificação feita no ato, qualquer outra só poderá ser efetuada nos termos dos arts. 109 a 112 desta Lei."

"Art. 110. Os erros que não exijam qualquer indagação para a constatação imediata de necessidade de sua correção poderão ser corrigidos de ofício pelo oficial de registro no próprio cartório onde se encontrar o assentamento, mediante petição assinada pelo interessado, representante legal ou procurador, independentemente de pagamento de selos e taxas, após manifestação conclusiva do Ministério Público.

§ 1º Recebido o requerimento instruído com os documentos que comprovem o erro, o oficial submetê-lo-á ao órgão do Ministério Público que o despachará em 5 (cinco) dias.

§ 2º Quando a prova depender de dados existentes no próprio cartório, poderá o oficial certificá-lo nos autos.

§ 3º Entendendo o órgão do Ministério Público que o pedido exige maior indagação, requererá ao juiz a distribuição dos autos a um dos cartórios da circunscrição, caso em que se processará a retificação, com assistência de advogado, observado o rito sumaríssimo.

§ 4º Deferido o pedido, o oficial averbará a retificação à margem do registro, mencionando o número do protocolo e a data da sentença e seu trânsito em julgado, quando for o caso."

Enunciados da I Jornada do Direito da Saúde:

a) 42: Quando comprovado o desejo de viver e ser aceito enquanto pessoa do sexo oposto, resultando numa incongruência entre a identidade determinada pela anatomia de nascimento e a identidade sentida, a cirurgia de transgenitalização é dispensável para a retificação de nome no registro civil.

b) 43: É possível a retificação do sexo jurídico sem a realização da cirurgia de transgenitalização.

Sobre nome de transexual: Antônio Chaves, *Direito à vida e ao próprio corpo*, São Paulo, Revista dos Tribunais, 1994, p. 161; Luiz F. Borges D'urso, A mudança no registro do transexual, *Consulex*, p. 429 e 430; Tereza R. Vieira, *Mudança de sexo – aspectos médicos, psicológicos e jurídicos*, São Paulo, 1996, p. 138, e *Nome e sexo* – mudanças no registro civil, São Paulo, Revista dos Tribunais, 2008; José F. O. da Silveira, *O transexualismo na justiça*, 1995; Maria Helena Diniz, *O estado atual do biodireito*, São Paulo, Saraiva, 2000, p. 235-42; José Roberto Neves Amorim, O direito ao nome e o transexualismo, *Atualidades Jurídicas*, *5*:177-82; Antonio Fernandes da Luz, Transexualismo: o direito ao nome e ao sexo, in *Família e jurisdição* (coords. Eliene F. Santos e Ariel H. de Sousa), Belo Horizonte, Del Rey, 2005, p. 19-32; Sílvia Vassilief, Direito à adequação do nome ao novo estado pessoal em função de viuvez e de cirurgia de inversão sexual de genital, *A outra face do Poder Judiciário*, coord. Giselda M. F. Novaes Hironaka, Belo Horizonte, Del Rey, 2005, p. 6-11; Javier López Galiacho Perona, *La problemática jurídica de la transexualidade*, Madrid, McGraw-Hill, 1998, p. 294; Márcia M. Menin, Um novo nome, uma nova identidade sexual: o direito do transexual rumo a uma sociedade sem preconceitos, *A outra face*, cit., p. 12-29; Graziella P. Godoy Santos, Alteração do registro civil face à mudança de sexo, *Revista Síntese – Direito de Família, 73*:9-7.

Já houve decisão no sentido de que: "Alteração de registro civil. Transexual. Cirurgia de transgenitalização realizada. Finalidade terapêutica. Dever constitucional do Estado de promover saúde a todos. Improvimento do apelo. Unânime. Pedido para retificar o registro civil, em face da realização de cirurgia de transgenitalização. Proteção à saúde como dever do Estado. Defesa da cidadania, afastando situação vexatória. Aplicação das normas constitucionais referentes aos direitos e garantias individuais e de proteção à saúde. Licitude da retificação do registro civil do autor nos termos da sentença apelada. Necessidade da publicação de editais noticiando a retificação do prenome do autor, para salvaguarda de possíveis direitos de terceiros. Improvimento do apelo. Decisão unânime" (TJPE, 5ª Câm. Cív., AC n. 85.199-6/Paulista-PE, rel. Des. Márcio de Albuquerque Xavier, v. u., j. 26-2-2003). "Registro civil – Transexualidade – Prenome – Alteração – Possibilidade – Apelido público e notório – O fato de o recorrente ser transexual e exteriorizar tal orientação no plano social, vivendo publicamente como mulher, sendo conhecido por apelido, que constitui prenome feminino, justifica a pretensão já que o nome registral é compatível com o sexo masculino. Diante das condições peculiares, nome de registro está em descompasso com a identidade social, sendo capaz de levar seu usuário a situação vexatória ou de ridículo. Ademais, tratando-se de um apelido público e notório justificada está a alteração. Inteligência dos arts. 56 e 58 da Lei n. 6.015/1973 e da Lei n. 9.708/1998. Recurso provido" (TJRS, AC 70000585836, 7ª Câm. Cív., rel. Des. Sérgio Fernando de Vasconcellos Chaves, *DOE*, 31-5-2000).

"Transexual – Retificação de registro civil – Cirurgia realizada no exterior – Mero atestado médico constatando sua realização. Ausência de cumprimento das normas brasileiras sobre o tema. Procedimento que precede a análise da mudança de sexo no registro civil. Indeferimento da alteração do sexo no assento de nascimento. Recurso a que se dá provimento. Súmula: deram provimento ao recurso" (TJMG, AC 1.0543.04.910511-6/001(1), 8ª Câm. Cív., rel. Des. Roney Oliveira, *DJMG*,18-8-2006).

"Apelação cível – Registro civil – Alteração do registro de nascimento – Nome e sexo – Transexualismo – Sentença acolhendo o pedido de alteração do nome e do sexo, mas determinando segredo de justiça e vedando a extração de certidões referentes à situação anterior. Recurso do Ministério Público insurgindo-se contra a não publicidade do registro. Sentença mantida. Recurso desprovido. (Segredo de Justiça)" (TJSC, AC 70006828321, 7ª Câm. Cív., rel. Des. Catarina Rita Krieger Martins, j.11-12-2003).

"Apelação cível – Transexualismo – Retificação de registro civil – Nome e sexo – Cerceamento do direito de defesa reconhecido – Procedimento cirúrgico de transgenitalização realizado – É possível a alteração do registro de nascimento relativamente ao sexo e ao nome em virtude da realização da cirurgia de redesignação sexual. Vedação de extração de certidões referentes à situação anterior do requerente" (TJRS, AC 70013580055, Comarca de Porto Alegre, 8ª Câm. Cív., rel. Des. Claudir Fidelis Faccenda, j. 17-8-2006). *Consulte: Bol. AASP*, 2.359/3005, de 22-3-2004.

que respeite o apelido de família. Todavia, tem-se entendido que não haverá necessidade de o menor aguardar a maioridade para alterar nome ridículo, corrigir falha ortográfica, ou incluir o nome de família materno (*RT, 562*:73,

---

"Inviável a retificação de assento de nascimento para alteração de sexo e nome, em decorrência de operação plástica, por impossibilidade jurídica do pedido, inocorren-do, no caso, ofensa ao princípio constitucional da legalidade" (STF, *ADCOAS*, n. 81.512, 1982).

Ementa: "Ação direta de inconstitucionalidade. Direito constitucional e registral. Pessoa transgênero. Alteração do prenome e do sexo no registro civil. Possibilidade. Direito ao nome, ao reconhecimento da personalidade jurídica, à liberdade pessoal, à honra e à dignidade. Inexigibilidade de cirurgia ou transgenitalização ou da realização de tratamentos hormonais ou patologizantes.

1. O direito à igualdade sem discriminações abrange a identidade ou expressão de gênero.

2. A identidade de gênero é manifestação da própria personalidade da pessoa humana e, como tal, cabe ao Estado apenas o papel de reconhecê-la, nunca de constituí-la.

3. A pessoa transgênero que comprove sua identidade de gênero dissonante daquela que lhe foi designada ao nascer por autoidentificação firmada em declaração escrita desta sua vontade dispõe do direito fundamental subjetivo à alteração do prenome e da classificação de gênero no registro civil pela via administrativa ou judicial, independentemente de procedimento cirúrgico e laudos de terceiros, por se tratar de tema relativo ao direito fundamental ao livre desenvolvimento da personalidade.

4. Ação direta julgada procedente" (ADIN n. 4.275/19-STF).

Sobre o assunto: Tereza Rodrigues Vieira, *Mudança de sexo: aspectos médicos, psicológicos e jurídicos*, São Paulo, 1996; Luiz Flávio Borges D'Urso, A mudança no registro do transexual, *Tribuna do Direito*, jan. 1996, p. 27.

A Lei de Quebec (Canadá), de 31-12-77, art. 18, "*b*", estabelece que na demanda do transexual dever-se-á acolher o nome que ele deseja adotar.

Segundo notícia *Metromundo* (Paquistão cria identidade para travestis, 27-1-2012, p. 10), o governo paquistanês está emitindo carteiras de identidade para a comunidade transexual. O Nadra (Registro Civil do Paquistão, em sigla em inglês) vem recebendo solicitações dos transexuais desde que a Corte Suprema ordenou, em 2011, a criação de um item nas carteiras de identidade destinado aos transgêneros. Os interessados podem modificar o atual documento ou solicitar um novo, sem necessidade de exame médico ou de justificação.

No Brasil, a Resolução n. 615, de 8 de setembro de 2011, do Conselho Federal de Serviço Social, dispõe sobre a inclusão e uso do nome social da assistente social travesti e do assistente social transexual nos documentos de identidade profissional; Decreto n. 8.727/2016, sobre uso do nome social por travestis e transexuais no âmbito da administração pública federal; Resolução do COFEN n. 537/2017 dispõe sobre o uso do nome social pelos profissionais de enfermagem travestis e transexuais; Resolução n. 8 do Conselho Nacional de Técnicos em Radiologia dispõe sobre o uso do nome social e o reconhecimento da identidade de gênero de pessoas travestis e transexuais no âmbito do sistema CONTER/CRTRS.

A Resolução do Conselho Nacional de Educação n. 1/2018 define o uso do nome social de travestis e transexuais nos registros escolares.

Provimento n. 73/2018 da Corregedoria Nacional de Justiça dispõe sobre averbação da alteração do prenome e do gênero nos assentos de nascimento e casamento de pessoa transgênero no Registro Civil das Pessoas Naturais.

A reforma legislativa na Hungria proíbe mudança de sexo no registro civil (18-5-2020).

Com a entrada em vigor da Lei n. 14.383/2022 os pedidos de alteração de nome aumentaram nos cartórios, visto que permite esse procedimento sem autorização judicial, principalmente no caso dos transexuais. Essa lei contém forte carga extrajudicial além de ser desburocratizante.

662:72), desde que representado ou assistido. Mas, para acrescentar novos nomes intermediários, como, p. ex., inserir um apelido pelo qual ficou conhecido no meio social em que vive (TJPI, Ap. 3.000.808, rel. Des. João B. Machado, j. 15-10-2003; *RT, 806*:173, *824*:326), colocar o nome dos avós (TJMG, Ac. 1.0686.08.219812-4/001, 4ª Câm. Cív., rel. Lopardi Mendes – publ. 9-9-2009) etc., terá de atingir a maioridade (Lei n. 6.015/73, art. 57)[135].

Percebe-se que as ações concernentes ao nome visam sua retificação, para preservar o verdadeiro, e sua contestação, para evitar usurpação de terceiro que o utilize em publicações, filmes, propagandas, teatros, expondo-o ao desprezo público, mesmo que não tenha intenção difamatória[136] (CC, art. 17).

Além disso, o art. 63 da Lei dos Registros Públicos determina alteração compulsória de prenome no caso de gêmeos ou irmãos de igual prenome, que deverão ser inscritos com prenome duplo ou nome completo diverso, de modo que possam distinguir-se.

A jurisprudência tem entendido que o prenome que deve constar do registro é aquele pelo qual a pessoa é conhecida e não aquele que consta do registro. Deveras já se decidiu que "se o prenome lançado no Registro Civil, por razões respeitáveis e não por mero capricho, jamais representou a individualidade do seu portador, a retificação é de ser admitida" (*RT, 143*:270, *154*:806, *185*:424, *532*:86, *412*:178, *507*:69, *517*:106, *534*:79, *537*:75). Por exemplo, houve decisão que acolheu a razão de pessoa que sempre fora conhecida no meio social como Maria Luciana, enquanto seu registro constava como Maria Aparecida (*RT, 532*:86); ou a que acatou a substituição de Maria do Socorro para Sarah Regina, tendo em vista que o primeiro causava depressão em sua por-

---

135. *RT, 637*:69. "A alteração do nome no Registro Civil só é admitida excepcionalmente. A alteração por mais de uma vez foge totalmente à exceção benigna. Sem perda do próprio nome, pode a pessoa adotar outro pelo qual se torne mais conhecido, o que é muito comum no mundo das letras e das artes, sem incorporação ao Registro Civil." Registro de nascimento – Retificação – Inclusão do patronímico da avó materna – Possibilidade. "Apelação cível. Retificação de registro de nascimento. Inclusão do patronímico da avó materna. Menoridade civil. Possibilidade. O acréscimo de apelidos de família ao nome, em especial o patronímico de ascendente materno, é perfeitamente possível nos termos da Lei de Registros Públicos, não havendo razões jurídicas para não se permitir a alteração ainda durante a menoridade civil, mormente, se o menor venha devidamente representado. Demais disso, vale registrar que a Lei de Registros Públicos permite o acréscimo de patronímico, desde que tal alteração não leve à perda de personalidade e a impossibilidade de identificação da pessoa e nem prejudique terceiros" (TJMG, AC 1.0686.08.219812-4/001, 4ª Câm. Cív., Rel. Des. Dárcio Lopardi Mendes, *DJe*, 9-9-2009). Pelo Provimento n. 82/2019 da Corregedoria Nacional da Justiça poderá ser requerida, perante o Oficial do Registro Civil Competente, a averbação no registro de nascimento e no de casamento das alterações de patronímico dos genitores em decorrência de casamento, separação e divórcio, mediante a apresentação de certidão respectiva.

A lei não permite troca total de nome e sobrenome (4ª T. do STJ, REsp 1.927.090). *Vide Consultor Jurídico*, 21-3-2023.

136. Orlando Gomes, op. cit., p. 161; Venosa, op. cit., p. 158-60.

tadora, por ser o nome de sua falecida irmã (*RJTJSP, 134*:210)[137]. Estrangeiro, portador de nome de difícil pronúncia, pode pleitear alteração do seu prenome, se utilizar nome diverso do constante no registro para facilitar, p. ex., sua atividade empresarial; logo, nada obsta que se altere o nome de Yoshiaki para Cláudio, como é conhecido no meio negocial, por já ter havido aquisição dele pela longa posse, unida à ausência de fraude à lei, visto que não há *intentio* de ocultar sua identidade.

---

137. A 3ª Turma do Superior Tribunal de Justiça (STJ, REsp 538.187), com base no voto da ministra Nancy Andrighi e por unanimidade, garantiu a Maria Raimunda o direito de alterar seu nome para Maria Isabela. Em primeira instância e no Tribunal de Justiça do Rio de Janeiro (TJRJ) o pedido para trocar de nome havia sido rejeitado. Ela entrou com o pedido de troca de nome na Vara de Família da Comarca de São Gonçalo, alegando que o nome Raimunda lhe trouxe toda a sorte de constrangimentos e lhe provocou dissabores e transtornos. Informou que era alvo de troças e brincadeiras, quer na vizinhança, quer no seu local de trabalho, o que a levou a adotar o nome de Maria Isabela, que passou a ser a sua identificação nos lugares que frequenta, tendo sido assimilado como se fosse verdadeiramente seu.

Em primeira instância, o juiz rejeitou seu pedido por entender que a substituição do nome só se justifica quando ele sujeita a pessoa a situação ridícula ou humilhante, o que não ocorreria com Raimunda, um nome "perfeitamente normal e comum". Essa decisão foi mantida por unanimidade pelo TJRJ, que entendeu ser a regra geral a imutabilidade do prenome, não se encontrando o pedido de Maria Raimunda em nenhuma das exceções expressamente previstas na lei.

Ao contrário, a ministra Nancy Andrighi entendeu haver motivo suficiente para a troca. Para ela, tal pedido não decorre de mero capricho pessoal, mas de necessidade psicológica profunda. A relatora reconheceu que os motivos apresentados são suficientes para se proceder à alteração do nome pretendida, porque, além do constrangimento de natureza íntima que sente ao ser chamada por Maria Raimunda, já é conhecida em seu meio social como Maria Isabela.

Assim, a 3ª Turma do STJ acolheu o recurso especial para determinar a alteração do nome civil de Maria Raimunda para Maria Isabela, determinando a expedição de ofício ao cartório competente a fim de que fosse feita a retificação do registro civil da recorrente, averbando-se a alteração deferida.

TJSP (Processo 1030646-35-2021-826.0100 – 8ª Câm. de Direito Privado, rel. des. Alexandre Coelho) autorizou mulher a incluir sobrenome de avó materna em seu registro civil.

Sobre *ação de retificação de nome*: *RT*, *853*:323; *822*:245.

"Direito Civil. Registros Públicos. Possibilidade de inclusão de patronímico paterno no final do nome do filho, ainda que em ordem diversa daquela constante do nome do pai. Admite-se, excepcional e motivadamente, após apreciação judicial, a retificação de registro civil para inclusão de patronímico paterno no final do nome do filho, ainda que em ordem diversa daquela constante do nome do pai, se comprovado que tal retificação se faz necessária para corresponder, adequadamente, à forma como aquele e sua família são conhecidos no meio social em que vivem. A regra geral, no direito brasileiro, é a da imutabilidade ou definitividade do nome civil, mas são admitidas exceções, como a prevista no art. 57 da Lei n. 6.015/73, hipótese na qual se enquadra o caso, que exige motivação, audiência do Ministério Público e prolação de sentença judicial. A lei, todavia, não faz nenhuma exigência no que tange à observância de determinada ordem quanto aos apelidos de família, seja no momento do registro do nome do indivíduo ou por ocasião da sua posterior retificação. Ademais, inexiste proibição legal de que a ordem do sobrenome dos filhos seja distinta daquela presente no sobrenome dos pais" (STJ, *Informativo 513*, REsp 1.323.677-MA, rel. Min. Nancy Andrighi, julgado em 5-2-2013).

O PL n. 5.855/2013 assegura direito de registrar filho com nomes tradicionais indígenas.

e.2. Estado da pessoa natural

Segundo Clóvis Beviláqua[138], o "estado das pessoas é o seu modo particular de existir", que pode ser encarado sob o aspecto individual ou físico, familiar e político.

Graficamente, temos:

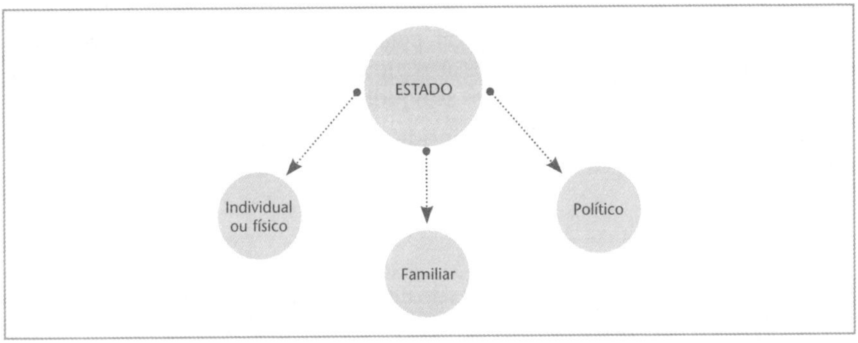

O *estado individual* ou físico é a maneira de ser da pessoa quanto à idade (maior e menor), sexo (feminino e masculino) e saúde mental e física (são de espírito, alienado, surdo-mudo), elementos que influenciam sua capacidade civil, como vimos em páginas anteriores[139].

O *estado familiar* indica a sua situação na família: casado, solteiro, viúvo, separado, divorciado, em relação ao matrimônio. No que concerne ao paren-

---

138. Clóvis, op. cit., p. 76 e 77; Mário de C. Camargo Neto. Publicidade do estado da pessoa natural, *Revista Síntese – Direito de Família – 76*:95-111. *Vide* Lei n. 7.116/83, sobre Carteira de Identidade; Resolução n. 1/2010 da Secretaria Executiva do Ministério da Justiça sobre regimento interno do Comitê Gestor do Sistema Nacional de Registro de Identificação civil; Resolução n. 2/2011 da Secretaria Executiva do Ministério da Justiça sobre especificações técnicas básicas do documento de Registro de Identidade Civil; Resolução n. 1.828/2007 do Conselho Federal de Medicina, a respeito de cédula de identidade de médicos inscritos nos Conselhos Regionais; Lei n. 9.454, de 7 de abril de 1997, que institui o número único de Registro de Identidade Civil; e Decreto n. 2.170/97, que dá nova redação ao art. 2º do Decreto n. 89.250/83, relativo à carteira de identidade. *Vide* Lei n. 9.453/97, que acrescenta parágrafo ao art. 2º da Lei n. 5.553/68, sobre apresentação e uso de documentos de identificação pessoal, e Resolução Normativa n. 190/97 do Conselho Federal de Administração, ora revogada pela Resolução Normativa n. 251/2012, sobre gravação da expressão "não doador de órgãos e tecidos" na Carteira de Identidade profissional do administrador, mas diante de alteração do art. 4º da Lei n. 9.434/97 pela Lei n. 10.211/2001 não mais admitindo a doação *post mortem* presumida de órgãos e tecidos humanos, seus §§ 1º a 5º, alusivos à possibilidade de evitá-la, gravando a expressão "não doador de órgãos e tecidos" em documentos de identidade, passam a ter eficácia suspensa.

139. Orlando Gomes, op. cit., p. 152; W. Barros Monteiro, op. cit., p. 81; Clóvis, op. cit., p. 77.

tesco consanguíneo: pai, mãe, filho, avô, avó, neto, irmão, tio, sobrinho, primo. E quanto à afinidade: sogro, sogra, genro, nora, madrasta, padrasto, enteado, enteada, cunhado[140].

Diante da grande importância do estado individual e familiar da pessoa natural o art. 9º requer a inscrição em registro público de nascimento, casamento, óbito, emancipação, interdição, sentença declaratória de ausência e de morte presumida e o art. 10 exige a averbação em registro público das sentenças que decretarem a nulidade ou anulação do casamento, o divórcio, a separação judicial e o restabelecimento da sociedade conjugal, pela reconciliação, se separados, ou pelo novo casamento, se divorciados; dos atos judiciais ou extrajudiciais que declararem ou reconhecerem a filiação e dos atos judiciais ou extrajudiciais de adoção.

O *estado político* é a qualidade jurídica que advém da posição da pessoa na sociedade política, caso em que é estrangeira, naturalizada ou nacional[141].

---

140. A Lei n. 8.069/90 (arts. 4º e 19 a 52) consagra o direito à convivência familiar. O menor terá direito de ser criado no seio de sua *família natural,* e, se havido fora do casamento, terá direito de ser reconhecido. Se não o for, poderá até ingressar em juízo com ação de investigação de paternidade, visando o reconhecimento (*RT, 642*:188), até mesmo cumulada com pedido de alimentos (*RT, 610*:104, *594*:104). O DNA, nova técnica descoberta por Alee Jeffreys, possibilitará a investigação do vínculo genético mediante exame de sangue. Para a verificação de paternidade serão analisados os materiais da mãe, do filho e do suposto pai. Esse método é muito utilizado para identificar natimortos, em caso de aborto e gestação interrompida, sendo de grande valia para a identificação de crianças trocadas e sequestradas. O DNA é um avanço em relação ao HLA, que, tecnologicamente mais simples em sua execução, é bastante útil no esclarecimento do vínculo genético e muito utilizado em transplantes, na procura do doador mais adequado. Pode-se usar na investigatória de paternidade primeiramente o HLA e depois o DNA. "O reconhecimento do estado de filiação é direito personalíssimo, indisponível e imprescritível, podendo ser exercido contra os pais ou seus herdeiros, sem qualquer restrição, observado o segredo de justiça" (art. 27 da Lei n. 8.069/90). A colocação em *família substituta* será feita mediante guarda, tutela ou adoção, levando-se em conta o grau de parentesco, a afinidade ou a afetividade (Lei n. 8.069/90, arts. 28 a 52; CC, arts. 1.618 a 1.629). Orlando Gomes, op. cit., p. 151; Clóvis, op. cit., p. 77; W. Barros Monteiro, op. cit., v. 1, p. 81.

141. W. Barros Monteiro, op. cit., v. 1, p. 81; Miguel J. Ferrante, *Nacionalidade – brasileiros natos e naturalizados,* São Paulo, Saraiva, 1984; Yussef Cahali, *Estatuto do Estrangeiro,* São Paulo, Saraiva, 1983; João Grandino Rodas, *A nacionalidade da pessoa física*, São Paulo, Revista dos Tribunais, 1990; Wilba Lúcia M. Bernardes, *Da nacionalidade,* Belo Horizonte, Del Rey, 1996. *Vide* Lei n. 818/49, arts. 6º e 33, com redação da Lei n. 6.014/73; Lei n. 6.192/74. Sobre a situação jurídica do estrangeiro *vide* a Lei n. 6.815/80, regulamentada pelo Decreto n. 86.715/81 (que se refere ao nome nos arts. 31 e 42), alterada pela Lei n. 6.964/81; Lei n. 7.180/83; Resoluções Normativas n. 33 e 34/99; Resolução Normativa n. 325/99 do Ministério do Trabalho e Emprego sobre autorização de trabalho a estrangeiro; *RTJ, 67*:260, *66*:284, *73*:414, *95*:589, *98*:661, *102*:349; *RF, 204*:131, *217*:385; *RT, 464*:260, *476*:247, *481*:427, *542*:76, *525*:92, *538*:107, *563*:398, *551*:412, *561*:244, *507*:475, *558*:383, *564*:396, *566*:55; Súmulas 1, 2, 259, 367, 381, 421, 59, 60, 61, 62, 63 e 64 do STF. A Lei n. 5.145/66 dispõe sobre a naturalização dos filhos menores nascidos antes da naturalização dos pais. Constituição Federal, arts. 12, I, *a, b, c,* §§ 3º e 4º; 12, II, *a, b,* §§ 1º e 2º; 15, I; 5º, LI; ADCT, art. 95, e Emendas Constitucionais n. 3/94 e n. 54/2007. *Vide* Portaria n. 702/94 do Ministério da Justiça, sobre modelos de requerimento de naturalização. O Decreto n.

Como se vê, o estado da pessoa é a soma de suas qualificações, permitindo sua apresentação na sociedade numa determinada situação jurídica, para que possa usufruir dos benefícios e vantagens dela decorrentes, e sofrer os ônus e obrigações que dela emanam.

O estado civil da pessoa regula-se por normas de ordem pública, que não podem ser modificadas pela vontade das partes, daí a sua indivisibilidade, indisponibilidade e imprescritibilidade[142].

O estado civil é uno e indivisível, pois ninguém pode ser simultaneamente casado e solteiro, maior e menor[143], brasileiro e estrangeiro, salvo nos casos de dupla nacionalidade[144].

Por ser o estado da pessoa um reflexo de sua personalidade, ele não pode ser objeto de comércio, por ser indisponível. Em virtude disso é irrenunciável, de modo que nula seria a renúncia de alguém ao estado de filho[145]. Contudo, essa indisponibilidade não acarreta a impossibilidade de sua mutação, pois, p. ex., o casado pode passar a ser viúvo ou divorciado. Todavia, tal mutabilidade não é arbitrária, pois requer a verificação de determinadas condições ou formalidades legais, como: morte, divórcio, separação extrajudicial ou judicial, ação de investigação de paternidade, naturalização, adoção etc.[146].

É imprescritível, por ser elemento integrante da personalidade, não podendo desaparecer pelo simples decurso do tempo; nasce com a pessoa e com ela desaparece, por ocasião de seu falecimento[147].

98.500/89, que alterava o art. 11 do Regulamento de passaportes (Dec. n. 84.541/80), acrescentando § 4º, foi revogado, juntamente com o Decreto n. 98.500/89, pelo art. 5º do Decreto n. 637/92 (Regulamento de documentos de viagem), que dispôs, no art. 31, sobre o prazo de validade do passaporte comum, que é de dez anos, prorrogável por igual período, concedendo ao órgão responsável a possibilidade de redução fundamentada daquele prazo. O Decreto n. 637/92 encontra-se revogado pelo Decreto n. 1.983/96. A Lei n. 8.988/95 fixa o prazo de validade da cédula de identidade de estrangeiro em nove anos. *Vide* Portaria n. 526, de 12 de maio de 1995, do Ministério da Justiça, que institui modelo único de cédula de identidade para estrangeiro e determina o recadastramento dos estrangeiros residentes no País; Decreto n. 4.400/2002, altera Decreto n. 2.771/98, que regulamenta a Lei n. 9.675/98 sobre registro provisório para estrangeiro em situação ilegal no território nacional. A Lei n. 9.265/96 dispõe sobre a gratuidade dos atos necessários ao exercício da cidadania. E o Decreto n. 4.246/2002 promulga a Convenção sobre o Estatuto dos Apátridas (aqueles que não são considerados como seus nacionais por nenhum Estado). Pela EC n. 3/94, portugueses, que residirem permanentemente no Brasil, havendo reciprocidade em favor dos brasileiros, terão os direitos inerentes aos brasileiros, salvo os próprios dos brasileiros natos, previstos na CF/88. Sobre naturalização: Lei n. 6.815/80 e CF, art. 12, II, *b*.

142. Orlando Gomes, op. cit., p. 152.
143. Orlando Gomes, op. cit., p. 153; Colin e Capitant, *Cours de droit civil français*, e Henri de Page, *Traité élémentaire de droit civil belge*, v. 1.
144. Serpa Lopes, op. cit., v. 1, p. 312.
145. Serpa Lopes, op. cit., v. 1, p. 312.
146. Orlando Gomes, op. cit., p. 152; Serpa Lopes, op. cit., v. 1, p. 312 e 313.
147. Serpa Lopes, op. cit., v. 1, p. 313 e 314.

O estado civil recebe proteção jurídica de ações de estado, que têm por escopo criar, modificar ou extinguir um estado, constituindo um novo, sendo, por isso, personalíssimas, intransmissíveis e imprescritíveis, requerendo a intervenção estatal. É o que se dá com a interdição, separação, divórcio, anulação de casamento etc., que resultam de sentença judicial[148] ou de ato notarial.

e.3. Domicílio

O domicílio é a sede jurídica da pessoa[149], onde ela se presume presente para efeitos de direito e onde exerce ou pratica, habitualmente, seus atos e negócios jurídicos[150].

Entretanto, convém distingui-lo da residência e da habitação.

Na habitação ou moradia tem-se uma mera relação de fato, ou seja, é o local em que a pessoa permanece, acidentalmente, sem o ânimo de ficar (p. ex., quando alguém hospeda-se num hotel em uma estância climática ou aluga uma casa de praia, para passar o verão). A residência é o lugar em que habita, com intenção de permanecer, mesmo que dele se ausente temporariamente. O domicílio é um conceito jurídico, por ser o local onde a pessoa responde, permanentemente, por seus negócios e atos jurídicos[151], sendo importantíssimo para a determinação do lugar onde se devem celebrar tais atos, exercer direitos, propor ação judicial, responder pelas obrigações (CC, arts. 327 e 1.785).

---

148. Serpa Lopes, op. cit., v. 1, p. 316-20; Orlando Gomes, op. cit., p. 153.

149. O vocábulo "domicílio" deriva de *domus,* designando o lugar em que a pessoa estabeleceu o seu lar doméstico e concentrou o conjunto de seus interesses. Esta é a definição do direito romano (L. 7. Cod. de incol.): "*ubi quis larem rerumque ac fortunarum summam constituit; unde non sit discessurus, si nil avocet; unde, quum profectus est, peregrinari videtur, quo si rediit, peregrinari iam destitit*". Serpa Lopes, op. cit., v. 1, p. 271. Aubry e Rau (*Droit civil,* 5. ed., t. 1, § 141) o consideram como uma relação entre uma pessoa e um lugar, onde é reputada presente, posto que aí não resida habitualmente.

150. W. Barros Monteiro, op. cit., v. 1, p. 132; Zeno Veloso, O domicílio, *RDC, 75*:32. Bruno Lewicki, O domicílio no Código Civil de 2002, *A parte geral*, cit., p. 123 e s.; José Bonifácio B. de Andrada e Erika Moura Freire, Domicílio no novo Código Civil, *O novo Código Civil – estudos em homenagem a Miguel Reale*, São Paulo, LTr, 2003, p. 85-100. *Vide* CPC/2015, arts. 46 e 48; CC, art. 327; Lei n. 9.099/95, art. 4º; Súmula 23, de 6 de outubro de 2006, da Advocacia Geral da União: "É facultado a autor domiciliado em cidade do interior o aforamento de ação contra a União também na sede da respectiva Seção Judiciária (capital do Estado-membro)".

151. Serpa Lopes, op. cit., v. 1, p. 273; Orlando Gomes, op. cit., p. 166; W. Barros Monteiro, op. cit., v. 1, p. 132; Caio M. S. Pereira, *Instituições,* cit., v. 1, p. 315; Rossel e Mentha (*Manuel de droit civil suisse,* v. 1, n. 123, p. 97) dão-nos o seguinte exemplo: um estudante que passa um ano na Europa, cumprindo "bolsa de estudos", não tem ali seu domicílio, embora lá resida e tenha o centro de suas ocupações estudantis. De Page, op. cit., n. 309.

O *domicílio civil*, segundo o art. 70 do Código Civil, é o lugar onde a pessoa estabelece sua residência com ânimo definitivo, tendo, portanto, por critério a residência. E acrescenta no art. 72 que: "É também domicílio da pessoa natural, quanto às relações concernentes à profissão, o lugar onde esta é exercida". Com isso admite-se o *domicílio profissional*, quebrando-se o princípio da unidade domiciliar. Tanto o local da residência como o do exercício da profissão são considerados domicílios, por ser comum, hodiernamente, nos grandes centros urbanos, que as pessoas residam numa localidade e trabalhem em outra.

Há dois elementos: o *objetivo*, que é a fixação da pessoa em dado lugar, e o *subjetivo*, que é a intenção de ali permanecer com ânimo definitivo. Importa em fixação espacial permanente da pessoa.

Admite nossa legislação civil, em seu art. 71, a pluralidade domiciliar, ao prescrever: "Se, porém, a pessoa natural tiver diversas residências, onde, alternadamente, viva, considerar-se-á domicílio seu qualquer delas" e no parágrafo único do art. 72 ao dispor: "Se a pessoa exercitar profissão em lugares diversos, cada um deles constituirá domicílio para as relações que lhe corresponderem". Logo, poderá ser acionada em qualquer desses lugares. P. ex., se alguém morar com sua família em um bairro da capital paulista, tendo escritórios no centro e na cidade de Santos, onde comparece em dias alternados, poderá ser acionado em qualquer desses lugares (CPC, art. 46, § 1º), sendo lícito ao autor escolher um deles (*RT, 420*:307, *464*:189, *229*:283, *214*:314; STF, Súmula 483). Se alguém, por exemplo, tiver firmas ou escritórios em Piracicaba, Americana e Campinas, onde, em razão do ofício, comparece em dias alternados da semana, considerar-se-ão seus domicílios quaisquer daqueles centros de ocupações habituais para as relações jurídicas que lhes corresponderem. P. ex., "A" é dono de uma fábrica de azulejos em Piracicaba, de uma construtora em Americana e de uma loja especializada em materiais de construção em Campinas; logo, seu domicílio referente a venda de materiais de construção é em Campinas; o alusivo à obrigação de construir prédios em Americana e o atinente à produção de azulejos em Piracicaba. Com isso acata o Código Civil vigente, como já apontamos, o *domicílio profissional* (centro habitual de ocupação, que é o lugar onde a pessoa exerce, com habitualidade, sua atividade ou serviço) e quebra o princípio da unidade domiciliar. Tanto o local de residência como o do exercício da profissão são considerados domicílios, por ser comum, hodiernamente, nos grandes centros urbanos, que as pessoas residam numa localidade e trabalhem em outra. Porém, se a pluralidade for de réus (CPC, art. 46, § 4º), com diferentes domicílios, serão demandados no foro de qualquer deles, à escolha do autor (*AJ, 89*:452)[152].

152. W. Barros Monteiro, op. cit., v. 1, p. 135.

Quando a norma processual diz que o réu deve ser acionado em seu domicílio, significa que a ação deve ser proposta na comarca onde tem o centro de seus negócios ou residência e não na rua ou bairro em que se situa.

O nosso Código Civil, em seu art. 73, admite que há casos excepcionais em que um indivíduo não tem domicílio fixo ou certo, ao estabelecer que aquele que não tiver residência habitual (nômade, como, p. ex., o cigano), ou empregue a vida em viagens, sem ponto central de negócios (artista de circo), terá por domicílio o lugar onde for encontrado. Tal lugar não é propriamente o domicílio, mas vale como domicílio, afirma Zeno Veloso. Trata-se do *domicílio aparente* ou *ocasional*, apontado por Henri de Page, visto que cria a aparência de um domicílio num local que pode ser considerado por terceiro como sendo o seu domicílio. Presumir-se-á que a pessoa está domiciliada no lugar em que for encontrada[153] e poderá ser demandada onde estiver ou no foro de domicílio do autor (CPC, art. 46, § 2º)

Duas são as espécies de domicílio:

1) *Necessário* ou *legal,* quando for determinado por lei, em razão da condição ou situação de certas pessoas. Assim: *a*) o recém-nascido adquire o domicílio de seus pais[154], ao nascer; *b*) o incapaz (CC, arts. 3º e 4º), o de seu representante ou assistente (CC, art. 76, parágrafo único; *RJ*, *181*:96); *c*) o itinerante, o do lugar onde for encontrado (LINDB, art. 7º, § 8º; CC, art. 73); *d*) o de cada cônjuge, será o do casal (CC, art. 1.569, e Lei n. 6.515/77, art. 2º); o viúvo sobrevivente conserva o domicílio conjugal, enquanto, voluntariamente, não adquirir outro (*RF*, *159*:81); *e*) o servidor público tem por domicílio o lugar onde exerce permanentemente sua função. Se sua função for temporária, periódica ou de simples comissão, não implicará mudança domiciliar, permanecendo naquele que tinha antes de assumir o cargo, hipótese em que seu domicílio será voluntário, e não legal. Se o servidor já exercia função efetiva e em razão de um comissionamento é transferido temporariamente, mudança de domicílio não haverá, pois continuará tendo por domicílio aquele onde exerce suas funções em caráter efetivo. Há autores que afirmam o desaparecimento da obrigatoriedade de ter o servidor público licenciado por domicílio o lugar de suas funções, uma vez que a lei se refere a efetivo exercício do cargo. Mas julgado já houve, inclusive do Supremo Tribunal Federal, entendendo que a concessão de licença ao servidor público não atingirá seu domicílio legal. Todavia, se certo servidor público resolve pedir afastamento prolongado para tra-

---

153. Código alemão, art. 7º. Planiol, Ripert e Boulanger, *Traité élémentaire de droit civil,* v. 1, n. 535; Caio M. S. Pereira, *Instituições,* cit., v. 1, p. 322; Zeno Veloso, O domicílio, cit., p. 21; Orlando Gomes, op. cit., p. 138; P. Stolze Gagliano e R. Pamplona Fº, *Novo curso*, v. 1, p. 250.

154. Caio M. S. Pereira, *Instituições,* cit., v. 1, p. 324; Serpa Lopes, op. cit., v. 1, p. 275; Andreas von Tuhr, *Der Allgemeine Teil des Deutschen Bürgerlichen Rechts*, § 28. *Vide*: *RJTJSP*, *128*:102; *RT*, *679*:81. *Vide*: CC mexicano, art. 31.

tar de interesses pessoais, mudando de residência para outro local, com intenção de transferir-se definitivamente para tal lugar, não haverá como prendê-lo ao domicílio funcional, ante a configuração do domicílio voluntário (CC, art. 76, parágrafo único); *f*) o do militar em serviço ativo é o lugar onde servir, sendo da Marinha ou da Aeronáutica, a sede do comando a que se encontra imediatamente subordinado (CC, art. 76, parágrafo único). O mesmo se diga do das polícias estaduais. O militar reformado não terá domicílio legal, uma vez que o art. 76 apenas faz menção ao que se encontra em serviço ativo. Se o militar na ativa estiver exercendo suas funções fora do local de seu domicílio, desempenhando diligências em outros pontos, este será o da sede de sua guarnição ou quartel, pois ficará vinculado ao corpo de que faz parte e de que só se afastara temporariamente; *g*) os oficiais e tripulantes (marítimos) da Marinha Mercante, o lugar onde estiver matriculado o navio (CC, art. 76, parágrafo único); *h*) o preso, o lugar onde cumpre a sentença (CC, art. 76, parágrafo único; *RT*, *463*:107). Tratando-se de preso internado em manicômio judiciário, é competente o juízo local para julgar pedido de sua interdição, nos termos do art. 76 do Código Civil (*RT*, *463*:107). Se se tratar de preso ainda não condenado, seu domicílio será o voluntário; *i*) o agente diplomático do Brasil que, citado no estrangeiro, alegar extraterritorialidade, sem indicar seu domicílio no país, poderá ser demandado no Distrito Federal ou no último ponto do território nacional onde o teve (CC, art. 77). Deveras, o agente diplomático, por representar seu país, não poderá sujeitar-se à jurisdição estrangeira. O respeito mútuo que deve existir entre os Estados soberanos exige que o enviado diplomático fique, ao desempenhar suas funções, sob a jurisdição de seu país. O termo "extraterritorialidade" indica, no art. 77, tão somente o privilégio, inerente ao agente diplomático, de não se submeter a outra jurisdição que não seja a do Estado que representa. Os agentes diplomáticos brasileiros têm por domicílio o país que representam, devendo ser acionados perante a Justiça do Brasil. Se o agente diplomático brasileiro for citado no exterior e alegar a imunidade sem designar o local onde tem, no país, o seu domicílio, deverá responder perante a Justiça do Distrito Federal ou do último ponto do território brasileiro onde o teve. Será perante a Justiça do país que representa que o diplomata deverá ser acionado, exceto se: *a*) houver renúncia à extraterritorialidade, mediante prévia autorização de seu governo; *b*) revelar, por atos praticados, o firme propósito de renunciar àquele privilégio, envolvendo-se, p. ex., em operações mercantis ou aceitando o encargo de ser tutor de menor, solucionando demandas oriundas desses atos, comparecendo perante tribunal estrangeiro; *c*) tratar de ação relativa a imóvel de sua propriedade situado em território alienígena, desde que tal prédio não seja a sua residência, a sede da legação ou consulado. Não há, contudo, em certos casos exclusividade de domicílio legal; a pessoa que a ele estiver submetida, ainda conserva o anterior, podendo ter domicílio plúrimo. Realmente nada impede que um servidor público tenha por domicílio necessário o local onde exerce suas funções e por domicílio voluntário o lugar onde tenha sua residência habitual.

2) *Voluntário,* quando escolhido livremente, podendo ser "geral", se fixado pela própria vontade do indivíduo quando capaz, e "especial", se estabelecido conforme os interesses das partes em um contrato (CC, art. 78; CPC, arts. 47, § 1º, 62 e 63; STF, Súmula 335), a fim de fixar a sede jurídica onde as obrigações contratuais deverão ser cumpridas ou exigidas[155].

Perde-se o domicílio anterior[156]:

1) Pela *mudança* (CC, art. 74), porque o domicílio da pessoa passa a ser o mais recente, deixando de ser o anterior. Tem-se a *mudança voluntária* quando houver transferência de residência, com a intenção de deixar a anterior para estabelecê-la em outra parte (*RF, 91*:406). A prova dessa *intentio* resultará do que declarar a pessoa às municipalidades dos lugares, que deixa, e para onde vai (p. ex., fazendo alteração no cadastro das companhias de telefone, luz e água ou no da prefeitura municipal, atualizando dados alusivos ao pagamento de impostos e taxas), ou, se tais declarações não fizer, da própria mudança, com as circunstâncias que a determinaram (CC, art. 74, parágrafo único). Como, em regra, a pessoa natural que se muda não faz tal declaração, seu ânimo de fixar domicílio em outro local resultará da própria mudança, com as circunstâncias que a acompanharem. Como às vezes é muito difícil a caracterização da manifesta intenção de mudar, em razão da subjetividade que a reveste, o órgão judicante deverá, em cada caso que se submeter à sua apreciação, averiguar as circunstâncias ocorrentes, certificando-se de que houve fixação de novo domicílio. Consequentemente, não poderá considerar mudança de domicílio o fato de ter a pessoa natural passado a residir, transitoriamente, por motivo de serviço ou de férias em determinado local, tendo-se em vista que o domicílio requer permanência.

2) Por *determinação de lei,* pois, nas hipóteses de domicílio legal, o domicílio antecedente cede lugar ao do preceito normativo, caso em que terá *mudan-*

155. R. Limongi França, Domicílio, in *Manual de direito civil,* 3. ed., São Paulo, Revista dos Tribunais, 1975, v. 1; Bassil Dower, op. cit., v. 1, p. 125; Caio M. S. Pereira, *Instituições,* cit., v. 1, p. 328 e 329; W. Barros Monteiro, op. cit., v. 1, p. 140; Jones F. Alves e Mário Luiz Delgado, *Código,* cit., p. 68; *AJ, 118*:8, *114*:61, *119*:229, *107*:321; *RT, 131*:156, *206*:352, *450*:193, *460*:206, *459*:176, *480*:140, *474*:178, *448*:196, *460*:179. Mas não prevalecerá o foro de eleição se a ação versar sobre imóvel ou direito real, caso em que será competente o da situação do bem (CPC, art. 47). Tem havido julgado do STJ entendendo ser nula a cláusula que elege o foro nos contratos por adesão, atinentes a consórcio por atentar contra o art. 51, IV, da Lei n. 8.078/90. *Consulte*: CC português, art. 84.

156. R. Limongi França, op. cit., v. 1, cap. referente ao "Domicílio"; Zeno Veloso, O domicílio, *Revista da Ordem dos Advogados,* Lisboa, set. 1985, p. 391-432, ano 45. STJ, Súmula 58. *Vide* Decreto n. 1.041/94, art. 29, ora revogado pelo Decreto n. 3.000/1999 (*vide* art. 28 do mencionado diploma), sobre domicílio fiscal da pessoa física.

Súmula n. 23, de 6 de outubro de 2006, da Advocacia Geral da União: "É facultado a autor domiciliado em cidade do interior o aforamento de ação contra a União também na sede da respectiva Seção Judiciária (capital do Estado-membro)".

ça domiciliar compulsória, imposta por lei. Assim, se alguém for aprovado em concurso, passando a ser servidor público, perderá o domicílio anterior e passará a ter por domicílio o lugar onde exercer permanentemente suas funções (CC, art. 76).

Mas, ante o art. 71, parece-nos que o primeiro domicílio não deverá ser desconsiderado, visto que pelo atual Código Civil admitida está a pluralidade domiciliar. Nada obsta que aquele servidor tenha o domicílio legal e mantenha o voluntário; a interpretação sistemática permite concluir pela permanência de domicílio plúrimo e pelo caráter não exclusivo do domicílio necessário.

3) Por *contrato*, em razão de eleição das partes (Súmula 335 do STF; *RT, 182*:456, *665*:134, *694*:175, *718*:165, *725*:361, *780*:380, *784*:284, *787*:276 e 315, *791*:364, *794*:331; *RSTJ, 140*:330, *129*:212; *JTA, 92*:365), no que atina aos efeitos dele oriundos (CC, art. 78). Trata-se do *domicílio de eleição* ou *contratual*, baseado no princípio da autonomia da vontade, que permite aos contratantes a escolha do foro onde se promoverá o cumprimento ou a execução do ato negocial efetivado por eles. Esse domicílio gera a competência *ratione loci* para solução de eventual conflito entre contratantes, determinando o foro em que a demanda deverá ser julgada.

F. Extinção da personalidade natural

Cessa a personalidade jurídica da pessoa natural com a *morte real* (CC, art. 6º, 1ª parte), deixando de ser sujeito de direitos e obrigações, acarretando: 1) dissolução do vínculo conjugal (Lei n. 6.515/77 e CC, art. 1.571, I) e do regime matrimonial; 2) extinção do poder familiar (CC, art. 1.635, I); dos contratos personalíssimos, como prestação ou locação de serviços (CC, art. 607), e mandato (CC, art. 682, II; STF, Súmula 25); 3) cessação da obrigação de alimentos, com o falecimento do credor, pois, com o do devedor, seus herdeiros assumirão os ônus até as forças da herança (Lei n. 6.515/77, art. 23; CC, art. 1.700; *RJTJSP, 82*:38; *RT, 574*:68); da obrigação de fazer, quando convencionado o cumprimento pessoal (CC, arts. 247 e 248), do pacto de preempção (CC, art. 520); da obrigação oriunda de ingratidão de donatário (CC, art. 560); 4) extinção do usufruto (CC, art. 1.410, I; CPC, art. 725, VI); da doação em forma de subvenção periódica (CC, art. 545); do encargo da testamentaria (CC, art. 1.985); do benefício da justiça gratuita (Lei n. 1.060/50); 5) perda da capacidade de ser parte em processo judicial (TJRS, Ap. Cível 70.017.278.250, rel. Arno Werlang, j. 28-2-2007)[157].

157. W. Barros Monteiro, op. cit., v. 1, p. 74; Savigny, *Traité de droit romain*, v. 2, p. 165. *Vide* Provimentos CGJ n. 12/82, 30/89, 53/89, 58/89, 19/90, 10/94, 20/95 e 1/96; Portaria n. 474/2000 da Fundação Nacional de Saúde, sobre coleta de dados, fluxo e periodicidade de envio das

Outrora, admitia-se a *morte civil*, como fator extintivo da personalidade, em condenados a penas perpétuas e religiosos professos; conquanto vivos, eram considerados mortos na seara jurídica[158]. Entretanto, há alguns resquícios de morte civil na nossa ordenação jurídica, p. ex., no já revogado art. 157 do Código Comercial, como causa de extinção do mandato mercantil, que nunca vigorou no Brasil, e no art. 1.816 do Código Civil, segundo o qual são pessoais os efeitos da exclusão da herança por indignidade. Os descendentes do herdeiro excluído sucedem, como se ele morto fosse; no Decreto-lei n. 3.038/41, art. 7º, e Lei n. 6.880/80, art. 130, que dispõem que uma vez declarado indigno do oficialato, ou com ele incompatível, perderá o militar o seu posto e patente, ressalvado à sua família o direito à percepção de suas pensões[159].

A *morte presumida* (CC, arts. 6º, 2ª parte, e 9º, IV) pela lei se dá, como vimos em páginas anteriores, *com a declaração da ausência* de uma pessoa nos casos dos arts. 22 a 39 do Código Civil e dos arts. 744 e 745 e §§ 1º a 4º do Código de Processo Civil, apenas no que concerne a efeitos patrimoniais e alguns pessoais[160] (CC, art. 1.571, § 1º).

---

informações sobre óbitos para o Sistema de Informações sobre Mortalidade (SIM). Pelo art. 80, parágrafo único, da Lei n. 6.015/73, acrescentado pela Lei n. 13.114/2015, há obrigatoriedade de os serviços de registros civis de pessoas naturais comunicarem à Receita Federal e à Secretaria de Segurança Pública os óbitos registrados, exceto se, em razão de idade do falecido, essa informação for desnecessária. Pelo art.77 da Lei n. 6.015/1975, com a redação da Lei n. 13.484/2017: "nenhum sepultamento será feito sem certidão do oficial de registro do lugar de falecimento ou do lugar de residência do *de cujus*, quando o falecimento ocorrer em local diverso do seu domicílio, extraída após a lavratura do assento de óbito, em vista do atestado de médico, se houver no lugar, ou em caso contrário de duas pessoas qualificadas que tiverem presenciado ou verificado a morte".

158. W. Barros Monteiro, op. cit., v. 1, p. 75.

159. Caio M. S. Pereira, *Instituições,* cit., v. 1, p. 209; W. Barros Monteiro, op. cit., v. 1, p. 74.

160. Caio M. S. Pereira, *Instituições,* cit., v. 1, p. 210; *RF, 195*:269. Sobre *morte presumida* do segurado na previdência social, arts. 74, III, e 78 da Lei n. 8.213/91 e arts. 105, III, e 112 do Decreto n. 3.048; do militar, Decreto-lei n. 4.819/42; de servidor público, Decreto-lei n. 5.782/43; de militar da aeronáutica, Decreto-lei n. 6.239/44. Consulte, ainda, Lei n. 6.015/73, art. 88 e parágrafo único, e Lei n. 9.140/95, alterada pela Lei n. 10.536/2002, pela Lei n. 10.875/2004, e pelo Decreto de 16-12-2004, que reconhece como mortas pessoas desaparecidas em razão de participação, ou acusação de participação, em atividades políticas, no período de 2 de setembro de 1961 a 5 de outubro de 1988, admitindo indenização às suas famílias. Nesta última hipótese ter-se-á morte presumida, sem declaração de ausência admitida pelo art. 7º do Código Civil. *Vide* nossos comentários sobre ausência nas p. 187-95 desta obra.

Pela VIII Jornada de Direito Civil, Enunciado n. 614: "Os efeitos patrimoniais da presunção de morte posterior à declaração de ausência são aplicáveis aos casos do art. 7º, de modo que, se o presumivelmente morto reaparecer nos dez anos seguintes à abertura da sucessão, receberá igualmente os bens existentes no estado em que se acharem".

Realmente, se uma pessoa desaparecer, sem deixar notícias, como já explicamos em páginas anteriores, qualquer interessado na sua sucessão ou o Ministério Público (CPC, art. 745, § 1º, e CC, art. 28, § 1º) poderá requerer ao juiz a declaração de sua ausência e nomeação de curador. Pelo art. 745, *in fine*, do Código de Processo Civil, dever-se-á publicar de dois em dois meses, até perfazer um ano, sete editais chamando o ausente. Sem sinal de vida do ausente, poderá ser requerida sua sucessão provisória e o início do processo de inventário e partilha de seus bens, ocasião em que a ausência do desaparecido passa a ser considerada presumida, tendo efeito semelhante ao do falecimento. Feita a partilha, seus herdeiros deverão administrar os bens, prestando caução real, garantindo a restituição no caso de o ausente aparecer. Dez anos depois do trânsito em julgado da sentença da abertura da sucessão provisória (CC, art. 37), sem que o ausente apareça, ou cinco anos depois das últimas notícias daquele que conta com 80 anos de idade, será declarada a morte presumida do desaparecido a requerimento de qualquer interessado, convertendo-se a sucessão provisória em definitiva (CC, art. 38). Se o ausente retornar até 10 anos seguintes à abertura da sucessão definitiva, terá os bens no estado em que se encontrarem, e terá direito ao preço que os herdeiros houverem recebido com sua venda. Porém, se regressar após esses 10 anos, não terá direito a nada (CC, art. 39)[161].

Pelo art. 7º, I e II e parágrafo único, do Código Civil e pela Lei n. 6.015/73, arts. 85 e 88, admitida está a declaração de *morte presumida, sem decretação de ausência*, em casos excepcionais, para viabilizar o registro do óbito, resolver problemas jurídicos gerados com o desaparecimento e regular a sucessão *causa mortis*, como: se for extremamente provável a morte de quem estava em perigo de vida ante as circunstâncias em que se deu o acidente: naufrágio, incêndio, sequestro, inundação, desastre (*RT, 781*:228) e se alguém, desaparecido em atividades de participação política (Lei n. 9.140/95, com a redação da Lei n. 10.536/2002) ou em campanha (ação militar) ou feito prisioneiro, não for encontrado até dois anos após o término da guerra. Nessas hipóteses, a declaração da morte presumida apenas poderá ser requerida depois de esgotadas as buscas e averiguações, devendo a sentença fixar a data provável do óbito. O óbito

161. Bassil Dower, op. cit., v. 1, p. 65 e 66; Sebastião Luiz Amorim, Processamento da sucessão do ausente – presunção e declaração de morte, *O direito civil no século XXI*, cit., p. 521-32; José Antonio de Paula Santos Neto, *Da ausência*, São Paulo, Juarez de Oliveira, 2001. A Súmula do STF 331 dispõe que "é legítima a incidência do imposto de transmissão *causa mortis* no inventário por morte presumida". *BAASP, 2.824*:9: "Ação declaratória de morte presumida. Art. 7º do Código Civil. Pessoa desaparecida que hoje contaria mais de 80 anos e de quem não se tem notícia há mais de cinco anos. Prévia decretação de ausência. Inexigibilidade, na espécie. Possibilidade de abertura de sucessão definitiva. Art. 38 do Código Civil. Extinção do processo afastada. Recurso provido em parte (TJSP, 1ª Câm. de Dir. Priv., Ap. 0004626-48.2010.8.26.0637, Tupã-SP, rel. Des. Elliot Akel, j. 14-8-2012, v.u.)". *Vide* o que dissemos anteriormente no item c. 2, capítulo II, p. 181 e s. sobre o processo de declaração de ausência.

deverá ser, portanto, nesses casos, justificado judicialmente, diante da presunção legal da ocorrência do evento morte. E a data provável do óbito, fixada por sentença, demarcará o *dies a quo*, em que a declaração da morte presumida irradiará efeitos. A sentença declaratória de morte presumida, apesar de ter eficácia contra todos, não fará coisa julgada material, sendo suscetível de revisão, a qualquer momento, desde que apareçam provas relativas à localização do desaparecido, que, se retornar ao seu meio, voltará ao estado anterior, na medida do possível, deixando de existir a declaração judicial de seu óbito, que retroagirá *ex tunc*, ou seja, à data de seu desaparecimento, visto tratar-se de presunção *juris tantum*.

A existência da pessoa natural cessa com a morte natural, ou presumida, devidamente registrada em registro público (CC, art. 9º, I e IV), que determina o exato momento da abertura da sucessão, também designado de *devolução hereditária*, pois a partir dele os herdeiros recebem, de imediato, a posse e a propriedade da herança.

Temos, ainda, a *morte simultânea* ou comoriência prevista no Código Civil, art. 8º, que assim reza: "Se dois ou mais indivíduos falecerem na mesma ocasião, não se podendo averiguar se algum dos comorientes precedeu aos outros, presumir-se-ão simultaneamente mortos"[162]. Pelo Enunciado 645 – da IX Jornada de Direito Civil: "A comoriência pode ocorrer em quaisquer das espécies de morte previstas no direito civil brasileiro". Embora o problema da comoriência tenha começado a ser regulado a propósito de caso de morte conjunta no mesmo acontecimento, ele se coloca, como se pode ver pela redação do art. 8º do Código Civil, com igual relevância, em matéria de efeitos dependentes de sobrevivência, nos casos de pessoas falecidas em lugares e acontecimentos distintos, mas em datas e horas simultâneas ou muito próximas. A expressão "na mesma ocasião" não requer que o evento morte se tenha dado na mesma localidade; basta que haja inviabilidade na apuração exata da ordem cronológica dos óbitos. Esse artigo tem grande repercussão na transmissão de direitos, pois se os comorientes são herdeiros uns dos outros não há transferência de direitos, um não sucederá ao outro, sendo chamados à sucessão os seus herdeiros. Há mera presunção *juris tantum* de comoriência. Se "A", viúvo, idoso, cardíaco e que não sabia nadar, falecer num naufrágio, juntamente com seu único filho solteiro "B" de 20 anos, saudável e bom nadador, não há presunção *iure et de iuris* da pré-morte de "A", pois os interessados na herança poderão provar isso por qualquer meio admitido em direito. Aquela presunção *juris tantum* é inferida da expressão do art. 8º "não se podendo averiguar", que admite prova contrária, ou seja, da premoriência, sendo o *onus probandi* do interessado que pretende pro-

---

162. Código alemão, art. 20. Consulte efeitos da morte presumida: Mário Luiz Delgado, *Problemas de direito intertemporal no Código Civil*, São Paulo, Saraiva, 2004, p. 137-41.

var, com o auxílio de perícia, testemunhas etc., que a morte não foi simultânea, trazendo por consequência a alteração da vocação hereditária. P. ex.: suponhamos que marido e mulher faleçam numa queda de avião, sem deixar descendentes ou ascendentes. Presumamos que testemunhas tenham encontrado o marido morto e a mulher com sinais de vida, ou que o interessado na herança tenha comprovado a premoriência do marido. Considerando a ordem de vocação hereditária, a mulher herda os bens do marido se ele faleceu primeiro, transmitindo-os aos seus herdeiros colaterais; com isso, os herdeiros colaterais do marido nada receberão.

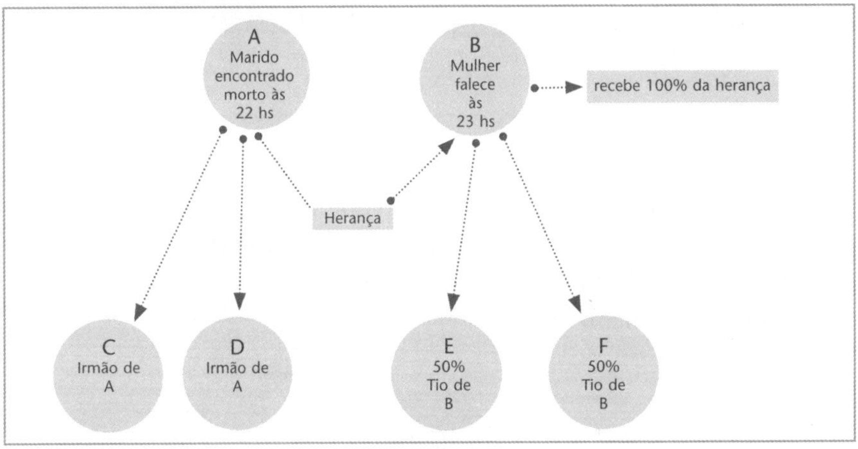

Se dúvida houver no sentido de se saber, com precisão, quem morreu primeiro, o magistrado aplicará o art. 8º do Código Civil, caso em que não haverá transmissão de direitos entre as pessoas que faleceram na mesma ocasião; logo, a parte do marido irá para seus herdeiros colaterais e a da mulher para os herdeiros colaterais dela (*RT, 100*:550)[163].

---

163. Bassil Dower, op. cit., v. 1, p. 66 e 67; Caio M. S. Pereira, *Instituições,* cit., v. 1, p. 211 e 212; W. Barros Monteiro, op. cit., v. 1, p. 76 e 77; Da comoriência, *Ciência Jurídica, 9*:23; Francisco José Cahali e Giselda Maria F. N. Hironaka, *Curso avançado de direito civil*, v. 6, Direito das sucessões, São Paulo, Revista dos Tribunais, p. 47. R. Limongi França, Comoriência e vocação hereditária, *RT, 403*:49. Consulte: *RT, 422*:175, *490*:102, *452*:213, *520*:273, *524*:115, *552*:227, *665*:93, *659*:146, *587*:121, *639*:62 e 63, *659*:146; *JB, 158*:269; *TJSP*, AgI 335.348-4/0, 10ª Câm. Dir. Priv., rel. João C. Saletti, j. 31-8-2004; TJSP, AgI 246.920-4/8 – 4ª Câm. Dir. Priv.; rel. Carlos Stroppa, j. 12-9-2002.

CC francês: arts. 720 a 722.

Vide: Lei n. 11.976/2009, sobre declaração de óbito e realização de estatísticas de óbitos em hospitais públicos e privados

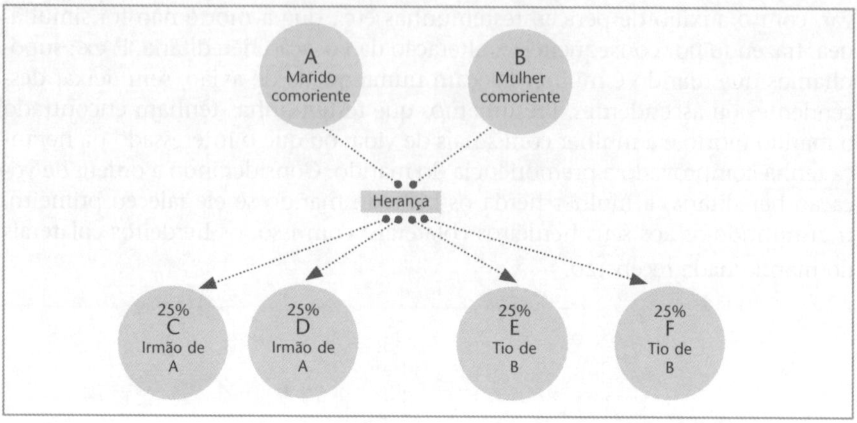

Se o beneficiário sobreviver ao segurado, ainda que por segundos, seus herdeiros serão contemplados; se houver comoriência, seus sucessores ficarão privados do benefício (*RT*, *665*:93 e *587*:121); o mesmo ocorrerá com o pecúlio na previdência privada (*RT*, *659*:146).

Assim, graficamente, temos:

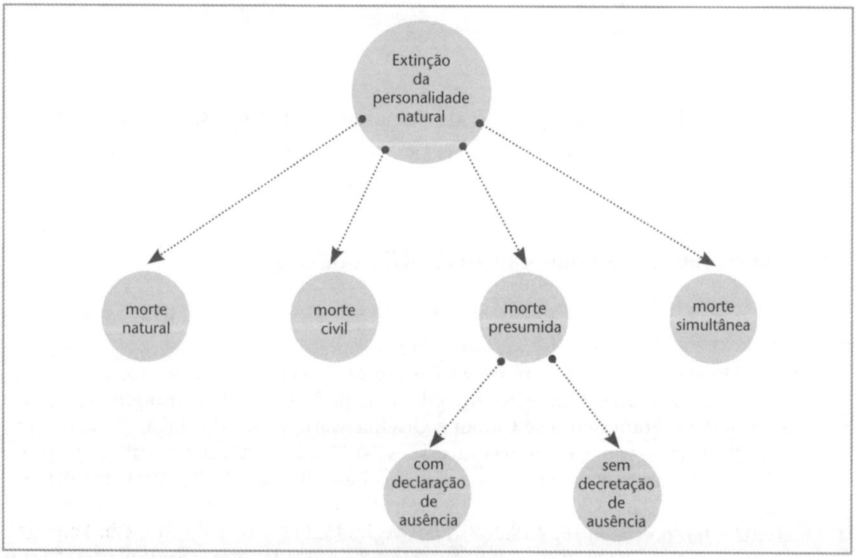

Prova-se a morte pela certidão extraída do assento de óbito (Lei n. 6.015/73, arts. 29, III (regulamentado pelo Decreto n. 7.231/2010), 77 (com a redação da Lei n. 13.484/2017) a 88; CC, art. 9º, I).

Contudo, o aniquilamento não é completo com a morte, pois a vontade do *de cujus* sobrevive com o testamento e ao cadáver é devido respeito. Certos direitos produzem efeitos após a morte, como o direito moral do autor (Lei n. 9.610/98, art. 24, §§ 1º e 2º), o direito à imagem e à honra. Militares e servidores públicos podem ser promovidos *post mortem* (*vide* Decs. n. 1.319/94, ora revogado pelo Decreto n. 7.099/2010,sobre promoção de oficial da ativa das Forças Armadas, art. 17, e 4.853/2003, que aprova o Regulamento de Promoções de Graduados do Exército, arts. 4º, IV, 8º, 33, § 4º, 34, I e II, §§ 1º a 5º; Portaria n. 496/GM1, de 18-7-1996) e aquinhoados com medalhas e condecorações. A falência pode ser decretada, embora morto o empresário (Lei n. 11.101/2005, art. 97, II). Há a possibilidade de reabilitar a memória do morto e casos há, ainda, em que a morte dá lugar a indenizações (CC, art. 948; STF, Súmulas 490 e 491)[164].

164. W. Barros Monteiro, op. cit., v. 1, p. 75 e 76. Pelo Decreto n. 4.853/2003, art. 34, *caput* e incisos: "A promoção *post mortem* é efetivada: I – quando o falecimento ocorrer em uma das seguintes situações: *a*) em ações de combate ou de manutenção da ordem pública; *b*) em consequência de ferimento recebido em campanha ou na manutenção de ordem pública ou de doença, moléstia ou enfermidade contraídas nessas situações ou que nelas tenham a sua causa eficiente; *c*) em consequência de acidente de serviço, na forma da legislação em vigor ou em consequência de doença, moléstia ou enfermidade que nele tenha sua causa eficiente; e II – quando o militar estiver abrangido pelos limites quantitativos fixados para a constituição dos QA, satisfeitas as demais condições exigidas para a promoção". Consulte: art. 12 e parágrafo único do Código Civil

Quadro Sinótico

PESSOA NATURAL

1. CONCEITO DE PESSOA NATURAL	• É o ser humano considerado como sujeito de direitos e obrigações.		
2. CAPACIDADE	• Conceito	• É a maior ou menor extensão dos direitos de uma pessoa.	
	• Espécies	• De gozo ou de direito	• Aptidão, oriunda da personalidade, para adquirir direitos e contrair obrigações na vida civil.
		• De fato ou de exercício	• Aptidão para exercer, por si, atos da vida civil.
3. INCAPACIDADE	• Conceito	• É a restrição legal ao exercício dos atos da vida civil.	
	• Espécies	• Absoluta	• Quando houver proibição total do exercício do direito pelo incapaz, acarretando a nulidade (CC, art. 166, I) se o realizar sem a devida representação legal. É o caso dos menores de 16 anos (CC, art. 3º).
		• Relativa	• Refere-se àqueles que podem praticar, por si, os atos da vida civil, desde que assistidos por quem de direito os represente, sob pena de anulabilidade (CC, art. 171, I) do ato jurídico. É o caso dos maiores de 16 e menores de 18 anos; ébrios habituais, toxicômanos e pessoas que, por causa transitória ou permanente, não puderam manifestar sua vontade (CC, art. 4º).
	• Proteção aos incapazes	• CC, arts. 115 a 120, 1.634, V, 1.690, 1.747, I, 1.767, 1.783-A, 588, 198, I, 814, 181, 2.015; Lei n. 6.015/73, art. 50, § 2º; CP, arts. 61, II, *h*, e 173; Leis n. 8.069/90 e 8.242/91; CPC, arts. 747 a 758; Lei n. 13.146/2015, alterada pela Lei n. 14.009/2020.	
	• Cessação da incapacidade	• *a*) Quando o menor atingir 18 anos (CC, art. 5º) ou cessar a causa que a determinou. • *b*) Pela emancipação (CC, art. 5º, parágrafo único).	

<table>
<tr><td>4. COMEÇO DA PERSONALIDADE NATURAL</td><td colspan="3">• Inicia-se (CC, art. 2º; Lei n. 6.015/73, arts. 50 a 54) com o nascimento com vida, ainda que o recém-nascido venha a falecer instantes depois, ressalvados desde a concepção os direitos do nascituro (CC, arts. 1.609, 1.779 e parágrafo único, e 1.798).</td></tr>
<tr><td rowspan="6">5. INDIVIDUALIZAÇÃO DA PESSOA NATURAL</td><td rowspan="3">• a) Pelo nome</td><td>• Conceito</td><td>• Sinal exterior pelo qual se designa a pessoa no seio da família e da sociedade (Lei n. 6.015/73, arts. 54 a 58, com alterações da Lei n. 14.382/22; Leis n. 9.454/97 e 9.453/97; Dec. n. 2.170/97; CC, arts. 16 a 19).</td></tr>
<tr><td>• Elementos</td><td>• Prenome (Lei n. 6.015/73, art. 55, parágrafo único) é o próprio da pessoa.
• Sobrenome (Lei n. 6.015/73, arts. 57, 59 e 60) é o sinal que identifica a procedência da pessoa, indicando sua filiação.</td></tr>
<tr><td>• Alteração (Lei n. 6.015/73, arts. 56 a 58 e parágrafo único)</td><td>• Quando expuser seu portador ao ridículo.
• Quando houver erro gráfico e mudança de sexo.
• Quando causar embaraço no setor comercial ou profissional.
• Quando houver apelido público notório.
• Quando houver necessidade de proteger vítimas ou testemunhas de crimes (Lei n. 9.807/99, arts. 9º, §§ 1º a 5º, 16 e 17).</td></tr>
<tr><td rowspan="3">• b) Pelo estado</td><td>• Conceito</td><td>• É a soma das qualificações da pessoa, permitindo sua apresentação na sociedade, em dada situação jurídica, para que possa usufruir das vantagens e sofrer os ônus dela decorrentes.</td></tr>
<tr><td>• Aspectos</td><td>• Individual, que é o modo de ser da pessoa quanto à idade, sexo e saúde.
• Familiar, que indica sua situação na família.
• Político, qualidade jurídica que advém da posição da pessoa na sociedade política.</td></tr>
<tr><td>• Caracteres</td><td>• Indivisibilidade.
• Indisponibilidade.
• Imprescritibilidade.</td></tr>
</table>

5. INDIVIDUALIZAÇÃO DA PESSOA NATURAL	• *c*) Pelo domicílio	• Conceito	• Sede jurídica da pessoa, onde ela se presume presente para efeitos de direito (CC, arts. 70, 71, 72, 73, 74, 76, 77 e 78).
		• Espécies	• *Necessário* ou *legal* — quando determinado por lei (LINDB, art. 7º, § 8º; Lei n. 6.515/77, art. 2º; CC, arts. 76, parágrafo único, e 1.569). • *Voluntário*, quando escolhido livremente, que pode ser geral, se fixado pela própria parte, e especial, se estabelecido com interesse do contrato (CC, art. 78).
		• Perda	• Pela mudança (CC, art. 74). • Por determinação legal. • Pelo contrato (CC, art. 78).
6. EXTINÇÃO DA PERSONALIDADE NATURAL	• *Morte real* (CC, art. 6º, 1ª parte). • *Morte civil* (CC, art. 1.816; Dec.-lei n. 3.038/41, art. 7º, e Dec.-lei n. 9.698/46, ora revogado pelo Decreto-Lei n. 1.029/69, art. 111). • *Morte presumida* (CC, arts. 6º, 2ª parte, 7º, I e II e parágrafo único, 22 e 39; CPC, arts. 744 e 745). • *Morte simultânea* ou comoriência (CC, art. 8º).		

3. Pessoa jurídica

A. Conceito de pessoa jurídica

Sendo o ser humano eminentemente social, para que possa atingir seus fins e objetivos une-se a outros homens formando agrupamentos. Ante a necessidade de personalizar tais grupos, para que participem da vida jurídica, com certa individualidade e em nome próprio, a própria norma de direito lhes confere personalidade e capacidade jurídica, tornando-os sujeitos de direitos e obrigações[165].

Surgem assim as chamadas *pessoas jurídicas,* designadas como *pessoas morais* (no direito francês), como *pessoas coletivas* (no direito português), como *pessoas civis, místicas, fictícias, abstratas, intelectuais, de existência ideal, universais, compostas, universidades* de pessoas e de bens[166]. *Pessoa jurídica* é a denominação dada pelo nosso Código Civil, pelos Códigos alemão (arts. 21 a 89), italiano (art. 11) e espanhol (art. 35). Sem ser perfeita, essa designação indica como vivem e agem essas agremiações, acentuando o ambiente jurídico que possibilita sua existência como sujeitos de direito[167], tornando-se, por estas razões, tradicional.

---

165. *Vide* Orlando Gomes, op. cit., p. 174 e 175; Caio M. S. Pereira, *Instituições,* cit., v. 1, p. 254; W. Barros Monteiro, op. cit., v. 1, p. 101; Saleilles, *Personnes juridiques,* p. 94-125; Hedemann, *Fortschritte des Zivil Rechts,* I, p. 50-2; Roberto Senise Lisboa, op. cit., p. 106-30; Sebastião José Roque, *Teoria geral do direito civil,* cit., p. 43-66; Pierangelo Catalano, As raízes do problema da pessoa jurídica, *RDC, 73*:38; Norberto J. García Tejera, *Persona jurídica: tratamiento en los tipos civil y comercial,* 1998; Francesco Ferrara, *Le persone giuridiche,* 1958; Rene Clemens, *Personnalité morale et personnalité juridique,* 1935; Calogero Gangi, *Persone fisiche e persone giuridiche,* 1948; Federico Castro y Bravo, *La persona jurídica,* 1981; Pablo Stolze Gagliano e Rodolfo Pamplona Fº, *Novo curso,* cit., v. 1, p. 189-240; Silvio Meira, Instituições de direito romano, IASP, 2017, p. 151 a 167. *Vide* TJSP, Enunciados n. 31, 47, 49 e 51.
166. W. Barros Monteiro, op. cit., v. 1, p. 102; Clóvis Beviláqua, op. cit., p. 111 e 112; Savigny, op. cit., § 85; Windscheid, *Pandette,* § 57; Valverde, *Instituciones civiles,* § 556 e s.; Código Civil chileno (arts. 54 e 545-564); argentino (arts. 30-50); suíço (arts. 52 e s.).
167. De todas as denominações dadas a esse ente, a de "pessoa jurídica" é a menos imperfeita. P. ex., o termo "pessoa moral" tem pouca força de expressão, por não

Assim, a *pessoa jurídica* é a unidade de pessoas naturais ou de patrimônios, que visa à consecução de certos fins, reconhecida pela ordem jurídica como sujeito de direitos e obrigações[168].

Três são os seus requisitos: organização de pessoas ou de bens; liceidade de propósitos ou fins; e capacidade jurídica reconhecida por norma[169].

B. Natureza jurídica

Quanto à *natureza jurídica* da pessoa jurídica, várias teorias foram elaboradas, no intento de justificar e esclarecer a sua existência e a razão de sua capacidade de direito. Apesar de não haver um consenso entre a grande variedade de doutrinas é possível agrupá-las em quatro categorias: 1) teoria da ficção legal e da doutrina; 2) teoria da equiparação; 3) teoria orgânica; e 4) teoria da realidade das instituições jurídicas.

A *teoria da ficção legal,* de Savigny[170], ao entender que só o homem é capaz de ser sujeito de direito, concluiu que a pessoa jurídica é uma ficção legal, ou seja, uma criação artificial da lei para exercer direitos patrimoniais e facilitar a função de certas entidades. Vareilles-Sommières varia um pouco esse en-

---

encontrar sua razão de ordem no conteúdo da moralidade que a anima; o vocábulo "pessoa coletiva" é inaceitável por se impressionar apenas com a aparência externa, incidente no fato de se originar de uma coletividade de pessoas, excluindo de sua abrangência as pessoas constituídas de modo diverso, p. ex., as fundações, criadas mediante uma destinação patrimonial a um dado fim (Caio M. S. Pereira, *Instituições,* cit., v. 1, p. 257). Nesse mesmo sentido: Ribas, *Direito civil brasileiro,* v. 2, cap. II a IV do tít. IV; Giorgi, *Persone giuridiche*; Carlos de Carvalho, *Direito civil,* art. 69 etc.

168. Cunha Gonçalves (*Tratado de direito civil,* ed. bras., p. 917) define-a como sendo "associações ou instituições formadas para a realização de um fim e reconhecidas pela ordem jurídica como sujeito de direito". Giorgio Giorgi considera-a como "*unità giuridica, la quale risulta de una collettività umana ordinata stabilmente a uno o più scopi di privata o di pubblica utilità; in quanto è distinta dai singoli individui che la compangono, e dotata della capacità di possedere e di esercitare 'adversus omnes' i diritti patrimonialli, compatibilmente alla sua natura, col sussidio e l'incremento del diritto pubblico*". In Helita Barreira Custódio, *Associações e fundações de utilidade pública*, São Paulo, Revista dos Tribunais, 1979. Silvio Rodrigues (op. cit., v. 1, p. 92) define-as como "entidades a que a lei empresta personalidade. Isto é, seres que atuam na vida jurídica, com personalidade diversa da dos indivíduos que os compõem, capazes de serem sujeito de direitos e obrigações na ordem civil".

169. Ruggiero, in Helita B. Custódio, op. cit.; Caio M. S. Pereira, op. cit., v. 1, p. 255; Teresa Cristina G. Pantoja, Anotações sobre as pessoas jurídicas, *A parte geral*, cit., p. 83-121; Fábio Maria De Mattia, Das pessoas jurídicas, *O novo Código Civil*, cit., p. 70-84.

170. Savigny, *Traité de droit romain,* § 85. Adeptos dessa corrente são: Aubry e Rau, *Cours de droit civil français,* 4. ed., Paris, v. 1, § 54; Laurent, *Principes de droit civil,* Bruxelles, v. 1, n. 288; Mourlon, *Répétitions écrites du Code de Napoléon,* 8. ed., Paris, t. 1, n. 97.

tendimento, ao afirmar que a pessoa jurídica apenas tem existência na inteligência dos juristas, apresentando-se como mera *ficção criada pela doutrina*[171].

Não se pode aceitar esta concepção, que, por ser abstrata, não corresponde à realidade, pois se o Estado é uma pessoa jurídica, e se se concluir que ele é ficção legal ou doutrinária, o direito que dele emana também o será.

A *teoria da equiparação,* defendida por Windscheid e Brinz, entende que a pessoa jurídica é um patrimônio equiparado no seu tratamento jurídico às pessoas naturais[172]. É inaceitável porque eleva os bens à categoria de sujeito de direitos e obrigações, confundindo pessoas com coisas.

Pela *teoria da realidade objetiva* ou *orgânica,* de Gierke e Zitelmann, há junto às pessoas naturais, que são organismos físicos, organismos sociais constituídos pelas pessoas jurídicas, que têm existência e vontade própria, distinta da de seus membros, tendo por finalidade realizar um objetivo social. Entretanto, essa concepção recai na ficção quando afirma que a pessoa jurídica tem vontade própria, porque o fenômeno volitivo é peculiar ao ser humano e não ao ente coletivo.

A *teoria da realidade das instituições jurídicas,* de Hauriou[173], admite que há um pouco de verdade em cada uma dessas concepções. Como a personalidade humana deriva do direito (tanto que este já privou seres humanos de personalidade – os escravos, p. ex.), da mesma forma ele pode concedê-la a agrupamentos de pessoas ou de bens que tenham por escopo a realização de interesses humanos. A personalidade jurídica é um atributo que a ordem jurídica estatal outorga a entes que o merecerem. Logo, essa teoria é a que melhor atende à essência da pessoa jurídica, por estabelecer, com propriedade, que a pessoa jurídica é uma realidade jurídica[174].

A pessoa jurídica não se confunde com os seus sócios, associados, instituidores ou administradores. A autonomia patrimonial das pessoas jurídicas é um instrumento lícito de alocação e segregação de riscos estabelecidos pela lei com o objetivo de estimular empreendimentos, para a geração de empregos, tributo, renda e inovação em benefício de todos (art. 49-A, parágrafo único do Código Civil, acrescentado pela Lei n. 13.874/2019).

---

171. Vareilles-Sommières, *Les personnes morales,* Paris, 1902, p. 147 e 428.

172. Windscheid, *Pandette,* v. 1, § 40.

173. Hauriou, *Précis de droit constitutionnel,* 2. ed., 1929.

174. Sobre essas teorias *vide* Silvio Rodrigues, op. cit., v. 1, p. 93-6; W. Barros Monteiro, op. cit., v. 1, p. 104 e 105; Del Vecchio, *Lições de filosofia do direito,* v. 2, p. 144; Torrente, *Manuale di diritto privato,* p. 70; Cánovas, *Manual de derecho civil,* v. 1, p. 181; Caio M. S. Pereira, op. cit., v. 1, p. 258-67; Serpa Lopes, op. cit., v. 1, p. 332-8.

C. Classificação da pessoa jurídica

Poder-se-á classificar a pessoa jurídica[175]:

1) Quanto à *nacionalidade,* pois nesta categoria qualifica-se a pessoa jurídica como nacional ou estrangeira, tendo em vista sua articulação, subordinação à ordem jurídica que lhe conferiu personalidade, sem se ater, em regra, à nacionalidade dos membros que a compõem e à origem do controle financeiro (LINDB, art. 11; CF, arts. 176, § 1º, e 222; Lei n. 10.149/2000, art. 1º, que altera o art. 2º, §§ 1º e 2º, da Lei n. 8.884/94; CC, arts. 1.126 a 1.141).

A sociedade nacional é a organizada conforme a lei brasileira e tem no País a sede de sua administração (CC, arts. 1.126 a 1.133). A sociedade estrangeira, qualquer que seja seu objeto, não poderá, sem autorização do Poder Executivo, funcionar no País, ainda que por estabelecimentos subordinados, podendo, todavia, ressalvados os casos previstos em lei, ser acionista de sociedade anônima brasileira. Se autorizada a funcionar no Brasil sujeitar-se-á às leis e aos tribunais brasileiros, quanto aos atos aqui praticados, deverá ter representante no Brasil e poderá nacionalizar-se, transferindo sua sede para o Brasil (CC, arts. 1.134 a 1.141).

2) Quanto à *estrutura interna,* em que se tem (*a*) a *universitas personarum,* que é a corporação, um conjunto de pessoas que, apenas coletivamente, goza de certos direitos e os exerce por meio de uma vontade única, p. ex., as associações e as sociedades, e (*b*) a *universitas bonorum,* que é o patrimônio personalizado destinado a um fim que lhe dá unidade, p. ex., as fundações[176].

As associações e sociedades também têm um patrimônio, que representa um meio para a consecução dos fins perseguidos pelos sócios, mas, nas fundações, o patrimônio é elemento primordial, juntamente com o objetivo a que se destina[177].

Esclarece Washington de Barros Monteiro[178] que as associações distinguem-se das fundações por caracteres inconfundíveis. Enquanto as primeiras têm órgãos dominantes e visam a atingir fins internos e comuns aos sócios, as segundas, órgãos servientes, colimam fins externos e alheios, ou seja, estabelecidos pelo fundador.

3) Quanto às *funções e capacidade,* as pessoas jurídicas são de direito público, interno ou externo, e de direito privado (CC, art. 40).

---

175. W. Barros Monteiro, op. cit., v. 1, p. 107; Modesto Carvalhosa, *Comentários ao Código Civil*, São Paulo, Saraiva, 2003, v. 13, p. 553-613. *Vide* Lei n. 9.064/95; Instrução Normativa n. 2/2001, ora revogada, da Secretaria da Receita Federal, que aprovou diretrizes para a prática de atos perante o Cadastro Nacional da Pessoa Jurídica; IN RFB n. 1.634/2016, sobre CNPJ.

176. Clóvis, op. cit., p. 161.

177. Torrente, op. cit., p. 70.

178. W. Barros Monteiro, op. cit., v. 1, p. 107.

As *pessoas jurídicas de direito público* podem ser:

a) De *direito público externo,* regulamentadas pelo direito internacional, abrangendo: nações estrangeiras, Santa Sé, uniões aduaneiras, que têm por escopo facilitar o comércio exterior (MERCOSUL, União Europeia etc. ...) e organismos internacionais (ONU, OEA, UNESCO, INTERPOL, OIT FMI, FAO – Decreto n. 7.752/2012 –, OPEP, OUA, OMC etc.)[179]. Pelo Código Civil, art. 42: "São pessoas jurídicas de direito público externo os Estados estrangeiros e todas as pessoas que forem regidas pelo direito internacional público".

b) De *direito público interno* de administração direta (CC, art. 41 e I a III): União, Estados, Distrito Federal, Territórios e Municípios legalmente constituídos[180]; e de administração indireta (CC, art. 41, IV e V): órgãos descentralizados, criados por lei, com personalidade jurídica própria para o exercício de atividades de interesse público[181], como as *autarquias* (Dec.-lei n. 6.016/43, art. 2º; Lei n. 8.443/92, arts. 1º, I, e 5º, I; Lei n. 4.717/65, art. 20; Dec.-lei n. 200/67, art. 5º, com redação dada pelo Dec.-lei n. 900/69; Súmulas 33, 73, 74, 79, 501, 583 e 620 do STF; Súmula 497 do STJ), dentre elas: INSS, INCRA, INPI (Instituto Nacional de Propriedade Industrial), IPHAN (Instituto do Patrimônio Histórico e Artístico Nacional), USP, Embratur, JUCESP (Junta Comercial do Estado de São Paulo); SUFRAMA (Superintendência da Zona Franca de Manaus), CVM (Comissão de Valores Mobiliários – Leis n. 6.385/76, 6.404/76 e Decreto n. 4.763/2003, ora revogado pelo Decreto n. 6.382/2008), CADE (Conselho Administrativo de Defesa Econômica – Lei n. 8.884/94); as *associações públicas* (Lei n. 11.107/2005, arts. 1º, §§ 1º a 3º; 2º a 6º, I, e § 1º – regulamentada pelo Decreto n. 6.017/2007), que são consórcios públicos com personalidade jurídica de direito público, por conjugarem esforços de

---

179. J. Guimarães Menegale, Capacidade das pessoas de direito público externo, *RF, 129*:339; W. Barros Monteiro, op. cit., v. 1, p. 109.

180. Constituição Federal, art. 18, §§ 1º a 4º. O Código Civil, em seu art. 41, inova o art. 14 do Código Civil de 1916, acrescentando os territórios e autarquias, e demais entidades de caráter público. Os *Territórios*, apesar de não serem unidades político-administrativas dotadas de autonomia, são tidos como pessoas jurídicas de direito público interno de administração direta. *Vide* Lei n. 12.527/2011, sobre procedimentos a serem observados pelas pessoas jurídicas de direito público para garantir acesso a informações previstas na CF, arts. 5º, XXXIII, 37, § 3º, II, e 216, § 2º.

181. A. Franco Montoro, *Introdução à ciência do direito,* v. 2, p. 320. *Vide* Portaria n. 425/2013, sobre acompanhamento de atividades de consultoria prestadas às autarquias e fundações públicas federais, no tocante a projetos estratégicos.

Consulte: art. 45, § 1º, da Lei n. 12.873/2013, sobre pessoa jurídica de direito público de administração indireta federal; Decreto n. 9.373/2018 sobre alienação, cessão, transferência, destinação e disposição final ambientalmente adequadas de bens móveis no âmbito da administração pública federal direta, autárquica e fundacional; Decreto n. 9.427, de 28 de junho de 2018, reserva aos negros trinta por cento das vagas oferecidas nas seleções para estágio no âmbito da administração pública federal direta, autárquica e fundacional. *Vide*: Decreto n. 9.507/2018, modificado pelo Decreto n. 10.183/2019; Decreto n. 9.492/2018, com alterações do Decreto n. 10.228/2020.

entidades públicas, que firmam acordos para a execução de um objeto de finalidade pública (p. ex., o consórcio COPATI, formado por municípios cortados pelo rio Tibagi, no Estado do Paraná, com o escopo de preservar esse rio), celebrados com a ratificação, mediante lei, do protocolo de intenções (Lei n. 11.107/2005, arts. 4º, § 5º; 5º e 6º, I); as *fundações públicas* (CF/88, arts. 37, XI, § 9º, 38, e art. 19 do Ato das Disposições Constitucionais Transitórias; CC, art. 41, parágrafo único), fiscalizadas pelo Tribunal de Contas, e indiretamente pelo Ministério Público, havendo instauração de inquérito civil para apurar lesão ao erário, pois constitui um patrimônio voltado à consecução de fins do interesse público (p. ex., a Fundação de Amparo à Pesquisa do Estado de São Paulo, a Fundação Biblioteca Nacional – BN, a Fundação Nacional das Artes – FUNARTE, a Fundação Casa de Rui Barbosa – FCRB, a Fundação Nacional da Saúde – FUNASA (Lei n. 8.029/90 e Decreto n. 8.867/2016 – ora extinta pela MP n. 1.156/2023) e a Fundação Centro Brasileiro para a Infância e Adolescência) que surgem quando a lei individualiza um patrimônio a partir de bens pertencentes a uma pessoa jurídica de direito público, afetando-o à realização de um fim administrativo, e dotando-o de organização adequada (*RJTJSP*, *68*:193); as *agências reguladoras* (*independent regulatory commissions* – autarquias federais especiais incumbidas de normatizar, disciplinar e fiscalizar a prestação de certos bens e serviços de grande interesse público por agentes econômicos públicos e privados, criadas pela Lei n. 9.649/98, art. 51, e disciplinadas pelas Leis n. 9.986/2000, 10.871/2004, com as alterações da Lei n. 11.907/2009), que são dotadas de poder regulador e de dever, atribuídos institucionalmente pelo sistema legal, para atuarem administrativamente dentro dos estritos limites autorizados por lei, criando regulação com parceria com os agentes regulados para a consecução de uma relação entre usuários, agentes econômicos e agências para que a sociedade possa atingir os objetivos fundamentais do Estado brasileiro. Tais agências reguladoras, assumindo a forma de autarquia em regime especial, são órgãos democráticos com estrutura colegiada, que realizam obrigatoriamente consultas e audiências públicas, canalizando conflitos existentes entre os agentes econômicos e os usuários, em razão de sua especificidade e peculiaridade, e atendendo a um dever de ofício ao elaborar textos que receberão críticas e sugestões da sociedade naquelas consultas ou audiências públicas[182]. Essas agências exercem competências legais próprias,

182. Celso Antônio Bandeira de Mello, Fundações públicas, *RT*, *338*:62, *Natureza e regime jurídico das autarquias*, São Paulo, 1967; Homero Senna e Zobaran Monteiro, *Fundações no direito e na administração*, Rio de Janeiro, Fund. Getulio Vargas, 1970; Geraldo Ataliba, Fundação pública, *RT*, *478*:43, Autarquias, *RT*, *376*:81; Edson José Rafael, *Fundações e direito*, São Paulo, Melhoramentos, 1997; Marcelo Caetano, *Princípios fundamentais do direito administrativo*, Rio de Janeiro, Forense, 1977, p. 74; Sílvio Luís Ferreira da

Rocha, Repercussões do Código Civil de 2002 no direito administrativo, *Estudos de direito público em homenagem a Celso Antônio Bandeira de Mello*, coord. Marcelo Figueiredo e Valmir Pontes Filho, São Paulo, Malheiros, 2006, p. 808 a 811. O Decreto-lei n. 900/69 assim dispunha em seu art. 2º, ora revogado: "Não serão instituídas pelo Poder Público novas fundações que não satisfaçam cumulativamente os seguintes requisitos: *a*) dotação específica de patrimônio, gerido pelos órgãos de direção de fundação, segundo os objetivos estabelecidos na respectiva lei de criação; *b*) participação de recursos privados no patrimônio e nos dispêndios correntes da fundação, equivalentes a, no mínimo, um terço do total; *c*) objetivos não lucrativos e que, por sua natureza, não possam ser satisfatoriamente executados por órgãos da Administração Federal, direta ou indireta; *d*) demais requisitos estabelecidos na legislação pertinente a fundações" (CC, arts. 62 e s.); a Lei n. 8.405/92 instituiu como fundação pública a Coordenação de Aperfeiçoamento de Pessoal de Nível Superior (Capes). Sobre fundações públicas: Dec.-lei n. 6.016/43, art. 2º; Lei n. 8.443/92, arts. 1º e 5º; Lei n. 4.717/65, art. 20; Súmulas 33, 73, 74, 79, 501, 583 e 620 do STF; Luiz Fernando Coelho, *Fundações públicas,* Rio de Janeiro, Forense, 1978; Maria Silvia Z. Di Pietro, *Direito administrativo*, São Paulo, Atlas, 2003, p. 379; José Alfredo de Oliveira Baracho, As fundações de direito público e o controle de suas atividades, *Revista do Curso de Direito da Universidade Federal de Uberlândia, 11*:41-74, 1982. STF (ADI 4.197/SE, rel. min. Roberto Barroso, j. 28-2-2023) decidiu que "é constitucional a constituição de fundação pública de direito privado para a prestação de serviço público de saúde". *Vide*: R. A. L. Camargo, *Agências de regulação no ordenamento jurídico brasileiro*, Porto Alegre, Sérgio A. Fabris, Editor, 2000; Sérgio Varella Bruna, *Agências reguladoras – poder normativo, consulta pública – revisão judicial*, São Paulo, Revista dos Tribunais, 2003; Dinorá Adelaide M. Grotti, As agências reguladoras, *Revista de Direito constitucional e internacional, 46*:74-106; Edgard Silveira Bueno Filho, Agências reguladoras e concorrências e o controle jurisdicional dos atos, *Revista do IASP, 12*:272-21; Marçal Justen Filho, *O direito das agências reguladoras independentes*, São Paulo, Dialética, 2000; Maria D'Assunção Costa Menezello, Agências reguladoras, *Editorial Atlas, 20*:3; Arnoldo Wald e Ivo Waisberg, A autonomia das agências reguladoras, *Revista IASP, 65*:8; Vanessa V. de Mello, *Regime jurídico da competência regulamentar*, São Paulo, Dialética, 2001, p. 87-98; Marcelo Figueiredo, *As agências reguladoras*, São Paulo, Malheiros, 2005; O princípio da segurança jurídica e as agências reguladoras, *Direito constitucional*: estudos interdisciplinares sobre federalismo, democracia e administração pública, Belo Horizonte, Fórum, 2012 p. 85-96; Ada Pellegrini Grinover, Agências reguladoras e litisconsórcio, *Revista da Academia Paulista de Direito*, n. 2, p. 13-34; Leopoldo Ubiratan C. Pagotto, Agências reguladoras: origem e natureza jurídica, *Revista de Direito Constitucional e Internacional, 50*:153-171; Alexandre Santos de Aragão, *Agências reguladoras e a evolução do direito administrativo*, Rio de Janeiro, Forense, 2004; Joaquim B. Barbosa Gomes, Agências reguladoras: a metamorfose do Estado e da democracia (uma reflexão de direito constitucional e comparado, *Revista de Direito Constitucional e Internacional, 50*:39-74; Marcos Juruena V. Souto, As agências reguladoras e os princípios constitucionais, *Revista de Direito Constitucional e Internacional, 58*:220-34. Fernando Antônio Dusi Rocha (Novo Código Civil e administração pública, *Consulex, 169*:59) observa, ao analisar o art. 41, parágrafo único, que, diante desse polêmico artigo que requer a aplicação subsidiária do Código Civil, no que couber, quanto ao funcionamento das pessoas jurídicas de direito público, a que se tenha dado estrutura de direito privado, levanta as seguintes questões: a lei pretendeu privatizar as estruturas das pessoas jurídicas de direito privado, conferindo-lhes uma flexibilidade própria do regime de direito privado? Se esta foi a sua *intentio,* como se pode dar estrutura de direito privado ou permitir que uma pessoa jurídica de direito público funcione com moldes privados? Se adotado for tal modelo, em que medida o Código seria aplicável? Tudo parece ser conducente à flexibilização dos modelos rígidos do regime publicista. Assim, poderia ser criada uma autarquia ou fundação pública tendo autonomia de poder público, ante a relevância de suas atividades regulatórias, pois têm por escopo monitorar a intervenção da administração no domínio econômico, funcionar como instância decisória dos conflitos

---

com a roupagem pública, mas com funcionamento segundo as normas comuns às fundações, sociedades e associações do Código Civil. Logicamente, a forma associativa das sociedades e associações não é condizente com a natureza jurídica de uma autarquia, criada por lei. A estruturação da pessoa jurídica de direito público em moldes privados tornaria possível, p. ex., que ela adotasse em sua administração um órgão social, como o conselho fiscal. A vagueza do dispositivo *sub examine* abriria, segundo Dusi, as portas para uma maior interpenetração entre o regime público e o privado. *Vide* Decreto n. 4.961/2004 (ora revogado pelo Decreto n. 6.386/2008), que regulamentava o art. 45 da Lei n. 8.112/90, que dispõe sobre as consignações em folha de pagamento dos servidores públicos civis, dos aposentados e dos pensionistas da administração direta, autárquica e fundacional do Poder Executivo da União; Lei n. 10.871/2004, que dispõe sobre a criação de carreiras e organização de cargos efetivos das autarquias especiais denominadas Agências Reguladoras; Lei n. 8.112/90, com alteração da Lei n. 11.314/2006, sobre o regime jurídico dos servidores públicos civis da União, das autarquias e das fundações públicas; Lei n. 8.448/92, sobre remuneração de servidor de pessoa jurídica de direito público de administração direta e indireta; Lei n. 8.688/93, sobre alíquotas de contribuição para o Plano de Seguridade do servidor público civil dos Poderes da União, autarquias e fundações públicas. *Vide,* ainda, Decretos n. 1.041/94 (ora revogado pelo Dec. n. 3.000/99), arts. 123 e 338 a 340, e 2.271/97, sobre contratação de serviços pela administração pública federal direta, autárquica e fundacional; Lei n. 9.962, de 22 de fevereiro de 2000, que disciplina o regime de emprego público do pessoal da administração federal direta, autárquica e fundacional; Lei Complementar n. 108/2001, que dispõe sobre a relação entre a União, os Estados, o Distrito Federal e os Municípios, suas autarquias, fundações, sociedades de economia mista e outras entidades públicas e suas respectivas entidades fechadas de previdência complementar, e dá outras providências; Decreto n. 3.735/2001, sobre diretrizes aplicáveis às empresas estatais federais; Decreto n. 4.250/2002, que regulamenta a representação judicial da União, autarquia, fundação e empresa pública federal perante Juizados Especiais Federais, instituídos pela Lei n. 10.259/2001; Decreto n. 4.566/2003, ora revogado pelo Decreto n. 6.129/2007, que dispõe sobre a vinculação aos ministérios de entidades integrantes da administração pública federal indireta; Decreto n. 4.978/2004, que regulamenta o art. 230 da Lei n. 8.112/90, que dispõe sobre a assistência à saúde do servidor; Decreto n. 4.950/2004, que dispõe sobre a arrecadação das receitas de órgãos, fundos, autarquias, fundações e demais entidades integrantes dos orçamentos fiscal e da seguridade social; Decreto n. 5.010/2004, que dá nova redação ao *caput* do art. 1º do Decreto n. 4.978/2004, que regulamenta o art. 230 da Lei n. 8.112/90, que dispõe sobre a assistência à saúde do servidor; Portaria n. 530/2007 da Procuradoria Geral Federal, que regulamenta a representação judicial de autarquias e fundações públicas federais pelos órgãos de execução da Procuradoria Geral Federal; Lei n. 8.212/91, art. 32-B, acrescentado pela Lei n. 12.810/2013; Decreto n. 9.287/2018 dispõe sobre uso de veículos oficiais pela administração pública federal direta, autárquica e fundacional; Súmula 150 do STJ; Súmula n. 73/2013 da AGU, que dispõe: "Nas ações judiciais movidas por servidor público federal contra a União, as autarquias e as fundações públicas federais, o cálculo dos honorários de sucumbência deve levar em consideração o valor total da condenação, conforme fixado no título executado, sem exclusão dos valores pagos na via administrativa".

entre concessionárias e usuários e fiscalizar a execução de serviços públicos – dentre as agências reguladoras podemos citar, por exemplo, ANCINE, ANS, ANVISA, ANTAQ, ANA, ANATEL, ANEEL, ANP etc.; e as *agências executivas* (*executive agency* ou *administrative agency*), que, pelos arts. 51 e 52 da Lei n. 9.649/98 e pelo Decreto n. 2.487/98, têm natureza especial e são autarquias ou fundações públicas dotadas de regime especial, qualificadas como tais pelo Poder Executivo, desde que cumpram os seguintes requisitos: *a*) ter um plano estratégico de reestruturação e de desenvolvimento institucional em andamento; *b*) ter celebrado contrato de gestão com o respectivo Ministério supervisor. A qualificação como agência executiva será feita em ato do Presidente da República. O Poder Executivo edita medidas de organização administrativa específicas para as agências executivas, visando assegurar a sua autonomia de gestão, bem como a disponibilidade de recursos orçamentários e financeiros para o cumprimento dos objetivos e metas definidos nos contratos de gestão. As agências têm maior autonomia de gestão do que as autarquias e fundações públicas comuns. Ampla é sua autonomia gerencial, orçamentária e financeira e devem firmar contrato de gestão com a administração central, comprometendo-se a efetuar as metas de desempenho que lhes foram atribuídas (CF/88, art. 37, § 8º; Lei n. 9.649/98, art. 51).

Prescreve o art. 41, parágrafo único, do Código Civil que: "Salvo disposição em contrário, as pessoas jurídicas de direito público, a que se tenha dado estrutura de direito privado, regem-se, no que couber, quanto ao seu funcionamento, pelas normas deste Código". Assim, as fundações públicas (Decreto-Lei n. 200/67, art. 5º, § 3º) dotadas, como vimos, de personalidade jurídica de direito público, mas com estrutura de direito privado, têm seu regime jurídico regido por norma especial e seu funcionamento, no que couber, disciplinar-se-á, subsidiariamente, pelas normas do Código Civil. Como sua criação, modificação ou extinção devem ser autorizadas pela lei (CF, art. 37, XIX), não lhes será aplicável o art. 69 do Código Civil.

As entidades que prestam serviço público como as empresas públicas e as sociedades de economia mista, apesar de dotadas de personalidade jurídica de direito privado, estão disciplinadas por normas administrativas tributárias e trabalhistas e seu funcionamento, no que couber, pelas normas do Código Civil, de natureza cível ou empresarial (CF, art. 173, §§ 1º a 5º c/c o CC, arts. 41, parágrafo único, e 99, parágrafo único), salvo disposição legal em contrário. Ter-se-á, então, uma aplicação subsidiária do Código Civil, mas há quem ache que empresas públicas e sociedades de economia mista não se enquadrariam no art. 41, parágrafo único, por não serem pessoas jurídicas de direito público, apesar de incluídas no rol da administração indireta. O mesmo se diga do *consórcio público* constituído como pessoa jurídica de direito privado, mediante atendimento de requisitos da legislação civil (Lei n. 11.107/2005, regulamentada pelo Decreto n. 6.017/2007, arts. 1º e § 1º, e 6º, II), que observará as normas de direito público no que concerne à realização de licitação, celebração de contratos, prestação de contas e admissão de pessoal, que reger-se-á pela CLT (art. 6º, § 2º). O art. 41, parágrafo único, conforme observa Ralpho Waldo de Barros Monteiro, diz que "em sentido amplo abrange a locução 'entidades de caráter público criadas por lei' as empresas públicas, as sociedades de economia mista, as fundações governamentais, os serviços sociais autônomos, as chamadas entidades de apoio (fundações, associações e cooperativas instituídas por servidores públicos), as organizações sociais e as organizações da sociedade civil de interesse público". Mas, tendo em vista as normas da CF, arts. 37, XIX, 170, 173, § 1º, 175 e 177, § 1º, pode-se dizer, conclui Ralpho Waldo de Barros Monteiro, que são pessoas jurídicas de direito privado, sujeitas ao integral regime de direito privado, não alcançadas pelo art. 41, V, as entidades prestadoras de serviços de interesse público (não serviços públicos), assim, para usar as expressões consagradas do direito administrativo, os serviços sociais autônomos (SENAI, SENAC, SESC, SESI), as entidades de apoio, as organizações sociais (empresas particulares prestadoras de serviços de natureza privada com o incentivo do Estado) e as organizações da sociedade civil de interesse público (empresas particulares dedicadas a serviços sociais não exclusivos do Estado). Já, continua o autor, tendo por base Celso Antônio Bandeira de Mello, as empresas estatais criadas, não para a prestação de serviços de interesse público, mas para a prestação de serviço público, atividade estatal, e com recursos públicos, são pessoas jurídicas de direito público, subsumidas no art. 41, V, do CC[183].

Por isso o Enunciado n. 141 do Conselho de Justiça Federal, aprovado na Jornada de Direito Civil de 2004, entende que: "A remissão do art. 41, parágrafo único, do CC às 'pessoas jurídicas de direito público, a que se tenha dado estrutura de direito privado', diz respeito às fundações públicas e aos entes de fiscalização do exercício profissional". Isto porque, ao lado da corrente doutrinária que vê a fundação pública como autarquia ou pessoa jurídica de capacidade administrativa, chamada fundação apenas pela sua estrutura, temos aquela que entende que o poder público pode criar fundação com personalidade pública ou privada, destinada por lei, para desempenhar atividade estatal na ordem social, com capacidade administrativa e mediante controle da administração pública, como ensina Maria Sylvia Zanella Di Pietro.

---

183. Ralpho Waldo de Barros Monteiro, *Comentários*, cit., v. I, p. 502-509. Sobre organizações sociais: Lei n. 12.101/2009, regulamentada pelo Decreto n. 7.237/2010.

Têm personalidade jurídica de direito privado os serviços sociais autônomos, que são entes de cooperação estatal, como, p. ex., o SESC (Serviço Social do Comércio - Dec.-lei n. 9.853/46, art. 2º), o SESI (Serviço Social da Indústria - Dec.-lei n. 9.403/46, art. 2º).

As *pessoas jurídicas de direito privado,* instituídas por iniciativa de particulares, conforme o art. 44, I a V, do Código Civil (com alteração da Lei n. 10.825/2003 e da Lei n. 12.441/2011), dividem-se em: fundações particulares, associações, sociedades (simples e empresárias), organizações religiosas, partidos políticos (Lei n. 9.096/95, art. 1º; CF, art. 17, I a IV, §§ 1º a 4º; Decreto n. 4.199/2002; CC, arts. 2.031 a 2.034), que, atualmente, ante o disposto na Carta Magna (art. 17, § 2º), têm a natureza de associação civil, sendo pessoa jurídica de direito privado e, ainda, sociedades limitadas unipessoais. Vejamos:

A) Fundações particulares, que são universalidades de bens, personalizadas pela ordem jurídica, em consideração a um fim estipulado pelo fundador, sendo este objetivo imutável e seus órgãos servientes, pois todas as resoluções estão delimitadas pelo instituidor. P. ex., Fundação São Paulo (mantenedora da PUCSP); Fundação Cásper Líbero; Fundação Roberto Marinho etc. É, portanto, um acervo de bens livres de ônus ou encargos e legalmente disponíveis, que recebe da lei a capacidade jurídica para realizar as finalidades pretendidas pelo seu instituidor, em atenção aos seus estatutos, desde que tenham fins de: assistência social; cultura, defesa e conservação do patrimônio histórico e artístico; educação; saúde; segurança alimentar e nutricional; defesa, preservação e conservação do meio ambiente e promoção do desenvolvimento sustentável; pesquisa científica, desenvolvimento de tecnologias alternativas, modernização de sistemas de gestão, produção e divulgação de informações e conhecimentos técnicos e científicos; promoção da ética, da cidadania, da democracia e dos direitos humanos; e atividades religiosas (CC, art. 62, parágrafo único, com a redação da Lei n. 13.151/2015). Na redação anterior, o art. 62 estabelecia que as fundações só poderiam ser constituídas para fins religiosos, morais, culturais ou de assistência. Com isso deu azo a enunciados do Conselho da Justiça Federal. Não têm fins econômicos, nem fúteis. "A constituição de fundação para fins científicos, educacionais ou de promoção do meio ambiente está compreendida no Código Civil, art. 62, parágrafo único" (Enunciado n. 8 do Centro de Estudos Judiciários do Conselho da Justiça Federal), por ser meramente enunciativa e por indicar a exclusão de fins lucrativos. E, além disso, cultura em sentido amplo pode abranger a educação (Lei n. 9.394/96), inclusive a ambiental, a pesquisa científica, a preservação do patrimônio cultural, a valorização e a difusão de manifestações culturais, o desenvolvimento intelectual etc. "O art. 62, parágrafo único, deve ser interpretado de modo a excluir apenas as fundações de fins lucrativos" (Enunciado n. 9 do Centro de Estudos Judiciários do Conselho da Justiça Federal). A nova redação está bem mais completa e elimina dúvidas quanto aos fins perseguidos pela fundação.

A fundação deve almejar a consecução de fins nobres, para proporcionar a adaptação à vida social, a obtenção da cultura, do desenvolvimento intelectual e o respeito de valores ambientais, espirituais, artísticos, materiais ou científicos. Não pode haver abuso, desvirtuando-se os fins fundacionais para atender a interesses particulares do instituidor, por exemplo.

Sua natureza consiste na disposição de certos bens em vista de determinados fins especiais, logo esses bens são inalienáveis (*RT, 252*:661), uma vez que asseguram a concretização dos objetivos colimados pelo fundador, embora, em certos casos, comprovada a necessidade de venda, esta possa ser autorizada pelo magistrado, ouvido o Ministério Público (por meio da Promotoria de Justiça das Fundações ou da Curadoria das Fundações, em alguns Estados-membros da Federação), que a tutela, para oportuna aplicação do produto em outros bens destinados ao mesmo fim (*RT, 242*:232, *172*:525, *422*:162; *RF, 165*:265; CC, arts. 66 e 69; LC n. 75/93, arts. 70 e 173; Lei n. 6.435/77, ora revogada pela Lei Complementar n. 109/2001, art. 82; CPC, arts. 764 e 765).

Se os bens forem insuficientes para constituir a fundação, os bens doados serão, se outra coisa não dispuser o instituidor, incorporados em outra fundação que se proponha a fim igual ou semelhante (CC, art. 63).

Percebe-se que é um patrimônio (propriedades, créditos ou dinheiro) colocado a serviço de um fim especial, que deve ter sempre um alcance social, p. ex., um hospital, um instituto cultural ou literário; logo, não constitui fundação a entrega de dinheiro a uma escola com a destinação de outorgar "bolsas de estudo" a colegiais[184].

---

184. Rossel e Mentha, *Manuel de droit civil suisse*, v. 1, n. 258; W. Barros Monteiro, op. cit., v. 1, p. 119 e 129; Bassil Dower, op. cit., v. 1, p. 113 e 114. Sobre fundações *vide*: Edson José Rafael, *Fundações e direito*, Melhoramentos, 1997; Airton Grazzioli e Edson José Rafael, *Fundações privadas*, São Paulo, Atlas, 2009; Maria Helena Diniz, *Direito fundacional*, São Paulo, Ed. Juarez de Oliveira, 2008; Gustavo Saad Diniz, *Direito das fundações privadas*, Síntese, 2000; Ricardo Algarve Gregorio, Considerações a respeito das fundações – *Revista do Curso de Direito das FMU*, n. 22, p. 95-100; José Celso de Mello Filho, Notas sobre as fundações, *RT, 537*:29; Tomás de Aquino Resende, *Novo manual de fundações*, 1997, e As fundações e sua disciplina no novo Código Civil, in *Questões de direito civil e o novo Código Civil*, Ministério Público de São Paulo, 2004, p. 246-71; José Eduardo Sabo Paes, *Fundações e entidades de interesse social*, Brasília, Brasília Jurídica, 2004; Ramón D. Rivacoba, *El negocio jurídico fundacional*, 1996; Jorge A. Carranza, *Las fundaciones en el derecho privado*, 1977; Rafael de Lorenzo Garcia e Miguel A. Cabra de Luna, *Las fundaciones y la sociedad civil*, 1992; Ramón Badenes Gasset, *El ordenamiento legal de las fundaciones*, 1996; Lincoln Antônio de Castro, *O Ministério Público e as fundações de direito privado*, 1995; Maurice Hauriou, *Teoria dell'istituzione e delle fondazione*, 1967; Pinto Ferreira, *Do sujeito de direito nas fundações privadas*, 1937; Mª Teresa C. Herrero, *La constitución de fundaciones*,

B) *Associações* civis, religiosas (CC, art. 44, IV, e Decreto n. 7.107/2010), pias, morais, científicas ou literárias e as de utilidade pública. Constituem, portanto, uma *universitas personarum,* ou seja, um conjunto de pessoas que colimam fins ou interesses não econômicos (CC, art. 53), que podem ser alterados, pois seus membros deliberam livremente, já que seus órgãos são dirigentes.

A doutrina e a lei distinguem as associações e as sociedades, sendo que "as disposições concernentes às associações aplicam-se, subsidiariamente, às sociedades que são objeto do Livro II, da Parte Especial deste Código" (CC, art. 44, § 2º).

Tem-se a *associação* quando não há fim lucrativo ou intenção de dividir o resultado, embora tenha patrimônio, formado por contribuição de seus membros para a obtenção de fins culturais, educacionais, esportivos, religiosos, beneficentes, recreativos, morais etc. Não perde a categoria de associação mesmo que realize negócios para manter ou aumentar o seu patrimônio, sem, contudo, proporcionar ganhos aos associados, p. ex., associação esportiva que vende aos seus membros uniformes, alimentos, bolas, raquetes etc., embora isso traga, como consequência, lucro para a entidade[185]. Pelo Enunciado 534

1997; Leonardo Pantaleão (org.), *Fundações educacionais,* São Paulo, Atlas, 2003; Fundações educacionais e o novo Código Civil, *Fundações educacionais,* cit., p. 170-209; Antonio C. Morato e Eduardo C. B. Bittar, Das fundações educacionais, *Fundações educacionais,* cit., p. 144-66; Rafael M. Garcia e Bruno C. Chaves, *Manual de fundações,* Impetus, 2005; Francisco de Assis Alves, *Associações, sociedades e fundações no Código Civil de 2002,* São Paulo, Ed. Juarez de Oliveira, 2005; *As fundações de apoio e a remuneração de seus dirigentes,* Brasília, Rossetto, 2006; José Eduardo Sabo Paes, *Fundações, associações e entidades de interesse social,* Brasília, Brasília Jurídica, 2006. Pelo art. 2.032 do Código Civil: "As fundações, instituídas segundo a legislação anterior, inclusive as de fins diversos dos previstos no parágrafo único do art. 62, subordinam-se, quanto ao seu funcionamento, ao disposto neste Código". As fundações de apoio visam auxiliar instituições estatais de ensino superior, em pesquisas e atividades científicas e tecnológicas (Lei n. 8.958/94, art. 1º), p. ex.: Fundação de Desenvolvimento da Unicamp (Funcamp), Fundação de Apoio à Pesquisa Agrícola (Fundag). Pelo Enunciado n. 10 do Centro de Estudos Judiciários do Conselho da Justiça Federal, aprovado na Jornada de Direito Civil de setembro de 2002, por ele promovida, "em face do princípio da especialidade, o art. 66, § 1º, deve ser interpretado em sintonia com os arts. 70 e 178 da LC n. 75/93". *Vide*: CLT, arts. 511 e 512. *Consulte*: Lei Complementar n. 109/2001, regulamentada pelo Decreto n. 4.206/2002 (ora revogado pelo Decreto n. 4.942/2003).

Lei n. 14.030/2020 dispõe sobre reunião assemblear presencial das fundações, art. 7º. Consulte Lei n. 14.010/2020 sobre Regime Jurídico Emergencial e Transitório das relações jurídicas de Direito Privado no período de pandemia do coronavírus, arts. 4º e 5º. CPC, art. 246, § 1º: "As empresas públicas e privadas são obrigadas a manter cadastro nos sistemas de processo em autos eletrônicos, para efeito de recebimento de citações e intimações, as quais serão efetuadas preferencialmente por esse meio".

185. Maria Helena Diniz, Sociedade e associação, in *Contratos nominados,* coord. Yussef S. Cahali, Saraiva, 1995, p. 346-99; Caio M. S. Pereira, *Instituições,* cit., v. 1, p. 294; Orlando Gomes, op. cit., p. 181; Graciano P. de Siqueira, As associações e o novo Código Civil, *Boletim CDT,* 21:88-9. Consulte CESA – Centro de Estudos das Sociedades de Advogados –,

do CJF (aprovado na VI Jornada de Direito Civil), "as associações podem desenvolver atividade econômica, desde que não haja finalidade lucrativa".

A associação (*Verein*) é um contrato pelo qual certo número de pessoas, ao se congregar, coloca, em comum, serviços, atividades, conhecimentos, em prol de um mesmo ideal, objetivando a consecução de determinado fim não econômico (*Idealverein*) ou econômico (*wirtschaftliche Verein*), com ou sem capital, e sem intuitos lucrativos (CC, art. 53). Poderá ter finalidade: *a*) *altruística* (associação beneficente); *b*) *egoística* (associação literária, esportiva ou recreativa); e *c*) *econômica não lucrativa* (associação de socorro mútuo).

Associação Civil sem fins lucrativos, constituída por sociedades de advogados inscritos na OAB. *Vide* Decreto n. 92.592/86 (ora revogado pelo Dec. s/n. de 25-4-91), art. 8º; Celso Neves, Notas a propósito das fundações, *Estudos em homenagem a Silvio Rodrigues*, São Paulo, Saraiva, 1989, p. 71-88. *Vide* Decreto n. 752/93, ora revogado pelo Decreto n. 2.536/98, sobre concessão do Certificado de Entidade de Fins Filantrópicos, a que se referia o art. 55, II, da Lei n. 8.212/91, hoje revogado pela Lei n. 12.101/2009, regulamentada pelo Decreto n. 8.242/2014 (nova Lei da Filantropia); Lei n. 8.909/94, sobre associações filantrópicas; Lei n. 12.873/2013, arts. 23 a 39, sobre o Programa de Fortalecimento das Entidades Privadas Filantrópicas e das Entidades sem fins lucrativos que atuam na área da saúde e participam do SUS (PROSUS), e art. 56 sobre o repasse à mantenedora de entidades sem fins lucrativos de recursos financeiros recebidos de entes públicos. Consulte Lei n. 9.637/98, sobre qualificação de entidades sem fins lucrativos como organizações sociais; Lei n. 9.790/99, regulamentada pelo Decreto n. 3.100/99, sobre qualificação de pessoas jurídicas de direito privado sem fins lucrativos, como organizações da sociedade civil de interesse público; Lei n. 10.170/2000, que acrescenta o § 13 ao art. 22 da Lei n. 8.212/91, dispensando as instituições religiosas do recolhimento da contribuição previdenciária incidente sobre o valor pago aos ministros de confissão religiosa, membros de instituto de vida consagrada, de congregação ou de ordem religiosa. *Vide*, ainda, o art. 26 da Lei n. 8.694/93, com a redação da Lei n. 8.928/94; Portaria do Ministério da Saúde n. 1.695/94, sobre participação de entidades filantrópicas no Sistema Único de Saúde; Instrução Normativa n. 531/2005 da Secretaria de Receita Federal, sobre a Declaração de Não Incidência da Contribuição Provisória sobre a Movimentação ou Transmissão de Valores e de Créditos e Direitos de Natureza Financeira (CPMF), no caso de entidades beneficentes de assistência social e dos beneficiários de privilégios e imunidades diplomáticas e consulares; Lei n. 13.267/2016 disciplina a criação e a organização das associações denominadas empresas juniores, com funcionamento perante instituições de ensino superior. CF, art. 5º, XVII, XVIII, XIX, XX, XXI; *RJTJSP*, *108*:60, *88*:43, *105*:93; *RT*, *582*:255, *686*:115, *515*:223; *JB*, *100*:258; *Ciência Jurídica*, *7*:130. Já se decidiu que há o benefício de justiça gratuita para entidade beneficente (RE 132494-SP, rel. Min. Edson Vidigal).

A Lei n. 14.030/2020 dispõe sobre reunião assemblear presencial de associação, art. 7º. A Lei n. 5.764/71, art. 43-A e parágrafo único (acrescentado pela Lei n. 14.030/2020) possibilita assembleia geral realizada digitalmente e voto à distância de associados de cooperativa desde que respeitados direitos previstos em lei de participação e manifestação dos associados e normas regulamentares do órgão competente do Poder Executivo Federal. E a assembleia geral poderá ser realizada de forma digital, respeitados os direitos legalmente previstos de participação e de manifestação dos associados e os demais requisitos regulamentares.

A Lei n. 13.019 sobre organizações de sociedade civil (OSC), entidade privada sem fins lucrativos que presta serviços visando direitos humanos, foi alterada pela Lei n. 14.309/2022 que lhe acrescentou o art. 4º-A: "Todas as reuniões, deliberações e votações das organizações da sociedade civil poderão ser feitas virtualmente, e o sistema de deliberação remota deverá garantir os direitos de voz e de voto a quem os teria em reunião ou assembleia presencial".

O ato constitutivo da associação consiste num conjunto de cláusulas contratuais vinculantes, ligando seus fundadores e os novos associados que, ao nela ingressarem, deverão submeter-se aos seus comandos. Nele deverão estar consignados sob pena de nulidade: *a*) a denominação, os fins e a sede da associação; *b*) os requisitos exigidos para admissão, demissão e exclusão dos associados; *c*) os direitos e deveres dos membros componentes; *d*) as fontes de recursos financeiros para sua manutenção para evitar "lavagem" de dinheiro (Lei n. 9.613/98) e delitos disfarçados por atos beneficentes; *e*) o modo de constituição e de funcionamento dos órgãos deliberativos; *f*) as condições para a alteração do estatuto e para a dissolução da entidade, dispondo sobre o destino do patrimônio social; *g*) a forma de gestão administrativa e de aprovação das respectivas contas. Logo, deverá ser constituída, por escrito, mediante redação de um estatuto, lançado no registro geral (CC, arts. 54, I a VII, e 45), contendo declaração unânime da vontade dos associados de se congregarem para formar uma coletividade, não podendo adotar qualquer das formas empresárias, visto que lhe falta o intuito especulativo.

Plena é a liberdade de associação para fins lícitos (CF/88, art. 5º, XVII). Portanto, vedada estará a formação de: *a*) associação com fins ilícitos, proibidos por lei, tendo atividades atentatórias à moral, aos bons costumes e à ordem pública; *b*) *societas criminis*, conluio entre duas ou mais pessoas para a prática de determinado crime. Trata-se da coautoria, em que se punem os agentes individualmente, de acordo com sua participação na consumação do delito acertado; *c*) *societas sceleris*, ou seja, associação que tem por finalidade reunir malfeitores para a prática de crimes, organizar quadrilhas (CP, art. 288) ou tramar conspiração; *d*) associação política paramilitar, que busca a realização de objetivos políticos com organizações de caráter militar (CF/88, arts. 5º, XVII, *in fine*, e 17, § 4º)[186].

A associação é uma modalidade de agrupamento, dotada de personalidade jurídica, sendo pessoa jurídica de direito privado, voltada à realização de finalidades culturais, sociais, pias, religiosas, recreativas etc., cuja existência

---

186. Pires de Lima e Antunes Varela, *Código Civil anotado*, Coimbra, 1967, p. 102; Reinhardt, *Gesellschaftsrecht*, Tübingen, 1973, n. 378 e s.; Larenz, *Allgemeiner Teil des deutschen bürgerlichen Rechts*, München, Beck, 1967, II, § 8º; Antônio Chaves, Associação civil, in *Enciclopédia*, cit., v. 8, p. 274, 284-5; José Náufel, *Novo dicionário jurídico brasileiro*, Rio de Janeiro, Konfino, 1965; Maria Helena Diniz, Sociedade e associação, in *Contratos nominados*, São Paulo, Saraiva, 1995, p. 347-88; Pontes de Miranda, Associação civil, *RT*, *445*:44; Juan L. Paez, *El derecho de las asociaciones*, 1946; *Tratado teórico-prático de las asociaciones*, 1964; Miguel Reale, Associação civil, *RT*, *445*:51; Mário C. Bustamante, *Teoría de la asociación*, 1972. *Vide* Resolução n. 8/92 da SUSEP, ora revogada pela Resolução Susep n. 26/92; Glauber Moreno Talavera, *Comentários ao Código Civil* (coord. Camillo, Talavera, Fujita e Scavone Jr.), São Paulo, Revista dos Tribunais, 2006, comentário ao art. 54, p. 143.

legal (*Dasein*) surge com o assento de seu estatuto, em forma pública ou particular, no registro competente, desde que satisfeitos os requisitos legais, tendo ela objetivo lícito e estando regularmente organizada. Há casos em que pode ser exigida para a sua constituição uma prévia autorização governamental, que será federal. Dever-se-á, então, registrar o estatuto e a autorização governamental para que a associação seja uma pessoa jurídica (Lei n. 6.015/73, arts. 114 a 121).

Consequentemente, fácil será deduzir a eficácia constitutiva do ato registrário, pois dele advém a personalidade jurídica da associação, que passará a ter capacidade de direito (*Rechtsfähigkeit*).

Sem o registro será considerada uma associação irregular (*nichtrechtsfähiger Verein*), ou melhor, não personificada, que, não tendo personalidade jurídica, será tida como mera relação contratual disciplinada pelo seu estatuto (*Satzung*). Mesmo irregular, a associação será representada em juízo, ativa ou passivamente, pela pessoa que a administrar (CPC, art. 75, IX; *RT*, *470*:147). Todavia, há juristas que admitem a personalidade jurídica da associação irregular[187].

Com a personificação da associação, para os efeitos jurídicos, ela passará a ter aptidão para ser sujeito de direitos e obrigações e capacidade patrimonial, constituindo seu patrimônio, que não terá relação com o dos associados, adquirindo vida própria e autônoma, não se confundindo com os seus membros, por ser uma nova unidade orgânica. Cada um dos associados constituirá uma individualidade e a associação, uma outra (CC, art. 50, 2ª parte), tendo cada um seus direitos, deveres e bens apesar de não haver, nas relações entre os associados, direitos e deveres recíprocos (CC, art. 53, parágrafo único). Observa Renan Lotufo que esse parágrafo único "evidencia claramente que as associações não são contratos sinalagmáticos entre os associados, isto é, com obrigações respectivas. Na teoria do negócio jurídico, o contrato é classificado como plurissubjetivo unidirecional, porque são vários os que declaram suas vontades, mas todas no mesmo sentido, vontade comum, pelo que muitos o denominam acordo. Não se põe o *do ut des*". Será preciso, ainda, não olvidar que a associação poderá ter existência legal (*Dasein*) "no papel", sendo juridicamente reconhecida, sem que, contudo, tenha vida (*Leben*), o que somente ocorrerá no momento em que os cargos de direção estiverem preenchidos, colocando-a em funcionamento para atender aos fins

187. J. Lamartine Corrêa de Oliveira, Personalidade jurídica da sociedade irregular, *Revista da Faculdade de Direito da Universidade Federal do Paraná*, Curitiba, 1964, n. 10, p. 152-61; João Eunápio Borges, *Curso de direito comercial*, cit., v. 2, p. 47-50.

de sua constituição[188]. Nas relações entre associação e associados há deveres e direitos, oriundos do estatuto social, cuja natureza é a de ato coletivo. Há liame obrigacional entre associação e terceiro em razão de atos negociais, como locação de prédio para sua sede, aquisição de materiais etc.

Há *de lege lata,* em nosso país, nítida diferenciação entre associação e sociedade, uma vez que o Código Civil, no art. 44, I, II, IV e V, as abrange. Assim, a sociedade *lato sensu* seria o gênero, que compreenderia as espécies, isto é, sociedade *stricto sensu* e associação, estando, por isso, submetidas ao mesmo regime normativo, com a ressalva do art. 61, §§ 1º e 2º, do Código Civil, atinentes ao destino dos bens da associação.

Para que se possa enumerar um rol exemplificativo de associações, além da verificação dos seus estatutos, será preciso averiguar as atividades por elas exercidas real e faticamente, por terem objetivos variáveis, não comportando repartição de lucros e benefícios entre os associados.

Dentre elas podemos indicar[189]:

---

188. Larenz, *Allgemeiner Teil*, cit., p. 175, § 15, II, 4; p. 183, § 16, I, *b*; p. 205; § 16, V, 4; Reinhardt, *Gesellschaftsrecht*, cit., n. 371; De Plácido e Silva, *Vocabulário jurídico*, Rio de Janeiro, Forense, 1972, p. 172; Fritz Fabricius, *Relativität*, cit., p. 88 e 89; J. Lamartine Corrêa de Oliveira, *A dupla crise da pessoa jurídica*, São Paulo, Saraiva, 1979, p. 44-7, 55, 60-1, 96-7, 101-20, 144, 149, 162-7, 171, 241, 260 e 553; Fritz Rittner, *Die werdende juristische Person*, Tübingen, Mohr, 1973, p. 17 e 18; José M. Siviero, *Títulos e documentos e pessoa jurídica: seus registros na prática*, 1983; W. Ceneviva, *Lei dos Registros Públicos comentada*, São Paulo, Saraiva, 1979, p. 247; Bassil Dower, *Curso moderno de direito civil*, 1976, v. 1, p. 83, 102 e 115; Renan Lotufo, *Código Civil comentado*, São Paulo, Saraiva, 2003, v. 1, p. 157 e 158. *Vide* Resolução Normativa n. 8/97 do Ministério do Trabalho, sobre concessão de visto a estrangeiros que venham ao Brasil prestar serviços junto a entidades de assistência social, Decreto n. 6.308/2007, sobre entidades de assistência social, de que trata o art. 3º da Lei n. 8.742/93, e Portaria n. 834/2016 do Ministério da Saúde, sobre redefinição de procedimentos sobre certificação das entidades beneficentes de assistência social na área de saúde.

189. Sobre os vários tipos de associações: Moacyr de Oliveira, Sociedade secreta, in *Enciclopédia*, cit., v. 70, p. 284-5; Antônio Chaves, Associação civil, in *Enciclopédia*, cit., v. 8, p. 276, 280-1; Associação de utilidade pública, in *Enciclopédia*, cit., v. 8, p. 287-92; Associação de titulares de direitos de autor e dos que lhe são conexos, in *Enciclopédia*, cit., v. 8, p. 296-308; Associações esportivas e recreativas, in *Enciclopédia*, cit., v. 8, p. 325-33; Associações pias, morais, científicas, literárias, in *Enciclopédia*, cit., v. 8, p. 333-8; Associações religiosas, in *Enciclopédia*, cit., v. 8, p. 338-46; J. Lamartine Corrêa de Oliveira, *A dupla crise*, cit., p. 29, 32, 44, 51, 55-8, 69, 70, 77, 80, 84, 103-8, 114, 145, 163, 171-4; Elcir Castello Branco, Assistência social, in *Enciclopédia*, cit., v. 8, p. 257-64; W. Ceneviva, Associação dos advogados de São Paulo, in *Enciclopédia*, cit., v. 8, p. 292-5; Helita B. Custódio, Associação de utilidade pública, in *Enciclopédia*, cit., v. 8, p. 309-25; Amador Paes de Almeida, Sociedade cooperativa I, in *Enciclopédia*, cit., v. 70, p. 27-39; Fritz Fabricius, *Relativität*, cit., p. 88; Juan L. Paez, *Derecho de las asociaciones*, Buenos Aires, Kraft, 1940; Caio M. S. Pereira, *Instituições*, cit., v. 3, p. 434 e 435; Tércio Sampaio Ferraz Jr., Cooperativismo e direito da concorrência, *Revista Direito de Empresa, 1*:51-62, 1996; Antônio S. R. dos Santos, O papel

a) as *associações pias, beneficentes* ou *filantrópicas*, que têm finalidade caritativa, como ocorre com as mantenedoras de santas casas de misericórdia, de estabelecimento de socorro a crianças carentes (creches), a pessoas enfermas, a doentes mentais ou excepcionais (APAE), a alcoólatras etc. Como exemplo, citamos a FEPA (Federação Paulista de Autismo), que presta assistência, inclusive financeira, às associações que atendem os autistas e seus familiares, sendo sua diretoria composta por representantes das associações filiadas, buscando centralizar as ações desenvolvidas para otimizar os resultados comuns. O mesmo se pode dizer do Grupo de Redenção de Alcoólicos Anônimos. Tais entidades estão registradas no Conselho Nacional do Serviço Social e destinam as rendas apuradas ao atendimento gratuito das suas finalidades, sendo que seus diretores e associados não percebem nenhuma remuneração pelos serviços prestados;

b) as *associações de assistência social* (Portaria do Ministério da Saúde n. 3.355/2010), como hospitais beneficentes, hospícios, creches, asilos, dispensários, orfanatos, que, sem fins lucrativos, atendem pessoas enfermas, carentes, abandonadas, marginalizadas, portadoras de doenças mentais etc., objetivando socorrê-las, auxiliá-las ou integrá-las na vida econômico-social, uma vez que procuram ampará-las, orientá-las, higiênica ou sanitariamente, e reeducá-las, a fim de que, premidas pelas necessidades, não se tornem antissociais, enveredando pelo caminho da criminalidade e da improdutividade;

---

das associações de bairro, *Tribuna do Direito*, fev. 2003, p. 16. Goffredo Telles Jr. (*O povo e o poder*, São Paulo, Malheiros, 2003, p. 80-106) traça linhas esclarecedoras sobre partido político. A Lei n. 12.101/2009 dispõe sobre a certificação das entidades beneficentes de assistência social e regula os procedimentos de isenção de contribuições para a seguridade social. A certificação das entidades beneficentes de assistência social e a isenção de contribuições para a seguridade social serão concedidas às pessoas jurídicas de direito privado, sem fins lucrativos, reconhecidas como entidades beneficentes de assistência social com a finalidade de prestação de serviços nas áreas de assistência social, saúde ou educação. Lei n. 8.036/1990 (com alteração da MP n. 848/2018) sobre FGTS, para possibilitar a aplicação de recursos em operações de crédito destinadas às entidades hospitalares filantrópicas e sem fins lucrativos que participem de forma complementar do Sistema Único de Saúde.

O art. 22, § 13 (acrescentado pela Lei n. 10.170/2000), da Lei n. 8.212/91 assim reza: "Não se considera como remuneração direta ou indireta, para os efeitos desta Lei, os valores despendidos pelas entidades religiosas e instituições de ensino vocacional com ministro de confissão religiosa, membros de instituto de vida consagrada, de congregação ou de ordem religiosa em face do seu mister religioso ou para sua subsistência desde que fornecidos em condições que independam da natureza e da quantidade do trabalho executado". Pelo art. 24 e parágrafo único da Lei n. 11.481/2007 as ocupações irregulares de imóveis, situados em áreas objeto de programas de regularização fundiária de interesse social, por organizações religiosas para suas atividades finalísticas, ocorridas até 27 de abril de 2006, poderão ser regularizadas pela Secretaria do Patrimônio da União mediante cadastramento, inscrição da ocupação e pagamento dos encargos devidos, observada a legislação urbanística local e outras disposições legais pertinentes.

O Decreto n. 7.107/2010, arts. 3º e 5º, reconhece a personalidade jurídica da Igreja Católica e das instituições eclesiásticas, mediante a inscrição no respectivo registro do ato de criação, nos termos da legislação brasileira, vedado ao Poder Público negar-lhes reconhecimento ou registro do ato de criação, devendo também ser averbadas todas as alterações por que passar o ato.

c) as *associações de utilidade pública,* que, pelos seus serviços socioassistenciais ou educacionais prestados gratuita e desinteressadamente à coletividade, fazem jus a subsídios ou auxílios financeiros governamentais, desde que haja declaração de sua utilidade pública federal, estadual ou municipal, considerando preenchidas as rígidas condições que lhes são impostas, ficando, então, sujeitas ao controle e à contínua fiscalização da administração pública competente, que vão muito além do mero poder de polícia (Leis n. 91/35, 6.639/79, 9.637/98 e 9.790/99);

d) as *associações* ou *organizações religiosas* (CC, art. 44, IV; Lei n. 10.170/2000, que acrescenta o § 13 ao art. 22 da Lei n. 8.212/91; Decreto n. 7.107/2010, arts. 3º e 5º); organizadas de conformidade com as normas de direito comum, abrangendo, p. ex.: *a*) as *confrarias* ou *irmandades,* que são associações de leigos, que prestam obediência às leis civis, embora estejam, quanto à sua organização interna e administrativa, sob a autoridade e inspeção do bispo, destinadas à manutenção do culto, ao auxílio espiritual de seus membros, ao exercício de obras de piedade; p. ex., a Confraria do Santíssimo Sacramento, a Confraria de Nossa Senhora da Boa Morte. Embora tenham seus deveres consignados em seus regulamentos, sofrem intervenção de atos episcopais na sua administração no sentido de conduzi-la à fiel efetivação de suas finalidades. As confrarias não se confundem com as *devoções,* que constituem meras congregações de fato, não regidas por normas estatutárias; *b*) as *fábricas paroquiais,* ou seja, os conselhos constituídos por pessoas que administram, sob a fiscalização da autoridade eclesiástica, bens ou rendas paroquiais destinados à conservação ou reparação da igreja e às despesas do culto; *c*) as *ordens monásticas,* compostas por pessoas cuja vida individual ficará absorvida na coletiva, por fazerem votos de pobreza, obediência e castidade; *d*) os *cabidos,* que, em sentido estrito, consistem nas associações de cônegos, conselheiros do bispo, tendo direitos e deveres, bens patrimoniais, representação jurídica ativa e passiva e selo para expedir os atos capitulares, e, em sentido amplo, abrangem as corporações de clérigos para prover ao serviço do culto; p. ex., o Capítulo da Ordem Beneditina, a ela incorporado para tomar deliberações. São livres a criação, a organização, a estruturação interna e o funcionamento das organizações religiosas, sendo vedado ao Poder Público negar-lhes reconhecimento ou registro dos atos constitutivos e necessários ao seu funcionamento (CC, art. 44, § 1º, acrescentado pela Lei n. 10.825/2003). Com isso, garantida está a liberdade e autonomia de cultos religiosos. Esclarece o Enunciado n. 143 do Conselho da Justiça Federal, aprovado na Jornada de Direito Civil de 2004: "A liberdade de funcionamento das organizações religiosas não afasta o controle de legalidade e legitimidade constitucional de seu registro, nem a possibilidade de reexame pelo Judiciário da compatibilidade de seus atos com a lei e com seus estatutos";

e) as *associações espiritualistas* ou espíritas, tais como centros espíritas, tendas de umbanda, entidades relativas à prática da teosofia ou à divulgação da doutrina esotérica ou kardecista;

f) as *associações secretas* com fins lícitos (humanitários, educativos, filosóficos, morais, religiosos, científicos), embora sua finalidade e conteúdo ideológico ou místico sejam apenas revelados aos iniciados ou filiados, poderão ser tidas como pessoas jurídicas de direito privado, desde que devidamente registrados seus atos constitutivos, fazendo-se titular de direitos e obrigações; p. ex., Fraternidade, Bucha (*Burschenschaft*) e Maçonaria[190];

g) as *associações estudantis*, que visam atender aos interesses do corpo discente de escolas, colégios ou universidades, tais como: os grêmios, os centros acadêmicos, a União Nacional de Estudantes, as associações de pais e mestres, a Associação dos Pós-Graduandos da PUCSP, as empresas juniores (Lei n. 13.267/2016) etc.;

h) as *associações formadas para manutenção de escolas livres ou de extensão cultural*, como: universidades populares e institutos educacionais particulares formados por grupos de professores, como o Instituto de Direito Administrativo Paulista (IDAP);

i) as *associações culturais*, como as científicas, literárias, musicais ou artísticas (CF/88, art. 5º, XXVIII, *b*), dentre as quais destacamos: *i.1*) *as associações de titulares de direitos de autor e dos que lhe são conexos* para a defesa, judicial ou extrajudicial, de sua criação intelectual de plágios e contrafações; a administração do direito de execução de suas obras de acordo com as leis nacionais e convenções internacionais; a fiscalização da utilização de suas obras; a percepção e cobrança dos direitos autorais devidos em razão

---

190. Afonso Schmidt, *A sombra de Júlio Frank*, São Paulo, 1942; A. Tenório de Albuquerque, *Sociedades secretas*, 3. ed., s/d; *A maçonaria e a grandeza do Brasil*, Rio de Janeiro, Aurora, s/d, p. 29 e 30. Urge lembrar que a Lei n. 9.790/99 institui as organizações de sociedade civil de interesse público (OSCIPS), expandindo o elenco das atividades consideradas de interesse social, dando-lhes uma estrutura menos burocrática. Assim, além da saúde, educação e assistência social, passaram a ter interesse social: a promoção da cultura, da segurança alimentar e nutricional, do desenvolvimento econômico e social e combate à pobreza; de construção de novos direitos e assessoria jurídica gratuita de interesse suplementar, da ética, da paz, da cidadania, dos direitos humanos, da democracia; defesa e conservação do patrimônio histórico e artístico; preservação do meio ambiente e do desenvolvimento sustentável; experimentação de sistemas alternativos de produção, comércio, empregos e crédito; estudos e pesquisas, desenvolvimento de tecnologias alternativas, produção e divulgação de informações e conhecimentos técnicos e científicos relacionados às atividades mencionadas acima.

do aproveitamento público das obras; a difusão da arte e da cultura. Ao Conselho Nacional de Direito Autoral (Lei n. 9.610/98) competirá estabelecer normas gerais, que deverão ser seguidas por essas associações ao organizarem o ECAD (Escritório Central de Arrecadação e Distribuição)[191]; *i.2*) as *academias de letras*; *i.3*) os *observatórios astronômicos*; *i.4*) as *associações de geologia e geografia*; *i.5*) as *associações culturais de intercâmbio internacional*, como o Instituto de Direito Comparado Luso-Brasileiro; *i.6*) as *comissões organizadoras de exposições* ou os comitês promotores;

j) as *associações de profissionais liberais* que exercem a mesma atividade (CLT, art. 511), como a Associação dos Advogados de São Paulo, para atender a defesa dos interesses da classe e o aprimoramento da profissão, mediante a realização de cursos; a publicação de trabalhos; a formação de biblioteca; a manutenção de fichário de jurisprudência e de legislação; a informação forense diária etc.;

k) as *associações desportivas*, que têm sua autonomia resguardada constitucionalmente quanto à sua organização e funcionamento (CF/88, art. 217, I). São entidades básicas que procuram organizar, ensinar e fomentar a prática dos desportos. P. ex., *aeroclube* (Dec.-lei n. 205/67), para ensino e prática da aviação esportiva; *clube de caça e de tiro ao voo*, objetivando alcançar o espírito associativista para a prática desse esporte, desde que se obtenha licença especial para seus associados transitarem com arma de caça e de esporte, para uso, em suas sedes, durante o período permitido e dentro do perímetro determinado (Lei n. 5.197/67, arts. 6º, 11 e 12). O clube de tiro ao voo, esporte consistente em abater pombos comuns em seus próprios domínios, deverá doar a maior parte das aves abatidas em cada torneio ou exercício a entidades de caridade. A caça amadorística é autorizada pela Lei de Proteção à Fauna em seu art. 6º, *alínea "a"*, mas segundo alguns autores, pelo art. 225, § 1º, VII da CF/88, não mais está permitido o tiro ao alvo sobre pombos, pois veda a prática de crueldade contra animais na terra, água e ar; *clubes de pesca* (Dec.-lei n. 221/67); o *Tênis Clube*; o *Iate Clube* etc.;

l) as *entidades organizadoras de corridas de cavalos*, designadas de melhoria da raça equina;

m) as *associações recreativas* ou sodalícias, que visam o entretenimento ou o divertimento de seus associados, como os clubes sociais, que procuram a integração social e o desenvolvimento comunitário nacional, proporcionando

---

191. Plaisant, Les sociétés d'auteurs, *Juris Classeur de la Propriété Littéraire et Artistique*, Paris, fasc. 12, 1965; Fabiani, La società di autori: funzioni e natura giuridica, *Rivista delle Società*, 1964, p. 31-55.

lazer ao realizar programas prioritários no desenvolvimento do desporto nacional; ao consolidar intercâmbio entre os clubes, democratizando o turismo; ao despertar interesses culturais e educacionais; ao promover festas e comemorações de datas significativas; ao se reunirem em federações, formando a Associação Brasileira de Clubes Sociais, demonstrando confraternização, solidariedade e ajuda recíproca; *RJTJSP, 108*:60, *105*:93; *Revista de Direito do TJRJ, 1*:95; *RT, 582*:255, *628*:246, *686*:115; *EJSTJ, 18*:52;

n) as *associações de amigos de bairro* ou de fomento e defesa, formadas por proprietários, que se reúnem não só para a proteção de seus imóveis contra dano eventual, mas também para a defesa do bairro, obtendo melhorias e evitando atos lesivos ao meio ambiente;

o) as *caixas de socorro* formadas por empregados de companhias, fábricas, usinas etc., para obtenção de subsídios, inclusive pensões, aos associados e familiares, mediante contribuição de cada empregado componente;

p) os *sindicatos* ou organizações profissionais representativos de uma categoria profissional idêntica, similar ou conexa, formados pela livre adesão de assalariados de uma empresa (CLT, arts. 511 e s.; CF/88, arts. 5º, XXVIII, *b*, 8º, I a VIII, e 240; Lei n. 11.648/2008; *Ciência Jurídica, 34*:270 e 272, *44*:248, *41*:235), para fins de estudo, coordenação e defesa de interesses profissionais ou econômicos, sejam coletivos ou individuais, participação nas negociações coletivas de trabalho, sem que haja necessidade de autorização estatal para sua fundação, ressalvado o registro no órgão competente, vedando-se interferência do poder público na organização sindical. Como exemplo citamos: *a*) o *sindicato dos metalúrgicos*; *b*) os *sindicatos agrícolas ou rurais e de colônias de pescadores* (CF/88, art. 8º, parágrafo único); *c*) os *sindicatos de servidor público civil* (CF/88, art. 37, VI); *d*) os *sindicatos acionários* ou acordos de acionistas de uma mesma companhia, regidos pelo direito civil, visando a defesa de seus interesses, a regulação do exercício dos seus direitos alusivos ao voto, à negociabilidade das suas ações, à orientação a ser seguida nas deliberações societárias[192];

---

192. Ascarelli, La liceità dei sindicati azionari, *Rivista del Diritto Commerciale*, 1931, p. 256 e s.; Fernando M. Mascheroni, *La sindicación de acciones*, Buenos Aires, 1968, p. 24 e s.; Jürge Dohm, *Les accords sur l'exercise du droit de vote de l'actionnaire*, Genève, 1971, p. 15-7; Modesto Carvalhosa, *Acordo de acionistas*, São Paulo, Saraiva, 1984; Fran Martins, Acordo de acionistas: contrato plurilateral, *Revista da Faculdade de Direito da Universidade Federal do Ceará*, 1988, v. 29/1, p. 59-72; J. A. Tavares Guerreiro, Execução específica do acordo de acionistas, *RDM, 41*:42 e s., 1981; Celso Antonio P. Fiorillo, *Os sindicatos e a defesa dos interesses difusos no direito processual civil brasileiro*, São Paulo, Revista dos Tribunais, 1995. Sindicato só se torna pessoa jurídica com o registro

q) as *associações para o exercício de atividade de garimpagem* (CF/88, arts. 21, XXV, e 174, §§ 2º, 3º e 4º) nas áreas e nas condições estabelecidas pela União. O Estado poderá favorecer a sua organização em cooperativa, levando em conta a proteção do meio ambiente e a promoção econômico-social dos garimpeiros. Tal cooperativa terá prioridade na autorização ou concessão para pesquisa e lavra dos recursos e jazidas minerais garimpáveis, na sua área de atuação fixada pelo governo;

r) as *cooperativas* (*eingetragenen Genossenschaften*), que são associações sob forma de sociedade, com número aberto de membros, que têm por escopo, sem fito de lucro, estimular a poupança, a aquisição e a economia de seus associados, mediante atividade econômica comum (Lei n. 5.764/71, com as alterações das Leis n. 7.231/84, 13.806/2019 e 14.030/2020, arts. 5º e 8º; CF/88, art. 174, § 2º). Constituem-se por contrato, reunindo cooperação de pessoas físicas e, excepcionalmente, de pessoas jurídicas, para atingir um fim econômico não lucrativo, em prol de seus integrantes, agindo, juntamente com eles ou com terceiros. É uma sociedade de pessoas *intuitu personae*, formada em razão de qualidades pessoais de seus associados (CC, arts. 1.093 a 1.096). Regem-se pelo *princípio da adesão livre*, pois seus associados têm liberdade de ingresso ou saída, exceto as exigências estatutárias, e independem de autorização para sua criação, sendo vedada qualquer interferência estatal no seu funcionamento (CF/88, art. 5º, XVIII), salvo se for cooperativa de crédito, pois, pela Constituição Federal, art. 192, lei complementar disporá sobre seu funcionamento, regulando-a, impondo requisitos para que possam ter condições de operacionalidade e estruturação próprias das instituições financeiras. Deveras, reza tal dispositivo, com a alteração da EC n. 40/2003: "O sistema financeiro nacional, estruturado de forma a promover o desenvolvimento equilibrado do País e a servir aos interesses da coletividade, em todas as partes que o compõem, abrangendo as coo-

---

em Cartório de Títulos e Documentos e Registro Civil de Pessoa Jurídica (STJ, REsp 431.421-PR, rel. Min. Garcia Vieira); STJ, AgRg no REsp 383.858-MG, rel. Min. Francisco Falcão, j. 18-3-2004 – ementa: "Administrativo e processual civil. Agravo regimental. Recurso especial. Legitimidade ativa. Sindicato. Registro. Ministério do Trabalho. Inexigibilidade. Prequestionamento. Dispositivos legais. Ocorrência.

I – A matéria concernente à dispensabilidade do registro da entidade sindical no Ministério do Trabalho, em face dos arts. 18, do Código Civil, e 119, da Lei n. 6.015/73, foi efetivamente apreciada pelo Tribunal *a quo*, atendendo ao requisito do prequestionamento exigido para a admissão do recurso especial.

II – A jurisprudência da 1ª Seção desta Corte é uníssona no sentido de que o sindicato adquire sua personalidade jurídica no momento de seu registro no Cartório de Registro de Títulos e Documentos e Registro Civil das Pessoas Jurídicas, sendo desnecessário o registro junto ao Ministério do Trabalho.

III – Agravos regimentais improvidos".

perativas de crédito, será regulado por leis complementares que disporão inclusive sobre a participação do capital estrangeiro nas instituições que o integram". Constituem uma forma de organização de atividade econômica, tendo por finalidade a produção (CF, art. 187, VI) agrícola ou industrial ou a circulação de bens ou de serviços. É uma estrutura de prestação de serviços, voltada ao atendimento de seus associados, possibilitando o exercício de uma atividade econômica comum, sem objetivar lucro. Visam a autodefesa dos produtores de remédios, de gêneros alimentícios, de livros escolares etc., que põem em comum capital e trabalho, evitando a intermediação de terceiros, alheios ao processo produtivo, eliminando o lucro do intermediário. Consequentemente, vendem as mercadorias por preços módicos apenas a seus associados ou lhes conseguem fundos sem intuitos lucrativos, repartindo, no final das atividades exercidas, as bonificações proporcionais às compras ou operações feitas por cada membro. Realizam, portanto, operações com seus próprios sócios, que são seus fregueses, e para quem os resultados são distribuídos, constituindo um reembolso daquilo que, naquelas operações, compete a cada um, sempre atendendo aos deveres assumidos no contrato social. São regidas pelo *princípio da mutualidade*, pois suas decisões não obedecem à força do capital investido por cada um dos cooperadores, mas subjetivamente ao valor da pessoa natural ou jurídica que as compõe, pouco importando o *quantum* de sua contribuição material (bens fungíveis ou infungíveis) nos negócios comuns. Temos, portanto, vários tipos de cooperativa, como a de: produção agrícola ou industrial; trabalho (Lei n. 12.690/2012); beneficiamento de produtos; compras em comum; vendas em comum; consumo; abastecimento; crédito (Circulares n. 3.226/2004, 3.695/2013 e 3.771/2015 do BACEN; Carta-Circular do BACEN n. 3.479/2011; Resoluções BACEN n. 3.859/2010 e 4.194/2013; LC n. 123/2006, art. 3º, § 5º, com a redação da LC n. 128/2008; LC n. 130/2009; IN SRF n. 333/2003; Súmula 262 do STJ; Resoluções BACEN n. 3.859/2010, alterada pela Resolução n. 4.020/2011 do BACEN, e 4.434/2015; Lei n. 9.430/96, art. 56-A, §§ 1º a 5º, acrescentados pela Lei n. 12.873/2013; Lei n. 8.213/91, art. 11, § 8º, VI, com a redação da Lei n. 13.183/2015); seguro; construção de casas populares; cultura, livros escolares, eletrificação rural (Decreto n. 6.160/2007, que regulamenta os §§ 1º e 2º do art. 23 da Lei n. 9.074/95) etc. Como se vê, as cooperativas buscam uma cooperação para a obtenção de um fim econômico e não a interposição lucrativa das sociedades. Todavia, há quem nelas vislumbre, como Verrucoli[193], um misto de sociedade e associação, por haver atribuição de voto a cada sócio, que é relevante ao fenômeno associativo ante o princípio da mutualidade, enquanto outros as entendem como

193. Verrucoli, Cooperative, in *Enciclopedia del diritto*, 1962, v. 10, p. 562 e 563.

uma sociedade onde se tem união autônoma organizada corporativamente para intercâmbios associativos, o que vem confirmado na seguinte lição de Paulik: "*ist sie Keine Gesellschaft im Sinne einer Gesamthandgemeinschaft, sondern ein Körperschaftlich organisierter und von Mitgliederwechsel unabhängiger Verein*"[194]. Diante da incerteza quanto à sua natureza jurídica, o atual Código Civil considera-as como *sociedades simples,* e não como associações (CC, arts. 982, parágrafo único, 1.093 a 1.096), dando origem a um novo sistema para as cooperativas que devem ser registradas no Registro Civil das Pessoas Jurídicas;

s) as *associações formadas entre proprietários* para execução e manutenção de trabalhos;

---

194. Paulik, *Das Recht der eingetragen Genossenschaft,* Karlsruhe, 1956, p. 50; Poitevin, *La cooperation agricole,* Paris, Dalloz, 1971; Bakken e Shaars, *The economics of cooperative marketing,* New York, 1937; Waldirio Bulgarelli, *Regime jurídico das sociedades cooperativas,* São Paulo, 1965, p. 102; Pontes de Miranda, *Tratado de direito privado,* v. 49, p. 511; Ascarelli, *Problemi giuridici,* Milano, 1959, t. 2, p. 362; Oppo, L'essenza della società cooperativa e gli studi recenti, *Rivista di Diritto Civile,* 1959, ano 5, parte 1, p. 409, nota 114; Walmor Frank, *Direito das sociedades cooperativas,* São Paulo, 1973, p. 73; Miguel Reale, *Questões de direito,* São Paulo, Sugestões Literárias, 1981, p. 259-66; Paolucci, *La mutualità nelle cooperative,* Milano, 1974, p. 5, nota 11; Modesto Carvalhosa, *Comentários,* cit., v. 13, p. 398 a 417; Maria Paula D. Bucci, *Cooperativas de habitação no direito brasileiro,* São Paulo, Saraiva, 2004; Wilson A. Polonio, *Manual das sociedades cooperativas,* São Paulo, Atlas, 2001; Renato Lopes Becho, *Problemas atuais do direito cooperativo,* Dialética, 2003; Jalber Lira Buonnafina, Fundamentos legais sobre a mudança de competência para registro das cooperativas no RCPJ, *CDT Boletim, 16*:67; M. T. Rose (org.), *Interferência estatal nas cooperativas (aspectos constitucionais, tributários, administrativos e societários,* Porto Alegre, Sérgio A. Fabris, Editor, 1988; Benedito Calheiros Bonfim, Cooperativas e terceirização, *Jornal Síntese, 94*:3-4; Francisco de Assis Alves, *Sociedades cooperativas – regime jurídico e procedimentos legais para sua constituição e funcionamento,* São Paulo, Ed. Juarez de Oliveira, 2003. *Vide* TFR, Súmula 264, e STJ, Súmula 262; Portaria n. 925/95 do Ministério do Trabalho; Lei n. 8.630/93, ora revogada pela Lei n. 12.815/2013, art. 17, sobre cooperativa de trabalho portuário. Pela Lei n. 9.867/99 há cooperativas sociais para integrar pessoas em desvantagem, como deficientes, egressos etc.; Lei n. 10.666/2003, sobre concessão da aposentadoria especial ao cooperado de cooperativa de trabalho ou de produção; Resolução n. 3.077/2003 do BACEN, ora revogada pela Resolução n. 3.207/2004, sobre prazos no âmbito de Programa de Revitalização de Cooperativas de Produção Agropecuária; Circular BACEN n. 3.196/2003, ora revogada pela Circular n. 3.360/2007, sobre Cálculo de Patrimônio Líquido exigido das cooperativas de crédito e dos bancos cooperativos; Lei n. 10.676/2003, sobre contribuição para PIS/PASEP e COFINS pelas sociedades cooperativas; Resolução n. 3.183/2004 do BACEN, ora revogada pela Resolução n. 3.207/2004, sobre Programa de Desenvolvimento Cooperativo para Agregação de Valor à Produção Agropecuária. A Lei n. 11.101/2005, art. 2º, II, não se aplica à cooperativa de crédito. "Nas sociedades personificadas previstas no Código Civil, exceto a cooperativa, é admissível o acordo de sócios, por aplicação analógica das normas relativas às sociedades por ações pertinentes ao acordo de acionistas" (Enunciado n. 384 do CJF, aprovado na IV Jornada de Direito Civil). Sobre cooperativas: *RT, 844*:194, *832*:184, *771*:238, *711*:167.

t) as *associações de poupança e empréstimo* (Dec.-lei n. 70/66) e as *associações compostas por detentores de títulos de renda pública*;

u) as *associações de agentes de seguro*, que colocam em comum suas comissões, decorrentes de suas operações, para reparti-las proporcionalmente; as *organizações de seguros mútuos* (*Versicherungsvereine auf Gegenseitigkeit*), previstas expressamente no Código Civil de 1916 (arts. 1.466 a 1.470), formadas com pessoas que se unem, por meio de estatutos, com o intuito de repartir entre os associados o ressarcimento de dano que, eventualmente, um deles possa vir a sofrer em razão de certo sinistro, como, p. ex., incêndio, mortalidade de gado etc.; apenas os seguros mútuos, voltados à atividade agrícola, a acidentes de trabalho e à saúde, poderão ser explorados por cooperativas, por estarem submetidos ao regime de liquidação extrajudicial do Decreto n. 73/66; e as *tontinas* (CCom espanhol, art. 124), em que, sem intenção lucrativa, determinadas pessoas, mediante operação aleatória mercantil, colocam em comum bens ou dinheiro, para que os rendimentos ou capitais dos que premorrerem acresçam aos dos associados sobreviventes. É, portanto, modalidade de seguro de vida, consistente na exclusão dos segurados originários em razão de sobrevivência do último deles;

v) a *convenção coletiva de consumo* (Lei n. 8.078/90, art. 107, §§ 1º e 3º), pela qual as entidades civis de consumidores e as associações de fornecedores ou sindicatos de categoria econômica poderão regular relações de consumo, que tenham por objeto não só esclarecer condições relativas ao preço, à qualidade, à quantidade, à garantia e às características de produtos e serviços, bem como à reclamação e composição do conflito de consumo. A convenção tornar-se-á obrigatória a partir do registro do instrumento no Cartório de Títulos e Documentos e somente obrigará os filiados às entidades signatárias;

w) os *trustes* ou *ententes* entre produtores, que fazem acordo para evitar o envilecimento do preço, controlando-o, interferindo, assim, no mercado econômico nacional e internacional, fixando o valor das mercadorias, pretendendo uma economia trustificada. Ter-se-á uma associação de empresas, que em nada afetará a autonomia de cada uma delas, para que, com a cooperação econômica, haja monopolização do mercado, eliminando concorrência e impondo preços[195];

x) os *grupos formados entre usuários de um serviço público* para proteção comum;

---

195. Gérard Farjat, *Droit économique*, Paris, PUF, 1971, p. 157 e s.; Rosset, *Les holding companies et leurs imposition en droit comparé*, Paris, 1931; Watkins, Trustification and economic theory, *American Economic Review*, *21*(1): 54-76, 1931; Friedlander, *Konzernrecht*, Manheim, 1927; Richard Lewinson, *Trusts et cartels dans l'économie mondiale*, Paris, 1950.

y) as *associações políticas*, ou *partidos políticos* (CC, art. 44, V; Res. TSE n. 23.604), que são entidades integradas por pessoas com ideias comuns, tendo por finalidade conquistar o poder para a consecução de um programa. São associações civis, que visam assegurar, no interesse do regime democrático, a autenticidade do sistema representativo e defender os direitos fundamentais definidos na Constituição Federal. Adquirem personalidade jurídica com o registro de seus estatutos mediante requerimento ao cartório competente do Registro Civil das Pessoas Jurídicas da capital federal e ao Tribunal Superior Eleitoral. Os partidos políticos poderão ser livremente criados, tendo autonomia para definir sua estrutura interna, organização e funcionamento e para adotar os critérios de escolha e o regime de suas coligações eleitorais, sem obrigatoriedade de vinculação entre as candidaturas em âmbito nacional, estadual, distrital ou municipal, devendo seus estatutos estabelecer normas de disciplina e fidelidade partidária. Ser-lhes-á proibido receber recursos financeiros de entidade ou governo estrangeiro, devendo prestar contas de seus atos à Justiça Eleitoral. São organizados e funcionarão conforme o disposto em lei específica (CF/88, art. 17, I a IV, §§ 1º (com nova redação da EC n. 52/2006) a 4º; 22, XXVII; 37, XVII, XIX, XX; 71, II a IV; 150, § 2º; 169, § 1º, II; e 163, II; CC, art. 44, V, § 3º; Lei n. 4.737/65, arts. 23, 91, 107, 109, 111, com a redação da Lei n. 14.211/2021, arts. 241, parágrafo único, e 262, com a redação da Lei n. 12.891/2013, arts. 243, X, 323, §§ 1º e 2º, I e II, 326-B, parágrafo único, 327 com as alterações da Lei n. 14.192/2021; Lei n. 9.096/95, arts. 7º, §§ 1º a 3º; 8º e 15, com as alterações da Lei n. 13.877/2019 e da Lei n. 14.192/2021; art. 11-A, acrescido pela Lei n. 14.208/2021; 15-A, parágrafo único; 19, com as alterações da Lei n. 13.877/2019; 22, V, parágrafo único; 29, § 4º, com as alterações da Lei n. 13.877/2019; 29, § 6º; 32, com as alterações da Lei n. 13.877/2019; 34, §§ 1º a 6º, com a redação da Lei n. 13.877/2019; 37, §§ 3º e 3º-A; 39, §§ 1º a 8º, alterados pela Lei n. 13.877/2019; 41-A, I e II e parágrafo único; 44, I a XI, §§ 3º e 6º ; 44-A, com as alterações da Lei n. 13.877/2019; e 46, com as alterações das Leis n. 9.259/96, 9.504/97 (modificada pelas Leis n. 12.875/2013, 12.891/2013, 13.107/2015, 13.165/2015, 13.487/2017, 13.831/2019, 13.878/2019, 14.192/2021 e 14.211/2021), 9.693/98, 11.459/2007, 11.694/2008, 12.034/2009, 12.875/2013, 12.891/2013 e 13.107/2015; Lei n. 6.015/73, arts. 114, II, e 120, parágrafo único, com a redação da Lei n. 9.096/95; Lei n. 12.016/2009, art. 21; EC n. 97/2017).

Com a criação de uma associação, ter-se-á:

a) estruturação do grupo social baseada em normas estatutárias (CC, art. 54, I a VII);

b) obtenção de um interesse especial de utilidade geral, ainda que haja vantagem patrimonial ou econômica, desde que sem fins lucrativos, sendo que se dele desviar-se a entidade governamental poderá cassar a autorização dada para o seu funcionamento ou pedir sua dissolução judicial;

c) exigência de uma regulamentação bastante uniforme e severa, no estatuto, dos direitos e deveres dos associados que devem ser observados. Daí ter-se, de um lado, a impossibilidade de impedir o exercício de direito ou da função conferida ao associado, salvo nos casos ou na forma estabelecidos no estatuto ou na lei, e, de outro, a possibilidade de se exigir o cumprimento das obrigações inerentes à qualidade de associado;

d) natureza estritamente contratual do vínculo jurídico, que une o membro à associação a que pertence, daí o dever de observação das normas estatutárias. O estatuto é um contrato social que disciplina as relações internas; logo, terceiros não ficarão obrigados às suas instruções;

e) pagamento inicial de um *quantum*, em regra, pelos associados, por ocasião de seu ingresso no grupo e de contribuições periódicas pecuniárias, podendo ficar também convencionada a prestação de serviços pessoais;

f) inexistência, entre os associados, de direitos e deveres recíprocos (CC, art. 53, parágrafo único); mas há, como já dissemos, liame obrigacional entre a associação e terceiros, que com ela efetuarem negócio (como, p. ex., locação de prédio para sua sede). Nas relações entre associação e associados existem direitos e deveres apenas estatutários;

g) abstenção de qualquer ato que venha a ofender os fins próprios da associação, sejam eles econômicos ou não;

h) invulnerabilidade de direitos individuais especiais, p. ex., direito à presidência, ao voto reforçado, às atribuições específicas etc. Nenhum associado poderá ser impedido de exercer direito ou função que lhe tenha sido conferido, a não ser nos casos e pela forma previstos em lei ou no estatuto (CC, art. 58). Apesar de seus vastos poderes, a assembleia não poderá efetivar todas as deliberações da maioria, uma vez que há certos direitos essenciais dos associados, oriundos do pacto social, insuscetíveis de violação. Nenhum órgão deliberativo poderá cercear, arbitrariamente, direitos próprios dos associados, decorrentes do estatuto, ou, na omissão deste, de lei. Realmente, o ato constitutivo poderá, acatando o princípio da isonomia associativa, apesar de os associados deverem ter direitos iguais, criar posições privilegiadas ou outorgar vantagens, direitos especiais ou preferenciais (*Sonderrechte*) para certas categorias de membros (CC, art. 55), como, p. ex., a dos honorários, a de beneméritos, que ficam dispensados do pagamento das contribuições mensais, a dos fundadores, que não poderão ser alterados sem o seu consenso, mesmo que haja decisão assemblear aprovando tal alteração; a de sócios remidos de determinado clube, que pagam uma certa importância em dinheiro para ter o direito de pertencer vitaliciamente à associação, sem mais dispêndios, não podendo, assim, a assembleia deles exigir pagamento de outra contribuição, salvo se houver seu expresso consentimento ou se for tal exigência imprescindível para obter meios necessários à sobrevivência da associação (*RT*, *363*:515); por se tratar de contribuição esporádica, de caráter emergencial, afetada a um fim, nem será necessária a reforma estatutária para a sua cobrança e muito menos haverá violação de direito adquirido;

i) funcionamento da associação por meio de uma diretoria, que a dirige baseada nas normas do estatuto, as quais traçam as diretrizes de sua organização e governo, orientando-a, preordenadamente, ao dar instruções, ao definir suas tarefas e competências e ao impor restrições ao poder de representação. Na nomeação de pessoas prepostas à direção da associação está ínsito o mandato para representar, judicial ou extrajudicialmente, a associação e seus filiados (CF/88, art. 5º, XXI);

j) manutenção de quota social à finalidade associativa;

k) intransmissibilidade (onerosa ou gratuita) *inter vivos* ou *causa mortis* da qualidade de associado a terceiro sem o consenso da associação ou sem permissão estatutária (CC, art. 56). O associado não pode de *per si* transferir sua qualidade de filiado a terceiro por ato *inter vivos* ou *causa mortis*. Se vier a perder tal qualidade (morte, exclusão, retirada voluntária), ninguém a assumirá por indicação sua, exceto se no estatuto houver cláusula admitindo a transmissibilidade daquela qualidade ao seu sucessor (herdeiro ou adquirente). Procura-se evitar o ingresso de pessoas alheias ao interesse da associação;

l) ausência de repartição de lucros, pois não há qualquer lucro a partilhar entre os associados;

m) participação na assembleia geral com direito de voto (*RSTJ*, *45*:330). Discute-se se, em razão do art. 55, todos os associados têm direito a voto, pois há entendimento de que justo seria que apenas aqueles que contribuem efetiva e pecuniariamente com a entidade é que teriam tal direito, excluindo-se, portanto, os honorários ou beneméritos, que foram agraciados pela associação com o título de associados. Os órgãos deliberativos são convocados na forma do estatuto, garantindo-se a um quinto dos associados o direito de promover sua convocação, apresentando à diretoria requerimento por eles subscrito para que se providencie tal convocação (CC, art. 60);

n) consagração do princípio da maioria simples, nas deliberações assembleares, exigindo-se, em regra, para destituição de diretoria ou alteração estatutária o voto dos presentes, cujo *quorum* será o estabelecido no estatuto, que também conterá os critérios de eleição dos administradores (CC, art. 59, parágrafo único, com redação da Lei n. 11.127/2005). As decisões da assembleia geral, portanto, são tomadas pela maioria dos votos dos presentes, exceto se o estatuto social dispuser de modo contrário (CC, art. 48 c/c o art. 59). Pelo Enunciado n. 577: "A possibilidade de instituição de categorias de associados com vantagens especiais admite a atribuição de pesos diferenciados ao direito de voto, desde que isso não acarrete a sua supressão em relação a matérias previstas no art. 59 do CC" (aprovado na VII Jornada de Direito Civil)[196];

---

196. O PL n. 4.861/2012 visa alterar a redação do parágrafo único do art. 48 do Código Civil.

o) vinculação dos dissidentes às decisões tomadas pela maioria, cabendo-lhes apenas o direito de retirar-se da entidade;

p) estipulação estatutária da competência da assembleia geral, do *quorum* para, p. ex., destituir os administradores e alterar estatuto etc. (CC, art. 59, I e II) e dos critérios para a eleição dos administradores. Com isso, a deliberação assemblear deve ser direta, evitando a imposição de um conselho ou órgão e a detenção do poder por alguns associados. A alteração estatutária, feita sem que tenha havido deliberação da assembleia geral, será tida como nula;

q) imposição de sanções disciplinares aos associados que infringirem as normas estatutárias ou que praticarem atos prejudiciais ao grupo, que poderão, ante a gravidade do motivo, chegar até mesmo à expulsão, desde que haja justa causa reconhecida em procedimento que lhe assegurou o amplo direito de defesa ou de recurso, nos termos previstos estatutariamente. O estatuto poderá indicar, exemplificativa ou taxativamente, as causas graves (p. ex., locupletamento ilícito, conduta imoral, atitude preconceituosa contra outro associado; ato atentatório aos interesses da entidade etc.) determinantes da exclusão do membro associado, sendo que, se aquele for omisso, a exclusão poderá dar-se se houver motivo grave, contrário ao interesse da associação, reconhecido em procedimento assecuratório do direito de defesa. E se a apreciação da sua conduta, naquele procedimento, for considerada injusta ou arbitrária, o lesado poderá, da decisão (devidamente fundamentada em ata) do órgão que decretou sua exclusão, interpor recurso havendo previsão estatutária, p. ex., à assembleia geral (CC, art. 57) ou, ainda, defender seu direito de associado por via jurisdicional, embora a jurisprudência tenha negado provimento à ação judicial para indenização de danos, em razão do afastamento ilícito do associado, devido à natureza do vínculo contratual que o une à associação, sujeitando-o aos termos estatutários e às decisões dos órgãos da associação. Se houver permissão estatutária da exclusão de filiado sem comprovação de justa causa, poder-se-á admitir, como diz Matiello, medida cautelar (tutela de urgência de natureza cautelar) ou tutela antecipada para preservar o direito do associado de permanecer no quadro da associação. Glauber Moreno Talavera observa que se o estatuto nada prescrever sobre casos de exclusão de associado, esta poderá ocorrer por decisão fundamentada de órgão deliberativo convocado para tal finalidade, havendo maioria simples de votos;

r) permissão ao associado de retirar-se a qualquer momento, mediante apresentação de mero pedido de demissão, pouco importando se a associação tenha duração limitada ou ilimitada. O estatuto poderá impor certas restrições ou condições ao exercício de direito de retirada do associado, mas não poderá obrigá-lo a permanecer filiado à entidade (CF, art. 5º, XX);

s) continuidade da existência da associação, com os membros remanescentes, mesmo que haja retirada, morte, falência ou interdição de algum associado. E se, porventura, tal associado tiver uma fração ideal do patrimônio da associação, a transferência de sua quota não importará, obrigatoriamente, a atribuição da qualidade de membro da associação ao seu sucessor (adquirente ou herdeiro), a não ser que haja no estatuto convenção nesse sentido (CC, art. 56, parágrafo único);

t) perda da propriedade de cada um dos bens conferidos à associação; logo, cada associado terá direito à quota de comunhão submetida à condição resolutiva, que só se realizará no instante da dissolução da entidade, como quota de liquidação;

u) admissibilidade de acréscimo da quota dos bens do associado, que, antes da dissolução da entidade, vier a perder sua qualidade de membro, à dos outros. Por isso, a quota de cada um submeter-se-á, em regra, à condição resolutiva, em garantia da autonomia do patrimônio social;

v) impossibilidade, em caso de dissolução, de partilha de bens entre os coassociados, não havendo disposição estatutária ou deliberação social relativa ao destino do acervo, se o escopo da associação for altruístico, o remanescente do seu patrimônio líquido será entregue a outra entidade de fins não econômicos designada no estatuto, e sendo este omisso, por deliberação dos associados, a entidade estadual, federal ou municipal que tenha fins idênticos ou similares, para continuar sua destinação filantrópica ou altruística. Se inexistir tal entidade pública, ou qualquer estabelecimento nas condições indicadas, o patrimônio social será entregue à Fazenda do Estado, do Distrito Federal ou da União. Não tendo finalidade altruísta, o associado poderá receber uma quota de liquidação daquele acervo social, ante seu direito de participante no patrimônio comum, de quota ideal, conforme os fins da associação, exceto se o estatuto prescrever o contrário. Mas por cláusula estatutária ou deliberação dos associados poderão estes, antes da destinação daquele remanescente, receber em restituição, atualizado o respectivo valor, as contribuições que tiverem prestado ao patrimônio da associação (CC, art. 61, §§ 1º e 2º). Pelo Enunciado n. 407 do CJF, aprovado na V Jornada de Direito Civil: "A obrigatoriedade de destinação do patrimônio líquido remanescente da associação a instituição municipal, estadual ou federal de fins idênticos ou semelhantes, em face da omissão do estatuto, possui caráter subsidiário, devendo prevalecer a vontade dos associados, desde que seja contemplada entidade que persiga fins econômicos";

w) nulidade da alienação de quota *pendente communione*, que poderá ter validade jurídica apenas como cessão da eventual quota de liquidação, que deverá ser outorgada ao cedente, havendo dissolução da associação;

x) equiparação da associação que admitir trabalhadores como empregados a empregador, para os efeitos exclusivos da relação empregatícia, e, como tal, sujeitar-se-á às normas da legislação trabalhista (CLT, art. 2º, § 1º);

y) impetração de mandado de segurança coletivo por partido político com representação no Congresso Nacional e por organização sindical, entidade de classe, ou associação legalmente constituída e em funcionamento há pelo menos um ano, em defesa dos interesses de seus membros ou associados (CF/88, art. 5º, LXX, *a* e *b*);

z) legitimidade para mover ação de responsabilidade civil por dano causado ao patrimônio artístico ou cultural, ao meio ambiente e ao consumidor (Leis n. 7.347/85 e 8.078/90, art. 82, IV, com redação da Lei n. 9.008/95)[197].

Pelo art. 44, § 2º (acrescentado pela Lei n. 10.825/2003), convém repetir, as disposições relativas às associações (CC, arts. 53 a 61) aplicam-se subsidiariamente às sociedades que são objeto do Livro II da Parte Especial deste Código. E o Conselho da Justiça Federal, no Enunciado n. 280 (aprovado na IV Jornada de Direito Civil), entendeu que "por força do art. 44, § 2º, consideram-se aplicáveis às sociedades reguladas pelo Livro II da Parte Especial, exceto às limitadas, os arts. 57 e 60, nos seguintes termos: *a*) Em havendo previsão contratual, é possível aos sócios deliberar a exclusão de sócio por justa causa, pela via extrajudicial, cabendo ao contrato disciplinar o procedimento de exclusão, assegurado o direito de defesa, por aplicação analógica do art. 1.085; *b*) As deliberações sociais poderão ser convocadas pela iniciativa de sócios que representem 1/5 (um quinto) do capital social, na omissão do contrato. A mesma regra aplica-se na hipótese de criação, pelo contrato, de outros órgãos de deliberação colegiada". E, além

---

197. Sobre as consequências jurídicas da associação: Maria Helena Diniz, *Código Civil anotado*, São Paulo, Saraiva, 2008, comentários aos arts. 53 a 61 (com detalhes); *Tratado teórico e prático dos contratos*, São Paulo, Saraiva, 1999, v. 4, p. 143-56; Von Tuhr, *Teoria geral do direito civil alemão*, v. 12, p. 169; Rubino, *Le associazioni non riconosciute*, Milano, 1952, p. 158; Lehmann, Einzelrecht und Mehrheitswille, *Archiv für Bürgerliches Recht*, IX, p. 301 e s.; M. Reale, *Questões de direito*, cit., p. 338-41; Ascarelli, *Studi in tema di società*, 1952, p. 303 e s.; Ferrara, *Le persone giuridiche*, Torino, UTET, 1958; Antônio Chaves, Associação civil, cit., p. 277, 281-5; Glauber Moreno Tavalera, *Comentários ao Código Civil*, cit., p. 147; *RTJSP*, *108*:60, *88*:43; *RT*, *515*:223, *582*:255, *686*:115; Portaria n. 1.285/97 do Ministério da Justiça, que regulamenta a emissão de autorização para realização de sorteios por entidades filantrópicas.

A Organização não governamental (ONG) é entidade integrante do Terceiro Setor e constitui-se em associação ou fundação de direito privado, sem fim lucrativo, para exercer atividades de interesse social, suprindo carências do Estado nas áreas de saúde, cultura, meio ambiente etc., protegendo os menos favorecidos pela sorte, as crianças e os idosos.

A ONG, entidade organizada por particulares para atender a um interesse público (saúde, assistência social, educação etc.), pode ser constituída sob a forma de associação ou de fundação, visto não ter fins lucrativos. Para atuar em parceria com o Poder Público deverá qualificar-se junto ao Ministério da Justiça como "organização da sociedade civil de interesse público" (Lei n. 9.790/99). É a lição de Fábio Ulhoa Coelho, *Curso de direito civil*, cit., v. 1, p. 258 e 259). Consulte, ainda, Lei n. 9.790/99, regulamentada pelo Decreto n. 3.100/99, sobre qualificação de pessoas jurídicas de direito privado sem fins lucrativos como organizações da sociedade civil de interesse público. Pelo Enunciado n. 142 do Conselho de Justiça Federal, aprovado na Jornada de Direito Civil de 2004: "Os partidos políticos, os sindicatos e as associações religiosas possuem natureza associativa, aplicando-se-lhes o Código Civil"; Portaria n. 362, de 1º de março de 2016, do Ministério da Justiça, dispõe sobre critérios e os procedimentos a serem observados para pedidos de credenciamento, seu processamento, manutenção, cancelamento e perda de qualificações e autorizações de funcionamento de organizações da sociedade civil, sem fins lucrativos, no âmbito das competências do Ministério da Justiça.

disso, pelo parágrafo único do art. 2.031 (nova redação dada pela Lei n. 10.825/2003), não haverá necessidade de adaptação até 11 de janeiro de 2007 (Lei n. 11.127/2005, art. 2º, que alterou o art. 2.031, *caput*, do CC) às disposições do Código Civil/2002 para as organizações religiosas e partidos políticos constituídos sob a égide da lei anterior.

C) Sociedade simples é, por sua vez, a que visa fim econômico ou lucrativo, que deve ser repartido entre os sócios, sendo alcançado pelo exercício de certas profissões ou pela prestação de serviços técnicos (CC, arts. 997 a 1.038). Há entendimento de que "considerando ser da essência do contrato da sociedade a partilha do risco entre os sócios, não desfigura a sociedade simples o fato de o respectivo contrato social prever distribuição de lucros, rateio das despesas e concurso de auxiliares" (CJF, Enunciado n. 475, aprovado na V Jornada de Direito Civil). P. ex.: uma sociedade imobiliária (Lei n. 4.728/65, art. 62); uma sociedade de advogados, registrada no Conselho Seccional da OAB e que serve de instrumento de organização administrativa e financeira das relações internas entre seus sócios (pessoas legalmente habilitadas para o exercício da advocacia), tendo por objetivo disciplinar o expediente e a gestão patrimonial relativos à prestação de serviços advocatícios, não apresentando forma ou características empresariais (Lei n. 8.906/94, arts. 15, § 1º, 16, 17, 21 e 34, II; Provimentos n. 112/2006 e 98/2002, ora revogado pela Resolução OAB n. 1/2012, do Conselho Federal da OAB; CC, art. 966, parágrafo único); uma sociedade formada por um grupo de médicos, apoiado por enfermeiros, atendentes, nutricionistas etc., para o exercício de atividade profissional científica, tendo por objeto social a prestação de serviços de medicina; uma sociedade que presta serviços de pintura (*RT, 39*:216); que explora o ramo hospitalar ou escolar; que presta serviços de terraplenagem (*RT, 395*:205); uma sociedade cooperativa (CC, arts. 982, parágrafo único, 1.093 a 1.096; STJ, Súmula 262). Mesmo que uma sociedade simples venha a praticar, eventualmente, atos peculiares ao exercício de uma empresa, tal fato não a desnatura, pois o que importa para identificação da natureza da sociedade é a atividade principal por ela exercida (*RT, 462*:81)[198].

---

198. Orlando Gomes, op. cit., p. 180; Bassil Dower, op. cit., v. 1, p. 98; Sérgio Ferraz (coord.), *Sociedade de advogados*, São Paulo, Malheiros, 2002; Antônio C. Meyer e Mauro B. Penteado, Sociedades de advogados: influência do novo Código Civil em seu regime jurídico, *Revista Literária de Direito, 60*:29-30; Carlos Henrique Abrão, *Sociedades simples*, São Paulo, Juarez de Oliveira, 2004; W. Barros Monteiro, *Sociedade civil, RT, 424*:44-5; *RT, 477*:154, *461*:128, *657*:91, *363*:514, *462*:226; *RJTJRS, 151*:623, *113*:290. Pela Súmula 262 do STJ: "incide o imposto de renda sobre o resultado das aplicações financeiras realizadas pelas cooperativas". *Vide*: Súmula 276 do STJ.

Pelo CJF (V Jornada de Direito Civil), no Enunciado n. 474: "Os profissionais liberais podem organizar-se pela forma de sociedade simples convencionando a responsabilidade limitada dos sócios por dívidas da sociedade, a despeito da responsabilidade ilimitada por atos praticados no exercício da profissão".

Sobre sociedade unipessoal de advocacia: Provimento n. 170/2016 do Conselho Federal da OAB; Lei n. 13.247/2016. A AASP solicitou inclusão do código 232-1 no CNPJ, previsto na Instrução Normativa n. 1.634/2016, para sanar falha no sistema

Tem ela certa autonomia patrimonial e atua em nome próprio, pois sua existência é distinta da dos sócios, de modo que os débitos destes não são da sociedade e vice-versa[199].

D) *Sociedades empresárias,* que visam lucro, mediante exercício de atividade mercantil (*RT, 468*:207), assumindo as formas de: sociedade em nome coletivo; sociedade em comandita simples; sociedade em comandita por ações; sociedade limitada; sociedade anônima ou por ações (CC, arts. 1.039 a 1.092; Lei n. 6.404/76; Lei n. 11.101/2005, art. 96, § 1º); *startups* (LC n. 182/2021); sociedades anônimas simplificadas que acompanham inovações mercadológicas têm pouca burocracia e apresentam solução prática a certos problemas e diminuem carga tributária (p. ex., Amazon, Apple). Assim, para saber se dada sociedade é simples ou empresária, basta considerar a natureza das operações habituais: se estas tiverem por objeto o exercício de atividades econômicas organizadas para a produção ou circulação de bens ou de serviços, próprias de empresário sujeito a registro (CC, arts. 982 e 967), a sociedade será empresária. E a ela se equipara a sociedade que tem por fim exercer atividade própria de empresário rural, que seja constituída de acordo com um dos tipos de sociedade empresária e que tenha requerido sua inscrição no Registro das Empresas de sua sede (CC, arts. 968 e 984). Será *simples* a que não exercer tais atividades, mesmo que adote quaisquer das formas empresariais, como permite o art. 983 do Código Civil, exceto se for anônima ou em comandita por ações, que, por força de lei, serão sempre empresárias (CC, arts. 983 e 982, parágrafo único; *RT, 434*:122)[200].

---

que impede advogados de se inscreverem na nova modalidade societária instituída pela Lei n. 13.247/2016.

199. W. Barros Monteiro, op. cit., v. 1, p. 126; M. Helena Diniz, *Curso*, cit., v. 8, p. 194 a 256.

200. Bassil Dower, op. cit., v. 1, p. 99. Modesto Carvalhosa, *Comentários*, cit., v. 13, p. 1-391, 418-36; M. H. Diniz, *Curso*, cit., v. 8, p. 257-78. O art. 44 do atual Código Civil considera pessoas jurídicas de direito privado: as associações (Lei n. 10.838/2004), as sociedades, as fundações, organizações religiosas e os partidos políticos, não mais se referindo aos diversos tipos de sociedades civis do art. 16, I, do Código Civil de 1916, deixando de mencionar as comerciais, ora no inc. II do art. 16 deste último, empregando o termo genérico "sociedades". O Enunciado n. 144 do Conselho de Justiça Federal, aprovado na Jornada de Direito Civil de 2004, conclui que: "A relação das pessoas jurídicas de direito privado, constante do art. 44, incisos I a V, do Código Civil, não é exaustiva". A Instrução Normativa n. 65/97 do Departamento Nacional de Registro de Comércio dispõe sobre a autenticação de instrumentos de escrituração das empresas mercantis e dos agentes auxiliares do comércio, e a Instrução Normativa n. 85/2000 do Departamento Nacional de Registro do Comércio (DNRC) dispõe sobre interposição de recursos administrativos no âmbito do Registro Público de Empresas Mercantis e atividades afins – ora revogadas pela Instrução Normativa n. 65/97 e Instrução Normativa n. 8/2013. Atualmente o órgão responsável é denominado "Departamento de Registro Empresarial e Integração – DREI". *Vide,* sobre partidos políticos, o Código Civil, art. 44, V e § 3º (acrescentados pela Lei n. 10.825/2003), e a Lei n. 9.096/95, com alteração da Lei n. 9.259/96. Consulte: a Lei Complementar n. 123/2006, que institui o Estatuto da Microempresa e da Empresa de Pequeno Porte, dispondo sobre o tratamento jurídico diferenciado, simplificado e favorecido previsto nos arts. 170 e 179 da Constituição Federal; e o Decreto

E) Sociedades limitadas unipessoais, que constituíam as empresas individuais que eram *empresas individuais de responsabilidade limitada*, outrora constituídas por uma única pessoa titular da totalidade do capital social, devidamente integralizado, não inferior a 100 vezes o maior salário mínimo vigente no Brasil, com isso os credores ficariam resguardados, pois teriam maior segurança, já que esse capital responderia pelas atividades empresariais. Eram regidas no que coubesse pelas normas atinentes à sociedade limitada. Também poderiam resultar da concentração das quotas de outra modalidade societária num único sócio, independentemente dos motivos conducentes àquela concentração. O seu nome empresarial deveria ser formado pela inclusão do termo *Eireli* após a firma ou denominação social (CC, art. 980-A, §§ 1º a 6º, acrescentado pela Lei n. 12.441/2011; IN do DREI n. 10/2013 e 15/2013, arts. 1º, 2º, 3º, 4º, 5º, I, III, *d, e, f,* § 1º, *a*, 11, 12, 16 e 17; Enunciados do CJF aprovados na I Jornada de Direito Comercial: "3. A Empresa Individual de Responsabilidade Limitada – EIRELI não é sociedade unipessoal, mas um novo ente, distinto da pessoa do empresário e da sociedade empresária; e 4. Uma vez subscrito e efetivamente integralizado, o capital da empresa individual de responsabilidade limitada não sofrerá nenhuma influência decorrente de ulteriores alterações no salário mínimo"). Com a revogação do art. 44, VI, e do Título I-A do Livro II da Parte Especial pela Lei n. 14.382/2022 e do art. 1.033, IV, do Código Civil pela Lei n. 14.195/2021 sempre se poderá transformar as *Eirelis* em *sociedades limitadas unipessoais*, independentemente de qualquer alteração em seu ato constitutivo, pois a DREI disciplinará tal transformação (CC, arts. 1.052, §§ 1º e 2º, 1.113 a 1.115; Lei n. 14.195/2021, art. 41, parágrafo único).

É mister dizer algumas palavras sobre as pessoas jurídicas de direito privado designadas como empresa pública e sociedade de economia mista (CF, art.

---

n. 3.048/99, arts. 206 a 210, ora revogados pelo Decreto n. 7.237/2010, sobre isenção de contribuições previdenciárias de pessoa jurídica de direito privado beneficente de assistência social. *Vide* Súmula 157 do STJ, atualmente cancelada na Sessão de 24-4-2002. O atual Código Civil não contempla a sociedade de capital e indústria, mas a ela faz menção nos arts. 997, V, 1.006 e 1.007. O Decreto n. 5.411/2005 autoriza a integralização de cotas no Fundo Garantidor de Parcerias Público-Privadas, mediante ações representativas de participações acionárias da União em sociedades de economia mista disponíveis para venda. O art. 2.031 do Código Civil de 2002 requer que associação, sociedades e fundações, constituídas na forma das leis anteriores, se adaptem às suas disposições até 11 de janeiro de 2007. Mas o Conselho da Justiça Federal, a esse respeito, entendeu, na IV Jornada de Direito Civil: a) no Enunciado n. 394: "Ainda que não promovida a adequação do contrato social no prazo previsto no art. 2.031 do Código Civil, as sociedades não perdem a personalidade jurídica adquirida antes de seu advento"; e b) no Enunciado n. 395: "A sociedade registrada antes da vigência do Código Civil não está obrigada a adaptar seu nome às novas disposições". Sobre a adaptação de estatutos sociais ao atual Código Civil, por força do art. 2.031, *vide* Regnoberto Marques de Melo Jr., O dever de adaptação de pessoas jurídicas ao Código Civil de 2002, *Jornal da Anoreg*, CE, junho 2004, p. 6. *Vide* Lei n. 11.101/2005, arts. 70 a 72, sobre microempresas, e art. 2º, I, que retira sua aplicabilidade a empresa pública e sociedade de economia mista.

Vide Lei n. 14.030/2020, art. 1º, § 4º sobre assembleia excepcional a ser realizada no prazo de 7 meses, após o término do exercício social de empresa pública e sociedade de economia mista, que se deu entre 31/12/2019 a 31/3/2020.

173, §§ 1º a 3º; Decs. n. 682/92, ora revogado pelo Decreto n. 825/93, 3.735/2001, ora revogado pelo Decreto n. 6.140/2007, 93.872/86, art. 96, §§ 1º, 2º, com a redação do Dec. n. 7.058/2009; Lei n. 8.920/94; STJ, 1ª T., REsp 30.367-2-DF; *Bol. AASP, 1.867*:117, *1.804*:294-9): são regidas por normas voltadas ao direito empresarial e trabalhista, mas com cautela do direito público, ante o fato de estarem sujeitas a certos princípios juspublicistas, como, p. ex., a licitação, porque lidam com recursos ou capitais públicos. A Lei n. 11.101/2005 sobre recuperação judicial ou extrajudicial e falência não se lhes aplica (art. 2º, I).

A *empresa pública* é a entidade dotada de personalidade jurídica de direito privado, com patrimônio próprio e capital exclusivo da União, criada por lei para a exploração de atividade econômica que o governo seja levado a exercer por força de contingência ou de conveniência administrativa, podendo revestir-se de qualquer das formas admitidas em direito (Dec.-lei n. 200/67, art. 5º, II, com redação dada pelo Dec.-lei n. 900/69; Súmula 501 do STF). P. ex., a Companhia de Pesquisa de Recursos Minerais (Lei n. 8.970/94), a Conab (Leis n. 8.029/90, 8.171/91 e 8.174/91 e Dec. n. 2.390/97, ora revogado pelo Decreto n. 4.514/2002), a Emurb (Lei n. 7.670/71 e Dec. n. 12.579/76); a Empresa de Pesquisa Energética – EPE (Lei n. 10.847/2004); o Centro Nacional de Tecnologia Eletrônica Avançada S.A. – CEITEC (Lei n. 11.759/2008), e a Empresa Gestora de Ativos – EMGEA (Decs. n. 3.848/2001 e 7.122/2010).

A *sociedade de economia mista* é a entidade dotada de personalidade jurídica de direito privado (*RT, 373*:160, *510*:126, *521*:219, *526*:275, *535*:199; STJ, Súmulas 42 e 39) criada por lei (CF, art. 37, XIX e XX) para a exploração de atividade econômica, sob a forma de sociedade anônima, cujas ações com direito a voto pertençam em sua maioria à União ou a entidade da administração indireta, como, p. ex., Dersa (Dec.-lei n. 200/67, art. 5º, III, com redação do Dec.-lei n. 900/69; Lei n. 7.773/89, art. 15; Súmulas 8, 76, 501, 517 e 556 do STF). Mas "a simples participação majoritária do Estado, como acionista, não caracteriza a empresa como sociedade de economia mista se a sua criação não se deu por ato legislativo" (*JB, 156*:157)[201].

---

201. *Vide* CF, art. 173, § 1º; Lei das Sociedades por Ações, arts. 237 e 238. Pelo art. 96, § 2º, I a IV, do Dec. n. 93.872/86, com alteração do Dec. n. 7.058/2009, considera-se empresa pública ou sociedade de economia mista exploradora de atividade econômica a entidade que atua em mercado com a presença de concorrente do setor privado, excluída aquela que: goze de benefícios e incentivos fiscais não extensíveis às empresas privadas ou tratamento tributário diferenciado; se sujeite a regime jurídico próprio das pessoas jurídicas de direito público quanto ao pagamento e execução de seus débitos; seja considerada empresa estatal dependente; comercialize ou preste serviços exclusivamente para a União. *Vide*: Lei n. 12.353, de 28 de dezembro de 2010, que dispõe sobre a participação de empregados nos conselhos de administração das empresas públicas e sociedades de economia mista, suas subsidiárias e controladas e demais empresas em que a União, direta ou indiretamente, detenha a maioria do capital social com direito a voto; Lei n. 12.380, de 10 de janeiro de 2011, que autoriza a União e as entidades da administração pública federal indireta a contratar, reciprocamente ou com fundo privado do qual seja o Tesouro Nacional cotista único, a aquisição, alienação, cessão e permuta de ações, a cessão de cré-

São, como já vimos, sociedades que se regem pelo direito privado, ou seja, por normas comerciais e trabalhistas (CF, art. 173, § 1º, I a V, com redação da EC 19/98), e, quanto ao seu funcionamento, salvo disposição em contrário, pelo Código Civil, apenas no que couber (CC, art. 41, parágrafo único), e também por normas administrativas e tributárias.

Na hipótese de o *consórcio público* revestir-se de personalidade jurídica de direito privado, deverá observar as normas de direito público relativas à licitação, celebração de contratos, prestação de contas e admissão de pessoal, que será regido pela CLT (Lei n. 11.107/2005, arts. 1º, § 1º, *in fine*, 6º, II, e § 2º).

Os serviços sociais autônomos, como já foi dito alhures, apesar de serem entes de cooperação do Estado, têm personalidade jurídica de direito privado. P. ex., SESC (Serviço Social do Comércio), SESI (Serviço Social da Indústria – Dec. n. 6.637, de 5-11-2008) etc.

As Leis n. 7.347/85 e 8.078/90 vieram a conferir às associações civis, fundações, autarquias, empresas públicas e sociedades de economia mista legitimidade para proporem ação de responsabilidade por danos causados ao patrimônio artístico e cultural, ao meio ambiente e ao consumidor.

E, ainda, convém lembrar que pelo art. 48-A do CC, acrescentado pela Lei 14.195/2021 e confirmado pela Lei n. 14.382/2022, há permissão legal para realizar assembleia geral de pessoa jurídica de direito privado por meio eletrônico, não só em casos de isolamento social em razão de pandemia, mesmo que não haja previsão estatutária, mas também para destituir os administradores e alterar estatutos (art. 59, CC). Tal *live* poderá dar-se por qualquer meio eletrônico indicado pelo administrador, desde que se identifique o participante e haja segurança de voto, produzindo o efeito legal de uma assinatura presencial, pois devem ser respeitados os direitos previstos de participação e manifestação.

Graficamente, podemos assim representar o quadro classificatório das pessoas jurídicas:

---

ditos decorrentes de adiantamentos efetuados para futuro aumento de capital, a cessão de alocação prioritária de ações em ofertas públicas ou a cessão do direito de preferência para a subscrição de ações em aumentos de capital; autoriza a União a se abster de adquirir ações em aumentos de capital de empresas em que possua participação acionária; altera a Lei n. 11.775, de 17 de setembro de 2008.

Sobre empresas públicas e sociedades de economia mista: art. 45, § 2º, da Lei n. 12.873/2013 e Lei n. 13.303/2016 (regulamentada pelo Decreto n. 8.945/2016), sobre seu estatuto jurídico.

O Sistema Eletrônico de Registros Públicos (SERP) terá operador nacional sob a forma de pessoa jurídica de direito privado, no modo previsto nos incisos I ou III do art. 44 do CC (art. 3º § 4º da Lei n. 14.382/2022).

Pelo CPC, art. 246, § 1º, (redação da Lei n. 14.195/2021) as empresas públicas e privadas são obrigadas a manter cadastro nos sistemas de processo de autos eletrônicos para efeito de recebimento de citações e intimações, as quais serão efetuadas preferencialmente por esse meio.

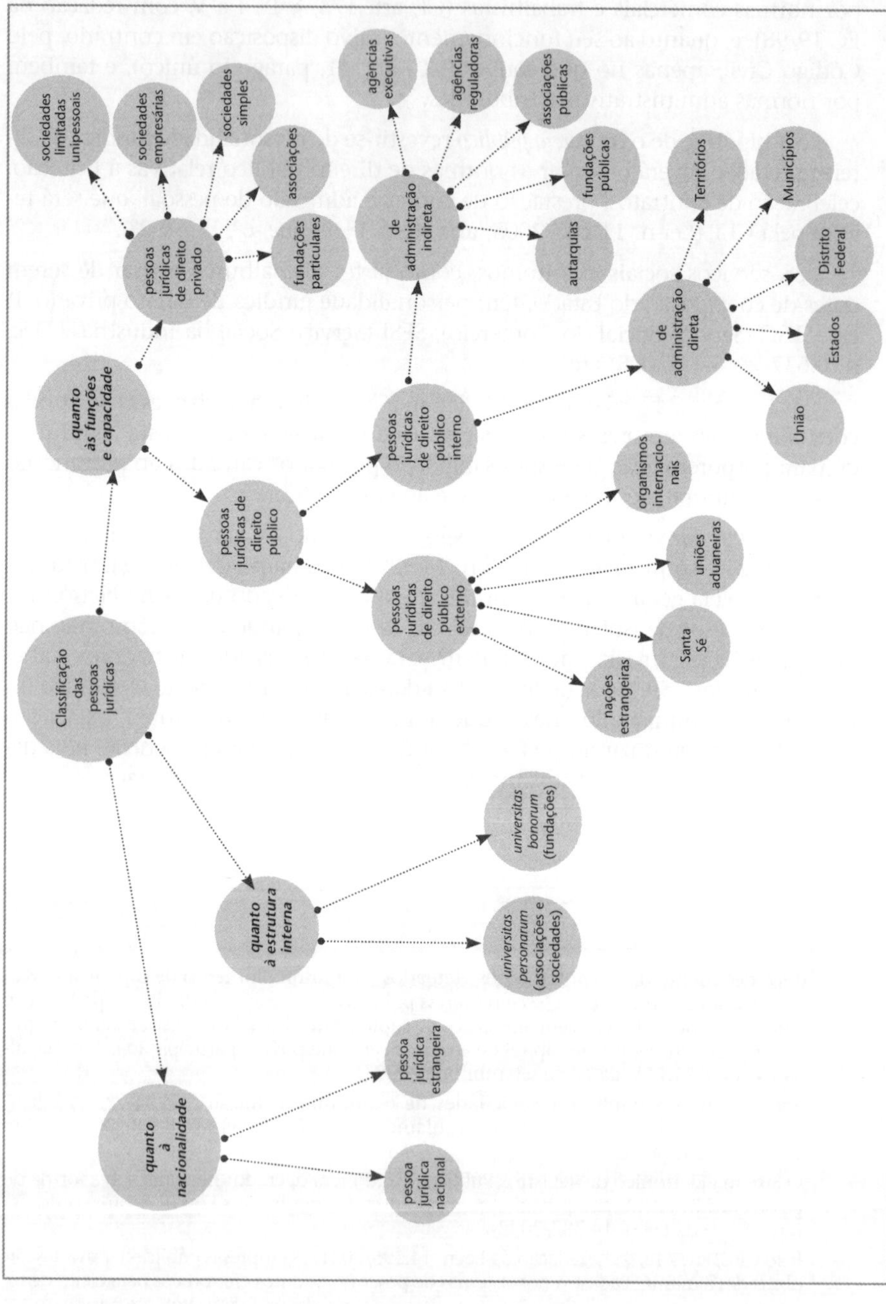
Classificação das pessoas jurídicas
quanto às funções e capacidade
pessoas jurídicas de direito privado
sociedades limitadas unipessoais
sociedades empresárias
sociedades simples
associações
fundações particulares
pessoas jurídicas de direito público
pessoas jurídicas de direito público interno
de administração indireta
agências executivas
agências reguladoras
associações públicas
fundações públicas
autarquias
de administração direta
Territórios
Municípios
Distrito Federal
Estados
União
pessoas jurídicas de direito público externo
organismos internacio-nais
uniões aduaneiras
Santa Sé
nações estrangeiras
quanto à estrutura interna
universitas bonorum (fundações)
universitas personarum (associações e sociedades)
quanto à nacionalidade
pessoa jurídica estrangeira
pessoa jurídica nacional

D. Começo da existência legal da pessoa jurídica

Enquanto a pessoa natural surge com um fato biológico, o nascimento, a pessoa jurídica tem seu início, em regra, com um ato jurídico ou com normas. Há uma diferença essencial entre a verificação existencial das pessoas jurídicas de direito público e de direito privado.

As pessoas jurídicas de direito público iniciam-se em razão de fatos históricos, de criação constitucional, de lei especial e de tratados internacionais, se se tratar de pessoa jurídica de direito público externo[202]. Realmente, "o Estado, p. ex., surge, espontaneamente, da elaboração da vida social quando afirma a sua existência em face dos outros. As suas divisões políticas começam a existir, desde que são estabelecidas por normas constitucionais e de acordo com elas se organizam"[203]. Os Estados-membros da federação brasileira têm o reconhecimento de sua existência na Constituição Federal, art. 1º, organizando-se e regendo-se pelas constituições e leis que adotarem, respeitando os princípios constitucionais (CF, art. 25); os Municípios têm sua autonomia assegurada pela Constituição Federal, art. 29, tendo seu início no provimento que os criou, sendo regidos por normas das Constituições estaduais e pelas suas Leis Orgânicas. As autarquias são criadas por leis federais, estaduais ou municipais, que as regulamentam. Logo, todas as pessoas jurídicas de direito público são organizadas por leis públicas, que estabelecem todas "as condições de aquisição e exercício de direitos e a instituição de seus deveres"[204].

A gênese das pessoas jurídicas de direito privado é diferente. O fato que lhes dá origem é a vontade humana, sem necessidade de qualquer ato administrativo de concessão ou autorização, salvo os casos especiais do Código Civil, arts. 1.123 a 1.125, 1.128, 1.130, 1.131, 1.132, 1.133, 1.134 § 1º, 1.135, 1.136, 1.137, 1.138, 1.140 e 1.141, porém a sua personalidade jurídica permanece em estado potencial, adquirindo *status* jurídico, quando preencher as formalidades ou exigências legais[205].

O processo genético da pessoa jurídica de direito privado apresenta duas fases: 1) a do ato constitutivo, que deve ser escrito, e 2) a do registro público.

---

202. A. Franco Montoro, op. cit., v. 2, p. 324.
203. Clóvis Beviláqua, op. cit., p. 142.
204. Caio M. S. Pereira, *Instituições*, cit., v. 1, p. 288 e 289.
205. Caio M. S. Pereira, *Instituições*, cit., v. 1, p. 290.

Na *primeira fase* tem-se a constituição da pessoa jurídica por ato jurídico unilateral *inter vivos* ou *causa mortis* nas fundações e por ato jurídico bilateral ou plurilateral *inter vivos* nas associações e sociedades.

O contrato de sociedade é a convenção por via da qual duas ou mais pessoas se obrigam a conjugar seus esforços ou recursos a contribuir com bens ou serviços para a consecução de fim comum mediante o exercício de atividade econômica, e a partilhar, entre si, os resultados (CC, art. 981). Nesse contrato há uma congregação de vontades paralelas ou convergentes, ou seja, dirigidas no mesmo sentido, para a obtenção de um objetivo comum, ao passo que nos demais contratos os interesses das partes colidem, por serem antagônicos, de maneira que a convenção surgirá exatamente para compor as divergências[206]. O interesse dos sócios é idêntico; por isso todos, com capitais ou atividades, se unem para lograr uma finalidade, econômica ou não. Portanto, o contrato de sociedade é o meio pelo qual os sócios atingem o resultado almejado. Por haver uma confraternização de interesses dos sócios para alcançar certo fim, todos os lucros lhes deverão ser atribuídos, não se excluindo o quinhão social de qualquer deles da comparticipação nos prejuízos; assim, proibida estará qualquer cláusula contratual que beneficie um dos sócios, isentando-o, p. ex., dos riscos do empreendimento, repartindo os lucros apenas com ele, excluindo-o do pagamento das despesas ou da comparticipação dos prejuízos etc. (*RT*, *227*:261)[207].

---

206. A sociedade será, portanto, o instituto jurídico constituído pelo contrato social. Caio M. S. Pereira, *Instituições de direito civil*, Forense, v. 3, 1978, p. 390; Betti, *Teoría general del negocio jurídico*, Madrid, 1959, p. 225-8; Orlando Gomes, *Contratos*, 7. ed., Rio de Janeiro, Forense, 1979, p. 477; *RTJ*, *115*:919; STF, Súmulas 329, 380 e 476; Fran Martins, Sociedades controladoras e controladas, *Revista da Faculdade de Direito*, Fortaleza, *23*:27-46, 1982, que na p. 31 escreve: "Sociedade controladora é a sociedade que, diretamente ou através de outras sociedades controladas, é titular dos direitos de sócio que lhe assegurem preponderância nas deliberações sociais e o poder de eleger a maioria dos administradores. Controladas são as sociedades que, pelo critério adotado, se subordinam às controladoras"; Francisco dos Santos Amaral Neto, Os grupos de sociedades no direito brasileiro e no direito português, *Revista de Direito Comparado Luso-Brasileiro*, n. 6, 1985; Federico Pepe, *Holdings: gruppi e bilanci consolidati*, Milano, 1974; Douruodier e Kuhlewein, *La loi allemand sur les sociétés par actions*, Paris, Sirey, 1954, p. 18. Poderá haver sociedades juridicamente independentes reunidas para fins econômicos sob uma direção única, formando um *konzern*.

207. Silvio Rodrigues, Contrato de sociedade, in *Enciclopédia Saraiva do Direito*, v. 19, p. 513 e 514; Aubry e Rau, *Cours de droit civil français*, 5. ed., v. 4, § 377; W. Barros Monteiro, *Curso de direito civil*, 17. ed., São Paulo, Saraiva, 1982, p. 305 e 306; Lei n. 8.906/94, arts. 15 a 17, sobre sociedade de advogados; Decretos-Leis n. 254/67, arts. 90 e s., 205/67, sobre aeroclubes; 70/66, sobre associação de poupança e empréstimo; 73/66, sobre sociedade de seguro; Lei n. 5.764/71, sobre sociedades cooperativas; e Decreto n. 59.428/66, sobre cooperativa de colonização; *RT*, *537*:107.

Há, portanto, uma manifestação de vontade para que se possa constituir pessoa jurídica, para cuja validade devem ser observados os requisitos de eficácia dos negócios jurídicos. Segundo o disposto no art. 104 do Código Civil, para que o ato jurídico seja perfeito é imprescindível: agente capaz (CC, arts. 3º e 5º); objeto lícito – de modo que seriam nulas as sociedades que tivessem por objeto a fabricação de moedas falsas —, possível, determinado ou determinável, e forma prescrita ou não defesa em lei, logo, devem ser contratadas por escrito e, se for o caso, obter prévia autorização governamental para funcionarem.

Nesta fase temos dois elementos:

1) O *material,* que abrange atos de associação, fins a que se propõe e conjunto de bens. Pois a sociedade compõe-se de dois ou mais sócios, considerados como um único sujeito, podendo ser admitidos de acordo com as condições especificadas nos estatutos; distribuem-se em categorias: fundadores, contribuintes, honorários, beneméritos etc., tendo direito de voto nas assembleias gerais, conforme o modo estabelecido no contrato social. Os fins colimados deverão ser lícitos, possíveis, morais, sob pena de dissolução. Quanto aos bens não há necessidade de sua existência concreta no ato de formação, salvo para as fundações, bastando que a sociedade tenha meios para adquiri-los[208].

2) O *formal,* pois sua constituição deve ser por escrito. A declaração de vontade pode revestir-se de forma pública ou particular (CC, art. 997), com exceção das fundações que estão sujeitas ao requisito formal específico: escritura pública ou testamento (CC, art. 62)[209] contendo ato de dotação especial que compreende a reserva de bens livres (propriedades, créditos ou dinheiro), indicação dos fins pretendidos que só podem ser, como vimos: educacionais, de preservação do patrimônio histórico e artístico e do meio ambiente, científicos, de promoção da ética, da cidadania, da democracia e dos direitos humanos, religiosos, culturais ou de assistência social etc. (CC, art. 62, parágrafo único, com a redação da Lei n. 13.151/2015), e modo de administração. Se a fundação constituir-se por escritura pública, o instituidor tem o dever de transferir-lhe a propriedade, ou outro direito real (p. ex.,

---

208. W. Barros Monteiro, op. cit., v. 1, p. 120-2.

209. Caio M. S. Pereira, *Instituições,* cit., v. 1, p. 290 e 291. Vera Lúcia La Pastina, Comentário sobre a Lei do Registro Público de Empresas Mercantis, *3º RTD,* n. 169, p. 692. Nas simples associações, esse escrito recebe o nome de estatuto social, embora haja sociedades anônimas, cujos escritos também têm essa denominação (Bassil Dower, op. cit., v. 1, p. 100 e 102).

Sobre CNPJ – Lei n. 8.934/94, art. 35-A, acrescentado pela Lei n. 14.195/2021; Lei n. 9.430/96, arts. 80 a 82, com alteração da Lei n. 14.195/2021.

usufruto), sobre os bens dotados, pois, se não o fizer, serão registrados em nome dela, por mandado judicial (CC, art. 64), dado em razão de pleito movido pela fundação por meio de seu representante ou por iniciativa do órgão do Ministério Público.

Além desses requisitos, há certas sociedades que, para adquirirem personalidade jurídica, dependem de prévia autorização ou aprovação do Poder Executivo Federal (CC, arts. 45, 2ª parte, 1.123 a 1.125), como, p. ex., as sociedades estrangeiras (LINDB, art. 11, § 1º; Lei n. 9.787/2019; CC, arts. 1.134 e 1.135); as agências ou estabelecimentos de seguros (Dec.-lei n. 2.063/40; Dec.-lei n. 73/66, art. 74); montepio, caixas econômicas, bolsas de valores (Lei n. 4.728/65, arts. 7º e 8º; Resolução n. 39/66 do BACEN; Lei n. 6.385/76 e Lei n. 6.404/76), cooperativas[210] (Lei n. 5.764, de 16-12-1971, arts. 17 a 21), salvo sindicatos profissionais e agrícolas (CLT, arts. 511 e s.; CF, art. 8º, I e II).

A *segunda fase* configura-se no registro (CC, arts. 45, 46, 984, 985, 998, 1.134 e 1.150), pois para que a pessoa jurídica de direito privado exista legalmente é necessário inscrever atos constitutivos, ou seja, contratos e estatutos, no seu registro peculiar, regulado por lei especial; o mesmo deve fazer quando conseguir a imprescindível autorização ou aprovação do Poder Executivo (CC, arts. 45, 46, 1.123 a 1.125 e 1.134; Lei n. 6.015/73, arts. 114 a 121, com alteração da Lei n. 9.042/95 e da Lei n. 14.382/2022; Lei n. 8.934/94, regulamentada pelo Dec. n. 1.800/96 e alterada pelas Leis n. 9.829/99, n. 10.194/2001, 11.598/2017, 13.833/2019 e n. 14.195/2021; LINDB, art. 11 § 1º). Pela Lei n. 6.015/73 art. 121 §§ 1º a 3º (com a redação da Lei n. 14.382/2022: "O registro será feito com base em uma via do estatuto, compromisso ou contrato, apresentada em papel ou em meio eletrônico, a requerimento do representante legal da pessoa jurídica. É dispensado o requerimento caso o representante legal da pessoa jurídica tenha subscrito o estatuto, compromisso ou contrato. Os documentos apresentados em papel poderão ser retirados pelo apresentante nos 180 (cento e oitenta) dias após a data da certificação do registro ou da expedição de nota devolutiva. Decorrido tal prazo, os documentos serão descartados". É bom lembrar que a CGJSP (Provimento CG n. 5/2015) acresceu itens à Seção II do Capítulo XVIII das Normas de Serviço sobre registro civil das pessoas jurídicas, exigindo apresentação de duas vias originais do contrato social ou estatuto. Se só uma via for apresentada, esta ficará arquivada na serventia, facultando-se ao usuário requerer, no mesmo ato ou em momento posterior, a emissão de certidão do registro, mediante pagamento de emolumentos. Se se adotar o procedimento de microfilmagem, dispensado estará

---

210. Sobre as cooperativas, consulte-se, a título de remissão histórica: Decretos-leis n. 22.239/32 (revogado pelo Dec.-lei n. 59/66); 581/38 (revogado pelo Dec.-lei n. 59/66); 5.893/43 (revogado pelo Dec.-Lei n. 8.401/45); 6.274/44; 8.401/45 (ora revogado pelo Dec.-Lei n. 59/66, que perdeu vigência pela Lei n. 5.764/71); Decreto n. 60.597/67 (ora revogado pela Lei n. 5.764/71); Lei n. 5.764/71 (que, no art. 117, revogou o Dec.-lei n. 59/66 e o Dec. n. 60.597/67).

aquele arquivamento, devolvendo-se a via original ao apresentante depois do registro. Além disso, será preciso averbar no registro todas as alterações por que passar o ato constitutivo (CC, art. 45, *in fine*).

Em se tratando de fundações, para que se proceda ao registro há dependência de elaboração de estatuto pelo instituidor (forma direta) ou por aqueles a quem ele cometer a aplicação do patrimônio (forma fiduciária), de acordo com o especificado no art. 62 do Código Civil e de aprovação da autoridade competente com recurso ao juiz. Há intervenção do Ministério Público, que, por meio da Promotoria de Justiça das Fundações ou da Curadoria de Fundações, em alguns Estados-Membros da Federação (CPC, arts. 764, I e II, e 765; CC, art. 66, §§ 1º – antiga redação – e 2º), velará pelas fundações, impedindo que se desvirtue a finalidade específica a que se destina, analisando e aprovando o estatuto, confeccionando-o se o responsável não o fizer em tempo hábil previsto em lei, examinando as eventuais modificações estatutárias e averiguando o cumprimento da lei (*RT*, *299*:735). Se funcionarem no Distrito Federal, ou em Território, caberá o encargo ao Ministério Público Federal e ao de cada Estado; se localizadas em sua circunscrição e se estenderem a atividade por mais de um Estado, caberá a incumbência, em cada um deles, ao respectivo Ministério Público. Para que as fundações que funcionam no Distrito Federal sejam fiscalizadas pelo Ministério Público do Distrito Federal e não pelo Ministério Público Federal, o Projeto de Lei n. 699/2011 visa alterar os §§ 1º e 2º do art. 66, estabelecendo que, se as fundações "funcionarem em Território, caberá o encargo de fiscalizá-las ao Ministério Público Federal, e se estenderem a atividade por mais de um Estado, ou se funcionarem no Distrito Federal, caberá tal encargo, em cada um deles, ao respectivo Ministério Público". O Parecer Vicente Arruda aprovou com emenda a sugestão do Projeto de Lei n. 6.960/2002 (atual PL n. 699/2011), entendendo que "efetivamente a redação do art. 66 necessita ser aprimorada para o fim de deixar claro que caberia ao Ministério Público do Distrito Federal e dos Territórios zelar pelas fundações neles situadas, a fim de ajustar-se ao disposto no art. 128 da Constituição Federal". Sugeriu, então, que o art. 66 tenha os seguintes parágrafos:

"§ 1º Se funcionarem no Distrito Federal ou em Território, caberá o encargo ao Ministério Público da União.

§ 2º Se estenderem a atividade por mais de um Estado, ou ao Distrito Federal ou Território, caberá o encargo, em cada um deles, ao respectivo Ministério Público".

Convém lembrar, que, por unanimidade, o Plenário do Supremo Tribunal Federal (STF) declarou a inconstitucionalidade do art. 66, § 1º, do vigente Código Civil (Lei n. 10.406/2002), que determinava aos integrantes do Ministério Público Federal a função de zelar pelo funcionamento correto das fundações existentes no Distrito Federal ou nos Territórios que venham a ser criados. A decisão foi tomada no julgamento da Ação Direta de Inconstitucionalidade (ADI) 2.794, ajuizada pela Associação Nacional dos Membros do

Ministério Público (Conamp) e determinou a suspensão do § 1º do art. 66 do Código Civil de 2002, que assim dispunha: "Velará pelas fundações o Ministério Público do Estado onde situadas. Se funcionarem no Distrito Federal, ou em Território, caberá o encargo ao Ministério Público Federal". Para a Conamp, a função de zelar pelas fundações "já é exercida pelo Ministério Público do Distrito Federal e Territórios e, segundo mandamento constitucional, deve continuar sendo por ele exercida". Questionando aquela norma, a Conamp ajuizou a ação pedindo que fosse declarada a sua inconstitucionalidade. Em seu voto, o ministro Sepúlveda Pertence (relator) avaliou que as atribuições do Ministério Público não poderiam ser alteradas por meio de Lei Ordinária, no caso a Lei n. 10.406/2002 (Código Civil) e, ainda, sustentou que essas atribuições só poderiam ser modificadas por meio de Lei Complementar, conforme prevê o § 5º do art. 128 da Constituição Federal. Considerando tais motivos, o ministro votou, sendo acompanhado pelos demais: "julgo procedente a ação direta e declaro a inconstitucionalidade do § 1º do art. 66 do Código Civil, sem prejuízo, é claro, da atribuição do Ministério Público Federal da veladura pelas fundações federais de direito público, funcionem, ou não, no Distrito Federal ou nos eventuais Territórios".

E, com isso, a nova redação do § 1º do art. 66 do Código Civil, imposta pela Lei n. 13.151/2015, determina que os encargos das fundações que funcionarem no Distrito Federal ou nos Territórios caberão ao Ministério Público do Distrito Federal e Territórios.

Por tal razão, o novel Código de Processo Civil fez bem em se omitir, relativamente, sobre a competência do Ministério Público conforme a localização das fundações.

Convém não olvidar que as fundações de natureza previdenciária não se sujeitam à fiscalização do Ministério Público (LC n. 109/2001) e que as fundações criadas pelo Poder Público se submetem ao controle do Tribunal de Contas (CF, art. 71, II).

Pelo Enunciado n. 147 do Centro de Estudos Jurídicos do Conselho de Justiça Federal, aprovado na Jornada de Direito Civil de 2004: "A expressão 'por mais de um Estado', contida no § 2º do art. 66, não exclui o Distrito Federal e os Territórios. A atribuição de velar pelas fundações, prevista no art. 66 e seus parágrafos, ao MP local – isto é, dos Estados, DF e Territórios onde situadas —, não exclui a necessidade de fiscalização de tais pessoas jurídicas pelo MPF, quando se tratar de fundações instituídas ou mantidas pela União, autarquia ou empresa pública federal, ou que destas recebam verbas, nos termos da Constituição, da LC n. 75/93 e da Lei de Improbidade".

O órgão legítimo para velar pela fundação, impedindo que se desvirtue a finalidade específica a que se destina, é o Ministério Público do Estado onde estiver situada (CC, arts. 66 e s.), que deverá aprovar seus estatutos e as suas eventuais alterações ou reformas, zelando pela boa administração da entidade jurídica e de seus bens (*RF*, *259*:373, *279*:428 e *295*:547).

O Ministério Público deverá examinar o estatuto elaborado pelo fundador, caso em que a fundação é formada diretamente, ou pela pessoa designada por ele, hipótese em que sua formação é fiduciária[211], para ver se foram observadas as bases da fundação (CC, arts. 62 a 69), se os bens são suficientes aos fins a que se destinam (CC, art. 63) e se o objeto é lícito e conforme ao interesse público. Se tudo estiver em ordem, o Ministério Público deverá aprovar o estatuto ou indicar, por escrito, as modificações necessárias ou denegar, por escrito, a aprovação, sendo que, nestas últimas hipóteses, o juiz poderá supri-las se o interesse assim o requerer. Pelo Código de Processo Civil, art. 764, I e II, competirá ao magistrado decidir sobre a aprovação do estatuto da fundação e de suas alterações sempre que o requeira o interessado quando (a) ela for previamente negada pelo Ministério Público ou por este forem exigidas modificações com as quais o interessado não concorde ou (b) o interessado discordar do estatuto elaborado pelo Ministério Público. E se for o caso, antes de fazer tal suprimento, poderá efetuar alterações estatutárias, adaptando-as aos fins propostos pelo instituidor (CPC, art. 764, § 2º). Se o Ministério Público não se manifestar dentro do prazo legal, os estatutos serão tidos como aprovados, podendo ser registrados.

Se o fundador não elaborar o estatuto, nem ordenar alguém para fazê-lo, ou se o estatuto não for elaborado no prazo assinado pelo instituidor, ou, não havendo prazo, em 180 dias, o Ministério Público poderá tomar a iniciativa[212] (CC, art. 65, parágrafo único), que é, portanto, subsidiária. Se

---

211. Duas são, como já apontamos alhures, as modalidades de formação de fundação: a *direta,* quando o fundador tudo provê, e a *fiduciária,* quando entrega a outrem a sua organização (W. Barros Monteiro, op. cit., v. 1, p. 127). *Vide* Gustavo Saad Diniz, *Direito das fundações privadas*, Porto Alegre, Síntese, 2000.

212. Edson José Rafael, Da fiscalização das fundações pelo poder público, in *Fundações educacionais*, cit., p. 114-34; Paulo José de Palma, Intervenção nas Fundações, *Fundações educacionais*, cit., p. 135-43; Walter Ceneviva, *Lei dos Registros Públicos comentada,* São Paulo, Saraiva, 1979, p. 247; José Maria Siviero, *Títulos e documentos e pessoa jurídica: seus registros na prática,* 1983; Modesto Carvalhosa, *Comentários*, cit., v. 13, p. 662-701. *Vide* Instrução Normativa n. 46/96 (ora revogada) do Departamento Nacional de Registro de Comércio, que dispõe sobre a fiscalização dos órgãos incumbidos do Registro Público de empresas mercantis e atividades afins, e Instrução Normativa n. 71/98 (ora revogada) do Departamento Nacional de Registro de Comércio sobre a desconcentração dos serviços de registro público de empresas mercantis e atividades afins – atualmente o órgão responsável é o Departamento de Registro Empresarial e Integração – DREI. *Vide*, ainda, Provimentos CGJ n. 58/89, Cap. XVIII, 1/91 e 18/91. Convém não olvidar que a fundação correspondente a entidade fechada de previdência privada deve ser fiscalizada pelo Ministério da Previdência Social (Lei Complementar n. 109/2001, arts. 72 e 74). Glauber Moreno Talavera (*Comentários ao Código Civil*, cit., p. 157) ensina: "O Ministério Público participará das ações para suprimento de autorização, ou mesmo nas ações para modificação dos estatutos, como *custos legis*, em conformidade com o que preceitua o inciso III, do art. 82, do Diploma Processual. Esses procedimentos deverão seguir o regramento próprio dos procedimentos especiais

o Ministério Público vier a elaborar o estatuto fundacional, sua aprovação competirá ao judiciário, se o interessado requerer.

A alteração do estatuto da fundação apenas será admitida nos casos em que houver necessidade de sua reforma ou adaptação à nova realidade jurídico-social, desde que: a) seja tal reforma deliberada por dois terços (*quorum* qualificado) dos membros da administração ou dos seus dirigentes, isto é, das pessoas competentes para gerir e representar a fundação; b) não contrarie o fim específico da fundação e c) seja aprovada pelo órgão do Ministério Público no prazo máximo de 45 dias, e, no caso de recusa, poderá o juiz supri-la, a requerimento do interessado (CC, art. 67, I, II e III, com a alteração da Lei n. 13.151/2015; CPC, art. 764, I). E se na reforma estatutária houver minoria vencida, por não ter sido aprovada por votação unânime, os administradores da fundação, ao submeterem o estatuto ao órgão do Ministério Público, requererão que se lhe dê ciência para impugná-la, se quiser, em dez dias (CC, art. 68), alegando por exemplo desnecessidade de sua modificação ou gravame à entidade ou, ainda, adulteração à finalidade específica imposta pelo instituidor. Transcorrido esse prazo, com ou sem impugnação da minoria vencida, o Ministério Público aprovará o estatuto, podendo apontar as modificações necessárias, ou, então, denegará aquela aprovação. Não se podem prejudicar direitos adquiridos por terceiro em razão da alteração do estatuto da fundação. Logo, p. ex., se se obtiver a declaração judicial da nulidade da reforma estatutária, tendo sido julgada procedente a impugnação da minoria vencida, o terceiro lesado poderá, apesar da omissão do Código de 2002, exigir que se mantenham os direitos que havia adquirido com as modificações ulteriormente anuladas pelo órgão judicante (LINDB, arts. 4º, 5º e 6º; CC, arts. 421 e 422).

Portanto, para que a fundação adquira personalidade jurídica é preciso: dotação, elaboração e aprovação dos estatutos e registro[213].

Em caso de necessidade de prévia autorização do governo (CC, arts. 45, 1.123 a 1.125), o registro só terá lugar depois desta ter sido expressamente

---

de jurisdição voluntária, que estão regulados nos arts. 1.103-1.112 do Código de Processo Civil" [os dispositivos citados referem-se ao CPC/73. Atualmente correspondem aos arts. 719 a 725 do CPC/2015].

Vide ainda o art. 12, § 2º, da Lei n. 9.532/1997; art. 1º, alínea *c*, da Lei n. 91/1935 e art. 29, I, da Lei n. 12.101/2009, que sofreram alterações da Lei n. 13.151/2015.

213. Bassil Dower, op. cit., v. 1, p. 115.

obtida. A falta dessa autorização impede que a sociedade se constitua, pois torna nulo o ato de constituição, por ser essencial a sua validade.

No momento em que se opera o assento do contrato ou do estatuto no registro competente, a pessoa jurídica começa a existir, passando a ter aptidão para ser sujeito de direitos e obrigações, a ter capacidade patrimonial, constituindo seu patrimônio, que não tem nenhuma relação com os dos sócios, adquirindo vida própria e autônoma, não se confundindo com os seus membros, por ser uma nova unidade orgânica[214]. O registro tem força constitutiva, pois além de servir de prova possibilita a aquisição da capacidade jurídica. O assento de atos constitutivos das sociedades simples dar-se-á no Registro Civil das Pessoas Jurídicas, sendo que os das sociedades empresárias deverão ser registrados no Registro Público de Empresas Mercantis (Lei n. 8.934/94, regulamentada pelo Dec. n. 1.800/96; CC, art. 1.150), sendo competente para a prática de tais atos as Juntas Comerciais. O registro deverá declarar: a denominação, os fins, a sede, o tempo de duração e o fundo ou capital social, quando houver; o nome e a individualização dos fundadores ou instituidores, e dos diretores; o modo por que se administra e representa, ativa e passivamente, judicial e extrajudicialmente; possibilidade e maneira de reforma do estatuto social (p. ex., por unanimidade, por maioria simples ou absoluta) no tocante à administração; a responsabilidade subsidiária, ou não, dos sócios pelas obrigações sociais; as condições de extinção da pessoa jurídica e o destino de seu patrimônio (CC, art. 46, I a VI).

O direito de anular a constituição das pessoas jurídicas de direito privado, por defeito do ato respectivo, pode ser exercido dentro do prazo decadencial de 3 anos, contado da publicação e sua inscrição no registro ou a partir do registro, nas hipóteses em que a publicação não for exigida (CC, art. 45, parágrafo único). Se o triênio escoar *in albis*, os defeitos relativos à sua constituição convalescer-se-ão. Ocorrida a decadência não mais se poderá alegar qualquer irregularidade, consequentemente, as pessoas jurídicas, com seu reconhecimento, poderão exercer, sem quaisquer riscos, suas atividades.

Acrescentam os arts. 986 a 990, 1.132 e 1.136, do Código Civil que, por falta de autorização ou de registro dos atos constitutivos, as sociedades

---

214. Bassil Dower, op. cit., v. 1, p. 83 e 102. A Lei n. 9.042/95 dispensa a publicação de atos constitutivos de pessoa jurídica para efeito de registro público, alterando a redação do art. 121 da Lei n. 6.015/73. No período entre a criação da sociedade e seu registro, os atos por ela praticados são tidos como de sociedade não personificada, mas suscetíveis de ratificação.

que se não reputarem pessoas jurídicas não poderão acionar a seus membros, nem a terceiros, mas estes poderão responsabilizá-las por todos os seus atos (*RT, 135*:663, *395*:392, *537*:107), reconhecendo a existência de fato para esse efeito (*RT, 134*:111); entretanto, parece, à primeira vista, que o art. 75, IX, do Código de Processo Civil não compartilha com tal entendimento ao dizer que as sociedades não personificadas ou sem personalidade jurídica (p. ex., sociedade em comum – CC, arts. 986 a 990 – e sociedade em conta de participação – CC, arts. 991 a 996) podem ser representadas em juízo, ativa ou passivamente, pela pessoa a quem couber a administração de seus bens (*RT, 470*:147), apresentando antinomia com a norma substantiva. Todavia, como é preciso haver absoluta coerência na interpretação normativa, ante a ausência de personalidade jurídica, em regra, seria impossível acionar seus membros e terceiros, e, como a sociedade tem, pela norma adjetiva, o direito de defesa e de ser representada em juízo, ativa e passivamente, pelo administrador de seus bens, o art. 75, § 2º, do Código de Processo Civil complementa o teor dos arts. 986 a 990 e 1.132 e 1.136 do Código Civil, reforçando o que nele está disposto, dando-lhe o real sentido. Logo, aquela antinomia é aparente, por ser a adjetiva, norma especial. Isto é assim porque, para alguns autores, a sociedade não personificada está compreendida no gênero próximo da pessoa jurídica, que é o *sujeito de direitos,* pois não são somente os entes personalizados que podem exercer direitos e vincular-se a deveres. Por isso nada obsta a que a lei especial venha a reconhecer direitos a certos entes sem personalizá-los.

Essas sociedades reger-se-ão, salvo por ações em organização, pelos arts. 986 a 990 do Código Civil, observadas, subsidiariamente e no que forem compatíveis, as normas da sociedade simples (CC, arts. 997 a 1.038). Os sócios, nas relações entre si ou com terceiros, apenas poderão provar a existência da sociedade por escrito, mas aos terceiros será permitido o emprego de qualquer meio probatório (CC, art. 987). Os bens e dívidas sociais constituem patrimônio dos sócios (CC, art. 988). Tais bens responderão pelos atos de gestão praticados por qualquer dos sócios, exceto se houver pacto expresso limitativo de poderes, que apenas terá eficácia perante terceiros que o conheçam (CC, art. 989). Todos os sócios responderão solidária e ilimitadamente pelas obrigações sociais, excluído aquele que tratou pela sociedade do benefício de ordem, previsto no art. 1.024, segundo o qual os bens particulares dos sócios não poderão ser executados por débitos da sociedade, senão depois de executados os bens sociais (CC, art. 990).

O acervo de bens das sociedades não personificadas responde pelas obrigações, e, subsidiariamente, os seus sócios têm o dever de concorrer com os seus haveres, na dívida comum, proporcionalmente à sua entrada (CPC, art. 979). Vigora o princípio da responsabilidade incidente sobre a massa patrimonial com repercussão no patrimônio dos sócios, pois a falta de registro acarreta a comunhão patrimonial e jurídica da sociedade e de seus membros, confundindo-se seus direitos e obrigações com os dos sócios[215].

Nessas sociedades sem personalidade jurídica prevalece o princípio de que só as que são sujeitos de direito é que podem possuir bens, logo "as sociedades de fato não podem, em seu nome, figurar como parte em contrato de compra e venda de imóvel, em compromisso ou promessa de cessão de direitos, movimentar contas bancárias, emitir ou aceitar títulos de crédito; praticar outros atos extrajudiciais que impliquem alienações de imóveis, porque o Registro Imobiliário não poderá proceder ao registro" (*RT, 428*:250)[216].

Esse tratamento que a lei substantiva dispensa à sociedade não personificada decorre do princípio de que a aquisição de direitos advém da observância da norma, enquanto a imposição de deveres (responsabilidade) existe sempre[217].

Do exposto verifica-se que da conjugação das duas fases, volitiva e administrativa, é que resulta a aquisição da personalidade da pessoa jurídica.

E. Capacidade da pessoa jurídica

A capacidade da pessoa jurídica decorre logicamente da personalidade que a ordem jurídica lhe reconhece por ocasião de seu registro. Essa capacidade estende-se a todos os campos do direito. Pode exercer todos os direitos subjetivos, não se limitando à esfera patrimonial. Tem direito à identificação, sendo dotada de uma denominação, de um domicílio e de uma nacionalidade[218]. Logo, tem: *a*) direito à personalidade, como o direito ao nome,

---

215. Caio M. S. Pereira, *Instituições,* cit., v. 1, p. 296 e 297; W. Barros Monteiro, op. cit., v. 1, p. 126; José Manuel de Arruda Alvim Neto, *Comentários ao Código de Processo Civil,* v. 2, p. 94.

216. Bassil Dower, op. cit., v. 1, p. 104. Sobre sociedade de fato: *RT, 476*:143, *518*:226, *289*:330; *RJTJSP, 71*:80; *RJTJRS, 159*:297. Sobre sociedade não personificada: CC, arts. 986 a 996.

217. Caio M. S. Pereira, *Instituições,* cit., v. 1, p. 299; Atos n. 51/87 e 21/94 do CREA, sobre registro de pessoas jurídicas. Já se decidiu que: "As sociedades de fato, quando demandadas, não poderão opor a irregularidade de sua constituição (artigo 12, § 2º – hoje 75, § 2º – do CPC/2015). É um princípio de defesa daqueles que têm direitos a reclamar de uma sociedade, que não se constitui regularmente, os quais não podem ser prejudicados por uma falha que só se pode atribuir à própria sociedade" (2º TACSP, Ap. c/ Rev. 494.663, 9ª Câm., j. 9-6-1998).

218. Serpa Lopes, op. cit., v. 1, p. 347.

Pelo art. 48-A do CC (com redação da Lei n. 14.195/2021) as pessoas jurídicas de direito privado, sem prejuízo do previsto em legislação especial e em seus atos constitutivos, poderão realizar assembleias gerais por meios eletrônicos, inclusive para fins do art. 59 do Código Civil, respeitados os direitos previstos de participação e de manifestação.

à marca, à liberdade, à imagem (*RT, 747*:288)[219], à privacidade, à própria existência, ao segredo, à honra objetiva (*RT, 776*:195) ou à boa reputação[220], podendo pleitear, se houver violação a esses direitos, reparação por dano moral e patrimonial (*RT, 776*:195, *716*:273, *680*:85, *627*:28; *JTJ, 238*:117; STF, Súmula 227), atingindo sua credibilidade social, idoneidade empresarial, potencialidade econômica, capacidade de produção de lucros, qualidade do fundo de comércio, clientela etc. (CC, art. 52). Para acarretar responsabilidade civil por dano moral à pessoa jurídica, o fato lesivo e o dano eventual

---

219. A internet é um território vasto, em que a sensação de anonimato e conforto pode gerar situações potencialmente conflituosas: qualquer um fala o que pensa – o que é ótimo! –, mas sem medir as consequências. Assim a liberdade de expressão é reconhecida e toda forma de censura é inadmissível, mas, por outro lado, os excessos no exercício desse direito devem ser reparados, nos limites da lei. Foi exatamente o princípio utilizado para a condenação de três mulheres ao pagamento de indenização a um restaurante – além do dever de se retratarem publicamente na internet –, depois de terem organizado movimentos incessantes para denegrir a imagem do estabelecimento, em redes sociais. Tal se deu em razão do atropelamento de um cachorro vira-lata em rua próxima ao local, depois que funcionários impediram sua entrada nas dependências do restaurante. O incidente desencadeou os protestos abusivos das condenadas, que se identificaram como ativistas dos direitos dos animais. Para o juiz responsável, "as rés, como outras pessoas, utilizam as redes sociais do conforto de seus lares ou trabalho como verdadeiro tribunal de exceção. Acusam, denunciam, condenam e aplicam a pena, sem pensarem na repercussão de seus atos para os acusados, que, em sua maioria, não terão chance a uma 'apelação ou revisão no tribunal de exceção'" (STJ – Processo n. 4001276-52.2013.8.26.0451, sentença publicada em 5 de agosto de 2013).

220. Amaro Cavalcanti (*Responsabilidade civil do Estado,* p. 80 e 86) enumera os seguintes direitos: 1º) para se apresentar, em seu próprio nome, aos poderes públicos, requerendo e sustentando quaisquer direitos e pretensões legítimas, como fazem as pessoas naturais; 2º) para criar ou organizar por si sós, ou associadas com outras pessoas físicas ou jurídicas, instituições de beneficência, caridade, instrução, exercendo sobre elas a precisa fiscalização; 3º) para confeccionar e promulgar regulamentos dos seus serviços, impondo neles obrigações e penas aos seus subordinados; 4º) para exercer mandatos, por conta de terceiros; 5º) ou, bem assim, para aceitar e desempenhar outras funções análogas, de caráter manifestamente pessoal, como as de sócio, liquidante, administrador judicial, árbitro e gestor de negócios alheios; 6º) para deliberar e usar do direito de voto ao lado de indivíduos nos negócios que lhes são concernentes. Consulte: Alexandre Ferreira de Assumpção Alves, *A pessoa jurídica e os direitos da personalidade*, 1998; Alex Sandro Ribeiro, *Ofensa à honra da pessoa jurídica*, São Paulo, Leud, 2004; Pablo M. da Cunha Frota, *Danos morais e a pessoa jurídica*, São Paulo, Método, 2008; Déborah Regina Lambach Ferreira da Costa, *Dano à imagem da pessoa jurídica de direito público*, São Paulo, Saraiva, 2015. *Vide* Lei n. 10.147/2000 e Lei n. 8.884/94, art. 2º, §§ 1º e 2º, ora revogados pela Lei n. 12.529/2011; CC, arts. 17, 18, 1.166; Lei n. 9.729/96.

A Portaria n. 629/2011, da Procuradoria-Geral Federal, constitui Grupo de Trabalho para definição de estratégia de proteção do nome e imagem das autarquias e fundações públicas federais.

deverão ser comprovados (Enunciado n. 189 do Conselho da Justiça Federal, aprovado na III Jornada de Direito Civil). E, até mesmo para a cessação da lesão ou da ameaça sofrida, poderá ajuizar medidas cautelares, mandado de segurança, ação ordinária com pedido de tutela antecipada etc.[221]; *b*) direitos patrimoniais ou reais (ser proprietária, usufrutuária etc.); *c*) direitos industriais (CF, art. 5º, XXIX); *d*) direitos obrigacionais (de contratar, comprar, vender, alugar etc.); e *e*) direitos à sucessão, pois pode adquirir bens *causa mortis*. Tais direitos lhes são reconhecidos no mesmo instante de seu assento no registro competente, subsistindo enquanto atuarem e terminando com o cancelamento da inscrição das pessoas jurídicas.

Sofre, contudo, limitações decorrentes[222]:

1) *De sua natureza,* pois, não sendo dotada de um organismo biopsíquico, falta-lhe titularidade ao direito de família, ao parentesco e a outros que são inerentes ao homem[223]; não pode, como é óbvio, praticar diretamente os atos da vida jurídica, devendo servir-se de órgãos de comunicação, necessitando, portanto, de um representante legal que exteriorize sua vontade. Os atos dos administradores obrigam a pessoa jurídica se exercidos dentro dos limites estabelecidos no ato constitutivo (CC, art. 47). Entendeu, ainda, o Enunciado n. 145 do Conselho de Justiça Federal, aprovado na Jornada de Direito Civil de 2004, que "o art. 47 não afasta a aplicação da teoria da aparência".

Pelo art. 1.012, os administradores responderão pessoal e solidariamente com a sociedade pela prática de atos de gestão que se derem antes da averbação de sua nomeação à margem da inscrição da sociedade.

A pessoa jurídica deverá cumprir os atos praticados pelos administradores, exceto se houver desvio ou excesso dos poderes conferidos a eles. Nesta última hipótese, deverão responder, pessoalmente e com seu patrimônio, pelos atos lesivos causados às pessoas com quem negociaram. A pessoa jurídica só terá responsabilidade limitada aos poderes concedidos a eles em ato constitutivo registrado. Se, porventura, a pessoa jurídica tiver administração

---

221. Já, na IV Jornada de Direito Civil, aprovado foi o Enunciado n. 286, do Conselho da Justiça Federal, com o seguinte teor: "Os direitos da personalidade são direitos inerentes e essenciais à pessoa humana, decorrentes de sua dignidade, não sendo as pessoas jurídicas titulares de tais direitos".

222. A. Franco Montoro, op. cit., v. 2, p. 323; Matiello, *Código*, cit., p. 57; STF, Súmula 365; *RT, 497*:160; *RF, 254*:330.

223. Cunha Gonçalves, *Tratado de direito civil,* v. 1, t. 2, n. 124; Caio M. S. Pereira, *Instituições,* cit., v. 1, p. 268. Há quem ache que derivaria solidariedade decorrente de "parentesco" de grupos de empresas em certas obrigações como as trabalhistas.

coletiva (gerência colegiada), as decisões serão tomadas pela maioria dos votos dos presentes (metade mais um), a não ser que o ato constitutivo disponha o contrário; o direito de invalidar as decisões dos administradores que violarem norma legal ou estatutária ou eivadas de erro, dolo, simulação ou fraude pode ser exercido dentro do prazo decadencial de 3 anos (CC, art. 48, parágrafo único), contado do registro da publicação ou notificação aos interessados da decisão ou deliberação viciada, como ensinam Jones F. Alves e Mário Luiz Delgado. Se alguma deliberação foi tomada pela administração coletiva, sem que se tenha atingido o número de votos requerido para sua validade, por infringência normativa ou por vício de consentimento ou social, havendo inércia dos que teriam legitimidade para impugná-la, deixando escoar aquele prazo decadencial, ter-se-á o convalescimento da decisão viciada. Como a pessoa jurídica precisa ser representada, ativa e passivamente, em juízo ou fora dele, deverá ser administrada por quem o estatuto indicar ou por quem seus membros elegerem. Por isso, se a administração da pessoa jurídica vier a faltar (vacância gerencial) por ato voluntário ou involuntário do administrador, o juiz, a requerimento de qualquer interessado (sócio, credor etc.), nomeará a seu critério, dentre os sócios idôneos, ou, se todos forem inaptos, pessoa estranha, um administrador provisório (CC, art. 49; CPC, art. 614). O Código de Processo Civil, art. 75, I a III, prescreve, por tal razão também, a representação das pessoas jurídicas de direito público interno, ao dizer que a União será representada pela Advocacia-Geral da União, diretamente ou mediante órgão vinculado, os Estados e o Distrito Federal serão representados em juízo, ativa e passivamente, por seus procuradores, e os Municípios, por seu prefeito ou procurador.

Modernamente há uma tendência para substituir o termo "representante", como ainda se encontra no ordenamento jurídico pátrio, pelo vocábulo "órgão", atentando que a pessoa natural não é simples intermediária da vontade da pessoa jurídica, o que dá a entender que há duas vontades, a do mandante e a do mandatário, quando, na verdade, há uma só, que é a da entidade, manifestada, dentro das limitações legais, pelo seu elemento vivo de contato com o mundo jurídico[224].

2) *De norma jurídica,* mesmo no campo patrimonial, em virtude de razões de segurança pública, pois as pessoas jurídicas estrangeiras não podem receber concessão para o aproveitamento de recursos minerais, nem adquirir propriedade no país, com exceção dos edifícios-sede de suas representações

---

224. Caio M. S. Pereira, *Instituições,* cit., v. 1, p. 270 e 271; Cunha Gonçalves, op. cit., v. 1, t. 2, n. 122, p. 966; Fábio Maria de Mattia, *Aparência de representação,* 1984, p. 52 e 53 e 174; CF, art. 5º, XXI; CC, arts. 1.169 a 1.178.

diplomáticas e consulares, nem, em regra, ser acionistas de empresas jornalísticas etc. (CF, arts. 190, 176, § 1º, e 222, com redação da EC n. 36/2002).

Como se vê, a pessoa jurídica tem capacidade para exercer todos os direitos compatíveis com a natureza especial de sua personalidade[225].

F. Responsabilidade civil

Quanto à responsabilidade das pessoas jurídicas, poder-se-á dizer que tanto a pessoa jurídica de direito privado como a de direito público, no que se refere à realização de um negócio jurídico dentro dos limites do poder autorizado pela lei, pelo contrato social ou pelo estatuto, deliberado pelo órgão competente e realizado pelo legítimo representante, é responsável, devendo cumprir o disposto no contrato, respondendo com seus bens pelo inadimplemento contratual[226], conforme prescreve o art. 389 do Código Civil. E a Lei n. 8.078/90, arts. 12 a 25, impõe não só a responsabilidade objetiva das pessoas jurídicas pelo fato e por vício do produto e do serviço, independentemente da existência de sua culpabilidade – assim sendo, incumbidas estarão de reparar os danos físicos ou psíquicos causados aos consumidores –, como também a responsabilidade subjetiva para garantir a incolumidade econômica do consumidor ante os incidentes de consumo que podem diminuir

---

225. Serpa Lopes, op. cit., v. 1, p. 347. Sobre isso: De Page, *Traité élémentaire de droit civil belge*, v. 1, n. 510. Súmula 481 do STJ: "Faz jus ao benefício da justiça gratuita a pessoa jurídica com ou sem fins lucrativos que demonstrar sua impossibilidade de arcar com os encargos processuais". A pessoa jurídica estrangeira autorizada a funcionar no Brasil já pode adquirir ou arrendar imóvel rural destinado à implantação de projetos agrícolas, pecuários, florestais, industriais, turísticos ou de colonização vinculados aos seus objetivos estatutários ou contratuais, desde que haja aprovação do Ministério da Agricultura, Pecuária e Abastecimento, ouvido o órgão federal competente responsável pelas respectivas atividades (art. 14 da Instrução Normativa do INCRA n. 70/2011, ora revogada pela Instrução Normativa do INCRA n. 76/2013).

226. Caio M. S. Pereira, *Instituições*, cit., v. 1, p. 276 e 277; Clóvis Beviláqua, op. cit., p. 148. *Vide* Lei n. 12.846/2013, regulamentada pelo Decreto n. 8.420/2015, sobre responsabilização administrativa e civil de pessoas jurídicas pela prática de atos contra a administração pública, nacional ou estrangeira. A Portaria n. 910/2015 define os procedimentos para apuração da responsabilidade administrativa e para celebração do acordo de leniência de que trata a Lei n. 12.846/2013. Sobre atos de corrupção de pessoas físicas e jurídicas de direito privado contra a administração pública, que terão responsabilidade civil objetiva administrativa e civil: Toshio Mukai, Comentários à Lei n. 12.846, de 1º de agosto de 2013, *Revista Síntese – Direito Empresarial*, *37*:9-30; Sylvio T. Mukai, Responsabilidade objetiva administrativa da Lei n. 12.846/2013, *Revista Síntese – Direito Empresarial*, *37*:31-9; Orlando Estevens Cames, A nova Lei Anticorrupção, *Revista Síntese – Direito Empresarial*, *37*:44-46.

A aplicação de sanções pela prática de atos lesivos contra os interesses da Administração Pública nacional e estrangeira independerá da prova da culpabilidade da pessoa física ou jurídica, visto que a responsabilidade civil é objetiva.

seu patrimônio em razão de vício de quantidade e de qualidade por inadequação. Mesmo as sociedades formadas por profissionais liberais não terão responsabilidade subjetiva, por fato do serviço, mas sim a objetiva, tendo-se em vista que não se confundem com a personalidade física de seus membros, exercendo, depois, o direito de regresso contra o culpado (art. 14, §§ 1º a 4º, da Lei n. 8.078/90; CC, arts. 932, III, 933, 934, 942 e 951).

A Constituição Federal de 1988, no art. 173, § 5º, dispõe que "a lei, sem prejuízo da responsabilidade individual dos dirigentes da pessoa jurídica, estabelecerá a responsabilidade desta, sujeitando-a às punições compatíveis com sua natureza, nos atos praticados contra a ordem econômica e financeira e contra a economia popular".

No campo da responsabilidade extracontratual é princípio assente que as pessoas jurídicas de direito privado devem reparar o dano causado pelo seu representante que procedeu contra o direito, alargando-se, assim, o conceito de responsabilidade indireta. O Código Civil, ao cuidar da responsabilidade civil, o fez apenas quanto às pessoas jurídicas que têm finalidade lucrativa ou empresarial (arts. 931 e 1.009) ao dispor que respondem pelos produtos postos em circulação. De forma que se se combinarem os arts. 932, III, e 933 do Código Civil vigente poder-se-á dizer que essas sociedades respondem objetivamente pelos danos provocados e pelos atos ilícitos praticados pelos seus representantes, pois não há mais a presunção *juris tantum* de culpa *in eligendo* ou *in vigilando,* que provocava a inversão do ônus da prova, fazendo com que a pessoa jurídica tivesse de comprovar que não teve culpa nenhuma (como dispunha o STF, Súmula 341). Como a lei substantiva parece estar tratando somente da pessoa jurídica que colima lucro, a responsabilidade das associações, que não têm tal fim, não encontra regulamentação legal, o que nos conduz a aceitar a conclusão de Silvio Rodrigues[227] de que sua responsabilidade advém do art. 186 c/c o art. 927 do Código Civil, que dispõe sobre a responsabilidade do causador do dano pela reparação do prejuízo. Hipótese em que a vítima deverá demonstrar a culpa *in eligendo* ou *in vigilando* da associação, mas, ante os arts. 4º e 5º da Lei de Introdução mais viável seria admitir a responsabilidade civil objetiva das associações, aplicando-se os arts. 932 e 933, sob pena de instaurar no sistema uma lacuna axiológica.

A responsabilidade extracontratual das pessoas jurídicas de direito público e das de direito privado prestadoras de serviços públicos pelos danos

227. Silvio Rodrigues, op. cit., v. 1, p. 102; *RT, 445*:143, *481*:174.

causados a particulares pelos seus órgãos ou funcionários, no exercício de suas funções públicas, oferece rico conteúdo doutrinário.

A doutrina mais antiga é a da irresponsabilidade absoluta, decorrente da ideia absolutista que apresentava o Estado como um ente todo-poderoso, contra o qual não prevaleciam os direitos individuais. De modo que quem contratava com um funcionário público devia saber que este, enquanto preposto do Estado, não podia violar a norma, uma vez que o Estado exercia tutela do direito. Se o funcionário, no desempenho de sua função, lesasse direitos individuais, ele é que, pessoalmente, deveria reparar o dano e não o Estado.

Hodiernamente, não mais se aceita tal teoria, pois a valoração dos direitos não se compadece com a ideia de que a vítima de um procedimento lesivo não tenha, contra o Estado, o direito de reparação, devendo limitar-se a demandá-la daquele que diretamente causou o mal, embora procedendo em nome e por conta do Estado.

Tentando justificar a responsabilidade estatal surgiu a teoria civilista que distinguia, na ação estatal, atos de gestão e de império. Quando o Estado procedesse como pessoa privada, seria responsável na gestão de seu patrimônio pelos prejuízos que causasse e quando agisse no exercício de sua soberania e em razão do império a que esta se prende, não poderia ser responsabilizado pelos seus atos lesivos.

Esta doutrina é inaceitável sob o prisma moral ou prático, pois, se a vítima se queixa de um dano causado pela pessoa jurídica de direito público em atuação ilícita, não satisfaz ao sentimento de justiça distinguir se o ato foi praticado *iure gestionis* ou *iure imperii,* porque em ambas as hipóteses o restabelecimento do equilíbrio exige a composição do patrimônio ofendido. Praticamente, é difícil caracterizar a atuação estatal e dizer em cada caso se o ato é de império ou de gestão. Negar indenização pelo Estado em qualquer de seus atos que causaram danos a terceiros é subtrair o poder público de sua função primordial de tutelar o direito.

Com isso a responsabilidade civil do Estado sai da teoria civilista, encontrando seu fundamento na seara do direito público, com base no princípio da igualdade de todos perante a lei, pois entre todos devem ser os ônus e encargos equitativamente distribuídos. Não é justo que, para benefício da coletividade, somente um sofra os encargos. Estes deverão ser suportados por todos indistintamente, contribuindo cada um por meio do Estado para a indenização de dano sofrido por um.

Três são as correntes que procuram fundamentar a responsabilidade civil do Estado:

1) A da *culpa administrativa* do preposto, segundo a qual o Estado só pode ser responsabilizado se houver culpa do agente, preposto ou funcionário, de maneira que o prejudicado terá de provar o ilícito do agente público para que o Estado responda pelos prejuízos.

2) A do *acidente administrativo* ou da falta impessoal do serviço público, que parte do pressuposto de que os funcionários fazem um todo uno e indivisível com a própria administração, e se, na qualidade de órgãos desta, lesarem terceiros por uma falta cometida nos limites psicológicos da função, a pessoa jurídica é responsável. Não cabe indagar se houve culpa do funcionário, mas apurar se houve falha no serviço. Se o prejuízo adveio de um fato material, do funcionamento passivo do serviço público, embora sem culpa pessoal, de um mero acidente administrativo ou de uma irregularidade de apuração objetiva é o bastante para que tenha lugar a indenização. Assim, o lesado tem direito à indenização não apenas quando houver culpa do funcionário, mas também quando ocorrer prejuízo em razão de fato objetivo, irregularidade material, acidente administrativo ou culpa anônima do serviço.

3) A do *risco integral,* pela qual cabe indenização estatal de todos os danos causados, por comportamentos comissivos dos funcionários, a direitos de particulares. Trata-se da responsabilidade objetiva do Estado, bastando a comprovação da existência do prejuízo[228].

Esta última foi a adotada, no entendimento de alguns autores, pelo direito brasileiro, pois o art. 43 do Código Civil dispõe: "As pessoas jurídicas de direito público interno são civilmente responsáveis por atos dos seus agentes que nessa qualidade causem danos a terceiros, ressalvado direito regressivo contra os causadores do dano, se houver, por parte destes, culpa ou dolo". Segue o art. 37, § 6º, da Constituição Federal, que assim preceitua: "As pessoas jurídicas de direito público e as de direito privado prestadoras de serviços públicos responderão pelos danos que seus agentes, nessa qualidade, causarem a terceiros, assegurado o direito de regresso contra o responsável nos casos de dolo ou culpa" (*RT, 525*:164, *537*:163, *539*:196).

---

228. É o que nos ensina W. Barros Monteiro (op. cit., v. 1, p. 110 e 115). Sobre o tema: Celso Antônio Bandeira de Mello, *Elementos de direito administrativo,* Revista dos Tribunais, 1979, cap. IX; Yussef S. Cahali, *Responsabilidade civil do Estado,* São Paulo, 1982; Paul Duez, *La responsabilité de la puissance publique,* Paris, 1927; José de Aguiar Dias, *Responsabilidade civil,* 6. ed., Forense, 1979, tít. V; *RT, 151*:650, *156*:688, *199*:311, *222*:273, *229*:130, *234*:158, *238*:162, *251*:522, *133*:532, *229*:491, *231*:203, *130*:617, *177*:123, *224*:598, *255*:328, *247*:490, *263*:239, *238*:245, *135*:160, *150*:363, *189*:242, *258*:127, *193*:870, *209*:482, *499*:98; *RF, 146*:320, *147*:105, *169*:137, *156*:257, *177*:283, *180*:129, *189*:152, *94*:53, *152*:43.

O Projeto de Lei n. 699/2011, com base na Constituição Federal, apresenta a seguinte proposta, alterando a redação do art. 43 do Código Civil: "Art. 43. As pessoas jurídicas de direito público e as de direito privado prestadoras de serviços públicos responderão pelos danos que seus agentes, nessa qualidade, causarem a terceiros, inclusive aqueles decorrentes da intervenção estatal no domínio econômico, assegurado o direito de regresso contra o responsável nos casos de dolo ou culpa". Isto porque "a atual redação do art. 43 restringe a Lei Maior (CF, art. 37, § 6º), pois não menciona as prestadoras de serviços públicos, e só se refere às pessoas jurídicas de direito público interno, excluindo, aparentemente as pessoas jurídicas de direito público externo. Por não poder limitar a norma fundamental, o dispositivo do novo CC já nasce sem aplicação", razão pela qual o Projeto sugere a sua alteração, "a fim de adequá-lo à Constituição Federal. Além do mais, como bem observa Fernando Facury Scaff *in Responsabilidade Civil do Estado Intervencionista* (Saraiva, 1990, *caput*, IV, p. 76), com a crescente intervenção do Estado sobre o domínio econômico, várias e distintas são as hipóteses de responsabilidade do Estado passíveis de causar danos aos agentes econômicos '(*a*) Da quebra do princípio da igualdade, por injustificada escolha da opção econômica a ser objeto da ação intervencionista estatal (incentivada, desincentivada ou vetada); (*b*) Da violação do princípio do direito adquirido em face da posterior modificação de normas indutivas; (*c*) Da violação do princípio da lucratividade, basilar ao sistema capitalista, em face de uma errônea política econômica diretiva ou adotada; (*d*) Por violação do princípio da boa-fé, em razão do descumprimento de promessas governamentais'. A presente proposta de alteração tem a finalidade de tentar fazer com que esqueçamos que o Estado, no Brasil, existiu antes da nação, com a vinda de D. João VI, e que a esdrúxula aliança entre militares e tecnocratas durante o regime de exceção, a partir de 1964, geradora de brutal hipertrofia estatal, nos remeteu a Hobbes, no seu Leviatã. Onde fica a sociedade civil no Brasil? Entre Locke e Rousseau que vão às raízes da cidadania, da liberdade como construção civilizatória ou entre Hobbes e seu Estado leviatânico? A cidadania é também uma instituição. É, sobretudo, um conjunto de direitos comuns a todos os membros da sociedade. Se, além dos direitos, a cidadania implica deveres e obrigações, estes não podem, de maneira alguma, ser condições para os direitos da cidadania. Os direitos da cidadania são direitos incondicionais que transcendem e contêm as forças do mercado".

Com essas assertivas a Constituição Federal, o Código Civil e, ainda, o Projeto de Lei n. 699/2011, dando nova redação ao art. 43, consagram a ideia de que as pessoas jurídicas de direito público e as de direito privado prestadoras de serviços públicos respondem pelos danos que seus funcionários causem a terceiro, sem distinção da categoria do ato; mas têm ação regressiva contra o agente, quando tiver havido culpa deste, de forma a não ser o patrimônio público desfalcado pela sua conduta ilícita. O Parecer Vicente Arruda aprovou essa sugestão (do PL n. 6.960/2002 – hoje PL n. 699/2011), com emenda, nos seguintes termos: "As pessoas jurídicas de direito público e as de direito privado prestadoras de serviços públicos responderão pelos danos que seus agentes, nessa qualidade, causarem a terceiros, assegurado o direito de regresso contra o responsável nos casos de dolo ou culpa", apresentando a seguinte justificativa: "A alteração é procedente, em parte, porquanto a redação atual não se coaduna com o mandamento do art. 37, § 6º, da Constituição Federal. Entretanto, a indenização por danos decorrentes da intervenção estatal no domínio equivaleria a responsabilizar o Estado, não pela prática abusiva de seus agentes, mas pelo exercício de prerrogativa constitucional de fazer leis, regulamentos e atos normativos em geral, visando promover o bem comum e o desenvolvimento nacional, mandamentos insculpidos no art. 3º da Constituição Federal".

Verifica-se que, na verdade, o texto constitucional e o do Código Civil de 2002 (art. 43) adotam a *responsabilidade objetiva,* sob a modalidade do *risco administrativo* (Hely Lopes Meirelles e Diogenes Gasparini), ao eliminarem a expressão do art. 15 do Código Civil de 1916 – "procedendo de modo contrário ao direito ou faltando a dever prescrito por lei", que concernia à responsabilidade em caso de culpa do agente público. Mas há quem ache, como vimos, que a norma constitucional acolhe a teoria do risco integral, segundo a qual basta, para que o Estado responda civilmente, que haja dano, nexo causal com o ato comissivo do funcionário e que este se ache em serviço no momento do evento prejudicial a direito de particular. Não requer dolo ou culpa do agente público, sendo suficiente que tenha causado dano a terceiro[229].

---

229. *Vide* Caio M. S. Pereira, *Instituições,* cit., v. 1, p. 279; José de Aguiar Dias, op. cit., *RT, 549*:107, *455*:81, *574*:129, *567*:106, *573*:253, *553*:89, *577*:144, *578*:233, *579*:164. Sobre responsabilidade dos funcionários federais e sobre ação regressiva, *vide* arts. 121 a 126 da Lei n. 8.112/90 (Estatuto dos Servidores Públicos Civis da União), que revogou a Lei n. 1.711/52, arts. 191 a 200, e Lei n. 4.619/65. O art. 43 não alcança a responsabilidade da pessoa jurídica de direito público por ato legislativo e judicial lesivo a outrem. O Estado que paga indenização a quem foi prejudicado por ato legislativo lesivo não terá ação regressiva contra o legislador faltoso ante o disposto no art. 53 da Constituição Federal de 1988 e ante o fato de ser a lei um ato jurídico complexo, em que, nas palavras de Oswaldo Aranha Bandeira de Mello, "ocorre fusão de vontades ideais de vários órgãos que funcionam, destarte, como vontade única para formação de um ato jurídico" (*RDA, 8*:133, *20*:42, *56*:243 e *144*:162; *RT, 431*:141; *RJTJSP, 122*:52, *131*:124). Ter-se-á responsabilidade estatal por atos legislativos lesi-

Celso Antônio Bandeira de Mello esclarecia-nos, com muita propriedade, diante da 2ª parte do art. 15 do Código Civil de 1916, que no caso de dano causado por comportamento comissivo de pessoas que exerciam função pública, ainda que eventual, episódica ou transitoriamente, a responsabilidade do Estado era *objetiva*. Havia, portanto, uma relação entre o dano e seu produtor, pois o art. 37, § 6º, da Carta Constitucional fala em prejuízo causado pelo agente público. Da distinção entre "causa" e "condição" decorrem fundamentais consequências para o correto entendimento do referido dispositivo. Causa é o evento que produz um efeito, e condição, o acontecimento cuja ausência permite a produção do efeito; não gera o efeito, mas sua presença é impediente dele. Donde: sua ausência permite a produção do efeito. O art. 37, § 6º, reporta-se a comportamento comissivo do Estado, pois só uma atuação positiva pode gerar, causar, produzir um efeito. A omissão pode ser uma condição para que outro evento cause o dano, mas ela mesma (omissão) não pode produzir o efeito danoso. A

---

vos se houver: *a*) indenização fixada na própria lei causadora do gravame; *b*) violação ao princípio da isonomia em circunstância de a lei ter lesado diretamente o patrimônio de um cidadão ou de um grupo de pessoas; *c*) dano causado a terceiro por ilegalidade ou inconstitucionalidade do ato legislativo; *d*) omissão legislativa, p. ex., se o Poder Legislativo não emitiu normas destinadas a dar operatividade prática a direitos garantidos constitucionalmente.

O Estado responderá por ato judicial previsto em lei. O Código de Processo Penal, art. 630, p. ex., reconhece a responsabilidade estatal por erro judiciário (CF/88, art. 5º, LXXV, primeira parte); por prisão preventiva injusta ou por prisão além do tempo fixado na sentença (CF/88, art. 5º, LXXV, segunda parte); por sentença de mérito, transitada em julgado, rescindida por estar eivada de vício previsto no Código de Processo Civil (art. 966, I, II, IV, V, VI, VIII e IX). A responsabilidade pessoal do magistrado prevista no Código de Processo Civil (art. 143) não exclui a do Estado. As decisões e despachos judiciais sem caráter de *res judicata*, decidindo ou não o mérito da causa, tais como as interlocutórias, as decisões prolatadas em processo de jurisdição graciosa (*RT*, *135*:680), os atos de execução da sentença e os atos administrativos em geral do Poder Judiciário, poderão acarretar responsabilidade estatal.
Em relação ao juiz singular, o Estado que pagou indenização terá ação regressiva contra ele, se este agiu com culpa ou dolo; mas, quanto aos atos jurisdicionais lesivos do tribunal, descaberá tal ação, por serem atos de órgão colegiado (*RTJ*, *105*:225, *59*:782, *61*:587 e *64*:589; *RT*, *511*:88, *329*:744, *446*:86, *261*:88, *304*:464, *351*:49 e *464*:101; *RJTJSP*, *5*:97, *8*:63, *19*:547, *24*:511, *48*:95, *137*:238; *RF*, *220*:105; *JTJ*, Ed. Lex, *237*:55, *226*:119, *238*:59). *Vide* Maria Emília Mendes Alcântara, *Responsabilidade do Estado por atos legislativos e jurisdicionais*, São Paulo, Revista dos Tribunais, 1988; Alcino de Paula Salazar, *Responsabilidade do poder público por atos judiciais*, 1941, p. 77; Oswaldo Aranha Bandeira de Mello, *Princípios*, cit., v. 1, p. 474-7; Mosset Iturraspe e outros, *Responsabilidad de los jueces y del Estado por la actividad judicial*, Argentina, 1988; M. Helena Diniz, *Curso*, cit., v. 7, p. 438-48; Fabiano A. de Souza Mendonça, Responsabilidade do Estado por ato judicial inconstitucional, *RT*, *738*:11; Jacira Nunes Mourão, Responsabilidade civil do Estado por atos jurisdicionais, *RDC*, *3*:65; L. A. Soares Hentz, Responsabilidade civil do Estado por prisão indevida, *RT*, *730*:68.

omissão poderá ter condicionado sua ocorrência, mas não o causou. Portanto, no caso de dano por comportamento omissivo, a responsabilidade do Estado é *subjetiva,* porquanto supõe dolo ou culpa em suas modalidades de negligência, imperícia ou imprudência, embora possa tratar-se de uma culpa não individualizável na pessoa de tal ou qual funcionário, mas atribuída ao serviço estatal genericamente. É a culpa anônima ou falta de serviço que ocorre, p. ex., na omissão do Estado em debelar o incêndio, em prevenir as enchentes (*RTJ, 47*:378, *70*:704; *RT, 511*:16, *528*:74, *530*:70), em obstar um assalto em praças ou vias públicas, que é condição da ocorrência de um fato lesivo, mas causa não é. Logo, ensinava-nos esse eminente professor, em matéria de responsabilidade estatal, por omissão, havia que se aplicar a norma constante da 2ª parte do art. 15 do Código Civil de 1916, segundo o qual: "As pessoas jurídicas de direito público são responsáveis por atos de seus representantes que nessa qualidade causem dano a terceiros, *procedendo de modo contrário ao direito* ou *faltando a dever prescrito em lei*" (grifo nosso). De modo que toda razão tinha Oswaldo Aranha Bandeira de Mello quando ponderava: "A responsabilidade do Estado por omissão só pode ocorrer na hipótese de culpa anônima, da organização e funcionamento do serviço, que não funciona ou funciona mal ou com atraso, e atinge os usuários do serviço ou os nele interessados"[230].

---

230. Aplicava-se o art. 15 do Código Civil de 1916, p. ex., quando o poder público descurava da conservação do serviço de esgotos ou redes pluviais, dando origem a vazamentos e inundações; negligenciava a conservação das estradas, provocando acidentes; não mantinha a ordem em tumultos que causassem depredação em estabelecimento comercial. Convém dizer ainda que caso fortuito e força maior excluem a responsabilidade estatal (CC, art. 393). Não responde, ainda, por danos provenientes de atos judiciais, salvo hipótese de prisão ilegal (CPP, art. 630; *RT, 570*:188), nem por atos do Ministério Público, desde que cobertos e amparados por decisão judicial, como nos ensina W. Barros Monteiro, op. cit., p. 116 e 117. Celso Antônio Bandeira de Mello, Responsabilidade extracontratual do Estado por comportamentos administrativos, *Revista da Procuradoria Geral do Estado de Mato Grosso do Sul, 1*:11-25, 1979; *Curso de direito administrativo*, São Paulo, Malheiros, 1999, p. 670-2; Oswaldo A. Bandeira de Mello, *Princípios gerais de direito administrativo,* Forense, 1978, v. 2, p. 487; Nelson Nery Junior, Responsabilidade Civil da Administração Pública – Aspectos do direito brasileiro positivo vigente: CF, art. 37, § 6º, e CC/1916, art. 15, *RDPriv, 1*:29; *RT, 447*:76, *490*:112, *434*:193, *454*:252, *297*:301, *389*:181, *517*:128, *523*:96, *530*:70 e 108, *518*:115, *526*:225, *536*:169, *537*:108, *778*:243, *779*:328, *780*:348; *RJTJSP, 61*:92, *17*:173, *47*:125. A respeito do processo de ação de responsabilidade civil do Estado: *RF, 265*:216; *RT, 74*:557, *343*:385, *465*:87, *511*:244, *513*:248, *507*:119, *544*:260, *538*:275, *529*:81, *518*:99, *535*:104, *514*:97, *519*:235, *528*:97, *536*:117, *539*:56, *534*:209, *526*:225, *548*:253. "Admite-se a denunciação da lide da pessoa jurídica de direito público (ou equiparada) ao agente que se portou com culpa, cujo objetivo será o posterior ressarcimento aos cofres públicos, em valor correspondente ao desembolsado

Mas há, ainda, quem admita, como nós, seguindo esteira de Celso Antônio Bandeira de Mello e de Oswaldo Aranha Bandeira de Mello, que pode haver *responsabilidade civil subjetiva* do Estado por danos causados por ato omissivo do agente, interpretando a palavra *ato* do art. 43 do Código Civil, no sentido de um agir resultante de *ação* (ato comissivo) e não no de *omissão* (ato omissivo). Logo, em relação às intercorrências omissivas, o lesado deverá provar a alegada falta diante de um dever jurídico de atuar, o que caracteriza comportamento culposo da Administração e gera, por conseguinte, a aplicação da teoria subjetiva da responsabilidade. Celso Antônio Bandeira de Mello assevera: "Não bastará, então, para configurar-se a responsabilidade estatal, a simples relação entre ausência do serviço (omissão estatal) e o dano sofrido. (...) é necessário que o Estado haja incorrido em ilicitude, por não ter acorrido para impedir o dano ou por haver sido insuficiente neste mister, em razão de comportamento inferior ao padrão legal exigível". P. ex., já se decidiu que: "Mesmo diante das novas disposições do novo Código Civil, persiste o entendimento no sentido de que, 'no campo da responsabilidade civil do Estado, se o prejuízo adveio de uma omissão do Estado, invoca-se a teoria da responsabilidade subjetiva' (REsp n. 549.812/CE, Rel. Min. Franciulli Netto, *DJ* de 31/05/2004). 'O Poder Público, ao receber o menor estudante em qualquer dos estabelecimentos da rede oficial de ensino, assume o grave compromisso de velar pela preservação de sua integridade física...' (RE n. 109.615-2/RJ, Rel. Min. Celso de Mello, *DJ* de 02/08/96). A escola não pode se eximir dessa responsabilidade ao liberar os alunos, pelo simples fato de ter havido bilhete na agenda dos menores no sentido da inexistência de aulas nos dois últimos períodos de determinado dia. Liberada a recorrente naquele horário, que seria de aula regular, e dirigindo-se para casa, sem os responsáveis, culminou por ser molestada sexualmente em terreno vizinho à escola, que se sabia ser extremamente perigoso. Presentes os pressupostos da responsabilidade civil (conduta culposa, nexo causal e dano). Violação aos artigos 186 e 927 do Código Civil carac-

---

no pagamento da indenização devida ao particular. O substrato jurídico para a denunciação da lide encontra-se no art. 70 – hoje 125 – do Código de Processo Civil, assim redigido: 'A denunciação da lide é obrigatória: (...) III – àquele que estiver obrigado, pela lei ou pelo contrato, a indenizar, em ação regressiva, o prejuízo do que perder a demanda'". É a lição de Matiello, *Código*, cit., p. 50. Sobre a responsabilidade por atos legislativos e judiciais *vide* o que escrevemos no v. 7 de nosso *Curso*, e a Constituição do Estado de São Paulo de 1989, art. 115, XXIX, § 4º.

A Lei n. 12.846, de 1º de agosto de 2013, dispõe sobre a responsabilização administrativa e civil de pessoas jurídicas pela prática de atos contra a administração pública, nacional ou estrangeira, e dá outras providências.

terizada, bem como a responsabilidade subjetiva do Estado na hipótese, devendo os autos retornarem ao Tribunal *a quo*, por ser a Corte competente para, diante do exame do quadro fático-probatório, fixar a indenização respectiva" (STF, REsp 819.789/RS, rel. Min. Francisco Falcão, Primeira Turma, j. 25-4-2006, *DJ*, 25-5-2006, p. 191).

Hodiernamente, há previsão legal de imputabilidade criminal também para as pessoas jurídicas, consoante a regra contida no art. 3º da Lei n. 9.605/98. Segundo o dispositivo, as pessoas jurídicas poderão ser responsabilizadas administrativa, civil e penalmente, no caso em que a atividade lesiva ao meio ambiente seja cometida por decisão de seus representantes legais, ou contratuais, ou de seu órgão colegiado, no interesse ou em benefício da entidade. A responsabilidade das pessoas jurídicas, em tais casos, não exclui a das pessoas físicas, autoras, coautoras ou partícipes do fato delituoso. Dispõe ainda o art. 21 da mesma lei que as penas aplicáveis às pessoas jurídicas poderão ser de multa, restritivas de direitos ou de prestação de serviços à comunidade. Às pessoas jurídicas é também legítimo o exercício das ações penais (CPP, art. 37). Outros diplomas, como o Código de Defesa do Consumidor, preveem que, p. ex., em caso de crimes contra as relações de consumo, o representante da pessoa jurídica responderá pelas penas estipuladas nos arts. 61 a 80 da Lei n. 8.078/90[231].

---

231. Clóvis, op. cit., p. 147 e 148; Serpa Lopes, op. cit., v. 1, p. 347; Vareilles-Sommières, *Les personnes morales*, p. 478 e 479; Caio M. S. Pereira, *Instituições*, cit., v. 1, p. 278; Rossel e Mentha, *Manuel de droit civil suisse*, v. 1, n. 191, p. 131; Fernando da Costa Tourinho Filho, Responsabilidade penal das pessoas jurídicas, *Boletim Informativo Saraiva*, n. 2, ano 7, 1998, p. 12; Walter C. Rothenburg, *A pessoa jurídica criminosa*, Curitiba, Juruá, 1997; Carlos Ernani Constantino, Meio ambiente – o art. 3º da Lei n. 9.605/98 cria o intolerável *bis in idem*, *Ciência Jurídica – Fatos*, n. 51, dez. 1998, p. 8. Sobre a responsabilidade civil do fornecedor *vide* nosso v. 7, onde analisamos a Lei n. 8.078/90.

Luiz Regis Prado (Pessoa Jurídica e novo Código Penal Espanhol, *Estado de Direito* n. 34, p. 15) observa: seguindo "a tendência político-criminal europeia de institucionalização da responsabilidade penal da pessoa jurídica, por influência, sobretudo, de sistemas jurídicos anglo-saxões ou similares, e de convenções internacionais, a Espanha acaba por consagrá-la na nova legislação penal (Código Penal espanhol de 2010 [art. 31 bis] – instituído pela Ley Orgánica 5/2010, que reformou grandemente o anterior Código Penal de 1995) o novo Código Penal espanhol (art. 31 bis) estabelece as noções conceituais da responsabilidade penal da pessoa jurídica. A primeira parte (art. 31 bis, 1) diz respeito à prática de delito pela pessoa física que detém poder de direção, isto é, poder decisório no âmbito social, bem como controle de funcionamento (= representante legal e administrador), de fato ou de direito, da empresa. Na segunda parte (art. 31 bis, 1), a pessoa jurídica responde criminalmente pelos delitos praticados pelas pessoas físicas, no exercício de atividades sociais, por conta e proveito, no caso em que seu representante legal ou administrador – de fato ou de direito – não tenha exercido o devido controle ou supervisão, conforme uma situa-

Por essa lei, havendo, em detrimento do consumidor, abuso de direito, violação legal ou do contrato social, falência, insolvência ou encerramento das atividades da pessoa jurídica de direito privado em virtude de má administração, o magistrado poderá *desconsiderar a personalidade jurídica* da sociedade (art. 28, §§ 2º a 5º). E, além disso, as infrações das normas de defesa do consumidor ficarão sujeitas às *sanções administrativas* (art. 56, I a XII), sem prejuízo das de natureza civil e penal. A Lei n. 9.605/98, por sua vez, faz menção expressa à possibilidade de desconsideração da personalidade jurídica sempre que sua personalidade seja obstáculo ao ressarcimento de prejuízos causados à qualidade do meio ambiente (art. 4º), podendo, se constituída ou utilizada, preponderantemente, com o fim de permitir, facilitar ou ocultar a prática de crime contra o meio ambiente, ter decretada sua liquidação forçada, sendo seu patrimônio considerado instrumento do crime e como tal perdido em favor do Fundo Penitenciário Nacional (art. 24).

Como logo mais veremos o art. 50 do Código Civil e os arts. 133 a 137 do Código de Processo Civil também possibilitam a desconsideração da personalidade jurídica para confisco de bens de sócios que a utilizarem para praticar fraudes, promover desvios de patrimônio e de finalidade social.

G. Seu domicílio

As pessoas jurídicas também têm seu domicílio, que é sua sede jurídica, onde os credores podem demandar o cumprimento das obrigações. Como não têm residência, é o local de suas atividades habituais, de seu governo, administração ou direção[232], ou, ainda, o determinado no ato constitutivo.

As pessoas jurídicas de direito público interno têm por domicílio a sede de seu governo (CC, art. 75, I, II e III). Pela Constituição Federal, art. 109, §§ 1º e 2º, e pelo Código de Processo Civil, arts. 51, parágrafo único, e 52, parágrafo único, é competente o foro do domicílio do réu para as causas em que

ção concreta. Esse modelo parece ter sua fonte na Lei das Contravenções de Ordem alemã (§§ 130 e 30). A responsabilidade penal da pessoa jurídica vem prevista de forma ampla e independente, paralelamente à responsabilidade da pessoa natural (art. 31 bis, 3 e 5, do CP espanhol). Nesse ponto, ressai certa margem de dubiedade ou imprecisão legislativa quando se compara o contido no art. 31 bis, 1 e o disposto no item 2 do mesmo artigo. No primeiro, adota-se o modelo de responsabilidade por atribuição (indireto) e no segundo, busca-se alcançar a ideia de responsabilidade penal própria (direta) da pessoa jurídica".

232. Orlando Gomes, op. cit., p. 183; Caio M. S. Pereira, *Instituições*, cit., v. 1, p. 331; Clóvis, op. cit., p. 165. Bruno Lewicki, O domicílio no Código Civil de 2002, *A parte geral*, cit., p. 143. *Vide*: *RT*, 658:99; *RJ*, *178*:73.

seja autora a União, o Estado e o Distrito Federal. Se a União, o Estado ou o Distrito Federal for o demandado, a ação poderá ser proposta no foro do domicílio do autor, no de ocorrência do ato ou fato que originou a demanda, no da situação da coisa ou no Distrito Federal ou na capital do respectivo ente federado. Os Estados e Territórios têm por sede jurídica as suas capitais e os Municípios, o lugar da administração municipal. Às autarquias, como são entes descentralizados criados por lei, aplicam-se as normas sobre o domicílio da pessoa jurídica de direito público interno de que são desmembramento[233].

As pessoas jurídicas de direito privado têm por domicílio o lugar onde funcionarem sua diretoria e administração ou onde elegerem domicílio especial nos seus estatutos ou atos constitutivos (CC, art. 75, IV; CPC, art. 53, III, *a* e *b*), devidamente registrados. A Súmula 363 do STF estabelece que "a pessoa jurídica de direito privado pode ser demandada no domicílio da agência ou estabelecimento em que se praticou o ato". Essa súmula é aplicável às empresas públicas (*RSTJ, 90*:41).

O art. 75, § 1º, admite a pluralidade do domicílio dessas pessoas jurídicas, desde que tenham diversos estabelecimentos, p. ex., agências, escritórios de representação, departamentos, filiais, situados em comarcas diferentes, caso em que poderão ser demandadas no foro em que tiverem praticado o ato (*RT, 442*:210, *411*:176). De forma que o local de cada estabelecimento dotado de autonomia (*RT, 154*:142, *654*:194; *RF, 101*:529 e *35*:356) será considerado domicílio para os atos ou negócios nele efetivados, com o intuito de beneficiar os indivíduos que contratarem com a pessoa jurídica.

Reputa-se domiciliada no território nacional a empresa estrangeira que opere ou tenha no Brasil filial, agência sucursal, escritório, estabelecimento, agente ou representante (Lei n. 8.884/94, com a redação da Lei n. 10.149/2000, art. 2º, § 1º, ora revogado pela Lei n. 12.529/2011).

Se a sede da administração ou diretoria se acha no estrangeiro, ter-se-á por domicílio o lugar do estabelecimento situado no Brasil, onde as obrigações foram contraídas por qualquer das respectivas agências (CC, art. 75, § 2º, e CPC, art. 21, I, parágrafo único). Portanto, as pessoas jurídicas estrangeiras têm por domicílio, no que concerne às obrigações contraídas por suas filiais, o lugar em que elas estiverem, protegendo assim as pessoas que com elas contratam, evitando que tenham de acioná-las no estrangeiro, onde se encontra sua administração[234].

233. Caio M. S. Pereira, *Instituições*, cit., v. 1, p. 332 e 333. *Vide: RT, 736*: 189; *RJTJSP, 96*:276, *108*:407; *RSTJ, 92*:81. *Vide*: CPC, arts. 45, 51 e 52; CF, art. 109, §§ 3º a 5º.

234. R. Limongi França, *Manual de direito civil*, 3. ed., São Paulo, Revista dos Tribunais,

H. Transformação, incorporação, fusão, cisão e fim da pessoa jurídica

A *transformação* é a operação pela qual a sociedade de determinada espécie passa a pertencer a outra, sem que haja sua dissolução ou liquidação mediante alteração em seu estatuto social (CC, art. 1.113), regendo-se, então, pelas normas que disciplinam a constituição e inscrição de tipo societário em que se converteu. Assim, p. ex., uma sociedade limitada poderá transformar-se em sociedade anônima, cumprindo os requisitos legais e inscrevendo o ato modificativo no Registro Público de Empresas Mercantis. Para que se opere a transformação da sociedade em outra será imprescindível sua previsão no ato constitutivo estipulando deliberação por maioria ou, se nele não houver cláusula nesse sentido, a anuência de todos os sócios (CC, art. 1.114, *caput*). É necessária, nesta última hipótese, a ocorrência de uma decisão por unanimidade dos sócios, representando a totalidade do capital social, porque a transformação altera substancialmente a responsabilidade e o poder decisório dos sócios. Rege-se, portanto, pelo princípio deliberatório, por unanimidade. Consequentemente, havendo discordância de um só sócio, impossível será a transformação societária. Se um sócio não concordar com a deliberação da maioria, havendo previsão a respeito no pacto social, aprovando o ato de transformação societária, poderá retirar-se da sociedade, e o valor de sua quota, com ou sem redução do capital social, será liquidado conforme previsto no estatuto social ou, no silêncio deste, mediante aplicação do art. 1.031 do Código Civil, pelo qual a liquidação de sua quota terá por base a atual situação patrimonial da sociedade, verificada em balanço especial (CC, art. 1.114, 2ª parte). Ocorrida a transformação societária: *a*) os direitos dos credores ficarão inalterados; *b*) a decretação da falência da sociedade transformada atingirá apenas os sócios que, na sociedade anterior, estariam sujeitos a seus efeitos, desde que o requeiram os titulares dos créditos anteriores ao ato de transformação (CC, art. 1.115). Logo, as obrigações sociais anteriores à transformação, mesmo em caso de falência, continuarão vinculando os credores àqueles sócios que, antes da ocorrência daquela transformação, estariam sujeitos a processo falimentar. Portanto, os efeitos da falência da sociedade transformada não terão incidência imediata sobre aqueles sócios.

1975, v. 1; Silvio Rodrigues, op. cit., v. 1, p. 119; Caio M. S. Pereira, *Instituições*, cit., v. 1, p. 332 e 333.

A *incorporação* é a operação pela qual uma sociedade vem a absorver uma ou mais com a aprovação dos sócios das mesmas (mediante *quorum* absoluto ou qualificado legalmente requerido conforme o tipo societário das sociedades envolvidas), sucedendo-as em todos os direitos e obrigações e agregando seus patrimônios aos direitos e deveres, sem que com isso venha a surgir nova sociedade (CC, art. 1.116). É uma forma de reorganização societária em que os patrimônios das sociedades incorporadas somam-se ao da incorporadora. É uma união dos ativos das sociedades participantes da operação com a consequente assunção do passivo da incorporada, que deixará de existir (*RT, 732*:302). A incorporação da sociedade deverá ser aprovada por deliberação dos sócios das sociedades incorporadora e incorporada que representem metade do valor do capital social (CC, art. 1.076, I – revogado pela Lei n. 14.451/2022) sobre as bases da operação. Os sócios da incorporada deverão aprovar o projeto de reforma do ato constitutivo e a prática de atos necessários à incorporação pelos seus administradores, inclusive a subscrição em bens pelo valor da diferença verificada entre o ativo e o passivo. Os sócios da incorporadora deliberarão sobre a nomeação de peritos para a avaliação do patrimônio líquido da incorporada a ser acrescido ao patrimônio da incorporadora (CC, art. 1.117, §§ 1º e 2º). A sociedade cujo patrimônio líquido será incorporado subscreverá o aumento do capital da incorporadora, em nome próprio, mas em favor de seus sócios. É um negócio *sui generis* de aumento de capital de sociedade existente. A incorporadora, após a aprovação dos atos da incorporação, declarará a extinção da incorporada e providenciará a sua averbação no registro próprio. Com tal formalização a incorporadora passará a assumir as obrigações e os direitos da incorporada, sucedendo-a e resguardando os direitos dos credores (CC, art. 1.118).

A *fusão de sociedades* é a operação pela qual se cria, juridicamente, uma nova sociedade para substituir aquelas que vieram a fundir-se e a desaparecer, sucedendo-as *ope legis*, por ter havido união dos patrimônios, nos direitos, responsabilidades e deveres, sob denominação diversa, com a mesma ou com diferente finalidade e organização (CC, art. 1.119). Duas sociedades constituirão uma nova com seus patrimônios líquidos. Ter-se-á extinção das sociedades, cujos patrimônios líquidos comporão o capital social da nova sociedade, sem que haja prévia liquidação. Como bem observa Modesto Carvalhosa, os sócios constituirão diretamente uma nova sociedade, subscrevendo o respectivo capital com os bens e direitos da sociedade de cujo capital participavam, atuando, portanto, em benefício próprio; logo, a fusão é um negócio jurídico *sui generis* de constituição de sociedade, processando-se em duas fases: a passagem dos sócios das sociedades fusionadas para a nova sociedade e a extinção *ex facto* das sociedades transmitentes de seus patrimônios. A decisão pela fusão dar-se-á em reunião, ou assembleia, dos sócios de cada sociedade, aprovando-se não só o projeto de constituição da nova sociedade e o plano de distribuição do capital social, mas também a nomeação de peritos por cada uma para avaliação do patrimônio da sociedade e apresentação do respectivo laudo. A deliberação definitiva sobre a constituição da nova sociedade ocorrerá somente quando os administradores de ambas as sociedades convocarem os sócios para tomar conhecimento dos laudos de avaliação do patrimônio líquido da sociedade, sendo-lhes, contudo, proibida a votação em laudo avaliativo da sociedade de que fazem parte. E, logo depois disso, ter-se-á aprovação do ato constitutivo da nova sociedade e, consequentemente, a eleição de seus administradores (CC, art. 1.120, §§ 1º a 3º). Constituída, por meio da fusão, uma nova sociedade, seus administradores deverão providenciar a inscrição dos atos relativos à fusão no registro próprio de sua sede, que será o Registro Público de Empresas Mercantis, se se tratar de sociedade empresária, ou o Registro Civil de Pessoas Jurídicas, se for sociedade simples (CC, art. 1.121).

A *cisão de sociedade* é a separação de sociedades, ou seja, a operação pela qual uma sociedade transfere parcelas de seu patrimônio para uma ou mais sociedades constituídas para esse fim ou já existentes, extinguindo-se a sociedade cindida, se houver total transferência de seu patrimônio, ou dividindo-se o seu capital, se parcial a transferência (*RT*, *805*:272).

Interpretando os arts. 1.116 a 1.122 do Código Civil, o Conselho de Justiça Federal, na III Jornada de Direito Civil, entendeu no Enunciado n. 231 que: "A cisão de sociedades continua disciplinada na Lei n. 6.404/76, aplicável a todos os tipos societários, inclusive no que se refere aos direitos dos credores".

As operações de reorganização estrutural-societária de *incorporação, fusão* ou *cisão* não podem lesar credores anteriores à formalização da nova sociedade. O credor que se sentir lesado pela incorporação, fusão ou cisão societária poderá, dentro de noventa dias, contados da publicação desses atos, pleitear em juízo anulação dos negócios reorganizativos, ou seja, daquelas operações societárias, que, contudo, ficará prejudicada se houver consignação em pagamento do *quantum* que lhe era devido, pelos administradores da sociedade devedora. Se o credor promover a anulação da incorporação, fusão ou cisão, sendo ilíquido o débito, a sociedade poderá garantir-lhe a execução, suspendendo-se aquele processo judicial, até que haja a quantificação da referida dívida. Pondera Matiello que "a garantia da execução de débito ainda não liquidado é feita através de caução em dinheiro, indicação de bens, ou modalidade diversa prevista no ordenamento jurídico. Para tanto a sociedade demandada encaminhará ao juiz da causa pedido de autorização para depósito de valores ou comprometimento de itens com teor econômico capaz de solucionar a dívida que for apurada: caso a garantia mostre-se no futuro insuficiente, a sociedade será intimada a complementá-la, sob pena de voltar a tramitar o processo de anulação até então suspenso". Se, dentro de noventa dias da publicação dos atos alusivos à incorporação, fusão ou cisão, advier a falência da sociedade incorporadora, da sociedade nova ou da cindida, qualquer credor anterior (preferencial ou quirografário) àqueles atos terá o direito de pleitear a separação dos patrimônios, para que seus créditos sejam pagos pelos bens componentes das respectivas massas devedoras (CC, art. 1.122, §§ 1º a 3º). A cisão, incorporação, fusão ou transformação de sociedade constituem meios de recuperação judicial (Lei n. 11.101/2005, art. 50, II)[235].

Os mesmos fatores que dão origem a uma pessoa jurídica de direito público acarretam seu término. Logo, extinguem-se pela ocorrência de fatos históricos, por norma constitucional, lei especial ou tratados internacionais.

Termina a pessoa jurídica de direito privado, conforme prescrevem os arts. 54, VI, 61, 69, e 1.033 do Código Civil:

1) Pelo *decurso do prazo de sua duração*, se constituída por tempo determinado (*RT, 434*:149; CC, arts. 69, 1ª parte, e 1.033, I).

2) Pela *dissolução deliberada unanimemente entre os membros*, mediante distrato (CC, art. 1.033, II), salvo o direito da minoria e de terceiro. Realmente, se a minoria desejar que ela continue, impossível será sua dissolução

---

235. M. Helena Diniz, *Curso*, cit., v. 8, p. 547-67. *Vide* Lei n. 6.404/76, arts. 228, 227 e 229, que se referem aos casos em que a *pessoa jurídica de direito privado* passa por *transformações*, sem que se dê sua extinção, como: *a*) a *fusão*, que ocorre quando duas ou mais entidades perdem sua personalidade autônoma para formar uma nova pessoa jurídica, com personalidade diversa das anteriores, mas com todas as obrigações e direitos das primitivas. Há uma nova pessoa jurídica, sem que haja liquidação das antigas; *b*) a *incorporação*, que é a operação pela qual uma ou mais pessoas jurídicas são absorvidas por outra, que lhes sucede em deveres e direitos, desaparecendo assim a entidade incorporada, persistindo tão somente a personalidade da incorporante; e *c*) a *cisão*, que é o ato pelo qual a empresa transfere parcelas do seu patrimônio para uma ou mais sociedades. A pessoa jurídica fraciona-se em duas ou mais pessoas. *Vide* art. 226, § 3º, da Lei n. 6.404/76, com a redação da Lei n. 11.941/2009. A *transformação* da *pessoa jurídica de direito público* somente se dá por força de lei. *Vide* sobre isso: CC, arts. 1.113 a 1.122, 2.033 e 2.034; Lei n. 6.404/73, art. 110-A, § 11, com a redação da Lei n. 14.195/2021. "Nas hipóteses do art. 1.077 do Código Civil, cabe aos sócios delimitarem seus contornos para compatibilizá-los com os princípios da preservação e da função social da empresa, aplicando-se, supletiva (art. 1.053, parágrafo único) ou analogicamente (art. 4º da LICC – hoje LINDB), o art. 137, § 3º, da Lei das Sociedades por Ações, para permitir a reconsideração da deliberação que autorizou a retirada do sócio dissidente" (Enunciado n. 392 do CJF, aprovado na IV Jornada de Direito Civil). "As associações civis podem sofrer transformação, fusão, incorporação ou cisão" (Enunciado n. 615 da VIII Jornada de Direito Civil).

por via amigável, a não ser que o contrato contenha cláusula que preveja a sua extinção por maioria simples. Se a minoria pretender dissolvê-la, não o conseguirá (*RT, 464*:221, *433*:165 e *453*:202), a não ser que o magistrado apure as razões, verificando que há motivo justo. P. ex., a marginalização do sócio quando a maioria lhe impede que examine os livros, afastando-o de atividades sociais e privando-o, injustificadamente, de remuneração *pro labore* (*RT, 450*:290), ou, ainda, quando os demais sócios utilizem a sociedade para negócios pessoais, com vendas fictícias, acarretando risco patrimonial (*RT, 426*:256). Sem motivo justo os sócios minoritários não poderão propor ação para dissolver a pessoa jurídica (*RT, 433*:165)[236]. Ressalva a norma os direitos de terceiros, que, embora não possam impedir a dissolução, podem defender-se contra quaisquer lesões decorrentes da deliberação extintiva[237].

3) Por *deliberação dos sócios*, por maioria absoluta, na sociedade de prazo indeterminado (CC, art. 1.033, III).

4) Pela *falta de pluralidade de sócios*, se a sociedade não fosse reconstituída no prazo de 180 dias (CC, art. 1.033, IV, ora revogado pela Lei n. 14.195/2021), exceto nas hipóteses do art. 1.033, parágrafo único (com a alteração da Lei n. 12.441/2011 – ora revogado pela Lei n. 14.195/2021), visto que o art. 1.033, IV, não era aplicável se o sócio remanescente requeresse no Registro Público de Empresas Mercantis a transformação do registro da sociedade para empresário individual e para empresa individual de responsabilidade limitada, mas tal transformação sempre será possível pelo Código Civil, art. 980-A, §§ 1º a 6º, e Lei n. 14.195/2021, art. 41, parágrafo único, para *sociedade limitada unipessoal*.

5) Por *determinação legal*, quando se der qualquer uma das causas extintivas previstas normativamente (CC, art. 1.033). Também por: implemento da condição ou termo a que foi subordinada a sua duração (CC, arts. 127, 128 e 135), ou por outras causas previstas no contrato (CC, art. 1.035) como, p. ex.: extinção do capital social ou seu desfalque que impossibilite a continuação da sociedade, com exceção das associações. Pela Lei n. 11.101/2005, art. 123, extinguem-se pela falência ou insolvência[238], hipótese inaplicável às associações,

---

236. Bassil Dower, op. cit., v. 1, p. 105 e 107. *Vide* Modesto Carvalhosa, *Comentários ao Código Civil* (coord. Antonio Junqueira de Azevedo), São Paulo, Saraiva, 2003, v. 13, comentários aos arts. 1.113 a 1.122.

237. Caio M. S. Pereira, *Instituições*, cit., v. 1, p. 300. CF, art. 5º, XX.

238. Explica-nos Dower (op. cit., v. 1, p. 106) que numa sociedade com mais de dois sócios, mesmo com a incapacidade ou morte de um deles, a pessoa jurídica continuará a viver, pagando-se os haveres do sócio pré-morto ou admitindo-se como sócios o cônjuge e os herdeiros, mesmo que exista um menor entre eles, pois os menores podem possuir cotas de sociedade de responsabilidade limitada e ter ações em sociedades anônimas, desde que não assumam a gerência e a administração da firma, nem figurem com

cujo quadro é indeterminado. Além disso, o Decreto-lei n. 9.085/46 dispõe sobre a dissolução de sociedades perniciosas e a Lei n. 7.170/83, que revogou, em seu art. 35, a Lei n. 6.620/78, passando a dispor sobre os crimes contra a segurança nacional e a ordem política e social, reprime certos tipos de pessoa jurídica com finalidade combativa e a constituição de associação nociva à segurança do Estado e da coletividade, à ordem pública, à moral e aos bons costumes (Lei n. 7.170/83, arts. 16 e 25).

6) Por *ato governamental* (CC, arts. 1.125 e 1.033, V) que lhes casse a autorização de funcionamento, por motivos de desobediência à ordem pública, por serem inconvenientes ao interesse geral, dada a sua incompatibilidade com o bem-estar social, pela sua ilicitude, pela impossibilidade ou inutilidade de sua finalidade (CC, art. 69, 1ª parte) e pela prática de atos contrários a seus fins ou nocivos ao bem público[239] (Lei n. 7.170/83).

7) Pela *dissolução judicial*[240]: a requerimento de qualquer dos sócios quando: anulada a sua constituição ou exaurido o fim social, ou verificada a sua inexequibilidade (CC, art. 1.034, I e II). Ou ainda: *a*) no caso de figurar qualquer causa de extinção prevista em norma jurídica ou nos estatutos e, apesar disso, a sociedade continuar funcionando, o juiz por iniciativa de qualquer dos sócios decreta seu fim; *b*) quando a sentença concluir pela impossibilidade da sobrevivência da pessoa jurídica, estabelecendo seu término em razão de suas atividades nocivas, ilícitas ou imorais, mediante denúncia popular ou do órgão do Ministério Público. O art. 5º, XIX, da Constituição de 1988 prescreve que as associações só poderão ser compulsoriamente dissolvidas ou ter suas atividades suspensas por decisão judicial, exigindo-se no primeiro caso trânsito em julgado.

---

o seu nome, sendo necessário que suas cotas sejam adquiridas na qualidade de herdeiro ou cessionário e que a sociedade tenha mais de dois sócios capazes.

Se a sociedade for formada por dois sócios, o falecimento de um deles determina a extinção da sociedade (*RT, 420*:194), sendo impossível o sobrevivente compelir o espólio do *de cujus* ou seu herdeiro a prosseguir no contrato. Mas a matéria não é pacífica, tendo-se em vista o seguinte acórdão (*RT, 426*:235): "À dissolução, ainda que total, de uma sociedade mercantil, resultante da morte de um dos sócios, não se segue a liquidação se no contrato societário se estabeleceu a apuração de haveres em favor de herdeiros do sócio pré-morto. Prevalece em tal caso o princípio da continuidade da empresa, que passa a operar sob a responsabilidade da firma individual do sócio supérstite". *Vide*, ainda, Vilemor Amaral, *Das sociedades limitadas*, p. 120. Consulte: *RT, 773*:392, *781*:192; *RSTJ, 132*:391 e *246*:280.

239. Orlando Gomes, op. cit., p. 184; Bassil Dower, op. cit., v. 1, p. 108. *Vide* Decreto-lei n. 41/66 e Lei n. 8.029/90.

240. Caio M. S. Pereira, *Instituições*, cit., v. 1, p. 301 e 302.

8) Por *morte de sócio*, se os sócios remanescentes optarem pela dissolução da sociedade (CC, art. 1.028, II; *RT*, *792*:277, *771*:216; *RSTJ*, *135*:434).

Percebe-se que a extinção da pessoa jurídica não se opera de modo instantâneo. Qualquer que seja o seu fator extintivo (convencional, legal, judicial ou natural), tem-se o fim da entidade; porém se houver bens de seu patrimônio e dívidas a resgatar, ela continuará em fase de liquidação (CC, arts. 1.036 a 1.038), durante a qual subsiste para a realização do ativo e pagamento de débitos, cessando, de uma vez, quando se der ao acervo econômico o destino próprio[241] (CC, art. 51).

Realmente, como vimos, pelo art. 61 do Código Civil, com a extinção de uma associação cujo estatuto não disponha quanto ao destino de seus bens, e não tendo os sócios deliberado nada a respeito, devolver-se-á o patrimônio social a um estabelecimento municipal, estadual ou federal de fins iguais ou semelhantes. Acrescenta o art. 61, § 2º, que, se não houver estabelecimento nessas condições no Município, Estado, Distrito Federal ou Território, os bens irão aos cofres da Fazenda do Estado, do Distrito Federal ou da União.

Com o término de uma sociedade o remanescente de seu patrimônio social deverá ser partilhado entre os sócios ou seus herdeiros.

Constatado ser ilícito o seu objeto, impossível a manutenção da fundação, o órgão do Ministério Público, ou, ainda, qualquer interessado (CPC, art. 765, I e II), poderá requerer em juízo a extinção da instituição[242]. Terminará, também, a existência da fundação com o vencimento do prazo de sua duração (CPC, art. 765, III). Para tanto, o Ministério Público, ou qualquer interessado, deverá, mediante requerimento, promover a extinção da fundação. Com a decretação judicial da extinção da fundação pelos motivos acima arrolados, seus bens serão, salvo disposição em contrário no seu ato constitutivo ou no seu estatuto, incorporados em outra fundação, designada pelo juiz, que almeje a consecução de fins idênticos ou similares aos seus (CC, art. 69, 2ª parte). O Poder Público dará destino ao seu patrimônio, entregando-o a uma fundação que persiga o mesmo objetivo, exceto se o instituidor dispôs de forma diversa, hipótese em que se respeitará sua vontade e a do estatuto. Se, como observa Clóvis Beviláqua, inexistir no Estado outra fun-

241. De Page, *Traité de droit civil belge*, v. 1, n. 511; Ruggiero e Maroi, *Istituzioni di diritto privato*, § 44; Caio M. S. Pereira, op. cit., p. 303.

242. Pelo Enunciado do Fórum Permanente de Processualistas Civis n. 189: "O art. 781 deve ser interpretado em consonância com o art. 69 do Código Civil, para admitir a extinção da fundação quando inútil a finalidade a que visa" (art. 765 do CPC/2015).

dação com os mesmos propósitos, seus bens deverão ser declarados vagos e devolvidos ao Estado. Todavia, há quem ache que nessa hipótese não se deverá declarar a vacância dos bens da fundação extinta, mas sim aplicar por analogia o art. 61, § 2º, adotando-se o princípio contido no art. 63.

Logo, a existência das pessoas jurídicas de direito privado finda pela sua *dissolução* (CC, arts. 1.033, 1.044 e 1.087 – ato declaratório motivado por causas supervenientes à constituição da sociedade, oriundo de deliberação dos sócios, do Poder Judiciário ou de autoridade administrativa, com o escopo de cessar as atividades voltadas à consecução do objetivo social), devidamente averbada no registro onde a pessoa jurídica estiver inscrita (CC, art. 51, § 1º) para que se dê a devida publicidade ao ato, resguardando-se interesses da entidade e de terceiros, e *liquidação*, que visa a desativação operacional da sociedade e a apuração do ativo e passivo social, para ulterior pagamento das dívidas sociais e partilha do patrimônio remanescente entre os sócios (CC, arts. 1.102 a 1.112 e 2.035). Tais normas aplicar-se-ão supletivamente, não havendo normas específicas, às associações e fundações (CC, art. 51, § 2º). Encerrada a liquidação, promover-se-á o cancelamento da inscrição da pessoa jurídica (CC, art. 51, § 3º). A extinção da pessoa jurídica, decorrente do encerramento da liquidação (CC, art. 1.109), como diz Modesto Carvalhosa, não importa somente no desaparecimento do vínculo societário, mas também no final cumprimento dos contratos e das relações jurídicas com terceiros e na sucessão da responsabilidade para os antigos sócios (CC, art. 1.110). Com o cancelamento do registro, produzirá efeitos *ex nunc*, mantendo-se os atos negociais por ela praticados até o instante de seu desaparecimento, respeitando-se direitos de terceiro[243].

I. Grupos despersonalizados

É preciso lembrar que nem todo grupo, que colima um fim, é dotado de personalidade jurídica.

Há entidades que não podem ser subsumidas ao regime legal das pessoas jurídicas do Código Civil, por lhes faltarem requisitos imprescindíveis à subjetivação, embora possam agir, sem maiores dificuldades, ativa ou pas-

---

243. Orlando Gomes, op. cit., p. 184; Venosa, op. cit., p. 215 e 216; Fritz Fabricius, *Relativität*, cit., p. 90 e 91. Modesto Carvalhosa, *Comentários*, cit., v. 13, p. 436-541.
A dissolução parcial da sociedade segue o disposto no CPC, arts. 599 a 609. A liquidação total deve observar o procedimento comum (CPC, art. 1.046, § 3º).

sivamente. São entes que se formam independentemente da vontade dos seus membros ou em virtude de um ato jurídico que vincula as pessoas físicas em torno de bens que lhes suscitam interesses, sem lhes traduzir *affectio societatis*. Donde se infere que os grupos despersonalizados ou com personificação anômala constituem uma comunhão de interesses ou um conjunto de direitos e obrigações, de pessoas e de bens sem personalidade jurídica e com capacidade processual, mediante representação (CPC, art. 75). São, portanto, sujeitos de direito despersonificados.

Dentre eles:

1) A *família*, por não haver interesse em lhe atribuir personalidade, devido ao fato de que suas atividades jurídicas, patrimoniais ou não, podem ser realizadas sem personalização jurídica. Diz Jean Dabin que ela não é pessoa jurídica, mas um *état de vie*, conducente à solidariedade[244]. Cada componente da família, por não haver representação processual, responde por suas dívidas e por seus atos ou por meio de representante legal, se incapaz (CC, arts. 931, 932, 933, 942 e 928).

2) As *sociedades não personificadas* (*irregulares* ou de fato) que, como pudemos apontar em páginas anteriores, têm capacidade de exercer certos direitos, como o de defesa em juízo e o de representação pelo administrador de seus bens (CPC, art. 75, IX, e § 2º) e responsabilidades reconhecidas por lei[245] (CC, arts. 986 a 996). Por exemplo, a sociedade em comum e a sociedade em conta de participação.

3) A *massa falida*, que surge após a sentença declaratória da falência, acarretando para o devedor perda do direito à administração e à disposição dos

---

244. Orlando Gomes, op. cit., p. 185; Savatier, *Les metamorphoses juridiques du droit civil d'aujourd'hui*, p. 89; Venosa, op. cit., v. 1, p. 195; J. Lamartine Corrêa de Oliveira, A personalidade jurídica da família, *Jurídica*, Rio de Janeiro, IAA, *90*:416-41; Sílvio Venosa, op. cit., v. 1, p. 195; Entidades com personificação anômala, *O Federal*, 2003, p. 38; Jean Dabin, Le problème de la personnalité morale de la famille, *Revue du Bulletin de l'Académie Royale de Belgique*, Classe de lettres, 5ª série, 1949, t. XXV, p. 329.

245. Orlando Gomes, op. cit., p. 185. Há quem distinga a sociedade irregular da de fato, por entender que na primeira os requisitos do contrato social estão incompletos e na segunda, o contrato é nulo ou inexistente. Ambas não têm personalidade jurídica, são grupos com personificação anômala, que podem ser representados judicialmente por quem os administrar (CPC, art. 75, IX). "Se no mundo fático houver uma sociedade, apesar de não haver ato constitutivo, o direito a agasalha em razão do princípio do enriquecimento sem causa. Mas as sociedades de fato não poderão opor a irregularidade de sua constituição como matéria de defesa. Trata-se de um princípio de defesa dos que têm direito a reclamar de uma sociedade irregular, que não podem ser prejudicados por uma falha atribuída à própria sociedade" (2º TACSP, AC 494.663, 9ª Câm., rel. Juiz Claret de Almeida, j. 9-6-1998). *Vide: RT*, *476*:153; *JTACSP*, *34*:120.

bens[246]. A massa falida é uma instituição, criada por lei, para exercer os direitos do falido e para agir contra ele. É, pois, o acervo de bens do falido que é processualmente (CPC, art. 75, V) representado pelo administrador judicial[247]. A massa falida não é sujeito de direito, não podendo ter direitos reais nem contrair obrigações, nem mesmo na seara processual civil, onde não é considerada como parte, pois o Código de Processo Civil, no art. 75, V, afirma apenas sua representação, ativa e passiva, pelo administrador judicial (Lei n. 11.101/2005, art. 22, III, *n*), que será parte na relação processual, em razão do *munus* que lhe foi conferido, ou seja, por ser administrador da massa, não sendo, portanto, um substituto processual, dado que a sentença não o atinge[248].

4) As *heranças jacente e vacante,* definidas nos arts. 1.819 a 1.823 do Código Civil pátrio. A herança será jacente se, não havendo testamento, o *de cujus* não tiver deixado descendente, ascendente, cônjuge ou colateral sucessível conhecido, ou se seus herdeiros, descendentes ou ascendentes, renunciarem a herança, não havendo cônjuge ou colateral sucessível, ficando sob a guarda, conservação e administração de um curador, que a representará processualmente (CPC, art. 75, VI). Havendo testamento, o mesmo ocorrerá se, p. ex., o herdeiro nomeado não existir ou não aceitar a herança e não houver herdeiro descendente, ou ascendente, cônjuge ou colateral sucessível.

Pelo art. 1.820 do Código Civil, serão declarados vacantes os bens da herança jacente se, praticadas todas as diligências legais e ultimado o inventário, não aparecerem herdeiros um ano depois da primeira publicação dos editais. Entretanto, essa declaração não prejudicará herdeiros que legalmente se habilitarem; mas, decorridos 5 anos da abertura da sucessão, os bens arrecadados passarão ao domínio do Município, ou do Distrito Federal, se o *de cujus* tiver bens nas respectivas circunscrições, ou se incorporarão ao domínio da União, se localizados em território ainda não constituído em Estado (CC, art. 1.822; CPC, arts. 738 a 743, § 2º; e Lei n. 8.049/90, art. 1º).

5) O *espólio* é o conjunto de direitos e obrigações do *de cujus,* ou seja, uma simples massa patrimonial deixada pelo autor da herança, podendo compreender bens imóveis, móveis e semoventes, dinheiro, joias, títulos da dívi-

---

246. Sílvio de S. Venosa, op. cit., v. 3, p. 285 e 286; J. M. Arruda Alvim Neto, *Manual de direito processual civil,* v. 2, Revista dos Tribunais, 1978, p. 46.

247. Em 1956, a Corte de Cassação da França reconheceu formalmente a personalidade jurídica da massa falida, quanto aos contratos e ações judiciais, por significar não o conjunto de bens, ativos e passivos do falido, mas o conjunto de seus credores. É o que ensina José Lamartine Corrêa de Oliveira (*A dupla crise da pessoa jurídica,* São Paulo, Saraiva, 1979, p. 208).

248. José Lamartine C. Oliveira, op. cit., p. 206 e 207.

da pública, ações, quotas e títulos de sociedade, dívidas ativas, direitos e ações[249]. O direito dá-lhe a legitimidade *ad causam,* de modo que será representado, ativa e passivamente, pelo administrador provisório, em cuja posse ficará até que o *inventariante* nomeado preste compromisso e entre na posse dos bens (CPC, arts. 613 e 614). Nasce, portanto, com a abertura do inventário e nomeação do inventariante (CPC, art. 617), que o representará ativa e passivamente, em juízo ou fora dele (CPC, arts. 618, I; 75, VII; *RF, 103*:475), no foro do domicílio do autor da herança. O foro do domicílio do autor da herança, no Brasil, é o competente para o inventário, a partilha, a arrecadação, o cumprimento de disposições de última vontade, a impugnação ou anulação de partilha extrajudicial e para todas as ações em que o espólio for réu, ainda que o óbito tenha ocorrido no exterior. Se o autor da herança não possuía domicílio certo, será competente: a) o foro da situação dos bens imóveis; b) havendo bens imóveis em foros diferentes, qualquer destes; c) não havendo bens imóveis, o foro do local de quaisquer bens do espólio (CPC, art. 48, parágrafo único, I a III). Entretanto, o espólio não é pessoa jurídica, não tendo nenhuma personalidade[250].

6) O *condomínio,* que designa propriedade em comum ou compropriedade de qualquer bem (CC, arts. 1.314 e s.). Tem-se o condomínio "quando a mesma coisa pertence a mais de uma pessoa, cabendo a cada uma delas, idealmente, igual direito sobre o todo e cada uma de suas partes"[251]. Concede-se a cada consorte uma quota ideal, qualitativamente igual, do bem e não uma parcela material deste; por conseguinte todos os condôminos têm direitos qualitativamente iguais sobre a totalidade do bem, sofrendo limitação na proporção quantitativa em que concorrem com outros comunheiros na titularidade sobre o conjunto[252]. Só dessa forma é que se poderia justificar a coexistência

---

249. Wilson de Oliveira, Espólio, in *Enciclopédia Saraiva do Direito,* v. 33, p. 306. *Vide* CPC/2015, art. 75, VII; *RSTJ, 90*:195.

250. Hamilton de Moraes e Barros, *Comentários ao Código de Processo Civil,* Rio de Janeiro, Forense, 1975, v. 9, p. 178. "Processual civil – Personalidade judiciária – Autor e réu, porque dotados de personalidade jurídica, exercem direitos e obrigações. Alguns entes, apesar de carentes dessa personalidade, são admitidos em juízo, como o espólio, a herança jacente e a massa falida. O Instituto de Previdência do Estado de São Paulo não é dotado de patrimônio próprio, distinto do Município. Não se justifica, por isso, a exceção" (STJ, REsp 41514/SP (9300339737), 6ª T., rel. Min. Luiz Vicente Cernicchiaro, 27-8-96, *DJ,* 17-2-97, p. 2173). Sobre falência do espólio: Lei n. 11.101/2005, arts. 125 e 96, § 1º.

251. Caio M. S. Pereira, *Instituições,* cit., v. 4, p. 160.

252. Lafayette, *Direito das coisas,* p. 30; Caio M. S. Pereira, op. cit., v. 4, p. 160 e 161; Sá Pereira, *Manual Lacerda,* § 16.

de vários direitos sobre um bem imóvel[253]. E, na administração do bem comum, a prática dos atos está sujeita ao consentimento unânime, não vigorando, portanto, o princípio da maioria[254]. Condomínio especial é o em edifícios de apartamentos, que Planiol, Ripert e Baudry-Lacantinerie[255] consideram como uma mistura de propriedade individual e condomínio. Esse condomínio caracteriza-se, juridicamente, pela justaposição de propriedades distintas e exclusivas ao lado do condomínio de partes do edifício, forçosamente comuns. Peretti-Griva[256] enumera as dependências que constituem propriedade comum: o solo em que se constrói o prédio, suas fundações, pilastras, teto, telhado, vestíbulos, pórtico, escadas, elevadores, assoalho, corredores, pátios, aquecimento central, rede de distribuição de água, esgoto, gás e eletricidade, refrigeração central, calefação e terraço de cobertura, porão, morada do zelador, em resumo, tudo aquilo que se destina ao uso comum. Sendo que pelo art. 1.331, §§ 2º e 5º, do Código Civil, tudo isso é insuscetível de divisão ou de alienação destacada da respectiva unidade, sendo igualmente insuscetível de utilização exclusiva por qualquer consorte. Cada consorte de fração autônoma (apartamento, loja, abrigo para veículo, sala de utilização profissional) poderá usar livremente das partes comuns atendendo à sua destinação e não prejudicando a comunhão (CC, art. 1.331, § 1º).

Pode-se constituir um condomínio em edifício de apartamentos em razão de: *destinação do proprietário do edifício*, ao vender as frações em que dividiu o edifício (CC, art. 1.332); *incorporação imobiliária*, que é o negócio jurídico que tem o intuito de promover e realizar a construção, pela alienação total ou parcial de edificações compostas de unidades autônomas (Lei n. 4.591/64, art. 28, parágrafo único), por meio de plantas; *testamento*, em que se recebe por herança um prédio que deverá ter essa configuração[257] ou quando o testador distribuir frações do prédio aos seus herdeiros (CC, art. 1.332).

Cabe sua representação (CPC, art. 75, XI) em juízo, ativa ou passivamente, ao *síndico* ou *administrador*, que defenderá os direitos e interesses comuns dos condôminos sob a fiscalização da Assembleia. O síndico, pessoa

---

253. Maria Helena Diniz, *Curso de direito civil brasileiro*; direito das coisas, v. 4, São Paulo, Saraiva, 1981.

254. Hedemann, *Derechos reales*, p. 265.

255. Planiol e Ripert, *Traité pratique de droit civil*, v. 3, n. 319; Baudry-Lacantinerie, *Traité théorique et pratique de droit civil*, v. 6, n. 986.

256. Peretti-Griva, *Il condominio di case divise in parti*, p. 79.

257. Orlando Gomes, *Direitos reais*, Rio de Janeiro, Forense, p. 224-6; W. Barros Monteiro, *Curso de direito civil*; direito das coisas, 18. ed., São Paulo, Saraiva, 1979, p. 232-4.

física ou jurídica, é eleito por prazo não superior a 2 anos, que poderá renovar-se pela Assembleia dos Condôminos, passando a ser o órgão executor de suas deliberações. Esta escolha pode recair sobre qualquer um dos condôminos ou sobre estranho (CC, arts. 1.347 e 1.348, I a IX), sendo seu cargo gratuito ou salariado, devendo, em qualquer caso, prestar contas à assembleia (CC, art. 1.348, VIII).

Questão bastante controvertida é a de saber se há personalidade jurídica no condomínio. Seria o condomínio pessoa jurídica apta para adquirir, conservar e transmitir direitos?

O Tribunal de Justiça do Rio de Janeiro ao decidir um caso concluiu que "não estando incluído entre as pessoas jurídicas de direito privado (CC, art. 44, I a III) e, portanto, não sendo sujeito de direito, o condomínio, que não é dotado de personalidade jurídica, não pode figurar como parte em compromisso de promessa de cessão de direitos" (*RT, 468*:201).

Serpa Lopes e Carlos Maximiliano[258], embora vislumbrem alguma semelhança entre o condomínio em edifícios de apartamentos e a sociedade, negam sua personalidade jurídica, de modo que ele não seria sujeito de direitos nem no plano material, nem no processual; parte seria o síndico, através de mandato especial que lhe daria o poder de representar "judicial ou extrajudicialmente os interesses da comunhão"[259].

Jair Lins[260], no entanto, o considera como uma nova figura de pessoa jurídica, partindo da titularidade do domínio sobre as coisas comuns e de sua perpetuidade e inalienabilidade. De modo que, segundo ele, não são os proprietários que têm o direito sobre as partes comuns do edifício e sobre o solo, mas o condomínio, como entidade dotada pela lei de personalidade jurídica.

Realmente, o art. 63, § 3º, da Lei n. 4.591/64, ao dispor: "No prazo de 24 horas após a realização do leilão final, o condomínio, por decisão unânime da Assembleia Geral em condições de igualdade com terceiros, terá preferência na aquisição dos bens, caso em que serão adjudicados ao condomínio", já estava admitindo, implicitamente, a personalidade do condomínio, autorizando-o a tornar-se proprietário dos bens adjudicados.

---

258. Serpa Lopes, *Curso de direito civil,* v. 6, p. 354-9; *Tratado de registros públicos,* v. 6, n. 219; Carlos Maximiliano, *Condomínio.*

259. *Vide* os comentários de José Lamartine Corrêa de Oliveira, op. cit., p. 218 e 220, e de Cíntia R. P. de Lima, Aspectos controvertidos da personalidade jurídica do condomínio edilício. *10 anos de vigência do Código Civil brasileiro de 2002* (coord. Christiano Cassettari), São Paulo, Saraiva, 2013, p. 478-490.

260. *Apud* Caio M. S. Pereira, *Condomínio e incorporações,* p. 71 e 72.

E, pelo Enunciado n. 90 do Conselho de Justiça Federal (aprovado nas Jornadas de Direito Civil de 2002), deve ser reconhecida a personalidade jurídica ao condomínio edilício nas relações jurídicas inerentes às atividades de seu peculiar interesse. Mas, pelo Enunciado n. 246, aprovado na III Jornada de Direito Civil, fica alterado o Enunciado n. 90, com supressão da parte final: nas relações jurídicas inerentes às atividades de seu peculiar interesse.

Tem, portanto, o condomínio em edifício de apartamentos personalidade jurídica; uma vez que só as pessoas físicas ou jurídicas é que podem praticar atos de aquisição (*RT, 467*:202, *453*:216), não há por que equipará-lo à massa falida, ao espólio ou à herança jacente ou vacante, que não são pessoas jurídicas, embora o Código de Processo Civil lhes dê legitimidade *ad causam*.

No condomínio há uma *affectio societatis* similar à fundação, expressa no documento constitutivo, na incorporação ou na convenção inicial, além de existência permanente; daí ser uma nova figura de pessoa jurídica[261], com irrecusável aptidão à titularidade de direitos, deveres e pretensões. O condomínio pode adquirir imóveis, materiais, mercadorias para construção, conservação e administração do edifício em seu nome; emitir e aceitar títulos de crédito atinentes a essas operações; contratar serviços; desempregar operários; manter e movimentar contas bancárias; agir e ser acionado em juízo no que diz respeito às coisas comuns do edifício; reparar danos oriundos de atos ilícitos praticados por seus órgãos, prepostos ou empregados. É uma pessoa jurídica que, em todos os seus atos, deve respeitar o "princípio da especialidade", restringindo-se a regular a sua vida, não podendo desviar-se dessa finalidade, dedicando-se, p. ex., a atividades empresariais[262].

---

261. Bassil Dower, op. cit., v. 1, p. 90, 91 e 92.

262. José Lamartine C. Oliveira, op. cit., p. 225-7; Bassil Dower, op. cit., p. 90; J. Nascimento Franco, Personalidade Jurídica do Condomínio em edifício, *Tribuna do Direito,* n. 68; Aquisição de imóveis por condomínio, *Tribuna do Direito*, fevereiro de 2002, p. 6; Frederico H. V. de Lima, Pressupostos teóricos para a personificação jurídica dos condomínios em edificações, *Revista Brasileira de Direito Comparado*, n. 35, p. 95 a 128. *Vide RT*, *467*:206 e 207 e *419*:207. Todavia, pelo Parecer Normativo CST n. 76/72, o condomínio em edifício não pode reter imposto de renda na fonte sobre os rendimentos que pagarem, porque essa obrigação só existe quando a fonte pagadora for pessoa jurídica. No *Breve Relato* (*15*:4), boletim periódico da Duarte Garcia, Caselli Guimarães e Terra – Advogados, há notícia de que "A lei não confere personalidade jurídica à massa falida, ao espólio, à herança jacente ou vacante e ao condomínio. Mas a doutrina e a jurisprudência têm admitido a legitimidade de tais 'patrimônios' para atuar em juízo, embora desprovidos de personalidade. Denominam-se 'pessoas formais' ou 'judiciárias', que compreendem inclusive as pessoas jurídicas em formação, as pessoas jurídicas em liquidação e até mesmo o condomínio irregular.

Tem sido admitida também a legitimidade de órgãos internos de pessoas jurídicas para ser parte no processo, quando na defesa de interesses peculiares desses mesmos órgãos.

J. Desconsideração da personalidade jurídica

A pessoa jurídica é uma realidade autônoma, capaz de direitos e obrigações, independentemente dos membros que a compõem, com os quais não tem nenhum vínculo, agindo por si só, comprando, vendendo, alugando etc., sem qualquer ligação com a vontade individual das pessoas físicas que dela fazem parte. Realmente, seus componentes somente responderão por seus débitos dentro dos limites do capital social, ficando a salvo o patrimônio individual. Essa limitação da responsabilidade ao patrimônio da pessoa jurídica é uma consequência lógica de sua personalidade jurídica, constituindo uma de suas maiores vantagens. Se a pessoa jurídica não se confunde com as pessoas físicas que a compõem; se o patrimônio da sociedade personalizada não se identifica com o dos sócios, fácil será lesar credores, ou ocorrer abuso de direito, para subtrair-se a um dever, tendo-se em vista que os bens particulares dos sócios não podem ser executados antes dos bens sociais, havendo dívida da sociedade.

Ante sua grande independência e autonomia devido ao fato da exclusão da responsabilidade dos sócios, a pessoa jurídica, às vezes, sido utilizada de forma contrária à função social da propriedade e da empresa, servindo como instrumento para ocultação de bens de sócios, sonegação de impostos, frustração de credores, desviando-se de seus princípios e fins, cometendo fraudes e desonestidades, provocando reações doutrinárias e jurisprudenciais que visam coibir tais abusos.

A teoria da desconsideração da personalidade jurídica foi desenvolvida pelos tribunais norte-americanos, diante desses fatos, e tendo em vista aqueles casos concretos, em que o controlador da sociedade a desviava de suas finalidades, para impedir fraudes mediante o uso da personalidade jurídica, res-

---

Essa linha de entendimento foi adotada pela 4ª Turma do Superior Tribunal de Justiça, no RE 476.532-RJ, em 20 de maio de 2003, por votação unânime, ao manter um Cartório de Notas no polo passivo de uma ação de responsabilidade civil, repelindo a alegação de que a ação deveria ter sido proposta contra o Tabelião (pessoa física) ou contra o Estado (pessoa jurídica de direito público). Embora o Cartório de Notas não seja uma pessoa jurídica, mas simples órgão do foro extrajudicial, assemelha-se à 'pessoa formal', tendo portanto legitimidade para estar em juízo, ativa e passivamente".
Luís Paulo Cotrim Guimarães (*Direito civil* – parte geral e direitos reais, Rio de Janeiro, Elsevier, 2007, p. 79) esclarece que se chama de *representação imprópria* a emanada de entes abstratos, como a massa falida e o espólio representados pelo administrador judicial e pelo inventariante, respectivamente.
O *grupo de consórcio* é uma sociedade não personificada constituída por consorciados para aquisição de bens ou serviços, por meio de autofinanciamento (Lei n. 11.795/2008, art. 3º).
Pelo Enunciado n. 114, aprovado na II Jornada de Direito Processual Civil: "os entes despersonalizados podem celebrar negócios jurídicos processuais".

ponsabilizando seus membros. Observa Masnatta que "*en el derecho contemporaneo se utilizan los términos Missachtung der rechtform der juristichen person (desestimación de la forma de la persona jurídica), Durchgriff der juristichen person (penetración en la persona jurídica) o lengnung der juristichen person (negación de la persona jurídica) por los autores y la jurisprudencia germana sobre sociedades, hablándose en el derecho angloamericano de la doctrina disregard of legal entity, que implica la afirmación de la relatividad de la persona jurídica, a través de expresiones tan significativas como to pierce the veil o to lift the curtain (perforar el velo o levantar la cortina); también se utilizan otras expresiones en la terminología americana como to disregard the corporation fiction, to pierce and look behind the veil of personality o bien to look the man behind the mask (apartar la ficción corporativa, perforar y mirar tras el velo de la personalidad, mirar al hombre detrás de la máscara)*". A doutrina da desconsideração da personalidade jurídica visa impedir a fraude contra credores, levantando o véu corporativo, desconsiderando a personalidade jurídica num dado caso concreto, ou seja, declarando a ineficácia especial da personalidade jurídica para determinados efeitos, portanto, para outros fins permanecerá incólume. Tal desconsideração não tem por escopo extinguir a pessoa jurídica, visto que pretende, tão somente, a suspensão temporária da eficácia de seu ato constitutivo para atender credores, atingindo, em regra, para tanto, bens dos sócios. Com isso alcançar-se-ão pessoas e bens que dentro dela se escondem para fins ilícitos ou abusivos, pois a personalidade jurídica não pode ser um tabu que entrave a ação do órgão judicante, como assevera Oswaldo Aranha Bandeira de Mello, na Apelação Cível n. 105.835 (*RT*, *343*:181). Acertadas são as afirmações de Masnatta: "*El uso desviado del rico instrumental que para la actividad de la vida negocial representan las personas colectivas se ha procurado remediar mediante la posibilidad de prescindir o desestimar la estructura formal del ente, para 'penetrar' en el substracto personal y patrimonial del mismo, a efectos de poner de relieve los fines de los miembros que se cobijan tras la máscara de la persona jurídica. (...) No puede legalizarse, en mérito a preceptos de lógica ni al dogma de la diversidad entre la persona jurídica y sus miembros, actos abusivos de ninguna naturaleza. Sería contrario al sentido del ordenamiento jurídico en su conjunto, el exagerado respeto la independencia de la personalidad del ente colectivo, cuando mediante el mismo se persigan fines contrarios a los que precisamente dieran lugar al reconocimiento de tal independencia*".

Convém lembrar, ainda, que a *disregard doctrine* visa atingir o detentor do comando efetivo da empresa, ou seja, o acionista controlador (*maître de l'affaire* ou *active shareholder*) e não os diretores assalariados ou empregados, não participantes do controle acionário. Pressupõe, portanto, a utilização fraudulenta da companhia pelo seu controlador, sendo que na Inglaterra, observa Tunc, opera-se sua extensão aos casos graves de negligência ou imprudência na conduta negocial (*reckless trading*), admitindo que se acione o administrador se houver culpa grave (*misfeasance* e *breach of trust*), para que sejam indenizados os prejuízos causados à sociedade por atos praticados contra ela. Nos Estados Unidos essa doutrina só tem sido aplicada nas hipóteses de fraudes comprovadas, em que se utiliza a sociedade como mero instrumento ou simples agente do acionista controlador. Em tais casos de confusão do patrimônio da sociedade com o do acionista induzindo terceiros em erro, tem-se admitido a desconsideração, para responsabilizar pessoalmente o controlador. A desconsideração ou penetração permite que o magistrado não mais considere os efeitos da personificação ou da autonomia jurídica da sociedade para atingir e vincular a responsabilidade dos sócios, com o intuito de impedir a consumação de fraudes e abusos de direito cometidos, por meio da personalidade jurídica, que causem prejuízos ou danos a terceiros.

Os tribunais declaram que há diferença de personalidade entre a sociedade e os seus sócios, só que a da pessoa jurídica não constitui um direito absoluto por estar sujeita às teorias da fraude contra credores e do abuso do direito[263].

---

263. José Lamartine C. Oliveira, op. cit., p. 260, 268-271 e 462; Tunc, *Le droit anglais des sociétés anonymes*, Paris, Dalloz, 1971, p. 46 e 201; Fábio Ulhoa Coelho, *Desconsideração da personalidade jurídica*, São Paulo, Revista dos Tribunais, 1989; *Curso de direito comercial*, São Paulo, Saraiva, 1999, v. 2, p. 31-58; Susy E. C. Koury, *A desconsideração da personalidade jurídica*, Rio de Janeiro, Forense, 1993; José Anchieta da Silva, O instituto da desconsideração da personalidade jurídica no anteprojeto do novo Código de Processo Civil, *O novo Código de Processo Civil* (org. José Anchieta da Silva), São Paulo, Lex Editora, 2012, p. 351-384; Jorge Luiz Braga, Da teoria da despersonalização da pessoa jurídica e a *disregard doctrine*, *Ciência Jurídica*, *62*:379; Maria Helena Diniz, *Tratado teórico e prático dos contratos*, São Paulo, Saraiva, 1999, p. 128-30; *Curso*, cit., v. 8, p. 534-46; Maurice Wormser, *Disregard of corporate fiction and allied corporation problems*, New York, Baker, Voorhis and Company, 1929; Piero Verrucoli, *Il superamento della personalità giuridica della società di capitali nella "common law" e nella "civil law"*, Milano, Giuffrè, 1964; Alexandre Couto Silva, *Aplicação da desconsideração da personalidade jurídica no direito brasileiro*, São Paulo, LTr, 1999; Elizabeth C. C. M. de Freitas, *Desconsideração da personalidade jurídica*, São Paulo, Atlas, 2002; Flávia Lefèvre Guimarães, *Desconsideração da personalidade jurídica no Código do Consumidor – aspectos processuais*, São Paulo, Max Limonad, 1998; Eduardo Viana Pinto, *Desconsideração da personalidade jurídica no novo Código Civil*, Porto Alegre, Síntese, 2004; Aldem J. B. Araújo, A desconsideração da personalidade jurídica no Novo Código de Processo Civil, *Revista Síntese – Direito Civil e Processual Civil*, *100*:79 e s.; Déborah Pierri, Desconsideração da personalidade jurídica no novo Código Civil e o papel do Ministério Público, *Questões de direito civil e o novo Código* (coord. Selma N. P. dos Reis), São Paulo, Imprensa Oficial, 2004, p. 124-170; Carlos da F. Nadais, Desconsideração da personalidade jurídica: um estudo doutrinário, normativo e jurisprudencial atualizado (incluindo o novo Código de Processo Civil), *Revista Síntese – Direito Empresarial*, *45*:122-155; Henrique A. Pinto, O incidente de desconsideração da personalidade jurídica do novo CPC: breves considerações, *Revista Síntese Direito Civil e Processual Civil*, *97*:528 a 536; Luís Alberto R. Correia, A desconsideração da personalidade jurídica: da origem ao sentido atual no Brasil. *Revista Síntese – Direito Civil e Processual Civil*, *106*:98 a 114;

Na França há até uma lei, a de 13 de julho de 1967, que prevê, expressamente, a desconsideração em seu art. 99, ao dizer que em caso de falência ou concordata de uma pessoa moral, sendo insuficiente o ativo, o juiz poderá, a requerimento do síndico, ou de ofício, determinar que as dívidas sociais sejam suportadas, no todo ou em parte, solidariamente ou não, por todos os dirigentes sociais, de direito ou de fato, aparentes ou ocultos, remunerados ou não, ou por alguns deles. O seu art. 101 chega até a prescrever que o patrimônio pessoal do dirigente da pessoa jurídica falida ou em concordata seja atingido, provado que se haja utilizado da pessoa jurídica e, mascarando-se nela, tenha praticado atos mercantis em seu interesse pessoal ou disposto dos bens sociais como próprios; ou, ainda, continuando de modo abusivo, em seu interesse pessoal, a atividade deficitária, da pessoa jurídica, que só poderá conduzir a cessão de pagamentos[264].

A Itália admite a desconsideração apenas nas hipóteses de fraude à lei e ao contrato[265]; a Suíça, nas de prática de atos economicamente proibidos ou que prejudiquem direitos dos credores ou que tornem válidos negócios simulados; a Espanha, nas de fraude à lei.

No Brasil não havia que se falar em "desconsideração" no âmbito legal. Esse princípio só existia, entre nós, em alguns casos jurisprudenciais esparsos (*RT*, *791*:257, *784*:282, *785*:373; *711*:117, *786*:163, *778*:211, *657*:120, *614*:109, *457*:141, *342*:181, *387*:138, *418*:213, *484*:149, *580*:84, *492*:216, *511*:199, *673*:160, *713*:138; *JB*, *147*:286, *152*:247, *164*:294; *Ciência Jurídica*, *63*:107; *JTJRS*, *118*:258; *RJTAMG*, *64*:79). Todavia, a Consolidação das Leis do Trabalho, no

---

Cláudia M. de A. R. Viegas e Franchesco L. Palhares, Incidente de desconsideração da personalidade jurídica à luz do novo Código de Processo Civil. *Revista Síntese – Direito de família*, *98*:45-56; M. Helena Diniz, A oportuna processualização da desconsideração da personalidade jurídica, *Revista Thesis Juris*, *5*:193-217; Melgaré e Maciel, Notas sobre as pessoas jurídicas e a desconsideração da personalidade jurídica, *Revista Síntese – Direito Civil e Processual Civil*, *129*:51 a 70, 2021; Mário Luiz Delgado, A desconsideração da personalidade jurídica antes e depois da lei da liberdade econômica, *Direito Civil – Diálogos entre a doutrina e a jurisprudência* (coord. Salomão e Tartuce), v. 2, São Paulo, Atlas, 2021, p. 233 a 268; José Rogério Cruz e Tucci, Responsabilidade pela sucumbência no incidente de desconsideração da personalidade jurídica, *Liber Amicorum* – Teresa Ancona Lopez (Coord. Simão e Pavinatto), S.Paulo, Almedina, 2021, p. 439 a 446.

Sociedades despersonificadas (sociedade em comum e a sociedade em conta de participação) não estão sujeitas à desconsideração, nem as submetidas à recuperação judicial (Amador P. de Almeida).

264. Embora a Corte de Cassação francesa já tivesse, em 1908, estendido a um dos sócios a falência da sociedade ao decidir que *"il ne s'était pas borné à remplir les fonctions de directeur de cette société, mais qu'en réalité les opérations sociales masquaient ses opérations personelles"*, o grande número de decisões nesse sentido fez com que, em 1935, a França modificasse o art. 437, IV, do Código Comercial, por meio de um Decreto-lei de 8 de agosto de 1935.

265. José Lamartine C. Oliveira, op. cit., p. 482.

art. 2º, § 2º, parece aplicar a teoria da desconsideração ao prescrever que "sempre que uma ou mais empresas, tendo, embora, cada uma delas, personalidade jurídica própria, estiverem sob a direção, controle ou administração de outra, constituindo grupo industrial, comercial ou de qualquer outra atividade econômica, serão, para os efeitos da relação de emprego, solidariamente responsáveis a empresa principal e cada uma das subordinadas".

Há a mais completa independência entre os sócios ou associados e as pessoas jurídicas de que fazem parte, inexistindo qualquer responsabilidade daqueles para com as dívidas destas, no que é confirmado pelo art. 795 do Código de Processo Civil. Somente em raríssimas exceções, previstas em lei, é que o sócio poderá ser demandado pelo pagamento do débito, tendo direito de exigir que sejam primeiro excutidos os bens da sociedade (CPC, art. 795, § 1º). José Lamartine Corrêa de Oliveira[266] nem mesmo admite a possibilidade da "desconsideração" no caso do art. 134, VII, do Código Tributário Nacional.

O atual Código Civil, em seu art. 50, §§ 1º a 5º (com a redação da Lei n. 13.874/2019), inspirou-se na doutrina da "desconsideração" ao estatuir: "Em caso de abuso da personalidade jurídica, caracterizado pelo desvio de finalidade, ou pela confusão patrimonial, pode o juiz, a requerimento da parte, ou do Ministério Público, quando lhe couber intervir no processo, desconside-

266. José Lamartine C. Oliveira, op. cit., p. 520. O Tribunal de Alçada Civil de São Paulo assim se pronunciou (*RT, 456*:151): "A penhora de bens de sócios para pagamento de dívida fiscal só se justifica se a impossibilidade do cumprimento das obrigações pela sociedade resulta de atos ou omissões pelos quais sejam os sócios responsáveis". No mesmo teor de ideias é o acórdão da *RT, 457*:141, que assim decidiu: "nem mesmo os diretores são pessoalmente responsáveis pelas obrigações que contraiam em nome da sociedade e em virtude de ato regular de gestão. Só respondem quando procederem com dolo ou culpa ou violação da lei ou dos estatutos". Observa, ainda, Rolf Madaleno (A *disregard* e sua efetivação no juízo de família, *Revista Jurídica*, n. 7, p. 14) que a teoria da desconsideração da personalidade jurídica pode ser aplicada na solução de conflitos de direito de família, como nos casos em que um dos cônjuges, ou conviventes, transfere bens conjugais em nome da empresa para, sob o manto da personalidade jurídica, fraudar meação nupcial ou a do convivente. Pode-se desconsiderar a pessoa jurídica por fraude à lei e por conduta desonrosa. Não se pode acobertar ilicitude e a má-fé sob o biombo societário. O mesmo se diga se o marido, planejando a separação ou o divórcio, usar de testa de ferro para retirar-se da sociedade e depois retornar a ela com o mesmo número de quotas. Pelo Enunciado n. 7 do Centro de Estudos Judiciários do Conselho da Justiça Federal, "só se aplica a desconsideração da personalidade jurídica quando houver a prática de ato irregular, e, limitadamente, aos administradores ou sócios que nela hajam incorrido" e pelo Enunciado n. 51, "a teoria da desconsideração da personalidade jurídica (*disregard doctrine*) fica positivada no novo Código Civil, mantidos os parâmetros existentes nos microssistemas legais e na construção jurídica sobre o tema". Pelo seu Enunciado n. 146 (aprovado na Jornada de Direito Civil de 2004): "Nas relações civis, interpretam-se restritivamente os parâmetros de desconsideração da personalidade jurídica previstos no art. 50 (desvio de finalidade social ou confusão patrimonial)". Tal Enunciado

em nada prejudica o seu Enunciado n. 7, acima mencionado. E pelo Enunciado n. 17 da *Jornada Paulista de Direito Comercial*: "Na falência, é admissível a responsabilidade patrimonial do sócio da falida nos casos de confusão patrimonial que justifiquem a desconsideração da personalidade jurídica, observado o contraditório prévio e o devido processo legal". Já há decisão de que: "A aplicação da teoria da desconsideração da personalidade jurídica dispensa a propositura de ação autônoma para tal. Verificados os pressupostos de sua incidência, poderá o Juiz, incidentemente no próprio processo de execução (singular ou coletiva), levantar o véu da personalidade jurídica para que o ato de expropriação atinja os bens particulares de seus sócios, de forma a impedir a concretização de fraude à lei ou contra terceiros. O sócio alcançado pela desconsideração da personalidade jurídica da sociedade empresária torna-se parte no processo e assim está legitimado a interpor, perante o Juízo de origem, os recursos tidos por cabíveis, visando a defesa de seus direitos" (STJ, RMS 16.274/SP, rel. Min. Nancy Andrighi, Terceira Turma, j. 19-8-2003, *DJ*, 2-8-2004, p. 359). *Vide*: TJSP, AI 1343242-9/00, rel. Des. José Reynaldo, j. 19-1-2005; TJSP, AI 1066.368-0/4, rel. Amaral Vieira, j. 3-10-2006; TJSP, AI 506.532-4/1-00, rel. Eduardo Braga, j. 19-6-2007; TJRJ, AI 2007.002.20679, rel. Jesse Torres, j. 29-8-2007; TJSP, Agr. Inst. 7121.735-7–SP, 11ª Câm. de Dir. Priv., j. 22-3-2005, rel. Vieira de Moraes; TJSP, Agr. Inst. 7.106.913-5, São Paulo, 24ª Câm. de Dir. Priv., rel. Salles Vieira, j. 14-12-2006. Observa Anderson Antônio Fernandes (A desconsideração da personalidade jurídica e o novo Código Civil, *CDT Boletim, 15*:65 e 66) que: "O Projeto de Lei n. 7.160/2002, que pretende reformular ou complementar alguns dispositivos do novo Código Civil, propõe complementação do artigo 50, para recuperar a regra geral do artigo 20 do antigo Código Civil, i. e., da distinção da personalidade da pessoa jurídica daquela dos seus sócios, deixando claro que o magistrado só poderá alcançar quem deu causa ao dano ou quem dele teve proveito, prestigiando assim os elementos subjetivos da responsabilidade civil. Confira-se o mencionado dispositivo:

'Art. 50. As pessoas jurídicas têm existência distinta da de seus membros.
Parágrafo único. Em caso de desvio de finalidade ou confusão patrimonial praticados com abuso da personalidade jurídica, pode o juiz decidir, a requerimento da parte prejudicada, ou do Ministério Público quando lhe couber intervir no processo, que os efeitos de certas e determinadas relações de obrigações sejam estendidos aos bens particulares dos administradores ou sócios da pessoa jurídica, que lhes deram causa ou deles obtiveram proveito'.

Pelo exposto, percebe-se que há uma tendência em delimitar a desconsideração da personalidade jurídica prevista no artigo 50, de um lado (i) preservando a empresa e de outro (ii) evitando a aplicação indiscriminada da responsabilização, apenas pelo fato de determinado sócio figurar no contrato social. *Em síntese, o projeto procura reafirmar o direito, pacífico e consagrado na regra geral de separação entre a pessoa jurídica e seus sócios ou administradores, disciplinando também a exceção, o desvirtuamento da regra geral, segundo a qual a separação não prevalecerá quando o direito de que decorre for exercido abusivamente, ou de maneira fraudulenta, com desvio de finalidade ou confusão patrimonial*".

O Deputado Fiuza apresenta o Projeto de Lei n. 2.426, para disciplinar a declaração judicial da desconsideração da personalidade jurídica, no seguinte teor:

"Art. 1º As situações jurídicas passíveis de declaração judicial de desconsideração da personalidade jurídica obedecerão ao disposto no art. 50 da Lei n. 10.406, de 10 de janeiro de 2002, e aos preceitos desta lei.

Art. 2º A parte, que se julgar prejudicada pela ocorrência de desvio de finalidade ou confusão patrimonial praticados com abuso da personalidade jurídica, indicará, necessária e objetivamente, em requerimento específico, quais os atos abusivos praticados e os administradores ou sócios deles beneficiados, o mesmo devendo fazer o Ministério Público nos casos em que lhe couber intervir na lide.

Art. 3º Antes de declarar que os efeitos de certas e determinadas obrigações sejam estendidos aos bens dos administradores ou sócios da pessoa jurídica, o juiz lhes facultará o prévio exercício do contraditório, concedendo-lhes o prazo de quinze dias para a produção de suas defesas.

§ 1º Sendo vários os sócios e ou os administradores acusados de uso abusivo da personalidade jurídica, os autos permanecerão em cartório e o prazo de defesa para cada um deles contar-se-á, independentemente da juntada do respectivo mandado aos autos, a partir da respectiva citação se não figurava na lide como parte e da intimação pessoal se já integrava a lide, sendo-lhes assegurado o direito de obter cópia reprográfica de todas as peças e documentos dos autos ou das que solicitar, e juntar novos documentos.
§ 2º Nos casos em que constatar a existência de fraude à execução, o juiz não declarará a desconsideração da personalidade jurídica antes de declarar a ineficácia dos atos de alienação e de serem excutidos os bens fraudulentamente alienados.
Art. 4º É vedada a extensão dos efeitos de obrigações da pessoa jurídica aos bens particulares de sócio e ou de administrador que não tenha praticado ato abusivo da personalidade, mediante desvio de finalidade ou confusão patrimonial, em detrimento dos credores da pessoa jurídica ou em proveito próprio.
Art. 5º O disposto no art. 28 da Lei n. 8.078, de 11 de setembro de 1990, somente se aplica às relações de consumo, obedecidos os preceitos desta lei, sendo vedada a sua aplicação a quaisquer outras relações jurídicas.
Art. 6º O disposto no art. 18 da Lei n. 8.884, de 11 de junho de 1994, somente se aplica às hipóteses de infração da ordem econômica, obedecidos os preceitos desta lei, sendo vedada a sua aplicação a quaisquer outras relações jurídicas.
Art. 7º O juiz somente pode declarar a desconsideração da personalidade jurídica nos casos expressamente previstos em lei, sendo vedada a sua aplicação por analogia ou interpretação extensiva.
Art. 8º As disposições desta lei aplicam-se a todos os processos judiciais em curso em qualquer grau de jurisdição, sejam eles de natureza cível, fiscal ou trabalhista.
Art. 9º Esta lei entra em vigor na data de sua publicação".
E, assim, justifica sua proposta: "Embora só recentemente tenha sido introduzido na legislação brasileira, o instituto da desconsideração da personalidade jurídica vem sendo utilizado com um certo açodamento e desconhecimento das verdadeiras razões que autorizam um magistrado a declarar a desconsideração da personalidade jurídica. Como é sabido e consabido, o instituto em referência tem por escopo impedir que os sócios e ou administradores de empresa que se utilizam abusivamente da personalidade jurídica, mediante desvio de finalidade ou confusão patrimonial, prejudiquem os terceiros que com ela contratam ou enriqueçam seus patrimônios indevidamente.
A '*disregard doctrine*' pressupõe sempre a utilização fraudulenta da companhia pelos seus controladores (ver lei inglesa, art. 332, *Companies Act* de 1948). Na Inglaterra, essa responsabilidade dos sócios e administradores originalmente só era admitida no caso de dolo. Atualmente já é extensiva aos casos de negligência ou imprudência graves na conduta dos negócios (*reckless trading*). De acordo com o art. 333 da *Companies Act*, admite-se a propositura de ação contra o administrador (*officer*), nos casos de culpa grave (*misfeasance* e *breach of trust*), mas tão somente para que sejam ressarcidos os danos causados à sociedade pelos atos contra ela praticados. Nos Estados Unidos, a doutrina da transparência tem sido aplicada com reservas e tão somente nos casos de evidente intuito fraudulento, quando a sociedade é utilizada como simples instrumento ou *alter ego* do acionista controlador. Em tais hipóteses de confusão do patrimônio da sociedade com o dos acionistas e de indução de terceiro em erro, a jurisprudência dos Estados Unidos tem admitido levantar o véu (*judges have pierced the corporate veil*) para responsabilizar pessoalmente os acionistas controladores (v. o comentário Should Shareholders be Personally Lieble for the Torts of their Corporations? In *Yale Law Journal*, nº 6, maio de 1967, 76/1.190 e segs. e especialmente p. 1.192). Esses casos, entretanto, vêm sendo ampliados desmesuradamente no Brasil, especialmente pela Justiça do Trabalho, que vem de certa maneira e inadvertidamente usurpando as funções do Poder Legislativo, visto que enxergam em disposições legais que regulam outros institutos jurídicos fundamen-

rá-la para que os efeitos de certas e determinadas relações de obrigações sejam estendidos aos bens particulares de administradores ou de sócios da pessoa jurídica beneficiados direta ou indiretamente pelo abuso". Logo, o procedimento executivo atinge apenas sócio (minoritário ou não) que tiver sido beneficiado direta ou indiretamente pela fraude. Assim deve ser afastado da responsabilidade sócio, sem poderes de administração, que não contribuiu para a prática dos atos fraudulentos (STJ, REsp 1.861.306-SP, rel. min. Villas Bôas Cueva, 3ª T., j. 2-2-2021).

Desvio de finalidade é o uso da pessoa jurídica com o propósito de lesar credores e para a prática de atos ilícitos de qualquer natureza, mas a mera expansão ou alteração da finalidade econômica específica da pessoa jurídica não constitui desvio de finalidade original da atividade.

"A desconsideração da personalidade jurídica alcança os grupos de sociedade quando presentes os pressupostos do art. 50 do Código Civil e houver prejuízo para os credores até o limite transferido entre as sociedades" (Enunciado n. 408 do CJF, aprovado na V Jornada de Direito Civil).

---

to para decretar a desconsideração da personalidade jurídica, sem que a lei apontada cogite sequer dessa hipótese, sendo grande a confusão que fazem entre os institutos da corresponsabilidade e solidariedade, previstos, respectivamente, no Código Tributário e na legislação societária, ocorrendo a primeira (corresponsabilidade) nos casos de tributos deixados de ser recolhidos em decorrência de atos ilícitos ou praticados com excesso de poderes por administradores de sociedades, e a segunda (solidariedade) nos casos em que genericamente os administradores de sociedades ajam com excesso de poderes ou pratiquem atos ilícitos, daí por que, não obstante a semelhança de seus efeitos, a matéria está a exigir diploma processual próprio, em que se firme as hipóteses em que a desconsideração da personalidade jurídica possa e deva ser decretada. Por tal razão, clara é a importância da processualização do instituto pelo CPC/2015. Todavia, convém lembrar a inconveniência de se atribuir a todo e qualquer sócio ou administrador, mesmo os que não se utilizaram abusivamente da personalidade jurídica ou até mesmo daqueles que participam minoritariamente do capital de sociedade sem praticar qualquer ato de gestão ou se beneficiar de atos fraudulentos, a responsabilidade por débitos da empresa, pois isto viria a desestimular a atividade empresarial de um modo geral e a participação no capital social das empresas brasileiras, devendo essa responsabilidade de sócio ser regulada pela legislação societária aplicável ao tipo de sociedade escolhido".

Consulte: CLT, arts. 855-A, 855-B, 855-C, 855-D e 855-E (com a redação da Lei n. 13.467/2017).

Provimento CGJT n. 1/2019 sobre recebimento e processamento de incidente de desconsideração da personalidade jurídica das sociedades empresariais nos termos do art. 855-A da CLT.

Quando sócio utiliza patrimônio da pessoa jurídica para realizar pagamentos pessoais ter-se-á confusão patrimonial, pode afastar bons negócios, por falta de transparência nas informações contáveis e ausência de exatidão na apuração do lucro e dar azo à desconsideração da pessoa jurídica, por desvio de finalidade. O certo é estipular uma retirada mensal (pró-labore) para que sócio pague suas despesas.

Confusão patrimonial é a ausência de separação de fato entre os patrimônios caracterizada por: cumprimento repetitivo pela sociedade de obrigações do sócio ou do administrador; transferência de ativos ou de passivos sem efetivar contraprestações, exceto o de valor proporcionalmente insignificante e outros atos de descumprimento da autonomia patrimonial. Urge não olvidar que a existência de grupo econômico sem que se configurem os requisitos legais do *caput* do art. 50 não autoriza a desconsideração da personalidade da pessoa jurídica.

Pelo Código Civil, como se vê, quando a pessoa jurídica se *desviar dos fins* (objetivo diferente do ato constitutivo para prejudicar alguém; mau uso da finalidade social) que determinaram sua constituição, pelo fato de os sócios ou administradores a utilizarem para alcançar objetivo diverso do societário, ou, quando houver *confusão patrimonial* (mistura do patrimônio social com o particular do sócio, causando dano a terceiro) em razão de abuso da personalidade jurídica, o órgão judicante, a pedido do interessado ou do Ministério Público, estará autorizado, com base na prova material do dano, a desconsiderar, episodicamente, a personalidade jurídica, para coibir fraudes e abusos dos sócios que dela se valeram como escudo, sem importar essa medida numa dissolução da pessoa jurídica[267]. Com isso, subsiste

---

267. *Vide* as críticas de Fábio Konder Comparato ao projeto (*O poder de controle na sociedade anônima,* Rio de Janeiro, Forense, 1983, p. 283 e 369); Rubens Requião, Abusos de direito e fraude através da personalidade jurídica – "disregard doctrine", *RT, 410*:12; Suzi Elisabeth C. Koury, *A desconsideração da personalidade jurídica,* Rio de Janeiro, Forense, 1997, p. 197; Ana Caroline Santos Ceolin, *Abusos na aplicação da teoria da desconsideração da pessoa jurídica,* Belo Horizonte, Del Rey, 2002; Fábio Ulhoa Coelho, *Desconsideração da personalidade jurídica,* 1989; Alexandre Couto Silva, Desconsideração da personalidade jurídica: limites para sua aplicação, *RT, 780*:47; Gerci Giareta, Teoria da despersonalização da pessoa jurídica: disregard doctrine, *RDC, 48*:7; Luiz Roldão de Freitas Gomes, Desconsideração da personalidade jurídica, *RDC, 46*:27; Rachel Sztajn, Sobre a desconsideração da personalidade jurídica, *RT, 762*:81; Flávio Tartuce, *O novo CPC e o direito civil,* São Paulo, Método, 2015, p. 65 a 84; Nelson Nery Jr. e Rosa Maria A. Nery, *Comentários ao Código de Processo Civil,* São Paulo, Revista dos Tribunais, 2015, comentários aos arts. 133 a 137; Cássio S. Bueno, *Novo Código de Processo Civil anotado,* São Paulo, Saraiva, 2015, p. 132 a 134. A teoria da desconsideração da pessoa jurídica só é aplicável em casos de abuso na utilização da entidade para prejudicar terceiros ou fraudar a lei, e é extemporânea quando alegada somente na fase recursal (1º TACSP, AC 407.369-0, *JB, 152*:247). A pessoa da sociedade não se confunde com a do sócio. Isso é um princípio jurídico básico, porém não uma verdade absoluta; merece ser desconsiderada quando a sociedade é apenas um *alter ego* de seu controlador, em verdade, comerciante em nome individual (*Bol. AASP, 1.933*:434). Pelo art. 4º da Lei n. 9.605/98, "poderá ser desconsiderada a personalidade jurídica sempre que sua personalidade for obstáculo ao ressarcimento dos prejuízos à qualidade do meio ambiente". O Comunicado CG n. 564/2016 traça normas para identificar pedidos incidentais de desconsideração da personalidade jurídica.

o princípio da autonomia subjetiva da pessoa coletiva, distinta da pessoa de seus sócios, mas tal distinção é afastada, provisoriamente, para um dado caso concreto. Há uma repressão ao uso indevido da personalidade jurídica, mediante desvio de seus objetivos ou confusão do patrimônio social para a prática de atos abusivos ou ilícitos, retirando-se, por isso, a distinção entre bens do sócio e da pessoa jurídica, ordenando que os efeitos patrimoniais relativos a certas obrigações sejam estendidos aos bens particulares dos administradores ou dos sócios, recorrendo, assim, à superação da personalidade jurídica porque os seus bens não bastam para a satisfação daquelas obrigações, visto que a pessoa jurídica não será dissolvida, nem entrará em liquidação. Desconsidera-se a personalidade jurídica da sociedade para possibilitar a transferência da responsabilidade para aqueles que a utilizarem indevidamente. É uma forma de corrigir fraude em que o respeito à forma societária levaria a uma solução contrária à sua função e aos ditames legais. Trata-se de medida protetiva, que tem por escopo a preservação da sociedade e a tutela dos direitos de terceiros, que com ela efetivaram negócios.

Em nosso país, com o advento da Lei n. 8.078/90, art. 28 e § 5º, o órgão judicante está autorizado, nas relações de consumo, a desconsiderar a personalidade jurídica da sociedade, se houver, de sua parte:

a) abuso de direito, desvio ou excesso de poder, lesando consumidor;

b) infração legal ou estatutária, por ação ou omissão, em detrimento do consumidor;

c) falência, insolvência, encerramento ou inatividade, em razão de sua má administração. Interessantes a esse respeito são as observações de Adalberto Simão Filho de que, diante de abusos e de comprovada fraude contra credores, é possível excepcionalmente a desconsideração da pessoa jurídica

---

Interessantes e elucidativos são os seguintes Enunciados do Conselho da Justiça Federal (aprovados na IV Jornada de Direito Civil): a) n. 281 – "A aplicação da teoria da desconsideração, descrita no art. 50 do Código Civil, prescinde da demonstração de insolvência da pessoa jurídica"; b) n. 282 – "O encerramento irregular das atividades da pessoa jurídica, por si só, não basta para caracterizar abuso de personalidade jurídica"; c) n. 283 – "É cabível a desconsideração da personalidade jurídica denominada 'inversa' para alcançar bens de sócio que se valeu da pessoa jurídica para ocultar ou desviar bens pessoais, com prejuízo a terceiros"; d) n. 284 – "As pessoas jurídicas de direito privado sem fins lucrativos ou de fins não econômicos estão abrangidas no conceito de abuso da personalidade jurídica"; e e) n. 285 – "A teoria da desconsideração, prevista no art. 50 do Código Civil, pode ser invocada pela pessoa jurídica em seu favor".
Pelo Enunciado n. 91 (aprovado na III Jornada de Direito Comercial): "A desconsideração da personalidade jurídica de sociedades integrantes de mesmo grupo societário (de fato ou de direito) exige a comprovação dos requisitos do art. 50 do Código Civil por meio do incidente de desconsideração da personalidade jurídica ou na forma do art. 134, § 2º, do Código de Processo Civil".
Sujeitar-se-ão à desconsideração: sociedades simples, empresárias, pessoas jurídicas sem fins lucrativos, sociedades de economia mista e empresas públicas.

(CDC, art. 28), que teve decretada sua falência, sem que haja necessidade de propor ação judicial da responsabilidade, prevista no art. 82 da Lei n. 11.101/2005, desde que: 1) se tenha dado ao sócio a chance de se manifestar sobre o pleito desconsideratório; 2) as razões que deram causa à despersonificação estejam presentes após a manifestação ou omissão do sócio; e 3) o órgão judicante gradue o âmbito da desconsideração e seus efeitos jurídicos, fundamentando constitucionalmente sua decisão. Configurando-se tais requisitos poder-se-á obter o sequestro dos bens do patrimônio dos sócios e sua condenação pelo limite da responsabilidade patrimonial (TJSP, AI 190.367-1-SP, rel. Des. Munhoz Soares, j. 29-4-1993; TJSP, AI 227.528-1-SP, rel. Des. Munhoz Soares, 25-8-1994; TJSP, AI 190.368-I-SP, rel. Des. Munhoz Soares, j. 15-4-1993; TJSP, AgRg 178.660-SP, rel. Yussef Cahali, j. 17-9-1992). Em relação à falência será proibida a sua extensão ou a de seus efeitos, no todo ou em parte aos sócios de responsabilidade limitada, aos controladores e aos administradores da sociedade falida, admitida contudo a *desconsideração da personalidade jurídica* da sociedade falida, para fins de responsabilização de terceiro, grupo, sócio ou administrador por obrigação desta que somente poderá ser decretada pelo juízo falimentar, observando-se o art. 50 do CC, arts. 133 a 137 do CPC, não se aplicando a suspensão do § 3º do art. 134 do CPC (art. 82-A e parágrafo único da Lei n. 11.101/2005). Há interesse para o pedido da superação da personalidade jurídica na falência pelos credores devidamente habilitados (Lei de Falências, arts. 94, § 1º, 97, IV), pelo administrador judicial (Lei de Falências, art. 22, II, *b*) e pelo representante do Ministério Público (Lei de Falências, art.187, § 2º). Até mesmo o magistrado poderia decretá-la de ofício se no processo todos os pressupostos para tanto estiverem presentes, fundamentando essa sua decisão na própria sentença convolatória da recuperação judicial (Lei de Falências, arts. 3º, 73, 82, § 2º). Após a desconsideração, surgirão duas massas patrimoniais ativas (Lei de Falências, arts. 82, § 2º, 108, 110, § 2º, III e IV): a dos bens dos sócios e a do patrimônio da empresa. Se a desconsideração adveio, em razão de falência, de pedido de credor consumidor, sem que estejam configurados os requisitos normais da despersonalização, apenas ele poderá concorrer sobre essas duas massas patrimoniais. Se, além da falência, o despacho de superação da personalidade jurídica conclui pela fraude ou abuso de direito de personificação, todos os credores estão habilitados a concorrer sobre as duas massas, obedecendo-se as suas preferências e privilégios. Se um credor consumidor vier a concorrer com os demais sobre o patrimônio composto pelos bens dos sócios, terá nessa massa preferência sobre os outros, pois a lei apenas a ele tornou possível o pleito de desconsideração[268];

268. Adalberto Simão Filho, A superação da personalidade jurídica no processo falimentar. *Direito empresarial contemporâneo*, coord. Adalberto Simão Filho e Newton De Lucca, São Paulo, Juarez de Oliveira, 2000, p. 12, 26 e 27. Observa Modesto Carvalhosa (*Comentários*, cit., v. 13, p. 275) que "no caso do art. 1.080, a desconsideração atinge tanto os sócios administradores como aqueles que não o sejam. Isto porque a responsabilidade dos administradores decorrente da aplicação dos referidos arts. 1.012, 1.015,

d) obstáculo ao ressarcimento dos danos que causar aos consumidores, pelo simples fato de ser pessoa jurídica, desde que a sanção que lhe for aplicável não seja de cunho pecuniário, como p. ex.: proibição de fabricação de produto; suspensão temporária de atividade ou de fornecimento de produto ou serviço (CDC, art. 56, V, VI e VII).

Pelo art. 28, §§ 2º, 3º e 4º, desse diploma legal, no que atina às obrigações dele oriundas, em prol do interesse do consumidor, haverá, na hipótese de desconsideração:

a) responsabilidade subsidiária das sociedades integrantes do grupo societário e das controladas;

b) responsabilidade solidária das sociedades consorciadas; e

c) responsabilidade subjetiva das coligadas, que responderão se sua culpabilidade for comprovada.

Com o CPC/2015 há a processualização da desconsideração, que passou a ser tida como uma nova modalidade de intervenção forçada de terceiro, pois pessoa alheia ao processo (sócio ou sociedade) será citada e fará parte dele, até que o incidente seja resolvido. Pode dar-se incidentalmente e apenas no processo (cog-

---

1.016, 1.017 e 1.158, § 3º, decorre dos atos por eles praticados nessa específica função. Por outro lado, poderá o administrador infringir a lei ou o contrato sem que, no entanto, esteja abusando diretamente de suas funções administrativas. Daí a razão da aplicação abrangente do presente art. 1.080 a todos os sócios, administradores ou não, que expressa e intencionalmente tenham praticado atos contrários à lei ou ao contrato social". *Vide: RT, 791*:257, *785*:373, 784:282, 773:263. *Vide* Enunciados do CJF, aprovados na I Jornada de Direito Comercial: 9. "Quando aplicado às relações jurídicas empresariais, o art. 50 do Código Civil não pode ser interpretado analogamente ao art. 28, § 5º, do CDC ou ao art. 2º, § 2, da CLT"; e 12. "A regra contida no art. 1.055, § 1º, do Código Civil deve ser aplicada na hipótese de inexatidão da avaliação de bens conferidos ao capital social; a responsabilidade nela prevista não afasta a desconsideração da personalidade jurídica quando presentes seus requisitos legais". Enunciados do Fórum Permanente de Processualistas Civis: a) 123: "É desnecessária a intervenção do Ministério Público como fiscal da ordem jurídica, no incidente de desconsideração da personalidade jurídica, salvo nos casos em que deva intervir obrigatoriamente, previstos no art. 179 (art. 178 do novo CPC)"; b) 125: "Há litisconsórcio passivo facultativo quando requerida a desconsideração da personalidade jurídica, juntamente com outro pedido formulado na petição inicial ou incidentalmente no processo em curso"; c) 248: "Quando a desconsideração da personalidade jurídica for requerida na petição inicial, incumbe ao sócio ou à pessoa jurídica, na contestação, impugnar não somente a própria desconsideração, mas também os demais pontos da causa".

Pelo Enunciado n. 53 da ENFAM, aprovado em 2015: "O redirecionamento da execução fiscal para o sócio-gerente prescinde do incidente de desconsideração jurídica previsto no art. 133 do CPC/2015".

Vide Provimento da CGJT n. 1/2019 sobre recebimento e processamento do incidente de desconsideração da personalidade jurídica das sociedades empresárias nos termos do art. 855-A da CLT.

nitivo ou executivo, seja o procedimento comum ou especial) em que foi requerido, e tem valia apenas para as partes litigantes, durante o andamento daquele processo; logo, fora da seara processual a personalidade jurídica permanecerá intacta. Pelos enunciados, aprovados na II Jornada de Direito Processual Civil: *a)* n. 110: "a instauração do incidente de desconsideração da personalidade jurídica não suspenderá a tramitação do processo de execução e do cumprimento de sentença em face dos executados originários"; *b)* n. 111: "o incidente de desconsideração da personalidade jurídica pode ser aplicado ao processo falimentar". É uma espécie de *incidente do processo*, sendo, portanto, um processo novo, que surge de um já existente, nele se incorporando. Assim, se pleiteada pela parte quando o processo estiver em andamento, inclusive na fase recursal, ter-se-á incidente do processo, dependente de pedido da parte ou do Ministério Público, quando lhe couber intervir. Se não for instaurada durante o processo de conhecimento, poderá ser postulada a desconsideração na fase de cumprimento da sentença.

O Código de Processo Civil, no art. 133, §§ 1º e 2º, trata, portanto, da forma de requerimento da desconsideração da personalidade jurídica, adotando, para tanto, o pedido incidental feito pela parte ou pelo Ministério Público, quando lhe couber intervir, pois o órgão judicante não poderá desconsiderar *ex officio*. A formulação de pedido incidente é cabível em qualquer fase do processo de conhecimento, no cumprimento de sentença e na execução fundada em título executivo extrajudicial (CPC, art. 134), e provoca suspensão do feito (CPC, art. 134, § 3º). Aplica-se também, pelo Código de Processo Civil, art. 1.062, ao processo de competência dos juizados especiais, se o valor da causa for pequeno. Mas, se requerida for a desconsideração na petição inicial, dispensada estará a instauração do incidente, sendo então citado o sócio ou a pessoa jurídica para se defender em contestação, e não haverá suspensão do processo (Luiz Guilherme Marinoni).

Esse incidente provoca a citação do sócio para defender-se da acusação de má utilização da pessoa jurídica, podendo vir a responder, em nome próprio, pelas obrigações da sociedade, ré originária do processo. Convém não olvidar que pelo Enunciado n. 52 da ENFAM, aprovado em 2015: "A citação a que se refere o art. 792, § 3º, do CPC/2015 (fraude à execução) é a do executado originário, e não aquela prevista para o incidente de desconsideração da personalidade jurídica" (art. 135 do CPC/2015). Todavia, o art. 133, § 2º, admite a *desconsideração inversa*, que consiste em se responsabilizar a pessoa jurídica por obrigações de seu sócio, que, p. ex., desvia seus bens particulares para o patrimônio social, mediante fraude, para não dividir com ex-cônjuge os bens do casal, passando-os para o nome da empresa. Portanto, na desconsideração inversa, não se desconsidera o patrimônio da sociedade para atingir o dos sócios ou administrador, mas sim para alcançar o da pessoa jurídica, para satisfazer os credores do seu sócio. Ter-se-á, então, suspensão temporária do seu ato constitutivo para que os bens de seu patrimônio respondam pelos débitos. Se tal ocorrer, os demais sócios deverão ser citados e poderão dissolver a sociedade ou optar pela expulsão do sócio de má-fé.

"Instaurado o incidente, o sócio ou a pessoa jurídica será citado para manifestar-se e requerer as provas cabíveis no prazo de 15 dias" (CPC, art. 135). Concluída a instrução, o incidente será decidido por meio de decisão interlocutória, que poderá ser discutida em segunda instância em via de agravo de instrumento. Mas o recurso cabível será agravo interno se a decisão for proferida pelo relator (CPC, art. 136 e parágrafo único). Em caso de desconsideração da personalidade jurídica, a fraude à execução verifica-se a partir da citação da parte cuja personalidade se desconsiderou (CPC, art. 792, § 3º).

A tutela provisória de urgência poderá ser aplicada ao incidente se presentes os requisitos dos arts. 300 a 311 do CPC/2015 para que sejam concedidos os efeitos da antecipação da desconsideração.

A personalidade jurídica, como se pode ver, será, então, considerada como um direito relativo, permitindo ao órgão judicante derrubar a radical separação entre a sociedade e seus membros, para decidir mais adequadamente, coibindo o abuso de direito e condenando as fraudes, ordenando, para tanto, a penhora de bens particulares dos sócios. Portanto, o magistrado, segundo a *disregard doctrine*, poderá desconsiderar a autonomia jurídica da pessoa jurídica, quando utilizada abusivamente, para fins contrários à lei. Não tem por finalidade retirar a personalidade jurídica, mas tão somente desconsiderá-la, levantando o véu protetor, em determinadas situações, no que atina aos efeitos de garantir a desvinculação da responsabilidade dos sócios da sociedade. Com isso o sócio passará a ser responsável, não mais respondendo subsidiariamente pelas obrigações sociais com o seu patrimônio particular. O direito do sócio de ver intangíveis os seus bens em face das obrigações da sociedade não é mais absoluto. Havendo fraude ou abuso de direito cometido por meio da personalidade jurídica que a sociedade representa, os sócios não ficarão imunes a sanções, pois permitida estará a desconsideração dessa personalidade, para que seus integrantes sejam responsabilizados pela prática daquele abuso. Essa doutrina tem por escopo responsabilizar os sócios pela prática de atos abusivos sob o manto de uma pessoa jurídica, coibindo manobras fraudulentas e abuso de direito, mediante a equiparação do sócio e da sociedade, desprezando-se a personalidade jurídica para alcançar as pessoas e bens que nela estão contidos.

Quadro Sinótico

PESSOAS JURÍDICAS

1. CONCEITO	• É a unidade de pessoas naturais ou de patrimônios que visa à consecução de certos fins, reconhecida pela ordem jurídica como sujeito de direitos e obrigações.	
2. NATUREZA JURÍDICA	• *a*) Teoria da ficção	• 1) *Legal* (Savigny): conclui que a pessoa jurídica é uma ficção legal, isto é, uma criação artificial da lei para exercer direitos patrimoniais e facilitar a função de certas entidades, uma vez que só o homem é capaz de ser sujeito de direito. • 2) *Doutrinária* (Vareilles-Sommières): afirma que a pessoa jurídica apenas tem a existência na inteligência dos juristas, apresentando-se como mera ficção criada pela doutrina. • *Crítica* — não pode ser aceita porque, se o Estado é uma pessoa jurídica, dizer que ele é ficção é o mesmo que afirmar que o direito que dele emana também o é.
	• *b*) Teoria da realidade objetiva ou orgânica	• Admite ao lado da pessoa natural, que é organismo físico, organismos sociais constituídos pelas pessoas jurídicas, que têm existência própria distinta da de seus membros, tendo por objetivo realizar um fim social (Gierke e Zitelmann). • *Crítica* — a pessoa jurídica não tem vontade própria; o fenômeno volitivo é peculiar ao ser humano, daí ser inaceitável.
	• *c*) Teoria da realidade das instituições jurídicas	• Afirma que, como a personalidade humana deriva do direito, da mesma forma este pode concedê-la a agrupamentos de pessoas ou de bens. A personalidade jurídica é um atributo que a ordem jurídica outorga a entes que o merecerem (Hauriou).
3. CLASSIFICAÇÃO	• *a*) Quanto à nacionalidade	• Nacionais. • Estrangeiras.
	• *b*) Quanto à estrutura interna	• Corporação (associação, sociedade simples e sociedade empresária). • Fundação.

3. CLASSIFICAÇÃO	• *c*) Quanto à função e capacidade (CC, art. 40)	• Pessoas jurídicas de direito público	• Externo	• Nações estrangeiras. • Santa Sé. • Uniões aduaneiras. • Organismos internacionais.	
			• Interno	• Administração direta	• União. • Estados. • Territórios. • Distrito Federal. • Municípios.
				• Administração indireta	• *Autarquias* (Dec.-lei n. 6.016/43, art. 2º; Lei n. 4.717/65, art. 20; Dec.-lei n. 200/67, art. 5º, c/ redação do Dec.-lei n. 900/69). • *Associações públicas* (Lei n. 11.107/2005 — regulamentada pelo Decreto n. 6.017/2007 — art. 1º, §§ 1º a 3º). • *Fundações públicas.* • *Agências executivas e reguladoras* (Leis n. 9.649/98; 9.986/2000 e Decreto n. 2.487/98).
		• Pessoas jurídicas de direito privado (CC, art. 44, I a V)	• *Fundações particulares* (universalidade de bens personalizados pela ordem jurídica, em consideração a um fim estipulado pelo fundador: *RT*, *252*:661; *242*:232; *172*:525; *422*:162; *RF*, *165*:265; CC, art. 63). • *Associações* (grupos de pessoas que colimam um fim educacional, esportivo, religioso, recreativo etc.), abrangendo também organizações religiosas e partidos políticos (CF/88, art. 17, I a IV, §§ 1º a 4º; Lei n. 9.096/95). • *Sociedade simples* (grupos de pessoas que visam a fins econômicos ou lucrativos, que devem ser repartidos entre os sócios, alcançados pelo exercício de certas profissões ou pela prestação de serviços técnicos: *RT*, *391*:216; *395*:205; *462*:81). • *Sociedade empresária* (grupo de pessoas que visa ao lucro mediante exercício de atividade econômica organizada para a produção ou circulação de bens ou serviços, própria de empresário: *RT*, *468*:207).		

3. CLASSIFICAÇÃO	• *c*) Quanto à função e capacidade (CC, art. 40)	• Pessoas jurídicas de direito privado (CC, art. 44, I a V)	• *Sociedade limitada unipessoal* (formada por uma só pessoa titular da totalidade do capital social integralizado (CC, arts.1.052, §§ 1º e 2º, 1.113 a 1.115; Lei n. 14.195/2021, parágrafo único).
4. COMEÇO DA EXISTÊNCIA LEGAL DA PESSOA JURÍDICA	• *a*) Pessoa jurídica de direito público	• Tem seu início com fatos históricos, criação constitucional, lei especial e tratados internacionais.	
	• *b*) Pessoa jurídica de direito privado	• *1ª fase*: a do *ato constitutivo*, que é unilateral *inter vivos* ou *causa mortis* nas fundações, e bilateral ou plurilateral *inter vivos* nas associações e sociedades. Nesta fase temos os elementos: *a*) *material*, ou seja, atos de associação, fins a que se propõe e conjunto de bens, e *b*) *formal*, deve ser por escrito, podendo ser público ou particular, com exceção das fundações que estão sujeitas ao requisito formal específico: instrumento público ou testamento (CC, art. 62). Casos há em que se requer autorização governamental (CC, arts. 45, 1.123 a 1.125, 1.134 e 1.135; LINDB, art. 11, § 1º; Dec.-lei n. 2.063/40; Dec.-lei n. 73/66, art. 74; Lei n. 4.728/65, arts. 7º e 8º; Resolução n. 39/66 do BACEN; Lei n. 6.385/76; Lei n. 6.404/76). • *2ª fase*: a do *Registro Público* (CC, arts. 45, 46, 984, 985, 998, 1.134 e 1.150; Lei n. 6.015/73, arts. 114 a 121). Quanto às fundações, deve haver intervenção do Ministério Público (CC, arts. 62 a 69; CPC, arts. 764 e 765), para que se proceda ao registro. • Quanto às sociedades não personificadas: CC, arts. 986 a 990, 1.132 e 1.136; CPC, art. 75, IX; *RT*, *135*:663; *395*:392; *134*:111; *470*:147; *428*:250.	
5. CAPACIDADE	• *a*) Direitos subjetivos	• Direitos: da personalidade (CC, art. 52), patrimoniais ou reais, industriais, obrigacionais e à sucessão.	
	• *b*) Limitações	• Em razão da natureza	• Falta-lhe titularidade ao direito de família, parentesco e não pode praticar diretamente os atos da vida jurídica, necessitando de um representante legal (CC, art. 49; CPC, art. 75, I a III).
		• Decorrente de lei	• CF, arts. 190, 176, § 1º, e 222.

6. RESPONSABILIDADE	• *a*) Responsabilidade contratual	• *A pessoa jurídica de direito público e privado*, no que se refere à realização de um negócio jurídico dentro do poder autorizado pela lei ou pelo estatuto ou contrato social, deliberado pelo órgão competente, é responsável, devendo cumprir o disposto no contrato, respondendo com seus bens pelo inadimplemento contratual (CC, art. 389). Terá responsabilidade objetiva por fato e por vício do produto e do serviço (Lei n. 8.078/90, arts. 12 a 25).
	• *b*) Responsabilidade extracontratual	• *As pessoas jurídicas de direito privado* respondem objetivamente pelos atos ilícitos praticados por seus representantes, pois não há mais presunção de culpa *in eligendo* ou *in vigilando* (CC, arts. 931, 932, III, 933). • *As pessoas jurídicas de direito público* devem indenizar todos os danos que seus funcionários, nessa qualidade, por atos comissivos, causem aos direitos de particulares, tendo ação regressiva contra eles, nos casos de culpa e dolo, daí ser objetiva sua responsabilidade (CC, art. 43; CF, art. 37, § 6º). Mas por atos omissivos sua responsabilidade é subjetiva.
	• *c*) Responsabilidade delitual	• *As pessoas jurídicas de direito público e privado* podem ter imputabilidade criminal, estando sujeitas à responsabilidade penal (Lei n. 9.605/98, art. 3º), e podem exercer ações penais (CPP, art. 37). A responsabilidade penal é de seu representante, p. ex., arts. 61 a 80 da Lei n. 8.078/90.
7. DOMICÍLIO	• *a*) Conceito	• Sede jurídica da pessoa jurídica, onde os credores podem demandar o cumprimento das obrigações. É o local de suas atividades habituais, de seu governo, administração, ou direção, ou, ainda, o determinado no ato constitutivo.
	• *b*) Pessoa jurídica de direito público interno	• CC, art. 75, I, II, III; CPC, arts. 45 e 51; CF, art. 109, §§ 1º a 5º.
	• *c*) Pessoa jurídica de direito privado	• CC, art. 75, IV, §§ 1º e 2º; CPC, art. 21, I, parágrafo único; *RT*, *442*:210; *411*:176; *154*:142; *RF*, *101*:529; *35*:356.

8. OPERAÇÕES DE REORGANIZAÇÃO ESTRUTURAL — SOCIETÁRIA	• Transformação (CC, arts. 1.113 a 1.115); incorporação (CC, arts. 1.116 a 1.118); fusão (CC, arts. 1.119 a 1.121); cisão (CC, art. 1.122, §§ 1º a 3º).		
9. FIM DA PESSOA JURÍDICA	• *a*) Pessoa jurídica de direito público	• Termina pela ocorrência de fato histórico, por norma constitucional, lei especial ou tratados internacionais.	
	• *b*) Pessoa jurídica de direito privado	• Dissolução (CC, arts. 51, § 1º, 54, VI, 1.033, 1.125, 1.034 e 1.028, II)	• Pelo decurso do prazo de sua duração. • Pela dissolução deliberada entre os membros, salvo direito da minoria e de terceiro (*RT*, *464*:221; *433*:165; *453*:202; *450*:290; *426*:256; *433*:165). • Por deliberação dos sócios, por maioria absoluta na sociedade de prazo indeterminado. • Pela falta de pluralidade de sócios, se a sociedade não fosse reconstituída no prazo de 180 dias (art. 1.033, parágrafo único, do Código Civil, ora revogado), mas pode ser transformada em sociedade limitada unipessoal (Lei n. 14.195/2021, art. 41, parágrafo único). • Por determinação legal (CC, art. 1.033). • Por ato governamental. • Pela dissolução judicial. • Por morte de sócio, se os remanescentes assim deliberarem.
		• Liquidação	• CC, arts. 51, §§ 2º e 3º, 61, § 2º, e 69.

10. GRUPOS DESPERSONALIZADOS	• *a*) Conceito	• Conjunto de direitos e obrigações, pessoas e bens, sem personalidade jurídica e com capacidade processual, mediante representação.
	• *b*) Casos	• Família. • Sociedades não personificadas (CPC, arts. 75, IX; CC, arts. 986 a 990). • Massa falida (CPC, art. 75, V). • Herança jacente ou vacante (CC, arts. 1.819 a 1.823; CPC, arts. 75, VI, 738 e 743). • Espólio (CPC, arts. 613, 614, 617, 618, I, 75, VII, 48; *RF, 103*:475). • Condomínio (CC, arts. 1.314 e s.; Lei n. 4.591/64, com regulamentação do Decreto Federal n. 55.815/65, ora revogado pelo Decreto n. 11/91, arts. 28, parágrafo único, e 63, § 3º; CC, arts. 1.331, §§ 1º, 2º e 5º, 1.332, 1.347, 1.348, I a IX; CPC, art. 75, XI; *RT*, *468*:201; *467*:202; *453*:216) em que há uma semelhança com a fundação que se expressa no documento constitutivo, na incorporação ou na convenção inicial, tendo existência permanente; daí ser uma nova figura de pessoa jurídica, não se enquadrando, como querem alguns autores, entre os grupos despersonalizados.
11. DESCONSIDERAÇÃO DA PERSONALIDADE JURÍDICA	• A teoria da desconsideração ou penetração, em voga na Europa, permite que o juiz não mais considere os efeitos da personificação ou da autonomia jurídica da sociedade, para atingir e vincular a responsabilidade dos sócios, com o intuito de impedir a consumação de fraudes e abusos de direito cometidos por meio da personalidade jurídica, que causem prejuízos ou danos a terceiros. No Brasil, ante os arts. 50 do CC, 133 a 137 e 1.062 do CPC, e 28 da Lei n. 8.078/90, atualmente, está a desconsideração permitida.	

CAPÍTULO III
Dos Bens

1. Noção de bens

A. Conceito

Neste capítulo ater-nos-emos ao objeto da relação jurídica, ou seja, os bens jurídicos.

Os bens, ensina-nos Agostinho Alvim, são as coisas materiais ou imateriais que têm valor econômico e que podem servir de objeto a uma relação jurídica[1].

Percebe-se que nem todas as coisas interessam ao direito, pois o homem só se apropria de bens úteis à satisfação de suas necessidades. De maneira que se o que ele procura for uma coisa inesgotável ou extremamente abundante, destinada ao uso da comunidade, como a luz solar, o ar atmosférico, a água do mar etc., não há motivo para que esse tipo de bem seja regulado por norma de direito, porque não há nenhum interesse econômico em controlá-lo. Logo, só serão incorporadas ao patrimônio da pessoa física ou jurídica as coisas úteis e raras que despertam disputas entre as pessoas, dando, essa apropriação, origem a um vínculo jurídico que é o domínio[2].

Portanto, os bens são coisas, porém nem todas as coisas são bens. As coisas são o gênero do qual os bens são espécies[3]. As coisas abrangem tudo quanto existe na natureza, exceto a pessoa, mas como "bens" só se consideram as

---

1. Agostinho Alvim, *Curso de direito civil,* apostila, PUC, v. 1, p. 13; Roberto Senise Lisboa, op. cit., p. 136-52; Sebastião José Roque, *Teoria geral do direito civil,* cit., p. 81-112.
2. Silvio Rodrigues, *Direito civil,* 2. ed., São Paulo, Max Limonad, p. 13 e v. 1, p. 123.
3. Scuto, *Istituzioni di diritto privato;* parte generale, v. 1, p. 291; Pablo S. Gagliano e Rodolfo Pamplona Fº, *Novo curso,* cit., v. 1, p. 257-94; Renan Lotufo, *Código Civil comentado,* cit., v. 1, p. 196-260.

coisas existentes que proporcionam ao homem uma utilidade, sendo suscetíveis de apropriação[4], constituindo, então, o seu patrimônio. Compreendem não só os bens corpóreos como os incorpóreos, como as criações intelectuais (propriedade literária, científica e artística), sendo que os fatos humanos ou "prestações" de dar, fazer e não fazer também são considerados pelo direito como suscetíveis de constituir objeto da relação jurídica. Convém esclarecer, contudo, que não é, neste caso, o homem o objeto do direito, mas a prestação como resultado da atividade humana[5].

Assim, o patrimônio é o complexo de relações jurídicas (reais ou obrigacionais) de uma pessoa, apreciáveis economicamente[6].

B. Caracteres

Para que o bem seja objeto de uma relação jurídica privada é preciso que ele apresente os seguintes caracteres essenciais:

1º) *Idoneidade para satisfazer um interesse econômico,* excluindo-se, então, da noção de bem os elementos morais da personalidade, inapreciáveis economicamente, como a vida, a honra, o nome, a liberdade, a defesa etc. Estes bens não econômicos são prolongamentos da personalidade que não entram na formação do patrimônio, embora sejam valores preciosos para o homem[7].

2º) *Gestão econômica autônoma,* pois o bem deve possuir uma autonomia econômica, constituindo uma entidade econômica distinta. P. ex., se for um objeto corpóreo, esta individualidade resulta de sua delimitação no espaço, de modo a apresentar-se a coisa como um corpo único e individuado. Esse requisito, observa Serpa Lopes, não deve ser entendido de manei-

---

4. Serpa Lopes, *Curso de direito civil,* 2. ed., Rio de Janeiro, Freitas Bastos, 1962, v. 1, p. 354.
5. Caio M. S. Pereira, *Instituições de direito civil,* 5. ed., Rio de Janeiro, Forense, 1976, v. 1, p. 349. Como observa Washington de Barros, bens e coisas podem ser, às vezes, usados como sinônimos (*Curso,* cit., p. 144). O atual Código Civil não delimita conceitualmente tais termos, ao usar a locução *bem jurídico.* Nela abrange tanto os bens imateriais como as coisas (bens corpóreos).
6. Caio M. S. Pereira, *Instituições,* cit., 5. ed., Rio de Janeiro, Forense, v. 1, 1976, p. 341. Planiol assim o define: "l'ensemble des droits et des charges d'une personne appréciables en argent" (*Traité de droit civil,* v. 1, n. 747). Sobre o patrimônio *vide* Silvio Rodrigues, op. cit., v. 1, p. 125; Paulo A. V. Cunha, *Do patrimônio,* Lisboa, 1934, v. 1; Pontes de Miranda, *Tratado de direito privado,* v. 5, p. 365-410.
7. Serpa Lopes, op. cit., v. 1, p. 355; Silvio Rodrigues, op. cit., v. 1, p. 124; W. Barros Monteiro, *Curso de direito civil,* São Paulo, Saraiva, 1966, v. 1, p. 143.

ra absoluta, principalmente no que concerne às energias produzidas por uma coisa como a eletricidade. É preciso distinguir a energia inseparável do bem que a produz daquela que, não obstante produzida por certo bem, assume uma autonomia própria que permite uma utilização e um valor econômico, como se dá com o gás e a eletricidade, considerados pelo Código Penal como coisas móveis[8].

3º) *Subordinação jurídica ao seu titular,* pois na lição de Ferrara[9] só é bem jurídico aquele dotado de uma existência autônoma, capaz de ser subordinado ao domínio do homem. Assim o ar, as estrelas, o sol, o mar são coisas, mas que estão fora da seara jurídica, por serem insuscetíveis de apropriação[10].

Quadro Sinótico

NOÇÃO DE BENS

1. CONCEITO	• Segundo Agostinho Alvim, "bens são as coisas materiais ou imateriais que têm valor econômico e que podem servir de objeto a uma relação jurídica".
2. CARACTERES	• Idoneidade para satisfazer um interesse econômico. • Gestão econômica autônoma. • Subordinação jurídica ao seu titular.

8. Serpa Lopes, op. cit., v. 1, p. 356; Ferrara, *Trattato di diritto civile,* v. 1, p. 733; Barassi, *I diritti reali nel nuovo Codice Civile,* p. 118.
9. Ferrara, op. cit., v. 1, p. 735.
10. Serpa Lopes, op. cit., v. 1, p. 356; Marcelo Junqueira Calixto, Dos bens, *A parte geral,* cit., p. 149-75; Amauri Mascaro Nascimento, Os bens, *O novo Código Civil,* cit., p. 101-15.

2. Classificação dos bens

A. Finalidade

A classificação vem a ser uma operação lógica que tem por fim facilitar a compreensão de uma instituição jurídica, agrupando as várias espécies de um gênero, para aproximar as que apresentem um elemento comum, afastando as que não o apresentem[11].

Foi o que fez nosso legislador ao classificar as várias espécies de bens, ante o fato de que não se podem aplicar as mesmas normas a todos, seja no que concerne ao modo de adquiri-los e aliená-los, seja quanto aos atos que o titular pode praticar[12].

Quatro foram os critérios utilizados pelo Código Civil para classificar os bens. Primeiramente, examinou-os, de modo objetivo, considerando-os *em si mesmos* (arts. 79 a 91), sem qualquer relação com outros bens ou com o seu titular, atendo-se à sua mobilidade, fungibilidade, consumibilidade etc. Ao classificar os bens em principais e acessórios, passou a examiná-los em *relação aos outros* (arts. 92 a 97). Verificando sua *relação com o titular do domínio,* distinguiu-os em públicos e particulares (arts. 98 a 103). Quanto à *suscetibilidade de serem negociados,* pode-se dividi-los em coisas no comércio e fora do comércio[13].

---

11. Silvio Rodrigues, op. cit., v. 1, p. 126 e 127; Edmond Goblot, *Traité de logique,* Paris, 1929, n. 91.
12. Orlando Gomes, *Introdução ao direito civil,* 3. ed., Rio de Janeiro, Forense, 1971, p. 196.
13. Silvio Rodrigues, op. cit., v. 1, p. 126-8.

Cada classificação baseia-se numa característica peculiar do bem. Entretanto, este pode enquadrar-se em várias categorias, desde que tenha múltiplos caracteres. P. ex.: a moeda é móvel e consumível; o rio é imóvel, público e fora do comércio[14].

B. Bens considerados em si mesmos

b.1. Bens corpóreos e incorpóreos

A doutrina[15] ao encarar os bens em relação a si mesmos distinguiu-os em corpóreos e incorpóreos.

Os *bens corpóreos* são coisas que têm existência material, como uma casa, um terreno, uma joia, um livro. Ou melhor, são o objeto do direito[16].

Os *bens incorpóreos* não têm existência tangível e são relativos aos direitos que as pessoas naturais ou jurídicas têm sobre as coisas, sobre os produtos de seu intelecto ou contra outra pessoa, apresentando valor econômico, tais como: os direitos reais, obrigacionais, autorais[17].

b.2. Bens imóveis e móveis

Essa classificação de bens móveis e imóveis remonta à Antiguidade, em substituição à clássica divisão do direito romano, *res mancipi* e *res nec mancipi*, ou seja, coisas que requerem ou não o uso da *mancipatio* para a sua transferência[18].

---

14. W. Barros Monteiro, op. cit., v. 1, p. 144; Ruggiero, *Instituições de direito civil*, v. 2, p. 274.
15. Os jurisconsultos romanos já faziam tal distinção como se vê nesta afirmação: "*Corporales haec sunt quae sui natura tangi possunt, veluti fundus, homo, vestis, aurum, argentum, et denique aliae res innumerabiles. Incorporales autem sunt, quae tangi non possunt, qualia sunt ea, quae in jure consistunt*" (Gaio, Inst., II, §§ 12-14; Inst. de Just. 1, 2, pr. e §§ 1 e 2; Paulo, no Dig. 35, 2 frag. 1, § 77).
16. Orlando Gomes, op. cit., p. 198; Serpa Lopes, op. cit., v. 1, p. 358.
17. Barassi (*I diritti reali e possesso*, v. 1, p. 159) esclarece que, apesar do silêncio da lei a respeito, nada impede que se estenda a ideia de "bem" às entidades imateriais, que existem realmente, não sendo produto de qualquer fantasia; vivem fora de nós, mas possuem estrutura imaterial. Orlando Gomes, op. cit., p. 199; Bassil Dower, *Curso moderno de direito civil*, v. 1, Nelpa, 1976, p. 137; W. Barros Monteiro, op. cit., v. 1, p. 144 e 145.
18. Digesto, L. 1º, tit. 8º, frag. 1º, § 1º; W. Barros Monteiro, op. cit., v. 1, p. 145.

Desde a Idade Média o bem imóvel tem primazia, ficando o móvel em posição secundária. Hodiernamente, o bem móvel vem assumindo grande importância, principalmente pela vantagem de sua livre circulação e pelo seu alto valor. Deveras, máquinas, automóveis, instrumentos, direitos expressos em títulos de sociedades são móveis, têm grande valor e desempenham importante papel na economia[19].

Os bens *imóveis* são "aqueles que não se podem transportar, sem destruição, de um lugar para outro"[20], ou seja, são os que não podem ser removidos sem alteração de sua substância[21]. Os bens *móveis* são "os que, sem deterioração na substância ou na forma, podem ser transportados de um lugar para outro, por força própria ou estranha"; no mesmo sentido os define o art. 82 do atual Código Civil ao prescrever: "São móveis os bens suscetíveis de movimento próprio, ou de remoção por força alheia, sem alteração da substância ou da destinação econômico-social". No primeiro caso temos os semoventes, que são os animais, e, no segundo, os móveis propriamente ditos: mercadorias, moedas, objetos de uso, títulos de dívida pública, ações de companhia etc.[22].

Convém lembrar que a divisão dos bens em imóveis e móveis, que, nos primórdios, abrangia somente os bens materiais, atualmente estendeu-se aos bens incorpóreos, ou melhor, aos direitos, que podem ser divididos em imobiliários e mobiliários, conforme a natureza da coisa, objeto do direito, ou o critério do legislador. P. ex.: são direitos imobiliários porque só podem recair sobre imóveis: os direitos reais de servidão, uso, habitação e enfiteuse; o usufruto será mobiliário ou imobiliário segundo a natureza dos bens gravados[23].

Grande é a *importância da distinção entre bens imóveis e móveis,* pois:

1) A propriedade móvel e imóvel se adquire de forma diversa. Os bens imóveis só são adquiridos pelo registro do título, acessão, usucapião e direito

---

19. W. Barros Monteiro, op. cit., v. 1, p. 146; Caio M. S. Pereira, op. cit., v. 1, p. 356.
20. Clóvis, *Comentários ao Código Civil,* obs. 3 ao art. 43, p. 267. No mesmo sentido Aubry e Rau (*Cours de droit civil français,* 6. ed., t. 1, 1936, § 163) definem os bens imóveis: "*Les choses corporelles sont meubles ou immeubles, selon qu'elles peuvent ou non se transporter d'un lieu à un autre, sans changer de nature*", deduzindo do art. 528 do Código Civil francês. *Vide* STF, Súmula 329.
21. Orlando Gomes, op. cit., p. 202.
22. Clóvis, *Teoria geral do direito civil,* cit., § 34, p. 190. Vicente de Paula Ataíde Junior, O Decreto n. 24.645/1934 e a capacidade de ser parte dos animais no processo civil, *Revista Síntese – Direito Civil e Processual Civil, 129*:83 a 101, 2021.
23. Lucy R. dos Santos, Bens imóveis, in *Enciclopédia Saraiva do Direito,* v. 11, p. 224 e 225; Planiol e Ripert, *Traité pratique de droit civil français,* 2. ed., Paris, 1952, t. 3, p. 74.

hereditário (CC, arts. 1.238 a 1.244, 1.245, 1.248 e 1.784; Lei n. 6.015/73, arts. 167 e s.; Lei n. 7.433/85; STF, Súmulas 74 e 139), e os móveis pela tradição, usucapião, ocupação, achado de tesouro, especificação, confusão, comistão, adjunção (CC, arts. 1.260 a 1.274; *RT, 398*:340 e *391*:359).

2) Os bens imóveis não podem ser alienados, hipotecados ou gravados de ônus real pela pessoa casada, sem a anuência do cônjuge (CC, art. 1.647, I), exceto no regime da separação absoluta de bens. De modo que qualquer dos cônjuges poderá alienar o seu carro ou ações de uma sociedade anônima, sem consultar o outro, por serem bens móveis (*RT, 389*:220).

3) No patrimônio dos incapazes tem preferência o imóvel, cuja alienação pode ser autorizada em casos excepcionais.

4) O tempo para adquirir propriedade por meio da usucapião é mais prolongado para os imóveis (5, 10, 15 anos) do que para os móveis (três ou cinco anos – CF, art. 183, CC, arts. 1.238, 1.239, 1.240, 1.242, 1.260 e 1.261 e Súmula 445 do STF).

5) Com a abertura da sucessão provisória do ausente, seus bens imóveis só podem ser alienados por desapropriação ou por ordem judicial, para evitar ruína ou quando for conveniente convertê-los em títulos de dívida pública; essa restrição não alcança os seus bens móveis.

6) Os direitos reais são diferentes: para os imóveis a hipoteca e para os móveis o penhor.

7) Só os imóveis estão sujeitos a registro (CC, art. 1.245; Lei n. 7.433/85), à concessão de superfície (CC, art. 1.369) e à enfiteuse (CC de 1916, art. 678; novo CC, art. 2.038; STF, Súmula 326), e apenas os bens móveis podem ser objeto do contrato de mútuo (CC, art. 586)[24].

---

24. Caio M. S. Pereira, op. cit., v. 1, p. 357; Lucy R. dos Santos, op. cit., p. 225; Orlando Gomes, op. cit., p. 199; Bassil Dower, op. cit., v. 1, p. 139; Silvio Rodrigues, op. cit., v. 1, p. 135 e 136; Planiol e Ripert, *Traité pratique de droit civil français,* 2. ed., Paris, 1952, t. 3, p. 70 e 71; W. Barros Monteiro (op. cit., v. 1, p. 146), que na p. 147 salienta os reflexos dessa diferenciação em outros ramos do direito: 1) no direito comercial só os bens móveis podem ser objeto de atos de comércio e só é mercantil a compra e venda de móveis ou semoventes, para os revender por grosso ou a retalho, na mesma espécie ou manufaturados, ou para alugar o seu uso (CCom, art. 191, 2ª alínea); 2) no direito fiscal avulta igualmente a importância da mesma classificação. Apenas os imóveis se sujeitam ao pagamento do imposto territorial e ao de transmissão, enquanto o de consumo e o de vendas e consignações só recaem sobre bens móveis; 3) no direito penal só os móveis podem ser objeto de furto e roubo (CP, arts. 155 e 157); 4) no direito internacional privado, para qualificar os bens e regular as relações a eles

O Código Civil, nos arts. 79 e 80, ao apresentar o rol dos *bens imóveis*, acaba por classificá-los em:

1) *Imóveis por sua natureza* (art. 79, 1ª parte), abrangendo o solo e tudo quanto se lhe incorporar naturalmente, compreendendo as árvores e frutos pendentes (*RI, 699*:96, *572*:219), o espaço aéreo e o subsolo. Restritamente, só o solo poderia ser considerado como imóvel por natureza, pois sua conversão em bem móvel só seria possível com modificação de sua substância. Entretanto, o legislador ampliou esse conceito, incluindo os acessórios e adjacências naturais, as árvores, os frutos pendentes, o espaço aéreo e o subsolo.

As árvores aderem-se, naturalmente, ao solo, pois é nele que nascem, enquanto não forem abatidas, e os frutos da terra e das árvores ainda não colhidos ou separados do solo são imóveis. Todavia, se as árvores forem destinadas ao corte e se os frutos forem colhidos, e as pedras e metais, separados do solo, passam a ser *móveis por antecipação* (*RT, 394*:305; *110*:665; *227*:231; e *209*:476; *RJM, 42*:112), logo, ao serem alienados, basta o instrumento particular, que não precisa ser levado a assento no Registro Imobiliário, nem está sujeito ao pagamento de sisa, nem mesmo o vendedor necessita obter outorga uxória, se for casado sob regime diverso do da separação absoluta de bens (CC, art. 1.647).

A propriedade do solo abrange a do espaço aéreo e a do subsolo, contudo sofre limitações:

a) Do art. 1.229 do Código Civil, que assim prescreve: "A propriedade do solo abrange a do espaço aéreo e subsolo correspondentes, em altura e profundidade úteis ao seu exercício, não podendo o proprietário opor-se a atividades que sejam realizadas, por terceiros, a uma altura ou profundidade tais, que não tenha ele interesse legítimo em impedi-las". Logo, limitada está na proporção da utilidade do seu exercício.

b) Do Decreto n. 24.643/34, com as modificações do Decreto-lei n. 852/38, denominado Código de Águas que, no art. 145, reza: "As quedas e outras fontes de energia hidráulica são bens imóveis considerados como coisas distintas do solo em que se encontrem. Assim, a propriedade superficial não abrange a água, o álveo do curso no trecho em que se ache a queda-

---

concernentes, aplicar-se-á a lei do país em que estiverem situados (LINDB, art. 8º), todavia, aplicar-se-á a lei do país em que for domiciliado o proprietário, quanto aos bens móveis que ele trouxer ou se destinarem a transporte para outros lugares (LINDB, art. 8º, § 1º).

-d'água, nem a respectiva energia hidráulica, para o efeito de seu aproveitamento industrial". *Vide,* ainda, a respeito, o Decreto-lei n. 7.841/45, Código de Águas Minerais.

c) Do Decreto-lei n. 227/67, art. 85, *caput* (com a alteração da Lei n. 9.314/96), que prescreve: "O limite subterrâneo da jazida ou mina é o plano vertical coincidente com o perímetro definidor da área titulada, admitida, em caráter excepcional, a fixação de limites em profundidade por superfície horizontal".

d) Da Constituição Federal, art. 176, §§ 1º a 4º, que dispõe: As jazidas, minas e demais recursos minerais e os potenciais de energia hidráulica constituem propriedade distinta da do solo, pertencem à União, garantida ao concessionário a propriedade do produto da lavra. Sua pesquisa e lavra dependerão de autorização ou concessão federal, na forma da lei, dada exclusivamente a brasileiros ou empresa constituída sob as leis brasileiras e que tenha sua sede e administração no País (EC n. 6/95; Portaria do DNPM n. 269, de 10 de julho de 2008, que regulamenta o contrato de arrendamento de concessão de lavra). É assegurada ao proprietário do solo a participação nos resultados da lavra, na forma e no valor que a lei dispuser[25] (Lei n. 8.901/94). O art. 1.230 e parágrafo único do Código Civil seguiu o disposto na Constituição Federal de 1988, que, tão somente, instituiu um *regime jurídico especial* no que atina a jazidas, recursos minerais e hidráulicos. Deveras reza o art. 1.230 do Código Civil: "A propriedade do solo não abrange as jazidas, minas e demais recursos minerais, os potenciais de energia hidráulica, os monumentos arqueo-

---

25. Serpa Lopes, op. cit., v. 1, p. 359; Silvio Rodrigues, op. cit., v. 1, p. 130 e 131; Lucy R. dos Santos, op. cit., p. 226; Bassil Dower, op. cit., v. 1, p. 140 e 141; Fréjaville, *Les meubles par antecipation,* Paris, 1927. Consulte o Decreto-lei n. 3.236/41, que dispõe sobre jazidas de petróleo e gases naturais de rochas betuminosas e pirobetuminosas. Diz a Súmula 446 do STF que: "Contrato de exploração de jazida ou pedreira não está sujeito ao Dec. n. 24.150/34" (*RTJ, 7*:586), e a Súmula n. 238 do STJ prescreve: "A avaliação da indenização devida ao proprietário do solo, em razão de alvará de pesquisa mineral, é processada no Juízo Estadual da situação do imóvel". O Decreto n. 24.150/34 foi revogado pela Lei n. 8.245/91. *Vide* Lei n. 9.314/96, que altera os arts. 2º, 3º, 6º, 7º, 15 a 17, 20 a 26, 30, 31, 37, 38, 41, 43 a 45, 58, 63, 64, 81, 85, 92 e 93 do Decreto-lei n. 227/67. Consulte: Lei n. 9.478/97; Portaria n. 178/2004 do Departamento Nacional de Produção Mineral, que estabelece o procedimento para outorga e transformação do Regime de Permissão da Lavra Garimpeira; Portaria n. 144/2007 do Departamento Nacional de Produção Mineral sobre regulamentação do § 2º do art. 22 do Código de Mineração, sobre extração de substâncias minerais antes da outorga de concessão de lavra. Sobre concessão da lavra em mineração: *EJSTJ, 14*:34. *Vide* Lei n. 12.276/2010, sobre cessão onerosa pela União à Petrobras do exercício de atividades de pesquisa e lavra de petróleo, de gás natural e de outros hidrocarbonetos fluidos,

lógicos e outros bens referidos por leis especiais", e acrescenta no parágrafo único que: "O proprietário do solo tem o direito de explorar os recursos minerais de emprego imediato na construção civil, desde que não submetidos a transformação industrial, obedecido o disposto em lei especial". Pelo art. 176 da Carta Magna os recursos minerais e potenciais da energia hidráulica constituirão propriedade distinta da do solo *para efeito de exploração* ou *aproveitamento*, ficando sob o domínio da União. Todavia, garantida estará ao dono do solo a participação nos resultados da lavra (CF/88, art. 176, § 2º). Também é "assegurada à União, ao Distrito Federal e aos Municípios a participação nos resultados da exploração de petróleo ou gás natural, de recursos hídricos para fins de geração de energia elétrica e de outros recursos minerais no respectivo território, plataforma continental, mar territorial ou zona econômica exclusiva, ou compensação financeira por essa exploração" (CF, art. 20, § 1º, com a redação da EC n. 102/2019). Consequentemente, quanto às demais hipóteses, p. ex., construções de passagens, de garagens subterrâneas, adegas, porões etc., o dono do solo também será o do subsolo, conforme prevê o art. 1.229 do Código Civil, recepcionado pela Lei Maior, no que concerne às hipóteses por ela não albergadas. A propriedade do solo abrange a do espaço aéreo e a do subsolo, exceto em casos excepcionais consignados em norma, tendo-se em vista que a norma especial prevalecerá sobre a geral, apenas no que concerne às situações por ela normadas, não alcançando as demais, que por ela não foram abrangidas, que serão disciplinadas, então, pela norma geral.

2) *Imóveis por acessão física artificial* (CC, art. 79, 2ª parte), que inclui tudo aquilo que o homem incorporar artificial e permanentemente ao solo, como a semente lançada à terra, os edifícios e construções (pontes, viadutos etc.), de modo que se não possa retirar sem destruição, modificação, fratura ou dano.

Acessão designa aumento, justaposição, acréscimo ou aderência de uma coisa a outra.

Não perderá o caráter de imóvel a edificação que, separada do solo, conservando sua unidade, for removida para outro local (p. ex., casa de madeira que puder ser retirada de seus alicerces; CC, art. 81, I), pois no deslocamento não há qualquer *intentio* de desfazê-la. Tal remoção apenas pretende fixá-la em local diverso do original. Há mera alteração de sua localização. Entre experiências que têm concebido casas móveis temos, como ensina Glauber Moreno Talavera, a utilização de bambus para construção de moradias na Costa Rica; o projeto de casa de "madeira certificada" do Conselho Internacional de Manejo Florestal, que atende a padrões ecológicos e exige a exploração não predatória de matas e o projeto de casa popular de aço galvanizado, feita pela Companhia Siderúrgica Nacional (CSN) e pela Caixa Econômica Federal. Podem os imóveis por acessão física artificial abranger também os bens móveis que, incorporados ao solo, pela aderência física, passam a ser tidos como imóveis, como ocorre com o tijolo, calhas, cano, portas, madeiras, concreto armado etc., que não poderão ser retirados sem causar dano às construções em que se acham. Se os prédios forem demolidos, esses materiais serão considerados móveis, se não forem mais empregados em reconstruções, pois pelo art. 81, II, do Código Civil "não perdem o caráter de imóveis os materiais provisoriamente separados de um prédio, para nele mesmo se reempregarem"[26]. Assim, o que se tirar de um prédio para novamente nele incorporar pertencerá ao imóvel e será imóvel. Se empregado for em outro prédio, perderá temporariamente sua imobilidade enquanto não for utilizado na nova construção. Demolição para reconstrução não acarretará perda da condição de imóvel, visto que sua destinação é a mesma.

3) *Imóveis por acessão intelectual* ou *imóveis por destinação* do proprietário, que são todas as coisas móveis que o proprietário do imóvel mantiver, duradoura e intencionalmente, empregadas em sua exploração industrial, aformoseamento ou comodidade. O locatário e o usufrutuário não estão aí incluídos, porém, se, como possuidores, colocarem tais objetos, em nome e por conta do proprietário, tem-se a acessão intelectual sob a modalidade de pertença. São, assim, qualificados como "pertenças" (CC, art. 93): tratores ou máquinas agrícolas, ornamentos (vasos, estátuas nos jardins, cortinas nos prédios etc.), instalações, animais ou materiais empregados no cultivo da terra, geradores, escadas de emergência justapostas nos edifícios, equipamentos de incêndio, aparelhos de ar-condicionado etc. Assim, se o proprietário mantém tratores em sua exploração agrícola, são eles imóveis por acessão intelectual; hipotecando o imóvel, o direito real de garantia abrangerá aquelas máquinas (*RT, 133*:520). A imobilização da coisa móvel por acessão intelectual se dá quando ela for colocada a serviço do imóvel e não da pessoa. Tal imobilização é uma ficção legal, para evitar, para fins de natureza fiscal (*RT, 116*:183, *175*:340), que certos bens móveis, acessórios do imóvel, sejam separados deste, havendo, então, uma afetação do móvel ao imóvel. E, além disso, o acessório segue logicamente a natureza do principal (CC, art. 92).

Para que haja acessão intelectual, ensina-nos Serpa Lopes, é preciso que se trate de coisa móvel, pertencente ao proprietário do imóvel; se destine à finalidade econômica da coisa principal ao seu uso, ou ao seu serviço ou, ain-

---

26. Silvio Rodrigues, op. cit., v. 1, p. 131; Bassil Dower, op. cit., v. 1, p. 141. Lucy R. dos Santos (op. cit., p. 226) esclarece que "a perpetuidade ou longa duração não é requisito. Assim, uma construção provisória ou a feita apenas para uma exposição é imóvel; mas as construções portáteis, como as barracas de montar, a despeito de poderem ficar fixadas no mesmo lugar, por muito tempo, não perdem o caráter móvel". Nesse mesmo sentido Caio M. S. Pereira (op. cit., v. 1, p. 359); *RT, 783*:298, *770*:395, *753*:383. *Vide* Glauber Moreno Talavera, *Comentários*, cit., p. 187.

da, ao adorno de outra e não aos interesses pessoais do proprietário; a destinação provenha do proprietário e tenha um caráter permanente; haja possibilidade dessa destinação atuar, mediante relação local da coisa com o imóvel. O art. 43, III, do Código Civil de 1916 foi muito criticado por ampliar o rol dos bens imóveis, por isso andou bem o Código Civil, em razão da pouca utilidade da categoria de imóvel por acessão intelectual, em restringir, no art. 79, a conceituação de imóvel apenas ao solo e a tudo quanto se lhe incorporar natural ou artificialmente, inserindo indiretamente o "imóvel por acessão intelectual" apenas numa de suas modalidades, na categoria dos bens acessórios ao tratar das pertenças (CC, art. 93). O Código Civil de 1916 classificava, expressamente, o bem imóvel por acessão intelectual, porque as pertenças nele não encontravam tratamento legal. O Código Civil de 2002, no art. 93, seguindo os passos e diretrizes de teorias mais modernas, a elas passou a fazer menção, por isso não as disciplinou no rol dos bens imóveis, em seu art. 79.

Contudo, a imobilização da coisa móvel por acessão intelectual não é definitiva, já que pode ser, a qualquer tempo, mobilizada, por mera declaração de vontade, retornando a sua anterior condição de coisa móvel[27] (CC, art. 94).

4) *Imóveis por determinação legal* (CC, art. 80, I e II; STF, Súmula 329) são: direitos reais sobre imóveis (usufruto, uso, habitação, enfiteuse, superfície, hipoteca, anticrese, servidão predial) mas também as ações que os asseguram, como as reivindicatórias, as hipotecárias, as negatórias de servidão, as de nulidade ou de rescisão de contratos translativos de propriedade etc. e o direi-

---

27. Orlando Gomes, op. cit., p. 203; Serpa Lopes, op. cit., v. 1, p. 361 e 362; Silvio Rodrigues, op. cit., v. 1, p. 132; Bassil Dower, op. cit., v. 1, p. 142; Caio M. S. Pereira, op. cit., v. 1, p. 361; *RT*, *175*:340, *96*:188; W. Barros Monteiro, op. cit., v. 1, p. 148; Venosa, op. cit., p. 232. *Vide*: Código Civil francês, arts. 524 e 525. Entendemos que pertença (em regra, coisa móvel ajudante de imóvel) é modalidade de imóvel por acessão intelectual, em que pesem as opiniões em contrário, como a de Roberto De Ruggiero (*Instituições de direito civil*, 1999, v. 2, p. 420) e a sustentada por Rogério de Meneses Fialho Moreira (A supressão da categoria dos bens imóveis por acessão intelectual pelo Código Civil de 2002, *Revista Intelligentia Juridica* – www.intelligentiajuridica.com.br), para quem a acessão segue a sorte do principal, por ser insuscetível de domínio separado e a pertença é suscetível de propriedade autônoma, por não estar ligada, intimamente, à destinação jurídica do bem principal. No mesmo sentido o Enunciado n. 11, aprovado na Jornada de Direito Civil, realizada pelos STJ e Conselho da Justiça Federal: "Não persiste no novo sistema legislativo a categoria dos bens imóveis por acessão intelectual, não obstante a expressão 'tudo quanto se lhe incorporar natural ou artificialmente' constar da parte final do art. 79 do novo Código Civil". Esta nossa conclusão advém da análise, ante a dúvida engendrada pelo Código Civil de 2002, das teorias de Kohler (Zur Lehre von der Pertinenzen, *Jherings Jahrbücher für die Dogmatik*, p. 23, 26, 30, 74); Umrath (*Der Begriff des Wesentlichen Bestandteils*, p. 74 e s.); e Funke (*Die Lehre von der Pertinenzen*, v. 2, p. 47). *Vide* nosso estudo sobre *pertença* neste capítulo, no item c.2 – Espécies de bens acessórios.

to à sucessão aberta (CC, art. 1.784; *RJM, 41*:77; *RT*, 507:111, *370*:166, *622*:103; *JTJ, Lex, 195*:48; *RJTJSP, 131*:315), ainda que a herança só seja formada de bens móveis. Ter-se-á a abertura da sucessão no instante da morte do *de cujus*; daí, então, seus herdeiros poderão ceder seus direitos hereditários, que são tidos como imóveis. Logo, para aquela cessão, será imprescindível a escritura pública.

Esses direitos são bens incorpóreos, considerados pela lei como imóveis para que possam receber maior proteção jurídica[28].

Três são as categorias de *bens móveis*:

1) *Móveis por natureza* são as coisas corpóreas suscetíveis de movimento próprio, ou de remoção por força alheia sem alteração da substância ou da destinação econômico-social deles (CC, art. 82), com exceção das que acedem aos imóveis; logo, os materiais de construção (tijolos, telhas, pedras, azulejos etc.), enquanto não forem nela empregados, são bens móveis e readquirem essa qualidade os provenientes de demolição de algum prédio (CC, art. 84). Os que se removem de um lugar para outro, por movimento próprio, são os semoventes, ou seja, os animais (*RT, 688*:101) e, por força estranha, as coisas inanimadas (p. ex., cadeira, relógio, óculos, livro, caneta etc.). Há bens móveis por natureza que a lei transforma em imóveis. P. ex.: navio e avião, que podem até ser hipotecados (CC, art. 1.473, VI e VII)[29].

2) *Móveis por antecipação* (*RT, 394*:305) em que, como vimos, a vontade humana mobiliza bens imóveis, em função da finalidade econômica. P. ex.: árvores, frutos, pedras e metais, aderentes ao solo, são imóveis; separados para fins humanos, tornam-se móveis[30]. P. ex., são móveis por antecipação árvores abatidas para serem convertidas em lenha, ou casas vendidas para serem demolidas.

28. W. Barros Monteiro, op. cit., v. 1, p. 148; Orlando Gomes, op. cit., v. 1, p. 203; Caio M. S. Pereira, op. cit., v. 1, p. 362.

29. Caio M. S. Pereira, op. cit., v. 1, p. 364; Orlando Gomes, op. cit., p. 205; Pedro P. Greco, Os animais domésticos de estimação como sujeitos de direitos sencientes e integrantes da família multiespécie e a inconstitucionalidade de sua penhorabilidade, *Revista Síntese – Direito de Família, 117*:17 a 28. O BGB, no § 90-A, seguindo o Código Civil austríaco, prescreve que "os animais não são coisas. Os animais são tutelados por lei específica. Se nada estiver previsto, aplicam-se as disposições válidas para as coisas" e, no § 251.2, esclarece que, havendo dano ao animal, o magistrado não pode negar tutela específica, ainda que os custos da sua cura sejam superiores ao valor econômico do animal. Sobre isso, consulte: Antonio Junqueira de Azevedo, Caracterização jurídica da dignidade da pessoa humana, *RT, 797*:18. Os animais não humanos recebem a proteção de modo individualizado e sua descoisificação no ordenamento jurídico suíço: a tutela constitucional dos animais; o entendimento normativo que "animais não são coisas" na legislação alemã; e o reconhecimento de serem seres vivos dotados de sensibilidade no Código Civil português.

30. Caio M. S. Pereira, op. cit., v. 1, p. 365; W. Barros Monteiro, op. cit., v. 1, p. 149.

3) *Móveis por determinação de lei* (CC, art. 83, I a III) são: as energias que tenham valor econômico, pois, pelo Código Penal, art. 155, § 3º, a energia elétrica (Dec. n. 4.541/2002 e Dec. n. 9.143/2017, que regulamentam a Lei n. 10.438/2002, alterada pelo Dec. n. 4.644/2003; Dec. n. 4.562/2002, com alterações dos Decs. n. 4.667/2003, 4.713/2003 e 4.767/2003; Dec. n. 4.932/2003, art. 1º, com a redação do Dec. n. 4.970/2004; Dec. n. 5.163/2004 (alterado pelo Decreto n. 8.828/2016), sobre comercialização de energia elétrica, com a nova redação dos arts. 19, 27 e 41 dada pelo Dec. n. 5.499/2005, do art. 54 pelo Decreto n. 7.129/2010; e dos arts. 3º, 18, 24 e 27 pelo Decreto n. 7.317/2010; Lei n. 10.848/2004, regulamentada pelos Decs. n. 5.177/2004 e 7.583/2011, sobre a organização, as atribuições e o funcionamento da Câmara de Comercialização de Energia Elétrica – CCEE; Lei n. 12.111/2009, regulamentada pelo Decreto n. 7.246/2010, alterado pelo Decreto n. 7.355/2010; Lei n. 12.212/2010, sobre Tarifa Social de Energia Elétrica; Decreto n. 7.154/2010, sobre atuação de órgãos públicos federais no aproveitamento de energia elétrica; Portaria n. 856/2010 do Ministério de Minas e Energia sobre sistemática de leilões de energia elétrica; Resolução Normativa n. 610/2014 da ANEEL sobre modalidades de pré-pagamento e pós-pagamento eletrônico de energia elétrica) ou qualquer outra que tenha valor econômico (como a térmica, a nuclear, a eólia (derivada do vento), a radioativa, a radiante (propagada em forma de ondas eletromagnéticas, como as de rádio, raios infravermelhos, raios ultravioleta, raios X), a solar (Lei municipal paulista n. 14.459/2007), a gravitacional, a das águas represadas, a sonora ou a hidrodinâmica) equipara-se à coisa móvel; os direitos reais sobre objetos móveis (penhor, alienação fiduciária em garantia) e as ações correspondentes; os direitos pessoais de caráter patrimonial (direitos obrigacionais ou de crédito) e as ações respectivas; e os direitos de autor (Lei n. 9.610/98, art. 3º). Assim, p. ex., um escritor poderá ceder seus direitos autorais sem outorga uxória. A propriedade industrial, segundo o art. 5º da Lei n. 9.279/96, também é coisa móvel, abrangendo os direitos oriundos do poder de criação e invenção do indivíduo, assegurando a lei ao seu autor as garantias expressas nas patentes de invenção, na exclusiva utilização das marcas de indústria e comércio e nome comercial, protegendo esses direitos contra utilização alheia e concorrência desleal.

Observa Caio Mário da Silva Pereira que estão na classe dos móveis incorpóreos as quotas de capital ou ações que possua o indivíduo em uma sociedade empresária[31].

---

31. Bassil Dower, op. cit., v. 1, p. 143; Caio M. S. Pereira, op. cit., v. 1, p. 367; De Page, *Traité élémentaire de droit civil belge*, v. 5, n. 712 e s. *Vide*: Decreto n. 5.025/2004, que regulamenta o inciso I e os §§ 1º, 2º, 3º, 4º e 5º do art. 3º da Lei n. 10.438, de 26 de abril de 2002, no que dispõem sobre o *Programa de Incentivo às Fontes Alternativas de Energia Elétrica* – PROINFA; Resolução Normativa n. 127, de 6 de dezembro de 2004, da ANEEL, ora

b.3. Bens fungíveis e infungíveis

Essa distinção está prevista no art. 85 do Código Civil, que assim estatui: "São fungíveis os móveis que podem substituir-se por outros da mesma espécie, qualidade e quantidade".

A fungibilidade ou a infungibilidade resultam da individuação, ou seja, da quantidade ou qualidade.

A fungibilidade é própria dos bens móveis, sendo o resultado da comparação entre duas coisas equivalentes[32]. Eis a razão pela qual Ferrara[33] considera fungíveis os bens homogêneos, equivalentes e por isso substituíveis entre si (carvão, açúcar, lenha, dinheiro, café etc.), sendo, portanto, infungíveis os que, pela sua qualidade individual, têm um valor especial, não podendo, por isso, ser substituídos sem que isso acarrete uma alteração de seu conteúdo, como um quadro de um pintor célebre. P. ex.: se houver compra e venda de um quadro "x" de Renoir, o vendedor está adstrito a entregá-lo, sem poder substituí-lo por um equivalente. Portanto, se a dívida é de coisa certa e específica, o devedor não se libera da obrigação enquanto não entregar esse mesmo bem. Já as coisas fungíveis têm poder liberatório, pois o devedor libera-se de sua obrigação, entregando ao credor uma coisa em substituição a outra, desde que do mesmo gênero, qualidade e quantidade[34], observando-se que não poderá dar a coisa pior nem será obrigado a prestar a melhor (CC, art. 244, 2ª parte).

Fácil é perceber que a fungibilidade ou a infungibilidade advêm da natureza da coisa, embora Baudry-Lacantinerie e Chauveau[35] entendam que decorrem da intenção das partes. Na verdade, o que pode ocorrer é a possibilidade dos contratantes tornarem infungíveis coisas fungíveis. P. ex.: quando se empresta *ad pompam vel ostentationem* a alguém moeda, cesta de frutas ou flores, ou garrafa de vinho para serem utilizados numa exposição

---

revogada pela Resolução Normativa n. 515/2012, que estabelece os procedimentos para o rateio do custo do Programa de Incentivo às Fontes Alternativas de Energia Elétrica – PROINFA, bem como para a definição das respectivas quotas de energia elétrica, nos termos do Decreto n. 5.025, de 30 de março de 2004. As Resoluções Homologatórias n. 788 e 789/2009 da ANEEL tratam de tarifas de fornecimento de energia elétrica, de taxa de fiscalização de serviços de energia elétrica etc.

32. Clóvis, *Teoria geral do direito civil,* cit., p. 191; Serpa Lopes, op. cit., v. 1, p. 364.

33. Ferrara, *Trattato di diritto civile,* v. 1, p. 830 e 831.

34. Planiol, Ripert e Boulanger, *Traité élémentaire du droit civil,* v. 1, n. 2.591; Caio M. S. Pereira, op. cit., v. 1, p. 370.

35. Baudry-Lacantinerie e Chauveau, *Trattato di diritto civile;* dei beni, n. 18, p. 17.

ou ornamentação, com a obrigação de serem restituídos, sem que possam ser substituídos por outros da mesma espécie[36].

Em regra, a fungibilidade é própria dos bens móveis, e a infungibilidade, dos imóveis. Entretanto, há móveis que são infungíveis, como, p. ex., o cavalo de corrida Faraó[37]. Contudo, observa Caio Mário da Silva Pereira[38], "o desenvolvimento dos negócios imobiliários veio criar, com certas situações especiais, a extensão da ideia de fungibilidade aos imóveis, como no caso de vários proprietários comuns de um loteamento que ajustam partilhar entre si os lotes ao desfazerem a sociedade: um que se retire receberá certa quantidade de lotes, que são havidos como coisas fungíveis, até o momento da lavratura do instrumento, pois que o credor não o é de corpo certo, mas de coisas determinadas tão somente pelo gênero, pela qualidade e pela quantidade".

A fungibilidade é também empregada em relação às obrigações de fazer, que consistem na prática de um fato ou de um serviço pelo devedor. Será fungível a prestação se puder ser realizada por outra pessoa que não seja o devedor, por consistir num ato que não requer técnica ou especialização, p. ex., a do engraxate. Será infungível quando a obrigação de fazer requer uma atuação personalíssima do devedor, que devido a suas qualidades pessoais ou habilidade técnica é insubstituível, como dispõe o art. 247 do Código Civil: "Incorre na obrigação de indenizar perdas e danos o devedor que recusar a prestação a ele só imposta, ou só por ele exequível". P. ex.: é o que ocorre na hipótese de se contratar um pintor famoso para fazer um retrato, pois sua substituição não alcançaria o fim colimado pela obrigação, porque no contrato se levou em consideração a técnica do profissional contratado[39]. Assim se ele se recusar a fazer o que se comprometeu deverá pagar ao credor perdas e danos.

Essa distinção é importante para a configuração de certos institutos jurídicos, pois:

1) O mútuo (CC, art. 586; *RT, 449*:162) é empréstimo de coisas fungíveis e o comodato, de infungíveis (CC, art. 579).

---

36. Clóvis Beviláqua, op. cit., p. 191; Orlando Gomes, op. cit., p. 207; W. Barros Monteiro, op. cit., v. 1, p. 152.

37. *Vide* W. Barros Monteiro, op. cit., v. 1, p. 151.

38. Caio M. S. Pereira, op. cit., v. 1, p. 369.

39. Serpa Lopes, op. cit., v. 1, p. 366; Bassil Dower, op. cit., v. 1, p. 144; W. Barros Monteiro, op. cit., v. 1, p. 152; Silvio Rodrigues, op. cit., v. 1, p. 138; *RT, 612*:106; *RSTJ, 37*:464, *132*:1374; *JTACSP, 102*:91.

2) O depósito de coisas fungíveis, em que o depositário se obrigue a restituir objetos do mesmo gênero, qualidade e quantidade, regular-se-á pelas normas relativas ao mútuo (CC, art. 645).

3) A compensação efetua-se entre dívidas líquidas, vencidas e de coisas fungíveis (CC, art. 369).

4) Se o devedor efetuar o pagamento entregando ao credor bem fungível, que não podia alienar, o verdadeiro dono não poderá reclamar a devolução se a coisa já foi consumida e se o credor provar sua boa-fé; se, nas mesmas condições, o pagamento se efetuar pela entrega de coisa infungível, o direito de reivindicar subsiste (CC, art. 307).

5) Se o legado for de bem móvel, que se determine pelo gênero, será cumprido, ainda que tal coisa não exista entre os bens deixados pelo testador (CC, art. 1.915).

6) O credor de coisa certa (infungível) não pode ser obrigado a receber outra, diversa da que lhe é devida, ainda que mais valiosa (CC, art. 313).

7) O contrato de locação de coisas visa ao uso e gozo de coisa infungível (CC, art. 565)[40], por tempo determinado ou não, mediante certa retribuição.

b.4. Bens consumíveis e inconsumíveis

Pelo art. 86 do Código Civil são "consumíveis os bens móveis cujo uso importa destruição imediata da própria substância, sendo também considerados tais os destinados à alienação".

Consumíveis são os que terminam logo com o primeiro uso, havendo imediata destruição de sua substância (p. ex.: os alimentos, o dinheiro); caso em que se tem a consuntibilidade natural. O usufruto impróprio, regulado pelo art. 726 do Código Civil de 1916, retratava bem a consuntibilidade, pois "as coisas que se consomem pelo uso caem para logo no domínio do usufrutuário, ficando, porém, este obrigado a restituir, findo o usufruto, o equivalente em gênero, qualidade e quantidade, ou, não sendo possível, o seu valor, pelo preço corrente ao tempo da restituição". O quase usufruto ou usufruto impróprio era um desvio da normalidade do instituto, que só pode recair sobre coisa inconsumível. Os *inconsumíveis* são os que podem ser usados continuadamente, possibilitando que se retirem todas as suas utilidades

40. W. Barros Monteiro, op. cit., v. 1, p. 151 e 152; Silvio Rodrigues, op. cit., v. 1, p. 138.

sem atingir sua integridade. Coisas inconsumíveis podem se tornar consumíveis se destinadas à alienação. P. ex.: uma roupa é inconsumível, porque não se consome com o primeiro uso, mas nas lojas, colocada à venda, se torna consumível, pois se pretende fazer com que ela desapareça do acervo em que se integra. Nesta hipótese temos a consuntibilidade jurídica.

Como se vê, a consuntibilidade não decorre da natureza do bem, mas de sua destinação econômico-jurídica, sendo que a vontade humana pode influenciar sobre a consuntibilidade, pois pode tornar inconsumível coisa consumível, como se dá quando alguém empresta (*ad pompam vel ostentationis causam*) frutas para uma exibição, devendo estas ser devolvidas, permanecendo, então, não consumíveis até sua devolução, ou, ainda, tornar consumível algo inconsumível, como livro exposto à venda numa livraria.

Não há que se confundir a fungibilidade com a consuntibilidade, uma vez que pode haver bem consumível que seja infungível. P. ex.: manuscritos de uma obra de um autor célebre colocados à venda[41]. Um utensílio doméstico é inconsumível, mas é fungível, porque poderá ser substituído por outro da mesma marca.

b.5. Bens divisíveis e indivisíveis

São *divisíveis* (CC, art. 87) os bens que puderem ser fracionados em partes homogêneas e distintas, sem alteração das qualidades essenciais do todo, sem desvalorização ou diminuição considerável de valor e sem prejuízo do uso a que se destinam. Deve cada parte ser autônoma, tendo a mesma espécie e qualidade do todo dividido, prestando as mesmas utilidades e serviços do todo. P. ex.: se repartirmos uma saca de café, cada metade conservará as qualidades do produto, podendo ter a mesma utilização do todo, pois nenhuma alteração de sua substância houve. Apenas se transformou em duas porções reais e distintas de café em menor proporção ou quantidade, mantendo cada qual a mesma qualidade do todo. Interessante e elucidativo é o exemplo apresentado por Moreira Alves: se dez herdeiros receberem um brilhante de 50 quilates, qualquer deles, ao exigir sua divisão, poderá prejudicar os demais, visto que haverá uma considerável diminuição de seu valor, pois dez brilhantes de 5 quilates valem menos do que um de 50.

---

41. W. Barros Monteiro, op. cit., v. 1, p. 153; Clóvis, op. cit., p. 191-2; Venezian, *Dell'usufruto*, Ed. Fiore-Brugi, v. 2, n. 265, p. 280; Caio M. S. Pereira, op. cit., v. 1, p. 371; Planiol, Ripert e Boulanger, *Traité elementaire*, cit., v. 1, n. 2.593; *RSTJ*, *65*:444, *28*:426, *15*:366; *RT*, *783*:313.

Por outro lado, as coisas podem ser *indivisíveis* (CC, art. 88):

1) *Por natureza,* quando não puderem ser partidas sem alteração na sua substância ou no seu valor. P. ex.: um cavalo vivo dividido ao meio deixa de ser semovente (*RT, 227*:603; *185*:993); as partes de um terreno fracionado conservarão sua substância e valor econômico, devido a sua utilização, mas se o imóvel sofrer uma divisão muito grande, cada parcela poderá apresentar-se tão diminuta que se torna inútil, pois ninguém poderá construir, exemplificativamente, em um terreno de um metro de frente, caso em que se torna economicamente indivisível; daí o acórdão (*RT, 460*:118) de que o imóvel rural não pode ser dividido em quinhões inferiores ao módulo (Lei n. 4.504/64, art. 65); um quadro de Portinari partido ao meio perde sua integridade e seu valor. Em todas essas hipóteses as partes fracionadas perdem a possibilidade de prestar os serviços e utilidades que o todo anteriormente oferecia.

2) *Por determinação legal,* p. ex., o art. 1.386 do Código Civil estabelece que "as servidões prediais são indivisíveis e subsistem, no caso de divisão dos imóveis, em benefício de cada uma das porções do prédio dominante, e continuam a gravar cada uma das do prédio serviente, salvo se, por natureza, ou destino, só se aplicarem a certa parte de um ou de outro"; o art. 681 do Código Civil de 1916 prescreve a indivisibilidade dos bens enfitêuticos, a não ser que haja anuência do senhorio para a sua divisão em glebas (em vigor por força do art. 2.038 do Código atual); o art. 1.421 do Código Civil dispõe que a garantia hipotecária é indivisível, pois, ainda que o devedor pague uma parte do débito, os bens gravados continuam integralmente onerados para garantir o saldo devedor; o art. 1.791, parágrafo único, do Código Civil determina: "Até a partilha, o direito dos coerdeiros, quanto à propriedade e posse da herança, será indivisível e regular-se-á pelas normas relativas ao condomínio"; o art. 10, § 4º, da Lei n. 10.251/2001 estabelece que na usucapião coletiva o condomínio é indivisível.

3) *Por vontade das partes,* p. ex., nas obrigações indivisíveis (CC, art. 314), caso que torna indivisível bem divisível, ajustando conservar a indivisibilidade por tempo determinado ou não, ou, então, dividir em partes ideais coisa indivisível, como sucede no condomínio. Assim é, pois o art. 314 dispõe: "Ainda que a obrigação tenha por objeto prestação divisível, não pode o credor ser obrigado a receber, nem o devedor a pagar, por partes, se assim não se ajustou". Pelo art. 1.320, §§ 1º e 2º, a indivisão, havendo condomínio, não poderá, se estabelecida pelos condôminos, doador ou testador, exceder de 5 anos.

Importante é a delimitação da divisibilidade e da indivisibilidade porque:

1) As obrigações, havendo pluralidade de sujeitos, são divisíveis ou indivisíveis conforme a natureza das respectivas prestações, ou melhor, depende do fato de poderem ou não ser cumpridas parcialmente. Serão indivisíveis se suas prestações só puderem ser cumpridas integralmente, de modo que cada codevedor estará obrigado pela dívida toda (CC, art. 259).

2) Na extinção do condomínio, se divisível o bem ter-se-á a divisão, recebendo cada comunheiro o seu quinhão; se indivisível, ante a recusa dos condôminos de adjudicá-lo a um só deles, indenizando os demais, o bem será vendido, e o preço repartido entre eles (CC, art. 1.322; *RF, 187*:237; *161*:171).

3) O condômino de coisa divisível poderá alienar sua parcela a quem quiser, sem ter qualquer obrigação para com seus consortes, porém, se o bem for indivisível, não poderá vendê-lo a estranho, se o outro comunheiro o quiser, tanto por tanto. Se mesmo assim o condômino vender a terceiro, esta venda será resolvida, caso o consorte não consultado deposite o preço e requeira rescisão dentro do prazo de seis meses (CC, art. 504).

4) Os prédios de dois ou mais andares construídos sob a forma de apartamentos ou unidades autônomas destinadas a escritórios ou residências são suscetíveis, segundo os arts. 1.331 e 1.336, de divisão horizontal, que permita que cada conjunto seja uma propriedade autônoma, sujeita às limitações impostas em benefício da boa vizinhança.

5) Em legado de prédio divisível que estiver sujeito a redução, far-se-á esta, dividindo-se-o proporcionalmente. E, se impossível for a divisão e o excesso do legado montar a mais de 1/4 do valor do prédio, o legatário deixará inteiro na herança o imóvel legado, ficando com o direito de pedir aos herdeiros o valor que lhe couber na metade disponível. Se, todavia, o excesso não for de mais de 1/4, o legatário ficará com o prédio, pagando aos herdeiros o valor do que excedeu (CC, art. 1.968, § 1º).

6) Se forem dois ou mais depositantes e divisível a coisa, cada qual entregará ao depositário a respectiva parte, salvo se houver solidariedade entre eles (CC, art. 639).

7) "A transação não aproveita, nem prejudica senão aos que nela intervierem ainda que diga respeito a coisa indivisível" (CC, art. 844).

8) "A incapacidade de uma das partes não pode ser invocada pela outra em benefício próprio, nem aproveita aos cointeressados capazes, salvo se neste caso for indivisível o objeto do direito ou da obrigação comum" (CC, art. 105)[42].

---

42. Caio M. S. Pereira, op. cit., v. 1, p. 372-4; Silvio Rodrigues, op. cit., v. 1, p. 139-42; Orlando Gomes, op. cit., p. 210 e 211; Agostinho Alvim, *Curso de direito civil,* apostila, São

b.6. Bens singulares e coletivos

"São singulares os bens que, embora reunidos, se consideram de per si, independentemente dos demais" (CC, art. 89). São consideradas em sua individualidade.

O Código Civil de 1916 (art. 54, I e II) classificava as coisas singulares em simples ou compostas. Simples seriam as que formarem um todo homogêneo, cujas partes componentes estariam unidas em virtude da própria natureza ou da ação humana, sem reclamar quaisquer regulamentações especiais por norma jurídica. Poderiam ser materiais (pedra, caneta-tinteiro, folha de papel, cavalo) ou imateriais (crédito). As coisas compostas seriam aquelas cujas partes heterogêneas fossem ligadas pelo engenho humano, caso em que haveria objetos independentes unidos num só todo sem desaparecer a condição jurídica de cada parte. P. ex.: materiais de construção que estão ligados na edificação de uma casa. Didaticamente, nada obsta a que se mantenha tal classificação, apesar da omissão do Código Civil vigente.

As *coisas coletivas* ou *universais* são as constituídas por várias coisas singulares, consideradas em conjunto, formando um todo único, que passa a ter individualidade própria, distinta da dos seus objetos componentes, que conservam sua autonomia funcional. A esse respeito esclarece-nos Sylvio Marcondes que "as universalidades são constituídas por uma pluralidade de coisas, que conservam sua autonomia funcional, mas são unificadas em vista de uma particular valoração, feita pelo sujeito ou reconhecida pelo direito".

Podem se apresentar como: 1) uma *universalidade de fato* (*universitas rerum*), por ser um conjunto de bens singulares, corpóreos e homogêneos, ligados entre si pela vontade humana para a consecução de um fim. P. ex.: uma biblioteca, um rebanho, uma galeria de quadros (*RT, 390*:226; *462*:76). Pelo art. 90 e parágrafo único do Código Civil: "Constitui universalidade de fato a pluralidade de bens singulares que, pertinentes à mesma pessoa, tenham destinação unitária. Os bens que formam essa universalidade podem ser objeto de relações jurídicas próprias"; se tal titularidade não pertencer à mesma pessoa (natural ou jurídica), não se terá a universalidade de fato, porque a aglutinação daqueles bens foi ocasional e não tem a característica de um todo homogêneo. Os bens singulares, componentes da universalidade de

---

Paulo, PUC, p. 26; Serpa Lopes, op. cit., v. 1, p. 367; Clóvis, op. cit., p. 193; Bassil Dower, op. cit., v. 1, p. 145; W. Barros Monteiro, op. cit., v. 1, p. 153-5. Pelo CPC, art. 843, "tratando-se da penhora em *bem indivisível*, o equivalente à quota-parte do coproprietário ou do cônjuge alheio à execução recairá sobre o produto da alienação do bem".

fato, podem ser objeto de relações jurídicas próprias e independentes. O parágrafo único do art. 90 possibilita que os bens, apesar de integrados numa universalidade de fato, tenham sua individualidade. Nada obsta, ainda, que o livro de uma biblioteca particular possa ser doado ou vendido ou que em torno de um ou de alguns exemplares daquela biblioteca surja algum ato negocial ou demanda judicial; ou 2) uma *universalidade de direito* (*universitas iuris*), constituída por bens singulares corpóreos heterogêneos ou incorpóreos, a que a norma jurídica, com o intuito de produzir certos efeitos, dá unidade, como, p. ex., o patrimônio, a massa falida, a herança ou o espólio, estabelecimento empresarial (CC, art. 1.143) e o fundo de negócio. Acrescenta o art. 91 do Código Civil que "constitui universalidade de direito o complexo de relações jurídicas, de uma pessoa, dotadas de valor econômico". O patrimônio e a herança (espólio) são considerados como um conjunto, ou seja, como uma universalidade. Embora se constituam ou não de bens materiais e de créditos, esses bens se unificam numa expressão econômica, que é o valor. O patrimônio é o complexo de relações jurídicas de uma pessoa, apreciáveis economicamente. Incluem-se no patrimônio: a posse, os direitos reais, as obrigações e as ações correspondentes a tais direitos. O patrimônio abrange direitos e deveres redutíveis a dinheiro, consequentemente nele não estão incluídos os direitos de personalidade, os direitos pessoais entre cônjuges, os direitos oriundos do poder familiar, os direitos políticos. Sem embargo desta nossa opinião, há quem ache que o patrimônio não constitui uma universalidade de direito, mas de fato, por enquadrar-se no art. 90, enquanto somente a herança enquadrar-se-ia no art. 91. Os bens do espólio ou herança formam um todo ideal, uma universalidade, mesmo que não constem de objetos materiais, contendo apenas direitos e obrigações (coisas incorpóreas). Assim sendo, a herança, objeto da sucessão *causa mortis*, é o patrimônio do falecido, ou seja, o conjunto de direitos e deveres que se transmite aos herdeiros legítimos e testamentários[43].

---

43. W. Barros Monteiro, op. cit., v. 1, p. 155 e 156; Orlando Gomes, op. cit., p. 211-3; Caio M. S. Pereira, op. cit., v. 1, p. 374-6; Clóvis, op. cit., p. 194-7; Serpa Lopes, op. cit., v. 1, p. 368-70; Bassil Dower, op. cit., v. 1, p. 146 e 147; Silvio Rodrigues, op. cit., v. 1, p. 142-5; Ribas, *Curso de direito civil brasileiro,* Rio de Janeiro, 1880, v. 2, p. 235; Sylvio Marcondes, *Limitação de responsabilidade do comércio individual,* n. 72 e 73; Matiello, *Código,* cit., p. 80; Cunha Gonçalves (*Princípios de direito civil,* v. 1, n. 79-A) não aceita a divisão que o Código apresenta, mostrando que uma coisa composta não pode ser singular. Marc Lauriol, *La subrogation reélle,* Paris, 1954, v. 1, n. 230, p. 239; Jones F. Alves e Mário Luiz Delgado, *Código,* cit., p. 74. "A pertinência subjetiva não constitui requisito imprescindível para a configuração das universalidades de fato e de direito" (Enunciado n. 288 do CJF, aprovado na IV Jornada de Direito Civil).

Os bens considerados em si mesmos podem ser, assim, graficamente, representados:

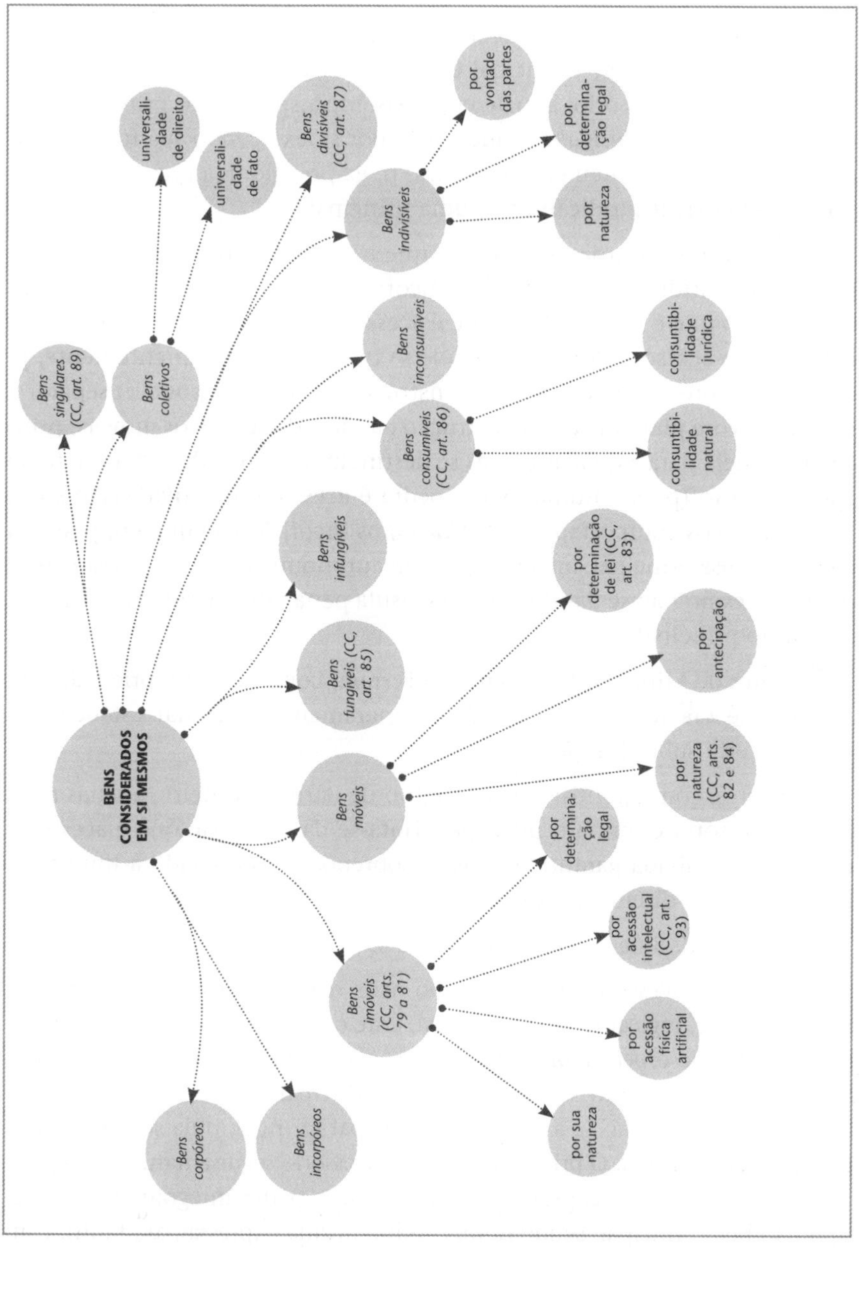

C. Bens reciprocamente considerados

c.1. Coisa principal e acessória

O próprio Código Civil em seu art. 92 conceitua a coisa principal e a acessória ao prescrever: "Principal é o bem que existe sobre si, abstrata ou concretamente; acessório, aquele cuja existência supõe a do principal". De modo que a *coisa principal* é a que existe por si, exercendo sua função e finalidade, independentemente de outra, p. ex., o solo. E a *acessória* é a que supõe, para existir juridicamente, uma principal.

Explica-nos Lacerda de Almeida que a qualidade de acessório é dada pela norma jurídica que, ante coisas incorporadas ou unidas para certo fim, estabelece o que é principal e o que é acessório. Nos imóveis o solo é principal, sendo acessório tudo o que nele se incorporar permanentemente, p. ex., uma árvore plantada ou uma construção, já que é impossível separar a ideia de árvore plantada e de construção da ideia do solo. Nos móveis, principal é aquela para a qual as outras se destinam, para fins de uso, enfeite ou complemento (p. ex., numa joia, a pedra é acessório do colar). Não só os bens corpóreos comportam tal distinção; os incorpóreos também, pois um crédito é coisa principal, uma vez que tem autonomia e individualidade próprias, o mesmo não se dando com a cláusula penal, que se subordina a uma obrigação principal.

Pontes de Miranda, Windscheid e Ferrara, com muita propriedade, observam que a relação de acessoriedade é meramente funcional, estabelecendo uma certa subordinação.

Deveras, como pontifica Washington de Barros Monteiro, apenas num caso o acessório domina o principal. Trata-se da hipoteca, que é acessório em relação à dívida garantida, mas se sobrepõe a esta devido à importância social desse direito real de garantia.

Importantíssima é essa distinção pois:

1) A coisa acessória, apesar de não mais haver menção legal expressa a respeito, segue, logicamente, a principal, ante o *princípio da gravitação jurídica*, salvo disposição especial em contrário (CC, arts. 92 e 94; *RT, 177*:151). Logo, a natureza do acessório será a mesma do principal; se este for bem móvel, aquele também o será. Se a obrigação principal for nula, nula será a cláusula penal, que é acessória. O princípio de que o acessório segue a natureza do principal vale para os frutos, produtos, benfeitorias e partes integrantes, por aderirem ao bem principal, sendo desnecessária norma expressa para tanto, com

exceção da pertença, pois, pelo art. 94 do Código Civil, só seguirá a sorte da coisa principal por convenção ou por lei.

2) A coisa acessória pertence ao titular da principal, salvo exceção legal ou convencional. Quem for proprietário da principal o é da acessória. Na acessão (CC, arts. 1.248 e s.), os proprietários ribeirinhos adquirem a propriedade da ilha que se forma no rio divisório entre seus prédios, porque sendo donos do principal o serão do acessório; o mesmo ocorre nas hipóteses de aluvião, avulsão, abandono de álveo e acréscimo ao prédio por plantações e construções. Pelo art. 1.209 do Código Civil, "a posse do imóvel faz presumir, até prova contrária, a das coisas móveis que nele estiverem". Se alguém alienar determinado terreno com árvores frutíferas, deverá entregar os frutos pendentes (CC, art. 233). O credor que tem direito ao recebimento de uma coisa pode reclamar os seus acessórios. P. ex.: "Se o estabelecimento for vendido com todos os pertences, sem ressalva do telefone, não pode ser este retirado na vigência do contrato, embora se trate de compra e venda com reserva de domínio" (*RT, 441*:177); isto é assim porque telefone instalado é considerado coisa autônoma pelos nossos Tribunais (*RT, 217*:422; *RF, 213*:200). A cessão de crédito, salvo disposição em contrário, abrange todos os seus acessórios (CC, art. 287).

No silêncio das partes ou da lei, a natureza do principal predominará sobre a do acessório (CC, arts. 94, 233, 287, 364, 1.209 e 1.255).

c.2. Espécies de bens acessórios

O Código Civil enumera, expressamente, os bens acessórios: frutos, produtos (que mesmo não separados do bem principal podem ser objeto de negócio jurídico) e rendimentos (arts. 95 e 1.232); os produtos orgânicos da superfície, os minerais contidos no subsolo, as obras de aderência permanentemente feitas acima ou abaixo da superfície (CC, art. 1.230 e parágrafo único; CF, art. 176; Cód. de Mineração: Dec.-lei n. 227/67, art. 1º, e Regulamento, art. 3º); as benfeitorias (CC, art. 96); e as pertenças (CC, art. 93). De modo implícito, reconhece como bens acessórios as acessões e as partes integrantes.

Frutos (CC, art. 95) são, no dizer de Clóvis, as utilidades que a coisa produz periodicamente, cuja percepção mantém intacta a substância do bem que as gera. Realmente, ensina Orlando Gomes, a periodicidade, a inalterabilidade da substância e a separabilidade periódica da coisa principal são características essenciais dos frutos.

Quanto à sua *origem* os frutos podem ser: *naturais,* quando se desenvolvem e se renovam periodicamente pela própria força orgânica da coisa, sem contudo perder essa característica se o homem concorrer com processos técnicos para melhorar sua qualidade ou aumentar sua produção, como, p. ex., cria dos animais, ovos, frutos de uma árvore; *industriais,* quando devidos ao engenho humano, como a produção de uma fábrica, e *civis,* se se tratar de rendimentos oriundos da utilização de coisa frutífera por outrem que não o proprietário, como as rendas, aluguéis, juros, dividendos e foros.

Distinguem-se quanto ao seu *estado* em: *pendentes,* quando ligados à coisa que os produziu (CC, art. 1.214, parágrafo único); *percebidos,* se já separados (CC, art. 1.214); *estantes,* armazenados em depósito para expedição ou venda; *percipiendos,* os que deviam ser, mas não foram percebidos, e *consumidos,* os que não mais existem.

Essas classificações revestem-se de uma certa importância, pois o Código Civil na Parte Especial, arts. 1.214 a 1.216, as menciona. P. ex.: os frutos pendentes, ao tempo em que cessar a boa-fé do possuidor, devem ser devolvidos por ele ao reivindicante, depois de deduzidas as despesas de produção e custeio; devem também ser restituídos os frutos colhidos por antecipação (CC, art. 1.214, parágrafo único); os frutos naturais e industriais reputam-se colhidos e percebidos assim que forem separados, e os civis, dia por dia, sem necessidade da prática de qualquer ato material (CC, art. 1.215).

Os *produtos* (CC, art. 95) são utilidades que se podem retirar da coisa, alterando sua substância, com a diminuição da quantidade até o esgotamento, porque não se reproduzem periodicamente. P. ex.: pedras de uma pedreira, metais preciosos de uma mina, petróleo de um poço.

Os frutos e produtos, mesmo não separados do bem principal, podem ser objeto de negócio jurídico. Por exemplo: a) pelo art. 237 do Código Civil, quanto aos frutos de coisa certa, os percebidos até a tradição serão do devedor e os pendentes ao tempo da tradição, do credor; b) metais preciosos como o ouro podem ser comercializados antes de sua extração da mina; c) safra de café poderá ser negociada antes da colheita.

Os *rendimentos* são os frutos civis (CC, arts. 1.215 e 206, § 3º, III; *RJTJSP, 126*:186), ou prestações periódicas, em dinheiro, decorrentes da concessão do uso e gozo de um bem que uma pessoa concede a outra. P. ex.: se alguém alugar uma casa, terá um rendimento, que é o aluguel.

As *benfeitorias* são as obras ou despesas que se fazem em bem móvel ou imóvel para conservá-lo, melhorá-lo ou embelezá-lo (CC, art. 96; *Ciência*

Jurídica, 71:98; *RJTJSP, 32*:35, *49*:69, *37*:59, *64*:190; *RT, 352*:158, *511*:102; *614*:94, *659*:159, *627*:88, *722*:205, *726*:325; *JTACSP, 119*:383; *RJ, 112*:191, *147*:90).

Não se consideram benfeitorias os melhoramentos ou acréscimos sobrevindos à coisa sem a intervenção do proprietário, possuidor ou detentor (CC, art. 97), ou seja, advindos das *acessões naturais* (aluvião, avulsão etc.), que são acréscimos decorrentes de fatos eventuais e fortuitos. Também não são benfeitorias as *acessões artificiais* (construção e plantação), que são obras que criam coisa nova, que se adere à propriedade anteriormente existente. Da mesma forma também não se poderá considerar como benfeitorias: a pintura em relação à tela, a escultura em relação à matéria-prima, a escritura e qualquer outro trabalho gráfico, em relação à matéria-prima que os recebe; casos em que se tem a especificação (CC, arts. 1.269, 1.270 e 1.271) que confere propriedade ao especificador sem eximi-lo da indenização. Se se admitisse, diz Silvio Rodrigues, a condição de benfeitoria à pintura ou escultura, ante a norma de que o acessório segue o principal, poderia o dono da tela ou do mármore reivindicar a obra de arte em sua matéria realizada, inadvertidamente, pelo artista.

Do conceito acima formulado percebem-se três espécies de benfeitorias: as *voluptuárias* (CC, art. 96, § 1º), de mero deleite ou recreio, que não aumentam o uso habitual da coisa, ainda que a tornem mais agradável ou sejam de elevado valor. P. ex.: construção de quadra de tênis ou de piscina numa casa particular; revestimento em mármore de um piso de cerâmica em bom estado, decoração luxuosa de um aposento, pintura de uma casa; as *úteis* (CC, art. 96, § 2º; *RT, 516*:157), as que aumentam ou facilitam o uso da coisa. P. ex.: instalação de aparelhos hidráulicos ou sanitários modernos, construção de uma garagem; e as *necessárias* (CC, art. 96, § 3º), que têm por fim conservar o bem ou evitar que se deteriore. P. ex.: reforço das fundações de um prédio; substituição de vigamento apodrecido de um telhado; troca de encanamento enferrujado ou de fiação elétrica que pode provocar curto-circuito, desinfecção de um pomar ou horta atacados de praga; colocação de cerca de arame farpado para proteger a agricultura etc.

A relevância jurídica dessa distinção apresenta-se:

1) Na *posse*, pois, o art. 1.219 do Código Civil permite que o possuidor de boa-fé tenha direito à indenização das benfeitorias necessárias e úteis, e quanto às voluptuárias, se não lhe forem pagas, a levantá-las, quando o puder sem detrimento da coisa, tendo ainda direito de retenção pelo valor das benfeitorias necessárias e úteis (CC, art. 578; CPC, art. 917, IV e § 5º; *RT,*

418:208, *416*:323, *426*:244, *399*:229, *350*:483, *449*:260, *472*:192, *458*:231, *479*:161, *433*:146, *469*:150; STF, Súmula 158); o art. 1.220 prescreve que "ao possuidor de má-fé serão ressarcidas somente as benfeitorias necessárias; não lhe assiste o direito de retenção pela importância destas, nem o de levantar as voluptuárias" (*RT, 526*:221), acrescentando o art. 1.221 que "as benfeitorias compensam-se com os danos, e só obrigam ao ressarcimento se ao tempo da evicção ainda existirem" e o art. 1.222 que "o reivindicante, obrigado a indenizar as benfeitorias ao possuidor de má-fé, tem o direito de optar entre o seu valor atual e o seu custo; ao possuidor de boa-fé indenizará pelo valor atual".

2) No *condomínio,* pois assim reza o art. 1.322 do Código Civil: "Quando a coisa for indivisível, e os consortes não quiserem adjudicá-la a um só, indenizando os outros, será vendida e repartido o apurado, preferindo-se, na venda, em condições iguais de oferta, o condômino ao estranho, e entre os condôminos aquele que tiver na coisa benfeitorias mais valiosas, e, não as havendo, o de quinhão maior".

3) No *direito de família,* já que pelo art. 1.660, IV, não se excluem da comunhão parcial as benfeitorias dos bens particulares de cada cônjuge.

4) Nos *direitos obrigacionais,* tendo em vista o art. 878 do Código Civil, alusivo às benfeitorias realizadas em bens que constituem objeto de pagamento indevido; art. 453 do Código Civil, pelo qual as benfeitorias necessárias ou úteis, não abonadas ao que sofreu a evicção, serão pagas pelo alienante; art. 578 do Código Civil, segundo o qual o locatário não poderá reter a coisa alugada, exceto no caso de benfeitorias necessárias, ou úteis, se estas foram feitas com anuência expressa do locador.

5) No *direito das sucessões,* uma vez que o art. 2.004, § 2º, exclui da colação as benfeitorias acrescidas aos bens doados antes da morte do *de cujus,* que pertencerão ao herdeiro donatário.

6) Nas *disposições de leis extravagantes,* como o Decreto-lei n. 9.760/46, arts. 48, § 2º, 71 e 132, § 1º.

As *acessões,* segundo Clóvis, são modos originários de adquirir, em virtude do qual fica pertencendo ao proprietário tudo quanto se une ou se incorpora ao seu bem (CC, art. 1.248, I a V).

Orlando Gomes, baseado em Barassi, entende que a acessão é o aumento do volume ou do valor do objeto da propriedade devido a forças externas, fatos eventuais ou fortuitos. Por isso não é indenizável, pois para sua realização o possuidor ou detentor não concorreu com seu esforço. Somente o proprietário lucra com a acessão, sem compensação alguma para quem quer que seja. Por ser coisa acessória segue o destino da principal; se esta for vendida, alienada estará a que se lhe incorporou.

O Código Civil no seu art. 1.248 contempla cinco formas de acessão, no que concerne à propriedade imóvel: formação de ilhas; aluvião, isto é, acréscimos formados por depósitos e aterros naturais ou pelo desvio das águas dos rios; avulsão, ou seja, porção de terra destacada de um terreno por força natural, violenta, que se ajunta a outro; abandono de álveo; e construções de obras ou plantações (*RF, 240*:158, *486*:88).

Nítida é, como vimos, a diferença entre acessão e benfeitoria. A primeira altera a substância da coisa, e a segunda objetiva a conservação ou valorização da coisa ou o seu maior deleite (*RT, 374*:170).

A *pertença* (CC, art. 93) é bem que se acresce, como acessório, à coisa principal, daí ser *res annexa* (coisa anexada). Portanto, é coisa acessória *sui generis* destinada, de modo duradouro, a conservar ou facilitar o uso, ou prestar serviço, ou, ainda, servir de adorno do bem principal, sem ser parte integrante. Está a serviço da finalidade socioeconômica de uma outra coisa. Pelo Enunciado 535 do CJF (aprovado na VI Jornada de Direito Civil): "Para a existência da pertença, o art. 93 do Código Civil não exige elemento subjetivo como requisito para o ato de destinação". O ato volitivo de afetação da coisa a um fim econômico-social é irrelevante, pois a relação de pertinência é tutelada por lei. Pouco importa a vontade de quem pratica o ato da destinação, pois apenas se considera o fato de sujeição da coisa, de forma duradoura, ao fim socioeconômico de outra. Apesar de acessória, conserva sua individualidade e autonomia, tendo apenas com a principal uma subordinação econômico-jurídica, pois, sem haver qualquer incorporação, vincula-se à principal para que esta atinja suas finalidades. São pertenças todos os bens *móveis* ajudantes que o proprietário, intencionalmente, empregar na exploração industrial ou econômica de um imóvel, no seu aformoseamento ou na sua comodidade, como, p. ex., moldura de um quadro que ornamenta um *hall* de entrada de uma casa de eventos, acessórios de um automóvel exposto numa concessionária, para-raios de uma casa, órgão de uma igreja, piano num conservatório; aparelho de ar-condicionado numa sala de aula; computadores de uma escola de computação; gado destinado ao corte ou frutos de uma fazenda explorados economicamente; trator numa fazenda; telas, tintas e pincéis num ateliê de artes; máquinas de uma fábrica etc. O aplicador deverá averiguar se a finalidade da pertença é similar à destinação da coisa principal. A pertença, por não ser parte integrante do bem principal, não é alcançada pelo negócio jurídico que o envolver, a não ser que haja imposição legal, ou manifestação das partes, no sentido de fazer com que a pertença siga o destino do bem negociado (vendido, p. ex.), ou, ainda, se, pela circunstância do caso, puder inferir que o ato negocial também envolvia a pertença, que deve acompanhar o bem principal. Por serem acessórios acompanham a sorte do principal, salvo se o contrário resultar de lei, da manifestação da vontade ou das circunstâncias do caso (CC, art. 94). Embora não sejam fundamentais para a utilização do bem, servem-no, pois é possível, p. ex., alugar um escritório sem o aparelho de ar-condicionado.

Quando se empregam, intencionalmente, móveis (máquinas e equipamentos, p. ex.) na exploração de atividade econômica, são eles qualificados como *pertenças*, constituindo, no nosso entender, sem embargo das opiniões divergentes, imóveis por acessão intelectual. As pertenças são coisas móveis ou imóveis que, por lei ou destinação, se ligam a outra a que presta utilidade, ou a que tem fim determinado e próprio, portanto, dúvida não há de que são coisas acessórias, que conservam ou facilitam o uso do bem principal, sem serem dele partes integrantes. Têm individualidade e autonomia, tendo com a coisa principal uma subordinação socioeconômico-jurídica, pois, sem haver qualquer incorporação, vinculam-se à principal, sem integrá-la física ou substancialmente, para que atinja suas finalidades, pois visam melhorar seu aproveitamento, sua utilidade ou aparência.

São pertenças os bens *móveis* (máquinas e equipamentos) que, intencionalmente, forem, p. ex., empregados na exploração técnico-econômica do gasoduto. Destinam-se, p. ex., de modo duradouro, ao uso ou ao serviço de um fim econômico do gasoduto. Não são suas partes integrantes essenciais, nem não essenciais, mas são coisas anexadas ou pertencentes ao gasoduto, por estarem destinadas a servir à sua finalidade técnica ou econômica, inserindo-se numa *relação de pertinencialidade específica*, correspondente àquele serviço. Portanto, a relação de pertinencialidade existente sobre coisas só se estabelece se algo se anexar economicamente ao referido gasoduto. Essa relação é tal que a pertença, apesar de ter existência independente, é parte de outro bem, por estar a serviço dele. Por conseguinte, apenas, em regra, a vontade pode determinar a pertinencialidade (*Pertinenzer Klärung*), pois esta requer o ato de se submeter uma coisa ao serviço de outra, com a qual terá subordinação econômico-jurídica, visto que a ela se vincula para que esta possa atingir suas finalidades.

Para Kohler a pertinencialização (*Pertinenzirung*) é negócio jurídico, por exigir um ato de determinação pelo dono ou possuidor do bem principal e a submissão da coisa-pertença, que presta serviço à outra, que é um bem de raiz. A pertinencialidade surge de um ato negocial que submete a coisa ao serviço de outra. Não há, portanto, pertença de direitos, que são efeitos de fatos jurídicos, nem direitos-pertenças. Entre direitos não há pertinencialidade, mas relação de parapertinencialidade, p. ex., na ligação econômica de direitos de patentes, de direitos a prêmios etc.

As pertenças constituem, portanto, bens acessórios *sui generis*, e por serem *coisas móveis ajudantes*, mesmo que não sejam propriedade do dono do imóvel, destinam-se a servir ao fim econômico ou técnico do bem principal, a que se ligam; compreendidas estão, portanto, na sorte do *imóvel*, sendo, nesse sentido, *imóveis por acessão intelectual* (CC, arts. 93 e 92, analogicamente, combinados com o art. 79, *in fine*).

Excepcionalmente, nada obsta a que se ligue, pertinencialmente, um *imóvel* a outro, p. ex., o pavilhão de doentes, portadores de moléstia contagiosa, separado, espacialmente, de um hospital, desde que se faça registro e averbação na Circunscrição Imobiliária competente. Hipótese em que o *imóvel-pertença* passa à categoria dos bens *imóveis por acessão física artificial*.

Isto é, assim, porque a pertença, móvel ou imóvel, apesar de manter sua independência individual como coisa, *ajuda*, ou *serve*, a coisa principal, entrando de algum modo no lugar que esta ocupa no espaço geográfico-econômico. Como a relação de pertinencialidade advém de um negócio jurídico, que sujeita uma coisa a serviço de outra, ela só se estabelece se tal coisa, economicamente, se anexar à outra.

As pertenças, convém repetir, só podem ser imóveis, pois um dos pressupostos da pertinencialidade é a existência da coisa principal (imóvel), logo se forem *móveis ajudantes* de imóvel, constituem imóveis por acessão intelectual, e, se forem *imóveis-pertenças*, que servem a um outro imóvel, entram no rol de *imóveis por natureza* se, p. ex., for uma floresta nativa, separada de um hotel, que registrou Termo de Responsabilidade pela sua preservação, servindo de atração turística aos seus hóspedes, ou no de *imóvel por acessão física artificial*, se for uma quadra de tênis ou piscina, em local distante daquele em que está situado o hotel, mas a ele pertencentes por assento e averbação no Registro de Imóveis. Se a utilização para o fim da coisa principal é elemento necessário da relação de pertinencialidade, outra não poderia ser, em que pesem as opiniões em contrário, a conclusão diante da omissão legislativa. Aquele que alegar a relação de pertinencialidade deverá provar que a coisa (móvel-pertença ou imóvel-pertença) se destina a servir aos fins da coisa principal. São, segundo Sílvio Venosa, caracteres da *pertença*, que pode dizer respeito tanto a bens móveis como a imóveis:

"o vínculo intencional, material ou ideal, estabelecido por quem faz uso da coisa, colocado a serviço da utilidade do principal; o destino duradouro e permanente ligado à coisa principal e não apenas transitório; e destinação concreta, de modo que a coisa fique efetivamente a serviço de outra. A pertença forma, juntamente com a coisa, unidade econômico-social". Baseado no Código Civil italiano (art. 817) entende esse civilista que a relevância passa a ser não mais a imobilização, mas a destinação da coisa, a colocação a seu serviço e é essa a orientação seguida, no seu entender, pelo Código Civil de 2002.

Todavia, não vemos por que não admitir para designar: a) o *móvel-pertença*, a nomenclatura *imóvel por acessão intelectual* (CC, arts. 92, 93 c/c art. 79, *in fine*), também denominado *imóvel por destinação do proprietário*, por autores da mais alta envergadura intelectual como Planiol; e b) o *imóvel-pertença*, a de *imóvel por acessão física artificial* (CC, art. 79, 2ª parte) e a de *imóvel por natureza* (CC, art. 79, 1ª parte).

Partes integrantes são acessórios que, unidos ao principal, formam com ele um todo, sendo desprovidas de existência material própria, embora mantenham sua identidade. São, na lição de Francisco Amaral, acessórios que, ao se incorporarem a uma coisa composta, completam-na, formando um todo e tornando possível sua utilização. Têm caráter permanente relativamente ao bem principal, e se dele forem retiradas, comprometer-se-á o todo. P. ex.: a lâmpada de um lustre; rodas e motor de um automóvel; janelas, portas e telhas de uma casa; frutos e produtos enquanto não separados da coisa principal; materiais alheios usados numa construção pelo proprietário do solo; tubulação de água de rega; elevadores de um edifício. Fácil é perceber que as *partes integrantes* são consideradas imóveis por acessão física artificial, se forem móveis ligados a um imóvel. Trata-se da acessão que designa aumento, justaposição, acréscimo ou aderência de uma coisa a outra. Podem abranger móveis que, incorporados ao solo, pela aderência física, passam a ser tidos como imóveis, como ocorre, p. ex., com os dutos, que não poderão ser retirados sem causar dano às construções em que se acham instalados. As partes integrantes são partes concretas que entram na unidade que forma a coisa principal, sendo essenciais porque dela não podem ser separadas. Se, p. ex., desaparecerem os dutos e as estações de compressão, o gasoduto (bem principal) perderá seu interesse econômico, por serem suas partes integrantes essenciais. Ocorre uma *parcialização essencial*, que só estaria excluída se aqueles bens fossem alheios à destinação do referido gasoduto.

Graficamente, temos:

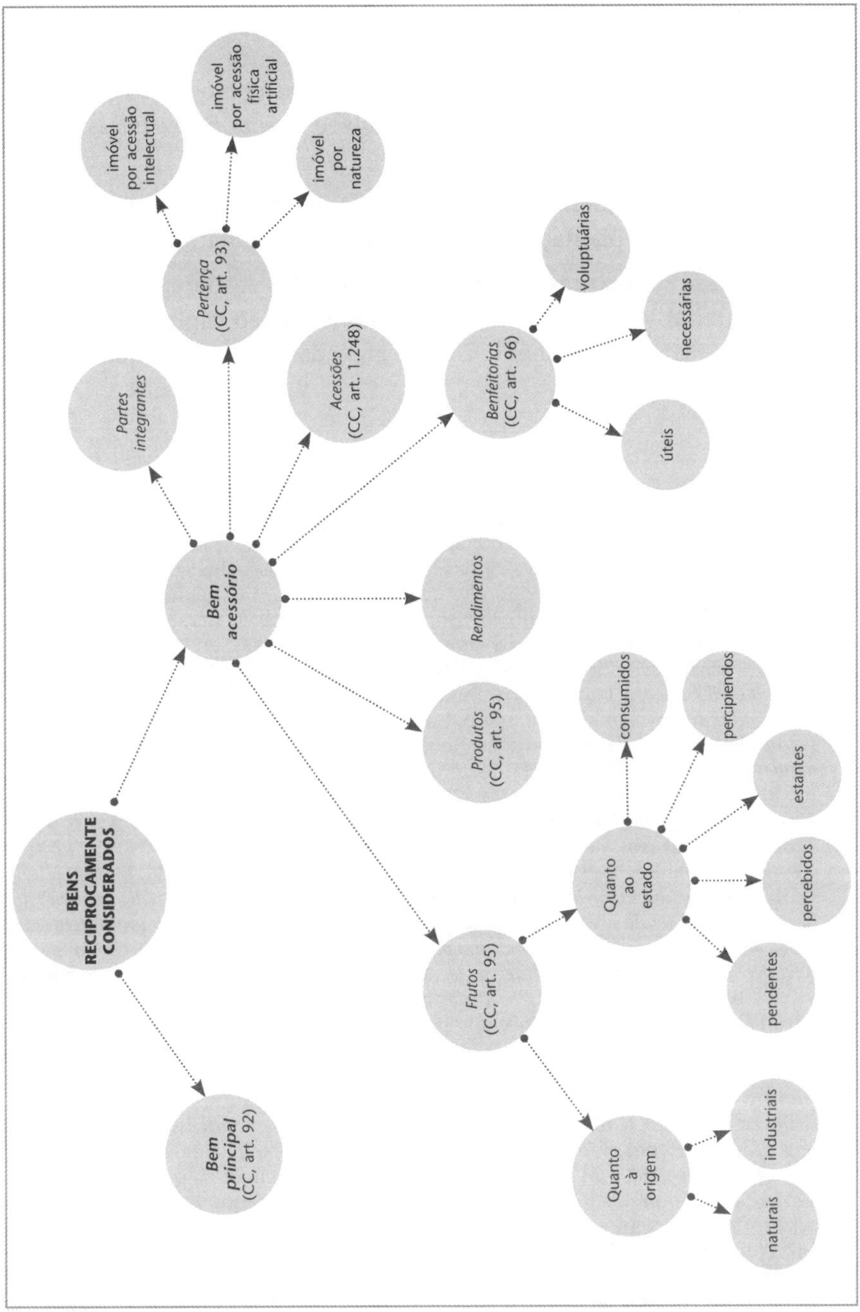

Ante o exposto, à guisa de conclusão, poder-se-á classificar os bens acessórios em:

1) *Naturais,* se originários de fatos da natureza (frutos naturais, produtos orgânicos ou inorgânicos, o subsolo e as coisas que nele se achem sem dono conhecido, ilhas formadas nos rios, álveo abandonado, terras de aluvião, avulsão).

2) *Industriais,* se aderirem ao principal por intervenção do engenho humano (construções, plantações, frutos industriais, benfeitorias).

3) *Civis,* se resultantes de uma relação jurídica abstrata, e não de vinculação material, como os juros, no que concerne ao capital; os dividendos; os ônus reais, relativamente à coisa gravada; os aluguéis, quanto à locação etc.[44].

---

44. Sobre bens reciprocamente considerados *vide* Caio M. S. Pereira, op. cit., v. 1, p. 377-81; Silvio Rodrigues, op. cit., v. 1, p. 148-55; Serpa Lopes, op. cit., v. 1, p. 371-5; W. Barros Monteiro, op. cit., p. 156-60; Bassil Dower, op. cit., v. 1, p. 149-57; Clóvis, op. cit., p. 197-202; Orlando Gomes, op. cit., p. 215-20; Francisco dos Santos Amaral Neto, Bens acessórios, in *Enciclopédia Saraiva do Direito,* v. 11, p. 137-45; R. Limongi França, *Manual de direito civil,* São Paulo, Revista dos Tribunais, 1971, v. 1, p. 202; Lacerda de Almeida, *Direito das cousas,* Rio de Janeiro, 1908, v. 1, p. 143; San Thiago Dantas, *Programa de direito civil,* Rio de Janeiro, 1977, p. 236; Colin e Capitant, *Cours élémentaire de droit civil français,* 11. ed., Paris, Dalloz, 1947, v. 1, p. 747; Pontes de Miranda, *Tratado de direito privado,* Rio de Janeiro, Borsoi, 1969, v. 2, p. 72; Mazeaud e Mazeaud, *Leçons de droit civil,* Paris, Montchréstien, 1970, v. 1, p. 211; Windscheid, *Diritto delle pandette,* Torino, 1902, § 143; Enneccerus-Nipperdey, *Tratado de derecho civil,* Barcelona, Bosch, 1953, v. 1, p. 568; Ferrara, *Trattato di diritto civile italiano,* Roma, 1921, p. 796; R. Limongi França, Benfeitoria, in *Enciclopédia Saraiva do Direito,* v. 11, p. 122 e 123; Altino Portugal, Benfeitorias, in *Enciclopédia Saraiva do Direito,* v. 11, p. 123-27; Clóvis Paulo da Rocha, *Das construções na teoria geral da acessão,* p. 36; Maria Helena Diniz, *Curso de direito civil,* cit., v. 4, p. 111 e 112. Coviello (*Manuale di diritto civile italiano – parte generale* – v. 1, § 82, p. 276) pondera: "*è da distinguere accuratamente due specie di cose accessoire: quelle che sono parte integrante d'una cosa e quelle che sono semplici pertinenza*". Sobre *partes integrantes*: Pontes de Miranda, *Tratado de direito privado,* v. 2, p. 40, 45 a 48, 53, 55 e 60; Widmann, *Der Bergriff des Wesentlichen Bestandteils,* p. 15; e Paech, *Bestandteils und Zuberhör,* p. 22. Sobre *pertença*: Planiol, *Traité élémentaire de droit civil,* t. 1, n. 2.213; Sílvio Venosa, *Direito civil,* cit., v. 1, p. 322; Ernst Rabel, *Das Recht des Warenkaufs,* 1957, v. I, p. 238 e 518; Sá Freire, *Manual do Código Civil brasileiro – parte geral,* 1930, v. 2, p. 478-80; Espínola, *Breves anotações ao Código Civil brasileiro,* v. 6, p. 227; Umrath, *Der Begriff des Wesentlichen Bestandteils,* p. 74 e s.; M. Helena Diniz, Pertença, verbete do *Dicionário jurídico,* São Paulo, Saraiva, v. 3; Andreoli, *Le pertinenze,* p. 162 e 217; Pontes de Miranda, *Tratado,* cit., v. 2, p. 113, 114, 116-8, 121, 124-32. Sobre distinção entre pertença e parte integrante: Funke, *Die Lehre von der Pertinenzen,* p. 14 e s.; Kohler, Zur Lehre von der Pertinenzen, *Jahrbücher für die Dogmatik,* n. 26, p. 23-24, 30, 45 e s. e 67 e s.; Andreoli, *Le pertinenze,* p. 216 e s.; e Leonhard, *Die Beweislast,* p. 276. Urge lembrar que não há pertença de direitos, mas apenas de coisas móveis ou imóveis, porque a relação de pertinencialidade é econômica.

D. Bens considerados em relação ao titular do domínio

Quanto aos sujeitos a que pertencem, os bens classificam-se em públicos e particulares.

Os *bens públicos,* segundo o art. 98 do Código Civil, são do domínio nacional pertencentes à União, aos Estados, aos Territórios ou aos Municípios (*RT, 592*:135, *664*:81, *676*:127; *RJTJSP, 119*:378) e às outras pessoas jurídicas de direito público interno (CC, art. 41, I a V)[45]. Todos os demais são particulares, pertençam a quem for. De modo que, conforme a pessoa jurídica de direito público interno a que pertencerem, os bens públicos serão federais, estaduais ou municipais, e os que tiverem como titular de seu domínio pessoa natural ou pessoa jurídica de direito privado serão *bens particulares.*

Contudo, observa Washington de Barros Monteiro, há coisas que não são públicas, nem particulares, por não pertencerem a ninguém, como, p. ex., os animais selvagens em liberdade, as pérolas que estão no fundo do

---

O direito apenas a encontra no plano negocial (art. 94 do CC), por não ser o das relações entre o titular e a coisa, mas entre credor e devedor. Se do registro de imóveis constar a pertença, é porque está compreendida no imóvel, em virtude de lei, da vontade das partes ou da circunstância do caso, exigida pela finalidade econômica ou social. P. ex., convém repetir: assim, para que um campo de tênis, separado de um hotel, a ele pertença, será preciso assento no Registro Imobiliário. Ter-se-á, então, um imóvel-pertença. E o móvel ajudante precisa estar a serviço do imóvel; p. ex., o piano não é pertença do imóvel onde resida o pianista, mas o é do conservatório, em razão de seu objetivo; ter-se-á, então, um móvel-pertença. O ato de dispor do bem principal não alcança a pertença, exceto por imposição legal ou convencional ou, ainda, por circunstância socioeconômica. A relação de pertinencialidade só existe entre coisas e não entre direitos. Mas poderá ocorrer também entre direitos e bens. Sobre partes integrantes: Francisco Amaral, *Direito civil – introdução,* Rio de Janeiro, Renovar, 1998, p. 315. Já Fábio Ulhoa Coelho (*Curso*, cit., v. 1, p. 275) entende que "as pertenças não deveriam ser classificadas como acessório, como parece ter sido a opção da lei. Com efeito, elas não seguem o assim chamado bem principal, exceto em situações especiais; desse modo, não ostentam aquela dependência característica dos bens acessórios". Para Spencer Vampré (*Código Civil brasileiro annotado à luz dos documentos parlamentares e da doutrina,* São Paulo, Livraria e Officinas Magalhães, 1917, p. 45) as *partes integrantes* de uma coisa são as que não podem separar-se dela, sem que umas ou outras se destruam ou mudem de essência, como as coisas incorporadas ao solo, e, em particular, as construções e produtos do solo, e as sementes e plantas quando enterradas.

Sobre frutos: *RT, 733*:320, *684*:82, *673*:221.

45. Esclarece o Enunciado n. 287 do Conselho da Justiça Federal (aprovado na IV Jornada de Direito Civil) que: "O critério da classificação de bens indicado no art. 98 do Código Civil não exaure a enumeração dos bens públicos, podendo ainda ser classificado como tal o bem pertencente a pessoa jurídica de direito privado que esteja afetado à prestação de serviços públicos".

mar, os tesouros, as águas pluviais não captadas, as coisas abandonadas, a *res nullius* etc.

Nosso direito positivo conhece três *espécies de bens públicos*:

1) *Bens de uso comum* do povo, embora pertencentes a pessoa jurídica de direito público interno, podem ser utilizados, sem restrição, gratuita ou onerosamente, por todos, sem necessidade de qualquer permissão especial. P. ex.: praças, jardins, ruas, estradas, mar, praias, rios, enseadas, baías, golfos (CC, art. 99, I; Lei n. 9.636/98, art. 42, § 1º (com redação da Lei n. 13.813/2019; *JTACSP*, *112*:92; *RT*, *653*:100, *688*:98) etc. Entretanto, não perdem essa natureza se regulamentos administrativos condicionarem ou restringirem o seu uso a certos requisitos ou mesmo se instituírem pagamento de retribuição (CC, art. 103). P. ex.: pedágio nas estradas (*RT*, *777*:120-41; *RJTJSP*, *40*:124), venda de ingresso em museus, para contribuir para sua conservação ou custeio. Pode, ainda, o poder público suspender seu uso por razões de segurança nacional ou do próprio povo usuário, exemplificativamente: proibição de tráfego, interdição do porto, barragem do rio etc.

Temos aí uma propriedade *sui generis*, como diz Hauriou, como uma posse em nome do interesse coletivo, pois o que é livre é a utilização do bem por qualquer pessoa e não o seu domínio; logo, o seu titular pode reivindicar se uma pessoa natural ou jurídica pretender o uso exclusivo da coisa comum, impedindo que o grande público dela se utilize. Isto é assim porque o ente público tem a guarda, administração e fiscalização desses bens.

2) *Bens públicos de uso especial* (CC, art. 99, II; *JM*, *101*:103) são utilizados pelo próprio poder público, constituindo-se por imóveis (edifícios ou terrenos) aplicados ao serviço ou estabelecimento da administração federal, estadual, territorial ou municipal, inclusive pelos de suas autarquias. P. ex.: prédios onde funcionam tribunais, escolas públicas, secretarias, ministérios, parlamentos, quartéis etc. São os que têm, portanto, uma destinação especial.

3) *Bens dominicais*, que compõem o patrimônio da União (CF, art. 20, I a XI e EC n. 46/2005), dos Estados (CF, art. 26, I a IV) ou dos Municípios, como objeto do direito pessoal ou real dessas pessoas de direito público interno (CC, art. 99, III). O mesmo se diga do patrimônio de autarquia. "Não dispondo a lei em contrário, consideram-se dominicais os bens pertencentes às pessoas jurídicas de direito público (como, p. ex., às fundações públicas, às empresas públicas, às sociedades de economia mista e a consórcios públicos – Lei n. 11.107/2005, art. 1º, §§ 1º e 6º, III) a que se tenha dado estrutura de direito privado" (CC, art. 99, parágrafo único). Isto é assim por-

que, como nos ensina Odete Medauar, "o ordenamento brasileiro inclina-se à publicização do regime dos bens pertencentes a empresas públicas, sociedades de economia mista e entidades controladas pelo Poder Público", mesmo se tiverem a estrutura de direito privado. Abrangem bens móveis ou imóveis como: títulos de dívida pública; estradas de ferro, telégrafos, oficinas e fazendas do Estado; ilhas formadas em mares territoriais (Lei n. 8.617/93) ou rios navegáveis; terras devolutas (CF, arts. 225, § 5º, 188, §§ 1º e 2º; Dec.-lei n. 1.414/75, ora revogada pela Lei n. 13.178/2015; Lei n. 6.383/76; Lei n. 6.925/81; *RTJ, 32*:73; *RJTJSP, 26*:246, *12*:68, *23*:260; *Ciência Jurídica, 71*:116; *RT, 339*:448; *RJ, 172*:104), terrenos de marinha e acrescidos; mar territorial, terras ocupadas pelos índios, sítios arqueológicos e pré-históricos; bens vagos, bens perdidos pelos criminosos condenados por sentença proferida em processo judiciário federal; quedas-d'água, jazidas e minérios (CF/88, art. 176); arsenais com todo material da marinha, exército e aviação; os bens que foram do domínio da Coroa (Dec.-lei n. 9.760/46, arts. 64 e s. com as alterações e acréscimos da Lei n. 11.481/2007; Dec.-lei n. 227/67; Dec.-lei n. 318/67; Dec.-lei n. 3.236/41; Lei n. 2.004/53, ora revogada pela Lei n. 9.478/97). Abrangem, ainda, os títulos de crédito e dinheiro arrecadado pelos tributos (Lei n. 4.320/64, arts. 6º, § 1º, 39, 105 e 112). Todavia, há quem ache, como José Cretella Jr., que o dinheiro como renda da fazenda pública seria bem de uso especial, ao afirmar que "sendo a finalidade da renda pública a satisfação dos diversos compromissos do Estado, mas tendo seu destino, como resultado da arrecadação, especializado nas verbas orçamentárias, tais rendas, uma vez colocadas nas mãos da autoridade administrativa, pela arrecadação, participam da categoria dos bens de uso especial". Os bens públicos dominicais podem, por determinação legal, ser convertidos em bens de uso comum ou especial. A Lei n. 6.925/81, no art. 3º, estabelece que "o INCRA está autorizado a doar, nas condições estipuladas pela Lei n. 6.431, de 11-7-1977, aos municípios situados na faixa de fronteira, não abrangidos por aquela lei, porções de terras devolutas ou de terras a qualquer título incorporadas ao seu patrimônio que se destinem à expansão ou implantação de cidades, vilas e povoados, segundo o interesse das administrações municipais". Nada impede a utilização dos bens dominicais por particulares desde que subordinada às normas administrativas, às condições e limitações impostas pelo Poder Público. Permitidas estão, p. ex., a concessão de uso especial de áreas de propriedade da União para fins de moradia (Lei n. 9.636/98, arts. 6º e § 1º, 6º-A, 22-A, com as alterações da Lei n. 11.481/2007) de população carente ou de baixa renda; a concessão de uso de terrenos públicos, por tempo determinado ou indeterminado, como direito real resolúvel, para fins específicos de regularização fundiária de interesse social, urbanização, industrialização, edificação, cultivo da terra, aproveitamento sustentável das várzeas, preservação das comunidades tradicionais e seus meios de subsistência ou outras modalidades de interesse social em áreas urbanas (Decreto-lei n. 271/67, art. 7º com a redação da Lei n. 11.481/2007). A Súmula 477 do STF estatui que "as concessões de terras devolutas, situadas na faixa de fronteira, feitas pelos Estados, autorizam, apenas, o uso, permanecendo o domínio com a União, ainda que se mantenha inerte ou tolerante em relação aos possuidores" (CF, art. 49, XVII, e Disp. Transitórias, art. 51, § 2º; *RTJ*, *32*:73). A Constituição Federal, no art. 68 das Disposições Transitórias, reconhece aos remanescentes das comunidades dos quilombos, que estejam ocupando suas terras, a propriedade definitiva, ficando o Estado obrigado a emitir-lhes os respectivos títulos de propriedade. O Decreto-lei n. 2.422/88 dispõe sobre prazo para inscrição de ocupação de imóveis da União.

Daí a representação gráfica:

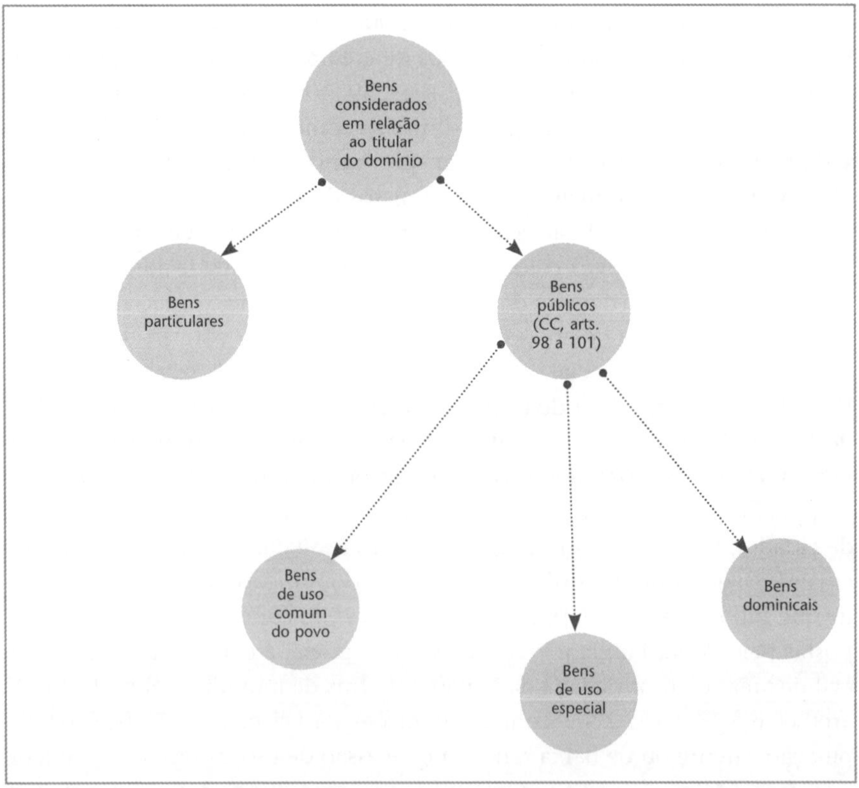

Os bens públicos apresentam os *caracteres* da: *inalienabilidade,* desde que, ensina Hely Lopes Meirelles, destinados ao uso comum do povo ou a fins administrativos, ou seja, enquanto guardarem a afetação pública. Os bens públicos de uso comum do povo e os de uso especial são inalienáveis, logo não podem ser vendidos, doados ou trocados. Tal inalienabilidade poderá ser revogada desde que: *a*) o seja mediante lei especial; *b*) tenham tais bens perdido sua utilidade ou necessidade, não mais conservando sua qualificação; assim, ocorrida a desafetação (mudança da destinação) de um bem público, este perderá a inalienabilidade se incluído no rol dos bens dominicais (CC, art. 101) para tornar possível sua alienação (*RT, 711*:93, *621*:189); e *c*) a entidade pública os aliene em hasta pública ou por meio de concorrência administrativa (*EJSTJ, 12*:15). P. ex.: um jardim público não poderá ser vendido se tiver essa destinação, caso contrário, o Município poderá, por lei, alienar o terreno por ele ocupado anteriormente (CC, art. 100), desde que o faça em hasta pública ou por meio de concorrência administrativa (*RF, 83*:275). Pelo art. 101 do Código Civil, os bens públicos dominicais poderão ser alienados (arrendamento, compra e venda, concessão de uso especial a população de baixa renda para sua moradia, comodato) como se fossem bens particulares, observando-se as exigências legais (p. ex., licitação, autorização legal e avaliação prévia), uma vez que não há qualquer afetação a uma finalidade pública específica; *imprescritibilidade* das pretensões a eles relativas, devida a sua inalienabilidade. Contudo, poderão ser essas pretensões prescritíveis nos casos e formas que a lei estatuir, para evitar a especulação ou má distribuição de um bem necessário ao povo. Não podendo, ainda, ser adquiridos por usucapião (CF, art. 37, § 5º; CC, art. 102; *RT, 729*:161, *606*:53, *453*:66; Dec. n. 9.760/46, art. 200; Súmula 340 do STF), a não ser nos casos e nas formas em que a lei prescrevia (Lei n. 4.504/64, art. 98; Lei n. 6.969/81; Dec. n. 87.620/82), antes da entrada em vigor da CF/88, que, no art. 191, parágrafo único, veio a proibir a usucapião de terras públicas; mas há alguns juristas, como Silvio Rodrigues, que admitem a usucapião de terras devolutas, ante o disposto na Constituição Federal de 1988, art. 188; *impenhorabilidade,* porque inalienáveis, insuscetíveis de serem dados em garantia. A impenhorabilidade impede que o bem passe do patrimônio do devedor ao do credor, ou de outrem, por força de execução judicial (adjudicação ou arrematação)[46].

---

46. M. Helena Diniz, *Curso,* cit., v. 1, p. 173; W. Barros Monteiro, *Curso,* cit., v. 1, p. 161 e s.; Levenhagen, *Código Civil,* cit., v. 1, p. 99; Clóvis Beviláqua, *Código Civil comentado,* cit., obs. ao art. 65, v. 1; Clóvis Beviláqua, op. cit., p. 203-20; Silvio Rodrigues, op. cit., v. 1, p. 157-60; Serpa Lopes, op. cit., v. 1, p. 375-80; Bassil Dower, op. cit., v. 1, p. 159-62; W. Barros Monteiro, op. cit., p. 161-4; Orlando Gomes, op. cit., p. 221-4; Caio M. S.

Há coisas que não são públicas nem particulares, por não pertencerem a ninguém (*res nullius*), como, p. ex., os animais selvagens em liberdade, as conchas numa praia, as pérolas de ostras que estão no fundo do mar, as

---

Pereira, op. cit., v. 1, p. 381-9; Hauriou, *Précis de droit administratif,* p. 530 e s.; Spencer Vampré, *RT, 34*:385 e s.; Hely Lopes Meirelles, *Direito administrativo brasileiro,* p. 444; e *Direito municipal brasileiro,* v. 1, p. 97; Mário Mazagão, *Direito administrativo,* v. 1, n. 283; Álvaro Villaça Azevedo, Bens impenhoráveis, in *Enciclopédia Saraiva do Direito,* v. 11, p. 229; José Cretella Jr., *Dos bens públicos,* São Paulo, Saraiva, 1969, p. 262, 264, 321 e 322; Diogo F. do Amaral, *A utilização do domínio público pelos particulares*, 1972; Mª Sylvia Z. di Pietro, *Uso privativo de bem público por particular*, 1983; Lesley Gasparini, Bens públicos: sua utilização por terceiros, *RDP, 97*:275; Odete Medauar, *Direito administrativo moderno*, São Paulo, Revista dos Tribunais, 1999, p. 266; Wallace Paiva Martins Junior, O direito administrativo sob o impacto do Código Civil de 2002, *Código Civil e sua interdisciplinaridade* (coords. José Geraldo B. Filomeno, Luiz Guilherme da C. Wagner Jr. e Renato Afonso Gonçalves), Belo Horizonte, Del Rey, 2004, p. 23-50; Gagliano e Pamplona Filho, *Novo curso*, cit., v. 1, p. 282. Sobre terras públicas: Decreto-lei n. 2.375/87, que revogou o Decreto-lei n. 1.164/71; Constituição do Estado de São Paulo, 1989, art. 187, I a IV. Sobre alienação de imóvel da União, Estados e Municípios: Lei n. 9.253/95, ora revogada pela Lei n. 9.636/98. Sobre concessão de uso especial de área pública para fins de moradia: Leis n. 9.636/98, 8.666/93, Decreto-lei n. 9.760/46, todos com alterações feitas pela Lei n. 11.481/2007. Ocupação de bens dominicais: Lei n. 11.481/2007, que altera os arts. 1º, 6º, 7º, 9º, 18, 19, 26, 31 e 45 da Lei n. 9.636/98. Sobre concessão e alienação de terras devolutas na faixa de fronteira: art. 5º, § 1º, da Lei n. 4.947/66; Decreto-lei n. 1.414/75, regulamentado pelo Dec. n. 76.694/75 e ora revogado pela Lei n. 13.178/2015; Lei n. 9.871, de 23-11-1999; Lei n. 10.164/2000; Instrução Normativa n. 33/99 do Instituto Nacional de Colonização e Reforma Agrária e Lei n. 11.952/2009,que dispõe sobre doação de porções de terras devolutas a municípios incluídos na região da Amazônia Legal. *Vide*, sobre alienação de imóvel funcional: *EJSTJ, 11*:32-4, *12*:36 e 37, *13*:32 e 53, *14*:28, *15*:28-30 e 65. Sobre terras públicas que foram objeto de apropriação indevida: art. 8º-B da Lei n. 6.739/79, com a redação da Lei n. 10.267, de 28-8-2001. Sobre a questão da imprescritibilidade de bens públicos, *vide*: Maria Helena Diniz, *Conflito de normas*, São Paulo, Saraiva, 2004, penúltimo capítulo. Pela Súmula 329 do STJ, "o Ministério Público tem legitimidade para propor ação civil pública em defesa do patrimônio público".

Interessante é a decisão de que: "É direito potestativo do condômino de bem imóvel indivisível promover a extinção do condomínio mediante alienação judicial da coisa (CC/16, art. 632; CC/2002, art. 1.322; CPC, art. 1.117, II. O referido art. 1.117, II, diz respeito ao Código de Processo Civil de 1973 e não possui correspondente no Código de Processo Civil de 2015). Tal direito não fica comprometido com a aquisição, por arrecadação de herança jacente, de parte ideal do imóvel por pessoa jurídica de direito público. Os bens públicos dominicais podem ser alienados 'nos casos e na forma que a lei prescrever' (CC de 1916, arts. 66, III e 67; CC de 2002, art. 101). Mesmo sendo pessoa jurídica de direito público a proprietária de fração ideal do bem imóvel indivisível, é legítima a sua alienação pela forma da extinção de condomínio, por provocação de outro condômino. Nesse caso, a autorização legislativa para a alienação da fração ideal pertencente ao domínio público é dispensável, porque inerente ao regime da propriedade condominial" (STJ, REsp 655.787/MG, rel. Min. Teori Albino Zavascki, Primeira Turma, j. 9-8-2005, *DJ*, 5-9-2005, p. 238).

Consulte: Portaria n. 96/2021 do Ministério do Estado de Infraestrutura sobre procedimentos para transferência e recebimento de bens públicos vinculados à delegação da administração ou à outorga para exploração de rodovias federais.

águas pluviais não captadas, as coisas abandonadas. Todavia essa observação não se aplica a imóveis, que nunca serão *res nullius*, pois pelo art. 1.276 do Código Civil o imóvel abandonado será arrecadado como bem vago e passará ao domínio do Município ou do Distrito Federal, se se achar nas respectivas circunscrições, três anos depois se se tratar de imóvel localizado em zona urbana, e à propriedade da União, três anos depois, se situado em zona rural, onde quer que ele se localize.

E. Bens quanto à possibilidade de comercialização

Os *bens alienáveis,* disponíveis ou no comércio, são os que se encontram livres de quaisquer restrições que impossibilitem sua transferência ou apropriação, podendo, portanto, passar, gratuita ou onerosamente, de um patrimônio a outro, quer por sua natureza, quer por disposição legal, que permite, p. ex., a venda de bem público.

Washington de Barros Monteiro esclarece que o termo "comércio" designa a possibilidade de compra e venda, liberdade de circulação, poder de movimentação dos bens, logo o bem que está no comércio pode ser comprado, vendido, trocado, doado, alugado, emprestado, o mesmo não acontecendo com os bens fora do comércio, que não podem ser objeto de relações jurídicas desse tipo.

Assim, os *bens inalienáveis* ou fora do comércio são os que não podem ser transferidos de um acervo patrimonial a outro ou insuscetíveis de apropriação.

Constituem *espécies de bens inalienáveis*:

1) Os *inapropriáveis por sua natureza,* como os bens de uso inexaurível. P. ex.: o ar, o mar alto, a luz solar (Lei n. 14.300/2022); porém a captação, por meio de aparelhagem, do ar atmosférico ou da água do mar para extrair certos elementos com o escopo de atender a determinadas finalidades pode ser objeto de comércio; e os direitos da personalidade, como à vida, à honra, à liberdade, ao nome, ao estado, à capacidade da pessoa natural ou jurídica.

2) Os *legalmente inalienáveis,* que, apesar de suscetíveis de apropriação pelo homem, têm sua comercialidade excluída pela lei, para atender aos interesses econômico-sociais, à defesa social e à proteção de determinadas pessoas. Todavia, poderão ser alienados, por autorização legal (Dec. n. 647/92, que deu nova redação ao Dec. n. 99.266/90, art. 1º), apenas em certas circunstâncias e mediante determinadas formalidades. Entram nesta categoria: *a*) Os *bens públicos*, pois o Código Civil declara, no art. 100, inalienáveis os bens de uso comum e especial, e, no art. 101, alienáveis os bens públicos dominicais, ob-

servadas as exigências da lei; CF, arts. 49, XVII, 225, § 5º, 188, §§ 1º e 2º; Ato das Disp. Transitórias, arts. 51, §§ 1º a 3º, e 68), com o objetivo de evitar a especulação ou a má distribuição de um bem necessário ao povo. *b*) Os *bens das fundações* (CC, arts. 62 a 69), em atenção ao seu destino certo e determinado (*RT, 138*:20). *c*) Os *bens dos menores* (CC, art. 1.691), a fim de proteger os incapazes. *d*) Os *lotes rurais remanescentes de loteamentos já inscritos,* quando tiverem área inferior ao módulo fixado para a respectiva região (Lei n. 4.947/66, art. 10, § 2º). *e*) O *capital destinado a garantir o pagamento de alimentos* pelo autor do ato ilícito a favor da vítima, enquanto esta viver, ou enquanto durar a obrigação do devedor, caso a vítima venha a falecer em virtude daquele ilícito (CPC, arts. 533, 833, IV, § 2º, e 834). *f*) O *terreno onde está edificado um edifício de condomínio por andares* (CC, art. 1.331, § 2º), enquanto persistir o regime condominial. *g*) O *bem de família,* instituto originário dos Estados Unidos, visando a assegurar um lar à família, pondo-o ao abrigo de penhoras por débitos posteriores à instituição, salvo os que provierem de impostos relativos ao prédio ou de despesas condominiais. Na execução desses débitos o saldo existente será aplicado em outro prédio, como bem de família, ou em títulos de dívida pública, para a mantença da família, exceto se razões relevantes aconselharem outra solução, a critério do juiz. Consequentemente, não terá eficácia para fraudar credores, mediante inadimplemento de dívidas anteriores a ele (*RT, 126*:631); neste caso impera a regra de que o patrimônio do devedor responde por suas dívidas. Os cônjuges ou a entidade familiar (pessoa solteira, sem prole, mesmo que viva em concubinato; tutor, curador ou avô não podem instituir bem de família) destinam parte de seu patrimônio para instituir bem de família, desde que não ultrapasse um terço do patrimônio líquido existente ao tempo da instituição (CC, art. 1.711). Com isso o patrimônio do instituidor, apesar de desfalcado do objeto do bem de família, que ficará isento de execução, deverá ter condições de assegurar a satisfação das dívidas anteriores do instituidor, pois com a cláusula ficará isento da execução por dívidas futuras. Logo quem possuir apenas um imóvel não poderá instituí-lo, nem quem tiver dois, de valores equivalentes, e quem for proprietário de três imóveis não poderá instituir como bem de família o de maior valor, salvo se possuir valores mobiliários. Requer, ainda, registro do seu título constituto no Registro de Imóveis, para irradiar efeitos jurídicos (CC, art. 1.714). O bem de família poderá, ainda, ser instituído por terceiro por ato *inter vivos* ou *causa mortis,* desde que ambos os cônjuges beneficiados ou a entidade familiar contemplada aceitem expressamente a liberalidade (CC, art. 1.711, parágrafo único) e haja registro no assento imobiliário (CC, art. 1.714). Terceiro poderá apor cláusula de reversão, para que os bens voltem ao seu patrimônio em caso de dissolução conjugal e maioridade de prole (CC, art. 547). O bem de família pode consistir em prédio residencial, urbano ou rural, que os cônjuges ou conviventes destinam para abrigo familiar, incluindo suas pertenças e acessórios, p. ex., mobília, utensílios de uso doméstico, gado e instrumentos de trabalho, com a cláusula de ficar isento da execução de débitos futuros. Essa cláusula de bem de família poderá abranger valores mobiliários, cuja renda será aplicada na conservação do imóvel e no sustento da família (CC, art. 1.712). Tais valores mobiliários não poderão exceder o valor do prédio instituído em bem de família, à época de sua instituição e deverão ser devidamente individualizados no instrumento de instituição como bem de família. Se se tratar de títulos nominativos, a sua instituição como bem de família deverá constar dos respectivos livros de registro. O instituidor poderá não só determinar que a administração dos valores mobiliários seja confiada à instituição financeira, como também disciplinar a forma de pagamento da respectiva renda aos beneficiários, que, em regra, corresponde a 12% ao ano da retribuição do capital, hipótese em que a responsabilidade dos administradores obedecerá às normas do contrato de depósito (CC, arts. 1.713, §§ 1º a 3º, e 627 a 646). Se houver liquidação da entidade administradora, esta não atingirá os valores a ela confiados, ordenando o juiz a sua transferência para outra instituição similar, obedecendo-se, na hipótese de falência, ao disposto sobre pedido de restituição (CC, art. 1.718). O prédio e os valores mobiliários, constituídos como bem de família, formam um patrimônio familiar separado e destinam-se à salvaguarda da família (CC, art. 1.712), por isso só podem ser alienados com o consentimento dos interessados ou de seus representantes legais, ouvido o Ministério Público (CC, art. 1.717). Isto é assim porque o prédio, solenemente destinado pela família solvente como domicílio desta, não pode ter outro destino, logo, deverá ser levado em conta em sua administração; se, porventura, os cônjuges precisarem e quiserem vendê-lo, seus filhos menores consentirão por meio de curador especial, ouvindo-se o órgão do Ministério Público. A cláusula do bem de família será eliminada, por mandado do juiz, a requerimento do instituidor, ou de qualquer interessado, se o prédio deixar de ser domicílio da família, ou por motivo relevante plenamente comprovado, como a impossibilidade de sua manutenção nas condições em que foi instituído. O juiz, sempre que possível, determinará que tal cláusula recaia em outro prédio, em que a família estabeleça domicílio ou que haja sub-rogação dos bens que constituem o bem de família em outros, ouvidos o instituidor e o Ministério Público (CC, art. 1.719). Se for eliminada a cláusula, pela verificação de uma das hipóteses legais, o prédio entrará em inventário para ser partilhado. Não se cobrarão juros moratórios sobre o imposto de transmissão relativamente ao período da abertura da sucessão ao cancelamento da cláusula. É, conforme ensinamento de Marques dos Reis, "o prédio solenemente destinado pelo chefe de família solvente como domicílio desta, gozando de relativa impenhorabilidade, não podendo ter outro destino, nem ser alienado, sem o consentimento dos interessados e seus representantes legais" (*RT, 454*:212), sendo certo, assim, que, caso o marido resolva vendê-lo, deverá obter a anuência de sua mulher e de seus filhos, que consentirão, por curador especial, designado pelo juiz, ouvindo-se ainda o órgão do Ministério Público. A cláusula somente poderá ser levantada por mandado do juiz se for requerido pelo instituidor que o justifique por motivo relevante e comprovado, ou por qualquer interessado que prove desvio em sua destinação. Se na família houver menores impúberes, não poderá ser eliminada a cláusula de alienação do imóvel, salvo se houver sub-rogação em outro imóvel para a habitação da família, desde que razoavelmente justificada (*RT, 438*:249, *418*:171). Como se vê, na administração, não há poderes absolutos. Se ambos os cônjuges falecerem, a administração passará ao filho mais velho, se for maior, e, do contrário, ao seu tutor (CC, art. 1.720, parágrafo único). Contudo, sua inalienabilidade é relativa, somente subsiste enquanto viver um dos cônjuges e até que os filhos completem a maioridade, desde que não sujeitos à curatela (CC, arts. 1.715, 1.716 e 1.722). Se um dos cônjuges falecer, o prédio não entrará em inventário nem será partilhado enquanto viver o outro, mas, se este se mudar do prédio, e se nele não ficar residindo filho menor, a cláusula será eliminada e o imóvel, partilhado; se ambos falecerem, dever-se-á esperar a maioridade de todos os filhos. O prédio entrará em inventário para ser partilhado somente quando a cláusula for eliminada, pois, havendo dissolução do matrimônio pela morte de um dos cônjuges, o supérstite poderá pedir a extinção do bem de família se for o único bem do casal (CC, art. 1.721, parágrafo único). A instituição do bem de família deve ser por via de escritura pública, com a individuação do prédio e declaração de sua destinação, devidamente registrada (Lei n. 6.015/73, arts. 260 e 265; CC, art. 1.714). Não é qualquer imóvel, convém repetir, que pode ser objeto de bem de família, mas sim prédio residencial, urbano ou rural, desde que de valor não superior a 1/3 do patrimônio líquido existente por ocasião da instituição do bem de família (CC, art. 1.711). Será preciso lembrar que, além do *bem de família convencional,* previsto nos arts. 1.711 e s. do Código Civil, haverá, pela Lei n. 8.009/90, impenhorabilidade *do único imóvel da família,* urbano ou rural (art. 4º, § 2º), e dos móveis que o guarnecerem, como p. ex. máquinas de lavar e secar roupa, geladeira, fogão, computador, televisão etc. (excluídos os veículos, obras de arte e adornos suntuosos) devidamente quitados, desde que o casal ou a entidade familiar nele tenha fixado residência permanente (arts. 1º e 2º). Pela Súmula 364 do STJ inclui-se também pessoa solteira, separada e viúva. Trata-se do *bem de família legal.* Tais bens não responderão por dívidas civil, mercantil, fiscal, trabalhista ou previdenciária, salvo se o processo de execução for movido: 1) pelo titular do crédito oriundo do financiamento destinado à construção ou à aquisição do imóvel, no limite dos créditos e acréscimos constituídos em função do respectivo contrato; 2) pelo credor de pensão alimentícia; 3) para a cobrança de impostos, predial ou territorial, taxas e contribuições devidas em função do imóvel familiar; 4) para execução de hipoteca sobre o imóvel oferecido como garantia real pelo casal ou pela entidade familiar; 5) por ter sido adquirido com produto de crime ou para execução de sentença penal condenatória a ressarcimento, indenização ou perdimento de bens (art. 3º, com alteração da LC n. 150/2015). Considerar-se-á, para efeito da Lei n. 8.009/90, com alteração da Lei n. 13.144/2015, *residência* da família *um único imóvel* destinado para moradia permanente (que não se confunde com o bem de família, previsto nos arts. 1.711 a 1.722 do CC), excluindo-se, assim, do benefício da impenhorabilidade as casas de veraneio (art. 5º) e a única residência de fiador de locação (Lei n. 8.245/91, art. 82; STF, RE n. 407.688, j. 8-2-2006, rel. Min. Cézar Peluso). Esta não beneficia aquele que, tendo conhecimento de que é insolvente, adquirir de má-fé imóvel de maior valor para transferir a residência familiar, desfazendo-se, ou não, da antiga moradia, pois o juiz poderá, na ação do credor, transferir a impenhorabilidade para a morada anterior, anular-lhe a venda, liberando a mais valiosa para a execução (art. 4º, § 1º). A Lei n. 8.009/90 não protege lote de terreno nem imóvel em construção (TRT, 3ª Região – 0082800 – 86.2007.5.03.0081 AP). *h*) Os *bens móveis ou imóveis tombados* existentes no País, cuja conservação seja de interesse público, quer por sua vinculação a fatos memoráveis da história do Brasil, quer por seu excepcional valor arqueológico ou etnográfico, bibliográfico ou artístico (Dec.-lei n. 25/37, arts. 1º e 13 a 17; Lei n. 7.542/86, art. 20, §§ 1º a 4º, com a redação da Lei n. 10.166/2000; Lei n. 6.015/73, art. 167, I, n. 46, n. II, com a redação da Lei n. 14.382/2022); CF, art. 216, V, §§ 1º, 4º e 5º; Portaria n. 299/2004 do IPHAN; *EJSTJ, 10*:54, *11*:50; *RSTJ, 82*:121, *79*:71; *Bol. AASP, 1.856*:86, *1.911*:90, *2704*: 5777, *2711*: 1937-03; *JB, 156*:216). Não estão propriamente fora do comércio; sua alienabilidade é restrita, não podendo ser livremente transferidos de uma pessoa a outra, sem autorização e registro. Não podem sair do País, nem ser demolidos ou mudados. Seus proprietários não perdem o domínio pela inscrição no tombamento, mas têm o seu exercício restrito, não tendo plena liberdade de alienação. *i*) As *terras ocupadas pelos índios* (CF, art. 231, § 4º)[47].

47. "O fato de o bem imóvel ter sido adquirido no curso da demanda executiva não afasta a impenhorabilidade do bem de família" (Informativo n. 771 do STJ, AgInt nos EDcl no AREsp 2.182.745-BA, rel. min. Raul Araújo, Quarta Turma, por unanimidade, julgado em 18-4-2023). "As hipóteses permissivas da penhora do bem de família devem receber interpretação restritiva, não havendo possibilidade de incidência da exceção à impenhorabilidade do bem de família do fiador ao devedor solidário" (Informativo n. 763 do STJ, AgInt no AREsp 2.118.730-PR, rel. min. Marco Buzzi, Quarta Turma, por unanimidade, julgado em 14-11-2022, *DJe* 21-11-2022). "A oferta voluntária de seu único imóvel residencial em garantia a um contrato de mútuo, favorecedor de pessoa jurídica em alienação fiduciária, não conta com a proteção irrestrita do bem de família" (Informativo n. 776 do STJ, EREsp 1.559.348-DF, rel. min. Moura Ribeiro,

3) Os *inalienáveis pela vontade humana,* que lhes impõe cláusula de inalienabilidade, temporária ou vitalícia, nos casos e formas previstos em lei, por ato *inter vivos* ou *causa mortis*. P. ex.: o titular do bem pode colocar essa cláusula em doação ou testamento a fim de que o bem não saia do patrimônio do donatário ou do herdeiro, protegendo-os contra eles mesmos, impedindo que atos de irresponsabilidade, prodigalidade e má administração possam esvaziar seu acervo (CC, art. 1.911; STF, Súmula 49)[48].

Segunda Seção, por maioria, julgado em 24-5-2023). Portaria n. 420, de 22 de dezembro de 2010, do IPHAN, dispõe sobre os procedimentos a serem observados para a concessão de autorização para realização de intervenções em bens edificados tombados e nas respectivas áreas de entorno. O conceito de impenhorabilidade de bem de família abrange imóvel de pessoas solteiras, separadas e viúvas (Súmula 364 do STJ), daí a importância de averbação de separação de fato em registro civil.

48. Álvaro Villaça Azevedo, Bens inalienáveis, in *Enciclopédia Saraiva do Direito,* v. 11, p. 231-7; *Bem de família*, São Paulo, Revista dos Tribunais, 1999; Legros, *Des clauses d'inaliénabilité dans les actes à titre gratuit,* Paris, Rousseau, 1909; R. Limongi França, *Manual de direito civil,* 3. ed., São Paulo, Revista dos Tribunais, 1975, v. 1, p. 229 e s.; Sá Freire, *Manual do Código Civil brasileiro,* v. 2, Rio de Janeiro, Ribeiro dos Santos, 1930, p. 591, arts. 1º a 73; Igor L. Santos, A impenhorabilidade do bem de família oferecido como garantia pelo devedor. *Revista Síntese – Direito de Família, 129*:9 a 32 (2022); Daniel Ustárroz, Bem de família; Doze lições do STJ, *Revista Síntese – Direito de Família, 127*:145 a 147 (2021). Rita de Cássia Corrêa de Vasconcelos, *A impenhorabilidade do bem de família,* São Paulo, Revista dos Tribunais, 2002; Agostinho Alvim, *Comentários ao Código Civil,* Rio-São Paulo, Ed. Jurídica e Universitária, 1968, v. 1, p. 289; W. Barros Monteiro, op. cit., v. 1, p. 164-71; Clóvis, op. cit., p. 221 e 222; Silvio Rodrigues, op. cit., v. 1, p. 161-72; Bassil Dower, op. cit., v. 1, p. 163-7; Marques dos Reis, *Manual do Código Civil,* II, p. 142-91; Venosa, op. cit., p. 250-8; Ernest Lehr, *Droit civil des États Unis,* 1906, p. 74-7; Donaldo Armelin, Impenhorabilidade do bem de família (retroeficácia da Lei n. 8.009/90?), *JB, 170*:21-30; Sérgio M. Herrera Simões, O bem de família legal e sua interpretação pelo Superior Tribunal de Justiça, *Revista Síntese – Direito de Família,* v. *88*:86-89; Dyvandre, *Le bien de famille,* Paris, 1911; Bureau, *Le homestead ou l'insaisissabilité de la petite propriété foncière,* Paris, 1895; Aída K. de Carlucci, *Protección jurídica de la vivienda familiar,* Buenos Aires, Depalma, 1995, p. 59-160; Mariana Ribeiro Santiago, Da instituição do bem de família no caso de união estável, *Revista de Direito Privado, 18*:176-188; Raoul de la Grasserie, *De l'indisponibilité et de l'indivisibilité du patrimoine,* Paris, 1899; Antonio Augusto Queiroz Telles, *Tombamento e seu regime jurídico*, São Paulo, Revista dos Tribunais, 1992; Heraldo Garcia Vitta, Tombamento: uma análise crítica, *Revista do Tribunal Regional Federal – 3ª Região, 64*:61-106; Tedeschi, *Il regime patrimoniale della famiglia*, Torino, 1956, p. 67 e s.; Vernier, *American Family Law*, 1995, v. III, p. 229; Carvalho Santos, *Código Civil comentado,* 1952, v. II, p. 198; Zeno Veloso, *Emendas ao Projeto de Código Civil*, Belém, 1985, p. 103-6; Paulo Affonso Leme Machado, A gestão dos bens tombados e o patrimônio cultural, in *Estudos do direito constitucional em homenagem a Maria Garcia* (org. Lauro L. G. Ribeiro e Luciana A. A. Berardi), São Paulo, IOB-Thomson, 2007, p. 362-375; Fábio A. Uema Oliveira, *Tombamento e instrumentos jurídicos para a restauração de bens imóveis protegidos*, São Paulo, CEPGE, 2014; Antonio Silveira R. dos Santos (Área de entorno do imóvel tombado, *Tribuna do Direito*, junho 2002, p. 18) pondera que o art. 18 do Dec.-lei n. 25/37 veda que na vizinhança (entorno) de coisa tombada se faça, sem autorização judicial, alguma construção, se coloquem anúncios etc., se reduza a visibilidade do bem tombado. Tal área de entorno é definida na Lei municipal paulista n. 10.032/85, art. 2º, V. A Portaria n. 299/2004 do IPHAN cria o Plano de Preservação de Sítio Histórico Urbano (PPSH), que é um instrumento de caráter normativo, estratégico e operacional, destinado ao desenvolvimento de ações de preservação em sítios ur-

Graficamente, temos:

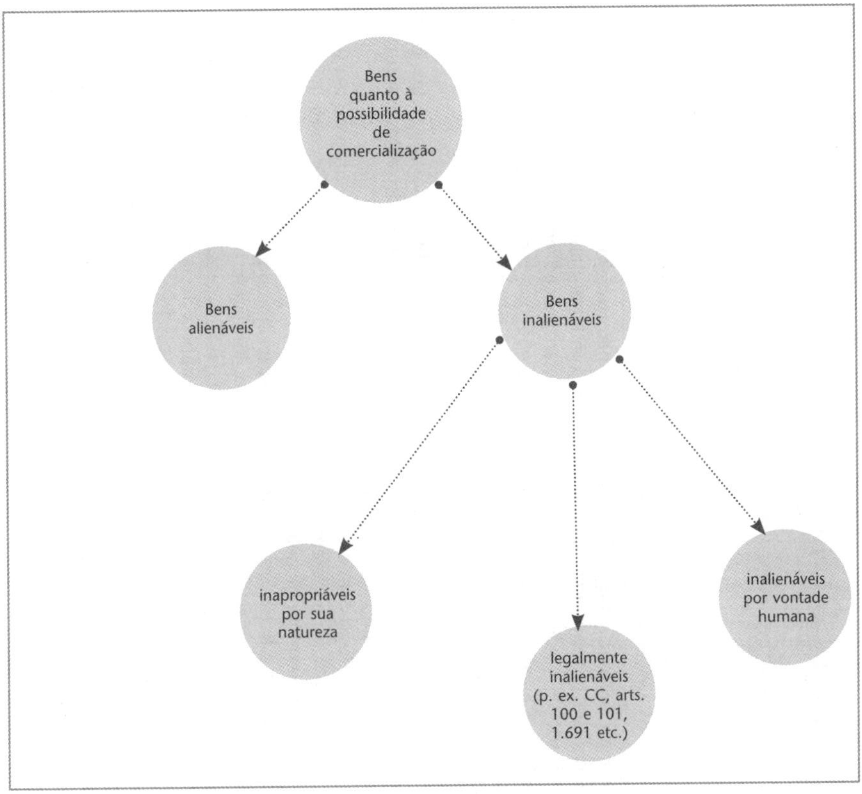

banos tombados em nível federal, e deve resultar de acordo entre os principais setores públicos e privados, constituindo-se em processo participativo.

A Súmula 364 do STJ consolida, como já dissemos, o entendimento de que a impenhorabilidade do bem de família se estende a pessoas solteiras, separadas, divorciadas (art. 226, § 6º, da CF, com a redação da EC n. 66/2010) e viúvas, sendo o bem de família legal.

Já se decidiu, em prol da boa fé nas relações jurídicas, o afastamento da impenhorabilidade de imóvel residencial, pelo fato de o devedor esvaziar seu patrimônio com a *intentio* de evitar a quitação de suas dívidas (STJ, REsp 1299.580, j. 20-3-2012, rel. Nancy Andrighi). O TRF (2ª Região) – 4ª Turma – Processo n. 0509232-39.2002-4.02.5101, acórdão publicado em 14-10-2016 – entendeu que piano pode ser patrimônio, mas não é bem de família, por não ser essencial ao funcionamento do lar e se enquadrar na categoria de bens supérfluos ou suntuosos.

STJ, Súmula 486: "É impenhorável o único imóvel residencial do devedor que esteja locado a terceiros, desde que a renda obtida com a locação seja revertida para a subsistência ou moradia de sua família".

A Lei n. 13.986/2020, art. 8º, IV, veda a constituição de patrimônio rural em afetação incidente sobre bem de família, salvo no caso do art. 4º, § 2º, da Lei n. 8.009/90.

QUADRO SINÓTICO

CLASSIFICAÇÃO DOS BENS

1. FINALIDADE DA CLASSIFICAÇÃO	• Facilitar a compreensão dos bens, agrupando as várias espécies de um gênero, para aproximar as que apresentam um elemento comum, afastando as que não o apresentam.
2. BENS CONSIDERADOS EM SI MESMOS	• *a*) *Corpóreos,* se tiverem existência material, e *incorpóreos,* se não tiverem. • *b*) *Móveis,* se puderem ser transportados sem destruição de um lugar para outro e sem alteração em sua substância, podendo sê-lo por: natureza, antecipação, determinação legal (CC, arts. 82, 83, I a III; Lei n. 9.279/96, art. 5º; CP, art. 155, § 3º); e *imóveis,* se não puderem ser transportados sem destruição de sua substância, podendo classificar-se em imóveis por sua natureza (CC, art. 79, 1ª parte); por acessão física artificial (CC, art. 79, 2ª parte); por acessão intelectual (CC, art. 93) e por determinação legal (CC, art. 80, I e II). • *c*) *Fungíveis* e *infungíveis* (CC, art. 85), isto é, os que podem ou não ser substituídos por outros da mesma espécie, qualidade e quantidade. Distinção importante para configuração de certos institutos jurídicos (CC, arts. 579, 645, 369, 307, 1.915, 313 e 565). • *d*) *Consumíveis,* se terminarem logo com o primeiro uso, havendo imediata destruição de sua substância (CC, art. 86). *Inconsumíveis,* se puderem ser usados continuadamente, possibilitando que se retirem todas as suas utilidades sem atingir sua integridade. • *e*) *Divisíveis* (CC, art. 87), se puderem ser fracionados em partes homogêneas e distintas, sem alteração das qualidades essenciais do todo e sem desvalorização, formando um todo perfeito. *Indivisíveis* podem ser: por natureza (CC, art. 88); por determinação legal (CC, arts. 1.386, 1.421, 1.791, parágrafo único); por vontade das partes (CC, art. 314). A importância dessa distinção é demonstrada no CC, arts. 259, 1.322, 504, 1.131, 1.336, 1.968, § 1º, 639, 844 e 105. • *f*) *Singulares* são os que embora reunidos se consideram de per si, independentemente dos demais (CC, art. 89). *Coletivos,* os constituídos por várias coisas singulares, consideradas em conjunto, formando um todo único, que passa a ter individualidade própria, distinta da dos seus objetos componentes que conservam sua autonomia funcional. Apresentam-se como universalidade de fato ou de direito (CC, arts. 90 e 91).

3. BENS RECIPROCAMENTE CONSIDERADOS	• Conceito de coisa principal e acessória	• *Principal* é a coisa que existe sobre si, abstrata ou concretamente; *acessória* é aquela cuja existência supõe a da principal (CC, art. 92).
	• Importância dessa divisão	• A coisa acessória segue a principal, salvo disposição especial em contrário (CC, art. 92). • A acessória pertence ao titular da principal (CC, arts. 1.248, 1.209, 233 e 287).
	• Espécies de acessório	• *a*) *Frutos* que, quanto à origem, são naturais, industriais e civis e, quanto ao estado, pendentes, percebidos, estantes, percipiendos e consumidos. • *b*) *Produtos.* • *c*) *Rendimentos.* • *d*) *Benfeitorias voluptuárias, úteis* e *necessárias* (CC, art. 96), que têm relevância jurídica como se pode ver no CC, arts. 1.219, 1.220, 1.221, 1.222, 1.322, 1.660, 878, 453, 2.004; Dec.-lei n. 9.760/46, arts. 48, § 2º, 71 e 132, § 1º. • *e*) *Acessão* (CC, art. 1.248, I a V). • *f*) *Pertença* (CC, art. 93). • *g*) *Partes integrantes.*
	• Classificação dos bens acessórios	• *a*) *Naturais,* se oriundos de fatos da natureza: frutos naturais, produtos orgânicos e inorgânicos, subsolo e as coisas que nele se achem sem dono conhecido, ilhas formadas nos rios, álveo abandonado, terras de aluvião, avulsão. • *b*) *Industriais,* se aderirem ao principal por intervenção do engenho humano: construções, plantações, frutos industriais, benfeitorias. • *c*) *Civis,* se resultantes de uma relação jurídica abstrata, juros, ônus reais, aluguéis.

4. BENS CONSIDERADOS EM RELAÇÃO AO TITULAR DO DOMÍNIO	• Bens públicos	• Conceito	• Os do domínio nacional, pertencentes à União, Estados, Territórios e Municípios (CC, art. 98).
		• Espécies	• Uso comum (CC, arts. 99, I, e 103). • Uso especial (CC, art. 99, II). • Dominicais (CC, art. 99, III e parágrafo único; Dec.-lei n. 9.760/46, arts. 64 e s.; Dec.-lei n. 227/67; Dec.-lei n. 318/67; Dec.-lei n. 3.236/41; Lei n. 2.004/53, ora revogada pela Lei n. 9.478/97; Lei n. 6.925/81; Dec. n. 87.040/82, ora revogado pelo Decreto n. 11/1991).
		• Caracteres	• Inalienabilidade (CC, art. 100). • Imprescritibilidade (Dec. n. 22.785/33, ora revogado pelo Decreto s/n. de 25-4-1991; Lei n. 4.504/64, art. 98; Lei n. 6.969/81; Dec. n. 87.040/82; CF/88, art. 191, parágrafo único). • Impenhorabilidade.
	• Bens particulares	• Os que tiverem como titular de seu domínio pessoa natural ou pessoa jurídica de direito privado.	
5. BENS FORA DO COMÉRCIO	• Bens alienáveis	• São os que podem ser transferidos ou apropriados, passando, gratuita ou onerosamente, de um patrimônio a outro, quer por sua natureza, quer por disposição legal.	
	• Bens inalienáveis	• São os que não podem ser transferidos de um acervo patrimonial a outro ou insuscetíveis de apropriação, incluindo os *inalienáveis por sua natureza,* como coisa de uso inexaurível e direitos da personalidade; os *legalmente inalienáveis*: bens públicos (CC, art. 100); bens de fundação (CC, arts. 62 a 69); bens de menores (CC, art. 1.691); lotes rurais inferiores ao módulo fixado (Lei n. 4.947/66, art. 10, § 2º); capital destinado a garantir o pagamento de alimentos à vítima de ato ilícito (CPC, arts. 533 e 834); terreno onde está edificado prédio de condomínio por andares (CC, art. 1.331, § 2º); bem de família (CC, arts. 1.711 a 1.722; Dec.-lei n. 3.200/41; Lei n. 8.009/90); tombamento dos imóveis e móveis (Dec.-lei n. 25/37, arts. 1º e 13 a 17); e terras ocupadas pelos índios (CF, art. 231, § 4º); os *inalienáveis pela vontade humana,* em razão de cláusula de inalienabilidade em doação ou testamento (CC, art. 1.911).	

CAPÍTULO IV
DOS FATOS JURÍDICOS

1. Teoria geral dos fatos jurídicos

A. Conceito de fato jurídico em sentido amplo

O fato jurídico *lato sensu* é o elemento que dá origem aos direitos subjetivos, impulsionando a criação da relação jurídica, concretizando as normas jurídicas. Realmente, do direito objetivo não surgem diretamente os direitos subjetivos; é necessária uma "força" de propulsão ou causa, que se denomina "fato jurídico"[1].

Com muita propriedade pontifica R. Limongi França que o fato jurídico, estribado no direito objetivo, dá azo a que se crie a relação jurídica, que submete certo objeto ao poder de determinado sujeito. A esse poder se denomina direito subjetivo. A esse respeito vislumbra Caio Mário da Silva Pereira dois fatores constitutivos do fato jurídico: um *fato,* isto é, qualquer eventualidade que atue sobre o direito subjetivo, e uma *declaração da norma jurídica,* que confere efeitos jurídicos àquele fato. De modo que a conjugação da eventualidade e do direito objetivo é que dá origem ao fato jurídico[2].

---

1. Trabucchi, *Istituzioni di diritto civile,* p. 112; Orlando Gomes, *Introdução ao direito civil,* 3. ed., Rio de Janeiro, Forense, 1971, p. 226; Marcos Bernardes de Mello, *Teoria do fato jurídico,* São Paulo, Saraiva, 1993; Zeno Veloso, Fato jurídico – Ato jurídico – Negócio jurídico, *Revista de Informação Legislativa, 125*:87-95; Roberto Senise Lisboa, op. cit., p. 153-218; Armando Roberto Holanda Leite, *Dos fatos e atos jurídicos,* 1980; Humberto Theodoro Jr., Negócio jurídico: existência, validade, eficácia, vícios, fraude e lesão, *RT, 780*:11; Silvio Macedo, Uma avaliação da teoria do negócio jurídico, *RDC, 29*:440; Wilson Aquino, Negócio jurídico, *RDC, 19*:103; Zeno Veloso, Fato jurídico, ato jurídico, negócio jurídico, *RDC, 74*:84; Lizardo T. Córdova, La tipicidad en la teoría general del negocio jurídico, *RDC, 72*:93. Deveras, etimologicamente, "fato" advém do latim *factum,* de *facere,* que significa fazer, causar, executar, desempenhar (De Plácido e Silva, *Vocabulário jurídico,* v. 2, p. 678).
2. R. Limongi França, Fato jurídico, in *Enciclopédia Saraiva do Direito,* v. 36, p. 347; Caio M. S. Pereira, *Instituições de direito civil,* 5. ed., Rio de Janeiro, Forense, 1976, p. 397.

Para Savigny os fatos jurídicos são "os acontecimentos em virtude dos quais as relações de direito nascem e se extinguem"[3].

Convém ampliar essa definição, pois nem sempre o fato faz nascer ou perecer o direito, atuando, às vezes, sobre a relação jurídica já existente para modificá-la e para protegê-la, possibilitando sua subsistência. Assim: "fatos jurídicos seriam os acontecimentos, previstos em norma de direito, em razão dos quais nascem, se modificam, subsistem e se extinguem as relações jurídicas"[4].

B. Classificação dos fatos jurídicos

O fato jurídico pode ser natural ou humano.

O *fato natural* advém de fenômeno natural, sem intervenção da vontade humana, que produz efeito jurídico. Esse evento natural consiste no fato jurídico *stricto sensu,* que se apresenta ora como *ordinário* (nascimento, maioridade, morte, decurso do tempo, abandono do álveo pelo rio, aluvião, e avulsão), ora como *extraordinário* (caso fortuito, força maior)[5]. P. ex.: desabamento de um edifício em razão de fortes chuvas; incêndio de uma casa provocado por um raio; naufrágio de uma embarcação em virtude de maremoto. Todos esses acontecimentos provocam efeitos jurídicos, pois o nascimento de alguém acarreta a personalidade jurídica, tornando-o sujeito de direitos e obrigações; o incêndio ou o naufrágio ocasionam perda total ou parcial da propriedade, e a morte das vítimas traz por consequência a transmissão de seus bens a seus herdeiros[6].

O *fato humano* é o acontecimento que depende da vontade humana, abrangendo tanto os atos lícitos como os ilícitos. Pode ser: *a*) *voluntário,* se pro-

---

3. Savigny, *Traité de droit romain,* v. 3, § 103.
4. W. Barros Monteiro, *Curso de direito civil,* v. 1, São Paulo, Saraiva, 1966, p. 172; Caio M. S. Pereira, *Instituições de direito civil,* 5. ed., Rio de Janeiro, Forense, v. 1, p. 396 e 397. Edmond Picard (*Le droit pur,* § 103) prefere denominar o fato jurídico "fato jurígeno", por ser esta expressão mais precisa para indicar a força criadora de relações jurídicas, porém recebeu fortes críticas porque o termo é inadequado para designar o fato como força modificadora e extintiva das relações de direito. Daí conservarem os autores a terminologia do Código: "fato jurídico" (Livro III da Parte Geral).
5. Orlando Gomes, op. cit., p. 227; Savatier, *Traité de la responsabilité civile en droit français,* LGDJ, Paris, 1951, p. 227 a 238; Felipe C. de Almeida, Caso fortuito e força maior: conceitos e um breve comparativo entre sua previsão no Código Civil e a ausência no Código de Defesa do Consumidor. *Revista Síntese – Direito Civil e Processual Civil* – n. 142 (2023), p. 43-58; Rogério Donnini, Pandemia, caso fortuito e imprevisão, *Direito em Debate,* S.Paulo, Almedina, 2022, v. 3, p. 375 a 386. O Decreto n. 8.572/2015 altera o Dec. n. 5.113/2004, que regulamenta o art. 20, XVI, da Lei n. 8.036/90 sobre FGTS, modificando o art. 2º, parágrafo único, ao considerar natural o desastre decorrente do rompimento ou colapso de barragens que ocasione movimento de massa, com danos a unidades residenciais.
6. Álvaro Villaça Azevedo, Fato (Direito civil), in *Enciclopédia Saraiva do Direito,* v. 36, p. 304; Venosa, op. cit., v. 1, p. 260-2; Adriano Ferriani e Carlos Alberto Ferriani, Reflexões sobre força maior e caso fortuito, *Da estrutura à função da responsabilidade civil* (org. Guerra, Morato, Martins e Rosenvald), Indaiatuba, Foco, 2021, p. 223 a 234.

duzir efeitos jurídicos queridos pelo agente, caso em que se tem o *ato jurídico* em sentido amplo, que abrange: o ato jurídico em sentido estrito, se objetivar a mera realização da vontade do agente (perdão, ocupação, confissão etc.) e o negócio jurídico, se procura criar normas para regular interesses das partes, harmonizando vontades que, na aparência, parecem antagônicas (testamento, contratos etc.) e que se subordinam a algumas disposições comuns; e *b*) *involuntário,* se acarretar consequências jurídicas alheias à vontade do agente, hipótese em que se configura o *ato ilícito,* que produz efeitos previstos em norma jurídica, como sanção, porque viola mandamento normativo. P. ex.: a indenização por perdas e danos. Como se vê, o ato ilícito não origina direito subjetivo a quem o pratica, mas sim deveres que variam de conformidade com o prejuízo causado a outrem[7].

Representação gráfica:

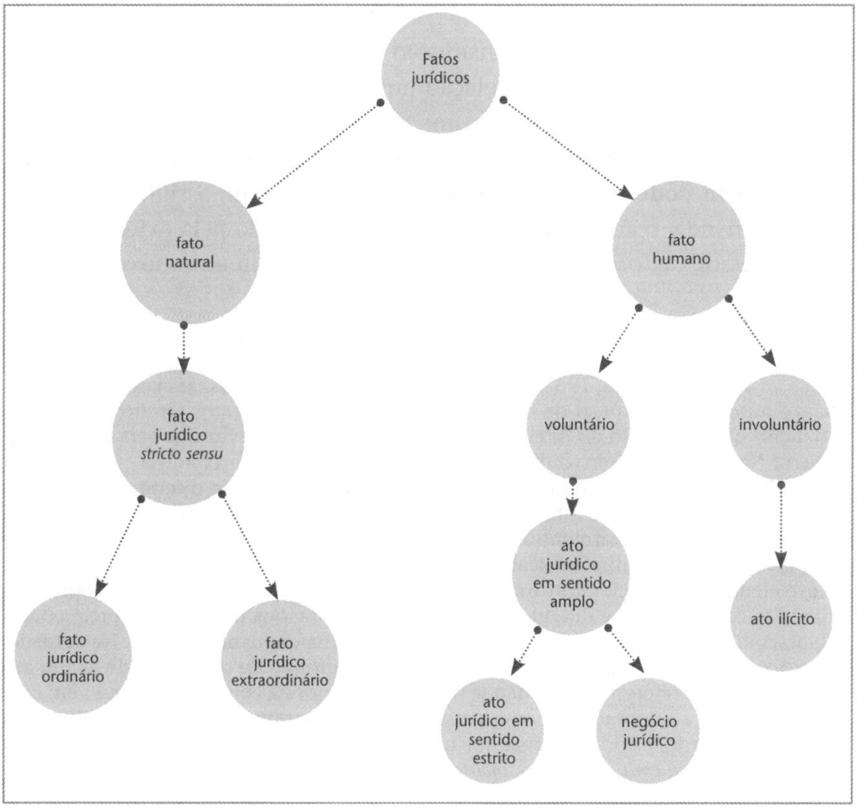

7. Álvaro Villaça Azevedo, Fato, cit., p. 305; R. Limongi França, Fato jurídico, cit., p. 348; Orlando Gomes, op. cit., p. 227; Caio M. S. Pereira, op. cit., v. 1, p. 399; Kelsen, *Teoria*

C. Aquisição de direitos

Segundo Stolfi, a aquisição de um direito é a sua conjunção com seu titular. Assim, surge a propriedade quando o bem se subordina a um *dominus*[8].

No âmbito patrimonial dois são os modos de adquirir direitos:

1) O *originário,* se o direito nascer no momento em que o titular se apropria do bem de maneira direta, sem interposição ou transferência de outra pessoa. P. ex.: a ocupação de uma coisa abandonada, a apropriação de uma concha que o mar atira à praia, a caça e a pesca; a avulsão (CC, arts. 1.248, III, e 1.251 e parágrafo único), ou seja, situação em que, por força natural violenta, uma porção de terra se destaca de um prédio para se acrescer a outro.

2) O *derivado,* se houver transmissão do direito de propriedade de uma pessoa a outra, existindo uma relação jurídica entre o anterior e o atual titular. P. ex.: a compra e venda de uma casa cuja escritura pública foi transcrita no Registro Imobiliário competente. Importante é essa distinção porque ninguém pode transferir mais direitos do que tem; assim, se a aquisição for derivada, o adquirente terá seu direito limitado pela extensão do de seu antecessor, de forma que, p. ex., se alguém adquiriu um imóvel de quem

---

pura do direito, Coimbra, 1962, v. 1, cap. IV, n. 27, *a*. É preciso deixar claro que o *ato ilícito* é jurídico, pois, apesar de ilícito, pertence à categoria dos atos jurídicos, visto que o ilícito não é negação do direito, mas seu pressuposto, uma vez que gera efeitos jurídicos. Na lição de Kelsen, o ilícito aparece como pressuposto (condição) e não como negação do direito, logo o ilícito não é um fato que está fora do direito e contra o direito, mas é um fato que está dentro do direito e é por este determinado, pois este se refere precisa e particularmente a ele. Assim sendo, o ilícito, juridicamente, apenas pode ser concebido como direito. Realmente, quando se fala de conduta contrária ao direito, o elemento condicionante é a aplicação da sanção. O ilícito é a conduta daquele indivíduo contra o qual é dirigido o ato coativo que funciona de sanção. É preciso lembrar, como o fez Rosmini, que a norma jurídica brilha enquanto violada. Na verdade, se não puder ser violada é lei física, pois, sem um mínimo de possibilidade de um ato contra o que se refere a norma, não se pode falar em norma como um dever ser em cuja estrutura está a imputação de uma sanção a um comportamento delituoso que a provoca. É, portanto, errôneo afirmar que na designação de *não direito* (ilícito), *contradição* com o direito, *quebra* do direito, *ofensa* do direito se exprime a ideia de uma negação do direito, a representação de algo que está fora do direito e contra ele, que ameaça, interrompe ou mesmo suprime a existência do direito. Não se deve, portanto, dizer que o ato ilícito não é jurídico. *Vide* Bonifacio Rios Avalos, *Introducción al estudio de los hechos y actos jurídicos*, Asunción, 1996.

8. Serpa Lopes, *Curso de direito civil*, 4. ed., São Paulo, Freitas Bastos, 1962, v. 1, p. 387; Caio M. S. Pereira, op. cit., v. 1, p. 400.

não era proprietário, esse vício que inquinava o direito do antecessor continua a ferir o do adquirente, ou se alguém comprar um prédio gravado com servidão, esse ônus real também é transmitido. Por outro lado, se originária a aquisição, não há que se cogitar de extensão ou limitação de direitos, pois, nesta hipótese, adquire-se o direito em toda sua plenitude[9].

A aquisição pode ser ainda: 1) *gratuita,* se não houve qualquer contraprestação, p. ex., a sucessão hereditária, e 2) *onerosa,* quando o patrimônio do adquirente enriquece em razão de uma contraprestação, p. ex., compra e venda[10].

Levando-se em consideração a maneira como se processa, temos: 1) *aquisição a título universal,* se o adquirente substitui o seu antecessor na totalidade de seus direitos ou numa quota ideal deles, tanto nos direitos como nas obrigações, como é o caso do herdeiro, e 2) *aquisição a título singular,* quando se adquire uma ou várias coisas determinadas, apenas no que concerne aos direitos, como sucede com o legatário, que herda coisa individuada[11].

Quanto ao seu processo formativo, pode ser: 1) *simples,* se o fato gerador da relação jurídica consistir num só ato, p. ex.: assinatura de um título de crédito, ou 2) *complexa,* se for necessária a intercorrência simultânea ou sucessiva de mais de um fato, p. ex., a usucapião que requer: posse prolongada, lapso de tempo, inércia do titular e em certas hipóteses justo título e boa-fé[12].

Quanto à aquisição infere-se das normas do Código Civil que:

1) os direitos podem ser adquiridos por ato do adquirente ou por intermédio de outrem. Assim, se o titular for incapaz, a aquisição de seus direitos opera-se por meio da representação legal, como no caso do poder familiar, da tutela ou da curatela. E se capaz, surge a representação convencional que se realiza por mandato (procuração) ou por gestão de negócio. Contudo, há direitos que podem ser adquiridos independentemente do ato

---

9. Oertmann, *Introducción al derecho civil,* § 32; Bassil Dower, *Curso moderno de direito civil,* Nelpa, 1976, v. 1, p. 173 e 174; W. Barros Monteiro, op. cit., v. 1, p. 175 e 176; Caio M. S. Pereira, op. cit., v. 1, p. 401-3; Carlo Fadda, *Negozio giuridico,* § 27; Orlando Gomes, op. cit., p. 228; Silvio Rodrigues, *Direito civil,* 3. ed., Max Limonad, 1966, v. 1, p. 182.

10. Orlando Gomes, op. cit., p. 228.

11. Orlando Gomes, op. cit., p. 228.

12. Serpa Lopes, op. cit., v. 1, p. 389, e Caio M. S. Pereira, op. cit., v. 1, p. 399; Capitant, *Introduction à l'étude du droit civil,* p. 238.

do adquirente ou de seu representante, como nas hipóteses de avulsão (CC, arts. 1.248, III, e 1.251 e parágrafo único) e aluvião (CC, arts. 1.248, II, e 1.250 e parágrafo único)[13];

2) a pessoa pode adquirir para si, ou para outrem. Normalmente a pessoa adquire direitos para si; todavia, pode adquiri-los para terceiro, sem que haja qualquer representação, e, às vezes, sem conhecimento do terceiro em favor de quem se adquire direitos; trata-se da estipulação em favor de terceiro, prevista nos arts. 436 a 438 do Código Civil. P. ex.: suponhamos que *A* contrate com uma companhia seguradora que, no caso de sua morte, esta deverá pagar a quantia *x* a *B*. Dessa forma adquire-se direito para terceiro mediante seguro de vida;

3) os direitos completamente adquiridos são atuais, e os futuros cuja aquisição não se acabou de operar, apresentando assim a distinção entre direito atual e futuro. O *direito atual* é aquele adquirido, que já está em condições de ser exercido[14], por se incorporar imediatamente ao patrimônio do adquirente[15]. P. ex.: se, na compra e venda de uma obra de arte, houver pagamento integral à vista, com a sua tradição transfere-se ao patrimônio do comprador (CC, arts. 493 e 1.267). O *direito futuro* é aquele cuja aquisição, por ocasião da realização do negócio, não se operou, dado que sua efetivação depende de uma condição ou de um prazo. Trata-se de um direito não formado, que requer a complementação dos fatos determinantes de sua aquisição. P. ex.: se se compra uma casa a prestações mensais, a transferência da propriedade só se dará quando se pagar a última parcela (CC, art. 524), ocasião em que se exige a escritura pública para ser transcrita no Registro Imobiliário, sendo, portanto, o direito futuro, eventual, uma vez que sua aquisição pode ocorrer ou não[16]. O *direito futuro* será *deferido,* quando sua aquisição depende somente do arbítrio do sujeito, p. ex., o herdeiro, desde a abertura da sucessão até a aceitação da herança, tem direito futuro deferido, porque depende apenas de sua vontade torná-lo atual (CC, art. 1.784); e *não deferido,* quando se subordina a fatos ou condições falíveis. P. ex.: se alguém faz uma doação de uma casa a *B,* sob

13. Clóvis, *Comentários ao Código Civil*, v. 1, p. 332; Bassil Dower, op. cit., v. 1, p. 174; Orlando Gomes, op. cit., p. 229.
14. W. Barros Monteiro, op. cit., v. 1, p. 174.
15. Orlando Gomes, op. cit., p. 229.
16. Bassil Dower, op. cit., p. 174 e 175; Orlando Gomes, op. cit., p. 229; Serpa Lopes, op. cit., v. 1, p. 390; Verdier, *Les droits eventuels,* Paris, 1955, n. 376, p. 302.

a condição deste se casar, o direito de *B* sobre o imóvel dependerá da realização de seu casamento, que poderá ocorrer ou não (CC, art. 125), ou se um recém-casado falecer, deixando mulher grávida e mãe viva, sua mãe apenas herdará seus bens em concorrência com sua mulher se o nascituro nascer morto (CC, arts. 1.829, II, 1.836 e 1.837), ou, ainda, o direito resultante de promessa de recompensa, que dependerá do fato de o credor incerto realizar as condições da promessa para que possa exigi-lo de quem a formulou (CC, art. 854)[17].

Seria de bom alvitre distinguir-se a expectativa de direito do direito eventual (CC, art. 130) e do direito condicional[18].

A *expectativa de direito* é a mera possibilidade ou esperança de adquirir um direito. P. ex.: a situação do herdeiro testamentário que aguarda a abertura da sucessão, não gozando de qualquer proteção jurídica.

Se houver um interesse, ainda que incompleto, pela falta de um elemento básico protegido por norma jurídica, temos *direito eventual*. P. ex.: penhor de um crédito futuro; promessa de venda; hipoteca sobre bens futuros; pacto de preferência; o direito à sucessão legítima que só se consolida com a morte do autor da herança, pelo fato de serem os herdeiros seus descendentes etc.

O *direito condicional* é o que só se perfaz pelo advento de um acontecimento futuro e incerto, de modo que o seu titular só o adquire se sobrevier a condição. P. ex.: um advogado oferece sociedade ao seu estagiário se ele se formar em direito, ficando este com a possibilidade de adquirir aquele direito, se conseguir colar grau.

D. Modificação dos direitos

Sem que haja alteração em sua substância, os direitos podem sofrer modificação em seu conteúdo ou objeto e em seus titulares.

Assim, tem-se a *modificação objetiva* quando atingir a qualidade ou quantidade do objeto ou conteúdo da relação jurídica.

---

17. Bassil Dower, op. cit., p. 175; Serpa Lopes, op. cit., v. 1, p. 392.
18. Silvio Rodrigues, *Direito civil*, cit., v. 1, p. 181 e 182; Serpa Lopes, op. cit., v. 1, p. 392-7; Vicente Ráo, *O direito e a vida dos direitos*, v. 2, n. 49; W. Barros Monteiro, op. cit., p. 175; Andrea Torrente, *Manuale di diritto privato*, p. 42; Verdier, op. cit., n. 375, p. 300 e 301; Goffredo Telles Jr., *Iniciação na ciência do direito*, São Paulo, Saraiva, 2001, p. 331-40.

Qualitativa será a modificação quando o conteúdo do direito se converte em outra espécie. P. ex.: o credor por coisa determinada que recebe do devedor o equivalente em dinheiro, hipótese em que a obrigação de dar coisa certa se transmuda em dever de indenizar. Há, portanto, uma modificação na natureza do direito creditório, sem quaisquer alterações no crédito.

Será *quantitativa* a modificação se o seu objeto aumentar ou diminuir no volume, sem alterar a qualidade do direito, em virtude de fato jurídico *stricto sensu* (p. ex.: diminuição de terrenos ribeirinhos, em virtude de aluvião), ou ato jurídico do titular ou de outrem (p. ex.: amortização do débito).

A *modificação subjetiva* é a pertinente ao titular, subsistindo a relação jurídica, hipótese em que se pode ter a substituição do sujeito de direito *inter vivos* ou *causa mortis*. P. ex.: o poder jurídico exercido por ele sobre um imóvel passa a sê-lo por outra pessoa, em razão de alienação ou desapropriação que, então, terá a titularidade do direito, afastando o primitivo titular. O direito da propriedade não perde sua substância, apenas ocorre um deslocamento de titularidade, sem cessação da relação jurídica. Da mesma forma, com a morte do titular, aberta a sucessão, a herança se transporta para os herdeiros legítimos e testamentários, o que assegura a continuidade da relação jurídica. Não só o sujeito ativo pode ser substituído, mas também o passivo, pois o devedor da relação jurídica pode ser substituído por outro em ato voluntário (assunção de dívida) ou involuntário (responsabilidade do herdeiro dentro do acervo hereditário), sem qualquer alteração na sua substância.

É preciso lembrar que há direitos que não comportam modificação em seu sujeito por serem personalíssimos; extinguem-se com a sua morte ou substituição.

Tem-se, ainda, modificação subjetiva quando houver multiplicação dos sujeitos. P. ex.: quando ao titular do direito outros se associam, exercendo, conjuntamente, os poderes inerentes à propriedade, caso em que o primitivo dono não deixa de sê-lo, mas perde a exclusividade do direito de propriedade, que tem como titulares os demais condôminos, ou quando vários devedores, de uma obrigação divisível, tomam o lugar do devedor.

Poder-se-á ter, ainda, modificação subjetiva na hipótese: 1) de concentração, isto é, quando um direito possui vários titulares, que se vão reduzindo, como no usufruto simultâneo (CC, art. 1.411) instituído em benefício de muitas pessoas, que vão diminuindo de número, por morte ou por atingirem o limite de idade estipulado no ato constitutivo; e 2) de desdobramento da relação jurídica, se, p. ex., o sujeito de direito outorga uma parte de seus poderes em favor de outrem, sem contudo perder o direito, como a constituição de renda vitalícia.

Observa Caio Mário da Silva Pereira que, além das modificações objetivas e subjetivas, há as que recaem sobre a intensidade do vínculo jurídico, que sofre atenuação sem extinguir-se: o locador a quem é oposto direito de retenção por benfeitorias, embora possa recuperar o bem locado, só poderá fazê-lo se indenizar o locatário das despesas efetuadas na coisa. Outras vezes o direito passa por um período de apatia, revigorando-se posteriormente em toda plenitude. P. ex.: o dono do prédio dominante, que adquire o serviente, não pode exercer direito de servidão sobre coisa própria, mas se vier a sofrer evicção do que adquiriu, restaura-se aquele direito[19].

E. Defesa dos direitos

Para resguardar seus direitos, o titular deve praticar atos conservatórios como: protesto; retenção (que é concedida ao possuidor que fez benfeitorias úteis e necessárias na coisa alheia – CC, art. 1.219); arresto (apreensão judicial da coisa, sobre a qual se litiga ou de bens suficientes para a segurança da dívida); sequestro (depósito judicial da coisa litigiosa, para garantia do direito); caução fidejussória ou real; interpelações judiciais para constituir devedor em mora, quando esta não resulta de cláusula expressa na convenção ou de termo estipulado com esse escopo ou de notificação extrajudicial[20].

Quando sofrer ameaça ou violação, o direito subjetivo é protegido por ação judicial (CF, art. 5º, XXXV, e CC, art. 189). Para propô-la ou contestá-la, é preciso ter legítimo interesse econômico ou moral (CPC, art. 17; STF, Súmula 409). A ação judicial é um direito que todos têm de movimentar a máquina judiciária para pedir proteção, fazendo cessar a violação de um direito subjetivo, desde que tenham legitimação para agir e interesse econômico, isto é, apreciável em dinheiro, ou moral, concernente à honra, à liberdade, ao decoro, ao estado da pessoa e à profissão do autor ou de sua família. P. ex.: a anulação de casamento de menor de 16 anos poderá ser requerida pelo próprio cônjuge menor, por seus representantes legais ou por seus

19. Caio M. S. Pereira, op. cit., v. 1, p. 403-7; Orlando Gomes, op. cit., p. 230 e 231; Serpa Lopes, op. cit., v. 1, p. 397.
20. Clóvis, *Teoria geral do direito civil*, 4. ed., 1972, p. 300-2.

ascendentes, conforme dispõe o art. 1.552 do Código Civil[21]. Se bem que, pelo art. 5º, LXXIII, da Constituição Federal de 1988, "qualquer cidadão será parte legítima para propor ação popular que vise anular atos lesivos ao patrimônio de entidades públicas", por estar em jogo o interesse público.

Tutelados estão os direitos atuais e futuros deferidos; quanto aos não deferidos, subordinados a fatos ou condições falíveis, é permitido exercer atos destinados a conservá-los. Deveras, o art. 130 do Código Civil assim reza: "Ao titular do direito eventual, nos casos de condição suspensiva ou resolutiva, é permitido praticar os atos destinados a conservá-lo".

Além desse meio de defender o direito lesado, o titular provido está de instrumentos de defesa preventiva, para impedir a violação de seu direito que pode ser: 1) extrajudicial, como a cláusula penal, arras, fiança etc.; e 2) judicial, como, p. ex., o interdito proibitório (CPC, art. 567), a ação de dano infecto (CC, art. 1.280) etc.

Encontramos, ainda, em nosso ordenamento jurídico resquícios de justiça pelas próprias mãos, em que a pessoa lesada, empregando força física, se defende usando meios moderados, mediante agressão atual e iminente, sem recorrer ao Poder Judiciário. A autodefesa está prevista no art. 1.210, § 1º, do Código Civil, que estatui: "O possuidor, turbado ou esbulhado, poderá manter-se ou restituir-se por sua própria força, contanto que o faça logo; os atos de defesa, ou de desforço, não podem ir além do indispensável à manutenção, ou restituição da posse".

F. Extinção dos direitos

Os direitos extinguem-se quando ocorrer:

1) *Perecimento do objeto* sobre o qual recaem (CC, arts. 1.410, V, e 1.436, II) se ele perder suas qualidades essenciais (campo invadido pelo mar) ou o valor econômico (cédulas recolhidas); se se confundir (CC, arts. 1.272, 1.273 e 1.274) com outro de modo que se não possa distinguir (confusão, mistura de líquidos; comistão, de sólidos e adjunção, justaposição de uma coisa à outra)[22]; se cair em lugar onde não pode mais ser retirado (anel que cai no mar).

---

21. W. Barros Monteiro, op. cit., v. 1, p. 180. STF, Súmula 150.
22. W. Barros Monteiro, op. cit., v. 1, p. 181 e 182.

O Código Civil, nos arts. 927, 929, 931 e 934, traça normas concernentes à responsabilidade civil, pois se a coisa perecer por fato alheio à vontade do dono, este terá ação pelos prejuízos contra o culpado. Tem, ainda, ação de perdas e danos contra aquele que, incumbido de conservar o bem, por negligência o deixa perecer, cabendo a este, por sua vez, direito regressivo contra o terceiro culpado. Neste caso tem-se a modificação e não extinção da relação jurídica, pois esta se transforma, sub-rogando-se a coisa destruída pelo valor da indenização.

2) *Alienação,* que é o ato de transferir o objeto de um patrimônio a outro, havendo perda do direito para o antigo titular.

3) *Renúncia,* que é o ato jurídico pelo qual o titular de um direito dele se despoja[23], sem transferi-lo a quem quer que seja, sendo renunciáveis os direitos atinentes ao interesse privado de seu titular, salvo proibição legal. Insuscetíveis de renúncia são os direitos públicos e os que envolvem interesses de ordem pública, como os de família (poder familiar, poder marital etc.)[24] e os da personalidade (vida, honra, liberdade).

4) *Abandono,* que é a intenção do titular de se desfazer da coisa, porque não quer mais continuar sendo seu dono.

5) *Falecimento do titular,* sendo o direito personalíssimo e por isso intransmissível (CC, arts. 520 e 560)[25]. P. ex., quando morre o filho extramatrimonial sem ter iniciado a ação de investigação de paternidade, perece o direito à declaração judicial da paternidade porque a iniciativa desta ação é do filho, e com sua morte opera-se a extinção do próprio direito[26] (*RT, 265*:261). Mas, se porventura o investigante falecer na pendência da lide, seus herdeiros poderão continuar a ação (CC, art. 1.606 e parágrafo único).

6) *Prescrição,* que extinguindo a pretensão faz com que o direito de exigir, judicialmente, a obrigação do inadimplente do dever legal ou contratual desapareça pela ausência de tutela jurídica, embora possa haver modificação de sujeitos, como sucede no caso de usucapião, em que o antigo titular perde a ação (em sentido material) devido a sua inércia e, consequentemente, o possuidor adquire, por meio de sentença declaratória, o direito real.

23. Clóvis, op. cit., p. 303.
24. Caio M. S. Pereira, op. cit., v. 1, p. 408 e 409.
25. W. Barros Monteiro, op. cit., v. 1, p. 182.
26. Caio M. S. Pereira, op. cit., v. 1, p. 407 e 408.

7) *Decadência,* que atinge o próprio direito potestativo.

8) *Abolição de uma instituição jurídica,* como aconteceu com a escravidão, dote e usufruto vidual.

9) *Confusão,* se numa só pessoa se reúnem as qualidades de credor e de devedor (CC, arts. 381, 1.410, VI, e 1.436, IV).

10) *Implemento de condição resolutiva.*

11) *Escoamento do prazo,* se a relação jurídica for constituída a termo.

12) *Perempção* da instância ou do processo, ficando ileso o direito de ação (CPC, arts. 337, V, 240, § 4º, 485, V e § 3º, 486, § 2º, e 354)[27].

13) *Aparecimento de direito incompatível com o direito atualmente existente e que o suplanta.*

Em todos esses casos não renasce o direito[28].

27. Na Parte Especial, o Código Civil prevê casos de extinção: perda da posse (art. 1.223); perda da propriedade (art. 1.275, I a V); resolução do domínio (art. 1.359); extinção das servidões (arts. 1.387 a 1.389); do usufruto (art. 1.410); do penhor (art. 1.436, I a V) e da hipoteca (arts. 1.499 e 1.500) (W. Barros Monteiro, op. cit., v. 1, p. 182).

28. Orlando Gomes, op. cit., p. 234.

Quadro Sinótico

TEORIA GERAL DOS FATOS JURÍDICOS

1. CONCEITO DE FATO JURÍDICO EM SENTIDO AMPLO	• É o acontecimento, previsto em norma jurídica, em razão do qual nascem, se modificam, subsistem e se extinguem relações jurídicas.			
2. CLASSIFICAÇÃO DOS FATOS JURÍDICOS EM SENTIDO AMPLO	• Fato natural ou fato jurídico *stricto sensu*	• Conceito	• É o que advém, em regra, de fenômeno natural, sem intervenção da vontade humana, que produz efeito jurídico.	
		• Classificação	• Ordinário	• Nascimento, morte, maioridade, menoridade, decurso de tempo, aluvião, avulsão.
			• Extraordinário	• Caso fortuito e força maior (desabamento de um edifício em razão de tempestade; naufrágio de um barco em virtude de maremoto).
	• Fato humano	• Conceito	• Acontecimento que depende de vontade humana.	
		• Classificação	• Voluntário	• Se produzir efeitos jurídicos queridos pelo agente, caso em que se tem o *ato jurídico* em sentido amplo. Ele abrange: *ato jurídico em sentido estrito* (perdão, ocupação, confissão) e *negócio jurídico* (contratos, testamento etc.).
			• Involuntário	• Se acarretar consequências jurídicas alheias à vontade, hipótese em que se configura o *ato ilícito*.

3. AQUISIÇÃO DE DIREITOS	• Conceito	• Para Stolfi é a conjunção do direito com seu titular.	
	• Classificação	• Originária ou derivada. • Gratuita ou onerosa. • A título singular ou a título universal. • Simples ou complexa.	
	• Normas	• CC, arts. 1.248, II e III, 1.251, parágrafo único, 1.250 e parágrafo único. Direito atual (CC, arts. 436 a 438); direito futuro (CC, art. 524); direito futuro deferido (CC, art. 1.784) e direito futuro não deferido (CC, arts. 125, 1.829 e 854).	
		• Expectativa de direito	• É a mera possibilidade de adquirir um direito.
		• Direito eventual	• Quando há interesse incompleto pela falta de um elemento básico, protegido por norma jurídica.
		• Direito condicional	• É o que se perfaz pelo advento de um acontecimento futuro e incerto.
4. MODIFICAÇÃO DOS DIREITOS	• Objetiva	• *Qualitativa*, se atingir a qualidade do objeto ou do conteúdo do direito. • *Quantitativa*, se atingir a quantidade do objeto, aumentando ou diminuindo seu volume, sem alterar a qualidade do direito.	
	• Subjetiva	• Se houver uma substituição por ato *inter vivos* ou *mortis causa* do sujeito ativo ou passivo, subsistindo a relação jurídica. • Se houver multiplicação ou concentração de sujeitos. • Se houver desdobramento da relação jurídica.	

5. DEFESA DOS DIREITOS	• Atos de conservação do direito	• Protesto, retenção, arresto, sequestro, caução real ou fidejussória, interpelações judiciais, notificações extrajudiciais.
	• Atos de defesa do direito lesado	• Ação judicial (CF, art. 5º, XXXV e LXXIII; CPC, art. 17) para defender direitos atuais e futuros deferidos e, ainda, os eventuais.
	• Atos de defesa preventiva	• Extrajudicial (cláusula penal, arras, fiança etc.). • Judicial (interdito proibitório – CPC, art. 567); ação de dano infecto – CC, art. 1.280).
	• Autodefesa	• CC, art. 1.210, § 1º.
6. EXTINÇÃO DOS DIREITOS	• Perecimento do objeto (CC, arts. 1.272, 1.273, 1.274, 927, 929, 931 e 934). • Alienação. • Renúncia. • Abandono. • Falecimento do titular sendo o direito personalíssimo (CC, arts. 520 e 560). • Prescrição. • Decadência. • Abolição de um instituto jurídico. • Confusão (CC, arts. 381, 1.410, VI, e 1.436, IV). • Implemento de condição resolutiva. • Escoamento do prazo. • Perempção de instância (CPC, arts. 337, V, 240, § 4º, 485, V e § 3º, 486, § 2º, e 354). • Aparecimento de direito incompatível com o direito atualmente existente e que o suplanta.	

2. Fato jurídico "stricto sensu"

A. Conceituação e classificação

Todos nós assistimos a um infindável número de fatos, mas no campo do direito interessa o fato juridicamente qualificado, isto é, o fato quando ele se insere numa norma jurídica. P. ex.: uma tempestade pode ser olhada sob muitos prismas: o estético, como a *Tempestade,* de Beethoven, na Sinfonia Pastoral; o poético, nada impede que um poeta fique encantado com as consequências de uma tempestade e faça versos a respeito; o meteorológico, em que se a examina como um fenômeno físico-natural; o jurídico, enquanto contido numa ordem jurídico-normativa, produzindo efeitos jurídicos, p. ex., o raio precisaria atingir um barco, ocasionando naufrágio, para ter repercussão no mundo jurídico, acarretando fim da propriedade, da pessoa natural, abertura da sucessão, pois se cair em alto-mar, sem causar nenhuma consequência ou dano, será apenas um fato natural[29].

De modo que o fato jurídico *stricto sensu* seria o acontecimento independente da vontade humana que produz efeitos jurídicos, criando, modificando ou extinguindo direitos.

---

29. Alberto Rocha Azevedo, Teoria geral dos negócios jurídicos e atividade negocial, in *Curso de direito empresarial,* São Paulo, Ed. Resenha Tributária, 1976, v. 1, p. 105 e 106. Kelsen, *Teoria pura do direito* (2. ed., 1966, v. 1, p. 22 e 135) ensina-nos que a Ciência do Direito tem por objetivo precípuo estudar as normas jurídicas determinantes da conduta humana ou o comportamento humano enquanto referir-se a "fatos e situações que não constituem conduta humana, mas desde que sejam condições ou efeitos de conduta humana". Uma norma de direito pode determinar, p. ex., que, em caso de um cataclismo da natureza, aqueles que por ele não forem imediatamente atingidos estão obrigados a prestar socorro às vítimas na medida do possível.

Os fatos jurídicos em sentido estrito podem ser classificados[30] quanto à sua normalidade em:

1) *Ordinários,* como morte, nascimento, maioridade, menoridade, aluvião, avulsão, álveo abandonado, decurso do tempo que juridicamente se apresenta sob a forma de *prazo* – intervalo entre dois termos (*dies a quo* e *dies ad quem*), o inicial e o final, pois o termo é o momento no qual se produz, se exerce ou se extingue determinado direito; de *usucapião*; de *prescrição* e de *decadência*.

2) *Extraordinários* ou irresistíveis, como o caso fortuito e a força maior, que se caracterizam pela presença de dois requisitos: o objetivo, que se configura na inevitabilidade do evento, e o subjetivo, que é a ausência de culpa na produção do acontecimento[31]. No caso fortuito e na força maior há sempre um acidente que produz prejuízo. Na *força maior* conhece-se a causa que dá origem ao evento, pois se trata de um fato da natureza, p. ex., raio que provoca incêndio, inundação que danifica produtos, implicando a ideia de relatividade, já que a força do acontecimento é maior que a suposta, devendo-se fazer uma consideração prévia do estado do sujeito e das circunstâncias espaçotemporais, para que se caracterize como eficácia liberatória de responsabilidade civil. No *caso fortuito* o acidente que gera o dano advém de causa desconhecida, como o cabo elétrico aéreo que se rompe e cai sobre fios telefônicos, causando incêndio, a explosão de caldeira de usina, provocando morte. Pode ser ocasionado por fato de terceiro, como greve, motim, mudança de governo, colocação do bem fora do comércio, que cause graves acidentes ou prejuízos, devido à impossibilidade do cumprimento de certas obrigações. Sendo absoluto, por ser totalmente imprevisível ou irreconhecível com alguma diligência de modo que não se poderia cogitar da responsabilidade do sujeito, acarreta extinção das obrigações, salvo se se convencionou pagá-las ou se a lei lhe impõe esse dever, como nos casos de responsabilidade objetiva. Porém nem sempre tem esse efeito extintivo, já que nas obrigações de dar coisa incerta o devedor não se exonera sob a alegação de perda ou deterioração por caso fortuito[32].

---

30. W. Barros Monteiro, op. cit., v. 1, p. 173.

31. Orlando Gomes, op. cit., p. 236.

32. Orlando Gomes, op. cit., p. 237; R. Limongi França, Caso fortuito e força maior, in *Enciclopédia Saraiva do Direito,* v. 13, p. 475-9; José Cretella Jr., Caso fortuito, in *Enciclopédia Saraiva do Direito,* v. 13, p. 474 e 475. Alguns autores consideram as expressões "força maior" e "caso fortuito" como sinônimas. Dentre eles Mazeaud, *Traité théorique et pratique de la responsabilité civile,* 2. ed., v. 2, § 1.540; Antônio Chaves, Caso fortuito e força maior, *Rev. da Faculdade de Direito de São Paulo, 61*(1):60, 1966.

Dentre todos esses fatos jurídicos *stricto sensu* sobreleva em importância o *decurso do tempo,* principalmente no que concerne à prescrição e à decadência, dada a enorme influência que exercem nas relações jurídicas, no que diz respeito à aquisição e à extinção dos direitos. *Dormientibus non succurrit jus,* por essa razão serão esses institutos objeto de nosso exame no próximo item.

B. Prescrição como fato jurídico

b.1. Conceito e requisitos da prescrição

A violação do direito subjetivo cria para o seu titular a pretensão, ou seja, o poder de fazer valer em juízo, por meio de uma ação (em sentido material), a prestação devida, o cumprimento da norma legal ou contratual infringida ou a reparação do mal causado, dentro de um *prazo legal* (arts. 205 e 206 do CC). O titular da pretensão jurídica terá prazo para propor ação, que se inicia (*dies a quo*) no momento em que sofrer violação do seu direito subjetivo. Se o titular deixar escoar tal lapso temporal, sua inércia dará origem a uma *sanção adveniente,* que é a prescrição. Esta é uma pena ao negligente. É perda da ação, em sentido material, porque a violação do direito é condição de tal pretensão à tutela jurisdicional. A prescrição atinge a ação em sentido material e não o direito subjetivo; não extingue o direito, gera a *exceção,* técnica de defesa que alguém tem contra quem não exerceu, dentro do prazo estabelecido em lei, sua pretensão. Se não fosse oposta pelo demandado, a prescrição não produziria quaisquer efeitos sobre a ação, em sentido processual, pois o órgão judicante não poderia conhecê-la de ofício (CC, art. 194, ora revogado), salvo se viesse a favorecer absolutamente incapaz (CC, art. 3º). Com a revogação do art. 194 do Código Civil pela Lei n. 11.280, de 16 de fevereiro de 2006, permitiu-se ao órgão judicante reconhecer de ofício a prescrição, o que anteriormente só ocorria se favorecesse absolutamente incapaz. O Código de Processo Civil de 2015, art. 487, II, permite decisão de ofício ou a requerimento, sobre ocorrência de prescrição. Ressalte-se que o juiz não podia fazê-lo em se tratando de direitos patrimoniais. Se assim é, claro está que o titular da pretensão prescrita não perde o direito processual da ação (em sentido adjetivo), pois se houver rejeição de sua demanda, por ter sido acolhida a exceção da prescrição, importará uma sentença de mérito (CPC, art. 487, II), que fará coisa julgada material (CPC, arts. 502 e 503), apesar de, ao acatar aquela exceção, deixar de examinar a existência ou não do material subjetivo em litígio. É a prescrição uma preliminar de mérito. A pretensão é, pois, o direito de exigir em juízo a obrigação do inadimplente, do dever legal ou contratual; junto com ela nasce a ação (em sentido material) para obter a prestação da tutela jurisdicional a que faz jus o titular do direito violado ou ameaçado (CF, art. 5º, XXXV). A *exceção* é meio de defesa indireta para resistir ao exercício daquela pretensão do autor contrapondo um benefício ao réu (p. ex., exceção de contrato não cumprido, retenção por benfeitoria, prescrição); logo, não nega direito material do autor; visa sua neutralização.

A prescrição tem por objeto a pretensão à prestação devida em virtude de um descumprimento legal ou obrigacional, que gera o direito para obter a tutela jurisdicional (CC, art. 189)[33]; por ser uma exceção oposta ao exercício da ação (em sentido material), tem por escopo extingui-la[34], ante a inércia do titular, deixando escoar o prazo legal para exigi-la, tendo por fundamento um interesse jurídico-social. Esse instituto foi criado como medida de ordem pública para proporcionar segurança às relações jurídicas, que seriam comprometidas diante da instabilidade oriunda do fato de se possibilitar o exercício da ação por prazo indeterminado. Violado um direito nasce para o seu titular a pretensão (*Anspruch*), ou seja, o poder de exigir, em juízo, uma prestação que lhe é devida.

---

33. Segundo Quicherat (*Dictionnaire latin-français,* veb. *praescribo*), o termo "prescrição" procede do vocábulo latino *praescriptio,* derivado do verbo *praescribere,* formado de *prae* e *scribere,* com a significação de "escrever antes" ou "no começo". Zachariae-Crome, *Manuale del diritto civile francese,* com. ao art. 2.219 do Código Civil francês; Maynz, *Droit romain,* §§ 58 e 61; Chironi e Abello, *Trattato di diritto civile italiano,* v. 1, último cap.; Barassi, *Istituzioni di diritto civile,* § 48; Alves Moreira, *Direito civil português,* v. 1, *in fine*; Espínola, *Breves anotações ao Código Civil,* v. 1, nota 227; Carpenter, *Da prescrição,* n. 16; Clóvis, op. cit., § 77; Darcy Arruda Miranda, *Anotações ao Código Civil brasileiro,* São Paulo, Saraiva, 1981, v. 1, p. 109-39; Baudry-Lacantinerie et Tissier, *De la prescription,* n. 34-40 e 53-92; Leon Gomes, *Prescripciones y términos legales,* p. 93-4; Carlos Alberto Dabus Maluf, Prescrição pode ser alegada em qualquer fase, *Tribuna do Direito,* n. 45, p. 14; Vilson Rodrigues Alves, Prescrição e caducidade no Código Civil brasileiro, *Trinolex.com, 2*:26-9. Sebastião José Roque, *Teoria geral do direito civil,* cit., p. 153-66. Trata-se da teoria da *Anspruch* adotada por Oertmann, Von Tuhr e Enneccerus. Nosso Código Civil dá guarida à velha regra *quae temporalia sunt ad agendum perpetua sunt ad excipiendum* (o direito prescrito pode ser invocado por via de exceção). Pelo Enunciado n. 14, aprovado na Jornada de Direito Civil, promovida pelo Centro de Estudos Judiciários do Conselho da Justiça Federal, "o início do prazo prescricional ocorre com o surgimento da pretensão, que decorre da exigibilidade do direito subjetivo; o art. 189 diz respeito a casos em que a pretensão nasce imediatamente após a violação do direito absoluto ou de obrigação de não fazer". Pelo Enunciado n. 579: "Nas pretensões decorrentes de doenças profissionais ou de caráter progressivo, o cômputo da prescrição iniciar-se-á somente a partir da ciência inequívoca da incapacidade do indivíduo, da origem e da natureza dos danos causados" (aprovado na VII Jornada de Direito Civil).
34. Antônio Luiz da Câmara Leal, *Da prescrição e decadência,* Rio de Janeiro, Forense, 1978, p. 9; Alan Martins e Antonio Borges de Figueiredo, *Prescrição e decadência no direito civil*; Porto Alegre, Síntese, 2004; Matiello, *Código,* cit., p. 153; Daneluzzi, As implicações da Covid-19 no direito civil, *As consequências da Covid-19 no direito brasileiro* (coord. Warde e Valim), São. Paulo, Contracorrente, 2020, p. 133 e 134.

Pelo princípio da *actio nata*, a prescrição faz extinguir a pretensão, tolhendo tanto o direito de ação como o de exceção, visto que o meio de defesa de direito material deve ser exercido no mesmo prazo em que prescreve a pretensão (CC, art. 190). Pelo Enunciado n. 415 do CJF, aprovado na V Jornada de Direito Civil: "O art. 190 do Código Civil refere-se apenas às exceções impróprias (dependentes/não autônomas). As exceções propriamente ditas (independentes/autônomas) são imprescritíveis".

Enquanto ficar intacta a *actio* (em sentido material, ou seja, a pretensão), inalterável ficará a exceção (defesa cabível contra aquela pretensão). A exceção é, como vimos, técnica de defesa que só se viabiliza quando a pretensão for deduzida. Por isso, ambas as partes envolvidas têm igual lapso temporal para o ataque e para a defesa. Mas isso apenas se dá se a exceção for dependente (não autônoma); p. ex., se a defesa se fundar na compensação de um crédito do réu contra o autor, prescrito este, não haverá como excepcioná-lo. Deveras, se prescrita estiver a pretensão, nada poderá ser excepcionado. Se assim é, se a exceção for independente (autônoma), não haverá prescrição, p. ex., exceção de coisa julgada ou de pagamento. Como ensinam Humberto Theodoro Jr. e Hélio Tornaghi, o art. 190 somente se aplicará aos casos em que, pela via de exceção, o demandado opuser ao demandante o mesmo direito que antes poderia ter pleiteado como pretensão, em via de ação. Se a pretensão puder ser fulminada, p. ex., pelo decurso do lapso prescricional de três anos, em igual prazo desaparecerá a permissão para opor uma defesa para elidi-la. Enquanto persistir a pretensão, a exceção cabível contra ela será viável, isto porque é uma técnica de defesa que só poderá ser apresentada em juízo depois que a pretensão foi alegada judicialmente para fazer valer um direito violado.

Constitui-se como uma pena (*sanção adveniente*) para o negligente, que deixa de exercer seu direito de poder exigir, em juízo, ação em sentido material), dentro de certo prazo, ante uma pretensão resistida, a reparação do mal causado, o cumprimento da prestação ou a imposição de uma sanção ao inadimplente. A prescrição ocorre pelo fato de a inércia do lesado, pelo tempo previsto, deixar que se constitua uma situação contrária à pretensão; visa punir, portanto, a inércia do titular do direito violado e não proteger o lesante. P. ex.: os locadores têm direito de cobrar seus aluguéis por meio de ação judicial se os inquilinos recusarem-se a pagá-los; mas se dentro de três anos não formalizarem a demanda, perdem o direito de fazê-lo, porque há um interesse social em não permitir que as pendências fiquem sempre em aberto (CC, art. 206, § 3º, I). Se uma seguradora, em caso de seguro de responsabilidade civil obrigatório, não pagar o beneficiário, este terá três anos para fazer valer sua pretensão (CC, art. 206, § 3º, IX), sob pena de a companhia seguradora se socorrer da prescrição, invocando-a como meio de defesa para objetivar a extinção da ação (em sentido material) proposta após o prazo prescricional. Eis por que a prescrição é necessária para regular o uso das ações em juízo, visando a consolidar direitos. Por ser de ordem pública a prescrição acarreta três consequências: simples particulares não podem declarar imprescritível qualquer direito; os prazos prescricionais não podem ser alterados, interrompidos, impedidos ou suspensos, nem reduzidos, nem aumentados pelos particulares por simples acordo volitivo (CC, art. 192); e antes de consumada, a prescrição é irrenunciável[35] (CC, art. 191). Com a renúncia o devedor abre mão da exceção (defesa) decorrente da prescrição. Logo, da renúncia começará a fluir, novamente e por inteiro, o mesmo prazo prescricional, pois uma nova prescrição se inicia.

Realmente, como pontifica Pontes de Miranda[36], a prescrição seria uma exceção que alguém tem contra o que não exerceu, durante um lapso de tempo fixado em norma, sua pretensão.

Poder-se-á até mesmo conceituá-la, feitos esses esclarecimentos, seguindo a esteira de Câmara Leal, como a "extinção de uma ação ajuizável, em virtude da inércia de seu titular durante um certo lapso de tempo, na ausência de causas preclusivas de seu curso"[37].

O que caracteriza, na verdade, a prescrição é que ela visa a extinguir uma pretensão alegável em juízo por meio de uma ação, mas não o direito propriamente dito. Clóvis esclarece que não é a falta de exercício do direito que lhe tira o vigor, pois o direito pode conservar-se inativo por longo tempo, sem perder sua eficácia. O não uso da ação (em sentido material) é que lhe atrofia a capacidade de reagir. Assim, havendo prescrição, há desoneração do devedor ante a negligência do credor em não propor ação de cobrança de dívida dentro do prazo estabelecido em lei, reclamando seu direito; porém tal fato não anula a obrigação do devedor, já que será válido o pagamento voluntário de dívida prescrita, cuja restituição não poderá ser reclamada (CC, art. 882)[38].

---

35. A. L. Câmara Leal, op. cit., p. 14-9; Silvio Rodrigues, *Direito civil*, cit., v. 1, p. 358; Orlando Gomes, op. cit., p. 452; Bassil Dower, op. cit., v. 1, p. 286; Goffredo Telles Jr., Anotações de aula proferida no Curso de Pós-Graduação na USP em 1971; Humberto Theodoro Jr., *Comentário ao novo Código Civil*, Rio de Janeiro, Forense, 2003, p. 186; Hélio Tornaghi, *Instituições de processo penal*, Rio de Janeiro, Forense, 1959, v. 1, p. 353; *ADCOAS*, n. 89.666, 1983.

36. Pontes de Miranda, *Tratado de direito privado*; parte geral, v. 6, p. 100.

37. Câmara Leal, op. cit., p. 12. Mas para a jurisprudência, inclusive do STJ, a existência da dívida prescrita faz com que não haja possibilidade de exigibilidade judicial, todavia nada impede sua cobrança pela via extrajudicial. Nesse sentido, 1ª Turma dos Juizados Especiais do TJ/BA.

38. Clóvis, *Comentários ao Código Civil*, obs. ao art. 161 do CC de 1916; Bassil Dower, op. cit., v. 1, p. 287; Luiz R. Nuñes Padilla, As chamadas prescrições "negativa" e "positiva"

Para que se configure a prescrição, imprescindível será a ocorrência de quatro requisitos[39].

1) *Existência de uma pretensão, que possa ser em juízo alegada por meio de uma ação exercitável,* que é seu objeto, em virtude da violação do direito, que ela tem por fim remover. Deveras, violado o direito pessoal ou real nasce a pretensão (ação em sentido material) contra o sujeito passivo; com a recusa deste em atender a pretensão, nasce a ação processual, com a qual se provoca a intervenção estatal, que prescreverá se o interessado não a mover[40].

2) *Inércia do titular da pretensão, ou seja, da ação (em sentido material) pelo seu não exercício,* que é sua causa eficiente, mantendo-se em passividade ante a violação que sofreu em seu direito, deixando que ela permaneça. Cessa tal inércia no momento em que o titular ajuizar uma ação pedindo ao órgão judiciário o restabelecimento de seu direito, impondo ao infrator a reparação de perdas e danos[41].

3) *Continuidade dessa inércia durante um certo lapso de tempo,* que é o seu fator operante, pois o que a norma jurídica pretende punir é a inércia prolongada e não a passageira. Para a consumação da prescrição exige-se inércia continuada, sem qualquer interrupção, durante todo o tempo previsto em lei para o exercício da ação. O Código Civil fixa, no art. 205, o prazo prescricional geral de 10 anos para os casos em que a lei não fixou prazo menor e prazos especiais para as diversas ações no art. 206. Não havendo prazo especial, a ação submete-se ao prazo geral, segundo sua natureza pessoal ou real, salvo casos expressamente previstos em lei[42].

4) *Ausência de algum fato ou ato a que a lei confere eficácia impeditiva, suspensiva ou interruptiva de curso prescricional,* que é o seu fator neutralizante.

As *causas interruptivas* da prescrição são as que inutilizam a prescrição iniciada, de modo que o seu prazo recomeça a correr da data do ato que a interrompeu (p. ex., reconhecimento extrajudicial do pagamento parcial do débito) ou do último ato do processo para a interromper (p. ex., trânsito em julgado da sentença – CC, art. 202, parágrafo único; *RT, 459*:121). Dentre as

---

no direito civil brasileiro e português, semelhanças e diferenças, *Revista de Informação Legislativa, 108*:285 e s., 1990. Sobre sanções advenientes: Maria Helena Diniz, *Conceito de norma jurídica como problema de essência*, São Paulo, Saraiva, 2003, p. 100.

39. Câmara Leal, op. cit., p. 11 e 12; Giuseppe Panza, *Contributo allo studio dalla prescrizione*, Napoli, Jovene, 1984.

40. Câmara Leal, op. cit., p. 20-5; Agnelo Amorim Filho, Critério científico para distinguir a prescrição da decadência, *Revista de Direito Processual Civil, 3*:111; Valter Soares, Considerações sobre prescrição e decadência, *Estudos Jurídicos, 5*:380-95.

41. Câmara Leal, op. cit., p. 25 e 26.

42. Câmara Leal, op. cit., p. 26 e 27.

causas temos: *a*) despacho do juiz, mesmo incompetente, que ordenar a citação se o interessado a promover no prazo e na forma da lei processual (CC, art. 202, I; CPC, arts. 240 e §§, 312, 802 e 921, III, §§ 4º e 5º); se assim é, a citação interrompe a prescrição a partir do instante do despacho judicial que a ordenou, ou melhor, o efeito interruptivo decorrerá da citação válida, que, então, retroagirá à data daquele despacho. Mas há quem entenda que os efeitos da interrupção, se a parte promover a citação no prazo e na forma da lei processual, tendo sido exarado o despacho positivo inicial de citação (CPC, art. 240, §§ 1º e 2º), retroagirão até a data da propositura da ação (CC, art. 202, I, e CPC, art. 240, § 1º). Deveras, pelo Enunciado n. 417 do CJF, aprovado na V Jornada de Direito Civil: "O art. 202, I, do CC deve ser interpretado sistematicamente com o art. 219, § 1º, do CPC, de modo a se entender que o efeito interruptivo da prescrição produzido pelo despacho que ordena a citação é retroativo até a data da propositura da demanda" [o artigo referido corresponde ao Código Civil de 1973. Atualmente, trata-se do art. 240, § 1º, do Código de Processo Civil de 2015]; *b*) protesto judicial e cambial (CC, art. 202, II e III; Decreto n. 2.044/1908), que têm por efeito constituir o devedor em mora e interromper a prescrição (em contrário: STF, Súmula 153); *c*) apresentação do título de crédito em juízo de inventário ou em concurso de credores (CC, art. 202, IV), o mesmo sucedendo com o processo de falência e de liquidação extrajudicial de bancos, bem como de companhias de seguro, a favor ou contra a massa; *d*) atos judiciais que constituam em mora o devedor (CC, art. 202, V), incluindo as interpelações, notificações judiciais e atos praticados na execução da parte líquida do julgado, com relação à parte ilíquida; e *e*) atos inequívocos, ainda que extrajudiciais, que importem reconhecimento do direito do devedor (CC, art. 202, VI)[43], como: pagamento parcial por parte do deve-

43. W. Barros Monteiro, op. cit., v. 1, p. 313-7; Bassil Dower, op. cit., v. 1, p. 302-6; Serpa Lopes, op. cit, v. 1, p. 607-10; Silvio Rodrigues, *Direito civil,* cit., v. 1, p. 375-80; Stolze e Pamplona, *Novo curso,* cit., p. 498-9; Flávio Luiz Yarshell, A interrupção da prescrição pela citação, confronto entre o novo Código Civil e o Código de Processo Civil, *Jornal Síntese, 75*:13-4; Carlos Roberto Gonçalves, Prescrição: questões relevantes e polêmicas, *Novo Código Civil: questões controvertidas* (coord. Mário Luiz Delgado e Jones Figueirêdo Alves), São Paulo, Método, 2003, p. 97; Nestor Duarte, Prescrição na Responsabilidade Civil, *Liber amicorum – Teresa Ancora Lopez* (Coord. Simão e Pavimento), São Paulo, Almedina 2021, p. 613-620; *RT, 141*:93, *459*:121, *235*:603, *238*:618, *256*:616, *104*:613, *234*:432, *161*:615, *179*:772, *291*:723, *160*:131, *252*:476, *530*:138, *139*:568, *148*:223, *460*:321, *476*:70, *440*:220, *476*:75, *447*:136; *RF, 249*:223; Súmula 154 do STF; *ADCOAS,* n. 90.433, 1983; *EJSTJ, 11*:229 e 230. "Prescrição. Demora. Citação. Avalista. Falecimento. Em ação de execução de nota de crédito comercial vencida proposta contra avalistas, explicou o Min. Relator que, mesmo exercida a ação antes do prazo de prescrição, não estará logo interrompida a prescrição. Pois, de acordo com a jurisprudência deste Superior Tribunal, a interrupção da prescrição só ocorre se a citação válida acontecer antes de findo o prazo prescricional. Ainda segundo a Súm. n. 106-STJ, só se afasta tal entendimento na hipótese de a demora da citação ser atribuída à própria Justiça. Note-se que, no caso dos autos, foi afastada a responsabilidade do exe-

dor; pedido deste ao credor, solicitando mais prazo; transferência do saldo de certa conta, de um ano para o outro.

Pelo art. 203 do Código Civil qualquer interessado pode promover a interrupção, tal como, por exemplo, o titular do direito em via de prescrição; seu representante legal, salvo o dos incapazes do art. 3º do Código Civil, e terceiro com legítimo interesse, econômico (como o seu credor, o credor do

---

quente (banco) pela demora da citação. Outrossim, a morte de um dos avalistas após o ajuizamento da ação, mas antes da citação, não suspende o processo porque ele ainda não era parte, representante legal ou procurador (art. 265, I, do CPC – (o citado art. 265, I, corresponde ao CPC/1973. O dispositivo equivalente no CPC/2015 é o art. 313, I). Além de o art. 196 do CC/2002 (mesmo no antigo CC/1916, art. 165) prever que, iniciado o prazo para contagem da prescrição, esse continua a ser contado contra o herdeiro. Logo, não traz consequência para o fluxo do prazo prescricional o falecimento daquele indicado como réu da ação, mas ainda não citado. Com esses esclarecimentos, a Turma não conheceu o recurso" (STJ – REsp 827.948-SP, rel. Min. Humberto Gomes de Barros, j. 21-11-2006). O atual Código Civil revoga o entendimento do STF, Súmula 153, de que "simples protesto cambiário não interrompe a prescrição". Pelo Código Civil de 2002, se uma nota promissória for protestada, o curso prescricional sofrerá interrupção. Dá-se a *prescrição intercorrente* quando o credor, por desídia, não dá sequência ao processo, voltando, então, a fluir o prazo prescricional, como sanção à inércia processual do último ato do processo que o interrompeu, por culpa do autor, e não depois do encerramento do processo. Com isso, a norma do art. 202, parágrafo único, *in fine*, não será aplicável, pois, por ela, somente depois do último ato do processo é que o prazo voltará a correr. Logo, se a imobilização do processo se deu por fato alheio ao autor, por culpa do réu ou por deficiência do serviço forense, não haverá prescrição intercorrente, que é sanção à inércia do autor. Para tanto, o devedor poderá requerer, nos próprios autos, o decreto da prescrição intercorrente. Há quem vislumbre no art. 202 uma aceitação ínsita da prescrição intercorrente. Consulte Humberto Theodoro Jr., *Comentário*, cit., obs. ao art. 202; Ernesto José Toniolo, *A prescrição intercorrente na execução fiscal*, Rio de Janeiro, Lumen Juris, 2007.

Observa Nestor Duarte (*Código Civil comentado*, coord. Peluso, Barueri, Manole, 2008, p. 152) que "a prescrição intercorrente, na execução fiscal, pode ser reconhecida de ofício, na conformidade do § 4º, do art. 40, da Lei n. 6.830/80, acrescentado pela Lei n. 11.051/2004".

Consulte sobre prescrição intercorrente: Lei n. 14.195/2021; Gustavo Milaré Almeida, As mudanças na prescrição intercorrente e os efeitos da MP 1.040, in *rotajurídica.com.br:* 15-4-2021; Pablo Stolze e Salomão Vianna, A prescrição intercorrente e a nova MP 1.040/2021, in https://direitocivilbrasileiro.jusbrasil.com.br/artigos/1186072938/a-prescricao-intercorrente-e-a-nova-mp-n-1040-21-medida-provisoria-de-ambiente-de-negocios.

Enunciado n. 194 do Fórum Permanente de Processualistas Civis: "A prescrição intercorrente pode ser reconhecida no procedimento de cumprimento de sentença".

Enunciado n. 195 do Fórum Permanente de Processualistas Civis: "O prazo de prescrição intercorrente previsto no art. 937, § 4º, tem início automaticamente um ano após a intimação da decisão de suspensão de que trata o seu § 1º (art. 921, § 4º, do novo CPC)".

Enunciado n. 196 do Fórum Permanente de Processualistas Civis: "O prazo de prescrição intercorrente é o mesmo da ação".

Prescrição intercorrente só pode ser declarada se as partes forem intimadas a cumprir atos de execução (TRT 2ª Região, 1ª T., rel. desembargadora M. José Bighetti Ordõno – Proces. n. 0182900-98-2004.5.02.0043).

credor ou o fiador do credor) ou moral (como o cônjuge, companheiro, ascendente do titular da pretensão etc.).

A interrupção, que, após a vigência do Código Civil de 2002, somente poderá ocorrer uma vez (art. 202 do CC), evitando protelações abusivas, produz efeito no passado, inutilizando o tempo transcorrido, e no futuro, determinando o reinício da prescrição, recontando-se o prazo prescricional, como se nunca houvesse fluído. Evita-se a provocação da interrupção toda vez que se der a proximidade do prazo para consumar a prescrição, fazendo com que fique *ad infinitum* o poder de exigir a pretensão, dando permanência ao estado de espera do adversário. Assim, ensina-nos Matiello, qualquer que tenha sido a causa originária da primeira interrupção, dever-se-ão desconsiderar as posteriores, pois, após o seu reinício, o prazo prescricional não mais poderá ser interrompido, mas nada impede que seja suspenso, se ocorrerem quaisquer causas suspensivas, refreando temporariamente aquela contagem[44].

Quanto aos efeitos da interrupção da prescrição, o princípio é de que ela aproveita tão somente a quem a promove, prejudicando aquele contra quem se processa[45]. Contudo, a interrupção da prescrição por um credor não aproveita aos outros, como, semelhantemente, a interrupção operada contra o codeve-

---

44. Orlando Gomes, op. cit., p. 455; Matiello, *Código*, cit., p. 162; Fernanda Tartuce, Interrupção da prescrição e demanda: compatibilidade entre o Código Civil e o Código de Processo Civil, *Introdução crítica ao Código Civil* (org. Lucas Abreu Barroso), Rio de Janeiro, Forense, 2006, p. 59-74; Lei n. 6.435/77 (ora revogada pela LC n. 109/2001), art. 66, V; Lei n. 5.172/66, art. 174; Decreto-lei n. 204/67, art. 17, parágrafo único.

    Interrupção da prescrição pela instituição da arbitragem: art. 19, § 2º, da Lei n. 9.307/96, com a redação da Lei n. 13.129/2015.

    "Não é possível a interrupção do prazo prescricional em razão do ajuizamento de ação declaratória de inexigibilidade dos débitos pelo devedor quando já tiver havido anterior interrupção do prazo prescricional pelo protesto das duplicatas" (Informativo n. 727 do STJ, REsp 1.963.067-MS, rel. min. Nancy Andrighi, 3ª Turma, por unanimidade, julgado em 22-2-2022, *DJe* 24-2-2022).

    "A interrupção da prescrição, na forma prevista no § 1º do artigo 240 do Código de Processo Civil, retroagirá à data em que petição inicial reunir condições de se desenvolver de forma válida e regular do processo" (Informativo n. 776 do STJ, AgInt no AREsp 2.235.620-PR, rel. min. Raul Araújo, 4ª Turma, por unanimidade, julgado em 8-5-2023, *DJe* 17-5-2023).

45. Serpa Lopes, op. cit., v. 1, p. 611. Pela Súmula 383 do STF, "a prescrição em favor da Fazenda Pública recomeça a correr, por 2 anos e meio, a partir do ato interruptivo, mas não fica reduzida aquém de 5 anos, embora o titular do direito a interrompa durante a primeira metade do prazo". Súmula 625 do STJ: "O pedido administrativo de compensação ou de restituição não interrompe o prazo prescricional para a ação de repetição de indébito tributário de que trata o art. 168 do CTN nem o da execução de título judicial contra a Fazenda Pública". *Vide Ciência Jurídica, 66*:82.

dor, ou seu herdeiro, não prejudica aos demais coobrigados (CC, art. 204). Mas, se se tratar de obrigação solidária, passiva ou ativa, a interrupção efetuada contra o devedor solidário envolve os demais e a interrupção aberta por um dos credores solidários aproveita aos outros (CC, art. 204, § 1º), em razão de consequência da solidariedade prevista nos arts. 264 a 285 do Código Civil, pela qual os vários credores solidários são considerados como um só credor, da mesma forma que os vários devedores solidários são tidos como um só devedor. Além disso, a interrupção operada contra um dos herdeiros do devedor solidário não prejudica os outros herdeiros ou devedores, senão quando se tratar de obrigação ou de direito indivisível (CC, art. 204, § 2º). Isto é assim porque a solidariedade ativa ou passiva não passa aos herdeiros (CC, arts. 270 e 276); logo, apenas serão atingidos os demais coerdeiros pela interrupção se houver indivisibilidade da obrigação. E, finalmente, a interrupção produzida pelo credor contra o principal devedor prejudica o fiador, independentemente de notificação especial (CC, art. 204, § 3º; *RT, 157*:643), pelo simples fato de ser a fiança uma obrigação acessória. Desaparecendo a responsabilidade do afiançado, não mais a terá o fiador; igualmente, se o credor interrompe a prescrição contra o devedor, esta interromper-se-á também relativamente ao fiador.

As *causas impeditivas* da prescrição são as circunstâncias que impedem que seu curso inicie e, as *suspensivas*, as que paralisam temporariamente o seu curso; superado o fato suspensivo, a prescrição continua a correr, computado o tempo decorrido antes dele.

As *causas impeditivas* estão arroladas nos arts. 197, I a III, 198, I, e 199, I e II, do Código Civil, que se fundam no *status* da pessoa, individual ou familiar, atendendo a razões de confiança, parentesco, amizade e motivos de ordem moral[46]. Assim não corre a prescrição entre cônjuges na constância do casamento ou entre companheiros, durante a da união estável, segundo alguns autores e o Enunciado n. 296 do Conselho da Justiça Federal (aprovado na IV Jornada de Direito Civil), por força do art. 1.723 do Código Civil; entre ascendentes e descendentes, durante o poder familiar; entre tutelados ou curatelados e seus tutores ou curadores, durante a tutela ou curatela; contra os absolutamente incapazes (menores de 16 anos). P. ex.: suponhamos que após o vencimento do débito faleça o credor, deixando herdeiro de 8 anos de idade; contra ele não corre a prescrição até que atinja 16 anos, ocasião em que se inicia o curso prescricional; consequentemente, ter-se-á aqui uma exceção à regra do art. 196 do Código Civil, segundo a qual a prescrição iniciada contra uma pessoa continua a

46. W. Barros Monteiro, op. cit., v. 1, p. 310, e Orlando Gomes, op. cit., p. 456. CLT, art. 440; Decreto n. 85.450/80, art. 712, § 2º, que foi revogado pelo Decreto n. 1.041/94, que, por sua vez, sofreu revogação com o advento do Decreto n. 3.000/99.

correr contra seu herdeiro (*RT, 260*:332). Não corre ainda a prescrição, pendendo condição suspensiva; não realizada tal condição, o titular não adquire direito, logo não tem ação; assim, enquanto não nascer a ação não pode ela prescrever. Igualmente impedida estará a prescrição não estando vencido o prazo, pois o titular de relação jurídica submetida a termo não vencido não poderá acionar ninguém para efetivar seu direito[47]. A questão prejudicial (conceito de direito material) reclama decisão anterior à do mérito, requerendo verificação de um fato cuja apreciação é condição indispensável àquele julgamento, por isso deve ser discutida numa ação independente. Com a caracterização da culpabilidade penal, fixar-se-á o *an debeatur*, apurando-se na seara cível apenas o *quantum debeatur*. Se a conduta se originar de fato que deve ser verificado no juízo criminal, ter-se-á causa impeditiva do curso da prescrição, que só começará a correr após a sentença definitiva (CC, art. 200), à qual se confere executoriedade. Trata-se da prescrição da execução da sentença (*pretensão executiva*). Havendo um dano oriundo de crime, a decisão penal condenatória serve de título executivo, no cível. Por tal razão, apenas depois do trânsito em julgado daquela sentença penal o prazo de prescrição iniciar-se-á, correndo por inteiro. Tal se dá porque se a prescrição civil ocorresse antes do término do processo criminal, a condenação do réu perderia a força de título executivo civil e, consequentemente, como bem observa Humberto Theodoro Jr., ter-se-ia sanção penal, mas não haveria indenização do prejuízo sofrido pela vítima. Para assegurar a reparação do dano moral e patrimonial, impede-se a prescrição da pretensão de executar a sentença penal definitiva, antes de sua prolação e de seu trânsito em julgado.

Todavia, há quem ache que, nessa hipótese do art. 200, há suspensão da prescrição da pretensão indenizatória decorrente da prática de crime enquanto não transitar em julgado a sentença penal condenatória (STJ, REsp 302.165, *DJ*, 18-6-2001, p. 117). Roberto Senise Lisboa entende que a hipótese do art. 200 determina o impedimento ou a suspensão, conforme o caso, da conta-

---

47. W. Barros Monteiro, op. cit., v. 1, p. 310 e 311; Jones F. Alves e Mário Luiz Delgado, *Código*, cit., p. 126; Maria Luciana de O. F. Podval e Carlos José T. de Toledo, O impedimento da prescrição no aguardo da decisão do juízo criminal, *Prescrição no novo Código Civil: uma análise interdisciplinar* (coord. Mirna Cianci), São Paulo, Saraiva, 2005, p. 112-137; Roberto Senise Lisboa, *Comentários ao Código Civil* (coord. Camillo, Talavera, Fujita e Scavone Jr.), São Paulo, Revista dos Tribunais, 2006, p. 284. Os arts. 198, I, e 208 contêm causa impeditiva da prescrição e decadência, que não correrão contra absolutamente incapaz (art. 3º), que é apenas o menor de 16 anos. Com isso, prejudicar-se-ão os que, outrora, eram absolutamente incapazes e agora são tidos como relativamente incapazes.

Há proposta de reforma legislativa apresentada na VIII Jornada de Direito Civil para alterar o art. 198, I, do Código Civil, que passaria, se aprovada for, a ter a seguinte alteração: "Contra os incapazes de que trata o art. 3º e contra aqueles que não possam, por causa transitória ou permanente, exprimir sua vontade".

gem do prazo da prescrição civil enquanto não houver trânsito em julgado da sentença criminal. Quem determinará, na prática, se o fato deve ou não ser apurado pelo juízo criminal será na grande maioria dos casos o Ministério Público, *dominus litis* da ação penal pública, sempre sob a supervisão do Poder Judiciário (seja para a homologação do arquivamento do inquérito policial como para o recebimento ou não da denúncia).

As *causas suspensivas* são as mencionadas nos arts. 198, II e III, e 199, III, do Código Civil, ante a situação especial em que se encontram o titular e o sujeito passivo[48] ou devido a circunstâncias objetivas. De forma que suspensa estará a prescrição: contra os ausentes do Brasil em serviço público da União, dos Estados e Municípios (p. ex., comissionados pelo governo federal, estadual ou municipal, para estudos técnicos, no exterior; representantes diplomáticos do Brasil junto a países estrangeiros; agentes consulares brasileiros no estrangeiro; adidos militares brasileiros junto a unidades militares estrangeiras etc.) e os que se acharem servindo nas Forças Armadas, em tempo de guerra (p. ex., militares, integrantes da Cruz Vermelha, correspondentes de guerra, engenheiros, médicos, capelães etc.). Essas duas causas podem transformar-se em impeditivas se a ação surgir durante a ausência ou serviço militar temporário. Se pender ação de evicção, suspende-se a prescrição em andamento; somente depois de ela ter sido definitivamente decidida, resolvendo-se o destino da coisa evicta, o prazo prescritivo volta a correr[49]. Se a prescrição for suspensa em favor de um dos credores solidários, só aproveitarão os demais se a obrigação for indivisível (CC, art. 201). Se a obrigação for indivisível e solidários forem os credores, suspensa a prescrição em favor de um dos credores, tal suspensão aproveitará aos demais (*RT*, *469*:60, *455*:171 e *480*:220). Se a obrigação for divisível, a prescrição não se suspenderá para todos os coobrigados, ante o fato de ser um benefício personalíssimo. Se vários forem os cointeressados, ainda que solidários, ocorrendo em relação a um deles uma causa suspensiva de prescrição, esta aproveitará apenas a ele, não alcançando os outros, para os quais correrá a prescrição sem qualquer

---

48. Orlando Gomes, op. cit., p. 456. "Desde o termo inicial do desaparecimento, declarado em sentença, não corre a prescrição contra o ausente" (Enunciado n. 156 do Conselho da Justiça Federal, aprovado na III Jornada de Direito Civil). "A decretação da falência ou o deferimento do processamento da recuperação judicial suspende o curso da prescrição e de todas as ações e execuções em face do devedor, inclusive aquelas dos credores particulares do sócio solidário" (art. 6º da Lei n. 11.101/2005). Sobre falência e recuperação: M. Helena Diniz, *Curso*, cit., v. 8, p. 612-76.

49. W. Barros Monteiro, op. cit., v. 1, p. 311; Humberto Theodoro Jr., *Comentários ao novo Código Civil*, Rio de Janeiro, Forense, 2003, v. III, t. 2, p. 246 a 248; Renan Lotufo, *Código Civil*, cit., v. 1, p. 539; *RT, 510*:99, *501*:154; em contrário, *RT, 487*:128.

solução de continuidade. E, pelo Enunciado n. 206 do Fórum Permanente de Processualistas Civis: "A prescrição ficará suspensa até o trânsito em julgado do incidente da resolução de demandas repetitivas".

b.2. Prescrição aquisitiva e extintiva

O termo *praescriptio* originariamente era aplicado para designar a extinção da ação reivindicatória, pela longa duração da posse; tratava-se da *praescriptio longissimi temporis* e para indicar a aquisição da propriedade, em razão do revelante papel desempenhado pelo longo tempo, caso em que se tinha a *praescriptio longi temporis*. Assim, no direito romano, sob o mesmo vocábulo, surgiram duas instituições jurídicas, que partem dos mesmos elementos: ação prolongada do tempo e inércia do titular. A prescrição, que tinha caráter geral, destinada a extinguir as ações, e a usucapião, que constituía meio aquisitivo do domínio.

Em virtude desse ponto comum os juristas medievais procuravam estabelecer uma teoria conjunta, que o Código Civil francês adotou, regulando a prescrição e a usucapião sob uma mesma forma unitária, distinguindo um instituto do outro apenas por denominar o primeiro prescrição extintiva e o segundo prescrição aquisitiva.

A prescrição extintiva ou liberatória atinge qualquer pretensão ou ação (em sentido material), fundamentando-se na inércia do titular e no tempo, e a aquisitiva ou usucapião visa à propriedade ou a outro direito real, fundando-se na posse e no tempo. Portanto, dúplices são os conceitos. Clóvis Beviláqua[50] entendeu ambas as instituições sob o prisma dualista, considerando a prescrição uma energia extintiva da ação e de todos os recursos de defesa de que o direito é provido, funcionando mais como meio de defesa, e a usucapião, uma energia criadora de direitos reais, em particular da propriedade, transformando uma situação fática numa realidade jurídica. Enquanto a prescrição extintiva concede ao devedor a faculdade de não ser molestado, a aquisitiva retira a coisa ou o direito do patrimônio do titular em favor do prescribente[51].

Essas motivações de Clóvis não nos parecem perfeitamente exatas. Entendemos que a usucapião é, concomitantemente, uma energia criadora e extintiva de direitos; criadora, porque leva à aquisição de um direito real pela posse prolongada, e extintiva, porque redunda na perda da proprieda-

---

50. Clóvis Beviláqua, *Comentários ao Código Civil*, v. 1, p. 459; *RT, 429*:91.

51. Caio M. S. Pereira, op. cit., v. 1, p. 589.

de por parte daquele que dela se desobriga pelo decurso do tempo, ao passo que a prescrição é puramente extintiva de pretensão ou ação, em sentido material, e não de direitos. Assim, parece-nos que não há que se falar em prescrição aquisitiva, pois, de acordo com a sistemática do nosso Código Civil, a prescrição e a usucapião constituem dois institutos diversos, pois a prescrição está regulamentada na Parte Geral (CC, arts. 189 a 206) e a usucapião, na Parte Especial, referente ao direito das coisas (CC, arts. 1.238 e parágrafo único, 1.239, 1.240, 1.242, 1.260, 1.261 e 1.379), segundo o critério do Código alemão (§§ 194 a 225, 937 a 945) e do Código das Obrigações suíço (arts. 127 a 142 e 641 a 653).

b.3. Normas gerais sobre a prescrição

O Código Civil contém normas que facilitam a aplicação da prescrição. São as seguintes:

1) *Somente depois de consumada a prescrição, desde que não haja prejuízo de terceiro, é que pode haver renúncia expressa ou tácita por parte do interessado* (CC, art. 191). Como se vê, não se permite a renúncia prévia ou antecipada à prescrição a fim de não destruir sua eficácia prática, caso contrário todos os credores poderiam impô-la aos devedores, portanto, somente o titular poderá renunciar à prescrição após a consumação do lapso previsto em lei. Na renúncia expressa o prescribente abre mão da prescrição de modo explícito, declarando que não a quer utilizar e na tácita pratica atos incompatíveis com a prescrição, p. ex., se pagar dívida prescrita, se efetivar transação extrajudicial, se constituir garantia real ou fidejussória após o prazo prescricional etc. ...[52]. Com a renúncia, o devedor abre mão da exceção (defesa) oriunda da prescrição de seu débito.

2) *A prescrição poderá ser alegada em qualquer grau de jurisdição, pela parte a quem aproveita direta* ou *indiretamente* (CC, art. 193; *RT, 447*:209; *447*:142; *426*:77; *451*:143 e 157; *547*:251; *710*:172; *RJTJSP, 151*:73, *RSTJ, 28*:380). P. ex., o herdeiro, o credor do prescribente, o fiador, o codevedor em obrigação solidária, o coobrigado em obrigação indivisível, desde que se beneficiem com a decretação da

52. Bassil Dower, op. cit., v. 1, p. 288 e 289; W. Barros Monteiro, op. cit., v. 1, p. 304; Roberto Senise Lisboa, *Comentários ao Código Civil* (coord. Camillo, Talavera, Fujita, Scavone Jr.), São Paulo, Revista dos Tribunais, 2000, p. 283. "A revogação do art. 194 do Código Civil pela Lei n. 11.280/2006, que determina ao juiz o reconhecimento de ofício da prescrição, não retira do devedor a possibilidade de renúncia admitida no art. 191 do texto codificado" (Enunciado n. 295 do CJF, aprovado na IV Jornada de Direito Civil).

prescrição. Pode ser arguida na 1ª instância que está sob a direção de um juiz singular e na 2ª instância, que se encontra em mãos de um colegiado de juízes superiores. Pode ser invocada em qualquer fase processual; na contestação, na audiência de instrução e julgamento, nos debates, em apelação, em embargos infringentes, sendo que no processo em fase de execução não é cabível a arguição da prescrição, exceto se superveniente à sentença transitada em julgado (CPC, art. 535, VI). Os arts. 193 do Código Civil e 342, III, do Código de Processo Civil são exceções à regra geral do art. 336 do Código de Processo Civil de que toda a matéria de defesa do réu deverá concentrar-se na contestação. Isto é assim porque o art. 193 do Código Civil é norma especial, prevalecendo sobre o art. 336 do Código de Processo Civil, que é norma geral. Logo, a prescrição é matéria que pode ser alegada em qualquer instância, ou melhor, em qualquer grau de jurisdição (*RT*, *710*:172, *547*:251, *766*:236; *RJTJSP*, *151*:73; *RSTJ*, *28*:380; CPC, art. 342, III), mesmo depois da contestação e até, pela primeira vez, no recurso da apelação (CPC, art. 535, VI; *RT*, *475*:162, *478*:137, *464*:172, *495*:144, *670*:134; *RTJ*, *75*:596; *RTFR*, *136*:71; *RSTJ*, *28*:38, *85*:85; *AJ*, *93*:468). Porém não será possível alegar prescrição em sede de recurso especial e extraordinário, visto que ao STJ e STF apenas será cabível o reexame de questão já decidida pelos tribunais, havendo violação de lei federal ou da Constituição Federal. Na fase de liquidação da sentença é inadmissível a invocação de prescrição, matéria que deve ser objeto de deliberação se invocada na fase cognitiva do processo (*RT*, *475*:162). A prescrição de ordem patrimonial não alegada em todo o curso da ação e até o seu julgamento em última instância não pode ser alegada em ação rescisória (*RT*, *478*:137). É bom esclarecer que a determinação legal de que a prescrição poderá ser alegada em qualquer instância deve ser entendida em seus devidos termos, ou seja, que a alegação só é possível desde que a parte a quem aproveite não tenha ainda falado nos autos (*RT*, *464*:172)[53].

3) *Tanto as pessoas naturais como as jurídicas sujeitam-se aos efeitos da prescrição, ativa ou passivamente*, ou seja, podem invocá-la em seu proveito ou sofrer suas consequências quando alegada *ex adverso* (CC, art. 189)[54]. Claro está que qualquer pessoa que sofra violação em seu direito, por ser titular da pretensão, pode ter a condição de prescribente; a ninguém se concede o privilégio de estar imune aos efeitos da prescrição[55].

4) *As pessoas arroladas pela lei como relativamente incapazes e as pessoas jurídicas têm ação contra os seus assistentes ou representantes legais, quando es-*

---

53. W. Barros Monteiro, op. cit., v. 1, p. 305.
54. Caio M. S. Pereira, op. cit., v. 1, p. 593.
55. Orlando Gomes, op. cit., p. 453.

tes derem causa à prescrição ou não a alegarem oportunamente (CC, art. 195), assegurando-se assim a incolumidade patrimonial dos incapazes que têm, ainda, mesmo que não houvesse essa disposição, o direito ao ressarcimento dos danos que sofrerem, em razão do disposto nos arts. 186 e 927 do Código Civil, de que o art. 195 é aplicação[56]. Contudo, o representante legal do relativamente incapaz que, ao assisti-lo, por falta de experiência negocial ou por desconhecimento jurídico, deixar de alegar a prescrição que tanta vantagem traria ao representado, não poderia ser responsabilizado civilmente, por não ter agido culposamente. Já o representante legal da pessoa jurídica, ante o fato de sua atividade requerer desenvoltura negocial, não alegando, oportunamente, a prescrição que favorecia a representada, deverá ser responsabilizado, visto que assume os riscos do exercício de sua função profissional. "As pessoas a que se refere este artigo são as pessoas jurídicas e os relativamente incapazes, visto que o curso da prescrição não flui para os absolutamente incapazes" (*RT, 470*:237).

5) *A prescrição iniciada contra uma pessoa continua a correr contra o seu sucessor* (CC, art. 196) a título universal (herdeiro) ou singular (cessionário ou legatário), salvo se for absolutamente incapaz. A prescrição iniciada, p. ex., contra o *de cujus* continuará a correr contra seus sucessores, sem distinção entre singulares e universais; logo, continuará a correr contra o herdeiro, o cessionário ou o legatário. Com isso, acatado está o princípio da *acessio temporis*. A prescrição iniciada contra o *auctor successionis* continuará, e não recomeçará a correr contra seu sucessor. Logo, o herdeiro contará somente com o prazo, iniciado com o autor da herança, que faltar para exercer sua pretensão. Por exemplo, uma obrigação vencida em 8 de novembro de 2003 poderia ser cobrada judicialmente até 8 de novembro de 2013 (art. 205). Se o credor vier a finar em 2005, a prescrição iniciada em 9 de novembro de 2003 prosseguirá contra o herdeiro do credor, consumando-se em 8 de novembro de 2013, tal como se não houvesse havido o óbito do credor.

6) *O juiz pode pronunciar, de ofício, a prescrição* (CPC, art. 487, II), mesmo que a prescrição seja um meio de defesa ou exceção peremptória[57], inclusive para beneficiar absolutamente incapaz, em razão do fato de haver interesse social na sua proteção jurídica. Pelo Enunciado n. 154 do Conselho da Justiça Federal, por força do ora revogado art. 194 do Código Civil: "O juiz deve suprir de ofício a alegação de prescrição em favor do absolutamente incapaz". "O art. 194 do Código Civil de 2002, ao permitir a de-

---

56. W. Barros Monteiro, op. cit., v. 1, p. 306.

57. João Luiz Alves, *Código Civil*, com. ao art. 166; Bassil Dower, op. cit., p. 292.

claração *ex officio* da prescrição de direitos patrimoniais em favor do absolutamente incapaz, derrogou o disposto no art. 219, § 5º do CPC/73" (Enunciado n. 155 do Conselho da Justiça Federal, aprovado na II Jornada de Direito Civil), mas a Lei n. 11.280/2006, no art. 11, o revogou estabelecendo que o art. 219, § 5º do CPC/73 – não mais em vigor – passaria a vigorar com a seguinte redação: "O juiz pronunciará de ofício a prescrição". Sendo a prescrição matéria de ordem pública e de interesse social, o órgão judicante poderá reconhecer de ofício, irrestritamente, a prescrição, pronunciando, sem requerimento do interessado nesse sentido, a extinção do feito, formalmente com resolução do mérito (CPC, art. 487, II). Esclarece o Enunciado n. 295, aprovado na IV Jornada de Direito Civil que: "A revogação do art. 194 do Código Civil pela Lei n. 11.280/2006, que determina ao juiz o reconhecimento do ofício da prescrição, não retira do devedor a possibilidade de renúncia admitida no art. 191 do texto codificado". E pelo Enunciado n. 581: "Em complemento ao Enunciado n. 295, a decretação *ex officio* da prescrição ou da decadência deve ser precedida de oitiva das partes" (aprovado na VII Jornada de Direito Civil).

7) Em regra, ensina-nos Washington de Barros Monteiro, *somente as partes interessadas podem alegá-la, mas se não a invocarem, pessoalmente, poderá fazê-lo o representante do Ministério Público* em nome do incapaz ou dos interesses que tutela. Assim o curador à lide poderá arguir a prescrição em favor do curatelado, o mesmo ocorrendo com o curador especial, nos casos em que lhe caiba intervir[58].

8) *Com o principal prescrevem os direitos acessórios* (CC, art. 92), de modo que, prescrita uma obrigação, prescrita estará, p. ex., a cláusula penal, juros ou hipoteca, porém a recíproca não é verdadeira: a prescrição dos acessórios não atinge o principal (*RT, 476*:155)[59].

9) *A prescrição em curso não origina direito adquirido,* podendo ser seu prazo aumentado ou reduzido por norma posterior (*RT, 174*:282; *246*:520). Daí dispor o art. 2.028 do Código Civil de 2002 que serão os do Código Civil de 1916 os prazos reduzidos por ele, se, na data de sua entrada em vigor, já houver transcorrido mais da metade do tempo estabelecido na lei revogada. Com isso evita conflitos que poderão emergir, ante o fato de o prazo prescricional iniciado ainda não ter se findado ao entrar em vigor o Código de 2002. Como a prescrição é um direito de aquisição complexa sucessiva, apenas obtido mediante decurso de certo lapso temporal, é adquirido dia a dia, com o correr sucessivo do tempo. Se assim é, de um lado,

58. W. Barros Monteiro, op. cit., v. 1, p. 307.
59. W. Barros Monteiro, op. cit., v. 1, p. 308.

a retroatividade imediata da novel lei levaria a ignorar a patrimonialidade do prazo já transcorrido e, por outro lado, a integral aplicação da norma antiga faria com que se considerasse como adquirido um direito, cuja perfeição estava na dependência de elementos temporais ainda não verificados. Eis por que considera como válido o lapso de tempo já decorrido, computando-se o que está por escoar conforme o disposto no art. 2.028. De boa técnica legislativa foi a admissibilidade de se aplicar o Código Civil de 1916, apesar de encurtados seus prazos pela Lei n. 10.406/2002, se, quando esta entrar em vigor, já decorreu mais da metade do tempo estabelecido pelo revogado diploma legal. Com isso considerar-se-ia a patrimonialidade do lapso temporal já decorrido, admitindo sua validade. Outra não poderia ter sido a solução legal, pois, quando a lei nova encontra fato quase já consumado, conforme a lei precedente, não poderá sujeitá-lo de imediato ao seu domínio ou, pelo menos, não deverá fazê-lo sem a fixação de certos limites. Assim os prazos de prescrição do Código Civil atual não retroagirão, apesar de terem sido reduzidos, alcançando apenas as situações em que tiverem transcorrido a metade ou menos da metade do tempo previsto no Código Civil de 1916.

10) *As partes não podem restringir nem aumentar o prazo prescricional fixado por lei, mesmo que se trate de direito patrimonial*[60]. Deveras, o Código Civil prescreve, no art. 192, que "os prazos de prescrição não podem ser alterados por acordo das partes".

11) *Deve-se determinar o momento exato em que a prescrição começa a correr para que se calcule corretamente o prazo.* Em regra inicia-se com a pretensão, ou melhor, na data em que a pretensão pode ser manifestada em juízo. Se se tratar de obrigação de dar ou de fazer, inicia-se no momento em que o devedor não a cumprir. Sendo obrigação de não fazer, quando faz o que está obrigado a abster-se. Na obrigação pura e simples, seu início fica na dependência das circunstâncias em que se origina. Na condicional, o implemento da condição é seu ponto inicial. Na obrigação a termo, o advento deste. Na modal, requer o cumprimento do encargo. Prescreve o direito eventual, na ocasião em que ocorrer o evento de que depende sua eficácia. No que concerne aos direitos reais, a ação do titular surge no momento da violação de seu direito, começando a correr a prescrição. Se ficar inativo, sua inércia pode acarretar perda da ação e por via oblíqua do direito, configu-

---

60. Serpa Lopes, op. cit., v. 1, p. 615; W. Barros Monteiro, op. cit., v. 1, p. 308. Sobre o cômputo do prazo no âmbito do direito intertemporal, *vide*: Maria Helena Diniz, *Comentários ao Código Civil*, São Paulo, Saraiva, 2004, v. 22, observação ao art. 2.028, e *Código Civil anotado*, São Paulo, Saraiva, 2004, p. 1475.

rando-se então a aquisição do domínio para o possuidor, que se beneficia com o usucapião. Procede-se ao cálculo dos prazos prescricionais dia a dia, observando-se a forma estabelecida para a contagem dos prazos em geral[61].

b.4. Prazos prescricionais

O prazo da prescrição é o espaço de tempo que decorre entre seu termo inicial e final[62]. O atual Código Civil, em matéria de determinação de prazos, optou por um critério de simplificação e pela redução para 10 anos do prazo prescricional geral, pois o de 20 anos era muito criticado, diante da grande facilidade de comunicação dos tempos modernos. Realmente, para as condições atuais de vida, o prazo prescricional de 10 anos, tanto para as ações pessoais como para as reais, quando a lei não lhe haja fixado prazo menor (CC, art. 205), é suficientemente longo. As prescrições trintenárias e vintenárias não mais se justificam, e encontram, hodiernamente, um óbice em razão da rapidez dos meios de comunicação na divulgação das informações.

Pelo art. 177 do Código Civil de 1916, as *ações pessoais,* que tinham por fim fazer valer direitos oriundos de uma obrigação de dar, fazer ou não fazer algo, quer assumida voluntariamente pelo sujeito passivo, quer imposta por norma jurídica, prescreviam, ordinariamente, em 20 anos, e as *ações reais,* que eram as que objetivavam proteger os direitos reais, em 10 anos, entre presentes e entre ausentes, em 15, contados da data em que poderiam ter sido propostas. Tanto as ações pessoais como as reais, versando sobre direitos que faziam parte do patrimônio do titular, eram ações patrimoniais[63]. Observava Washington de Barros Monteiro que havia ações reais que se extinguiam no mesmo prazo das ações pessoais, como a ação hipotecária, pignoratícia ou anticrética, que prescrevia no mesmo prazo da obrigação principal de que é acessório (CC de 1916, art. 167); se esta prescrevia em 20 anos, no mesmo lapso de tempo prescreviam as garantias reais; a ação reivindicatória do proprietá-

---

61. Orlando Gomes, op. cit., p. 453 e 454; R. Limongi França, *Direito intertemporal brasileiro*, São Paulo, Revista dos Tribunais, 1968, p. 466 e s., 543 e 544. É preciso lembrar que a execução prescreve no mesmo prazo da prescrição da ação (Súmula 150 do STF) e que a exceção prescreve no mesmo prazo que a pretensão (CC, arts. 189 e 190).

62. Orlando Gomes, op. cit., p. 457.

63. Câmara Leal, op. cit., p. 224; *RT, 516*:317; o já revogado Decreto n. 83.081/79, art. 154, dispunha que o direito do IAPAS de receber ou cobrar importâncias devidas ao FPAS e ao FLPS prescreve em 30 anos. Hoje a prescrição na Previdência Social é regida pela Lei n. 8.213/91, arts. 103 e 104, e pelo Decreto n. 3.048/99. *RT, 419*:204; *412*:186; *456*:147; *490*:94; *504*:139; *508*:93; Súmulas 415 e 494 do STF; *EJSTJ, 11*:85 e *15*:76 e 77; *RSTJ, 102*:284 e *101*:305. Perdeu sua eficácia a Súmula 39 do STJ, que dizia: "prescreve em vinte anos a ação para haver indenização, por responsabilidade civil, de sociedade de economia mista".

rio do imóvel que passou a ser possuído pelo réu sem justo título e boa-fé (CC de 1916, art. 550); e a ação de petição de herança (*RT, 225*:176; *218*:316)[64].

O art. 205 do Código Civil vigente dispõe que: "A prescrição ocorre em dez anos, quando a lei não lhe haja fixado prazo menor".

Tal *prescrição* é denominada *ordinária* ou *comum,* sendo seu prazo decenal, tanto para as ações (em sentido material) pessoais como para as reais, alusivas ao patrimônio do titular da pretensão, pois ambas são ações patrimoniais. Trata-se de *prazo subsidiário,* aplicável quando a lei não estabelecer prazo menor para a pretensão ou exceção.

Mas há casos de prescrição *especial,* para os quais a norma jurídica estatui prazos mais exíguos, pela conveniência de reduzir o prazo geral para possibilitar o exercício de certos direitos[65]. Esse prazo pode ser: ânuo, bienal, trienal, quatrienal e quinquenal (CC, art. 206, §§ 1º a 5º).

Prescrevem em *1 ano*:

1) A pretensão dos hospedeiros ou fornecedores de víveres destinados ao consumo no próprio estabelecimento, para o pagamento da hospedagem ou dos alimentos fornecidos (CC, art. 206, § 1º, I).

2) As pretensões decorrentes do contrato de seguro (CC, art. 206, § 1º, II, *a* e *b*; *RT, 465*:104; *488*:182; *477*:84; *482*:202; *524*:273), sejam elas do segurado contra o segurador, ou as deste contra aquele, contado o prazo: a) para o segurado, no caso de seguro de responsabilidade civil, da data em

---

64. W. Barros Monteiro, op. cit., v. 1, p. 322; Câmara Leal, op. cit., p. 231. O Código Civil, no art. 205, fixa a prescrição ordinária, para qualquer situação, em 10 anos, não mais distinguindo as ações reais e pessoais. E, entendemos, apenas às relações de direito privado. "A interrupção da prescrição, na forma prevista no § 1º do artigo 240 do Código de Processo Civil, retroagirá à data em que petição inicial reunir condições de se desenvolver de forma válida e regular do processo" (Informativo n. 776 do STJ, AgInt no AREsp 2.235.620-PR, rel. min. Raul Araújo, 4ª Turma, por unanimidade, julgado em 8-5-2023, *DJe* 17-5-2023).

"É de 10 anos o prazo prescricional aplicável à pretensão de restituição de valores de benefícios previdenciários complementares recebidos por força de decisão liminar posteriormente revogada, tendo em vista não se tratar de hipótese de enriquecimento sem causa, de prescrição intercorrente ou de responsabilidade civil" (Informativo n. 772 do STJ, REsp 1.939.455-DF, rel. min. Nancy Andrighi, Segunda Seção, por maioria, julgado em 26-4-2023).

"Aplica-se o prazo prescricional de 10 anos, nos termos do art. 205 do Código Civil/2002, na cobrança de taxa de ocupação do particular no contrato administrativo de concessão de direito real de uso para a utilização privativa de bem público" (Informativo n. 763 do STJ, REsp 1.675.985-DF, rel. min. Gurgel de Faria, 1ª Turma, por maioria, julgado em 15-12-2022, *DJe* 31-1-2023).

Vide Lei n. 14.010/2020 sobre prescrição e decadência (suspensão e impedimento), art. 3º, §§ 1º e 2º (regime transitório e emergencial) e Lei n. 14.470/2022 e a prescrição aplicável à reparação e danos concorrenciais.

65. Orlando Gomes, op. cit., p. 457.

que é citado para responder à ação de indenização proposta pelo terceiro prejudicado, ou da data que a este indeniza, com a anuência do segurador; b) quanto aos demais seguros, da ciência do fato gerador da pretensão.

3) A pretensão de cobrança de emolumentos, custas ou honorários dos atos praticados por tabeliães, auxiliares da justiça, serventuários judiciais, árbitros e peritos (CC, art. 206, § 1º, III).

4) A pretensão contra peritos, pela avaliação dos bens que entraram para a formação do capital de sociedade anônima, contado da publicação da ata da assembleia que aprovar o laudo (CC, art. 206, § 1º, IV).

5) A pretensão dos credores não pagos contra os sócios ou acionistas e os liquidantes, contado o prazo da publicação da ata de encerramento da liquidação da sociedade (CC, art. 206, § 1º, V).

Prescreve em *2 anos* a pretensão para haver prestações alimentares, a partir da data em que se vencerem (CC, art. 206, § 2º). Essa prescrição só alcança as prestações alimentares e não o direito a alimentos, cujo exercício, embora irrenunciável, pode ser provisoriamente dispensado.

Prescrevem em *3 anos*:

1) A pretensão relativa a aluguéis de prédios urbanos ou rústicos (CC, art. 206, § 3º, I). "O prazo prescricional de três anos para a pretensão relativa a aluguéis aplica-se aos contratos de locação de imóveis celebrados com administração pública" (Enunciado n. 418 do CJF, aprovado na V Jornada de Direito Civil).

2) A pretensão para receber prestações vencidas de rendas temporárias ou vitalícias (CC, art. 206, § 3º, II).

3) A pretensão para haver juros, dividendos ou quaisquer prestações acessórias, pagáveis, em períodos não maiores de um ano, com capitalização ou sem ela (CC, art. 206, § 3º, III).

4) A pretensão de ressarcimento de enriquecimento sem causa (CC, art. 206, § 3º, IV).

5) A pretensão de reparação civil (CC, art. 206, § 3º, V). "O prazo prescricional de três anos para a pretensão de reparação civil aplica-se tanto à responsabilidade contratual quanto à responsabilidade extracontratual" (Enunciado n. 418 do CJF, aprovado na V Jornada de Direito Civil).

"Não se aplica o art. 206, § 3º, V, do Código Civil às pretensões indenizatórias decorrentes de acidente de trabalho, após a vigência da Emenda Constitucional n. 45, incidindo a regra do art. 7º, XXIX, da Constituição da República" (Enunciado n. 420 do CJF, aprovado na V Jornada de Direito Civil).

Pelo Enunciado n. 580: "É de três anos, pelo art. 206, § 3º, V, do CC, o prazo prescricional para a pretensão indenizatória da seguradora contra o causador de dano ao segurado, pois a seguradora sub-roga-se em seus direitos" (aprovado na VII Jornada de Direito Civil).

6) A pretensão de restituição dos lucros ou dividendos recebidos de má-fé, correndo o prazo da data em que foi deliberada a distribuição (CC, art. 206, § 3º, VI).

7) A pretensão em razão de violação da lei ou do estatuto, contra: a) os fundadores, contado o prazo da publicação dos atos constitutivos da sociedade anônima; b) os administradores, ou fiscais, contado o prazo da apresentação, aos sócios, do balanço referente ao exercício em que a violação tenha sido praticada, ou da reunião ou assembleia geral, que dela deva tomar conhecimento; c) os liquidantes, contado o prazo da primeira assembleia semestral posterior à violação (CC, art. 206, § 3º, VII, *a*, *b* e *c*).

8) A pretensão para haver o pagamento de título de crédito, a contar do vencimento, ressalvadas as disposições de lei especial (CC, art. 206, § 3º, VIII).

9) A pretensão do beneficiário contra o segurador, e a do terceiro prejudicado, no caso de seguro de responsabilidade civil obrigatório (CC, art. 206, § 3º, IX). O art. 206, § 3º, IX, do CC contém, portanto, dois comandos: a) *terceiro, beneficiário do seguro* (p. ex., seguro de vida), como, p. ex., herdeiro indicado, no contrato, pelo segurado, terá 3 anos para fazer valer sua pretensão contra a seguradora; b) *terceiro prejudicado, não beneficiário* (p. ex., vítima de acidente de trânsito), havendo seguro obrigatório de responsabilidade civil (p. ex., DPVAT – Lei n. 6.194/74; Súmula 405 do STJ), terá também o prazo prescricional de 3 anos para exigir sua pretensão contra a seguradora. A indenização, como ensina Nestor Duarte, será devida, ocorrendo o dano (lesão corporal, falecimento), cujo valor a lei estabelece, bem como o procedimento administrativo para seu recebimento (Lei n. 8.441/92)[66].

---

66. Nestor Duarte, *Código*, cit., p. 160. Nilson Rodrigues Alves (*Da prescrição e da decadência no novo Código Civil*, Bookseller, 2003, p. 420) assim pondera: "No que respeita ao Código Civil, art. 206, § 3º, IX, somente são pertinentes as pretensões *b*) do beneficiário e *c*) do terceiro prejudicado, essa se o negócio jurídico subjacente é contrato de seguro de responsabilidade civil legalmente obrigatório. Com efeito, prescreve em três anos a pretensão do *b*) beneficiário – obviamente, beneficiário que não seja o segurado, mas: outrem indicado por ele à indenizabilidade pela companhia seguradora – contra o segurador, como também no prazo trienal prescreve a pretensão do *c*) terceiro prejudicado, no caso de seguro de responsabilidade civil. Quanto a essa terceira hipótese, *c*), o Código Civil, art. 788, estabelece que nos seguros de responsabilidade civil legalmente obrigatórios a indenização do dano decorrente do sinistro há de ser paga pela companhia, diretamente ao terceiro prejudicado. Bem por isso é que o Código Civil, no art. 206, § 3º, IX, 2ª parte, alude à prescrição da pretensão desse 'terceiro prejudicado no caso de seguro de responsabilidade civil obrigatório'. As pretensões *a*) do segurado e *d*) da seguradora exercem-se no prazo prescricional do art. 206, § 1º, II, seja do *a*) segurado contra a seguradora, quer a da *d*) seguradora contra o segurado. Conta-se esse prazo a partir 'da ciência do fato gerador da pretensão' (art. 206, § 1º, II, *b*) sobre o que se fizeram considerações nos comentários ao art. 206, § 1º, II, *b*). (...) Em se dando acidente de veículos, a preten-

Prescreve em *4 anos* a pretensão relativa à tutela, a contar da data da aprovação das contas (CC, art. 206, § 4º).

Prescrevem em *5 anos*:

1) A pretensão de cobrança de dívidas líquidas constantes de instrumento público ou particular (CC, art. 206, § 5º, I)[67].

2) A pretensão dos advogados, para pagamento de seus honorários, contado o prazo do vencimento do contrato, da decisão final do processo ou da revogação do mandato (art. 25 da Lei n. 8.906/94) e também a dos profissionais liberais em geral (médicos, engenheiros, arquitetos, dentistas etc.), procuradores judiciais, curadores e professores pelos seus honorários, contado o prazo da conclusão dos serviços, da cessação dos respectivos contratos ou mandatos (CC, art. 206, § 5º, II)[68].

3) A pretensão do vencedor para haver do vencido o que despendeu em juízo (CC, art. 206, § 5º, III), como custas processuais, emolumentos etc.

4) A ação para reparação pelos danos causados por fato do produto ou do serviço, contado o prazo da data do conhecimento do prejuízo e de sua autoria (Lei n. 8.078/90, arts. 27, 12 a 17).

5) A pretensão para o trabalhador urbano quanto aos créditos resultantes das relações de trabalho, até o limite de dois anos após a extinção do contrato (CLT, art. 11, I).

A pretensão civil por ofensa a direitos morais autorais prescreve em 10 anos (CC, art. 205), contado o prazo da data da contrafação. Trata-se da *prescrição comum*[69].

---

são a cobrança desse seguro, relativa a danos oriundos do sinistro, é em conformidade com o prazo prescricional do art. 206, § 3º, IX". Ante o caráter geral do CDC e dos arts. 206, § 3º, V, e 205 do Código Civil, o prazo prescricional neles previsto não se aplica às hipóteses arroladas nos arts. 206, § 1º, II, *a* e *b*, e § 3º, IX, uma vez que são normas especiais.

67. Súmula 18 do TJSP: "Exigida ou não a indicação da causa subjacente, prescreve em 5 anos o crédito ostentado em cheque de força executiva extinta (CC, art. 206, § 5º, inciso I)".

68. O Órgão Especial do Conselho Pleno do Conselho Federal da Ordem dos Advogados do Brasil, no uso das suas atribuições conferidas no art. 86 do Regulamento Geral da Lei n. 8.906/94, considerando o julgamento da Proposição n. 49.0000.2013.006225-8/OEP, decidiu, na Sessão Ordinária realizada no dia 19 de agosto de 2014, editar a Súmula 6/2014/OEP, com o seguinte enunciado: "Prescrição de anuidades. I. O prazo prescricional para cobrança de anuidades devidas à OAB é de 05 (cinco) anos, nos termos do § 5º do art. 206 do Código Civil. II. O termo *a quo* para a contagem do prazo prescricional é o primeiro dia útil posterior ao vencimento da cota única fixada pela Seccional no correspondente exercício".

69. Alberto Câmelier – Prescrição das ações de direito autoral à luz do atual Código Civil e a repercussão na jurisprudência, *Revista de Direito Autoral*, *2*:101-6. Já se decidiu que o pra-

A prescrição intercorrente se consuma no curso de um processo, ocorrendo quando o credor exercitou sua pretensão, após a citação do réu e paralisa o processo, em regra, de execução pela inércia do credor exequente. Modalidade de prescrição que se aplica na fase executiva da ação ante o fato de o exequente ficar inerte, após citação do réu. A prescrição intercorrente, causa de suspensão (CPC, art. 921) e de extinção da execução (CPC, art. 924) pelo art. 206-A do Código Civil, acrescentado pela Lei n. 14.195/2021 e alterado pela Lei 14.382/2022, deverá observar o mesmo prazo de prescrição da pretensão, ou seja, o mesmo lapso temporal que o titular do direito teria para exercê-la na justiça, repetindo a Súmula 150 do STF, utilizada para interpretar a prescrição intercorrente como modo prescricional que ocorre no curso do processo sempre que o credor não efetivar os atos de sua responsabilidade por prazo igual ao da prescrição de sua pretensão original, exercida por meio da propositura da demanda, desde que não haja causa impeditiva, suspensiva ou interruptiva desse prazo, observado o art. 921 do CPC. Mas a inovação da Lei n. 14.195/2021 não resolveu o caso de o titular do direito não ser inerte, visto que, às vezes, depende do judiciário para obter a localização dos bens penhoráveis do devedor e a verificação do fato de a indisponibilidade daqueles bens ser passageira ou não.

---

zo seria de 5 anos se o fato ocorreu antes do veto presidencial ao art. 111 da Lei n. 9.610/98, que previa esse lapso temporal. E há dúvida se o art. 206, § 3º, V, que prevê prazo de 3 anos para reparação da ofensa de direito patrimonial do autor, poderá ser aplicado.

O prazo prescricional de 6 meses para o exercício da pretensão à execução do cheque pelo respectivo portador é contado do encerramento do prazo de apresentação, tenha ou não sido apresentado ao sacado dentro do referido prazo. No caso de cheque pós--datado, apresentado antes da data de emissão ao sacado ou da data pactuada com o emitente, o termo inicial é contado da data da primeira apresentação (Enunciado n. 40 do CJF, aprovado na I Jornada de Direito Comercial).

"Prescreve em 10 anos a pretensão à apuração de haveres de sócio falecido" (Enunciado n. 25 da *Jornada Paulista de Direito Comercial*).

Súmula 59, de 8 de dezembro de 2011 da AGU: "O prazo prescricional para propositura da ação executiva contra a Fazenda Pública é o mesmo da ação de conhecimento".

O Supremo Tribunal Federal (STF) decidiu, por 8 votos a 2, reduzir o prazo de prescrição aplicável à cobrança de valores não depositados no Fundo de Garantia do Tempo de Serviço (FGTS) de 30 anos para 5 anos. O Supremo declarou a inconstitucionalidade das normas que previam a prescrição trintenária. A decisão teve repercussão geral reconhecida (ARE 709.212).

Súmula 634 do STJ: "Ao particular aplica-se o mesmo regime prescricional previsto na Lei de Improbidade Administrativa para o agente público".

Súmula 635 do STJ: "Os prazos prescricionais previstos no art. 142 da Lei n. 8.112/1990 iniciam-se na data em que a autoridade competente para a abertura do procedimento administrativo toma conhecimento do fato, interrompem-se com o primeiro ato de instauração válido — sindicância de caráter punitivo ou processo disciplinar — e voltam a fluir por inteiro, após decorridos 140 dias desde a interrupção".

b.5. Ações imprescritíveis

Todas as ações (em sentido material), para fazer valer as pretensões, são prescritíveis. A prescritibilidade é a regra; a imprescritibilidade, a exceção[70].

São imprescritíveis as pretensões que versam sobre:

1) Os direitos da personalidade, como a vida, a honra, o nome, a liberdade, a intimidade, a própria imagem, as obras literárias, artísticas ou científicas etc., pois não se extinguem pelo seu não uso, nem seria possível impor prazos para sua aquisição ou defesa. Para tanto será necessário que o dano moral sofrido seja direto.

2) O estado da pessoa, como filiação, condição conjugal, cidadania, salvo os direitos patrimoniais dele decorrentes, como o reconhecimento da filiação para receber herança (Súmula 149 do STF).

3) Os bens públicos.

4) O direito de família no que concerne à questão inerente ao direito à pensão alimentícia, à vida conjugal, ao regime de bens.

5) A pretensão do condômino de a qualquer tempo exigir a divisão da coisa comum (CC, art. 1.320), ou a meação de muro divisório (CC, arts. 1.297 e 1.327).

6) A exceção de nulidade. P. ex., pelo art. 1.860, parágrafo único, do Código Civil, é nulo o testamento feito por menor, com idade inferior a 16 anos, seja qual for o tempo decorrido da realização do ato até sua apresentação em juízo; sempre será possível pleitear sua invalidade por meio da exceção de nulidade.

7) A ação, para anular inscrição do nome empresarial feita com violação de lei ou do contrato (CC, art. 1.167).

---

70. Caio M. S. Pereira, op. cit., v. 1, p. 594; Celso José Pimentel, A prescrição da reparação civil, o prazo do novo Código de 2002: a regra transitória e a aritmética, *Contribuições ao estudo do novo direito civil*, Campinas, Millennium, 2004, p. 11-20; Gabriele Tusa, Prescrição: o prazo de extinção da pretensão de reparação civil, *A outra face*, cit., p. 31-47. Súmula 149 do STF.

"É imprescindível, inclusive para os sucessores, a pretensão de reparação de grave ofensa à dignidade da pessoa humana causada em virtude de conduta – omissiva ou comissiva – praticada a mando ou no interesse de detentores de poder estatal" (Informativo – Ed. Especial n. 6 – do STJ, RO 76-RJ, rel. min. Luis Felipe Salomão, 4ª Turma, por unanimidade, julgado em 7-6-2022, *DJe* 17-6-2022).

Sobre dano moral direto e indireto, *consulte*: M. H. Diniz, *Curso...*, cit. v. 7, p. 112, e v. 1 p.136.

Sobre prescrição intercorrente, *vide*: Instrução Normativa do TRT n. 41/2018, art. 2º

A prescrição alcança todas as pretensões ou ações (em sentido material) patrimoniais, reais ou pessoais, estendendo-se aos efeitos patrimoniais de ações imprescritíveis[71].

---

71. Caio M. S. Pereira, op. cit., v. 1, p. 594 e 595; W. Barros Monteiro, op. cit., v. 1, p. 301 e 302; Serpa Lopes, op. cit., v. 1, p. 584 e 585; Câmara Leal, op. cit., cap. V, p. 36 e s. Sobre a imprescritibilidade dos bens públicos consulte: Karl Engisch, *Introdução ao pensamento jurídico,* Lisboa, Ed. Calouste Gulbenkian, 2. ed., 1964, p. 253, 256, 257 e 260; Tércio Sampaio Ferraz Jr., Antinomia, in *Enciclopédia Saraiva do Direito,* v. 7, p. 14-6; id., *Direito, Retórica e Comunicação,* São Paulo, Saraiva, 1973, p. 152 e 153; Agostinho Alvim, *Curso de direito civil,* apostila, PUCSP, v. 1, p. 13; Paulo A. V. Cunha, *Do patrimônio,* Lisboa, 1934, v. 1, Orlando Gomes, op. cit., p. 198; M. Helena Diniz, *Curso...,* cit., v. 4, p. 8 a 13, 123-5, *Conflito de normas,* 1988, p. 69 e s.; Recaséns Siches, *La nueva filosofía de la interpretación del derecho,* México, 1950, p. 128, 255-8; Antônio Luiz Câmara Leal, *Da prescrição e decadência,* Rio, Forense, 1948, p. 12, 14 a 25; 224 a 300; Silvio Rodrigues, op. cit., v. 1, p. 382-3; Pontes de Miranda, *Tratado de direito privado,* v. 6, 1974, § 714, n. 2 e 8; Larenz, *Metodología de la ciencia del derecho,* Barcelona, Ariel, 1960, p. 308-9; Bobbio, Des critères pour résoudre les antinomies, in *Les antinomies en droit,* publicado por Perelman, Bruxelles, Bruylant, 1965, p. 237 e 245; Perelman, Les antinomies en droit public, in *Les antinomies...,* cit., p. 177 e s.; Huberlant, Antinomies et recours aux principes généraux, in *Les antinomies...,* cit., p. 205 e s.; Jeanneau, *Les principes généraux du droit dans la jurisprudence administrative,* Paris, Sirey, 1954; Toshio Mukai, O STF decide que há prescrição nas ações de reparação ao erário por danos causados por ilícitos civis, *Revista Síntese — Direito Civil e Processual Civil, 105*:54-56. Súmula 59, de 8 de dezembro de 2011, da Advocacia Geral da União, "O prazo prescricional para propositura da ação executiva contra a Fazenda Pública é o mesmo da ação de conhecimento". Poder-se-á aplicar os arts. 205 ou 206, § 3º, IV, do Código Civil (normas gerais) aos casos de execução fiscal por dívida ativa não tributária (p. ex., advinda de taxa de ocupação ou multa administrativa), visto que só há previsão legal de prazo de 5 anos de prescrição para créditos tributários em lei especial (CTN, arts. 156, 174 e 121). Ante o fato de a prescrição ser exceção, ela requer lei especial, e da relação existente entre União, Estado ou Município e particular, ser de direito público, os princípios informadores são diferentes e o Código Civil só teria aplicabilidade em relação de direito privado. Normas gerais (as do Código Civil) não poderão ser aplicadas por analogia a hipótese que requer lei especial (CF, art. 37, § 5º) para imposição de prazo de prescrição para pretensão atinente a bens públicos, que é imprescritível, ante o princípio da legalidade e da preponderância do interesse público sobre o particular. Nem mesmo o Decreto n. 20.910/32 (lei especial) alusivo à prescrição de pretensões sobre dívidas passivas poderia ser aplicado analogicamente, porque há uma regra de hermenêutica jurídica do uso limitado da analogia no direito administrativo (Linares, *Caso administrativo no previsto*, Buenos Aires, Depalma, 1976, p. 65) em matéria referente à competência, ao uso do poder de polícia, à sanção administrativa, às contribuições, à caducidade, à outorga de privilégios, a prazo prescricional etc. ... Se se empregar, por analogia, o prazo de prescrição de 5 anos para crédito tributário ou dívida do Poder Público, estar-se-á tratando igualmente os desiguais (Poder público como devedor, como credor de crédito tributário e como credor de dívida ativa não tributária), pois a especialidade está na conduta normada, ferindo-se o princípio da isonomia. Logo, ante a lacuna normativa, aplicando-se os arts. 4º e 5º da LINDB, considerando-se que em matéria de prescrição, por ser concessão de privilégio (devedor) e imposição de sanção ao inerte (credor), não se poderá empregar a analogia (*RTJ*, *84*:781), mas o princípio da legalidade e da supremacia do interesse público, concluindo-se pela imprescritibilidade (CF, art. 37, § 5º) das dívidas ativas não tributárias para não haver lesão ao erário, pois aqueles créditos dele fazem parte como bem dominical.

C. Decadência

c.1. Conceito, objeto e arguição da decadência

O Código Civil brasileiro de 1916 não tratava, explicitamente, da decadência, confundindo prescrição e decadência devido à analogia existente entre ambas, por terem o traço comum da carga deletéria do tempo aliada à inatividade do titular do direito, e englobava, por isso, num só capítulo, prazos prescricionais e decadenciais. Não obstante, a jurisprudência e a doutrina passaram a entender que a decadência era um instituto jurídico que fazia parte de nosso direito positivo. Além do mais, observava Câmara Leal[72] que, realmente, não houve eliminação da decadência de nosso Código de 1916, porque havia, em contraposição a normas gerais, preceitos especiais estabelecidos pelo legislador, cuja contradição com essas normas só poderia ser explicada pela sua atinência a um instituto diverso daquele a que as mesmas diziam respeito. Assim, não obstante a norma geral que vedava a prescrição entre cônjuges, na constância do casamento, a ação do marido contra a mulher para contestar a legitimidade do filho prescrevia, dizia o Código, em 2 meses da data do nascimento do filho, se o marido estava presente, e em 3 meses da data de seu regresso, se estava ausente, ou da data da ciência do nascimento, se este lhe foi ocultado. Deixava de haver antinomia entre esse preceito especial e a norma geral se o legislador assim preceituou, atendendo a que, no caso, não se tratava de prescrição, regida pela norma geral, mas de decadência, não subordinada àquela disposição normativa.

O atual Código Civil apresenta uma inovação a esse respeito, pois disciplina expressamente a decadência nos arts. 207 a 211, além de fazer men-

---

Sem embargo desta nossa opinião, durante a vigência do Código Civil de 1916, a doutrina e a jurisprudência em caso de débito ativo não tributário aplicavam o art. 177 (*RT*, *188*:893, *182*:347, *178*:304, *177*:356, *173*:403, *223*:548). Havia até entendimento de que o prazo deveria ser o de 5 anos do Decreto n. 20.910/32 (norma especial), por ser tal lapso uma constante nas normas de direito público (Celso Antônio Bandeira de Mello, *Curso de direito administrativo*, 2003, p. 906 e s.), devendo as dívidas passivas e ativas do Poder Público obedecer aos mesmos princípios informadores (José Cretella Jr., *Revista do Tribunal de Contas da União*, *72*:73). E, na vigência do novel Código Civil, conclui Humberto Theodoro Júnior, em análise ao citado art. 205 (*Comentários ao novo Código Civil*, 2003, p. 303): "O art. 205 é, outrossim, regra pertinente ao direito privado. Em nada afeta as prescrições estabelecidas pelo direito público, como, v. g., as tributárias etc., que continuam regidas pela legislação própria. No entanto, havendo lacuna na própria disciplina publicística, o teto do Código Civil torna-se aplicável pela função supletiva que se lhe reconhece dentro do ordenamento jurídico em geral, no que se relaciona com os atos jurídicos em sentido lato". *Vide* sobre o assunto: Maria Helena Diniz, *Conflito de normas*, São Paulo, Saraiva, 2004, Capítulo IX, n. 1.

72. Câmara Leal, op. cit., p. 400 e 401. Já o Código Penal, no art. 103, alude de modo expresso à decadência ao estatuir que "salvo disposição expressa em contrário, o ofendido decai no direito de queixa ou representação, se não o exercer dentro do prazo de seis meses...".

ção a ela nos arts. 178 e 179; o mesmo se diga da Lei n. 8.078/90, art. 26, I, II, § 1º, § 2º, I e III, e § 3º.

A decadência é a extinção do direito pela inação de seu titular que deixa escoar o prazo legal ou voluntariamente fixado para seu exercício[73].

O *objeto* da decadência é o direito que, por determinação legal ou por vontade humana unilateral ou bilateral, está subordinado à condição de exercício em certo espaço de tempo, sob pena de caducidade. Se o titular do direito potestativo deixar de exercê-lo dentro do lapso de tempo estabelecido, legal ou convencionalmente, tem-se a decadência, e, por conseguinte, o perecimento ou perda do direito, de modo que não mais será lícito ao titular pô-lo em atividade. O direito potestativo é o sem pretensão, por ser insuscetível de violação, pois a ele não se opõe um dever específico de alguém. Não há a contrapartida, leciona Luís Paulo Cotrim Guimarães, como ocorre no direito subjetivo. A decadência impede que o direito, até então existente em potência, passe a existir em ato, extinguindo-o antes que se exteriorize ou adquira existência objetiva[74]. A decadência dá-se quando um direito potestativo não é exercido extrajudicial ou judicialmente dentro do prazo. Atinge um direito sem pretensão, porque tende à modificação do estado jurídico existente, p. ex., como o do herdeiro necessário que tem 4 anos para provar a veracidade da deserdação alegada pelo testador contra outro herdeiro necessário (CC, art. 1.965, parágrafo único) e com isso ser beneficiado na sucessão, com a exclusão do deserdado. Supõe, a decadência, direito sem pretensão, pois a ele não se opõe um dever de quem quer que seja, mas uma sujeição de alguém. Por meio dela procura-se exercer um direito pela obtenção de uma sentença judicial. O exercício do direito afasta a decadência, uma vez que esta apenas se dá se o direito não for exercido.

---

73. "Decadência" é um vocábulo de formação vernácula, originário do verbo latino *cadere* (cair); do prefixo latino *de* (de cima de) e do sufixo *entia* (ação ou estado); literalmente designa a ação de cair ou o estado daquilo que caiu (Câmara Leal, op. cit., p. 99). *RT, 453*:104; *469*:68; *450*:279; *474*:157; *464*:161. Pontes de Miranda (*Tratado de direito privado,* t. 6, p. 135) utiliza-se do termo *preclusão* para designar o instituto da decadência, no sentido de que preclui o que deixa de estar incluído no mundo jurídico. Preclusão é extinção de efeito jurídico. Todavia, para José Manoel de Arruda Alvim Netto (*Manual de direito processual civil,* v. 1, p. 282 e 283) a preclusão não se confunde com a prescrição ou com a decadência. A decadência é um prazo estabelecido pela norma para exercício de um direito. Não usado dentro do prazo, ter-se-á a extinção do direito. A prescrição é um prazo dentro do qual se pode exigir, em juízo, uma pretensão. Se o não for a ação (em sentido material) prescreve, embora o direito desmunido de ação exista, sendo, todavia, em termos práticos, muito difícil prosperar a pretensão. Já a preclusão deriva do fato de não haver a prática de um ato, no prazo em que ele deveria ser realizado, não sendo alusivo à existência ou inexistência de um direito, mas sim às faculdades processuais.

74. Câmara Leal, op. cit., p. 105 e 106; Luís Paulo Cotrim Guimarães, *Direito Civil*, cit., p. 106.

A decadência pode ser *arguida* tanto por via de ação – se o titular, desprezando a decadência, procura exercitar o direito: o interessado, pela ação, pleiteará a declaração de decadência – como por via de exceção – se o titular exercitar seu direito por meio de ação judicial: o interessado, por exceção, pleiteará a decadência.

A decadência pode ser arguida em qualquer estado da causa e em qualquer instância, quando ao arguente é dado falar no feito, antes do julgamento.

Se o direito se extingue pela decadência, não poderá mais produzir os seus efeitos, assim, se alegada e comprovada em qualquer tempo, durante o litígio, impedido estará o juiz de reconhecer um direito extinto, assegurando sua eficácia. Se o juiz pode julgar a decadência *ex vi legis* independentemente de alegação da parte interessada, poderá pronunciá-la em qualquer estado da causa, quando alegada pelo interessado. Se o tribunal de 2ª instância, em qualquer grau do julgamento, pode declarar a decadência não julgada pelo juiz de 1ª instância, claro está que a decadência, uma vez arguida, deve ser atendida, qualquer que seja o estado da causa, antes mesmo de ser esta definitivamente julgada.

Pelo Código de Processo Civil, art. 17, somente pode propor ou contestar uma ação quem tiver legítimo interesse econômico ou moral; logo, a arguição da decadência compete a quem tiver legítimo interesse jurídico em seu reconhecimento, ou seja, pode argui-la aquele contra o qual o direito decaído produziria efeitos, caso a decadência não o tivesse extinguido.

Assim sendo, podem arguir a decadência contra o titular do direito decaído: 1) o sujeito passivo do direito, se este for oriundo de relação jurídica obrigacional; 2) o sujeito passivo da ação, quando esta tiver por fundamento o direito decaído; 3) os sucessores, a título universal ou particular, do sujeito passivo do direito ou da ação; 4) qualquer terceiro a quem a eficácia do direito decaído acarretaria prejuízo, representando a decadência o afastamento desse prejuízo.

De forma que o órgão judicante só poderá conhecer, *ex officio* (CPC, art. 487, II), a decadência *ex vi legis,* porque sendo de ordem pública e de interesse social é irrenunciável. Impedido estará de declarar, de ofício, sem arguição do interessado, a decadência de direitos patrimoniais *ex vi voluntatis,* porque, tendo caráter de ordem privada, é renunciável, e sua não arguição pela parte interessada é um dos modos da renúncia tácita que o magistrado não pode impedir[75]. A parte a quem aproveita a decadência con-

---

75. *Vide*: Câmara Leal (op. cit., p. 124-7), sobre arguição da decadência.
Observam Nelson Nery Jr. e Rosa Maria de A. Nery, *Comentários ao Código de Processo Civil*, São Paulo, Revista dos Tribunais, 2015, p. 1143: A decadência é matéria de or-

vencional poderá alegá-la em qualquer grau de jurisdição, mas o magistrado não poderá suprir a alegação (CC, art. 211).

c.2. Efeitos

Do conceito de decadência pudemos depreender que seu efeito direto é a extinção do direito em decorrência de inércia de seu titular para o seu exercício; extingue, indiretamente, a ação correspondente, se ela nasceu juntamente com este, representando o modo de seu exercício, e impede o nascimento dessa ação, se ela não se originou do mesmo fato gerador do direito, mas deveria protegê-lo, futuramente, depois de definitivamente efetivado, sobrevindo algum obstáculo ao seu livre exercício. Extinto o direito pela decadência, torna-se, portanto, inoperante; não pode ser fundamento de qualquer alegação em juízo, nem ser invocado, ainda mesmo por via de exceção. A decadência produz seus efeitos extintivos de modo absoluto.

O prazo decadencial corre contra todos; nem mesmo aquelas pessoas contra as quais não corre a prescrição ficam isentas dos seus efeitos, salvo a hipótese do art. 198, I, do Código Civil, pois tal prazo não correrá contra os absolutamente incapazes, ou seja, contra menores de 16 anos (CC, art. 208), e a prevista no art. 26, § 2º, da Lei n. 8.078/90.

Os relativamente incapazes e as pessoas jurídicas têm ação contra os seus assistentes ou representantes legais, que derem causa à decadência, ou não a alegarem oportunamente (CC, art. 195 c/c o art. 208).

A decadência resultante de prazo extintivo estabelecido por lei é irrenunciável (CC, art. 209), não sendo lícito às partes, sob pena de nulidade, derrogar mandamento legal; todavia se o prazo tiver sido imposto pela vontade das partes, nada obsta sua renúncia, depois de consumada, uma vez que quem pode condicionar o exercício do direito também pode revogar essa condição.

A decadência não se suspende nem se impede ou interrompe exceto se houver disposição legal em contrário e só é impedida pelo efetivo exercício do direito, dentro do lapso de tempo prefixado (CC, art. 207).

Em matéria de direito intertemporal aplicar-se-á ao prazo de decadência o disposto no art. 2.028 do Código Civil. Assim sendo, o prazo decadencial que, por ocasião da entrada em vigor do Código Civil de 2002, já tiver transcorrido mais da metade do tempo estabelecido na lei revogada será o

---

dem pública e deve ser examinada de ofício pelo juiz independentemente de provocação do interessado, salvo se a decadência for convencional, hipótese em que só poderá examiná-la se houver requerimento da parte.

desta, apesar de ter sido reduzido pelo novo diploma legal, em respeito à patrimonialidade gerada; e se houver decorrido metade ou menos da metade do lapso temporal previsto no Código Civil de 1916, será o do novel Código Civil[76].

c.3. Prazos de decadência

Outrora a jurisprudência e a doutrina tinham a incumbência de apontar os prazos de decadência diante da omissão do Código Civil de 1916, gerando teses divergentes, que, não poucas vezes, causavam situações desconcertantes e gravames aos litigantes. Por isso de boa política foi distinguir os prazos prescricionais dos decadenciais. Atualmente, os prazos de prescrição da pretensão são os discriminados nos arts. 205 e 206, §§ 1º a 5º, do Código Civil, logo os demais prazos estabelecidos por ele, em cada caso, são de-

---

76. Sobre os efeitos da decadência, *vide* Câmara Leal, op. cit., cap. III, p. 110-5; Brugi, *Istituzioni di diritto civile*, § 34, letra *d*, p. 306; Carlos da Rocha Guimarães, *Prescrição e decadência*, p. 51. A lei nova, em regra, não poderia incidir aumentando ou encurtando prazo decadencial para o exercício do direito, visto ser parte integrante do próprio direito. Logo, alterá-lo seria uma ofensa ao direito adquirido, que se consolidou antes da lei nova. Se esta vier a alterar prazo decadencial, não atingirá aquele em curso. A decadência do direito nascido na égide do Código Civil de 1916 continuará sendo por ele regulado, mesmo que o prazo só venha a consumar-se sob o império da novel norma. Isto apenas se dará se houver silêncio do novo texto legal, em disposição transitória. Se assim é, se esta contiver norma que, excepcional ou expressamente, determine que a modificação do prazo decadencial em curso afetará a situação emergente da lei anterior, tal se dará, mas não poderá atingir o efeito já produzido antes da entrada em vigor da lei nova. Por isso há quem entenda, como Humberto Theodoro Jr., que o art. 2.028 não alcança o prazo decadencial, mas apenas o prescricional e o *ad usucapionem*. Quando o Código de Processo Civil de 1973 reduziu o prazo de decadência para propositura de ação rescisória de sentença de cinco para dois anos, José Carlos Barbosa Moreira entendeu que todo direito potestativo (a rescisão, no caso), adquirido antes da lei que alterou o prazo decadencial de seu exercício, continuaria submetendo-se ao da lei do tempo de sua constituição, aplicando-se o prazo da lei nova apenas aos aperfeiçoados após a vigência desta. O exercício do direito afasta a decadência; esta só se opera se aquele direito não for exercido. Ora, se não foi exercido, entendemos, nada obsta a que ao prazo de decadência se aplique, quando for o caso, o art. 2.028. Pelo Enunciado n. 299 do CJF (aprovado na IV Jornada de Direito Civil), "iniciada a contagem de determinado prazo sob a égide do Código Civil de 1916, e vindo a lei nova a reduzi-lo, prevalecerá o prazo antigo, desde que transcorrido mais de metade deste na data da entrada em vigor do novo Código. O novo prazo será contado a partir de 11 de janeiro de 2003, desprezando-se o tempo anteriormente decorrido, salvo quando o não aproveitamento do prazo já decorrido implicar aumento do prazo prescricional previsto na lei revogada, hipótese em que deve ser aproveitado o prazo já decorrido durante o domínio da lei antiga, estabelecendo-se uma continuidade temporal". Súmula CARF n. 10: "O prazo decadencial para constituição do crédito tributário relativo ao lucro inflacionário diferido é contado do período de apuração de sua efetiva realização ou do período em que, em face da legislação, deveria ter sido realizado, ainda que em percentuais mínimos".

cadenciais. Assim sendo, podem-se considerar, por exemplo, como prazos de decadência os seguintes[77]:

1) O de *3 dias*, sendo a coisa móvel, inexistinto prazo estipulado para exercer o direito de preempção, após a data em que o comprador tiver notificado o vendedor (CC, art. 516). O de *10 dias* para a minoria vencida impugnar alteração de estatuto de fundação (CC, art. 68).

2) O de *30 dias* contados da tradição da coisa para o exercício do direito de propor a ação em que o comprador pretende o abatimento do preço da coisa móvel recebida com vício redibitório ou rescindir o contrato e reaver o preço pago, mais perdas e danos (CC, art. 445; *RT, 450*:265). Sendo a relação de consumo, pela Lei n. 8.078/90, que prevê *prazos decadenciais,* para reclamação de vícios aparentes, tal prazo será de *30 dias,* se se tratar de fornecimento de serviço e de produtos não duráveis, e de *90 dias,* se relativo a fornecimento de serviço e de produtos duráveis, contados da data da efetiva entrega do produto ou do término da execução do serviço (art. 26, I, II e § 1º). Obstarão a decadência não só a reclamação comprovadamente formulada pelo consumidor perante o fornecedor de produtos e serviços até a resposta negativa correspondente, que deve ser transmitida de forma inequívoca, como também a instauração de inquérito civil, até seu encerramento (art. 26, § 2º, I e III). Se o *vício* for *oculto,* o prazo decadencial iniciar-se-á no instante em que se evidenciar o defeito (art. 26, § 3º). Também será de 30 dias o direito do sócio dissidente para se retirar de sociedade limitada por não concordar com fusão ou incorporação (CC, art. 1.077) ou para impugnar aprovação das contas de liquidação de sociedades, a contar da publicação da averbação da ata no registro próprio (CC, art. 1.109, parágrafo único).

3) O de *60 dias* para exercer o direito de preempção, inexistindo prazo estipulado, se a coisa for imóvel, subsequentes à data da notificação feita pelo comprador ao vendedor (CC, art. 516, 2ª parte).

---

77. Yussef Said Cahali, Decadência, in *Enciclopédia Saraiva do Direito,* v. 22, p. 365-7; W. Barros Monteiro, op. cit., v. 1, p. 302; *RT, 469*:68. Adotou-se a tese da prescrição da pretensão, por ser mais consentânea com o direito processual moderno. São também prazos decadenciais os dos seguintes artigos do Código Civil: 48, parágrafo único, 446, 501, 512, 539, 550, 754, 771, 1.084, 1.124, 1.131, 1.151, 1.237, 1.481, 1.541, 1.800, § 4º, 1.807, 1.815, 1.891, 1.895, 1.983, 2.027, parágrafo único etc.

Súmula AGU n. 79, de 13 de novembro de 2015, publicada no *DOU* de 16-11, 17-11 e 18-11-2015. "O termo inicial do prazo decadencial para impetração de mandado de segurança, no qual se discuta regra editalícia que tenha fundamentado eliminação de candidato em concurso público, é a data em que este toma ciência do ato administrativo que determina sua exclusão do certame."

Súmula 633 do STJ: "A Lei n. 9.784/1999, especialmente no que diz respeito ao prazo decadencial para a revisão de atos administrativos no âmbito da Administração Pública federal, pode ser aplicada, de forma subsidiária, aos estados e municípios, se inexistente norma local e específica que regule a matéria".

4) O de *90 dias*: *a*) para o credor prejudicado promover anulação de atos relativos à incorporação, fusão ou cisão, contados da publicação dos mesmos (CC, art. 1.122); *b*) para o consumidor obter o abatimento do preço do bem imóvel recebido com vício (Lei n. 8.078/90, art. 26); *c*) para terceiro rescindir contrato que tiver por objeto alienação, usufruto ou arrendamento de estabelecimento, se não tiver caráter pessoal, contados da publicação da transferência do estabelecimento (CC, art. 1.148).

5) O de *120 dias*: *a*) para exercer o direito de impetrar mandado de segurança (Lei n. 12.016/2009; STF, Súmula 632); *b*) para obter o transportador indenização por informação inexata ou falsa descrição no conhecimento de carga, contados daquele ato (CC, art. 745).

6) O de *180 dias*: *a*) para pleitear anulação de negócio concluído pelo representante em conflito de interesses com o representado, se tal fato era ou devia ser do conhecimento de quem com aquele tratou, contados da conclusão do negócio ou da cessação da incapacidade (CC, art. 119 e parágrafo único); *b*) para obter redibição ou abatimento no preço, se o vício da coisa móvel, por sua natureza, só puder ser conhecido mais tarde (CC, art. 445, § 1º); *c*) para o condômino, a quem não se deu conhecimento da venda, haver para si a parte vendida a estranhos, depositando o valor correspondente ao preço (CC, art. 504); *d*) para exercer direito de preferência, se a coisa for móvel, reavendo o vendedor o bem para si (CC, art. 513, parágrafo único); *e*) para o dono da obra obter do empreiteiro a responsabilidade pela solidez e segurança do trabalho, tanto em razão do material como do solo, contados do aparecimento do defeito (CC, art. 618, parágrafo único); *f*) para anular casamento do menor núbil, quando não autorizado por seu representante legal, contados do dia em que cessou a incapacidade, se a iniciativa for do incapaz, a partir do casamento, se a proposta for do representante legal ou da morte do incapaz, se tal atitude for tomada pelos seus herdeiros necessários (CC, art. 1.555 e § 1º); *g*) para anulação de casamento, contados da data da celebração, de incapaz de consentir ou de manifestar o consentimento (CC, art. 1.560, I); *h*) para invalidar casamento dos menores de 16 anos, contados para o menor do dia em que perfez essa idade e da data do matrimônio, para seus representantes legais ou ascendentes (CC, art. 1.560, § 1º); *i*) para anular casamento realizado pelo mandatário, sem que ele ou o outro contraente soubesse da revogação do mandato, a partir da data em que o mandante tiver conhecimento da celebração (CC, art. 1.560, § 2º); *j*) para coerdeiro exercer preferência para haver para si quota cedida a estranho, contados da transmissão (CC, art. 1.795, *caput*).

7) O de *1 ano*: *a*) para obter redibição ou abatimento no preço, se for imóvel, contado da entrega efetiva; se já estava na posse, o prazo conta-se da alienação, reduzido à metade (CC, art. 445); *b*) para obter redibição ou abatimento no preço, se se tratar de imóvel e se o vício por sua natureza só puder ser conhecido mais tarde (CC, art. 445, § 1º, *in fine*); *c*) para propor

complemento de área ou devolução de excesso, se o imóvel for vendido com a coisa certa e discriminada, contado do registro do título (CC, art. 501); *d*) para pleitear revogação da doação, contado da data do conhecimento do doador do fato que a autorizar (CC, art. 559); *e*) para anular partilha (CC, art. 2.027, parágrafo único).

8) O de *ano e dia* parar desfazer janela, sacada, terraço ou goteira sobre o seu prédio (CC, art. 1.302).

9) O de *2 anos*: *a*) para exercer o direito de mover ação rescisória de julgado (CPC, art. 975). Pelo Enunciado n. 341 do Fórum Permanente de Processualistas Civis: "O prazo para ajuizamento de ação rescisória é estabelecido pela data do trânsito em julgado da decisão rescindenda, de modo que não se aplicam as regras dos §§ 2º e 3º do art. 987 do CPC à coisa julgada constituída antes de sua vigência (art. 975, §§ 2º e 3º, do novo CPC)"; *b*) para anular negócio jurídico, não havendo prazo para pleitear tal anulação, contados da data da conclusão do ato (CC, art. 179); *c*) para exercer direito de preferência se a coisa for imóvel (CC, art. 513, parágrafo único); *d*) para anular aprovação, sem reserva, do balanço patrimonial e do de resultado econômico (CC, art. 1.078, § 4º); *e*) para anulação de casamento, contados da data da celebração, se incompetente a autoridade celebrante (CC, art. 1.560, II); *f*) para pleitear anulação de ato praticado pelo consorte sem a outorga do outro, contado do término da sociedade conjugal (CC, art. 1.649 c/c CF, art. 226, § 6º, com a redação da EC n. 66/2010); *g*) para anular doação feita por cônjuge adúltero a seu cúmplice, contados da data da dissolução da sociedade conjugal (CC, art. 550 c/c CF, art. 226, § 6º, com a redação da EC n. 66/2010).

10) O de *3 anos*: *a*) para declaração de ausência e abertura de sucessão (CC, art. 26); *b*) para exercer o direito de anular constituição da pessoa jurídica de direito privado, por defeito do ato respectivo, contado do prazo da publicação, e sua inscrição no registro (CC, art. 45, parágrafo único); *c*) para anulação de decisões de administradores de pessoa jurídica tomadas pela maioria de votos dos presentes se violarem lei ou estatuto e forem eivadas de erro, dolo, simulação ou fraude (CC, art. 48, parágrafo único). O PL n. 4.861/2012 pretende, ante a omissão do Código Civil, fixar no parágrafo único do art. 48, o *dies a quo* da contagem do prazo decadencial, a *data da decisão* e não a do registro, visto que o momento do registro inicia tal prazo para terceiros, e não para os sócios, tendo por base a Lei n. 6.404/76, art. 286; Lei n. 5.764/71, art. 43; CC, arts. 206, § 3º, VII, *b*, 178, II, V, § 9º e 179; *d*) para o vendedor de coisa imóvel recobrá-la, se reservou a si tal direito, mediante a devolução do preço e reembolso das despesas do comprador (CC, art. 505); *e*) para exercer o direito de intentar ação de anulação do casamento, contado da data da celebração, em razão de erro essencial, sobre a pessoa do outro cônjuge (CC, art. 1.560, III).

11) O de *4 anos*: *a*) para pleitear anulação de negócio jurídico contado: no caso de coação, do dia em que ela cessar; no de erro, dolo, fraude

contra credores, estado de perigo ou lesão, do dia em que se realizou o negócio jurídico; no de ato de incapazes, no dia em que cessar a incapacidade (CC, art. 178, I, II e III); *b*) para intentar ação de anulação de casamento, contado da data da celebração, por ter havido coação (CC, art. 1.560, IV); *c*) para demandar exclusão do herdeiro ou legatário, contado da abertura da sucessão (CC, art. 1.815, parágrafo único); *d*) para o exercício do direito de anular disposição testamentária inquinada de erro, dolo ou coação, contado da data em que o interessado tiver conhecimento do vício (CC, art. 1.909, parágrafo único); *e*) para provar veracidade da causa de deserdação alegada pelo testador (CC, art. 1.965, parágrafo único); *f*) para impugnar reconhecimento de filiação, contados da data em que o filho menor reconhecido atingir a maioridade ou vier a emancipar-se (CC, art. 1.614).

12) O de *5 anos* para impugnar a validade do testamento, contado da data do seu registro (CC, art. 1.859).

D. Distinção entre prescrição e decadência

Apesar de serem institutos similares, a decadência não se confunde com a prescrição, embora, à primeira vista, ante o traço comum do lapso de tempo aliado à inação do titular, possa parecer que os prazos prescricionais não se distinguem dos decadenciais, visto que se regem pelo princípio de que *dormientibus non succurrit jus* (o direito não socorre aos que dormem).

Com o propósito de estabelecer, didaticamente, a distinção entre ambos a doutrina entendeu que:

1) A decadência não seria mais do que a extinção do direito potestativo, pela falta de exercício dentro do prazo prefixado, atingindo indiretamente a ação, enquanto a prescrição extingue a pretensão alegável em juízo por meio de uma ação, fazendo desaparecer, por via oblíqua, o direito por ela tutelado que não tinha tempo fixado para ser exercido. Logo, a prescrição supõe direito já exercido pelo titular, existente em ato, mas cujo exercício sofreu obstáculo pela violação de terceiro; a decadência supõe um direito que não foi exercido pelo titular, existente apenas em potência.

2) O prazo de decadência pode ser estabelecido pela lei ou pela vontade unilateral ou bilateral, desde que se tenha em vista o exercício do direito pelo seu titular. Os prazos decadenciais estabelecidos por lei não poderão ser aumentados nem diminuídos pelas partes, em razão dos interesses de ordem pública que os fundamentam (*RTJ*, *85*:1019). Se a decadência for convencional, a parte a quem aproveita pode alegá-la em qualquer grau de jurisdição, mas o juiz não pode suprir a alegação (CC, art. 211); logo, se não for alegada, pressupor-se-á sua renúncia. Observam Nelson Nery Jr. e Rosa Mª A. Nery, ao comentar o art. 211 do Código Civil, que é híbrida a natureza jurídica da decadência convencional, pois é um misto de matéria de or-

dem pública (por ser insuscetível de preclusão) e de matéria de direito dispositivo, pois o magistrado só pode conhecê-la se alegada for pela parte. O prazo prescricional é fixado por lei para o exercício da pretensão, fazendo-a valer em juízo, assim sendo não poderá ser alterado por acordo das partes (CC, art. 192).

3) A prescrição supõe uma ação (em sentido material), ou melhor, uma pretensão cuja origem seria distinta da do direito, tendo assim nascimento posterior ao do direito, visto que decorre de sua violação, e a decadência supõe uma ação cuja origem é idêntica à do direito, sendo, por isso, simultâneo o nascimento de ambos.

4) A decadência, teoricamente, corre contra todos, não admitindo sua suspensão ou interrupção em favor daqueles contra os quais não corre a prescrição, com exceção do caso do art. 198, I, do CC (CC, arts. 207 e 208, *in fine*) e do art. 26, § 2º, da Lei n. 8.078/90: só pode ser obstada a sua consumação pelo exercício efetivo do direito ou da ação, quando esta constituir o meio pelo qual deve ser exercido o direito; a prescrição pode ser suspensa, impedida ou interrompida pelas causas previstas pela lei.

5) A decadência decorrente de prazo legal deve ser considerada e julgada pelo magistrado de ofício, independentemente de arguição pelo interessado (CC, art. 210; *RTJ*, *130*:1001; *RT*, *656*:200, *652*:128); se a decadência for convencional, o juiz dela não pode apreciar, a não ser que haja provocação do interessado (CC, art. 211); a prescrição das ações patrimoniais pode ser, *ex officio*, decretada pelo órgão judicante.

6) A decadência resultante de prazo prefixado legalmente não pode ser renunciada pelas partes, nem antes nem depois de consumada, sob pena de nulidade (CC, art. 209), e a prescrição, após sua consumação, pode ser renunciada pelo prescribente. Os prazos decadenciais, decorrentes de convenção das partes, são suscetíveis de renúncia, por dizerem respeito a direitos disponíveis, visto que se as partes podem estabelecê-los, poderão abrir mão deles.

7) Só as ações (em sentido material) condenatórias podem sofrer os efeitos da prescrição, pois são elas as únicas por meio das quais se protegem judicialmente os direitos que irradiam pretensões; isto é assim porque apenas os direitos a uma prestação são suscetíveis de lesão ou de violação. Por outro lado, a decadência atinge direitos potestativos, ou melhor, sem pretensão ou sem prestação que se caracterizam pelo fato de não poderem ser violados, uma vez que tendem à modificação do estado jurídico existente, não contendo nenhuma obrigação de outrem de realizar positiva ou negativamente um dado ato. P. ex.: é o que se dá quando a lei autoriza um cônjuge a requerer a separação de bens; o doador a revogar a doação por ingratidão do donatário; o vendedor a resgatar o fundo ou pleitear a rescisão por le-

são. De modo que o prazo decadencial se refere a um direito potestativo que deve ser exercido, mediante ação constitutiva (positiva ou negativa), por mero ato de vontade, independentemente de atuação de terceiro[78].

78. Maria Helena Diniz, Advertência sobre a problematicidade do prazo prescricional ou decadencial e exegese do art. 220 do Código de Processo Civil, *Revista da Associação dos Pós-Graduandos da PUCSP, 4*:193-200; Yussef S. Cahali, Decadência, cit., v. 22, p. 358-65; Serpa Lopes, op. cit., v. 1, p. 576, n. 400; W. Barros Monteiro, op. cit., v. 1, p. 302 e 303; R. Limongi França, *Manual de direito civil,* v. 1, p. 357; Pereira Braga, *Exegese do Código de Processo Civil,* v. 3, t. 1, p. 165 e 166; Caio M. S. Pereira, op. cit., v. 1, p. 596 e 597; Orlando Gomes, op. cit., p. 457-62; Agnelo Amorim Filho, Critério científico para distinguir a prescrição da decadência, *RT, 300*:8; e *Revista de Direito Processual Civil, 3*:96; Chiovenda, *Instituições de direito processual civil,* v. 1, p. 10 e s., n. 4; e *Principios de derecho procesal civil,* v. 1, p. 203 e s., §§ 6 a 8; Carlos da Rocha Guimarães, *Prescrição e decadência,* 1984; Milton dos Santos Martins, Prescrição e decadência no projeto de Código Civil, *RDC, 17*:22; Aida Glanz, A prescrição e a decadência no direito privado brasileiro e no direito comparado, *RT, 672*:65; Nelson Nery Jr. e Rosa Mª A. Nery, *Novo Código Civil,* cit., p. 123; J. Dias Marques, *Alguns aspectos da prescrição no direito comparado luso-brasileiro,* Lisboa, 1954; Luis Díez-Picazo, *La prescripción en el Código Civil,* Barcelona, Bosch, 1964; Cesari Ruperto, *Prescrizione e decadenza,* Torino, 1960; J. N. Vargas Valério, *A decadência própria e imprópria no direito civil e no direito do trabalho,* São Paulo, LTr, 1999; Humberto Theodoro Jr., *Comentários ao novo Código,* cit., v. III, t. 2; Alan Martins e Antônio Borges de Figueiredo, *Prescrição e decadência no direito civil,* Porto Alegre, Síntese, 2002; Gustavo Kloh Muller Neves, Prescrição e decadência no novo Código Civil, *A parte geral,* cit., p. 417 a 428; Rafael Marinangelo, Aspectos relevantes da prescrição e decadência e o novo Código Civil, *Temas relevantes de direito civil contemporâneo* (coord. G. E. Nanni), São Paulo, Atlas, 2008, p. 261-82; Pablo Stolze Gagliano e Rodolfo Pamplona Filho, *Novo curso,* cit., v. 1, p. 473 a 508; Renan Lotufo, *Código Civil,* cit., v. 1, p. 517 a 560; Wilson R. B. Garcia, Prescrição e decadência no direito civil, *Revista Síntese — Direito Civil e Processual Civil, 91*:49-53; Marco Antonio P. Pfitscher, O mito da necessidade da existência dos institutos da prescrição e da decadência, *Revista Síntese — Direito Civil e Processual Civil, 91*:9-30; Cristiano Quinaia e Karina de A. Batistuci, Prescrição e decadência à luz da classificação das ações. *De jure – Revista Jurídica, 26*:235-255. Sobre prescrição e decadência, *vide*: *RT, 527*:217 e 244, *447*:216, *464*:180, *463*:215, *466*:165, *482*:163, *485*:223, *488*:268, *459*:121, *462*:250, *461*:197, *466*:262, *468*:182, *467*:84, *470*:218, *469*:229, *488*:269, *490*:133, *490*:235, *480*:223, *489*:67, *460*:177, *468*:120, *466*:148, *465*:138, *459*:85, *464*:190, *465*:173, *461*:253, *463*:257, *459*:225, *470*:143, *468*:191, *466*:70, *465*:104, *462*:247, *470*:235, *464*:172, *468*:150, *468*:187, *468*:256, *461*:227, *469*:178, *469*:111, *460*:119, *504*:139, *462*:260, *466*:194, *459*:196, *462*:178, *464*:142, *459*:241, *460*:60, *469*:242, *484*:79, *484*:62, *490*:243, *510*:88, *489*:144, *487*:166, *484*:112, *484*:209, *482*:237, *480*:170, *489*:168, *486*:144, *486*:113, *486*:95, *479*:65, *505*:253, *487*:128, *484*:205, *490*:94, *488*:182, *482*:202, *488*:98, *479*:134, *480*:125, *484*:130, *487*:140, *487*:70, *526*:193, *485*:169, *485*:211, *482*:88, *489*:71, *483*:201, *489*:250; *RTJ, 72*:401, *72*:426, *72*:181; *Rev. Trim. Jur., 68*:425, *67*:281, *68*:658, *67*:137, *67*:138, *67*:297, *68*:222, *69*:239, *69*:165; *RJTJSP, 35*:116, *41*:152, *37*:60, *39*:92, *41*:85, *37*:38, *40*:175, *41*:102, *41*:148, *35*:57. Súmulas 360 e 632 do STF; Súmula 106 do STJ; Súmula Vinculante n. 8 do STF sobre prescrição e decadência de crédito tributário. Pela Lei n. 10.852/2004 altera-se o art. 47 da Lei n. 9.636/98, assim o crédito originado de receita patrimonial submete-se ao prazo decadencial de 10 anos para sua constituição, mediante lançamento e prescricional de 5 anos para sua exigência, contados do lançamento.

Enunciado n. 161 do Fórum Permanente de Processualistas Civis: "É de mérito a decisão que rejeita a alegação de prescrição ou de decadência".

Quadro Sinótico

FATO JURÍDICO "STRICTO SENSU"

1. CONCEITO DE FATO JURÍDICO "STRICTO SENSU"	• É o acontecimento independente da vontade humana que produz efeitos jurídicos, criando, modificando ou extinguindo direitos.	
2. CLASSIFICAÇÃO	• Ordinário	• Morte, nascimento, maioridade, menoridade, aluvião, avulsão, álveo abandonado, decurso do tempo (termo final, inicial, usucapião, prescrição e decadência).
	• Extraordinário	• *Força maior,* quando se conhece a causa que dá origem ao evento, por tratar-se de fato da natureza, como, p. ex., raio que provoca incêndio, inundação que danifica produtos. • *Caso fortuito,* quando o acidente que gera o dano advém de causa desconhecida, como o cabo elétrico aéreo que se rompe e cai sobre fios telefônicos causando incêndio; explosão de caldeira de usina provocando morte ou é ocasionado por fato de terceiro (greve, motim).
3. PRESCRIÇÃO COMO FATO JURÍDICO	• Conceito	• Extinção de uma pretensão, em virtude da inércia de seu titular durante certo lapso de tempo.
	• Requisitos	• Existência de uma ação, em sentido material, exercitável. • Inércia do titular da pretensão pelo seu não exercício. • Continuidade dessa inércia durante um certo lapso de tempo. • Ausência de algum fato ou ato a que a lei confere eficácia impeditiva (CC, arts. 197, I a III, 198, I, 199, I e II, e 200), suspensiva (CC, arts. 198, I e III, 199, III, e 201) ou interruptiva (CC, arts. 202, I a V e parágrafo único, 203 e 204; CPC, arts. 240 e parágrafos, 312 e 802) do curso prescricional.

3. PRESCRIÇÃO COMO FATO JURÍDICO	• Prescrição aquisitiva e extintiva	• Para a doutrina, a *prescrição aquisitiva* ou usucapião visa à propriedade, fundando-se na posse e no tempo, e a *extintiva* atinge qualquer ação, fundando-se na inércia do titular e no tempo. Entendemos que a usucapião é uma energia criadora e extintiva do direito, ao passo que a prescrição é extintiva da pretensão e não do direito. Assim, não há de se falar em prescrição aquisitiva, pois, de acordo com a sistemática do nosso Código Civil, a prescrição e a usucapião constituem dois institutos diversos.
	• Normas gerais sobre prescrição	• 1) Só pode haver renúncia da prescrição após sua consumação e desde que não se prejudiquem terceiros (CC, art. 191). • 2) A prescrição pode ser alegada em qualquer instância ou fase processual pela parte a quem aproveita (CC, art. 193; *RT, 447*:209; *447*:142 e *426*:77). • 3) Tanto as pessoas naturais como as jurídicas sujeitam-se aos efeitos da prescrição, ativa ou passivamente (CC, art. 189). • 4) As pessoas relativamente incapazes e as pessoas jurídicas têm ação contra seus assistentes ou representantes legais, quando estes derem causa à prescrição (CC, art. 195). • 5) A prescrição iniciada contra uma pessoa continua a correr contra seu sucessor (CC, art. 196), salvo se absolutamente incapaz. • 6) O juiz pode pronunciar de ofício a prescrição (CPC, art. 487, II). • 7) Somente os interessados podem alegar a prescrição, mas se não a invocarem pessoalmente, poderá fazê-lo o representante do Ministério Público quando lhe couber intervir. • 8) Com o principal prescrevem os acessórios (CC, art. 92). • 9) A prescrição em curso não origina direito adquirido (*RT, 174*:282; *246*:520). • 10) As partes não podem restringir o prazo prescricional, mesmo que se trate de direitos patrimoniais (CC, art. 192). • 11) Deve-se determinar o momento exato em que a prescrição começa a correr para que se calcule corretamente o prazo.

3. PRESCRIÇÃO COMO FATO JURÍDICO	• Prazos prescricionais	• Prescrição ordinária	• CC, art. 205.
		• Prescrição especial	• Lei n. 8.078/90, arts. 27, 12 a 17; CC, art. 206, §§ 1º a 5º.
	• Ações imprescritíveis	• As que versam sobre: direitos da personalidade; estado da pessoa; bens públicos; bens confiados à guarda de outrem a título de depósito, penhor, mandato; direitos de família; pretensão do condômino de exigir a divisão da coisa comum (CC, art. 1.320), ou meação de muro divisório (CC, arts. 1.297 e 1.327); exceção de nulidade (CC, art. 1.860, parágrafo único); ação para anular inscrição do nome empresarial feita com violação de lei ou de contrato (CC, art. 1.167).	
4. DECADÊNCIA	• Conceito	• É a extinção do direito potestativo pela inação de seu titular que deixa escoar o prazo legal ou voluntariamente fixado para seu exercício (CC, arts. 207 a 211).	
	• Objeto	• O direito que por determinação legal ou por vontade unilateral ou bilateral está subordinado à condição de exercício em certo espaço de tempo, sob pena de caducidade.	
	• Arguição	• Por via de ação ou de exceção. • Em qualquer estado da causa ou em qualquer instância. • CPC, art. 17. • Podem argui-la contra o titular do direito: o sujeito passivo do direito se este se originar de relação jurídica obrigacional; sujeito passivo da ação, quando este tiver por fundamento o direito decaído; os sucessores, a título universal ou singular, do sujeito passivo do direito ou da ação; qualquer terceiro, a que a eficácia do direito decaído acarretaria prejuízo. • O juiz poderá conhecer *ex officio* a decadência *ex vi legis*, porque sendo de ordem pública é irrenunciável.	

4. DECADÊNCIA	• Efeitos	• Extinção imediata do direito e por via indireta da ação. • Prazo decadencial corre contra todos, salvo nos casos previstos em lei. • É irrenunciável se o prazo for estabelecido por lei. • Não se suspende, nem se interrompe.
	• Prazos decadenciais	• CC, arts. 68, 516, 1.077, 1.109, parágrafo único, 445, 1.122, 1.148, 745, 119 e parágrafo único, 504, § 1º, 513, parágrafo único, 618, parágrafo único, 1.555 e § 1º, 1.560 e §§ 1º e 2º, 1.795, 2.027, parágrafo único, 550, 501, 559, 1.302, 495, 179, 1.078, § 4º, 26, 45, parágrafo único, 48, parágrafo único, 505, 178, I, II e III, 1.815, parágrafo único, 1.909, parágrafo único, 1.859, 1.389, III, 1.965, parágrafo único, 1.423, 1.614; Lei n. 12.016/2009, art. 23; Lei n. 8.078/90, art. 26.
5. DISTINÇÃO DIDÁTICA ENTRE PRESCRIÇÃO E DECADÊNCIA	• 1) A decadência extingue o direito e indiretamente a ação; a prescrição extingue a pretensão e, por via oblíqua, o direito. • 2) O prazo decadencial é estabelecido por lei ou por vontade unilateral ou bilateral; o prazo prescricional somente por lei. • 3) A prescrição supõe uma ação (em sentido material) cuja origem seria diversa da do direito; a decadência requer uma ação cuja origem é idêntica à do direito. • 4) A decadência corre contra todos, exceto nos casos dos arts. 198, I, 207 e 208 do CC e do art. 26, § 2º, da Lei n. 8.078/90; a prescrição não corre contra aqueles que estiverem sob a égide das causas de interrupção ou suspensão previstas em lei. • 5) A decadência decorrente de prazo legal pode ser julgada, de ofício, pelo juiz, independentemente de arguição do interessado; a prescrição das ações patrimoniais pode ser, *ex officio*, decretada pelo magistrado. • 6) A decadência resultante de prazo legal não pode ser renunciada; a prescrição, após sua consumação, pode sê-lo pelo prescribente. • 7) Só as ações (em sentido material) condenatórias sofrem os efeitos da prescrição; a decadência só atinge direitos sem prestação que tendem à modificação do estado jurídico existente.	

3. Ato jurídico em sentido estrito

A. Conceito e classificação

O ato jurídico em sentido estrito é o que gera consequências jurídicas previstas em lei e não pelas partes interessadas, não havendo regulamentação da autonomia privada. De forma que "o ato jurídico *stricto sensu* seria aquele que surge como mero pressuposto de efeito jurídico, preordenado pela lei, sem função e natureza de autorregulamento"[79].

Segundo Orlando Gomes, classificam-se os atos jurídicos em sentido estrito em[80]:

1) *Atos materiais* ou *reais,* que consistem numa atuação da vontade que lhes dá existência imediata, porque não se destinam ao conhecimento de determinada pessoa, não tendo, portanto, destinatário. Trata-se de atos a que a ordem jurídica confere efeitos invariáveis, de maneira que tais consequências jurídicas estão adstritas tão somente ao resultado da atuação, produzindo-se independentemente da consciência que o agente tenha de que seu comportamento o suscita. P. ex.: a ocupação, a derrelição, a fixação e transferência de domicílio, o achado de tesouro, a comistão, a confusão, a adjunção, a especificação, a acessão, o pagamento indevido, a percepção de frutos etc. Os efeitos decorrentes de todos esses atos estão predefinidos na lei.

2) *Participações,* que consistem em declarações para ciência ou comunicação de intenções ou de fatos, tendo, portanto, por escopo produzir *in mente*

79. Fábio Maria de Mattia, Ato jurídico em sentido estrito e negócio jurídico, in *Enciclopédia Saraiva do Direito,* v. 9, p. 39.

80. Orlando Gomes, op. cit., p. 241 a 245; Von Tuhr, *Tratado de las obligaciones,* v. 1, p. 129; Messineo, *Manuale di diritto civile e commerciale,* v. 1, p. 261.

alterius um evento psíquico; têm, necessariamente, destinatário, pois o sujeito pratica o ato para dar conhecimento a outrem de que tem certo propósito ou que ocorreu determinado fato. P. ex.: *intimação* (ato pelo qual alguém participa a outrem a intenção de exigir-lhe certo comportamento); *interpelação* (ato do credor em atenção ao devedor, para obter o pagamento, não constituindo o devedor em mora, embora haja efeito secundário determinado por lei, conducente à constituição de mora, mesmo não havendo o propósito de provocá-la); *notificação* (ato pelo qual alguém cientifica a outrem fato que a este interessa conhecer, p. ex., na hipótese de cessão de crédito, o cedente notifica o devedor que transmitiu o crédito, comunicando-lhe, assim, o ato que praticou, tratando-se de simples participação de ocorrência); *oposição* (ato pelo qual alguém impugna a realização de ato futuro, ou nega anuência ao que o requer, p. ex., revelação de impedimento matrimonial com o intuito de evitar casamento; recusa à prática de ato que demanda a anuência de alguém, quando um condômino, p. ex., discorda da venda da coisa comum); *aviso* (ato pelo qual se participa a outrem que determinada ocorrência se verificou ou se verificará, em certo prazo; emprega-se-o, com frequência, na convocação de acionistas para a assembleia geral ou de credor, para que, na falência, apresentem suas declarações de créditos. Os avisos destinados a muitas pessoas, bem como quando não se conheçam totalmente os destinatários, costumam-se fazer por edital publicado na imprensa periódica ou carta); *confissão* (declaração de verdade que consiste em admitir alguém a veracidade de fatos desfavoráveis); *denúncia; convite* etc.

B. Ato jurídico em sentido estrito e negócio jurídico

A doutrina do ato jurídico que para os alemães corresponde à dos negócios jurídicos não é romana, embora tenha sido construída por abstração sobre elementos extraídos do direito romano pelos jusnaturalistas, em meados do século XVIII, e por civilistas que, posteriormente, lhe deram maior desenvolvimento, concluindo que a categoria mais importante para o direito é a dos atos lícitos, dentre eles o negócio jurídico. Vivas disputas doutrinárias se digladiaram em torno da compreensão do negócio jurídico, chegando-se a diferenciá-lo do ato jurídico *stricto sensu.* Entretanto a figura do ato jurídico em sentido estrito permaneceu por muito tempo na penumbra, dado o fato de os juristas concentrarem sua atenção nos negócios jurídicos. Delineou-se o ato jurídico *stricto sensu* quando a doutrina percebeu, ao elaborar a teoria dos negócios jurídicos, a existência de atos que não se incluíam naqueles.

O direito francês não adotou essa dicotomia, uma vez que o Código de Napoleão tratou a matéria em termos excessivamente genéricos, cuidando apenas do fato jurídico e do ato jurídico, no que foi seguido pelo nosso Código Civil de 1916, de modo que no direito brasileiro *de jure constituto* não se utilizava a expressão "negócio jurídico", embora a definição do art. 81 fosse, rigorosamente, a de negócio jurídico. É na disciplina dos negócios jurídicos que o atual Código Civil apresenta maiores alterações em face do Código Civil de 1916, substituindo a expressão genérica *ato jurídico,* que se encontrava no Código anterior, pela designação específica *negócio jurídico,* uma vez que é a este e não àquele que se aplicam todas as normas ali constantes, eliminando assim a falta de técnica até então existente. E no que concerne aos atos jurídicos lícitos, que não sejam negócios jurídicos, seguindo o art. 295 do Código Civil português de 1967, abriu-lhes um título da Parte Geral, com um artigo único, o 185, determinando que se lhes apliquem, no que couber, as disposições (CC, arts. 104 a 184) do título anterior.

Seguindo a esteira do direito alemão filiando-se à doutrina do *Rechtsgeschaft,* preferiu a distinção entre ato jurídico em sentido estrito e negócio jurídico, dicotomia esta incluída como espécie de um gênero que receberia o nome de ato jurídico em sentido amplo.

Para Santoro-Passarelli, o negócio jurídico é o ato de autonomia privada, com o qual o particular regula por si os próprios interesses. Por outras palavras, é o ato regulamentador dos interesses privados.

Logo, não se pode aceitar a teoria voluntarista que o concebe como a declaração da vontade dirigida a provocar efeitos jurídicos tutelados pela ordem jurídica, porque a voluntariedade do ato existe tanto no ato jurídico *stricto sensu* como no negócio jurídico. A teoria objetiva, como vimos, coloca a essência do negócio jurídico na autorregulamentação dos interesses particulares, reconhecida pelo ordenamento jurídico que, assim, dá força criativa ao negócio.

O negócio jurídico típico é o contrato. Num contrato as partes contratantes acordam que devem conduzir-se de determinado modo, uma em face da outra. Kelsen entende que este *dever ser* é o sentido subjetivo do ato jurídico-negocial, mas também é seu sentido objetivo. Como é o negócio jurídico fato produtor do direito, é uma norma jurídica negocialmente criada, que não estatui sanções, mas uma conduta cuja violação é o pressuposto da sanção que as normas jurídicas gerais estatuem; não é, portanto, norma jurídica autônoma, mas não autônoma, já que é apenas uma norma jurídica em combinação com as normas gerais que estatuem sanções para a conduta havida como contrária ao negócio jurídico.

O tribunal que decidir um litígio surgido de um negócio jurídico tem de verificar não só a validade da norma jurídica geral com base na qual tal negócio foi realizado, mas também o fato da existência de uma conduta contrária ao negócio e a circunstância dos prejuízos por este último fato causados não terem sido indenizados e com base nestas averiguações fixar a norma individual, nos termos da qual, se o prejuízo pelo tribunal determinado não for ressarcido dentro de certo prazo, deve ser executada uma sanção estatuída na norma jurídica geral aplicada pelo tribunal.

O negócio jurídico repousa na ideia de um pressuposto de fato querido ou posto em jogo pela vontade e reconhecido como base do efeito jurídico perseguido. Seu fundamento é a vontade humana, desde que atue na conformidade da ordem jurídica. Seu *habitat* é a ordem jurídica. Seu efeito é a criação de direitos e obrigações. É a norma jurídica que confere à vontade esse efeito, seja quando o agente procede unilateralmente, seja quando a declaração volitiva marcha na conformidade de outra congênere, concorrendo a dupla emissão de vontade.

A presença necessária da emissão da vontade no negócio jurídico e sua conformidade com a lei sugere uma investigação desse elemento, pois, como logo mais veremos, casos há em que essa vontade falta, em que há vícios de consentimento e em que há vontade, mas com desvio de lei, causando anulação do negócio, por ser este defeituoso. Já os vícios de vontade são quase irrelevantes nos atos jurídicos *stricto sensu,* porque a intenção da parte situa-se em plano secundário.

Onde nenhuma operação de autonomia privada exerce influência, ter-se-á ato jurídico em sentido estrito, cujo efeito, com fundamento numa situação fática, caracterizada e regulada legalmente, se produz *ex lege,* sem consideração à vontade do agente. P. ex.: a intimação de licença de expulsão, consistente na declaração dirigida pelo locador ao locatário para deixar o imóvel; é um ato que pode, substancialmente, assumir a natureza de ato jurídico *stricto sensu* ou de negócio, segundo a decadência ou não do movimento dispositivo. Será ato jurídico em sentido estrito quando se tratar de licença por locação terminada, feita após o término do contrato, se, em virtude deste ou por efeito de atos precedentes, é excluída a locação ou renovação tácita. Será negócio jurídico na hipótese de expulsão por locação terminada antes de expirado o contrato (CPC italiano, art. 657, I), enquanto nesse caso o interessado tende a um efeito dispositivo.

O ato jurídico em sentido estrito não é exercício de autonomia privada, logo o interesse objetivado não pode ser regulado pelo particular e a sua satisfação se concretiza no modo determinado pela lei. No negócio, o fim procurado pelas partes baseia-se no reconhecimento da autonomia privada a que o ordenamento confere efeitos jurídicos. Porém, em atenção à convivência social, esse princípio da autonomia da vontade subordina-se às imposições da ordem pública.

No ato jurídico *stricto sensu* ocorre o contrário, mesmo porque a eficácia que lhe é reconhecida pela ordem jurídica está em função de finalidade geral, de caráter político-legislativo. O objetivo colimado pelo agente permanece sem observação autônoma, e só indireta e acidentalmente pode realizar-se mediante o cumprimento do ato.

A função torna-se, no negócio, um objeto, porque, em relação a ele, o ordenamento admite a autonomia privada. No ato jurídico em sentido estrito não se pode falar de objeto, porque, no que concerne a ele, a ordem jurídica requer autonomia privada. Contudo, não se pode contestar a relevância da função assumida pelo ato jurídico em sentido estrito. Tal função consiste na realização do interesse de cuja satisfação o ato é ordenado, segundo a rigidez da previsão normativa.

Surge, claramente, sob esse prisma a diferença entre ato e negócio jurídico. O negócio leva, ensina Fábio Maria de Mattia, realmente, em consideração o escopo procurado pela parte ou partes interessadas e a esse fim a ordem jurídica adapta os efeitos. No ato jurídico *stricto sensu* prevalece apenas a função que o ordenamento estabelece para o próprio ato e o objetivo colimado pelo agente ao cumpri-lo.

No que concerne ao fim do negócio jurídico destacam-se os momentos fundamentais da vida do direito subjetivo, relativamente ao agente: aquisição, modificação e extinção, ou seja, aquele em que o direito se funde no sujeito atual, as alterações por que passa e aquele em que se perde, seja por via de uma trasladação ou transferência de direitos subjetivos, seja, coincidentemente, com a cessação da relação jurídica (CC, arts. 381, 1.410, VI, 1.436, IV, e 520). Convém acrescentar-se, ainda, a conservação do direito como finalidade do ato negocial[81].

---

81. É o que nos ensinam: Fábio Maria de Mattia, op. cit., p. 39-47; Ato jurídico em sentido estrito e negócio jurídico, in *Revista da Universidade Católica de São Paulo, 32*:29-79, 1967; Luigi Cariota-Ferrara, Volontà, manifestazione, negozio giuridico, *Annuario di diritto comparato e di studi legislativi*, 2ª série, edizione dell'Istituto Italiano di Studi

Legislativi, Roma, v. 15, fasc. 1, 1940; Vicente Ráo, *Ato jurídico,* São Paulo, Saraiva; Nicola Stolfi, *Diritto civile,* v. 1, 2ª parte, Torino, 1931; Alfonso Tesauro, *Atti e negozi giuridici,* Padova, CEDAM, 1933; Serpa Lopes, op. cit., p. 414-7; Kelsen, *Teoria pura do direito,* 2. ed., 1962, v. 2, p. 123-32; Caio M. S. Pereira, op. cit., p. 416; Enneccerus, Kipp e Wolff, *Tratado de derecho civil,* Barcelona, Bosch, 1935, t. 1, p. 54; Santoro-Passarelli, Atto giuridico, in *Enciclopedia del diritto,* v. 4, p. 203-13; Luiz Edson Fachin, *Novo conceito de ato e negócio jurídico,* Curitiba, Scientia e Labor, 1988; Castro y Bravo, *El negocio jurídico,* Madrid, 1967, § 17, p. 20; José Carlos Moreira Alves, O negócio jurídico no Anteprojeto do Código Civil brasileiro, *Revista da Faculdade de Direito da Universidade Federal de Uberlândia, 6*:61 e s., 1977; Baumann, *Einführung in die Rechtswissenschaft,* München, 1970, p. 190; Scognamiglio, *Contributo alla teoria del negozio giuridico,* Napoli, 1950, p. 167; Bekker, *System des Heutigen Pandktenrechts,* Weimar, 1889, v. II, § 82; Groppali, *Aviamento allo studio del diritto,* Milano, 1951, p. 146; Mirabeli, *L'atto non negoziale nel diritto privato italiano,* Napoli, 1955; Pannucio, *Le dichiarazioni non negoziale di volontà,* Milano, 1966; Soriano Neto, *A construção científica alemã sobre os atos jurídicos em sentido estrito e a natureza jurídica do reconhecimento da filiação ilegítima,* Recife, 1957; Flume, *Das Rechtsgeschaft,* 1965, § 2º, p. 28 e s.

Quadro Sinótico

ATO JURÍDICO "STRICTO SENSU"

1. CONCEITO	• É o que surge como mero pressuposto de efeito jurídico preordenado pela lei sem função e natureza de autorregulamento.	
2. CLASSIFICAÇÃO	• Atos materiais	• Ocupação, derrelição, fixação e transferência de domicílio, descoberta do tesouro, comistão, confusão, adjunção, especificação, pagamento indevido etc.
	• Participação	• Intimação, interpelação, notificação, oposição, aviso, confissão, denúncia, convite, recusa etc.
3. ATO JURÍDICO EM SENTIDO ESTRITO E NEGÓCIO JURÍDICO	• *a*) Negócio jurídico, segundo Santoro-Passarelli, é ato de autonomia privada, com o qual o particular regula por si os próprios interesses, logo a sua essência é a autorregulação dos interesses particulares reconhecida pelo ordenamento jurídico, e o ato jurídico *stricto sensu* não tem função e natureza de autorregulamento. • *b*) A presença necessária da emissão da vontade no negócio jurídico e sua conformidade com a lei sugere uma investigação a esse elemento volitivo, o que já não ocorre com o ato jurídico em sentido estrito em que a intenção das partes situa-se em plano secundário, e cujo efeito se produz *ex lege*. • *c*) A função torna-se, no negócio jurídico, um objeto, porque em relação a ele a ordem jurídica admite autonomia privada; no ato jurídico não se pode falar em objeto, porque no que concerne a ele a ordem jurídica requer autonomia privada, sendo que sua função consiste na realização do interesse de cuja satisfação o ato é ordenado, segundo a rigidez da previsão normativa. Assim o negócio jurídico considera o escopo colimado pelos interessados; o ato jurídico *stricto sensu* só se atém à função que a ordem jurídica estabelece para o próprio ato.	

4. Negócio jurídico

A. Conceito

Como vimos em páginas anteriores, a grande maioria dos autores[82] aceita a teoria objetiva de Bülow, segundo a qual o negócio jurídico funda-se na "autonomia privada", ou seja, no poder de autorregulação dos interesses que contém a enunciação de um preceito, independentemente do querer interno. Apresenta-se, então, o negócio jurídico como uma "norma concreta estabelecida pelas partes".

Logo, para esta concepção não basta a mera manifestação da vontade para a aquisição de um direito, como, p. ex., a compra de uma casa; para a conservação de um direito, como, exemplificativamente, um protesto judicial para resguardar futuro direito; para a transferência do direito, como a cessão de um compromisso de compra e venda; para a modificação de direito, como, p. ex., a novação de um contrato; e para a extinção do direito, como o caso da rescisão contratual[83]. É necessário que tal efeito, visado

---

82. Orlando Gomes, op. cit., p. 250; Betti, *Teoria generale del negozio giuridico,* 2. ed., 1950; Scognamiglio, *Contributo alla teoria del negozio giuridico,* Napoli, 1950; José Abreu, *O negócio jurídico e sua teoria geral*, Saraiva, 1984; Giuseppe Stolfi, *Teoria del negozio giuridico,* Padova, CEDAM, 1947; Matteo Ferrante, *Negozio giuridico: concetto,* Milano, Giuffrè, 1950; Alfredo Orgaz, *Hechos y actos o negocios jurídicos*, Buenos Aires, 1963; Francesco Calasso, *Il negozio giuridico*, Milano, Giuffrè, 1967; Manoel Albaladejo, *El negocio jurídico,* Barcelona, Bosch, 1958; Antonio Junqueira de Azevedo, *Negócio jurídico e declaração negocial*, São Paulo, Saraiva, 1986; Álvaro Villaça Azevedo, *Código Civil comentado,* São Paulo, Atlas, v. II, 2003; Rose Melo Venceslau, O negócio jurídico e suas modalidades, *A parte geral*, cit., p. 177 e s.; José Carlos Moreira Alves, O novo Código Civil brasileiro e o direito romano – seu exame quanto às principais inovações no tocante ao negócio jurídico, *O novo Código Civil,* cit., p. 116 a 128; Alexandre Guerra e Marcelo Benacchio (org.). *Negócio jurídico.* São Paulo, Quartier Latin, 2013.

83. Bassil Dower, op. cit., v. 1, p. 180.

pelo interessado, esteja conforme a norma jurídica; isto é assim porque a própria ordem jurídico-positiva permite a cada pessoa a prática de negócio jurídico, provocando seus efeitos. Este é o âmbito da "autonomia privada", de forma que os sujeitos de direito podem autorregular, nos limites legais, seus interesses particulares[84].

Quadro Sinótico

CONCEITO DE NEGÓCIO JURÍDICO	• É o poder de autorregulação dos interesses que contém a enunciação de um preceito, independentemente do querer interno.

B. Classificação

Classificam-se os negócios jurídicos:

1) Quanto às *vantagens* que produzem, em *gratuitos,* se as partes obtiverem benefícios ou enriquecimento patrimonial sem qualquer contraprestação (p. ex.: doações); *onerosos,* se os sujeitos visarem, reciprocamente, a obter vantagens para si ou para outrem; assim, se suas prestações forem equivalentes e certas serão comutativos (p. ex.: compra e venda), se não o forem, aleatórios (p. ex.: contrato de seguro) (CC, arts. 757 a 802); *bifrontes,* se, conforme a vontade das partes, puderem ser gratuitos ou onerosos, como, p. ex., o depósito, o mútuo e o mandato, sem que sua configuração jurídica fique atingida; e *neutros,* se lhes faltar atribuição patrimonial, visto terem os bens sobre os quais recaem uma destinação específica, p. ex., ato de instituição de bem de família, doação remuneratória, negócios que vinculam bens com cláusula de incomunicabilidade ou inalienabilidade.

---

84. Orlando Gomes, op. cit., p. 259; José Abreu, *O negócio jurídico e sua teoria geral,* São Paulo, Saraiva, 1984. Consulte a respeito do tema interessante obra de Antonio Junqueira de Azevedo, *Negócio jurídico, existência, validade e eficácia,* São Paulo, Saraiva, 1986.

2) Quanto às *formalidades*, em *solenes*, se requererem para sua existência forma especial prescrita em lei (testamento), e *não solenes*, se não exigirem forma legal para sua efetivação (compra e venda de bem móvel).

3) Quanto ao *conteúdo*, em *patrimoniais*, se versarem sobre questões suscetíveis de aferição econômica, podendo apresentar-se ora como negócios reais, ora como negócios obrigacionais, e *extrapatrimoniais*, se atinentes aos direitos personalíssimos e ao direito de família.

4) Quanto à *manifestação da vontade*, em: *a*) *unilaterais*, se o ato volitivo provier de um ou mais sujeitos, desde que estejam na mesma direção colimando um único objetivo (testamento, codicilo, renúncia, promessa de recompensa, títulos ao portador) e subdividindo-se em *receptícios*, se os seus efeitos só se produzirem após o conhecimento da declaração pelo destinatário (concentração nas obrigações alternativas), e *não receptícios*, se sua efetivação independer do endereço a certo destinatário (renúncia de herança), e *b*) *bilaterais* ou *plurilaterais*, conforme a declaração volitiva emane de duas ou mais pessoas, porém dirigidas em sentido contrário, podendo ser *simples*, quando concederem benefício a uma das partes e encargo à outra (doação, depósito gratuito), e *sinalagmáticos*, quando conferirem vantagens e ônus a ambos os sujeitos (compra e venda, locação etc.).

5) Quanto ao *tempo* em que produzem efeitos, em *inter vivos*, se acarretarem consequências jurídicas em vida dos interessados (doação, troca, mandato etc.) e *mortis causa*, se regularem relações de direito após a morte do sujeito (testamento, legado).

6) Quanto aos seus *efeitos*, em *constitutivos*, se sua eficácia operar-se *ex nunc*, ou seja, a partir do momento da conclusão (compra e venda), e *declarativos*, aqueles em que a eficácia é *ex tunc*, ou melhor, só se efetiva a partir do momento em que se operou o fato a que se vincula a declaração de vontade (divisão do condomínio, partilha, reconhecimento de filhos).

7) Quanto à sua *existência*, em *principais*, se existirem por si mesmos, independentemente de qualquer outro (locação), e *acessórios*, se sua existência subordinar-se à dos principais (fiança).

8) Quanto ao *exercício dos direitos*, em *negócios de disposição*, se implicarem o exercício de amplos direitos sobre o objeto (doação), e de *simples administração*, se concernentes ao exercício de direitos restritos sobre o objeto, sem que haja alteração em sua substância (mútuo, locação de uma casa)[85].

85. O negócio jurídico pode ser ainda: *simples*, se se constituir por um só ato; *complexo*, se resultar de uma reunião de vários atos, mas com eficácia independente, por se

Quadro Sinótico

CLASSIFICAÇÃO DO NEGÓCIO JURÍDICO	• Quanto às vantagens que produz: gratuitos, onerosos, bifrontes e neutros. • Quanto à formalidade: solenes e não solenes. • Quanto ao conteúdo: patrimonial e extrapatrimonial. • Quanto à manifestação da vontade: unilaterais, bilaterais e plurilaterais. • Quanto ao tempo em que produzem seus efeitos: *inter vivos* e *causa mortis*. • Quanto aos efeitos: constitutivos e declarativos. • Quanto à existência: principais e acessórios. • Quanto ao exercício de direitos: de disposição e de simples administração.

C. Interpretação do negócio jurídico

O negócio jurídico origina-se de ato volitivo, que colima a realização de um certo objetivo, criando, com base em norma jurídica, direito subjetivo, e impondo, por outro lado, obrigações jurídicas.

---

completarem, p. ex., venda de imóvel a prestações, requer, além do compromisso de compra e venda, a outorga da escritura definitiva; *coligado*, se se compuser de vários outros (arrendamento de posto de gasolina coligado pelo mesmo instrumento à locação de bombas, ao comodato de área para funcionamento de lanchonete, ao financiamento, ao fornecimento de combustível etc.). Será *receptício* o negócio se produzir o efeito pretendido com o conhecimento da declaração da vontade de um sujeito pelo outro (p. ex., contrato eletrônico, concentração na obrigação alternativa); *não receptício* se, para sua eficácia, independer da cientificação da parte envolvida (p. ex., testamento). É a lição de Fábio Ulhoa Coelho, *Curso*, cit., v. 1, p. 288; Carlos Roberto Gonçalves, *Direito civil*, cit., v. 1, p. 103 e 105; W. Barros Monteiro, op. cit., v. 1, p. 187 e 188; Orlando Gomes, op. cit., p. 262-347; R. Limongi França, Ato jurídico, in *Enciclopédia Saraiva do Direito*, v. 9, p. 20-4; Caio M. S. Pereira, op. cit., p. 426-8; Serpa Lopes, op. cit., v. 1, p. 405-10. *Negócio derivado*, ou subcontrato, é o que tem por objeto direito estabelecido em outro contrato, p. ex., sublocação, subempreitada (Carlos Roberto Gonçalves, *Direito civil brasileiro*, São Paulo, Saraiva, 2003, v. 1, p. 289).

Essa declaração de vontade requer sempre uma interpretação, dado o fato da possibilidade de o negócio jurídico conter cláusula duvidosa, qualquer ponto obscuro ou controvertido.

A *interpretação* do negócio jurídico pode ser: *declaratória,* se tiver por escopo expressar a intenção dos interessados; *integrativa,* se pretender preencher lacunas contidas no negócio, por meio de normas supletivas, costumes etc., e *construtiva,* se objetivar reconstruir o ato negocial com o intuito de salvá-lo.

A interpretação do negócio jurídico situa-se na seara do conteúdo da declaração volitiva, fixando-se em normas empíricas, mais de lógica prática do que de normação legal, pois o Código Civil contém tão somente sete normas interpretativas:

1) *Nas declarações de vontade atender-se-á mais a sua intenção do que ao sentido literal da linguagem* (CC, art. 112). Assim, o intérprete do sentido negocial não deve ater-se, unicamente, à exegese do negócio jurídico, ou seja, ao exame gramatical de seus termos, mas sim, em fixar a vontade, procurando suas consequências jurídicas, indagando sua intenção, sem se vincular, estritamente, ao teor linguístico do ato negocial. O que importa é a vontade real e não a declarada; daí a importância de se desvendar a intenção consubstanciada na declaração (*RT, 781*:179, *776*:267, *704*:171, *686*:136, *665*:129, *518*:229, *476*:157 e *194*:709), atendendo-se ao princípio da conservação dos negócios jurídicos.

2) *A transação interpreta-se restritivamente* (CC, art. 843, 1ª parte).

3) *A fiança dar-se-á por escrito e não admite interpretação extensiva* (CC, art. 819; *RT, 476*:157).

4) *Os contratos benéficos (doações puras) e a renúncia* (abandono ou desistência voluntária) *interpretar-se-ão estritamente* (CC, art. 114; *RT, 774*:376 a 379), isto é, o juiz não poderá dar a esses atos negociais interpretação ampliativa, devendo limitar-se, unicamente, aos contornos traçados pelos contraentes, vedada a interpretação com dados alheios ao seu texto.

5) *Quando a cláusula testamentária for suscetível de interpretações diferentes, prevalecerá a que melhor assegure a observância da vontade do testador* (CC, art. 1.899).

6) *Os negócios devem ser interpretados conforme a boa-fé objetiva, que deve estar presente nas negociações preliminares, na formação, execução e extinção negocial, e os usos do lugar de sua celebração* (CC, arts. 422 e 113; *RT, 375*:226). Pelo Enunciado n. 409 do CJF, aprovado na V Jornada de Direito Civil: "Os

negócios jurídicos devem ser interpretados não só conforme a boa-fé e os usos do lugar de sua celebração, mas também de acordo com as práticas habitualmente adotadas entre as partes". O princípio da boa-fé objetiva está intimamente ligado não só à interpretação do negócio jurídico, pois, segundo ele, o sentido literal da linguagem não deverá prevalecer sobre a intenção inferida da declaração de vontade das partes, mas também ao interesse social da segurança das relações jurídicas, uma vez que as partes devem agir com lealdade, retidão e probidade durante as negociações preliminares, a formação, execução e extinção do ato negocial, e também de conformidade com os usos do local (p. ex., no que atina ao alqueire, variável em cada região) em que o ato negocial foi por elas celebrado.

A doutrina e a jurisprudência têm entendido em matéria interpretativa que:

1) em relação aos contratos deve-se ater à boa-fé, às necessidades de crédito e à equidade (*RT, 145*:652; *180*:663);

2) aos negócios *causa mortis* não se aplicam princípios pertinentes aos negócios *inter vivos,* como o de boa-fé, nem mesmo se permite sua interpretação com dados alheios ao seu texto;

3) nos contratos que contiverem palavras que admitam dois sentidos, deve-se preferir o que mais convier a sua natureza;

4) nos contratos de compra e venda, no que concerne à extensão do bem alienado, deve-se interpretar em favor do comprador (*RT, 158*:194);

5) na compra e venda, todas as dúvidas devem ser interpretadas contra o vendedor (*RT, 159*:173);

6) no caso de ambiguidade interpreta-se de conformidade com o costume do país;

7) no que concerne ao vocábulo contido no final de uma frase, dever-se-á interpretá-lo como parte da frase toda e não somente da que a precede imediatamente, desde que compatível, em gênero e número, com a frase;

8) na interpretação contratual considerar-se-ão as normas jurídicas correspondentes;

9) nas estipulações obrigacionais dever-se-á interpretar do modo menos oneroso para o devedor;

10) em relação aos termos de um contrato considerar-se-á que, por mais genéricos que sejam, só abrangem os bens sobre os quais os interessados contrataram e não os de que não cogitaram;

11) no conflito entre duas cláusulas a antinomia prejudicará o outorgante e não o outorgado (*AJ*, *105*:327);

12) na cláusula suscetível de dois significados, interpretar-se-á em atenção ao que pode ser exequível;

13) nas cláusulas duvidosas, prevalecerá o entendimento de que se deve favorecer quem se obriga (*RT*, *142*:620; *194*:709);

14) nas cláusulas contratuais que apresentarem modalidades impostas pelos usos locais ou usos do respectivo negócio, examinar-se-á se a cláusula duvidosa tem o sentido de qualquer desses usos;

15) no que concerne às cláusulas contratuais, estas deverão ser interpretadas umas pelas outras;

16) na interpretação de cláusula testamentária que tem várias acepções, prevalecerá a que assegurar a vontade do testador; o mesmo se diga em relação às doações[86].

86. Caio M. S. Pereira, op. cit., v. 1, p. 429-32; Von Tuhr, *Derecho civil*, v. 2, 2ª parte, § 64; Betti, *Interpretazione della legge e degli atti giuridici*, §§ 69 e s.; W. Barros Monteiro, op. cit., v. 1, p. 189-91; Orlando Gomes, op. cit., p. 364-8; Carlos A. da Mota Pinto, Forma, interpretação e integração negocial, *Revista de Direito Comparado Luso-Brasileiro*, v. 1, p. 60-76; Erich Danz, *Interpretação dos negócios jurídicos*, p. 198; Wieacker, *El principio general de la buena fe*, 1982; Rodolfo Sacco, *La buona fede nella teoria dei fatti giuridici di diritto privato*, 1949; Fábio Figueiredo, Vetores da interpretação do negócio jurídico, *A Comarca do Mundo Jurídico*, p. 27. Consulte o art. 47 do CDC. *Vide*: *RT*, *781*:179, *665*:129; *RJM*, *38*:131, *36*:63, *29*:90; *RJTJSP*, *124*:371; *JTACSP*, *123*:59. Pela Súmula n. 454 do STF, "simples interpretação de cláusulas contratuais não dá lugar a recurso extraordinário".

Vide: BGB, § 157; CC francês, art. 1.156; CC italiano, art. 1.366; CC português, art. 236.

Quadro Sinótico

INTERPRETAÇÃO DO NEGÓCIO JURÍDICO	• Espécies	• Declaratória. • Integrativa. • Construtiva.
	• Regras	• *a*) CC, arts. 112, 843, 819, 114, 1.899, 422 e 113. • *b*) Em relação ao contrato deve-se ater à boa-fé, às necessidades do crédito e à equidade. • *c*) Nos negócios *causa mortis* não se aplicam princípios referentes aos *inter vivos*. • *d*) Nos contratos que contiverem palavras que admitem dois sentidos, deve-se preferir o que mais convier à sua natureza. • *e*) Nos contratos de compra e venda deve-se interpretar em favor do devedor. • *f*) No caso de ambiguidade interpreta-se de conformidade com o costume do país. • *g*) Quanto ao vocábulo contido no final da frase, dever-se-á interpretá-lo como parte da frase toda. • *h*) Na interpretação contratual consideram-se as normas jurídicas correspondentes. • *i*) Nas estipulações obrigacionais dever-se-á interpretar de modo menos oneroso para o devedor. • *j*) Por mais genéricos que sejam os termos de um contrato, só abrangem os bens sobre os quais os interessados contrataram. • *k*) No conflito entre duas cláusulas a antinomia prejudicará o outorgante e não o outorgado. • *l*) Na cláusula com dois significados deve-se ater ao mais exequível. • *m*) Nas cláusulas duvidosas favorece-se quem se obriga. • *n*) Nas cláusulas contratuais que apresentarem modalidades impostas pelos usos locais ou do negócio, examinar-se-á se a cláusula duvidosa tem o sentido de qualquer desses usos. • *o*) As cláusulas contratuais deverão ser interpretadas umas pelas outras. • *p*) Na interpretação de cláusula testamentária com várias acepções prevalece a que assegura a vontade do testador.

D. Elementos constitutivos

Os elementos estruturais ou constitutivos do negócio jurídico abrangem:

1) *Elementos essenciais,* imprescindíveis à existência do ato negocial, pois formam sua substância; podem ser *gerais,* se comuns à generalidade dos negócios jurídicos, dizendo respeito à capacidade do agente, ao objeto lícito, possível e determinável e ao consentimento dos interessados, e *particulares*, peculiares a determinadas espécies por serem concernentes à sua forma.

2) *Elementos naturais,* efeitos decorrentes do negócio jurídico, sem que seja necessário qualquer menção expressa, pois a própria norma jurídica já lhe determina quais são essas consequências jurídicas. P. ex.: na compra e venda são elementos naturais, oriundos do próprio contrato, a obrigação que o comprador tem de dar a garantia prevista no art. 477, 2ª parte, do CC, caso sofra diminuição em seu patrimônio, que comprometa a sua prestação; dever que tem o vendedor de responder pelos vícios redibitórios (CC, art. 441) e pelos riscos da evicção (CC, art. 447).

3) *Elementos acidentais,* estipulações ou cláusulas acessórias que as partes podem adicionar em seus negócios para modificar uma ou algumas de suas consequências naturais, como condição, modo ou encargo, e o termo (CC, arts. 121, 131 e 136)[87].

Quadro Sinótico

<table>
<tr><td rowspan="4">ELEMENTOS CONSTITUTIVOS DO NEGÓCIO JURÍDICO</td><td rowspan="2">• Essenciais</td><td>• Gerais</td><td>• Capacidade do agente, objeto lícito e possível e consentimento.</td></tr>
<tr><td>• Particulares</td><td>• Formas e solenidades previstas em lei.</td></tr>
<tr><td>• Naturais</td><td colspan="2">• Efeitos decorrentes do ato negocial.</td></tr>
<tr><td>• Acidentais</td><td colspan="2">• Condição, modo ou termo.</td></tr>
</table>

87. W. Barros Monteiro, op. cit., v. 1, p. 184-7. *Vide* sobre essa temática a obra inédita de Antonio Junqueira de Azevedo, *Negócio jurídico e declaração negocial,* tese apresentada para a obtenção do título de titular de Direito Civil da FDUSP, em 1986; Sebastião José Roque, *Teoria geral do direito civil*, cit., p. 113-20.

E. Elementos essenciais gerais ou comuns à generalidade dos negócios jurídicos

e.1. Capacidade do agente

Se todo negócio jurídico pressupõe uma declaração da vontade, a *capacidade do agente* é indispensável à sua participação válida na seara jurídica (CC, art. 104, I). Os efeitos negociais advêm da declaração volitiva, que é sua *causa efficiens*. Eis a razão pela qual o Código Civil, em seus arts. 3º e 4º, apresenta o rol dos absoluta e relativamente incapazes, que não podem, por si sós, praticar nenhum negócio válido (CC, art. 120, 1ª parte). Assim os absolutamente incapazes serão representados em seus interesses por seus pais, tutores ou curadores, conforme estejam sob o poder familiar, tutela ou curatela. Os relativamente incapazes, embora possam participar pessoalmente dos negócios jurídicos, deverão ser assistidos pelas pessoas a quem a lei determinar, salvo nas hipóteses em que a norma, expressamente, permitir que ajam sem tal assistência.

O ato praticado pelo absolutamente incapaz sem a devida representação é nulo (CC, art. 166, I) e o realizado pelo relativamente incapaz sem assistência é anulável (CC, art. 171, I).

Contudo, "a incapacidade relativa de uma das partes não pode ser invocada pela outra em benefício próprio, nem aproveita aos cointeressados capazes, salvo se, neste caso, for indivisível o objeto do direito ou da obrigação comum" (CC, art. 105). Por ser a incapacidade uma exceção pessoal, ela só pode ser formulada pelo próprio incapaz ou pelo seu representante legal. Se o objeto do direito ou da obrigação comum for indivisível, ante a impossibilidade de se separar o interesse dos contratantes, a incapacidade de um deles poderá tornar anulável o ato negocial praticado, mesmo que invocada pelo capaz, aproveitando aos cointeressados capazes que, porventura, houver. Logo, nessa hipótese, o capaz que veio a contratar como relativamente incapaz estará autorizado legalmente a invocar em seu favor a incapacidade relativa deste, desde que indivisível a prestação, objeto do direito ou da obrigação comum (CC, art. 105, *in fine*).

As pessoas jurídicas intervirão por seus órgãos, ativa e passivamente, judicial e extrajudicialmente. O órgão da pessoa jurídica, pontifica Orlando Gomes, é uma ou um conjunto de pessoas naturais que exprime sua vontade. Não há aqui uma representação no sentido rigoroso do termo, pois esta pressupõe a conjugação de duas vontades, a do representante e a do representado, o que não ocorre com a pessoa jurídica, pois o seu órgão manifesta apenas a vontade da entidade, havendo uma compenetração entre o órgão e a pessoa jurídica, não se verificando aquela dissociação entre representante e representado, que conservam a própria vontade e autonomia. Poder-se-á falar que há aí uma representação imprópria.

Convém esclarecer que a representação, como nos ensina Washington de Barros Monteiro, é a relação jurídica pela qual determinada pessoa se obriga diretamente perante terceiro, através de ato praticado em seu nome por um representante ou intermediário. Configurado está esse instituto jurídico no Código Civil, art. 116, pelo qual os deveres são assumidos e os direitos tanto se adquirem por ato do próprio adquirente, como por intermédio de outrem, visto que a manifestação de vontade pelo representante, nos limites de seus poderes, produz efeitos em relação ao representado. A manifestação da vontade pelo representante, ao efetivar um negócio, em nome do representado, nos limites dos poderes que lhe foram conferidos, produz efeitos jurídicos relativamente ao representado, que adquirirá por lei (representação legal) ou pelo mandante (representação convencional), os direitos dele decorrentes ou assumirá as obrigações que dele advierem. Logo, uma vez realizado o negócio pelo representante, os direitos serão adquiridos pelo representado, incorporando-se em seu patrimônio; igualmente os deveres contraídos em nome do representado devem ser por ele cumpridos, e por eles responde o seu acervo patrimonial (CC, art. 116).

De modo que, em regra, podem ser praticados por via de intermediário todos os atos, excluídos os personalíssimos.

Três são as espécies de representantes admitidos em nosso direito: *legais,* aqueles a quem a norma jurídica confere poderes para administrar bens alheios, como pais, em relação aos filhos menores (CC, arts. 115, 1ª parte, 120, 1ª parte, 1.634, V, e 1.690), tutores, quanto aos pupilos (CC, art. 1.747, I), e curadores, no que concerne aos curatelados (CC, art. 1.774); *judiciais,* os nomeados pelo magistrado para exercer certo cargo no foro ou no processo, como o curador de herança jacente, o administrador judicial da massa falida, o inventariante, casos de representantes impróprios, porque refogem aos moldes da representação que requer dupla vontade, uma vez que nestas hipóteses o que está em jogo é uma universalidade de bens: o espólio em relação ao inventariante, a massa falida relativamente ao administrador judicial e a herança jacente quanto ao curador; e *convencionais,* se munidos de mandato expresso ou tácito, verbal ou escrito, do representado, como os procuradores, no contrato de mandato (CC, arts. 115, 2ª parte, 653 a 692 e 120, 2ª parte).

A representação produz efeitos, sendo o primordial o de que uma vez realizado o negócio pelo representante, os direitos são adquiridos pelo representado, incorporando-se em seu patrimônio; igualmente as obrigações assumidas em nome do representado devem ser cumpridas, e por elas responde o seu acervo patrimonial[88]. Por essa razão o representante terá o dever de provar às pessoas, com quem vier a contratar em nome do representado, não só sua qualidade como também a extensão de seus poderes, sob pena de responder pelos atos negociais que a estes excederem (CC, art. 118).

Haverá anulabilidade de *autocontrato* ou de ato praticado consigo mesmo pelo representante, no seu interesse ou à conta de outrem, exceto se houver permissão legal ou autorização expressa do representado. Para esse efeito tem-se como celebrado pelo representante o negócio realizado por aquele em quem os poderes houverem sido substabelecidos (CC, art. 117). Se, em caso de representação voluntária, houve substabelecimento de poderes, o ato praticado pelo substabelecido reputar-se-á como se tivesse sido celebrado pelo substabelecente (representante), pois não houve transmissão do poder, mas mera outorga do poder de representação. Ter-se-á, indiretamente, contrato consigo mesmo se, ensina Renan Lotufo, "o representante atuar sozinho declarando duas vontades, mas, por meio de terceira pessoa, substabelecendo-a (ato pelo qual o representante transfere a outrem os poderes concedidos pelo representado a terceira pessoa) para futuramente celebrar negócio com o antigo representante. Ocorrendo esse fenômeno, tem-se como celebrado pelo representante o negócio realizado por aquele em que os poderes houverem sido substabelecidos". É preciso esclarecer que o poder de representação legal é insuscetível de substabelecimento. Os

88. Orlando Gomes, op. cit., p. 348 e 349, 392-411; Serpa Lopes, op. cit., v. 1, p. 411; Caio M. S. Pereira, op. cit., v. 1, p. 421, 533-44; W. Barros Monteiro, op. cit., v. 1, p. 185, 188 e 189; Fábio Maria de Mattia, *Aparência de representação,* São Paulo, 1984, p. 1 a 53; Venosa, op. cit., v. 1, p. 284 e s.; Almeida Costa, *Vontade e estados subjetivos da representação jurídica*, Rio de Janeiro, 1976; Oertmann, *Recht des Bürgerlichen Gesetzbuches-Allgemeiner Teil*, II, § 35, p. 26; Mairan G. Maia Jr., *A representação no negócio jurídico*, 2001; Storck, *Le mécanisme de la représentation dans les actes juridiques*, 1982; Luigi Mosco, *La rappresentanza nel diritto privato*, 1961; Renan Lotufo, *Questões relativas a mandato, representação e procuração*, São Paulo, Saraiva, 2001; Luis Díez-Picazo, *La representación en el derecho privado*, Madrid, Civitas, 1979; Valentina Di Gregorio, *La rappresentanza apparente*, Padova, Cedam, 1996; Ugo Natoli, *La rappresentanza*, Milano, Giuffrè, 1977; Alessandra Salomoni, *La rappresentanza volontaria*, Padova, Cedam, 1997; Michel Storck, *Le mécanisme de la représentation dans les actes*, Paris, LGDJ, 1982.

pais, os tutores ou os curadores não podem substabelecer os poderes que têm em virtude de lei.

Havendo conflito de interesses entre representado e representante, os atos negociais deverão, para ser válidos, ser celebrados por curador especial (CC, art. 1.692).

E se, porventura, o representante em conflito de interesses (p. ex., oriundo de abuso ou de falta de poder) com o representado celebrar negócio com pessoa que devia ter conhecimento do fato, ele poderá ser declarado anulável, dentro do prazo decadencial de 180 dias, contado da conclusão do ato negocial ou da cessação da incapacidade do representado (CC, art. 119 e parágrafo único).

Clóvis Beviláqua pondera que, além dessa capacidade geral, exige-se a especial para certos negócios em dadas circunstâncias. P. ex.: o maior casado é plenamente capaz, embora não tenha, salvo se casado sob o regime de separação absoluta, capacidade para vender imóvel sem a outorga uxória ou marital ou suprimento judicial desta (CC, art. 1.647, I). O ascendente é plenamente capaz, mas não pode vender bens a descendente, sem que os outros descendentes e o cônjuge do alienante, exceto se casado sob o regime de separação obrigatório, consintam expressamente (CC, art. 496 e parágrafo único). O indigno de suceder tem capacidade civil, mas não a tem para herdar da pessoa em relação à qual é indigno (CC, arts. 1.814 a 1.818). Da mesma forma impedido está o tutor de adquirir bens do pupilo, ainda que em leilão público, apesar de ser plenamente capaz, o mesmo ocorrendo com o curador, testamenteiro e administrador (CC, art. 497, I), no que diz respeito aos bens confiados à sua guarda e administração.

Essa incapacidade resulta da posição em que se encontram relativamente a certos bens, interesses ou pessoas.

A capacidade especial ou *legitimação* distingue-se da capacidade geral das partes, para a validez do negócio jurídico, pois para que ele seja perfeito não basta que o agente seja plenamente capaz; é imprescindível que seja parte legítima, isto é, que tenha competência para praticá-lo, dada a sua posição em relação a certos interesses jurídicos. Assim a falta de legitimação pode tornar o negócio nulo ou anulável, p. ex., se o marido vender um apartamento sem o consentimento de sua mulher, esta alienação será anulada (CC, arts. 1.649 e 1.650), exceto se o regime de bens for o de separação absoluta (CC, art. 1.647).

A legitimação depende, portanto, da particular relação do sujeito com o objeto do ato negocial[89].

e.2. Objeto lícito, possível, determinado e determinável

Para que o negócio jurídico se repute perfeito e válido deverá versar sobre objeto *lícito*, ou seja, conforme a lei, não sendo contrário aos bons costumes, à ordem pública e à moral. Se ilícito o seu objeto, nulo será o negócio jurídico (CC, art. 166, II), não produzindo qualquer efeito jurídico (*RT, 395*:165); é o que ocorre, p. ex., com a corretagem matrimonial, a compra e venda de objeto roubado, o contrato de prestação de serviços sexuais etc.

Além de lícito deve ser *possível*, física ou juridicamente, o objeto do ato negocial. Se o negócio implicar prestações impossíveis, como a volta ao mundo em 2 horas, como a venda de herança de pessoa viva (CC, art. 426), a alienação de terreno situado em Marte etc. receberá como sanção a sua nulidade (CC, arts. 104 e 166). Entretanto, afirmam Caio Mário da Silva Pereira e Orlando Gomes, tal impossibilidade deverá ser absoluta, ou melhor, a prestação deverá ser irrealizável por quem quer que seja ou insuscetível de determinação. Se for relativa, isto é, se a prestação puder ser realizada por outrem, embora não o seja pelo devedor, ou, então, determinável, não constitui obstáculo ao negócio jurídico[90] (CC, art. 104, II). Realmente, pelo art. 106 do Código Civil, "a impossibilidade inicial do objeto não invalida o negócio jurídico se for relativa, ou se cessar antes de realizada a condição a que ele estiver subordinado".

Se o objeto for *determinado*, as partes deverão descrevê-lo; se for *determinável*, bastará indicação de gênero e quantidade (CC, art. 243), em caso de

---

89. Orlando Gomes, op. cit., p. 350; Caio M. S. Pereira, op. cit., p. 421 e 422; Bassil Dower, op. cit., v. 1, p. 181 e 182; Clóvis Beviláqua, *Teoria geral do direito civil*, p. 228; Inocêncio Galvão Telles, *Dos contratos em geral*, Coimbra, 1947, p. 246; Vicente Ráo, *Ato jurídico*, 1961, p. 118; Sílvio de Salvo Venosa, *Direito civil*, São Paulo, Atlas, 1984, v. 1, p. 294-5; Margarita Castilla Barea, *La imposibilidad de cumplir los contratos*, 2001; Carmine Donisi, *Il contratto con se stesso*, 1982; Nelson Pinheiro de Andrade, Autocontrato, *REDB*, *5*:117; José Paulo Cavalcanti, *O contrato consigo mesmo*, 1956; Renan Lotufo, *Código Civil*, cit., v. 2, p. 331; Maria Helena Diniz, *Código Civil anotado*, obs. ao art. 117.

90. Bassil Dower, op. cit., v. 1, p. 183; Saiget, *Le contrat immoral*, p. 66; W. Barros Monteiro, op. cit., v. 1, p. 185; R. Limongi França, Ato jurídico, cit., in *Enciclopédia Saraiva do Direito*, v. 9, p. 26; Caio M. S. Pereira, op. cit., v. 1, p. 422 e 423; Orlando Gomes, op. cit., p. 351 e 352.

venda de coisa incerta, que será determinada pela escolha. E, na hipótese de venda alternativa, a indeterminação cessará com o ato de concentração (CC, arts. 166, II, 243 e 252).

e.3. Consentimento

e.3.1. Manifestação da vontade

É indubitável que a manifestação da vontade exerce papel preponderante no negócio jurídico, sendo um de seus elementos básicos.

Tal declaração volitiva deverá ser livre e de boa-fé, não podendo conter vício de consentimento, nem social, sob pena de invalidade negocial.

R. Limongi França define o consentimento como "a anuência válida do sujeito a respeito do entabulamento de uma relação jurídica sobre determinado objeto".

Pode ser ele expresso ou tácito desde que o negócio, por sua natureza ou por disposição legal, não exija forma expressa (CC, art. 432). Será expresso se declarado, por escrito ou oralmente, de modo explícito. Será tácito se resultar de um comportamento do agente, que demonstre, implicitamente, sua anuência. Até mesmo o *silêncio* é fato gerador de negócio jurídico, quando em certas circunstâncias e usos indicar um comportamento hábil para produzir efeitos jurídicos e não for necessária a declaração expressa da vontade (CC, art. 111). Caso contrário não terá o silêncio a força da manifestação volitiva. Portanto o magistrado deverá averiguar caso por caso se o silêncio traduz, ou não, vontade. Logo a parêmia "quem cala consente" não tem juridicidade. Assim, quem ficar silente, o seu puro silêncio apenas terá valor jurídico se a lei o determinar, ou se acompanhado de certas circunstâncias ou de usos e costumes do lugar, indicativos da possibilidade de manifestação da vontade e desde que não seja necessária a forma expressa para a efetivação negocial. P. ex.: o art. 539 do Código Civil, que confere efeitos jurídicos ao silêncio do donatário, quando este não manifestar sua vontade dentro do prazo fixado, concluindo pela aceitação da doação pura.

A grande maioria das declarações de vontade, principalmente as da seara obrigacional, são receptícias por se dirigirem a uma determinada pessoa com o escopo de levar ao seu conhecimento a intenção do agente, ajustando-se a uma outra manifestação volitiva, para que surja o negócio jurídico. P. ex.: proposta do contrato (CC, arts. 427 e 428), revogação do mandato etc. Serão não receptícias se o negócio jurídico se efetivar com sua simples emissão pelo agente, sem que haja necessidade de qualquer declaração de vontade de outra pessoa. P. ex.: promessa de recompensa, aceitação de uma letra de câmbio, testamento, legado etc.[91].

e.3.2. Defeitos do negócio jurídico

Toda doutrina é unânime em salientar que a declaração da vontade é elemento essencial do negócio jurídico. Para que este validamente exista, é indispensável a presença da vontade e que esta haja funcionado normalmente. Só então o negócio produz os efeitos jurídicos colimados pelas partes. Tanto isso é verdade que se a vontade for inexistente o negócio jurídico existe apenas de fato na aparência, mas não no mundo jurídico, pois será nulo. P. ex., há ausência total de vontade se uma senhora concorda sob o efeito de hipnose com a venda de uma casa, porque o estado hipnótico exclui a consciência e a vontade; apresentando-se como uma alienação provisória, acarreta incapacidade para consentir. Se, entretanto, existe a vontade, porém sem correspondência com aquela que o agente quer exteriorizar, o negócio jurídico será viciado ou deturpado, tornando-se anulável se no prazo decadencial de 4 anos for movida ação de anulação (CC, arts. 178, I e II, e 171, I; *RT, 390*:371; *397*:318). É o caso em que se têm os vícios de consentimento, como o erro, o dolo, a coação, o estado de perigo e a lesão que se fundam no desequilíbrio da atuação volitiva relativamente a sua declaração. Ensina Clóvis que "esses vícios aderem à vontade, penetram-na, aparecem sob forma de motivos, forçam a deliberação e estabelecem divergência entre a vontade real, ou não permitem que esta se forme". Há desavença entre a vontade real e a declarada.

---

91. Serpa Lopes, op. cit., v. 1, p. 412-7; *O silêncio como manifestação da vontade*, 1961; Maristela A. Dutra, Eficácia do silêncio no negócio jurídico e análise jurisprudencial sobre o tema, *Revista Síntese – Direito Civil e Processual Civil, 103*:58-73; Baptista de Mello, O silêncio no direito, *RT*, *751*:731; Orlando Gomes, op. cit., p. 351; Caio M. S. Pereira, op. cit., v. 1, p. 417-20; R. Limongi França, Ato jurídico, cit., v. 9, p. 26; W. Barros Monteiro, op. cit., v. 1, p. 185 e 186. Efeitos do silêncio como manifestação da vontade: CC, arts. 658 e 659; CPC/2015, art. 344. Philomeno J. da Costa, O silêncio nos negócios jurídicos (Coleção Doutrinas Essenciais (100 anos de RT): *Direito civil* – parte geral, v. 4, p. 483-510) observa que: "Num primeiro momento, e sem maiores preocupações de detalhes, poderíamos afirmar que o silêncio é a abstenção, a ausência ou a falta de manisfestação por alguém dos próprios pensamentos. Dá-se a isto a designação específica de silêncio puro ou esfingético; é a 'taciturnitas' simples.

    Existe, entretanto, um outro silêncio que, em função de certas circunstâncias, pode sofrer uma interpretação analógica, por meio da qual se podem extrair ilações paralelas às de uma manifestação da vontade. Dá-se a isto a designação de silêncio circunstanciado ou qualificado".

Existem, ainda, hipóteses em que se tem uma vontade funcionando normalmente, havendo até correspondência entre a vontade interna e sua manifestação, entretanto, ela desvia-se da lei, ou da boa-fé, infringindo o direito e prejudicando terceiros, sendo, por isso, o negócio jurídico, que assim se apresentar, suscetível de invalidação. Trata-se dos vícios sociais, como a simulação que o tornará nulo (CC, art. 167, *caput*) e a fraude contra credores que o tornará anulável (CC, arts. 171, II, *in fine*, e 178, II), que comprometem a ordem jurídica pela afronta à lisura, à honestidade e à regularidade do comércio jurídico. Não são vícios puramente psíquicos, afirma Clóvis; não estabelecem desarmonia entre o que se passa no recesso da alma e o que se exterioriza em palavras ou fatos; são vícios sociais que contaminam a vontade manifestada contra as exigências da ordem legal, tornando tal elemento volitivo juridicamente inoperante[92].

Passemos ao exame de cada um dos *vícios de consentimento,* que são:

1) *Erro.* Num sentido geral erro é uma noção inexata, não verdadeira, sobre alguma coisa, objeto ou pessoa[93], que influencia a formação da vontade.

---

92. Clóvis Beviláqua, *Teoria geral do direito civil,* § 50; Cunha Gonçalves, *Da compra e venda,* n. 18; Orlando Gomes, op. cit., p. 412-4; W. Barros Monteiro, op. cit., v. 1, p. 192 e 193; Silvio Meira, *Instituições de direito romano,* São Paulo, IASP, 2017, p. 181; Serpa Lopes, op. cit., v. 1, p. 425 e 426; Caio M. S. Pereira, op. cit., v. 1, p. 440-3; Bassil Dower, op. cit., v. 1, p. 189 e 190; Capitant, *Introduction à l'étude du droit civil,* 4. ed., Paris, Pedone, p. 295; Silvio Rodrigues, *Dos vícios do consentimento,* São Paulo, Saraiva, 1979, *Direito civil,* cit., v. 1, p. 203-5; Carvalho de Mendonça, *Doutrina e prática das obrigações,* 2. ed., v. 2, p. 219; Enneccerus, *Tratado de derecho civil,* v. 1, t. 1; Código de Processo Civil, arts. 142, 143, I, 181, 188, 393, 446, 494, 657, parágrafo único, 966; Mário de Salles Penteado, Os vícios de consentimento e a regra "utile per inutile non vitiatur": considerações sobre o art. 153 do Código Civil, *Revista de Direito Civil, Imobiliário, Agrário e Empresarial, 14*:77-9; Wilson de S. Campos Batalha, *Defeitos dos negócios jurídicos,* Rio de Janeiro, Forense, 1988; Sebastião José Roque, *Teoria geral do direito civil,* cit., p. 121-32. Ulderico Pires dos Santos, *Dos defeitos dos atos jurídicos na doutrina e jurisprudência,* São Paulo, Saraiva, 1981; Humberto Theodoro Jr., Dos defeitos do negócio jurídico no novo Código Civil: fraude, estado de perigo e lesão, *RF, 364*:163-79; René Rodière, *Les vices du consentement dans le contrat,* Paris, Pedone, 1977; Ana Luiza M. Nevares, O erro, o dolo, a lesão e o estado de perigo no novo Código Civil, *A parte geral,* cit., p. 251 a 289; José Roberto de Castro Neves, Coação e fraude contra credores no Código Civil de 2002, *A parte geral,* cit., p. 291 a 308; P. Stolze Gagliano e R. Pamplona Filho, *Novo curso,* cit., v. 1, p. 355-94; Álvaro Villaça Azevedo, *Código Civil comentado,* cit., v. VII, p. 182-278; Mário Salles Penteado, Os vícios do consentimento e a regra "utile per inutile non vitiatur", *Doutrinas essenciais* – obrigações e contratos (coord. G. Tepedino e Luiz E. Fachin), São Paulo, Revista dos Tribunais, v. II, 2011, p. 711-14.

93. Lino de Moraes Leme, *Do erro de direito em matéria civil,* Revista dos Tribunais, 1936, p. 65; Stolfi, *Teoria del negozio giuridico,* p. 171; Clóvis, op. cit., p. 230; Vittorino Pietrobon, *Errore, volontà e affidamento nel negozio giuridico,* 1990; Pietro Barcellona, *Profili della teoria dell'errore nel negozio giuridico,* Milano, Giuffrè, 1962; Paulo Gustavo Gonet

Se influi na vontade do declarante, impede que se forme em consonância com sua verdadeira motivação; tendo sobre um fato ou sobre um preceito noção incompleta, o agente emite sua vontade de modo diverso do que a manifestaria se dele tivesse conhecimento exato ou completo[94].

Segundo Fubini[95], o "erro é o estado da mente que, por defeito do conhecimento do verdadeiro estado das coisas, impede uma real manifestação da vontade".

Esse tema está regulado pelos arts. 138 a 144 do Código Civil, e, embora a Seção I traga a rubrica "do erro e da ignorância", só contém disposições sobre o erro. A verdade é que, embora a ignorância seja a ausência completa de conhecimento sobre algo (p. ex., ato de pagar a credor, ignorando que preposto já havia efetuado, via bancária, o referido pagamento), e o erro, a falsa noção, oriunda de fatos casuais, sobre algum objeto, o legislador os equiparou nos seus efeitos jurídicos.

O erro para viciar a vontade e tornar anulável o negócio deve ser substancial (CC, art. 138), escusável e real, no sentido de que há de ter por fundamento uma razão plausível, ou ser de tal monta que qualquer pessoa inteligente e de atenção ordinária seja capaz de cometê-lo. Anula-se o negócio, quando a vontade advier de erro substancial que poderia ser percebido por pessoa de diligência normal, em face das circunstâncias do ato negocial. Adota-se o padrão abstrato *vir medius* para sua aferição. Logo, a escusabilidade de erro como requisito para anulação é secundária, passando, assim, segundo alguns autores, para o primeiro plano a cognoscibilidade. O negócio só será anulado se presumível ou possível o reconhecimento do erro pelo outro contratante. Uma das partes não pode beneficiar-se com o erro de outra. Deve ser real, palpável e reconhecível pela outra parte, importando efetivo prejuízo para o interessado[96].

Branco, Em torno dos vícios do negócio jurídico – a propósito do erro de fato e de direito, *O novo Código Civil*, cit., p. 129-46; Durval Ferreira, *Erro negocial*, Coimbra, Almedina, 1995; Ana A. M. Magalhães, *O erro no negócio jurídico*, São Paulo, Atlas, 2011.

94. Orlando Gomes, op. cit., p. 416; Washington Luiz da Trindade, Contratos e doutrina do erro, *Consulex*, n. 27, p. 42-3; Hamid C. Bdine Júnior, O erro como defeito do negócio jurídico, *Temas relevantes do direito civil contemporâneo* (coord. G. E. Nanni), São Paulo, Atlas, 2008, p. 234-60.

95. Fubini, *La dottrina dell'errore*, Torino, 1902, n. 4; Antonio Ferrer Correia, *Erro e interpretação na teoria do negócio jurídico*, Ed. Almedina, 1985.

96. W. Barros Monteiro, op. cit., v. 1, p. 196 e 197; Vittorino Pietrobon, *L'errore nella dottrina del negozio giuridico*, Padova, CEDAM, 1963; Regelsberger, *Civilrechtliche Eröiterungen*, p. 17 e s.; Dernburg, *Pandekten*, I, § 102; Hölder, *Pandektenrecht*, p. 232 e s.; Werner

O erro escusável é aquele que é justificável, tendo-se em conta as circunstâncias do caso. Depende a escusabilidade da pessoa que a oferece, bastando mencionar, p. ex., que um técnico dificilmente pode escusar-se de erro por ele praticado, na área de sua especialidade. Arnoldo Wald[97] pontifica que o conceito de escusabilidade deve ser elástico, competindo ao juiz, em cada caso concreto, analisar o nível cultural do agente, como o alcance de sua inteligência, suas qualidades profissionais, dentre outras circunstâncias (*RT, 119*:829; *90*:438; *116*:268; *138*:126; *241*:138; *181*:307; *RF, 101*:321). Por isso, no entender de alguns juristas, a escusabilidade do erro foi superada, adotando-se, como critério de aferição, a cognoscibilidade do erro pelo outro contratante. Pouco importará averiguar se o autor do erro teve, ou não, alguma culpa por ele. O importante será perceber se a pessoa, a quem se dirigiu a declaração de vontade, tinha ou não condições de detectar o erro e de avisar o declarante de sua ideia equivocada. Isto é assim em razão do princípio da boa-fé objetiva e da probidade, que deve nortear os partícipes do ato negocial. Se possível era a percepção do *erro cognoscível* pelo destinatário da declaração, anulável será o negócio, por ferir o princípio da confiança e o da boa-fé objetiva. O órgão judicante deverá analisar as circunstâncias do negócio, a omissão de cautela, tendo como padrão a pessoa de diligência normal, o objeto negocial e a qualidade de ambos os contratantes. Não se deverá mais, para essa corrente, averiguar se o erro é escusável, para que se opere a anulação do negócio jurídico. O critério de reconhecibilidade do erro pelo destinatário da declaração e o princípio da tutela da confiança deverão servir de diretrizes ao magistrado. Como diz A. M. Morales Moreno: *"La imputación del error no se basa en el dolo o en la mala fe, sino en la confianza (...). Esto conecta con la noción de cognoscibilidad del error que manejan otros ordenamientos"*. Logo, o *erro* deve ser, por isso, na opinião de alguns autores, além de *substancial, reconhecível*.

Tem-se observado que basta o erro de uma das partes para que o negócio seja anulável, sendo irrelevante, na sistemática do art. 138, ser, ou não, escusável o erro, porque o dispositivo adota o princípio da confiança

---

Flume, *Das Rechtsgeschäft*, 1965, § 4º, 8, p. 61, § 22, 4, p. 446-7; Jacques Ghestin, *La notion d'erreur dans le droit positif actuel*, Paris, LGDJ, 1971; Giorgio Amorth, *Errore e inadempimento nel contratto*, Milano, Giuffrè, 1967; CPC, art. 446, II; CC italiano, arts. 1.427, 1.429 e 1.431; BGB, §§ 119 e 120; CC francês, arts. 1.109 e 1.110; CC espanhol, art. 1.265.

97. A. Wald, *Curso de direito civil brasileiro*; parte geral, 2. ed., Sugestões Literárias, 1969, p. 233; Adriano de Cupis, *La scusabilità dell'errore nei negozi giuridici*, 1939; Humberto Theodoro Jr., *Comentários ao novo Código Civil*, cit., v. III, t. 1, p. 41 e s.; A. M. Morales Moreno, Error: vicio de voluntad, *Enciclopédia Jurídica Básica*, Madrid, Civitas, 1995, v. II, p. 2.853.

(Enunciado n. 12, aprovado na Jornada de Direito Civil, promovida, em setembro de 2002, pelo Centro de Estudos Judiciários do Conselho da Justiça Federal). Mas o contratante que se achou em erro e promove a invalidade do contrato pode ser condenado a ressarcir os danos que causar à outra parte por não ter procedido com a diligência necessária ao prestar o seu consentimento.

Haverá *erro substancial* (CC, arts. 139, I, II e III) quando:

1) Recair sobre a *natureza do ato negocial* (*error in ipso negotio*), p. ex., se o agente pretende praticar certo negócio mas realiza outro, se faz uma doação supondo estar vendendo. Uma pessoa pensa que está vendendo uma casa e a outra a recebe a título de doação[98]. Não se pode falar em verdadeiro acordo de vontades quando uma parte supõe realizar um contrato nominado e o consentimento da outra parte se dirige a contrato de índole diferente.

98. As doutrinas alemã, francesa e italiana denominam esse tipo de erro "obstativo" ou impróprio, que se verifica quando recai sobre a natureza jurídica do negócio (quer alugar e escreve vender), caso em que o art. 119 do BGB torna nulo tal negócio, o mesmo se diga do erro sobre o objeto principal da declaração. A doutrina brasileira não acolheu o erro obstativo, por entender que o erro sobre a natureza do negócio ou sobre a identidade do objeto (erro obstativo ou erro obstáculo) traduz uma declaração volitiva, cujo resultado jurídico difere do efetivo querer do agente, mas que nem por isso deixa de ser uma declaração de vontade, por isso é anulável o negócio e não nulo. Se o direito brasileiro considerasse esses casos como erro obstativo, por inexistência da vontade, ter-se-ia a nulidade do negócio. É o que nos ensina Caio M. S. Pereira (op. cit., v. 1, p. 444). O erro obstativo é similar à *aberratio ictus*, não há vontade de realizar o negócio levado a efeito. O declarante não quis emitir a declaração, com o conteúdo expresso no documento. O erro-vício recai sobre o ato volitivo, por haver uma correspondência entre a vontade e a sua declaração, só que aquela vontade está viciada.

BAASP, *2774*: 4: "Vício de consentimento – Erro – Anulação de negócio jurídico – Venda e compra de veículo usado – Avarias na lataria, falha no computador de bordo, falta do manual do proprietário, falta de macaco e chave de roda – Negligência do próprio comprador – Inadmissibilidade. A falta do manual do proprietário, do macaco e chave de roda, e marcas de arrombamento na porta esquerda do veículo, porque perceptíveis por qualquer pessoa diligente, não são aptas a fundamentar anulação do negócio jurídico. A falha do computador de bordo, por outro lado, também seria facilmente percebida com a simples ligação da ignição do veículo. É inescusável o erro ou ignorância alegado por aquele que, por sua própria negligência, dá causa ao desconhecimento de eventuais vícios existentes no bem. Dolo – Veículo usado – Histórico do veículo – Vendedora que não era segunda dona, veículo recuperado de roubo – Falta de diligência do comprador. Eventual omissão pelo vendedor quanto ao histórico do veículo (número de proprietários a ser recuperado de sinistro) não configura dolo, já que tais informações poderiam ter sido obtidas pelo interessado mediante simples consulta a cadastros via internet no *site* do Detran".

2) Atingir o *objeto principal da declaração* (*error in ipso corpore*) em sua identidade, isto é, o objeto não é o pretendido pelo agente, p. ex., se vender o prédio "A" pensando estar alienando o "B" (*RT, 167*:161); se pensa estar adquirindo um quadro de Portinari, quando na realidade é de um outro pintor; se supõe estar adquirindo um lote de terreno de excelente localização, quando na verdade está comprando um situado em péssimo local (*RT, 233*:153).

3) Incidir sobre as *qualidades essenciais do objeto* (*error in corpore*), como, p. ex., se a pessoa pensa em adquirir um colar de coral e, na verdade, compra um de plástico; se compra uma máquina nova e recebe uma usada com defeito (*RT, 317*:250); se entrega um relógio de aço pensando ser de prata; se adquire cavalo de tiro supondo ser de corrida; se adquire quadro a óleo, pensando ser de pintor famoso, do qual constava o nome na tela, mas que, na verdade, era falso (*RT, 735*:377). Há uma *inadaequatio intellectus ad rem*, um erro na formação da vontade, que não se conforma à qualidade da coisa.

4) Recair sobre as *qualidades essenciais da pessoa (error in persona)*, atingindo sua identidade física ou moral, p. ex., se uma moça de boa formação moral se casar com homem, vindo a saber depois que se tratava de um desclassificado ou homossexual (CC, arts. 1.556 e 1.557; *RT, 390*:371; *464*:77; *450*:252; *450*:78; *482*:90; *470*:91; *434*:72; *526*:128; *454*:74; *397*:318; *429*:102; *447*:92; *480*:65); se alguém faz um testamento contemplando sua mulher com a meação de todos os bens, mas, por ocasião do cumprimento do testamento, o Tribunal verificou que a herdeira instituída não é mulher do testador, por ser casada com outro, decreta-se anulabilidade porque o testador incorreu em erro quanto à qualidade essencial da beneficiária (*RT, 434*:72). O mesmo ocorre se alguém fizer testamento contemplando filho, descobrindo depois que não o é (CC, art. 1.903); ou se pensa que está se associando a uma pessoa de reconhecida idoneidade moral, mas contrata com outra que, tendo o mesmo nome, é desonesta. O erro sobre identidade ou qualidade essencial da pessoa a quem se refira a declaração de vontade só anulará o negócio se influiu de modo relevante naquela manifestação volitiva.

5) Houver *erro de direito (error juris)*, que tenha influenciado de modo decisivo na declaração da vontade, tendo sido o principal ou o único motivo da realização do ato negocial, sem contudo importar em recusa à aplicação da lei (CC, art. 139, III).

É *erro de fato* aquele que recair sobre circunstância de fato, isto é, sobre qualidades essenciais da pessoa ou da coisa. O *erro de direito* é aquele relativo à existência de uma norma jurídica, supondo-se, exemplificativamente, que ela esteja em vigor quando, na verdade, foi revogada. O agente emite uma declaração de vontade no pressuposto falso de que procede conforme a lei.

O nosso Código Civil de 1916 não se referia ao erro de direito, pois Clóvis equiparava as noções de erro de direito e ignorância da lei, opinando pela inexistência do *error juris* ante o art. 3º da Lei de Introdução às Normas do Direito Brasileiro, que assim reza: "Ninguém se escusa de cumprir a lei, alegando que não a conhece". Portanto, o erro de direito não era considerado como causa de anulação do contrato. Só o erro de fato podia influir, de modo a anulá-lo, sobre a eficácia do elemento volitivo.

Em que pesasse tal opinião, a doutrina e a jurisprudência continuaram entendendo que erro de direito e ignorância da lei não se confundem, sustentando que o *error juris,* desde que afete a manifestação da vontade, na sua essência, vicia o consentimento. O erro de direito não consiste apenas na ignorância da norma jurídica, mas também em seu falso conhecimento, na sua compreensão equivocada e na sua interpretação errônea, podendo, ainda, abranger a ideia errônea sobre as consequências jurídicas do ato negocial. Daí afirmar Coviello[99] que: "*ancora l'errore di diritto può invocarsi per impugnare una divisione...: poichè ben può darsi che nella divisione difaccia intervenire persona che per ignoranza della legge intorno alle successioni si credeva fosse erede riservatario, mentre non é, oppure avesse diritto a una quota maggiore di quella dalla legge attribuita*". O erro de direito, para viciar o negócio, não pode ser uma recusa à aplicação da norma (*RTJ, 99*:860, *104*:816), mas sim o motivo determinante do ato negocial, em razão do desconhecimento de sua existência ou de seu real sentido, ou, ainda, das consequências jurídicas que ela acarretaria. P. ex.: "A" efetiva compra e venda internacional da mercadoria "x" sem saber que sua exportação foi proibida legalmente; "A" adquire de "B" o lote "y", ignorando que lei municipal vedara loteamento naquela localidade. A falsa noção da realidade normativo-jurídica levou o declarante a efetivar negócio prejudicial aos seus interesses e contrário aos efeitos por ele pretendidos. De qualquer maneira, para anular o negócio é necessário que esse erro tenha sido o motivo único e principal a determinar a vontade, não podendo, contudo, recair sobre a norma cogente, mas tão somente sobre normas dispositivas, sujeitas ao livre acordo das partes. Tal entendimento veio a ser coroado com o disposto no vigente Código Civil, no art. 139, III.

---

99. Coviello, *Manuale di diritto civile italiano*; parte generale, § 121, p. 388; Luiz Guilherme de Almeida Ribeiro Jacob, Erro de direito: interpretação dialógica do novo Código Civil da Lei de Introdução ao Código Civil, *O Código Civil e sua interdisciplinaridade* (coords. José Geraldo Brito Filomeno, Luiz Guilherme da Costa Wagner Junior, Renato Afonso Gonçalves), Belo Horizonte, Del Rey, 2004, p. 565-82.

O *erro acidental,* concernente às qualidades secundárias ou acessórias da pessoa, ou do objeto, não induz anulação do negócio por não incidir sobre a declaração da vontade (*RT, 596*:89; *RJTJSP, 133*:52) se se puder, por seu contexto e circunstâncias, identificar a pessoa ou a coisa. Realmente, dispõe o art. 142 do Código Civil que "o erro de indicação da pessoa ou coisa, a que se referir a declaração de vontade, não viciará o negócio quando, por seu contexto e pelas circunstâncias, se puder identificar a coisa ou pessoa cogitada". Assim o erro sobre a qualidade da pessoa, de ser ela casada ou solteira, não tem o condão de anular um legado que lhe é feito, se puder identificar a pessoa visada pelo testador. Se num contrato de compra e venda fica constando que se pretende transferir o domínio da casa da rua "x", n. 60, quando na realidade seu número é 61, não haverá anulação do negócio, por ser fácil provar que houve um erro na indicação da coisa, principalmente quando a casa n. 60 não pertence ao vendedor. O mesmo se diga se alguém adquire o lote n. 27 e recebe o n. 72 por erro de digitação, ou compra o cavalo árabe "Pinus", por ter sido o vencedor da exposição "Mundo Rural-2004", quando, na verdade, o campeão foi "Platanus", da mesma raça e de propriedade do vendedor. A compra e venda do lote e a do semovente não serão anuladas, visto que houve mero equívoco e há possibilidade de identificação da coisa que constitui o objeto do negócio. Constitui erro acidental, p. ex.: entrega de automóvel diferente em marca, série ou número de produção (*RT, 109*:145); compra de um imóvel que se diz servido de rede de esgoto (*RT, 339*:170), casos em que se configura o *error in qualitate.* O *error in quantitate* diz respeito a engano sobre peso, medida ou quantidade do bem, p. ex., equívoco sobre a área do imóvel comprado. O *erro de cálculo* (erro aritmético, p. ex., fixação de preço da venda baseada na quantia unitária, computando-se de forma inexata o preço global) autoriza tão somente a retificação da declaração volitiva (CC, art. 143), não anula, portanto, o ato. É, pois, como diz Massimo Bianca, a contagem inexata de dados do objeto negocial ou dos elementos componentes do preço ou, ainda, erro no registro de parcelas de uma conta ou no seu saldo, troca de parcelas, inversão de algarismos, engano nas operações, apresentando resultado inverídico. O erro sobre o valor da coisa adquirida é erro acidental (*RT, 181*:200), isto porque, embora a legislação penal (Lei n. 1.521/51, art. 4º) o tenha admitido, nosso Código Civil de 1916 desconheceu o instituto da *lesão* (*JB, 159*:243), o mesmo não ocorrendo com o atual e jurisprudência como logo mais veremos.

Também o *erro quanto ao fim colimado* (falso motivo) não vicia, em regra, o negócio jurídico, a não ser quando nele figurar expressamente, integrando-o, como sua razão essencial ou determinante, caso em que o torna anulável. O erro relativamente ao motivo do negócio (razão subjetiva da efetivação do ato negocial), seja ele de fato ou de direito, não é considerado essencial, logo não poderá acarretar a anulação do ato negocial. Deveras, o *motivo* do negócio jurídico é o impulso psíquico que leva alguém a efetivá-lo (obtenção de um prazer ou satisfação pessoal; atendimento de pedido feito por um ente querido; intenção de recompensar alguém por um favor prestado etc.). Já a *causa* é a razão objetiva do negócio (p. ex., realização de investimento; necessidade de alienação; aquisição de moradia). O motivo não declarado como sua razão determinante ou condição de que dependa não afetará o ato negocial se houver erro. É o que preceitua o Código Civil no art. 140, que assim prescreve: "O falso motivo só vicia a declaração de vontade, quando expresso como razão determinante". P. ex.: se alguém beneficiar a pessoa com uma doação ou legado, declarando que assim procede porque o donatário ou legatário lhe salvou a vida, se isso não corresponder à realidade, provando-se que o donatário ou legatário nem mesmo participara do salvamento, viciado estará o negócio, sendo anulável. Se ocorrer venda de um estabelecimento empresarial, tendo como pressuposto certo movimento mensal, que, posteriormente, o comprador verifica ser falso (*RT, 231*:189), torna-se anulável. É assim porque o motivo é uma razão de ser intrínseca da doação ou da venda. Se o declarante, expressamente, fizer entender que só constituirá a relação jurídica por determinada razão ou se se verificar certo acontecimento a que ela se refere, havendo erro ter-se-á a anulação do negócio efetivado, por ser manifesto que a parte fez depender do motivo a realização do ato.

Observam Pablo Stolze Gagliano e Rodolfo Pamplona Filho, ao tecerem comentários ao art. 140: "Nota-se que, em nosso entendimento, também nesse artigo de lei optou o legislador pela corrente subjetivista. No caso, se as partes fizeram constar no negócio *falso motivo*, tal elemento converte-se em verdadeira *finalidade negocial típica*, de forma que o seu descumprimento poderá levar à anulabilidade da avença. Imagine-se a hipótese de uma falsa sociedade filantrópica propor a compra de um imóvel, convencendo o alienante a reduzir o valor da venda, sob o argumento de que *a finalidade precípua da aquisição é a instalação de um asilo*. As partes cuidaram, inclusive, de consignar, no contrato, a *finalidade típica da compra e venda* (a instalação do asilo). Posteriormente, verifica-se que a sociedade adquirente atuou *dolosamente*, fazendo constar a falsa causa apenas para obter a redução do preço, desvirtuando a *expressa razão determinante do negócio jurídico pactuado*".

Cabe aqui distinguir, mais uma vez, *causa* – que se determina objetivamente, visto ser, como ensina José Carlos Moreira Alves, a função econômico-social atribuída pela norma a um negócio – do *motivo*, apurado subjetivamente, por ser concernente aos fatos que levaram alguém a efetivar um negócio. P. ex.: numa compra e venda, a *causa* é a troca da coisa pelo preço e o *motivo* é a razão pela qual os contratantes realizaram o negócio, p. ex.: para presentear um filho que vai se casar, montar uma loja ou um escritório etc.

Finalmente, prescreve o art. 141 do Código Civil que "a transmissão errônea da vontade por meios interpostos é anulável nos mesmos casos em que o é a declaração direta". De forma que se alguém recorrer a rádio, televisão, anúncio, Internet, carbograma, telex, telefone, CD-Rom, fac-símile, disquete ou mensageiro (núncio) para transmitir uma declaração de vontade, e o veículo utilizado a transmitir, por ter havido interrupção, má compreensão do sentido da mensagem ou deturpação sonora, com incorreções, acarretando desavença entre a vontade declarada e a interna, poder-se-á alegar erro nas mesmas condições em que a manifestação da vontade é realizada *inter praesentes*. Interessante é o seguinte exemplo, apontado por San Tiago Dantas, ocorrido na Alemanha: alguém, por meio de telegrama, resolve vender ações da Bolsa, por ter tido notícia de que sofreriam desvalorização. O telégrafo, equivocadamente, transmitiu a mensagem usando o termo *Kaufen* (compra) e não *Verkaufen* (venda), com isso causou enorme prejuízo, por ter produzido efeito não desejado. Trata-se de erro de transmissão, por defeito de intermediação mecânica ou pessoal, que modifica o sentido da vontade declarada, gerando a anulação negocial. Se uma declaração de vontade com certo conteúdo for transmitida com conteúdo diverso, o negócio poderá ser passível de nulidade relativa, porque a manifestação de vontade do emitente não chegou corretamente à outra parte. Se, contudo, a alteração não vier a prejudicar o real sentido da declaração expedida, o erro será insignificante e o negócio efetivado prevalecerá.

Convém lembrar que além disso acrescenta o art. 144 do Código Civil que "o erro não prejudica a validade do negócio jurídico quando a pessoa, a quem a manifestação de vontade se dirige, se oferecer para executá-la na conformidade da vontade real do manifestante". P. ex.: João pensa que comprou o lote n. 2 da quadra A, quando, na verdade, adquiriu o n. 2 da quadra B. Trata-se de erro substancial, mas antes de anular o negócio o vendedor entrega lhe o lote n. 2 da quadra A, não havendo assim qualquer dano a João. O vendedor, a quem a declaração de vontade do comprador dirigiu-se, ofereceu-se para executar o negócio conforme seu real querer, por isso, apesar de anulável o contrato por erro, fica sanada a anulabilidade. O negócio será válido, ocorrendo convalescimento do erro, ante o princípio da conservação do negócio, pois foi possível a sua execução de acordo com a vontade real. Se tal execução não fosse possível, de nada adiantaria a boa vontade do vendedor.

Observa Sílvio de Salvo Venosa as consequências da anulação do ato negocial por erro. P. ex.: o comprador pensa adquirir o lote n. 2 da quadra A, mas comprou o da quadra B, por isso, dentro do prazo de 4 anos (CC, art. 178, II), move ação contra o vendedor, que terá, então, contra si uma procedência, sucumbindo numa ação por motivo de que não concorreu. Como o vendedor, após a efetivação do negócio, deu o destino que desejou ao numerário recebido, no ato da reclamação judicial não tinha mais com que arcar. Por isso, na anulação por erro a responsabilidade é do que pede a anulação do ato negocial, visto que foi o único responsável pela má destinação do mesmo. Tal responsabilidade é denominada interesse negativo. Deveras, seria injusto que o vendedor, que não concorreu para o erro do adquirente, arcasse com a dupla sanção: anulação do negócio e absorção do prejuízo pelas importâncias a serem pagas ou restituídas. O julgado contido na *RT, 554*:80 atendeu ao interesse negativo, pois, numa ação anulatória de negócio por erro de dois agentes que venderam um imóvel que, na época, valia Cr$ 220.000,00, por Cr$ 60.000,00, o magistrado julgou procedente a ação, anulando o negócio, mas condenou os próprios autores que recuperaram o domínio do imóvel a devolver a quantia recebida de Cr$ 60.000,00 para que se restabelecesse o equilíbrio econômico e para que nenhuma das partes sofresse qualquer dano patrimonial. Como o Código Civil de 1916 era omisso a respeito, por essa razão tal solução, na época de sua prolatação, decorreu da boa-fé e dos princípios gerais de direito. Hoje a questão está resolvida pelo art. 144 do atual Código Civil. Todavia, pondera Sílvio de Salvo Venosa que o réu na ação anulatória deverá ingressar com reconvenção, pois na sistemática processual é estranha a condenação do autor que vence a ação. Na falta de reconvenção, ficarão abertas ao sucumbente as portas de uma ação autônoma, se bem que, entendemos, nada obsta que mesmo na ausência de reconvenção o réu seja indenizado em execução de sentença, que, geralmente, deve ser processada por artigos. Pode haver anulação e composição dos prejuízos do lesado com perdas e danos. O dever de indenizar não se relaciona com o erro, mas com o resultado do exercício do direito de anular[100] e da ausência de causa que estabilize o aumento econômico do benefício.

2) *Dolo*. O dolo, segundo Clóvis Beviláqua[101], é o emprego de um artifício ou expediente astucioso para induzir alguém à prática de um ato que o prejudica e aproveita ao autor do dolo ou a terceiro. Essa manobra astuciosa (*macchinatio*) pode sugerir o falso ou suprimir o verídico, mediante mentiras (*allegatio falsi*) ou omissões. Já Carvalho Santos[102] e Larenz[103] não concordam com a referência ao prejuízo como elemento conceitual do dolo, sendo suficiente para sua configuração que haja um artifício que induz alguém a efetuar negócio jurídico, que de outra maneira não seria realizado, sem que, necessariamente, tenha o propósito de causar dano ao enganado, pois a lei civil aplicável ao caso não protege o patrimônio, mas a liberdade de decisão.

---

100. Sobre o erro *vide* Serpa Lopes, op. cit., v. 1, p. 425-36; Álvaro Villaça Azevedo, Erro – III, in *Enciclopédia Saraiva do Direito,* v. 32, p. 481-9; Caio M. S. Pereira, op. cit., v. 1, p. 443-51; Orlando Gomes, op. cit., p. 415-8; Jorge Flacquer Scartezzini, *Do erro no direito civil,* São Paulo, Resenha Universitária, 1976; Carvalho Santos, *Código Civil brasileiro interpretado,* Freitas Bastos, 1964, v. 2, p. 300-25; Silvio Rodrigues, *Dos vícios do consentimento,* São Paulo, Saraiva, 1979; Bassil Dower, op. cit., v. 1, p. 190-4; Venosa, op. cit., p. 315-8; Silvio Rodrigues, *Direito civil,* v. 1, p. 208-15; W. Barros Monteiro, op. cit., v. 1, p. 193-200; Roger Decottignies, L'erreur de droit, *Rev. Trim. Jur.,* 1951, p. 309; Schkaff, *Influence de l'erreur, du dol et de la violence sur l'acte juridique,* Lausanne, 1920; Guillermo Borda, *Error de hecho y de derecho,* 2. ed., 1950; A. Ferrer Correia, *Erro e interpretação na teoria do negócio jurídico,* Coimbra, 1968; Corbin, *On contracts,* 1968, § 606, p. 558; Raymond Celice, *El error en los contratos,* Madrid, s/d; João Casillo, *O erro como vício de vontade,* São Paulo, Revista dos Tribunais, 1982; Pontes de Miranda, *Tratado de direito privado,* Rio de Janeiro, Borsoi, 1970, v. 4, p. 88, § 384, n. 4; Antonio Junqueira de Azevedo, *Negócio jurídico – existência, validade e eficácia,* São Paulo, Saraiva, 1986, p. 91; H. Lehmann, *Allgemeiner Teil des deutschen bürgerlichen Rechts,* 1962, § 34, III, n. 1, p. 246; Von Tuhr, *Allgemeiner Teil des deutschen bürgerlichen Rechts,* 1914, II, 1, § 67, p. 593; Standinger-Riezler, *Kommentar zum BGB,* t. I, § 122, p. 470; Pablo S. Gagliano e R. Pamplona Filho, *Novo curso de direito civil,* São Paulo, Saraiva, 2002, p. 336; *RT, 526*:128, *554*:80; Massimo Bianca, *Diritto civile: il contratto,* p. 618; Mário Benhame, *Comentários ao Código Civil* (coord. Camillo, Talavera, Fujita, Scavone Jr.), São Paulo, Revista dos Tribunais, 2006, p. 238.

101. Clóvis, *Comentários ao Código Civil,* v. 1, p. 363; Alfonso de Cossio e Corral, *El dolo en derecho civil,* Madrid, 1955; Jorge A. Carranza, *El dolo en el derecho civil y comercial,* Buenos Aires, Astrea, 1933; Alberto Trabucchi, *Il dolo nella teoria dei vizi del volere,* Padova, CEDAM, 1937; Antonio Junqueira de Azevedo, *Negócio jurídico e declaração negocial,* São Paulo, Saraiva, 1986, p. 184 e 185; Corral, *El dolo en el derecho civil,* Madrid, 1955; *RT, 161*:276, *522*:232, *552*:219.

102. Carvalho Santos, op. cit., p. 329.

103. Larenz, *Derecho civil; parte general,* p. 546.

Parece-nos contudo que a razão está com Clóvis, pois além de que, na prática, ocorre uma correspondência entre a vantagem auferida pelo autor do dolo e um prejuízo patrimonial sofrido pela outra parte, há, virtualmente, um prejuízo moral pelo simples fato de alguém ser induzido a efetivar negócio jurídico por manobras maliciosas que afetaram sua vontade.

Como se vê, o erro deriva de um equívoco da própria vítima, sem que a outra parte tenha concorrido para isso, ao passo que o dolo é, intencionalmente, provocado na vítima pelo autor do dolo ou por terceiro, sendo, portanto, passível de anulação (CC, arts. 145, 171, II, 178, II; *RT, 444*:112). Requer *animus decipiendi*, ou seja, vontade de enganar alguém.

Várias são as *espécies* de dolo, como:

a) *Dolus bonus* ou *malus* – O *dolus bonus*, ou dolo tolerável, não induz anulabilidade; é um comportamento lícito e tolerado, consistente em reticências, exageros nas boas qualidades, dissimulações de defeitos, tão utilizadas no comércio e cuja repressão seria mais prejudicial do que benéfica, acarretando perturbações na segurança das relações mercantis[104]. É o artifício que não tem a finalidade de prejudicar, p. ex., quando o vendedor exagera um pouco a qualidade de seus produtos, por meio de propaganda (*RT, 184*:651), desde que não venha a enganar o consumidor, mediante propaganda abusiva (Lei n. 8.078/90, arts. 37 e 38), e que seu ato não viole o princípio da boa-fé objetiva (CC, art. 422); ou quando se induz alguém a tomar um remédio que não deseja ingerir e que lhe é necessário.

O *dolus malus* consiste no emprego de manobras astuciosas destinadas a prejudicar alguém. É desse dolo que trata nosso Código Civil, erigindo-o em defeito do ato jurídico, idôneo a provocar sua anulabilidade, dado que tal artifício consegue ludibriar pessoas sensatas e atentas.

Não há normas absolutas que possibilitem diferenciar essas duas espécies de dolo, cabendo ao órgão judicante, em cada caso concreto, levar em conta a inexperiência e o nível de informação da vítima.

b) *Dolus causam dans contracti* ou principal e *dolus incidens* ou acidental – O *dolo principal* é aquele que dá causa ao negócio jurídico, sem o qual ele não se teria concluído (CC, art. 145), acarretando, então, a anulabilidade daquele negócio. P. ex., o extinto Tribunal de Alçada de São Paulo

---

104. Antônio Chaves, Dolo, in *Enciclopédia Saraiva do Direito*, v. 29, p. 274. CC francês, arts. 1.116 e 1.117; CC italiano, art. 1.439.

(*RT, 226*:395) anulou negócio através do qual alguém fora dolosamente induzido a vender, por preço baixo, quinhão hereditário valioso, entendendo ser inadmissível que pessoa paupérrima pudesse despojar-se de bens que viriam enriquecer seu desfalcado patrimônio. Podemos citar, ainda, como exemplo o caso: *a*) de um conquistador que, sob promessa de casamento, consegue comprar imóvel valioso, pertencente a mulher inexperiente e ingênua, por preço abaixo do valor mercadológico, fugindo logo em seguida, escapando das núpcias (*RT, 212*:215); *b*) da venda feita a pessoa um pouco desequilibrada mentalmente, dando-lhe informações errôneas, incentivando-a a realizar negócio, na crença de que atenderá a seus interesses (*RT, 602*:58). Para que o dolo principal se configure, segundo Espínola, é preciso que: *a*) haja intenção de induzir o declarante a praticar o negócio jurídico, desde que, no entender de Clóvis e Serpa Lopes, ocorra prejuízo para a vítima; *b*) os artifícios fraudulentos sejam graves, aproveitando a quem os alega; *c*) sejam causa determinante da declaração da vontade; e *d*) procedam do outro contratante, ou sejam deste conhecidos, se procedentes de terceiro[105].

O *dolo acidental* ou *dolo incidente* é o que leva a vítima a realizar o negócio, porém em condições mais onerosas ou menos vantajosas (CC, art. 146), não afetando sua declaração da vontade, embora provoque desvios, não se constituindo vício de consentimento, por não influir diretamente na realização do ato, que se teria praticado independentemente do emprego de artifícios astuciosos. Não acarreta, portanto, anulação do negócio jurídico, obrigando apenas à satisfação de perdas e danos ou a uma redução da prestação acordada. P. ex.: um contratante, usando indexador inadequado para atualização do valor das prestações a ser pagas, convence o outro a efetivar a compra do objeto, mediante estipulação injusta do preço. Tal negócio, apesar do dolo, seria realizado de qualquer maneira, mas por um preço melhor e mais justo, por isso o tribunal entendeu que esse dolo foi acidental, pois a divergência existente entre o real valor do bem alienado e o preço pago pelo adquirente enganado, por si só, não permite a configuração de dolo principal conducente à anulabilidade negocial (*JTJ, 185*:23); um avalista avaliza

---

105. Silvio Rodrigues, *Direito civil*, cit., v. 1, p. 217 e 218. No mesmo sentido: *RT, 254*:547; *552*:219; W. Barros Monteiro, op. cit., v. 1, p. 205 e 206; Serpa Lopes, op. cit., v. 1, p. 339; M. Helena Diniz, O *dolus causam dans* invalidante e a questão da concorrência de anulabilidades na renúncia do mandato *ad judicia* e na rescisão amigável de contrato de prestação de serviços advocatícios e de honorários, *Atualidades jurídicas*, *4*:251-66.

documento cambial para seu irmão, por julgar que a quantia se destinava a ampliar determinado negócio, segundo informação deste último. Porém, a verdade é que a importância se destinava a encobrir certo valor indevidamente apropriado. Mesmo assim, ele não poderá alegar dolo principal, porque, ao avalizar, sabia que estava assumindo uma responsabilidade cambiária. O Tribunal entendeu que era dolo acidental, não se apresentando como causa determinante da declaração de vontade nem eliminando a conclusão do ato (*RT, 469*:131). A esse respeito Silvio Rodrigues cita-nos o seguinte exemplo: O Supremo Tribunal Federal decidiu que houve dolo acidental (*RT, 148*:379) no comportamento da credora hipotecária de certa massa falida que, mediante promessa de novo negócio, levou o síndico (hoje administrador judicial) a promover nova avaliação do prédio hipotecado, o que reduziu pela metade o valor a ele atribuído na avaliação anterior. Como o novo cálculo era inferior ao crédito preferencial, a credora obteve adjudicação do imóvel. E o Tribunal, reconhecendo como doloso o comportamento da credora, mas definindo como acidental esse dolo, manteve o negócio, condenando a ré à indenização de perdas e danos, representada pela diferença entre o preço pelo qual se havia adjudicado o prédio e o seu valor à época da adjudicação[106]. Observa, com argúcia, Humberto Theodoro Jr. que "diante do dolo acidental ter-se-á de contar com um considerável arbítrio do juiz, não só na aferição da vulnerabilidade da vítima, mas para discernir, de forma concreta, sobre onde atuou a malícia durante o processo formativo da vontade, se foi sobre sua constituição fundamental, ou apenas sobre algum ponto acessório, para optar entre a invalidação do contrato ou a condenação ao ressarcimento do dano".

c) Dolo positivo ou negativo – O *dolo positivo* ou comissivo é o artifício astucioso que consta de ação dolosa, ou seja, é o dolo por comissão em que a outra parte é levada a contratar, por força de artifícios positivos, ou seja, afirmações falsas sobre a qualidade da coisa. P. ex.: captação de testamento; cotação falsa da Bolsa de Valores para induzir alguém a adquirir ações[107].

---

106. Capitant, op. cit., p. 263; De Page, *Traité élémentaire de droit civil belge,* v. 1, n. 51; Serpa Lopes, op. cit., v. 1, p. 440; Orlando Gomes, op. cit., p. 420; Silvio Rodrigues, *Direito civil,* cit., v. 1, p. 218; Bassil Dower, op. cit., v. 1, p. 196; W. Barros Monteiro, op. cit., p. 204; Humberto Theodoro Jr., *Comentários,* cit., v. III, t. 1, p. 136 e 138. "Dolo acidental – venda de trator cujo ano de fabricação não correspondia ao informado e cobrado pelo revendedor. Reparação dos danos causados aos adquirentes que se impõe" (*RT, 785*:243). *Vide*: CC italiano, art. 1.440; CC paraguaio, art. 291.

107. W. Barros Monteiro, op. cit., v. 1, p. 204; Serpa Lopes, op. cit., v. 1, p. 339.

O *dolo negativo* ou omissivo (CC, art. 147) é a manobra astuciosa que constitui uma omissão dolosa ou reticente; dá-se quando uma das partes oculta alguma coisa que o cocontratante deveria saber e se sabedor não teria realizado o negócio (*RT, 545*:198). Para o dolo negativo deve haver: intenção de induzir o outro contratante a praticar o negócio jurídico; silêncio sobre uma circunstância ignorada pela outra parte; relação de causalidade entre a omissão intencional e a declaração de vontade; ser a omissão do outro contratante e não de terceiro[108]. P. ex.: se alguém fizer seguro de vida, omitindo moléstia grave, e vier a falecer poucos meses depois, trata-se de manobra maliciosa por omissão, em que houve intenção de prejudicar a seguradora e de beneficiar os sucessores (CC, arts. 766 e 773); se alguém quer vender um imóvel e não encontra comprador que lhe pague o preço pretendido por estar o terreno sujeito a desapropriação pela Municipalidade, oculta, então, que o imóvel é objeto de declaração de utilidade pública e consegue vendê-lo, é também hipótese de dolo por omissão. Os Tribunais têm proclamado ser dolosa a omissão do vendedor de um pomar de laranjas que oculta estarem os frutos atacados de uma praga denominada "leprose" (*RT, 168*:165); o silêncio do contratante que adquire quinhão hereditário de outrem, ocultando seu efetivo valor, que sabe muito superior ao preço proposto (*RT, 61*:276); a ocultação pelo alienante da existência de trincas no prédio vendido, quando lhe competia a obrigação de revelar tal fato (*RT, 187*:314)[109]. Anula-se negócio efetivado com dolo negativo ante o princípio da boa-fé objetiva (CC, art. 422).

Como exceções à regra de ser o dolo emanado do outro contratante, tem-se:

a) O *dolo de terceiro* (*RT, 485*:55), para acarretar anulabilidade do negócio jurídico, exige o conhecimento de uma das partes contratantes. Realmente, dispõe o art. 148 do Código Civil que pode também ser anulado o negócio jurídico por dolo de terceiro, se a parte a quem aproveite dele tivesse ou devesse ter conhecimento; em caso contrário, ainda que subsista o negócio jurídico, o terceiro responderá por todas as perdas e danos da parte a quem ludibriou. Para tal anulabilidade não basta que um dos contratantes

---

108. W. Barros Monteiro, op. cit., v. 1, p. 204; Serpa Lopes, op. cit., v. 1, p. 340. *Vide*: *RT, 634*:130, *187*:314.

109. Bassil Dower, op. cit., v. 1, p. 195; Silvio Rodrigues, *Direito civil,* cit., v. 1, p. 221 e 222; *RT, 773*:344, *642*:144, *640*:186, *634*:130. *Vide*: CC francês, art. 1.116; CC paraguaio, art. 290.

saiba do dolo de terceiro; é preciso que tenha tirado proveito do dolo. Portanto, deverá haver uma participação do beneficiário na consumação da declaração viciada pela cumplicidade ou ciência do vício, para anular o negócio. Não sendo ele conhecido pelo beneficiado dará lugar a uma indenização, por parte da vítima, contra o terceiro autor do engano intencional. Assim, se não se provar, nos negócios jurídicos bilaterais, que uma das partes conhecia o dolo de terceiro, e mesmo que haja presunção desse conhecimento, não poderá ser o negócio anulado, mas terceiro terá responsabilidade pelas perdas e danos causados à vítima. É preciso comprovar o conhecimento, de uma das partes da relação negocial, das maquinações de terceiro. Logo, se houver dolo principal (*dolus causam dans*) de terceiro, e uma das partes tiver ciência dele, não advertindo o outro contratante da manobra, tornar-se-á corresponsável pelo engano a que a outra parte foi induzida, que terá, por isso, o direito de anular o ato, desde que prove que o outro contratante sabia da dolosa participação do terceiro, ludibriando a vítima, induzindo-a a contratar (dolo conjunto). Assim, se não se provar, no negócio, que uma das partes conhecia o dolo de terceiro, e mesmo que haja presunção desse conhecimento, não poderá o ato ser anulado, mas o terceiro responderá pelas perdas e danos causados à vítima. Por exemplo: Se "A" (comprador) adquire uma joia, por influência de "C" (terceiro), que o convence de sua raridade, sem que "B" (vendedor), ouvindo tal disparate, alerte o comprador ("A"), o negócio é suscetível de anulação. A ação de anulação deve ser de iniciativa de quem foi prejudicado pelo dolo (CC, arts. 171, II, e 178, II). É preciso lembrar que o art. 148 do Código Civil refere-se apenas aos negócios jurídicos bilaterais, pois nos unilaterais é invocável o dolo cometido seja por quem for, porque a validade desses negócios é afetada pelo dolo em qualquer circunstância, como na renúncia de herança. Fácil é perceber que o dolo de terceiro não tem a eficácia, por si só, de possibilitar a anulação do negócio jurídico bilateral, porque isso originaria um dano para as partes que, inocentemente, contrataram, acreditando tratar-se de um negócio isento de vícios. Cessa essa razão, no entanto, se uma das partes contratantes tinha ciência do dolo de terceiro, porque, então, não estaria de boa-fé e seria cúmplice, por omissão, do dolo praticado por terceiro que não teve qualquer intervenção no ato, direta ou indiretamente[110].

---

110. Serpa Lopes, op. cit., v. 1, p. 441; Ana Lúcia Chaves, *Dolo,* trabalho apresentado no Curso de Mestrado da PUCSP, 1980, p. 14-6; Venosa, op. cit., p. 325; Humberto Theodoro Jr., *Comentários*, cit., v. III, t. 1, p. 148. O Código Civil, no art. 148, é

b) O *dolo do representante* legal (pai, mãe, tutor ou curador) ou convencional (mandatário ou procurador) de uma das partes que não pode ser considerado de terceiro, pois, nessa qualidade, age como se fosse o próprio representado, sujeitando-o à responsabilidade civil até a importância do proveito que tirou do negócio em caso de representação legal, pois, se convencional for, o representado deverá responder solidariamente com o representante por perdas e danos (CC, art. 149), com ação regressiva contra o representante[111] pela quantia que tiver desembolsado para ressarcir o dano causado, salvo se com este estava mancomunado. Tal ocorre porque a representação voluntária ou convencional adveio de ato volitivo do representado, efetuando contrato de mandato com o representante e por isso este, agindo em nome daquele, efetua ato negocial, que obrigará o representado como se ele mesmo o tivesse praticado. Se pai, tutor ou curador, representante imposto por lei agir de má-fé, justo não seria que o representado arcasse com as consequências para as quais não concorreu, daí ter, tão somente, a responsabilidade na proporção do benefício obtido, repondo os lucros recebidos para evitar enriquecimento indevido. Logo, não deverá reparar o prejuízo daquele que foi enganado pelo seu representante legal.

Silvio Rodrigues[112] afirma que, se o dolo do representante foi causa determinante da celebração do ato, tem a vítima do dolo direito à ação de anulação do negócio realizado, por se tratar de dolo principal, ensejando, ainda, reparação pelo prejuízo causado. Não tendo sido o dolo do representante a causa determinante do negócio, caracterizando-se por dolo acidental, a ação será de perdas e danos e o representado será responsável apenas pelos limites do proveito que obteve, embora tenha ação regressiva por esta importância contra o seu representante. Logo, em se tratando de ação de perdas e danos, a vítima do dolo só poderá cobrar do representado o que tiver lucrado, sendo o remanescente cobrado do representante, a fim de que seja coberto o prejuízo efetivo; assim não se permite que o representado responda solidariamente pelo total do prejuízo acarretado pelo ato do seu representante.

---

abrangente, dando maior âmbito de decisão ao juiz, pois estabelece que pode ser também anulado o ato negocial por dolo de terceiro se a parte, a quem aproveite, dele tivesse ou *devesse ter conhecimento*. Em caso contrário, ainda que subsista o negócio jurídico, o terceiro responderá por todas as perdas e danos da parte a quem ludibriou. *Vide*: CC português, art. 254.2

111. Caio M. S. Pereira, op. cit., v. 1, p. 454; W. Barros Monteiro, op. cit., v. 1, p. 207.

112. Silvio Rodrigues, *Dos defeitos dos atos jurídicos*, p. 233.

Essa proteção ao representado é criticada por vários juristas, dentre eles De Page, que defende a tese de que o representado deveria sofrer as consequências do dolo de seu representante, tendo-se em vista a segurança que deve existir no comércio jurídico e a aplicação da teoria da culpa *in eligendo* e *in vigilando*. Pois se o representado fez uma má escolha, deve ele suportar as consequências disso frente a quem, de boa-fé, entrou no negócio, podendo contra ele ser, diretamente, demandada a ação por perdas e danos. De Page somente exclui dessa posição as pessoas jurídicas em relação aos seus órgãos, porque aí não se cogita de representação no sentido próprio da palavra. Deveras muito acertada é esta opinião no que concerne à representação convencional; o alcance social será muito mais amplo se ficar o representado responsável pela reparação total do dano, do que se se responsabilizar tão somente pelo proveito obtido. O Código Civil em seu art. 149 dispõe que "o dolo do representante legal de uma das partes só obriga o representado a responder civilmente até a importância do proveito que teve; se, porém, o dolo for do representante convencional, o representado responderá solidariamente com ele por perdas e danos". Claro está que não poderá haver culpa *in eligendo* ou *in vigilando* na representação legal em que a própria lei impõe os representantes[113]. Assim, se pai, tutor ou curador atuar com malícia, o representado, por haver representação legal, não arca com as consequências decorrentes dela, exceto até o *quantum* que o beneficiou. Se a representação for convencional, o representante será responsável solidariamente com o representado pelas perdas e danos, porque este assume o risco pela escolha feita.

c) O *dolo de ambas as partes* (CC, art. 150) que agem dolosamente, configurando-se torpeza bilateral; ocorre neutralização do delito porque há compensação entre dois ilícitos, a ninguém cabendo se aproveitar do próprio dolo, aplicando-se o adágio de que *nemo propriam turpitudinem allegans*. Caio Mário da Silva Pereira pontifica, com muita clareza, que são compensados os dolos respectivos quando ambas as partes houverem reciprocamente se enganado; a nenhuma delas é permitido alegar o próprio dolo para anular o negócio ou reclamar indenização, pois isso significaria beneficiar-se da própria torpeza, o que não pode ser tolerado pela ordem jurídica.

---

113. Ana Lúcia Chaves, op. cit., p. 19 e 20; De Page, op. cit., p. 61. Com isso, o Código Civil distingue o dolo do representante legal do dolo do representante convencional ou voluntário (art. 149).

Logo, não poderá haver anulação do negócio, em caso de dolo recíproco. Assim válido será o ato negocial, ficando o dolo de um compensado pelo dolo do outro, seja qual for a espécie de dolo. A lei confere validade ao ato por não admitir que quem agiu dolosamente queira, baseado em atos iníquos, obter a proteção da ordem jurídica, chegando-se ao absurdo de uma parte pedir a anulação do ato, enquanto a outra reclamasse a indenização, cada uma em busca do seu proveito, porque, quando ambas as partes procedem com dolo, não há boa-fé a defender[114].

3) *Coação*. A coação seria qualquer pressão física ou moral exercida sobre a pessoa, os bens ou a honra de um contratante para obrigá-lo ou induzi-lo a efetivar um negócio jurídico[115].

Pode ser, portanto, física e moral. A física ou *vis absoluta* é o constrangimento corporal que retira toda capacidade de querer, implicando ausência total de consentimento, o que acarreta nulidade do ato, não se tratando de vício da vontade. P. ex.: se alguém segurar a mão da vítima, apontando-lhe uma arma, para obter a assinatura de um documento[116]. A moral ou *vis compulsiva* atua sobre a vontade da vítima, sem aniquilar-lhe o consentimento, pois conserva ela uma relativa liberdade (*RT, 80*:87), podendo optar entre a realização do negócio que lhe é exigido e o dano com que é ameaçada. P. ex.: o assaltante que ameaça a vítima dizendo: "a bolsa ou a vida"; esta tem uma alternativa, ou entrega a bolsa ou sofre as consequências da ameaça – perda da vida. A coação moral é modalidade de vício de consentimento, pois permite que o coacto emita uma vontade, embora maculada, acarretando a anulabilidade (CC, arts. 171, II, e 178, I) do negócio por ele realizado[117].

---

114. Caio M. S. Pereira, op. cit., v. 1, p. 453, 454 e 455; W. Barros Monteiro, op. cit., v. 1, p. 207; Ana Lúcia Chaves, op. cit., p. 21 e 22; CPC, art. 446, II; CC, art. 180.

115. Orozimbo Nonato, *Da coação como defeito do ato jurídico,* Rio de Janeiro, Forense, 1957; Antônio Chaves, Coação, in *Enciclopédia Saraiva do Direito,* v. 15, p. 228; W. Barros Monteiro, op. cit., v. 1, p. 209; Capitant, *Introduction à l'étude du droit civil,* 2. ed., Paris, 1911, p. 270; CC, arts. 178, I e 1.559; CPC, art. 446, II; CP, art. 146. *Vide*: CC francês, arts. 1.112 a 1.114; CC italiano, arts. 1.434 a 1.436; BGB, § 123; CC português, arts. 246, 255 e 256.

116. Caio M. S. Pereira, op. cit., v. 1, p. 455; W. Barros Monteiro, op. cit., p. 210; Serpa Lopes, op. cit., v. 1, p. 443.

117. W. Barros Monteiro, op. cit., v. 1, p. 210; Caio M. S. Pereira, op. cit., v. 1, p. 455; Antônio Chaves, op. cit., p. 228; De Page, *Traité élémentaire,* cit., v. 1, n. 58; Silvio Rodrigues, op. cit., v. 1, p. 224; Nelson de F. Cerqueira, Apontamentos sobre coação, *RT, 594*:9-15; Funaioli, *La teoria della violenza nei negozi giuridici*, Roma, 1927; Orozimbo Nonato, *Da coação como defeito do ato jurídico,* Rio de Janeiro, Forense, 1957. *Vide*: *RT, 634*:107, *664*:146, *559*:223, *524*:65, *705*:97; *JTACSP, 129*:92; *JM, 111*:179.

Para que se configure a coação moral, é mister a ocorrência dos seguintes requisitos (CC, art. 151):

a) A coação deve ser a causa determinante do negócio jurídico, pois deve haver um nexo causal entre o meio intimidativo e o ato realizado pela vítima. De modo que, se o temor for ocasionado por força maior, será esta e não a coação que viciará a vontade.

b) A coação deve incutir à vítima um temor justificado, como morte, cárcere privado, desonra, mutilação, escândalo etc. Entretanto, o magistrado deverá, ao apreciar a ameaça, considerar as circunstâncias que possam influir sobre sua maior ou menor eficácia, porque a lei, ao pressupor que todos nós somos dotados de certa energia ou grau de resistência, não desconhece que sexo, idade, saúde, temperamento podem tornar decisiva a coação que, exercida em certas circunstâncias, pode pressionar e influir mais poderosamente (CC, art. 152; *RT, 136*:241, *117*:298, *106*:591). Realmente, a mulher é mais sugestionável que o homem; o enfermo em relação ao que goza boa saúde; o rude em relação ao instruído que viva em meio civilizado etc. A mesma ameaça que um homem repele cala o ânimo de uma jovem; o mesmo indivíduo que em circunstâncias normais de saúde ri de uma ameaça pode sentir-se atemorizado quando debilitado por uma doença. Ameaçar uma mulher grávida ou um velho é muito mais grave do que coagir um pugilista ou um policial, embora a coação tenha conteúdo idêntico. Pelo art. 152 compete ao magistrado a responsabilidade de apreciar o grau de ameaça.

É necessário, portanto, que a ameaça se refira a prejuízo que influencie a vontade do coacto a ponto de alterar suas determinações, embora não possa, no momento, verificar, com justeza, se será inferior ou superior ao resultante do ato extorquido. Na verdade, não é fácil a dosimetria em perfeita correspondência entre o dano eventualmente sofrido e aquele que é sofrido pela extorsão; por essa razão Espínola recomenda que não se deve interpretar literalmente o art. 151 do Código Civil para se julgar anulável o ato somente quando o dano temido for, pelo menos, de valor econômico igual ao proveniente do ato extorquido.

O Projeto de Lei n. 699/2011 substituirá no art. 151 e parágrafo único a palavra *paciente* por *vítima*, por ser a correta e de aplicação mais corrente. Mas o Parecer Vicente Arruda, ao analisar o Projeto de Lei n. 6.960/2002 (atual PL n. 699/2011), o rejeitou porque o termo "paciente" já é consagrado em nosso direito civil, ao tratar da pessoa que sofre a coação; não se vislumbra por que alterá-lo para "vítima".

c) O temor deve dizer respeito a um dano iminente, suscetível de atingir a pessoa da vítima, sua família ou seus bens (*RT, 464*:245). Não se requer, portanto, que o dano seja atual, isto é, já presente, nem imediato (ausência de lapso temporal entre a ameaça e o início de realização do mal). A norma apenas exige, como pondera Humberto Theodoro Jr., "que o dano se mostre razoavelmente próximo, de modo a não ensejar tempo ao coacto de socorrer-se da autoridade pública, ou de não ser eficaz a intervenção desta". Para Espínola o mal é iminente sempre que o coacto não tiver meios para evitá-lo, quer com os recursos próprios, quer com auxílio de outrem ou da autoridade pública. Deve ser inevitável. Ensina-nos Silvio Rodrigues que a ameaça não precisa realizar-se imediatamente, basta que provoque, desde logo, no espírito da vítima, um temor de intensidade suficiente para conduzi-la a praticar o negócio jurídico. A ameaça que produz efeitos em futuro remoto não é idônea para incutir no coacto impressão que o leve a contratar. Não produz efeito de tornar anulável o negócio pela simples razão de que não priva a liberdade do sujeito para realizá-lo. Deveras, a ameaça de um mal impossível, remoto ou evitável não constitui coação capaz de viciar o negócio. É necessário, ainda, que a vítima esteja convencida de que corre perigo, se não concordar com o negócio extorquido.

d) O dano deve ser considerável ou grave, podendo ser moral, se a ameaça se dirige contra a vida, liberdade, honra da vítima ou de qualquer pessoa de sua família, ou patrimonial, se a coação disser respeito aos seus bens, p. ex., a ameaça de depredar ou incendiar um prédio pertencente à vítima. Ameaças vagas, indeterminadas ou impossíveis, cujos efeitos são incertos e distantes, tornam-se insuficientes para constituir coação (*RT, 440*:73, *524*:65; *AJ, 94*:408). O dano ameaçado deve ser efetivo ou potencial a um bem patrimonial ou pessoal.

e) O dano pode atingir pessoa não pertencente à família da vítima, hipótese em que o magistrado, com base nas circunstâncias, analisando a relação de afetividade ou a emergência da situação fática, decidirá, com equidade, se houve, ou não, *vis compulsiva* (CC, art. 151, parágrafo único). A esse respeito elucidativa é a seguinte observação de Humberto Theodoro Jr.: "Pode acontecer, e não se trata de hipótese rara nos tempos atuais, que o coator faça refém uma pessoa totalmente desconhecida do coacto, no meio do trânsito, no interior de um banco, dentro de um avião ou em qualquer lugar onde estejam próximos o agente da ameaça, a vítima e aquele de quem se intenta extorquir a declaração negocial (a assinatura de um cheque, p. ex.). Para evitar o assassínio iminente do refém, a pessoa acede à extorsão.

Não importa que entre a vítima da extorsão e a vítima da ameaça não exista liame algum, familiar, social ou afetivo. A solidariedade humana é suficiente para justificar a sucumbência do coacto às exigências do coator"[118].

Excluem a coação[119] (CC, art. 153):

a) *A ameaça do exercício normal de um direito,* isto porque a violência deve ser injusta. Se fosse justa, o autor da ameaça teria exercido um direito seu. P. ex.: se um credor de dívida vencida e não paga ameaçar o devedor de protestar o título e requerer a falência, não se configura a coação por ser ameaça justa que se prende ao exercício normal de um direito, logo o devedor não pode reclamar a anulação do protesto (*RT, 296*:310). Já se decidiu que "confessada a emissão de conhecimentos de fretes sem lastro, é inadmissível considerar-se como coação, vício de consentimento suscetível de anular negócio, a ameaça do exercício regular de um direito, a justificar a anulabilidade do ato, que permanece válido" (*RT, 779*:372). Se, porém, o credor, ao invés de ameaçar com justa execução, o faz com a propagação de um escândalo em que o devedor esteja envolvido, há coação, porque houve exercício irregular de um direito (*RT, 153*:601, *107*:513). Da mesma forma aquele que se casa para extinguir ação penal, por ter mantido relações sexuais com menor de 16 anos, não poderá alegar coação, dado que o exercício daquela ação não caracteriza ameaça injusta (*RT, 413*:371, *390*:211). Se houver excesso por parte do delegado como "na hipótese em que um menor preso e sem qualquer assistência se vê acusado de prática criminosa, consente em se casar e se casa ainda sob prisão, tal procedimento caracteriza a coação viciadora do ato jurídico, justificando a anulação do casamento" (*RT, 413*:369).

Portanto, se o exercício do direito for anormal, deixa de ser uma excludente, constituindo-se abuso do direito e ameaça injusta.

b) *Simples temor reverencial* (*RT, 476*:258), segundo Clóvis, é o receio de desgostar pai, mãe ou pessoas a quem se deve obediência e respeito; é in-

---

118. Sobre os requisitos da coação: Serpa Lopes, op. cit., v. 1, p. 443 e 444; W. Barros Monteiro, op. cit., v. 1, p. 211-3; Antônio Chaves, op. cit., p. 230-4; Silvio Rodrigues, *Direito civil,* cit., v. 1, p. 225-36; Espínola, *Manual do Código Civil* de Paulo de Lacerda; parte geral, p. 409; Agnes Cretella, A ameaça, *RT, 470*:299-304, 1974; Humberto Theodoro Jr., *Comentários,* cit., v. III, t. 1, p. 177-9.

119. Bassil Dower, op. cit., v. 1, p. 200 e 201; W. Barros Monteiro, op. cit., v. 1, p. 214 e 215; Serpa Lopes, op. cit., v. 1, p. 444 e 445; Orosimbo Nonato, *Da coação como defeito do ato jurídico,* 1957; *RT, 428*:175.

capaz de viciar o negócio, desde que não seja acompanhado de ameaças ou violências irresistíveis (*RT, 60*:339; *274*:333; *182*:950).

Finalmente, pelo art. 154 do Código Civil, *a coação exercida por terceiro,* ainda que dela não tenha ciência o contratante, vicia o negócio, causando sua anulabilidade. Porém, se a coação exercida por terceiro fosse ou tivesse de ser conhecida pela parte a quem aproveitar, esta responderá solidariamente com aquele por todas as perdas e danos (CC, art. 154). Havendo coação exercida por terceiro, urge averiguar, para apurar a responsabilidade civil, se a parte a quem aproveite dela teve ou devesse ter conhecimento, pois esta responderá solidariamente com o coator por todas as perdas e danos causados ao coacto. Logo, além da anulação do ato negocial pelo vício de consentimento, a vítima terá o direito de ser indenizada pelos prejuízos sofridos, ficando solidariamente obrigados a isso o autor da *vis compulsiva* e o outro contraente que dela auferiu vantagens e dela teve ou devesse ter ciência. Logo, dever-se-á averiguar se, pela circunstância do negócio, aquele que tirou proveito da coação teria, ou não, possibilidade de saber que a vontade da outra parte era viciada. E, "subsistirá o negócio jurídico, se a coação decorrer de terceiro, sem que a parte a que aproveite dela tivesse ou devesse ter conhecimento; mas o autor da coação responderá por todas as perdas e danos que houver causado ao coacto" (CC, art. 155), levado a efetivar negócio prejudicial ou desvantajoso. Terá validade e eficácia o negócio em atenção à boa-fé do beneficiado, que desconhecia a coação de terceiro, obrigando o outro contratante a realizá-lo. Coação de terceiro apenas tornará anulável o ato negocial se o contratante, que dele tirou vantagem, souber da manobra que vitimou o coacto[120].

4) *Lesão e estado de perigo.* O instituto da *lesão* visa proteger o contratante, que se encontra em posição de inferioridade, ante o prejuízo por ele sofrido na conclusão do contrato comutativo, devido à considerável desproporção existente, no momento da efetivação do contrato, entre as prestações das duas partes. P. ex.: se alguém prestes a ser despejado procura outro imóvel para morar e exercer sua profissão, cujo proprietário, mesmo não tendo conhecimento do fato, eleva o preço do aluguel. Diante da necessidade de abrigar sua família e levar adiante suas atividades, o inquilino acaba aceitando o novo contrato, para evitar aquela situação vexatória. Perdendo a noção do justo valor locatício, é levado a efetivar contrato que lhe

120. W. Barros Monteiro, op. cit., v. 1, p. 215; Serpa Lopes, op. cit., v. 1, p. 445.

é desfavorável. O mesmo se diga da pessoa que, para evitar falência, vende imóvel seu por preço inferior ao do mercado, em razão de falta de disponibilidade de recursos líquidos para saldar seus débitos; daquele que, para a continuidade de sua atividade negocial, paga preço excessivo pelo fornecimento de água, numa época de seca; de quem, por ter baixa renda, mora em imóvel alheio, pretendendo adquirir casa própria, acerta pagamento de várias e altas prestações mensais, não correspondentes ao valor do prédio, que, além de sua apresentação precária, está situado em local longínquo e de acesso difícil. Se alguma pessoa tirar proveito da necessidade de outra, estar-se-á bem próximo da coação, e, se se prevalecer de inexperiência de outrem (*JTJ*, *243*:30), ter-se-á situação bastante similar ao dolo; por tais razões poder-se-á incluir a lesão entre os vícios de consentimento. Decorre de ato praticado em situação de desigualdade volitiva para contratar, punindo cláusula leonina, mesmo sem que se comprove dolo de aproveitamento indevido na realização do negócio.

No nosso direito anterior estava apenas prevista a *lesão usurária* ou *usura real*, pela qual alguém, ante necessidade premente ou inexperiência, com dolo de aproveitamento, ou seja, com intenção de tirar vantagem, induz outrem a realizar negócio, praticando usura. Sendo ato ilícito requer como sanção a nulidade ou a rescindibilidade negocial, verificando-se, para tanto, qual foi a vontade do autor da lesão. Tal lesão estava contida apenas na Lei n. 1.521/51, no seu art. 4º, *b*, pelo qual configura-se pelo ato de obter ou estipular qualquer contrato, abusando da premente necessidade, inexperiência ou leviandade de outra parte, lucro patrimonial que exceda o quinto ou 20% do valor corrente ou do justo valor da prestação feita ou prometida, portanto essa lei vem a considerá-la como crime contra a economia popular e no Código de Defesa do Consumidor, art. 39, ao tratar das práticas abusivas do fornecedor de bens ou serviços.

Assim, se a lei penal não admite certo negócio, pela mesma razão não se deveria tolerá-lo na seara cível, para manter-se a coerência lógica do sistema jurídico.

O Código de Defesa do Consumidor (art. 51, IV) prevê a *lesão consumerista* ou *lesão-vício*, ao proibir o fornecedor de prevalecer-se da fraqueza ou ignorância do consumidor, tendo em vista sua idade, saúde, conhecimento ou condição social, para impingir-lhe seus produtos ou serviços e exigir do consumidor vantagem manifestamente excessiva.

E, além disso, o Código Civil, concretizando vício de consentimento, a seu respeito prescreve, no art. 157, *caput*, que ocorrerá lesão quando uma pessoa, sob premente necessidade, ou por inexperiência, se obrigar a uma prestação manifestamente desproporcional ao valor da prestação proposta. Tal desproporção deverá ser apreciada segundo os valores vigentes ao tempo em que foi celebrado o negócio jurídico (CC, art. 157, § 1º) pela técnica pericial e avaliada pelo juiz (*JTJSP*, *243*:30). Se a desproporcionalidade for superveniente à formação do contrato, será irrelevante juridicamente para fins de anulabilidade, pois tal desequilíbrio contratual poderá gerar, ante a onerosidade excessiva, revisão contratual ou sua resolução (CC, arts. 317, 478, 479 e 480). Não haverá, em caso de lesão, decretação da anulação desse ato negocial, se se oferecer, inclusive em juízo, suplemento suficiente para equilibrar as prestações, ou se a parte favorecida concordar com a redução do proveito (CC, art. 157, § 2º), suprimindo algumas parcelas que, ainda, deveriam ser pagas, ou fazendo abatimento no preço. Acatados estão os princípios da conservação, da equivalência material dos contratos e da boa-fé objetiva. E, pelo Enunciado n. 149 do Conselho da Justiça Federal, aprovado na III Jornada de Direito Civil: "Em atenção ao princípio da conservação dos contratos, a verificação da lesão deverá conduzir, sempre que possível, à revisão judicial do negócio jurídico e não à sua anulação, sendo dever do magistrado incitar os contratantes a seguir as regras do art. 157, § 2º, do Código Civil de 2002". Ressalta, ainda, o Enunciado n. 291 do Conselho da Justiça Federal (aprovado na IV Jornada de Direito Civil) que: "Nas hipóteses de lesão previstas no art. 157 do Código Civil, pode o lesionado optar por não pleitear a anulação do negócio jurídico, deduzindo, desde logo, pretensão com vista à revisão judicial do negócio por meio da redução do proveito do lesionador ou do complemento do preço". Trata-se da *lesão especial* ou qualificada, terminologia proposta por Antônio Junqueira de Azevedo, por se limitar à exigência de excesso nas vantagens e desvantagens, causada pela premência de necessidade ou inexperiência de uma das partes, ao efetivar o contrato sem cogitar de dolo de aproveitamento da parte beneficiada, ou seja, não há que se indagar da má-fé ou ilicitude da conduta do outro contratante. Consequentemente, a sua sanção será a anulabilidade (arts. 171, II, 178, II), permitindo-se, contudo, a oferta de suplemento idôneo para eliminar a desproporção e aproveitar o negócio (art. 157, § 2º).

Portanto, a *lesão especial* é o prejuízo que uma das partes sofre na conclusão de um negócio, oriundo da desproporção existente entre as prestações dos contraentes, sendo que a outra, ante a premente necessidade ou inexperiência daquela, obtém lucro exorbitante ou desproporcional ao proveito resultante da prestação. A premente necessidade poderia ser como já dissemos até mesmo a de obter recursos ou o fato de se encontrar numa situação inusitada e a inexperiência não se confunde com erro por não advir de desconhecimento ou falso conhecimento de uma realidade. O inexperiente nota a desproporção, mas em razão de falta de experiência de vida, acaba concordando irrefletidamente com ela, sem perceber as consequências prejudiciais que trará, chegando a um resultado que, conscientemente, não desejava. Até mesmo uma pessoa culta pode ser lesada se desconhecer certas circunstâncias que a levam a se envolver. "A lesão acarretará a anulação do negócio jurídico quando verificada, na formação deste, a desproporção manifesta entre as prestações assumidas pelas partes, não se presumindo a premente necessidade ou a inexperiência do lesado" (Enunciado n. 290 do CJF, aprovado na IV Jornada de Direito Civil). Mas, é preciso lembrar que "em razão do profissionalismo com que os empresários devem exercer sua atividade, os contratos empresariais não podem ser anulados pelo vício da lesão fundada na inexperiência" (Enunciado n. 28 do CJF, aprovado na I Jornada de Direito Comercial).

No direito brasileiro, para haver *lesão usurária* (Lei n. 1.521/51), será necessária a ocorrência de requisito: *a*) *Objetivo*, que se configurará pelo lucro, pela desproporção das prestações dos contraentes. No crime contra a economia popular esse requisito seria exceder o quinto do valor corrente ou justo da prestação feita ou prometida; por limitar em demasia a atividade do magistrado, melhor seria que se deixasse tal caracterização à prudência do órgão judicante como o fez o Código Civil. *b*) *Subjetivo*, ou seja, de dolo de aproveitamento, ante estado de premência de necessidade, de dificuldade econômica, de incapacidade patrimonial, para honrar compromisso assumido, de inexperiência, leviandade, ou ignorância alheia, induzindo a vítima a realizar negócio que lhe será prejudicial, mesmo que não se tenha a intenção de lesá-la. A premência de necessidade pode advir da iminência de um dano patrimonial, como urgência de evitar processo falimentar, mas nem sempre está ligada a condições econômico-financeiras, pois poderá dizer respeito à impossibilidade, em razão da situação em que a pessoa se encontra, de evitar a efetivação de um dado contrato. A leviandade, oriunda da falta de experiência, pode ser relativa ao ato de realizar negócio, de cujos efeitos pouco se conhece, sem auxílio de um advogado. Trata-se da afoiteza ou da pressa no fechamento de um negócio ou da falta de reflexão sobre as consequências que poderão advir do ato negocial concluído. A inexperiência pode dizer respeito à falta de vivência negocial, à ausência de conhecimento sobre os caracteres de determinado negócio ou à pouca habilidade relativa à natureza de certo empreendimento. Logo, trata-se, como já dissemos, de inexperiência contratual, não indicando falta de instrução ou de cultura intelectual. Será bastante que haja proveito da posição de inferioridade da vítima, obtendo lucro desproporcional. Com isso está caracterizado o ato do autor da lesão como ilícito, que acarretará a nulidade do contrato lesivo.

O Código Civil, por referir-se à *lesão especial* ou lesão-vício, dispensa, por sua vez, como vimos, a verificação e a prova do dolo da parte que tirou proveito com a lesão, ordenando a anulabilidade do negócio lesionário ou a possibilidade de complementação contratual, bastando, para tanto, que haja prejuízo (desproporção das prestações – *requisito objetivo*), prova da ocorrência do ato em caso de premência de necessidade, leviandade ou por inexperiência (*requisito subjetivo*). "A inexperiência a que se refere o art. 157 não deve necessariamente significar imaturidade ou desconhecimento em relação à prática de negócios jurídicos em geral, podendo ocorrer também quando o lesado, ainda que estipule contratos costumeiramente, não tenha conhecimento específico sobre o negócio em causa" (Enunciado n. 410 do CJF, aprovado na V Jornada de Direito Civil). Daí ser a lesão objetiva, pois, juridicamente, pouco importará o fato de o outro contratante ter, ou não, conhecimento das condições de necessidade ou inexperiência da vítima. Não será preciso comprovação que houve dolo de aproveitamento (intuito de obter vantagem excessiva da situação do lesado) por parte do que tirou proveito. Realmente, pelo Enunciado n. 150 do Conselho da Justiça Federal, aprovado na III Jornada de Direito Civil: "A lesão de que trata o art. 157 do Código Civil não exige dolo de aproveitamento".

Para Caio Mário da Silva Pereira, a lesão é um vício excepcional, situando-se na zona limítrofe dos vícios de consentimento, consistindo no prejuízo que um contratante experimenta em contrato comutativo por não receber do outro valor idêntico à prestação fornecida e no lucro patrimonial excessivo da outra parte, oriundo de premência contratual, decorrente de urgência, de inexperiência negocial (falta de habilidade ou falta de vivência negocial), de leviandade, ou seja, de ato impensado ou desavisado.

Será necessário salientar que tal vício de consentimento vem em socorro daquele contratante que está em situação de inferioridade em contratos comutativos, ou a quaisquer contratos onerosos, inclusive aleatórios, tornando-os anuláveis (CC, art. 171, II); como nos comutativos há presunção de equivalência das prestações parece-nos ser cabível apenas nestes, que inadmissível será a renúncia antecipada da alegação de lesão, para anular o contrato desproporcional, pois tal renúncia também será considerada como um vício, e que a ação judicial movida contra a lesão dentro do prazo decadencial de 4 anos, por aplicação do Código Civil, art. 178, II, terá por escopo a restituição da coisa vendida se for caso de compra e venda, ou de restabelecer a situação no estado anterior, se for possível assim; se impossível ter-se-á a indenização com perdas e danos, evitando-se pedido de complementação ou de redução de preço, apesar de isso não afetar a natureza dessa ação. Se a coisa estiver em poder de terceiro possuidor, este poderá ingressar no processo como assistente (CPC, art. 119) e se tiver de restituir a coisa, de que é detentor, terá obviamente direito a uma indenização, atendendo-se, dessa forma, os princípios que regem a evicção, mas para tanto poderá denunciar a lide ao transmitente (CPC, art. 125, I). Não se admite renúncia posterior ao negócio, se ausentes os fatos lesionários, isto é, se o lesado quiser manter o negócio mesmo que esteja especificado no ato o justo preço.

Como se pode ver, trata-se do conceito de estado de necessidade aplicado na seara contratual, caracterizando-se sempre que alguém, diante de certa situação, for levado a efetivar ato negocial em condições desfavoráveis para evitar dano maior. Todavia, como há, a esse respeito, no Código Civil, duas hipóteses previstas como vícios de consentimento, bastante similares – a *lesão* e o *estado de perigo* –, urge distingui-las por serem atos prejudiciais praticados em estado de necessidade. Na *lesão* haverá desproporção das prestações, causada por estado de necessidade econômica, mesmo não conhecido pelo contraente, que vem a se aproveitar do negócio. O *risco* é *patrimonial*, decorrente da iminência de sofrer algum dano material (falência, ruína negocial etc.). Na base da lesão há, em regra, um sério e grave perigo de natureza patrimonial ou material. No *estado de perigo* haverá temor de iminente e grave dano moral (direto ou indireto) ou material, ou seja, patrimonial indireto à pessoa ou a algum parente seu que compele o declarante a concluir contrato, mediante prestação exorbitante. O lesado é levado a efetivar negócio excessivamente oneroso (elemento objetivo), em virtude de um *risco pessoal* (perigo de vida; lesão à saúde, à integridade física ou psíquica de uma pessoa – próprio contratante ou alguém a ele ligado), que diminui sua capacidade de dispor livre e conscientemente (STJ, REsp 1.361.937, 3ª T., rel. Nancy Andrighi, j. 13-10-2013; TJSP, Ap. 0014944-58.2009.8.26.0562, 34ª Câm. de Dir. Priv., rel. Hélio Nogueira, j. 7-10-2013; TJSP, Ap. 9083703-55-2009.8.26.000, 5ª Câm. de Dir. Priv., rel. Fabio Podestá, j. 17-4-2013). Surge uma dependência entre a situação de perigo provocada e o constrangimento capaz de induzir a vítima a determinar a sua vontade negocial, sem ter plena liberdade e consciência, como diz Rodrigo Toscano de Brito, caracterizando o elemento subjetivo do estado de perigo. Para Teresa Ancona Lopez, o estado de perigo caracteriza-se se o declarante pensar que está em perigo, devendo tal suposição ser do conhecimento da outra parte. Requer existência de grave dano conhecido pela outra parte. Se houver algum risco ignorado pela vítima, o estado de perigo não se configurará. Pelo art. 156 do Código Civil ter-se-á estado de perigo quando alguém, premido pela necessidade de salvar-se, ou pessoa de sua família, de grave dano conhecido pela outra parte, assume obrigação excessivamente onerosa. E, em se tratando de pessoa não pertencente à família do declarante, o juiz decidirá pela ocorrência, ou não, do estado de perigo, segundo as circunstâncias, pois existem relações afetivas tão intensas quanto as oriundas de parentesco (CC, art. 156, parágrafo único), e seu bom-senso (LINDB, art. 5º). A pessoa em estado de perigo assume comportamento que não teria conscientemente. P. ex.: o pai que, tendo seu filho sequestrado, paga vultosa soma de resgate vendendo joias a preço inferior ao do mercado; vítima de assalto que paga enorme soma a quem vier socorrê-la; o doente, em perigo de vida, que paga honorários excessivos para cirurgião atendê-lo; a venda de casa a preço irrisório ou fora do valor mercadológico para pagar cirurgia urgente ou débito de emergência hospitalar; a constituição de garantia cambial ou emissão de cheque para internação hospitalar de parente em risco de vida (CP, art. 135-A e parágrafo único, acrescentado pela Lei n. 12.653/2012); a vítima de acidente automobilístico, de naufrágio ou de incêndio que promete soma de grande vulto ou assume negócio exagerado para que seja logo salvo. Em todos esses casos, os negócios efetivados poderão ser anulados (CC, arts. 156 e parágrafo único, 171, II, e 178, II) no prazo decadencial de 4 anos, contado da sua celebração, desde que a outra parte, aproveitando-se da situação, tenha conhecimento do dano, bastando que o declarante pense que está em perigo, ou que pessoa de sua família o esteja, celebrando contrato desvantajoso. É preciso reequilibrar o ato negocial conforme os padrões mercadológicos ante o princípio do enriquecimento sem causa. Assim, se houver perigo real e a pessoa o ignora ou entenda que não é grave, não se poderá falar em defeito de consentimento, não podendo, então, o declarante pleitear a anulação negocial. Para invalidar contrato, alegando estado de perigo, deverá haver nexo de causalidade entre o temor da vítima e a declaração da outra parte contratante, pois pessoa que, abusando da situação, se vale de terror alheio para assumir negócio excessivamente oneroso, não poderá ser tida como contraente de boa-fé. Há quem sustente como Duranton que, se o beneficiário não participou do fato, o negócio jurídico levado a efeito, em razão do estado de perigo, deverá prevalecer, mas mediante redução do *quantum* exorbitante para evitar enriquecimento sem causa. No estado de perigo o contratante, entre as consequências do grave dano que o ameaça e o pagamento de uma quantia exorbitante, será levado a optar pelo último com a *intentio* de minimizar ou de sanar o mal. Na lesão o contratante, devido a uma necessidade econômica, realizará negócio que só lhe apresentará desvantagens[121]. E pelo art. 171, II, o Código Civil declara anulável o negócio

121. Sílvio de Salvo Venosa, *Direito civil*, cit., v. 1, p. 369-76, 513 a 516; Arnaldo Rizzardo, *Da ineficácia dos atos jurídicos e da lesão no direito*, Rio de Janeiro, Forense, 1983, p. 69; Luiz Alfredo A. Soares Cabral, Do instituto da lesão: aplicabilidade e princípios norteadores, *Direito em debate* (coord. M. H. Diniz), São Paulo, Almedina, 2020, v. 2, p. 273 a 302; Teresa Ancona Lopez, O negócio jurídico concluído em estado de perigo, *Estudos em homenagem ao Professor Silvio Rodrigues*, São Paulo, Saraiva, 1989,

p. 303 a 342; O estado de perigo como defeito do negócio jurídico. *10 anos de vigência*, cit., p. 168-190; Moacyr de Oliveira, Estado de perigo, *Enciclopédia Saraiva do Direito*, 1979, p. 504 e s.; Fernando R. Martins, *Estado de perigo no Código Civil*, São Paulo: Saraiva, 2007; Luiz Alfredo Angélico Soares Cabral, *História do instituto da lesão* (dissertação de mestrado apresentada na PUCSP em 2005); Jorge A. Carranza, *El vicio de lesión en la reforma del Código Civil*, Buenos Aires, Abeledo Perrot, 1969; Pierre Louis-Lucas, *Lesion et contrat*, Paris, 1926; Luis Moisset de Espanes, *La lesión en los actos jurídicos*, Córdoba, 1965; Juan Carlos Molina, *Abuso del derecho, lesión e imprevisión en la reforma del Código Civil*, Buenos Aires, Astrea, 1969; Caio M. da Silva Pereira, *Lesão nos contratos como defeito do ato jurídico*, Rio de Janeiro, Forense, 1957; Hélio Borghi, *A lesão no direito civil*, 1988; Becker, *Teoria geral da lesão nos contratos*, 2000; Wilson de A. Brandão, *Lesão e contrato no direito brasileiro*, 1991; Humberto Theodoro Jr., Lesão e fraude contra credores no Projeto do novo Código Civil brasileiro, *Revista Jurídica, 260*:133-61; Carlos Alberto Bittar Fº, *Da lesão no direito brasileiro atual*, Rio de Janeiro, Renovar, 2002; A lesão contratual no novo Código Civil brasileiro, *Atualidades Jurídicas, 4*:93-104; Gagliano e Pamplona Fº, *Novo Curso*, cit., v. 1, p. 379; Flávio Tartuce, Breves considerações sobre o instituto da lesão (art. 157 do novo Código Civil), *Atualidades Jurídicas, 5*:107-20; Rodrigo Toscano de Brito, Estado de perigo e lesão: entre a previsão de nulidade e a necessidade de equilíbrio das relações contratuais, *Novo Código Civil – questões controvertidas*, São Paulo, Método, 2005, v. 4, p. 55-74; Magali Ribeiro Collega, Da lesão no novo Código Civil brasileiro, *Novo Código Civil – interfaces no ordenamento jurídico brasileiro* (coord. Giselda M. F. Novaes Hironaka), Belo Horizonte, Del Rey, 2004, p. 35-50; Wladimir A. M. F. Cunha, A equivalência material dos contratos e a revisão contratual fundada na lesão no Código Civil de 2002, *Introdução crítica ao Código Civil* (org. Lucas A. Barroso), Rio de Janeiro, Forense, 2006, p. 31-58; Sérgio Iglesias Nunes de Souza, *Lesão nos contratos eletrônicos na sociedade da informação*, São Paulo, Saraiva, 2009; Danilo B. Mendonça, Lesão, *Doutrinas essenciais*, cit., v. II, p. 481-522; Mariana R. Santiago, *Vício de consentimento – o estado de perigo nos contratos*, Curitiba, Juruá, 2012; Antonio Junqueira de Azevedo (*Negócio jurídico e declaração negocial*, cit., p. 204-9) pondera, na p. 208, que: "Teoricamente, no nosso modo de entender, os contratos aleatórios são passíveis de lesão, porque, como é pacífico, a desproporção condenada deve existir *no momento da celebração* do negócio (variando as legislações sobre a exigência de dever, ou não, persistir no momento da ação). Por outro lado, o risco, isto é, a desproporção, assumida como possível pelas partes, nos contratos aleatórios, é *posterior* à celebração. Segue-se que não há impossibilidade de lesão; a desproporção inicial não é a mesma desproporção assumida. Basta refletir sobre o contrato de seguro e imaginar que todas as seguradoras cobrem '10 X', ou valor próximo, para garantir determinados riscos, e uma delas, aproveitando da inexperiência de um segurado, venha a cobrar '100 X', para a mesma finalidade, para se verificar que haveria lesão. Em síntese, pelos termos do art. 4º da Lei n. 1.521, de 1951, também os contratos aleatórios admitem lesão". O Código Civil do Peru, art. 1.447, admite lesão em contrato aleatório. O Código Civil italiano (art. 1.448) e o espanhol (art. 1.293) proíbem expressamente a rescisão de contrato aleatório por lesão.

A CLT, art. 462, §§ 3º a 4º, proíbe-a; trata-se da denominada *truck system*, em que empresas pagam com *vales* para que empregados adquiram mercadorias em seus armazéns. O CDC (arts. 6º, V, 39, V, e 51, IV) já combatia a *lesão consumerista*, em que houvesse desproporção das prestações, prejudicando o consumidor, prescindindo de dolo de aproveitamento por parte do fornecedor. Consulte: Nelson Nery Jr. e outros, *Código Brasileiro de Defesa do Consumidor*, São Paulo, Forense Universitária, p. 402; Stolze e Pamplona Filho, *Novo curso*, cit., p. 373.

Por outro lado, a expressão muitas vezes usada de *desproporção entre prestação e contraprestação* não pode ser entendida de forma a excluir os contratos unilaterais onerosos. Embora estes contratos, literalmente, não tenham contraprestação, sua natureza supõe o sinalagma genético (são onerosos). Seria preferível falar, nos termos do Código Civil português, de *benefícios manifestamente excessivos ou injustificados* (art. 282º).

A desproporção, na nossa lei, está *tarifada* e é bastante pequena, insignificante mesmo, num país de inflação alta permanente; *um quinto* a mais, ou a menos, que o valor justo, pode ser a diferença de preço de um mês, para outro, tornando, pois, a apuração da lesão difícil".

A lesão e o estado de perigo são aspectos da usura real ante a prática que leva o negócio efetivado a causar grande prejuízo a um dos contratantes, trazendo lucros exorbitantes e injustificáveis ao outro. Não se trata, portanto, de usura financeira, caracterizada pela cobrança de juros superiores à taxa legal. Consulte: Código Civil italiano, arts. 1.447 e 1.448; CC francês, arts. 887, 1.118 e 1.306; BGB, art. 138, § 2º; CC espanhol, art. 1.291, I a II; e CC português, art. 282; *RT, 283*:193. No Código de Napoleão a *lesão* se opera quando o valor do dano for igual ou superior a 7/12 do valor do bem. No Brasil e Portugal, pelas Ordenações Afonsinas, Manuelinas e Filipinas, bastava para sua configuração a desproporcionalidade entre o valor e o preço, assim seriam afetados os negócios, p. ex., pela desproporção de mais da metade ou mais de 2/3 do valor do bem. *Vide* Código Civil austríaco, § 934. Sobre lesão: *RJ, 167*:96. A lesão aplica-se a qualquer tipo de contrato (civil, consumerista, bancário etc.) e também a planos de saúde, faturização etc. "Lesão. Cessão de direitos hereditários. Engano. Dolo do cessionário. Vício do consentimento. Distinção entre lesão e vício da manifestação de vontade. Prescrição quadrienal. Caso em que irmãos analfabetos foram induzidos à celebração do negócio jurídico através de maquinações, expedientes astuciosos, engendrados pelo inventariante-cessionário. Manobras insidiosas levaram a engano os irmãos cedentes que não tinham, de qualquer forma, compreensão da desproporção entre o preço e o valor da coisa. Ocorrência de dolo, vício de consentimento. Tratando-se de negócio jurídico anulável, o lapso da prescrição é quadrienal (art. 178, § 9º, inc. V, 'b', do Código Civil – atual art. 206, § 4º, do CC/2002)" (STJ, REsp 107.961/RS, rel. Min. Barros Monteiro, Quarta Turma, j. 13-2-2001, *DJ*, 4-2-2002, p. 364). "Apelação cível. Contratação de mútuo que vem atrelada a contrato de seguro de previdência privada. Constatação de que o segundo contrato foi imposto à mutuária então premida pela necessidade de obtenção do empréstimo. Configuração da chamada venda casada que resultou em prejuízo do consumidor. Invalidade que também se vê tipificada no instituto da lesão que veio a lume no artigo 157 do novo Código Civil. Correto reconhecimento na sentença da invalidade do negócio que foi imposto à autora. Questão puramente patrimonial a afastar a pretendida reparação de dano moral. Desprovimento dos recursos" (TJRJ, Apelação Cível n. 2007.001.05782, rel. Marilene Melo Alves, j. 2-5-2007). "Deve o Estado-juiz permitir que se produza prova pericial destinada a apurar o valor de mercado de imóvel objeto de contrato denunciado pelo preço abusivo e asfixiante das prerrogativas contratuais do comprador, pois faltando esse elemento do contexto probatório, prejudica-se a interpretação da ocorrência inscrita como defeito do negócio jurídico (artigos 5º, XXXV e LV, da Constituição Federal e 130 e 420 do Código de Processo Civil de 1973 – atuais arts. 370 e 464 do Código de Processo Civil de 2015) e, em consequência, o julgamento da ação de rescisão" (TJSP, AgI 287.623-4/2, Moji das Cruzes, 3ª Câmara de Direito Privado, rel. Ênio Santarelli Zuliani, j. 6-5-2003, v.u.). "Contrato. Compra e venda. Imóvel. Cláusula. Lesão. Ocorrência. Negociação do bem por valor exageradamente superior ao de mercado. Onerosidade excessiva. Inexperiência da parte. Intervenção pertinente do Judiciário para o reequilíbrio das obrigações. Redução do preço. Recurso provido para esse fim" (*JTJ, 243*:30).

Segundo o Enunciado n. 148 do Conselho da Justiça Federal, aprovado na III Jornada de Direito Civil: "Ao 'estado de perigo' (art. 156) aplica-se, por analogia, o disposto no § 2º do art. 157".

Sobre *estado de perigo*: "Age com má-fé o nosocômio que condiciona a internação de paciente, em estado grave de saúde, à prévia assinatura de contrato de prestação de serviço pelo acompanhante, que fica obrigado ao pagamento das despesas, nulidade do contrato declarada, e em face do vício de consentimento. Meros dissabores, aborrecimentos, contrariedades, não geram danos morais" (TJMG, Ap. Cível 491776-8, 15ª Câm., j. 5-5-2005). "Civil. Embargos infringentes. Apelação cível. Ação de cobrança. Internação de urgência em hospital da rede particular. Estado de perigo. Inteligência do art. 156 do Código Civil de 2002. Prova. Ausência. Embargos infringentes não providos. O estado de perigo constitui vício que anula negócio jurídico, previsto no art. 156 do Código Civil de 2002. Se a parte alega estado de perigo ao assinar termo de responsabilidade para internação de paciente em unidade hospitalar da rede particular, acarreta para si o ônus de provar que as despesas cobradas são excessivas e que houve abuso por parte do contratado que aproveitou do estado de aflição para obter vantagem exagerada. Ausente a prova de que a obrigação imposta é excessiva, resta o dever de cumprir a obrigação assumida. Embargos infringentes conhecidos e não providos" (TJMG, Proc. n. 1.0024.05.646017-3/003, rel. Desa. Márcia de Paoli Balbino, *DO*, 14-4-2007). "Ação de cobrança. Contrato de prestação de serviço hospitalar. Estado de perigo. Obrigação excessivamente onerosa. A falta de prova de que a obrigação imposta ao réu é excessivamente onerosa descaracteriza o estado de perigo, motivo por que é válido o contrato de prestação de serviços hospitalares firmado entre as partes e persiste o débito que dele decorre" (TJDF, Ac. na Ap. 254.917, rel. Vera Andrighi, *DJ*, 23-11-2006). "Ação de cobrança. Despesas médico-hospitalares. Termo de responsabilidade. Estado de perigo. Prova. Requisitos. Inexistência. Pagamento. Ausência de responsabilidade. Cabimento. Para que haja o estado de perigo, faz-se necessário que estejam presentes: a ameaça de grave dano à própria pessoa ou a pessoa de sua família; a atualidade do dano; onerosidade excessiva da obrigação; a crença do declarante de que realmente se encontra em perigo e o conhecimento do perigo pela outra parte. O termo de autorização e responsabilidade assinado pelo segundo réu não se encontra eivado de estado de perigo, pois não se configurou, *in casu*, o segundo requisito indispensável para a configuração do estado de perigo, qual seja, a assunção de obrigação excessivamente onerosa" (TJMG, Proc. n. 1.0024.05.646017-3/001, rel. Lucas Pereira, *DJ*, 27-7-2006).

BAASP, 2.704: 5.799: "Civil e consumidor. Apelações Cíveis em ação anulatória de ato jurídico cumulada com indenização por danos morais e materiais. Contrato de prestação de serviços médicos e hospitalares. Apelação interposta pela U. N.: proposta de nova cobertura contratual quando o usuário se encontrava em risco de morte. Migração para plano de saúde mais oneroso. Assentimento viciado. Estado de perigo caracterizado no momento da avença. Nulidade do novo pacto que se impõe. Manutenção do *decisum*. Apelo conhecido e desprovido. Apelação de A. L. C.: Dano material e moral. Alteração do instrumento contratual com vício de consentimento (estado de perigo). Não cabimento da devolução do valor pago a maior na mensalidade, em razão da cobertura usufruída pelo apelante. Reparação material não configurada. Inexistência de negativa do atendimento hospitalar (cirurgia para implantação de *stent*). Inocorrência dos pressupostos para o dano moral. Sentença mantida. Conhecimento e desprovimento do Apelo" (TJRN, 3ª Câm. Cível; Ap. Cív. 2009.013928-1, Natal-RN, rel. Des. Saraiva Sobrinho; j. 27-5-2010; v. u.). TJSP – Ap. 0037975-02.2013.8.0002, 28ª Câm. D. Priv., rel. Des. Dimas R. Fonseca, j. 30-5-2016: "Ação declaratória de inexistência de relação jurídica c.c. indenização por dano moral. Prestação de serviços médico-hospitalares. Intempestividade do recurso não verificada.

jurídico por vício da vontade enquanto não ratificado, depois de passado o perigo, sob cuja iminência foi feito. P. ex.: contrato celebrado por alguém ameaçado de perigo iminente, como estado crítico de moléstia grave, operação cirúrgica, naufrágio, inundação, incêndio, acarretando risco de vida, é considerado anulável. Entretanto esse artigo é criticado por permitir a anulação de negócio realizado em estado de perigo, pois, uma vez anulado o ato negocial, o agente deve recorrer à ação de enriquecimento sem causa para obter o pagamento. Eis por que há quem entenda, como Sílvio de Salvo Venosa, que o melhor seria manter o negócio, reduzindo o valor do pagamento ao justo limite, pelo serviço prestado. Contudo, o Código Civil entende que, se o agente valeu-se do pavor incutido à outra parte para efetivar o ato negocial, agiu de má-fé, abusando da situação, portanto, o negócio não pode subsistir. Será aconselhável o prudente arbítrio do órgão judicante ao aplicar o referido artigo ao caso *sub judice*.

São *vícios sociais*:

1) *Simulação* – Como diz Clóvis[122], simulação é a declaração enganosa da vontade, visando a produzir efeito diverso do ostensivamente indicado.

Atendimento emergencial em hospital particular. Apelante que, em caráter voluntário e por compaixão, conduziu vítima ao hospital e assinou termo de responsabilidade de sua internação. Estado de perigo em favor de terceiro que torna sem efeito a obrigação pactuada. Compreensão do parágrafo único do art. 156 do CC. Inscrição em cadastro de devedores que até o pronunciamento judicial configurou exercício regular de direito da apelada e não dá ensejo à indenização por dano moral. Recurso provido em parte".

Vide: CC italiano, art. 1.447; BGB, § 228.

Pelo art. 135-A e parágrafo único do Código Penal, acrescentado pela Lei n. 12.653/2012, o condicionamento de atendimento médico-hospitalar emergencial a qualquer tipo de garantia, cheque-caução, nota promissória ou preenchimento prévio de formulários administrativos constitui crime punido com detenção de 3 meses a 1 ano e multa, sendo que tal pena será aumentada até o dobro se da negativa de atendimento resultar lesão corporal de natureza grave e até o triplo se resultar a morte.

122. Na linguagem comum, "simular" significa fingir o que não é, como diz Francesco Ferrara (*Della simulazione dei negozi giuridici*, 5. ed., Roma, Athenaeum, p. 1), *"fare aparire ciò che non è, dimostrare una cosa che realmente non esiste"*; Clóvis, *Comentários ao Código Civil*, cit., v. 1, p. 380; e *Teoria geral do direito civil*, p. 239; Custódio P. Ubaldino Miranda, *A simulação no direito civil*, São Paulo, 1980; Autonomia e natureza jurídica do acordo simulatório na simulação nos negócios jurídicos, *Revista do IASP*, *23*:65 a 72; Heleno T. Torres, Teoria da simulação de atos e negócios jurídicos, *Doutrinas essenciais*, cit., v. II, p. 547-610; Lino de M. Leme, Negócio simulado, *Doutrinas essenciais*, cit., v. II, p. 663-68; *RT*, *697*:93, *703*:149, *829*:367; *RJTJSP*, *131*:65, *154*:196; *RJ*, *104*:165, *160*:161.

Procura-se com a simulação iludir alguém por meio de uma falsa aparência que encobre a verdadeira feição do negócio jurídico. Caracteriza-se, como diz Washington de Barros Monteiro[123], pelo "intencional desacordo entre a vontade interna e a declarada, no sentido de criar, aparentemente, um negócio jurídico, que, de fato, não existe, ou então oculta, sob determinada aparência, o negócio realmente querido".

Na simulação a vontade se conforma com a intenção das partes que combinam entre si no sentido de manifestá-la de determinado modo, com o escopo de prejudicar terceiro que ignora o fato[124].

Assim a simulação apresenta os seguintes *caracteres*[125]:

a) é uma falsa declaração bilateral da vontade;

b) a vontade exteriorizada diverge da interna ou real, não correspondendo à intenção das partes;

c) é sempre concertada com a outra parte, sendo, portanto, intencional o desacordo entre a vontade interna e a declarada;

d) é feita no sentido de iludir terceiro.

Não há que confundir a *simulação* com a *dissimulação*. A simulação absoluta provoca falsa crença num estado não real, quer enganar sobre a existência de uma situação não verdadeira, tornando nulo o negócio (CC, art. 167, 1ª parte) e acarretando sua imprescritibilidade. Procura, portanto, aparentar o que não existe. A dissimulação (simulação relativa) oculta ao conhecimento de outrem uma situação existente, pretendendo, portanto, incutir no espírito de alguém a inexistência de uma situação real[126] e no negócio jurídico subsistirá o que se dissimulou se válido for na substância e na forma (CC, art. 167, 2ª parte). Por exemplo: se A vender a B um imóvel por 200 mil, declarando na escritura pública que o fizeram por 150 mil, apesar de a falsidade dessa declaração lesar o Fisco, que vem a conseguir a decretação judicial da nulidade, a compra e venda entre A e B subsistirá,

---

Sobre evolução da simulação na jurisprudência do STF a *Revista Consultor Jurídico* (maio de 2022) apontou as decisões contidas nos: REsp. 1.501.640 (3ª T.); REsp. 1.076.571 (4ª T.); REsp. 1.582.388 (1ª T.); AgInt no REsp. 1.388.527 (3ª T.); REsp. 1.927.496 (3ª T.); AgInt no REsp. 1.577.349 (3ª T.); EDcl no AgRg no Ag. 1.268.297 (3ª T.); Ag. Int. REsp. 1.577.931 (3ª T.); REsp. 1.004.429 (3ª T.); REsp. 999.921 (4ª T.); REsp. 1.679.501 (3ª T.).

123. W. Barros Monteiro, op. cit., v. 1, p. 217; *RT, 508*:65.

124. Silvio Rodrigues, *Dos defeitos,* cit., p. 9; Homero Prates, *Atos simulados e atos em fraude da lei*, 1958.

125. W. Barros Monteiro, op. cit., v. 1, p. 218.

126. Ferrara, *A simulação nos negócios jurídicos,* São Paulo, Saraiva, 1939, p. 160.

por ser válida na substância (ambos os contratantes podiam efetuar ato negocial, que servirá como título para a transferência da propriedade imobiliária se levado a registro) e na forma (por ter sido atendido o requisito formal de sua efetivação por escritura pública). Na escritura pública lavrada por valor inferior ao real, anula-se o valor aparente, subsistindo o real.

A *reserva mental* (isto é, a emissão de uma intencional declaração não querida em seu conteúdo, tampouco em seu resultado, pois o declarante tem por único objetivo enganar o declaratário; p. ex., no ato de emprestar dinheiro a alguém desesperado que pretende suicidar-se, não se tem por escopo efetivar contrato de mútuo, mas sim ajudar aquela pessoa, enganando-a) também não se confunde com a *simulação,* embora ambas tenham um ponto em comum: declarar coisa que não se pretende, com o intuito de enganar. Na reserva mental (ou restrição mental) o agente quer algo e declara, conscientemente, coisa diferente para, eventualmente, poder alegar o erro em seu proveito, enganando o outro contratante, sendo ineficaz, por não atingir a validade do negócio jurídico. Na celebração negocial, há declaração de vontade que não é a real, o verdadeiro objetivo do declarante é ignorado pelo declaratário. Na reserva mental pode haver ou não prejuízo; o importante é a intenção de enganar. O nosso Código Civil cuida da reserva mental, incluindo-a em seu art. 110, ao prescrever: "A manifestação de vontade subsiste ainda que o seu autor haja feito reserva mental de não querer o que manifestou, salvo se dela o destinatário tinha conhecimento". Logo, se *conhecida da outra parte,* não torna nula a declaração da vontade, esta inexiste, e, consequentemente, não se formou o ato negocial, uma vez que não havia *intentio* de criar direito, mas apenas iludir o declaratário. Se for *desconhecida pelo destinatário* subsistirá o ato, protegendo-se, assim, o contratante de boa-fé (CC, art. 422), cumprindo-se a obrigação assumida, como se o declarante tivesse tido a intenção de vincular-se, visto que ninguém poderá tirar proveito da própria malícia. Na simulação o enganado é sempre terceiro, acarretando invalidação do negócio, pelo menos entre as partes[127] (TJSP, *ADCOAS,* n. 84544, 1982).

---

127. Ferrer Correia, *Erro e interpretação na teoria do negócio jurídico,* São Paulo, Saraiva, 1939, cap. 1, p. 60; Genny Ramalho Pinto Sganzerla, *Simulação,* trabalho apresentado no Curso de Pós-Graduação da PUCSP, 1980, p. 7; Nelson Nery Junior, *Vícios do ato jurídico e reserva mental,* São Paulo, Revista dos Tribunais, 1983; Scuto, Riserva mentale, in *Novissimo Digesto Italiano,* Torino, UTET, 1969, v. 16, p. 111; Moacyr de Oliveira, Reserva mental, in *Enciclopédia Saraiva do Direito,* v. 65, p. 266 e s.; Manuel Augusto Domingues de Andrade, *Teoria da relação jurídica,* Coimbra, 1974, v. 2, p. 150, nota 1; Antônio Junqueira de Azevedo, *Negócio jurídico e declaração negocial,* cit., p. 166-8; Vogel, *Mentalreservation und Simulation,* 1900; Walter Wette, *Mentalreservation, Simulation und'agere in fraudem legis,* 1900; Rui de Alarcão, Reserva mental e declarações não sérias, *BMJ, 86*:255; Mário Benhame, Comentários ao Código Civil (coord. Ca-

Na reserva mental alguém faz uma declaração negocial, reservando para si sua real vontade. Essa vontade reservada não acarretará quaisquer efeitos, ao passo que a vontade declarada prevalecerá produzindo consequências jurídicas. A reserva mental poderá ser *inocente*, se se pretender enganar apenas, e *fraudulenta*, se, além de enganar, houver intenção de prejudicar. Dá-se prevalência à vontade interna quando não prejudicar a boa-fé de terceiros.

Na reserva mental não há, portanto, coincidência entre a declaração externa e a vontade interna do agente, em relação a um negócio. A reserva mental só macula o ato, impedindo seus efeitos, se o destinatário tinha ciência daquela divergência, lesiva patrimonial ou moralmente ao declaratário, aproveitando-se da situação.

É mister trazer a lume as lições de Nelson Nery Junior, que cuida magistralmente da *reserva mental*. Ensina esse professor que a reserva mental apresenta dois elementos constitutivos: a declaração não querida em seu conteúdo e o propósito de enganar o declaratário ou mesmo terceiro, alheio ao ato negocial, embora esta última hipótese seja rara. Ter-se-á reserva mental inocente quando não há a intenção de prejudicar, daí ser irrelevante para o direito, não sendo equiparável nos efeitos à simulação, sendo cabível apenas a ação declaratória da existência da relação jurídica, se presentes os requisitos exigidos para propor tal ação.

---

millo, Talavera, Fujita e Scavone Jr.), São Paulo, Revista dos Tribunais, 2006, p. 222); Stolze e Pamplona Filho (*Novo curso*, p. 385) apresentam o seguinte exemplo de reserva mental: autor promete que doará, numa sessão de autógrafos, seus direitos autorais a uma instituição. É preciso salientar, ainda, que *reticência* não é sinônimo de reserva mental. A reticência é a abstenção com o objetivo de provocar um erro do outro contraente, sobre alguma circunstância do ato negocial, sendo por isso designada por Alberto Trabucchi de dolo negativo. Não se confunde a reserva mental com o *lapsus linguae vel calami*, que consiste na troca de palavras por quem exprime a vontade em certo ato negocial. P. ex., se o declarante confundir usufruto com fideicomisso. Ensina-nos Mario Allara que o *lapsus linguae vel calami* é uma hipótese de divergência entre a declaração e a vontade do conteúdo material da declaração. Não é intencional, ao passo que na reserva mental há intuito de enganar o declaratário (*La teoria generale del contratto*, Torino, Giappichelli, 1955, p. 89). Na reserva mental há convicção do declarante de que o declaratário ignora a mentira. A reserva mental inocente é a que se opera sem *intentio* de causar dano, a fraudulenta requer ânimo de lesar.

No Código Civil alemão, § 116: não é nula uma declaração de vontade simplesmente porque a pessoa, de quem ela emana, tenha entendido, por meio de reserva mental, não querer aquilo que declarou. Em se tratando, porém, de declaração que deva ser dirigida a outrem, é nula, se este teve conhecimento da reserva mental do declarante.

No Código Civil português, artigo 244: 1) há reserva mental, sempre que é emitida uma declaração contrária à vontade real com o intuito de enganar o declaratário; 2) a reserva não prejudica a validade da declaração, exceto se for conhecida do declaratário; neste caso, a reserva tem os efeitos da simulação.

Será ilícita a reserva mental se o declarante tiver intuito de prejudicar. Será absoluta, se o declarante nada pretende, p. ex., se ele declara vender o imóvel, quando, na verdade, não objetiva realizar nenhum outro contrato. Será relativa se o declarante pretender algo diverso do que declarou, p. ex., se diz que está doando, quando na realidade pretende realizar compra e venda. Será unilateral se somente um dos contraentes manifestar vontade contrária ao seu querer e bilateral se ambos os contratantes expressarem suas vontades em desacordo com a real intenção, com a finalidade de enganarem-se reciprocamente. A reserva mental desconhecida do declaratário apresenta-se como divergência intencional entre a vontade interna e a declarada; de total irrelevância para o direito é o que ficou no íntimo do declarante, pois o que importa é a vontade declarada, dando-se assim maior segurança à relação jurídica, protegendo-se terceiro de boa-fé. A *reserva mental ilícita conhecida do declaratário* é *vício social* do negócio, ensejando sua nulidade, e, como há uma aparência de vontade ou declaração sem vontade, deve prevalecer a vontade real sobre a declarada, equiparando-se, aos efeitos, à simulação; acarreta a nulidade do ato negocial, porque a simulação enseja que o negócio seja nulo (CC, art. 167). Terão legitimidade ativa, na ação de nulidade por reserva mental ilícita conhecida, apenas os terceiros prejudicados pelo negócio. É preciso esclarecer que o conhecimento da reserva mental que acarreta invalidação somente pode ser admissível até o momento da consumação do ato negocial, pois, se o declaratário comunicar ao reservante, antes da efetivação do negócio, que conhece a reserva, não haverá esta figura, que tem por escopo enganar o declaratário. O Código Civil, por dar à simulação o tratamento de nulidade, atingirá a reserva mental ilícita conhecida, que passará a ser causa de nulidade do ato negocial, de modo que o interessado terá que fazer uso da ação declaratória negativa. Ser-lhe-á impossível ajuizar a positiva, para que se declare existir a relação jurídica, porque, se a reserva mental ilícita conhecida do declaratário acarreta a nulidade do negócio, o órgão judicante a decretará *ex officio,* extinguindo o processo sem julgar o mérito. Na ação declaratória negativa, o juiz declarará a inexistência da relação jurídica, e sua decisão terá efeitos *ex tunc,* retroagindo à data da realização do negócio viciado. Sendo assim, não haverá que se falar em decadência ou em prescrição dessa ação no Código Civil, pois o interessado sempre poderá ajuizá-la. Quanto às demais modalidades de reserva mental, por serem irrelevantes, o tratamento será o mesmo, continuará cabendo a ação declaratória positiva.

José Belleza dos Santos[128] esclarece-nos que a *simulação* caracteriza-se pela falta de conformidade intencional entre a vontade real e a declarada, com o

---

128. José Belleza dos Santos, *A simulação em direito civil,* Lael, 1955, p. 100 e 101.

intuito de enganar terceiros, e a *fraude à lei* por uma violação indireta da lei, não no seu conteúdo literal, mas em seu espírito, conseguindo-se o fim proibido pela norma jurídica por um caminho indireto[129]. Para Ferrara[130], o negócio simulado é fictício, não querido, não sendo meio de iludir a lei, mas de ocultar sua violação, e o negócio *in fraudem,* real e realizado com o escopo de obter um resultado proibido. P. ex.: é o caso de fraude o fato de os consortes se separarem ou se divorciarem, continuando a vida em comum, deixando o ex-marido, na partilha, todos os bens para a mulher, para que possa lançar-se em negócios que colocariam em risco seu patrimônio. Já Belleza dos Santos[131] contesta essa distinção absoluta entre a simulação e a fraude, pretendida por Ferrara, ao escrever que tal distinção "perde toda a sua razão de ser desde que a fraude à lei não constitui, como realmente acontece, uma situação que tenha uma configuração própria absolutamente diferenciada dos atos *contra legem.* Desde que a *fraus legis* não é senão uma modalidade da violação da lei, menos aparente, mais disfarçada, mas sempre uma infração da norma imperativa, desaparece essa diferenciação rigorosa, essa antítese que Ferrara quer encontrar entre a fraude à lei e a simulação, que oculta uma violação da norma legal. Neste último caso há também uma infração da lei menos aparente, porque se manifesta exteriormente um respeito à lei que na realidade não se tem, o que caracteriza a fraude à lei". Assim a fraude à lei pode realizar-se por meio de atos simulados, com que se oculta uma violação da lei ou sem que haja simulação. A esse respeito Serpa Lopes[132] observa que "toda vez que a simulação atua como um meio fraudatório à lei, visando a vulneração de uma norma cogente, deixa de preponderar a ideia de simulação para dar lugar à fraude à lei, pela violação da norma de ordem pública. Por outro lado, quando não ocorrer essa hipótese, ou seja, quando não houver qualquer atentado a uma norma de ordem pública, preponderam os princípios inerentes à simulação".

O *negócio simulado* também não deve ser confundido com o *negócio fiduciário,* que é um negócio indireto, uma vez que neste as partes têm por objetivo conseguir determinado efeito prático, sendo, portanto, um negócio existente, embora os contratantes dele se sirvam para finalidade econômica diversa (p. ex., garantia de mútuo), não havendo divergência entre a vontade real e a declarada com o intuito de prejudicar terceiros. Há transmissão válida de um direito real ou de um crédito, que se destina a outros fins, obrigando-se o

---

129. Ferrara, op. cit., p. 93.
130. Ferrara, op. cit., p. 93.
131. Belleza dos Santos, op. cit., p. 101.
132. Serpa Lopes, op. cit., v. 1, p. 451 e 452.

que o recebeu a transferi-lo a terceiro, uma vez alcançado o objetivo, em conformidade com o pactuado. P. ex.: faz-se a cessão de um crédito não para que o cessionário se utilize dele em proveito próprio, mas para que o receba entregando-o ao cedente, ou para assegurar o pagamento de outro crédito de que o cedente seja devedor ou cessionário. O negócio simulado é contrato fingido, havendo desavença entre a vontade interna e a declarada com o objetivo de enganar terceiro[133], sendo, portanto, nulo (CC, arts. 166, VII, e 167, *caput*). O prejudicado poderá entrar com ação de nulidade a qualquer tempo, por ser esta imprescritível (CC, art. 168). O negócio indireto é meio para atingir objetivo próprio de outro negócio, e não para enganar terceiro.

A simulação (de acordo com o CC, art. 167, §§ 1º, I, II e III, e 2º) pode ser:

1º) *Absoluta,* quando a declaração enganosa da vontade exprime um negócio jurídico bilateral ou unilateral, não havendo intenção de realizar negócio algum (*RT, 117*:101). Há um acordo simulatório em que as partes pretendem que o negócio não produza nenhum efeito, ou melhor, não tenha qualquer eficácia jurídica. Fingem uma relação jurídica que na realidade não existe[134]. Tal negócio é nulo e insuscetível de convalidação (CC, art. 169). O negócio jurídico nulo não poderá ser confirmado, nem se convalescerá pelo decurso do tempo (*RSTJ, 136*:233), com exceção do caso do art. 1.859, pelo qual o testamento nulo se convalidará se não se pleitear sua invalidação dentro do prazo decadencial de cinco anos, computado do seu registro. A declaração da nulidade absoluta tem eficácia *ex tunc*. E, "sendo a simulação uma causa de nulidade do negócio jurídico, pode ser alegada por uma das partes contra a outra" (Enunciado n. 294 do CJF, aprovado na IV Jornada de Direito Civil).

Por exemplo o caso: *a*) do proprietário de uma casa alugada que, com a intenção de facilitar a ação de despejo contra seu inquilino, finge vendê-la a terceiro que, residindo em imóvel alheio, terá maior possibilidade de vencer a referida demanda (*RT, 177*:250, *439*:92); *b*) da emissão de títulos de crédito, que não representam qualquer negócio, feita pelo marido, em favor de amigo, antes da separação ou do divórcio para prejudicar a mulher na partilha de bens (*RT, 255*:451, *307*:376, *441*:276, *317*:155 e *179*:844); *c*) da alegação de uma situação patrimonial inexistente, quando, p. ex., o proprietário de uma pedreira que explodiu, causando graves prejuízos a terceiros,

---

133. Belleza dos Santos, op. cit., p. 103 e 131; Ferrara, op. cit., p. 76; *RT, 440*:87.

134. Caio M. S. Pereira, op. cit., v. 1, p. 461; Serpa Lopes, op. cit., v. 1, p. 448; Belleza dos Santos, op. cit., n. 10; Ferrara, op. cit., n. 2; TJSP, AI 2007. 988-87.2013.8.26.000, rel. Walter Barone, 7ª Câm. de Dir. Priv., j. 11-12-2013.

declara que é devedor de enormes quantias a um amigo seu, a quem dá garantia real, com a finalidade de, mediante a preferência concedida, ilidir a execução que lhe seria movida pelas vítimas do referido acidente (*RF, 40*:546); *d*) do devedor que finge vender seus bens para evitar a penhora; *e*) da pessoa que, ante o incessante pedido de parentes para que venha a prestar fiança ou aval, passa, para pôr fim àquele "assédio", seus bens para um amigo, fazendo com que não haja, em seu nome, lastro patrimonial, tornando-lhe impossível a prestação de qualquer garantia real ou fidejussória[135].

2º) *Relativa,* quando resulta no intencional desacordo entre a vontade interna e a declarada; dá-se quando uma pessoa, sob a aparência de um negócio fictício (simulado ou aparente), pretende realizar outro que é o verdadeiro (real ou dissimulado), diverso, no todo ou em parte, do primeiro. É uma deformação voluntária para se subtrair à disciplina normal do negócio jurídico prevista em norma jurídica, com o escopo de prejudicar terceiro (*RT, 231*:196). Há, pois, nessa espécie de simulação, dois contratos, um aparente (simulado) e um real (dissimulado), sendo este o que é verdadeiramente querido pelas partes e, por conseguinte, o que se oculta de terceiros[136].

Como o art. 167 do Código Civil, 2ª parte, diz que o negócio jurídico simulado subsistirá, ante o princípio da conservação dos negócios jurídicos, no que se dissimulou, se válido for na substância e na forma, há quem entenda que não há mais a distinção entre simulação relativa e absoluta. Nula será a absoluta e valerá o negócio na relativa, apenas se válido for na substância e na forma. O Enunciado n. 153 do Conselho da Justiça Federal, aprovado na III Jornada de Direito Civil, assim reza: "Na simulação relativa, o negócio simulado (aparente) é nulo, mas o dissimulado será válido se não ofender a lei nem causar prejuízos a terceiros". E, o Enunciado n. 293 do Conselho da Justiça Federal, aprovado na IV Jornada de Direito Civil, esclarece que: "Na simulação relativa, o aproveitamento do negócio jurídico dissimulado não decorre tão somente do afastamento do negócio jurídico si-

---

135. Silvio Rodrigues, *Direito civil,* cit., v. 1, p. 245; Butera, *Della simulazione nei negozi giuridici,* Torino, 1936; Hector Camara, *Simulación en los actos jurídicos,* Buenos Aires, 1944; Pontes de Miranda, *Tratado de direito privado,* 1954, v. 1, n. 8; M. Helena Diniz, Simulação absoluta, in *Enciclopédia Saraiva do Direito,* v. 69, p. 106 e s.; Nicola Distaso, *La simulazione dei negozi giuridici,* 1960; Raymond Garnier, *De l'interposition de personnes dans les libéralités,* 1902; Giovanni Furginele, *Della simulazione di efetti negoziali,* 1992; Jorge Mosset Iturraspe, *Negocios simulados, fraudulentos y fiduciarios,* 1975, v. 1 e 2; Luis Muñoz Sabaté, *La prueba de la simulación,* 1980; Michel Dagot, *La simulation en droit privé,* 1967; Humberto Theodoro Jr., *Comentários,* cit., v. III, t. 1, p. 481 e 482. *Vide*: *RT, 829*:367.

136. Messineo, *Dottrina generale del contratto,* p. 303.

mulado, mas do necessário preenchimento de todos os requisitos substanciais e formais de validade daquele".

O negócio simulado tem por escopo encobrir outro de natureza diversa, uma vez que o agente ao declarar sua vontade visa à produção de efeito jurídico, embora muito diferente do que resultaria do negócio por ele praticado. A esse respeito expressivas são as palavras de Pontes de Miranda: "Quer-se o que não aparece e não se quer o que aparece"[137].

A simulação relativa pode ser:

a) *Subjetiva* ou *ad personam*, se a parte contratante não for o indivíduo que tirar proveito do negócio. Esse sujeito aparente é designado como testa de ferro, presta-nome ou homem de palha. O negócio não é efetuado pelas próprias partes, mas por uma pessoa interposta ficticiamente. Humberto Theodoro Jr., baseado em Francesco Galgano, pondera: "Consiste, pois, esse tipo de simulação na *interposição* fictícia de pessoa no negócio verdadeiro, de sorte que, no contrato, aparece pessoa, a *interposta*, que é diversa da contratante real, a *interponente*"[138]. Ou melhor, quando o negócio aparenta conferir ou transmitir direitos a pessoa diversa a quem se confere ou se transmite (CC, art. 167, § 1º, I). P. ex.: é o que sucede na venda realizada a um terceiro para que ele transmita a coisa a um descendente do alienante, a quem se tem a intenção de transferi-la desde o início[139]; porém tal simulação só se efetivará quando se completar com a transmissão dos bens ao real adquirente (*RT, 156*:733, *608*:72). Burla-se, dessa forma, o disposto no art. 496 do Código Civil, que estatui: "É anulável a venda de ascendente a descendente, salvo se os outros descendentes e o cônjuge do alienante expressamente houverem consentido", com o intuito de evitar que, sob o calor de venda, se façam doações, prejudicando a igualdade das legítimas[140]. Os des-

---

137. Pontes de Miranda, *Tratado de direito privado*, v. 1, n. 8, p. 53; De Page, op. cit., v. 2, 1ª parte, n. 617 e s.

138. Orlando Gomes, op. cit., p. 424; Humberto Theodoro Jr., *Comentários*, cit., v. III, t. 1, p. 492. Na interposição de pessoa, o testa de ferro age por conta de outrem e não em nome de outrem. Realiza negócio sem revelar o nome daquele por quem atua, e os efeitos do negócio celebrado recaem sobre seu patrimônio. O negócio por interposição de pessoa é precedido por contrato que possa permitir ao interessado oculto receber por transmissão de direitos as vantagens do avençado. É a lição de Nelson Nery Junior e Rosa Mª A. Nery, *Novo Código Civil e legislação extravagante anotados*, São Paulo, Revista dos Tribunais, 2002, p. 64.

139. Caio M. S. Pereira, op. cit., v. 1, p. 461.

140. Clóvis, *Comentários ao Código Civil*, v. 4, p. 245. *Vide*: *RT*, *387*:302, *382*:124, *443*:221

cendentes prejudicados (CC, art. 168) poderão requerer a nulidade do negócio se a alienação, no exemplo acima, não foi realizada diretamente pelo ascendente ao descendente, porém por intermédio de pessoa interposta.

b) *Objetiva,* se a simulação for relativa à natureza do negócio pretendido, ao objeto ou a um dos elementos contratuais. Será objetiva se o negócio contiver declaração, confissão, condição ou cláusula não verdadeira (CC, art. 167, § 1º, II). É o que se dá, respectivamente, com a doação de cônjuge adúltero ao seu cúmplice, efetivada mediante *compra e venda,* em virtude de prévio ajuste entre doador e beneficiário, em detrimento do cônjuge e herdeiros do doador, contrariando, assim, o art. 550 do Código Civil[141], e com a hipótese de que as partes na escritura de compra e venda declaram preço inferior ao convencionado, com a intenção de burlar o Fisco, pagando menos imposto (*RT, 170*:226). Se a doação fosse feita diretamente ao cúmplice do doador adúltero, seria anulada pelo outro cônjuge ou por seus herdeiros necessários, até dois anos depois de dissolvida a sociedade conjugal (CC, art. 550). Mas como foi encoberta tal liberalidade, simulando compra e venda, esta é suscetível de nulidade (CC, art. 167). Sendo a simulação, neste caso, parcial, por subsistir o negócio, fica ressalvada à Fazenda a percepção dos respectivos direitos fiscais[142], e com a hipótese de que as partes colocam, no instrumento particular, a antedata ou a pós-data, constante no documento, não aquela em que o mesmo foi assinado, revela uma simulação, pois a falsa data indica intenção discordante da verdade (CC, art. 167, § 1º, III). Atualmente, são raras as antedatas, devido à exigência da autenticação pelo reconhecimento da firma ou pela inscrição do documento no Registro de Títulos e Documentos, necessária com relação a terceiros. Quando se tratar de instrumento público, a fixação da data é competência do oficial público, cuja declaração merece fé; logo, se a data constante do documento não for verdadeira, ter-se-á não só grave falta funcional, mas também crime de responsabilidade do funcionário[143].

---

e 320, *446*:98 e *414*:138; STF, Súmula 494. O STJ (*EJSTJ, 5*:86) já decidiu que "não há impedimento a que alienado bem a terceiro, venha o mesmo bem a ser adquirido por descendente do alienante, mais de sete anos após, sem prova de que o negócio fora simulado". E o STF (*RT, 561*:259), por sua vez, entendeu que não haverá ofensa à lei se descendente readquirir, *sem fraude,* bem alienado legitimamente pelo pai a terceiro. Tais decisões são anteriores ao novel Código Civil.

141. Orlando Gomes, op. cit., p. 425; *RT, 556*:203; *RJTJSP, 106*:82.

142. W. Barros Monteiro, op. cit., v. 1, p. 220.

143. W. Barros Monteiro, op. cit., v. 1, p. 221; M. Helena Diniz, Simulação relativa, in

3º) *Inocente,* quando não existir intenção de violar a lei ou de lesar outrem, devendo ser, por isso, tolerada (*RJTJSP, 131*:65; *RT, 381*:86, *527*:71, *720*:35). P. ex.: a situação em que o *de cujus* antes de falecer, sem herdeiros necessários, simula venda aparente a terceira pessoa a quem pretende deixar um legado. O mesmo ocorre com o chamado "Fica", documento de largo uso no Mato Grosso do Sul, em que uma das partes recebe dinheiro e declara ter recebido gado, que se obriga a devolver (*RT, 235*:556)[144]. Apresenta os seguintes elementos: intencional declaração contrastante com a vontade real das partes; ocultação do negócio real a terceiros e ausência de prejuízo a terceiros ou de violação da lei[145]. Os contraentes poderão usar da ação declaratória de simulação ou opô-la sob a forma de exceção, em litígio de um contra o outro, ou contra terceiro (*RT, 527*:71). Dela tratava, expressamente, o art. 103 do Código Civil de 1916. Pelo Enunciado n. 152 do Conselho de Justiça Federal, aprovado na III Jornada de Direito Civil: "Toda simulação, inclusive a inocente, é invalidante". Sem embargo, parece-nos que a *simulação inocente,* como já dissemos, ante ausência de *animus* de violação legal ou de prejudicar alguém, deveria ser suscetível de tolerância.

4º) *Maliciosa* é a que envolve o propósito de prejudicar terceiros ou de burlar o comando legal, viciando o ato, que perderá a validade, sendo nulo. Os contratantes nada poderão alegar ou requerer em juízo quanto à simulação do negócio, em litígio de um contra o outro, ou contra terceiro (era prevista no art. 104 do CC de 1916).

Observa Mário Benhame que o Código Civil vigente, ao suprimir o disposto nos arts. 103 e 104 do revogado *Codex,* não aboliu os preceitos e seus efeitos, mas apenas reconheceu seu caráter processual, deixando sua disciplina para o Código de Processo Civil de 1973, art. 129, atual art. 142 do Código de 2015, que assim prescreve: "Convencendo-se, pelas circunstâncias, de que autor e réu se serviram do processo para praticar ato simulado ou

---

Enciclopédia Saraiva do Direito, v. 69, p. 113 e s.; Sílvio de Salvo Venosa (op. cit., p. 342 e 343) observa que, nas modalidades do art. 167, § 1º, I e II, do Código Civil, podem ocorrer as duas formas de simulação: relativa e absoluta, mas na hipótese contemplada no inc. III só pode haver simulação relativa. A simulação relativa dá-se: por interposição de pessoa, por ocultação da verdade na declaração e por falsidade de data.

144. W. Barros Monteiro, op. cit., v. 1, p. 222. *Vide*: CPC, art. 129; Mário Benhame, *Comentários*, cit., p. 253.

145. Vicente Ráo, *Ato jurídico,* cit., São Paulo, Saraiva, p. 213.

conseguir fim vedado por lei, o juiz proferirá decisão que impeça os objetivos das partes, aplicando, de ofício, as penalidades de litigância de má-fé".

Estabelece o art. 168 e parágrafo único do Código Civil que as nulidades do art. 167 podem ser alegadas por qualquer interessado, ou pelo Ministério Público, quando lhe couber intervir. E devem ser pronunciadas pelo juiz, quando conhecer do negócio jurídico ou dos seus efeitos e as encontrar provadas, não lhe sendo permitido supri-las, ainda que a requerimento das partes. Se não houver interessados em invalidar o ato negocial, os simuladores terão que sofrer o resultado de sua ação, pois não poderão argui-la em litígio de um contra o outro ou contra terceiro[146] (*RT*, *337*:323, *383*:99, *415*:358, *526*:81), visto que não se podem valer da própria malícia para tornar nulo negócio simulado, mas será possível o Ministério Público demandar sua nulidade e a mesma poderá ser decretada *ex officio* pelo juiz.

A prova da simulação é difícil, pois se deve demonstrar que há um negócio aparente, que esconde ou não outro ato negocial, por isso o Código de Processo Civil, nos arts. 369 e 375, dá, implicitamente, ao magistrado o poder de valer-se dos indícios e presunções para pesquisar a simulação. Ensina-nos Sílvio de Salvo Venosa que são indícios reveladores de simulação: o preço vil dado em pagamento para coisa valiosa; a amizade íntima ou o parentesco entre os contraentes; a falta de possibilidade financeira do adquirente, comprovada pela requisição de cópia de sua declaração de imposto de renda; o fato de o adquirente não ter declarado na relação de bens, para imposto de renda, a coisa adquirida; a não transferência de numerário mencionado no ato negocial nas contas bancárias dos participantes; a continuação do alienante na posse da coisa alienada; o fato de o adquirente não conhecer a coisa adquirida; a relação de dependência hierárquica, empregatícia ou moral entre os simuladores; os antecedentes e a personalidade do simulador etc.

Como se pôde ver o Código Civil alterou, substancialmente, o enfoque desse instituto, sem, contudo, desnaturar seus fundamentos básicos, ao retirar a simulação do capítulo alusivo aos defeitos do ato negocial, incluindo-a no atinente à invalidade do negócio por entender que é causa de nulidade e não de anulabilidade, como pretendia o Código Civil de 1916. Deveras, como já apontamos, reza, no art. 167, que "é nulo o negócio jurídico simulado, mas subsistirá

146. W. Barros Monteiro, op. cit., v. 1, p. 222; Sílvio de Salvo Venosa, op. cit., p. 338-52; Matiello, *Código*, cit., p. 136. A fraude à lei diferencia-se da simulação: *RT*, *721*:147.

o que se dissimulou, se válido for na substância e na forma". Assim sendo, a simulação acarretará nulidade do negócio simulado. Mas, em caso de simulação relativa, o negócio dissimulado poderá subsistir se for válido na substância e na forma. E, além disso, não mais distingue, o Código Civil, a simulação inocente e maliciosa, porque ambas produzem o mesmo resultado, que é a nulidade do negócio simulado e a subsistência do dissimulado. Pelo Código caiu por terra o art. 104 do Código Civil de 1916, que dizia que em caso de intenção de prejudicar a terceiros, ou infringir preceito legal, nada poderão alegar, ou requerer, os contraentes em juízo quanto à simulação do negócio, em litígio de um contra o outro, ou contra terceiros, pois os simuladores poderão alegar simulação um contra o outro.

Ressalva, ainda, o Código Civil, no art. 167, § 2º, os direitos de terceiros de boa-fé em face dos contraentes do negócio jurídico simulado. Terceiros de boa-fé deverão ter resguardados seus direitos; ato negocial simulado não poderá atingi-los. Logo, aqueles terceiros poderão conservar efeito daquele negócio, que lhes for proveitoso, mesmo que prejudicial aos contratantes, simuladores, que, então, deverão arcar com o risco de sofrer o dano advindo de seu ato de má-fé, nocivo àqueles terceiros. Somente terceiros de boa-fé poderão, então, pleitear a nulidade do ato simulado, se isso lhes for conveniente.

2) *Fraude contra credores* – Constitui fraude contra credores a prática maliciosa, pelo devedor, de atos que desfalcam o seu patrimônio, com o escopo de colocá-lo a salvo de uma execução por dívidas em detrimento dos direitos creditórios alheios[147].

Dois são seus elementos: o *objetivo* (*eventus damni*), que é todo ato prejudicial ao credor, não só por tornar o devedor insolvente ou por ter sido

147. Serpa Lopes, op. cit., p. 457; Paulo Roberto Tavares Paes, *Fraude contra credores*, São Paulo, Revista dos Tribunais, 1993; Silvio Rodrigues, *Direito civil*, cit., v. 1, p. 253; Caio M. S. Pereira, op. cit., v. 1, p. 466; Sebastião Lintz, Da fraude contra credores, *Revista do Curso de Direito da Universidade Federal de Uberlândia, 14*:45-8; Lauro Laertes de Oliveira, *Da ação pauliana*, 1989; Yussef Said Cahali, *Fraude contra credores*, 1999; Humberto Theodoro Jr., Lesão e fraude contra credores no Projeto do novo Código Civil brasileiro, *RT, 771*:11; Oswaldo Luiz Palu, A fraude contra credores e as ações pauliana e revocatória, *Justitia, 155*:96; Mauro Grinberg, Fraude contra credores, *Justitia, 81*:173; Iara de Toledo Fernandes, *Fraude contra credores, RPGESP, 29*:213; Marcelo Terra, Patologia nos negócios imobiliários: uma proposta de releitura das fraudes contra credores e de execução, *Revista do Advogado, 145*:128-140; *ADCOAS*, n. 83.720, 1982; n. 90.307, 1983; *RT, 748*: 226, *672*:178, *637*:154, *644*:110, *553*:248, *619*:126, *605*:173, *600*:258; *EJSTJ, 11*:60 e 73; *JSTJ, 4*:228. Consulte: Lei n. 11.101/2005, arts. 129, 130, 168 a 178.

realizado em estado de insolvência, devendo haver nexo causal entre o ato do devedor e a sua insolvência, que o impossibilita de garantir a satisfação do crédito, como também por reduzir a garantia, tornando-a insuficiente para atender ao crédito, e o *subjetivo* (*consilium fraudis*), que é a má-fé, a intenção de prejudicar do devedor ou do devedor aliado a terceiro[148], ilidindo os efeitos da cobrança. Contudo, não mais se exige a *scientia fraudis* para anular

Fluxograma da ação pauliana

(publicado na *Trinolex.com* n. 1, p. 115)

148. W. Barros Monteiro, op. cit., v. 1, p. 226.

negócio gratuito ou remissão de dívida com fraude contra credores. Mesmo que o devedor, ou o beneficiário do contrato benéfico, transmitindo algo, ou do perdão do débito, ignore que tal ato reduzirá a garantia ou provocará a insolvência do devedor, esse negócio jurídico será suscetível de nulidade relativa. A causa da anulação é objetiva, por ser suficiente que haja a redução do devedor ao estado de insolvência.

São suscetíveis de fraude os negócios jurídicos:

a) *A título gratuito* (doação ou remissão de dívida – CC, art. 386), quando os pratique, independentemente de má-fé, o devedor já insolvente, ou por eles reduzido à insolvência, caso em que poderão ser anulados pelos credores quirografários (sem garantia) como lesivos dos seus direitos, se já o eram ao tempo desses atos (CC, art. 158, § 2º; *RJTJSP*, *120*:18, *100*:37, *50*:69; *RT*, *525*:56, *512*:29, *426*:191). "Para os efeitos do art. 158, § 2º, a anterioridade do crédito é determinada pela causa que lhe dá origem, independentemente de seu reconhecimento por decisão judicial" (Enunciado n. 292 do CJF, aprovado na IV Jornada de Direito Civil). A exigência da anterioridade do crédito "é afastável quando ocorre fraude predeterminada para atingir credores futuros (*RJTJRGS*, *90*:258; *RT*, *445*:242; *RJTJSP*, *28*:59). Os credores com garantia real não poderão reclamar a anulação, porque encontrarão no ônus real (penhor, anticrese ou hipoteca) a segurança de seu reembolso, salvo se a garantia tornar-se insuficiente para satisfazer seu direito creditício (CC, art. 158, § 1º), hipótese em que poderão valer-se da ação pauliana, quanto ao saldo quirografário. Deveras, pelo Enunciado n. 151 do Conselho de Justiça Federal, aprovado na III Jornada de Direito Civil: "O ajuizamento da ação pauliana pelo credor com garantia real (art. 158, § 1º) prescinde de prévio reconhecimento judicial da insuficiência da garantia".

b) *A título oneroso,* se praticado por devedor insolvente ou quando a insolvência for notória ou se houver motivo para ser conhecida do outro contraente (CC, art. 159), podendo ser anulado pelo credor. P. ex.: quando houver venda de imóvel em data próxima ao vencimento das obrigações e inexistirem outros bens para solver o débito (*RT, 426*:191, *466*:144, *471*:131). Convém esclarecer que a insolvência ocorre quando o passivo do devedor passa a ser maior do que o seu ativo, ou seja, o montante das dívidas excede o valor de seus bens. Será notória a insolvência se o devedor tiver seus títulos protestados ou ações judiciais que impliquem a vinculação de seus bens (*RT, 482*:88, *477*:144). É presumida quando o adquirente tinha razões para saber do estado financeiro precário do alienante. P. ex.: parentesco próximo, preço vil, alienação de todos os bens, relações de amizade, de negócios mútuos etc. (*RT, 174*:683, *136*:177)[149].

c) Como a *outorga de garantias reais* (CC, art. 1.419) a um dos credores quirografários pelo devedor em estado de insolvência, prejudicando os direitos dos demais credores (CC, art. 163), acarretando sua anulabilidade (*RT, 114*:721). Há presunção legal *juris et de jure* de fraude.

d) Como o *pagamento antecipado do débito a um dos credores quirografários* frustra a igualdade que deve haver entre tais credores, poderão estes propor ação para tornar sem efeito esse pagamento, determinando que o beneficiado reponha aquilo que recebeu em proveito do acervo (CC, art. 162). Portanto, só poderá ser anulado pagamento de dívida ainda não vencida, pois se já estiver vencida esse pagamento não é mais do que uma obrigação do devedor[150].

A fraude contra credores, que vicia o negócio de simples anulabilidade (CC, arts. 171, II, e 178, II), somente é atacável por *ação pauliana* ou revocatória (*EJSTJ, 14*:53; *RSTJ, 109*:215 e *103*:227; *RT, 472*:213, *553*:248, *599*:261, *637*:154, *713*:186, *748*:226, *771*:217; *JTJRS, 181*:244), que requer os seguintes pressupostos (*RT, 461*:195):

a) Ser o crédito do autor anterior ao ato fraudulento.

b) Que o ato que se pretende revogar tenha causado prejuízos.

c) Que haja intenção de fraudar, presumida pela consciência do estado de insolvência (*RT, 456*:195). Pelo art. 164, se o devedor insolvente vier a contrair novo débito, visando a beneficiar os próprios credores, por ter por escopo adquirir objetos imprescindíveis ao funcionamento do seu estabelecimento mercantil, rural ou industrial, ou à sua subsistência e de sua família, evitando a paralisação de suas atividades e, consequentemente, a piora de seu estado de insolvência e o aumento do prejuízo aos seus credores, o negócio por ele contraído será válido ante a presunção *juris tantum* em favor da boa-fé.

d) Pode ser intentada contra o devedor insolvente, contra a pessoa que com ele celebrou a estipulação fraudulenta, ou terceiros adquirentes que

---

149. W. Barros Monteiro, op. cit., v. 1, p. 229; Silvio Rodrigues, *Direito civil*, cit., v. 1, p. 259.
150. W. Barros Monteiro, op. cit., v. 1, p. 230.

hajam procedido de má-fé (CC, art. 161; *RT, 106*:214). Poderão ser acionados por terem celebrado estipulação fraudulenta com o devedor insolvente: *a*) herdeiros do adquirente, com a restrição do art. 1.792 do Código Civil; *b*) contratante ou adquirente de boa-fé, sendo o ato a título gratuito, embora não tenha o dever de restituir os frutos percebidos (CC, art. 1.214) nem o de responder pela perda ou deterioração da coisa, a que não deu causa (CC, art. 1.217), tendo, ainda, o direito de ser indenizado pelas benfeitorias úteis e necessárias que fez (CC, art. 1.219); *c*) adquirente de boa-fé, sendo o negócio oneroso, hipótese em que, com a revogação do ato lesivo e restituição do bem ao patrimônio do devedor, entregar-se-á ao contratante acionado a contraprestação que forneceu, em espécie ou no equivalente. Quem receber bem do devedor insolvente, por ato oneroso ou gratuito, conhecendo seu estado de insolvência, será obrigado a devolvê-lo, com os frutos percebidos e percipiendos (CC, art. 1.216), tendo, ainda, de indenizar os danos sofridos pela perda ou deterioração da coisa, exceto se demonstrar que eles sobreviriam se ela estivesse em poder do devedor (CC, art. 1.218). Todavia, resguardado estará seu direito à indenização das benfeitorias necessárias que, porventura, tiver feito no bem (CC, art. 1.220).

e) Prova da insolvência do devedor (*RT, 470*:100, *480*:67, *461*:137).

f) Perdem os credores a legitimação ativa para movê-la, se o adquirente dos bens do devedor insolvente que ainda não pagou o preço, que é o corrente (correspondente ao do mercado), depositá-lo em juízo, com citação de todos os interessados (CC, art. 160). Se for inferior, o adquirente, para conservar os bens, poderá depositar a quantia correspondente ao valor real (CC, art. 160, parágrafo único). A lei concede uma chance para sanar o defeito original, possibilitando uma regularização da situação, efetuando-se o depósito até mesmo depois de julgada procedente a ação pauliana, como assevera Yussef Said Cahali. Com isso, não se ultima a fraude contra credores, pois não houve diminuição patrimonial. Para que não haja nulidade relativa do negócio jurídico lesivo a credor, será mister que o adquirente: *a*) ainda não tenha pago o preço real, justo ou corrente; *b*) promova o depósito judicial desse preço; e *c*) requeira a citação de todos os interessados, para que tomem ciência do depósito. Com isso estará assegurando a satisfação dos credores, não se justificando a rescisão contratual, pois ela não trará qualquer vantagem aos credores defraudados, que, no processo de consignação em pagamento, poderão, se for o caso, contestar o preço alegado, hipótese em que o magistrado deverá determinar a perícia avaliatória.

O principal efeito da ação pauliana é revogar o negócio lesivo aos interesses dos credores, repondo o bem no patrimônio do devedor, cancelando a garantia real concedida (CC, art. 165 e parágrafo único) em proveito do acervo sobre que se tenha de efetuar o concurso de credores, possibilitando a efetivação do rateio, aproveitando a todos os credores e não apenas ao que a intentou[151].

151. Serpa Lopes, op. cit., v. 1, p. 459; Caio M. S. Pereira, op. cit., v. 1, p. 469; Cândido Rangel Dinamarco, Fraude contra credores alegada nos embargos de terceiros, *RJTJSP, 97*:8-31; Nelson Nery Jr., Fraude contra credores e os embargos de terceiro, *Rev. Brasileira de Dir. Processual,* Forense, 1981, p. 30 e 55-70; Clito Fornaciari Jr., Sem insolvência não há fraude à execução, *Tribuna do Direito,* julho de 2003 – Caderno de Jurisprudência; Jorge Americano, *Da ação pauliana,* São Paulo, Saraiva, 1932; Gilberto Gomes Bruschi, Fraude de execução (polêmicas), in *Processo de execução* (coord. Bruschi), São Paulo, RCS, 2005; Nelson Hanada, *Da insolvência e sua prova na ação pauliana,* São Paulo, 1982, p. 101 e s. *Vide*: CP, art. 179; CPC/2015, arts. 789, 792, 774, I, e 856, § 3º; Lei n. 5.172/66, art. 185; *RJTJSP, 85*:268, *95*:34; *RJE, 4*:23; CC, art. 206, § 4º; Dec.-lei n. 1.003/38; *RTJ, 96*:683, *95*:842, *80*:305; *RF, 251*:242; *RT, 645*:107, *644*:71, *527*:266, *540*:124, *541*:156; *EJSTJ, 5*:53 e 66, *11*:73, *14*:66. A fraude contra credores pode ser reconhecida em embargos de terceiro, desde que da relação processual nessa via incidental tenha também participado o executado, haja vista que não se pode anular um ato jurídico bilateral sem que estejam presentes todas as partes nele envolvidas (TAMG, *ADCOAS,* n. 82.903, 1982). A Súmula 195 do STJ prescreve: "Em embargos de terceiro não se anula ato jurídico, por fraude contra credores". A fraude à execução é alienação *pendente lite* (*RJ, 155*:54; *JSTF, 96*:77; *RJTARGS, 89*:197; *RT, 669*:186, *684*:98, *689*:167 e *741*:318), e a contra credores consiste na redução de garantia geral ou desfalque patrimonial.

Vide: CC francês, art. 1.167; CC italiano, art. 2.901; CC espanhol, art. 1.291; CC português, arts. 610 a 616; CC paraguaio, arts. 312 a 314.

Quadro Sinótico

ELEMENTOS ESSENCIAIS GERAIS DO NEGÓCIO JURÍDICO

1. CAPACIDADE DO AGENTE	• Geral	• CC, arts. 3º, 4º, 166, I, 171, I, 105.		
		• Representação	• Legal (CC, arts. 115, 1ª parte, 1.634, V, 1.690, 1.747, I, 1.774). • Judicial. • Convencional (CC, arts. 115, 2ª parte, 653 a 692 e 120, 2ª parte).	
	• Especial	• Legitimação.		
2. OBJETO LÍCITO, POSSÍVEL, DETERMINADO E DETERMINÁVEL FÍSICA E JURIDICAMENTE (CC, ART. 166, II)				
3. CONSENTIMENTO	• Conceito	• Para R. Limongi França é a anuência válida do sujeito a respeito do entabulamento de uma relação jurídica sobre determinado objeto.		
	• Espécies	• Expresso ou tácito. • Receptício ou não receptício.		
	• Defeitos do negócio jurídico	• Vícios	• De consentimento: erro, dolo, coação, lesão e estado de perigo. • Sociais: simulação e fraude.	
		• Erro	• Conceito	• Noção inexata sobre alguma coisa, objeto ou pessoa, que influencia a formação da vontade (CC, arts. 138 a 144).
			• Requisitos	• Para viciar a vontade e tornar anulável o ato, o erro deve ser substancial, escusável, ou, como alguns preferem, reconhecível e real.
			• Erro substancial (CC, art. 139, I, II e III)	• Recai sobre a natureza do ato. • Atinge a obrigação principal da declaração. • Incide sobre as qualidades essenciais do objeto. • Recai sobre as qualidades essenciais da pessoa.

3. CONSENTIMENTO	• Defeitos do negócio jurídico	• Erro	• Erro acidental (CC, art. 142)	• O *error in qualitate,* concernente às qualidades secundárias da pessoa ou do objeto, não induz a anulação. • O *error in quantitate* é engano sobre peso, medida ou quantidade do bem.
			• Erro de direito (CC, art. 139, III)	• Ignorância ou falso conhecimento de norma jurídica ou de suas consequências, que para anular o negócio precisa ter sido o único motivo ao determinar a vontade, não podendo recair sobre norma cogente, mas somente sobre dispositivas.
			• Erro quanto ao fim colimado	• (Falso motivo) não vicia o negócio jurídico a não ser quando nele figurar expressamente, integrando-o como sua razão essencial ou determinante, caso em que o torna anulável (CC, art. 140).
		• Dolo	• Conceito	• Para Clóvis é o emprego de um artifício ou expediente astucioso, usado para induzir alguém à prática de um ato que prejudica e aproveita ao autor do dolo ou a terceiro.
			• Espécies	• *Dolus bonus* ou *malus,* sendo que só o último provoca anulação. • *Dolus causam* ou principal (CC, art. 145) e *dolus incidens* ou acidental (CC, art. 146); apenas o primeiro causa anulabilidade. • Dolo positivo ou negativo (CC, art. 147).

3. CONSENTIMENTO	• Defeitos do negócio jurídico	• Dolo	• Exceções à regra de ser o dolo emanado de outro contratante	• *Dolo de terceiro* para acarretar anulabilidade do negócio requer o conhecimento de uma das partes; se não for conhecido pelo beneficiado, dará lugar a indenização, por parte da vítima contra o terceiro autor do engano intencional (CC, art. 148). • *Dolo do representante legal de uma das partes* sujeita-o à responsabilidade civil até a importância do proveito que tirou do negócio, com ação regressiva contra o representante pela quantia que tiver desembolsado para ressarcir o dano causado, salvo se com este estava mancomunado. Se o representante for convencional, o representado deverá responder solidariamente com ele por perdas e danos (CC, art. 149). • *Dolo de ambas as partes* acarreta neutralização do delito porque há compensação entre dois ilícitos (CC, art. 150).
		• Coação	• Conceito	• Pressão física ou moral exercida sobre a pessoa, os bens e a honra de um contraente para obrigá-lo ou induzi-lo a efetivar um negócio jurídico, sendo que só a coação moral é, na verdade, vício de consentimento.
			• Requisitos (CC, arts.151 e 152)	• Deve ser a causa determinante do negócio. • Deve incutir à vítima um temor justificado. • O temor deve dizer respeito a um dano iminente. • O dano deve ser considerável ou pelo menos igual ao receável do ato extorquido.
			• Casos excludentes (CC, art. 153)	• Ameaça do exercício normal de um direito. • Simples temor reverencial.
			• Coação exercida por terceiro	• Ainda que dela não tenha ciência o contratante, vicia o negócio (CC, art. 154).

3. CONSENTIMENTO	• Defeitos do negócio jurídico	• Lesão	• Prejuízo que uma das partes sofre na conclusão do negócio, decorrente de desproporção existente entre as prestações, em razão de sua premente necessidade ou inexperiência, sem que haja dolo de aproveitamento do beneficiado (CC, art. 157).	
		• Estado de perigo	• Temor de grave dano que compele o declarante a concluir ato negocial, para salvar-se ou para socorrer alguém de sua família, que, em outra circunstância, não celebraria (CC, art. 156).	
		• Simulação (CC, art. 167)	• Conceito	• Segundo W. de Barros Monteiro, é o "intencional desacordo entre a vontade interna e a declarada no sentido de criar aparentemente um negócio jurídico que, de fato, não existe, ou então oculta, sob determinada aparência, o negócio realmente querido".
			• Caracteres	• Falsa declaração bilateral da vontade. • Vontade exteriorizada diverge da interna. • É sempre concertada com a outra parte. • Ilude terceiros.
			• Simulação e institutos afins	• A *simulação* provoca falsa crença num estado não real, quer enganar sobre a existência de uma situação não verdadeira. A *dissimulação* oculta ao conhecimento de outrem uma situação existente. • A *simulação* engana terceiro; na *reserva mental* (CC, art. 110) o agente declara coisa diferente para poder alegar o erro em seu proveito, enganando o outro contratante. • A *simulação* é o intencional desacordo entre a vontade real e a declarada, para enganar terceiro. A *fraude à lei* caracteriza-se por uma violação indireta da lei, para atingir um resultado proibido. • A *simulação* é contrato fingido, havendo desavença entre a vontade interna e a declarada para enganar terceiro, sendo, portanto, anulável. O *negócio fiduciário* é ato existente, embora os contratantes dele se sirvam para finalidade econômica diversa, não havendo divergência entre a vontade real e a declarada, havendo uma transmissão válida de um direito real ou de crédito.

3. **CONSENTIMENTO**	• Defeitos do negócio jurídico	• Simulação (CC, art. 167)	• Espécies	• Simulação absoluta	• Dá-se quando a declaração enganosa da vontade exprime um negócio jurídico bilateral ou unilateral, não havendo intenção de realizar negócio algum.	
				• Simulação relativa	• Conceito	• Intencional desacordo entre a vontade interna e a declarada; dá-se quando uma pessoa sob a aparência de um negócio fictício, pretende realizar outro que é o verdadeiro, diverso, no todo ou em parte, do primeiro.
					• Espécie	• *Subjetiva*: se a parte contratante não for o indivíduo que tirar proveito do negócio. • *Objetiva*: se concernente à natureza do negócio pretendido, ao objeto ou a um dos elementos contratuais.
		• Fraude contra credores	• Conceito	• É a prática maliciosa, pelo devedor, de atos que desfalcam o seu patrimônio, com o escopo de colocá-lo a salvo de uma execução por dívidas em detrimento dos direitos creditórios alheios.		
			• Elementos	• *Objetivo*: ato prejudicial ao credor, por tornar o devedor insolvente ou por ter sido realizado em insolvência. • *Subjetivo*: má-fé, deve haver intenção de prejudicar para ilidir os efeitos da cobrança.		

3. **CONSENTIMENTO**	• Defeitos do negócio jurídico	• Fraude contra credores	• Negócios jurídicos suscetíveis de fraude	• A título gratuito ou remissão de dívida (CC, art. 158, § 2º). • A título oneroso, se praticado por devedor insolvente (CC, art. 159). • Outorga de garantias reais (CC, art. 163). • Pagamento antecipado do débito (CC, art. 162).
			• Pressupostos da ação pauliana	• Ser o crédito do autor anterior ao ato fraudulento. • Que o ato que se pretende revogar tenha causado prejuízo. • Que haja intenção de fraudar, presumida pela consciência do estado de insolvência. • Pode ser intentada contra o devedor insolvente, contra a pessoa que com ele celebrou a estipulação fraudulenta ou terceiros adquirentes que estejam de má-fé (CC, art. 161). • Prova de insolvência do devedor. • Perdem os credores a legitimação ativa para movê-la se ocorrer a hipótese do art. 160 do CC.
			• Efeitos da ação pauliana	• Revogar o negócio lesivo aos interessados dos credores, repondo o bem no patrimônio do devedor, cancelando a garantia real concedida (CC, art. 165, parágrafo único) em proveito do acervo sobre que se tenha de efetuar o concurso de credores, possibilitando a efetivação do rateio, aproveitando a todos os credores e não apenas ao que a intentou.

F. Elementos essenciais particulares

f.1. Forma do negócio jurídico

O negócio jurídico requer para sua validade "agente capaz, objeto lícito possível, determinado ou determinável e forma prescrita ou não defesa em lei" (CC, art. 104, I, II e III).

A *forma* é o meio pelo qual se externa a manifestação da vontade nos negócios jurídicos[152], para que possam produzir efeitos jurídicos. Assim, seguindo a orientação de Clóvis Beviláqua, poder-se-á dizer que forma "é o conjunto de solenidades que se devem observar para que a declaração de vontade tenha eficácia jurídica"[153].

A sistemática de nosso Código Civil inspira-se pelo princípio da forma livre, o que quer dizer que a validade da declaração da vontade só dependerá de forma determinada quando a norma jurídica explicitamente o exigir. É o que dispõe o art. 107 do Código Civil: "A validade das declarações de vontade não dependerá de forma especial, senão quando a lei expressamente a exigir". Logo, não vale o ato, que deixar de revestir a forma especial, determinada em lei. Não há outra sanção a não ser a nulidade, pois pelo art. 166, IV, do Código Civil é nulo o negócio jurídico quando não revestir a forma prescrita em lei e quando preterir alguma solenidade que a lei considere essencial para sua validade (CC, art. 166, V). Seguindo a mesma orientação estatui o Código de Processo Civil no art. 406 que, "quando a lei exigir, o instrumento público, como da substância do ato, nenhuma outra prova, por mais especial que seja, pode suprir-lhe a falta". Por outro lado, em seu art. 188, o Código de Processo Civil prescreve que "os atos e

152. R. Limongi França, Forma do ato jurídico, in *Enciclopédia Saraiva do Direito,* v. 38, p. 192.

153. Clóvis, *Teoria geral do direito civil,* p. 257; Marcelo Cintra Zarif, Forma dos atos jurídicos, *Ciência Jurídica, 11*:20; Sebastião José Roque, *Teoria geral do direito civil,* cit., p. 139. Às formas de R. Limongi França acrescentamos a forma: *ad solemnitatem,* se for da substância do ato, por ser indispensável para a produção de efeitos jurídicos (CC, arts. 168 e 1.609). P. ex.: a escritura pública registrada para que se opere aquisição de imóvel; *ad probationem tantum,* se tiver por escopo tornar mais fácil a prova do ato (CC, art. 1.536). *Vide* Carlos Roberto Gonçalves, *Direito civil,* cit., v. 1, p. 114.

Cartórios podem fornecer serviços *online* e reconhecer firma *online,* trazendo agilidade e comodidade ao cidadão.

Consulte: Lei n. 14.382/2022, art. 3º, I, IV, VI, VII, VIII, X; Lei n. 6.015/73 com as alterações da Lei n. 14.382/2022.

termos processuais independem de forma determinada, salvo quando a lei expressamente a exigir, considerando-se válidos os que, realizados de outro modo, lhe preencham a finalidade essencial". De modo que vige em nosso direito a regra geral de que: qualquer que seja a forma, a emissão de vontade, em princípio, é dotada de poder criador, exceto quando a solenidade integra a substância do negócio.

R. Limongi França, lapidarmente, distingue três espécies de forma, que são[154]:

1) *Forma livre ou geral* – é qualquer meio de exteriorização da vontade nos negócios jurídicos, desde que não previsto em norma jurídica como obrigatório. O negócio perfaz-se por qualquer meio, pelo qual se apure a emissão volitiva: palavra escrita ou falada, mímica, gestos e até mesmo o silêncio, que, como declaração tácita da vontade, conforme o caso, tem a mesma validade das manifestações expressas. Admite-se a forma verbal, p. ex., para a doação de bens móveis de pequeno valor, se lhe seguir incontinenti a tradição (CC, art. 541, parágrafo único); para o mandato (CC, art. 656), casos em que, como é óbvio, podem as partes adotar, também, qualquer das formas escritas permitidas por lei, não esquecendo que o consentimento pode ser, ainda, dado de modo tácito, resultando do silêncio sob certas circunstâncias.

2) *Forma especial ou solene* – é o conjunto de solenidades que a lei estabelece como requisito para a validade de determinados negócios jurídicos; tem por escopo garantir a autenticidade dos negócios, assegurar a livre manifestação da vontade das partes, chamando a atenção para a seriedade dos negócios que estão praticando e facilitar sua prova.

A forma especial contém três subdivisões:

a) A *forma única* é aquela que, por lei, não pode ser preterida por outra. P. ex.: Código Civil, arts. 108, 215, 1.653, 1.227 e 1.245, que exige es-

---

154. R. Limongi França, Forma do ato jurídico, cit., p. 193; Caio M. S. Pereira, op. cit., p. 512 e 513; Colin e Capitant, *Cours élémentaire de droit civil français,* 9. ed., Paris, 1939, t. 1, n. 64; Silvio Rodrigues, *Direito civil,* cit., v. 1, p. 297 e 298; W. Barros Monteiro, op. cit., v. 1, p. 255; Serpa Lopes, op. cit., v. 1, p. 420; Paulo Sérgio Nogueira Salles, *Ato jurídico e sua forma,* trabalho apresentado no Curso de Pós-Graduação da PUCSP, 1980; Jones F. Alves e Mário Luiz Delgado, *Código*, cit., p. 81. *Vide*: *RJM*, *29*:134; *RJTJSP*, *122*:92, *126*:54, *131*:315.

Vide: CC italiano, arts. 1.325, 1.350 e 1.352; CC português, arts. 219 e 222; CC paraguaio, arts. 277, 278 e 303.

critura pública para os pactos antenupciais, contratos constitutivos, translativos, modificativos ou renunciativos de direitos reais (propriedade, servidão, superfície, uso, usufruto, habitação, hipoteca, anticrese) sobre imóveis de valor superior a trinta vezes o maior salário mínimo vigente no País[155]; desde que assentada em registro competente, para dar-lhe publicidade, sua falta não acarreta nulidade, apenas exclui oponibilidade contra terceiro (Lei n. 7.433/85; *RT, 505*:66, *507*:111; Decreto-lei n. 3.200/41 e Decreto n. 4.857/39; Lei n. 6.015/73, art. 167, I, n. 1, que, no art. 299, revogou o citado Decreto n. 4.857/39). Mas ter-se-á validade se a lei vier a dispor em contrário, como, p. ex., a relativa a financiamento do Sistema Financeiro de Habitação, por admitir que, em certas hipóteses, será admissível instrumento particular. Há quem entenda que esse artigo é inconstitucional porque o art. 7º, IV, da Carta Magna dispõe sobre a unificação nacional do salário mínimo e veda sua vinculação a qualquer finalidade. Prescreve-se que a constituição de bens de família só é praticável, validamente, por escritura pública (CC, art. 1.711); Decreto-lei n. 3.438/41, art. 26, requer escritura pública com transcrição integral da licença concedida pelo domínio da União, para transferência, por ato *inter vivos,* do domínio útil de terrenos aforados ou ocupados; Lei n. 2.180/54, alterada pela Lei n. 5.056/66, CC, art. 1.473, § 1º, e Código Comercial, art. 468, exigem que a alienação e a hipoteca das embarcações de navegação em alto-mar sejam contratadas por escritura pública (*AJ, 56*:206); Código Civil, arts. 1.534 a 1.542, estabelece formas rituais para a celebração do casamento; Código Civil, art. 1.964, que requer que a deserdação seja feita por meio de testamento; Código Civil, arts. 1.846 e s., estatui que a instituição da herança e do legado, bem como a vinculação da legítima somente valem se feitos por testamento; o Código Civil requer tradição para que o negócio tenha eficácia jurídica, ao exigir a ação material de entrega da coisa ou do título, no penhor (art. 1.431); no penhor de direitos e títulos de crédito (arts. 1.452 e 1.453), nas obrigações de dar coisa certa (art. 237), no comodato (art. 579), na transferência de propriedade de bens móveis (art. 1.267; *RT, 391*:359); Código Civil, arts. 1.748, IV, e 1.750, de-

---

155. "O valor de 30 salários mínimos constante no art. 108 do Código Civil brasileiro, em referência à forma pública ou particular dos negócios jurídicos que envolvam bens imóveis é o atribuído pelas partes contratantes e não qualquer outro valor arbitrado pela Administração Pública com finalidade tributária" (Enunciado n. 289 do CJF, aprovado na IV Jornada de Direito Civil).

O Provimento CGJSP n. 8/2015 autoriza a coleta de assinatura de escrituras públicas em até 30 dias, com a aposição da data de sua subscrição.

termina que a venda de bens móveis e imóveis de menores sob tutela só pode ser efetuada mediante autorização judicial; Código Civil, art. 220, requer anuência ou autorização de outrem, necessária à validade do negócio, no caso de ser este exigido sob a forma de instrumento público, como a outorga uxória ou marital para alienação de bens imóveis do casal.

b) A *forma plural* ou múltipla ocorre quando a norma jurídica permite a formalização do negócio por vários modos, sendo possível que a parte opte por um deles. P. ex.: pelo art. 1.609 do Código Civil, o reconhecimento voluntário de filho havido fora do matrimônio pode ser feito no próprio termo do nascimento, por escritura pública ou particular, por testamento ou por manifestação expressa e direta perante o juiz; pelo art. 842 do Código Civil a transação opera-se no termo dos autos ou por escritura pública ou instrumento particular; pelo art. 2.015 do Código Civil a partilha amigável, sendo os herdeiros maiores e capazes, pode ser efetuada por escritura pública, termo nos autos do inventário ou escrito particular, homologado pelo juiz; pelo art. 62 do Código Civil a criação das fundações pode dar-se por escritura pública ou por testamento; pelos arts. 1.805 e 1.806 do Código Civil, a aceitação da herança pode ser expressa ou tácita e a renúncia deverá constar, expressamente, de instrumento público ou termo judicial; pelo Código Civil, art. 1.417, o compromisso de compra e venda em que não se pactuou arrependimento se faz por instrumento público ou particular; pelo Código Civil, art. 1.438, o penhor rural pode ser contratado sob qualquer dessas duas formas, mas sempre com subsequente registro.

c) A *forma genérica* implica uma solenidade mais geral, imposta pela norma jurídica. P. ex.: o art. 619 do Código Civil sobre empreitada que fala na necessidade de instruções escritas, podendo ser estas apresentadas sob qualquer forma gráfica, desde simples epístola até a escritura pública; o art. 578 do Código Civil prescreve que "salvo disposição em contrário, o locatário goza do direito de retenção, no caso de benfeitorias necessárias, ou no de benfeitorias úteis, se estas houverem sido feitas com expresso consentimento do locador", que pode exteriorizar-se por escrito ou verbalmente, desde que seja inequívoco (STF, Súmula 158), no mesmo sentido o art. 35 da Lei n. 8.245/91, relativa à locação predial urbana, embora no nosso entender seja preciso anuência escrita do locador.

3) *Forma contratual* – é a eleita pelas partes, pois o art. 109 do Código Civil estabelece que os contraentes num contrato podem determinar, mediante uma cláusula, o instrumento público para validade do negócio, desde que não haja imposição legal quanto à forma daquele contrato.

Graficamente, temos:

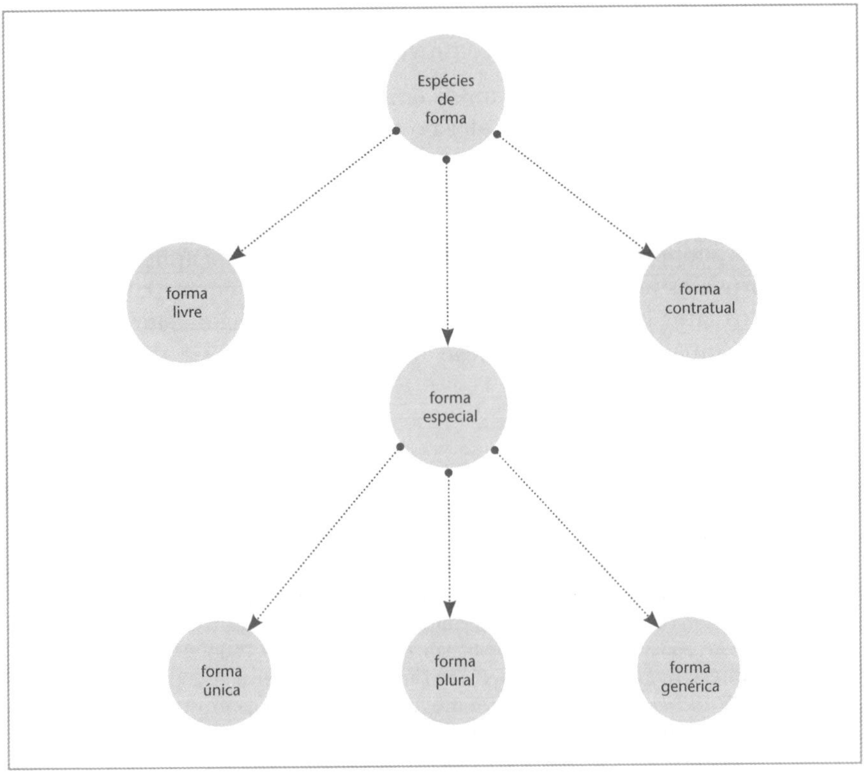

f.2. Prova do ato negocial

Intimamente ligada à forma está a questão da *prova* do negócio jurídico.

Para Clóvis Beviláqua, a prova é o conjunto de meios empregados para demonstrar, legalmente, a existência de negócios jurídicos[156].

156. Clóvis, op. cit., p. 260. Moacyr Amaral Santos (*A prova judiciária no cível e no comercial,* São Paulo, Max Limonad, 1949, p. 3) esclarece que o vocábulo "prova" advém do latim *probatio,* derivado do verbo *probare,* que significa examinar, demonstrar, persuadir. Messineo (*Manual de derecho civil y comercial,* Buenos Aires, Ed. Jurídica Europa-América, 1971, v. 2, p. 506 e 507) define-a como a representação de um fato e, consequentemente, a demonstração da realidade (ou irrealidade) desse fato. Consulte, ainda: Michele Taruffo, *La prova dei fatti giuridici*, 1992; Carlos Lessona, *Teoría general de la prueba en derecho civil*, 1964, 5 tomos; Gisele Leite, Apontamentos sobre a teoria geral da prova, *Revista Síntese — Direito Civil e Direito Processual Civil* n. *84*:50 a 79; Ronaldo Porto Macedo, Prova dos atos jurídicos,

Antes da enumeração das provas, é necessário acentuar que a prova deve ser: *admissível,* não proibida por lei, sendo aplicável ao caso em tela; *pertinente,* idônea para demonstrar os fatos relacionados com a questão discutida; e *concludente,* apta a esclarecer pontos controversos ou confirmar alegações feitas[157].

Em matéria de prova, levam-se em conta os seguintes princípios: o ônus da prova incumbe a quem alega o fato e não a quem o contesta (CPC, art. 373, I e II); se o autor nada provar, o réu será absolvido; as declarações de ambas as partes são equivalentes, só depois de comprovada é que se deve dar preferência a uma ou outra declaração; o juiz deve julgar pelo alegado e provado; prova-se o fato alegado e não o direito a aplicar; independem de prova os fatos notórios (CPC, art. 374, I); devem ser considerados verídicos os fatos incontroversos, sobre os quais não há debate entre os litigantes; a anuência ou autorização de outrem (CC, arts. 1.647, 1.643 e

---

RP, 16:59; Hernando D. Echandia, *Teoría general de la prueba judicial*, 1976, 2 tomos; Rosa Mª B. B. de A. Nery, Escritura pública sem assinatura do tabelião – ato inexistente?, *RDPriv, 1*:137; Marello, *La prueba: tendencias modernas*, 1991; Luis A. Thompson Flores Lenz, Os meios moralmente legítimos de prova, *RT, 621*:273; César Antônio da Silva, *Ônus e qualidade da prova cível*, Aide, 1991; Carlos Alberto Dabus Maluf, As presunções absolutas e relativas na teoria da prova, *RF, 262*:89; Humberto Theodoro Jr., Os poderes do juiz em face da prova, *RF, 263*:39; Gian Antonio Micheli, *L'onere della prova*, Padova, Cedam, 1966; Aclibes Burgarelli, *Tratado das provas cíveis*, São Paulo, Juarez de Oliveira, 2000; Paolo Guidi, *Teoria giuridica del documento*, Milano, Giuffrè, 1950; P. Stolze Gagliano e R. Pamplona Fº, *Novo Curso*, cit., v. 1, p. 435 a 460; Carlos Santos de Oliveira, Da prova dos negócios jurídicos, *A parte geral*, cit., p. 429 e s.; Gilmar Ferreira Mendes, Da prova dos negócios jurídicos, *O novo Código*, cit., p. 164 a 177; Luiz Francisco T. Avolio, *Provas ilícitas*, São Paulo, Revista dos Tribunais, 2003; João Carlos P. de Aguiar Silva, *As provas no cível*, Rio de Janeiro, Forense, 2004; João Batista Lopes, *Prova no direito processual civil*, São Paulo, Revista dos Tribunais, 2002; Maricí Giannico, *A prova no Código Civil – natureza jurídica*, São Paulo, Saraiva, 2005; Olavo de Oliveira Neto, Elias M. de Medeiros Neto e Ricardo Augusto de Castro Lopes. *A prova no direito processual civil*: estudos em homenagem a João Batista Lopes, São Paulo, Verbatim, 2013; Celso H. Iocohama, O princípio da veracidade e o direito de não fazer prova contra si mesmo perante o novo Código de Processo Civil, *Revista Síntese – Direito Civil e Processual Civil, 97*:277-308; Diógenes Gonçalves e Tatiana D. Sister, A distribuição dinâmica do ônus da prova como método de viabilização da eficácia do processo e não como meio de combate às desigualdades naturais entre as partes litigantes, *Letrado, 111*:22 e 23; Jerônimo F. S. de Castro, A fase probatória no processo civil: a instrumentalidade da prova e sua relevância no convencimento do juiz, *Revista Síntese – Direito Civil e Processual Civil, 110*:108-126. Em 9 de abril de 2014, o Brasil aderiu à Convenção da Haia sobre Provas, que trará facilidades para cidadãos e empresas brasileiras conseguirem provas em 57 países para processos judiciais em matéria civil e comercial. O mesmo acontecerá no Brasil em relação aos pedidos dos outros países signatários da Convenção.

157. Clóvis, op. cit., p. 261; W. Barros Monteiro, op. cit., v. 1, p. 258. *Vide*: CF, art. 5º, LVI, e CPC, art. 369; *RJ, 115*:345, *165*:77, *179*:46; *RJTJSP, 158*:147; *JTARS, 70*:198.

1.553), necessária à validade de um ato, deve ser provada do mesmo modo que este, devendo sempre que possível constar do próprio instrumento (CC, art. 220); o juiz, por conduzir o processo, apreciará livremente a prova atendendo aos fatos e circunstâncias constantes dos autos, ainda que não alegados pelas partes, zelando pela rápida solução do litígio (CPC, art. 139, I), determinando, de ofício ou a requerimento da parte, as provas necessárias ao julgamento do mérito (CPC, art. 370), mas deverá indicar, na sentença, as razões que lhe formaram o convencimento (CPC, art. 371)[158].

Se para a validade do negócio jurídico a lei exige forma especial, p. ex., instrumento público, sua prova só poderá ser feita pela exibição do documento exigido pela lei (CPC, art. 406); assim, a prova da propriedade de imóveis far-se-á pela certidão do registro da escritura pública (*RT, 428*:250).

Tratando-se de negócio jurídico não formal, qualquer meio de prova é permitido pela ordem jurídica desde que não seja por ela proibido ou restringido. Deveras, o Código de Processo Civil em seu art. 369 estatui: "As partes têm o direito de empregar todos os meios legais, bem como os moralmente legítimos, ainda que não especificados neste Código, para provar a verdade dos fatos, em que se funda o pedido ou defesa e influir eficazmente na convicção do juiz". Vedados estão os meios moralmente ilegítimos, como a gravação oculta de diálogo ou de conversas telefônicas, dada a circunstância de que correm o risco de corte de declarações, supressão de trechos e deturpações, como observa Caio Mário da Silva Pereira[159].

---

158. W. Barros Monteiro, op. cit., v. 1, p. 258 e 259; Clóvis, op. cit., p. 261; Pescatore, *La logica del diritto*, cap. XV; Goldschmidt, *Derecho procesal civil*, p. 82; Sebastião José Roque, *Teoria geral do direito civil*, cit., p. 140-4. Há quem diga que os fatos negativos são insuscetíveis de prova, mas, às vezes, a negativa é uma afirmativa. O CPC/2015, nos arts. 381 a 383, disciplina a produção antecipada da prova. Pelo Enunciado n. 128, aprovado na II Jornada de Direito Processual Civil: " exceto quando reconhecida sua nulidade, a convenção das partes sobre o ônus da prova afasta a redistribuição por parte do juiz".

159. Silvio Rodrigues, *Direito civil*, cit., v. 1, p. 299; Caio M. S. Pereira, op. cit., v. 1, p. 518, 530 e 531; Bassil Dower, op. cit., v. 1, p. 237; Carlos M. Gouveia e Luiz A. A. de Almeida Hoffmann, Missão impossível: grampos telefônicos, *Informativo IASP*, n. 83, p. 30 e 31; Luiz R. Wambier, Prova – Gravação magnética – Conduta imoral e ilegal (comentário de acórdão), *JB, 163*:62-64. Ricardo Raboneze, *Provas obtidas por meios ilícitos*, Síntese, 2001; Adriano P. de Paula, Aspectos da prova ilícita no novo Código de Processo Civil, in *O novo Código de Processo Civil* (org. José Anchieta da Silva), São Paulo, Lex Editora, 2012, p. 23-32. *Vide*: *JB, 163*:276; CF, art. 5º, LVI. Há julgado em contrário, p. ex.: "O contrato consensual pode-se provar por qualquer meio. A gravação fonográfica em si não é inidônea, mesmo que seja colhida sem o assentimento ou a ciência da outra parte. As tratativas podem ter lugar por escrito ou oralmente. Elas são fatos e, como fatos, existem, não os podendo ignorar o legislador ou o julgador. O tema não é escabroso, violador da moral ou dos bons costumes. São relações econômicas que se teriam desdobrado no tempo e em atos. Vedar-se essa revelação é cerceamento de defesa (TJRJ, *ADCOAS*, n. 85.318, 1982). *JB, 163*:337: "A garantia constitucional ao sigilo das comunicações, bem como a inadmissibilidade de provas obtidas por meios ilícitos, no processo, descartam a possibi-

O art. 212 do Código Civil enumera, de maneira exemplificativa e não taxativa, os meios de prova dos negócios a que não se impõe forma especial. São eles[160]:

---

lidade de aceitar-se gravação magnética de conversação telefônica conseguida clandestinamente" (2º TACSP). Já a 1ª Câmara Cível do TJSP admitiu gravação de conversa telefônica feita em secretária eletrônica por uma das partes como prova, alegando que a proibição constitucional alude à interferência de terceiro no diálogo, sem aceitação do comunicador ou do receptor. Será admissível como prova a gravação de conversa telefônica feita por um dos interlocutores (*JB, 166*:327). Admite-se quebra de sigilo de comunicação telefônica por ordem judicial para fins de investigação criminal ou instrução processual penal (*Bol. AASP, 1.829*:5; Lei n. 9.296/96). *Vide EJSTJ, 15*:237, que não admite como meio de prova legal a gravação clandestina em fita magnética de conversa telefônica. *Vide*, ainda: *RT, 620*:151; *RDBP, 43*:137. Pelo STJ, a defesa deve ter acesso à mídia que contém gravação da integridade dos diálogos interceptados (6ª T., REsp. 1800516/SP, rel. Min. Laurita Vaz, j. 15-6-2021.

Enunciado n. 37 da ENFAM, aprovado em 2015, entende, no item *a*, que há nulidade, por ilicitude do objeto, de convenção processual que autorize o uso de prova ilícita.

Há quem ache, como Valter da R. Borges (Da legitimidade da prova espírita no processo penal brasileiro, *Carta Forense*, maio de 2009, p. B-28), que escritos psicografados podem servir de prova, por não ser *contra legem* e diante do fato de algumas decisões judiciais a admitirem, ao aceitarem que a mente humana possui aptidões extraordinárias, conforme demonstram pesquisas parapsicológicas. Outros como Guilherme de S. Nucci (Da ilegitimidade da psicografia como meio de prova no processo penal à luz da Reforma Processual Penal de 2008, *Carta Forense*, maio de 2009, p. A-28) não admitem os documentos psicografados como prova, porque o Judiciário não pode ceder a um postulado religioso, ante a impossibilidade de se demonstrar a vida após a morte e a autenticidade do escrito. A parte contrária nem mesmo teria instrumentos jurídicos para oferecer a contraprova.

160. Caio M. S. Pereira, op. cit., v. 1, p. 519-30; Anna Maria Borges, *Aspectos civis da prova*. Trabalho apresentado no Curso de Pós-Graduação da PUCSP, 1980; Silvio Rodrigues, *Direito civil*, cit., v. 1, p. 304-14; Bassil Dower, op. cit., v. 1, p. 237-42; W. Barros Monteiro, op. cit., p. 262-74; Serpa Lopes, op. cit., v. 1, p. 421-4; Moacyr Amaral Santos, op. cit., n. 207 e 211; Sílvio de Salvo Venosa, op. cit., p. 412; Pedro Gagliardi e W. L. de Almeida, *Arquivos judiciários*, São Paulo, 1985, cap. VI; Rogério de M. Fialho Moreira, Prova pericial: inovações da Lei n. 8.455/92, *Estudos Jurídicos, 6*:169-79; Carlos Alexandre Rodrigues, Da desnecessidade de assinatura para validade de contrato efetivado via Internet, *RT, 784*:83; Mairan Gonçalves Maia Jr., Falsidade documental, *RP, 66*:184 e s.; Leonardo Greco, A prova no processo civil: do Código de 1973 ao novo Código Civil, *Linhas Mestras do Processo Civil* (coord. Ribeiro Costa, Rezende Ribeiro e Silva Dinamarco), São Paulo, Atlas, 2004; José Mariano Jr., Cópia autenticada e o novo Código Civil, *Jornal Síntese, 76*:5; José Carlos Barbosa Moreira, Anotações sobre o título "Da prova" no novo Código Civil, *Revista Síntese de Direito Civil e Processual Civil, 36*:5-18; Humberto Theodoro Jr., *Comentários*, cit., v. III, t. 2, p. 375 e s.; Código de Processo Civil, arts. 369 a 484; M. V. Feu Rosa, *Perícia judicial*, Porto Alegre, Sérgio A. Fabris, Editor, 1999; R. P. de Mello, *Provas ilícitas e sua interpretação constitucional*, Porto Alegre, Sérgio A. Fabris, Editor, 2000; Ricardo Politano, Provas ilícitas, *Revista Síntese de Direito Civil e Processual Civil, 91*:109:25; Nelson Nery Jr. e Rosa Maria de A. Nery, *Comentários*, cit., p. 1015-6; Flávio Tartuce, *O novo CPC*, cit., p. 171 a 224; Carlos G. Rodrigues Reis, Valoração da fotografia digital no processo, *Jornal Síntese, 85*:17-18; Matiello, *Código*, cit., p. 174-5 e 186-7; Tepedino e outros, *Código*, cit., v. 1, p. 439 e 450; Jones F. Alves e Mário L. Delgado, *Código*, cit., p. 147; Fernanda Tartuce, Meios de prova no Código de

Processo Civil e no Código Civil, *Direito civil – direito patrimonial* e *direito existencial* (coord. Tartuce e Castilho), São Paulo, Método, 2006, p. 163-76; Roberto Senise Lisboa, *Comentários*, cit., p. 294-302; Humberto Theodoro Jr., Prova indiciária no novo Código Civil e a recusa ao exame de DNA, *Revista Síntese de Direito Civil e Processual Civil, 33*:29-42; Eduardo Cambi, *A prova civil – admissibilidade e relevância*, São Paulo, Revista dos Tribunais, 2006; Luís Fernando Nardelli, *Inspeção judicial*, São Paulo, Leud, 2007; Ricardo P. Braga (A fragilidade da prova testemunhal, *Informativo IASP, 98*: 50-1) observa que há desconfiança na prova testemunhal, e, por isso, o CPC/2015, arts. 443, I e II, 400, I e II, e 401, privilegia a prova documental e pericial. Interessante é a obra de Sérgio P. Martins, Perícia no novo CPC e o processo do trabalho, *Revista Síntese Direito Civil e Processual Civil, 97*:73 a 81.

Para Luiz Eduardo B. Pacifico (A força da jurisprudência e as presunções jurisprudenciais, *Informativo IASP, 98*: 52-3), as presunções resultantes de sucessivos julgamentos sobre o mesmo tema constituem verdadeiros *standard's* e não se confundem com as presunções legais. Um exemplo bem ilustra essa realidade: na hipótese de embargos de terceiro promovidos pela mulher, para a proteção de sua meação, a jurisprudência do STJ, referindo-se expressamente a *presunção*, pacificou-se no seguinte sentido: "a) em princípio, a presunção é de que as dívidas contraídas pelo marido o foram em benefício da comunidade familiar, daí por que cabe à mulher o ônus da prova que tal obrigação não favoreceu a família, caso em que a sua meação ficaria protegida de eventual constrição; b) tratando-se de aval, que é ato de favor, inverte-se a presunção, cabendo ao credor fazer a prova de que a garantia dada pelo marido trouxe proveito à família; c) sendo aval em garantia de dívida de sociedade comercial da qual o marido faz parte, presume-se que o ato foi praticado para ganho da família, retornando-se à situação (a), devendo a mulher fazer a prova excludente" (REsp 81.405-RJ, rel. Min. Ruy Rosado de Aguiar, *DJ*, 27-5-1996). *Vide*: Código de Processo Penal, arts. 159, 210, 212 e 217, com a redação da Lei n. 11.690/2008 sobre exame de corpo de delito e outras perícias e prova testemunhal; Portaria n. 527, de 9 de novembro de 2010, do Ministério da Fazenda, que dispõe sobre a prática de atos e termos processuais em forma eletrônica, bem como a digitalização e armazenamento de documentos digitais no âmbito do Ministério da Fazenda; Resolução n. 454/2011 do STF, que altera a Res. n. 402/2009, sobre cópias reprográficas de peças de processos judiciais. Portaria n. 998, de 21 de dezembro de 2012, da Procuradoria Geral Federal, disciplina os procedimentos a serem adotados em relação à utilização de informações protegidas por sigilo em processos judiciais. Noticia *BAASP, 2.780*:13, que: "Desde 22/2/2012, os registros de títulos e documentos passaram a ser efetuados independentemente de prévia distribuição, salvo quando os titulares de delegação, por consenso e mediante autorização do corregedor permanente, estabelecerem central de atendimento e distribuição, mantida direta e pessoalmente pelos registradores da comarca. Neste caso, o título será apresentado direta e exclusivamente na central de atendimento, facultando-se ao usuário a escolha do registrador, observada a obrigatoriedade de compensação de títulos. As informações sobre a liberalidade de escolha do registrador deverão estar afixadas nas dependências da central e no respectivo endereço eletrônico. Publicado pelo desembargador José Renato Nalini, corregedor-geral da justiça do Estado de São Paulo, o novo procedimento divulgado pelo Provimento CG n. 3/2012, alterando a redação do subitem 7.2 da Seção I do Capítulo XIX das Normas da Corregedoria-Geral da Justiça, capítulo que trata das atribuições do registrador de títulos e documentos".

Súmula n. 32, de 9 de junho de 2008, da Advocacia Geral da União: "Para fins de concessão dos benefícios dispostos nos arts. 39, inciso I e seu parágrafo único, e 143 da Lei n. 8.213, de 24 de julho de 1991, serão considerados como início razoável de prova material documentos públicos e particulares dotados de fé pública, desde que não contenham rasuras ou retificações recentes, nos quais conste expressamente a qualificação do segurado, de seu cônjuge, enquanto casado, ou companheiro, en-

1) *Confissão* (CPC, arts. 389 a 395; *ADCOAS*, n. 86.349, 1982), que é o ato pelo qual a parte admite, judicial ou extrajudicialmente, a verdade de um fato, contrário ao seu interesse e favorável ao adversário. "O termo 'confissão' deve abarcar o conceito lato de depoimento pessoal, tendo em vista que este consiste em meio de prova de maior abrangência, plenamente admissível no ordenamento jurídico brasileiro" (Enunciado n. 157 do Conselho da Justiça Federal, aprovado na III Jornada de Direito Civil). Não tem eficácia a confissão feita pelo incapaz de dispor do direito a que se referem os fatos por ele confessados (CC, art. 213). O incapaz não pode confessar nem mesmo por seu representante legal, porque a confissão só pode ser produzida por pessoa capaz e no gozo de seus direitos. Por exemplo, quem não for o proprietário do imóvel vendido não poderá confessar a irregularidade da venda; porém, se for o seu dono, havendo impugnação, poderá admitir tal fato; quem for absolutamente incapaz não poderá efetuar confissão, por não ter a disposição do direito relativo ao fato confessado. Mas, se feita a confissão por um representante, apenas produzirá efeito jurídico nos limites em que ele puder vincular o representado (CC, art. 213, parágrafo único; *RT*, *679*:147, *624*:142; *RJTJMS*, *102*:63). Por exemplo, mandatário munido de poderes gerais de administração não poderá confessar fato excedente àqueles poderes; se tiver poder especial para efetuar confissão em nome do representado, poderá fazê-la, mas, ante as consequências dela decorrentes, a interpretação dada à extensão daqueles poderes conferidos pelo mandante será restritiva. Não se confere qualquer eficácia jurídica à confissão feita por representante sem poderes expressos para tanto ou que vier a exceder aos poderes recebidos. Observa Roberto Senise Lisboa que "a confissão formulada pelo representante do incapaz ou de alguma pessoa física ou jurídica somente pode ser aceita nos estritos limites dos poderes que a ele foram conferidos por lei ou pela vontade do representado". Também não valerá a confissão que for feita por um só dos cônjuges, quando o fato versar sobre bens imóveis ou direitos reais sobre imóveis alheios (CPC, arts. 391, parágrafo único, e 105; CC, art. 1.647, I). O art. 341 do Código de Processo Civil admite como prova a "confissão ficta", decorrente da alegação não contestada pela outra parte, se o contrário não resulta do conjunto das provas. A confissão é irrevogável (CC, art. 214), embora possa ser anulada se oriunda de erro de fato (CC, art. 139, I e II) ou de coação (CC, arts. 151 a 155). Para escapar das consequências da confissão viciada, o confitente deverá, pelo Código de Processo Civil, art. 393, propor ação anulatória, se a confissão decorreu de erro de fato ou de coação.

---

quanto durar a união estável, ou de seu ascendente, enquanto dependente deste, como rurícola, lavrador ou agricultor, salvo a existência de prova em contrário".

Enunciado n. 50 do Fórum Permanente de Processualistas Civis: "Os destinatários da prova são aqueles que dela poderão fazer uso, sejam juízes, partes ou demais interessados, não sendo a única função influir eficazmente na convicção do juiz".

2) *Documentos públicos e particulares* (CC, art. 212, II; CPC, arts. 188, 205, 405, 425, IV, V, VI, §§ 1º e 2º, 405 a 441; Lei n. 7.115/83; Dec. n. 83.936/79; Lei n. 6.629/79; Dec. n. 4.553/2002, ora revogado pelo Decreto n. 7.845/2012, que regulamenta o art. 23 da Lei n. 8.159/91, sobre categoria de documentos públicos sigilosos; Dec. n. 4.073/2002, que regulamenta a Lei n. 8.159/91 sobre Política Nacional de Arquivos Públicos e Privados; Lei n. 11.111/2005, ora revogada pela Lei n. 12.527/2011; Lei n. 12.682/2012, art. 2º-A, §§ 1º a 8º, acrescido pela Lei n. 13.874/2019; Resolução n. 27/2008 do CONARQ; Resolução n. 17/2003 do Conselho Nacional de Arquivos sobre Declaração de interesse público e social de arquivos privados de pessoas físicas ou jurídicas que contenham documentos relevantes para a história, cultura e desenvolvimento nacional; Dec. n. 3.714/2001 sobre remessa por meio eletrônico de documentos; Lei n. 14.382/2022 sobre sistema eletrônico dos registros públicos de atos e negócios jurídicos; TARJ, *ADCOAS,* n. 81.511, 1982; n. 83.205, 90.046, 90.174 e 90.837, 1983; CLT, art. 830, parágrafo único, com a redação da Lei n. 11.925/2009), que não se confundem com as escrituras públicas ou instrumentos particulares."O registro de títulos e documentos não exigirá reconhecimento de firma, e caberá exclusivamente ao apresentante a responsabilidade pela autenticidade das assinaturas constantes de documento particular. O documento de quitação ou de exoneração da obrigação constante do título registrado, quando apresentado em meio físico, deverá conter o reconhecimento de firma do credor" (art. 130, §§ 2º e 3º, da Lei n. 6.015/73, com redação da Lei n. 14.382/2022). "As certidões do registro de títulos e documentos terão a mesma eficácia e o mesmo valor probante dos documentos originais registrados, físicos ou nato-digitais, ressalvado o incidente de falsidade destes, oportunamente levantado em juízo" (art. 161 da Lei n. 6.015/73, art. 161, com redação da Lei n. 14.382/2022. "O documento eletrônico tem valor probante, desde que seja apto a conservar a integridade de seu conteúdo e idôneo a apontar sua autoria, independentemente da tecnologia empregada" (Enunciado n. 297 do CJF, aprovado na IV Jornada de Direito Civil). Pelo Código de Processo Civil de 2015, arts. 439 a 441, admissível será o uso do documento eletrônico, como valor probante, no processo. Pelo Enunciado n. 129 (aprovado na II Jornada de Direito Processual Civil): "É admitida a exibição de documentos como objeto de produção antecipada de prova, nos termos do art. 381 do CPC".

As *escrituras públicas*, que documentam negócios jurídicos unilaterais ou bilaterais, são feitas perante oficial público e na presença de testemunhas, observando-se os requisitos do art. 108 e dos parágrafos do art. 215 do CC. A escritura pública, lavrada em notas de tabelião, é documento dotado de fé pública, fazendo prova plena, devendo, em regra, conter: data e local de sua realização; reconhecimento da identidade e capacidade das partes e de quantos hajam comparecido ao ato, por si, como representantes, intervenientes ou testemunhas; qualificação das partes e dos demais comparecentes, indicando, quando necessário, o regime de bens do casamento, nome do outro cônjuge e filiação; manifestação clara da vontade das partes e dos intervenientes; referência ao cumprimento das exigências legais e fiscais inerentes à legitimidade do ato; declaração de ter sido lida na presença das partes e demais comparecentes, ou de que todos a leram; assinatura das partes e dos demais comparecentes, bem como a do tabelião ou seu substituto legal, encerrando o ato. Se algum comparecente não puder ou não souber escrever, outra pessoa capaz assinará a rogo por ele. A escritura deverá ser redigida em língua nacional. Se algum comparecente não a conhecer, e o tabelião não a entender, deverá comparecer tradutor público para servir de intérprete (Lei n. 14.195/2021, arts. 22 a 34), ou, não o havendo, pessoa capaz e idônea, a juízo do tabelião, que tenha conhecimento daquela língua. Se algum comparecente não for conhecido do tabelião, nem puder ser identificado documentalmente, deverão participar do ato pelo menos duas testemunhas que o conheçam e atestem sua identidade. Todos esses requisitos formais deverão estar presentes para assegurar a presunção *juris tantum* da autenticidade do instrumento público, que fará prova plena. "A amplitude da noção de 'prova plena' (isto é, 'completa') importa presunção relativa acerca dos elementos indicados nos incisos do § 1º, devendo ser conjugada com o disposto no parágrafo único do art. 219" (Enunciado n. 158 do Conselho da Justiça Federal, aprovado na III Jornada de Direito Civil). Convém lembrar, ainda, que o Provimento n. 8/2015 do CGJSP autoriza a coleta das assinaturas dos interessados em escrituras públicas em até trinta dias, hipótese em que as partes deverão apor ao lado de sua firma a data da respectiva subscrição. Se o ato notarial não for assinado dentro do prazo fixado, a escritura pública será declarada incompleta.

Os *instrumentos particulares* (realizados somente com a assinatura dos próprios interessados, mesmo sem autenticação) farão prova plena, salvo se impugnados, caso em que se apresentará o original, p. ex., letra de câmbio, cheque, nota promissória, desde que estejam na livre disposição e administração de seus bens, não mais se exigindo que sejam subscritos por duas testemunhas (mas serão necessárias as assinaturas dos obrigados e de duas testemunhas, para que aquele ato negocial sirva de título executivo extrajudicial – CPC, art. 784, III); provam as obrigações convencionais de qualquer valor, sem ter, contudo, efeitos perante terceiros (CC, art. 221 – antes de assentados no registro público); dão existência aos negócios jurídicos, servindo-lhes, também, de prova; os *documentos* têm apenas função probatória. Serão *particulares* quando feitos por pessoas naturais ou jurídicas não investidas de função pública, p. ex.: cartas, telegramas (provam-se mediante conferência com o original assinado pelo remetente e conservado pelo órgão expedidor – CC, art. 222), radiogramas, fotografias (CPC, art. 422, § 2º; TJRJ, 11ª Câm. Civ., AI 2002.002.16767, j. 13-11-2002; STJ, 4ª T., REsp 188.953/PR, *DJ*, 12-4-1999), inclusive digitais (CPC, art. 422, § 1º; TJRJ, 4ª Câm. Civ., Ac. 1999.001.0886, j. 16-5-2000; Leis n. 12.682/2012 e 12.686/2012), e cópias fotográficas (CC, art. 223 e parágrafo único) ou reprográficas (xerox) de documentos, salvo nos casos em que se exigir a exibição do original, se impugnada sua autenticidade, sendo que tal cópia, mesmo autenticada, não suprirá a falta de apresentação do título de crédito se a lei exigir sua exibição; reproduções gráficas, mecânicas, eletrônicas (inclusive arquivos eletrônicos – Enunciado n. 298 do CJF, aprovado na IV Jornada de Direito Civil; Lei n. 11.977/2009) e cinematográficas, reproduções pela internet e registros fonográficos não havendo impugnação de sua exatidão (CC, art. 225); avisos bancários, registros paroquiais; livros e fichas de empresários e sociedades que provam contra as pessoas a que pertencem, e, em seu favor, quando escriturados sem vício extrínseco ou intrínseco, foram confirmados por outros subsídios (CC, art. 226) ou meios probatórios (CC, art. 212). Todavia a prova decorrente desses livros e fichas é insuficiente nos casos em que a lei exigir escritura pública ou escrito particular revestido de requisitos especiais e pode ser ilidida pela comprovação da falsidade ou inexatidão dos seus lançamentos (CC, art. 226, parágrafo único). Serão *públicos* quando elaborados por autoridade pública no exercício de suas funções, p. ex.: guias de imposto, mensagem do Presidente da República, laudos de repartições públicas, atos notariais, de registro civil do serviço consular brasileiro (Dec. n. 84.451/80, ora revogado pelo Decreto n. 8.742/2016), portarias e avisos de Ministros. A *ata notarial* é também documento público, dotado de fé pública, pois advém da atividade do tabelião ao atestar a existência de um fato ou modo de existir desse fato, servindo como prova de como e quando esse fato se deu. A ata notarial materializa a existência de um fato e pode registrar sons e imagens em arquivos eletrônicos (CPC, art. 384, parágrafo único). É comum a lavratura, p. ex., de fatos ocorridos em assembleias empresariais ou de publicações constantes em *sites* que podem ser retirados, a qualquer momento, do ar. Como a atividade do tabelião, ao atestar fatos, é norteada pelo princípio da fé pública e pelo da notoriedade, há presunção de veracidade dos fatos descritos na ata notarial, que, por si só, constitui prova documental dos fatos dela constantes. Assim sendo, "a existência e o modo de existir de algum fato podem ser atestados ou documentados, a requerimento do interessado, mediante ata lavrada por tabelião. Dados representados por imagem ou som gravados em arquivos eletrônicos poderão constar da ata notarial" (CPC, art. 384, parágrafo único). Constituem, ainda, documentos públicos os que constam dos livros e notas oficiais, ostentando igual força pública as certidões e os traslados que o tabelião ou oficial de registro extrai dos instrumentos e documentos lançados em suas notas (CC, art. 217), bem como os traslados e as certidões passadas pelos escrivães judiciais, dos documentos e atos processuais existentes ou ocorridos nos processos que lhes são afetos, se os originais se houverem produzido em juízo, como prova de algum ato (CC, art. 218). O traslado de auto depende de concerto para fazer a mesma prova que o original, mas será tido como instrumento público, mesmo sem conferência, se extraído de original oferecido em juízo como prova de algum ato (CC, art. 216, c/c o art. 218; CPC, art. 407) ante *o princípio da confiança* depositada no Poder Público. A certidão de peça de autos será considerada documento público se extraída de original apresentado em juízo para produzir prova de algum fato ou ato. Trata-se da *prova emprestada* que servirá como prova documental para auxiliar o convencimento do órgão judicante, desde que tenha sido produzida em contraditório e em demanda da qual tenham participado os mesmos litigantes (*Julgados do TARS, 26*:255; *RJTJSP, 186*:150). Preenchidos esses requisitos, admitida está a prova emprestada, ou seja, a apresentação em um processo, de prova (perícia, depoimento testemunhal etc.) produzida em outro, por meio de traslado ou certidão.

Atos processados em juízo, ou seja, os que já foram objeto de processo ou cuja existência foi pronunciada judicialmente, ainda que produzidos por meio eletrônico, servem de prova, abrangendo também atos realizados em juízo pelas partes, escrivão e oficiais. Dentre esses atos têm-se: a coisa julgada, isto é, a decisão judicial de que já não caiba recurso (LINDB, art. 6º, § 3º); as cartas de arrematação, de adjudicação e de remissão, os formais de partilha e os alvarás judiciais. Servirá ainda, como já dissemos acima, de subsídio ao órgão judicante a "prova emprestada", ou melhor, a prova produzida num processo, como, p. ex., depoimento de testemunha, dos litigantes, exames, utilizados em outro processo. Pelo art. 216 do Código Civil, convém repetir, farão prova, como originais, as *certidões textuais de peças judiciais*, do protocolo das audiências ou de qualquer livro a cargo de escrivão, extraídas por ele, ou sob sua vigilância, e por ele subscritas, assim como os *traslados de autos*, quando por outro escrivão concertados (*vide* Lei n. 5.433/68, regulamentada pelo Dec. n. 1.799/96, sobre microfilmagem de documentos oficiais; Lei n. 11.418/2006, sobre comunicação eletrônica de atos processuais, art. 4º; CPC, arts. 205, § 2º, 209, § 1º, 438, § 2º, 460, § 2º, 367, § 4º, 943, relativos a documentos processuais feitos por via eletrônica; 107, §§ 1º a 3º, sobre retirada de autos de cartório ou secretaria pelos procuradores para obtenção de cópias na hipótese de prazo comum às partes; Lei n. 11.971/2009, sobre certidões expedidas pelos ofícios do Registro de Distribuição e Distribuidores Judiciais. Por outras palavras: as certidões textuais de peça processual, do protocolo das audiências ou, ainda, de qualquer outro livro, feitas pelo escrivão, ou sob suas vistas, e subscritas por ele, terão a mesma força probatória que os originais, sendo que para os traslados de autos será, ainda, preciso que sejam conferidos por outro escrivão (*RF, 223*:450 e *227*:406; *RT, 39*:441). Certidões textuais, na lição de Clóvis Beviláqua, extraídas por escrivão, ou por seu escrevente, sob sua vigilância e por ele subscritas, do livro cartorário, têm por si a fé pública do funcionário e a do livro, onde se encontram os originais, de que são cópias. Se se apresentarem certidões conflitantes entre si, ter-se-á a responsabilidade penal e administrativa do serventuário que as lavrou e prevalecerá a que foi extraída diretamente de peça dos autos ou de outro documento público (*RTJ, 41*:362). A certidão textual, seja *verbo ad verbum* (de inteiro teor), seja em breve relatório (descrição sintética dos fatos), é a reprodução do conteúdo de ato escrito, registrado em autos ou em livro, feita por pessoa investida de fé pública. O *traslado de autos* é a cópia reprográfica fiel, passada pelo próprio escrivão e por outro concertada, de documentos constantes do arquivo judiciário. O concerto, portanto, nada mais é do que o ato de conferir a cópia com o original.

Fazem a mesma prova que os originais as cópias reprográficas de peças do próprio processo judicial declaradas autênticas pelo próprio advogado sob sua responsabilidade pessoal, se não lhes for impugnada a autenticidade (CPC, art. 425, IV).

Todos os documentos, instrumentos de contrato, que tiverem de produzir efeitos no Brasil deverão ser escritos em língua portuguesa. Se escritos em língua estrangeira, deverão ser vertidos para o português, por tradutor juramentado, que goza de fé pública (Decreto n.13.609/43 e 20.256/45; Lei n. 12.514/2011, arts. 22 a 33, com redação da Lei n. 14.195/2021), para que todos possam deles ter conhecimento (*RF*, *269*:464), pois não se pode exigir que o juiz possa compreender todas as línguas. É conveniente lembrar que, pelo art. 26 do Decreto n. 2.067/96, documentos em língua espanhola terão, entre os países do Mercosul, a mesma força probatória dos escritos em português, dispensando sua tradução (*Revista de Processo*, *92*:384). Instrumentos alienígenas poderão ser registrados em nosso país, no original, para fins de sua conservação, mas, para que possam ter eficácia e para valerem contra terceiros, deverão ser vertidos para o vernáculo, e essa tradução, por sua vez, deverá ser registrada (Lei n. 6.015/73, art. 148).

Deveras, prescreve a lei que: "os documentos redigidos em língua estrangeira serão traduzidos para o português para ter efeitos legais no País" (CC, art. 224) e, ainda, propõe o Projeto de Lei n. 699/2011 que deverão, para tanto, ser registrados em Cartório de Títulos e Documentos, tendo-se em vista que o art. 13 da Constituição da República estabelece que a língua portuguesa é o idioma oficial da República Federativa do Brasil e o art. 129, 6º, da Lei n. 6.015, de 31/12/73 (Lei de Registros Públicos) dispõe que "todos os documentos de procedência estrangeira, acompanhados das respectivas traduções, deverão ser registrados em Títulos e Documentos, para surtir efeitos em relação a terceiros". A presente proposta visa "a adequação do novo Código à exigência da Lei de Registros Públicos, posto que o registro, no caso, tem por função a conservação e a publicidade *erga omnes* desses documentos, sobretudo no mundo globalizado em que vivemos, dando mais segurança às relações jurídicas travadas". Mas o Parecer Vicente Arruda, ao analisar o Projeto de Lei n. 6.960/2002 (atual PL n. 699/2011), votou pela sua rejeição, nos seguintes termos: "Não nos parece procedente a pretendida alteração. Em primeiro lugar, o próprio autor da proposição lembra que, nos termos do art. 13 da Carta Magna, a língua portuguesa é a língua oficial do país; em segundo lugar, o dispositivo do Código em questão trata da validade e da eficácia do documento estrangeiro no Brasil, pois acha-se inserido no capítulo relativo à prova do fato jurídico, e não da sua validade contra terceiros, a qual requer, aí sim, o competente registro, havendo de vigorar, lado a lado, portanto, essa disposição do novo Código com a regra insculpida na Lei dos Registros Públicos".

E, além disso, em juízo não serão admitidos documentos escritos em língua estrangeira, salvo se acompanhados de tradução oficial (CPC, art. 192 e parágrafo único).

Prescreve, ainda, o art. 219 e parágrafo único do Código Civil que "as declarações constantes de documentos assinados presumem-se verdadeiras em relação aos signatários. Não tendo relação direta, porém, com as disposições principais ou com a legitimidade das partes, as declarações enunciativas não eximem os interessados em sua veracidade do ônus de prová-las". As declarações dispositivas, ou disposições principais, aludem aos elementos essenciais do ato negocial (p. ex., preço, objeto do contrato, prazo de vencimento etc.) e geram presunção de veracidade de seu conteúdo. As enunciativas são relativas a enunciações que esclarecem situações ou detalhes, p. ex., descrevendo um imóvel, especificando a quitação de preço em razão de um débito já existente entre comprador e vendedor, e podem ter relação direta com a disposição ou serem alheias a ela. Apenas as meramente enunciativas que não se relacionarem com as disposições principais não liberam os interessados em sua veracidade do dever de prová-las, visto que, tão somente, geram a presunção de autoria e das circunstâncias fáticas (data, local etc.); por isso seu conteúdo deverá ser provado pelo interessado, por meio das vias ordinárias, uma vez que, em relação a eles não há presunção de veracidade. Logo, há presunção de veracidade das declarações enunciativas diretas que tiverem relação com declarações principais e das declarações enunciativas constantes de documento assinado, relativas aos signatários. A presunção de veracidade do ato, dando-lhe força para assegurar a relação jurídica, é *juris tantum*, admitindo prova em contrário. O documento público ou particular assinado estabelece a presunção *juris tantum* de que as declarações dispositivas ou enunciativas diretas nele contidas são verídicas em relação às pessoas que o assinaram (*RSTJ*, *78*:269; *RT*, *775*:269).

Pelo Enunciado n. 107 do Fórum Permanente de Processualistas Civis: "O juiz pode, de ofício, dilatar o prazo para a parte se manifestar sobre prova documental produzida".

3) *Testemunhas* (CPC, arts. 442 a 463; CC, art. 212, III; Lei n. 9.807/99; Dec. n. 3.518/2000; Lei estadual paulista n. 10.354/99; Portaria n. 213/2018 do Ministério dos Direitos Humanos; *RJE*, *1*:255, 228 e 139, *4*:27, *1*:139, 228 e 255; *RJTJSP*, *44*:239; *RT*, *84*:400, *138*:162, *696*:203, *625*:148, *525*:233, *500*:181, *542*:192, *785*:170; *BAASP*, *1910*:87; *RJ*, *168*:52, *209*:108; *RTJ*, *79*:640, *104*:1224; STJ, Súmula 149; TST, Súmula 357; *EJSTJ*, *11*:232, *13*:233; *ADCOAS*, n. 90.328 e 91.099, 1983), que podem ser: *judiciárias*, pessoas naturais ou jurídicas representadas, estranhas à relação processual, que declaram em juízo conhecer

o fato alegado, por havê-lo presenciado (testemunhas oculares) ou por ouvir (testemunhas auriculares), dizer algo a seu respeito, ou, ainda, que podem falar da vida pregressa das partes (testemunhas referenciais), e *instrumentárias*, quando se pronunciam sobre o conteúdo do instrumento que subscrevem, sendo duas ou três (CC, arts. 1.864, II, 1.868, III, 1.873 e 1.876, § 1º) nas formas ordinárias de testamento e duas nas escrituras públicas.

Salvo as hipóteses expressas, a prova testemunhal sempre será admitida em atos negociais. E será admissível, qualquer que seja o valor do negócio como prova subsidiária ou complementar, havendo começo de prova por escrito (CPC, art. 444; Lei n. 8.935/94, art. 7º, § 2º, com a alteração da Lei n. 14.382/2022; CC, art. 227, parágrafo único; *RT*, *615*:227), desde que o documento seja relativo ao contrato ou à obrigação e esteja assinado pelo devedor. Admitir-se-á também a prova exclusivamente testemunhal, seja qual for o valor contratual, quando o credor não puder, moral ou materialmente, obter a prova escrita da obrigação (*RJTJRGS*, *172*:280), em casos como o de parentesco, depósito necessário ou hospedagem em hotel (CPC, art. 445). É também permitida a prova exclusivamente testemunhal, quando não se tiver por fim provar a existência do contrato, mas os efeitos dele oriundos (*RT*, *772*:198) e também em contratos que, em regra, são feitos verbalmente (*RT*, *625*:148, *660*:132, *712*:160, *714*:134, *715*:179; *RSTJ 69*:442), p. ex., prestação de serviço de táxi, corretagem, sociedade de fato etc.

Condições precípuas de admissibilidade de prova testemunhal são a capacidade de testemunhar a compatibilidade de certas pessoas com a referida função e a idoneidade da testemunha (*RT*, *481*:189, *494*:137). Todavia, para provar fatos em juízo, que só elas conheçam, o órgão judicante pode admitir, se julgar conveniente, o depoimento de pessoas que não poderiam testemunhar (CPC, art. 447, §§ 4º e 5º; *RJTJSP*, *156*:206); mas, se forem ouvidas, estarão dispensadas do compromisso de dizer a verdade, em razão da situação em que se encontram, de modo que ao magistrado competirá aferir o conteúdo dos depoimentos prestados, considerando o conjunto das demais provas produzidas. Pelo Código de Processo Civil, art. 447, § 2º, I a III, são *impedidos* de depor em juízo, como testemunhas, o cônjuge, o companheiro, o ascendente e o descendente em qualquer grau e o colateral, até o terceiro grau, de alguma das partes por consanguinidade ou afinidade; o que é parte na causa; o que intervém em nome de uma parte, como tutor, representante legal de pessoa jurídica, o juiz, o advogado e outras que assistam ou tenham assistido as partes. Mas, o cônjuge, companheiro, ascendente, descendente ou colateral até o terceiro grau, de alguma das partes, por consanguinidade ou afinidade, não estão impedidos de depor se o interesse público o exigir e se a causa for alusiva ao estado da pessoa, não se podendo obter de outra maneira a prova que o órgão judicante entender necessária para poder resolver o mérito. São *suspeitos*, na seara processual, para testemunhar (CPC, art. 447, § 3º, I a III), o inimigo da parte ou o seu amigo íntimo; o que tiver interesse no litígio. Não podem ser admitidos como testemunhas, no âmbito do processo, por serem *incapazes:* os interditos por enfermidade ou deficiência mental; o acometido por enfermidade ou retardamento mental se, ao tempo em que ocorreram os fatos, não podia discerni-los, ou, ao tempo em que deve depor, não está habilitado a transmitir as percepções; o interessado no litígio; o cego e o surdo quando a ciência do fato depender dos sentidos que lhes faltam (CPC, art. 447, § 1º, I a IV).

Não podem ser admitidos como testemunhas no âmbito negocial: os menores de 16 anos; o interessado no objeto do litígio, p. ex.: o fiador de um dos litigantes, o ex-advogado da parte, o sublocatário na ação de despejo movida contra o inquilino, bem como o ascendente e o descendente, ou o colateral, até o terceiro grau, de alguma das partes, por consanguinidade ou afinidade; os cônjuges ou companheiros (CC, art. 228, I, IV e V, com a alteração da Lei n. 13.146/2015).

Entretanto, a lei permite o testemunho de parentes nas hipóteses dos arts. 1.525, III, e 1.534 do Código Civil e, ainda, admite o depoimento das pessoas arroladas no art. 228, I, IV e V, para a prova de fato de que apenas elas tenham conhecimento (CC, art. 228, § 1º). Pessoas doentes (p. ex., com mobilidade reduzida) ou retardados mentais, apesar de lhes faltar discernimento, cegos e surdos poderão testemunhar em igualdade de condições com as demais pessoas, sendo-lhes assegurados, para tanto, todos os recursos de tecnologia assistiva ou ajuda técnica, ou seja, produtos, equipamentos, dispositivos, metodologias, estratégias, práticas e serviços que objetivem promover a funcionalidade relacionada à atividade que devem desempenhar e à sua participação, visando a sua autonomia, independência, qualidade de vida e inclusão social (Lei n. 13.146/2015, art. 3º, III; CC, art. 228, § 2º). Mas, pelo CPC/2015, que entrou em vigor depois do Estatuto do Deficiente, art. 447, § 1º, I, II e IV, são *incapazes*, como vimos acima, para depor como testemunhas: o interdito por enfermidade ou deficiência mental; o que, acometido por enfermidade ou retardamento mental, ao tempo em que ocorreram os fatos, não podia discerni-los, ou, ao tempo em que deve depor, não está habilitado a transmitir as percepções; o cego e o surdo, quando a ciência do fato depender dos sentidos que lhes faltam. Surge aqui uma *antinomia aparente*, cuja solução remete o julgador a uma simples interpretação e à aplicação do art. 5º da LINDB, não requerendo a edição de uma norma que esclareça a questão. Parece-nos que o mais viável seria admitir que o portador de deficiência possa testemunhar apenas no *plano negocial*, pois o CC, art. 228 (norma substantiva), não mais o arrola como incapaz de servir como testemunha, mas não poderá prestar depoimento testemunhal no âmbito processual (CPC, art. 447, § 1º – norma adjetiva). Ninguém é obrigado a depor sobre fato: a cujo respeito, por estado ou profissão, deva guardar segredo (CPC, art. 448, I e II; CPP, arts. 206 e 207; CP, art. 154; Lei n. 8.906/94, art. 34, VII); a que não possa responder sem desonrar a si próprio, seu cônjuge, parente em grau sucessível ou amigo íntimo; que o exponha, bem como a seus familiares ou amigo íntimo, a perigo de vida, de demanda ou de dano patrimonial imediato.

Urge lembrar que o CPC/2015, art. 459, *caput*, extinguiu as reperguntas às testemunhas, possibilitando que o advogado as inquira diretamente sob supervisão de magistrado.

4) *Presunção,* que é a ilação tirada de um fato conhecido para demonstrar outro desconhecido. É a consequência que a lei ou o magistrado tiram, tendo como ponto de partida o fato conhecido para chegar ao fato ignorado. Elucidativo é o seguinte exemplo de Silvio Rodrigues: "habitualmente o credor guarda consigo o título de crédito para provar seu direito e só o entrega ao devedor quando do resgate da dívida. Este é o fato conhecido; daí se deduzir que se o título se encontra em mãos do devedor é porque foi pago ou remetido; o fato do pagamento ou da remissão é desconhecido, contestado e não se encontra provado, visto que inexiste quitação ou qualquer testemunha que o haja presenciado, mas, partindo-se daquela circunstância anterior, já conhecida, presume-se verdadeiro" (CC, art. 324).

A presunção (CC, art. 212, IV) que decorre da lei é a *legal* e pode ser: *a*) *Absoluta* (*juris et de jure*), se a norma estabelecer a verdade legal, não admitindo prova contrária ao fato presumido. P. ex.: a do art. 163 do Código Civil, em que se presumem fraudatórias dos direitos dos outros credores as garantias de dívidas que o devedor insolvente tiver dado a algum credor; a do art. 174 do Código Civil, pelo qual é escusada a confirmação expressa, quando a obrigação já foi cumprida em parte pelo devedor, ciente do vício que a inquinava; a do art. 1.643, I e II, do Código Civil, em que se presumem autorizados os cônjuges para realizar os atos dos incisos I e II; a dos arts. 574, 614, §§ 1º e 2º, e 1.802, parágrafo único, do Código Civil; a do conhecimento da lei por parte de todos; a de simulação fraudulenta na venda de ascendente a descendente sem consentimento dos demais descendentes; a incapacidade jurídica daquele a quem foi decretada a interdição etc. *b*) *Relativa* (*juris tantum*), se a lei estabelecer um fato como verdadeiro até prova em contrário. P. ex.: Código Civil, arts. 8º, 133, 219, 1.597, I a IV, 1.598, 1.599, 1.203, 1.231, 322, 323, 324, 325, 544, 551 e 581. Assim a lei presume concebido na constância do casamento o filho havido pela mulher casada, mas permite ao marido contestar a paternidade (CC, art. 1.601).

A presunção deixada ao critério e prudência do magistrado, que se funda naquilo que cotidiana, habitual ou ordinariamente acontece, denomina-se *simples,* comum, ou *hominis* (CPC, arts. 374, I e IV, e 375). P. ex.: a do amor materno, que fará com que a mãe nunca prejudique seu filho. Todavia, o juiz não deve aceitá-la senão quando se trate de fatos graves, precisos e concordantes. E admitida dentro dos mesmos limites em que se permite a prova testemunhal (CPC, arts. 442 e 443), excluídos os casos em que tal prova não seja possível. Contra a presunção comum pode valer, desde que concludente, a prova testemunhal. Em regra, apenas deverão ser admitidas quando não for contrariada pelas demais provas produzidas nos autos processuais.

Não há que se confundir indício com presunção. O indício é o meio de se chegar a uma presunção. P. ex.: quando se verifica que A vende a B, seu irmão, um imóvel a preço irrisório, por estar endividado, tal fato indica que pode haver fraude contra credores. O indício é tão somente o ponto de partida de onde, por inferências, se pode estabelecer alguma presunção.

5) *Perícias* (CC, art. 212, V), provas decorrentes de análises de especialistas ou peritos, que abrangem: a) *exames, vistorias* ou *avaliações,* que são as perícias do Código de Processo Civil, arts. 464 a 480, 870 a 875 (*RT, 685*:114, *439*:143, *620*:145, *635*:264, *829*:230, *830*:206, *844*:263; *Ciência Jurídica, 65*:160, *35*:87, *34*:146, *37*:85, *39*:98, *27*:106, *39*:96, *25*:140; *Bol. AASP, 1.942*:22; *RJE, 1*:195; *ADCOAS,* n. 90.711, 90.712, 90.838, 91.238, 91.239 e 91.363, 1983; *RJ, 166*:109; Enunciado 12 do TJSP; Lei n. 11.430/2006, que acrescenta art. 21-A (sobre perícia médica) à Lei n. 8.213/91; Dec. n. 7.008/2009, arts. 2º, III, 3º, I, e 4º, alusivos à perícia oficial; Res. do CFM n. 2.056/2013, arts. 34 a 36, 52 a 62, sobre perícia médica). Exame é a apreciação de alguma coisa, por meio de peritos, para esclarecimento em juízo. P. ex.: exame de livros; exame de sangue ou de DNA, nas ações de investigação de paternidade (*Ciência Jurídica, 62*:168; *RT, 473*:90); exame grafotécnico (*Ciência Jurídica, 38*:107); exame médico, nas interdições. O juiz está autorizado a determinar, para atingir a verdade do fato *sub judice,* a realização das provas que julgar convenientes para instruir o processo, ordenando até mesmo a perícia médica para apurar paternidade, ou sequelas de uma lesão corporal. Ninguém poderá, ante o direito à privacidade tutelado constitucionalmente, ser constrangido a fazer, produzindo prova contra si mesmo, exames médicos, envolvendo, p. ex., coletas de sangue ou retirada de amostras de tecidos. Sua recusa gerará, por outro lado, a impossibilidade da alegação em seu proveito, de que falta do referido exame seria decisiva para a solução da demanda em seu favor. Quem se negar a fazer exame médico necessário não poderá arguir sua imprescindibilidade para a solução do litígio; com isso o órgão judicante poderá acatar outros meios probatórios que poderão conduzir a uma decisão que lhe seja desfavorável. Dispõem os arts. 231 e 232 do Código Civil que aquele que se negar a submeter-se a exame médico necessário não poderá aproveitar-se de sua recusa, alegando, p. ex., insuficiência ou inexistência de prova. Tal recusa a perícia médica ordenada pelo juiz poderá suprir prova que se pretendia obter com o exame (CC, art. 232; *JTJ, 201*:128, *210*:202). P. ex.: a recusa ao exame de DNA poderá valer como prova da paternidade ou maternidade (*JSTJ, 10*:222; *RSTJ, 135*:315; *RT, 830*:357, *791*:344, *778*:266). A recusa à perícia ordenada poderá fazer com que o magistrado conclua pela procedência da ação, tendo por base a presunção *juris tantum* advinda da não colabora-

ção na produção da prova exigida (Súmula 301 do STJ). Essa súmula também se aplica em sentido inverso, pois já se decidiu que a recusa do filho a realizar o exame de DNA gera presunção em favor da paternidade alegada pelo suposto pai (*RT*, *839*:219; *JTJ*, *293*:208). Por outro lado, já se decidiu que a recusa da mãe em submeter filho ao exame de DNA gera a presunção de que o suposto pai não é o genitor da criança (STJ, 4ª Turma). O art. 232 admite a possibilidade de se ter suprimento probatório e autoriza o uso do fato de ter a parte se recusado ao exame pericial médico como uma presunção, cuja valoração, no dizer de Humberto Theodoro Júnior, deve dar-se em cotejo com o quadro geral dos elementos de convicção disponíveis no processo. Consequentemente, a ausência de conclusão, oriunda da negativa de submissão ao exame médico ordenada pelo órgão judicante, atingirá a pretensão alegada, pois o ônus da prova incumbe ao autor quanto ao fato constitutivo do seu direito (CPC, art. 373, I). Com isso a prova por ele produzida ou aquela presunção lhe será favorável. Reforçando essa ideia, a Lei n. 12.004/2009 acrescenta o art. 2º-A à Lei n. 8.560/92 estabelecendo que, "na ação de investigação de paternidade, todos os meios legais, bem como os moralmente legítimos serão hábeis para provar a verdade dos fatos", dispondo, ainda, no parágrafo único, que "a recusa do réu em se submeter ao exame de código genético – DNA gerará a presunção da paternidade, a ser apreciada em conjunto com o contexto probatório". Vistoria é a mesma operação, porém restrita à inspeção ocular, muito empregada nas questões possessórias, nas demarcatórias e nas referentes aos vícios redibitórios (*RT*, *493*:95, *389*:239; Súmula 154 do STF). Avaliação é ato pericial que tem por escopo o esclarecimento de valores; b) *arbitramento*, que é o exame pericial tendo em vista determinar o valor da coisa ou da obrigação a ela ligada, muito comum na desapropriação, nos alimentos, na indenização dos danos por atos ilícitos (CPC, arts. 81, § 3º, 509, I, 510, 784, V, VI, e 809, §§ 1º e 2º; Lei n. 8.898/94; *EJSTJ*, *11*:232 e 233); e c) *inspeção judicial* (CPC, arts. 481 a 484; *RT*, *674*:158, *631*:189, *629*:206), que vem a ser a verificação feita pessoalmente pelo magistrado, quer examinando uma pessoa, quer verificando o objeto, com o escopo de colher dados para a prova. Por ser um ato formal e público o juiz deve ser acompanhado do escrivão ou de um de seus escreventes autorizados para a lavratura do auto ou termo da diligência de inspeção que tomarão seu ditado no próprio local da ocorrência, e este ditado constituirá elemento essencial do processo, servindo de prova na decisão judicial.

Quadro Sinótico

ELEMENTOS ESSENCIAIS PARTICULARES DO NEGÓCIO JURÍDICO

1. FORMA DO NEGÓCIO JURÍDICO	• Conceito	• É o conjunto de solenidades que se devem observar para que a declaração de vontade tenha eficácia jurídica (CC, arts. 107, 166, IV e V; CPC, arts. 406 e 188).		
	• Espécies	• Forma livre ou geral	• (CC, arts. 541, parágrafo único e 656).	
		• Forma especial ou solene	• Forma única	• CC, arts. 108, 215, 1.653, 1.227, 1.245, 1.711, 1.846, 237, 1.748, IV, e 1.750.
			• Forma plural	• CC, arts. 1.609, 842, 2.015, 62, 1.805, 1.806 e 1.417.
			• Forma genética	• CC, arts. 619 e 578.
		• Forma contratual	• CC, art. 109.	
2. PROVA	• Conceito	• Para Clóvis, é o conjunto de meios empregados para demonstrar, legalmente, a existência de negócios jurídicos.		
	• Requisitos	• A prova deve ser: admissível, pertinente e concludente.		
	• Princípios	• O ônus da prova incumbe a quem alega o fato e não a quem o contesta. • Se o autor nada provar, o réu será absolvido. • As declarações de ambas as partes são equivalentes; só depois de comprovada é que se deve dar preferência a uma ou outra declaração. • O juiz deve julgar pelo alegado e provado. • Prova-se o fato alegado e não o direito a aplicar. • Independem de prova os fatos notórios. • Devem ser considerados verídicos os fatos incontroversos. • O juiz apreciará livremente a prova, atendendo aos fatos constantes dos autos, indicando os motivos que lhe formaram o convencimento (CPC, art. 371).		

<table>
<tr><td rowspan="4">2. PROVA</td><td rowspan="4">• Enumeração das provas</td><td colspan="3">• Prova dos negócios solenes só pode ser feita pela exibição do documento exigido pela lei (CPC, art. 406).
• Prova dos negócios não formais (CC, art. 212; CPC, art. 369).
a) Confissão (CPC, arts. 389 a 395).
b) Documentos públicos e particulares (CPC, arts. 188, 205, 405, 425, IV, V e VI, §§ 1º e 2º, 405 a 441; CC, arts. 215, 216, 217, 218, 219, 221, 222, 223, 224, 226).
c) Testemunhas (CPC, arts. 442 a 463; CC, arts. 228, 1.525, III, 1.534).</td></tr>
<tr><td rowspan="2">d) Presunção</td><td>• Legal</td><td>• Absoluta (juris et de jure) – CC, arts. 163, 174, 1.643, I e II, 574, 614, §§ 1º e 2º.
• Relativa (juris tantum) – CC, arts. 8º, 133, 219, 1.597, I a IV, 1.598, 1.599, 1.203, 1.231, 322, 323, 324, 325, 544, 551 e 581.</td></tr>
<tr><td>• Simples</td><td>• Presunção deixada ao critério do juiz que se funda naquilo que ordinariamente acontece.</td></tr>
<tr><td>e) Perícias</td><td colspan="2">• Exames e vistorias ou avaliações (CPC, arts. 464 a 480, 870 a 875; CC, arts. 231 e 232; Lei n. 8.560/92, art. 2º-A e parágrafo único, acrescentado pela Lei n. 12.004/2009).
• Arbitramento (CPC, arts. 81, § 3º, 509, I, 510, 784, V e VI, e 809, §§ 1º e 2º).
• Inspeção judicial (CPC, arts. 481 a 484).</td></tr>
</table>

G. Elementos acidentais

g.1. Generalidades

Os elementos acidentais do negócio jurídico são cláusulas que se lhe acrescentam com o objetivo de modificar uma ou algumas de suas consequências naturais. Nada mais são do que categorias modificadoras dos efeitos normais do negócio jurídico, restringindo-os no tempo ou retardando o seu nascimento ou exigibilidade.

São elementos acidentais porque o ato negocial se perfaz sem eles, subsistindo mesmo que não haja sua estipulação. Sua presença é dispensável para a existência do negócio, uma vez que são declarações acessórias da vontade, incorporadas a outra, que é principal. Daí decorre a consequência de que seguem o negócio jurídico, sendo nulas se ele o for.

As determinações acessórias que modificam os efeitos jurídicos do negócio são: condição, termo e encargo ou modo. São cláusulas implícitas ou explícitas que se agregam a contratos e testamentos, embora não possam ser apostas em determinados atos como no casamento, pois ninguém pode se casar sob condição ou termo; na emancipação, ante os seus importantes efeitos, seria inconveniente que ela pudesse se desfazer pelo implemento de uma condição; no reconhecimento de filho (CC, art. 1.613), porque modifica o estado do indivíduo na família, estabelecendo uma situação que não pode, de modo algum, ser transitória; na aceitação ou renúncia de herança (CC, art. 1.808), pois as relações sucessórias não podem ficar sob condição ou termo, por trazerem essas cláusulas alteração patrimonial, e pela circunstância de que a sucessão deve ser estabelecida de maneira definitiva[161].

---

161. Silvio Rodrigues, *Direito civil,* cit., v. 1, p. 267 e 271; Orlando Gomes, op. cit., p. 369 e 370; W. Barros Monteiro, op. cit., v. 1, p. 234 e 235; Caio M. S. Pereira, op. cit., v. 1, p. 477-9; De Page, op. cit., v. 1, n. 134; Sebastião José Roque, *Teoria geral do direito civil*, cit., p. 133-8; Rose M. Venceslau, O negócio jurídico, *A parte geral*, cit., p. 200-22; P. Stolze Gagliano e R. Pamplona Fº, *Novo curso*, cit., v. 1, p. 417-34; Álvaro Villaça Azevedo, *Código Civil comentado*, São Paulo, Atlas, v. II, 2003, p. 113-75; Renan Lotufo, *Código Civil*, cit., v. 1, p. 340-79; Zeno Veloso, *Condição, termo e encargo*, São Paulo, Malheiros, 1997; Filippo Serafini, *Istituzioni di diritto romano*, v. 1, Roma, Atheneo, 1898, p. 195 a 205.

A condição, o termo e o encargo são autolimitações da vontade; uma vez impostos à manifestação volitiva, dela tornam-se inseparáveis.

g.2. Condição

Com base no art. 121 do Código Civil, poder-se-á dizer que condição é a cláusula que, derivando exclusivamente da vontade das partes, subordina o efeito do negócio jurídico a evento futuro e incerto (*RT, 484*:56).

Assim um ato negocial é condicional quando seu efeito, total ou parcial, depende de um acontecimento futuro e incerto.

Para sua configuração, portanto, é necessária a ocorrência de três *requisitos* essenciais: *a*) *aceitação voluntária*, por ser declaração acessória da vontade incorporada a outra, que é a principal por se referir ao negócio a que a cláusula condicional se adere com o objetivo de modificar uma ou algumas de suas consequências naturais; *b*) *futuridade do evento*, visto que exigirá sempre um fato futuro, do qual o efeito do negócio dependerá; e *c*) *incerteza do acontecimento*, pois a condição relaciona-se com um acontecimento incerto, que poderá ocorrer ou não.

Requer sempre um fato futuro, do qual o efeito do negócio jurídico ficará dependendo. Se for alusiva a fato passado ou presente não é condição, ainda que seja desconhecido ou ignorado. Se o evento já estiver concretizado por ocasião da declaração da vontade, o negócio é puro e simples e não condicional. Se não se efetivou, o ato negocial não chega a formar-se por ter falhado o implemento da condição. Elucidativo, a respeito, é o exemplo de Spencer Vampré: se alguém prometer certa quantia, se premiado o seu bilhete de loteria que ontem correu. Ou o bilhete foi premiado e a obrigação é pura e simples ou não o foi, caso em que a declaração é ineficaz[162].

Relaciona-se, convém repetir, a condição a um acontecimento incerto, que pode dar-se ou não. Se houver subordinação do efeito do negócio a evento certo, como a morte, não se tem condição, mas termo[163].

As condições podem ser *classificadas*[164] quanto:

---

162. Spencer Vampré, *Manual do Código Civil brasileiro*, p. 96, v. 1; R. Limongi França, Condição, in *Enciclopédia Saraiva do Direito*, v. 17, p. 371; W. Barros Monteiro, op. cit., v. 1, p. 235; Von Tuhr, *Derecho civil*, v. 3, 1ª parte, § 80; Caio M. S. Pereira, op. cit., v. 1, p. 480.

163. R. Limongi França, Condição, cit., v. 17, p. 371; W. Barros Monteiro, op. cit., v. 1, p. 236; Angelo Falzea, *La condizione e gli elementi dell'atto giuridico*, Milano, 1941; Olivier Milhac, *La notion de condition dans les contrats à titre onéreux*, 2001.

164. R. Limongi França, Condição, cit., v. 17, p. 371-3; W. Barros Monteiro, op. cit., v. 1, p. 236-45; Silvio Rodrigues, *Direito civil*, v. 1, p. 269, 272-82; Caio M. S. Pereira, op. cit., v. 1, p. 482-97; Bassil Dower, op. cit., v. 1, p. 215-21; Clóvis, op. cit., p. 249 e

1º) À possibilidade

É *física* e *juridicamente possível*, se puder ser realizada conforme as leis físico-naturais e as normas jurídicas.

A condição *física* ou *juridicamente impossível* é a que não se pode efetivar por ser contrária à natureza, como a doação de uma casa condicionada à ingestão de toda a água do mar ou à obrigação de trazer o oceano até a Praça da Sé da cidade de São Paulo, ou à ordem legal, como a outorga de um benefício sob a condição de haver renúncia ao trabalho, que fere a norma constitucional (arts. 193, 6º, 5º, XIII, e 170, parágrafo único), que considera o trabalho uma obrigação social ou de realizar venda que tenha por objeto herança de pessoa viva (CC, art. 426).

No que concerne a essas espécies de condição estatuem os arts. 124 e 123, I a III, do Código Civil que as física ou juridicamente impossíveis quando resolutivas, bem como as de não fazer coisa impossível, têm-se por inexistentes, e que invalidam os atos negociais subordinados às condições: a) *física ou juridicamente impossíveis* quando suspensivas; b) *ilícitas*, ou de fazer coisa ilícita; e c) *incompreensíveis ou contraditórias*, eivadas de obscuridades, possibilitando várias interpretações pelas dúvidas suscitadas e pela incoerência de seus termos. P. ex.: constituo João meu herdeiro universal, se Paulo for o meu herdeiro universal.

2º) À licitude

Lícita será a condição quando o evento que a constitui não for contrário à lei (CC, art. 122, 1ª parte), à ordem pública, à moral e aos bons costumes. E *ilícita,* aquela condenada pela norma jurídica, pela moral e pelos bons costumes. P. ex.: prometer uma recompensa sob a condição de alguém viver em concubinato impuro (*RT*, *122*:606); entregar-se à prostituição; furtar certo bem; dispensar, se casado, os deveres de coabitação e fidelidade mútua; mudar de religião ou, ainda, não se casar.

250; Orlando Gomes, op. cit., p. 373-5; Carlos Alberto Dabus Maluf, *As condições no direito civil*, Forense, 1983, p. 34 e s.; Bartin, *Théorie des conditions,* 1887; Angelo Falzea, *La condizione e gli elementi dell'atto giuridico*, Milano, Giuffrè, 1941; Antonio Junqueira de Azevedo, *Negócio jurídico e declaração negocial*, cit., p. 120; Cosentini, *Condictio impossibilis*, 1952; Francisco dos Santos Amaral Neto, A irretroatividade da condição suspensiva, *RDC*, *28*:17; P. Gaudet de Lestard, *Conditions impossibles, illicites ou contraires aux moeurs*, 1903; Carlos Roberto Gonçalves, *Direito*, cit., v. 1, p. 344.

É preciso esclarecer que cláusula contrária à lei, à moral ou aos bons costumes só será ilícita se absoluta, ou seja, se afetar a liberdade da pessoa a quem se dirige. Se for relativa, como a condição de não se casar com alguém de classe social inferior, contrair matrimônio com certo indivíduo devido a sua boa reputação ou limitar a utilização de um bem adquirido por compra e venda, cumpre admitir sua licitude porque há uma certa margem de liberdade para a pessoa que tem um determinado campo de ação. Também é proibida a *condição perplexa* (CC, art. 122, *in fine*), se privar o ato negocial de todo o efeito, como a venda de um prédio, sob condição de não ser ocupado pelo adquirente.

3º) À natureza

A condição será *necessária* se for inerente à natureza do negócio, p. ex., venda de um imóvel se ela se perfizer por escritura pública. É da essência desse ato negocial a outorga de escritura pública, logo não é, verdadeiramente, uma condição, visto que não deriva da vontade das partes.

A condição *voluntária* é a cláusula oriunda de manifestação de vontade, sendo uma autêntica condição.

4º) À participação da vontade dos sujeitos

Hipótese em que pode ser:

a) *Casual,* se depender de força maior ou caso fortuito alheio à vontade das partes. P. ex.: dar-te-ei uma joia se chover amanhã.

b) *Potestativa,* se decorrer da vontade de uma das partes (CC, arts. 420, 505, 509 e 513; *RT, 779*:221), podendo ser: *b.1*) *puramente potestativa,* advinda de mero arbítrio ou capricho do agente, sem influência de qualquer fator externo (*RT, 678*:94, *680*:115 e *691*:206; *RJTJSP, 128*:75), considerada pelo art. 122, 2ª parte, do Código Civil como condição defesa. O art. 122 veda a condição suspensiva puramente potestativa; trata-se da cláusula *si voluero* (se me aprouver). P. ex.: constituição de uma renda em seu favor se você vestir tal roupa amanhã; aposição de cláusula que, em contrato de mútuo, dê ao credor poder unilateral de provocar o vencimento antecipado da dívida, diante de simples circunstância de romper-se o vínculo empregatício entre as partes (*RT, 568*:180); urge lembrar que a condição resolutiva puramente potestativa é admitida juridicamente, pois não subordina o efeito do ato negocial ao arbítrio de uma das partes, mas sim sua ineficácia. Sendo tal condição resolutiva, nulidade não há porque existe um vínculo jurídico válido consistente na vontade atual de se obrigar, de cumprir a obrigação assumida, de sorte que, como observa Vicente Ráo, o negócio jurídico chega a produzir os seus efeitos, só se resolvendo se a condição, positiva ou negativa, se realizar, ou *b.2*) *simplesmente potestativa*, se depender da prática de algum ato ou de certa circunstância e não de um mero ou puro uso do arbítrio. P. ex.: doação a um cantor de ópera, condicionada ao fato de desempenhar bem um determinado papel; doação de automóvel a jogador de golfe, se tiver boa atuação no *PGA Tour*, circuito anual, com cerca de 45 torneios masculinos; comodato de casa a alguém, se for até Paris para inscrever-se num concurso de artes plásticas. Além do arbítrio exige-se uma atuação especial do sujeito.

c) *Promíscua*, que se caracteriza no momento inicial como potestativa, vindo a perder tal característica por fato superveniente alheio à vontade do agente, que venha a dificultar sua realização. P. ex.: dar-lhe-ei dois mil reais se você, campeão de futebol, jogar no próximo torneio. Essa condição potestativa passará a ser promíscua se o jogador vier a machucar sua perna.

d) *Mista*, que decorre, deliberadamente, em parte da vontade e em parte de elemento causal, que pode ser até mesmo a vontade de terceira pessoa. P. ex.: dar-lhe-ei este apartamento se você se casar com Paulo antes de sua formatura, ou se constituir sociedade com João.

5º) Ao modo de atuação

Sob esse prisma a condição é suspensiva ou resolutiva.

É *suspensiva* (CC, arts. 125, 509 e 510; *RT*, *706*:151; *JTACSP*, *108*:156, *138*:93) quando as partes protelam, temporariamente, a eficácia do negócio até a realização do acontecimento futuro e incerto. P. ex.: comprarei seu quadro se ele for aceito numa exposição internacional; adquirirei o cavalo "Fogo Branco" se ele vencer a corrida no Grande Prêmio promovido, daqui a três meses, pelo Jockey Club de São Paulo, ou doarei meu apartamento se você se casar. Pendente a condição suspensiva não há direito adquirido, mas expectativa de direito ou direito eventual. Enquanto a condição não se verifica, não se terá adquirido o direito a que o negócio jurídico visa.

Com o advento dessa condição aperfeiçoa-se o efeito do ato negocial, operando-se *ex tunc*, ou seja, desde o dia de sua celebração, daí ser retroativo.

Contudo, a retroatividade da condição suspensiva não é aplicável aos contratos reais, uma vez que só há transferência de propriedade após a entrega do objeto sobre que versam ou da escritura pública devidamente transcrita. Esclarece Clóvis que o implemento da condição suspensiva não terá efeito retroativo sobre bens fungíveis, móveis adquiridos de boa-fé e imóveis, se não constar do registro hipotecário o assento do título, onde se acha consignada a condição. Com base nessas restrições é que se deve entender o art. 126 do Código Civil, que assim reza: "Se alguém dispuser de uma coisa sob condição suspensiva, e, pendente esta, fizer quanto àquela novas disposições, estas não terão valor, realizada a condição, se com ela forem incompatíveis". A esse respeito bastante esclarecedores são os seguintes exemplos de R. Limongi França: *A* doa a *B* um objeto, sob condição suspensiva; mas, enquanto esta pende, vende o mesmo objeto a *C*; nula será a venda. *A* doa a *B* o usufruto de um objeto, sob condição suspensiva; mas, enquanto esta pende, aliena a *C* a sua nua propriedade do mesmo objeto; válida será a alienação porque não há incompatibilidade entre a nova disposição e a anterior.

Cabe dizer, ainda, que pelo Código Civil, art. 130, a condição suspensiva ou resolutiva não obsta o exercício dos atos destinados a conservar o direito a ela subordinado. P. ex.: se alguém promete um apartamento a outrem, para quando se casar, este poderá reformá-lo, se necessário, e rechaçar atos de esbulho ou turbação. Pendente a condição, o devedor da obrigação condicional poderá praticar os atos normais de gestão e até perceber os frutos da coisa, porém todos os riscos correrão por sua conta. O mesmo se diga se for titular do direito eventual em caso de condição resolutiva, podendo, portanto, buscar sua conservação, visto estar no gozo daquele direito. De forma que quanto aos atos de administração praticados na pendência da condição, ela não terá efeito retroativo, salvo quando a lei expressamente o determinar, de modo que tais atos serão intocáveis e os frutos colhidos não precisarão ser devolvidos. Porém, a norma jurídica estabelece que a condição terá efeito retroativo quanto aos atos de disposição, que com sua ocorrência serão tidos como nulos.

A condição *resolutiva* subordina a ineficácia do negócio a um evento futuro e incerto (*RT*, *651*:80, *510*:225, *462*:192; *RJ*, *173*:69). Deveras o Código Civil, arts. 127 e 128, prescreve que se for resolutiva a condição, enquanto esta não se realizar, vigorará o negócio jurídico, podendo exercer-se desde a conclusão deste o direito por ele estabelecido; mas, verificada a condição, para todos os efeitos se extingue o direito a que ela se opõe, voltando-se ao *status quo ante*. Por exemplo: constituo uma renda em seu favor, enquanto você estudar; cedo-lhe esta casa, para que nela resida, enquanto for solteiro; compro-lhe esta fazenda, sob a condição do contrato se resolver se gear nos próximos três anos (*RT*, *434*:146, *462*:192, *433*:176, *449*:170, *510*:225). Mas, se aposta a um negócio de execução continuada ou periódica a sua realização, salvo disposição em contrário, não tem eficácia quanto aos atos já praticados, desde que compatíveis com a natureza da condição pendente e conforme aos ditames de boa-fé. Assim, p. ex., se a condição estiver ligada a um contrato de locação, com o implemento da condição resolutiva, os aluguéis pagos não serão devolvidos, pois foram devidos em razão do uso da coisa locada. Apenas haverá reversibilidade dos efeitos de negócio de execução continuada sob condição resolutiva, se as partes nele fizerem constar cláusula nesse sentido, considerando-se, contudo, a boa-fé objetiva e a natureza da condição pendente. Acata-se, portanto, o princípio da irretroatividade da condição resolutiva, quanto às prestações executadas, conforme a sua natureza e a boa-fé no adimplemento negocial, pois implemento da condição resolutiva terá eficácia *ex nunc*, preservando os efeitos negociais já produzidos.

O atual Código Civil inovou ao disciplinar o efeito da condição resolutiva em relação a um negócio de execução continuada, mas por outro lado suprime a distinção entre condição tácita e expressa, visto que condição resolutiva tácita não é condição em sentido técnico, que só se configura se colocada no negócio, e estende, no art. 130, à condição resolutiva, a proteção da parte que, enquanto pendente tal condição, é titular de direito eventual, permitindo-lhe exercer atos destinados a conservá-lo, o que, pelo Código de 1916 (art. 121), só era admissível em caso de condição suspensiva. Como o titular de direito eventual ou condicional (suspensivo ou resolutivo) não tem, ainda, direito adquirido, a lei reconhece-lhe a possibilidade de praticar atos conservatórios para resguardar seu direito futuro, impedindo, assim, que sofra qualquer prejuízo.

A condição resolutiva expressa (condição resolutiva propriamente dita) opera-se *ipso iure*, sem necessidade de intervenção judicial.

No ato negocial sob condição resolutiva, tem-se, de imediato, a aquisição do direito, consequentemente, a produção de todos os seus efeitos jurídicos. Com o advento da condição resolve-se o negócio, extinguindo-se o direito. Ter-se-á a ineficácia superveniente do negócio jurídico. O art. 1.359 do Código Civil confere efeito retroativo à condição resolutiva ao estatuir: "Resolvida a propriedade pelo implemento da condição ou pelo advento do termo, entendem-se também resolvidos os direitos reais concedidos na sua pendência, e o proprietário, em cujo favor se opera a resolução, pode reivindicar a coisa do poder de quem a possua ou detenha".

Quanto às condições cumpre observar as seguintes *regras gerais*[165]:

---

165. Orlando Gomes, op. cit., p. 380; Silvio Rodrigues, *Direito civil*, cit., v. 1, p. 282; Caio M. S. Pereira, op. cit., v. 1, p. 488; R. Limongi França, Condição, cit., v. 17, p. 374.

1) a capacidade das partes e a forma do negócio regem-se pela norma jurídica que vigorar no tempo de sua constituição;

2) o direito condicional é transmissível por ato *inter vivos* ou *causa mortis* com os caracteres de direito condicional;

3) antes do implemento da condição o credor não pode exigir o cumprimento da obrigação;

4) se o devedor pagar antes de cumprida a condição, o credor ficará obrigado a restituir (CC, art. 876);

5) reputa-se verificada a condição cujo implemento for maliciosamente obstado pela parte a quem desfavorecer; do mesmo modo sucede com a condição dolosamente levada a efeito por aquele a quem aproveita o seu implemento (CC, art. 129; *RT, 414*:203). Assim, p. ex., se a parte beneficiada com o implemento da condição forçar maliciosamente sua realização, esta será tida aos olhos da lei como não verificada para todos os efeitos; se alguém contempla certa pessoa com um legado sob condição de prestar serviços a outrem, e o legatário maliciosamente cria uma situação que venha forçá-lo a ser despedido sem justa causa, para receber o legado sem ter de prestar serviços. Provada a má-fé do legatário, não se lhe entregará o legado. Se, ao contrário, se forçar uma justa causa para despedir o legatário, com o intuito de privá-lo de receber o legado, provada a má-fé, o legado ser-lhe-á entregue, mesmo que não continue a prestação de serviços.

g.3. Termo

Termo é o dia em que começa ou extingue a eficácia do negócio jurídico. O *termo convencional* é a cláusula que, por vontade das partes, subordina os efeitos do ato negocial a um acontecimento futuro e certo. O *termo de direito* é o que decorre da lei e o *termo de graça* é o que provém de decisão judicial, em atenção a certas circunstâncias difíceis em que se encontra o devedor de boa-fé, consistindo numa dilação de prazo[166] ou numa autorização de pagamento parcelado.

Vide Código Civil, arts. 509 e 510, sobre negócio sob condição suspensiva, e arts. 505 a 508, sobre negócio sob condição resolutiva.

Vide: CC francês, arts. 900, 1.172, 1.174, 1.178, 1.179, 1.180, 1.181, 1.182; CC italiano, arts. 634, 1.354, 1.358, 1.359, 1.360; CC português, arts. 271 e 273; CC argentino, art. 530; e BGB, §§ 158, 161, 162.

166. Clóvis, op. cit., p. 252; Orlando Gomes, op. cit., p. 382 e 383; Caio M. S. Pereira, op. cit., v. 1, p. 499 e 500; De Page, op. cit., v. 1, n. 136.

O termo pode ser:

a) *Inicial* (*dies a quo*) ou suspensivo, se fixar o momento em que a eficácia do negócio deve iniciar, retardando o exercício do direito (CC, arts. 131 e 135). Não suspende, portanto, a aquisição do direito, que surge imediatamente, mas que só se torna exercitável com a superveniência do termo, daí as seguintes consequências: o devedor pode pagar antes do advento do termo; os riscos da coisa certa ficam a cargo do credor; o credor não pode exigir a obrigação antes do tempo, a não ser que tenha sido estabelecido em seu favor; a prescrição começa a fluir do momento em que o direito se torna exequível e permitidos estão os atos destinados a conservar o direito. P. ex.: se a locação tiver início dentro de dois meses poderá o locatário exercer atos de conservação. O titular de um direito adquirido, cujo exercício esteja na dependência de um termo inicial, poderá exercer todos os atos conservatórios que forem necessários para assegurar seu direito, não podendo, ainda, ser lesado por qualquer ato de disposição efetivado pelo devedor ou alienante antes do advento do termo suspensivo. Ao termo inicial aplicam-se, no que couber, as normas do Código Civil referentes à condição suspensiva, visto que há suspensão do exercício do direito.

b) *Final* (*dies ad quem* ou *ad diem*), peremptório ou resolutivo, se determinar a data da cessação dos efeitos do ato negocial, extinguindo as obrigações dele oriundas. P. ex.: a locação dever-se-á findar dentro de dois anos (CC, art. 135). Antes de chegar o dia estipulado para seu vencimento, o negócio jurídico subordinado a um termo final vigorará plenamente; logo, seu titular poderá exercer todos os direitos dele oriundos. Como a situação é similar àquela decorrente de condição resolutiva, as disposições concernentes a esta aplicar-se-ão ao termo final, na medida do possível.

c) *Certo,* quando estabelece uma data do calendário, dia, mês e ano, p. ex., 15 de dezembro de 2001, ou então quando fixa um certo lapso de tempo. P. ex.: daqui a três anos; no dia em que alguém atingir a maioridade.

d) *Incerto,* se se referir a um acontecimento futuro, que ocorrerá em data indeterminada. P. ex.: um imóvel passa a ser de outrem a partir da morte de seu proprietário (*RT, 114*:173). A morte é sempre certa, a data em que vai ocorrer é que é incerta. Entretanto, como bem observa Washington de Barros Monteiro, a morte pode ser uma condição, se a sua ocorrência estiver proposta de modo problemático: "se Pedro falecer antes de Paulo". Neste caso tem-se uma condição e não um termo, porque o evento futuro é incerto (se Pedro morre ou não antes de Paulo)[167].

Não há que se confundir o termo com o prazo, que é o lapso de tempo compreendido entre a declaração de vontade e a superveniência do termo (certo ou incerto) em que começa o exercício do direito ou extingue o direito até então vigente.

O prazo é contado por unidade de tempo (hora, dia, mês e ano), excluindo-se o dia do começo (*dies a quo*) e incluindo-se o do vencimento (*dies ad quem*), salvo disposição legal ou convencional em contrário (CC, art. 132, *caput*; CPC, art. 224; CPP, art. 798; CLT, art. 775; CTN, art. 210). Assim, p. ex., se se assumir, expressamente, no contrato, uma obrigação no dia 15 de abril, com prazo de vinte dias, não se computará o dia 15 (exclui-se o *dies a quo*); iniciando-se a contagem no dia 16, somam-se 20 (vinte) unidades, e a obrigação vencer-se-á dia 5 de maio (*dies ad quem*).

Para solucionar questões atinentes a prazo o Código Civil apresenta os seguintes princípios:

1º) Se o vencimento do negócio cair em feriado ou domingo, será prorrogado até o primeiro dia útil subsequente. Logo, como sábado não é feriado, não há qualquer prorrogação, a não ser que o pagamento tenha que ser efetuado em Banco que não tiver expediente aos sábados (CC, art. 132, § 1º; Lei n. 662/49; Lei n. 1.266/50 – ora revogada pela Lei n. 10.607/2002 –; Lei n. 9.093/95, que revogou o art. 11 da Lei n. 605/49; Lei n. 1.408/51 e Lei n. 6.802/80).

2º) Se o termo vencer em meados (CC, art. 132, § 2º) de qualquer mês, será no décimo quinto dia, qualquer que seja o número de dias que o acompanham, pouco importará que o mês tenha 28, 29 (ano bissexto), 30 ou 31 dias.

---

167. Sobre as espécies de termo, *vide* Serpa Lopes, op. cit., v. 1, p. 499 e 500; W. Barros Monteiro, op. cit., v. 1, p. 246 e 247; Orlando Gomes, op. cit., p. 383-6; Zeno Veloso, *Condição, termo e encargo*, 1997. Para Carvalho de Mendonça (*Obrigações*, t. 1, n. 128, p. 269-70), o cômputo do tempo rege-se pela convenção das partes. Logo, apenas, na ausência desta é que a lei fixa os critérios para tanto. O termo *de graça* não foi admitido de modo expresso pela lei, mas o foi pela jurisprudência, embora em casos excepcionais da impossibilidade de pagar toda a dívida tornar-se insuportável ao devedor, por fato inesperado como por perda de emprego (LICC – hoje LINDB –, art. 5º). Esse prazo é uma concessão judicial a devedor de boa-fé, que se encontrar em dificuldade para solver integralmente o débito, reduzindo p. ex., o débito. A *moratória* é um termo de direito que se adota para beneficiar certas classes sociais (p. ex., agricultores, pecuaristas etc.), que passam por problemas gerados por crises econômicas, epidemias, inundações, secas etc. É o que nos ensina Álvaro Villaça Azevedo, *Código Civil comentado*, cit., v. II, p. 167-9.

3º) Se o prazo estipulado for estabelecido por mês ou por ano (*RT*, *182*:482), expira-se no dia de igual número de início ou no imediato, se faltar essa correspondência (CC, art. 132, § 3º) como ocorre, p. ex., em ano bissexto. P. ex., se o prazo é de um mês, o termo inicial seria o dia 29 de janeiro (data da assinatura), e o final dia 29 de fevereiro, ou, não sendo ano bissexto, o dia 1º de março. Tal critério adveio da Lei n. 810/49 (que substituiu o do Código Civil de 1916, pelo qual mês era o período sucessivo de 30 dias completos), pelo qual considera-se mês o período de tempo contado do dia do início ao dia correspondente do mês seguinte, e, se não houver tal dia, o prazo findar-se-á no primeiro dia subsequente (arts. 2º e 3º). Logo, pouco importará o número de dias integrantes do período – 30, 31, 29 (ano bissexto), ou 28. Considera-se ano o período de 12 meses contados do dia do início ao dia e mês correspondentes do ano seguinte (art. 1º). Assim, se o prazo contratual for por um ano, tendo início no dia 15 de janeiro de 2007, findar-se-á no dia 15 de janeiro de 2008.

4º) Se o prazo for fixado por horas, a contagem se faz de minuto a minuto (CC, art. 132, § 4º).

5º) "Nos testamentos, presume-se o prazo em favor do herdeiro, e, nos contratos, em proveito do devedor, salvo, quanto a esses, se do teor do instrumento, ou das circunstâncias, resultar que se estabeleceu a benefício do credor ou de ambos os contratantes" (CC, art. 133).

6º) "Os negócios jurídicos entre vivos, sem prazo, são exequíveis desde logo, salvo se a execução tiver de ser feita em lugar diverso ou depender de tempo" (CC, art. 134). No que concerne a esta disposição legal, ensina-nos João F. de Lima que "não se deve entender ao pé da letra, como sinônimo de imediatamente, a expressão desde logo, contida na regra deste dispositivo. Entendida ao pé da letra poderia frustrar o benefício, poderia anular o negócio jurídico. Deve haver o tempo bastante para que se realize o fim visado, ou se empreguem os meios para realizá-lo".

Para evitar hipóteses em que o adimplemento do contrato não pode se dar de imediato, esclarece o art. 134 que se a execução tiver de ser feita em local diverso ou depender de tempo, não poderá, obviamente, prevalecer o imediatismo da execução.

A exceção prevista no art. 134 do Código Civil trata de prazo tácito, pois decorre da natureza do negócio ou das circunstâncias. P. ex.: na compra de uma safra de laranja, o prazo será a época da colheita, mesmo que não tenha sido estipulado; no transporte de uma mercadoria de

São Paulo a Manaus, mesmo que não haja prazo, mister será um espaço de tempo para que seja possível a efetivação da referida entrega no local designado[168].

7º) "Ao termo inicial e final aplicam-se, no que couber, as disposições relativas à condição suspensiva e resolutiva" (CC, art. 135).

g.4. Modo ou encargo

Modo ou encargo (*Auflagen*) é a cláusula acessória, em regra, aderente a atos de liberalidade *inter vivos* (doação) ou *mortis causa* (testamento, legado), embora possa aparecer em promessas de recompensa ou em outras declarações unilaterais de vontade, que impõem um ônus ou uma obrigação à pessoa natural ou jurídica contemplada pelos referidos atos. Pode consistir numa prestação em favor de quem o institui, de terceiros ou mesmo numa prestação sem interesse particular para determinada pessoa. P. ex.: doação de um terreno para que nele se edifique uma escola; legado com o encargo de construir um túmulo para o testador.

O encargo produz os seguintes efeitos[169]:

1º) Não suspende a aquisição, nem o exercício do direito, salvo quando expressamente imposto no ato, pelo disponente, como condição suspensiva (CC, art. 136).

---

168. A respeito do prazo, *vide* Carvalho de Mendonça, *Obrigações*, t. 1, n. 126, p. 267; W. Barros Monteiro, op. cit., v. 1, p. 246-50; Bassil Dower, op. cit., v. 1, p. 226 e 227; Silvio Rodrigues, *Direito civil*, cit., v. 1, p. 287-90; Caio M. S. Pereira, op. cit., v. 1, p. 500-2; João F. de Lima, *Curso de direito civil brasileiro*, v. 1, p. 344. *Vide* art. 2.028 do Código Civil (norma de direito intertemporal relativa a prazos). *Consulte*: CC francês, arts. 1.185 e 1.187; CC italiano, art. 1.184; e BGB, §§ 163, 186 a 193 e 271.

Enunciado n. 268 do Fórum Permanente de Processualistas Civis: "A regra de contagem de prazos em dias úteis só se aplica aos prazos iniciados após a vigência do novo Código". Enunciado n. 45 da ENFAM, aprovado em 2015: "A contagem dos prazos em dias úteis (art. 219 do CPC/2015) aplica-se ao sistema de juizados especiais". *Vide* art. 219 do CPC/2015.

Lei n. 13.728, de 31 de outubro de 2018, altera a Lei n. 9.099, de 26 de setembro de 1995, para estabelecer que, na contagem de prazo para a prática de qualquer ato processual, inclusive para a interposição de recursos, serão computados somente os dias úteis.

169. Clóvis, op. cit., § 60; Bassil Dower, op. cit., v. 1, p. 227 e 228; Orlando Gomes, op. cit., p. 387-9; Serpa Lopes, op. cit., v. 1, p. 500; W. Barros Monteiro, op. cit., p. 250 e 251; Caio M. S. Pereira, op. cit., v. 1, p. 504 e 505; Silvio Rodrigues, *Direito civil*, cit., v. 1, p. 290 e 291; Matiello, *Código*, cit., p. 113. *Vide*: *RJ*, *178*:39; BGB, §§ 525 e 527, e CC italiano, art. 794.

2º) Sua iliceidade ou impossibilidade física ou jurídica leva a considerá-lo como não escrito (CC, art. 137), libertando o ato negocial de qualquer restrição, a não ser que, como ensina Caio Mário da Silva Pereira, se apure ter sido o *modus* a causa ou o motivo determinante do negócio, caso em que se terá a invalidação do ato negocial (p. ex., doação de casa para depósito de entorpecentes); porém, fora disso, se aproveita como puro e simples (p. ex., se legar terreno para que o legatário assuma paternidade de filho do *de cujus*, apesar de juridicamente impossível, não há liame entre o encargo e o legado que impeça a subsistência deste, que, então, de modal, passará a ser puro e simples). Logo, ocorrendo a hipótese, o órgão judicante deverá averiguar caso por caso.

3º) Gera uma declaração de vontade qualificada ou modificada que não pode ser destacada do negócio, daí sua compulsoriedade. De modo que a pessoa que foi beneficiada por uma doação ou legado deverá cumprir o encargo, sob pena de se revogar a liberalidade. Deve ser cumprido no prazo fixado pelo disponente e, se este não houver estipulado, cabe ao juiz estabelecê-lo de acordo com a vontade presumida do disponente. Se o encargo consistir em prestação personalíssima, falecendo o devedor sem o cumprir, resolve-se o negócio, voltando o bem ao poder do disponente ou dos herdeiros. Se não disser respeito a obrigação desse tipo, o dever de cumpri-lo transmite-se aos herdeiros do gravado (CC, arts. 553, 555, 2ª parte, 1.938 e 1.949).

4º) Podem exigir o seu cumprimento o próprio instituidor, seus herdeiros, as pessoas beneficiadas ou representante do Ministério Público, se se contiver em disposição testamentária ou for de interesse público (CC, art. 553, parágrafo único).

5º) A resolução do negócio jurídico em virtude de inadimplemento do modo não prejudica direitos de terceiros.

Quadro Sinótico

ELEMENTOS ACIDENTAIS DO NEGÓCIO JURÍDICO

1. GENERALIDADES	• Conceito	• São cláusulas que se acrescentam ao negócio jurídico com o objetivo de modificar uma ou algumas de suas consequências naturais, como: condição, termo, encargo ou modo.		
	• Sua inadmissibilidade	• No casamento. • No reconhecimento de filho (CC, art. 1.613). • Na aceitação ou renúncia de herança (CC, art. 1.808).		
2. CONDIÇÃO	• Conceito	• É a cláusula que subordina a eficácia do negócio jurídico a evento futuro e incerto (CC, art. 121).		
	• Requisitos	• Futuridade e incerteza.		
	• Classificação	• Quanto à possibilidade: condição possível e impossível (CC, arts. 124 e 123, I a III). • Quanto à licitude: condição lícita e ilícita (CC, art. 122, 1ª parte). • Quanto à natureza: condição necessária e voluntária.		
		• Quanto à participação da vontade dos sujeitos	• Casual	
			• Potestativa	• Puramente potestativa (CC, art. 122, 2ª parte). • Simplesmente potestativa.
			• Promíscua	
			• Mista	
		• Quanto ao modo de atuação	• Condição suspensiva (CC, arts. 125, 126 e 130). • Condição resolutiva (CC, arts. 127 e 128).	

2. CONDIÇÃO	• Regras gerais	• Capacidade das partes e forma do negócio regem-se pela norma jurídica que vigorar no tempo de sua constituição. • O direito condicional é transmissível por ato *inter vivos* ou *causa mortis*. • Antes do implemento da condição o credor não pode exigir o cumprimento da obrigação. • Se o devedor pagar antes de cumprida a condição, o credor deverá restituir (CC, art. 876). • CC, art. 129; *RT*, *414*:203.
3. TERMO	• Conceito	• É o dia em que começa ou se extingue a eficácia do negócio jurídico.
	• Espécies	• Termo convencional, termo de direito e termo de graça. • Inicial (CC, art. 131) e final (CC, art. 135). • Certo e incerto.
	• Prazo e termo	• Não se confunde o prazo com o termo. Prazo é o lapso de tempo compreendido entre a declaração da vontade e a superveniência do termo em que começa o exercício do direito ou se extingue o direito até então vigente (CC, arts. 132, 133 e 134).
4. MODO OU ENCARGO	• Conceito	• É a cláusula acessória aderente a atos de liberdade *inter vivos* ou *mortis causa*, embora possa aparecer em promessa de recompensa ou em outras declarações unilaterais de vontade, que impõem um ônus à pessoa natural ou jurídica contemplada pelos referidos atos.
	• Efeitos	• Não suspende a aquisição nem o exercício do direito (CC, art. 136). • Sua iliceidade ou impossibilidade leva a considerá-lo como não escrito. • Gera uma declaração de vontade qualificada ou modificada que não pode ser destacada do negócio. • Podem exigir o seu cumprimento o próprio instituidor, seus herdeiros, as pessoas beneficiadas ou representantes do Ministério Público, se se contiver em disposição testamentária ou for de interesse público (CC, art. 553, parágrafo único). • A resolução do negócio jurídico em virtude de inadimplemento do modo não prejudica terceiros.

H. Nulidade do negócio jurídico

h.1. Conceito e classificação

A nulidade vem a ser a sanção, imposta pela norma jurídica, que determina a privação dos efeitos jurídicos do negócio praticado em desobediência ao que prescreve[170].

Duas são as espécies de nulidade admitidas em nosso ordenamento: a absoluta e a relativa.

Com a declaração da *nulidade absoluta* do negócio jurídico, este não produz qualquer efeito por ofender, gravemente, princípios de ordem pública. É nulo o ato negocial inquinado por vício essencial, não podendo ter, obviamente, qualquer eficácia jurídica. Por exemplo (CC, art. 166, I a VII): quando lhe faltar qualquer elemento essencial, ou seja, se for praticado por pessoa absolutamente incapaz sem a devida representação (CC, art. 3º); se tiver objeto ilícito (*RT*, *705*:184, *708*:171), impossível ou indeterminável, quando o motivo determinante, comum a ambas as partes, for ilícito; se não revestir a forma prescrita em lei ou preterir alguma solenidade imprescindível para sua validade (*RT*, *707*:143, *781*:197); quando, apesar de ter elementos essenciais, for praticado com o objetivo de fraudar lei imperativa, apresentando, p. ex., simulação (CC, art. 167); e quando a lei taxativamente o declarar nulo ou proibir-lhe a prática, sem cominar sanção de outra natureza (CC, art. 166, VII), pois, se houver previsão legal de pena para o ato vedado, diversa da nulidade, aquela deverá ser aplicada. Logo, apenas na ausência de cominação de sanção específica ao ato proibido sua prática conduzirá à sua invalidade. P. ex.: CC, arts. 1.428, 1.548, 1.549, 1.900, I a V, 489, 497, parágrafo único, 548 e 549; Lei n. 11.101/2005, art. 129; Lei n. 10.192/2001, art. 2º, § 1º. Pelo Enunciado n. 578: "Sendo a simulação causa de nulidade do negócio jurídico, sua alegação prescinde de ação própria" (aprovado na VII Jornada de Direito Civil). E, ainda, acrescenta o art. 167

---

170. Orlando Gomes, op. cit., p. 430; Caio M. S. Pereira, op. cit., v. 1, p. 549; Sebastião José Roque, *Teoria geral do direito civil*, cit., p. 145-52; Francisco Pereira de Bulhões Carvalho, *Sistema de nulidades dos atos jurídicos*, Rio de Janeiro, Forense, 1981; Raquel Campani Schmiedel, *Negócio jurídico: nulidades e medidas sanatórias*, São Paulo, Saraiva, 1981; Manuel Augusto Vieira Neto, *Ineficácia e convalidação do ato jurídico*, São Paulo, Max Limonad, s/d; Juan José Amézaga, *De las nulidades en general*, Montevideo, 1909; Leonardo Mattietto, Invalidade dos atos e negócios jurídicos, *A parte geral*, cit., p. 309-43; Martinho Garcez, *Das nulidades dos atos jurídicos*, Rio de Janeiro, Renovar, 1997; P. Stolze Gagliano e R. Pamplona Filho, *Novo curso*, cit., v. 1, p. 395-416; Luiz Roldão de Freitas Gomes, Invalidade dos atos jurídicos, nulidades, anulabilidades – conversão, *Revista de Direito Civil*, *53*:10 e s.; Zeno Veloso, *Invalidade do negócio jurídico*, Belo Horizonte, Del Rey, 2002.

que o negócio jurídico simulado é nulo, mas subsistirá o que se dissimulou, se válido for na forma e na substância.

Por conseguinte, a nulidade absoluta é uma penalidade que, ante a gravidade do atentado à ordem jurídica, consiste na privação da eficácia jurídica que teria o negócio, caso fosse conforme a lei. De maneira que um ato negocial que resulta em nulidade é como se nunca tivesse existido desde sua formação, pois a declaração de sua invalidade produz efeito *ex tunc*, retroagindo à data da sua celebração. Convém lembrar, como o faz Serpa Lopes, que a causa dessa sanção deve ser contemporânea ao negócio, pois são inadmissíveis motivos de nulidade baseados em circunstâncias posteriores, surgidas no curso da vida contratual[171].

A *nulidade relativa* ou anulabilidade refere-se "a negócios que se acham inquinados de vício capaz de lhes determinar a ineficácia, mas que poderá ser eliminado, restabelecendo-se a sua normalidade"[172]. A declaração judicial de sua ineficácia opera *ex nunc*, de modo que o negócio produz efeitos até esse momento (CC, arts. 177 e 183). Isto é assim porque a anulabilidade se prende a uma desconformidade que a norma considera menos grave, uma vez que o negócio anulável viola preceito concernente a interesses meramente individuais, acarretando uma reação menos extrema (CC, arts. 171, I e II; 180 a 182)[173].

Serão anuláveis os atos negociais:

1) Se praticados por pessoa relativamente incapaz (CC, art. 4º), sem a devida assistência de seus legítimos representantes (pais, tutores e curadores).

---

171. *RT*, *436*:75; *461*:74; *466*:93; *433*:93; *391*:374; *461*:89; *431*:149; *48*:110; *447*:223; *446*:265; *494*:135; *492*:141; *508*:193; *434*:222; *467*:130; *472*:117; *451*:225; *479*:204; *456*:68; *478*:172; *475*:175, *638*:93, *639*:169, *659*:147, *717*:189; *RJ*, *113*:188, *114*:198, *133*:54, *189*:82, *210*:116; *RJM*, *39*:129; STF, Súmula 346; Serpa Lopes, op. cit., v. 1, p. 504; José Antonio M. Fernandez, *El fraude de ley: su tratamiento jurisprudencial*, 1988; Régis V. Fichtner Pereira, Da regra jurídica sobre fraude à lei, *RDC*, *50*:41; Martinho Garcez, *Das nulidades dos atos jurídicos*, Rio de Janeiro, Renovar, 1997.

Pela VIII Jornada de Direito Civil, Enunciado n. 616: "Os requisitos de validade previstos no Código Civil são aplicáveis aos negócios jurídicos processuais, observadas as regras processuais pertinentes".

Vide: CC português, arts. 286, 288 e 293; CC paraguaio, arts. 355, 358, 366 e 377; CC italiano, arts. 1.424, 1.425 e 1.444; CC francês, arts. 1.117 e 1.338; BGB, §§ 140 e 144; CC holandês, art. 42 (3.2.8).

172. Esta é a definição de Clóvis Beviláqua (op. cit., p. 281).

173. Caio M. S. Pereira, op. cit., v. 1, p. 547, 548 e 552; Orlando Gomes, op. cit., p. 433; W. Barros Monteiro, op. cit., v. 1, p. 277; Andrea Torrente, *Manuale di diritto privato*, p. 212; Trabucchi, *Istituzioni di diritto civile*, p. 170; De Page, *Traité élémentaire*, cit., v. 1, n. 98; Amézage, *De las nulidades*, Montevideo, 1909; Débora Gozzo, Nulidade relativa: um outro tipo de invalidade – alguns apontamentos, *O direito civil no século XXI*, cit., p. 129-44; *RT*, *416*:203; *507*:115; *455*:220; *464*:141; *466*:194; *495*:59; *519*:257; *518*:96, *622*:202; *RJ*, *159*:61, *187*:60, *189*:82.

Todavia, convém lembrar que, quando a anulabilidade do ato advier de falta de autorização do representante, será validado o negócio se ele a der posteriormente (CC, art. 176). Contudo, o menor púbere, que procede com malícia, praticando atos sem assistência, não poderá pedir a anulação desses negócios (CC, art. 180), invocando idade que maliciosamente ocultou. Não será juridicamente admissível que alguém se prevaleça de sua própria malícia para tirar proveito de um ato ilícito, causando dano ao outro contratante de boa-fé, protegendo-se, assim, o interesse público. Isto é assim porque ninguém poderá tirar proveito de sua própria torpeza ante o princípio *nemo auditur propriam turpitudinem suam allegans*. P. ex.: se, fraudulentamente, se declara maior, explorando a boa-fé da outra parte responderá pelos prejuízos que causou (CC, art. 928), podendo haver também responsabilidade solidária do representante legal, ainda que não haja culpa de sua parte (CC, arts. 932, I e II, 933 e 942).

2) Se viciados por erro, dolo, coação, lesão e estado de perigo (*RT, 466*:95; *464*:97), ou fraude contra credores (CC, arts. 138 a 165).

3) Se a lei assim o declarar, tendo em vista a situação particular em que se encontra determinada pessoa[174]. P. ex.: o art. 1.650 do Código Civil, que permite ao cônjuge ou herdeiros a anulação dos atos do outro, praticados sem a devida outorga uxória ou marital ou sem suprimento do juiz; os casos dos arts. 117 (celebração de contrato pelo representante consigo mesmo, sem autorização legal ou do representado, no seu interesse ou à conta de outrem) e 1.550, I a VI (realização de casamento por quem não completou a idade nupcial; por menor sem autorização de seu representante legal; por vício de vontade, por incapaz de consentir, por mandatário, estando revogado o mandato e por autoridade incompetente) do Código Civil.

Portanto, segundo a moderna *teoria da nulidade do negócio jurídico*, para que se declare um ato negocial inválido é preciso que ele valha, o que pressupõe a sua existência; logo o ato inexistente não tem qualquer significado na seara jurídica, é fato inidôneo para produzir consequências jurídicas, de forma que a lei não o regula, porque não há necessidade de se disciplinar o nada[175]. Para que se possa declarar um negócio jurídico nulo ou

174. Orlando Gomes, op. cit., p. 434.

175. W. Barros Monteiro, op. cit., v. 1, p. 276; Mário Guimarães, *Estudos de direito civil*, p. 71. Será inexistente o ato se faltar elemento essencial à sua existência (consentimento, objeto e causa). P. ex.: casamento celebrado por um ator em peça teatral.

anulável, é preciso que ele tenha entrado, embora com máculas, no plano da validade, isto é, que tenha entrado no mundo jurídico para surtir efeitos manifestados como queridos pela parte[176]. Poder-se-á, então, ponderar que um certo negócio jurídico será nulo se estivermos ante um ato que tenha a aparência e a realidade equivalente ao conceito de determinado tipo negocial. Deve ter só a aparência, porque, na verdade, está eivado de vícios tão graves que a ordem jurídica o ataca de modo a impossibilitá-lo de produzir quaisquer efeitos almejados[177].

Mesmo sendo nulo ou anulável o negócio jurídico, é imprescindível a manifestação do Judiciário a esse respeito, porque a nulidade não opera *ipso iure*. A nulidade absoluta ou relativa só repercute se for decretada judicialmente; caso contrário surtirá efeitos aparentemente queridos pelas partes; assim o ato negocial praticado por um incapaz terá, muitas vezes, efeitos até que o órgão judicante declare sua invalidade.

h.2. Efeitos da nulidade

Tanto a nulidade como a anulabilidade objetivam tornar inoperante o negócio jurídico que contém defeito nulificador. O decreto judicial da nulidade, como já tivemos oportunidade de salientar, produz efeitos *ex tunc*, alcançando a declaração de vontade no momento da emissão, salvo no caso de casamento putativo, em atenção à boa-fé de uma ou ambas as partes. E a sentença que pronuncia a anulabilidade de um ato negocial produz efeitos *ex nunc*, respeitando as consequências geradas anteriormente. Como se vê, o pronunciamento da nulidade absoluta ou relativa requer que as partes voltem ao estado anterior[178]; não sendo isso possível por não mais existir a coisa ou por ser inviável a reconstituição da situação jurídica, o prejudicado será indenizado com o equivalente (CC, art. 182)[179]. Tanto a nulidade como a anulabilidade objetivam tornar inoperante o negócio jurídico que contém defeito nulificador. O decreto judicial da nulidade produz efeitos

176. Antonio Junqueira de Azevedo, *Negócio jurídico, existência, validade e eficácia*, p. 74; Manuel Albaladejo, *El negocio jurídico*, p. 400 e s. Sobre nulidade *vide* Kelsen, *Teoria pura do direito* (2. ed., 1962, v. 2, p. 142-62), onde esclarece a necessidade da declaração judicial da nulidade e que dentro da ordem jurídica a nulidade é apenas o grau mais alto da anulabilidade.

177. Manuel Augusto Domingues de Andrade, *Teoria geral da relação jurídica*, v. 2, p. 414.

178. Caio M. S. Pereira, op. cit., v. 1, p. 555 e 556.

179. Caio M. S. Pereira, op. cit., v. 1, p. 554.

ex tunc, alcançando a declaração de vontade no momento da emissão, salvo no caso de casamento putativo, em atenção à boa-fé de uma ou ambas as partes. E a sentença que pronuncia a anulabilidade de um ato negocial produz efeitos *ex nunc*, respeitando as consequências geradas anteriormente. Com a invalidação do ato negocial, ter-se-á, quanto ao objeto, a restituição das partes contratantes ao *statu quo ante*, ou seja, ao estado em que se encontravam antes da efetivação do negócio. Como se vê, o pronunciamento da nulidade absoluta ou relativa requer, ainda, que as partes, no que atina à prestação, retornem ao estado anterior, como se o ato nunca tivesse ocorrido, visto que, com a sua invalidação, desaparece do mundo jurídico, não mais podendo produzir efeitos. Por exemplo, com a nulidade de uma escritura de compra e venda, o comprador devolve o imóvel, e o vendedor, o preço. Se for impossível que os contratantes voltem ao estado em que se achavam antes da efetivação negocial, por não mais existir a coisa (prestação de dar) ou por ser inviável a reconstituição da situação jurídica (prestação de fazer ou não fazer), o lesado será indenizado com o equivalente. A norma do art. 182 comporta as seguintes exceções: *a*) impossibilidade de reclamação do que se pagou a incapaz, se não se provar que reverteu em proveito dele a importância paga (CC, art. 181); e *b*) o possuidor de boa-fé poderá fruir das vantagens que lhe são inerentes, como no caso dos frutos percebidos e das benfeitorias que fizer (CC, arts. 1.214 e 1.219).

Contudo, como vimos, essa retroatividade não é absoluta, pois não haverá reposição da situação ao *statu quo ante*, atendendo-se ao princípio da boa-fé e respeitando certas consequências, quando não houver dolo ou culpa. O possuidor de boa-fé, p. ex., poderá fruir das vantagens que lhe são inerentes, como no caso dos frutos percebidos e das benfeitorias que fizer, o mesmo ocorrendo com o herdeiro aparente (CC, art. 1.817 e parágrafo único). Tal força retroativa não alcança a hipótese do art. 181 do Código Civil, que protege o incapaz, ao prescrever: "Ninguém pode reclamar o que, por uma obrigação anulada, pagou a um incapaz, se não provar que reverteu em proveito dele a importância paga"[180]. Se não houve malícia por parte do incapaz, ter-se-á a invalidação de seu ato, que será, então, nulo, se sua incapacidade for absoluta, ou anulável, se relativa for, sendo que, neste último

180. Serpa Lopes, op. cit., v. 1, p. 514; Raquel Campani Schmiedel, *Negócio jurídico – nulidades e medidas sanatórias*, São Paulo, 1985. *Vide* CC, art. 2.035, parágrafo único, que traça norma de direito intertemporal relativa à validade dos atos e negócios jurídicos constituídos antes da vigência do Código Civil de 2002.

caso, competirá ao incapaz, e não àquele que com ele contratou, pleitear a anulabilidade do negócio efetivado. Se a incapacidade for absoluta, qualquer interessado poderá pedir a nulidade do ato negocial, e até mesmo o magistrado poderá pronunciá-la de ofício. O absoluta ou relativamente incapaz não terá o dever de restituir o que recebeu em razão do ato negocial contraído e declarado inválido, a não ser que o outro contratante prove que o pagamento feito reverteu em proveito do incapaz. A parte contrária, para obter a devolução do *quantum* pago ao menor, deverá demonstrar que o incapaz veio a enriquecer com o pagamento que lhe foi feito em virtude do ato negocial invalidado.

A estes efeitos R. Limongi França[181] acrescenta os seguintes: os efeitos da anulabilidade de um certo negócio só aproveitam a parte que a alegou, com exceção de indivisibilidade ou solidariedade (CC, arts. 314 e s. e 265 e s.); na nulidade, a inoperância do instrumento não implica a do ato, se este se puder provar por outros modos (CC, arts. 183, 108 e 109), p. ex., se o instrumento do mútuo for inválido, o contrato será válido se puder ser provado por meio de testemunhas. Se, porém, o instrumento for essencial à constituição e à prova do ato negocial, com a sua nulidade ter-se-á a do negócio. Por exemplo, se inválido for o instrumento que constituir uma hipoteca, inválida será esta, uma vez que não poderá subsistir sem o referido instrumento, nem por outra maneira ser provada; a nulidade parcial, respeitada a intenção das partes, não atinge, devido ao princípio *utile per inutile non vitiatur*, a parte válida do ato se esta puder subsistir autonomamente (CC, art. 184, 1ª parte; *RT, 528*:110); a nulidade da obrigação principal implica a da acessória (p. ex., a nulidade da locação acarretará a da fiança devido ao princípio de que o *accessorium sequitur suum principale*), mas a da acessória não induz àquela (CC, art. 184, 2ª parte; *RT, 468*:179); p. ex., se numa locação for anulada a fiança, o pacto locatício subsistirá.

---

181. R. Limongi França, *Manual de direito civil*, v. 1, p. 273; Criscuoli, *La nullità parziale del negozio giuridico*, Milano, 1959. Pondera Fábio Ulhoa Coelho (*Curso*, cit., v. 1, p. 348): "Se o negócio jurídico for apenas parcialmente nulo ou anulável, mas puder ser desmembrado em parte válida e parte não válida, esta não compromete aquela, a menos que o contrário tenha sido a intenção das partes". P. ex., se um pródigo ceder quotas de uma sociedade empresária, sem estar devidamente representado pelo curador, e se obrigar, nesse ato negocial, a prestar serviços de assessoria ao adquirente, ter-se-á cessão de quotas anulável e uma prestação de serviços válida (CC, art. 1.782). Anular-se-á apenas a cessão da participação societária. Mas se os negócios forem insuscetíveis de desmembramento, a invalidade parcial comprometê-los-á por inteiro.

h.3. Distinções entre nulidade e anulabilidade

A nulidade absoluta e a relativa apresentam caracteres inconfundíveis[182].

1) A nulidade absoluta é decretada no interesse de toda a coletividade, tendo alcance geral e eficácia *erga omnes*; a relativa é pronunciada em atenção ao interesse do prejudicado ou de um grupo de pessoas, restringindo seus efeitos aos que a alegaram (CC, arts. 168, parágrafo único, e 177).

2) A nulidade pode ser arguida por qualquer interessado, pelo Ministério Público, quando lhe caiba intervir, e pelo magistrado de ofício independentemente de alegação da parte, quando conhecer do negócio jurídico ou dos seus efeitos e a encontrar provada (CC, art. 168, parágrafo único; *RT*, *466*:73, *505*:66), se tiver, p. ex., em mãos qualquer documento que evidencie falta de elemento essencial; a anulabilidade só pode ser alegada pelos prejudicados com o negócio ou por seus representantes legítimos, não podendo ser decretada *ex officio* pelo juiz. A anulabilidade de certo negócio só aproveitará à parte que a alegou, com exceção de indivisibilidade ou solidariedade (CC, arts. 257 a 285), pois se a obrigação for indivisível ou solidária,

182. W. Barros Monteiro, op. cit., v. 1, p. 277-81; Raquel C. Schmiedel, *Negócio jurídico – nulidades e medidas sanatórias*, 1985; Clito Fornaciari Júnior, Nulidade de ato jurídico: legitimidade *ad causam*, inépcia da inicial e sanação de vícios, *RT*, *621*:40; Luiz Roldão de Freitas Gomes, Invalidade dos atos jurídicos, *Ciência Jurídica*, *11*:20; Manoel Augusto Vieira Neto, *Ineficácia e convalidação do ato jurídico*, Max Limonad, s/d; José Joaquim Calmon de Passos, Esboço de uma teoria das nulidades, *RP*, *56*:7; Zeno Veloso, Negócios nulos e anuláveis – efeitos da sentença, *RDC*, *72*:110; Francisco Pereira de Bulhões Carvalho, *Sistemas de nulidades dos atos jurídicos*, 1981; Serpa Lopes, op. cit., p. 508, 509, 518 e 519; Grasso, *La pronuncia d'ufficio*, v. 1, p. 320; Massimo Bianca, *Diritto civile*, Il contratto – v. III, p. 590; Caio M. S. Pereira, op. cit., v. 1, p. 549 e 551; Orlando Gomes, op. cit., p. 436 e 437; Silvio Rodrigues, *Direito civil*, cit., v. 1, p. 318-23; Bassil Dower, op. cit., v. 1, p. 249-55; Venosa, op. cit., p. 424-5; Barassi, *Teoria della ratifica del contratto annullabile*, Milano, 1898. Marcos Bernardes de Mello (*Teoria do fato jurídico*, São Paulo, Saraiva, 1991, p. 72 e nota 99) esclarece que "a desjuridicização do ato nulo e do ato anulável decorre de sua constituição em razão de sentença judicial ou por ato extrajudicial em que se reconheça defeito invalidante". Consulte, ainda, Rui Alarcão (*A confirmação dos negócios anuláveis*, Coimbra, 1971, v. 1, p. 118), que esclarece: ratificação atua no plano da eficácia. É o ato pelo qual, na representação sem poderes ou com abuso no exercício, a pessoa em nome de quem o negócio é concluído declara aprovar tal negócio, que de outro modo seria ineficaz em relação a ela. A confirmação atua no ângulo da validade, afastando a anulabilidade do ato. Raquel Campani Schmiedel (*Negócio jurídico – nulidades e medidas sanatórias*, São Paulo, Saraiva, 1981) ensina-nos que as *medidas sanatórias* podem ser: *involuntárias*, se decorrentes de lei, p. ex., a prescrição ou convalidação do ato anulável pelo decurso do tempo; ou *voluntárias*, se oriundas da vontade das partes como confirmação, redução e conversão substancial.

ante a pluralidade de credores ou devedores, a anulação negocial, pleiteada por um deles, atingirá a todos (CC, art. 177).

3) A nulidade absoluta, por ser de ordem pública, não pode ser suprida pelo juiz, ainda que a requerimento dos interessados (CC, art. 168, parágrafo único, *in fine*), sendo insuscetível de confirmação, nem convalesce pelo decurso do tempo (CC, art. 169). Se as partes tiverem interesse em manter o ato negocial nulo, deverão renová-lo, celebrando-o novamente; tal *renovação* do *ato nulo* operará efeito *ex nunc*.

O CJF, pelo Enunciado 537, determinou: "A previsão contida no art. 169 não impossibilita que, excepcionalmente, negócios jurídicos nulos produzam efeitos a serem preservados quando justificados por interesses merecedores de tutela". Realmente, p. ex., o Código Civil, nos arts. 182 e 1.561, prevê a possibilidade de o negócio nulo produzir efeitos, e nos arts. 170, 172 e 184, permite sua preservação.

É preciso ressaltar que o Código Civil, no art. 170, ante o princípio da preservação ou da conservação negocial, pretendendo aproveitar o negócio jurídico sempre que possível, para proteger aqueles que, de boa-fé, confiaram na estabilidade da relação jurídica, e prestigiar a função social do contrato, admite a conversão do ato negocial nulo em outro de natureza diferente, ao estatuir: "Se o negócio jurídico nulo contiver os requisitos de outro, subsistirá este quando o fim a que visavam as partes permitir supor que o teriam querido, se houvessem previsto a nulidade". Com isso, positivada está a afirmação de Voss, de que: *"O nulo é como uma criança que nasceu viva sem poder, em situação normal, viver; não é como a criança que veio à luz já morta. Por isso mesmo, é possível pensar-se em que viva, em outra situação, artificial ou excepcional"*.

A conversão acarreta uma nova qualificação do ato, requerendo, na sua aferição, prudência objetiva e bom-senso do magistrado, para que não seja uma "arma" conducente à burla ou fraude à lei. Refere-se à hipótese em que o negócio nulo não pode prevalecer na forma pretendida pelas partes, mas, como seus elementos são idôneos para caracterizar outro, pode ser transformado em outro de natureza diversa, desde que isso não seja proibido, taxativamente, como sucede nos casos de testamento.

O atual Código Civil procurou resolver a questão da omissão legal relativa ao instituto da *conversão do contrato nulo* que gerou sérios problemas doutrinários e jurisprudenciais, ante os princípios da inalterabilidade contratual, da autonomia da vontade e da boa-fé das partes contratantes, pelos quais cada um dos contraentes deveria permanecer vinculado aos efeitos decorrentes do contrato estipulado que, por ser nulo, seriam atingidos com um outro contrato. Assim, pela conversão, atendendo-se ao princípio da conservação do negócio jurídico, o contrato nulo poderá produzir os efeitos de um contrato diverso. Com isso não se estará vinculando a vontade das partes, nem presumindo que elas pretendem outro negócio contratual, mas tão somente oferecer-lhes a possibilidade de atingir a finalidade perseguida. P. ex.: poder-se-á ter a transformação de um contrato de compra e venda, nulo por defeito de forma, num compromisso de compra e venda; da aceitação intempestiva em oferta; da novação de uma obrigação numa remissão dos efeitos da mora; da nota promissória, nula por falta de requisito formal, numa confissão de dívida; da cessão de crédito intransferível, numa procuração; da doação de bem inalienável, num usufruto etc.

O negócio nulo transformar-se-á em outro de natureza diferente. Há uma conversão material ou substancial, ou seja, mantém-se, na medida do possível, o conteúdo ou formalidade intrínseca, valendo o negócio na forma extrínseca. Será preciso ressaltar que o contrato nulo só poderá produzir consequências jurídicas de um contrato diferente, se se fizerem presentes os seguintes requisitos: *a*) Ineficácia da declaração volitiva dos contratantes. *b*) Presença, nesta manifestação de vontade, dos elementos formais, ou substanciais, exigidos para outro contrato de tipo diverso ou da mesma espécie do pretendido, desde que contenha conteúdo diferente. O contrato primitivo deverá ter, portanto, a mesma forma do definitivo. *c*) Pressuposição da vontade hipotética de ambos os contratantes, dirigida à conclusão desse contrato diverso, presumindo-se, ante os fins colimados, que assim deliberariam, se tivessem tido conhecimento da ineficácia ou nulidade do contrato efetivado. Logo, para haver conversão, será necessário que os contraentes queiram o outro contrato, se souberem da nulidade do que celebraram. Para José Abreu Mello, imprescindíveis serão os seguintes requisitos: identidade de substância e de forma entre o negócio nulo e o convertido; identidade de objeto num e noutro e adequação do negócio substitutivo à vontade hipotética das partes. E só é possível quando não vedada pela lei e pela natureza da formalidade extrínseca, como se dá no caso de testamento, pois se nulo for por não atender a alguma solenidade exigida pela norma vigente à época da facção testamentária, impossível será sua conversão formal, se a lei em vigor ao tempo da abertura da sucessão não mais contemplar ou simplificar o requisito formal extrínseco, que o invalidou. Aqueles requisitos constituem uma limitação à esfera de aplicação do instituto da conversão contratual.

Assim sendo, ter-se-á *conversão própria* apenas se se verificar que os contratantes teriam pretendido a celebração de outro contrato, se tivessem ciência da nulidade do que realizaram. P. ex., poder-se-á ter a transformação de um contrato de compra e venda, nulo por defeito de forma, num compromisso de compra e venda ou a de uma doação de coisa inalienável em constituição de usufruto. A conversão estará, então, subordinada não só a um elemento subjetivo, ou seja, à intenção das partes de dar vida a um contrato diverso, na hipótese de nulidade do contrato, que foi por elas estipulado, mas também formal, por ser imprescindível que, no contrato nulo, tenha havido observância dos requisitos de substância e de forma do contrato em que poderá ser transformado, para produzir efeitos. Alertam Jones Figueirêdo Alves e Mário Luiz Delgado que "a conversão pode ser postulada tanto pelas partes do negócio como por terceiro afetado pelos efeitos do negócio jurídico, descabendo a sua decretação *ex officio* pelo juiz".

Não haverá *conversão própria* de contrato nulo se: *a*) A lei conferir a uma declaração volitiva os efeitos próprios de contrato diverso, independentemente de qualquer consideração da vontade hipotética das partes, caso em que se terá a *conversão legal*. P. ex.: a aceitação não conforme à proposta equivale a uma nova proposta (CC, art. 431). *b*) A norma deixar ao particular uma escolha alternativa entre várias formas de manifestação da vontade para a elaboração de um negócio, e se a adotada for nula, mas apresentar os requisitos da forma menos rigorosa, ter-se-á conversão imprópria. P.ex.: o compromisso irretratável de compra e venda não se desnaturará se, ao invés de instrumento particular, for feito por escritura pública eivada de vício. Ter-se-á *conversão imprópria* se as partes, podendo optar entre várias formas de celebração contratual, escolhem a mais rigorosa, que, no entanto, foi cumprida, defeituosamente. P. ex.: se num contrato, que possa ser feito por escritura pública ou por instrumento particular, os contratantes optarem pela escritura pública, que, todavia, vem a apresentar algum vício, o contrato será válido como se tivesse sido feito por instrumento particular, pois os efeitos não são diversos, mas os mesmos pretendidos pelas partes. Na verdade, haverá validade do contrato sob outra forma e não conversão propriamente dita, por não haver nenhuma transformação de contrato nulo em contrato válido de outra espécie. *c*) Os contratantes elaboram um contrato válido com falsa nomenclatura jurídica. Não haverá conversão alguma, uma vez que por meio de mera interpretação da vontade das partes o contrato assumirá o exato *nomen juris*, pois serão aplicadas as normas concernentes ao tipo contratual a que se ajustar. *d*) Os contraentes simularem a conclusão de certo contrato, quando pretendem, na realidade, outro, não haverá que se falar em conversão, pois bastará ressaltar o negócio efetivamente querido. *e*) As partes contratantes quiserem alternativamente dois contratos distintos, sendo um deles o principal, o outro vigoraria eventualmente, se houver nulidade do primeiro.

Na lição de Antonio Junqueira de Azevedo, a conversão rege-se pelo princípio da conservação, que tem por parâmetro manter tudo que for possível no negócio, evitando que seja considerado nulo, convertendo-o em outro de outra categoria (conversão substancial), operando-se uma nova qualificação categorial (*RT, 328*:587)[183].

---

183. Manuel Augusto Domingues de Andrade, *Teoria*, cit., v. 2, p. 414. Sobre a *conversão* do contrato nulo: Código Civil italiano, art. 1.424; Voss, *apud* Pontes de Miranda, *Tratado*, cit., p. 103; Cian e Trabucchi, *Comentario breve al codice civile*, Padova, CEDAM, 1989, p. 1192-3; Orlando Gomes, *Contratos*, cit., p. 233-5; Los Mozos, *La conversión del negocio jurídico*, Barcelona, Bosch, 1959; Mosco, *La conversione del negozio giuridico*, Napoli, Jovene, 1947; M. H. Diniz, *Tratado teórico e prático dos contratos*, São Paulo, Saraiva, 1999, v. 1, p. 165 e 166; Alfredo Fedele, *L'inefficacia del contratto*, Torino, Giappichelli, 1983; Messineo, *Doctrina*, cit., p. 443; Antonio Junqueira de Azevedo, Conversão dos negócios jurídicos, in *RT*, n. 468; *Negócio jurídico, existência, validade e eficácia*, São Paulo, Saraiva, 1986, p. 78-9; João Alberto Schützer Del Nero, *Conversão substancial do negócio jurídico*, 2001; Teresa Luso Soares, *A conversão do negócio jurídico*, 1986; Giuseppe Gandolfi, *La conversione dell'atto invalido*, Milano, Giuffrè, 1988, 2 v., e Il principio di conversione del contratto nullo: sviluppi più o meno recenti in Europa, *Revista Brasileira de Direito Comparado, 25*:87 a 112; Giuseppe Satta, *La converzione nei negozi giuridici*, Milano, 1903; Humberto Theodoro Jr., *Comentários*, cit., v. III, t. 1, p. 544-46; José Abreu Mello, *O negócio jurídico e sua teoria*, São Paulo, Saraiva, 2000 (na página 295, assevera que não se poderá efetuar conversão se a nulidade for irremovível, como nos casos de ilicitude, imoralidade ou impossibilidade do objeto, e nos de negócio nulo por força de simulação); Anselmo Vaz, A conversão e a redução dos negócios jurídicos, *Revista da Ordem dos Advogados*, ano 5, n. 1-2, p. 1014 e s. (1945); Euzébio H. Antunes, A conversão substancial do negócio jurídico anulável. *Revista Síntese – Direito empresarial, 35*: 130-154. Para Raquel C. Schmiedel (*Negócio jurídico, nulidades e medidas sanatórias*, São Paulo, Saraiva, 1986, p. 75): "A conversão é um fenômeno de qualificação do negócio jurídico porque importa em valorá-lo ou em caracterizá-lo como tipo de negócio distinto daquele que foi efetivamente realizado pelas partes". E sobre confirmação do ato anulável: Roberto João Elias, Confirmação dos atos anuláveis, *RDC, 37*:47; Ana Maria C. Escandón, *La ratificación*, 2000, p. 175 e s.; Rui de Alarcão, *A confirmação dos negócios anuláveis*, 1971, v. 1; Humberto G. Gosálbez, *La confirmación del contrato anulable*, 1977; Ludovico Barassi, *Teoria della ratifica del contratto annullabile*, 1898; Humberto Theodoro Jr., *Comentários*, cit., v. 3, t. 1, p. 544-6; Anselmo Vaz, A conversão e a redução dos negócios jurídicos, *Revista da Ordem dos Advogados*, ano 5, n. 1-2, p. 1014 e s., 1945; Luiz Roldão de Freitas Gomes, Invalidade dos atos jurídicos – nulidades – anulabilidades – conversão, *Revista de Direito Civil, 53*:10 e s.; Jones F. Alves e Mário L. Delgado, *Código*, cit., p. 110. *Vide*: BGB, § 140, pelo qual, presentes num negócio nulo os requisitos de outro, vale o último, se for de presumir-se que sua validade, à vista do conhecimento da nulidade, teria sido querida; Código Civil português, art. 293, Código Civil holandês, art. 42 (3.2.8) e Código Civil italiano, art. 1.424. Sobre conversão de inventário em procedimento de herança jacente: STJ, 4ª Turma, REsp 147.959-SP, rel. Min. Sálvio de Figueiredo Teixeira. Pelo Enunciado n. 13, aprovado na Jorna-

A nulidade relativa pode convalescer, sendo suprida pelo magistrado a requerimento dos interessados ou confirmada, expressa ou tacitamente, pelas partes, salvo direito de terceiro (CC, art. 172). A confirmação é, portanto, segundo Serpa Lopes, o ato jurídico pelo qual uma pessoa faz desaparecer os vícios dos quais se encontra inquinada uma obrigação contra a qual era possível prover-se por via de nulidade ou de rescisão. Pelo Código Civil, art. 175, "a confirmação expressa, ou a execução voluntária de negócio anulável, nos termos dos arts. 172 a 174, importa a extinção de todas as ações, ou exceções, de que contra ele dispusesse o devedor". A confirmação expressa, ou a execução voluntária do negócio anulável, nos termos dos arts. 172 a 174, conduzirá ao entendimento de que houve extinção de todas as ações, ou exceções, que o devedor dispusesse contra o ato. Deveras, se o ato negocial é passível de anulação, o lesado poderá lançar mão de uma ação, mas se houve confirmação expressa ou tácita, subentende-se que houve extinção de qualquer providência que possa obter a decretação judicial da nulidade relativa. Isto porque a confirmação dará origem à desistência ou renúncia ao direito de anular negócio viciado. Com a confirmação não mais será possível anular o ato negocial viciado, pois a nulidade deixou de existir, ante a irrevogabilidade do ato confirmatório, que validou a obrigação em definitivo. Logo, o seu efeito é *ex tunc*, tornando válido o negócio desde a sua formação, resguardados os direitos de terceiros. Para tanto é necessário que o confirmante conceda a confirmação num momento em que haja cessado o vício que maculava o negócio e que o ato confirmativo não incorra em vício de nulidade.

A *confirmação expressa* está regulada pelo art. 173 do Código Civil, que assim estatui: "O ato de confirmação deve conter a substância do negócio celebrado e a vontade expressa de mantê-lo". É preciso que se deixe patente a livre intenção de confirmar o negócio que se sabe ser anulável, devendo, para tanto, conter o contrato, que se pretende confirmar, indicando-o, de modo que não haja dúvida alguma. Não se poderá fazer uso de frases vagas ou imprecisas, pois a vontade de confirmar deverá constar de declarações explícitas e claras. Tal ato de confirmação deve observar a mesma forma prescrita para o contrato que se quer confirmar. Assim, se se for confirmar uma doação de imóvel, o ato de confirmação deverá constar de escritura pública, por ser esta da substância do ato. E a tácita pelo art. 174 do Código Civil, que prescreve: "É escusada a confirmação expressa quando o negócio já foi cumprido em parte pelo devedor, ciente do vício que o inquinava". Assim, se a

---

da de Direito Civil, promovida pelo Centro de Estudos Judiciários do Conselho da Justiça Federal, "o aspecto objetivo da conversão requer a existência do suporte fático no negócio a converter-se".

obrigação já foi cumprida voluntariamente em parte pelo devedor, que conhecia o vício que a maculava, denota-se sua intenção de confirmá-la tacitamente. A *confirmação tácita* dar-se-á quando a obrigação negocial já tiver sido parcialmente cumprida pelo devedor conhecedor do vício que a maculava, tornando-a anulável. A vontade de confirmar está ínsita, pois, mesmo sabendo do vício, o confirmador não se importou com ele, e teve a intenção de confirmá-lo e de reparar a mácula. Para que se configure a confirmação tácita será mister que haja: *a*) voluntária execução parcial do negócio; *b*) conhecimento do vício que o torna anulável; e *c*) intenção de confirmá-lo. A prova da confirmação tácita competirá a quem a arguir.

4) A nulidade, em regra, não prescreve (*RT, 505*:66). Pelo Enunciado 536 do CJF: "Resultando do negócio jurídico nulo consequências patrimoniais capazes de ensejar pretensões, é possível, quanto a estas, a incidência da prescrição" (aprovado na VI Jornada de Direito Civil). As exceções se dão quando expressamente estabelecido pela lei (CC, arts. 1.548, 1.549) ou quando o negócio jurídico for de fundo patrimonial ou pessoal (*RT, 459*:196; *429*:96; *417*:161 e *466*:93), caso em que o prazo prescritivo será de 10 anos, se a lei não estipular prazo menor, por força do art. 205 do Código Civil (*RT, 432*:81; *433*:93), sendo a anulabilidade arguida em prazos prescritivos mais ou menos exíguos ou em prazos decadenciais (CC, arts. 178 e 179). O prazo de decadência é de quatro anos para pleitear anulação de negócio jurídico, contado no caso de: *a*) doação do dia em que ela cessar; *b*) erro, dolo, fraude contra credores, estado de perigo ou lesão, do dia em que o negócio se realizou; *c*) atos de incapazes, do dia em que cessar a incapacidade (CC, art. 178). Se a lei prescrever anulabilidade de negócio, sem estabelecer prazo para pleiteá-la (p. ex., arts. 117, 496, 533, II, 1.247 e 1.903), este será de dois anos, contado da data da conclusão do ato negocial (CC, art. 179). Tal *dies a quo* deste prazo de dois anos é, portanto, o da conclusão do negócio, para os partícipes dele. O CJF, no Enunciado 538, estabeleceu: "No que diz respeito a terceiros eventualmente prejudicados, o prazo decadencial de que trata o art. 179 do Código Civil não se conta da celebração do negócio jurídico, mas da ciência que dele tiverem" (aprovado na VI Jornada de Direito Civil). Observam Nelson Nery Jr. e Rosa Maria A. Nery, ao comentarem o art. 179, que "em se tratando de terceiro, conta-se o prazo do dia em que o terceiro tomou conhecimento da existência do ato anulando. Caso o ato esteja registrado no registro público (...) presume-se que é conhecido desde o dia do registro, data em que se inicia o prazo decadencial para terceiros".

Quadro Sinótico

NULIDADE DO NEGÓCIO JURÍDICO	• Conceito	• É a sanção imposta pela norma jurídica que determina a privação dos efeitos jurídicos do negócio praticado em desobediência ao que prescreve.
	• Classificação	• *Nulidade absoluta* (CC, art. 166, I a VII) – com sua declaração o negócio não produz qualquer efeito por ofender gravemente princípios de ordem pública, operando *ex tunc*. São nulos os atos que: não tiverem qualquer elemento essencial; apresentarem objeto ilícito ou impossível; não revestirem a forma prescrita em lei; preterirem alguma solenidade imprescindível para sua validade; forem praticados com infração à lei, aos bons costumes; a lei taxativamente declarar nulos ou proibir sua prática, sem cominar sanção de outra natureza; e forem simulados (CC, arts. 1.428, 1.548, 1.549, 1.900, I a V, 489, 548, 549 e 167). • *Nulidade relativa* – refere-se a negócios inquinados de vício capaz de lhes determinar a ineficácia, mas que poderá ser eliminado, restabelecendo-se a sua normalidade. Logo, a declaração judicial de sua ineficácia opera *ex nunc* (CC, arts. 171, I e II; 180 a 182). Serão anuláveis os atos: praticados por pessoa relativamente incapaz sem a devida assistência de seus legítimos representantes, com exceção dos casos do art. 180 do CC; viciados por erro, dolo, coação, estado de perigo e lesão e fraude; e quando a lei assim os declarar (CC, arts. 138 a 165).
	• Efeitos	• Declaração judicial da nulidade absoluta opera *ex tunc* e da relativa, *ex nunc*. • Declaração da nulidade absoluta e relativa requer a reposição da situação ao estado anterior (CC, art. 182), salvo a hipótese do art. 181. • Os efeitos da anulabilidade só aproveitam a parte que a alegou, com exceção da indivisibilidade e solidariedade. • Na relativa a inoperância do instrumento não implica a do ato, se este se puder provar por outros modos. • Nulidade parcial não atinge a parte válida do ato se esta puder subsistir autonomamente (CC, art. 184, 1ª parte). • Nulidade da obrigação principal implica a da acessória, mas a da acessória não induz àquela (CC, art. 184, 2ª parte).

NULIDADE DO NEGÓCIO JURÍDICO	• Distinção entre nulidade absoluta e relativa	• A absoluta é decretada no interesse da coletividade, tendo eficácia *erga omnes*; a relativa, no interesse do prejudicado, abrangendo apenas as pessoas que alegaram (CC, art. 183, 2ª alínea). • A nulidade pode ser arguida por qualquer interessado, pelo Ministério Público e pelo magistrado de ofício (CC, art. 168, parágrafo único), e a anulabilidade só poderá ser alegada pelos prejudicados ou representantes legítimos, não podendo ser decretada *ex officio* pelo juiz (CC, art. 177). • A absoluta não pode ser suprida pelo juiz, nem confirmada (CC, art. 168, parágrafo único); a relativa pode ser suprida pelo magistrado e confirmada (CC, arts. 172 a 175). • A nulidade, em regra, não prescreve, e a anulabilidade é suscetível de ser arguida em prazos prescricionais e decadenciais mais ou menos exíguos.

5. Ato ilícito

A. Conceito e elementos do ato ilícito

O ato ilícito (CC, art. 186) é praticado em desacordo com a ordem jurídica, violando direito subjetivo individual. Causa dano a outrem, criando o dever de reparar tal prejuízo (CC, arts. 927 e 944) seja ele moral ou patrimonial (Súmula 37 do STJ). Logo, produz efeito jurídico, só que este não é desejado pelo agente, mas imposto pela lei[184].

É mister esclarecer que tanto o ilícito civil como o criminal têm o mesmo fundamento ético: a infração de um dever preexistente e a imputação do resultado à consciência do agente[185]. Só que o delito penal consiste na

---

184. Orlando Gomes (op. cit., p. 443) esclarece que não se deve confundir o ato ilícito com o negócio ilícito, pois este último não é reprimido com a sanção legal do ressarcimento, mas com a ineficácia. É ilícito o negócio quando sua causa ou seu motivo determinante não forem conformes ao direito, ou quando o objeto e o comportamento das partes não forem idôneos. A causa é ilícita quando contrária aos bons costumes. P. ex.: o contrato em que uma das partes recebe dinheiro para não cometer um crime. Se o motivo determinante do negócio for ilícito, como no caso de empréstimo para jogo, o contrato será ilícito, se comum às partes. O negócio é também ilícito quando tem objeto inidôneo, com a venda de coisa proibida. Ilícito é, do mesmo modo, subjetivamente, se o sujeito está proibido de praticá-lo, como na compra, pelo tutor, de bem do pupilo. Pela Súmula 251 do STJ: "a meação só responde pelo ato ilícito quando o credor, na execução fiscal, provar que o enriquecimento dele resultante aproveitou ao casal". *Vide,* ainda, Santoro-Passarelli, *Dottrina generale del diritto civile,* p. 186. *Vide RSTJ, 104*:326 e *106*:243; *RT, 721*:106, *720*:268, *718*:209, *706*:99, *697*:169, *667*:199, *661*:96, *654*:171.

185. Caio M. S. Pereira, op. cit., v. 1, p. 565; Sebastião José Roque, *Teoria geral do direito civil,* cit., p. 167-71; P. Stolze Gagliano e R. Pamplona Fº, *Novo curso,* cit., v. 1, p. 461-72; Francisco Amaral, Os atos ilícitos, *O novo Código,* cit., p. 147-63; Carlos Young Tolomei, A noção de ato ilícito e a teoria do risco na perspectiva do novo Código Civil, *A parte geral,* cit., p. 345-65; Serafini, *Istituzione di diritto romano,* v.1, Roma,

ofensa à sociedade pela violação de norma imprescindível à sua existência, e o civil, num atentado contra o interesse privado de alguém. Todavia, há casos em que o ato ofende, concomitantemente, a sociedade e o particular, acarretando dupla responsabilidade, a penal e a civil. P. ex.: o delito de lesões corporais (CC, art. 949, e CP, art. 129)[186].

São elementos indispensáveis à configuração do ato ilícito:

1º) *Fato lesivo voluntário,* ou imputável, causado pelo agente por ação ou omissão voluntária, negligência ou imprudência (CC, art. 186, 1ª parte).

Para a caracterização do ato ilícito, é necessário que haja uma ação ou omissão voluntária, que viole um direito subjetivo individual, causando dano a outrem, ainda que exclusivamente moral (CC, art. 186, 2ª parte). É preciso, portanto, que o infrator tenha conhecimento da ilicitude de seu ato, agindo com dolo, se intencionalmente procura lesar outrem, ou culpa, se, consciente dos prejuízos que advêm de seu ato, assume o risco de provocar o evento danoso. Assim, a ação contrária ao direito praticada sem que o agente saiba que é ilícita não é ato ilícito, embora seja antijurídico. P. ex.: se alguém se apossa de um objeto pertencente a outrem, na crença de que é seu; se *A* não paga o que deve a *C* porque, por equívoco, considera cancelada sua dívida[187].

A culpa em sentido amplo, como violação de um dever jurídico, imputável a alguém, em decorrência de fato intencional ou de omissão de diligência e cautela, compreende: o dolo, que é a violação intencional do dever jurídico, e a culpa, em sentido estrito, caracterizada pela imperícia, imprudência ou negligência, sem qualquer deliberação de violar um dever[188].

Pode ser a culpa classificada:

a) Em função da natureza do dever violado

Se tal dever se fundar num contrato (CC, art. 389), tem-se a culpa *contratual,* p. ex., se o locatário que deve servir-se da coisa alugada para

---

Atheneo, 1898, p. 206 e s.; Regelsberger (*Pandekten*, Leipzig, 1893, § 129) acentuava: "*die unerlaubten Handlungen sind juristische, weil sie Rechtsfolgen haben*" (os atos ilícitos são jurídicos porque produzem efeitos jurídicos).

186. W. Barros Monteiro, op. cit., v. 1, p. 286; Caio M. S. Pereira, op. cit., v. 1, p. 565 e 566; *RT, 482*:190; *468*:198; *464*:262; *456*:208 e *466*:67.

187. Orlando Gomes, op. cit., p. 443 e 444; Silvio Rodrigues, *Direito civil,* cit., v. 1, p. 341.

188. Yussef Said Cahali, Culpa (Dir. civil), in *Enciclopédia Saraiva do Direito,* v. 22, p. 24; *CJ, 62*:95.

os usos convencionados não cumprir essa obrigação; e se oriundo do preceito geral de direito, que manda sejam respeitadas a pessoa e os bens alheios, a culpa é *extracontratual* ou aquiliana (CC, arts. 186 e 927), p. ex., o proprietário de um automóvel que, imprudentemente, o empresta a um sobrinho menor, sem carta de habilitação, que ocasiona um acidente (*RT, 443*:143)[189].

Quem pedir indenização pela culpa contratual não precisa prová-la, basta constituir o devedor em mora; se, contudo, pretender indenização pela culpa aquiliana, é necessário prová-la, sem constituir o devedor em mora, uma vez que está em mora de pleno direito o autor de um delito[190].

b) Quanto à sua graduação

A culpa será *grave* quando, dolosamente, houver negligência extrema do agente, não prevendo aquilo que é previsível ao comum dos homens. A *leve* (CC, art. 629) ocorrerá quando a lesão de direito seria apenas evitável com atenção ordinária, ou adoção de diligências próprias de um *bonus pater familias*. Será *levíssima* (CC, arts. 243 a 246) se a falta for evitável por uma atenção extraordinária, ou especial habilidade e conhecimento singular. A esse respeito *vide* o Código Civil, art. 392[191].

c) Em relação aos modos de sua apreciação

Considera-se *in concreto* a culpa quando, no caso *sub judice*, se atém ao exame da imprudência ou negligência do agente, e *in abstrato*, quando se faz uma análise comparativa da conduta do agente com a do homem normal, ou seja, do *diligens pater familias* dos romanos. Em nosso direito, segundo Agostinho Alvim, a culpa é, em regra, apreciada abstratamente, pois nosso Código Civil, ao dizer nos arts. 582 e 629 que sua apreciação é *in concreto*, não visa propriamente apreciá-la concretamente, mas sim encarecer a responsabilidade do agente[192].

---

189. W. Barros Monteiro, op. cit., v. 1, p. 287 e 288. Sobre a culpa aquiliana, *vide RT, 372*:323; *440*:74; *438*:109; *440*:95.

190. Yussef S. Cahali, Culpa, cit., v. 22, p. 26; *RT, 477*:111; *470*:241.

191. W. Barros Monteiro, op. cit., v. 1, p. 288; Yussef S. Cahali, Culpa, cit., v. 22, p. 25; Lomonaco, *Istituzioni di diritto civile italiano*, v. 5, p. 179; Silvio Rodrigues, *Direito civil*, cit., v. 1, p. 342 e 343.

192. Silvio Rodrigues, *Direito civil*, cit., v. 1, p. 343; Yussef S. Cahali, Culpa, cit., v. 22, p. 27; W. Barros Monteiro, op. cit., v. 1, p. 289; Agostinho Alvim, *Da inexecução das obrigações e suas consequências*, 3. ed., São Paulo, Ed. Jurídica Universitária, 1965, p. 201, n. 152.

d) *Quanto ao conteúdo da conduta culposa*

Se o agente praticar um ato positivo (imprudência) sua culpa é *in committendo*; se cometer uma abstenção (negligência) tem-se culpa *in omittendo*. A culpa *in eligendo* advém da má escolha daquele a quem se confia a prática de um ato ou o adimplemento da obrigação. A *in vigilando* (CC, art. 932, IV) decorre da falta de atenção com o procedimento de outrem, por cujo ato ilícito o responsável deve pagar, p. ex., ausência de fiscalização do dono do hotel, quer relativamente aos seus hóspedes (*RT, 477*:107), quer à coisa. Pelo art. 933 do Código Civil, as pessoas indicadas no art. 932, I a V, mesmo que não tenham culpa, responderão pelos atos praticados pelos terceiros ali referidos, mas poderão, se o causador do dano não for descendente seu ou absoluta ou relativamente incapaz, reaver dele o que pagou. Isto é assim porque, por força do art. 942, parágrafo único, do Código Civil, são solidariamente responsáveis com o autor do dano. Têm obrigação de reparar o dano independentemente de culpa por força do art. 933, e quando a atividade lícita desenvolvida implicar, por sua natureza, risco para os direitos de outrem (CC, art. 927, parágrafo único). Hipótese em que a responsabilidade civil será objetiva e não subjetiva, embora alguns autores entendam que a responsabilidade é subjetiva, em razão de presunção absoluta *jures et de jure* de culpa. É, por exemplo, o caso de empresa de transportes que permite a saída de ônibus sem freios, originando acidentes, devendo responder pelos danos causados (CC, arts. 734 e 927, parágrafo único). Culpa *in custodiendo* é a falta de cautela ou atenção em relação a um animal (CC, art. 936) ou objeto (CC, arts. 938, 937 e 931), sob os cuidados do agente[193].

2º) *Ocorrência de um dano*. Para que haja pagamento da indenização pleiteada, além da prova da culpa ou do dolo do agente, é necessário comprovar a ocorrência de um dano patrimonial ou moral (*RT, 436*:97, *433*:88, *368*:181, *458*:20, *434*:101)[194], fundado não na índole dos direitos subjetivos

193. Yussef S. Cahali, Culpa, cit., v. 22, p. 28; W. Barros Monteiro, op. cit., v. 1, p. 288 e 289; Caio M. S. Pereira, op. cit., v. 1, p. 569; *RT, 494*:35.

194. Bassil Dower, op. cit., v. 1, p. 264; Orlando Gomes, op. cit., p. 446. Tratam do dano moral: Código Civil português, art. 496, n. 2; Código Civil da Etiópia, art. 2.116, n. 3, que estabelece: *"L'indemnité alluée in réparation du dommage moral ne peut en aucun cas être supérieure à mille dollars éthiopiens"*; o nosso Código de Telecomunicações (Lei n. 4.117/62), arts. 81, 84, 87, com as alterações do Decreto-lei n. 236/67; *RF, 221*:200; *RTJ, 39*:38 e *41*:844; Jurisprudência do STF, *2*:716; *2*:544; *3*:1043. Sobre o dano moral: Wilson Melo da Silva, *O dano moral e sua reparação*, 2. ed., Rio de Janeiro, Forense, 1966; Alcino de Paula Salazar, *Reparação do dano moral*, Rio de Janeiro, 1943; Artur Oscar Oliveira Deda, Dano moral, in *Enciclopédia Saraiva do Direito*, v. 22, p. 279-92; M. Helena Diniz, *Curso*, cit., v. 7, p. 102 e s.

afetados, mas nos efeitos da lesão jurídica. Até mesmo, o "descumprimento de contrato pode gerar dano moral quando envolver valor fundamental protegido pela Constituição Federal de 1988" (Enunciado n. 411 do CJF, aprovado na V Jornada de Direito Civil). De modo que quando a vítima reclama a reparação pecuniária em virtude de dano moral que recai sobre a honra, nome profissional e família, não pede um preço para sua dor, mas apenas que se lhe outorgue um meio de atenuar, em parte, as consequências do prejuízo. Na reparação do dano moral, o dinheiro não desempenha a função de equivalência, como no dano material, porém, concomitantemente, a função satisfatória e a de pena[195]. O dano patrimonial compreende o dano emergente e o lucro cessante, ou seja, a efetiva diminuição no patrimônio da vítima e o que ela deixou de ganhar[196].

"Se o dano material e o moral decorrerem do mesmo fato serão cumuláveis as indenizações" (STJ, Súmula 37; no mesmo sentido: *Ciência Jurídica, 63*:107, *55*:161; *Bol. AASP, 1.925*:118; *1.869*:121; *1.865*:109; *RT, 613*:184; *RJE, 1*:184).

Não pode haver responsabilidade civil sem a existência de um dano a um bem jurídico, sendo necessária a prova real e concreta dessa lesão. P. ex.: se houver um abalroamento de veículos, a vítima deverá provar a culpa do agente e apresentar as notas fiscais idôneas do conserto, não havendo necessidade de vistoria prévia (*RT, 481*:88; *425*:188). Admite-se que o proprietário de veículo abalroado promova desde logo os reparos e venha posteriormente cobrar os gastos feitos, provando-os por meio de orçamentos prévios (*RT, 478*:92). Provado que o autor não teve condições para consertar seu veículo, obrigando-se a vender o seu instrumento de trabalho, impõe, à custa do réu, causador do fato, a condenação em lucros cessantes (*RT, 470*:241). O Tribunal de Justiça do Rio de Janeiro decidiu que o pagamento da indenização decorrente do seguro obrigatório dispensa a apuração da culpa, mas exige a prova do dano (*RT, 469*:236; *455*:237; *478*:161 e *477*:79)[197]. Improcede, portanto, pedido de perdas e danos quando não provado o prejuízo em decorrência do ato ilícito (*RT, 457*:189).

---

195. *Vide* Artur O. Deda, op. cit., p. 292. "O dano moral, assim compreendido todo o dano extrapatrimonial, não se caracteriza quando há mero aborrecimento inerente a prejuízo material" (Enunciado n. 159 do Conselho da Justiça Federal, aprovado na III Jornada de Direito Civil).

196. Orlando Gomes, op. cit., p. 446; *RT, 490*:94; *507*:201; *509*:69.

197. Bassil Dower, op. cit., p. 264 e 265; *RT, 224*:186; *398*:181; *471*:91; *469*:226; *443*:123; *481*:82.

Pelo art. 944 do Código Civil, a indenização mede-se pela extensão do dano. Todavia, já se decidiu que: "A indenização não surge somente nos casos de prejuízos, mas também pela violação de um direito".

3º) *Nexo de causalidade entre o dano e o comportamento do agente.* A responsabilidade civil não pode existir sem a relação de causalidade entre o dano e a conduta ilícita do agente (*RT, 224*:155; *466*:68; *477*:247 e *463*:244).

Não há esse nexo se o evento se deu: por culpa exclusiva da vítima, caso em que se exclui qualquer responsabilidade por culpa concorrente da vítima (*RT, 477*:111; *481*:211; *480*:88; *AJ, 107*:604), hipótese em que a indenização é devida, por metade (*RT, 226*:181) ou diminuída proporcionalmente (*RT, 231*:513), em razão da culpa bilateral da vítima e do agente, e por força maior ou caso fortuito (CC, art. 393), cessando, então, a responsabilidade, porque esses fatos eliminam a culpabilidade ante a sua inevitabilidade (*RT, 479*:73; *469*:84; *477*:104)[198].

B. Consequência do ato ilícito

A obrigação de indenizar (CC, arts. 186 e 927) é a consequência jurídica do ato ilícito (CC, arts. 944 a 954). O Código Civil, ao prever as hipóteses de responsabilidade civil por atos ilícitos, consagrou a teoria objetiva em vários momentos, como, p. ex., nos arts. 927, parágrafo único, 929, 931, 933, 938, substituindo a culpa pela ideia de risco-proveito. Quando a responsabilidade é determinada sem culpa, o ato não pode ser considerado ilícito. Apesar dos progressos dessa teoria, a necessidade de culpa para haver responsabilidade, preconizada pela teoria subjetiva, continua a ser a regra geral[199].

É de ordem pública o princípio que obriga o autor do ato ilícito a se responsabilizar pelo prejuízo que causou, indenizando-o. Não obstante, admitem-se casos em que há responsabilidade por ato de terceiro, sendo que

198. Silvio Rodrigues, *Direito civil*, cit., v. 1, p. 343-5; W. Barros Monteiro, op. cit., v. 1, p. 291 e 292; Caio M. S. Pereira, op. cit., v. 1, p. 580; M. Helena Diniz, *Curso*, cit., v. 7.

199. Orlando Gomes, op. cit., p. 446 e 447. A Súmula 562 do STF prescreve que "na indenização de danos materiais, decorrentes de ato ilícito, cabe a atualização de seu valor, utilizando-se, para esse fim, dentre outros critérios, dos índices de correção monetária". A Súmula 43 do STJ reza que "incide correção monetária sobre dívida por ato ilícito a partir da data do efetivo prejuízo". A Súmula 186 do STJ determina que "nas indenizações por ato ilícito, os juros compostos somente são devidos por aquele que praticou o crime". *Vide*: CPC, arts. 509 a 512.

essa responsabilidade indireta se caracteriza mesmo que não haja prova da concorrência da culpa do responsável e do agente para o evento danoso. P. ex.: pouco importa a culpa do patrão, por ato de seu empregado, se o escolheu mal (*culpa in eligendo*) ou se não o vigiou de modo devido (*culpa in vigilando*). Para que a vítima do dano causado pelo empregado possa incluir o empregador na lide, não terá que provar a culpa do agente direto do dano, nem a concorrência da culpa do patrão, que o escolheu mal ou não o vigiou. A jurisprudência, hodiernamente (*RT, 238*:26; Súmula 341 do STF), já entendeu que bastava a presunção da culpa do patrão, no prejuízo causado por ato de seu empregado, para que ele fosse responsabilizado pela sua indenização à vítima[200]. E o Código Civil vigente, nos arts. 932, III, e 933, prescreve que o empregador responde, ainda que não haja culpa de sua parte, por ato lesivo praticado por seu empregado, contra o qual terá ação regressiva (CC, art. 934).

C. Atos lesivos que não são ilícitos

Há casos excepcionais que não constituem atos ilícitos apesar de causarem lesões aos direitos de outrem. Há o dano, a relação de causalidade entre a ação do agente e o prejuízo causado a direito alheio. Mas o procedimento lesivo do agente, por motivo legítimo estabelecido em lei, não acarreta o dever de indenizar, porque a própria norma jurídica lhe retira a qualificação de ilícito[201]. Deveras, pelo Código Civil, art. 188, I e II, não são atos ilícitos: a legítima defesa, o exercício regular de um direito e o estado de necessidade (CP, art. 23).

---

200. Silvio Rodrigues, *Direito civil*, cit., v. 1, p. 348 e 349; CC, art. 206, § 3º, V.

201. Caio M. S. Pereira, op. cit., v. 1, p. 579; Matilde M. Zavala de González, *Responsabilidad por el daño necesario*, Buenos Aires, Astrea, 1985; Gabriel C. Z. de Inellas, *Da exclusão da ilicitude*, São Paulo, Juarez de Oliveira, 2001; Gisela Sampaio da Cruz, As excludentes de ilicitude no Código Civil de 2002, *A parte geral*, cit., p. 387-415; Carlos Roberto Gonçalves, *Comentários ao Código Civil*, São Paulo, Saraiva, 2003, v. 11, p. 402-3; Venzon, *Excessos na legítima defesa*, Porto Alegre, Sérgio A. Fabris, Editor, 1989. Só a legítima defesa real tem o condão de excluir a responsabilidade do lesante, pois o lesado é um agressor injusto. Se o lesado for terceiro, por erro de pontaria (*aberratio ictus*), o lesante deverá pagar a indenização, tendo direito de regresso contra o agressor injusto. A legítima defesa putativa não exclui a reparação do dano, visto haver ilicitude no ato de quem a praticou, apesar de não haver punição penal, em razão da ausência de culpa por haver erro de fato sobre a existência da situação da legítima defesa, que não está presente. Há uma pseudoagressão.

A *legítima defesa* é considerada, portanto, como excludente de responsabilidade civil (CC, art. 188, I, 1ª parte; *JTJSP*, *270*:100; *RT*, *756*:190, *808*:224, *780*:372) e criminal (CP, art. 25), se com o uso moderado de meios necessários alguém repelir injusta agressão, atual ou iminente, a direito seu ou de outrem; legítimo será o prejuízo infligido ao agressor pelo agredido, não acarretando qualquer reparação por perdas e danos, sendo improcedente qualquer pedido de indenização formulado pelo prejudicado. Caberá ação regressiva, para haver a importância que se ressarciu ao lesado contra aquele em defesa de quem se causou o dano (CC, art. 930, parágrafo único). Consagrada está a legítima defesa no Código Civil, no art. 1.210, § 1º, que prescreve: "O possuidor turbado, ou esbulhado, poderá manter-se ou restituir-se por sua própria força, contanto que o faça logo; os atos de defesa, ou de desforço, não podem ir além do indispensável à manutenção, ou restituição da posse".

O *exercício regular ou normal de um direito reconhecido* (CC, art. 188, I, 2ª parte) que lesar direitos alheios exclui qualquer responsabilidade pelo prejuízo, por não ser um procedimento prejudicial ao direito (*RT*, *563*:230). Quem usa de um direito seu não causa dano a ninguém (*qui iure suo utitur neminem laedit*). P. ex.: o credor que penhora os bens do devedor, proprietário que ergue construção em seu terreno, prejudicando não intencionalmente a vista do vizinho[202]. Só haverá "ato ilícito" se houver abuso do direito ou seu exercício irregular ou anormal. Deveras reza o art. 187 do Código Civil: "Também comete ato ilícito o titular de um direito que, ao exercê-lo, excede manifestamente os limites impostos pelo seu fim econômico ou social, pela boa-fé ou pelos bons costumes". No uso de um poder, direito ou coisa além do permitido ou extrapolando as limitações de um direito, lesando alguém, traz como efeito jurídico o dever de indenizar. Realmente, sob a aparência de um ato legal, ou lícito, esconde-se a "ilicitude" (ou melhor, antijuridicidade *sui generis*) no resultado, por atentado ao princípio da boa-fé e aos bons costumes e por desvio da finalidade socioeconômica para a qual o direito foi estabelecido. No ato abusivo há violação da finalidade econômica ou social. O abuso é excesso manifesto, ou seja, o direito é exercido de forma ostensivamente ofensiva à justiça. Para R. Limongi França, "o abuso de direito consiste em um ato jurídico de objeto lícito, mas cujo exercício, levado a efeito sem a devida regularidade, acarreta um resultado que se considera ilícito". A ilicitude do ato praticado com abuso de direito possui, segundo alguns doutrinadores e dados jurisprudenciais, natureza

---

202. W. Barros Monteiro, op. cit., v. 1, p. 293. *Vide* CC, art. 100.

objetiva, aferível, independentemente de culpa e dolo (*RJTJRS*, *28*:373, *43*:374, *47*:345; *RSTJ*, *120*:370, *140*:396, *145*:446; Súmula 409 do STF). Também entende o Enunciado n. 37 (aprovado na I Jornada de Direito Civil, promovida, em setembro de 2002, pelo Centro de Estudos Judiciários do Conselho da Justiça Federal) que: "a responsabilidade civil decorrente do abuso do direito independe de culpa, e fundamenta-se somente no critério objetivo-finalístico". Trata-se, na verdade, de uma categoria *sui generis* e autônoma de antijuridicidade. Pelo CJF, Enunciado 539 (aprovado na VI Jornada de Direito Civil): "O abuso de direito é uma categoria jurídica autônoma em relação à responsabilidade civil. Por isso, o exercício abusivo de posições jurídicas desafia controle independentemente de dano". O ato abusivo é uma conduta lícita, mas desconforme ora à finalidade socioeconômica pretendida pela norma, ao prescrever uma situação ou um direito, ora ao princípio da boa-fé objetiva, como diz Ripert. O abuso de direito para sua configuração requer uma valoração axiológica do exercício de um direito subjetivo (LINDB, art. 5º), tendo por base os valores contidos na Constituição Federal. Isto é assim por constituir uma limitação ao exercício daquele direito, e não uma forma de ato ilícito. O art. 187, ao definir o abuso de direito como ato ilícito, deve ser, como dizem Gustavo Tepedino, Heloísa Helena Barboza e Maria Celina Bodin de Moraes, "interpretado como uma referência a uma ilicitude *lato sensu*, no sentido de contrariedade ao direito como um todo, e não como uma identificação entre a etiologia do ato ilícito e a do ato abusivo, que são claramente diversas". O Código Civil, art. 1.277, que reprime o uso anormal da propriedade, consigna um exemplo de abuso de direito (CC, arts. 186 e 187), pois permite ao proprietário ou inquilino impedir que a utilização do direito de propriedade pelo seu vizinho lhe danifique prédio. Assim, se alguém, p. ex., em sua propriedade produz ruído que excede à normalidade; usa cercas eletrificadas que possam causar morte; utiliza aparelho que interfere em TV ou rádio de vizinho; deposita lixo em terreno próximo a uma moradia, ter-se-á abuso do direito, que será reduzido às devidas proporções, por meio de ação judicial apropriada. Toda vez que houver excesso no exercício regular do direito, dá-se o abuso do direito (*RT*, *434*:239; *445*:229; *403*:218; *494*:225)[203]. Na verdade, parece-nos que caem na órbita do

---

203. Pelos Enunciados do CJF, aprovados na V Jornada de Direito Civil:

a) n. 412: "As diversas hipóteses de exercício inadmissível de uma situação jurídica subjetiva, tais como *supressio*, *tu quoque*, *surrectio* e *venire contra factum proprium*, são concreções da boa-fé objetiva";

b) n. 413: "Os bons costumes previstos no art. 187 do CC possuem natureza subjetiva, destinada ao controle da moralidade social de determinada época, e objetiva, para permitir a sindicância da violação dos negócios jurídicos em questões não abrangidas pela função social e pela boa-fé objetiva"; e

c) n. 414: "A cláusula geral do art. 187 do Código Civil tem fundamento constitucional nos princípios da solidariedade, devido processo legal e proteção da confiança e aplica-se a todos os ramos do direito".

Pelo Enunciado n. 617: "O abuso do direito impede a produção de efeitos do ato abusivo de exercício, na extensão necessária a evitar sua manifesta contrariedade à boa--fé, aos bons costumes, à função econômica ou social do direito exercido" (aprovado na VIII Jornada de Direito Civil).

Caio M. S. Pereira, op. cit., v. 1, p. 580-4; Bassil Dower, op. cit., v. 1, p. 277 e 278; W. Barros Monteiro, op. cit., v. 1, p. 296; Sílvio de S. Venosa, *Direito civil*, cit., v. 1, p. 492 a 499; Giulio Levi, *L'abuso del diritto*, 1993; José Calvo Sotelo, *La doctrina del abuso del derecho*, 1917; Sessarego, *Abuso del derecho*, 1992; Campion, *L'théorie de l'abus des droits*, 1925; Jorge Manuel Coutinho de Abreu, *Do abuso de direito*, 1999; Pedro Baptista Martins, *O abuso do direito e o ato ilícito*, 1997; Heloisa Carpena, *Abuso de direito nos contratos de consumo*, Rio de Janeiro, Renovar, 2001; Abuso do direito no Código de 2002 – relativização de direitos na ótica civil-constitucional, *A parte geral*, cit., p. 367; Fernando Cunha de Sá, *Abuso do direito*, Coimbra, Almedina, 1997; Maria Helena Diniz, *Curso*, cit., v. 7, p. 562-3; *Código Civil anotado*, São Paulo, Saraiva, 2005, comentários ao art. 187; Gustavo Tepedino e outros, *Código*, cit., v. 1, p. 342; Jorge Americano, *Do abuso de direito no exercício da demanda*, São Paulo, 1932; Cláudia E. Schwerz, Litigância de má-fé – imposição de multa, *Boletim AASP, 3068*, p. 12 a 15; Virgílio Giorgianni, *L'abuso del diritto nella teoria della norma giuridica*, Milano, 1963; José Horácio Halfeld Rezende Ribeiro, O abuso do direito e a justiça social. *O Código Civil e sua interdisciplinaridade* (coords. José Geraldo Brito Filomeno, Luiz Guilherme da C. Wagner Junior, Renato Afonso Gonçalves), Belo Horizonte, Del Rey, 2004, p. 347-69; Inácio de Carvalho Neto, *Abuso do direito*, Curitiba, Juruá, 2005; R. Limongi França, *Instituições de direito civil*, São Paulo, Saraiva, 1991, p. 889; José de Oliveira Ascensão, A desconstrução do abuso do direito, *Novo Código Civil – questões controvertidas*, v. 4, São Paulo, Método, 2005; Milton Flávio de A. C. Lautenschäger, *Abuso de direito*, São Paulo, Atlas, 2007; Bruno Miragem, Abuso do direito: ilicitude objetiva no direito privado brasileiro, *Doutrinas essenciais*, cit., v. II, p. 433-80; Thiago Rodovalho, *Abuso de direito e direitos subjetivos*, São Paulo, Revista dos Tribunais, 2011; José Horácio H. R. Ribeiro. Abuso do direito: independentemente de intenção ou culpa, *10 anos de vigência do Código Civil brasileiro de 2002*, São Paulo, Saraiva, 2013, p. 389-410; José Luiz Levy, *A vedação ao abuso do direito como princípio jurídico*, São Paulo, Quartier Latin, 2015; Carlos Henrique Soares, Abuso do direito processual no novo Código de Processo Civil, *Revista Síntese Direito Civil e Processual Civil, 97*: 177:199. Para Nestor Duarte (*Código Civil comentado* – coord. Peluso, Barueri, Manole, 2008, p. 139): "Em diversas outras passagens, o Código Civil coíbe o abuso de direito, a saber nos arts. 421, 422, 1.228, §§ 1º e 2º, e 1.648, bem como a legislação extravagante, a exemplo da hipótese de limitação ao direito de o inquilino purgar a mora nas ações de despejo por falta de pagamento (art. 62, parágrafo único, da Lei n. 8.245/91). No campo do direito constitucional, várias são as condenações de conduta abusiva (arts. 14, §§ 9º e 10, 173, § 4º, da CF). No âmbito do direito processual, o litigante que abusar das faculdades que lhe são concedidas responde por isso (arts. 79, 80, 81 e 1.026, § 2º, do CPC). Não exige a lei o elemento subjetivo, ou a intenção de prejudicar, para a caracterização do abuso de direito, bastando que seja distorcido o seu exercício". Ninguém poderá ser responsabilizado civilmente pelo exercício regular do direito seu, enquanto se mantiver dentro da ordem jurídica, ainda que terceiro venha sofrer prejuízo sem ter sido parte na ação. Nenhuma reparação lhe deve o titular do direito. O interesse legítimo é sempre excludente de qualquer responsabilidade. De sorte que deve ser permitido a quem exerce um direito provar que teve interesse legítimo em proceder pela forma que procedeu. E se isso conseguir provar desaparece qualquer abuso de direito, ensejando responsabilidade civil: a) os *atos emulativos* ou *ad emulationem* (CC, art. 1.228, § 2º) que são os praticados, dolosamente, pelo agente, no exercício normal de um direito, em regra, o de propriedade, isto é, com a firme intenção de causar dano a outrem e não de satisfazer uma necessidade ou interesse do seu titular. P. ex.: se um proprietário constrói em sua casa uma chaminé falsa com o único objetivo de retirar luz do seu vizinho. Embora o nosso Código Civil, no art. 1.299, permita ao proprietário levantar em seu terreno todas as obras que quiser e a construção da falsa chaminé não se enquadre nas restrições às relações de vizinhança dos arts. 1.301 e s., não há dúvida que o direito brasileiro não aprova os atos emulativos, visto que no art. 1.277 o Código Civil reprime o uso nocivo ou abusivo da propriedade ao proibir os atos do proprietário do imóvel que prejudiquem a segurança, o sossego ou a saúde do vizinho, ainda que esses atos venham atender algum interesse de quem os pratica. Esse artigo do Código Civil consigna um exemplo de abuso de direito, pois permite ao proprietário ou inquilino impedir a utilização do direito de propriedade pelo seu vizinho que lhe prejudique a segurança, o sossego ou a saúde. Assim, se alguém em sua propriedade produzir ruído que exceda a normalidade, ter-se-á abuso de direito, que será reduzido às devidas proporções, por meio de ação judicial apropriada. Além disso, observa Antunes Varela que nosso Código Civil, no art. 1.229, ao definir os limites materiais da propriedade imóvel, colocando o critério da utilidade real acima do princípio do poder ilimitado ou arbitrário, nega ao proprietário o direito de se opor a trabalhos que, pela altura ou profundidade a que são efetuados, ele não tenha interesse de impedir, contanto que, como é óbvio, tais trabalhos correspondam a um legítimo interesse de terceiro. Os atos praticados pelo proprietário, sem qualquer utilidade relevante para ele, com o escopo de danificar prédio contíguo, constituem indubitavelmente um exercício irregular do direito de propriedade. Igualmente, se o exequente, que tem o direito de penhorar bens do devedor impontual, para prejudicá-lo e forçá-lo a pagar dívida de existência duvidosa, impedir o devedor de ser nomeado depositário das máquinas penhoradas e exigir remoção destas, forçando o fecha-

---

ideia de abuso de exercício de direito, ainda que a pessoa que o exerceu tivesse consciência de que ia prejudicar os interesses de outrem. O remédio jurídico adequado para quem não sendo parte na ação vê seus bens sequestrados por ordem judicial são os embargos de terceiro previstos no art. 674 do Código de Processo Civil, e não a ação indenizatória contra o autor da ação que acarretou a constrição legal em seus bens (TJSC, *ADCOAS*, n. 84.906, 1982).

mento da indústria, deve reparar o dano (*RT, 296*:646), por ter sido movido por espírito de emulação agindo abusivamente. O art. 776 do Código de Processo Civil dispõe que o exequente ressarcirá ao executado os danos por este sofridos, quando a sentença, passada em julgado, declarar inexistente, no todo ou em parte, a obrigação que deu lugar à execução; b) os *atos ofensivos aos bons costumes ou contrários à boa-fé*, apesar de praticados no exercício normal de um direito, constituem abuso de direito (CC, art. 187). P. ex.: se o credor, após haver cedido seu crédito, tendo ciência de que o cessionário não notificou o devedor do fato, interpela este e obtém o pagamento do débito. Ora, o Código Civil, no art. 290, considera a cessão de crédito ineficaz em relação ao devedor enquanto a este não for notificada, logo, será requisito para a cessão a realização da notificação do devedor com o intuito de lhe dar conhecimento da cessão, evitando que pague ao credor primitivo. Assim sendo, o devedor não notificado, ao pagar a prestação devida ao cedente, cumpriu seu dever, exonerando-se da obrigação. O cedente, por sua vez, exerceu formalmente o seu direito de crédito perante o devedor, interpelando-o para cumprir, mas deverá restituir ao cessionário aquilo com o que injustamente se locupletou à custa dele, pois, se não o fizer por estar de má-fé, o cessionário poderá mover ação contra ele e não contra o devedor não notificado (CC, art. 884). Se o litigante ou exequente (CPC, art. 771), em processo de conhecimento ou de execução, formular pretensões, oferecer defesas ciente de que são destituídas de fundamento, praticar atos probatórios desnecessários à defesa do direito, alterar intencionalmente a verdade dos fatos, omitir fatos essenciais ao julgamento da causa, enfim, se se apresentarem todas as situações caracterizadoras da má-fé arroladas no Código de Processo Civil, art. 80, estará agindo abusivamente e deverá responder por perdas e danos, indenizando a parte contrária dos prejuízos advindos do processo e de sua conduta dolosa. Se o réu lançar mão de recursos procrastinadores e de expedientes censuráveis, estará abusando de seu direito de defesa (*RT, 138*:727), causando dano que deverá reparar. Suponha-se, ainda, que o vendedor de jogo de loteria venda um bilhete a um cliente após o sorteio. O cliente não ignora a realização do sorteio, mas não sabe o seu resultado, porém o alienante já tinha conhecimento de que o bilhete estava branco, agindo, portanto, de má-fé. O vendedor, ao alienar bilhete que lhe pertencia, exerceu seu direito de propriedade; o comprador, por sua vez, sabendo que o sorteio tinha se efetuado, correu o risco de adquirir um bilhete em branco, logo não houve erro substancial de sua parte sobre as qualidades essenciais do objeto. Entretanto, o silêncio do alienante, dissimulando um fato essencial à declaração da contraparte, indicou, sem dúvida, sua má-fé na celebração contratual, exercendo abusivamente seu direito; c) *os atos praticados em desacordo com o fim social ou econômico do direito subjetivo*. Como o direito deve ser usado de forma que atenda ao interesse coletivo, logo, haverá ato abusivo, revestido de iliceidade de seu titular se ele o utilizar em desacordo com sua finalidade social. Assim, se alguém exercer direito, praticando-o com uma finalidade contrária a seu objetivo econômico ou social, estará agindo abusivamente. Josserand explica-nos que o abuso pode ser constituído pelo caráter antieconômico do ato praticado. O juiz deverá pesquisar o móvel visado pelo agente, a direção em que encaminhou seu direito e o uso que dele fez. Se essa direção e esse uso forem incompatíveis com a instituição, o ato será abusivo, tornando-se, então, produto de responsabilidade. Haverá, portanto, abuso de direito se o agente, ao agir dentro dos limites legais, deixar de levar em conta a finalidade social e econômica do direito subjetivo e, ao usá-lo desconsideradamente, prejudicar alguém. Não há violação dos limites objetivos da norma, mas tão somente um desvio aos fins socioeconômicos a que ela visa atingir. P. ex.: se A, credor de B, encontrando-se este doente e endividado, ameaça a filha do devedor com o requerimento judicial de falência do pai, se ela não se casar com ele, está exercendo anormalmente seu direito, pois a cominação do requerimento da falência não visa obter o pagamento do débito, mas sim extorquir da filha do devedor o consentimento de casar, o que o art. 153 do Código Civil considera como coação sobre o declarante.

O *estado de necessidade* consiste na ofensa do direito alheio (deterioração ou destruição de coisa pertencente a outrem ou lesão a uma pessoa) para remover perigo iminente, quando as circunstâncias o tornarem absolutamente necessário e quando não exceder os limites do indispensável para a remoção do perigo (CC, art. 188, II, e parágrafo único; CP, art. 24, §§ 1º e 2º; *RJTJSP*, *41*:112; *RT*, *626*:172). Não se exige, porém, que o direito sacrificado seja inferior ao direito salvaguardado, nem mesmo se requer a absoluta ausência de outro meio menos prejudicial. Em regra, o perigo resulta de acontecimento fortuito, natural ou acidental, criado pelo próprio prejudicado ou terceiro. De forma que, pelo art. 929 do Código Civil, "se a pessoa lesada, ou o dono da coisa, no caso do inciso II do art. 188, não forem culpados do perigo, assistir-lhes-á direito à indenização do prejuízo que sofreram", e, pelo art. 930, "no caso do inciso II do art. 188, se o perigo ocorrer por culpa de terceiro, contra este terá o autor do dano ação regressiva para haver a importância que tiver ressarcido ao lesado". Só não há dever de ressarcir o dano se o prejudicado for o próprio ofensor ou o próprio autor do perigo. Não se caracteriza como estado de necessidade o motorista que, preocupado com um princípio de incêndio em seu veículo, perca a direção e invada a contramão, provocando colisão em outro (*RT, 395*:289); ou o caso do pai que rapta a filha de quem a detinha por força de decisão judicial (*RT, 393*:354). Por outro lado, constituem hipóteses de estado de necessidade: o sacrifício de um automóvel alheio para salvar vida humana, evitando atropelamento (*RT, 782*:211); destruição de prédio alheio para evitar que incêndio se propague em todo o quarteirão; matar um cão de outrem, atacado de hidrofobia e que ameaça morder várias pessoas (*RT, 180*:226); arremessar carro contra edifício alheio, danificando-o, para evitar morte por abalroamento de caminhão; jogar latas de gasolina na rua destruindo carroça, para evitar que incêndio se propague por toda a garagem (*RT, 163*:642)[204].

204. Orlando Gomes, op. cit., p. 448; Bassil Dower, op. cit., v. 1, p. 277; W. Barros Monteiro, op. cit., v. 1, p. 293 e 294; Silvio Rodrigues, *Direito civil,* cit., v. 1, p. 353 e 354; André de Oliveira Pires, *Estado de necessidade,* São Paulo, Juarez de Oliveira, 2000; Gabriel Cesar Zaccaria de Inellas, *Exclusão de ilicitude,* São Paulo, Juarez de Oliveira, 2001; Marcelo Briguglio, *El estado de necesidad en el derecho civil,* Madrid, 1971; Alberto R. de Souza, *Estado de necessidade: um conceito novo e aplicações mais amplas,* Rio de Janeiro, Forense, 1979; *RT, 509*:69; *RJE, 4*:9. "Atropelamento e excludente do estado de perigo – Motorista que, sentindo-se ameaçado pelo estado belicoso dos grupos que se enfrentavam em rixa ao redor de seu veículo, aciona a partida e acaba atropelando um dos contendores – Perigo que exclui a ilicitude do ato, não podendo obter indenização civil quem dessa forma contribui para o resultado lesivo – Exame da doutrina – Ação de indenização improcedente – Decisão mantida" (1º TACSP, 4ª Câm., AC 526.074-0 – Tatuí, rel. Juiz Carlos Bittar, j. 23-11-1994, v. un.).

Quadro Sinótico

ATO ILÍCITO

<table>
<tr><td>1. CONCEITO</td><td colspan="3">• É o ato praticado em desacordo com a ordem jurídica, violando direito subjetivo individual, causando dano a outrem, criando o dever de reparar tal prejuízo (CC, arts. 186 e 927).</td></tr>
<tr><td rowspan="3">2. ELEMENTOS</td><td rowspan="2">• a) Fato lesivo voluntário (CC, art. 186)</td><td colspan="2">• Dolo ou culpa</td></tr>
<tr><td>• Classificação da culpa</td><td>• Quanto à natureza do dever violado: culpa contratual ou extracontratual.
• Quanto à sua graduação: culpa grave, leve e levíssima.
• Quanto aos modos de sua apreciação: culpa in concreto e in abstrato.
• Quanto ao conteúdo da conduta culposa: culpa in committendo, in omittendo, in eligendo, in vigilando e in custodiendo.</td></tr>
<tr><td colspan="3">• b) Ocorrência de um dano patrimonial ou moral.
• c) Nexo de causalidade entre o dano e o comportamento do agente.</td></tr>
<tr><td>3. CONSEQUÊNCIA DO ATO ILÍCITO</td><td colspan="3">• Responsabilidade pela reparação do dano (CC, arts. 186, 927, 944 a 954), causado pela própria pessoa ou por terceiro.</td></tr>
<tr><td>4. ATOS LESIVOS QUE NÃO SÃO ILÍCITOS (CC, ART. 188)</td><td colspan="3">• a) Legítima defesa (CP, art. 25, e CC, arts. 188, I, 930, parágrafo único, 1.210, § 1º).
• b) Exercício regular de um direito (CC, arts. 188, I, 187, 1.277).
• c) Estado de necessidade (CC, arts. 188, II, parágrafo único, 929 e 930).</td></tr>
</table>

Bibliografia

AGUIAR DIAS, José. *Responsabilidade civil*. 6. ed. Rio de Janeiro, Forense, 1979.

ALLARA. *Le nozioni fondamentali del diritto privato*. Torino, 1939. v. 1.

ALVES MOREIRA. *Direito civil português*. v. 1.

ALVIM, Agostinho. Da equidade. *RT*, ano XXX, fasc. 494.

______. *Comentários ao Código Civil*. Rio de Janeiro, Ed. Jurídica e Universitária, 1968. v. 1.

______. *Da inexecução das obrigações e suas consequências*. 3. ed. São Paulo, Ed. Jurídica e Universitária, 1965.

AMARAL NETO, Francisco Santos. Bens acessórios. In: *Enciclopédia Saraiva do Direito*. São Paulo, Saraiva, 1977. v. 11.

AMARAL SANTOS, Moacyr. *A prova judiciária no cível e no comercial*. São Paulo, Max Limonad, 1949.

AMORIM Fº, Agnelo. Critérios científicos para distinguir a prescrição da decadência. *Revista de Direito Processual Civil, 3*:111.

ARRUDA ALVIM NETO, J. M. *Código de Processo Civil comentado*. Rio de Janeiro, 1972. v. 1.

______. *Manual de direito processual civil*. São Paulo, Revista dos Tribunais, 1978. v. 1 e 2.

AUBRY e RAU. *Cours de droit civil français*. 6. ed. Paris, 1936. v. 1.

AZEVEDO, Alberto Rocha. Teoria geral dos negócios jurídicos e atividade negocial. In: *Curso de direito empresarial*. São Paulo, Educ, 1976.

AZEVEDO, Antonio Junqueira de. *Negócio jurídico e declaração negocial*. São Paulo, Saraiva, 1986.

______. *Negócio jurídico – existência, validade e eficácia*. São Paulo, Saraiva, 1986.

BANDEIRA DE MELLO, Celso A. *Natureza e regime jurídico das autarquias*. São Paulo, 1967.

______. *Elementos de direito administrativo*. São Paulo, Revista dos Tribunais, 1979.

______. Responsabilidade extracontratual do Estado por comportamentos administrativos. *Revista da Procuradoria Geral do Estado de Mato Grosso do Sul*, *1*:11-25, 1979.

BARASSI. *Istituzioni di diritto civile*. Milano, 1914.

______. *I diritti reali nel nuovo Codice Civile*.

BARROS MONTEIRO, Washington de. *Curso de direito civil*. São Paulo, Saraiva, 1968. v. 1.

BASSIL DOWER, Nelson G. *Curso moderno de direito civil*. São Paulo, Nelpa, 1976. v. 1.

BAUDRY-LACANTINERIE. *Précis de droit civil*. 9. ed. Paris, 1905. t. 1.

BAUDRY-LACANTINERIE e CHAVEAU. *Trattato di diritto civile*; dei beni. n. 18.

BELING, E. La science du droit, sa fonction et ses limites. *Recueil d'études sur les sources du droit, en honneur de Geny*. t. 2.

BELLEZA DOS SANTOS, J. *A simulação em direito civil*. Lael, 1955.

BERRON, F. E. V. *Teoría general del derecho*. Univ. Nac. Autónoma de México, 1972.

BETTI, Emilio. *Interpretazione della legge e degli atti giuridici*. Milano, Giuffrè, 1949.

______. *Teoría general del negocio jurídico*. Madrid.

______. *Teoria generale del negozio giuridico*. 2. ed. 1950.

______. *Interpretazione della legge e degli atti giuridici*. §§ 69 e s.

BEUDANT. *Cours de droit civil français*. t. 1.

BEVILÁQUA, Clóvis. *Comentários ao Código Civil*. v. 1.

______. *Teoria geral do direito civil*. 4. ed. 1972.

BITTAR, Carlos Alberto. *Os direitos da personalidade*. Rio de Janeiro, Forense, 1995.

BONNECASE. *Elementos de derecho civil*. México. t. 1.

BORDA. *Derecho civil*. Buenos Aires, 1953. v. 1.

______. *Error de hecho y de derecho*. 2. ed. 1950.

BRUGI. *Istituzioni di diritto civile*. § 34.

BUTERA. *Della simulazione nei negozi giuridici*. Torino, 1936.

CAHALI, Yussef Said. Culpa. In: *Enciclopédia Saraiva do Direito*. São Paulo, Saraiva, 1977. v. 22.

______. Decadência. In: *Enciclopédia Saraiva do Direito*. São Paulo, Saraiva, 1977. v. 22.

CAMARA, Hector. *Simulación en los actos jurídicos*. Buenos Aires, 1944.

CAMARA LEAL, Antonio Luiz. *Da prescrição e da decadência*. Rio de Janeiro, Forense, 1978.

CAMMARATA. *Sulla coattività delle norme giuridiche*. Milano, 1932.

CAMPANINI. *Ragione e volontà nella legge*. Milano, Giuffrè.

CAMPAZ, Walter. *Direito, interpretação, aplicação e integração*. São Paulo, Juarez de Oliveira, 2001.

CAMPOS BATALHA, W. *Lei de Introdução ao Código Civil*. São Paulo, Max Limonad, 1959.

CÁNOVAS. *Manual de derecho civil español*. v. 1.

CAPITANT. *Introduction à l'étude du droit civil*. 4. ed. Paris, Pedone.

CARBONNIER. *Droit civil*. Paris, PUF, 1969. v. 1.

CARIOTA-FERRARA. Volontà, manifestazione, negozio giuridico. *Annuario di diritto comparato e di studi legislativi*, 1940, 2ª série, v. XV, fasc. 1.

CARPENTER. *Da prescrição*. n. 16.

CARREJO. *Derecho civil*. Bogotá, Themis, 1972. v. 1.

CARVALHO DE MENDONÇA. *Doutrina e prática das obrigações*. 2. ed. v. 2.

CARVALHO SANTOS. *Código Civil brasileiro interpretado*. Freitas Bastos, 1964. v. 2.

CASTRO FILHO, José Olympio. *Comentários ao Código de Processo Civil*. Rio de Janeiro, Forense, 1983.

CASTRO y BRAVO. *Derecho civil de España*. Madrid, 1952. v. 2, 1ª parte.

CENEVIVA, Walter. *A Lei dos Registros Públicos comentada*. São Paulo, Saraiva, 1979.

CHAVES, Antônio. Capacidade civil. In: *Enciclopédia Saraiva do Direito*. São Paulo, Saraiva, 1977. v. 13.

_____. *Lições de direito civil*; parte geral. São Paulo, Bushatsky, 1972. v. 3.

_____. *Direito à vida e ao próprio corpo*. São Paulo, Revista dos Tribunais, 1994.

_____. Caso fortuito e força maior. *RFDUSP*, *61*(1):60, 1966.

_____. Dolo. In: *Enciclopédia Saraiva do Direito*. v. 29.

_____. Coação. In: *Enciclopédia Saraiva do Direito*. São Paulo, Saraiva, 1977. v. 15.

CHIOVENDA. *Instituições de direito processual civil*. v. 1, n. 4.

CHIRONI e ABELLO. *Trattato di diritto civile*. v. 1.

COELHO, Luiz F. Fonte formal, fonte de produção e fonte de cognição. In: *Enciclopédia Saraiva do Direito*. São Paulo, Saraiva, 1977. v. 38.

COLIN e CAPITANT. *Cours élémentaire de droit civil français*. 11. ed. Paris, Dalloz, 1947.

CORRÊA DE OLIVEIRA, J. Lamartine. *A dupla crise da pessoa jurídica*. São Paulo, Saraiva, 1979.

CRETELLA, Agnes. A ameaça. *RT, 470*:299-304.

CRETELLA JR., José. Caso fortuito. In: *Enciclopédia Saraiva do Direito*. São Paulo, Saraiva, 1977. v. 13.

CUNHA, Paulo A. V. *Do patrimônio*. Lisboa, 1934. v. 1.

CUNHA BARRETO. Interpretação das leis. *RF*, v. 539.

CUNHA GONÇALVES. *Tratado de direito civil*.

_____. *Princípios de direito civil*. v. 1.

DABIN. *Le droit subjectif*. Paris, Dalloz, 1952.

D'AGUANO. *La genese e l'evoluzione del diritto civile*.

DE CASTRO. *Derecho civil de España*.

DECOTTIGNIES, Roger. L'erreur de droit. *Rev. Trim.*, 1951.

DE CUPIS, A. *Os direitos da personalidade*. Lisboa, Livr. Moraes, 1961.

DEDA, Artur O. Oliveira. Dano moral. In: *Enciclopédia Saraiva do Direito*. São Paulo, Saraiva, 1977. v. 22.

DEGNI. *L'interpretazione della leggi*. Napoli, 1909.

DEL VECCHIO. *Lezione de filosofia del diritto*. 9. ed. Milano, Giuffrè, 1953.

_____. *Los principios generales del derecho*. Barcelona, 1933.

DEMOGUE. La notion de sujet de droit. *Revue Trimestrielle de Droit Civil, 909*:641.

DE PAGE. *Traité élémentaire de droit civil belge*. v. 1.

DINIZ, Maria Helena. *Código Civil anotado*. São Paulo, Saraiva, 2008.

_____. *Curso de direito civil brasileiro*. São Paulo, Saraiva, 2008. v. 8.

_____. *Tratado teórico e prático dos contratos*. São Paulo, Saraiva, 2006.

_____. *Conceito de norma jurídica como problema de essência*. São Paulo, Revista dos Tribunais, 1977.

_____. *A ciência jurídica*. Resenha Universitária, 1977.

_____. *As lacunas no direito*. Tese de livre-docência. São Paulo, Revista dos Tribunais, 1980; 2. ed. Saraiva, 1989.

_____. *Conflito de normas*. São Paulo, Saraiva, 2007.

_____. *Compêndio de introdução à ciência do direito*. 2. ed. São Paulo, Saraiva, 2007.

_____. *Norma constitucional e seus efeitos*. São Paulo, Saraiva, 1989.

DOROLLE. *Le raisonnement par analogie*. Paris, 1949.

ENNECCERUS. *Tratado de derecho civil*. v. 1, t. 1.

ENNECCERUS, KIPP e WOLFF. *Tratado de derecho civil*. Barcelona, Bosch, 1934. v. 1.

ENNECCERUS-NIPPERDEY. *Tratado de derecho civil*. Barcelona, Bosch, 1953. v. 1.

ESPÍNOLA, Eduardo. *Breves anotações ao Código Civil*. v. 1.

______. *Lei de Introdução ao Código Civil brasileiro comentada*. v. 1.

ESPÍNOLA, Itamar. *Escolha bem o nome de seu filho*. Ceará: Fortaleza, 1974.

FADDA, Carlo. *Negozio giuridico*. § 27.

FALZEA, Angelo. *La condizione e gli elementi dell'atto giuridico*. Milano, 1941.

FERRARA. *Della simulazione dei negozi giuridici*. 5. ed. Roma, Athenaeum.

______. *Trattato di diritto civile italiano*. Roma, 1921. v. 1.

FERRAZ JR., Tércio Sampaio. *Direito, retórica e comunicação*. São Paulo, Saraiva, 1973.

______. *Conceito de sistemas no direito*. São Paulo, Revista dos Tribunais, 1976.

______. Direito subjetivo – II. In: *Enciclopédia Saraiva do Direito*. São Paulo, Saraiva, 1977. v. 28.

______. Analogia. In: *Enciclopédia Saraiva do Direito*. São Paulo, Saraiva, 1977.

______. A noção de norma jurídica na obra de Miguel Reale. *Rev. Ciência e Cultura*, v. 26.

FERRER CORREIA. *Erro e interpretação na teoria do negócio jurídico*. São Paulo, Saraiva, 1939.

FLACQUER SCARTEZZINI, Jorge. *Do erro no direito civil*. São Paulo, Resenha Universitária, 1976.

FRANCO MONTORO, A. *Introdução à ciência do direito*. 2. ed. São Paulo, Martins. v. 2.

FREJAVILLE. *Les meubles par antecipation*. Paris, 1927.

FUBINI. *La dottrina dell'errore*. Torino, 1902. n. 4.

GABBA. *Teoria della retroattività delle leggi*.

GALVÃO TELLES, Inocêncio. *Dos contratos em geral*. Coimbra, 1947.

GARCÍA MÁYNEZ. *Introducción al estudio del derecho*. México, Porrúa.

GARCÍA MORENTE. *Fundamentos de filosofía*. 4. ed. São Paulo, Mestre Jou, 1970.

GARCÍA VALDECASAS. La naturaleza de los principios generales del derecho. In: *Ponencias Españolas*, VI Congreso Intern. de Derecho Comparado, 1962.

GIANTURCO. *Sistema del diritto civile italiano*. v. 1.

GIL, Hernandez. *El concepto del derecho civil*. Madrid, RDP.

GOMES, Orlando. *Introdução ao direito civil*. 3. ed. Rio de Janeiro, Forense, 1971.

GOZZO, Débora. *O procedimento de interdição*. São Paulo, Saraiva, 1986 (Coleção Saraiva de Prática do Direito, n. 19).

GUIMARÃES, C. Rocha. *Prescrição e decadência*.

GUIMARÃES, Maria da Penha S. Lopes. Racismo, questão mundial. *Jornal do Advogado*, OAB-SP, agosto de 2001.

HAURIOU. *Précis de droit constitutionnel*. 2. ed. 1929.

HUBERLANT. Les mécanismes institués pour combler les lacunes de la loi. In: *Le problème des lacunes en droit*. Bruxelles, Ed. Perelman, 1968.

HUSSERL, Gerhard. *Validade e eficácia do direito*. 1925.

INELLAS, Gabriel Cesar Zaccaria. *Exclusão de ilicitude*. São Paulo, Juarez de Oliveira, 2001.

JABUR, Gilberto Haddad. *Liberdade de pensamento e direito à vida privada*. São Paulo, Revista dos Tribunais, 2000.

KAYSER. Les droits de la personnalité: aspects théoriques et pratiques. *Revue Trimestrielle de Droit Civil*, 1971.

KELSEN. *Teoria pura do direito*. 2. ed. 1962. v. 1 e 2.

KIPP e WOLFF. *Tratado de derecho civil*. Barcelona, Bosch, 1935.

KOURY, Suzi Elisabeth C. *A desconsideração da personalidade jurídica*. Rio de Janeiro, Forense, 1997.

LACERDA DE ALMEIDA. *Direito das cousas*. Rio de Janeiro, 1908. v. 1.

LARENZ. *Derecho civil*; parte general. v. 1.

______. *Metodología de la ciencia del derecho*. Barcelona, Ariel, 1968.

LAURENT. *Principes de droit civil*. Bruxelles. v. 1.

LEGROS. *Des clauses d'inaliénabilité dans les actes à titre gratuit*. Paris, Rousseau, 1909.

LIMONGI FRANÇA, R. Código Civil (história). In: *Enciclopédia Saraiva do Direito*. São Paulo, Saraiva, 1977. v. 15.

______. Da jurisprudência como direito positivo. *RFDUSP*, 1971, ano LXVI.

______. *Das formas e aplicação do direito positivo*. São Paulo, Revista dos Tribunais, 1969.

______. *Princípios gerais de direito*. 2. ed. São Paulo, Revista dos Tribunais, 1971.

______. Aplicação dos princípios gerais de direito. In: *Enciclopédia Saraiva do Direito*. São Paulo, Saraiva, 1977.

______. *Manual de direito civil*. v. 1.

______. Fato jurídico. In: *Enciclopédia Saraiva do Direito*. São Paulo, Saraiva, 1977. v. 36.

______. Caso fortuito e força maior. In: *Enciclopédia Saraiva do Direito*. São Paulo, Saraiva, 1977. v. 13.

______. Ato jurídico. In: *Enciclopédia Saraiva do Direito*. São Paulo, Saraiva, 1977. v. 9.

______. Forma do ato jurídico. In: *Enciclopédia Saraiva do Direito*. São Paulo, Saraiva, 1977. v. 38.

______. Condição. In: *Enciclopédia Saraiva do Direito*. São Paulo, Saraiva, 1977. v. 17.

LOMONACO. *Istituzioni di diritto civile italiano*. v. 5.

LOUREIRO FILHO, Lair da Silva. *Lei de Introdução ao Código Civil interpretada*. São Paulo, Juarez de Oliveira, 2000.

MACHADO NETO. *Compêndio de introdução à ciência do direito*. São Paulo, Saraiva, 1973.

MAGALHÃES, Ana A. M. *O erro no negócio jurídico*. São Paulo, Atlas, 2011.

MAIA JR., Mairan G. *A representação no negócio jurídico*. São Paulo, Revista dos Tribunais, 2001.

MARQUES DOS REIS. *Manual do Código Civil*. v. 2.

MATTIA, Fábio M. de. Ato jurídico em sentido estrito e negócio jurídico. In: *Enciclopédia Saraiva do Direito*. São Paulo, Saraiva, 1977. v. 9.

_____. Ato jurídico em sentido estrito e negócio jurídico. *Revista da Universidade Católica de São Paulo*, v. 32, 1967.

_____. Direitos da personalidade – II. In: *Enciclopédia Saraiva do Direito*. São Paulo, Saraiva, 1977. v. 28.

MAXIMILIANO, C. *Hermenêutica e aplicação do direito*. 8. ed. Rio de Janeiro, Freitas Bastos, 1965.

MAZAGÃO, Mário. *Direito administrativo*. v. 1.

MAZEAUD *Leçons de droit civil*. Paris, Montchrétien, 1970. v. 1.

_____. *Traité théorique et pratique de la responsabilité civile*. 2. ed. v. 2.

MAZZILLI, Hugo Nigro. *Curadoria de ausentes e incapazes*. São Paulo, 1988.

MEIRA, Silvio. *Instituições de direito romano*. São Paulo, IASP, 2017.

MEIRELLES, Hely L. *Direito administrativo brasileiro*.

_____. *Direito municipal brasileiro*. v. 1.

MELLO, Marcos Bernardes. *Teoria do fato jurídico*. São Paulo, Saraiva, 1991.

MENEGALE, J. G. Capacidade das pessoas de direito público externo. *RF*, *129*:339.

MESSINEO. *Manual de derecho civil y comercial*. Buenos Aires. Ed. Jurídica Europa-América, 1971.

MICELI. I principi generali del diritto. *R. D. Civile*, 1923, n. 15.

MORAES E BARROS, H. *Comentários ao Código de Processo Civil*. Rio de Janeiro, Forense, 1975. v. 9.

MOURLON. *Répétitions écrites du Code Napoléon*. 8. ed. Paris. t. 1.

MOUSKELI. L'équité en droit international moderne. *Rev. Générale de Droit International*, v. 15, t. 7.

NERY JUNIOR, Nelson. *Vícios do ato jurídico e reserva mental*. São Paulo, Revista dos Tribunais, 1983.

NERY JUNIOR, Nelson e NERY, Rosa Maria A. *Código de Processo Civil comentado*. São Paulo, Revista dos Tribunais, 2000.

NONATO, Orosimbo. *Da coação como defeito do ato jurídico*. Rio de Janeiro, Forense, 1957.

NOWACKI. *Analogia legis*. Varsóvia, 1966.

OERTMANN. *Introducción al derecho civil*. §§ 32 e s.

OLIVECRONA. *Law as fact*. London, Oxford Univ. Press, 1959.

OLIVEIRA, Wilson. Espólio. In: *Enciclopédia Saraiva do Direito*. São Paulo, Saraiva, 1977. v. 33.

OLIVEIRA FARIA, A. Direito público e direito privado. In: *Enciclopédia Saraiva do Direito*. São Paulo, Saraiva, 1977. v. 28.

OVIEDO. *Formación y aplicación del derecho*. Madrid, Ed. Inst. de Estudios Políticos, 1972.

PALASI. *La interpretación y los apotegmas jurídicos-lógicos*. Madrid, Technos, 1975.

PEREIRA BRAGA. *Exegese do Código de Processo Civil*. v. 3, t. 1.

PERREAU. Les droits de la personnalité. *Revue Trimestrielle de Droit Civil*, 1909, p. 501.

PETRAZYCKI. *Theory of law*. 1913.

PIRES, André de Oliveira. *Estado de necessidade*. São Paulo, Juarez de Oliveira, 2000.

PLANIOL, RIPERT e BOULANGER. *Traité élémentaire de droit civil*. v. 1.

______. *Traité pratique de droit civil français*. 2. ed. Paris, 1952. t. 3.

PONTES DE MIRANDA. *Tratado de direito privado*. Rio de Janeiro, Borsoi. v. 1, 2, 5 e 6.

______. *Comentários ao Código de Processo Civil*. v. 16.

PORTUGAL, Altino. Benfeitorias. In: *Enciclopédia Saraiva do Direito*. São Paulo, Saraiva, 1977. v. 11.

RADBRUCH. *Introduzione alla scienza del diritto*. Torino, Giappichelli, 1958.

RÁO, Vicente. *O direito e a vida dos direitos*. v. 1, t. 2, e v. 2.

______. *O ato jurídico*. 3. ed. São Paulo, Saraiva, 1981.

REALE, Miguel. *O direito como experiência*. São Paulo, Saraiva.

______. *Lições preliminares de direito*. São Paulo, Bushatsky, 1973.

______. *Filosofia do direito*. v. 1.

RIBAS. *Direito civil brasileiro*. Rio de Janeiro, 1880. v. 2.

ROCHA, Sílvio Luís Ferreira da. *Direito civil 1*, Parte Geral. São Paulo, Malheiros, 2010.

RODRIGUES, Silvio. *Direito civil*. 3. ed. São Paulo, Max Limonad, 1967. v. 1.

______. *Dos vícios do consentimento*. São Paulo, Saraiva, 1979.

______. *Dos defeitos dos atos jurídicos*. São Paulo, Max Limonad, 1959.

ROSS, Alf. *On law and justice*. London, Ed. Stevens, 1958.

ROSSEL e MENTHA. *Manuel de droit civil suisse*. v. 1.

RUGGIERO e MAROI. *Istituzioni di diritto privato*. Milano, 1955. v. 1.

SÁ FREIRE. *Manual do Código Civil brasileiro,* de Paulo de Lacerda. Rio de Janeiro, J. Ribeiro dos Santos, 1930. v. 2.

SAIGET. *Le contrat immoral*.

SALAZAR, Alcino de P. Reparação do dano moral. Rio de Janeiro, 1943.

SAN THIAGO DANTAS. *Programa de direito civil*. Rio de Janeiro, 1977.

SANTI ROMANO. *L'ordinamento giuridico*. Firenze, 1951.

SANTORO-PASSARELLI. Atto giuridico. In: *Enciclopedia del Diritto*. v. 4.

______. *Dottrina generale del diritto civile*.

SANTOS, Lucy Rodrigues dos. Bens imóveis. In: *Enciclopédia Saraiva do Direito*. São Paulo, Saraiva, 1977. v. 11.

SANTOS NETO, José Antonio de Paula. *Da ausência*. São Paulo, Juarez de Oliveira, 2001.

SAVIGNY. *Traité de droit romain*. v. 2 e 3.

SCHKAFF. Influence de l'erreur, du dol et de la violence sur l'acte juridique. Lausanne, 1920.

SCOGNAMIGLIO. *Contributo alla teoria del negozio giuridico*. Napoli, 1950.

SCUTO. *Istituzioni di diritto privato*; parte generale. v. 1.

SEBAG. *La condition juridique des personnes phisiques et des personnes morales, avant leur naissance*. Paris, 1938.

SENN. *Leges perfectae, imperfectae, minusquam perfectae*. Paris, 1902.

SERAFINI, Filippo. *Istituzioni di diritto romano*. Roma, Atheneo, 1898.

SERPA LOPES. *Curso de direito civil*. 2. ed. Freitas Bastos, 1962. v. 1; 4. ed., 1962.

SILVA, Wilson Melo da. *O dano moral e sua reparação*. 2. ed. Rio de Janeiro, Forense, 1966.

SILVA PEREIRA, Caio Mário da. *Condomínio e incorporações*.

______. *Instituições de direito civil*. 5. ed. Rio de Janeiro, Forense, 1977. v. 1.

______. *Instituições de direito civil*. 5. ed. Rio de Janeiro, Forense, 1976.

SILVEIRA, Alípio. *Hermenêutica no direito brasileiro*. São Paulo, Revista dos Tribunais, 1968. v. 1 e 2.

______. Analogia, costume e princípios gerais de direito na integração das lacunas da lei. *RF*, v. 521.

SIMÃO FILHO, Adalberto. *Direito empresarial contemporâneo*. Coord. Adalberto Simão Filho e Newton De Lucca. São Paulo, Juarez de Oliveira, 2000.

SOUZA SAMPAIO, N. Fontes do direito – II. In: *Enciclopédia Saraiva do Direito*. São Paulo, Saraiva, 1977. v. 38.

SPENCER VAMPRÉ. *Manual do Código Civil brasileiro*. v. 1.

STOLFI. *Diritto civile*. Torino, 1931. v. 1, 2ª parte.

______. *Teoria del negozio giuridico*.

TELLES JR., Goffredo. *Introdução à ciência do direito* (apostila). 1972, fasc. 2.

______. Direito subjetivo – I. In: *Enciclopédia Saraiva do Direito*. São Paulo, Saraiva, 1977. v. 28.

______. *O direito quântico*. 5. ed. Max Limonad, 1981.

TENÓRIO, Oscar. *Lei de Introdução ao Código Civil brasileiro*. 2. ed. Rio de Janeiro, Borsoi, 1955.

TESAURO. *Atti e negozi giuridici*. Padova, CEDAM, 1933.

TORRENTE. *Manuale di diritto privato*.

TRABUCCHI. *Istituzioni di diritto civile*.

VALLADÃO, Haroldo. Capacidade de direito. In: *Enciclopédia Saraiva do Direito*. São Paulo, Saraiva, 1977. v. 13.

VALVERDE. *Instituciones civiles*. § 556.

VAN DER EYCKEN. *L'interprétation juridique*. Bruxelles, 1907.

VAREILLES-SOMMIÈRES. *Les personnes morales*. Paris, 1902.

VELOSO, Zeno. *Emendas ao Projeto de Código Civil*. Belém, 1985.

VENOSA, Sílvio de Salvo. *Direito Civil*. São Paulo, Atlas, 2000. v. 5.

VERDIER. *Les droits éventuels*. Paris, 1955.

VERNENGO, R. *La interpretación literal de la ley y sus problemas*. Buenos Aires, 1971.

VERNIER. *American Family Law*. 1995. v. III.

VIEIRA, Tereza R. *Mudança de sexo – Aspectos médicos, psicológicos e jurídicos*. São Paulo, 1996.

VILANOVA, L. *Sobre o conceito do direito*. Recife, Imprensa Oficial, 1947.

VILLAÇA AZEVEDO, A. Bens inalienáveis. In: *Enciclopédia Saraiva do Direito*. São Paulo, Saraiva, 1977. v. 11.

______. *Bem de família*. São Paulo, Bushatsky, 1974.

______. Fato. In: *Enciclopédia Saraiva do Direito*. São Paulo, Saraiva, 1977. v. 36.

______. Erro – III. In: *Enciclopédia Saraiva do Direito*. São Paulo, Saraiva, 1977. v. 32.

VON IHERING. *L'esprit du droit romain*. v. 4, t. 3.

VON TUHR. *Derecho civil*. Buenos Aires, Depalma, 1946. v. 1, t. 1, e v. 2, t. 3.

WALD. *Curso de direito civil brasileiro*; parte geral. 2. ed. São Paulo, Sugestões Literárias, 1969.

WINDSCHEID. *Diritto delle pandette*. Torino, 1902. § 143.

ZACHARIAE-CROME. *Manuale del diritto civile francese*. Comentário ao art. 2.219 do Código Civil francês.

ZÉA, Arturo. *Derecho civil*; parte general. Bogotá, Themis.